3,00

Susan Faludi

DIE MÄNNER SCHLAGEN ZURÜCK

**Wie die Siege des Feminismus
sich in Niederlagen verwandeln
und was Frauen dagegen
tun können**

Deutsch von Sabine Hübner

Rowohlt

Die Originalausgabe erschien 1991 unter dem Titel
«Backlash. The Undeclared War Against American Women»
bei Crown Publishers, Inc., New York

Redaktion: Ursula Locke-Groß,
unter Mitarbeit von Maria Buchwald und Andreas Anter
Umschlag- und Einbandgestaltung Erasmi & Stein

1. Auflage März 1993
Copyright © 1993 by Rowohlt Verlag GmbH,
Reinbek bei Hamburg
«Backlash» Copyright © 1991 by Susan Faludi
Alle deutschen Rechte vorbehalten
Satz Aldus (Linotronic 500)
Gesamtherstellung Clausen & Bosse, Leck
Printed in Germany
ISBN 3 498 02071 4

Für meine Mutter
Marilyn Lanning Faludi

Inhalt

Einleitung:
Einfach die Schuld auf den
Feminismus schieben

Amerikanerin am Ende des 20. Jahrhunderts zu sein – welch ein Glück! Das bekommen wir jedenfalls dauernd zu hören. Die Barrikaden sind gefallen, versichern uns die Politiker. Die Frauen «haben es geschafft», jubelt die Madison Avenue. Der Kampf der Frauen um Gleichberechtigung ist «so gut wie gewonnen», verkündet das *Time Magazine*. Immatrikuliert euch an jeder Universität, tretet in jede beliebige Kanzlei ein, bittet jede Bank um Kredit. Die Frauen haben jetzt so viele Rechte, sagen die Firmenbosse, daß wir eigentlich keine Politik der Chancengleichheit mehr brauchen. Die Frauen sind jetzt so gleichgestellt, sagen die Gesetzgeber, daß wir eigentlich keinen Gleichberechtigungszusatzartikel mehr brauchen. Frauen haben «so viel», sagt der frühere Präsident Ronald Reagan, daß das Weiße Haus sie nicht mehr in höhere Ämter berufen muß. Selbst die American-Express-Werbung begrüßt die neue Freiheit der Frau, um gleich daran zu verdienen. Endlich haben Frauen die vollen Bürgerrechte erhalten.

Und doch . . .

Hinter diesem Jubel über den Sieg der amerikanischen Frauen, hinter der unentwegt fröhlich wiederholten Nachricht, der Kampf um die Frauenrechte sei gewonnen, blitzt eine andere Botschaft auf. Mag ja sein, daß ihr jetzt frei und gleichberechtigt seid, lautet diese Botschaft, aber ihr seid unglücklicher denn je.

Diesem Bulletin der Verzweiflung begegnet man auf Schritt und Tritt – an Zeitungskiosken, im Fernsehen, im Kino, in der Werbung, in Arztpraxen und wissenschaftlichen Zeitschriften. Berufstätige Frauen fühlen sich angeblich «ausgebrannt», leiden an «epidemischer Infertilität». Alleinstehende Frauen machen sich Sorgen wegen eines «Männermangels», heißt es. Die *New York Times* berichtet, kinderlose Frauen seien «deprimiert und durcheinander», und ihre Zahl wachse immer mehr. *Newsweek* behauptet, ledige Frauen seien «hysterisch» und litten an einer «tiefen Krise ihres Selbstvertrauens». Die Gesundheitsratgeber informieren, bei dynamischen Karrierefrauen kämen nie dagewesene «streßbedingte Störungen» zum Ausbruch – Haarausfall, Nervenschwäche, Alkoholismus und sogar Herzattacken. Psychologiebücher warnen, die Einsamkeit emanzipierter Frauen stelle «heutzutage ein ernstes psychisches Problem dar». Selbst Betty Friedan, Feministin der ersten Stunde, stößt ins gleiche Horn: Sie warnt, Frauen litten jetzt an einer neuen Identitätskrise und «neuartigen» Problemen, für die es keinen Namen gebe.

Wie können amerikanische Frauen nur so viele Probleme haben, wo sie doch angeblich so glücklich sind? Wenn die Frauen noch nie einen derart hohen Status hatten, warum dann dieses seelische Tief? Wenn Frauen alles erreicht haben, was sie wollten, woran könnte es dann liegen?

Die öffentliche Meinung hat im letzten Jahrzehnt zu diesem Rätsel eine, aber auch wirklich nur eine Lösung beigesteuert: Das viele Elend hat wohl mit der vielen Gleichberechtigung zu tun. Eben *daß* sie frei sind, macht die Frauen unglücklich. Die Frauen sind zu Sklavinnen ihrer eigenen Emanzipation geworden. Sie haben die Hand nach dem goldenen Ring der Unabhängigkeit ausgestreckt und dabei jenen einen Ring verpaßt, auf den es wirklich ankommt. Sie haben gelernt, ihre Fruchtbarkeit zu kontrollieren, und sie dabei zerstört. Sie sind ihren eigenen beruflichen Wunschträumen nachgejagt – und haben dabei die schönste Erfahrung versäumt, die es für eine Frau geben kann. Gerade die Frauenbewegung, so hören wir immer wieder, hat sich als schlimmste Feindin der Frauen erwiesen.

«Die Errungenschaften, die die Emanzipation meiner Generation beschert hat, sind hohe Löhne, die eigene Zigarette, die Möglichkeit, ein Kind allein aufzuziehen, Zentren für vergewaltigte Frauen, persönliche Kreditpläne, freie Liebe und Gynäkologinnen», schreibt Mona Charen, eine junge Jurastudentin in der *National Review* in einem «Der feministische Irrtum» überschriebenen Artikel. «Und dafür hat sie uns das weggenommen, was das Glück der meisten Frauen ausmacht – die Männer.» Die *National Review* ist ein konservatives Organ, aber solche Angriffe auf die Frauenbewegung findet man nicht nur hier. «Unsere Generation war das Menschenopfer», das der Frauenbewegung dargebracht wurde, behauptet die Journalistin Elizabeth Mehren in einer Titelstory des *Time Magazine*. Frauen aus den geburtenstarken Jahrgängen, wie sie selbst, seien vom Feminismus betrogen worden: «Wir haben an die hohlen Phrasen geglaubt.» In *Newsweek* bezeichnet die Autorin Kay Ebeling den Feminismus als «das große gescheiterte Experiment» und erklärt: «Die Frauen meiner Generation, die ihn verbrochen haben, sind seine Opfer.» Selbst in den Modezeitschriften kann man es lesen: *Harper's Bazaar* wirft der Frauenbewegung vor, sie habe, was die Sache der Frauen betreffe, «eher Terrain verloren als dazugewonnen».

Im letzten Jahrzehnt erschien von der *New York Times* über *Vanity Fair* bis hin zu *Nation* in der Presse eine nicht abreißende Flut von Anklagen gegen die Frauenbewegung, mit Überschriften wie: ALS DER FEMINISMUS SCHEITERTE ODER DIE SCHRECKLICHE WAHRHEIT ÜBER DIE EMANZIPATION. Man machte die Frauenbewegung für nahezu alles Leid verantwortlich, von dem Frauen heimgesucht werden, von Depressionen bis zu mageren Sparkonten, von Teenager-Selbstmorden bis zu Eßstörungen und unreiner Haut. In der «Today»-Show wurde die Tatsache, daß es so viele Stadtstreicherinnen gibt, der Emanzipation angelastet. Ein Gastkolumnist der *Baltimore Sun* stellte sogar die Behauptung auf, die Feministinnen seien an der steigenden Zahl von Slasher-Movies schuld. Indem sie dem «Gewaltakt» des Schwangerschaftsabbruchs größere Akzeptanz verschafften, folgerte der Autor, ebneten die Frauenrechtlerinnen der realistischen Darstellung von Morden im Film den Weg.

Auch andere Produkte der Massenkultur konstruieren diesen Zusammenhang: In Hollywood-Filmen, von denen *Eine verhängnisvolle Affäre* nur der berühmteste ist, erleiden wild dreinblickende emanzipierte Frauen mit Eigentumswohnungen Fehlgeburten zwischen kahlen Wänden und bezahlen für ihre Freiheit mit einem leeren Bett und einem unfruchtbaren Schoß. «Meine biologische Uhr tickt so laut, daß ich nachts nicht schlafen kann!» schreit Sally Field in dem Film *Surrender*, in dem sie eine für das Kino der 80er Jahre allzu typische Verwandlung vorführt: Eine Schauspielerin, die früher kämpferische, berufstätige Heldinnen darstellte, buhlt jetzt um einen Bräutigam. In

Fernsehserien zur Hauptsendezeit werden – von «Thirtysomething» bis «Family Man» – alleinstehende, berufstätige und feministisch engagierte Frauen gedemütigt, zu Xanthippen gemacht oder von Nervenzusammenbrüchen ereilt; die Klugen distanzieren sich in der Schlußszene von ihrer emanzipierten Haltung. In vielgekauften Romanen, von Gail Parents *A Sign of the Eighties* bis hin zu Stephen Kings *Misery* schrumpft die unverheiratete Frau entweder zur wehleidigen alten Jungfer oder bläht sich zum feuerspeienden Monster auf. Einzig vom Gedanken ans Heiraten besessen, bitten diese Frauen wildfremde Männer um Eheringe und bedrohen widerstrebende Junggesellen mit der Axt. Wir «haben uns alles versaut, weil wir zu lang gewartet haben», schluchzt in Freda Brights *Singular Women* eine der typischen reumütigen Karrierefrauen. Sie und ihre berufstätigen Schwestern sind «dazu verdammt, für immer kinderlos zu bleiben». Selbst Erica Jongs ehrgeizige, emanzipierte Heldin macht am Ende des Jahrzehnts buchstäblich eine Bruchlandung, als die freche Isadora Wing aus *Angst vorm Fliegen* – ein Symbol der sexuellen Befreiung der Frau in den 70er Jahren – von der Autorin durch eine verbitterte «Mit-Abhängige» vom Typ «bekehrte Karrieristin» ersetzt wird. Und zwar geschieht dies in *Der letzte Blues* – einem Buch, das, wie die Erzählerin offen zugibt, «demonstrieren soll, in welche Sackgasse die sogenannte sexuelle Revolution geführt hat, und wie verzweifelt die sogenannte befreite Frau in den letzten Jahren unserer dekadenten Epoche war».

Populäre Psychologiehandbücher gehen mit der gleichen Erklärung für die gegenwärtigen Probleme der Frauen hausieren. «Der Feminismus, der ihr ein stärkeres Identititätsgefühl verheißen hatte, hat ihr höchstens eine Identitäts*krise* beschert», behauptet der meistverkaufte Ratgeber *Being a Woman*. Die Autoren von *Smart Women/Foolish Choices*, des Selbsthilfe-Klassikers der Ära schlechthin, bezeichnen die Probleme der Frauen als «eine bedauerliche Folge des Feminismus», und zwar, weil «er bei den Frauen den Mythos geschaffen hat, der Gipfel der Selbstverwirklichung könne nur durch Autonomie, Unabhängigkeit und Karriere erreicht werden».

In den Jahren Reagans und Bushs brauchten Regierungsbeamte keine Direktiven von oben, um dieser These zuzustimmen. Reagans Sprecherin Faith Whittlesey erklärte den Feminismus zur «Zwangsjacke» für Frauen, und zwar in der einzigen Rede des Weißen Hauses zur Stellung der Frau in der amerikanischen Gesellschaft – sie trug den Titel «Radikaler Feminismus auf dem Rückzug». Auch Vollzugsbeamte und Richter wiesen tadelnd auf den Feminismus und behaupteten, es bestehe ein Zusammenhang zwischen der zunehmenden Emanzipation und dem wachsenden pathologischen Verhalten von Frauen. Oder, wie es ein kalifornischer Sheriff gegenüber der Presse formulierte: «Die Frauen haben jetzt viel mehr Freiheiten, und die Folge davon ist, daß sie mehr Verbrechen begehen.» Die Pornographie-Kommission des amerikanischen Justizministeriums behauptete sogar, der berufliche Aufstieg der Frauen könne für die steigende Zahl von Vergewaltigungen verantwortlich sein. Wenn mehr Frauen studierten und zur Arbeit gingen, folgerten die Kommissionsmitglieder in ihrem Bericht, dann gebe es einfach auch mehr Möglichkeiten, vergewaltigt zu werden.

Auch einige Wissenschaftler haben sich diesem allgemeinen Konsens angeschlossen – und sie sind die «Experten», die sich in den Medien am stärksten profilieren können. In Nachrichten und Talkshows warnten sie Millionen von Frauen, der Feminismus verdamme sie zu «einer geringeren Lebensqualität». Rechtsgelehrte wetterten gegen die «Gleichberechtigungsfalle». Soziologen stellten die Behauptung auf, «feministisch inspirierte» Gesetzesreformen hätten die Frauen eines gewissen «Schutzes» beraubt. Ökonomen gaben gutbezahlten berufstätigen Frauen Schuld daran, daß «die amerikanische Familie nicht mehr so stabil sei wie früher». Demographen legitimierten die öffentliche Meinung lautstark mit angeblich neutralen Daten zum Verhältnis der Geschlechter und zu Fertilitätstrends. Sie behaupten tatsächlich, anhand von Zahlen beweisen zu können, daß sich Gleichberechtigung nicht mit Ehe und Mutterschaft vertrage.

Und schließlich haben sogar einige «emanzipierte» Frauen in das Lamento mit eingestimmt. In Bekenntnisberichten – Erzeugnissen, die Buchhandel und Verlagen stets hochwillkommen sind – packen «wieder zur Vernunft gekommene Superfrauen» aus. In *The Cost of Loving: Women and the New Fear of Intimacy* behauptet Megan Marshall, eine Autorin mit Harvardabschluß, der feministische «Emanzipationsmythos» habe ihre Generation in ungeliebte, unglückliche Karrieristinnen verwandelt; sie seien durch die Karriere «entmenschlicht» und seien sich «nicht sicher, welchem Geschlecht sie eigentlich angehörten». In anderen Tagebüchern wütender Superfrauen findet man den Vorwurf, «der radikal feministische Standpunkt» habe Erfolgsfrauen in Führungspositionen zu einsamen Abenden mit Tiefkühlkost und heimlicher Trunksucht verdammt. Der Triumph der Gleichberechtigung, heißt es, habe den Frauen nur Nesselsucht, Magenkrämpfe, Augenzittern und sogar Komata beschert.

Doch von welcher «Gleichberechtigung» reden diese Expertinnen eigentlich?

Wenn die amerikanischen Frauen wirklich so gleichberechtigt sind, warum repräsentieren sie dann zwei Drittel aller Erwachsenen unter der Armutsgrenze? Warum verdienen mehr als 80% der ganztägig arbeitenden Frauen – aber nur etwa halb so viele Männer – weniger als 20000 Dollar pro Jahr? Warum leben Frauen immer noch viel häufiger als Männer in ärmlichen Unterkünften und ohne Krankenversicherung, und warum erhalten sie doppelt so häufig keine Rente? Warum liegt der Lohn der berufstätigen Frau im Durchschnitt immer noch genauso weit unter dem des Mannes wie vor zwanzig Jahren? Warum verdient eine Collegeabsolventin heutzutage im Durchschnitt weniger als ein Mann mit High-School-Abschluß (genau wie in den fünfziger Jahren) – und warum verdient die Frau mit High-School-Abschluß im Durchschnitt weniger als der Mann, der die High-School nicht beendet hat? Warum ist Amerika die Industrienation mit dem krassesten geschlechtsbedingten Lohngefälle?

Wenn es die Frauen wirklich «geschafft haben», warum hängen dann fast 80% der berufstätigen Frauen immer noch in den traditionell «weiblichen» Berufen fest – als Sekretärinnen, «Aushilfs»kräfte in der Verwaltung und Verkäuferinnen? Und warum stellen sie umgekehrt weniger als 8% aller Richter in Bund und Einzelstaaten, weniger als 6% aller Kompagnons in Anwaltskanzleien und weniger als 1% der Topmanager? Warum gibt es nur drei Gouverneurinnen, zwei US-Senatorinnen und in den laut *Fortune* 500 führenden amerikanischen Firmen nur zwei weibliche Vorstandsvorsitzende? Warum sind nur neunzehn der viertausend Geschäftsführer und Direktoren Frauen – und warum sitzt bei über der Hälfte der *Fortune*-Firmen im Vorstand nicht einmal eine einzige Frau?

Wenn Frauen wirklich «alles haben», warum dann nicht die elementarsten Voraussetzungen für die Chancengleichheit im Beruf? Im Gegensatz zu praktisch allen anderen Industrienationen hat die US-Regie-

rung immer noch kein Programm zu Erziehungsurlaub und Kinderbetreuung vorgelegt – und über 99% der privaten Arbeitgeber bieten
ebenfalls keine Kinderbetreuung an. Obwohl die Unternehmenslei-
tungen behaupten, sie mißbilligten sexuelle Diskriminierung und
seien sich des Problems bewußt, steht der aufrichtige Versuch amerikanischer Firmen, das Übel an der Wurzel zu packen, noch immer aus.
In einer 1990 erfolgten Umfrage unter Führungskräften der in *Fortune*
aufgelisteten 1000 umsatzstärksten amerikanischen Firmen räumten
über 80% ein, der Aufstieg der weiblichen Angestellten werde durch
Diskriminierung behindert – und doch war weniger als 1% dieser Firmen der Meinung, ihre Personalabteilungen sollten sich die *Beseitigung* dieser Diskriminierung zum Ziel setzen. Und als man die Personalchefs fragte, welche Prioritäten sie in ihrer Abteilung setzten, kam
die Beförderung von Frauen an letzter Stelle.

Wenn Frauen wirklich so «befreit» sind, warum haben sie dann, was
die Fortpflanzung betrifft, weniger Freiheiten als noch vor einer Dekade? Warum haben Frauen, die ihr Kind später bekommen wollen,
weniger Entscheidungsfreiheit als noch vor zehn Jahren? Die Auswahl
an verschiedenen Empfängnisverhütungsmethoden wird kleiner, die
diesbezügliche Forschung ist praktisch zum Stillstand gekommen, es
wurden neue Gesetze verabschiedet, die jungen und mittellosen
Frauen den Schwangerschaftsabbruch – und selbst die *Information*
darüber – erschweren, und der Supreme Court hat das 1973 garantierte
Recht nur äußerst halbherzig verteidigt.

Und auch der Kampf der Frauen um gleiche Bildungschancen ist
noch nicht zu Ende; nach einer Studie von 1989 verletzten drei Viertel
aller High-Schools immer noch das Bundesgesetz, das sexuelle Diskriminierung im Bildungswesen verbietet. Collegestudentinnen erhalten
nur 70% der Unterstützung, die männlichen Studenten in Form von
Stipendien und Praktikumsstellen zuteil wird – und die Frauensport-
programme erhalten im Vergleich zu denen der Männer kaum Zuschüsse. Als man Ende der 80er Jahre die in den einzelnen Staaten
geltenden Gesetze über gleiche Bildungschancen überprüfte, stellte
sich heraus, daß nur dreizehn Staaten die vom Title IX-Law geforder-
ten Mindestbestimmungen übernommen hatten – und nur sieben
Staaten Antidiskriminierungsbestimmungen besaßen, die für alle Ebenen des Bildungswesens galten.

Auch zu Hause, wo immer noch 70% der Haushaltspflichten auf ihren Schultern lasten, kommen Frauen keineswegs in den Genuß der Gleichberechtigung – und die einzige entscheidende Veränderung der letzten fünfzehn Jahre besteht darin, daß Mittelschichtmänner jetzt *glauben*, sie arbeiteten mehr im Haushalt mit. (In Wirklichkeit zeigt eine Umfrage aus dem Jahr 1987, daß die Zahl der Frauen, die sich die Kinderbetreuung mit ihren Männern teilten, von 40% drei Jahre zuvor jetzt auf 31% gesunken war.) Darüber hinaus ist es Männern in dreißig Staaten gesetzlich erlaubt, ihre Ehefrauen zu vergewaltigen; und nur in zehn Staaten existiert ein Gesetz, das bei Gewalt gegen Ehefrauen Haftstrafen vorsieht – obwohl Ende der 80er Jahre, was die Verletzungsursachen bei Frauen betrifft, Mißhandlungen durch den Ehemann an erster Stelle lagen. Frauen, denen nichts mehr übrig bleibt als die Flucht, merken, daß auch sie keine wirkliche Alternative ist. Da nämlich die Bundesmittel für Frauenhäuser auf Eis gelegt wurden, findet ein Drittel der jährlich 1 Million geschlagenen Frauen keine Zuflucht. Männergewalt trug weit mehr zur steigenden Zahl der Stadtstreicherinnen bei als die schädlichen Auswirkungen des Feminismus. In den 80er Jahren waren fast die Hälfte aller obdachlosen Frauen (der am schnellsten wachsende Anteil der Obdachlosen) vor ihren gewalttätigen Ehemännern geflohen.

Sosehr dauernd davon die Rede ist, Frauen seien «emanzipiert» – die Frauen selbst scheinen das anders zu sehen. In Umfragen gaben die meisten Amerikanerinnen immer wieder an, sie seien von Gleichberechtigung noch weit entfernt. Fast 70% der 1989 von der *New York Times* befragten Frauen sagten, die Frauenbewegung stehe gerade erst am Anfang. Bei der 1990 durchgeführten Virginia-Slims-Umfrage stimmten die meisten Frauen zu, daß sich in der amerikanischen Gesellschaft die Bedingungen für sie «ein wenig, nicht viel» verbessert hätten. In zahllosen Umfragen während der letzten Dekade vermißte eine überwältigende Mehrheit der Frauen gleiche Lohn- und Berufschancen, einen Gleichberechtigungszusatzartikel, das Recht auf Schwangerschaftsabbruch ohne staatliche Einmischung, das Recht auf gesetzlich garantierten Mutterschaftsurlaub und annehmbare Kindertagesstätten. Nichts davon haben sie. Wie sieht er also aus, unser «Sieg» im Kampf um die Frauenrechte? Vor diesem Hintergrund erscheint die marktschreierische Behauptung, der Feminismus sei am

Unglück der Frauen schuld, absurd – und irrelevant. Wie wir in den folgenden Kapiteln sehen werden, handelt es sich bei den Problemen, die man dem Feminismus zuschreibt, um lauter Mythen. Diese sogenannten Krisen der Frauen – vom «Männermangel» über die «epidemische Infertilität» und das «weibliche Burnout-Syndrom» bis hin zu «schädlicher Kinderhortbetreuung» – haben ihren Ursprung nicht etwa in den aktuellen Lebensumständen der Frauen, sondern in einem geschlossenen System, das in Medien, Massenkultur und Werbung beginnt und endet – eine endlose Feedback-Schleife, die ihr verlogenes Frauenbild ständig perpetuiert und verstärkt.

Die Frauen selbst bezeichnen die Frauenbewegung nicht als Grund für ihre Misere. Vielmehr schreiben in Umfragen 75 – 95 % der Amerikanerinnen der Frauenbewegung eine *Verbesserung* ihrer Lebenssituation zu, und eine vergleichbare Zahl möchte, daß die Frauenbewegung weiterhin für Änderungen kämpft. Weniger als 8 % sind der Meinung, ihr Los habe sich durch die Frauenbewegung tatsächlich verschlechtert.

Woran liegt es dann, daß die weibliche Bevölkerung Amerikas solche Probleme hat? Würde dies all jene, die sich über die Frauenfrage den Kopf zerbrechen, wirklich interessieren, hätten sie sich ja bei den Betroffenen erkundigen können. In öffentlichen Meinungsumfragen zählen Frauen übereinstimmend ihre *Benachteiligung* in Familie und Beruf zu ihren größten Sorgen. Wieder und wieder beklagen sich Frauen gegenüber den Meinungsforschern nicht über mangelnde Heiratschancen, sondern über Geldmangel; sie protestieren dagegen, daß berufstätige Männer – nicht berufstätige Frauen – keine Zeit für Kinder und Küche aufbringen. Die Statistiker der Roper Organization haben herausgefunden, daß der Widerstand der Männer gegen die Gleichberechtigung «einer der Hauptgründe für Ärger und Streß» und «für die meisten heutigen Frauen eines der größten Reizthemen» ist. Nicht an Eheringen und Kinderwagen herrscht nach Ansicht der Frauen ein ungeheurer Mangel, sondern an Gerechtigkeit für ihr Geschlecht. Bei einer 1989 von der *New York Times* veranstalteten Umfrage über «das Hauptproblem der heutigen Frauen» lag die berufliche Diskriminierung mit Abstand an erster Stelle; keine der von Medien und Massenkultur so eifrig aufgebauschten Krisen kam auch nur auf die ersten Plätze. In der 1990 gestarteten Virginia-Slims-Umfrage empörten sich die Frauen vorrangig über ihre schlechte finanzielle Situation und dann über die Weigerung ihrer Partner, Kinderbetreuung und häusliche Pflichten zu übernehmen. Im Gegensatz dazu standen der Wunsch nach einem Ehemann, nach einem «weniger stressigen» Beruf oder das Bedürfnis, zu Hause zu bleiben, auf der Liste ihrer Anliegen ganz unten.

Im Lauf der letzten zehn Jahre hat die Unzufriedenheit der Frauen angesichts der ständigen Benachteiligung sogar noch zugenommen. In amerikanischen Umfragen stieg die Zahl der Frauen, die gegen diskriminierende Behandlung in Beruf, Politik und Privatleben protestierten, drastisch an. Der Anteil der Frauen, die sich über ungleiche Berufschancen beschwerten, schnellte seit den 70er Jahren um über zehn Prozent empor, und die Zahl der Frauen, die sich über ungleich höhere Beförderungshürden beklagten, stieg sogar noch höher. Am Ende der Dekade gaben zwischen 80% und 95% der Frauen an, unter beruflicher Diskriminierung und Lohnbenachteiligung zu leiden. Die bei der Kommission für berufliche Gleichstellung eingegangenen Klagen über geschlechtsspezifische Diskriminierung stiegen während der Reagan-Ära um fast 25%, und Klagen über allgemeine Schikanen gegen berufstätige Frauen sogar um 208%. In diesen zehn Jahren schnellte die Zahl der Beschwerden über sexuelle Belästigungen um 70% nach oben. Was das Privatleben betrifft, beklagten sich deutlich mehr Frauen über Mißhandlungen, mangelnde Gleichberechtigung in der Beziehung und, wie es die Virginia-Slims-Umfrage formulierte, den Versuch der Männer, «die Frauen nicht hochkommen zu lassen». In den Roper-Umfragen fiel der Anteil der Frauen, die bejahten, daß Männer «im wesentlichen nett, freundlich und zuvorkommend» seien, von fast 70% im Jahr 1970 auf 50% im Jahr 1990. Und auch außerhalb der Familie fühlten sich die Frauen zunehmend bedroht: In der Virginia-Slims-Umfrage von 1990 gaben 72% der Frauen an, sie fühlten sich «heutzutage auf der Straße ängstlicher und unsicherer» als noch vor einigen Jahren. Zum Beweis, daß man dies nicht einer allgemeinen Zunahme der Kriminalität zuschreiben kann, sei erwähnt, daß dieses Gefühl nur 49% der Männer äußerten.

Obwohl es sicher das Verdienst der Frauenbewegung ist, daß sich die

Frauen ihrer Benachteiligung deutlicher bewußt geworden sind, sollte man den immer lauter werdenden Protest nicht als durch den Feminismus bewirkte «Überempfindlichkeit» abtun. Die Kontrollinstanzen, deren Aufgabe es ist, Veränderungen beim Status der Frau aufzuspüren, müssen seit Beginn der 8oer Jahre Überstunden machen. Erhebungen – sowohl von privater Seite als auch im Auftrag der Regierung – haben gezeigt, daß die ohnehin schon immense Zahl der in schlechtbezahlten Berufen beschäftigten Frauen steigt, die kleine Zahl der Frauen in höherbezahlten und handwerklichen Berufen sowie die winzige Zahl der ins Topmanagement aufgestiegenen Frauen stagniert oder sinkt, und daß die Löhne der Frauen gerade in den Berufen zurückgehen, wo sie es «am weitesten gebracht» hatten. Der Status der Frauen am untersten Ende der Einkommensskala hat sich dramatisch verschlechtert; allein die Etatkürzungen in den ersten vier Jahren der Reagan-Regierung drückten fast 2 Millionen alleinerziehende Mütter und fast 5 Millionen Frauen unter die Armutsgrenze. Und sie zielten größtenteils auf *ein* Geschlecht: Ein Drittel der Etatkürzungen während Reagans Amtszeit betraf zum Beispiel Programme, die überwiegend Frauen zugute kamen – und dies erscheint noch merkwürdiger, wenn man bedenkt, daß all diese Programme zusammengenommen nur 10 % des Gesamtbudgets ausmachen.

Aber nicht nur im Beschäftigungsbereich herrscht eine alarmierende Situation. Während der 8oer Jahre schrumpfte im politischen Bereich die ohnehin schon kleine Zahl der Frauen in Wahlämtern und politischen Ämtern noch mehr. Im privaten Bereich sank der durchschnittliche Unterhaltsbeitrag geschiedener Väter vom Ende der 7oer Jahre bis Mitte der 8oer Jahre um 25 % (auf nur noch 140 $ pro Monat). Die Zahl der Mißhandelten, die in Häusern für geschlagene Frauen Zuflucht suchten, stieg zwischen 1983 und 1987 um über 100 %. Und Regierungsberichte verzeichneten einen dramatischen Anstieg sexueller Gewalt gegen Frauen. Seit den frühen 7oer Jahren hat sich die Zahl der zur Anzeige gebrachten Vergewaltigungen mehr als verdoppelt – sie übersteigt somit die Rate anderer Gewaltverbrechen um das Doppelte und die gesamte Kriminalitätsrate der Vereinigten Staaten um das Vierfache. Während die Mordrate insgesamt sank, steigerte sich die Zahl der Sexualmorde zwischen 1976 und 1984 um 160 %. Und bei diesen Morden handelte es sich durchaus nicht um das zufällige, gesichtslose Nebenprodukt einer gewalttätigen Gesellschaft. Vielmehr wurden mindestens ein Drittel der Frauen vom eigenen Ehemann oder Freund ermordet, und zwar die meisten kurz nachdem sie entschieden ihre Unabhängigkeit erklärt hatten – indem sie die Scheidung einreichten und aus der gemeinsamen Wohnung zogen.

Gegen Ende des Jahrzehnts bekamen die Meinungsforscher immer häufiger zu hören, daß die Frauen fürchteten, ihre Stellung in der Gesellschaft beginne sich erneut zu verschlechtern. Sie hatten, wie es die Virginia-Slims-Umfrage 1990 zusammenfaßte, das Gefühl, «der Respekt vor ihnen» werde «untergraben». Nachdem mehrere Jahre lang eine wachsende Zahl von Frauen der Meinung gewesen war, ihr Status habe sich im Vergleich zur letzten Dekade verbessert, schrumpfte dieser Anteil in der zweiten Hälfte der 80er Jahre laut Bericht der Roper Organization plötzlich auf 5 %. Und zwar sank er am deutlichsten bei Frauen in den Dreißigern – also den Hauptadressatinnen von Medien und Werbung –, nämlich um etwa zehn Prozent zwischen 1985 und 1990.

Einige Frauen begannen, das Bild zusammenzusetzen. In der *New-York-Times*-Umfrage von 1989 faßten es mehr als die Hälfte der schwarzen und ein Viertel der weißen Frauen in Worte. Sie äußerten den Interviewern gegenüber die Ansicht, die Männer versuchten den Frauen alles wegzunehmen, was sie in den letzten zwanzig Jahren erreicht hätten. «Ich wollte mehr Selbständigkeit», formulierte es eine 37jährige Krankenschwester. Und der von ihr getrennt lebende Ehemann «wollte sie mir wieder wegnehmen».

Tatsächlich fand in den letzten zehn Jahren ein heftiger Angriff auf die Emanzipation statt, ein Gegenschlag, ein Versuch, die Handvoll kleiner, von der Frauenbewegung hart erkämpfter Siege wieder rückgängig zu machen. Dieser Gegenangriff geschieht vorwiegend auf höchst hinterhältige Weise: In einer Art volkstümlicher Version der großen Lüge stellt er die Wahrheit dreist auf den Kopf und behauptet, genau die Schritte, die die Stellung der Frau verbessert haben, hätten in Wirklichkeit zu ihrem Untergang geführt.

Der Gegenschlag ist gleichzeitig raffiniert und plump, pseudo«fortschrittlich» und dreist rückständig. Er macht sich sowohl die «neuesten» Erkenntnisse der «wissenschaftlichen Forschung» zunutze als auch den billigen Moralismus von gestern. Er verwandelt sowohl

die Schlagworte der massenpsychologischen Trendbeobachter als auch
die fanatischen Phrasen der Neuen Rechten in mediengerechte Häppchen. Dem Gegenschlag ist es gelungen, praktisch sämtliche Inhalte
der Frauenfrage in seine eigenen Worte zu kleiden. So wie der Rea-
ganismus den politischen Diskurs weit nach rechts verschoben und den
Liberalismus verteufelt hat, so überzeugte der Gegenschlag die Öffentlichkeit davon, daß die wahre Geißel des heutigen Amerika die «Emanzipation» der Frau sei – Ursache einer endlosen Liste persönlicher, sozialer und ökonomischer Probleme.

Was die Frauen in den letzten zehn Jahren jedoch wirklich unglücklich machte, war nicht ihre «Gleichberechtigung» – die sie noch gar
nicht errungen haben –, sondern der zunehmende Versuch, ihr Streben nach dieser Gleichberechtigung zu blockieren oder sogar schon
Erreichtes rückgängig zu machen. Weder «Männermangel» noch «epidemische Infertilität» sind der Preis der Gleichberechtigung; ja, sie existieren nicht einmal. Aber diese Schimären sind die Stemmeisen eines
die ganze Gesellschaft umfassenden Gegenschlags. Sie sind Teil eines
unbarmherzigen Beschneidungsprozesses – viel davon läuft auf offene
Propaganda hinaus –, der die heimlichen Ängste der Frauen schüren
und ihren politischen Willen brechen soll. Den Feminismus als
frauenfeindlich zu deklarieren fördert nur die Ziele eines Konterschlags gegen die Frauenemanzipation, lenkt gleichzeitig von der zentralen Rolle des Konterschlags ab und bringt die Frauen zum Kampf
gegen ihre eigene Sache.

Einige Beobachter fragen sich vielleicht mit gutem Grund, ob der
gegenwärtig auf die Frauen ausgeübte Druck wirklich einen Gegenschlag darstellt – oder ob es sich nur um eine Fortsetzung des Widerstands handelt, der in der amerikanischen Gesellschaft seit langem gegen die Frauenrechte besteht. Eine emanzipationsfeindliche Haltung
hat sicher schon immer existiert. Aber auch wenn unsere Kultur seit
jeher vom Virus der Furcht und des Abscheus vor dem Feminismus
infiziert war, dann eben doch nicht dauernd im akuten Stadium; die
Symptome verschwinden und erscheinen in periodischen Abstän-
den. Es ist dieses zwischenzeitliche Wiederaufflackern, wie zum Beispiel jetzt, auf das der Begriff eines gegen den weiblichen Fortschritt
gerichteten «Gegenschlags» genau zutrifft. Wenn wir (was in einem späteren Kapitel der Fall sein wird) verfolgen, wann dies im Lauf

der amerikanischen Geschichte jeweils geschah, werden wir sehen, daß es sich dabei kaum um Zufälle gehandelt hat; vielmehr war der Auslöser stets die – richtige oder falsche – Beobachtung, daß die Frauen große Fortschritte machten. Diese Ausbrüche sind deshalb Gegenschläge, weil sie stets als Reaktion auf den weiblichen «Fortschritt» erfolgten und nicht durch eine frauenfeindliche Haltung ausgelöst wurden, sondern durch die jeweiligen Versuche zeitgenössischer Frauen, ihre Stellung zu verbessern, Versuche, die von Männern – besonders wenn sie sich in anderen Bereichen mit realen wirtschaftlichen oder sozialen Problemen herumschlagen mußten – immer wieder so aufgefaßt wurden, als bedeuteten sie ihren eigenen Untergang.

Die jüngste Runde des Gegenschlags machte sich zum ersten Mal Ende der 70er Jahre an den Rändern bemerkbar, und zwar bei der evangelikalen Rechten. Anfang der 80er Jahre hatte sich die fundamentalistische Ideologie ihren Weg ins Weiße Haus gebahnt. Mitte der 80er Jahre, als der Widerstand gegen die Frauenrechte politisch und gesellschaftlich akzeptiert worden war, erfaßte sie die Massenkultur. Und jedesmal deutete einiges darauf hin, daß Frauen kurz vor dem Durchbruch standen.

Kaum schien es so, als stünden die Frauen in ihrem Streben nach Gleichberechtigung kurz vor dem Ziel, wurden sie vom Gegenschlag außer Gefecht gesetzt. Kaum machte sich 1980 bei den Wahlen eine Kluft zwischen männlicher und weiblicher Wählerschaft bemerkbar, aus der die Frauen in der Politik eventuell hätten Kapital schlagen können, nominierten die Republikaner Ronald Reagan, und beide politischen Parteien machten sich daran, die Frauenrechte aus ihrem Programm zu streichen. Kaum hatte die Unterstützung für den Feminismus und den Gleichberechtigungszusatzartikel Rekordumfang erreicht, wurde im Jahr darauf der Zusatzartikel abgelehnt. Kaum hatten die Frauen begonnen, gegen Mißhandlungen und sexuelle Gewalt mobil zu machen, fror die Bundesregierung Gelder für Programme zum Schutz mißhandelter Frauen ein, lehnte Gesetzesvorlagen zur Finanzierung von Frauenhäusern ab und schloß das für Gewalt in der Familie zuständige Office of Domestic Violence – nur zwei Jahre nachdem es 1979 gegründet worden war. Kaum unterstützten Mitte der 80er Jahre Rekordmengen von (mehr jüngeren als älteren) Frauen die Ziele des Feminismus, und kaum bezeichnete sich ein Großteil der Frauen als

Feministinnen, da trat, den Medien zufolge, eine jüngere «postfeministische Generation» auf den Plan, die angeblich nichts von der Frauenbewegung hielt. Kaum war es endlich soweit, daß eine nie dagewesene Zahl von Frauen für das Recht auf Schwangerschaftsabbruch plädierte, veranlaßte der Supreme Court eine nochmalige Überprüfung.

Mit anderen Worten: Der antifeministische Gegenschlag wurde nicht durch den Kampf der Frauen um volle Gleichberechtigung ausgelöst, sondern durch die Tatsache, daß ihre Chancen gestiegen waren, diesen Kampf zu gewinnen. Es handelt sich um einen Präventivschlag, der die Frauen weit vor der Ziellinie stoppt. «Der Gegenschlag ist vielleicht ein Zeichen dafür, daß Frauen wirklich etwas erreicht haben», schrieb die Feministin und Psychiaterin Dr. Jean Baker Miller, «aber solche Gegenschläge passieren schon nach kleinsten Erfolgen, noch bevor die Veränderung so groß ist, daß vielen Frauen dadurch geholfen wird... man könnte fast meinen, die Initiatoren des Gegenschlags benutzten die Angst vor Veränderung als Drohmittel, bevor die wichtigste Veränderung überhaupt stattgefunden hat». Im letzten Jahrzehnt haben einige Frauen beträchtliche Fortschritte gemacht, bevor der Gegenschlag erfolgte, aber Millionen anderer Frauen blieben zurück und saßen auf dem trockenen. Manche Frauen haben jetzt das Recht auf legalen Schwangerschaftsabbruch – aber nicht die vierundvierzig Millionen, von den Mittellosen bis hin zu den Frauen beim Militär, die in puncto Gesundheitsfürsorge vom Staat abhängig sind. Einige Frauen können jetzt problemlos in hochbezahlte Karrieren einsteigen – nicht jedoch die über neunzehn Millionen der Frauen, die immer noch in Großraumbüros sitzen oder hinter den Verkaufstheken der Warenhäuser stehen. (Im Gegensatz zu dem populären Mythos von den Frauen der geburtenstarken Jahrgänge, die «alles haben», arbeiten die meisten Frauen dieser Generation nämlich nach wie vor als Sekretärinnen und Verkäuferinnen.)

Als der Gegenschlag massiver wurde, trennte er die wenigen von den vielen – und die wenigen Frauen, die weitergekommen sind, versuchen jetzt, als soziale Überlebenstaktik zu beweisen, daß sie am Weiterkommen gar nicht so sehr interessiert sind. Manche brüsten sich mit ihrer Abkehr von der Frauenbewegung, während sich ihre zur Arbeiterklasse gehörenden Schwestern an die zersplitterten Reste der

Frauenbewegung klammern. Während eine winzige Zahl wohlhabender und prominenter Frauen, die in Zeitungsartikeln groß herausgestellt werden, sich rühmen, sie hätten ihren «Platz im Leben als Mrs. Andy Mill gefunden» und würden jetzt heimgehen, um «Brot zu backen», kämpfen die vielen Frauen der Arbeiterklasse um ihre ökonomischen Rechte – indem sie in Scharen den Gewerkschaften beitreten, in eigener Regie für Lohngleichheit streiken und zaghaft ihre ersten Gruppen für die Rechte berufstätiger Frauen gründen. Während bei der Gallup-Umfrage von 1986 41% der besser verdienenden Frauen behaupteten, sie seien keine Feministinnen, gaben dies nur 26% der einkommensschwachen Frauen an.

Die Fortschritte und Rückschläge der Frauen werden meistens in militärischen Ausdrücken geschildert: Gewonnene und verlorene Schlachten, eroberte oder dem Feind überlassene Stellungen und Gebiete. Die Kampfmetapher hat in diesem Kontext durchaus ihre Berechtigung, und auch in diesem Buch wird man bereits offenkundig mit dieser Art Kriegsberichterstattung und militärischem Vokabular konfrontiert. Stellt man sich den Konflikt jedoch so vor, als stünden sich zwei ordentlich aufgereihte Bataillone auf beiden Seiten der Front gegenüber, dann übersieht man die komplizierte, verklammerte Natur eines «Krieges» zwischen Frauen und der von Männern beherrschten Kultur, in der sie leben. Man übersieht die reaktive Natur eines Gegenschlags, der per definitionem nur als Antwort auf eine andere Kraft existieren kann.

In Zeiten, in denen sich der Feminismus an einem Tiefpunkt befindet, übernehmen Frauen die aktive Rolle – indem sie privat und meist heimlich gegen die vorherrschende gesellschaftliche Strömung ankämpfen. Wird aber der Feminismus selbst zur Strömung, begnügt sich die Opposition nicht mit dem entsprechenden Verhalten: Vielmehr stellt sie sich auf die Hinterbeine, schwingt drohend die Fäuste, errichtet Wälle und Dämme. Und durch diesen Widerstand entstehen Gegenströmungen und heimtückische Soge.

Die eigentliche Kraft und Wut des Gegenschlags tobt unter der Oberfläche, größtenteils vor der Öffentlichkeit verborgen. Gelegentlich kam sie im letzten Jahrzehnt plötzlich zum Vorschein. Wir haben erlebt, wie die Politiker der Neuen Rechten die Emanzipation verdammten, wie Abtreibungsgegner Brandbomben in Frauenkliniken warfen, wie Fundamentalistenprediger Feministinnen als «Huren» und «Hexen» beschimpften. Auch andere Beweise für die Wut des Gegenschlags drängen sich bisweilen durch ihre schiere Brutalität eine Zeitlang ins öffentliche Bewußtsein – zum Beispiel die drastische Zunahme der Vergewaltigungen oder die steigende Zahl pornographischer Erzeugnisse, in denen extreme Gewalt gegen Frauen dargestellt wird.

Subtilere Zeichen in der Massenkultur werden zwar manchmal flüchtig und oft etwas verwirrt von den Medien erwähnt, geraten aber rasch wieder in Vergessenheit: zum Beispiel ein Bericht darüber, daß sich in TV-Serien des Hauptprogramms plötzlich das Image der Frauen verschlechtert hat. Oder eine Untersuchung von Kriminalromanen, die zu dem Ergebnis gelangte, daß sich die Zahl der gefolterten und verstümmelten weiblichen Figuren auf mysteriöse Weise vervielfacht hat. Oder die verwirrende Nachricht, daß, wie es ein Kommentator formulierte, in «so vielen Hits Frauen nur noch als Schlampen bezeichnet werden, daß manche Rap-Titel eher an Rape-Titel [to rape = vergewaltigen, A. d. Ü.] erinnern...» Der Einfluß bösartig frauenfeindlicher Comics wie Andrew Dice Clay – der Frauen als «Schweine» und «Nutten» bezeichnete und großspurig in Filmen auftrat, in denen Frauen geschlagen, gefoltert und in die Luft gesprengt wurden – oder von Rundfunk-Moderatoren wie Rush Limbaugh, dessen massive Attacken gegen «Nazi»-Feministinnen seine von mehreren Sendern ausgestrahlte Radio-Talkshow zur populärsten der Nation machte. Oder die Nachricht, daß die *American Women in Radio & Television* 1987 ihren jährlichen Preis für Werbespots, die ein positives Frauenbild vermitteln, nicht vergeben konnten: Es fand sich kein geeigneter Spot.

Diese Erscheinungen sind alle miteinander verknüpft, was aber nicht heißt, daß sie in irgendeiner Weise aufeinander abgestimmt sind. Der Gegenschlag ist kein Komplott, bei dem irgendeine Befehlszentrale Agenten losschickt, und wer seinen Zwecken dient, ist sich dessen oft gar nicht bewußt, sondern hält sich manchmal sogar durchaus für feministisch. Größtenteils funktioniert der Gegenschlag verschlüsselt und verinnerlicht, diffus und chamäleonhaft. Auch haben nicht alle Manifestationen des Gegenschlags das gleiche Gewicht; manche sind nur Eintagsfliegen, Produkte eines Kulturapparats, der stets auf der Suche nach «neuen» Aspekten ist. Insgesamt jedoch gehen all diese verschlüsselten Botschaften und Überredungsversuche, all diese Gerüchte, Drohungen und Mythen in eine ganz bestimmte Richtung: Sie wollen die Frauen in ihre «akzeptablen» Rollen zurückdrängen – in die Rolle von Daddys kleinem Mädchen oder in die Rolle der hektischen Romantikerin, in die Rolle der emsigen Hausfrau oder der des passiven Liebesobjekts.

Daß es sich beim Gegenschlag um keine organisierte Bewegung handelt, macht ihn keineswegs weniger destruktiv. Tatsächlich ist er gerade durch die fehlende Instrumentation und dadurch, daß es niemanden gibt, der die Fäden in der Hand hält, noch schwerer erkennbar – und womöglich effektiver. Ein Konterschlag gegen die Frauenbewegung hat um so mehr Erfolg, je *weniger* er nach Politik und Kampf aussieht. Er hat die stärkste Wirkung, wenn er im privaten Bereich ansetzt, wenn er sich im Bewußtsein der Frauen einnistet und ihren Blick nach innen richtet, bis sie sich schließlich einbilden, die Zwänge existierten alle in ihrem Kopf; bis sie den Gegenschlag allmählich unterstützen – gegen sich selbst.

Im letzten Jahrzehnt hat sich der Gegenschlag durch die Geheimgemächer der Kultur bewegt, hat Gänge der Schmeichelei und Furcht passiert. Unterwegs hat er Verkleidungen angelegt: die Maske milden Spotts oder den hingeschminkten Ausdruck tiefer «Betroffenheit». Seine Lippen bekunden Mitleid mit jeder Frau, die nicht ins Klischee paßt, während er gleichzeitig versucht, sie hineinzupressen. Er verfolgt eine Strategie des «Teile und herrsche: Alleinstehende Frauen gegen verheiratete Frauen, berufstätige Frauen gegen Hausfrauen, Mittelschicht gegen Arbeiterklasse. Er bedient sich eines Systems von Belohnung und Strafe, hebt Frauen, die seine Regeln befolgen, empor und stößt jene, die sich weigern, in die Isolation. Der Gegenschlag verkauft alte Ammenmärchen als neue Fakten und ignoriert sämtliche Appelle an die Vernunft. In die Enge getrieben, leugnet er seine eigene Existenz, zeigt anklagend auf den Feminismus und gräbt sich noch tiefer.

Zufällig ist *Backlash* * der Titel eines 1947 gedrehten Hollywood-

---

* *Backlash* (= Gegenschlag) ist der amerikanische Titel von *Männer schlagen zurück*. Der deutsche Titel des *Films* «Backlash» ist «Geheimnis der 5 Gräber».

films, in dem ein Mann seine Frau eines Mordes beschuldigt, den er selbst begangen hat. Der auf die Frauenrechte zielende Gegenschlag funktioniert ziemlich ähnlich: Er beschuldigt die Feministinnen verbal all dessen, was er selbst verbricht. Die Front des Gegenschlags macht die Frauenbewegung für die «Feminisierung der Armut» verantwortlich – wo doch gerade die Initiatoren des Gegenschlags in Washington jene Etatkürzungen durchgeboxt haben, die mit dazu beitrugen, Millionen von Frauen in die Armut zu treiben, wo gerade die Initiatoren des Gegenschlags Pläne zur Lohngerechtigkeit bekämpft und Gesetze zur Chancengleichheit ausgehöhlt haben. Die Gegenschlagsfront behauptet, die Frauenbewegung kümmere sich nicht um die Rechte des Kindes – wo doch ihre eigenen Repräsentanten in den gesetzgebenden Gremien der Hauptstädte und Bundesstaaten eine kinderfreundliche Gesetzesvorlage nach der anderen blockiert, staatliche Kinderbeihilfen um Milliarden Dollar gekürzt und die staatlichen Genehmigungsrichtlinien für Kindertagesstätten gelockert haben. Die Gegenschlagsfront wirft der Frauenbewegung vor, eine Generation unglücklicher, alleinstehender und kinderloser Frauen hervorzubringen – aber in Wirklichkeit liegt es an der Art, wie sie selbst die Medien mit Informationen beliefert, daß sich alleinstehende und kinderlose Frauen wie Monstrositäten im Zirkus fühlen.

Wer dem Feminismus vorwirft, durch ihn werde die Lebensqualität der Frauen «reduziert», dem entgeht völlig die eigentliche Absicht des Feminismus, die darin besteht, den Frauen einen größeren Erfahrungsbereich zu schaffen. Das Programm des Feminismus ist und bleibt ziemlich simpel, trotz wiederholter – und äußerst erfolgreicher – Versuche, es mit Fettschminke aufzumotzen und seine Verfechterinnen zu Scheusalen zu stempeln. Wie Rebecca West 1913 boshaft schrieb: «Ich selbst habe nie genau herausgefunden, was der Feminismus eigentlich ist: Ich weiß nur, daß man mich als Feministin bezeichnet, wann immer ich Gedanken äußere, die mich von einem Fußabtreter unterscheiden.»

Die Bedeutung des Wortes «Feministin» hat sich eigentlich nicht verändert, seit es am 27. April 1895 in der Zeitschrift *Athenäum* in einer Buchbesprechung auftauchte, und zwar um eine Frau zu beschreiben, die die «Fähigkeit besitzt, sich ihre Unabhängigkeit zurückzuerobern». Es geht um die elementare Behauptung: «Vor allen Din-

gen bin ich ein Mensch», wie Nora es vor hundert Jahren in Ibsens
Puppenheim ausdrückte. Es geht um das schlicht beschriftete Schild
ICH BIN KEINE BARBIEPUPPE, das ein kleines Mädchen 1970 bei
der Frauendemonstration *Frauen streiken für Gleichberechtigung*
hochhielt. Der Feminismus fordert alle Welt auf zu erkennen, daß
Frauen kein schmückendes Beiwerk, keine kostbaren Gefäße, keine
Mitglieder einer «bestimmten Interessengruppe» sind. Vielmehr machen sie die Hälfte (und inzwischen sogar mehr als die Hälfte) der Bevölkerung aus und verdienen die gleichen Rechte und Chancen wie die
andere Hälfte, sind genauso befähigt, aktiv an allen gesellschaftlichen
Entwicklungen mitzuwirken wie die andere Hälfte. Die feministische
Tagesordnung enthält elementare Forderungen: Frauen dürfen nicht
gezwungen werden, zwischen Gleichstellung in der Gesellschaft und
privatem Glück «wählen» zu müssen; Frauen sollen sich selbst definieren können – statt daß ihre Identität immer wieder von der Kultur, der
sie angehören, und von den Männern dieser Kultur definiert wird.

Daß diese Gedanken immer noch derart brisant sind, sollte uns zeigen, daß Frauen bis zum Gelobten Land der Gleichberechtigung noch
einen weiten Weg vor sich haben.

ERSTER TEIL

Mythen und Rückblicke

1 Männermangel und unfruchtbare Schöße: Die Mythen des Gegenschlags

Ende der 80er Jahre waren viele Frauen mit folgenden «statistischen» Entwicklungen bitter vertraut geworden:

– Einem «Männermangel», der die Heiratschancen der Frauen gefährdet.
  Quelle: Eine berühmte, von Forschern der Universität Harvard und Yale verfaßte Heiratsstudie.
  Ergebnisse: Eine ledige College-Absolventin hat im Alter von dreißig Jahren eine Heiratschance von 20%, im Alter von fünfunddreißig eine Chance von 5% und im Alter von vierzig Jahren nur noch eine Chance von 1,3%
– Einer «katastrophalen» Verschlechterung der ökonomischen Situation der Frauen, die nach dem neuen (also nicht mehr am Schuldprinzip orientierten) Scheidungsrecht geschieden werden.
  Quelle: Eine 1985 von einem Soziologen der Universität Stanford durchgeführte Untersuchung.
  Ergebnisse: Der Lebensstandard der Frauen ist ein Jahr nach der Scheidung um durchschnittlich 73% gesunken, der Lebensstandard der Männer hingegen um durchschnittlich 42% gestiegen.
– Einer «epidemischen Infertilität» berufstätiger Frauen, die das Kinderkriegen auf später verschieben.
  Quelle: Eine 1982 von zwei französischen Forschern durchgeführte Untersuchung.
  Ergebnisse: Frauen zwischen einunddreißig und fünfunddreißig haben ein Risiko von 39%, nicht schwanger werden zu können, verglichen mit Frauen Ende Zwanzig ein drastischer Anstieg von 13%.

– «Tiefen Depressionen» und «Burnout»-Attacken, von denen, in dieser Reihenfolge, Single- und Karrierefrauen befallen werden. *Quelle:* Verschiedene psychologische Studien.

Ergebnisse: Keine zuverlässigen Zahlen, nur die Behauptung, die psychische Verfassung der Frauen sei nie schlechter gewesen und verschlechtere sich proportional zur Tendenz, ledig zu bleiben oder sich ganz der Karriere zu widmen.

Dies sind die grundlegenden Argumente, auf die sich der Konterschlag gegen die Emanzipationsbestrebungen der Frauen stützt. Und alle haben eines gemeinsam: Sie sind nicht wahr.

Das klingt zweifellos unglaublich. Wir haben diese Zahlen und Fakten so oft gehört, sie haben im Hallraum des Gegenschlags ein so vielfältiges Echo gefunden, daß es schwerfällt, ihnen plötzlich zu mißtrauen. Wie kann es sein, daß so viele verzerrte, fehlerhafte oder schlicht falsche Informationen auf so breiter Basis akzeptiert werden? Bevor wir uns diesen Mythen zuwenden, sehen wir uns kurz an, wie in den Medien mit zwei statistischen Untersuchungen umgegangen wurde. Vielleicht hilft uns das bei der Beantwortung jener Frage weiter.

Statistiken – die Geschichte von den zwei Sozialwissenschaftlern

1987 bot sich den Medien Gelegenheit, das Werk zweier Sozialwissenschaftler zu rezensieren. Der eine hatte sich feindselig zur Frauenemanzipation geäußert; der andere hatte ihm beigepflichtet.

«Shere Hite machte in den vergangenen Wochen den Eindruck einer Demagogin der Massenkultur», informierte *Newsweek* seine Leser am 23. November 1987 unter der Überschrift: MÄNNER SIND NICHT IHR EINZIGES PROBLEM. Shere Hite hatte gerade den letzten Teil von *Love: Cultural Revolution in Progress* veröffentlicht, einer auf die USA bezogenen Studie über Sexualität und Partnerschaft – ein 922 Seiten starkes Kompendium der Aussagen von 4500 Frauen. Hauptergebnis des Reports: Die meisten Frauen macht der anhaltende Widerstand ihrer Lebensgefährten, sie gleichberechtigt zu behandeln, unglücklich und verzweifelt. Vier Fünftel von ihnen gaben an, sie müßten zu Hause immer noch um Anerkennung und um ihre Rechte kämpfen, und nur 20% hatten das Gefühl, in den Augen ihrer Partner ebenbürtig zu sein. Die Frauen berichteten, ihre Emanzipationsbestrebungen habe bei ihren Lebensgefährten wachsende Erbitterung ausgelöst.

Doch nicht dieser Aspekt des Buches war es, den die Presse hervorzuheben beschloß. Die Medien waren viel zu sehr mit persönlichen Angriffen auf Hite beschäftigt. Die meisten Beweise, die gegen sie aufgefahren wurden, hingen mit irgendwelchen Klatschgeschichten zusammen, die, wie *Newsweek* verriet, «nur am Rande mit ihrer Arbeit zu tun hatten». Es ging das Gerücht, Hite habe einen Taxifahrer geohrfeigt, der sie «Schätzchen» nannte, und habe Reporter angerufen und sich als Diana Gregory, ihre eigene Assistentin, ausgegeben. Falls dies zuträfe, wäre es zwar merkwürdig, ließe aber eher auf eine exzentrische als auf eine demagogische Persönlichkeit schließen. Nichtsdestotrotz jagten die wichtigsten Publikationsorgane Amerikas mit ungewöhnlichem Eifer Hinweisen auf die Eigenheiten der feministischen Forscherin nach. Die *Washington Post* zog sogar einen Handschriftenexperten hinzu, um die Unterschriften Hites und Gregorys zu vergleichen.

Gewiß hat Hites Werk eine genaue Überprüfung verdient; zu ihrem statistischen Verfahren ließen sich viele berechtigte Fragen aufwerfen. Aber größtenteils wurden Hites Erkenntnisse eben nicht überprüft, sondern einfach nur lächerlich gemacht. «Der gewohnte bombastische Umfang», «höchst unwahrscheinlich», «fragwürdig» und «von begrenztem Wert», so ging das *Time Magazine* vom 12. Oktober in dem Artikel «Back off, Buddy» über Hites Report hinweg – und es drängte sich einem die Frage auf, warum die Chefredakteure, wenn sie denn dieser Meinung waren, dem Thema Titelseite und sechs Innenseiten widmeten. Das Magazin behauptete, im Buch wimmele es von «extremen Ansichten zänkischer» Frauen, die wahrscheinlich einfach nur «unzufrieden» seien. Ob ihre Ansichten tatsächlich extrem waren, ließ sich der Darstellung des *Time Magazine* jedoch beim besten Willen nicht entnehmen: Die weitschweifige Story brachte es gerade auf zwei zweizeilige Zitate der Tausenden von Frauen, die Hite eingehend befragt und zitiert hatte. Shere Hites Kritikern hingegen räumte derselbe Artikel viel Platz ein – wesentlich mehr als Shere Hite selbst.

Wenn Hites statistisches Vorgehen aber wirklich einmal kritisiert wurde, dann handelte es sich entweder um unbegründete oder um scheinheilige Vorwürfe. Manche Artikel monierten, Hites Befunde seien «einseitig», weil ihre Fragebögen durch Frauengruppen verteilt worden seien. In Wirklichkeit hatte Hite jedoch ein breites Spektrum von Gruppen in ihre Umfrage mit einbezogen, inklusive kirchliche Gemeinschaften, soziale Vereine und Altenzentren. In der Presse wurde behauptet, sie habe eine kleine, nicht repräsentative Auswahl getroffen. Doch wie wir noch sehen werden, basieren die Ergebnisse vieler psychologischer und sozialwissenschaftlicher Untersuchungen, über die Journalisten völlig unkritisch berichten, auf wesentlich kleineren Stichproben, die keine Zufallsstichproben sind. Und außerdem betont Hite in ihrem Buch ausdrücklich, daß die Zahlen *nicht* repräsentativ sind; ihr Ziel, schreibt sie, sei einfach nur, so vielen Frauen wie möglich ein öffentliches Forum für ihre intimen und normalerweise nicht laut geäußerten Gedanken zur Verfügung zu stellen. Eigentlich werden in dem Buch mehr Zitate als Zahlen zusammengetragen.

Während die Medien diese Berichte von Frauen über ihre Ehemänner und Geliebten größtenteils als «männerfeindliche Hetztiraden» bezeichneten, sind die Äußerungen in Hites Buch viel eher verzweifelt als rachsüchtig: «Ich habe alles hergegeben, was ich bin und habe... und jetzt habe ich nichts mehr und fühle mich einsam und verletzt, und er will immer noch mehr. Ich bin so müde, so müde.» – «Er zieht sich hinter einer Mauer aus Schweigen zurück.» – «Meistens habe ich das Gefühl, einfach nicht von ihm beachtet zu werden – nicht seine beste Freundin zu sein.» – «Im Moment bezweifle ich, daß er mich liebt oder begehrt... Ich versuche es damit, daß ich weiblichere Nachthemden trage und Dinge tue, die ihn freuen.» «Im Alltag kritisiert er mich wegen irgendwelcher Belanglosigkeiten, offenen Schränken und Türen... Da ich es nicht mag, wenn er wütend ist, mache ich die Schränke und Schubladen eben zu, schalte das Licht aus, räume hinter ihm her usw. usw. und sage kein Wort.»

Aus diesen persönlichen Berichten wählt Hite einige Angaben der Frauen über ihre Einstellung zu Beziehung, Ehe und Monogamie aus. Daß für die Medien diese Angaben eine solche Bedrohung für die Männer darstellen, zeigt, wie leicht sich im Rahmen eines antifeministischen Gegenschlags Hysterie angesichts weiblicher «Aggression» entzündet. Sollte es die Presse zum Beispiel wirklich erzürnt – oder auch nur überrascht – haben, daß die Frauen in erster Linie darüber klagten, ihre Männer «hörten nicht zu»?

Die Medien schienen die Klage der Frauen eher noch zu bestätigen, und zwar dadurch, daß sie sich taub stellten. Vielleicht war es einfacher, Hites Zahlentabellen am Ende des Buchs durchzublättern, als Hunderte von Seiten ausführlicher und beunruhigender Erfahrungsberichte zu verdauen. Vielleicht ertrugen manche Journalisten einfach nicht, was diese Frauen zu sagen hatten; die überhitzten Verurteilungen von Hites Buch legen nahe, daß es eher Angst als Wut auslöste – dies belegen auch die Illustrationen zur *Time*-Story, auf denen unter anderem eine Frau zu sehen war, die auf der Brust eines am Boden liegenden Mannes steht, eine Frau, die einen Hai ins Badewasser eines Mannes fallen läßt, und eine Frau, die einem erschrockenen Mann vipernhaft ins Gesicht züngelt.

Während die Presse Hite die Unterstellung verübelte, dem Kummer der Frauen könne teilweise besagter männlicher Widerstand zugrunde liegen, zollte sie einem anderen Wissenschaftler Beifall, dessen Theorie – an den Problemen der heutigen Frauen sei die Emanzipation schuld – dem Gegenschlagsdenken eher entsprach. Der Psychologe Dr. Srully Blotnick, Kolumnist der Zeitschrift *Forbes* und vielzitierter Medien«experte» für die Nöte der Karrierefrauen, war Leiter der, seinen Worten nach, «größten jemals in den USA durchgeführten Langzeitstudie über berufstätige Frauen». Sein Fazit: Beruflicher Erfolg «vergiftet sowohl das Berufs- als auch das Privatleben der Frauen». In seinem 1985 erschienenen Buch *Otherwise Engaged: The Private Lives of Successful Women* behauptete Blotnick, seine 3466 Frauen erfassende und über 25 Jahre hinweg geführte Studie habe ergeben, daß erfolgreiche Karrierefrauen mit hoher Wahrscheinlichkeit am Ende ohne Liebe dastehen und ihr Altjungfernelend schließlich auch ihre Karriere zerstört. «In der Tat», schreibt er, «haben wir herausgefunden, daß die immer stärker werdende Sehnsucht die Hauptursache dafür ist, daß Frauen zwischen fünfunddreißig und fünfundfünfzig ihren Job verlieren.» Er verteilte auch ein paar Seitenhiebe gegen die Frauenbewegung, die er «einen Nebelschleier» nannte, «hinter dem sich die Mehrzahl der Frauen versteckten, die befürchteten, sonst als selbstsüchtig, habgierig und ehrgeizig abgestempelt zu werden». Die Medien nahmen seine Erkenntnisse mit Wärme auf – er wurde überall zur festen Einrichtung, von der *New York Times* bis zu «Donahue» – und amerikanische Zeitschriften wie *Forbes* und *Savvy* zahlten ihm Hunderttausende von Dollar dafür, daß er weitere Studien über diese von Sehnsucht gepeinigten Karrierefrauen produzierte. Niemand zog seine Methodik in Zweifel – obwohl es ganz offensichtlich einige Gründe zur Skepsis gab. Zunächst einmal behauptete Blotnick, er habe bereits 1958 mit dem Sammeln von Daten begonnen – damals wäre er gerade siebzehn gewesen. Praktisch ohne einen Pfennig sei es ihm irgendwie gelungen, auf eigene Faust eine umfangreiche Datenbank zusammenzustellen («drei Tonnen Akten, plus sechsundzwanzig auf Disketten gespeicherte Giga-Bytes», prahlte er in *Otherwise Engaged*) – das sind mehr Daten als bei den umfangreichsten, mit Millionen von Dollars finanzierten staatlichen Langzeitstudien. Und auch der «Dr.» in seinem Titel war falsch; er entpuppte sich als ein per Post verschickter Grad eines nicht akkreditierten Fernlehrinstituts. Auf einen entsprechenden Wink hin ließen die *Forbes*-Redakteure dezent den «Dr.» aus der Verfasserangabe verschwinden – Blotnicks Kolumne jedoch wurde beibehalten.

Mitte der 8oer Jahre erhielt Dan Collins, ein Reporter des *U.S. News & World Report*, den Auftrag, eine Story über jenes in den Medien damals äußerst populäre Thema zu schreiben: Das Elend der Unverheirateten. Sein Redakteur schlug vor, den stets zitierbaren Blotnick anzurufen, der gerade in der *Washington Post* mit einer ähnlichen Story über die Not der Singles in Erscheinung getreten war. Collins erinnert sich, er habe sich nach dem Interview gewundert, daß Blotnick bei der Erkundigung nach seinem akademischen Werdegang so nervös gewirkt habe. Als der Reporter Blotnicks Werdegang genauer unter die Lupe nahm, entdeckte er etwas, was er für eine weit bessere Story hielt: Die Karriere dieser nationalen Autorität war auf Sand gebaut. Blotnick besaß nicht nur keine Zulassung als Psychologe, auch sein Lebenslauf wimmelte von Unstimmigkeiten; selbst der Professor, den er als seinen damaligen Mentor bezeichnete, war schon 15 Jahre tot.

Doch Collins' Redakteure bei den *U.S. News* waren an dieser Story nicht interessiert – eine Sprecherin erklärte später, es hätte keinen

«Aufhänger» dafür gegeben – und der Artikel wurde nie veröffentlicht. Endlich brachte Collins ein Jahr später, nachdem er 1987 zu den
New York Daily News übergewechselt war, seinen neuen Vorgesetzten dazu, den Text zu drucken. Als Reaktion auf Collins' Bericht wurde
gegen Blotnick ein Ermittlungsverfahren wegen Betrugs eingeleitet,
und bereits am nächsten Tag stellte *Forbes* Blotnicks Kolumne ein.
Aber insgesamt schlug die Nachricht von Blotnicks falschen Auskünf-
ten und seiner Unglaubwürdigkeit in der Presse keine großen Wellen;
im *Time Magazine* las man nur eine kurze Meldung, in *Newsweek*
nichts. Und Blotnicks Verlag, Viking Penguin, verfolgte seinen Plan
einer Taschenbuchausgabe von Blotnicks letztem Buch trotzdem weiter. Wie Gerald Howard, Vikings Chefredakteur, damals erklärte:
«Blotnick hat einige sehr gute Einblicke in die Verhaltensweisen berufstätiger Menschen, und ich glaube weiterhin, daß diese Einblicke
eine empirische Basis haben.»

Die Art, wie die Presse mit Hites und Blotnicks Befunden umging, legt
nahe, daß man gerade jene Statistiken, die von der Massenkultur am
meisten unterstützt werden, mit größter Vorsicht genießen sollte. Es
kann durchaus sein, daß sie nicht deshalb so weit verbreitet sind, weil
sie der Wahrheit entsprechen, sondern weil sie die in den Medien verbreiteten Vorurteile bestätigen.

Im Rahmen des Gegenschlags verwandelten sich Statistiken in Vorschriften für erwünschtes Verhalten, in kulturelle Marschbefehle, die
nur beschreiben, wie Frauen agieren *sollen* – und welche Strafe sie
erwartet, falls sie sich dem Befehl verweigern. Diese «Daten» spiegel-
ten angeblich nur «die Situation der Frauen» wider, grundlegende demographische Tatsachen, an denen nicht zu rütteln war; den Frauen
blieb nichts übrig, als die Zahlen zu akzeptieren und ihre Ansprüche
zurückzuschrauben, um ihnen gerecht zu werden.

In dem Maß, wie der Gegenschlag immer breitere Zustimmung
fand, endete die Funktion der Frauen-Statistiken als gesellschaftliches
Barometer. Statt dessen wurden die Daten zu gesellschaftlichen
Kontrollstellen, die an entscheidenden Punkten im Leben einer Frau
eingerichtet sind und sie davor warnen, vom vorgezeichneten Weg ab-
zuweichen. Diese Verordnungen beherrschen in den 8oer Jahren den

Werdegang quasi jeder auf Frauen bezogenen Statistik, von den ersten
Daten bis zur Veröffentlichung. Unter der Reagan-Regierung gerieten
die Demographen des Census Bureau (Statistisches Bundesamt) unter
wachsenden Druck, Daten für den Feldzug der Regierung gegen die
Emanzipation der Frauen beizubringen, um Statistiken zu erstellen,
die eine bedrohliche Zunahme der Infertilität, physische und psychische Risiken der Abtreibung, die Schattenseiten des Alleinerziehens
und die negativen Auswirkungen von Kinderhorten «beweisen» sollten. «Die Leute, mit denen ich in der (Reagan-)Administration zu tun
hatte, schienen die Hirngespinste ihrer eigenen Kindheit neu erschaffen zu wollen», sagt Martin O'Connell, Leiter der Abteilung für Ferti-
litätsstatistik des Census Bureau. Und Ergebnisse, die nicht mit diesen
Hirngespinsten übereinstimmten, wurden ad acta gelegt, wie etwa jene
Regierungsstudie, die belegte, daß sich staatliche Antidiskriminierungsprogramme positiv auf die Einstellungsquoten von Frauen und
Minderheiten in der Industrie auswirkten. Der Public Health Service
zensierte Informationen, die die positiven gesundheitlichen Folgen der
Abtreibung betrafen, und degradierte und feuerte Wissenschaftler im
Staatsdienst, deren Erkenntnisse mit der sogenannten familienfreund-
lichen Politik der Regierung kollidierten.

«Soziologische Forschungen in bezug auf die Familie entsprangen
meist eher einem unmittelbaren moralischen Zweck – nämlich dem,
Abweichungen wie Scheidung, Verlassen des Partners, uneheliche
Kinder und Ehebruch zu eliminieren – als dem Wunsch, das Wesen
sozialer Institutionen zu verstehen», schrieb der Soziologe Kingsley
Davis 1948 in seinem Klassiker *Human Society*. Über vierzig Jahre
später ist dies eine der wenigen Behauptungen eines Demographen, die
sich bewahrheitet haben.

Der Männermangel:
Die Geschichte von den beiden Heiratsstudien

Der Valentinstag 1986 stand bevor, und diesmal war die Reporterin Lisa
Marie Petersen mit der alljährlichen Story über Amors Schlingen und
Pfeile an der Reihe. Ihr «Ansatz» war, wie sie sich später erinnerte:
«Romantik: In oder out?» Sie ging ins Stamford-Town-Einkaufscenter

und interviewte ein paar Männer, die gerade Blumen und Pralinen kauften. Dann schob sie ein Telefongespräch bei der soziologischen Fakultät der Universität Yale ein, «einfach, um eine Art Basis zu haben».

Sie bekam Neill Bennett an den Apparat – einen einunddreißigjährigen ledigen Soziologen, der vor kurzem, zusammen mit zwei Kollegen, eine noch unveröffentlichte Studie über Heiratsmuster von Frauen verfaßt hatte. Bennett wies sie zwar darauf hin, daß die Studie eigentlich noch nicht beendet sei, berichtete ihr aber auf ihr Drängen hin von seinen Ergebnissen: Frauen mit Collegestudium, die erst einmal Ausbildung und Karriere verfolgen, bevor sie ans Heiraten denken, werden es schwerer haben, einen Mann zu finden. «Es könnte leider sein, daß der Heiratsmarkt an ihnen vorbeirauscht», erklärte er ihr.

Bennett nannte die Zahlen: Dreißigjährige Collegeabsolventinnen, die nie verheiratet waren, hatten eine Heiratschance von 20%; mit fünfunddreißig war ihre Chance bereits auf 5% gesunken; mit vierzig auf 1,3%; und bei farbigen Frauen lagen die Zahlen noch niedriger. «Mir klappte der Kiefer runter», erinnert sich Petersen, damals siebenundzwanzig und selbst ledig. Die Zahlen anzuzweifeln kam ihr nicht in den Sinn. «Angesehenen Universitäten nimmt man normalerweise alles ab. Eine Yale-Studie wird einfach gedruckt.»

Der *Advocate* brachte die Nachricht auf der Titelseite. Da AP die Story sofort aufgriff, ging sie durch ganz Amerika und schließlich rund um die Welt. Im Nu erreichten Bennett Anfragen aus Australien.

In den USA beschäftigten sich sämtliche Bereiche der Massenkultur mit der Neuigkeit. Die Statistik machte in praktisch allen wichtigen Zeitungen Schlagzeilen und wurde in sämtlichen Nachrichtensendungen und Talkshows an erster Stelle genannt. Schließlich tauchte sie sogar in Situationskomödien von «Designing Women» bis «Kate and Allie» auf. Man begegnete ihr in Filmen von *Crossing Delancey* bis *Harry und Sally* und *Eine verhängnisvolle Affäre*, in Frauenzeitschriften von *Mademoiselle* bis *Cosmopolitan*. Man fand sie in Dutzenden von Selbsthilfe-Ratgebern, in Postwurfsendungen von Single-Treffs, in Abendkursen über Partnerbeziehungen und auf Glückwunschkarten. Selbst The Street Fare Journal, eine Firma für Reklame in öffentlichen Verkehrsmitteln, plakatierte in allen amerikanischen Großstädten Bus-Werbeflächen mit den Ergebnissen der Studie, und so hatten ledige Stehplatzinhaber auf dem Weg zur Arbeit das Bild einer verlassenen jungen Frau im Brautschleier vor Augen, neben der eine Punktliste mit ihren dürftigen Heiratschancen hing.

Dafür, daß Bennett und seine Kollegen – der Harvard-Ökonom David Bloom und die Yale-Studentin Patricia Craig – den Collegeabsolventinnen der geburtenstarken Jahrgänge einen «Heiratsengpaß» prophezeiten, gab es in erster Linie folgenden Grund: Frauen heiraten im Durchschnitt um ein bis zwei Jahre ältere Männer. Also zogen sie den Schluß, daß Frauen, die in der ersten Hälfte des Baby-Booms zwischen 1945 und 1957 geboren wurden, als die Geburtenziffer jährlich anstieg, nur mit Mühe Männer in den dünner besiedelten Altersklassen finden würden. Und jene bildungsbeflissenen Frauen, für die das Diplom vor dem Trauschein kam, würden dabei angeblich am schlechtesten wegkommen – nach dem Motto: Wer zuerst kommt, mahlt zuerst.

Aber gerade als die Studie veröffentlicht wurde, geriet die Annahme, Frauen heirateten ältere Männer, aus der Mode; Regierungsstatistiken zeigten, daß der erste Ehemann einer Frau jetzt nur noch durchschnittlich 1,8 Jahre älter war. Doch leider bestand keine Möglichkeit, die Harvard-Yale-Zahlen unter diesem neuen Aspekt zu korrigieren oder auch nur zu überprüfen – denn die erwähnte Studie wurde nicht freigegeben. Dies störte die Presse jedoch offenbar nicht, die es vorzog, eine – nur wenige Monate zuvor erschienene – Studie zum selben Thema zu ignorieren, die zum entgegengesetzten Schluß kam. Jene Studie, ein im Oktober 1985 von Forschern der Universität Illinois verfaßter Bericht, ergab, daß von einem Heiratsengpaß in den USA kaum die Rede sein konnte. Die Forscher schrieben, ihre Zahlen «untermauerten keineswegs jene Theorien, denen zufolge der Heiratsengpaß beim jüngsten Wandel des Heiratsverhaltens eine herausragende Rolle spiele». (Auf wirkliche «Heiratsengpässe» stießen sie bei der Auswertung historischer und geographischer familienbezogener Daten tatsächlich nur in wenigen europäischen Staaten Anfang des 20. Jahrhunderts und später noch in einigen Ländern der Dritten Welt.)

Im März 1986 veröffentlichten Bennett und seine Forscherkollegen ein informelles «Diskussionspapier», aus dem hervorging, daß sie ein «parametrisches Modell» benutzt hatten, um die Heiratschancen der Frauen zu berechnen – eine unübliche und unerprobte Methode für

Verhaltensprognosen. Die Princeton-Professoren Ansley Coale und Donald McNeil hatten das parametrische Modell ursprünglich entworfen, um die Heiratsmuster älterer Frauen zu analysieren, die ihren Ehezyklus bereits vollendet hatten. Bennett und Bloom, die bei Coale promoviert hatten, glaubten, die gleiche Methode zur Prognose von Heiratsmustern verwenden zu können. Später dazu befragt, äußerte Coale Zweifel. «Im Prinzip mag das Modell auch auf Frauen übertragbar sein, deren Ehegeschichte noch nicht abgeschlossen ist», sagte er, «aber es ist riskant.»

Zu allem Überfluß entnahmen Bennett, Bloom und Craig ihre Frauen-Stichprobe auch noch dem Current Population Survey von 1982, einem schlechten Jahr für statistische Daten, in dem eine viel kleinere Anzahl von Haushalten erfaßt wurde als bei der alle zehn Jahre stattfindenden Erhebung. Die Forscher teilten diese Stichprobe dann in noch kleinere Untergruppen auf – nach Alter, Rasse und Bildungsgrad –, bis sie schließlich bei Verallgemeinerungen landeten, die auf kleinen, unrepräsentativen Frauen-Stichproben basierten.

Als die Nachricht von der «Männermangel»-Studie wie ein Lauffeuer durch die Medien ging, erhielt Jeanne Moorman, eine Demographin in der Abteilung Ehe und Familie des Census Bureau, ununterbrochen Anrufe von Reportern, die um eine Stellungnahme baten. Daraufhin beschloß sie, sich die Unterlagen der drei Forscher einmal genauer anzusehen. Als Akademikerin mit einem Doktorgrad in Ehedemographie war Moorman selbst ein Beispiel dafür, wie das Leben dem demographischen Schubladendenken die Stirn bietet: Sie hatte nämlich mit Zweiunddreißig einen fast vier Jahren jüngeren Mann geheiratet.

Moorman setzte sich an ihren Computer und führte ihre eigene Heiratsstudie durch; dabei bediente sie sich herkömmlicher allgemeiner Sterbetabelle statt des parametrischen Modells und stützte sich auf die Volkszählung von 1980, die 13,4 Millionen Haushalte erfaßte, wogegen die von Bennett benutzte Umfrage von 1982 nur 60000 Haushalte aufwies. Die Resultate: Mit Dreißig liegen die Heiratschancen bisher ledig gewesener Collegeabsolventinnen zwischen 58 und 66% – dreimal so hoch wie in der Harvard-Yale-Studie. Mit Fünfunddreißig lagen die Zahlen zwischen 32 und 41%, siebenmal höher als die Harvard-Yale-Zahl. Mit Vierzig lagen die Chancen zwischen 17 und 23%, also *dreiundzwanzig*mal höher. Und Moorman entdeckte außerdem, daß eine ledige College-Absolventin von dreißig Jahren mit *größerer* Wahrscheinlichkeit heiratet als eine gleichaltrige Frau, die nur die High-School besucht hat.

Im Juni 1986 teilte Moorman Bennett ihre Ergebnisse schriftlich mit. Sie wies darauf hin, daß neuere Zahlen auch seinen Prognosen bezüglich der College-Absolventinnen widersprachen. Während die Heiratsquote in der Allgemeinbevölkerung immer mehr sank, war sie für Frauen mit vier oder mehr Collegejahren, die zwischen fünfundzwanzig und fünfundvierzig heirateten, sogar gestiegen. «Dies scheint nur darauf hinzudeuten, daß das Heiraten aufgeschoben, nicht, daß darauf verzichtet wird», bemerkte sie.

Moormans Brief war höflich, fast respektvoll formuliert. Als Kollegin, schrieb sie, fühle sie sich zu dieser Stellungnahme verpflichtet, «die, wie ich hoffe, wohlwollend aufgenommen wird.» Sie wurde schweigend aufgenommen. Zwei Monate vergingen. Dann, im August, erwähnte der Journalist Ben Wattenberg in seiner in mehreren Zeitungen erscheinenden Kolumne, Moormans Studie werde auf der Population Association of America Conference vorgestellt, einem wichtigen Demographen-Kongreß. Moormans Befunde konnten Bennett und Bloom vor ihren Kollegen in eine peinliche Lage bringen. Plötzlich lag ein Schreiben in Moormans Briefkasten. «Von Ben Wattenberg höre ich, daß Sie diese Ergebnisse im Frühling auf der PAA vorstellen wollen», schrieb Bennett; ob sie ihm «so bald wie möglich» eine Kopie schicken würde? Als sie dies nicht sofort tat, rief er an, und Moorman erinnert sich: «Er trat sehr fordernd auf. Es hieß dauernd ‹Tun Sie dies, tun Sie das›.» Dies wurde für ihren Umgang mit Bennett typisch, wie sie sagt. «Das klang immer wie: Komm schon, Kleine, ich bin College-Professor; ich bin im Recht, und du hast kein Recht, daran zu zweifeln.» (Bennett weigert sich, über sein Verhalten gegenüber Moorman oder über irgendeinen anderen Aspekt der Geschichte dieser Heiratsstudie zu sprechen, denn er betrachtet sich als Opfer der übereifrigen Medien, die die Studie «verkehrter interpretiert haben, als ich je ahnen konnte».)

Inzwischen, erinnert sich Moorman, geriet sie im Census Bureau mit Beamten der Reagan-Administration aneinander. Die Zentrale gab eine Direktive aus, die ihr weitere, die Heiratsstudie betreffende Äußerungen gegenüber der Presse untersagte, weil derlei Kritik «zu kontrovers» sei. Als sie tatsächlich von einigen TV-Nachrichtenshows eingeladen wurde, um die andere Seite der Männermangel-Story darzustellen, mußte sie ablehnen. Man befahl ihr, sich statt dessen auf eine vom Weißen Haus gewünschte Studie zu konzentrieren – über den Mißbrauch des Wohlfahrtssystems durch sozial schwache, alleinerziehende Mütter.

Im Winter 1986 hatte Moorman dann letzte Hand an ihre Heiratsstudie mit den optimistischeren Befunden gelegt und übergab sie der Presse. Die Medien verbannten sie auf die Innenseiten, wenn überhaupt darüber berichtet wurde. Zur selben Zeit griffen Bennett und Bloom in einem Artikel, der auf der dritten Seite der *New York Times*, des *Boston Globe* und von *Advertising Age* erschien, Moorman unverblümt wegen der Veröffentlichung ihrer Studie an, die angeblich «die Diskussion nur noch mehr verwirre». Moorman und zwei ihrer Mitarbeiter im Census Bureau verfaßten eine Erwiderung auf Bennetts und Blooms Leitartikel. Aber das Census Bureau zögerte die Veröffentlichung monatelang hinaus. «Als sie mit Zensieren fertig waren», erinnert sich Moorman, «hatte die Studie keinerlei Aussagekraft mehr. Wir schickten sie an die *New York Times*, aber da es praktisch schon wieder Dezember geworden war, wurde sie nicht gedruckt.»

Bennetts und Blooms Kritik an Moorman bezog sich darauf, daß sie die allgemeinen Sterbetabellen benutzte, was sie als «fragwürdige Methode» bezeichneten. Also entschloß sich Moorman zur Wiederholung ihrer Untersuchung, und zwar diesmal unter Verwendung des parametrischen Harvard-Yale-Modells. Sie trug die Daten ein paar Zimmer weiter zu Robert Fay, einem auf mathematische Modelle spezialisierten Statistiker. Fay überprüfte die Berechnungen Bennetts und Blooms und entdeckte sofort einen schwerwiegenden Fehler. Sie hatten nämlich vergessen, die verschiedenen Muster der Ehebiographien von College- und High-School-Absolventinnen mit einzubeziehen. (High-School-Absolventinnen neigen gehäuft dazu, unmittelbar nach Schulabschluß zu heiraten, was eine steile, enge, nach links geneigte Parabel ergibt. Bei College-Absolventinnen jedoch verteilt sich das Heiratsalter über einen längeren und späteren Zeitraum, was eine längere und flachere, nach rechts geneigte Kurve ergibt.) Fay nahm die nötigen

Angleichungen vor und gab die Daten noch einmal ein, wobei er das mathematische Modell von Bennett und Bloom benutzte. Und diesmal waren die Ergebnisse fast mit denen Moormans identisch. Also schrieb Robert Fay einen Brief an Bennett. Er machte ihn auf den Fehler und seine Bedeutung aufmerksam. «Meiner Ansicht nach beweist diese neue Analyse nicht nur die Fehlerhaftigkeit Ihrer Ergebnisse», schrieb er, «sondern auch die Notwendigkeit, Ihre übrigen Hypothesen noch einmal einer gründlichen Prüfung zu unterziehen.» Bennett antwortete schon einen Tag darauf. «Es ist alles außer Kontrolle geraten», schrieb er. «Ich denke, es ist höchste Zeit, daß wir zusammenkommen, um die Situation wenigstens wieder ein Stück weit in den Griff zu kriegen.» Er schob die Schuld an den Differenzen auf die Presse und bemerkte bissig, daß «David [Bloom] und ich beschlossen haben, jeglichen Kontakt zu den Medien abzubrechen», vielleicht ein Wink, die Forscher vom Census Bureau sollten dasselbe tun. Doch Bennetts Sorgen, sein Kardinalfehler könne Schlagzeilen machen, war völlig unbegründet: Moorman hatte ihn zwar tatsächlich schon einigen Reportern gegenüber erwähnt, aber keiner interessierte sich dafür.

Und doch standen Bennett und Bloom der beunruhigenden Möglichkeit gegenüber, die Forscher vom Census Bureau könnten ihren Fehler auf der bevorstehenden PAA-Konferenz publik machen. Um, wie Moorman glaubt, diesen peinlichen Vorfall abzuwenden, schlugen Bennett und Bloom Moorman plötzlich vor, sie sollten doch «gemeinsam» eine neue Studie erarbeiten, die sie der PAA-Konferenz dann vorlegen könnten – an Stelle von Moormans Studie. Als Bennett und Bloom entdeckten, daß sie den Termin für die Anmeldung dieses neuen Referats verpaßt hatten, ließen sie laut Moorman die Idee mit der Zusammenarbeit ebenso rasch wieder fallen.

Im Frühjahr 1987 flogen die Demographen zur PAA-Konferenz nach Chicago. Am Tag vor der Sitzung, erinnert sich Moorman, erhielt sie einen Anruf von Bloom, der ihr mitteilte, er und Bennett wollten trotzdem versuchen, ihre Heiratsstudie zurückzuziehen – und statt dessen über eine Fertilitätsstudie referieren. Dieser Änderung kurz vor Torschluß stimmte der Präsident der Konferenz jedoch nicht zu. Als schließlich der Moment kam, wo den Kollegen die berüchtigte Heiratsstudie vorgestellt werden sollte, teilte Bloom der Versammlung mit, es handle sich um «vorläufige» Befunde, machte noch ein paar kurze Anmerkungen und verließ rasch den Saal. Moorman kam als nächste. Aber dank weiterer Einmischung ihrer Vorgesetzten in Washington konnte sie nur wenig sagen. Um weitere Kontroversen zu vermeiden, hatte der Leiter des Census Bureau angeordnet, sie müsse aus ihrem Vortrag sämtliche Hinweise auf die Harvard-Yale-Studie streichen. Dreieinhalb Jahre nachdem die Harvard-Yale-Studie in ganz Amerika für Schlagzeilen gesorgt hatte, wurde sie endlich veröffentlicht – ohne die Heiratsstatistik. Bennett sagte der *New York Times*: «Wir drücken uns nicht, weil wir nichts zu verbergen haben.» Und der Reporter nahm ihn beim Wort. Die berühmte Statistik wurde getilgt, der Zeitungsbericht abgeschlossen, und das nur, weil die Forscher fanden, all das «lenke von ihren zentralen Erkenntnissen ab».

Bei all dem Aufwand, den die Reporter mit der Harvard-Yale-Studie trieben, brachte es die Presse fertig, einen wesentlichen Punkt zu übersehen: daß es nämlich gar keinen Männermangel gab. Eine schlichte Überprüfung der neuesten Volkszählungstabellen hätte gezeigt, daß es in der Altersgruppe zwischen fünfundzwanzig und vierunddreißig etwa 1,9 Millionen mehr ledige Männer als Frauen gab und zwischen fünfunddreißig und vierundfünfzig etwa eine halbe Million mehr. Tatsächlich war der Anteil der noch nie verheiratet gewesenen Männer größer als jemals, seit das Census Bureau im Jahr 1890 mit der Registrierung begann. *Wenn* jemand mit einem Mangel an potentiellen Ehepartnern konfrontiert war, dann waren dies *Männer* im besten Heiratsalter. In der Altersgruppe zwischen vierundzwanzig und vierunddreißig Jahren kamen 119 ledige Männer auf 100 ledige Frauen.

Auch ein kurzer Blick auf frühere Tabellen des Census Bureau hätte der Ansicht, Amerika werde von einer Rekordmenge lediger Frauen überschwemmt, den Boden entzogen. Der Anteil an Frauen, die nie verheiratet gewesen waren – etwa jede fünfte –, lag niedriger als jemals sonst im 20. Jahrhundert (die 50er Jahre ausgenommen), und sogar niedriger als in der zweiten Hälfte des 19. Jahrhunderts, als jede dritte Frau ledig war. Wenn man einen Blick auf nie verheiratet gewesene Frauen zwischen fünfundvierzig und vierundfünfzig wirft (ein besserer Indikator für den lebenslangen Single-Status als Frauen in den Zwanzigern und Dreißigern, die das Heiraten vielleicht nur aufschieben), dann war der Anteil unverheirateter Frauen 1985 tatsächlich kleiner als je zuvor – sogar kleiner als in den heiratsbegeisterten 50er Jahren. (1950 waren acht Prozent dieser Frauen ledig, verglichen mit fünf Prozent 1985.) Einen «Überschuß» lediger Frauen gab es in den 80er Jahren tatsächlich nur in Altengemeinschaften. Wo lag 1986 das Durchschnittsalter alleinlebender Frauen? Bei sechsundsechzig Jahren. (Im Gegensatz dazu lag das Durchschnittsalter männlicher Singles bei zweiundvierzig.)

Die Presse behauptete geradezu gewohnheitsmäßig, die Single-Frauen der 80er Jahre sehnten sich verzweifelt nach der Ehe – und diese Verzweiflung wachse mit jedem weiteren Jahr der Ehelosigkeit. Befragungen realer Frauen ergaben jedoch ein ganz anderes Bild. 1986 wertete das Battelle Memorial Institute in einer großangelegten Studie amerikanische Erhebungen aus einem Zeitraum von fünfzehn Jahren aus, die zehntausend Frauen umfaßten. Es ergab sich, daß der Ehe im Leben einer Frau durchaus nicht mehr die wichtigste Rolle zukam und daß Frauen in den Dreißigern das Heiraten nicht nur hinausschoben, sondern sogar vermieden. Laut der Virginia-Slims-Umfrage von 1985 konnten sich 70% der Frauen ein «glückliches und erfülltes Leben» ohne Ehering vorstellen. In der 1989 von der Langer Associates and Significance Inc. durchgeführten «New-Diversity»-Umfrage war dieser Anteil auf 90% nach oben geschnellt. Die Virginia-Slims-Umfrage von 1990 fand heraus, daß fast 60% der ledigen Frauen glaubten, sie seien viel glücklicher als ihre verheirateten Freundinnen und hätten ein «viel leichteres» Leben. Eine 1986 für die Zeitschrift *Glamour* durchgeführte Umfrage ergab unter Frauen in den Zwanzigern und Dreißigern eine wachsende Vorliebe für das Single-Leben: 90% der noch nie verheiratet gewesenen Frauen sagten, «sie seien deshalb noch nicht verheiratet, weil sie noch keine Lust dazu hätten». Und bei einer Louis-Harris-Umfrage von 1989 unter etwas älteren Single-Frauen – zwischen fünfundvierzig und sechzig – sagten die meisten, sie wollten nicht heiraten. Bei der Auswertung der National-Survey-Daten von vierzehn Jahren ergab sich, daß sich in den 80er Jahren 11% *mehr* zwanzig- bis vierzigjährige Single-Frauen als glücklich bezeichneten – und bei den verheirateten Frauen derselben Altersgruppe 6,3% *weniger*. Falls die Ehe je dazu gedient hat, das Privatleben einer Frau glücklicher zu machen, dann, so das Fazit der Forscher, «hat diese Wirkung in den letzten Jahren deutlich nachgelassen». Eine 1985 von *Women's Day* mit 60000 Frauen durchgeführte Befragung ergab, daß nur die Hälfte davon ihren Mann ein zweites Mal heiraten würden, wenn sie wieder vor der Entscheidung stünden.

Statt zu heiraten, zogen es die Frauen vor, mit ihrem Geliebten zusammenzuziehen. Die Zahl der unverheiratet zusammenlebenden Paare hat sich zwischen 1970 und 1985 vervierfacht.

Als die amerikanische Regierung schließlich, zum allerersten Mal, 1986 eine Studie über das Sexualverhalten lediger Frauen in Auftrag gab, fanden die Forscher heraus, daß ein Drittel der unverheirateten Frauen mit einem Mann zusammenlebte. Anderen Erhebungen zufolge könnte der Rückgang an verheirateten Frauen mindestens zu einem Viertel auf das Zusammenleben unverheirateter Paare zurückgehen.

Je mehr Frauen verdienen, desto weniger sind sie aufs Heiraten erpicht. Eine aus dem Jahr 1982 stammende Studie mit dreitausend Singles ergab, daß gutverdienende Frauen fast doppelt so oft ledig bleiben *wollen* wie Frauen mit niedrigem Einkommen. «Was wird in einer Gesellschaft, in der die Frau wirklich gleichberechtigt ist, aus Ehe und Familie?» fragte sich Charles Westoff, Demograph an der Universität Princeton, 1986 im *Wall Street Journal*. «Je unabhängiger eine Frau ökonomisch ist, desto unattraktiver wird die Ehe für sie.»

Die Männer hingegen sehnten sich in den 80er Jahren doch etwas mehr nach der Ehe, als die Presseartikel zugeben. Bei Single-Treffs, Partnervermittlungen und Kontaktanzeigen, die in den 80er Jahren ausnahmslos einen Boom erlebten, übertrafen Männer die Frauen zahlenmäßig bei weitem. Mitte der 80er klagten Video-Partnervermittlungen, ihre Kundenkarteien wiesen einen Männerüberschuß von 3:1 auf. Tatsächlich war es allgemein üblich geworden, daß Partnervermittlungen in der Hoffnung, dies auszugleichen, weiblichen Singles einen starken Preisnachlaß oder sogar kostenlose Mitgliedschaft gewährten.

Ein ähnliches Ungleichgewicht fand sich auch bei Kontaktanzeigen. Bei einer Analyse von 1200 Anzeigen fand die Soziologin Theresa Montini 1988 heraus, daß die meisten von fünfunddreißigjährigen heterosexuellen Männern stammten und die überwiegende Mehrheit «eine Langzeitbeziehung anstrebte». Leiter von Partnervermittlungen berichteten, daß die meisten männlichen Kunden keine lockeren

Treffs, sondern eine Ehefrau wollten. Als Great Expectations, die größte Partnervermittlung Amerikas, 1988 an ihre Mitglieder Fragebögen verschickte, stellte sich heraus, daß 93% der Männer innerhalb eines Jahres «eine feste Beziehung» oder die Ehe anstrebten. Nur 7% der Männer ging es um «eine Menge Treffs mit verschiedenen Frauen». Auf die Frage: «Was interessiert Sie am Tag, nachdem Sie mit einer neuen Partnerin Sex hatten, am meisten?» antworteten nur 9% der Männer: «War ich gut?», während 42% angaben, sie überlegten, ob eventuell eine «feste Beziehung» daraus werden könne.

Diese Männer hatten gute Gründe, die Hochzeit anzustreben; wenn psychologische Untersuchungen irgend etwas bewiesen haben, dann ist es die Tatsache, daß die Institution der Ehe einen höchst heilsamen Effekt auf das Seelenleben der Männer hat. «Verheiratet zu sein», sagte der prominente Regierungsdemograph Paul Glick einmal, «ist im Hinblick auf ein längeres Leben für Männer doppelt so vorteilhaft wie für Frauen.» Oder, wie die Familiensoziologin Jessie Bernard 1972 schrieb:

«Nur wenige Befunde sind stimmiger, eindeutiger und überzeugender als die manchmal spektakuläre und immer wieder beeindruckende Überlegenheit verheirateter über ledige Männer, und zwar bei demographischen, psychologischen und sozialen Meßdaten. Auch wenn Männer sich noch so gern über die Ehe lustig machen oder beschweren, bleibt sie einer der größten Segen für ihr Geschlecht.»

Bernards Beobachtung hat immer noch Gültigkeit. Ronald C. Kessler, der sich am Institut für Sozialforschung der Universität Michigan mit Veränderungen der psychologischen Verfassung von Männern befaßt: «All das Gerede, wie schwer es alleinstehende Frauen haben, macht nicht viel Sinn, wenn man sich anschaut, was wirklich abläuft. Alleinstehende *Männer* sind am schlimmsten dran. Wenn ein Mann heiratet, wird sein seelisches Gleichgewicht enorm gestärkt.»

Die psychologischen Daten – aufgezeichnet im Rahmen Dutzender von Studien, die sich während der letzten vierzig Jahre mit verschiedenen Heiratsmustern befaßten – sind verblüffend stimmig: Die Suizidrate alleinstehender Männer liegt doppelt so hoch wie die verheirateter Männer. Ledige Männer leiden beinahe doppelt so häufig an schweren neurotischen Symptomen und sind viel anfälliger für Nervenzusammenbrüche, Depressionen, ja sogar Alpträume. Und trotz des typisch amerikanischen Images des sorglosen einsamen Cowboys begegnet man bei Junggesellen viel häufiger als bei verheirateten Männern schlechter Laune, Passivität und Phobien. Und auch im Vergleich mit ledigen Frauen schnitten ledige Männer bei psychologischen Studien nicht besser ab. Single-Männer leiden doppelt so häufig an seelischen Problemen wie Single-Frauen; sie sind depressiver, passiver, neigen eher zu Nervenzusammenbrüchen und all den typischen Symptomen seelischer Not – von Ohnmachtsanfällen bis Schlaflosigkeit. Im Rahmen einer Studie wiesen ein Drittel der männlichen – aber nur 4% der weiblichen – Singles schwere neurotische Symptome auf.

Wenn die weite Verbreitung der Harvard-Yale-Heiratsstudie eine Wirkung hatte, dann die, daß viel von diesen Junggesellenängsten sich auf Frauen übertrugen. Im *Wall Street Journal* bemerkte eine sechsunddreißigjährige alleinstehende Frau scharfsichtig, daß es ihr «nie etwas ausgemacht habe», ledig zu sein – bis überall von der Heiratsstudie die Rede war. Erst dann habe sie sich allmählich deprimiert gefühlt. Eine fünfunddreißigjährige Frau äußerte gegenüber *USA Today*: «Ich hatte nicht mal mit dem Gedanken ans Heiraten gespielt, bis ich diese Horrorstories las», nämlich über Frauen, die womöglich nie einen Partner finden. In der *Los Angeles Times* berichteten Therapeuten, daß ledige Patientinnen nach der Verbreitung der Studie vom Gedanken an die Ehe «besessen» waren und bereit, ungeliebte Männer zu heiraten, nur um noch rechtzeitig ihre «Chance» wahrzunehmen. Als die Partnervermittlung Great Expectations ihre Mitglieder ein Jahr nach Veröffentlichung der Studie erneut befragte, stellte sich heraus, daß nun 42% der ledigen Frauen angaben, sie kämen schon beim ersten Treffen auf das Thema Ehe zu sprechen. Die Annual Study of Women's Attitudes, die von Mark Clements Research für zahlreiche Frauenzeitschriften durchgeführt wird, fand heraus, daß sich der Anteil *aller* ledigen Frauen, die Angst hatten, nie einen Ehepartner zu finden, in dem einen Jahr nach dem Erscheinen der Harvard-Yale-Studie fast verdoppelt hatte – von 14% auf 27% – und daß der Anteil der Frauen ab fünfundzwanzig, also der Zielgruppe der Studie, sogar auf 39% emporgeschnellt war.

Im Jahr nach dem Heiratsreport zeigte sich, daß das Alter der Frauen, die zum ersten Mal heirateten, leicht gesunken war, und, in

Umkehrung eines zwanzigjährigen Trends, die Zahl der Mehrpersonenhaushalte zwischen 1986 und 1987 schneller gestiegen war als die Zahl der Single-Haushalte. (Bei den Mehrpersonenhaushalten handelte es sich allerdings nur um einen winzigen Zuwachs von 1,5%.) Diese kleinen Veränderungen wurden jedoch sofort als Zeichen für ein Comeback der traditionellen Ehe begrüßt. «Ein neuer Traditionalismus auf der Basis der Familie zeichnet sich ab!» jubelte Jib Fowles, Professor der Humanwissenschaften an der Universität Houston, 1988 in einer Stellungnahme in der *New York Times*. Fowles prophezeite «eine Renaissance der traditionellen Familie bis zum Jahr 2000 (Vater in der Arbeit, Mutter daheim bei den Kindern)». Den Großindustriellen, die den Artikel womöglich lasen, gab er den Wink, dies werde der amerikanischen Industrie zugute kommen. Er wies darauf hin, daß sich «Romantik und das Werben um die Partnerin wieder großer Beliebtheit erfreuen werden, was sicher den Umsatz von Schnittblumen steigern wird». Und «dadurch, daß es wieder mehr Hausfrauen gibt, wird es in den Supermärkten Umsatzsteigerungen geben».

Auch für Männer sei das eine frohe Botschaft, ein Punkt, den Fowles in der Zeitung zwar beiseite ließ, zu dem er sich aber in einem späteren Interview hinlänglich klar äußerte: «Man muß dann nicht einmal mehr so tun, als billige man diese feministische Ideologie», sagte er. «Die Männer werden sich unter den neuen Bedingungen einfach wohler fühlen. Für mich weist alles darauf hin, daß sich die Männer in der gegenwärtigen Situation unwohl fühlen.» Er räumte ein, dazuzugehören: «Viel hängt auch mit meinen eigenen Vorstellungen davon zusammen, was es heißt, ein Mann zu sein.»

Ob sich aber seine Frau den «neuen Traditionalismus» ebenso begeistert zu eigen machen wird? Nachdem sie vor kurzem ihr zweites Kind geboren hatte, kehrte sie sofort auf ihren Posten als Koordinatorin weiterführender Schulen für einen großen Schulbezirk in Texas zurück. «Sie hängt so an ihrem Beruf», seufzte Fowles. «Ich glaube kaum, daß sie ihre Karriere aufgeben würde.»

Das Disaster mit dem neuen Scheidungsrecht: Die Geschichte von den zwei Scheidungsreports

In den 70er Jahren trat in vielen Bundesstaaten das neue «nicht auf dem Schuldprinzip basierende» Scheidungsrecht in Kraft, das das Verfahren erleichterte: Es schaffte die moralischen Gründe ab, die bis dahin für eine Scheidung nötig gewesen waren, und teilte das Vermögen der Ehegatten nach finanziellen Bedürfnissen und Mitteln auf, ohne Rücksicht darauf, welche Partei die Verantwortung für das Scheitern der Ehe trug. In den 80er Jahren geriet dieses «feministisch inspirierte» Scheidungsrecht unter Beschuß: Die Neue Rechte sah darin ein System zur Aushöhlung der Familie, und Medien und populäre Schriftsteller bezeichneten es als fahrlässigen Verrat an Frauen und Kindern, als Gesetzeskatapult, das, wie es ein typischer Chronist formulierte, «Tausende von Mittelschicht-Frauen in die Armut hinabschleuderte».

Vielleicht wurden die Attacken gegen die Scheidungsreform in der Dekade des Gegenschlags von niemandem so angeheizt wie von der Soziologin Lenore Weitzman, deren 1985 erschienenes Buch *The Divorce Revolution*: jene Zahlen bereitstellte, auf die sich dann sämtliche Kritiker des neuen Rechts beriefen. Von Phyllis Schlafly bis Betty Friedan, von der *National Review* bis zu den «CBS Evening News» wurde Weitzmans «verheerende» Statistik als Beweis dafür zitiert, daß Frauen, die sich aus unglücklichen Ehen befreien wollten, finanziell einen Riesenfehler machten: Es hieß, sie würden durch das neue Scheidungsrecht ärmer – und stünden schlechter da, als wenn sie nach dem alten, «mehr Schutz gewährenden» Prinzip geschieden worden oder einfach verheiratet geblieben wären.

Wenn die Medien Weitzmans Befunde auch mit bemerkenswertem Eifer verbreiteten, so trugen sie doch nicht die alleinige Schuld an dem Täuschungsmanöver. Weitzmann scheute nicht davor zurück, ihr eigenes Loblied zu singen. In *The Divorce Revolution* schreibt sie, vor dem Erscheinen ihrer Studie habe «kein Mensch gewußt, welch verheerende Folgen die Scheidung inzwischen für Frauen und Kinder hat». Sie behauptet, sie habe ihre Zahlen «über Jahre hinweg gesammelt und analysiert» und habe damit «die erste umfassende Darstellung» der Folgen des neuen Scheidungsrechts geliefert.

Weitzmans These lautet folgendermaßen: «Die wichtigste ökonomische Folge der Scheidungsrevolution ist die systematische Verarmung der Frauen und ihrer Kinder.» Im Rahmen des alten «Schuld»-Prinzips habe der «unschuldigen» Partei mehr als die Hälfte des Vermögens zugestanden – ein Arrangement, das laut Weitzman meist der betrogenen Frau zugute kam. Das neue Prinzip jedoch schade den Frauen, weil es zu sehr auf Gleichberechtigung basiere – eine Unparteilichkeit, die angeblich vor allem ältere Hausfrauen benachteilige. «Tatsächlich hat die auf Gleichberechtigung zielende Gesetzgebung die Position der Frauen und auch die der Kinder verschlechtert.»

Während Weitzman für das neue Scheidungsrecht keineswegs die Feministinnen verantwortlich macht, taten ihre Anhänger oft so, als klage ihr Buch die Frauenbewegung an. In *The Divorce Revolution* – so informierte das *Time Magazine* seine Leser – werde geschildert, wie das neue Scheidungsrecht in dreiundvierzig Bundesstaaten «vorwiegend als Reaktion auf feministische Forderungen» beschlossen worden sei. Ein Hagel von Protestbüchern – größtenteils Nachahmungen von Weitzmans Werk – machten die Frauenbewegung für die Verarmung geschiedener Frauen verantwortlich. «Die Folgen der Scheidungsrevolution sind ein klares Beispiel dafür, wie eine an der Gleichberechtigung orientierte Gesetzgebung den Frauen geschadet hat», schreibt Mary Ann Mason in *The Equality Trap*. «Die Richter vernehmen die Botschaft der Feministinnen.»

Im Grunde hatten die Feministinnen aber fast nichts mit der Scheidungsreform zu tun, wie Weitzman selbst feststellt. Das 1970 in Kalifornien beschlossene, nicht am Schuldprinzip orientierte Scheidungsrecht – das wegen seines Grundsatzes der Halbierung des Vermögens als das radikalste gilt – wurde von einer überwiegend männlichen Beratungskommission entworfen. Es war die American Bar Association, nicht die National Organization for Women, die in Amerika die «Scheidungsrevolution» anzettelte – die eigentlich gar nicht so revolutionär war. Zur Zeit von Weitzmans Buch galt in der Hälfte der Bundesstaaaten immer noch das traditionelle «Schuld»-Prinzip, mit dem nicht am Schuldprinzip orientierten Recht nur als Option. Tatsächlich hatten nur acht Staaten Gütergemeinschaftsbestimmungen erlassen wie im kalifornischen Recht, und nur wenige forderten eine Halbierung des Eigentums.

Weitzman argumentierte, dadurch, daß sich Frauen und Männer in der Ehe in unterschiedlichen Positionen befinden – die Männer verdienen meist mehr, und den Frauen werden meist die Kinder zugesprochen – laufe eine Gleichbehandlung der Ehegatten auf eine Überkompensation des Mannes und einen Betrug an Frauen und Kindern hinaus. Oberflächlich betrachtet schien dieses Argument ziemlich plausibel, und Weitzman konnte es sogar mit Zahlen belegen: «Es ist erwiesen, daß geschiedene Frauen und minderjährige Kinder im ersten Jahr nach der Scheidung durchschnittlich eine 73%ige Verminderung ihres Lebensstandards hinnehmen müssen. Der Lebensstandard der Exehemänner hingegen erhöht sich um 42%.»

Dies schienen alarmierende Zahlen zu sein, und die Presse gab sie bereitwillig weiter – ohne zwei grundlegende Fragen zu stellen: War Weitzmans Statistik korrekt? Und, noch wichtiger: Bewies sie tatsächlich, daß Frauen mit dem neuen Scheidungsrecht *schlechter* fuhren als mit dem alten?

Im Sommer 1986, bald nachdem Lenore Weitzman vor dem Kongreß über die Schwächen des neuen Scheidungsrechts referiert hatte, erhielt sie einen Brief von Saul Hoffman, einem auf Scheidungsstatistik spezialisierten Ökonomen der Universität Delaware. Er schrieb, ihre inzwischen berühmte 73%-Statistik hätten ihn und seinen Partner, den Sozialwissenschaftler Greg Duncan von der Universität Michigan, ein wenig verblüfft. Sie hatten zwei Dekaden lang die Scheidungsfolgen bezüglich der Einkommensverhältnisse untersucht – durch die beispielhafte «5000-Familien»-Studie – und dabei herausgefunden, daß die tatsächlichen Veränderungen bei weitem nicht so dramatisch waren wie von Weitzmann geschildert. Sie stellten fest, der Lebensstandard der Frauen sinke im ersten Jahr nach der Scheidung nur um 30% und der der Männer steige nur um 10–15%. Darüber hinaus ergab sich laut Hoffman, daß der Lebensstandard bei vielen Frauen nur vorübergehend sank. Fünf Jahre nach der Scheidung lag ihr durchschnittlicher Lebensstandard sogar etwas *höher* als zur Zeit ihrer Ehe.

Am meisten verblüffte Hoffman und Duncan jedoch der Umstand, daß Weitzman in ihrem Buch behauptete, durch die Methode der beiden Wissenschaftler zu ihrer 73%-Statistik gelangt zu sein. Hoffman

erkundigte sich in seinem Brief, ob er und Duncan wohl einen Blick
auf ihre Meßdaten werfen dürften. Keine Antwort. Schließlich rief
Hoffman an. Weitzman behauptete, sie «wisse nicht, wie sie an ihre
Meßdaten herankommen könne», weil sie in Princeton sei, ihre Meßdaten sich aber in Harvard befänden. Beim nächsten Anruf sagte
Weitzman, sie könne ihm die gewünschten Informationen nicht geben, weil sie sich im Skiurlaub den Arm gebrochen habe. «Das ging
immer so weiter», sagt Hoffman bezüglich der Briefe und Anrufe, mit
denen er sich in den nächsten anderthalb Jahren an Weitzman
wandte. «Manchmal hatte sie eine Ausrede. Manchmal antwortete sie
auch überhaupt nicht. Es war etwas merkwürdig. Sagen wir mal, es
ist nicht üblich, daß sich eine Wissenschaftlerin so benimmt.»
Schließlich, nachdem die Demographen sich an die National Science
Foundation gewandt hatten, die Weitzmans Untersuchung finanziell
unterstützt hatte, gab sie nach und versprach, die Bänder mit den Daten beim Radcliffe's Murray Research Center zu deponieren. Sechs
Monate später waren sie *immer* noch nicht da. Wieder wandte sich
Hoffman an die NSF. Ende 1990 liefen dann endlich Weitzmans Daten
im Bandarchiv ein. Anfang 1991 waren die Archiv-Wissenschaftler
immer noch beim Sichten der Unterlagen, deren Zustand eine Auswertung noch nicht zuließ.

Inzwischen versuchten Duncan und Hoffman, Weitzmans Berechnungen unter Verwendung der von ihr im Buch angegebenen Zahlen
zu wiederholen. Aber sie kamen immer noch auf eine 33%ige statt
auf eine 73%ige Verringerung des Lebensstandards der Frauen. Diesen Befund veröffentlichten die beiden Demographen in der Fachzeitschrift *Demography*. «Weitzmans vielfach publizierte Befunde beruhen so gut wie sicher auf einem Irrtum», schrieben sie. Die Zahl von
73% sei nicht nur «verdächtig hoch», sondern sie widerspreche «auch
den von ihr selbst angeführten Befunden über Änderungen des Einkommens und des Pro-Kopf-Einkommens». Die Reaktion der Presse?
Die Demographie-Kolumne des *Wall Street Journal* griff den Artikel
von Hoffman und Duncan in einer kurzen Meldung auf. Sonst wurde
er nirgends erwähnt.

Weitzman hat zu Duncans und Hoffmans Kritik nie Stellung genommen. «Die irren sich einfach», sagte sie in einem Telefoninter-
view. «Die Berechnungen stimmen.» Sie weigerte sich, weitere Fra-

gen zu beantworten. «Meinen Standpunkt kennen Sie jetzt. Ich arbeite gerade an etwas ganz anderem und habe einfach keine Zeit.»

Bestätigt wurden die Befunde Duncans und Hoffmans vom Census Bureau, das im März 1991 seine Studie über die wirtschaftlichen Folgen der Scheidung veröffentlichte. Die Resultate entsprachen denen von Duncan und Hoffman. «[Weitzmans] Zahlen sind viel zu hoch», sagt Suzanne Bianchi, die Verfasserin der Studie. «Und diese 73%, mit denen dauernd herumgeworfen wird, stimmen nicht einmal mit anderen Zahlen in [Weitzmans] Buch überein.»

Wie konnte sich Weitzman so irren? Mehrere Erklärungen sind möglich. Erstens lag ihrer Statistik, anders als der Duncans und Hoffmans, keine nationale Stichprobe zugrunde, obwohl dies größtenteils in der Presse behauptet wurde. Weitzmans Fälle stammten ausschließlich vom Los-Angeles-County-Scheidungsgericht. Zweitens war ihre Stichprobe erstaunlich klein – 114 geschiedene Frauen und 114 geschiedene Männer. (Und da die Antwortquote äußerst niedrig lag, hielten es Hoffman, Duncan und andere Demographen, die sich mit ihrer Arbeit befaßten, für möglich, daß ihre Stichprobe nicht einmal für Los Angeles repräsentativ war.)

Und schließlich bezog Weitzman ihre finanziellen Informationen aus einer notorisch unzuverlässigen Quelle – dem Gedächtnis der geschiedenen Paare. «Wir haben uns gewundert, wie präzis sie sich an den Schätzwert ihres Hauses, die Höhe der Hypothek, die Höhe der Altersversorgung usw. usf. erinnerten», schreibt sie in ihrem Buch. Das Gedächtnis ist, noch dazu beim emotionsgeladenen Thema Scheidung, wohl kaum eine verläßliche Statistikquelle; man wünschte sich, Weitzman hätte sich ein bißchen weniger über die prompte Erinnerung der Befragten «gewundert» und dafür ein bißchen hartnäckiger nach konkreten Fakten geforscht. Fairerweise muß man sagen, daß die 73%-Statistik nur eine Zahl in Weitzmans Arbeit ist. Und eine 30%ige Verringerung des Lebensstandards der Frauen ist schließlich auch nicht gerade ideal. Trotz der Fixierung der Medien auf die sensationelle Bedeutung dieser Zahl hat sie wenig mit Weitzmans zweitem und zentralerem Punkt zu tun – daß nämlich Frauen seit der «Scheidungsrevolution» *schlechter* dran seien als zuvor. Dies ist sehr wichtig, weil es den Kern des Gegenschlagsarguments trifft: «Schutz» sei für Frauen besser als Gleichberechtigung.

Obwohl Weitzman in ihrem Buch obwohl immer wieder feststellt, daß sich das Leben der Frauen durch die Gesetzesreform «verschlechtert» habe, schließt sie mit der Empfehlung an die Gesetzgeber, das neue Scheidungsrecht zwar etwas feiner abzustimmen, aber insgesamt beizubehalten. Und sie warnt ausdrücklich davor, zum alten System zurückzukehren, das sie bezüglich Fairneß als «Farce» bezeichnet. «Es wäre eindeutig unklug und unangebracht, Kalifornien die Rückkehr zu einem traditionelleren System vorzuschlagen», schreibt sie. Diese Schlußfolgerung wurde von der Presse natürlich nicht verbreitet. Bei genauerer Lektüre merkt man, warum Weitzman fast nichts anderes übrigblieb, als ihre Theorie hinsichtlich des neuen Scheidungsrechts fallenzulassen: Sie hatte ihre Interviews nur mit Männern und Frauen geführt, die geschieden wurden, nachdem 1970 in Kalifornien das neue Scheidungsrecht in Kraft getreten war. Sie hatte keine Vergleichsdaten von Paaren, die nach dem alten Recht geschieden worden waren – und somit keine Möglichkeit, ihre Hypothese zu überprüfen. (Eine 1990 von zwei Juraprofessoren durchgeführte Studie gelangte zum gegenteiligen Schluß: Frauen und Kindern, so fanden sie heraus, ging es unter den neuen Scheidungsbestimmungen ökonomisch etwas besser.)

Nichtsdestotrotz behauptet Weitzman, sie könne noch anhand zweier weiterer Modelle beweisen, daß Frauen mehr unter dem neuen Scheidungsrecht litten. Seit der Gesetzesreform bestehe eine geringere Wahrscheinlichkeit, daß Frauen bei der Scheidung Unterhalt zugesprochen werde – ein sehr schmerzlicher Verlust für ältere Hausfrauen, die nicht mehr ohne weiteres eine Stelle fänden. Und deshalb seien Frauen jetzt häufig gezwungen, das Haus der Familie zu verkaufen. Den Beweis bleibt Weitzman in beiden Fällen schuldig.

Eine Erhebung des Census Bureau zeigt, daß der Prozentsatz der unterhaltsberechtigten Frauen (alles in allem nur 14%) heute kaum höher liegt als in den 20er Jahren. Dennoch wurde laut Weitzman eine Gruppe von Frauen durch das neue Recht benachteiligt – langverheiratete Hausfrauen, deren Scheidung gerade während der Gesetzesänderung lief. Doch zeigen Weitzmans eigene Daten, daß ältere Hausfrauen und langverheiratete Frauen die *einzigen* Gruppen waren, denen nach dem neuen Scheidungsrecht häufiger Unterhalt zugesprochen wurde als nach dem alten. Sie selbst verzeichnet bei

Hausfrauen, die über zehn Jahre lang verheiratet waren, einen beachtlichen Zuwachs von 21 %.

Ihr zweiter Punkt: Nach dem neuen, nicht auf dem Schuldprinzip basierenden «Halbierungs»-Recht seien die Paare zunehmend gezwungen, das Haus zu verkaufen, wogegen es nach dem alten Scheidungsrecht angeblich traditionell den Frauen zugesprochen wurde. Aber in Wirklichkeit zwingt das neue Scheidungsrecht keineswegs zu Hausverkäufen, und die Verfasser des kalifornischen Gesetzes haben sogar ausdrücklich festgelegt, daß kein Richter das Gesetz dazu mißbrauchen solle, Mütter und ihre Kinder aus dem Haus zu treiben. Wenn Frauen jetzt häufiger gezwungen sind, das Haus der Familie zu verkaufen, kann man das nicht den neuen Gesetzen anlasten.

Der Fall, den Weitzman für einen erzwungenen Hausverkauf anführt, wirft allerdings ein grelles Licht auf die übliche Praxis. Eine achtunddreißigjährige, in Scheidung lebende Hausfrau wollte in dem Haus bleiben, das die Familie fünfzehn Jahre lang bewohnt hatte. Nicht nur, um ihren Sohn im Teenageralter vor weiteren zerrüttenden Scheidungsfolgen zu schützen, sondern auch, weil sie sich einen Umzug gar nicht leisten konnte – der vom Gericht festgelegte Unterhalt für sie und das Kind war zu niedrig. Aus Verzweiflung erklärte sie sich zu einem Verzicht auf ihren Anteil an der Altersversorgung ihres Mannes bereit, etwa 85 000 Dollar, wenn er sie nur weiter in dem Haus wohnen ließe. Doch er weigerte sich. Als nächstes versuchte sie, das Haus neu zu finanzieren und ihren Mann auf diese Weise auszuzahlen, aber keine Bank gewährte ihr auf der Basis von Unterhaltszahlungen Kredit. Auch der Richter war nicht nachgiebiger:

«Ich flehte den Richter an... Ich wollte ja nur so viel Zeit, daß Brian [ihr Sohn] sich seelisch an die Scheidung gewöhnen konnte... Ich brach im Zeugenstand zusammen und weinte... aber der Richter blieb hart. Er gab mir drei Monate für den Auszug... Für den Fall, daß ich nicht rechtzeitig auszog, drohte mir der Anwalt meines Mannes mit einer Klage wegen Mißachtung des Gerichts.»

Die eigentliche Ursache für das Leid geschiedener Frauen liegt nicht im Kleingedruckten der Gesetze, sondern im Verhalten von Exgatten und Richtern. Zwischen 1978 und 1985 sank der durchschnittliche Unter-

halt geschiedener Männer an ihre Kinder um fast 25%. Heute zahlen
geschiedene Männer eher die Leasingraten für ihren Wagen als den
Unterhalt an ihre Kinder – obwohl für zwei Drittel von ihnen der
Unterhaltsbetrag *niedriger* liegt als die monatliche Leasingrate.

1985 erhielten nur die Hälfte der unterhaltsberechtigten 8,8 Millionen alleinerziehenden Mütter von ihren Exgatten überhaupt Geld, und
wiederum nur die Hälfte dieser Hälfte bekam den vollen Betrag. 1988
trieb das Office of Child Support Enforcement nur 5 der insgesamt 25
Milliarden Dollar ein, die Väter ihren Kindern jährlich zu zahlen hatten. Und Studien über das Eintreiben von Unterhalt zeigten, daß es nur
eine Taktik gibt, das moralische Gewissen säumiger Väter wachzurüt-
teln: Haftstrafen. Wie die Soziologin Arlie Hochschild beobachtet hat,
könnte die finanzielle Vernachlässigung eine neue Methode sein, mit
der manche geschiedenen Männer weiterhin ihre früheren Familien
beherrschen: «Durch die ‹neue› Unterdrückung außerhalb der Ehe entsteht eine stumme Drohung für die Frauen innerhalb der Ehe»,
schreibt sie. «Das Patriarchat ist nicht verschwunden; es hat nur eine
andere Gestalt angenommen.»

Zur gleichen Zeit verhielten sich Regierungsbeamte und Richter
nicht gerade beispielhaft. Eine Anhörung im Jahr 1988 ergab, daß sich
fünfunddreißig Bundesstaaten nicht an die bundesweit geltenden Un-
terhaltsgesetze hielten. Die Richter mißachteten sogar das Egalitäts-
prinzip des neuen Scheidungsrechts. Wie Erhebungen in mehreren
Staaten zeigten, interpretierten Richter die Bestimmungen absichtlich
dahingehend falsch, daß Frauen nicht die Hälfte, sondern nur *ein Drittel* des Ehevermögens zustehe. Weitzman selbst kam zu dem Schluß,
daß der Widerstand der Richter gegen den Feminismus zu der ruppigen
Behandlung beigetragen hat, der geschiedene Frauen heute ausgesetzt
sind. «Manche Richter», schreibt sie, «betrachten das ‹Gleichheits›-
prinzip und die geschlechtsneutrale Sprache als Mandat für eine dermaßen auf die Spitze getriebene ‹Gleichbehandlung›, daß man darin
nur einen Schlag gegen die Forderung nach Gleichberechtigung in der
Gesellschaft insgesamt sehen kann.»

Um geschlechtsspezifische Scheidungsungerechtigkeiten zu verhindern, gäbe es eine simple Methode: die Beseitigung der ungleichen Löhne. Ein von der Regierung berufener Beirat kam 1982 zu
dem Schluß, daß, wenn die Lohndifferenz zwischen den Geschlechtern

beseitigt wäre, die Hälfte der von Frauen geleiteten Haushalte sofort über die Armutsgrenze gehoben würden. «Die drastische Zunahme der Berufstätigkeit von Frauen ist die beste Absicherung gegen diese verwundbare Stelle», sagte Duncan aufgrund der Beobachtung, daß der Zugang zu besser bezahlten Jobs viele Frauen vor einem weit niedrigeren Lebensstandard bewahrt hat. Und er wies darauf hin, daß dieser Zugang «größtenteils der Frauenbewegung zu verdanken ist».

Während jene Sozialwissenschaftler, deren Ansichten in den 80er Jahren allgemein verbreitet wurden, auf den «verheerenden Scheidungsfolgen» für Frauen herumritten, hörte man praktisch nichts über die Situation der Männer. Und dies lag nicht an einem Datenmangel. 1984 werteten Scheidungsdemographen am Institute for Social Research Daten von Männern aus, die nationalen psychologischen Studien aus drei Jahrzehnten entstammten. Sie fanden – in einem kaum beachteten Bericht – eindeutig folgendes heraus: «Männer leiden mehr unter den zerrüttenden Folgen einer Scheidung als Frauen.» Egal um welchen seelischen Bereich es ging, geschiedene Männer schnitten immer schlechter ab – von Depressionen über diverse psychologische Handicaps bis hin zu Nervenzusammenbrüchen, vom Aufenthalt in psychiatrischen Einrichtungen bis hin zu Suizidversuchen.

Männer sind von Anfang an nicht so darauf aus, die Verbindung zu lösen: Bei Erhebungen in den USA gaben weniger als ein Drittel der geschiedenen Männer an, die Scheidung sei von ihnen ausgegangen, während sich Frauen in 55–66 % der Fälle aktiv um die Scheidung bemüht hatten. Auch hat die Trennung für Männer verheerendere seelische Folgen als für Frauen – ohne daß die Zeit den Schmerz lindert oder die Lücke schließt. Eine 1982 durchgeführte Befragung von Geschiedenen ein Jahr nach der Trennung ergab, daß 60 % der Frauen jetzt glücklicher waren als früher, im Vergleich dazu aber nur 50 % der Männer; die meisten Frauen sagten, sie hätten jetzt mehr Selbstachtung, während dies nur auf wenige Männer zutraf. Die größte in den USA durchgeführte Studie über langfristige Scheidungsfolgen ergab, daß fünf Jahre später zwei Drittel der Frauen mit ihrem Leben zufriedener waren, dagegen nur 50 % der Männer. Bei Erreichen der Zehnjahresmarke war die Zahl der Männer, deren Lebensqualität sich weder verbessert noch verschlechtert hatte, von 50% auf zwei Drittel gestiegen. Während 80% der Frauen zehn Jahre nach der Scheidung sagten, es sei der richtige Entschluß gewesen, stimmten dem nur 50% der Exgatten zu. «Wenn ein solches Bedauern [über die Scheidung] geäußert wird, dann meist von älteren Männern», beobachtete Judith Wallerstein, die Leiterin der Studie.

In ihrem 1989 erschienenen auflagenstarken Buch *Gewinner und Verlierer* – das von solchen Gruppierungen der Neuen Rechten wie «The Family in America» begrüßt wurde und prompt auf dem Cover der *New York Times* landete – konzentrierte sich Wallerstein auf ihre Überzeugung, Kinder seien schlechter dran, wenn ihre Eltern sich scheiden lassen. Ihre Beweise? Es gibt keine; ebenso wie Weitzman hatte sie keine Vergleichsdaten. Sie hatte sich nicht darum bemüht, ihre Theorie anhand einer Kontrollgruppe intakter Familien zu überprüfen. Ihr 300 Seiten starkes Buch rechtfertigte diesen fundamentalen Mangel in einer einzigen Fußnote: «Da wir noch so wenig über Scheidung wußten, war es verfrüht, eine Kontrollgruppe zu planen», schrieb Wallerstein und fügte hinzu, sie habe vorgehabt, erst einmal «die Hypothese zu entwickeln» und die Kontrollgruppen-Studie dann zu einem späteren Zeitpunkt durchzuführen – eine typische «Erst-schießen-dann-fragen»-Logik.

«Es ist keineswegs klar, wie eine Kontrollgruppe aussehen müßte», erklärte Wallerstein später. Man müßte auch sonstige Faktoren überprüfen, die zur Scheidung geführt haben könnten, wie «Frigidität und andere sexuelle Probleme». «Ich glaube, jeder, der eine Kontrollgruppe fordert, weigert sich, die Komplexität einer Kontrollgruppe zu verstehen», sagte sie. «Es wäre einfach töricht.»

Gegen Ende des Jahrzehnts jedoch fand es Wallerstein immer bedenklicher, wie ihre Ergebnisse von Politikern und Presse benutzt – und verzerrt – wurden. Bestürzt vernahm sie bei einer Kongreßanhörung, wie der Senator Christopher Dodd aufgrund ihrer Befunde vorschlug, scheidungswilligen Paaren doch eine gesetzliche Bedenkzeit vorzuschreiben. Und dann zitierten amerikanische Zeitschriften ihre Arbeit falsch, indem sie behaupteten, die meisten Kinder aus geschiedenen Familien würden straffällig. «Egal, was man sagt», seufzte sie, «anscheinend wird es so oder so mißbraucht. Es ist eben ein hochpolitischer Bereich.»

Hatte der Feldzug gegen das neue Scheidungsrecht keine beweis-
kräftigen Zahlen vorzuweisen gehabt, dann diente die schonungslose
Antischeidungskampagne in den 8oern als wirksamer Ersatz. Schließlich gelang es doch noch, die Amerikaner zu überzeugen. Die öffentliche Befürwortung eines liberaleren Scheidungsrechts, die seit 1968
kontinuierlich zugenommen hatte, ging im Vergleich zu den 7oer Jahren um 8% zurück. Und es waren die Männer, die am meisten zu
diesem Rückgang beitrugen; fast doppelt so viele Männer wie Frauen
äußerten bei Meinungsumfragen, sie seien dafür, Ehepaaren die Scheidung zu erschweren.

Die epidemische Unfruchtbarkeit: die Geschichte von den zwei Schwangerschaftsstudien

Am 18. Februar 1982 berichtete das *New England Journal of Medicine*,
bei Frauen über Dreißig nehme die Empfängnisbereitschaft plötzlich
ab. Die Forscher behaupteten, Frauen zwischen einunddreißig und
fünfunddreißig hätten ein fast 40%iges Infertilitätsrisiko. Dies war in
der Tat eine ungewöhnliche Neuigkeit: Bis dahin hatten nämlich
praktisch alle Studien ergeben, daß die Fruchtbarkeit frühestens Ende
Dreißig oder sogar erst Anfang Vierzig merklich nachließ.

Das angeblich neutrale *New England Journal of Medicine* veröffentlichte diesen Bericht nicht einfach nur so. Es tischte seinen Lesern vielmehr einen drei Seiten langen paternalistischen Leitartikel auf, der
Frauen ermahnte, «ihre Ziele neu zu überdenken» und ihre Kinder vor
Beginn der Karriere zu bekommen. Am selben Tag berichtete die *New
York Times* darüber auf der Titelseite, in einem Artikel, der die Studie
als «ungewöhnlich umfassend und exakt» rühmte und sie «zuverlässi-
ger» als alle bisherigen Versuche nannte. Dutzende anderer Zeitungen, Zeitschriften und TV-Nachrichtensendungen zogen nach. Im Jahr
darauf hatte die Statistik ihren Weg in pessimistische Bücher über die
«biologische Uhr» gefunden. Und wie beim Kinderspiel «Telefonie-
ren» vermehrten sich die 40% im Lauf der Zeit immer mehr. Schon
bald berichtete ein Selbsthilfebuch, Frauen in den Dreißigern drohe
Infertilität mit einer Wahrscheinlichkeit von «schockierenden 68%» –
und kritisierte prompt die Feministinnen, die versäumt hatten, Frauen

über die biologischen Nachteile einer erfolgreichen Karriere zu informieren. Für ihre Studie hatten die französischen Forscher Daniel Schwartz und M. J. Mayaux 2193 Französinnen befragt, Patientinnen von elf Zentren für künstliche Befruchtung, die alle von dem Verband betrieben wurden, der das Forschungsprojekt sponserte – und von einer gesteigerten Angst der Frauen vor Unfruchtbarkeit beträchtlich profitieren würde.

Die für die Studie befragten Patientinnen konnten kaum als repräsentativ gelten: Sie waren alle mit hundertprozentig sterilen Männern verheiratet und versuchten, durch künstliche Befruchtung schwanger zu werden. Gefrorenes Sperma, das in diesem Fall benutzt wurde, ist weit weniger zeugungsfähig als die auf natürlichem Weg gelieferte «frische» Variante. Tatsächlich hatte Schwartz selbst bei einer früheren Studie entdeckt, daß Frauen durch regelmäßigen Geschlechtsverkehr viermal so häufig schwanger werden wie durch künstliche Befruchtung.

Die französische Studie erklärte auch schon alle jene Frauen für unfruchtbar, die sich ein Jahr lang erfolglos um eine Schwangerschaft bemüht hatten. (Die Zwölfmonateregel ist erst in jüngster Zeit entstanden, veranlaßt durch «Infertilitätsspezialisten», die experimentelle und kostspielige neue Fortpflanzungstechnologien vertreiben; bis dahin sprach man erst ab fünf Jahren von Unfruchtbarkeit.) Die Verkürzung auf ein Jahr wird von Demographen weithin mit der Begründung abgelehnt, daß es bei jungverheirateten Paaren durchschnittlich acht Monate bis zur Empfängnis dauert. Wie eine Kongreßstudie ergab, trifft die nach der Ein-Jahres-Regel definierte Unfruchtbarkeit nur bei 16–21 % der Paare auch wirklich zu. Die Zeit ist das beste und sicher auch das billigste Mittel gegen Unfruchtbarkeit. In einer britischen Langzeitstudie, die über 17000 Frauen erfaßte – eine der größten jemals durchgeführten Studien –, wurden nach neununddreißig Monaten schließlich 91 % der Frauen schwanger.

Die Ergebnisse der französischen Studie wurden von vielen prominenten Demographen in einer Reihe von Briefen und Artikeln in Fachpublikationen diskutiert. John Bongaarts, Senior Associate des Population Council Center for Policy Studies, bezeichnete die Studie als «dürftige Basis für die Bewertung des weiblichen Infertilitätsrisikos» und als größtenteils untauglich. Auch drei Statistiker des Princeton Universitys Office of Population Research entlarvten die Studie und warnten überdies, sie könne zu «grundloser Sorge» und «kostspieligen medizinischen Behandlungen» führen. Selbst die französischen Wissenschaftler distanzierten sich von ihrer eigenen Studie. Auf einer Fachtagung im selben Jahr teilten sie ihren Kollegen mit, sie hätten nie die Absicht gehabt, ihre Ergebnisse auf alle Frauen anzuwenden. Doch weder ihr Rückzieher noch die geringschätzigen Urteile ihrer Kollegen interessierten die Presse auch nur im geringsten.

Drei Jahre später, im Februar 1985, enthüllte das National Center for Health Statistics die jüngsten Ergebnisse seiner landesweiten Fertilitätsstudie, die 8000 Frauen umfaßte. Sie ergab bei amerikanischen Frauen zwischen dreißig und vierunddreißig ein Infertilitätsrisiko von nur 13,6% statt 40%. Frauen dieser Altersgruppe hatten ein nur 3% höheres Risiko, unfruchtbar zu sein, als Frauen *Anfang* Zwanzig. Genaugenommen war seit 1965 die Infertilitätsrate bei Frauen von Anfang bis Mitte Dreißig – und sogar bei Frauen in den Vierzigern – leicht *gesunken.* Auch insgesamt war der Prozentsatz der Frauen, die keine Kinder bekommen konnten, gefallen – von 11,2% im Jahr 1965 auf 8,5% im Jahr 1982.

Wie üblich schlug diese Nachricht in den Medien keine großen Wellen. Und trotz der Ergebnisse der Bundesstudie sagte Dr. Alan DeCherney, Medizinprofessor in Yale und Hauptautor des moralisierenden Leitartikels im *New England Journal,* er stehe zu seinem Kommentar. Auf die Frage, ob er sich über die Botschaft des Leitartikels nicht noch einmal Gedanken gemacht habe, antwortete er glucksend: «Nein, überhaupt nicht. Der Leitartikel sollte ja provozieren. Ich habe heftige Reaktionen damit ausgelöst. Ich war sogar in der ‹Today›-Show.»

Auf der Suche nach der Ursache der «epidemischen Infertilität» berücksichtigten Medien und medizinisches Establishment nur berufstätige Frauen, weil sie fest überzeugt waren, die Antwort liege im wachsenden Wohlstand und in der zunehmenden Unabhängigkeit der weiblichen Mittelschicht-Bevölkerung. Ein Kolumnist der *New York Times* warf dem Feminismus und dem angeblich vom Feminismus hervorgebrachten Karrieredenken vor, unter den Mittelschicht-Frauen «die Schwesternschaft der Unfruchtbaren» gegründet zu haben. Die Autorin Molly McKaughan warnte Karrierefrauen, sich selbst inbegriffen, in *Working Woman* (und danach in ihrem Buch *Kinder, aber später*) vor der «drohenden Wolke» der Unfruchtbarkeit. Größtenteils dank der Frauenbewegung, behauptete sie, hätten wir folgenden Fehler gemacht: «Wir haben unserer Selbstverwirklichung den Vorrang eingeräumt.»

Zur selben Zeit begannen Gynäkologen die Endometriose (eine Uteruserkrankung, die zur Unfruchtbarkeit führen kann) als «Krankheit der Karrierefrauen» zu bezeichnen. Sie befalle intelligente Frauen, die «unter Streß leben [und] entschlossen sind, sich schon frühzeitig erfolgreich in einer anderen Rolle als der der ‹Mutter› zu behaupten», erklärte Niels Lauersen, damals Professor für Geburtshilfe am New York Medical College, gegenüber der Presse. (In Wirklichkeit jedoch tritt die Endometriose nach Ansicht der Epidemiologen unter berufstätigen Frauen nicht häufiger auf als bei jeder anderen Gruppe.) Andere warnten vor hohen Fehlgeburtenraten bei Karrierefrauen. (In Wirklichkeit haben berufstätige Frauen die niedrigste Fehlgeburtenrate.) Wieder andere mahnten die Frauen, daß sie, wenn sie zuwarteten, mit größerer Wahrscheinlichkeit Totgeburten beziehungsweise zu früh geborene, kranke, geistig behinderte oder mißgebildete Babys bekommen würden. (In Wirklichkeit belegt eine 4000 Frauen umfassende Studie aus dem Jahr 1990, daß die Wahrscheinlichkeit von Totgeburten, Frühgeburten oder kranken Babys bei Frauen über fünfunddreißig auch nicht höher liegt als bei jüngeren Frauen; eine 6000 Frauen umfassende Studie aus dem Jahr 1986 gelangte zu einem ähnlichen Ergebnis. Frauen unter fünfunddreißig bekommen jetzt häufiger mongoloide Kinder als Frauen über fünfunddreißig.)

Daß Frauen das neu erworbene Recht auf legale Abtreibung nutzten, wurde ebenfalls zu einer beliebten «Ursache» der Infertilität. Gynäkologen warnten ihre Mittelschicht-Patientinnen davor, daß «zu viele Abtreibungen» später ein Infertilitätsrisiko oder sogar Sterilität zur Folge haben könnten. In mehreren Bundesstaaten und Gemeinden wurde es Ärzten sogar gesetzlich vorgeschrieben, Frauen davor zu warnen, daß Schwangerschaftsabbrüche zu Fehlgeburten, Frühgeburten und Unfruchtbarkeit führen könnten. Auf der Suche nach Daten, die diese Behauptung untermauern sollten, verschwendeten Wissenschaftler ungeheure Mengen an Energie und staatlichen Geldern. In den letzten zwanzig Jahren haben über 150 epidemiologische Forschungsprojekte nach Zusammenhängen zwischen Abtreibung und Unfruchtbarkeit gesucht. Ein Forscherteam, das die weltweit vorliegende Forschungsliteratur analysierte, kam jedoch 1983 zu dem Schluß, daß nur zehn dieser Studien zuverlässige Methoden benutzten und wiederum nur eine einzige dieser zehn Studien irgendeine Beziehung zwischen Abtreibung und späteren Schwangerschaftsproblemen entdeckt hatte – und diese Studie basierte auf einer Stichprobe griechischer Frauen, die sich gefährlichen, illegalen Abtreibungen unterzogen hatten. Legale Abtreibungsmethoden, berichteten die Forscher, «haben keinen nachteiligen Einfluß auf die spätere Empfängnisbereitschaft einer Frau».

In Wirklichkeit hat sich das Streben der Frauen nach ökonomischer Gleichberechtigung und gleichen Bildungschancen nur positiv auf Fortpflanzung und Fruchtbarkeit ausgewirkt. Eine bessere Ausbildung und höhere Lohnschecks ziehen gesündere Ernährung, Fitneß und Gesundheitsfürsorge nach sich – alles wichtige Bedingungen für eine höhere Fertilität. Nationale Studien bestätigen, daß Collegeabsolventinnen mit höherem Einkommen eine niedrigere Infertilitätsrate aufweisen als ihre Pendants mit High-School-Abschluß und niedrigem Einkommen.

Die «epidemische Unfruchtbarkeit» bei über dreißigjährigen Karrierefrauen der Mittelschicht war ein politisches Programm – und für Infertilitätsspezialisten ein Marketinginstrument – aber kein medizinisches Problem. Dasselbe Weiße Haus, das der Infertilitätsdrohung Vorschub leistete, stellte keine Gelder für Präventivmaßnahmen bereit – und schmetterte sämtliche Hilfsgesuche ab. Daß die Wortführer des Gegenschlags sich so wenig für die *tatsächlich* herrschende epidemische Infertilität interessierten, hätte man als Wink verstehen sollen. Die Infertilitätsrate junger schwarzer Frauen nämlich hat sich zwischen 1965 und 1982 verdreifacht. Die Infertilitätsrate zwanzig- bis vierundzwanzigjähriger Frauen aller Rassen ist um mehr als das Doppelte gestiegen. Tatsächlich lag in den 80er Jahren die Infertilitätsrate bei zwanzig- bis vierundzwanzigjährigen Frauen um 2 % höher als bei Frauen Ende Zwanzig. Doch von dieser Krise und ihren Ursachen – die nichts mit dem Feminismus und nichts mit Yuppie-Karrieristinnen zu tun hatten – war wenig zu hören.

In Wirklichkeit könnte man diese Epidemie größtenteils auf die Nachlässigkeit von Ärzten und Regierungsbeamten zurückführen, die empörend wenig gegen die auf sexuellem Weg übertragene Krankheit Chlamydia unternahmen; die Infektionsraten stiegen Anfang der 80er Jahre und lagen bei jungen Frauen zwischen fünfzehn und vierundzwanzig am höchsten. Diese Krankheit bewirkte die rasante Zunahme von Beckenentzündungen, die in dieser Dekade für einen hohen Prozentsatz der Infertilität verantwortlich waren und an denen jedes Jahr eine weitere Million Frauen erkrankten. Chlamydia rückte in den USA an die erste Stelle der sexuell übertragbaren Krankheiten und befiel 1985 über vier Millionen Männer und Frauen; sie war für mindestens 50% der infektiösen Beckenentzündungen verantwortlich und trug somit dazu bei, zwischen 1970 und 1983 die Zahl der lebensbedrohlichen ektopischen Schwangerschaften zu vervierfachen. Mitte bis Ende der 80er Jahre war bereits jede sechste sexuell aktive junge Frau infiziert; in manchen Kliniken der Innenstadt erreichten die Infektionsraten 35%.

Und trotzdem gehörte Chlamydia in den USA zu den Krankheiten, über die am wenigsten geschrieben, die am seltensten diagnostiziert und behandelt wurden. Obwohl die medizinische Literatur ein Jahrzehnt lang katastrophale Chlamydia-Raten dokumentiert hatte und obwohl die Behandlung dieser Krankheit jährlich über 1,5 Milliarden Dollar verschlang, fanden sich die amerikanischen Gesundheitsbehörden erst 1985 wenigstens zur Diskussion über politische Richtlinien bereit. Der Staat finanzierte keine Aufklärungsprogramme, keine Kontrollmaßnahmen und führte nicht einmal die gesetzliche Meldepflicht für Ärzte ein. (Die nur halb so weit verbreitete Gonorrhöe ist im Gegensatz dazu meldepflichtig.) Und obwohl Chlamydia einfach zu diagnostizieren und mit Antibiotika problemlos zu heilen ist, ließen sich die meisten Gynäkologen nicht einmal zu einem Test herbei. Fast drei Viertel der für Chlamydia-Infektionen aufgewandten Kosten wurden durch Komplikationen infolge mangelhafter Behandlung verursacht.

Politiker und Presse brachten auch den Anzeichen einer anderen potentiellen Infertilitätsepidemie scheinbar kein Interesse entgegen.

Von ihr waren Männer betroffen. Einigen zu diesem Thema vorliegenden Studien zufolge hat sich die Zahl der männlichen Spermien innerhalb von dreißig Jahren um über 50% reduziert. (Eine niedrige Spermienzahl gehört zu den Hauptgründen für Infertilität.) Die durchschnittliche Zahl war, wie ein Forscher berichtete, von 200 Millionen Spermien pro Milliliter in den 30er Jahren auf 40–70 Millionen in den 80er Jahren gesunken. Für diesen alarmierenden Rückgang hat man viele Ursachen im Verdacht: Umweltgifte, chemische Berufsrisiken, überhöhte Röntgenstrahlung, Drogen, zu enge Unterwäsche, ja sogar heiße Wannenbäder. Aber die eigentlichen Ursachen liegen im dunkeln, da auf dem Gebiet der männlichen Infertilität kaum Forschungsergebnisse vorliegen. Eine Kongreßstudie aus dem Jahr 1988 kam zu dem Schluß, daß angesichts der mangelnden Informationen über männliche Infertilität «Präventiv- und Behandlungsmaßnahmen größtenteils nur auf Vermutungen basieren».

Aber die Regierung weigert sich weiterhin, in die nationale Fertilitätsstudie Männer mit einzubeziehen. «Warum wir uns nicht mit den Männern befassen?» wiederholt William D. Mosher, Leiter der im Auftrag der Regierung durchgeführten Studien, als höre er die Frage zum erstenmal. «Ich weiß nicht. Das würde ja noch eine Umfrage bedeuten. Und dafür brauchte man wieder Geld. Die Mittel sind schließlich nicht unbegrenzt.»

War die «epidemische Unfruchtbarkeit» der erste Schuß in der pronatalen Kampagne der 80er Jahre, dann folgte als zweiter der «Geburtenrückgang». Zumindest aber waren die Anführer dieser Kampagne ehrlicher: Sie machten es emanzipierten Frauen zum Vorwurf, daß sie sich dafür *entschieden* hatten, weniger oder gar keine Kinder zu bekommen. Sie taten nicht so, als zitierten sie ganz objektiv irgendeine Statistik; vielmehr gaben sie stolz zu, das Verhalten der Frauen manipulieren zu wollen. «Dieses kleine Buch besteht größtenteils aus Spekulationen und Provokationen», räumt Ben Wattenberg in seinem 1987 erschienenen Buch *The Birth Dearth* freimütig ein. «Wird sich das allgemeine Verhalten und dadurch die Einstellung zur Fertilität schon bald ändern?» fragt er. «Hoffentlich. Das ist der eigentliche Grund für dieses Buch.»

Statt Frauen mit der Drohung «jetzt oder nie» in die Entbindungsstationen zu treiben, versuchten es die Verfechter der Geburtenrückgangstheorie mit einem Appell an die niedrigeren Instinkte der Gesellschaft – Fremdenfeindlichkeit, Militarismus und Intoleranz, um nur
einige zu nennen. Wenn gebildete weiße Mittelschicht-Frauen nicht
endlich mehr Kinder bekämen, so die Warnung der Wortführer, dann
übernähmen dies Arme, Debile und Ausländer – und Amerika wäre
bald aus dem Rennen. Der Harvard-Psychologe Richard Herrnstein
prophezeite, der Begabtenanteil werde um fast 60% schrumpfen, und
in gleichem Maße werde der Bevölkerungsanteil mit einem IQ unter
siebzig ansteigen, und zwar nur aus dem einen Grund, weil die «intelli-
genteren» Frauen ihre Fortpflanzungspflicht vernachlässigten, um
akademischen Graden und ihrer Karriere nachzujagen – und weil sie
auf Verhütungsmitteln bestünden. «Sex kommt an erster Stelle, die
Mühen und Opfer von Schwanger- und Mutterschaft irgendwann später», meinte er mißbilligend. Wenn der gegenwärtige Trend anhalte,
so seine erbitterte Warnung, «könnte er alles zunichte machen, was
wir vielleicht ansonsten für unser wirtschaftliches Ansehen in der Welt
tun». Und welche Belege führte er für diesen Trend an? Beiläufige
Bemerkungen von ein paar jungen Harvard-Studenten, die der Gedanke an Kinder mit «Sorge» erfüllte, das Gemurre einiger Freunde,
die sich mehr Enkel wünschten, sowie Dialoge aus Filmen wie *Baby
Boom* und *Drei Männer und ein Baby*.

Erfinder und fanatischster Einpeitscher des Schlagworts vom Geburtenrückgang war Ben Wattenberg, ein in mehreren Zeitungen publi-
zierender Kolumnist und Senior Fellow des American Enterprise Institute; er sprach 1986 in der konservativen Zeitung *Public Opinion* als
erster von einem drohenden Geburtenrückgang – und wurde nicht
müde, dies in zahllosen Reden, Radiovorträgen, Fernsehauftritten und
seiner eigenen Zeitungskolumne zu wiederholen.

Mit seiner Hetztaktik wich er beträchtlich von der ein Jahrzehnt
zuvor in seinem Buch *The Real America* vertretenen vernünftigen
Auffassung ab; dort hatte er all jenen, die vor einem Bevölkerungs-
rückgang warnten, «aufgebauschte Panikmache» und «Schwarzsehe-
rei» vorgeworfen. Die Fertilitätsrate, schrieb er damals, gehe leicht
zurück, und dies sei ein «durchaus heilsamer» Trend, der mehr Arbeitsplätze und einen höheren Lebensstandard verspreche. Es sei sogar

denkbar, schwärmte er damals, «daß einzig und allein der Geburtenrückgang» der Mittelschicht «eine gewaltige Expansion und einen gewaltigen ökonomischen Aufstieg» ermögliche.

Doch nur zehn Jahre später schlug der dreiundfünfzigjährige Vater
von vier Kindern ob dieses «beängstigenden» Trends Alarm. «Droht
der Welt ein Rückfall?» japste er in *The Birth Dearth*. «Könnte die
Dritte-Welt-Kultur die Vorherrschaft erlangen?» Wattenbergs Abhandlung zufolge – die den Untertitel trägt: «Was geschieht, wenn die
Menschen in den freien Ländern nicht genug Kinder bekommen?» –
verlören die Vereinigten Staaten ihren Weltmachtstatus, gäbe es Millionen Arbeitslose, würden sich Minderheiten vermehren und einen
«häßlichen Aufruhr» anzetteln, würde ein Rückgang der Steuerzahler
die Zahl der Atomwaffen dezimieren und wäre eine schrumpfende Armee nicht mehr imstande, dem «potentiellen sowjetischen Expansio-
nismus» die Stirn zu bieten.

Als sich Wattenberg schließlich auf die Suche nach Verantwortlichen begab, diente die Frauenbewegung als Hauptsündenbock. Verantwortlich für das, was er jetzt als steile Talfahrt der Geburtenrate
«unter einen ausgleichbaren Level» bezeichnete, war seiner Meinung
nach der Wunsch der Frauen, Heirat und Mutterschaft auf später zu
verschieben, das Interesse der Frauen an Ausbildung und Karriere, das
Beharren der Frauen auf Legalisierung der Abtreibung und die
«Frauenemanzipation» insgesamt. Um das Problem zu lösen, predigte
er, solle man Frauen dazu drängen, ihre Karriere bis nach dem Kinderkriegen auf Eis zu legen. Dennoch glaubte er allen Ernstes, «daß *The
Birth Dearth* im wesentlichen profeministische Ansichten vertritt».

Wattenbergs Schlagwort vom Geburtenrückgang wurde rasch von
Anführern der Neuen Rechten, konservativen Sozialtheoretikern und
Präsidentschaftskandidaten aufgegriffen, die nun in drohenden – und
rassistischen – Tönen von «kulturellem Selbstmord» und «geneti-
schem Selbstmord» sprachen. Diese Drohung fand Eingang in die
Wahlprogramme sowohl Jack Kemps als auch Pat Robertsons, die auch
schnell bei der Hand waren, die sinkende Geburtenziffer mit den wachsenden Frauenrechten in Zusammenhang zu bringen. Allan Carlson,
Präsident des konservativen Rockford Institute, meinte, man bekomme den Geburtenrückgang am besten dadurch in den Griff, daß
man den Equal Pay Act und die Gesetze gegen die berufliche Diskrimi-

nierung der Frau abschaffe. Bei einer Tagung des American Enterprise Institute 1985 ging Edward Luttwack sogar noch weiter: Er
schlug vor, amerikanische Politiker sollten erwägen, ob sie nicht auf
die geburtenfördernden Maßnahmen Vichy-Frankreichs zurückgreifen sollten: Die Methoden, mit denen jene Regierung aus Nazikol-
laborateuren gegen die Abtreibung vorging und der totalen Mutterschaft Vorschub leistete, ließen sich doch vielleicht nutzbringend auf
die renitenten Frauen von heute anwenden. Und die Teilnehmer eines
von der Stanford University's Hoover Institution gesponserten Seminars machten «die Emanzipation» für das Sinken der Geburtenziffer
verantwortlich und unterstellten jenen Frauen, die sich weigerten,
viele Kinder zu bekommen, einen Mangel an «Wertbewußtsein».

Im selben Maß, wie diese Männer schwarze Frauen gern am Kinderkriegen gehindert hätten, wollten sie weiße Frauen dazu bringen.
Die Zahl der unehelichen Geburten erreiche bei schwarzen Frauen,
insbesondere bei schwarzen Teenagern, bereits «epidemische» Ausmaße, verkündeten konservative Soziologen wiederholt in Vorträgen
und Presseinterviews. Dadurch, daß sie die Krankheitsmetapher ver-
wendeten, haben sich die Pronatalisten, ohne es zu wollen, selbst entlarvt: Sie betrachteten es sowohl als «Epidemie», wenn schwarze
Frauen Kinder *bekamen*, als auch, wenn weiße Frauen *keine* bekamen. Was die Vertreter der Geburtenrückgangstheorie von den
schwarzen Frauen behaupteten, war schlicht und einfach falsch. Sowohl bei schwarzen Frauen als auch bei schwarzen Teenagern ging die
Quote der nichtehelichen Geburten in den 80er Jahren zurück; ein
Zuwachs an unehelichen Geburten war einzig bei weißen Frauen zu
verzeichnen.

Die Verfechter der Geburtenrückgangstheorie hatten zwar recht,
wenn sie sagten, daß sich Rekordmengen von Frauen für eine kleinere
Familie entschieden hatten. Doch mit der Behauptung, diese Be-
schränkung habe einen bedrohlichen Rückgang der amerikanischen
Geburtenziffer bewirkt, irrten sie sich. Die Fertilitätsrate ist von 3,8
Kindern pro Frau im Jahr 1957 auf 1,8 Kinder pro Frau in den 80er
Jahren gesunken. Aber jener Höchststand von 1957 war die Ausnahme von der Regel. Die nationale Fertilitätsrate ist im Lauf der
letzten Jahrhunderte kontinuierlich gesunken; die Rate der 80er Jahre
stellte nur eine Rückkehr zum Status quo dar. Darüber hinaus ist die

Fertilitätsrate in den 8oer Jahren ja nicht einmal gesunken; sie hielt sich stabil bei 1,8 Kindern pro Frau – wie schon seit 1976. Und die US-amerikanische Bevölkerung wuchs um über zwei Millionen pro Jahr – schneller als jede andere Industrienation.

Zu seinen apokalyptischen Szenarien gelangte Wattenberg dadurch, daß er eine sinkende Geburtenzahl zweihundert Jahre in die Zukunft projizierte. Mit anderen Worten, er spekulierte über die Kinderzahl von Frauen, die noch gar nicht geboren waren – das wäre etwa so, als hätte ein Demograph im vorindustriellen Amerika über das Fortpflanzungsverhalten einer Karrierefrau von 1980 spekuliert. Dabei ist es schon kompliziert genug, die Wachstumsrate einer *gegenwärtigen* Generation zu prognostizieren, wie Soziologen nach dem Zweiten Weltkrieg feststellen mußten. Sie sagten nämlich den Babyboom nicht voraus – und brachten es fertig, sich bei jener Generation um 62 Millionen Menschen zu verschätzen.

Die tiefe Depression:
Frauen am Rande des Nervenzusammenbruchs

Das Jahrbuch des Gegenschlags nannte zwei Frauentypen, die am ehesten für Nervenzusammenbrüche anfällig waren: die unverheirateten und die erwerbstätigen Frauen. Laut Dutzenden von Nachrichten-Features, Ratgebern und Gesundheitsbüchern litten «Rekordmengen» weiblicher Singles an Depressionen und fielen immer mehr berufstätige Frauen dem «Burnout-Syndrom» zum Opfer – das angeblich ein breites Spektrum seelischer und körperlicher Erkrankungen auslöste, vom Schwindelanfall bis zur Herzattacke.

Mitte der 8oer Jahre verzeichneten mehrere epidemiologische Psychostudien eine Zunahme von Depressionen bei den geburtenstarken Jahrgängen, ein Phänomen, das Autoren populärpsychologischer Bücher schon bald dazu inspirierte, die Ära «Das Zeitalter der Melancholie» zu nennen. Auf der Suche nach einer Erklärung für die Schwermut dieser Generation waren Therapeuten und Journalisten schnell bei der Hand, der Frauenbewegung die Schuld zuzuweisen. Hätten sich die Babyboom-Frauen nicht emanzipiert, so lautete die Theorie, dann wären die Singles jetzt verheiratet und die Karrierefrauen säßen daheim

bei ihren Kindern – und beide wären ausgeglichener, gesünder und
geistig normaler.

Die wachsende seelische Not alleinstehender Frauen «ist ein Phänomen speziell dieser Epoche, so kann man das wirklich sagen», behauptete die Psychologin Annette Baran 1986 in einem *Los-Angeles-
Times*-Artikel, einem von vielen zu diesem Thema. «Schätzungs-
weise» repräsentierten alleinstehende Frauen heute angeblich «die
überwiegende Mehrheit aller Psychotherapiepatienten», ihrem Gefühl
nach exakt «sechsundsechzig Prozent». Der Autor des Artikels war
derselben Ansicht und bezeichnete die «wachsende Zahl» alleinstehender Frauen mit psychischen Problemen als «eine Art Epidemie». Ein
Artikel, der 1988 in der Zeitschrift *New York Woman* erschien, kam zu
dem gleichen Befund: Alleinstehende Frauen hätten die Praxen der
Therapeuten «gestürmt», es sei eine «richtige Epidemie». Die Zeitschrift zitierte die Psychologin Janice Lieberman mit der Äußerung:
«Diese Frauen kommen zur Behandlung, weil sie überzeugt sind, daß
irgend etwas mit ihnen überhaupt nicht stimmt.» Und genau das, versichert sie, trifft auch zu: «Zu lange allein zu leben ist traumatisch.»

In Wirklichkeit wußte niemand, ob weibliche Singles in den 80er
Jahren häufiger oder seltener an Depressionen litten; keine epidemio-
logische Studie hat psychische Veränderungen der Frauen untersucht.
Wie die Forscherin Lynn L. Gigy, eine der wenigen Psychologinnen,
die sich mit Single-Frauen befassen, einmal bemerkte, behandelt die
Soziologie unverheiratete Frauen immer noch wie «vom statistischen
Durchschnitt abweichende Individuen». Sie werden «in der soziologischen Theorie und Forschung praktisch ignoriert». Dieser Mangel an
Daten hat jedoch keineswegs jene Experten entmutigt, die schon mindestens seit dem 19. Jahrhundert alleinstehende Frauen für die Zunahme seelischer Erkrankungen verantwortlich machen; damals beschrieben führende Psychiater das typische Neurasthenieopfer als
«eine Frau, meist unverheiratet oder aus irgendeinem Grunde außerstande, ihre Fortpflanzungsfunktion zu erfüllen».

Wie sich herausstellt, haben Soziologen bezüglich der psychischen
Verfassung alleinstehender Frauen nur eine einzige Tatsache bewiesen: daß Berufstätigkeit sie verbessert. Die wegweisende «Lifeprints»-

Studie von 1983 fand heraus, daß die Hauptursache für seelische Probleme alleinstehender Frauen nicht schlechte Heirats-, sondern schlechte Beschäftigungschancen sind. Forscher des Institute for Social Research und des National Center for Health Statistics, die Regierungsdaten über die Gesundheit von Frauen aus zwei Jahrzehnten auswerteten, kamen zum selben Resultat: «Von den drei Faktoren, die wir untersuchten [Berufstätigkeit, Ehe, Kinder], ist die Berufstätigkeit am stärksten und stimmigsten mit dem Gesundheitszustand der Frauen verknüpft.» Die Studie ergab, daß sich alleinstehende Frauen, die berufstätig waren, körperlich und seelisch in weit besserer Verfassung befanden als verheiratete Hausfrauen, mit oder ohne Kinder. Und schließlich fanden die Forscherinnen Pauline Sears und Ann Barbee in einer der wenigen Langzeitstudien, die alleinstehende Frauen als Kategorie behandelten, heraus, daß von den befragten Frauen die alleinstehenden mit ihrem Leben am zufriedensten waren – und am allerzufriedensten waren alleinstehende Frauen, die fast ihr ganzes Leben lang berufstätig gewesen waren.

Während es die Demographen versäumten, geschichtliche Veränderungen in der psychologischen Situation alleinstehender Frauen festzuhalten, haben sie eine Unmenge von Daten gesammelt, die sich auf den Vergleich der seelischen Verfassung alleinstehender und verheirateter Frauen beziehen. Keiner dieser Befunde unterstützt die These, daß alleinstehende Frauen für das «Zeitalter der Melancholie» verantwortlich sind. Studie um Studie zeigt, daß alleinstehende Frauen sich weit besserer seelischer Gesundheit erfreuen als ihre verheirateten Schwestern (und, ein nicht davon zu trennendes Phänomen, mehr Geld verdienen). Die 1972 von der Familiensoziologin Jessie Bernard ausgesprochene Warnung trifft immer noch zu: «Die Ehe kann die Gesundheit einer Frau gefährden.»

Es gibt zahlreiche psychologische Indikatoren dafür, und alle weisen in dieselbe Richtung. In diesen Studien berichten verheiratete Frauen um 20% häufiger von Depressionen als alleinstehende Frauen, und dreimal so häufig von schweren Neurosen. Verheiratete Frauen bekommen öfter Nervenzusammenbrüche, leiden häufiger an Nervosität, Herzklopfen und Antriebslosigkeit. Auch folgende Beschwerden quälen verheiratete Frauen unverhältnismäßig oft: Schlaflosigkeit, Händezittern, Schwindelanfälle, Alpträume, Hypochondrie, Passivi-

tät, Agoraphobie und andere Phobien, Unzufriedenheit mit ihrem
Aussehen sowie überwältigende Schuld- und Schamgefühle. Eine an
Collegeabsolventinnen über fünfundzwanzig Jahre hinweg durchgeführte Langzeitstudie ergab, daß Ehefrauen die geringste Selbstach-
tung hatten, sich am wenigsten attraktiv fanden, am meisten über
Einsamkeit klagten, sich in jedem Bereich am inkompetentesten fühlten – sogar in bezug auf die Kinderbetreuung. Eine 1980 durchgeführte
Studie fand heraus, daß alleinstehende Frauen energischer und selbständiger auftraten und stolzer waren auf das, was sie erreicht hatten.
Die Mills-Langzeitstudie, die sich über mehr als dreißig Jahre er-
streckte, berichtete 1990, «traditionelle» Ehefrauen hätten ein höheres
Risiko als alleinstehende Frauen, in ihrem Leben seelisch oder körperlich zu erkranken – von Depressionen bis Migräne, von hohem Blut-
druck bis Dickdarmentzündung. Eine 106 000 Frauen umfassende Umfrage des *Cosmopolitan* ergab, daß alleinstehende Frauen nicht nur
mehr Geld verdienen als verheiratete, sondern auch gesünder sind und
mit höherer Wahrscheinlichkeit regelmäßig Sex haben. Und schließlich entdeckten die bekannten Psychologieforscher Gerald Klerman
und Myrna Weissman, als sie die gesamte Literatur über weibliche
Depressionen auf die verschiedensten Faktoren hin durchforsteten –
von genetischen Einflüssen über das prämenstruelle Syndrom bis hin
zur Pille –, nur zwei Hauptursachen für die Depression der Frau: ein
niedriger sozialer Status und die Ehe.

Wenn das «Zeitalter der Melancholie» also nicht auf die seelisch un-
ausgeglichenen Singles zurückgeht, dann doch vielleicht auf ausge-
powerte Karrierefrauen? In Anbetracht der Tatsache, daß Berufstätigkeit die psychische Verfassung der Frauen positiv beeinflußt, ist
das zwar eher unwahrscheinlich; doch die «Burnout»-Experten der
80er Jahre waren entschlossen, es zu beweisen. «Das Burnout-Syndrom der Frauen ist in unserer modernen Zivilisation zu einem der
häufigsten Krankheitszustände geworden», warnten die Psychologen
Herbert Freudenberger und Gail North in *Burnout bei Frauen*, einem
von zahllosen Reißern, die zu diesem «Leiden» in diesem Jahrzehnt die
Regale der Buchhandlungen füllten. «Immer häufiger höre ich von
Frauen, die sich selbst bis an den Rand des physischen und/oder

psychischen Zusammenbruchs treiben», schrieb Marjorie Hansen Shaevitz in *The Superwoman Syndrome*. «Erstaunlich viele Frauen in Führungspositionen laufen mit einem Tranquilizer-Fläschchen herum», alarmierte Dr. Daniel Crane die Leser der Zeitschrift *Savvy*. Es gab unzählige Burnout-Beschwerden. Wie in *The Type E Woman* zu lesen war, «nimmt die epidemische Verbreitung von Magengeschwüren, Drogen- und Alkoholmißbrauch, Depression, sexueller Funktionsstörungen bei berufstätigen Frauen immer mehr zu, und dies gilt ebenso für eine Vielzahl streßbedingter körperlicher Beschwerden wie Kopf- und Rückenschmerzen, Allergien sowie immer wiederkehrender Virusinfektionen und Grippen». Aber das ist noch nicht alles. Andere Experten fügten dieser Liste noch Herzattacken, Schlaganfälle, Hypertonie, Nervenzusammenbrüche, Selbstmorde und Krebs hinzu. «Die Frauen erkämpfen sich die Freiheit, wie Männer zu sterben», behauptete Dr. James Lynch, Autor mehrerer Burnout-Wälzer, und wies auf den angeblichen Anstieg von Alkohol- und Nikotinkonsum, Herzkrankheiten und Suiziden bei Karrierefrauen hin.

Die Experten warteten nicht mit Beweisen auf, nur mit Anekdoten – und mit wiederholten Seitenhieben auf den Feminismus, den sie rasch als das eigentliche Burnout-Virus identifizierten. «Das hat die Emanzipationsbewegung bewirkt», behauptete *Women under Stress*, und zwar durch «eine weibliche Invasion» der Berufswelt, und jetzt entdeckten viele der irregeführten Frauen zu spät, «daß der Tribut, den der Streß fordert, vielleicht doch nicht die Vorteile aufwiegt». Die Autoren warnten: «Manche Frauen begeistert die Emanzipation so sehr, daß sie Jobs annehmen, für die sie gar nicht qualifiziert sind.»

Die Botschaft, die hinter all diesen «Ratschlägen» steckt? Geht nach Hause zurück. «Obwohl auch die Nurhausfrau einem gewissen Streß ausgesetzt ist», schrieb Georgia Witkin-Lanoil in *The Female Stress Syndrome*, «hat sie es doch in vielen Fällen leichter.»

Doch alles zur Verfügung stehende Beweismaterial – Dutzende von Vergleichsstudien zwischen berufstätigen und nicht berufstätigen Frauen – deutet in die entgegengesetzte Richtung. Ob Geistes- oder Fabrikarbeiterinnen, berufstätige Frauen haben weniger Depressionen als Hausfrauen; und je mehr Anforderungen die Karriere stellt, desto besser für die seelische und körperliche Gesundheit. Frauen, die nie berufstätig waren, leiden am häufigsten an Depressionen. Berufstätige

Frauen sind für schwere und weniger schwere seelische Störungen –
von Suizid und Nervenzusammenbrüchen bis hin zu Schlaflosigkeit
und Alpträumen – weniger anfällig als Hausfrauen. Sie sind weniger
nervös und passiv, berichten seltener über Angstzustände und konsu-
mieren weniger Psychopharmaka als Frauen, die zu Hause bleiben.
«Untätigkeit», lautet das Fazit einer Studie, die auf den Daten des U. S.
Health Interview Survey basiert, «...bewirkt möglicherweise den
größten Streß.»

Auch waren Karrierefrauen in den 80ern nicht für einen Anstieg von
Herzattacken und Hypertonie bei Frauen verantwortlich. Einen solchen Anstieg gab es nämlich gar nicht: Seit 1963 sank die Zahl der
weiblichen Herztoten um 43%; und zwar hauptsächlich seit 1972, als
sich die Zahl der berufstätigen Frauen drastisch zu erhöhen begann.
Ebenso sank die Hypertonierate bei Frauen seit Anfang der 70er Jahre.
Nur die Lungenkrebsrate ist gestiegen – und dies ist nicht das Vermächtnis der Frauenbewegung, sondern das der Mitte des Jahrhunderts gestarteten Werbekampagne, die mit massiven Mitteln versuchte, Frauen zum Rauchen zu bewegen. Seit den 70er Jahren ist die
Zahl der Raucherinnen gesunken.

Daß Erwerbstätigkeit einen Einfluß auf die Selbstachtung von Frauen
hat, ist eine fundamentale und alte Tatsache. Selbst in den 50ern, der
Zeit des «Weiblichkeitswahns», nannten zwei Drittel der verheirateten
Frauen auf die Frage, was ihnen Selbstbewußtsein und ein Erfolgsge-
fühl vermittle, ihren Beruf; bei nur einem Drittel war es die Tätigkeit
als Hausfrau. In den 80ern bezeichneten 87% der Frauen ihre Arbeit
als Quelle persönlicher Zufriedenheit und Erfüllung. Um es mit dem
Fazit einer großangelegten Studie zu sagen: «Die Gesundheit der
Frauen wird durch ihre *geringere* [Hervorhebung von mir] Beteiligung
am Arbeitsprozeß gefährdet.»

Indem sie mithalf, den Frauen breiteren Zugang zu besser bezahlten
und vielfältigeren Berufen zu eröffnen, übte die Frauenbewegung
zwangsläufig einen positiven Einfluß auf die seelische Verfassung der
Frauen aus. Eine nationale Stichprobenerhebung zwischen 1957 und
1976 ergab, daß sich die seelische Situation der Frauen enorm verbessert und die geschlechtsspezifischen Unterschiede, was die Rate der
psychischen Erkrankungen betrifft, sich um fast 40% verringert hat-

ten. Die berühmte Midtown-Manhattan-Langzeitstudie fand heraus, daß die Zahl der von seelischen Problemen betroffenen erwachsenen Frauen seit Anfang der 50er Jahre um 50% bis 60% gefallen war. Der Leiter des Midtown-Manhattan-Projekts, Leo Scrole, zog den Schluß, dieser Unterschied sei der wachsenden Autonomie und ökonomischen Unabhängigkeit der Frauen zuzuschreiben. Die Veränderungen, schrieb er, «sind nicht durch eine zufällige Laune der Geschichte bedingt, sondern reflektieren ein Ursache-Wirkung-Verhältnis zwischen der partiellen Befreiung der Frauen aus dem sexistischen Sklavenstatus des 19. Jahrhunderts und der Steigerung ihres subjektiven Wohlbefindens im 20. Jahrhundert.»

Wenn das emotionale Wohlbefinden der Frau in den 80er Jahren durch irgend etwas bedroht wurde, dann durch den Gegenschlag selbst, der die Aushöhlung der sozialen und ökonomischen Stellung der Frau betrieb – die beiden Pfeiler, auf denen das seelische Gleichgewicht ruht. «Es gibt», wie sogar in einem «Burnout»-Ratgeber eingeräumt wird, «einen direkten Zusammenhang zwischen Sexismus und weiblichem Streß.» Wie sich der momentane Konterschlag gegen die Frauenrechte jedoch auf die Zahl der seelisch erkrankten Frauen auswirken kann, muß abgewartet werden: Wegen der langen Laufzeit epidemiologischer Studien werden wir die tatsächlichen Zahlen erst in einiger Zeit erfahren.

Wer also war für das «Zeitalter der Melancholie» der geburtenstarken Jahrgänge verantwortlich? 1984 veröffentlichte das National Institute of Mental Health die Ergebnisse der umfangreichsten psychologischen Studie, die in den USA je durchgeführt wurde; es handelte sich um die Epidemiological-Catchment-Area-(ECA-)Studie, die Daten aus fünf Regionen in Amerika und Kanada bezog. Ihr zentraler Befund, der von der Presse weitgehend ignoriert wurde: «Die Raten sämtlicher Beschwerden sind jetzt bei beiden Geschlechtern identisch.»

Die Depressionsrate der Frauen stand zur Depressionsrate der Männer traditionell in einem Verhältnis von 3 : 1. Doch den ECA-Daten, die zwischen 1980 und 1983 gesammelt wurden, war zu entnehmen, daß das «Depressionsgefälle» auf weniger als 2 : 1 geschrumpft war. Nach der jetzt durchgeführten Auswertung einiger Langzeitstudien exi-

78

Teil 1 – Mythen und Rückblicke

stierte sogar fast gar kein Gefälle mehr. Teilweise spiegelte dies eine Aufhellung der weiblichen Psyche wider – noch mehr aber signalisierte es eine Verschlechterung der psychischen Situation der Männer. Epidemiologische Forscher beobachteten einen deutlichen Anstieg depressiver Beschwerden vor allem bei Männern in den Zwanzigern und Dreißigern. Während die Angst bei Frauen nachlieβ, nahm sie bei Männern zu. Während die weibliche Suizidrate ihren Höchststand in den 6oer Jahren erreicht hatte, stieg sie nun bei Männern an. Auch die Zahlen der Selbstmord*versuche* glichen sich bei Männern und Frauen allmählich an, da die Rate bei den Männern schneller anstieg als bei den Frauen.

Während die Emanzipationsbewegung bei Frauen wohl keine Depressionen ausgelöst hat, schien sie vielen Männern Probleme zu bereiten. Bei der Auswertung von drei Jahrzehnten Forschungsliteratur über geschlechtsspezifische Unterschiede bezüglich der psychischen Verfassung zogen die Soziologen Ronald C. Kessler, James A. McRae Jr. und das Institute of Social Research der Universität Michigan folgendes Fazit: «Wahrscheinlich leiden Männer schneller unter Rollenstreß als Frauen.» Die von den Frauen begrüßte Änderung des Rollenverhaltens «trägt zur Verringerung des psychischen Problemgefälles bei Männern und Frauen vorwiegend dadurch bei, daß sie die Probleme der Männer vergrößert». Während die Steigerung des psychischen Wohlbefindens der Frauen durch die steigende Beschäftigungsrate bewirkt werde, so die Forscher, «können die wachsenden Probleme der Männer zum Teil Depressionen und einem Verlust an Selbstbewußtsein zugeschrieben werden, die in Beziehung zur wachsenden Tendenz der Frauen steht, sich eine Stelle zu suchen». Für viele Männer in den 8oer Jahren wurde dieser Effekt durch jene andere ernst zu nehmende Bedrohung der psychischen Gesundheit – dem Verlust des ökonomischen Status – noch verschärft, da Millionen traditioneller «Männerjobs», die früher einmal ein Existenzminimum abwarfen, einer Restrukturierung der Wirtschaft zum Opfer fielen. Angesichts der in den Industriegesellschaften zu beobachtenden dramatischen Umschichtungen bezüglich der psychischen Verfassung der Geschlechter schrieb Jane Murphy, Leiterin der psychiatrischen Epidemiologie des Massachusetts General Hospital, im Jahr 1984: «Haben die Veränderungen in der Beschäftigungsstruktur dieser Gesellschaft eine Situation ge-

schaffen, die, in gewisser Hinsicht, für die Gans besser ist als für den
Ganter...?» In Wirklichkeit laufen Forscher (wie Kessler in einem Interview äußert), die sich nur auf die weibliche Seite des psychologischen Faktorenkomplexes konzentrieren, Gefahr, das Wichtigste zu
übersehen: «In den letzten dreißig Jahren verringert sich [bezüglich
seelischer Krankheiten] der Unterschied zwischen den Geschlechtern
hauptsächlich deswegen, weil es den *Männern* schlechter geht.»

Zahlreiche psychologische Untersuchungen der letzten Dekade belegen diese Behauptung. Eine Studie aus dem Jahr 1980 fand heraus,
daß Ehemänner berufstätiger Frauen häufiger an Depressionen leiden
als Ehemänner von Hausfrauen. Eine Studie, die 1982 mit 2440 Erwachsenen am Survey Research Center der Universität Michigan
durchgeführt wurde, fand heraus, daß Depressionen und ein schwach
ausgeprägtes Selbstwertgefühl bei verheirateten Männern eng mit der
Berufstätigkeit ihrer Ehefrauen verknüpft ist. Eine 1986 durchgeführte Analyse des Quality of Employment Survey ergab, daß «der
Doppelverdienst von Männern möglicherweise als sozialer Abstieg,
von Frauen jedoch als sozialer Aufstieg erlebt wird». Männer berufstätiger Frauen, so fanden die Forscher heraus, hatten gravierendere
seelische Probleme, ein schwächeres Selbstwertgefühl und schwerere
Depressionen als Männer, die mit Hausfrauen verheiratet waren.
«Nach außen hin wird zwar ein gleichberechtigter Lebensstil befürwortet, aber hinter dieser Fassade verbergen sich bei den Männern oft
Ängste, die die Zeit allein nicht heilen kann», lautet ihr Fazit. Es sei
eine Tatsache, «daß traditionelle Rollenmuster für die Selbsteinschätzung der Männer mehr Gewicht haben als das, was heute über Gleichberechtigung geredet wird».

Eine 1987 entstandene Studie über Rollenstreß, durchgeführt von
Forschern der Universitäten Michigan, Illinois und der Cornell University, ergab den gleichen Zusammenhang und kam zu dem Schluß,
daß das seelische Wohlbefinden der Männer anscheinend merklich ins
Wanken gerät, wenn die Ehefrau arbeiten geht. «Wenn man bedenkt,
daß die bisherigen Untersuchungen zum veränderten Rollenverhalten
sich ausschließlich auf Frauen konzentrierten», schrieben sie, «weist
dieses Ergebnis darauf hin, daß eine solche Schwerpunktsetzung irreführend war und man sich jetzt ernstlich bemühen muß zu verstehen,
wie die neue Rolle der Frau das Leben und Verhalten von Männern

beeinflußt.» Von dieser Warnung nahm die Presse jedoch praktisch keine Notiz. Anläßlich der *Newsweek*-Titelstory über Depressionen kam eine erbittert dreinblickende Frau aufs Cover – und unter den neun Opfern, die vorgestellt wurden, waren ebenfalls nur zwei Männer.

Die Tageshort-Teufel:
Stellen Sie Ihre eigene Statistik auf

Die gegen die Tageshorte gerichteten Schlagzeilen der 80er Jahre schrien einem förmlich entgegen:
«MAMI, LASS MICH NICHT HIER!» WAS ELTERN NICHT MITBEKOMMEN! TAGESHORTE KÖNNEN DIE GESUNDHEIT IHRES KINDES GEFÄHRDEN! WENN DIE BETREUUNG ZUR UNSITTLICHEN BELÄSTIGUNG WIRD: ES PASSIERT ÖFTER, ALS ELTERN WAHRHABEN WOLLEN. KLEINKINDBETREUUNG... BEDROHLICH!

Die Wortführer der Neuen Rechten prangerten die Tagesstätten natürlich am heftigsten an und bezeichneten sie als «das Contergan der 80er Jahre». Auch Reagans Gefolgsleute waren mit ihren Äußerungen nicht zimperlich, wie etwa jener hohe Beamte im Verteidigungsministerium, der verkündete: «Amerikanische Mütter, die berufstätig sind und ihre Kinder in anonyme Horte schicken, statt daheimzubleiben und sich um sie zu kümmern, schwächen die moralische Kraft der Nation.» Die Presse wiederum verteufelte – etwas subtiler, aber ebenso hartnäckig – sowohl Mütter, die ihre Kinder in Tagesstätten gaben, als auch das dort beschäftigte Personal.

1984 warnte ein *Newsweek*-Artikel vor einem geradezu «epidemischen» Kindesmißbrauch in Kinderhorten, und zwar unter Berufung auf die Vorwürfe gegen die Leiter einiger Kinderhorte – von denen die berüchtigtsten sich später vor Gericht als unschuldig erwiesen. Nur für den Fall, daß den Frauen die Drohung vielleicht entgangen sein könnte, legte sich zwei Wochen später *Newsweek* noch einmal mit einer Titelstory ins Zeug – «Hortbetreuung um welchen Preis?» Das Coverfoto zeigte ein verängstigtes, kulleräugiges Kind, das am Daumen nuckelt. Als erbauliches Gegenbeispiel strich der achtseitige Artikel dann groß eine gute Mutter heraus – unter dem Titel: «Am liebsten daheim».

Die frühere Wertpapierhändlerin hatte ihre Karriere aufgegeben, um daheim bei ihrem Baby zu bleiben und die Karriere ihres Mannes zu unterstützen. «Ich mußte mir klarmachen, daß ich nicht alles haben konnte», sagte die Mutter, eine Ansicht, die natürlich ein zustimmendes Nicken von *Newsweek* erntete. Einige Zeit später berichtete *Newsweek* in einer dem Thema Familie gewidmeten Sondernummer noch einmal über «die dunkle Seite der Kinderhortbetreuung». Der betreffende Artikel sprach wiederholt von «immer mehr Beweise[n], daß Kinderhortbetreuung möglicherweise die Gesundheit der Kleinen gefährdet», lieferte aber keinerlei Beweise. Dies war eine Kampagne, die die Presse auf eigene Faust führte. Die Wissenschaftler hatten nämlich Schwierigkeiten, Kinderhorte mit sexuell abweichendem Verhalten zu verknüpfen. Also verbreitete die Presse ein paar veraltete «Forschungsergebnisse» und ignorierte den Rest.

Auf einer Pressekonferenz im Frühjahr 1988 legte das Family Research Laboratory der Universität New Hampshire die größte, umfassendste Studie vor, die je über den sexuellen Mißbrauch in Kindertagesstätten verfaßt worden war – eine Dreijahresstudie, die sämtliche Meldungen über sexuellen Mißbrauch in amerikanischen Kinderhorten untersuchte. Angesichts der zahllosen Titelstorys zu dieser angeblichen Bedrohung hätte man eigentlich erwartet, daß die Befunde der Forscher zu einem wichtigen Medienereignis würden. Aber die Reaktion der *New York Times* war typisch: Sie erwähnte die Veröffentlichung der Studie nur in einem unscheinbaren Artikel auf der Seite mit den vermischten Nachrichten. (Ironischerweise kam auf derselben Seite ein sogar noch kürzerer Bericht über einen Vater aus Wisconsin, der seinen vierjährigen Sohn so brutal geprügelt hatte, daß das Kind Hirnschäden erlitt und für den Rest seines Lebens in ein Heim mußte.) Warum dieses geringe Interesse? Das Fazit der Studie lautete, von einem epidemischen Kindesmißbrauch in Tageshorten könne nicht die Rede sein. Wenn es das Problem des Kindesmißbrauchs gab, so die Studie, dann daheim in der Familie – wo das Risiko des sexuellen Mißbrauchs von Kindern fast doppelt so hoch lag wie in den Tagesstätten. 1985 wurden fast 100 000 Fälle bekannt, in denen Kinder von Familienmitgliedern sexuell mißbraucht worden waren (meist von Vätern, Stiefvätern oder älteren Brüdern), und im Vergleich dazu 1300 Fälle in Kindertagesstätten. Auch geschlagen werden Kinder mit weit höherer

Wahrscheinlichkeit innerhalb der Familie, wie die Forscher herausfanden; und die körperliche Mißhandlung zu Hause ist meist schlimmer, traumatischer und von längerer Dauer als jede Art von Gewalt, der Kinder in Tagesstätten ausgesetzt sein mögen. 1986 starben 1500 Kinder durch körperliche Mißhandlung in der Familie. «Tagesstätten bedeuten für Kinder keineswegs automatisch ein hohes Risiko, trotz erschreckender Berichte in den Medien», lautete das Fazit, das die Verfasser der Family-Research-Laboratory-Studie zogen. «Das Risiko des Mißbrauchs ist kein hinreichender Grund, auf die Hortbetreuung generell zu verzichten oder Eltern zur Aufgabe ihres Berufs zu veranlassen.»

Die Untersuchungen der letzten zwanzig Jahre kamen übereinstimmend zu dem Schluß, die einzige Langzeitwirkung der Hortbetreuung bestehe darin, daß die Kinder geselliger und selbständiger werden. Hortkinder scheinen auch liberaler über die Rollen der Geschlechter zu denken: In Kindertagesstätten befragte Mädchen sind häufiger der Meinung, daß Eltern sich Hausarbeit und Kindererziehung teilen sollten. Eine Kommission der National Academy of Sciences kam 1982 zu dem Schluß, daß die Berufstätigkeit der Mutter keinen negativen Einfluß auf die geistige, soziale oder emotionale Entwicklung der Kinder hat.

Doch die meiste Presse erhielten in den 8oer Jahren jene Kinderhort-«Statistiken», die eher auf irgendwelchen Märchen als auf Forschungsergebnissen basierten. Erkrankungen traten zum Beispiel nach Meinung der Medien in Kindertagesstätten häufiger auf als zu Hause. Untersuchungen über den Zusammenhang von Hortbetreuung und Krankheit zeigen jedoch, daß Kinder in Tagesstätten zwar anfangs häufiger erkranken, dann aber immun und schließlich seltener krank werden als Kinder zu Hause. Daß die Hortbetreuung die Bindung zwischen Mutter und Kind bedrohe, war ein weiterer populärer Mythos. Die Forschung liefert jedoch kaum Beweise dafür, daß die Bindung zwischen Mutter und Kind geschwächt wird – und weist darauf hin, daß Kinder von der Konfrontation mit mehreren Erwachsenen sowieso nur profitieren. (Anscheinend macht sich nie irgend jemand Sorgen, daß die Hortbetreuung die Bindung zum Vater bedrohen könnte.)

Da die Demographie keine zwingenden Beweise lieferte, die einen

Angriff gegen die Hortbetreuung von Kleinkindern gerechtfertigt hätten, wandten die Kritiker ihre Aufmerksamkeit den Säuglingen zu. Dreijährige Kleinkinder mögen die Hortbetreuung überleben, so lautete das Argument, Neugeborene aber würden langfristige Schäden davontragen. Die Beweise stammten jedoch aus Studien über europäische Kinder in Kriegswaisenheimen und Flüchtlingslagern – Einrichtungen, die wohl nicht einmal mit den schlechtesten modernen Kindertagesstätten zu vergleichen sind. Eine der in der Presse am häufigsten zitierten Studien wurde auch gar nicht an Menschen durchgeführt. Der Psychologe Harry Harlow fand heraus, daß die Hortbetreuung «Säuglingen» tiefe seelische Not bereite. Doch seine Versuchsobjekte waren Affenbabys und seine «Hortbetreuer» nicht einmal erwachsene Affen: Die Forscher benutzten Attrappen aus Maschendraht.

1986 sah es dann endlich doch so aus, als bekämen die Kinderhort-Kritiker ein paar unumstößliche Daten an die Hand. Der Psychologe und Soziologe Jay Belsky von der Pennsylvania State University, ein prominenter Befürworter der Hortbetreuung, äußerte gewisse Vorbehalte gegenüber der Hortbetreuung von Säuglingen. Bis zu diesem Punkt hatte Belsky immer gesagt, er habe bei der Auswertung der Literatur über die kindliche Entwicklung nur wenige, wenn überhaupt irgendwelche signifikanten Unterschiede zwischen zu Hause und in Horten erzogenen Kindern entdeckt. Dann äußerte Belsky im Hort-Rundbrief *Zero to Three* vom September 1986, ein Hortaufenthalt von Kindern im ersten Lebensjahr, der mehr als 20 Stunden die Woche betrage, sei unter Umständen ein «Risikofaktor», der zu einer «instabilen» Bindung an die Mutter führen könne. Presse und konservative Politiker eilten auf die Szene. Schon bald wurde Belsky in Funk und Fernsehen herumgereicht – in «Today», den «CBS Morning News» und «Donahue» – und erhielt pro Monat Dutzende Anrufe von Journalisten. Und sehr zu seinem Verdruß mußte der liberale Belsky feststellen, daß «mich Konservative umarmten». Wissenschaftler aus dem rechten Flügel beriefen sich auf seine Ergebnisse. Konservative Politiker ersuchten ihn bei Kinderhort-Hearings um seine Aussage vor dem Kongreß – und wurden wütend, wenn er nicht ausspuckte, «was sie von mir hören wollten».

Belsky würzte seinen Bericht über die Säuglingshortbetreuung mit Einschränkungen, warnte heftig vor Überreaktionen und gab an, er habe nur ein «Rinnsal», keine «Flut» von Beweisen. Er schrieb, es könne nur «relativ überzeugend und *abhängig von den Umständen* [alle Hervorhebungen von ihm] bewiesen werden, daß die Säuglingshortbetreuung mit einer wachsenden Entfremdung von der Mutter verknüpft sein *könnte, möglicherweise* bis hin zu einer erheblichen Lockerung der Bindung». Und er fügt hinzu: «Ich kann nicht oft genug betonen, daß es genügend Gegenbeweise gibt, die einen umsichtigen Wissenschaftler an dieser Argumentation zweifeln lassen können.» Schließlich sprach er, wie er sich später erinnert, in jedem Presseinterview nachdrücklich von den zahllosen Einwänden und betonte, daß seine Befunde nur die Notwendigkeit einer besseren Finanzierung und eines höheren Niveaus der Horte unterstrichen und nicht etwa Gründe lieferten für die Abschaffung der Horte. «Ich sagte nicht, es solle keine Tagesstätten geben», erinnert er sich. «Ich sagte, wir bräuchten *gute* Tagesstätten. Auf die Qualität komme es an.» Aber seine Worte «stießen auf taube Ohren». Und nachdem die Fehlinterpretationen seiner Untersuchung erst einmal von den Medien übernommen worden waren, schien es unmöglich, sie wieder auszurotten. «Ich war verblüfft, daß die Journalisten einfach voneinander abschrieben. Nur sehr wenige hatten meinen Artikel auch wirklich gelesen.»

Kaum Beachtung in der Presse fand auch das Beweismaterial, auf dem Belskys zögernde Neueinschätzung basierte. Er konzentrierte sich auf vier Studien – von denen jede, wie er selbst zugab, «aus den verschiedensten wissenschaftlichen Gründen abgetan werden könnte». Die erste Studie basierte auf einer Tagesstätte, die vorwiegend Kinder von ungewollt schwanger gewordenen Sozialhilfeempfängerinnen betreute – und so ließ sich unmöglich entscheiden, ob die Probleme der Kinder durch die Tagesstätte oder durch die schwierige, von Geldmangel geprägte häusliche Situation entstanden. Belsky behauptete, er hätte auch Beweise, die sich eher auf Mittelschicht-Populationen bezögen, doch die Verfasser der beiden von ihm benutzten Schlüsselstudien behaupteten, er habe ihre Daten falsch interpretiert. Der Psychologe Ron Haskins von der University of North Carolina, Autor einer der Studien über den Zusammenhang von Hortbetreuung und Aggressivität erklärte in einer der nächsten Nummern von *Zero to Three* kategorisch: «Meine Resultate werden diese Schlußfolgerungen nicht unterstützen.» Um seine Position zu erhärten, im Hort aufgewachsene

Kinder seien später womöglich «weniger unterwürfig», bezog sich Belsky schließlich noch auf eine letzte Studie. Doch er versäumte es, die anschließende Überprüfung zu erwähnen, bei der die Verfasser ihre Beurteilung drastisch revidierten. «Ob das Kleinkind in einer Tagesstätte oder daheim aufgewachsen war», schrieben die Forscher, ließe keine Prognose auf spätere Verhaltensprobleme zu. Darauf erwiderte Belsky, es hänge eben davon ab, für welche Interpretation der Daten jener Studie man sich entscheide. Wie bei so vielen «Befunden» auf diesem politisch belasteten Forschungsgebiet stelle sich «auch hier die Frage: Ist das Glas halb voll oder halb leer?».

Die Soziologen *könnten* durchaus massenweise Untersuchungsergebnisse liefern, die beweisen, daß zumindest *ein* Mitglied der amerikanischen Familie glücklicher und ausgeglichener ist, wenn Mami daheim bleibt und sich um die Kinder kümmert. Aber dieser Jemand ist Papi – ein Befund, der für die Publizisten des Gegenschlags nur von begrenztem Wert sein dürfte. Wie auch immer, am Ende des Jahrzehnts fragte die Presse nicht einmal mehr nach objektiven Daten als Beweismittel. Zu diesem Zeitpunkt hatte die Öffentlichkeit die Lehren des Gegenschlags bereits so absorbiert, daß seine Wortführer sich kaum noch um die üblichen Statistiken kümmerten. Wer brauchte schon Beweise? Es glaubten ja sowieso schon alle, daß die Mythen über die Frauen der 80er Jahre der Wahrheit entsprachen.

2 Formen des Gegenschlags früher und heute

Konterschläge gegen die Frauenbewegung sind in der amerikanischen Geschichte nichts Neues. Tatsächlich handelt es sich um ein immer wiederkehrendes Phänomen: Es ereignet sich jedesmal, wenn die Frauenemanzipation irgendwelche Fortschritte zu machen beginnt, ein anscheinend unvermeidlicher Frühfrost, der die kurzzeitige Blüte des Feminismus gleich wieder vernichtet. «Der Fortschritt der Frauenbewegung war in unserer Gesellschaft, ganz im Gegensatz zu anderen Formen des ‹Fortschritts›, schon immer merkwürdig umkehrbar», bemerkte die Amerikanistin Ann Douglas. Mit der Geschichte der Frauenbewegung befaßte Historikerinnen wunderten sich im Lauf der Jahre immer wieder über die «zögernde», «ruckweise Gangart», «das Stop-and-Go» des amerikanischen Feminismus. «Während Männer ihren Entwicklungsweg fortsetzen und auf überlieferte Traditionen bauen», schreibt die Historikerin Dale Spender, «sind Frauen auf ein zyklisches Verlieren und Wiederfinden beschränkt.»

Trotzdem herrscht allgemein die Vorstellung, die Geschichte der Frauenbewegung verlaufe in einer gleichmäßigen Linie, die erst vor zwanzig Jahren beispiellos anzusteigen begann. Diese in den Köpfen existierende Landkarte ignoriert die vielen Gipfel und Täler, die die amerikanischen Frauen auf ihrem endlosen Marsch in die Freiheit zu überwinden hatten, und präsentiert statt dessen die weite Ebene der «traditionellen» Frauenrolle, auf der die Frauen hilflos und «natürlich» dahinwanderten, als ewig passive Subjekte, bis 1970 die Frauenbewegung kam. Diese Landkarte schadet der Frauenbewegung. Sie stellt den Kampf der Frauen um die Freiheit so dar, als handle es sich um ein einmaliges Ereignis, ein seltsames und fast schon schädliches Nebenprodukt der Postmoderne. Wie es die Dichterin und Essayistin Adrienne Rich formulierte, wird «die politische und historische Vergangenheit der Frauen ausradiert, wodurch jede neue Generation von Feministinnen als krankhafte Wucherung auf dem Gesicht der Zeit empfunden wird».

Eine exakte Darstellung des Fortschritts der amerikanischen Frauenbewegung im Lauf der Geschichte könnte eher wie ein leicht zur Seite geneigter Korkenzieher aussehen, dessen Spirale sich allmählich immer enger um die Linie der Freiheit schließt – das Ziel jedoch, wie eine ins Unendliche verlaufende mathematische Kurve, nie erreicht. Die amerikanische Frau ist auf dieser asymptotischen Spirale gefangen, dreht sich endlos im Lauf der Generationen, nähert sich ihrem Ziel immer mehr, ohne es je zu erreichen. Jede Revolution verspricht, «die Revolution» zu sein, die die Frau endlich aus ihrer Umlaufbahn befreit und ihr in vollem Umfang menschliche Würde und Gerechtigkeit garantiert. Aber jedesmal wird sie auf der Spirale kurz vor der Ziellinie wieder zurückgedreht. Jedesmal hört die amerikanische Frau, sie müsse noch ein bißchen warten, noch ein wenig Geduld haben – ihre Stunde sei noch nicht gekommen. Und was noch schlimmer ist, sie lernt womöglich, ihren erzwungenen Verzicht als eigene Entscheidung zu akzeptieren, ja sogar stolz darauf zu sein.

Wann immer sich diese Spirale der Gleichberechtigung näherte, glaubten die Frauen, ihre Reise sei bald zu Ende. «Zu Beginn des zwanzigsten Jahrhunderts», frohlockte die Suffragette Ida Husted Harper, habe sich die Situation der Frauen «in fast jeder Hinsicht verändert». Das Land werde wohl schon bald ein Frauenmuseum eröffnen müssen, überlegte 1913 die Feministin Elsie Clews Parsons, um «einer zweifelnden Nachwelt» zu beweisen, «daß die Frauen einst eine gesellschaftliche Gruppe für sich waren». Und noch später, am Ende des Zweiten Weltkriegs, erklärte eine Stahlarbeiterin in einer amtlichen Erhebung: «Die alte Theorie, eine Frau gehöre ins Haus, gibt es nicht mehr. Die Zeiten sind für immer vorbei.»

Doch der Jubel war jedesmal verfrüht. Dieses Schema, daß die kaum aufgekeimten Hoffnungen der Frauen gleich wieder zerstört werden, ist weder auf die amerikanische Geschichte noch auf die heutige Zeit beschränkt. Verschiedene Arten von Konterschlägen gegen die kleinsten Errungenschaften der Frauen – oder einfach gegen die Erkenntnis,

daß der Einfluß der Frauen zunahm –, findet man in Form der restrikti-
ven Eigentumsgesetze und Strafen für ledige und kinderlose Frauen im
alten Rom, in Form der Häresie-Urteile gegen Apostelinnen im Früh-
christentum oder in Form der Hexenverbrennungen im mittelalter-
lichen Europa.

In der komprimierten Geschichte der Vereinigten Staaten gab es jedoch auffallend zahlreiche und heftige Gegenschläge – und sie haben
im Lauf der Zeit höchst subtile Methoden der Überredung entwickelt.
In einer Nation, in der Klassenunterschiede nur schwach ausgeprägt
sind oder zumindest vertuscht werden, ist es vielleicht nicht verwunderlich, wenn der aus der Geschlechtszugehörigkeit resultierende Status höher eingeschätzt und wütend verteidigt wird. Kann der amerikanische Mann auch kein ererbtes Wappenschild vorweisen, das ihn von
der grauen Masse unterscheidet, so kann er doch vielleicht seine Geschlechtszugehörigkeit zu einer Art Stammbaum machen. Auf eine
besonders lange Tradition blickt in Amerika auch der Versuch zurück,
Frauen an ihrer eigenen Unterwerfung zu beteiligen. Weiße Europäerinnen kamen anfangs als «käufliche Bräute» in die amerikanischen
Kolonien, wurden per Schiff nach Virginia gebracht und dort den Junggesellen zum Transportpreis überlassen. Diese Transaktion galt jedoch
nicht als Sklaverei, sondern als freie Entscheidung, da die Bräute «mit
ihrer Einwilligung verkauft» wurden. Wie ein verblüffter Alexis de
Tocqueville bemerkte, besaß die ledige Frau im Amerika des 19. Jahrhunderts zwar anscheinend mehr Freiheit als ihre europäische Schwester, hatte jedoch auch eher die Tendenz, sie in einengenden Ehen
aufzugeben. «Man kann sagen, sie hat es gerade durch ihre Unabhängigkeit gelernt, kampflos auf sie zu verzichten.» Besonders nützlich
erwies sich eine solche Eigenschaft während der nachfolgenden Kampagnen gegen die Gleichberechtigung, bei denen die amerikanischen
Frauen ermutigt wurden, all ihre Freiheiten auszuschöpfen, um zu ihrer eigenen Herabsetzung beizutragen. Wie die Wissenschaftlerin
Cynthia Kinnard in ihrem bibliographischen Überblick über die antifeministische Literatur Amerikas anmerkt, stammt etwa ein Drittel der
Artikel und fast die Hälfte der die Frauenbewegung denunzierenden
Bücher und Pamphlete aus weiblicher Feder.

Während man amerikanische Gegenschläge auf die Kolonialzeit zurückführen kann, ist die Art von Gegenschlag, die im letzten Jahrzehnt

in Erscheinung trat, fest im vergangenen Jahrhundert verwurzelt. Die viktorianische Ära ließ die Massenmedien und das Massenmarketing entstehen – zwei Institutionen, die sich seither als wirksamere Mittel gegen die Emanzipation erwiesen haben als repressive Gesetze und Strafen. Sie herrschen nicht mit dem Knüppel des Tadels, sondern mit dem der Konformität und behaupten, die öffentliche Meinung der Frauen zu vertreten, nicht die mächtigen Interessen der Männer.

Verfolgen wir den Verlauf der Frauenbewegung in die viktorianische Ära zurück, dann landen wir bei einer Spirale, die vier Revolutionen hervorgebracht hat. Der Kampf um die Frauenrechte gewann jeweils Mitte des 19. Jahrhunderts, in den ersten Jahren des 20. Jahrhunderts sowie Anfang der 40er und Anfang der 70er Jahre an Macht. In allen Fällen siegte der Gegenschlag.

Die typisch amerikanische Wiederholung des Gegenschlags

Die «Frauenbewegung» in der Mitte des 19. Jahrhunderts, die 1848 mit der Frauenrechtstagung in Seneca Falls begann und deren bekannteste Sprecherinnen Elizabeth Cady Stanton und Susan B. Anthony waren, forderte für Frauen das allgemeine Wahlrecht und weitere Rechte – das Recht auf Bildung und Beruf, Ehe- und Eigentumsrechte, das Recht auf «freiwillige Mutterschaft» sowie eine Gesundheits- und Kleiderreform. Doch Ende des Jahrhunderts wurden die Gerechtigkeitsappelle der Frauen von einem kulturellen Konterschlag niedergewalzt. Den Frauen peitschte ein Hagel von Warnungen entgegen, die mit den heutigen so gut wie identisch sind und damals von Gelehrten der Eliteuniversitäten, Religionsführern, medizinischen Kapazitäten und Presseexperten geäußert wurden. Auch den gebildeten Frauen jener Ära wurde prophezeit, sie fielen einem Männermangel zum Opfer; «der Überfluß an unverheirateten Damen», wie man sich damals ausdrückte, setzte Debatten in den Parlamenten der Bundesstaaten und eine hektische wissenschaftliche «Forschung» in Gang. 1895 machte sogar eine Heiratsstudie die Runde, die behauptete, nur 28% der Collegeabsolventinnen hätten eine Heiratschance. Auch die damaligen Frauen waren mit einer sogenannten epidemischen Infertilität kon-

frontiert, die damals angeblich durch den «Kopf-Leib»-Konflikt erzeugt wurde, wie es 1873 ein Harvard-Professor in seinem Bestseller
definierte. Und auch den berufstätigen viktorianischen Frauen wurde
nachgesagt, sie litten an einer Art frühzeitigem Karriere-Burnout –
einer «Erschöpfung des weiblichen Nervensystems» – und hätten ihre
Weiblichkeit zugunsten einer «hermaphroditischen Persönlichkeit»
eingebüßt.

Vergleichbar mit heute wurde auch den spätviktorianischen Frauen,
die das Kinderkriegen auf später verschoben, von den religiösen und
politischen Führern vorgeworfen, einen «Rassensuizid» zu bewirken,
der die Zukunft des (weißen) Amerika gefährde; laut Theodore Roosevelt begingen sie «ein Verbrechen an der Rasse» und waren «Gegenstand des verächtlichen Abscheus aller gesund denkenden Menschen».
Verheirateten Frauen, die bestimmte Rechte forderten, wurde damals
wie heute die Schuld an einer «Krise der Familie» aufgelastet. Medien
und Kirchen beschimpften die Feministinnen, sie trieben die Scheidungsraten in die Höhe, und die Bundesstaaten verabschiedeten zwischen 1889 und 1906 über hundert restriktive Scheidungsgesetze. In
South Carolina wurde die Scheidung rundweg verboten. Eine Gruppe
von «Keuschheits»fanatikern verurteilte, ähnlich wie heute die Neue
Rechte, Empfängnisverhütung und Abtreibung als «obszön» und
strebte ein Verbot an. Ende des 19. Jahrhunderts hatten sie dann ge-
siegt: Der Kongreß verbot den Verkauf von Verhütungsmitteln, und
die meisten Staaten kriminalisierten die Abtreibung – beides das erste
Mal in der amerikanischen Geschichte.

Um 1910 nahmen die Frauenrechtlerinnen den Kampf um das
Frauenstimmrecht wieder auf und machten ihn zu einer landesweiten
politischen Kampagne. Das Wort «Feminismus» ging in den allgemeinen Wortschatz ein – sogar der Stummfilm-Vamp Theda Bara bezeichnete sich als Feministin –, und rasch schlossen sich Dutzende neuge-
gründeter Frauengruppen den Zielen des Feminismus an. 1916 wurde
die National Woman's Party gegründet; es begann der Kampf um
einen Gleichberechtigungszusatzartikel, Arbeiterinnen gründeten ihre
eigenen Gewerkschaften und streikten für gerechte Löhne und bessere
Arbeitsbedingungen. Die Internationale Gewerkschaft der Textilarbei-
terinnen, 1900 gegründet, wuchs so schnell, daß sie 1913 die dritt-
größte Zweigorganisation der American Federation of Labor darstellte.

Margaret Sanger war Wortführerin einer Bewegung, die sich für Empfängnisverhütung einsetzte. Und Heterodoxy, eine Art feministischer Intellektuellenschicht, begann mit frühen Versionen von Frauengruppen.

Aber kaum hatten die Frauen das allgemeine Wahlrecht errungen, eine Handvoll Staaten die Geschworenenpflicht auch auf Frauen ausgedehnt und Gleichberechtigungsgesetze verabschiedet, setzte eine weitere Attacke gegen den Feminismus ein. Das US-Kriegsministerium zettelte mit Hilfe der American Legion und der Daughters of the American Revolution (einer patriotischen Frauenvereinigung) eine Kommunistenhasser-Kampagne gegen führende Frauenrechtlerinnen an. Plötzlich konnten Feministinnen wie Charlotte Perkins Gilman ihre Texte nicht mehr veröffentlichen; Jane Addams galt als Kommunistin und als «ernste Bedrohung» der nationalen Sicherheit; und Emma Goldman wurde ins Exil getrieben. Die Medien beschimpften die Suffragetten; in Illustrierten wurde behauptet, Feministinnen «zerstörten das Glück der Frauen»; populäre Romane attackierten «Karrierefrauen»; Kirchenmänner zogen gegen «das Übel der Frauenrevolte» zu Felde; Wissenschaftler warfen dem Feminismus vor, die Scheidungs- und Infertilitätsrate in die Höhe zu treiben; und Ärzte behaupteten, der Gebrauch empfängnisverhütender Mittel verursache «vermehrt Geisteskrankheiten, Tuberkulose, die Brightsche Krankheit, Diabetes und Krebs». In Illustriertenartikeln stand zu lesen, junge Frauen hätten «dieses feministische Theater» satt. Postfeministischen Ansichten begegnete man zum erstenmal nicht in den Medien der 8oer, sondern in den Medien der 2oer Jahre dieses Jahrhunderts. Unter dem Hagel von Angriffen ging die Mitgliedschaft in feministischen Organisationen bald drastisch zurück, und die restlichen Frauengruppen distanzierten sich hastig vom Gleichberechtigungszusatzartikel oder verwandelten sich einfach in Damenkränzchen. «Exfeministinnen» begannen mit der Veröffentlichung ihrer Bekenntnisse.

Statt als gleichberechtigte Menschen respektiert zu werden, bekamen die Frauen den Miss-America-Schönheitswettbewerb, der 1920 ins Leben gerufen wurde – im selben Jahr, in dem die Frauen das allgemeine Wahlrecht errangen. Statt der Gleichberechtigung unterstützten Politiker, Arbeiterführer, Betriebsleiter und schließlich auch einige

Frauengruppen eine «protektionistische» Arbeitspolitik, Maßnahmen, die größtenteils nur dazu dienten, die Arbeitsplätze der Männer zu schützen und gerechte Löhne für Frauen zu verhindern. Die 20er Jahre untergruben ein Jahrzehnt ständigen Wachstums der Zahl der berufstätigen Frauen; 1930 gab es weniger Ärztinnen als 1910. Als die Wirtschaftskrise kam, brachte eine Reihe neuer Gesetze in Bund und Staaten Tausende von Frauen um ihre Arbeitsstellen, und neue staatliche Lohngesetze institutionalisierten niedrigere Lohnraten für Frauen.

«Überall um uns herum sehen wir vom Staat unterstützte Versuche, die Frauen in den Morast der unschönen Abhängigkeit zurückzuwerfen, aus dem sie sich gerade zu befreien begannen», schrieb die Feministin Doris Stevens 1933 in *Equal Rights*, dem Publikationsorgan der National Woman's Party. «Manchmal hat es den Anschein, als würden die Bedingungen vor der Verleihung des Frauenstimmrechts sogar auf seltsame Art und Weise in ihr Gegenteil verkehrt und als verwandle sich der Groll der Frauen gegen die Männer in einen Groll der Männer gegen die Frauen», bemerkte Margaret Culkin Banning 1935 in einem Essay in *Harper's Magazine*. Doch genau wie heute behaupteten auch damals die meisten gesellschaftlichen Kommentatoren, daß die Feministinnen ihre Zelte nur deshalb abgebrochen hätten, weil ihr Kampf beendet war – weil die Frauenrechte garantiert waren. Die Politologin Ethel Klein über die 20er Jahre: «Die Auflösung der Frauenbewegung wurde nicht als Zeichen des Scheiterns gedeutet, sondern als Zeichen der Vollendung.»

Die Spirale drehte sich erneut, als in den 40er Jahren die Kriegswirtschaft Millionen von Frauen gutbezahlte Stellen in der Industrie anbot und der Staat sogar begann, in minimalem Umfang Kinderbetreuung und Hilfe im Haushalt zu gewähren. In staatlichen Broschüren wurden die schwer arbeitenden Frauen als wahre Patriotinnen gefeiert. Starke Frauen wurden zu gesellschaftlichen Ikonen; man verehrte Rosie the Riveter, und 1941 kam dann die «Wonder Woman». Die Frauen begrüßten ihren neuen ökonomischen Status; während der Kriegsjahre strömten 5–6 Millionen Frauen ins Berufsleben, 2 Millionen davon in die Schwerindustrie; bei Kriegsende repräsentierten sie eine Rekordzahl von 57% aller Beschäftigten. 75% gaben bei amtlichen Erhebungen an, sie wollten ihre Jobs auch nach dem Krieg behalten – und was die jüngere Generation betrifft, so strebten 88% der in einer *Senior-*

Scholastic-Erhebung befragten Mädchen ebenfalls eine Berufskarriere an. Die politische Energie der Frauen lebte wieder auf; Arbeiterinnen traten in Scharen den Gewerkschaften bei, protestierten für gleiche Löhne, für gleiche Altersversorgung und für Kinderbetreuung; die Feministinnen starteten eine neue Kampagne für das ERA (Gleichberechtigungszusatzartikel). Diesmal unterstützten ihn beide politischen Lager, und so wurde er während des Kriegs, zum erstenmal, seit er 1923 beantragt worden war, vom Senate Judiciary Committee dem Senat dreimal zur Abstimmung vorgelegt. In einer beispiellosen Bekundung guten Willens brachte der Kongreß der 40er Jahre dreiunddreißig Gesetzesentwürfe ein, die die Frauenrechte vorantreiben sollten.

Doch kaum war der Zweite Weltkrieg beendet, konzentrierten Industrie, Regierung und Medien ihre Bemühungen darauf, die Frauen zum Rückzug zu zwingen. Zwei Monate nachdem im Ausland der Sieg der USA verkündet worden war, verloren die Frauen ihren ökonomischen Brückenkopf, als 800 000 Beschäftigte der Flugzeugindustrie gefeuert wurden; bis zum Ende des Jahres hatte die Schwerindustrie 2 Millionen Arbeiterinnen entlassen. Die Arbeitgeber holten Bestimmungen aus der Versenkung, die die Einstellung verheirateter Frauen untersagten oder die Löhne von Arbeiterinnen begrenzten. Die Regierung ihrerseits schlug vor, nur noch Männern Arbeitslosenunterstützung zu gewähren, schloß die staatlichen Kinderhorte und verteidigte den «Anspruch» der Veteranen auf die Arbeitsplätze von Frauen. Es formierte sich eine Anti-ERA-Koalition, einschließlich des Women's Bureau, dreiundvierzig nationaler Organisationen und des National Commitee to Defeat the UnEqual Rights Amendment (Nationales Kommittee gegen den UnGleichberechtigungs-Zusatzartikel). Bald schon hatten sie den Zusatzartikel zur Strecke gebracht – ein Todesurteil, das auf der Leitartikelseite der *New York Times* begeistert begrüßt wurde. «Man kann Mutterschaft nicht durch einen Zusatzartikel in Frage stellen, und wir sind froh, daß es der Senat nicht versucht hat», verkündete das Blatt. Als die Vereinten Nationen 1948 eine Erklärung zur Gleichberechtigung der Frau verabschiedeten, war die Regierung der Vereinigten Staaten die einzige von zweiundzwanzig Nationen, die sie nicht unterzeichnete.

Arbeitgeber, denen berufstätige Frauen während des Krieges willkommen gewesen waren, warfen ihnen jetzt Inkompetenz oder «schlechte Arbeitsmoral» vor – und entließen 75% mehr Frauen als Männer. In den Regalen der Buchhandlungen drängten sich die Ratgeber mit den gewohnten Warnungen: Ausbildung und Beruf beraubten Frauen angeblich ihrer Weiblichkeit und hinderten sie an Ehe und Mutterschaft; berufstätige Frauen litten an «Erschöpfung» und seelischer Unausgeglichenheit; Frauen, die die Möglichkeiten der Hortbetreuung nutzten, seien egoistische «Rabenmütter». Wieder sorgte eine von einer Eliteuniversität durchgeführte Heiratsstudie für Schlagzeilen: Es handelte sich um eine Studie der Cornell University, die besagte, ledige Collegeabsolventinnen hätten eine Heiratschance von nur 65%. Das Sonntagsmagazin *This Week* warnte seine Leserinnen, auf der Hut zu sein; ein College-Studium «vervielfacht Ihre Chance, zur alten Jungfer zu werden». Der Feminismus sei eine «schwere Krankheit», die die modernen Frauen in ein beklagenswertes «verlorenes Geschlecht» verwandle, warnte der führende Ratgeber der Ära seine Leserinnen. Die emanzipierten Frauen seien während des Kriegs «außer Kontrolle» geraten, behauptete Willard Waller, Soziologe an der Barnard University. Die zunehmende weibliche Autonomie und Aggressivität, darüber waren sich Wissenschaftler und Regierungsvertreter einig, bewirke eine Zunahme der Jugendkriminalität, treibe die Scheidungsraten in die Höhe – und würde nur zu einem Zusammenbruch der Familie führen. Kindererziehungsexperten, allen voran Dr. Benjamin Spock, forderten, Frauen müßten daheim bleiben, und Kollegen von ihm schufen neue Ausbildungsprogramme, um aus Frauen gute Hausfrauen zu machen.

Auch die Werbung verkehrte ihre Botschaft der Kriegszeit – daß Beruf und Familie durchaus vereinbar seien – ins Gegenteil und behauptete jetzt, Frauen müßten sich entscheiden, und zwar auf jeden Fall für die Familie. Eine spätere Untersuchung des in Nachkriegsillustrierten gezeichneten Frauenbilds ergab, daß die Karriere der Frau während dieses Zeitraums negativer dargestellt wurde als jemals seit der Jahrhundertwende; diese kurzen Artikel stellten «die schärfste Attacke gegen die Berufskarriere der Frau» seit 1905 dar. Auf den Comicseiten bekam sogar die «Wonder Woman» der Nachkriegszeit wacklige Knie.

Wieder versuchten einige Frauenrechtlerinnen auf die Zeichen des politischen Sturms hinzuweisen, der sich da zusammenbraute. 1948 bemerkte Susan B. Anthony IV, der Feminismus solle anscheinend «zerschlagen» werden. Margaret Hickey, Leiterin des Women's Advisory Committee to the War Manpower Commission, warnte, daß eine «Kampagne mit Undercovermethoden und faulen Ausreden» die Frauen aus hochbezahlten Regierungsjobs vertreiben solle. Doch die meisten Frauenrechtsgruppen verleugneten ihre eigene Sache. Schon bald erklärte sogar Hickey: «Die Tage des alten, egoistischen, keifenden Feminismus sind vorbei.» Inzwischen gab es eine jüngere Frauengeneration, die einer vom Fernsehen geformten Traumszenerie aus Terrassen und gemütlichen Wohnzimmern von Vorortvillen verfallen waren, wattierte BHs trugen und jeden persönlichen Ehrgeiz abstritten. Schon bald behauptete die Mehrzahl der jungen Studentinnen, sie gingen nur aufs College, um einen Mann zu finden. Ihr durchschnittliches Heiratsalter sank auf einen für das Jahrhundert einmaligen Tiefstand; die Kinderzahl kletterte in Rekordhöhen.

Die 50er Jahre des «Weiblichkeitswahns» sind ausführlich dokumentiert, am besten in Betty Friedans Bericht von 1963. Doch in Wirklichkeit paßte das vielpropagierte Bild der ans Haus gefesselten 50er-Jahre-Frau kaum zu ihren tatsächlichen Lebensumständen. Dies ist ein wichtiger Unterschied, der vor allem für den jüngsten Gegenschlag von Bedeutung ist, dessen Auswirkungen oft als harmlos oder sogar nebensächlich eingestuft wurden oder unberücksichtigt blieben, mit der Begründung, daß Frauen doch weiterhin berufstätig seien. Doch auch in den 50ern, als Frauen in Scharen zum Traualtar strömten, nahm ihre Zahl im Büro zu – und zwar schon bald in einem Maß, das ihre Arbeitsbeteiligung während des Kriegs übertraf. Und es war eben nicht ihr Rückzug in den häuslichen Bereich, sondern genau dieser unverminderte Zustrom auf den Arbeitsmarkt, der die Wut gegen den Feminismus provozierte und in Gang hielt. Eben die Realität der von 9–17 Uhr berufstätigen Frau war es, die in unserer Kultur die Phantasien über die willfährige häusliche Gespielin anheizte. Die Literaturwissenschaftlerinnen Sandra M. Gilbert und Susan Gubar über die Nachkriegszeit: «Im selben Maß, wie immer mehr Frauen dafür bezahlt wurden, daß sie ihren Verstand benutzten, stellten immer mehr Männer sie in Romanen, Theaterstücken und Gedichten nur als Körper dar.»

Dieses gesellschaftlichen Images ungeachtet, stieg der Anteil der berufstätigen Frauen zwischen 1940 und 1950 auf das Doppelte an, und zum erstenmal waren die meisten von ihnen verheiratet – was hieß, daß Männer immer häufiger in ihren eigenen vier Wänden zwangsläufig mit dem Schreckgespenst der berufstätigen Frau konfrontiert wurden. Selbst als in der Nachkriegszeit die Entlassung von Industriearbeiterinnen ihren Höhepunkt erreicht hatte, kehrten die Frauen in aller Stille durch eine Hintertür wieder auf den Arbeitsmarkt zurück. Während im ersten Jahr nach dem Ende des Zweiten Weltkriegs 3,25 Millionen Frauen durch Entlassung oder Überredung ihre Jobs in der Industrie verloren, nahmen gleichzeitig 2,75 Millionen Frauen schlechter bezahlte Stellen bei den Kirchen und in der Verwaltung an. Zwei Jahre nach dem Krieg hatten die berufstätigen Frauen ihre zahlenmäßigen Einbußen auf dem Stellenmarkt wieder wettgemacht, und 1952 gab es mehr weibliche Beschäftigte als auf dem Gipfel der Kriegsproduktion. Im Jahr 1955 war es schon so, daß Frauen im Durchschnitt bis zur Geburt ihres ersten Kindes arbeiteten und wieder in den Beruf zurückkehrten, wenn die Kinder in die Schule kamen.

Dem Gegenschlag während der «Weiblichkeitswahn»-Jahre gelang es also nicht, die Frauen wieder in den häuslichen Bereich abzudrängen (und es ist aufschlußreich, daß von den *kirchlichen* Mitarbeiterinnen nach dem Tag des Sieges der Alliierten über Japan fast niemand entlassen wurde). Berufstätige Frauen wurden von der Gesellschaft eher verhöhnt, Arbeitgeber diskriminierten sie; der Staat leistete einer neuen Beschäftigungspolitik Vorschub, die Frauen benachteiligte; und schließlich verinnerlichten auch die Frauen die Botschaft, daß sie, wenn sie schon unbedingt berufstätig sein wollten, beim Maschineschreiben bleiben sollten. Die Zahl der berufstätigen Frauen verringerte sich in den 50er Jahren also keineswegs, aber der Anteil der zu Niedriglöhnen beschäftigten Frauen stieg, das Lohngefälle nahm zu, und die Schere öffnete sich, als die Zahl der besser verdienenden Frauen von 50% im Jahr 1930 auf circa 30% im Jahr 1960 sank. Mit einem Wort: Der Gegenschlag der 50er Jahre verwandelte die Frauen nicht in «glückliche Nurhausfrauen»; er degradierte sie zu schlechtbezahlten Sekretärinnen.

Die widersprüchliche Situation der Frauen in den 50er Jahren – wachsende ökonomische Beteiligung, gekoppelt mit Kampfbereitschaft und einem verschlechterten gesellschaftlichen Profil – ist das zentrale Paradox der vom Gegenschlag betroffenen Frauen. Auch die vereinten Bemühungen, mit denen Universitätsrektoren, Politiker und Firmenchefs zum Zeitpunkt der Jahrhundertwende Frauen aus den Universitäten und Kontoren vertreiben wollten, waren zum Scheitern verurteilt; zwischen 1870 und 1910 verdoppelte sich sowohl die Zahl der Studentinnen als auch die Zahl der berufstätigen Frauen. Man sollte einen Gegenschlag also nicht danach beurteilen, in welchem Maß die Beteiligung der Frauen am Arbeitsmarkt sinkt, sondern danach, wie ihre Rechte und Chancen auf diesem Arbeitsmarkt beschnitten werden, um wirkliche ökonomische Gleichberechtigung zu verhindern beziehungsweise rückgängig zu machen. 1985 erschien ein Bericht des AFL-CIO (des größten amerikanischen Gewerkschaftsverbandes) über die Rechte der Arbeitnehmer; darin findet sich in bezug auf den zweifelhaften Fortschritt der berufstätigen Frauen der 80er Jahre folgende Feststellung: «Die Zahl der berufstätigen Frauen ist heute auf 50 Millionen angestiegen, aber es fand keine vergleichbare Steigerung ihres ökonomischen Status statt.»

Um zu verstehen, warum ein Gegenschlag so widersprüchlich funktioniert, müssen wir noch einmal auf unser schiefgeneigtes Korkenziehermodell vom weiblichen Fortschritt zurückkommen.

Immer, wenn ein Gegenschlag sich formiert, konzentriert sich die Angst der jeweiligen Kultur auf zwei Punkte innerhalb dieser Spirale – hervorgerufen durch demographische Trends, die gleichsam gegen die Spirale drücken und bewirken, daß sie sich dem Fortschritt von Frauen zuneigt – auf diesen Fortschritt konzentriert sich aber auch die größte Wut des Gegenschlags.

Der Anspruch einer Frau auf ihr eigenes Gehalt ist einer dieser Punkte. Seit der viktorianischen Ära ist der Anteil der berufstätigen Frauen auf dem Arbeitsmarkt fast ununterbrochen gestiegen. In einer Gesellschaft, in der Macht und Autorität vom Einkommen abhängen, mildert die zunehmende Präsenz der Frauen auf dem Arbeitsmarkt ihre zweitrangige Stellung vielleicht etwas ab. Volle Gleichberechtigung brachte sie jedoch nicht. Statt dessen verdoppelt die Gesellschaft mit jeder Windung der Spirale einfach ihren Widerstand – wenn nicht dadurch, daß sie die Frauen an den Herd zurückschickt, dann eben dadurch, daß sie ihnen die außerhalb der Küche verbrachte Zeit so ungerecht und unerträglich wie nur möglich gestaltet: Sie schiebt die Frauen in die schlechtesten Jobs ab, zahlt ihnen die niedrigsten Löhne, entläßt sie als erste und befördert sie als letzte, bietet ihnen weder

Kinderbetreuung noch Familienurlaub und setzt sie ständigen Belästigungen aus. Der zweite Druck gegen die Konterschlagsspirale, der aber nie in sie eindringt, ist die Möglichkeit der Frau, über ihre eigene Fruchtbarkeit zu bestimmen – und auch hier entsteht ein Widerspruch zwischen privatem und öffentlichem Verhalten. Es gilt, was Henry Adams über die Wut sagte, die zu seiner Zeit der wachsende Hang der Frauen zur Geburtenbeschränkung auslöste: «Der Strom der gesellschaftlichen *Meinung* schien ebenso entschieden in die eine Richtung zu fließen wie die stumme Unterströmung des gesellschaftlichen *Handelns* in die andere.» Mit Ausnahme des Babybooms der Nachkriegszeit ging die Zahl der Geburten pro Haushalt im letzten Jahrhundert allmählich zurück. Die Möglichkeit, die Kinderzahl zu begrenzen, hat die Situation der Frauen sicherlich verbessert, provozierte jedoch auch entgegengesetzte Kampagnen, die schwangere Frauen gängelten und kinderlose Frauen stigmatisierten. In Zeiten des Gegenschlags verringern sich die Möglichkeiten der Geburtenkontrolle und Abtreibung, und Frauen, die trotzdem darauf zurückgreifen, gelten als «egoistisch» oder «unmoralisch».

Die Frauenbewegung der 70er Jahre errang ihren wesentlichsten Fortschritt an der Doppelfront von Beruf und Fortpflanzung – indem sie historisch einmalige Rekordzahlen von Dekreten zur beruflichen Gleichstellung und gegen berufliche Diskriminierung erkämpfte. Und jetzt ist es wieder einmal soweit, daß der Gegenschlag gegen diese beiden Ufer anbrandet; dabei demontiert er auf der einen Seite staatliche Maßnahmen zur Förderung der Chancengleichheit, höhlt gesetzliche Bestimmungen für berufstätige Frauen aus, rüttelt am Abtreibungsrecht, behindert die Kontrazeptionsforschung und verkündet auf der anderen Seite Programme zum «Schutz des Fötus» und zum «Recht des Fötus», die Frauen aus lukrativen Jobs vertrieben, zu illegalen gynäkologischen Eingriffen zwangen und «schlechte» Mütter ins Gefängnis warfen.

Der Angriff auf die Frauenrechte, der sich im letzten Jahrzehnt formiert hat, ist vielleicht vor allem deshalb bemerkenswert, weil er so gut wie nicht bemerkt wurde. Die Presse hat die zunehmenden Hinweise auf einen Gegenschlag weitgehend ignoriert – und statt dessen die von eben diesem Gegenschlag erfundenen «Beweise» verbreitet. Die Medien haben gefälschte Daten in Umlauf gebracht, die den Fortschritt der Frauen mit Rückschlägen in puncto Ehe und Fertilität in Verbindung brachten, oder sie veröffentlichten kritiklos irreführende Berichte von staatlicher oder privater Seite, die über die wachsenden Ungleichheiten und Ungerechtigkeiten hinwegtäuschten – wie etwa die Behauptung des Labor Department, das Lohngefälle habe sich plötzlich verringert, oder die Behauptung des EEOC, die sexuelle Belästigung am Arbeitsplatz lasse nach, oder eine Meldung des Justice Department, die Vergewaltigungsrate habe sich nicht verändert.

Statt sachlich darüber zu berichten, wie politische Maßnahmen das Leben der Frauen unterminieren, brachten die Massenmedien fiktive Berichte über «sich verpuppende» Frauen, angeblich ein neuer Trend, in dessen Rahmen sich die von der Zeitschrift *Good Housekeeping* kreierte «Neue Traditionalistin» zufrieden in ihren häuslichen Kokon zurückzieht. Bei der «Verpuppung» handelt es sich mehr oder weniger um das Wiederaufleben der «Zurück-an-den-Herd»-Bewegung der 50er Jahre, die ebenfalls von der Werbung kreiert wurde, sowie um eine wiederaufbereitete Version der viktorianischen Vorstellung, ein neuer «Häuslichkeitskult» werde die Frauen scharenweise an den heimischen Herd zurückbringen. Es überrascht nicht, daß die sich verpuppende Frau von denselben Institutionen erfunden und gefeiert wurde, denen die zunehmende Emanzipation der Frauen den größten finanziellen Schaden zufügte. Verleger traditioneller Frauenzeitschriften, TV-Programmdirektoren, Hersteller von Mode, Kosmetik und Haushaltswaren spielten eine zentrale Rolle – also all jene Industriezweige, die immer noch glauben, der Absatz ihrer Waren hänge von «weiblicher Passivität» und dem «Beruf» der Nurhausfrau ab. Sie haben den tugendhaften Verzicht der «Neuen Traditionalistin» wieder und wieder begrüßt und warm empfohlen – in Werbebeiträgen, die die Rückkehr des «neuen» Clairol- oder des «neuen» Breck-Girls verkündeten, die Wiederkehr des neuen Hausmütterchens aus der Zeitschrift *Victoria* und der neuen eleganten Müßiggängerin aus den Katalogen von *Victoria's Secret*.

Allein schon die Wahl des Worts «Verpuppung» weist auf die Absurdität dieser Trends hin. Eine Puppe ist eine Hülle, in der etwas heranreift; Schmetterlinge kehren weder zu ihrem Verpuppungs- noch zu ihrem Larvenstadium zurück. Der kulturelle Mythos des Verpuppens suggeriert das Bild einer erwachsenen Frau, die sich in ihrem Lebenszyklus zurückentwickelt hat, zu einem unentwickelten Stadium zurückgekehrt ist. Er macht den Weg des Feminismus, der um die Jahrhundertwende einmal treffend als «Versuch der Frauen, erwachsen zu werden», bezeichnet wurde, wieder rückgängig. Hinter der Metapher der infantilen Verpuppung verbirgt sich darüber hinaus ein rachsüchtiger Subtext, denn sie leistet einem Rückzug aus dem Erwachsensein genau zu dem Zeitpunkt Vorschub, wo der größte Teil der weiblichen Bevölkerung das mittlere Alter erreicht. Die Jugend der Frau wird gerade dann auf ein Podest gehoben, wenn die Frauen dieses Podest am wenigsten besteigen können; die Verpuppung zwingt die Frauen, wieder kleine Mädchen zu werden, und dieses aussichtslose Unterfangen wird dann erbarmungslos verhöhnt.

Das Zerrbild, das die zeitgenössische Massenkultur im letzten Jahrzehnt von den Frauen entworfen hat, ist eine Art riesiger Samtvorhang, der die wirkliche Situation der Frauen verhüllt, während er gleichzeitig vorgibt, sie widerzuspiegeln. Dieser Vorhang ist zwar nicht dafür verantwortlich, daß Frauen sich verpuppen oder zu «Neuen Traditionalistinnen» werden. Aber er hat die politische Attacke auf die Frauenrechte verhüllt und wurde zur unerfüllbaren Norm, an der sich amerikanische Frauen messen sollten. Seine täuschende Vorderseite hat die Frauen an sich selbst zweifeln lassen, wenn sie dem Bild in diesem Massenspiegel nicht entsprachen, statt daß sie die Gültigkeit des Spiegels anzweifelten und entlarvten, was sich hinter der nichtreflektierenden Fläche verbirgt.

Als der Gegenschlag an Einfluß gewann, waren viele Frauengruppen und Frauen, statt ihn zu bekämpfen und zu entlarven, damit beschäftigt, sich seinem künstlichen Hintergrund anzupassen. Ein Jahrzehnt zuvor gegründete feministisch orientierte Organisationen, von der *First Women's Bank* bis hin zu *Options for Women*, tarnten ihre eigentlichen Ziele jetzt mit neuen, neutral klingenden Formulierungen. Politisch engagierte Frauen behaupteten, sie seien jetzt nur noch an «familiären», nicht mehr an feministischen Inhalten interessiert; und Karrierefrauen, die amerikanische Eliteuniversitäten absolviert hatten, mieden nun in der Öffentlichkeit das feministische Etikett. Statt sich gegen Ungerechtigkeiten zu wehren, haben viele Frauen inzwischen gelernt, sich darauf einzustellen. Statt wütend zu werden, wurden sie depressiv. Statt sich zusammenzuschließen, haben sie sich zersplittert und ihre Qual und Frustration nach innen gerichtet, manche in Form körperlicher Symptome.

Auf der anderen Seite warf dieser Prozeß der Anpassung an die Zwänge des Gegenschlags Spitzenprofite ab – und zwar für die zahlreichen «Experten», die die Situation rasch ausnützten und nur noch verschlimmerten: Autoren von Ratgebern, populäre Psychotherapeuten, Heiratsvermittler, Schönheitschirurgen und Infertilitätsspezialisten haben von der Panik, die der Gegenschlag bei den Frauen auslöste, profitiert und sie noch mehr angeheizt. Millionen von Frauen landeten auf ihrer Suche nach Wegen aus der Verzweiflung bei den allgegenwärtigen Ratschlägen einer Ära, in der Frauen nicht etwa lernen, ihre Stimme zu erheben, sondern ihre Erwartungen herunterzuschrauben und auf «mehr Einfluß» «zu verzichten».

Die amerikanische Frau hat sich zwar noch nicht verpuppt, aber sie ist bereits durch ein Kaninchenloch in plötzliche Isolation gestürzt. In Wendy Wassersteins Broadway-Hit von 1988, «The Heidi Chronicles», sagt die Heldin, Heidi Holland, einige Sätze, die später von Autorinnen, die über Erfahrungen von Frauen in den 80er Jahren schrieben, mit am häufigsten zitiert werden sollten. «Ich fühle mich gestrandet, und ich dachte, es gehe darum, daß wir uns nicht gestrandet fühlen würden», sagt die ehemalige feministische Kunsthistorikerin. «Ich dachte, das ginge uns alle an.» Als das kollektive Streben der Frauen nach Gleichberechtigung auf den Widerstand des Gegenschlags traf, zersplitterte es in Millionen Stücke, und jede Scherbe war das Leben einer Frau. Der Gegenschlag hat kein trauliches «Zusammengehörigkeitsgefühl» eingeleitet, wie es in Anzeigen oft geschildert wurde, sondern die entmutigende Erkenntnis, daß nun jede Frau auf sich allein gestellt ist. «Ich bin allein», gesteht eine Sekretärin in einem Artikel über heutige Frauen, in dem es von solchen Klagen nur so wimmelt. «Ich weiß, daß viele Frauen dieselben Probleme haben, aber ich glaube, wir versuchen alle, damit allein fertig zu werden.» Junge wie alte Frauen, an keine Ideologie gebundene Studentinnen, Feministinnen leiden unter dieser neuen Isolation – und an dem Gefühl der Ohnmacht, das sie erzeugt. «Ich fühle mich verlassen», schreibt eine ältere Feministin in einem Leserbrief in *Ms.*, «als seien wir alle Mitglieder

eines Clubs gewesen, aus dem die anderen plötzlich ausgetreten sind.»
«Wir empfinden keine Wut, wir fühlen uns hilflos!» bricht es bei einer
College-Diskussion über die Stellung der Frau aus einer Studentin her-
aus.

Der Verlust eines kollektiven Bewußtseins hat die amerikanischen
Frauen weit mehr erschöpft als das, was allgemein als die zu großen
Belastungen eines emanzipierten Lebens beschrieben wird. Die allgemeine Meinung der Gegenschlagsära schanzt der Frauenbewegung die
Schuld an der «Erschöpfung» der amerikanischen Frauen zu. Wortführer des Gegenschlags behaupten, die Feministinnen hätten ein zu ra-
sches Tempo vorgelegt; sie hätten zu viele Veränderungen in zu kurzer
Zeit erreicht und die Frauen dadurch ermüdet. Doch in Wirklichkeit
fühlen sich die heutigen Frauen nicht deshalb so unwohl und entnervt,
weil es mit der Emanzipation zu rasch geht, sondern weil sie stagniert.
Die feministische Revolution hat sich totgelaufen und unglaublich
viele Frauen zurückgelassen, die der Gedanke lähmt und entmutigt,
daß ein echter Fortschritt gar nicht stattgefunden hat.

Wer sich gestrandet fühlt, kümmert sich zwangsläufig mehr darum,
einen sicheren Hafen anzusteuern, als auf gesellschaftlichen Strömungen herumzugondeln. Frieden zu halten mit dem eigenen Lebensgefährten wird wichtiger als gegen die von Männern beherrschte Kultur
zu kämpfen. Zu sagen, «Ich bin keine Feministin» (auch wenn man
insgeheim jeden einzelnen Punkt des feministischen Programms
unterschreibt), erscheint als höchst vernünftige, dem Selbstschutz die-
nende Strategie. Und so kann in derartigen Situationen der Impuls,
soziale Ungerechtigkeiten abzuschaffen, schließlich nicht nur zweit-
rangig werden, sondern sogar erlöschen. «Wenn man sich allein
fühlt», sagte die feministische Autorin Susan Griffin, «wird das Wissen um die Unterdrückung nicht artikuliert.»

In dieser Zeit der Isolation und des überwältigenden Konformismus
von jeder Frau zu erwarten, daß sie mutig als einsame Feministin auftritt, wäre zuviel verlangt. «Um die Konventionen zu überwinden»,
schrieb Virginia Woolf, «brauchte ich den Mut einer Heldin, aber ich
bin keine Heldin.» Außerdem könnte angesichts des Gegenschlags
selbst eine Heldin den Mut verlieren – angesichts eines gesellschaftlichen Klimas, das die Latten unerträglich hoch steckt, angesichts der
Phrasen des Gegenschlags, die wieder und wieder auf die furchtbaren

Strafen hinweisen, mit denen Vorreiterinnen zu rechnen haben, die sich über die Konventionen hinwegsetzen. Im letzten Jahrzehnt hatten die zahllosen Warnungen und Drohungen bezüglich der «Konsequenzen» und des «Preises» der feministischen Ambitionen den gewünschten Effekt. 1989 äußerte fast die Hälfte der Frauen in einer *New-York-Times*-Umfrage die Befürchtung, sie hätten ihren eigenen Zielen zuviel geopfert. Der maximale Preis, den die Gesellschaft ihnen für minimale Fortschritte abverlangte, sei einfach zu hoch gewesen.

Eine Krise des Selbstvertrauens... aber wessen Krise?

> «Und wenn Frauen einmal nicht mehr nur für ihre Ehemänner und Kinder leben müssen, dann werden Männer nicht mehr die Liebe und Stärke der Frauen fürchten, und werden auch nicht mehr zum Beweis ihrer Männlichkeit der Schwäche eines anderen Menschen bedürfen.»
>
> Betty Friedan, *Der Weiblichkeitswahn*

Diese bewegende Proklamation auf der letzten Seite von Betty Friedans Klassiker ist eine Prophezeiung, die nie eingetroffen ist. Die Feministinnen hatten immer die optimistische Vorstellung, daß die Männer ihre feindselige Haltung schon aufgeben würden, wenn sie erst einmal den Inhalt ihres Anliegens demonstrierten. Aber sie wurden stets enttäuscht. «Ich bin sicher, daß es sich beim emanzipierten Mann um einen Mythos handelt, der unseren Hoffnungen und unserem ewigen Streben entsprungen ist», schrieb Anfang des 20. Jahrhunderts die Feministin Doris Stevens erschöpft. «Wir haben viel erreicht», schrieb Margaret Culkin Banning 1935 über die Frauenbewegung. «...und es sind schon mehr als ein paar Jahre vergangen. Aber der Groll der Männer ist nicht verschwunden. Insgeheim ist er sogar noch gewachsen.»

Als der Autor Anthony Astrachan seine Siebenjahresstudie über die Standpunkte amerikanischer Männer der 80er Jahre beendete, entdeckte er, daß nur 5–10% der befragten Männer «die Forderungen der Frauen nach Unabhängigkeit und Gleichberechtigung wirklich unterstützen.» 1988 fand der *American Male Opinion Index*, eine für

Gentlemen's Quarterly durchgeführte Befragung von dreitausend Männern, heraus, daß weniger als ein Viertel der Männer die Frauenbewegung unterstützten, wogegen eine Mehrheit die traditionelle Frauenrolle favorisierte. Sechzig Prozent waren der Meinung, Frauen mit Kleinkindern sollten zu Hause bleiben. Andere Studien – von denen es bedauerlicherweise nur wenige gibt –, die die Haltung der Männer zur Frauenbewegung untersuchten, lassen darauf schließen, daß die männliche Unterstützung des Feminismus in der ersten Hälfte der 70er Jahre wohl am stärksten war – also in jener kurzen Periode, in der die «Emanzipation» in Mode kam – und seitdem abnimmt. Wie der *American Male Opinion Index* herausfand, legten Männer in den 80er Jahren zwar weiterhin Lippenbekenntnisse zu solch abstrakten «Fairplay»-Themen wie dem Recht auf gleiche Löhne ab, doch «wenn die Themen vom Bereich sozialer Gerechtigkeit auf den Privatbereich übergreifen, beginnt der Konsens zu bröckeln». In den 80er Jahren, so hat die Studie gezeigt, bewerteten Männer kleine Fortschritte der Frauenbewegung als groß und so, als sei das Ziel schon erreicht. Sie glaubten, die Frauen hätten einen gewaltigen Schritt in Richtung Gleichberechtigung getan – während die Frauen der Meinung waren, der Kampf habe gerade erst begonnen. Durch diese unterschiedliche Beurteilung der Emanzipationsbewegung entstand schon bald eine Kluft zwischen den Geschlechtern.

Während das Interesse der Männer an feministischen Anliegen nachließ, nahm das der Frauen zu. Fast während der ganzen 70er Jahre hatte es bei Umfragen bezüglich einer neuen Rollenverteilung kaum Divergenzen zwischen Männern und Frauen gegeben, und Themen wie der Gleichberechtigungszusatzartikel waren bei Männern sogar auf etwas mehr Unterstützung gestoßen als bei den Frauen. Doch als sich in den Frauen allmählich Zweifel an ihrem verinnerlichten Bild von der richtigen Frauenrolle regten, begann ihr Wunsch nach Gleichberechtigung und freier Entscheidung exponential zu wachsen. Wie Umfragen zeigen, unterstützten Frauen in den 80er Jahren praktisch alle feministischen Positionen mehr als Männer.

Die Kluft wurde durch den Druck des Gegenschlags nur noch größer. Während elementare Rechte und Chancen von Frauen zunehmend bedroht wurden, speziell für alleinstehende Mütter, wuchs die Zahl der Frauen, denen es nicht nur um Feminismus, sondern auch um

soziale Gerechtigkeit ging. Ob es sich um Antidiskriminierungsprogramme, militärische Aufrüstung oder staatliche Förderungsmittel für
Kindertagesstätten handelte – Frauen wurden allmählich radikaler,
Männer immer konservativer. Dies zeigte sich vor allem bei jungen
Frauen und Männern; es waren gerade jüngere Männer, die Reagan
am meisten unterstützten. (Im Gegensatz zur vorherrschenden Meinung war die Zunahme der «konservativen Jugendlichen» Anfang der
8oer Jahre größtenteils ein Phänomen, das sich auf ein Geschlecht
beschränkte). Selbst in den äußerst liberalen geburtenstarken Jahrgängen fand eine dramatische Polarisierung der männlichen und weiblichen Haltung statt. Eine nationale Umfrage bei «progressiven»
Angehörigen der geburtenstarken Jahrgänge (definiert als die 12 Millionen Unterstützer politischer Gruppen, die einen gesellschaftlichen
Wandel erreichen wollten) ergab, daß sich 60% der Frauen als «radikal» bis «sehr liberal» bezeichneten, während 60% der Männer sich
«gemäßigt» bis «konservativ» einschätzten. Die Meinungsforscher
entdeckten eine Hauptursache für diese Kluft: Die meisten der befragten Frauen gaben an, die 8oer Jahre seien ein «schlechtes Jahrzehnt»
für sie gewesen (während die Männer größtenteils nicht dieser Meinung waren) – und äußerten die Befürchtung, daß im nächsten Jahrzehnt alles noch schlechter werde.

Die Divergenz zwischen den Meinungen der Männer und Frauen
zeigte sich 1980 an mehreren Punkten. Zum erstenmal in der amerikanischen Geschichte gab es in bezug auf die Frauenrechte ein geschlechtsspezifisches Gefälle bei den Wahlen. Zum erstenmal befürworteten bei Umfragen weniger Männer als Frauen die Gleichstellung
in Beruf und Politik, befürworteten weniger Männer als Frauen den
Gleichberechtigungszusatzartikel – bevorzugten jedoch mehr Männer
die «traditionelle» Familie, in der die Frau zu Hause bleibt. Darüber
hinaus gab es Anzeichen dafür, daß die männliche Unterstützung
feministischer Anliegen sich nicht einfach nur verzögerte, sondern allmählich sogar nachließ. Eine nationale Umfrage ergab, daß die Zahl
der Männer, die «aus Überzeugung» für die «traditionelle» Familie
eintraten – der Mann als Ernährer, die Frau als Hausfrau –, zwischen
1986 und 1988 plötzlich um vier Prozent nach oben schnellte, der
erste Anstieg nach fast einer Dekade. (Im selben Jahr sank hingegen die Zahl der Frauen, die diese Meinung vertraten.) Der *American*

Male Opinion Index fand heraus, daß der Anteil der Männer, die gegen
eine veränderte Rollenverteilung und andere feministische Ziele waren, von 48% im Jahr 1988 auf 60% im Jahr 1990 gestiegen – und der
Anteil derer, die zu diesen Veränderungen bereit waren, von 52% auf
40% gesunken war.

Am Ende des Jahrzehnts waren der *National Opinion Research Poll*
zufolge fast doppelt so viele Frauen wie Männer der Meinung, berufstätige Frauen seien ebenso gute Mütter wie Frauen, die zu Hause blieben. Während bei der *New-York-Times*-Umfrage 1989 die meisten
Frauen fanden, die amerikanische Gesellschaft habe sich nicht genug
verändert, um Frauen die Gleichberechtigung zu garantieren, stimmte
dem nur eine Minderheit der Männer zu. Die Mehrzahl der Männer
äußerte jedoch, durch die Frauenbewegung «hätten es die Männer zu
Hause jetzt schwerer». Genau wie bei früheren Gegenschlägen bestand
das Unbehagen der Männer gegenüber der Frauenfrage nach wie vor –
und war «insgeheim sogar noch gewachsen».

Umfragen können zwar versuchen, den Grad des männlichen Widerstands zu messen, aber sie können ihn nicht erklären. Und leider
sind unsere Meinungsforscher «die Männerfrage» auch nicht mit
einem Bruchteil des Unternehmungsgeists angegangen, der immer in
«das Frauenproblem» investiert wird. Die Bücher darüber, was es
heißt, ein Mann zu sein, würden kaum ein Regal füllen. Wir könnten
aus diesem Mangel an Literatur schließen, daß es weniger kompliziert
und beschwerlich ist, daß Männer sich als «pflegeleichter» empfinden
als Frauen. Aber die vorliegenden Studien über die Verfassung der
Männer belegen das Gegenteil. Sie kommen zu dem Ergebnis, daß
Männlichkeit ein zartes Gewächs ist – eine Treibhausorchidee, die
ständig gehegt und gepflegt werden muß. «Die gewaltsame Veränderung der Geschlechterrollen hat für Männer ernstere Folgen als für
Frauen», lautete das Fazit des Sozialforschers Joseph Pleck. «Männlichkeit in Amerika», schrieb Margaret Mead, «ist nicht absolut definiert; sie muß behauptet und täglich neu erworben werden; und zum
Wesen dieser Definition gehört es, daß Frauen in allen Spielen, die
beide Geschlechter spielen, besiegt werden müssen.»

Nichts scheint der männlichen Blüte mehr zu schaden als ein bißchen feministischer Regen – ein paar Tropfen werden schon als Wol-
kenbruch empfunden. «Männer erleben bereits kleine Einbußen an

Achtung, Vorteilen und Chancen als sehr bedrohlich», schrieb William Goode, einer der vielen Soziologen, die sich über die merkwürdig übertriebene Reaktion der Männer auf winzige Fortschritte der Frauenbewegung den Kopf zerbrachen.

«Die Frauen sind so mächtig geworden, daß uns unsere Unabhängigkeit im eigenen Haus verlorenging und jetzt in der Öffentlichkeit mit Füßen getreten wird.» So klagte Cato 195 vor Chr., als ein paar römische Frauen ein Gesetz aufzuheben versuchten, das ihrem Geschlecht verbot, in Wagen zu fahren und mehrfarbige Kleidung zu tragen. Im 16. Jahrhundert provozierte allein die Möglichkeit, daß zwei Königinnen zur gleichen Zeit auf europäischen Thronen sitzen könnten, John Knox zu seiner berühmten Schmähschrift: «The First Blast of the Trumpet Against the Monstrous Regiment of Women» (Der erste Trompetenstoß gegen das widernatürliche Regiment der Weiber).

Im 19. Jahrhundert hatten die Wortführer der männlichen Ängste größtenteils gelernt, ihre Furcht vor der Unabhängigkeit der Frauen hinter einer väterlichen, mitleidigen Maske zu verbergen. Wie Edward Bok, der legendäre viktorianische Verleger des *Ladies' Home Journal* und Hüter der weiblichen Moral, seinen Leserinnen erklärte, darf sich das schwache Geschlecht nicht aus dem familiären Bereich hinauswagen, weil sonst seine «rebellischen Nerven mit Recht sofort aufschreien würden: ‹So weit sollst du gehen, und keinen Schritt weiter!›» Doch es waren nicht die weiblichen Nerven, die gegen die Ziele des Feminismus rebellierten, weder damals noch heute.

Immer, wenn es im letzten Jahrhundert einen Gegenschlag gab, brach eine «Männlichkeitskrise» aus, ein treuer, stiller Begleiter des lauten Rufs nach einer «Rückkehr zur Weiblichkeit». Ende des 19. Jahrhunderts wurde eine Flut von Machwerken gedruckt, die gegen den «sanften Mann» zu Felde zogen. «Die ganze Generation ist verweiblicht», lamentierte Henry James' Protagonist Basil Ransom in *Die Damen aus Boston*. «Der männliche Ton verschwindet aus der Welt; es ist ein weibliches, nervöses, hysterisches, plapperndes, winselndes Zeitalter ... der männliche Charakter ... das ist es, was ich bewahren möchte, oder eher vielleicht: zurückgewinnen; und ich muß sagen, daß es mich nicht im mindesten schert, was aus euch Damen wird, während ich dies versuche!»

Erziehungsratgeber drängten Eltern, ihre Söhne durch harte Ma-

108 Teil 1 – Mythen und Rückblicke

tratzen und eine strenge, sportliche Lebensweise abzuhärten. Billy
Sunday führte die klerikale Attacke gegen eine «verweiblichte» Religion und trat für ein «kraftvolles Christentum» sowie für einen Jesus
ein, der kein «teiggesichtiger Speichellecker», sondern «der größte
Raufbold aller Zeiten» war. Theodore Roosevelt warnte vor dem nationalen Übel eines Verlusts des «energischen, tapferen, männlichen
Charakters» und stählte seinen eigenen Charakter bei den Rough Riders. Auf der politischen Plattform herrschte martialisches Imponier-
gehabe vor. Der Soziologe Theodore Roszak über die Ära der «zwanghaften Männlichkeit», die im Ersten Weltkrieg gipfelte: «Die auf 1914
zusteuernde Periode liest sich in den Geschichtsbüchern wie ein einziger langer, feuchtfröhlicher Herrenabend.»

Die Männlichkeitskrise kehrte mit jedem Gegenschlag zurück. 1920
war ein Fünftel aller amerikanischen Jungen bei den amerikanischen
Pfadfindern; das erklärte Ziel ihres Gründers war es, der Feminisierung
des amerikanischen Mannes Einhalt zu gebieten, indem man die Jugendlichen aus der zu starken weiblichen Einflußsphäre entfernte. Pfad-
finderchef Ernest Thompson Seton befürchtete, die Jungen würden zu
«einem Haufen flachbrüstiger Raucher mit schlechten Nerven und frag-
würdiger Vitalität» degenerieren. Und in den Jahren nach dem Zweiten
Weltkrieg gerieten männliche Kommentatoren und Literaten erneut
wegen einer reduzierten Manneskraft in Panik. Zu Hause sauge eine
«Mutterfixierung» den Männern das Mark aus den Knochen. Philip
Wylies Bestseller *Generation of Vipers* riet: «Wir müssen der Dynastie
der Weiber schnell entgegentreten, ihnen unsere Brieftasche wegnehmen», bevor der amerikanische Mann zum «abdankenden Mann» dege-
neriere. In einer Sondernummer, die angeblich «Die amerikanische
Frau» zum Thema hatte, fixierte sich das *Life*-Magazin auf den charak-
terschwachen amerikanischen Mann. Da die Frauen es versäumt hätten,
ihren familiären Pflichten nachzukommen, behauptete der 1956 erschienene Artikel, «neigt der kommende amerikanische Mann zu Passivität und Verantwortungslosigkeit». 1949 warnte das *Wall Street Journal* davor, daß im Berufsleben «die Frauen die Macht übernehmen».
Look prangerte die immer größer werdende «weibliche Dominanz» an:
Zuerst hätten die Frauen die Börse unter ihre Kontrolle gebracht, klagte
die Zeitschrift, und jetzt strebten sie «machtorientierte Führungspositionen an».

In den 80ern rebellierten die männlichen Nerven erneut, als Geistliche, Autoren, Politiker und Wissenschaftler jeder politischen Couleur – vom rechten Reverend Jerry Falwell bis zum linken Dichter und Dozenten Robert Bly – plötzlich vom Gedanken eines «Niedergangs der amerikanischen Männlichkeit» besessen wurden. Führende Abtreibungsgegner wie Randall Terry scharten mit ihrem Wunschbild eines Christus, der ein strammer «Soldat» und kein weibisches «Schaf» gewesen sei, Tausende von Männern um sich. Im Rahmen einer neuen «Männerbewegung» zogen sich Zehntausende von Anhängern an nur Männern vorbehaltene Zufluchtsorte zurück, um «verweiblichte» Neigungen auszurotten und «den wilden Mann in dir» zum Leben zu erwecken. In der Presse beklagten männliche Kolumnisten die zunehmende Zahl «empfindsamer Männer». Der Verleger von *Harper's Bazaar*, Lewis Lapham, befürwortete reine Männerclubs, um die erschlaffende Maskulinität zu stärken: «Wenn die ausbalancierte Spannung nachläßt, löst sich die Struktur in den Morast der Androgynität auf», prophezeite er. Kino und Fernsehen wurden mit einer solchen Flut männerbeherrschter Macho-Action-Filme überschwemmt, daß die Zahl der Frauenrollen in dieser Ära merklich zurückging. Romane mit brutalen Machohandlungen gingen weg wie warme Semmeln – eine Renaissance jenes Genres, das der für Action- und Abenteuerromane zuständige Bantam-Books-Lektor mit den «reißerischen Schundromanen des neunzehnten Jahrhunderts» gleichsetzte. In puncto Kleidung setzte die Männlichkeitskrise die einzigen bunten Tupfer in diesem ansonsten grauen Industriezweig: Reißenden Absatz fanden Safari-Outfits, Kampfkleidung und all die anderen Varianten dessen, was *Newsweek* treffend als «Räuber-Look» bezeichnete. Was die Innenpolitik betrifft, so geriet der Präsidentschaftswahlkampf von 1988 zum Testosteron-Wettbewerb. «Ich bin kein schlaffer Softie», äußerte Michael Dukakis gereizt und hechtete in ein Schwimmbecken. «Ich bin sehr tough.» George Bush, dessen «Laschheit» die Presse beschäftigte, verkündete: «Ich bin der Bullterrier des SDI-Programms!» Er schaffte sich solche Mengen robuster Klamotten an, daß man ein ganzes Infanterieregiment damit hätte ausstatten können, und machte sein Jogging zum täglichen Fototermin. Zwei Jahre nach Antritt seiner Präsidentschaft hatte George Bushs metaphorisches Maulheldentum eine blutige, wortwörtliche Wende genommen, als nämlich seine Re-

gierung das Land in den Krieg führte. Vielleicht könnte man sagen: Es
begann damit, daß Bush in seiner Diskussion mit Geraldine Ferraro
prahlte, er würde «mal so richtig die Sau rauslassen». Und es endete
damit, daß er, wie er selbst sagte, im Persischen Golf «die Sau rausließ».

Auch während dieses Gegenschlags gab es, wie bei allen vorhergegangenen, oft geradezu absurde Überreaktionen auf bescheidene weibliche Fortschritte. «Die Frauen übernehmen die Macht», lautet erneut
der Refrain, den viele berufstätige Frauen von ihren männlichen Kollegen zu hören bekommen – wenn ein oder zwei Frauen in der Firma
befördert wurden, obwohl im Topmanagement immer noch ausschließlich Männer sitzen. In Nachrichtenzentralen beschweren sich
weiße Journalisten regelmäßig darüber, nur Frauen und Minderheiten
kämen an Jobs – dabei handelt es sich oft um Publikationsorgane, bei
denen in Wirklichkeit Frauen und Minderheiten immer weniger zum
Zug kommen. «An der Columbia University», sagte die Literaturpro-
fessorin Carolyn Heilbrun, «habe ich allen Ernstes gehört, wie Männer
einigen Frauen, die gleiche Löhne forderten, vorwarfen, sie trieben die
Universität in den Ruin.» Der Rektor der Boston University, John Sil-
ber, äußerte wütend, seine Anglistische Fakultät habe sich in ein «ver-
dammtes Matriarchat» verwandelt – obwohl nur sechs der zwanzig
Fakultätsmitglieder Frauen waren. Feministinnen hätten das Pentagon
«komplett unter Kontrolle», beschwerte sich ein Brigadegeneral – obwohl Frauen (von Feministinnen ganz zu schweigen) am Dienst mit der
Waffe zu kaum 10% beteiligt und größtenteils auf die untersten Ränge
verbannt sind.

Aber woran genau liegt es, daß schon der kleinste Schatten der Gleichberechtigung eine Bedrohung für die männliche Identität ist? Was hat
es mit unserer Vorstellung von Männlichkeit auf sich, daß sie nach wie
vor nur auf der Basis «weiblicher» Abhängigkeit existieren kann? Ein
kaum zur Kenntnis genommenes Ergebnis der Yankelovich-Monitor-
Erhebung (einer umfangreichen, landesweiten Erhebung über das Sozialverhalten während der beiden letzten Dekaden) bringt uns einer
möglichen Antwort ein gutes Stück näher. Zwanzig Jahre lang wollten
die Interviewer von den Teilnehmern wissen, was sie unter Männlichkeit verstünden. Und zwanzig Jahre lang hat sich an der mit Abstand

häufigsten Definition nichts geändert. Man braucht kein Anführer, kein Athlet, kein Schwerenöter, kein Entscheidungsträger, kein «toller Typ» zu sein. Sondern nur: ein «guter Ernährer seiner Familie».

Wenn Männlichkeit also vor allem davon abhängt, ein erstklassiger Ernährer zu sein, dann läßt sich kaum eine größere Bedrohung der fragilen amerikanischen Männlichkeit denken als die feministische Forderung nach ökonomischer Gleichberechtigung. Und wenn Mannsein wirklich in erster Linie heißt, eine Familie versorgen zu können, dann ist es auch nicht mehr verwunderlich, zu welchem Zeitpunkt der Gegenschlag ausbrach – nämlich vor dem Hintergrund der Wirtschaftssituation der 80er Jahre. In dieser Periode verringerte sich der Reallohn des «traditionellen» Mannes dramatisch (in Haushalten mit männlichen Weißen als Alleinverdienern handelte es sich um einen Einbruch von 22%), und der traditionelle männliche Ernährer wurde überhaupt zu einer bedrohten Spezies (die weniger als 8% aller Haushalte repräsentierte). Daß die herrschende Definition der Männlichkeit weiterhin so stark vom ökonomischen Aspekt bestimmt ist, erklärt auch, warum der Gegenschlag am erbittertsten durch zwei bestimmte Gruppen von Männern vertreten wurde: den Fabrikarbeitern, die hart von der Umschichtung zur Dienstleistungsgesellschaft getroffen wurden, und den jungen Männern der Babyboom-Generation, denen der verhältnismäßige Wohlstand ihrer Väter und Brüder versagt blieb. In den 80er Jahren verloren Millionen von Arbeitern durch Fabrikschließungen ihre Jobs; und nur 60% fanden neue Jobs – etwa die Hälfte davon mit schlechterer Bezahlung. Es war eine Zeit, in der von allen erwerbsunfähig gewordenen Männern die jüngeren Männer der Babyboom-Generation am stärksten betroffen waren. Männer unter dreißig verdienten durchschnittlich 25–30% weniger als ihre Altersgenossen Anfang der siebziger Jahre. Am schlechtesten erging es dem Durchschnittsmann, der nur einen High-School-Abschluß besaß: Er verdiente nur 18000 Dollar, halb soviel, wie er zehn Jahre früher verdient hätte. Diese Einbußen bei den Gehältern zogen zwangsläufig andere Einbußen nach sich. Dem Meinungsforscher Louis Harris zufolge bewirkte die ökonomische Polarisation die einschneidendsten Verhaltensveränderungen der letzten anderthalb Jahrzehnte: Die Zahl der Amerikaner, die sich nach eigenen Angaben «ohnmächtig» fühlen, verdoppelte sich – ein spektakuläres Ergebnis.

Als die Yankelovich-Statistiker die Verhaltensdaten von 1986 auswerteten, bedurfte es einer neuen Kategorie; und zwar, um eine große
Bevölkerungsgruppe zu erfassen, die plötzlich in Erscheinung getreten
und durch bestimmte Wertanschauungen charakterisiert war. Diese
Gruppe, die jetzt bemerkenswerte 20% der nationalen Stichprobe jener Studie ausmachte, bestand größtenteils aus jungen Männern
(durchschnittlich dreiunddreißig Jahre alt; überdurchschnittlich oft ledig), die die Einkommensleiter hinunterrutschten – und Wut darüber
empfanden. Sie waren die jüngeren, ärmeren Brüder des Babybooms –
diejenigen, die in den Medien und Werbespots der 8oer Jahre nicht so
gefeiert wurden. Der Yankelovich-Report verpaßte den zornigen jungen Männern das euphemistische Etikett «die Kämpfer».

Die Männer, die dieser Gruppe angehörten, besaßen noch ein weiteres charakteristisches Merkmal: Sie fürchteten und verunglimpften
den Feminismus. «Es sind diese sozial schwächeren Männer, die nicht
soviel verdienen wie ihre Väter, die sich von der Frauenbewegung am
meisten bedroht fühlen», sagt Susan Hayward, Direktorin des Yanke-
lovich-Instituts. «Sie repräsentieren 20% des Bevölkerungsanteils,
der mit dem Rollenwandel nicht zurechtkommt. Sie hatten keine guten Jobs, wurden als erste gefeuert, besaßen weder Ersparnisse noch
besonders gute Zukunftsperspektiven.» Andere Erhebungen untermauerten diese Beobachtung. Ende der 8oer Jahre fand der American
Male Opinion Index folgendes heraus: Die *größte* seiner sieben demographischen Gruppen waren jetzt die «Change Resisters» (= Personen, die sich dem Rollenwandel widersetzten), ein Bevölkerungsanteil von 24% – überdurchschnittlich häufig unterbeschäftigt, «voller
Groll», überzeugt, von einer sich wandelnden Gesellschaft «übergangen zu werden», und dem Feminismus gegenüber sehr feindselig eingestellt.

Diesen Männern die alleinige Schuld zuzuschieben wäre jedoch unfair. Das Programm des Gegenschlags entwarfen und förderten Männer, die viel reicher und mächtiger waren als die «Kämpfer» und Führungspositionen in Medien, Industrie und Politik bekleideten. Männer
mit niedrigerem Einkommen oder einer weniger qualifizierten Ausbildung waren nicht die Urheber der antifeministischen Thesen, sondern
die Empfänger. Äußerst anfällig für den Gegenschlag haben sie seine
Botschaft aufgenommen und wieder und wieder in verzerrender Laut-

stärke abgespielt. Die «Kämpfer» beherrschten vor allem die Reihen
der militanten Abtreibungsgegner der 8oer Jahre, die Reihen der Zivil-
kläger, die gegen Männerdiskriminierung und für «Männerrechte»
prozessierten, sowie die immer häufigeren Polizeiprotokolle über Vergewaltigungen und sexuelle Angriffe. Es sind Männer wie der berüchtigte Charles Stuart, der um seine Existenz kämpfende Pelzhändler aus
Boston, der seine schwangere Frau ermordete, weil er befürchtete, sie –
eine Rechtsanwältin, besser ausgebildet und erfolgreicher als er –
gewinne allmählich die «Oberhand». Es sind junge Männer mit
schlechten oder gar nicht vorhandenen Zukunftsperspektiven wie
Yusef Salaam, einer von sechs Angeklagten, denen vorgeworfen wird,
eine berufstätige Frau, die im Central Park joggte, vergewaltigt und ihr
den Schädel zertrümmert zu haben; wie er später vor Gericht aussagte,
habe er sich «wie ein Zwerg, wie eine Maus, nicht wie ein richtiger
Mann» gefühlt. Und gleich über der Grenze, in Kanada, gibt es Männer
wie Marc Lepine, der arbeitslose fünfundzwanzigjährige Ingenieur,
der in einem technischen Hörsaal der University of Montreal vierzehn
Frauen niederschoß, weil es sich um «einen Haufen verdammter
Emanzen» gehandelt habe.

Die wirtschaftlichen Opfer der Ära sind Männer, die wissen, daß
man ihnen ihre Zukunft geklaut hat – und die den Verdacht haben, der
Dieb sei eine Frau. Zu keiner Zeit schien dies mehr zuzutreffen als
Anfang der 8oer, als unter den Berufsanfängern zum erstenmal die
Frauen überwogen und für kurze Zeit mehr Männer als Frauen arbeitslos waren. Der Anfang der 8oer Jahre lieferte dem Gegenschlag nicht
nur einen politischen, sondern auch einen ökonomischen Auslöser. Es
war für Männer und Frauen ein Moment der symbolischen Überkreu-
zung: Zum erstenmal fiel der Anteil der männlichen Weißen am Arbeitsmarkt unter 50%, zum erstenmal wurden in der Industrie keine
neuen Arbeitsplätze geschaffen, zum erstenmal immatrikulierten sich
an den Colleges mehr Frauen als Männer, zum erstenmal waren über
50% der Frauen berufstätig, zum erstenmal waren über 50% der verheirateten Frauen berufstätig, zum erstenmal waren mehr Frauen mit
Kindern als Frauen ohne Kinder berufstätig. Bezeichnenderweise hörte
das Census Bureau im Jahr 1980 offiziell damit auf, den Haushaltsvorstand mit dem Ehemann gleichzusetzen.

Für einige der zum Rückzug gezwungenen Männer sah es sicherlich

so aus, als hätten die Frauen sie zurückgedrängt. Wenn die Emanzipation ihren «Preis hatte», dann schien es diesen Männern, als seien sie
diejenigen, die ihn zahlten. Der Mann, der während eines Großteils der
80er Jahre im Weißen Haus regierte, tat wenig, um diesem Eindruck
entgegenzutreten. «Schuld an der Arbeitslosigkeit ist weniger die Rezession», sagte Ronald Reagan 1982 in einer Rede zur Wirtschaftssituation, «als vielmehr der drastische Anstieg der Menschen, die auf
den Arbeitsmarkt drängen, und – meine Damen, ich möchte ja an niemandem herumnörgeln, aber... – der Anstieg der berufstätigen
Frauen.»

In Wirklichkeit forderten die wirtschaftlichen Probleme im vergangenen Jahrzehnt unverhältnismäßig oft ihren Tribut von Frauen, nicht
von Männern. Und die sogenannte Zunahme der Zahl berufstätiger
Frauen unter Reagan hatte herzlich wenig damit zu tun, daß Männer
ihre Jobs verloren. Wenn es den Anschein hatte, als ergatterten sich die
Frauen in der Reagan-Ära mit ihrem jährlichen Stellenzuwachs von
1,56% – der niedrigsten Rate seit Eisenhower – mehr Jobs, dann nur,
weil es für diese neuen Beschäftigungs«chancen» kaum männliche
Konkurrenten gab.

Etwa ein Drittel der neuen Jobs lag knapp über oder eindeutig unter
dem Existenzminimum (im Jahrzehnt zuvor war es ein Viertel gewesen), und niedrig bezahlte «Frauenjobs» im Einzelhandel und Dienstleistungsgewerbe machten 77% des Stellenzuwachses der 80er Jahre
aus. Die angebliche Wachstumsrate gab es etwa bei Ausbeutungsjobs
mit einem Stundenlohn von 2 $, bei Heimarbeit mit Minimallöhnen,
bei den Verkäuferinnen und Fast-food-Bedienungen ohne Sozialversi-
cherung und Altersrente. Das waren keine Stellen, die Frauen den
Männern wegnahmen; das waren die Dreckjobs, die Männer ablehnten
und Frauen aus Verzweiflung annahmen – um ihre Familie zu ernähren, wenn der Mann abwesend, arbeitslos oder unterbeschäftigt war.

Die Wirtschaft der 80er Jahre dünnte die mittlere Einkommens-
klasse aus und bewirkte die extremste Polarisierung seit 1946, als die
amtliche Registrierung solcher Zahlen begann. Die einzige Möglichkeit für eine Mittelschichtfamilie, in diesem Klima ihren wackligen
Stand auf der Einkommensleiter zu halten, waren zwei Gehälter. Das
Haushaltseinkommen wäre in diesem Jahrzehnt um das Dreifache geschrumpft, wenn nicht Unmengen von Frauen arbeiten gegangen

wären. Und dieses Faktum versetzte dem männlichen Stolz und Selbstgefühl den letzten Stoß: Nicht nur war der Mittelschichtmann außerstande, seine Familie zu versorgen, sondern es half ihm gerade die Frau aus der Patsche, die er eigentlich ernähren sollte.

Den Männern, die an dieser Situation litten, erschienen die wahren Ursachen der ökonomischen Polarisation zu fern oder zu vage: spekulative Firmenaufkäufe, die die Schulden in die Höhe trieben und Jobs abwarfen; ein Spekulationsboom, der am Schwarzen Montag 1987 beim Börsenkrach kollabierte; eine Umstellung auf Auslandsproduktion und Automatisierung; ein schwindender Einfluß der Gewerkschaften; die von Reagan veranlaßten massiven Einsparungen bei den Armen und Steuererleichterungen für die Reichen; ein Mindestlohn, der eine vierköpfige Familie an die Armutsgrenze brachte; die absurd hohen Mieten, die fast die Hälfte eines Arbeiterlohns verschlangen; es ist erwähnenswert, daß sich damit weitgehend jene wirtschaftlichen Bedingungen wiederholten, mit denen amerikanische Arbeiter schon in früheren Gegenschlagsäras konfrontiert waren: Massenhafte Finanzspekulationen führten zum Kurssturz von 1893 und zum Börsenkrach von 1929; auch im Rahmen der Gegenschläge am Ende des neunzehnten Jahrhunderts und zur Zeit der Wirtschaftsdepression wurden Lohnempfänger von massenhaften Fusionierungen getroffen, büßten Gewerkschaften ihre Macht ein und konzentrierte sich der Reichtum in den Händen einer kleinen Minderheit.

Wenn der Feind kein Gesicht hat, erfindet die Gesellschaft eines. Die allgemeine Sorge über sinkende Löhne, gefährdete Arbeitsplätze und überhöhte Mieten muß sich an irgend etwas festmachen, und in den 80er Jahren waren dies größtenteils die Frauen. «Es mußte eine tiefere Ursache [für den Materialismus der Dekade] geben als die Reagan-Ära und die Wall Street», schrieb ein ehemaliger Zeitungsredakteur im *New York Times Magazine* – und fuhr fort: «Der Frauenbewegung mußte eine Schlüsselrolle zugeschanzt werden.» Die Suche der amerikanischen Presse und Öffentlichkeit nach Sündenböcken, die man symbolisch für die 80er-Jahre-Exzesse der Wall Street hängen konnte, traf am härtesten einige weibliche MBAs (Master of Business Administration), in diesem Beruf, der größtenteils männlichen Weißen vorbehalten ist. Als «FATS» («Female Arbitrageurs Traders and Short Sellers» = Arbitrageurinnen, Wertpapierhändlerinnen und Leerverkäuferinnen) wurden sie 1987 in einer besonders giftigen *Barron's*-Kolumne bezeichnet. Als dann auch das *New York Times Magazine* endlich die Gier der heutigen Broker und Investmentbanker anprangerte, reservierte es seine schärfste Attacke für eine eher nebensächliche Akteurin: Karen Valenstein, ein Vorstandsmitglied von E. F. Hutton, die als eine der «herausragenden» Frauen der Wall Street bezeichnet wurde. (In Wirklichkeit war sie nicht einmal weit genug oben, um eine Abteilung zu leiten.) Der Artikel, der sehr kritisch zu ihren angeblichen Versäumnissen im Frauen- und Familienministerium Stellung nahm, entfesselte einen Sturm der Entrüstung in der Wall Street und in mehreren Zeitungen (die *New York Daily News* veranstaltete sogar eine Umfrage zum Grad ihrer Unbeliebtheit), und schließlich wurde sie gefeuert, kam auf die schwarze Liste der Wall Street und mußte die Stadt verlassen. Später eröffnete sie dann, mehr ladylike, ein Pullovergeschäft in Wyoming. Einige Zeit danach, als sich der Volkszorn gegen die Reichen der Dekade wandte, war es Leona Helmsley, die man am schlimmsten teerte und federte. Sie wurde von Politikern und dem johlenden Pöbel als «Böse Hexe des Westens» und «Hure» beschimpft, von einer *Newsweek*-Titelstory («Rhymes of Rich»)* durch den Kakao gezogen und zu einer «Schande für die Menschheit» erklärt (ausgerechnet vom Grundstücksmagnaten Donald Trump). Andererseits jedoch kam Michael Milken, neben dessen Multi-Milliarden-Dollar-Manipulationen Leona Helmsleys geringfügige Steuerhinterziehungen verblassen, in den Genuß schmeichlerischer Sympathiebekundungen vieler Bewunderer in Form ganzseitiger Anzeigen, er wurde in amerikanischen Zeitschriften wie *Vanity Fair* mit Samthandschuhen angefaßt und erhielt sogar Beifall vom Bürgerrechtler Jesse Jackson.

Für einige Top-Karrieristen in Schwierigkeiten wurden Frauen, und speziell Feministinnen, zu idealen Sündenböcken – und sie wurden oft geradezu absurder Vergehen angeklagt. Hohe Militärs, die bis zum Hals in Korruption und Waffengeschäften steckten, schoben die Schuld an den Problemen des Defense Department erstens auf die Feministinnen, die angeblich versuchten, «die Kampfkraft zu schwächen», und zweitens auf eine «Feminisierung des amerikanischen Mi-

---

* Auf «rich» reimt sich im Englischen «witch», also «Hexe».

litärs»; einige Kommandeure teilten dem Pentagon mit, die Schwangerschaften weiblicher Offiziere – ein Zustand, von dem zu keinem Zeitpunkt mehr als knapp 1% der Unteroffiziere und Mannschaften betroffen war – stellten das «einzige ernsthafte Problem für die Einsatzbereitschaft» der Streitkräfte dar. Bürgermeister Marion Barry machte für seinen kokaingewürzten Sündenfall ein «Miststück» verantwortlich – und einer seiner sprachgewaltigeren Verteidiger, der Schriftsteller Ishmael Reed, ging sogar noch weiter und erklärte später in einem Theaterstück den ganzen Vorfall zu einer *feministischen* Verschwörung. Der Anwalt des notorischen Prüglers und Kindesmißhandlers Joel Steinberg behauptete, «hysterische Feministinnen» hätten seinen Mandanten seelisch zerstört. Und selbst der auf Abwege geratene Colonel Oliver North machte für seine Konflikte mit dem Gesetz in der Iran-Contra-Affäre «ein arrogantes Heer radikal-militanter Feministinnen» verantwortlich.

Die Natur des heutigen Gegenschlags

Wenn eine Gesellschaft ihre Ängste auf ein weibliches Klischee projiziert, dann kann sie versuchen, jene Ängste dadurch im Zaum zu halten, daß sie die Frauen kontrolliert – daß sie sie zur Anpassung an behaglich-nostalgische Normen zwingt und sie in der gesellschaftlichen Vorstellung auf ein handliches Format schrumpfen läßt. Die Forderung, Frauen sollten «wieder weiblicher werden», bedeutet, daß der gesellschaftliche Rückwärtsgang eingeschaltet wird, daß wir uns einer sagenhaften Vergangenheit zuwenden, in der alle Menschen reicher, jünger, stärker waren. Die «weibliche» Frau verändert sich nie und bleibt immer kindlich. Sie ist wie die Ballerina in einer alten Spieldose – ein winziges, starres Mädchengesicht, ein helles Stimmchen und ein auf eine Nadel gespießter Körper, der sich in einer ewig gleichen Spirale dreht.

In Zeiten des Gegenschlags hängt die Galerie der Massenkultur voll mit Bildern der unterdrückten Frau: zum Schweigen gebracht, zum Kind gemacht, bewegungsunfähig, oder – die extremste Form der Unterdrückung – ermordet. Sie ist eine passive, ans Haus gefesselte Figur, eine ans Bett gekettete Patientin, ein anonymer, stummer Leichnam.

Sie ist die «Quiet Woman», der Name eines 8oer Spitzenweins, auf dessen Etikett eine geköpfte Frau abgebildet ist. Sie ist die apathische Frau in der Reklame für «Opium» und vieler anderer Parfums der 8oer Jahre. Sie ist Laura Palmer, das tote Mädchen aus «Twin Peaks», die *Esquire* für das Titelbild der Nummer «Frauen, die wir lieben» wählte. Zwar gab es Fälle – Murphy Brown im Fernsehen oder bis zu einem gewissen Grad Madonna in der Musik –, wo eine laut und selbstbestimmt auftretende Frau den herrschenden Konsens erfolgreich in Frage stellte, aber das sind die Ausnahmen. Viel häufiger war es so, daß freimütige Frauen auf der Bühne oder im Fernsehen zum Schweigen gebracht oder, wie im Fall Roseanne Barrs, öffentlich kompromittiert wurden – und der Applaus ihren fügsameren, stillen Schwestern vorbehalten blieb. In den vergangenen zehn Jahren umwarben Medien, Film sowie Mode- und Kosmetikindustrie vor allem die sittsame, bescheidene Kindfrau – eine neoviktorianische «Lady» mit blassem Gesicht, ein Vogelwesen, das zu Hause bleibt, mit piepsiger Stimme spricht und sich durch zu enge Kleidung die Flügel stutzt. Die Lebensumstände der Frau gelten, zumindest der allgemein herrschenden Auffassung nach, fast immer als ihre «freie Entscheidung»; es ist nicht nur wichtig, daß sie einschnürende Kleidung *trägt*, sondern daß sie sie auch selbst zuschnürt.

Die unterdrückte Frau des aktuellen Gegenschlags unterscheidet sich von ihren Vorgängerinnen dadurch, daß es scheint, als habe sie sich in doppelter Hinsicht frei entschieden – erstens als Frau und zweitens als Feministin. In der viktorianischen Kultur galt das als «weiblich», was «eine richtige Frau» sich wünschte. Auch die modernen Marktstrategien bezeichnen «Weiblichkeit» als etwas, wonach sich eine «emanzipierte» Frau sehnt. So, wie auch Reagan mit Hilfe populistischer Methoden ein politisches Programm verkaufte, das die Reichen, die Politiker und die Massenmedien favorisierte; und so, wie die Werbung sich des feministischen Vokabulars bediente – entweder für eine Absatzpolitik, die den Frauen schadete, oder um die gleichbleibend sexistischen Produkte loszuwerden oder zur Kaschierung einer frauenfeindlichen Haltung. Bush versprach bedürftigen Frauen «mehr Einfluß» – als Ersatz für die vielen drastisch gekürzten Sozialprogramme. Und selbst der *Playboy* gab sich als Verbündeter des weiblichen Fortschritts aus. Frauen hätten solche Fortschritte gemacht, versicherte der Sprecher des Magazins gegenüber der Presse, daß «das Posieren vor der Kamera heute keine Stigmatisierung mehr bedeute».

Die Gesellschaft der 80er Jahre erstickte die politische Ausdruckskraft der Frauen und verwies sie, um ihre Persönlichkeit auszudrücken, aufs Einkaufscenter. Die passive Konsumentin wurde zur Ersatzfeministin gemacht, die ihr «Recht» ausübte, Produkte zu kaufen, und an der Kasse ihre eigenen «Entscheidungen» traf. «Sie *können* alles haben», verhieß eine Michelob-Reklame einer attraktiven Frau im Bodysuit – doch mit «alles» meinte die Brauerei nur ein kalorienärmeres Bier. Dafür kritisiert, daß die Philip-Morris-Reklame sich auch an junge Frauen wende, behauptete ein empörter Vizepräsident, derlei Kritik sei «sexistisch», weil sie suggeriere, «erwachsene Frauen seien außerstande, selbst zu entscheiden, ob sie rauchen wollten oder nicht». Aus dem feministischen Aufruf an die Frauen, ihren eigenen Instinkten zu folgen, wurde ein Merchandising-Appell, den Lockungen des Marktes nachzugeben – ein Appell, der das Streben der Frauen nach wirklicher Selbstbestimmung verwässerte und degradierte. Indem das konsumbesessene Jahrzehnt die Selbsteinschätzung der Frauen darauf reduzierte, daß sie sich nur noch als eifrige Käuferinnen sahen, gelang es ihm, eines der wichtigsten Prinzipien des Feminismus auszuhöhlen: daß Frauen für sich selbst denken müssen. Wie es Christopher Lasch (der die Feministinnen dann schon bald selbst verbal attackierte) in *Das Zeitalter des Narzißmus* darstellte, unterminiert die Verbraucherschutzbewegung den weiblichen Fortschritt auf höchst perfide Art und Weise, wenn sie «scheinbar gegen die männliche Unterdrückung für die Frauen Partei ergreift».

> «Auf diese Weise fördert die Werbung die Pseudoemanzipation der Frau, schmeichelt ihr mit der Erinnerung ‹Du hast einen weiten Weg hinter dir, Baby› und gibt das Recht auf Konsum als echte Autonomie aus... Sie emanzipiert Frauen und Kinder zwar von der patriarchalen Autorität, aber nur, um sie gleich wieder der neuerlichen Bevormundung durch Werbung, Industrie und Staat zu unterwerfen.»

Der derzeitige Gegenschlag gegen die Frauenbewegung steuert zu den alten Strategien noch eine neue, ungewöhnliche Taktik bei: nämlich die

Pose einer «intellektuellen» ironischen Distanz zu seinen eigenen destruktiven Zielen. Die Liste geheuchelter Emotionen – Mitleid für alleinstehende Frauen, Besorgnis über die Erschöpfung von Karrierefrauen, Sorge um die Familie – ergänzt der gegenwärtige Angriff noch durch den hohnlächelnden Zynismus dessen, der «voll im Trend liegt», gegenüber jedem, der es wagt, auf Diskriminierung oder frauenfeindliche Signale hinzuweisen. In der von Babyboomern für Babyboomer konzipierten Reklame dieser Ära erkennen wir an der Befangenheit der Mitwirkenden ständig, daß *sie selbst* durchaus wissen, welch rückschrittliches, diskriminierendes Frauenbild sie präsentieren, aber was soll's? «Wahrscheinlich erleben wir hier noch mal ‹Vater ist der Beste›», rufen sich die TV-Darsteller glucksend zu, als sei die untergeordnete Stellung der Frau nur noch ein langlebiger Insiderwitz. Sich über sexuelle Diskriminierung aufzuregen ist heutzutage mehr als unweiblich; es ist nicht cool. Feministischer Zorn und überhaupt jede Art von Empörung über gesellschaftliche Mißstände werden beiseite gewischt – nicht, weil es keinen Grund dafür gäbe, sondern weil es keinen «Stil» hat.

Es ist schon schwer genug, eine frauenfeindliche Haltung zu durchschauen, die in feministischer Verkleidung daherkommt. Aber noch viel schlimmer ist es, mit einem Feind konfrontiert zu sein, der offenes Desinteresse an den Tag legt. Selbst die rasende Wut militanter Abtreibungsgegner ist dem feindseligen Blick der Wortführer der Situationskomödien vorzuziehen. Der Feminismus «gehört doch in die 70er Jahre», sagen die Ironiker der Massenkultur und unterdrücken ein Gähnen. Heute sei man «postfeministisch», behaupten sie, und meinen damit nicht etwa, daß die Frauen die Gleichberechtigung erreicht haben und über den Feminismus hinaus sind, sondern daß sie ihrerseits darüber hinaus sind, auch nur so zu *tun*, als ginge sie das irgend etwas an. Diese Art von Gleichgültigkeit könnte der Frauenbewegung letztlich ihren schlimmsten Schlag versetzen.

ZWEITER TEIL

Der Gegenschlag
innerhalb der Massenkultur

3 Die «Trends» des Antifeminismus: Medien und Gegenschlag

Die erste Aktion der neuen amerikanischen Frauenbewegung, die den Sprung auf die Titelseiten schaffte, war ein Protest gegen das Miss-America-Spektakel. Ihr waren viele Frauendemonstrationen für Jobs, gleiche Löhne und Koedukation vorausgegangen, die aber in den Medien nicht annähernd soviel Beachtung fanden. Der Grund, warum für dieses Ereignis soviel Druckerschwärze floß: Einige Frauen warfen ein paar wattierte Büstenhalter in den Mülleimer. Verbrannt wurde an jenem Tag jedoch kein einziger BH – wie ein Journalist irrtümlicherweise berichtete. Tatsächlich gibt es keinerlei Beweise, daß im letzten Jahrzehnt bei irgendeiner Frauendemonstration Unterwäsche auch nur angesengt wurde. (Die beiden einzigen Spektakel in dieser Richtung wurden von *Männern* organisiert, einem Diskjockey und einem Architekten, die Frauen dazu bewegen wollten, ihre BHs als «Medienereignis» in ein Faß und in den Chicago-River zu werfen. Bei der Fluß-Nummer machten nur drei Frauen mit – die alle von dem Architekten engagiert waren.) Doch den damaligen Presseberichten zufolge haben die feministischen Freudenfeuer fast die Wäscheindustrie in Schutt und Asche gelegt.

Die Redakteure der führenden amerikanischen Zeitungen zogen es Ende der 60er, Anfang der 70er Jahre meist vor, überhaupt nicht über die Frauenbewegung zu berichten. Der «große Presse-Blitzkrieg», wie manche Feministinnen die Berichterstattung über die Frauenbewegung scherzhaft nannten, dauerte drei Monate; 1971 bezeichnete die Presse diese neueste «Modeerscheinung» als «langweilig» oder «überlebt». Die «Sache mit den verbrannten BHs», meinte die Presse paradoxerweise über den von ihr selbst kreierten Mythos, habe bei den Frauen der amerikanischen Mittelschicht eine Entfremdung herbeigeführt. Und Publikationsorgane, deren Chefredakteure gezwungen waren, von der Frauenbewegung Notiz zu nehmen – sie wurden von Kolleginnen unter Druck gesetzt, die Klagen wegen sexueller Diskriminierung einreichten –, setzten Reporter oft dazu ein, den Feminismus zu diskreditieren. Bei *Newsday* erteilte ein Chefredakteur der Reporterin Marilyn Goldstein mit folgenden Worten den Auftrag, eine Story über die Frauenbewegung zu schreiben: «Schwirren Sie los, und treiben Sie irgendeine Autorität auf, die sagt, das sei alles totaler Mist.» Bei *Newsweek* wurde 1970 Lynn Youngs Story über die Frauenbewegung, die erste in dieser Zeitschrift, zwei Monate lang jede Woche einmal umgeschrieben und dann ganz gestrichen. Schließlich vergab *Newsweek* den Auftrag an eine freie Mitarbeiterin – Ehefrau eines Chefredakteurs und erklärte Antifeministin. (Dieser Schuß ging nach hinten los, als sie nach ihrem ersten Interview ihre Meinung änderte und sich der Frauenbewegung anschloß.)

Mitte der 70er Jahre hatten sich Medien und Werbung auf eine Linie geeinigt, die dazu diente, den Feminismus gleichzeitig zu neutralisieren und zu kommerzialisieren. Anscheinend hatten die Massenmedien beschlossen, Frauen strebten nicht mehr nach neuen Rechten – sondern nur noch nach einem neuen Lebensstil. Frauen wollten sich nicht selbstbestimmen, sondern sich gehenlassen – genau die Art von Selbstverwirklichung, die sie am besten in einem Einkaufscenter fanden. Bald strotzten sämtliche Zeitschriften, und natürlich die Anzeigenseiten, von Fotos «emanzipierter Single-Mädchen», die sich für ihren Club-Med-Urlaub mit Designer-Bikinis eindeckten, sowie von forschen MBA-«Superfrauen», die bei der kleinsten Provokation sofort ihre Kreditkarten zückten. «Sie ist frei. Sie ist eine Karrierefrau. Sie ist selbstbewußt», schwärmte eine Tandem-Schmuck-Reklame in einer Hymne auf das goldschmuckbehängte Tandem-Girl. Hanes brachte sein «neuestes Produkt für emanzipierte Frauen» – eine neue Strumpfhosenmarke – heraus und engagierte für die Werbung eine ehemalige NOW-Funktionärin (NOW = National Organization for Women). Die anschließende Modenschau mit dem Titel «Von Revolution zu Revolution: die Undercover-Story» war der *New York Times* einen Beitrag wert. ERFOLG! lautete die stereotype Überschrift von Zeitschriftenartikeln, die sich mit dem Status der Frau befaßten – als wären plötzlich alle Barrieren beiseite gefegt. DIE KARRIERELEITER HINAUF, ENDLICH! verkündete *Business Week* 1975 in einer Sondernummer zum Thema «Die Frau in der Firma» – illustriert mit einer einsamen Vizepräsidentin, die auf ihrem Chefsessel thront und triumphierend die Arme hochreckt. «Mehr Frauen als je zuvor sind fast ganz oben angelangt», behauptete das Magazin – obwohl es zugeben mußte, diese Behauptung «nicht mit harten Fakten» belegen zu können.

Die pseudofeministische Begeisterung der Medien erlosch plötzlich Anfang der 80er Jahre – und schon bald stimmte die Presse ein Klagelied an. Der Feminismus sei «tot», verkündeten die Schlagzeilen immer wieder. «Mit der Frauenbewegung ist es vorbei», begann eine Titelstory im *New York Times Magazine.* Für den Fall, daß manche Leser diese Ausgabe verpaßt haben sollten, brachte das Magazin kurz darauf noch einen zweiten Nachruf, in dem sich Studentinnen von Eliteuniversitäten von der Frauenbewegung lossagten und den Lesern versicherten, sie seien «keine Feministinnen», denn das seien Frauen, die sich «körperlich gehenließen» und «kein Stilgefühl» besäßen.

Dieses Mal ordneten die Medien nicht nur ein stilles Begräbnis für den toten Feminismus an. Sie tobten, zerschmetterten die Kommerzikonen der «emanzipierten» Frau, die sie selbst aufgestellt, rissen die Hochglanzbilder von den Wänden, die sie selbst aufgehängt hatten. Wie Graffitikünstler verunstalteten sie die beiden beliebtesten Plakatschönheiten der 70er-Jahre-Presse, indem sie dem Single-Mädchen herabgezogene Mundwinkel und verkümmerte Eierstöcke und der Superfrau eine gerunzelte Stirn und Magengeschwüre verpaßten. Diese neuen Images waren natürlich auch nicht realistischer als die des vergangenen Jahrzehnts. Aber trotzdem hatten sie auf die lebendigen Frauen einen sehr realen und unheilvollen Einfluß.

Zuerst führte die Presse den Gegenschlag nur dem amerikanischen Publikum vor – und machte ihn den Lesern schmackhaft. Die Journalisten ersetzten die «familienfreundlichen» Hetzreden der Fundamentalistenprediger durch verständnisvolle, ja sogar fortschrittlich klingende Phrasen. Sie überschminkten das finstere Gesicht des Antifeminismus, während sie dem Feminismus ein blaues Auge schlugen. In der Folge verhalfen sie dem Gegenschlag zu einer Popularität, die selbst die kühnsten Träume der Neuen Rechten übertraf. Weder dieses noch irgendein anderes Ziel steuerte die Presse bewußt an; wie jede andere große Institution geht sie nicht vorsätzlich und programmatisch vor, sondern läßt sich einfach nur intensiv vom jeweils herrschenden politischen Trend beeinflussen. Trotzdem stellte sie, getragen von Strömungen, die kaum je ausgelotet wurden, eine Macht dar, die die allgemeine Einstellung zum feministischen Erbe und zu den angeblichen Leiden, die es den Frauen zufügte, stark beeinflußte. Die Presse prägte die Wendungen, die schließlich alle übernahmen: «Männermangel», «biologische Uhr», «Mutti-Schiene» und «Postfeminismus». Vor allem wies die Presse zum erstenmal ein breites Publikum auf jenes Paradox im Leben der Frau hin, das eine so zentrale Bedeutung für den Gegenschlag erlangen sollte – «jetzt haben die Frauen so viel erreicht und sind doch unzufrieden» –, und wußte auch gleich eine Lösung: Daß es den Frauen so schlecht geht, muß an den Errungenschaften des Feminismus liegen, nicht am Widerstand der Gesellschaft gegen diese partiellen Errungenschaften. In den 70ern hatte die Presse ihr eigenes Hochglanzfoto der erfolgreichen Frau mit den Worten präsentiert: «Seht nur, wie glücklich sie ist! Das muß mit der Emanzipation zusammenhängen.» Jetzt, im Rahmen der umgekehrten Logik des Gegenschlags, verpaßte die Presse dem Bild der erfolgreichen Frau eine gerunzelte Stirn und verkündete: «Seht nur, wie unglücklich sie ist! Das muß damit zusammenhängen, daß die Frauen zu emanzipiert sind.»

«Was ist nur mit den amerikanischen Frauen passiert?» fragte die ABC 1986 höchst bestürzt in ihrem Report. Und der Moderator, Peter Jennings, antwortete prompt: «Für die Vorteile, die sie errungen haben, zahlen die Frauen manchmal einen ziemlich hohen Preis.» *Newsweek* stellte 1986 in einem Bericht über das «neue Problem, das keinen Namen hat», dieselbe Frage. Und wartete mit der gleichen Diagnose auf: «Der emotionale Fallout des Feminismus» schade den Frauen; die «Überbetonung der Gleichberechtigung» habe sie ihres Rechts auf Romantik und Mutterschaft beraubt und sie zu «Opfern» gezwungen. Das Magazin meinte: «‹Wenn uns die Götter bestrafen wollen, erhören sie unsere Gebete›, schrieb Oscar Wilde. So erscheint es wohl manchen Frauen, die sich darauf freuten, ‹alles zu haben›.» (Zufällig ist dies das gleiche Urteil, zu dem auch das Magazin *Newsweek* gelangte, als es das letzte Mal nach den Ursachen für die Unzufriedenheit der Frauen forschte – auf der Höhe des «Weiblichkeitswahns». «Das Unglück der amerikanischen Frauen ist nur das neueste Recht, das sie sich erworben haben», berichtete das Magazin damals.)

Die Presse hätte anderswo nach den Ursachen für das Unglück der Frauen suchen können. Sie hätte die verborgenen Wurzeln des Gegenschlags bei der Neuen Rechten und einem frauenfeindlichen Weißen Haus suchen müssen, in einer kalten Geschäftswelt, in erstarrten sozialen und religiösen Institutionen. Aber statt die Ursachen zu erforschen, zog sie es eher vor, für den Gegenschlag Werbung zu machen.

Es ist eine in der amerikanischen Geschichte vertraute Erscheinung, daß die Medien mit dem Gegenschlag kollaborieren. Der erste Artikel, der sich höhnisch über eine «Superfrau» äußerte, erschien nicht etwa in den 80er Jahren, sondern in einer amerikanischen Zeitung der Jahrhundertwende. Der spätviktorianischen Presse zufolge waren Feministinnen «ein Haufen hysterischer, irrationaler Revolutionärinnen», «hektisch, lästig, rennen jeder Mode nach, Fanatikerinnen», «kreischende Kakadus» und «unverzeihlich lächerlich». Die Feministinnen hatten angeblich den Verfall der weiblichen Bevölkerung Amerikas herbeigeführt; jedes Anzeichen weiblicher Not, so wußten die Zeitschriften zu berichten, sei sicherlich ein weiteres «fatales Symptom» der feministischen Krankheit. «Warum sind wir Frauen nicht glücklich?» fragte das von einem Mann herausgegebene *Ladies' Home Journal* 1901 – und gab zur Antwort, die Frauenbewegung schade gerade ihren Nutznießerinnen am meisten.

Wie die Amerikanistin Cynthia Kinnard in ihrer Bibliographie der antifeministischen amerikanischen Literatur feststellte, nahmen journalistische Breitseiten gegen die Frauenbewegung «Ende des 19. Jahrhunderts zu und erreichten mit jeder Suffragettenkampagne einen neuen Höhepunkt». Die Argumente waren immer dieselben: Gleiche Ausbildungschancen machten Frauen angeblich zu alten Jungfern, gleiche Beschäftigungschancen machten Frauen angeblich steril, gleiche Rechte machten Frauen angeblich zu schlechten Müttern. Mit jedem neuen historischen Abschnitt brachte man die Drohungen einfach auf den modernsten Stand und zog neue «Experten» hinzu. Die viktorianischen Zeitschriften baten Kirchenmänner um Unterstützung in ihrem Breve gegen den Feminismus; die Presse der 8oer Jahre berief sich auf Therapeuten.

Der 1986 erschienene *Newsweek*-Artikel zum Gegenschlag, «Die Identitätskrise des Feminismus», zitierte viele Experten für die Situation der Frau – Soziologen, Politologen, Psychologen –, aber keine der vielen angeblich von dieser Krise betroffenen Frauen. Nur in zwei Zeichnungen eines fiktiven Opfers des Feminismus trat eine Frau in Erscheinung: Man sieht eine mürrische, kurzhaarige Chefin zuerst an ihrem Schreibtisch, wo sie grimmig-grübelnd auf einen leeren Familienfoto-Rahmen starrt, und dann daheim, wie sie eine Uhr umklammert hält und die Zeiger anstarrt – die fünf vor zwölf stehen.

Die Abwesenheit realer Frauen in Artikeln, die vorgeben, über reale Frauen zu berichten, ist typisch für den Journalismus der 8oer Jahre. Die Presse brachte der Öffentlichkeit den Gegenschlag durch eine Reihe von «Trendstories» nahe – Artikel, die angeblich umfassende Veränderungen im Sozialverhalten der Frau voraussagten, für ihre Verallgemeinerungen in Wirklichkeit aber kaum Beweise lieferten. Die Trendstory, die als Hauptbeitrag des Journalismus des 20. Jahrhunderts in die Geschichte eingehen könnte, tut so, als bringe sie «das Neueste» über einen Wandel des Sittenkodexes, wobei sie aber mehr vorschreibt als beschreibt. Während sie angeblich die öffentliche Meinung widerspiegelt, sind ihre Reflexionen menschlicher Landschaften merkwürdig entvölkert. Während sie vorgibt, am Puls der Zeit zu sein, überwacht sie nur ihren eigenen Herzschlag – und den ihrer Werbekunden.

Der Trendjournalismus bezieht seine Autorität nicht aus aktueller Berichterstattung, sondern aus der Macht der Wiederholung. Wenn man es oft genug wiederholt, kann man allem den Anschein von Wahrheit verleihen. Ein Trend, über den in einer Publikation berichtet wird, setzt eine Kettenreaktion in Gang, weil der Rest der Medien sich nun ebenfalls um die Story reißt. Daß sich diese Botschaften in Windeseile ausbreiten, hat weniger damit zu tun, daß der Trend zutrifft, als vielmehr mit dem Hang der Journalisten, einander gegenseitig zu wiederholen. Und in den 8oern, wo die «unabhängige» Presse in die Hände einiger weniger Konzerne fiel, ließ sich Wiederholung besonders schwer vermeiden.

Auch Furcht trieb Journalisten in den 8oern dazu, Trends zu diktie-

ren und soziales Verhalten zu determinieren, weil nämlich das Lese- und
Fernsehpublikum, vor allem Frauen, sich anderen Nachrichtenquellen
zuwandte und die Werbung zurückging – schließlich auf den niedrigsten
Stand seit zwanzig Jahren. In Panik geratene Medienmanagements waren damit beschäftigt, Marktforschungsstudien durchzuführen und die
in Scharen davongelaufenen Leser, jetzt «Kunden» genannt, durch
Nachrichtengesellschaften wie Knight-Ridder zu «managen». Diese
Konzentration schlug sich in der Art der Berichterstattung nieder. «Die
Nachrichtenorganisationen gelangen allmählich zu den gleichen Positionen wie politische Institutionen, die die öffentliche Meinung prägen
und sie zu steuern versuchen», bemerkte Bill Kovach, der frühere Herausgeber der *Atlanta Journal-Constitution* und Kurator der Nieman
Foundation. «Ein so mächtiges Instrument in den Händen von Journalisten, die daran gewöhnt sind, geschickt mit Fakten zu hantieren, ist wie
ein Skalpell in Kinderhand: Es kann großen Schaden anrichten.»

Die Journalisten wandten dieses Skalpell zuerst bei den amerikanischen Frauen an. Wenn die Trendstories der 80er Jahre gelegentlich
über einen Wandel der männlichen Gewohnheiten berichteten, bezogen
sie meist die neuesten Hobbys der Männer mit ein – Angeln, Modell-
flugzeuge und die Rückkehr des weißen Hemds. Die 80er-Jahre-Trends
bei den Frauen hingegen bestanden darin, daß sie keinen Mann fanden,
nicht schwanger wurden oder keine richtige Beziehung zu ihren Kindern hatten. NBC zum Beispiel widmete dem Pseudotrend der «bösen
Mädchen» ein ganzes Evening-News-Special und ignorierte den realen
Trend der bösen Jungen: Die Kriminalitätsrate stieg bei Jungen doppelt
so schnell an wie bei Mädchen. (In New York City, direkt vor der
Haustür des Senders, war die Zahl der Haftstrafen für jugendliche Ver-
gewaltiger in zwei Jahren um 200% nach oben geschnellt.) Etwas
schmeichelhafter verbrämten Frauen-Trends begegnete man während
dieses Jahrzehnts in Frauenzeitschriften und auf den «Lifestyle»-
Seiten der Zeitungen, aber auch sie trugen unter der modernen Verpak-
kung stets das «Zurück-zur-Frauenrolle»-Etikett. «Die neue Enthaltsamkeit», «Die neue Weiblichkeit», «Die neue hohe Monogamie», «Die
neue Tugendhaftigkeit», «Die neuen Madonnen», «Die Rückkehr des
braven Mädchens». Die Angst vor AIDS hat die Verbreitung dieser
«neuen» Trends zwar sicher gefördert, aber das ist nicht alles; während
in den 80er Jahren AIDS größtenteils auf Männer beschränkt blieb,

zielten die Direktiven der Medien fast ausschließlich auf Frauen. Jedenfalls wurden Frauen ermahnt, wieder zu den «traditionellen» Geschlechterrollen zurückzukehren – oder eben die Konsequenzen zu tragen. Für Frauen war die Trendstory nicht einfach ein Bericht, sondern ein moralischer Vorwurf.

Die Trends für Frauen kamen stets im anschaulichen Zweierpack – der Trend, daß Frauen zum Rückzug geraten wurde, war gekoppelt mit dem Trend, daß man sie zum Mitmachen drängte. Aus diesem Grund tendierten die Trendpaare dazu, einander zu widersprechen. Wie die Autorin einer *Advertising-Age*-Kolumne sarkastisch bemerkte, «finden es die Medien ganz toll, uns einerseits zu sagen, Heirat sei ‹in›, und andererseits, um die Heiratschancen der Frauen stünde es schlecht». Vielleicht ist Heiraten also deshalb so in, weil es so schwierig ist – wie vor einem Jahr das Feuerlaufen. Drei widersprüchliche Trendpaare, die Arbeit, Ehe und Mutterschaft betrafen, bildeten das Triptychon des Gegenschlags: «Burnout-Syndrom» der Superfrauen versus «Verpuppung» der Neuen Traditionalistinnen; «Alter-Jungfern-Boom» versus «Renaissance der Ehe»; «epidemische Unfruchtbarkeit» versus «Babyboom».

Und schließlich wurden in den Frauen-Trendstorys Fakten durch Prognosen ersetzt. Diese Artikel berichteten nicht über einen bereits stattfindenden Rückzug der Frauen, sondern leiteten diesen Rückzug erst ein. Wie wir gesehen haben, war in den Umfragen erst dann von der «Heiratspanik» die Rede, nachdem die Harvard-Yale-Studie veröffentlicht worden war. Mitte der 8oer Jahre überschwemmte die Presse ihre Leser mit Storys über Mütter, die Angst hatten, ihre Kinder in die «gefährlichen» Tageshorte zu geben. 1988 taucht dieser «Trend» dann in den nationalen Erhebungen auf: Plötzlich berichteten 40% der Mütter, sie hätten Angst, ihre Kinder in Tagesstätten zu geben; ihr Vertrauen in Tagesstätten sank von 76% im Vorjahr auf 64% – das erste Mal, daß die Zahl unter 70% gefallen war, seit Frauen erstmals vier Jahre zuvor dazu befragt worden waren. 1986 wiederum verkündete die Presse einen «neuen Trend zum Zölibat» – und 1987 war in Umfragen der Anteil alleinstehender Frauen, die vorehelichen Sex akzeptierten, plötzlich innerhalb eines Jahres um 6% gesunken; zum erstenmal innerhalb von vier Jahren gab weniger als die Hälfte aller Frauen an, sie fänden vorehelichen Sex okay.

Und schließlich behaupteten die Medien der 8oer Jahre hartnäckig, immer mehr Frauen gäben ihren Beruf auf, um «bessere» Mütter zu sein. Aber erst 1990 bewirkte diese angebliche Entwicklung einen – sehr kleinen – Rückgang in der Beschäftigungsstatistik, als der Prozentsatz berufstätiger Frauen zwischen zwanzig und vierundvierzig um winzige 0,5% sank, das erste Mal seit Anfang der 6oer Jahre. Der Umstand, daß die Medien für eine solche Abwanderung der Frauen eintraten, bewirkte meist eher Schuldgefühle als einen Rückzug: 1990 ergab eine von Yankelovich Clancy Shulman veranstaltete Befragung berufstätiger Frauen, daß fast 30% von ihnen glaubte, hinter der Überlegung, den Beruf ganz aufzugeben, stecke «der Wunsch, mehr Energie darin zu investieren, eine gute Hausfrau und Mutter zu sein» – ein elfprozentiger Zuwachs im Vergleich zum Vorjahr und der höchste Anteil innerhalb von zwei Jahrzehnten.

Nicht immer gibt sich die Trendstory als solche zu erkennen – aber bestimmte Charakteristika verraten sie: das Fehlen wirklicher Beweise und konkreter Zahlen; die Tendenz, zur Begründung des Trends nur drei oder vier, meist anonyme, Frauen zu zitieren; der Gebrauch vager Wendungen wie «man hat das Gefühl, daß» oder «immer öfter», «immer mehr»; ein häufiger Gebrauch des prophezeienden Futurs («Frauen werden immer öfter zu Hause bleiben und mehr Zeit mit ihrer Familie verbringen») und die Berufung auf «Autoritäten» wie Verbraucherforscher und Psychologen, die wiederum ihre Behauptungen oft durch andere Trendstorys untermauern.

Die Frauen-Trendstorys der 8oer Jahre, die nur so taten, als brächten sie Fakten, dienten einem politischen Programm, obwohl sie den Frauen weismachten, was mit ihnen geschehe, habe nichts mit Politik oder gesellschaftlichen Zwängen zu tun. Laut der Trendanalysen der 8oer Jahre befanden sich die Frauen nicht mehr im Konflikt mit Gesellschaft und Kultur, sondern nur noch mit sich selbst. Alleinstehende Frauen hatten eben einfach mit persönlichen Problemen zu kämpfen; sie neigten «durchweg zur Selbstzerstörung» und waren «übertrieben wählerisch».

Der einzige nach außen hin sichtbare Kampf, von dem die Presse Notiz nahm, war der von Frauen gegen Frauen. DER NICHT ERKLÄRTE KRIEG lautete eine Balkenüberschrift auf der ersten Seite des Style-Teils des *San Francisco Examiner*: «Berufstätig oder nicht –

Mütter in den Vororten in zwei Lager gespalten.» In der Zeitschrift *Child* war vom MÜTTERKRIEG die Rede, und der in *Savvy* erschienene Artikel ZERSTRITTENE FRAUEN informierte die Leser wie folgt: «Die Welt wird sich bald in zwei feindliche Lager spalten, die eines Tages vielleicht nicht mehr zivilisiert miteinander umgehen werden.» Verheiratete und ledige Frauen wurden in den Medien angefeuert, sich als Gegnerinnen zu betrachten – und sogar bei «Geraldo» und «Oprah» im Ring gegeneinander anzutreten.

KANN MAN IHN ABSONDERN? lautete 1988 der Titel eines *Newsday*-Artikels, der verheiratete Frauen vor dem Männerklau-Trend warnte; der Männermangel treibe alleinstehende Frauen zu «dreisten» Annäherungsversuchen, und den Ehegattinnen wurde geraten, «das Flittchen» nicht aus den Augen zu lassen.

Von den Trend-Journalisten der 8oer Jahre wurden aus demselben Grund keine Fakten erwartet, wie man von Pfarrern nicht verlangt, daß sie ihre Predigten mit Fakten untermauern. Die Reporter schrieben keine Berichte, sondern Moralstücke, in denen die Mittelschichtfrau die tugendhafte, von der feministischen Schlange irregeleitete Unschuld spielte. In der Schlußszene mußte die Frau – voll Reue über ihren Ehrgeiz und den «egoistischen» Kampf um Gleichberechtigung – erst bitter büßen, bevor sie wieder ein Anrecht auf Ehre und Glück hatte. Die Trendstorys wimmelten von verurteilenden Formulierungen über den Preis feministischer Sünde. Im ABC-Report über die negativen Auswirkungen der Emanzipation zum Beispiel war dreizehnmal von den «Kosten» und dem «Preis» der Gleichberechtigung die Rede. Wie jede Geschichte, die auf eine Moral hinausläuft, bot auch die Trendstory eine «Alternative» an, bei der es aber nur eine richtige Antwort gab: Du kannst den steinigen Weg zur egoistischen, einsamen Emanzipation beschreiten oder aber den geebneten Weg nach Hause, ans wärmende Herdfeuer. Die von der Trendstory gezeichnete Karte des moralischen Universums der Frau zeigte keinen Mittelweg auf.

Verpuppung, neue Traditionalistinnen und Muttis

«Viele junge Frauen sagen heute, sie würden die Familie über die Karriere stellen», verkündete 1980 die Titelseite der *New York Times*. In Wirklichkeit handelte es sich bei den «vielen» Frauen um ein paar Dutzend Studentinnen amerikanischer Eliteuniversitäten, die trotz ihrer Beteuerungen ein Medizinstudium und Stipendium in Oxford anstrebten. Die *Times*-Story schaffte es, daß die übrige Presse kurzzeitig eine Reihe ähnlicher Zurück-an-den-Herd-Artikel veröffentlichte. Ohne irgendeine Autorität jedoch, die den Trend absegnete, schien es mit der Rückkehr zum Hausfrauendasein schlecht bestellt. Dann, in der Mitte der 80er Jahre, erschien plötzlich höchst spektakulär eine Medienexpertin auf der Bildfläche. Ihr Name, der schon bald zu einem festen Begriff wurde, war Faith Popcorn.

Popcorn, früher Angestellte einer Werbeagentur (damals hieß sie Faith Plotkin), hatte sich das neue Image einer «führenden Autorität auf dem Gebiet der Verbraucherforschung» zugelegt und ihr eigenes Marktforschungsinstitut, Brain Reserve, gegründet; es war spezialisiert auf «Trenderkennung». Popcorn leitete sogar eine «Trend-Bank», deren Bestände sie ihren Kunden für 70000 bis 600000 $ überließ. Popcorn behauptete, bei einer angeblichen Genauigkeit von 95% nicht nur «wichtige gegenwärtige Trends» zu erkennen, sondern auch «bevorstehende TIPS» (trends-in-progress).

Die Informationen in Popcorns Trend-Bank waren kaum geschützt. Sie hatte zwar eine Verbrauchergruppe, die sie auch befragte, entnahm ihre Prognose jedoch meist populären Fernsehshows, Bestsellern und «Lifestyle»-Magazinen. «Meine Bibel ist das *Volk*», sagte Popcorn. Sie informierte sich auch über Film und Mode des letzten Gegenschlags, ausgehend von der Theorie, daß sich Stile alle dreißig Jahre wiederholen. Trotz dieser recht primitiven Methode der Datenerfassung gewann sie Hunderte von Firmen als Kunden, darunter einige der größten amerikanischen Unternehmen der Fertignahrungs- und Haushaltswarenindustrie. Popcorns Klienten, besorgt über das zögerliche Kaufverhalten und den Umstand, daß sich über 80% der neu auf den Markt kommenden Produkte als Flop erwiesen, interessierten sich besonders für ihre Prognose einer «Wiederkehr von Markenartikeln». Statt neue Produkte herzustellen, die den Kunden ansprachen, verließen sie sich jetzt einfach auf Popcorns Förderung der Retro-Trends, durch die ihre überholten Waren wieder reißenden Absatz finden würden. So sagte Popcorn etwa voraus: «Selbst wenn die Leute nicht aufs Land ziehen, werden sie L.-L.-Beans-Produkte kaufen.» Die Campbell Soup Company wandte sich an Brain Reserve, um Hühnerfrikassee, das sich nicht verkaufte, mit nostalgischer Romantik zu verbrämen. Quaker Oats engagierte Popcorn, um den Amerikanern wieder Appetit auf Porridge zu machen.

1986 gelang es Popcorn, sowohl die Trendautoren der Medien als auch ihre Firmenklientel mit einer einzigen Wortprägung zu beglükken: «Verpuppung». Wie sich Popcorn erinnert, schoß ihr das Wort während eines Interviews mit dem *Wall Street Journal* «einfach so durch den Kopf». «Es handelte sich nur um eine Prognose... Es hatte noch nicht stattgefunden.» Aber den Medien verkaufte sie es damals etwas anders.

Die Verpuppung sei *der* nationale Trend der 8oer, teilte sie der Presse mit. «Wir werden eine sehr häusliche Nation... Wir werden zu Hause bleiben und uns verpuppen. Hausmacherkost wie Hackbraten und Hühnerfrikassee sind wieder sehr im Kommen.» Die Nahrungsmittelfirmen unter ihren Kunden bestärkten sie darin nur zu gern. Ein begeisterter Pillsbury-Sprecher erklärte gegenüber *Newsweek*: «Ich glaube an die Verpuppung!»

Die Presse glaubte offensichtlich auch daran. Denn im nächsten Jahr berichteten allein über Popcorn und ihre Verpuppungstheorie folgende Publikationsorgane (um nur einige zu nennen): *Newsweek* (fünfmal), *Wall Street Journal* (viermal), *USA today* (zweimal), *Atlantic, U.S. News & World Report, Los Angeles Times, Boardroom Reports, Success!* und, natürlich, *People.* «Ist Faith Popcorn die *Ur* unserer Epoche?» fragte sich im *New Yorker* ein nachdenklicher Autor. «Ist sie die personifizierte Überseele?» «Faith Popcorn ist eine der meistinterviewten Frauen dieses Planeten», murrte *Newsweek* 1987 verärgert, widmete ihr aber trotzdem wieder zwei volle Seiten.

«Die Verpuppung» war kein geschlechtsneutrales Konzept; es handelte sich von Anfang an um einen rein weiblichen Trend. Popcorns Definition der Verpuppung lief nicht darauf hinaus, daß die Amerikaner *allgemein* häuslicher wurden, sondern daß die *Frauen* ihren Beruf aufgaben. Der Presse gegenüber formulierte sie es folgendermaßen:

«Es werden weniger Frauen arbeiten gehen. Sie werden zu Hause bleiben und sich ganz ihrer Familie widmen.» Die Presse feminisierte diesen Trend sogar noch stärker, indem sie sich nicht nur die Verpuppung, sondern auch den Kokon selbst weiblich dachten. Die *Los Angeles Times* bezeichnete diese Hüllen, in die sich die Frauen angeblich zurückzogen, als «kleine innerhäusliche Schöße».

Die Verpuppung der Frauen mochte ja bei Popcorns Trendmessungen in Erscheinung getreten sein, aber sie mußte sich erst noch in den Tabellen des Bureau of Labor Statistics niederschlagen. Der Anteil der Frauen an der berufstätigen Bevölkerung stieg in den 80er Jahren ständig – von 51% auf 57% bei der Gesamtzahl der Frauen und auf über 70% bei Frauen zwischen fünfundzwanzig und vierundvierzig. Und der steilste Anstieg war bei den berufstätigen Müttern zu verzeichnen. Auch Meinungsumfragen unterstützten Popcorns Theorie nicht: Sie zeigten vielmehr, daß erwachsene Frauen sich immer häufiger für eine Karriere *trotz* Familie entschieden (63% im Vergleich zu 52% zehn Jahre früher) und immer seltener für Familie *statt* Karriere (26% im Vergleich zu 38% zehn Jahre früher). Und 42% der nicht berufstätigen Frauen sagten, sie würden arbeiten gehen, wenn es in ihrer Nähe mehr Kindertagesstätten gäbe.

Popcorn selbst ist kein typisches Beispiel für den Trend, den sie so leidenschaftlich förderte. Sie ist über vierzig, glücklich ledig und kinderlos – und räumt ihrer Karriere absoluten Vorrang ein. «Ich bin mit meinem Beruf verheiratet», gestand sie einmal lachend in einem Interview. Obwohl sie in ihrem Leben mit vielen Männern zusammengewesen sei, habe die Ehe sie nicht gereizt: «Ich wollte nicht, daß mich jemand als sein Eigentum betrachtet.» Die Frauen in ihrer Familie, so berichtet sie stolz, hätten seit mindestens drei Generationen viel auf ihren Beruf und ihre finanzielle Unabhängigkeit gegeben. Ihre Großmutter besaß Grundstücke in New York City, die sie auch verwaltete – und bezeichnete die Ehe als «dumm» und «langweilig». Popcorns Mutter, in den 20er Jahren eine auf Fahrlässigkeitsdelikte spezialisierte Juristin, die, als sie keine Stelle fand, eine eigene Kanzlei eröffnete, hielt genausowenig von der traditionellen Frauenrolle. «Sie war ein richtiges Cowgirl, wild und robust», erinnert sich Popcorn bewundernd. «Ein winziges Persönchen, nur ein Meter fünfzig groß, aber das ist keinem aufgefallen.»

Trotz ihrer Behauptung, der Feminismus, als Trend, sei out – «er wird als rückschrittlich betrachtet» –, sagt Popcorn von sich, sie sei «immer noch eine 70er-Jahre-Feministin». Sie erklärt: «Ich denke, es liegt noch ein weiter Weg vor uns. Ich denke, daß es noch jede Menge Vorurteile und viel Diskriminierung gibt. Ich denke, wir müssen uns organisieren.» Sie erklärt allen Ernstes, Brain Reserve deshalb gegründet zu haben, weil ihr in einer männlich geleiteten Werbeagentur Vorurteile sämtliche Aufstiegschancen verbaut hätten. «Es gefiel mir nicht, wie man mich behandelte... Ich wollte beachtet werden, ich wollte ganz nach oben, ich wollte Anerkennung, wie jeder Mann auch.»

Wie kam Popcorn darauf, daß es bei Frauen den Trend zur «Verpuppung» gebe? Gegenüber der Presse stützte sie sich auf folgende Beweise: den steigenden Absatz von «Hausmannskost», die Beliebtheit «wuchtiger, bequemer Sessel», die Einschaltquoten der «Cosby-Show» und eine einzige Statistik – «ein Drittel aller Frauen, die 1976 MBAs waren, sind heute Hausfrauen». Die Umsatzsteigerung bei der «Hausmannskost» war jedoch Folge und nicht Ursache ihrer anhaltenden «Verpuppungs»-Propaganda; wäre es umgekehrt gewesen, hätte Campbell Soup ja nicht ihre Hilfe gebraucht. Und daß die Leute sich vielleicht tatsächlich gern in Ohrensessel sinken ließen oder sich die «Cosby-Show» anschauten, konnte wohl kaum heißen, daß reale Frauen scharenweise ihren Beruf aufgaben. Nur die letzte Statistik hatte entfernt mit einer Einschätzung des gegenwärtigen Verhaltens der Frauen zu tun – und zufällig war ausgerechnet diese Statistik höchst dubios.

Popcorn entnahm die MBA-Zahl einer damals berühmten Trendstory – einer 1986 erschienenen *Fortune*-Titelgeschichte zum Thema «Warum Frauen aussteigen». Der Artikel über Geschäftsfrauen, die an Eliteuniversitäten studiert hatten und jetzt die Chefetagen flohen, zog ähnliche Artikel über «Aussteigerinnen» nach sich, und zwar (um nur einige zu nennen) in *Forbes*, *USA Today* und *U. S. News & World Report*.

Die *Fortune*-Story löste vor allem bei jungen Frauen, die Firmen- und Managementkarrieren anstrebten, tiefe Besorgnis aus; schließlich schien es sich um nüchterne Fakten zu handeln. Noch ein Jahr später sprachen Studentinnen der Graduate School of Business der Universität Stanford von der Wirkung, die der Artikel auf sie gehabt hatte. Die MBA-Kandidatin Phillis Strong sagte, sie strebe jetzt eine weniger anspruchsvolle Karriere an, nachdem sie gelesen habe, daß man sonst «zuviel aufgibt» und «das Gefühl für Familienbande verliert». Marcia Walley, ebenfalls MBA-Kandidatin, meinte, ihr sei jetzt klar, «daß eine erfolgreiche Karriere und ein gutes Familienleben nicht miteinander zu vereinbaren sind. Man kann nicht alles haben; man muß sich entscheiden.» Ein paar andere Studentinnen der Business School schrieben für die Abschlußvorstellung sogar einen Song zu diesem Thema. Das zur Melodie von Paul Simons «You Can Call Me Al» gesungene bittere kleine Lied brachte einige junge Zuschauerinnen zum Weinen:

> When I was at B-school, they said...
> Girl, you can have it all. But I
> Didn't think I'd lose so much.
> Didn't want such long hours.
> Who'd think my only boyfriend
> Would be a blow-up-doll?...
> Where are my old boyfriends now?
> Nesting, nesting,
> Getting on with their lives,
> Living with women who get off at five.*

Ein Jahr nachdem *Fortune* den Trend zum «Ausstieg» lanciert hatte, begann der Anteil der an Business Schools immatrikulierten Frauen zu sinken – zum erstenmal seit zehn Jahren. 1986 zeigte das *Fortune*-Titelbild Janie Witham, eine ehemalige Systemanalytikerin bei IBM, die mit ihrer zweijährigen Tochter auf dem Schoß in der Küche saß. Witham sei «zu Hause glücklicher», verkündete der *Fortune*-Titel. Sie

---

* (In der Business School hieß es immer: Mädchen, du kannst alles haben. Aber ich hätte nie gedacht, daß ich soviel verlieren würde. Ich wollte nicht, daß mir die Zeit so lang würde. Wer hätte gedacht, daß mein einziger Boyfriend eine aufblasbare Puppe sein würde? Wo sind meine alten Boyfriends jetzt? Zu Hause, zu Hause, kommen mit ihrem Leben zurecht, leben mit Frauen zusammen, die um fünf von der Arbeit kommen.)

habe jetzt Zeit «zum Brotbacken». Der Autor des Artikels, der langjährige *Fortune*-Mitarbeiter Alex Taylor III, schrieb, sie gehöre zu den
«vielen Frauen, zu denen einige mit der besten Ausbildung und
höchsten Motivation zählen», die «sich ebenfalls entschieden haben»,
ihren Beruf aufzugeben. «Diese Frauen sollten einmal Führungspositionen in den Korridoren der Macht übernehmen», schrieb er. «Wenn
[der Beruf] selbst den MBAs keine Befriedigung gewährt, gewährt er
sie dann *irgendeiner* [Hervorhebung von ihm] Frau?»

Die *Fortune*-Story ging auf irgendein belangloses Partygespräch
beim Ehemaligentreffen eines *Fortune*-Chefredakteurs zurück. Während er inmitten früherer Kommilitonen der Harvard Business School
stand, hörte er ein paar Exstudentinnen sagen, sie blieben jetzt zu
Hause bei ihren Babys. In der Annahme, einem Trend auf der Spur zu
sein, beauftragte er Taylor mit der Story. «Als Beweis lag ihm nur
diese Anekdote vor, keine Statistik», erinnert sich Taylor. Also machte
sich der Reporter auf die Suche nach Zahlen.

Taylor rief Mary Anne Devanna an, eine Forschungskoordinatorin
am Columbia Business School's Center for Research in Career Development. Sie hatte die berufliche Entwicklung der weiblichen MBAs
über Jahre hinweg verfolgt – und sie sah keinen solchen Trend. «Ich
habe ihm gesagt: Ich glaube nicht, daß Ihre Vermutung zutrifft», erinnert sie sich. «Uns liegen keinerlei Beweise vor, daß Frauen in größerer
Zahl aussteigen.» Auf seine Frage: «Was würde Sie denn überzeugen?» schlug sie ihm vor, er solle sich von *Fortune* mit einer eigenen
Studie beauftragen lassen. «Anscheinend meinte *Fortune*, eine Studie
käme auf 36000 $, und das sei zu teuer», sagte Devanna, «aber die
Story haben sie trotzdem gebracht.»

Statt eine Studie durchzuführen, nahm Taylor Einblick in die Akten
von Studentinnen, die ihr Studium '76 abgeschlossen hatten; es handelte sich um siebzehn Elite-Business-Schools. Aber auch diese Zahlen
wiesen auf keinen Trend hin: 1976 traten ebenso viele Frauen wie
Männer in große Unternehmen oder Dienstleistungsbetriebe ein, und
zehn Jahre später arbeiteten praktisch immer noch gleich viele Männer
und Frauen für diese Firmen.

Nichtsdestotrotz stellte Taylor in seiner Story fest: «Nach zehn Jahren verließen wesentlich mehr Frauen als Männer die Management-
schiene.» Zum Beweis führte Taylor folgende Zahl an: «Ganze 30%

der 1039 Frauen des 76er Jahrgangs gaben an, entweder selbständig oder arbeitslos zu sein, oder sie nannten keinen Beruf.» Dies schien interessant, bis auf eine störende Tatsache: Auch 21% der *Männer* jenes Jahrgangs waren selbständig oder arbeitslos. Somit schrumpfte der «Trend» auf eine Differenz von 9% zusammen. Bedachte man, daß berufstätige Frauen immer noch die Hauptverantwortung für die Kindererziehung tragen und immer noch beruflich benachteiligt werden, dann bestand die eigentliche Neuigkeit eher darin, daß das Gefälle so *klein* war.

«Die Beweise sind ziemlich dürftig», gab Taylor später zu. «Die Ausstiegsrate ist bei Männern und Frauen etwa gleich.» Warum behauptete er dann damals, Frauen gäben in «besorgniserregender» Zahl ihren Beruf auf? Taylor selbst hat tatsächlich mit keiner der Frauen in seiner Story gesprochen. «Sämtliche Interviews wurden von einer Meinungsforscherin geführt», sagt Taylor. «Ich bin nur hingegangen und hab mit den großen Denkern gesprochen, also den Firmenchefs und Soziologen.» Eine Frau, mit der Taylor wahrscheinlich sprach, deren Beispiel er aber nicht anführte, war seine eigene Ehefrau. Sie ist Director of Corporate Communications und – obwohl die Taylors zwei Kinder haben, die zum Zeitpunkt des Interviews drei Jahre beziehungsweise sechs Monate alt waren – immer noch berufstätig. «Es stimmt, sie arbeitet immer noch», sagt Taylor. «Aber ihre starke Beziehung zu den Kindern beeindruckt mich sehr.»

Der *Fortune*-Artikel ging gelassen über die politischen Kräfte hinweg, die den Geschäftsfrauen der 80er Jahre Steine in den Weg legten, und zog das Fazit, Frauen gäben ihren Beruf einfach deswegen auf, weil sie «lieber» zu Hause blieben. Dies ist auch Taylors persönliche Ansicht: «Ich glaube, der häufigste Grund dafür, daß Frauen aussteigen, ist nicht die berufliche Diskriminierung, sondern ein Kind.» Aber nicht einmal die frühere IBM-Managerin auf dem Titelbild hatte ihre Stelle aufgegeben, weil sie lieber zu Hause bleiben wollte. Sie ging, weil IBM ihr die flexible Zeiteinteilung verweigerte, die sie für ihr Baby brauchte. «Schade, daß es nicht geklappt hat», sagte Witham in dem Interview. «Ich würde gern wieder zurück.»

Drei Monate später ging es in *Fortune* in diesem Stil weiter. «Eine Frau, die heiraten und Kinder haben möchte», warnte das Magazin, «wird wahrscheinlich merken, daß ihr Job bei Salomon Brothers sie dazu zwingt, auf beides zu verzichten.» Die *Fortune*-Redakteure konnten ihren Trend der Geschäftsfrau, die ihren Beruf an den Nagel hängt, jedoch immer noch nicht mit Zahlen belegen. Vielmehr entdeckten sie 1987, als sie endlich doch eine Befragung von Managerinnen durchführten, die der Familie zuliebe ihre Karriere zurückschrauben wollten, ein sogar noch kleiner gewordenes Mann-Frau-Gefälle, und 4% *mehr* Männer als Frauen gaben an, sie hätten eine Stelle oder Versetzung abgelehnt, weil dies weniger Zeit für die Familie bedeutet hätte. Auch die nationalen Umfragen boten keine Unterstützung: Sie ergaben überhaupt kein Gefälle; sowohl 30% der berufstätigen Frauen sagten, sie würden ihren Beruf aufgeben, wenn sie es sich finanziell leisten könnten, als auch 30% der Männer. Und im Widerspruch zu den Presseberichten über «die Besten und Gescheitesten», die vom Burnout-Syndrom betroffen seien, sehnten sich gerade Frauen mit guter Ausbildung und gutbezahlten Jobs am seltensten danach, zu Hause zu bleiben. Eine 1989 durchgeführte Befragung von 1200 Studenten und Studentinnen der Stanford Business School ergab, daß bei Ehepaaren, die beide MBAs waren und beide eine Stelle hatten, die *Männer* «diesen Wunsch eher äußerten».

Schließlich ließ *Fortune* die aufsässigen Karrierefrauen einfach fallen und widmete seine Titelseite statt dessen dem Triumph der «Trophäen-Ehefrauen», den jungen, verliebten zweiten Gefährtinnen, die «den fünfzig- bis sechzigjährigen Direktoren das Gefühl geben, mithalten zu können» – anders als die egoistische Exfrau, die es versäumt hat, ihren Gatten «zum Mittelpunkt ihres Lebens» zu machen, und «dabei den Kontakt zu ihm und seinen Sorgen» verloren hat. *Fortune* war nicht das einzige Publikationsorgan, das sich dieser Strategie bediente. *Esquire*, eine Zeitschrift, die häufig Tiraden gegen die moderne Frau abläßt, widmete seine gesamte Juninummer einer taufrischen Huldigung an die «amerikanische Ehefrau», und zwar die traditionelle. Das denkwürdige ganzseitige Foto zeigte ein Mannequin, das als Hausfrau auf dem Boden kniet und glücklich eine Kloschüssel sauber schrubbt.

Während auf Frauen im Firmenmanagement am meisten Druck ausgeübt wurde, ihre Karriere aufzugeben – da der Sitzungssaal die bestgehütete männliche Domäne ist –, galt das Zurück-nach-Hause-Signal der Medien *allen* berufstätigen Frauen. «Eine wachsende Zahl berufstätiger Frauen hat ganz bewußt die Karriereschiene verlassen», behauptete *Newsweek* 1988, eine Behauptung, die wieder einmal nicht durch offizielle Arbeitsmarktstatistiken belegt wird. Frauen, die ihre Karriere aufgeben, seien «viel glücklicher», schrieb das Magazin und nannte als Beispiel nur drei Frauen (von denen sich zwei eigentlich über mangelndes Selbstwertgefühl beklagten, weil sie keine Ganztagsstelle hatten). Und das *New York Times Magazine* verkündete, immer mehr Karrierefrauen entschieden sich «freiwillig für etwas, das sie nie für möglich gehalten hätten – nämlich: Hausfrau und Mutter zu sein». Den Mangel an Daten kaschierte das Magazin mit dem Satz: «Niemand weiß, wie viele Karrierefrauen jedes Jahr ihren Job aufgeben, um ganz für ihre Kinder dazusein.» Ein Artikel in *Savvy* entwarf ein noch unwahrscheinlicheres Szenario: «Immer mehr Frauen», wurde dort behauptet, entschieden sich, Beförderungen, Führungsposten und Gehaltserhöhungen «abzulehnen» – weil sie erkannt hätten, «wie wichtig ein ausgeglichenes Leben» sei.

1986, nur fünf Monate nachdem *Fortune* behauptet hatte, Managerinnen verließen das Firmenboot, wandte sich *Newsweek* ganz allgemein an die «Mütter Amerikas», wie es im Aufmacher hieß. Die Titelstory der Mainummer lautete: «Sie schaffen es: Wie Frauen die Anforderungen von Kindern und Beruf unter einen Hut bringen.» Aber es stellte sich heraus, daß die Schlagzeile ironisch gemeint war; der dazugehörige Artikel hämmerte den Leserinnen die eigentliche Botschaft ein: daß nämlich der Versuch, beides miteinander zu vereinbaren, zum Scheitern verurteilt sei. Die Überschrift auf der Innenseite – DIE ENTSCHEIDUNG EINER MUTTER – brachte deutlicher zum Ausdruck, was der Artikel sagen wollte. Die Entscheidung, vor die Amerikas Mütter gestellt wurden, wurde ihnen wie immer von oben verordnet – geht nach Hause oder brecht zusammen.

Die *Newsweek*-Story begann mit einer Moralgeschichte:

> «Colleen Murphy Walter hatte alles. Als Direktorin einer Klinik in Chicago verdiente sie über 50000 $ jährlich. Sie war 12 Jahre verheiratet und hatte zwei Söhne... Aber all das hatte seinen Preis. Spätnachts, wenn alle anderen schliefen, lag sie wach und fragte sich verzweifelt, wie sie diese ‹chaotische Lebensweise› durchstehen sollte. Vor sechs Monaten nun hat Walter, 36, ihren

Job aufgegeben, um daheim bei ihren Kindern zu bleiben. ‹Der Versuch, die beste aller Mütter und gleichzeitig die Beste im Beruf zu sein, war eine emotionale Belastung›, sagt sie. ‹Ich wollte beruflich vorankommen. Aber plötzlich war ich mit meiner Kraft am Ende und merkte, daß ich einfach nicht mehr konnte.›»

«Der Mythos der Superfrau löst sich rasch in nichts auf – zerstört durch Wut, Schuldgefühle und Erschöpfung», verkündete *Newsweek*. «Immer mehr» Mütter arbeiteten angeblich daheim, und «eine wachsende Zahl» von Müttern sei «zu der Erkenntnis» gelangt, «daß man nicht alles haben kann». *Newsweek* nannte aus gutem Grund keine exakten Zahlen. Das Magazin hatte zur Untermauerung seines Standpunkts eine Umfrage in Auftrag gegeben – die jedoch ergab, daß 71 % der Mütter, die Hausfrauen waren, wieder arbeiten wollten, und 75 % der berufstätigen Mütter sagten, sie würden auch dann arbeiten, wenn sie finanziell nicht darauf angewiesen wären.

Bei dem Gedanken, daß Frauen vielleicht weniger Probleme hätten, alles «unter einen Hut zu bringen», wenn sie weniger Geschirr und Windeln waschen müßten und ihre Ehemänner mehr, hielt *Newsweek* sich nicht länger auf. «Väter kümmern sich mehr um Haushalt und Kinder», behauptete das Magazin hartnäckig. Es machte viel Aufhebens von seinem einzigen Beispiel, dem «Super-Dad» R. Bruce Magee, der sich in *Newsweek* damit brüstete, er habe in letzter Zeit jede zweite Windel gewechselt, 60 % der Mahlzeiten zubereitet und die Hälfte der Wäsche gewaschen.

Die Medien gerieten in helle Aufregung, als Felice Schwartz, die Gründerin von Catalyst – einer auf Frauenkarrieren spezialisierten Consultingfirma –, behauptete, die «meisten» Frauen seien «zu Abstrichen bereit, wenn sie dafür von dem ständigen Druck befreit sind, Überstunden zu machen und am Wochenende zu arbeiten». Schwartz war nicht nur eine vertrauenswürdige Expertin, sondern äußerte diese Meinung auch noch in der angesehenen *Harvard Business Review*.

Der «Mutti»-Trend, wie ihn die Medien sofort nannten, füllte die Titelseiten; Schwartz selbst gab im ersten Monat fünfundsiebzig Interviews, und ihre Äußerungen zogen wiederum über tausend Artikel

nach sich. Das Thema war zwar nicht so dramatisch wie das über
Frauen, die ganz aus dem Beruf «aussteigen», aber besser als nichts.
«Im ganzen Land verlassen Managerinnen und berufstätige Frauen mit
kleinen Kindern die Karriereschiene und werden Muttis», verkündete
Business Week in einer Titelstory. Ihre Zahl steige angeblich «sprung-
haft» an. Das Magazin brachte keine konkreten Zahlen, nur ein paar
Bilder von Frauen mit Bilderbüchern und Stofftieren und Zitate von
vier Teilzeitbeschäftigten. Die Frau auf dem Cover war sogar eine zur
Mutti gewordene Angestellte der Firma Quaker Oats – Retro-Trend-
Förderer und Kunde von Faith Popcorn. (Auf einem weiteren Foto im
Innern des Magazins posierte die Frau neben drei verschiedenen Qua-
ker-Oats-Produkten.)

Weder die Medien hatten irgendwelche Beweise dafür, daß die Zahl
der Muttis sprunghaft anstieg, noch Felice Schwartz selbst. Daß die
Mehrzahl der Frauen, die sie «Karriere-und-Familien-Frauen» nannte,
«gerne bereit» sei, auf Beförderungen und Lohnerhöhungen zu verzichten, war reine Spekulation. Sie stellte sich vor, daß die Firmen
diese Frauen irgendwie identifizieren und anders behandeln sollten als
ihre Kolleginnen, für die die «Karriere Vorrang» hatte; und zwar in
Form einer Reduzierung von Arbeitszeit, Sonderzulagen und Aufstiegschancen. Daß dies auf Diskriminierung hinauslaufen würde,
schien Schwartz nicht zu sehen. Tatsächlich schlug sie auf einer von
traditionellen Frauenzeitschriften gesponserten Tagung allen Ernstes
vor, junge Frauen sollten den Absatz VII des Civil Rights Act ignorieren und mit ihrem künftigen Arbeitgeber über ihre Kinderpläne sprechen; die Frauen müßten aufhören, «auf Rechten zu bestehen, die wir
Frauen in einer Epoche erkämpft haben, in der wir nicht anerkannt
wurden», erzählte sie ihrem Publikum.

In Wirklichkeit waren Frauen mit dieser Mutti-Haltung im Berufsleben weitaus in der Minderzahl: Im *Newsweek* Research Report von
1984 sagten zum Beispiel über 70% der befragten Frauen, sie hätten
lieber einen anstrengenden Job mit als einen weniger anstrengenden
Job ohne Aufstiegschancen. Und als 1990, ein Jahr nach der Veröffentlichung von Schwartz' Artikel, die Virginia-Slims-Erhebung Frauen
nach der Mutti-Schiene fragte, nannten sie 70% der Frauen diskrimi-
nierend und eine «Ausrede, um Frauen niedrigere Löhne zahlen zu
können als Männern».

Schwartz behauptete, daß die Unternehmen durchaus Grund hätten, mit weiblichen Angestellten ungeduldig zu sein; wie sie es im ersten Satz ihres *Harvard-Business-Review*-Artikels ausdrückte, «kosten Frauen im Management mehr als Männer». Als Beweis erwähnte sie zwei unveröffentlichte Studien, die von zwei Unternehmen durchgeführt worden waren, deren Namen sie nicht preisgab. Eines davon, ein «multinationaler Konzern», behauptete, die Zahl der Frauen, die leitende Posten aufgäben, sei zweieinhalbmal höher als die der Männer. Wie Schwartz in einem späteren Interview enthüllte, handelte es sich bei der Firma um Mobil Corporation – und die Managerinnen dieses Unternehmens gingen nicht, weil sie Muttis sein wollten, sondern weil Mobil Corporation «bis vor wenigen Jahren nicht auf Frauen einging». Erst 1989 gestand Mobil seinen Beschäftigten eine zeitweilige Reduzierung der Wochenstundenzahl zu, etwa um ein krankes Kind oder alte Eltern zu pflegen, wie Derek Harvey, der Personalleiter der Firma, einräumt. Doch Harvey bleibt dabei, daß Mobil seinen weiblichen Angestellten sehr entgegenkomme: «Wir sind ein äußerst fürsorgliches Unternehmen.»

«Es sollte keine Forschungsarbeit sein», sagt Schwartz zu ihrer Verteidigung. «Ich habe einfach nur in meiner Eigenschaft als Expertin geschrieben.» Als Expertin hätten ihr die Forschungsergebnisse aber zumindest bekannt sein müssen. Etwa amtliche Statistiken, die beim Vergleich der Beschäftigungskosten keine signifikanten Unterschiede zwischen den Geschlechtern feststellten; oder der Umstand, daß Männer und Frauen etwa gleich viel Krankheits- und Urlaubstage in Anspruch nahmen. Schwartz scheint selbst zu dieser Ansicht gekommen zu sein; in einer Kehrtwendung, die die Presse im selben Maß ignorierte, wie sie ihr Bekenntnis zur Mutti-Schiene hochgejubelt hatte, veröffentlichte sie ein zehnseitiges Statement, in dem sie heftig bestreitet, die Mutti-Schiene jemals unterstützt zu haben. Ihr Widerruf wurde nirgends registriert, nicht einmal von den Redakteuren der *Harvard Business Review*, die den Artikel immer noch eifrig verteidigten. «Sie tritt mit einer gewissen Autorität auf», äußerte Timothy Blodgett, Chefredakteur der *Review*, gegenüber dem Magazin *Ms.* «Das kommt an.» Später in jenem Frühjahr erschien auf der Seite drei der *New York Times* ein Artikel des *Review*-Herausgebers, Alan M. Webber, der vielleicht erklären hilft, warum er so bereit war, in seinem Magazin die

Mutti-Botschaft zu verkünden. «Geht es mit dem American Way of Life zu Ende?» lautet die Überschrift des Essays, in dem Webber händeringend vom «Tod» der Mutterschaft sprach und beklagte, daß die Kritik an Schwartz' Artikel zu sehr auf die Frauenrechte fixiert sei und nicht nach der Zukunft der amerikanischen Mütter frage. Offenbar war also die Angst vor der nachlassenden weiblichen Fertilität und nicht die Freude über die zunehmende Zahl der Muttis der für ihn ausschlaggebende Trend.

Brachte man die Frauen nicht durch Horrorgeschichten von schlaflosen Nächten und «emotionaler Belastung» dazu, ihren Ganztagsjob aufzugeben, dann versuchte man es mit Schmeicheleien. Dies jedenfalls schien der massiven «Neue Traditionalistinnen»-Kampagne der Zeitschrift *Good Housekeeping* zugrunde zu liegen, die 1988 in Dutzenden von amerikanischen Publikationen mit doppelseitigen Anzeigen lanciert wurde. Obwohl die Neue Traditionalistin gar nicht existierte, zog sie weitere Trendstorys nach sich, ähnliche Anzeigenkampagnen von der *New York Times* bis *Country Living* und vergleichbare Werbeannoncen von Ralph Lauren bis Wegdwood. Die *New York Times* nannte sogar Barbara Bush als Beispiel für diesen Trend – der Fall einer realen Frau, die sich nach einem verlogenen Vorbild orientiert.

Die Anzeigen präsentierten grobkörnige Fotos früherer Karrierefrauen, die behaglich in ihren renovierten Einfamilienhäusern saßen, umringt von liebevollen, hübsch herausgeputzten Kindern. Der Begleittext tischte einem das typische süßliche Gerede der Frauenzeitschriften über die Tugenden und tiefverwurzelten Werte jener Frauen auf, die «ihre Selbstverwirklichung darin finden», daß sie Haushalt, Ehemann und Kinder versorgen. Diese Hommage an die passive Frau war jedoch clever in aktivistische Formulierungen verpackt, eine Strategie, die den Wunsch der Frauen nach Autonomie gleichzeitig anerkannte und unterlief. Die Neue Traditionalistin, hieß es in den Anzeigen, sei eine unabhängig denkende Frau, die «ihre eigenen Entscheidungen trifft» und «eine Revolution in Gang gebracht hat». Die Anzeigen versicherten den Lesern: «Sie folgt keinem Trend. Sie *ist* der Trend... Marktforscher sprechen tatsächlich von der größten sozialen Bewegung seit den sechziger Jahren.»

Die Frauen für ihre eigenen «Entscheidungen» zu loben war wohl kaum der Zweck dieser Werbekampagne. Wie der Herausgeber von *Good Housekeeping* behauptete, brauchten heutige Frauen «gar nicht so viele Entscheidungsmöglichkeiten». Die «soziale Bewegung», die *Good Housekeeping* im Sinn hatte, würde nicht nur zurück an den Herd führen, sondern, noch wichtiger, direkt zur Abonnementabteilung der Zeitschrift. «Amerika kehrt zu *Good Housekeeping* zurück», lautete der Schlußsatz der Anzeige, eine Behauptung, die reinem Wunschdenken entsprang. In den 8oern waren die Auflagen traditioneller Frauenzeitschriften um etwa zwei Millionen Exemplare zurückgegangen; der Reklameteil war bei fast all diesen Zeitschriften kleiner geworden. Und am schlimmsten dran war *Good Housekeeping*; sein Reklameteil war vor der Traditionalistinnen-Kampagne um über 13 % pro Jahr geschrumpft. Doch Waxenberg hoffte, der Neotraditionalismus werde die wichtigsten Werbekunden motivieren: Habe sich der Retro-Trend erst einmal durchgesetzt, dann würden sich, so Waxenberg, «gut eingeführte Produkte in Zukunft hervorragend verkaufen».

Um seine Gewinnspanne zu sichern, hätte *Good Housekeeping* es auch mit einer näherliegenden Strategie versuchen können. Es hätte einfach den Wandel im Status der Frau erkennen und sich ebenfalls wandeln können. Bei *Working Woman*, der einzigen Zeitschrift der 8oer, die sich auf die beruflichen Bedürfnisse von Karrierefrauen konzentrierte, hatte diese Taktik phantastisch funktioniert. Die Auflagenhöhe der Zeitschrift verzehnfachte sich von 1980 bis 1989 auf eine Million Abonnentinnen: Dadurch wurde sie zum populärsten Business-Magazin Amerikas – noch häufiger gelesen als *Business Week* oder *Fortune*. Die jährlichen Werbeeinnahmen (über die Hälfte von Bürofirmen und Kreditinstituten) stiegen dementsprechend um das Sechzigfache an, auf über 25 Millionen Dollar.

1987 wurde bei *Good Housekeeping* tatsächlich ein Schwenk in diese Richtung erwogen. Möglicherweise empfahlen damals einige Chefredakteure, die Zeitschrift müsse berufstätige Frauen ansprechen. Schließlich waren 65 % der *Good-Housekeeping*-Leserinnen berufstätig. Als die Manager der Zeitschrift sich jedoch an eine externe Werbeagentur wandten, wurde ihnen eine derart unorthodoxe Lösung schleunigst wieder ausgeredet. «Das Problem bestand aus ihrer

Sicht darin, daß sie als altmodisch galten und gern moderner sein wollten», erinnert sich Malcolm MacDougall, der Agenturchef, der damals den Auftrag erhalten hatte, das Image der Zeitschrift zu verändern. MacDougall, Vizepräsident von Jordan, McGrath, Case & Taylor, riet, es sich noch einmal zu überlegen; der «Neotraditionalismus» komme, und man bereite sich besser darauf vor. Sein Beweis: die Äußerungen von Faith Popcorn und Umsatzsteigerungen bei Frühstücksbreis der Firma Quaker Oats. (Ein näherliegender Grund beeindruckte ihn weniger: MacDougalls Frau ist berufstätig und fand, wie er zugibt, einige der Traditionalistinnenanzeigen «irgendwie sexistisch».) MacDougall sagt, er habe den Haferbrei-Faktor besonders überzeugend gefunden. «Zwei Jahre zuvor hätte niemand gedacht, daß sich Frühstücksbreis verkaufen würden. Da kam Quaker Oats mit der Kampagne ‹Genau das Richtige› und änderte damit buchstäblich die Frühstücksgewohnheiten der Amerikaner!» Auch jene Anzeige stammt zufällig von ihm. Und tatsächlich ist, da die beiden Kampagnen einander unmittelbar ablösten, in einer der Traditionalistinnenanzeigen, die ebenfalls von MacDougall stammen, von den Wonnen eines «Frühstücks mit Haferbrei» die Rede.

Aber die Umsatzsteigerungen bei Haferbrei, die sich wahrscheinlich der Ende der 80er aufgetretenen Leidenschaft für die cholesterinsenkende Haferkleie verdankten, haben wenig damit zu tun, daß Frauen zu «traditionellen» Werten und Lebensformen zurückkehren. Nichtsdestotrotz sagte MacDougall, er habe noch einen entscheidenden Beweis für den «Neotraditionalismus» – die Yankelovich-Monitor-Umfrage unter 2500 Amerikanern. Manche der Neue-Traditionalistinnen-Anzeigen erwähnten diese Erhebung sogar in Fußnoten und verliehen sich so einen pseudowissenschaftlichen Touch. «Als ich diese Studie las», sagte MacDougall über den Yankelovich-Report, «sprangen mir die Zahlen förmlich entgegen. Es ist eine ziemlich dramatische Veränderung. Dieser Trend setzte vor fünf Jahren ein, er ist sehr real und kann noch verstärkt werden. Also ging ich zu *Good Housekeeping* und sagte denen, das sei kein Problem, sondern eine Chance.»

Die Yankelovich-Forscher fragen sich allerdings bis heute, *welche* Zahlen ihm denn förmlich entgegengesprungen seien. «Ich kann jede Verbindung zu diesen *Good-Housekeeping*-Anzeigen guten Gewissens abstreiten», sagt Susan Hayward, Yankelovich-Direktorin. «*Good Housekeeping* gehört zu unseren Kunden. Die haben die Monitor-Studie gelesen und uns außerdem eine Produktumfrage in Auftrag gegeben. Und sie haben sich dafür entschieden, beide mißzuverstehen.» Keine der Studien weist irgendwie darauf hin, daß Frauen ihren Beruf aufgeben oder sich auch nur darüber Gedanken machen. Der Prozentsatz der Frauen, die gern berufstätig sein möchten, ist in der Yankelovich-Umfrage so hoch wie immer. Und der Anteil der Frauen, die Mutterschaft als «eine Erfahrung» bezeichnen, «die jede Frau machen sollte», liegt bei 53%; 1974, als eher der Nontraditionalismus in Mode war, lag er bei 54%.

Aber Zweifel daran, ob es wirklich einen Neotraditionalismus gibt, lassen MacDougall kalt. «Sie können ewig argumentieren, so seien die Leute nicht, aber das haut nicht hin, weil sie eben doch so sind», sagt er. Auf die Bitte nach fundierteren Äußerungen reagiert er etwas verärgert: «Ich verkaufe eine Zeitschrift, in der Heim und Familie eine zentrale Rolle spielen. Kommen Sie, hier geht's ums Geschäft. Ich werde doch nicht ein paar aufgebrachten Frauen nachgeben.»

Der Alte-Jungfern-Boom: Angst und Mitleid

«Junge ledige Amerikanerinnen halten in jeder Hinsicht mehr von sich als noch vor einem Jahr», schrieb die *New York Times* 1974. Alleinstehende Frauen seien «selbstbewußter und optimistischer» geworden. Das Fazit des Artikels: «Die Frauenbewegung wird immer populärer.»

Derlei Medien-Urteile über Single-Frauen waren in den 70ern jedenfalls bestimmt populär. *Newsweek* erhob die Botschaft von der glücklichen ledigen Frau rasch zum Trend. «Innerhalb von nur acht Jahren hat sich das Single-Dasein in Amerika zu einer stark ritualisierten – und neuerdings respektablen – Lebensform entwickelt», entschied das Magazin 1973 in einer Titelstory. «Endlich wird es möglich, ledig und doch ein ganzer Mensch zu sein.» Laut *Newsweek* war das Single-Leben für Frauen tatsächlich sogar mehr als nur «respektabel»; jede einzelne Minute davon war spannend. Auf dem Titelfoto sieht man eine lächelnde Blondine im Bikini, die am Swimmingpool auf ihr Glück trinkt. Im Innern des Hefts noch mehr strahlende Singles, deren

Leben sich zwischen Sonnendeck und Mondscheinpartys abspielt. «Kann sein, daß ich irgendwann heirate, aber vielleicht auch nicht», sagte eine Stewardeß, die ihren Single-Status als «einfach super» bezeichnete. «Aber wenn ich es tue, dann nur, wann ich will und wie ich will. Ich finde es okay, Single zu bleiben, solange es einem gefällt.» Und obwohl man ihnen bei solchen Erklärungen ein gewisses Unbehagen anmerkte, applaudierten schließlich selbst *Newsweek*-Autoren diesen lebenslustigen neuen Singles, die «sich nicht gleich mit dem Erstbesten zufriedengeben».

Die vielen Berichte Anfang der 70er Jahre über flatterhafte Single-Frauen hinterließen den Eindruck, als kämen diese unverheirateten Nachtschwärmerinnen kaum je von ihren Strandtüchern herunter. Dieses Klischee wurde so penetrant, daß 1974 ein Junggeselle in einem *New-York-Times*-Artikel murrte: «Wenn man die Presseberichte liest, könnte man glatt denken, alle Mädchen hätten die Maße 90-60-90... und alle Typen lungerten den ganzen Tag nur am Swimmingpool herum und warteten auf die schönen Blondinen, die ihr Muskelspiel bewundern.»

Andererseits erwarb sich die Ehe in der Presse Anfang der 70er Jahre den Ruf einer verdrießlichen, klaustrophobischen Angelegenheit. «Ehemüde Frauen – ihre Zahl wächst», hieß es 1973 in einer *New-York-Times*-Trendstory, die behauptete, unglückliche Ehefrauen verließen auf der Suche nach einem «erfüllteren» Leben in rauhen Scharen ihre inhaltlos gewordenen Ehen. Die *Times* zeichnete ein trostloses Bild des Ehestands: Auf der einen Seite Ehemänner, die fremdgehen, an ihren Frauen herumkritisieren, «keine Kommunikation» bieten und auf der anderen Seite alkohol- und tablettensüchtige Ehefrauen. Laut *Newsweek* waren verheiratete Paare mehr als nur problembelastet – sie waren schlicht und einfach «out»: «Ein Soziologe wagte sogar die Prognose, daß ‹Ehepaare sich schließlich irgendwann in einer total singleorientierten Gesellschaft befinden könnten›.»

Zwölf Jahre später sandten dieselben Publikationsorgane die entgegengesetzten Signale aus. *Newsweek* tadelte jetzt Single-Frauen dafür, daß sie sich nicht mit Ehemännern «zufriedengeben», die ihnen unterlegen sind, und die *New York Times* berichtete, Single-Frauen legten «an eine Beziehung zu starre Maßstäbe» an, das sei «fast schon krankhaft». Single-Frauen waren jetzt nicht mehr die Party-Girls der

Presse; vom Zauberstab der Medien berührt, wurden sie wieder in die grollenden Aschenputtel zurückverwandelt, die nicht mit zum Ball durften. ZU SPÄT FÜR DEN SCHÖNEN PRINZEN? hieß es hämisch in einer *Newsweek*-Überschrift. Darunter sah man eine Single-Frau einsam auf einer Matratze liegen, nur mit einem Teddy im Arm. Jetzt bot das Magazin nur noch höhnisch-verlogenes Mitleid für aus dem ehelichen Schlafzimmer ausgeschlossene Frauen, das die Presse der 80er Jahre nun mit einem herrlichen erotischen Nimbus umgab. Auf der Titelseite der *New York Times* schlich die unverheiratete Frau wie eine Aussätzige durch leergefegte Straßen; obwohl «intelligent und talentiert», «fürchtet sie den Einbruch der Nacht, wenn sich Dunkelheit über die Stadt senkt und in gemütlichen Küchen die Lichter angehen». Es ist ganz klar, warum sie die Dunkelheit fürchtet: Der 80er Presse zufolge sind Alpträume die einzigen Bettgenossen eines ledigen Mädchens. 1984 begann die Titelstory des *New York Times Magazine* über alleinstehende Frauen mit folgendem Bericht einer «Mary Rodgers» (deren Name von der Redaktion geändert worden war): «Gestern nacht hatte ich einen furchtbaren Traum. Das Gewicht der Welt lastete auf meinen Schultern und drückte mich zu Boden. Ich schrie um Hilfe, aber niemand kam. Als ich erwachte, hätte ich jemanden gebraucht, der mich festhält. Aber es war wie im Traum. Niemand da: Kein Mann. Keine Kinder. Nur ich allein.»

«Mary» hatte eine Führungsposition in einer Textilfirma. Wie die meisten der leidenden Frauen, die die 80er-Jahre-Medien an den Pranger stellten, war sie eine der Aufsteigerinnen, die früher mit der Frauenbewegung sympathisiert hatten und den Irrtum ihres emanzipierten Lebensstils jetzt einsahen. Sie war allein, weil sie, wie es in der Artikelüberschrift hieß, zu den Frauen gehörte, die «zuviel erwarten».

Der Frauenbewegung wurde, wieder einmal, die Schuld in die Schuhe geschoben; die Emanzipation hatte alleinstehende Frauen in die Depression getrieben. «Ohne Liebe, ohne Mann: Der hohe Preis der Unabhängigkeit», lautete der Titel in einer Frauenzeitschrift. «Der Feminismus ist zu einer neuen Abwehrstrategie» geworden, um die Männer zu verjagen, hieß es in einem *Harper's-Bazaar*-Artikel, der die Überschrift trug: «Schrecken Sie die Männer ab?: Verzweifelt und anspruchsvoll.» In der *New-York-Times*-Story über verbissen dreinblickende Single-Frauen warf eine Expertin, die Psychotherapeutin

Ava Siegler, der Frauenbewegung vor, sie habe «versäumt, den Frauen zu zeigen, welche Prioritäten sie setzen sollten». Siegler behauptete: «Sie [die Frauenbewegung] hat es versäumt, auf die Konsequenzen hinzuweisen. Man hat uns nie gesagt: ‹Vergeßt nicht, während ihr auf der Karriereleiter nach oben klettert, euch nach Mann und Kind umzusehen.›»

Auch das ABC-Special 1986 «Nach der sexuellen Revolution» machte den Frauen weis, die Frauenbewegung sei für ihren Familienstand verantwortlich. Der Erfolg der Frauen sei «auf Kosten der Beziehung» gegangen, sagte Komoderator Richard Threlkeld. Selbst verheiratete Frauen seien in Gefahr: «Je weiter Frauen im Beruf vorankommen, desto höher stehen die Chancen für eine Scheidung.» Komoderatorin Betty Aaron stimmte zu: Die Feministinnen hätten nie «geglaubt, der Preis der Revolution könne sein, daß Freiheit und Unabhängigkeit sich in Einsamkeit und Depression verwandeln». Dieses Entweder-Oder konnte allerdings nicht Aarons eigener Erfahrung entsprungen sein: Sie selbst hatte nämlich sowohl eine erfolgreiche Karriere als auch einen Mann – ihren Komoderator Threlkeld.

Die Beschäftigung der Medien mit den Nöten der Single-Frauen begann plötzlich Mitte der 8oer Jahre. Zwischen 1980 und 1982 brachten, wie man einer Studie entnehmen konnte, amerikanische Zeitschriften nur fünf Beiträge über Single-Frauen; zwischen 1983 und 1986 waren es dreiundfünfzig – und fast alle waren von Kritik oder Mitleid geprägt. (Im gleichen Zeitraum erschienen übrigens nur sieben Artikel über männliche Singles.) Die Schlagzeilen lauteten düster: «DIE MISERE DER ALLEINSTEHENDEN FRAUEN», «DIE FÜR IMMER ALLEINSTEHENDE FRAU» und «DER SINGLE-SCHOCK». Ledig und weiblich zu sein hieß, an einer Krankheit zu leiden, für die es nur ein bekanntes Heilmittel gab: die Ehe.

Die Presse trug zu den Problemen alleinstehender Frauen insofern bei, wie sie darüber berichtete, indem sie nämlich den niedrigen sozialen Status der Frau von neuem als persönlichen Mangel definierte. Die Medien sprachen drohend von der «wachsenden Isolation» der Single-Frauen – aber es war eine Isolation, die der Trendjournalismus mitschuf und verstärkte. In den 7oern enthielten die Medienberichte Storys und Fotos von wirklich existierenden Single-Frauen, meistens in Gruppen. In den 8oern brachte die Presse Zeichnungen fiktiver Single-

Frauen und Märchen über «anonyme» Single-Frauen – fast immer allein dargestellt, wie sie gerade ein tränenbenetztes Kissen umarmen oder traurig aus einem Mansardenfenster starren. *McCall's* schilderte die typische Single-Frau wie folgt: «Sie ist die Arbeitssüchtige, die vielleicht ab und zu ein Essen mit Freunden genießt, die meiste Zeit aber eher allein in ihrem Apartment verbringt, in das sie sich jede Nacht als ihre eigene beste Freundin zurückzieht.»

So wie die Presse die sozialen Ungerechtigkeiten ignoriert hatte, die am «Burnout» der Karrierefrauen schuld sind, so entpolitisierte sie auch die Situation von Single-Frauen. Während Presseberichte der 70er Jahre das soziale Stigma beseitigt hatten, das alleinstehenden Frauen anhaftete, behaupteten die Medien der 80er, unterstützt von Massenpsychologen, die Single-Frauen seien selbst an ihren Problemen schuld. Eine Therapeutin meinte in einer *New-York-Times*-Story über Single-Frauen: «Frauen sind wegen neurotischer Konflikte in diese Situation geraten.» Übrigens bezog sich diese Therapeutin selbst ein; sie sagte der *Times* gegenüber, sie habe eine «intensive Analyse» begonnen, um von dieser nur Frauen betreffenden Krankheit geheilt zu werden.

Daß die Medien alleinstehende Frauen als seelisch krank bezeichnen, ist eine abgenutzte Tradition des Gegenschlags. Die spätviktorianische Presse behauptete, alleinstehende Frauen seien Opfer des «Männerhasses» und der «Ehephobie». Nachdem ledige Frauen Anfang des 20. Jahrhunderts vorübergehend als lustige «Junggesellinnen» rehabilitiert worden waren, erklärte man sie während der Wirtschaftsdepression wieder für nervenkrank. In den 30er Jahren fragte *Good Housekeeping* ledige Karrierefrauen nach Anzeichen psychischer Belastung. Als die Single-Frauen übereinstimmend angaben, sie seien mit ihrem Leben ganz zufrieden, fragte das Magazin hoffnungsvoll: «Ob nicht manche von ihnen insgeheim eine Sehnsucht verbergen, die wie eine Wunde brennt ... wenn sie sich über ein Kinderbettchen beugen und dem tiefen, regelmäßigen Atem lauschen, der von den rosigen Lippen kommt?» Und in den 50ern marschierte erneut eine Parade von Psychoanalytikern durch die Frauenzeitschriften – allen voran Marynia Farnham und Ferdinand Lundberg, Autoren des 1947 sehr populären Leitfadens *Moderne Frauen: Das verlorene Geschlecht* – und nannte die Single-Frauen «unweiblich» und «sehr krank».

Wenn die Gegenschlagspresse die Single-Frauen gerade einmal

nicht als seelisch abnorm bezeichnete, dann war sie mit Zählen beschäftigt. Ledige Frauen seien nicht nur krank, warnten die Medienexperten, sie seien auch in der Überzahl – eine Botschaft, die die Besorgnis nur noch erhöhte. Die spätviktorianische Presse war davon besessen, die exakten Zahlen «überschüssiger» und «überzähliger» Frauen zu berechnen; amerikanische Zeitschriften druckten graphische Darstellungen und Tabellen, die den Überschuß lediger Frauen veranschaulichen sollten. «Warum wird es immer üblicher, allein zu leben?» überlegte *The Nation* 1868 und befand, daß dieses Thema «immer mehr zum Gegenstand allgemeiner Diskussion wird». «Das Verhältnis ist so ungünstig», ereiferte sich 1874 *Harper's Bazaar*, daß Männer «Ehefrauen mit Rabatt» kriegen könnten und auf Partys am Arm jedes Junggesellen «acht melancholische Mädchen» hingen. «‹Es fehlen Ehemänner! Es fehlen Ehemänner!› lautete der allgemeine Aufschrei.» (Und die Zeitschrift beeilte sich hinzuzufügen, daß an dieser «schrecklichen» Situation feministische Ideen schuld seien: «Viele ‹fortschrittliche Frauen› haben vergessen, daß es für sie keinen wirklichen Fortschritt geben kann, außer an der Seite der Männer, und eben nicht in Opposition zu ihnen.»)

Mitte der 80er Jahre des 20. Jahrhunderts waren die Medien erneut damit beschäftigt, die Single-Frauen zu zählen und Statistiken zu veröffentlichen, die angeblich einen Überschuß lediger Frauen bewiesen, den die Presse jetzt den «Alte-Jungfern-Boom» und eine «unnatürliche Verlängerung der Mädchenzeit» nannte. Das unwahrscheinlichste Rechenexempel erschien in *Newsweek*. «Wenn Sie eine alleinstehende Frau sind, dann folgen hier Ihre Heiratschancen», verkündete der Titel der *Newsweek*-Ausgabe vom 2. Juni 1986 hilfsbereit. Die abgebildete Kurve fiel steil ab wie die Matterhorn-Nordwand, die Farbe wechselte beim Passieren der 30er-Marke von feurigem Rot zu kühlem Blau – und ging in den freien Fall des Altjungferndaseins über. «Die traumatische Nachricht war in eine nüchterne demographische Studie verpackt», begann die *Newsweek*-Story, «die den harmlosen Titel trug: ‹Heiratsmuster in den Vereinigten Staaten›. Doch die schreckliche Statistik bestätigte, was alle längst geargwöhnt hatten: Daß viele Frauen, die scheinbar alles haben – Attraktivität, eine gute Stellung, einen akademischen Grad und ein hohes Gehalt – nie einen Lebensgefährten finden werden.»

Newsweek verlieh der fehlerhaften, unveröffentlichten Harvard-Yale-Studie prominenten Titelstory-Status. Einige Monate später erhielt das Magazin die ausführlichere Heiratsstudie des Census Bureau und reduzierte sie auf zwei in der «Update»-Kolumne versteckte Absätze. Warum? Eloise Salholz, die als erste in *Newsweek* über die Harvard-Yale-Heiratsstudie schrieb, erklärte deren Präsentation später so: «Wir wußten über diese Entwicklung ja schon vorher Bescheid. Die Studie faßte nur noch einmal unsere Eindrücke zusammen.»

Die *New York Times* beauftragte einen ihrer Journalisten, sich mit der Harvard-Yale-Studie zu befassen, und produzierte eine langatmige Story. Als es aber Zeit gewesen wäre, über die Studie des Census Bureau zu berichten, opferte die *Times* nicht einmal die Zeit eines ihrer Mitarbeiter: Sie brachte nur den kurzen Text einer Nachrichtenagentur und vergaß die ganze Sache. Und fast ein Jahr nachdem Demographen die Harvard-Yale-Studie für unglaubwürdig erklärt hatten, berichtete die *New York Times* auf der Titelseite darüber, wie Frauen an diesem angeblichen Männermangel litten, wobei zum Beweis die Harvard-Yale-Studie zitiert wurde. Als sie später um eine Erklärung gebeten wurde, sagte die Autorin des Artikels, Jane Gross: «Es war verfrüht, das stimmt.» Aber da sie nun einmal damit beauftragt war, machte sie das Beste daraus. Der Artikel handelte davon, daß die Studie entkräftet worden sei, weil sie jede Kritik als «fanatische Reaktion von Feministinnen» abgetan habe.

Einige der von der Presse angestellten Rechenexempel über den Heiratsengpaß waren schon wieder heilsam. Die *Newsweek*-Story erklärte, Single-Frauen fielen mit «größerer Wahrscheinlichkeit einem Terroranschlag zum Opfer», als daß sie heirateten. Vielleicht war das nur metaphorisch gemeint, aber der düstere Satz mit dem Terroranschlag wurde wortwörtlich in vielen Frauenzeitschriften, Talkshows und Ratgebern wiederholt: «Wußten Sie schon, daß (...) vierundvierzigjährige Frauen eher einem Terroranschlag zum Opfer fallen, als einen Mann zu finden?» hieß es atemlos in der Pressemitteilung für Tracy Cabots *How to Make a Man Fall in Love with You.* Ein ehemaliger *Newsweek*-Volontär, der auch mit der Story zu tun gehabt hatte, erklärte später, wie es zu der Terror-Analogie gekommen war: «Einer der Reporter lief herum und erzählte es wie einen Witz – ungefähr so: ‹Da wird ʼne Frau ja noch eher von einem Terroristen abgeknallt› – und plötzlich nahm das irgendein New Yorker Journalist ernst, und es wurde gedruckt.»

Die «Heiratsengpaß»-Story in *Newsweek* war, wie die Story über die «Entscheidung einer Mutter», eine Parabel, die sich als Zahlenreport tarnte. Sie präsentierte den «Männermangel» als wohlverdiente Strafe für emanzipierte Frauen mit überzogenen Ansprüchen. *Newsweek*-Prediger befanden Single-Frauen mindestens dreier Todsünden für schuldig: Gier – ihre hochbezahlten Karrieren waren ihnen wichtiger als die Suche nach einem Mann. Hoffart – sie taten, als «sei kein Mann außer Mr. Perfekt es wert, Einlaß in ihr Gemach zu finden». Und Trägheit – sie gaben sich bei der Suche nicht wirklich Mühe; «sie behaupten zwar, sie wünschten sich einen Mann, aber vielleicht ist der Wunsch nicht stark genug».

Jetzt kam der Tag des Gerichts. «Viele ökonomisch unabhängige Frauen bekommen jetzt die Folgen ihres Handelns zu spüren», intonierte *Newsweek*. «Jahrelang haben sich intelligente junge Frauen zielstrebig ihrer Karriere gewidmet und geglaubt, wenn es Zeit für einen Ehemann sei, könnten sie sich einfach einen aussuchen. Aber da haben sie sich getäuscht.» *Newsweek* drängte junge Frauen, aus den Fehlern der vorhergehenden Feministinnen-Generation zu lernen: «Ernüchtert durch die Nachricht, daß Aufschub gleichbedeutend mit Verzicht ist, denken sie jetzt vielleicht früher oder später einmal über das Thema [Ehe] nach.»

Zur weiteren Erbauung junger Frauen reihte *Newsweek* irregeleitete alternde Jungfern wie Sünderinnen vor dem Beichtstuhl auf und berichtete andächtig von ihrer Reue: «Susan Cohen wünscht sich, sie hätte den Weg zum Altar gefunden. ‹Offenbar nicht bei Verstand›, hatte sie in jüngeren Jahren mehrere Heiratsanträge zurückgewiesen.» Die Kinderärztin Catherine Casey erzählte den *Newsweek*-Inquisitoren: «Ich habe nie daran gezweifelt, daß ich irgendwann heiraten würde, aber ich war mit 22 nicht bereit dazu. Ich wollte lieber studieren... Jetzt stehen die Zeiger meiner Uhr auf zwölf.»

Die tränenselige Präsentation zerknirschter Single-Frauen wurde in den Medien zur regelmäßigen Einrichtung, und die längste Sendezeit erhielt dieses Melodram in den Nachrichtenprogrammen der Sender. Die «CBS Morning News» widmeten der Reue alleinstehender Frauen ein *fünf*tägiges Special. Genau wie die *Newsweek*-Story wurde die

Sendung charmanterweise im Hochzeitsmonat Juni ausgestrahlt. «Wir haben uns eingebildet, man könne fünfundzwanzig Jahre lang Dates haben», stöhnte eine Frau. «Aber mit über vierzig werden wir dasitzen, und unsere biologische Uhr wird abgelaufen sein», jammerte eine andere. Die erbarmungslose CBS-Moderatorin führte sich auf, als leite sie eine TV-Therapiesitzung. «Waren Sie schon immer so?» wollte sie von ihren Patientinnen wissen. «Wovor haben Sie Angst?» – «Haben Sie alle eine starke Beziehung zu Ihrem Vater?» – «Haben Sie als Kind leicht sprechen gelernt?»

ABC ging mit der Fernseh-Psychotherapie in seinem dreistündigen Special 1986 noch einen Schritt weiter. Nicht nur engagierte der Sender einen Psychiater, der als Berater hinter den Kulissen fungierte, sondern die Moderatorin schaffte es sogar, eines der Opfer vor laufenden Kameras in einen Nervenzusammenbruch zu treiben. Laura Slutsky, eine siebenunddreißigjährige ledige Frau, die eine eigene Firma leitete, versuchte zu erklären, daß das Alleinleben zwar eine «schwierige Herausforderung» sein könne, sie aber trotzdem «ihr Leben in den Griff kriegen» werde. «Ich werde es schaffen», sagte sie, «zeitweise sogar ganz wunderbar.» Aber die Interviewerin gab sich nicht damit zufrieden und setzte ihr weiter zu. Bis es schließlich dazu kam:

> «Interviewerin: Tun Sie mir den Gefallen, und sehen Sie sich diese Angst mal genau an.
>
> Slutsky: Warten Sie mal, das ist gar nicht so einfach. (Beginnt zu weinen.) Die Angst vor dem Alleinsein ist nicht – ich bin nicht gern allein. Aber trotzdem werde ich es schaffen. Warum weine ich eigentlich? Keine Ahnung, warum ich weine... was für schwere Fragen... Jedenfalls werde ich es schaffen. Ich werde es schaffen. Aber ich will doch gar nicht! Ich will doch gar nicht!»

Offenbar immer noch nicht zufrieden, sendete ABC im darauffolgenden Jahr das viertägige Special «Singles in Amerika». Komoderatorin Kathleen Sullivan stimmte die Zuschauer im ersten Teil auf den Ton der Sendung ein: «Als ich hörte, daß wir das machen würden», verkündete sie, «habe ich gesagt: Na und? Ich meine, wer interessiert sich schon für Singles? Sie tragen keine Verantwortung für die Familie. Ihre einzige Motivation ist doch die Karriere.» Aber sie habe gelernt, fügte sie großmütig hinzu, Mitleid mit ihnen zu haben. «Erst hatte ich keines, aber inzwischen schon.»

Und Mitleid schien wirklich angemessen, wenn man, wie Sullivans Bericht ausführlich zeigte, bedachte, daß das Leben einer alleinstehenden Frau ein einziger Horrortrip ist:

Erster Tag: Singles müssen schon deshalb arbeiten gehen, um überhaupt mit Leuten zusammenzukommen.

Zweiter Tag: «Heute beschäftigt uns das Thema Singles und Sex, und wie die tödliche Krankheit AIDS manche Entscheidung neu definiert.» (Es folgte ein blutrünstiger Ausschnitt aus dem in Single-Bars spielenden Film *Auf der Suche nach Mr. Goodbar*, mit Sullivans warnender Stimme aus dem Off: «Wahllos Bekanntschaften zu schließen kann gefährlich sein. In diesem Fall war es tödlich.»

Dritter Tag: «Ein alleinerziehender Elternteil kann zwar sexuell aktiv sein, aber (...) überlegen Sie es sich lieber zweimal, wenn Sie nicht wollen, daß Ihr Kind später, wenn es älter wird, mit jedem ins Bett geht.»

Vierter Tag: «Heute haben wir ein paar positivere Perspektiven für Sie...» Worauf folgte: «Aber es gibt ein paar schlimme Sorgen. Eine davon ist ökonomischer Art. Es ist nicht leicht, von einem Single-Einkommen ein Haus oder eine Wohnung zu kaufen. Und dann ist da die furchtbare, bedrückende Sorge wegen des AIDS-Virus, und darüber, daß diese tödliche Seuche das Sexualverhalten der Singles verändert.»

Nachdem alles gesagt und getan war, konnte Sullivan eigentlich nur eine einzige «positive» Entwicklung im Leben alleinstehender Frauen entdecken: Sie konnten neuerdings bei Bloomingdale eine Liste mit ihren Geschenkwünschen abgeben, wie eine Braut. Aber selbst hier gab der Komoderator Charles Gibson zu bedenken: «Wobei ich mich frage, wer geht schon hin und kauft Geschenke für Sie ein, wenn Sie nicht heiraten?»

Trotz des Titels «Singles in Amerika» kam die Sendung nie auf alleinstehende Männer zu sprechen. Das war typisch. In den Vorankündigungen der ABC-Sendung «Nach der sexuellen Revolution» war eigentlich versprochen worden, die Folgen für die Männer zu diskutieren. Aber dazu kam es nie. Auf die Frage nach dem Grund für dieses Versäumnis sagte Komoderator Richard Threlkeld später: «Es hat nicht gereicht. Wir hatten ja nur drei Stunden Zeit.»

Als die Presse es schließlich doch schaffte, den Single-Mann in ihren dichtgedrängten Terminplan zu integrieren, geschah dies jedoch nicht, um Mitleid zu bekunden. Auf dem Cover der Sonntagsausgabe des *New York Times Magazine* war ein Single-Mann zu sehen, der es sich in seiner hübsch eingerichteten Junggesellenbude gutgehen ließ. Auf dem Parkettboden liegend, seine Elektrogitarre neben sich, las er beiläufig in einem Buch und rauchte (sicherlich sehr zur Freude der im Magazin inserierenden Tabakfirmen) genüßlich eine Zigarette. WARUM HEIRATEN? lautete die Überschrift. In dem Artikel äußerte sich der Autor Trip Gabriel gönnerhaft über die «Sorgen» des «Heeres alleinstehender Frauen in den Dreißigern». Zu den alleinstehenden Männern hingegen fiel ihm folgendes ein: «Ich war beeindruckt von den Männern, mit denen ich gesprochen habe», und «Ich bin zu der Meinung gelangt, daß das Junggesellenleben durchaus eine Alternative ist». Selbst jene Männer, die Frauen ganz aus dem Weg zu gehen schienen, ernteten noch Lob von ihm. Er fand es zum Beispiel ganz in Ordnung, daß ein dreißigjähriger Mann sich samstags abends grundsätzlich nie mit einer Frau verabredete, weil «Sonntag mein Sporttag ist». Und er wunderte sich auch nicht über einen fünfunddreißigjährigen ledigen Sportfotografen, der ihm sagte: «Ich habe mich durch Beziehungen schon immer ziemlich eingeengt gefühlt.» Statt dessen pries Gabriel die Tatsache, daß dieser Mann Junggeselle war, als «reife Entscheidung».

Nachdem die Presse die Single-Frauen in höchste Heiratspanik versetzt hatte – oder «Heiratitis», wie es ein Kolumnist nannte –, beeilte sie sich, die gerunzelten Stirnen mit Ehe-Tonikum zu glätten. Mit einer Riesenportion Gratiswerbung für Heiratsinstitute und Brautausstatter halfen die Medien mit, der seelisch und statistisch benachteiligten Single-Frau unverschämt teure Wunderkuren anzudrehen – mit zahllosen Storys über 1000 $ teure Workshops («Wie Sie den Mann Ihrer Wahl finden»), 4600 $ teure Clubmitgliedschaften mit Heiratsgarantie binnen drei Jahren und 25 000 $ teure Verträge mit Heiratsinstituten. «Den Singles läuft die Zeit davon», warnte ein Kolumnist des *San Francisco Chronicle* (selbst alternder Junggeselle) und übergab dann das Wort einer Heiratsvermittlung, die eifrig für ihr neues Institut warb: «Es gibt jetzt ein schreckliches Gerangel», warnte sie die Single-Frauen, «und in zwei Jahren wird einfach keiner mehr übrig sein. Dann gibt es keinen Überschuß mehr an diesen phantastischen älteren Typen.» Die Medien boten sogar einen eigenen Beratungsservice an. *New York* kam mit Beispielen daher, die Mut machen sollten – Single-Frauen, denen es gelungen war, mit über vierzig zu heiraten. «Als sie wirklich ernsthaft beschlossen, sich nach einem Ehemann umzusehen», so der mit «Endlich doch noch Braut!» betitelte Artikel, «fanden sie auch einen.» *USA Today* spielte sogar Doktor und richtete einen heißen Draht für bekümmerte Singles ein – mit Psychologen am Telefon. Die Telefonratgeber gaben zu, sie seien über die Ergebnisse «verblüfft»: Die Zahl liebeskranker Männer war doppelt so hoch wie die der Frauen.

Frauenzeitschriften meldeten sich lautstark zu Wort. Schließlich war Heiratitis ihre Spezialität. Die *Cosmopolitan*-Ausgabe vom Februar 1989 enthielt elf Seiten Ratschläge, wie man sich einen Ehemann angelt, unter dem nüchternen Titel «Wie der Deal zustande kommt». Das Magazin dozierte: «Sie haben die Statistik gelesen: Überall sind Frauen in der Überzahl, außer in San Quentin... Sie müssen die Sache in Angriff nehmen. *Und zwar sofort.*» Die dann folgenden «Heiraten-leicht-gemacht»-Tips entstammten alle den Eheratgebern des letzten Gegenschlags. Zum Beispiel: Geringere sexuelle Erfahrung vortäuschen, als in Wirklichkeit vorhanden, die Strick- und Kochkenntnisse übertreiben, das Reden die meiste Zeit *ihm* überlassen und sich «äußerst verständnisvoll» zeigen. In *Mademoiselle* wurden ähnliche 50er-Jahre-Weisheiten verzapft: Die Zeitschrift behauptete, es sei «wieder Mode, um sich werben zu lassen», empfahl Frauen, bei Dates auf ihren «Ruf» zu achten, und erinnerte sie daran: «Schlaue Mädchen lassen *ihn* anrufen!» Und in einer *New-Woman*-Story wiederholte Dr. Joyce Brothers einen alten Rat für Frauen auf Männersuche: «Warum Sie nicht mit Ihrem Liebhaber zusammenziehen sollten.»

Während die Presse sich bemühte, Single-Frauen zum Heiraten zu bringen, riet sie bereits verheirateten Frauen von der Scheidung ab. Eine wirkungsvolle Taktik: den Frauen vor dem Leben nach der Scheidung angst zu machen. 1986 brachte die NBC einen Sonderbericht, der sich ausschließlich mit den «negativen Folgen der Scheidung» befaßte. In *Cosmopolitan* widmete sich ein vierseitiges Feature den Nachteilen der Scheidung. «Das Single-Dasein erscheint ja so verlockend, wenn man erbittert miteinander streitet», hieß es da. «Aber seien Sie ge-

warnt: Immer mehr Eheveteranen und Eheexperten warnen Schei-
dungswillige, vor acht weitverbreiteten, gefährlichen Selbsttäuschun-
gen – sehr – auf der Hut zu sein.» Bei Frauen führe, wie es wieder und
wieder hieß, der Bruch des Eheversprechens angeblich zu schweren
Depressionen, Einsamkeit und einem leeren Bankkonto.

Um die Scheidung abzuwenden, eilten die Medien wieder einmal mit
freundlichen Ratschlägen und strengen Moralpredigten zu Hilfe. Die
CBS erweckte 1989 den alten *Ladies'-Home-Journal*-Beitrag «Ist diese
Ehe noch zu retten?» als landesweit ausgestrahlte Talkshow wieder
zum Leben und bot Paaren mit Beziehungskrisen Aussöhnung via
Fernsehen. «Wie bleiben wir verheiratet?» war das Angebot von
Newsweek – eine 1987 erschienene Titelstory voll ermutigender Fallstudien von Paaren, deren Beziehung eine Renaissance erlebte und
«am Rand des Abgrunds» doch noch gerettet wurde, meist durch das
göttliche Eingreifen eines Therapeuten. Auf diesen Seiten warben verschiedene Eheberater, einer davon für ein sechzehnwöchiges Programm, zur Verbesserung der Ehe – und zwar für jungverheiratete
Paare.

«Wie sich die Zeiten geändert haben!» schrieb *Newsweek*. «Die
Amerikaner nehmen die Ehe wieder ernster.» Doch hatte das Magazin
keinerlei Beweise, daß sich ein Heiratsboom abzeichnete. Es wartete
nur mit folgender dürftiger Statistik auf: einem unbedeutenden Rückgang der Scheidungsrate in Höhe von 0,2 %.

Infertilität und Babyfieber

«Ist diese Zunahme der Infertilität die Yuppie-Krankheit der 80er
Jahre?» fragte die NBC-Korrespondentin Maria Shriver 1987 in einem
Special Report. Könnte es sein, meinte sie besorgt, und wandte sich
ihrer Expertengruppe zu, daß unfruchtbare Schöße zum «Fluch der
Karrierefrauen» geworden seien? Da stimmten ihr besagte Experten –
Infertilitätsspezialisten, die teure, experimentelle Behandlungsverfah-
ren an die Frau bringen wollen – nur allzu gerne zu.

Aber inzwischen wußten die Trendjournalisten Bescheid; sie
brauchten eigentlich gar keine Experten mehr, um den Feind auszuma-
chen. Wenn es sich um ein Frauenproblem handelte, dann war daran

eindeutig der weibliche Kampf um Unabhängigkeit und Gleichberechtigung schuld. Was den «Fluch der Karrierefrau» betraf, hatte die Hexe, die den Fluch verhängte, gewiß eine eigene Brieftasche – die zweifellos eine Mitgliedsbescheinigung der National Organisation of Women enthielt. Die Schlagzeilen machten hinlänglich klar, warum die Schöße der Frauen verdorrten: «Wenn man alles haben will: Das Kinderkriegen aufzuschieben fordert seinen Preis» und «Der stumme Schmerz, unfruchtbar zu sein: Eine bittere Pille für Erfolgsorientierte.» Ein *New-York-Times*-Kolumnist behauptete, die unfruchtbare moderne Frau sei «ein wandelndes Klischee» der feministischen Generation, «eine Frau Mitte vierzig, der ihr Beruf wichtiger war als ein Kind».

Newsweek widmete dem «Trend zur Kinderlosigkeit» zwei Titelstorys. Zwischen Fotos einsamer Karrierefrauen in Corner-Büros und Fotos einsamer Teddybären in leeren Kinderbettchen warnte *Newsweek*, 20% der Frauen, die jetzt Anfang bis Mitte Dreißig seien, würden später einmal keine Kinder haben – und «nach Meinung der Experten wird diese Zahl für Frauen mit Top-Karrieren noch höher liegen». Der Experte, auf den *Newsweek* sich in diesem Punkt berief, war kein anderer als der Harvard-Ökonom David Bloom, Koautor der berüchtigten Harvard-Yale-Studie. Jetzt behauptete er, 30% aller Managerinnen würden kinderlos bleiben.

Um nicht ins Hintertreffen zu geraten, brachte *Life* sein eigenes Special mit dem Titel «Die Sehnsucht nach einem Baby», in dem es hieß, «Millionen» Karrierefrauen müßten irgendwann «dafür bezahlen, daß sie noch zuwarten». *Life* wartete mit fotografischen Beweisen auf: Man sah ein Bild von Mary Chase, einer zweiundvierzigjährigen Autorin und Produzentin, wie sie voller Reue in eine leere Korbwiege starrte. Weitere Schnappschüsse zeigten, wie Mary von einem Infertilitätsspezialisten untersucht wurde, wie sie einem Akupunkteur, der «die Energie stimulieren wollte», den Rücken darbot, wie sie Rat bei einem Heiler suchte, der behauptete, er habe einer Frau auf medialem Weg zu einer Schwangerschaft verholfen, wie sie nach dem Sex in Unterwäsche Kopfstand machte und wie sie für Ehemann Bill weit den Mund aufriß, damit er hineinspähen und versuchen konnte, «Kindheitstraumen freizulegen, die vielleicht Marys Empfängnisbereitschaft blockieren». Da das Paar die Ursache seines Fertilitätsproblems nicht kannte, hätten ebensogut *Bills* «Kindheitstraumen» an der Situation schuld sein können (Unfruchtbarkeit findet sich gleich häufig bei beiden Geschlechtern). Aber diese Möglichkeit zog *Life* nicht in Betracht.

Wie in allen Trendstorys gab es keinerlei Daten, die die epidemische Infertilität belegten, weshalb immer gemogelt werden mußte. «Schwer zu sagen, aber es wäre immerhin möglich, daß die Infertilität allgemein zunimmt», schrieb *Newsweek*. «Es gibt wenige gute Statistiken darüber, wie die Infertilität überraschend in unser Leben getreten ist», sagt *Life*. In Wirklichkeit gab es natürlich viele gute Statistiken; sie hatten nur den Nachteil, daß sie die Story vom «Fluch der Karrierefrau» nicht untermauerten. Manche Magazine umschifften den Datenmangel, indem sie einfach zum Futur übergingen. In *Mademoiselle* konnte man zum Beispiel – in Großbuchstaben – folgende Prognose lesen: DIE EPIDEMISCHE UNFRUCHTBARKEIT STEHT BEVOR, und 1982 überhäufte ein *New-York-Times*-Feature alle Skeptiker mit Schmähungen. Frauen in den Dreißigern, die es nicht für sehr wahrscheinlich hielten, unfruchtbar zu sein, hätten wohl «auf emotionaler Ebene» ein «Bedürfnis, Fakten zu leugnen».

In der Erscheinungswoche dieses *New-York-Times*-Beitrags mußten Frauen, die sowohl die *Times* als auch das *Time Magazine* abonnierten, verwirrt gewesen sein. Während die *Times* nämlich die leeren Bäuche berufstätiger Frauen über dreißig beklagte – sie brachte in dieser Woche gleich zwei solche Artikel –, verbreitete sich das *Time Magazine* über die vielen *bewohnten* Bäuche. Das Wochenmagazin puschte die andere Hälfte des Trend-Paars: einen Babyboom. «Karrierefrauen entscheiden sich für die Schwangerschaft, und sie tun es mit Stil», jubelte das Magazin in seiner Titelstory «Die neue Baby-Blüte». Wieder einmal wurden die Behauptungen des *Time Magazine* nicht von den Zahlen des Census Bureaus belegt; die Geburtenziffer war seit über einer Dekade unverändert. Aber darum ging es auch nicht. Der Babyboom war das Zuckerbrot zur Peitsche der epidemischen Infertilität. Das wurde dadurch klar, daß *Time* seine Boom-Story durch folgenden warnenden Rand-Artikel ergänzte: «Die medizinischen Risiken des Wartens».

Um sich am Datenmangel vorbeizumogeln, griff *Time* zum bekannten Trend-Euphemismus: «Immer mehr Karrierefrauen», wurde behauptet, «entscheiden sich für die Schwangerschaft, bevor der Zeiger auf zwölf steht.» Dann lenkte es die Aufmerksamkeit der Leser auf eine Handvoll schwangerer Filmstars und Prominente. Wenn Jaclyn Smith, aus «Drei Engel für Charlie», und Prinzessin Diana guter Hoffnung waren, mußte es sich ja wohl um ein nationales Phänomen handeln.

Time war nicht das einzige Publikationsorgan, das viele Zahlen durch wenige Starlets ersetzte. *McCalls* schwärmte begeistert von «Hollywoods später Mütter-Blüte». Die «Babyfieber»-Story der Zeitschrift *Vogue* frohlockte noch über eine weitere Mutter aus «Drei Engel für Charlie»: «Das Muttersein nimmt Farrah Fawcett voll in Anspruch. Sie redet nur noch vom Stillen.» Noch weiter führte die Suche nach Beweisen für die Baby-Manie die Presse, als sie viel Aufhebens von folgender Nachricht über einen Zoowärter machte, der angeblich mit einem Affenweibchen reden konnte: «GORILLAWEIBCHEN KOKO SAGT WÄRTER, SIE HÄTTE GERN EIN BABY.» Und genau wie bei den Single-Frauen versuchten die Medien diesmal, Frauen mit Beratungsangeboten und sogar der Verleihung von Preisen zur Schwangerschaft zu bewegen. Radiostationen in Iowa und Florida sponserten «Fortpflanzungswettbewerbe» – dem ersten Paar, das ein Kind erwartete, winkten ein Sparbuch mit 1000 $, sechs Monate lang Gratiswindeln und ein Kinderbettchen.

Die legendäre «Baby-Blüte» zog noch blumigere Leitartikel-Huldigungen nach sich. Der *San Francisco Chronicle* schwafelte eloquent:

> «Wir müssen sagen, daß in unserem persönlichen Umfeld sowohl Hochzeiten als auch Geburten eine einzigartige Blüte erleben, und dies bei vielen Frauen, die sich vor nicht allzu langer Zeit ausschließlich ihren ehrgeizigen beruflichen Zielen widmeten. Wie schön, wieder den Klang von Hochzeitsglocken und das Glucksen zufriedener Babys im Arm ihrer Mutter zu hören!»

In etwas weniger schwülstiger Prosa brachte die *New York Times* dieselben Empfindungen zum Ausdruck:

> «Einige ehemalige Kommilitoninnen antworteten in Fragebögen anläßlich der 25jährigen Wiedersehensfeier fast schuldbewußt, sie seien ‹nur› Ehefrau und Mutter. Aber es dauerte nicht lang, da merkten auch andere Frauen, daß Erfolg in traditionellen Män-

nerberufen nicht automatisch ein erfülltes Leben bedeutet. Mutter zu sein kam wieder in Mode.»

Wenn solche Artikel auch nicht zur Steigerung der Geburtenrate beitrugen, so verstärkten sie doch die Ängste und Schuldgefühle der Frauen. «Man kann keine Zeitschrift mehr aufschlagen, ohne gleich etwas über eine Frau mit Fertilitätsproblemen zu lesen, die vielleicht vermeidbar gewesen wären, wenn sie sich früher entschlossen hätte», schrieb eine junge Frau in einem *New York Times*-Essay mit dem Titel: «Mutterschaft lieber vor dreißig». Sie war wütend, aber nicht etwa über den Medienterror, dem die Frauen ausgesetzt sind. Sie ärgerte sich vielmehr über die älteren Frauen, die meinten, zuwarten könne nicht schaden. «Ich denke, es ist mein gutes Recht, einem biologisch gesünderen Fortpflanzungszeitplan zu folgen», meinte sie naserümpfend und klang trotz ihrer Umstandskleider verdächtig nach MBA.

Schon daß sie imstande war, die Medienattacke zu erkennen, räumte dieser jungen Autorin eine Sonderstellung ein; viele andere Frauen wunderten sich nur, warum sie sich plötzlich so verzweifelt, wertlos und beschämt fühlten, weil sie nicht dem Fortpflanzungszeitplan der Medien folgten, und kamen zu dem Schluß, nicht die Zeitungen, sondern ihr Körper sende diese Signale aus. «Ich habe nie an ein Kind gedacht», gestand eine Frau in *Vogue*, «aber mit vierunddreißig packte es mich plötzlich. Es war, als hätte ich gar nichts damit zu tun und als sagten diese tobenden Hormone in mir: Tu, was du tun mußt, krieg ein Kind! Es war eher ein körperliches als ein seelisches Gefühl.»

Am Ende war dies der wichtigste Beitrag der Presse zum Gegenschlag: Daß sie den Frauen nicht nur diktierte, wie sie sich zu fühlen hatten, sondern ihnen auch noch weismachte, die Befehle erteile ihnen ihr eigener Uterus.

Wahre Geständnisse in Ms.

Wenn die Medien den Gegenschlag unterstützten, wer berichtete dann objektiv darüber? Die Massenblätter konnte man vergessen. Die «Hers»-Kolumne der *New York Times*, früher ein quasifeministisches Forum, druckte jetzt Beiträge zu politisch hochbrisanten Themen wie:

«Alles über Schönheitsoperationen», «Warum Frauen unbedingt einen Verlobungsring wollen» und «Die belebende Wirkung des Wannenbads». Viele kleinere feministische Zeitungen mußten aufgeben; selbst in der Gegend der San Francisco Bay, einst einem Mekka feministischer Zeitschriften, waren bis 1989 die meisten eingegangen.

Natürlich konnten sich Frauen für die wirklichen Knüller über den Gegenschlag immer noch an *Ms.*, das Flaggschiff des feministischen Journalismus, wenden. Aber im Lauf der 80er Jahre merkten die Leserinnen, daß sich das Magazin fast ebenso rasch auf dem Rückzug befand wie die Kultur ringsum.

«Hübsch gezupfte Augenbrauen sind durchaus erlaubt», zwitscherte *Ms.* im Oktober 1989 in einem dreiseitigen Beitrag über Körperpflege. Laut *Ms.* inzwischen ebenfalls okay: Entfernung störender Körperhaare durch schmerzhafte Elektrolyse, Beseitigung von Krähenfüßen durch Kollageninjektionen sowie Faltenbekämpfung durch Auftragen von Accutan, das im Verdacht steht, karzinogen zu sein. Und all dies in einem Magazin, das früher gegen die Kosmetikindustrie zu Felde zog.

Die Zeitschrift, die einst über sexuelle Belästigung, Gewalt in der Ehe, das Geschäft mit rezeptpflichtigen Medikamenten und die Situation der Frauen in der Dritten Welt recherchiert hatte, druckte jetzt überschwengliche Huldigungen an Hollywood-Stars, richtete eine Modekolumne ein und brachte Nachrichten, auf die es wirklich ankam – Perlen sind wieder modern! Das Magazin, auf dessen Cover zum ersten Mal das zerschundene Gesicht einer mißhandelten Ehefrau zu sehen war, führte jetzt die gepuderten Gesichter von Starlets vor – und zog ein als Coverfoto geplantes Bild der von ihrem Mann mißhandelten Hedda Nussbaum zurück, um die Werbekunden zu beschwichtigen. (Der Ersatz: Ein Weichzeichnerfoto einer nackten Frau.)

Das Seltsamste am Sturz von *Ms.* in die Welt der Prominentenberichterstattung war, daß das Magazin am tiefsten sank, nachdem es seinen Non-Profit-Status aufgegeben hatte – ein Kurs, den die Herausgeber ursprünglich eingeschlagen hatten, um «politischer» sein zu können. Als Profit erzielendes Unternehmen könne *Ms.*, wie die Verlagsgründerin Gloria Steinem damals der Presse mitteilte, Kandidaten unterstützen. Statt dessen unterstützte *Ms.* dann Kosmetikprodukte.

Als Anne Summers den Verlag 1987 von Steinem übernahm, kam sie, genau wie die Herausgeber von *Good Housekeeping*, zu dem

Schluß, das Image von *Ms.* müsse «modernisiert» werden. In Wirklichkeit meinte sie eine Hebung des Niveaus. Als profitorientierter Konzern war *Ms.* nun in erster Linie daran interessiert, eine einkommensstarke Leserschaft zu gewinnen. Diese Haltung kam in den neuen Prospekten, die an potentielle Werbekunden verschickt wurden, klar zum Ausdruck; darin wurde den Firmen eine Leserschaft versprochen, zu der «überdurchschnittlich viele Kundinnen von Gourmetläden» zählten – und die Anzeige war mit dem Foto einer Frau illustriert, die mit dem Kopf nach unten von einer Couch gleitet, wobei ihr ihre Kreditkarte und andere Zeichen des Wohlstands aus den Taschen rutschen (es war ironischerweise genau die gleiche Pose, die die Zeitschrift *Connoisseur* etwa zur selben Zeit auf ihrem Cover verwendete – für einen Beitrag über teure Damenunterwäsche).

Um diese Art Marketing noch weiterzuführen, engagierte Summers ein Marktforschungsunternehmen, das landesweit Verbraucher-Fokusgruppen veranstaltete. Zu diesen Veranstaltungen wurden nur Frauen aus Haushalten mit einem Jahreseinkommen über 30 000 $ eingeladen. Die Marktforscher baten sie um eine Bewertung der Frauenzeitschriften, die gegenwärtig auf dem Markt waren. Summers erinnert sich: «Sie beschwerten sich über den gönnerhaften, herablassenden Ton der Frauenzeitschriften. Die ewigen Berichte über Prominente hingen ihnen zum Hals heraus. Sie wollten ein Magazin, das ihnen ein gutes Gefühl gab, das ihnen Wertschätzung und Respekt entgegenbrachte.» Den weiteren Titelfotos nach zu urteilen, nahm *Ms.* kaum Rücksicht auf die Prominenten-Antipathie der Frauen. Eine andere immer wiederkehrende Äußerung nahm die Herausgeberin des Magazins jedoch sehr ernst. «Eines, was in den Gruppen klar wurde – vor allem in den Gruppen mit jüngeren Frauen –, war dieser unglaubliche Widerstand gegen das Wort ‹Feministin›», sagt Summers. Nun hätte man eigentlich denken können, daß *Ms.* alles tun würde, diesen Widerstand zu beenden, den Frauen zu zeigen, daß sie das Wort «Feministin» eher begrüßen als fürchten müßten, ihnen klarzumachen, daß die amerikanische Kultur dieses Wort nur deshalb dämonisiert hatte, weil es ein solches Machtpotential für Frauen barg. Das Magazin hätte an der Bekämpfung des Gegenschlags mitwirken können, indem es ihn entlarvt und indem es klargestellt hätte, daß Feminismus einfach hieß, für die Rechte und Entscheidungsmöglichkeiten der Frauen einzutreten. Schließlich war dies ein Punkt, den die Frauen in den Verbraucher-Fokusgruppen einhellig unterstützt hatten; alle befragten Frauen fanden es nicht richtig, sich zwischen Familie und Karriere entscheiden zu müssen.

Anstatt das Wort wiederzubeleben, setzte Summers es jedoch fast auf den Index. «Ich glaube, wir müssen sehr vorsichtig damit umgehen», sagte Summers 1988. «Oft kann man genausogut ‹Frau› sagen.» Doch wie in den folgenden Ausgaben von *Ms.* überdeutlich klar wurde, waren «Frau» und «Feministin» keine austauschbaren Begriffe. Wenn es *Ms.* gelang, das anstößige Wort zu vermeiden, dann nur deshalb, weil es zu vielen Beiträgen, die das Magazin jetzt druckte, einfach nicht paßte. Denn welche Rolle spielt der Feminismus schon in Beiträgen wie: «Ode ans Make-up» oder «Haben Sie Angst vor Farben?»

Als sich das Jahrzehnt dem Ende näherte, begegneten *Ms.*-Leserinnen in der Zeitschrift schließlich fast den gleichen moralischen Vorurteilen wie in der Presse des Gegenschlags. In einer schlecht recherchierten, aber dafür um so hitzigeren Titelstory über die Missetaten von Bess Myerson – frühere Miss America und Assistentin von Bürgermeister Koch – teilte Shana Alexander ihren Leserinnen mit:

> «Was die Frauenbewegung betrifft, denke ich oft, wir haben eine Pandorabüchse geöffnet. Wir wollten gleichberechtigt sein. Darauf haben wir bestanden. Und jetzt sind wir es... Aber wir haben vergessen, daß wir uns von den Männern unterscheiden; wir sind *anders*; wir empfinden anders. Die jungen Frauen von heute müssen für unseren Irrtum bezahlen.»

Newsweek hätte es nicht besser formulieren können.

Die Teilnehmerinnen der *Ms.*-Fokusgruppen beklagten sich noch über ein weiteres Phänomen: den Gegenschlag. «Das Wichtigste, was wir gelernt haben, ist, daß Frauen es da draußen verdammt schwer haben», sagt Summers, «und wir sollten mehr Mitgefühl zeigen.» Man wünschte sich, ihr Magazin hätte weniger mitgefühlt und dafür mehr analysiert. Ein einziges Mal, nach dem *Webster*-Urteil des Supreme Court, das die Fortpflanzungsrechte der Frauen einschränkte, schreckte *Ms.* aus seinen Lip-gloss-Träumereien auf. «ES HERRSCHT KRIEG!»

verkündete die August-Nummer 1989 – als habe man zum ersten Mal etwas vom Gegenschlag gehört.

Aber dieser eine Ausflug in die Politik sollte auch der letzte bleiben, den das «modernisierte» *Ms.* unternahm. Das Abtreibungscover wurde von den Werbekunden, die wegen des nachgebenden Verbrauchermarktes sowieso nach einem Vorwand zum Ausstieg suchten, als zu politisch bezeichnet.

Inzwischen verloren die Verlegerinnen der Zeitschrift auch bei ihrem anderen Unternehmen – der Zeitschrift *Sassy*, die nach einigen freimütigen Beiträgen über Teenager-Sexualität zum Ziel einer fundamentalistischen Leserbriefkampagne wurde –, viele ihrer wichtigsten Werbekunden. Als der scharenweise Rückzug der Inserenten *Ms.* schließlich in den Ruin zu treiben drohte, kapitulierte Summers. Sie übergab die Zeitschrift, die bisher von Frauen gemacht worden war, dem Verleger Dale Lang; der legte die Zeitschrift erst einmal über ein Jahr auf Eis, verteilte die Leserinnen auf seine anderen Publikationsorgane und brachte *Ms.* schließlich als zweimonatlich erscheinendes Journal heraus: Ohne Anzeigen, mit einem winzigen Verteilernetz – und dem absurd hohen jährlichen Abonnementpreis von 40 $ (eine Preissteigerung, die die Zahl der Abonnentinnen um die Hälfte reduzierte). Ausgehend von der Beobachtung, daß nur *Mad* und *Consumer Reports* ohne Werbung über die Runden kommen, prophezeiten Kritiker, das Magazin werde bald eingehen.

Würde es jetzt, wo *Ms.* seine Auflagenstärke und Verbreitung erfolgreich reduziert hatte, irgendeines der Ende der 80er Jahre neu herausgekommenen Magazine wagen, den Gegenschlag herauszufordern? Auf jeden Fall nicht *Men* oder *Men's Life* (für den «wirklichen Mann») oder *M.Inc.* (für den «starken» Mann) oder irgendeines der anderen neuen Männermagazine, die Ende der 80er Jahre plötzlich die Kioske überschwemmten: Sie berichteten darüber, warum Männer Blondinen bevorzugen und was am «sensiblen Mann» so abstoßend sei. Und auch nicht *Victoria*, Hearsts neue Frauenzeitschrift: Sie brachte nur Artikel über die Wonnen der Petit-Point-Stickerei und des Blumensteckens. Auch nicht *Elle*, die flotte neue Zeitschrift über Mode- und Kosmetiktrends für junge Frauen: In ihr wurde behauptet, die neue Frauengeneration «müsse nicht länger das Wie und Warum des Sexismus untersuchen» und «all jene Ideale, die einst als absolute

Wahrheiten hochgehalten wurden – sexuelle Befreiung, Frauenbewegung, wahre Gleichberechtigung» –, seien inzwischen sowieso «entlarvt oder verfälscht». Die einzige neue Zeitschrift, die ein vages Interesse für die Belange realer Frauen bekundete, war die Zeitschrift *Lear's*; ihre Zielgruppe waren Frauen über vierzig, und sie gehörte zu den wenigen Zeitschriften, die in einem von einer Frau geleiteten Verlag erschienen. «Wir wollen wirkliche Persönlichkeiten, mit Falten im Gesicht», verkündete die Herausgeberin Frances Lear (was sie aber nicht davon abhielt, Anzeigen mit makellosen Schönheiten zu veröffentlichen, die halb so alt waren wie die Leserinnen). Aber gegen Ende des Jahrzehnts begann auch sie, ins Horn des Gegenschlags zu stoßen. 1988 kritisierte sie in einem Vortrag im Rahmen der «Women-in-Communication»-Tagung die materialistischen Wertvorstellungen der Medien und die Faszination, die Glamour und Jugendlichkeit auf die Presse ausübten – um dann zu erklären: «Ich mache dafür die Frauenbewegung verantwortlich... die feministische Konzentration auf die Befriedigung der eigenen Bedürfnisse.» So hatten es die führenden Medienvertreter schließlich fertiggebracht, sogar ihren eigenen krassen Kommerzialismus der Emanzipation anzulasten.

4 Fatale und fötale Visionen: Der Gegenschlag im Film

«Schlag dem Miststück die Fresse ein!» brüllt ein Kinobesucher im dunklen Century-21-Kino, als könne ihn der Leinwandheld hören. «Gib's ihr!» fleht eine andere Männerstimme aus dem Dunkel.

Im Kino am Stadtrand von San Jose, Kalifornien, ist es bei dieser Montagabend-Vorstellung von *Eine verhängnisvolle Affäre* im Oktober 1987 stickig und voll. Die Geschichte einer alleinstehenden Karrierefrau, die einen glücklich verheirateten Mann verführt und fast tötet, läuft seit sechs Wochen allabendlich vor vollem Haus. «Mach sie kalt, die Schlampe! Ich mein's ernst!» beschwört vorne ein Mann den Schauspieler Michael Douglas. Ermutigt durch den Chorus, fällt ein Mann in der letzten Reihe ein: «Na los, Michael! Bring sie um! Bring das Miststück um!»

Draußen im Foyer des Kinos fegen die jugendlichen Platzanweiser Bonbonpapierchen auf und werfen sich spöttische Blicke zu, als das Gebrüll der Erwachsenen durch die gepolsterten Türen dringt. «Ich kapier das nicht richtig», sagt Sabrina Hughes, eine High-School-Studentin, die den Coke-Automaten bedient und das Verhalten der Zuschauer «total verrückt» findet – ein anthropologisches Ereignis, das man besser aus sicherer Entfernung beobachtet. «Manchmal schleiche ich mich während der letzten zwanzig Minuten rein. Alle Männer brüllen: ‹Mach sie fertig, diese Schlampe! Bring sie um!› Die Frauen hört man nie. Die sitzen alle bloß da, ganz still.»

Hollywood schloß sich dem Gegenschlag ein paar Jahre nach den Medien an; die Filmproduktion hat eine längere Vorlaufzeit. Folglich hatte die Filmindustrie Gelegenheit, die «Trends» zu absorbieren, mit denen die Medien der 80er Jahre die emanzipierten Frauen überzogen – und sie dem amerikanischen Kinopublikum in doppelter Vergrößerung vorzuführen. «Ich bin sechsunddreißig!» stöhnt Alex Forrest, die mörderische alleinstehende Karrierefrau in *Eine verhängnisvolle Affäre*. «Das ist vielleicht meine letzte Chance, ein Kind zu kriegen!» Mit den Worten Darlene Chans, einer Direktorin der 20th Century Fox: «*Eine verhängnisvolle Affäre* ist die psychotische Manifestation der *Newsweek*-Heiratsstudie.»

Durch die Kosteneskalation neigten die Studiochefs der 80er Jahre sogar noch stärker als heute dazu, ihre Message zurechtzustutzen, damit sie sich den jeweiligen Trends anpaßte. Wachsende finanzielle Ungewißheit, angeheizt durch eine Reihe von Firmenübernahmen und die doppelte Bedrohung durch Kabelfernsehen und Heimvideos, förderte Hollywoods ängstlichen Konformismus. Genau wie die Medienmanager vertrauten auch Filmemacher jetzt hinsichtlich Inhalt, Produktionsleitung und endgültigem Schnitt stärker auf Marktforschungsunternehmen, Verbraucher-Fokusgruppen und Massenpsychologen. Unter solchen Umständen gab es nur vereinzelt dem Medientrend widersprechende Darstellungen starker oder charakterlich vielschichtiger Frauen.

Der Gegenschlag hat das Hollywood-Frauenbild der 80er Jahre entscheidend geprägt. In typischen Filmhandlungen wurden Frauen gegen Frauen aufgehetzt; die Wut der Frauen angesichts ihrer sozialen Situation wurde entpolitisiert und als individuelle Depression dargestellt; und das Leben der Frauen wurde zu einem Märchen mit Moral, in dem die «gute Mutter» siegt und die emanzipierte Frau bestraft wird. Außerdem wurde die Gegenschlagthese von Hollywood neu formuliert und bekräftigt: Die amerikanischen Frauen waren unglücklich, weil sie zuviel Freiheit hatten; durch ihre Befreiung mußten sie auf Ehe und Mutterschaft verzichten.

Auch war die Filmindustrie in der Lage, diese Lektionen eindrücklicher zu vermitteln als die Medien. Filmemacher waren nicht durch die Erfordernisse des Journalismus beschränkt. Sie konnten ihre fiktiven Frauen beliebig formen; sie konnten sie zum Gehorsam zwingen. Während Leitartikelschreiber emanzipierte Frauen, die sie zu «zänkisch» oder «laut» fanden, nur ermahnen konnten, doch gefälligst still zu sein, konnte die Filmindustrie ihre aufmüpfigen Zelluloid-Mädchen wirklich mundtot machen. Und es war ein öffentliches Ritual, an dem das Publikum teilnehmen konnte; in der Anonymität des dunklen Kinos konnten männliche Besucher in einen Traumzustand schlüpfen, der es zuließ, tiefsitzende Ressentiments und Ängste herauszulassen.

«Es ist verblüffend, wie stark das Publikum bei diesem Film mitmacht», sagte der Regisseur von *Eine verhängnisvolle Affäre*, Adrian Lyne, in jenem Herbst, als der Film weiterhin Rekordzahlen von Besuchern anzog und in vier Monaten über 100 Millionen Dollar einspielte. «Die Zuschauer brüllen und rufen und gehen richtig mit», sagte Lyne. «Das ist ein Film, mit dem sich jeder identifizieren kann. Ein Mädchen wie Alex kennt jeder.» Daß Frauen nicht «mitgingen» und ihre Stimmen im Gebrüll der Menge auf unheimliche Art fehlten, unterstrich Lynes Filmbotschaft nur noch; die stillen, teilnahmslosen Zuschauerinnen dienten als exemplarische Vorbilder jenes «femininen» Frauentyps, den der Regisseur auf der Leinwand bevorzugte.

Versuche, die Frauen zum Schweigen zu bringen, waren während der Gegenschlagszeiten ein ständiges Thema des amerikanischen Films. Die Worte einer ausgesprochen emanzipierten Frau, Mae West, provozierten 1934 den reaktionären Production Code of Ethics. Nicht ihr sexuelles Verhalten, sondern ihre scharfe Zunge lösten jene Zensurmaßnahmen aus, die auf der Leinwand bis Ende der 50er Jahre vorehelichen Sex ächteten und die Ehe auf ein Podest stellten (Vergewaltigungsszenen jedoch durchaus erlaubten). West versetzte die amerikanischen Sittenwächter in Wut – der Verleger William Randolph Hearst nannte sie «eine Bedrohung der heiligen Institution der amerikanischen Familie» –, weil sie in ihren Filmen Männern freche Antworten gab, und dies auch noch in ihren eigenen Worten; sie verfaßte ihre Dialoge nämlich selbst. «Mach den Mund auf, sonst endest du als Kaminvorleger», sagt West zu dem Löwen, den sie in *Ich bin kein Engel* zähmt, und faßt damit ihre eigene Philosophie zusammen. In den 30er Jahren wurde sie dann selbst mit Füßen getreten, zusammen mit den anderen allzu emanzipierten weiblichen Stars der Epoche: Marlene Dietrich, Katharine Hepburn, Greta Garbo, Joan Crawford und Mae West wurden in einer vom Präsidenten der Independent Theater

Owners of America (Unabhängige Kinobesitzer Amerikas) herausgebrachten Liste alle offiziell zum «Gift für die Kinokasse» erklärt. Was West sagte, galt als so anstößig, daß man sie sogar aus dem Radio verbannte.

Nachdem die vierzigjährige West und die anderen erwachsenen Schauspielerinnen zum Schweigen gebracht worden waren, kamen die stillen braven Mädchen. Der größte Star der Wirtschaftskrise, Shirley Temple, ging noch nicht einmal zur Schule – und wurde am allermeisten von erwachsenen Männern geschätzt. Als «Marlene Sweetrick» in *War Babies* war sie eine Variante der autonomen Dietrich, aber zu einem fügsamen Knirps geschrumpft.

In einem kurzen Ausbruch der Begeisterung für starke, berufstätige Frauen ließen während des Zweiten Weltkriegs ein paar Rosie-the-Riveter-Figuren wie Ann Sotherns Flugzeugmechanikerin in *Swing Shift Maisie* und Lucille Balls in *Meet the People* die Muskeln spielen und redeten wie ein Wasserfall, und viele Filmheldinnen waren jetzt berufstätige Frauen, Politikerinnen, ja sogar Direktorinnen. Während der 40er Jahre konnten sich einige energische Frauen Gehör verschaffen; Katherine Hepburn verteidigte als Anwältin in *Ehekrieg* vor Gericht die Frauenrechte, und Rosalind Russell antwortete in *Sein Mädchen für besondere Fälle* als ledige Reporterin ihrem Verlobten – der sie zur Aufgabe ihres Berufs und zum Umzug aufs Land überreden wollte – mit rauher Stimme: «Du mußt mich schon so nehmen, wie ich bin, statt mich ändern zu wollen. Ein Bridgekränzchen in der Provinz ist nichts für mich, ich bin Reporterin.»

Aber selbst in dieser Dekade drängte das entgegengesetzte Hollywood-Frauenbild auf die Leinwand und gewann an Boden, als der Gegenschlag heftiger wurde. Wieder wurden Frauen im Film ihrer Stimme und Gesundheit beraubt. Schon bald spielten in einer Vielzahl von Filmen stumme oder halbstumme Heldinnen die Hauptrolle; die Filmfrauen legten sich zu Bett und siechten an Hirntumoren, Querschnittslähmung, Geisteskrankheiten und schleichenden Giften dahin. Mit den Worten der Filmhistorikerin Marjorie Rosen: «Die Liste der weiblichen Opfer der vierziger Jahre liest sich wie das Verzeichnis der Patientinnen einer Prominentenklinik.» Die ledigen Karrierefrauen auf der Leinwand, ein reizbares, vertrocknetes Häufchen, gingen auch deshalb zum Arzt, weil sie psychiatrischer Behandlung bedurften. In

Filmen wie *Der schwarze Spiegel*, *Lady in the Dark* und später *The Star* wurde allen das gleiche verordnet: den Beruf an den Nagel zu hängen und zu heiraten.

In den 50er Jahren hatte sich das Bild der fügsamen Frau durchgesetzt, symbolisiert durch die x-beinige, lispelnde Marilyn Monroe – eine Art nachträglich lobotomisierte «*Lady in the Dark*», die den Anordnungen des Doktors nicht mehr widerspricht. Starke Frauen wurden ersetzt durch brave Mädchen wie Debbie Reynolds und Sandra Dee. Und schließlich wurden die Frauen im 50er-Jahre-Kino endgültig dadurch zum Schweigen gebracht, daß sie in den populärsten Filmen der damaligen Zeit, von *Zwölf Uhr mittags* über *Mein großer Freund Shane* und *Die Rechnung ging nicht auf* bis hin zu *Die zwölf Geschworenen* größtenteils einfach nicht vorkamen. Wie die Filmkritikerin Molly Haskell schrieb, gab es in den 50er Jahren «nicht nur weniger Filme über emanzipierte Frauen wie in den 30er oder 40er Jahren, sondern insgesamt weniger Filme über Frauen». Während man Frauen auf geistlose Wie-angle-ich-mir-einen-Mann-Filme verwies, setzten sich Männer in frauenleere Landschaften ab. Vor dem Hintergrund der Schützengräben und des amerikanischen Westens triumphierten sie schließlich doch – wenn schon nicht über ihre Ehefrauen, dann wenigstens über Indianer und Nazis.

Im Hollywood Ende der 80er Jahre wiederholte sich dieses Muster dann, als sich die Filmemacher erneut daranmachten, die Stimme emanzipierter Frauen zu dämpfen und zu übertönen – manchmal im wahrsten Sinn des Wortes. In *Overboard*, einem für die damalige Zeit durchaus typischen Machwerk, spielt Goldie Hawn eine reiche, großmäulige Städterin (sie heißt, wie die Antiheldin in *Eine verhängnisvolle Affäre*, ebenfalls Alex), die von einer Yacht über Bord stürzt und einen Anfall von Amnesie erleidet. Ein Dorftischler, den sie einmal zusammengestaucht hat, rettet sie – und macht sie zu seiner piepsstimmigen Hausfrau: «Halt den Mund!» befiehlt der Tischler (der kurioserweise von Hawns wirklichem Ehemann Kurt Russell gespielt wird), und sie findet allmählich Geschmack daran. In *Der Preis der Gefühle* ertrinkt die schlagfertige Babe, die nicht heiraten will und mit einem unehelichen Kind schwanger ist, am Schluß in einem See. Ihre Bestra-

fung ist eine Parallele zur Bestrafung der Filmheldin, Anna, einer unterdrückten ledigen Mutter, die es wagt, ihre Sexualität zu erkunden –
und deshalb ihre sechsjährige Tochter opfern muß. Es paßt dazu, daß in
diesem Jahrzahnt auch Henry James' *Die Damen aus Boston* auf die
Leinwand kam; Basil Ransons Schwur, die junge Frauenrechtlerin
«zum Schweigen zu bringen», kam wieder an.

Die von Glenn Close in *Eine verhängnisvolle Affäre* verkörperte
Figur war nicht die einzige emanzipierte, berufstätige Frau, der in einer
Lyne-Produktion die Lippen verschlossen werden. In dem Film *9 ½*
Wochen, der ein Jahr vor *Eine verhängnisvolle Affäre* entstand, ist
eine ledige Karrierefrau die Liebessklavin eines Börsenmaklers, der ihr
den Befehl erteilt: «Halt den Mund!» Und kurz nach dem Kassenerfolg
von *Eine verhängnisvolle Affäre* kündigte Lyne Pläne für einen weiteren Film an – über eine tatsächlich stumme schwarze Prostituierte, die
sich in einen weißen Arzt verliebt. Der Arbeitstitel: *Silence*.

Die Plots einiger dieser Filme erreichen diese umgekehrte Metamorphose von der selbstbestimmten erwachsenen Frau zum stillen (toten)
Mädchen durch Zwang, andere wiederum durch die «freie Entscheidung» der weiblichen Figur. Jedenfalls kann auch Ende der 80er Jahre
eine Frau nur dann aufschreien und trotzdem zur Heldin werden, wenn
sie es aus familiären Gründen tut – dem Ehemann und den Kindern
zuliebe. Die wenigen emanzipierten, bewundernswerten Frauen sind
Farmerinnen, die ihre Kinder vor feindlichen Naturkräften schützen
(*Platz im Herzen*, *Menschen am Fluß* und *Country*) und Hausfrauen,
die ihre Familie vor raubgierigen Single-Frauen schützen (*Tender*
Mercies, *Mondsüchtig*, *Der Mann im Hintergrund* und *Zeit der Zärt-*
lichkeit). Die herbe Raumfahrerin, die in *Alien* ein Findelkind rettet,
ist sympathisch dargestellt, aber auch ihr Eigensinn hat mütterliche
Gründe; sie schützt das Kind – das «Mami» zu ihr sagt – vor weiblichen
Monstern.

1987 war das Hollywood-Jahr des Gegenschlags, in dem es hauptsächlich um Ehebruch ging. In den vier Filmen, die in diesem Jahr am
meisten einspielten, werden Frauen in zwei Gruppen unterteilt – die
einen werden belohnt, die anderen bestraft. Die guten Frauen sind unterwürfige, sanfte Hausfrauen (*Eine verhängnisvolle Affäre*, *Die Un-*
berührbaren), Babys oder sprachlose Dummchen (*Drei Männer und*
ein Baby und *Beverly Hills Cop II*). Die Schurkinnen sind alles Frauen,

die nicht auf ihre Unabhängigkeit verzichten wollen, wie die maskuline kinderfeindliche Xanthippe in *Drei Männer und ein Baby*, die Wasserstiefel tragende Revolverheldin in *Beverly Hills Cop II* und die mörderische Karrierefrau in *Eine verhängnisvolle Affäre*. All diese Filme wurden ebenfalls von Paramount produziert – ironischerweise von eben dem Studio, das ein halbes Jahrhundert früher durch Mae West vor dem Bankrott bewahrt worden war.

Von allen Paramount-Angeboten dieses Jahres war *Eine verhängnisvolle Affäre* der Film, der die amerikanischen Medien am meisten faszinierte. Die Presse schloß den Feedback-Kreis, indem sie das Filmtheater sogar zum Trend erklärte und hektisch nach realen Frauen suchte, die ihn belegen konnten. Es erschien eine Story nach der anderen über das «*Verhängnisvolle-Affäre*-Phänomen», inklusive zwei siebenseitige Titelgeschichten in *Time* und *People*. Die Schlagzeile eines Supermarktblättchens titulierte die Single-Frau des Films sogar als MEISTGEHASSTE FRAU AMERIKAS. Zeitschriftenartikel zollten dem Film dafür Beifall, daß er einen Trend zur Monogamie in Gang gesetzt habe; der Film habe angeblich eine wiederbelebende Wirkung auf Ehen, senke die Ehebruchsrate und ermuntere Singles zu «verantwortungsbewußterem» Verhalten. *People* förderte diesen Trend mit warnenden Fallbeispielen von «Verhängnisvollen Affären im wirklichen Leben» und warnte: «Es ist nicht nur ein Film: Allzuoft enden ‹beiläufige› Affären mit Wut, Rache und zerstörten Existenzen.» Obwohl derartige Übergriffe in Wirklichkeit größtenteils von Männern ausgehen – was den sechs mit dieser offenbar wichtigen Story beauftragten Reportern sicher bekannt war –, waren vier der fünf Aggressoren, die *People* auswählte, Frauen.

Fatal Attraction – vorher und nachher

Der Einfall zu der Story, aus der später *Eine verhängnisvolle Affäre* wurde, kam dem britischen Regisseur und Drehbuchautor Dearden an einem einsamen Wochenende Ende der 70er Jahre. Er litt an einer Schreibblockade; seine Frau war weggefahren – und es ging ihm durch den Kopf: «Was wäre, wenn ich jetzt das kleine schwarze Adreßbuch aufschlagen und das Mädchen anrufen würde, das mir vor sechs Mona-

ten auf einer Party seine Nummer gegeben hat?» Der ursprüngliche
Plot war simpel. Dearden erinnert sich:

> «Ein Autor bringt am Morgen Frau und Kind zum Bahnhof und
> setzt sie in den Zug. Dann ruft er ein Mädchen an, dessen Tele-
> fonnummer er hat. Er führt sie zum Essen aus, geht mit ihr ins
> Bett. Er denkt, das war's, aber am nächsten Tag klingelt das Tele-
> fon, und sie ist dran. Also geht er zu ihr und verbringt den Sonn-
> tag mit ihr. Und am Sonntagabend rastet sie völlig aus und öffnet
> sich die Pulsadern... Er verbringt die zweite Nacht mit ihr und
> kommt frühmorgens heim. Seine Frau kehrt zurück. Das Telefon
> klingelt, und das Mädchen ist dran. Er wimmelt sie ab, das Tele-
> fon klingelt erneut, diesmal geht die Frau ran, und man weiß, das
> war's dann. Sie wird hinter die Affäre kommen. Die Ehefrau
> nimmt den Hörer ab und meldet sich, und der Film ist zu Ende.»

Dearden sagt, mit dieser Geschichte habe er die Verantwortung eines
Individuums für fremdes Leiden ausloten wollen: Er habe untersuchen
wollen, wie dieser Mann, der, wenn auch noch so unabsichtlich, einem
Menschen Schmerz zufügt, schließlich dafür geradestehen muß. 1979
machte Dearden aus seinem Drehbuch einen Film von fünfundvierzig
Minuten Länge; er hatte den Titel *Diversion* und bekam im folgenden
Jahr beim Chicago Film Festival enthusiastischen Beifall.

Anfang der 80er Jahre suchte der amerikanische Produzent Stanley
Jaffe in London nach neuen Talenten und rief Dearden an. Der frühere
Paramount-Direktor hatte sich kürzlich mit Sherry Lansing, der früheren Produktionsleiterin der 20th Century Fox, zusammengetan, um
eine unabhängige Filmgesellschaft zu gründen, die ein Tochterunter-
nehmen der Paramount werden sollte. Lansing war bei Fox die erste
Frau gewesen, die je in einem großen Filmstudio mit der Produktion
betraut worden war, ging aber 1982, weil Fox ihr zu wenig Einfluß
zugestand. Jaffe kehrte aus London mit einem Manuskriptstapel für
Lansing zurück. «Ich kam immer wieder auf *Diversion* zurück», erinnert sie sich. Was sie am meisten angezogen habe, sei das feministische
Potential des Films gewesen:

«Ich wollte schon immer mal einen Film machen, in dem gesagt wird, daß jeder Mensch für seine Handlungen verantwortlich ist... Und was mir an dem Kurzfilm gefiel, war, daß der Mann verantwortlich gemacht wird. Daß es Konsequenzen für ihn gibt. Als ich mir diesen Kurzfilm anschaute, war ich auf der Seite der Single-Frau. Und das wollte ich auch mit unserem Film vermitteln. Ich wollte, daß das Publikum großes Mitgefühl für die Frau empfindet.»

Lansing lud Dearden nach Los Angeles ein, um die Story zu einem Feature-Film auszudehnen, eine Geschichte vom Standpunkt der Frau aus, mit einer Botschaft, die den Spieß einmal umdrehte: Man sollte der anderen Frau nicht die alleinige Schuld zuschieben; zur Abwechslung soll ruhig mal der ehebrecherische Mann den Fehltritt auf sich nehmen.

Ein derartiger Film kam für die Paramount jedoch nicht in Frage. «[Der Paramount-Direktor] Michael Eisner lehnte ihn ab, weil er den Mann unsympathisch fand», erinnert sich der Regisseur Adrian Lyne. Als Eisner die Paramount 1984 verließ, machte Lansing noch einen Versuch, und diesmal war das Studio bereit, den Film zu machen. Allerdings kamen sofort wieder die alten Einwände. «Mein Kurzfilm war eine moralische Geschichte über einen Mann, der einen Fehltritt begeht und dafür bestraft wird», sagt Dearden. «Aber alle fanden – was ich eigentlich nicht nachvollziehen konnte –, daß das Publikum keine Sympathie für diesen Mann empfinden würde, weil er ein Ehebrecher war. Also wurde ein Teil der Verantwortung für jenes Wochenende von seinen Schultern genommen und dem Mädchen aufgebürdet.» Mit jeder Neufassung stand Dearden unter dem Druck, die Figuren noch weiter zu verändern; der Ehemann wurde immer liebenswerter, die Single-Frau immer gehässiger. Und schließlich ließ Dearden die Sache mit dem kleinen schwarzen Adreßbuch fallen und machte die Single-Frau zur Initiatorin der Affäre. «Im Lauf der Zeit wurde Alex immer extremer», sagt Dearden. «Am Ende hatte sie etwas von einem Raubtier. Das schwächte ihre Position und stärkte seine.»

«Die Absicht war, die Figur des Mannes abzumildern», erklärt ein Angestellter, der an der Planungsdiskussion beteiligt war. «Wenn man nämlich gesehen hätte, daß er es jede Woche mit einer anderen Frau treibt, dann wäre er den Zuschauern kalt und berechnend vorgekommen, und eigentlich sollte er ja Mitgefühl erwecken.» Mitgefühl mit der Single-Frau hingegen mußte offenbar niemand haben. Und dann ging es auch noch um die Gefühle eines weiteren Mannes: Michael Douglas, der von Anfang an die Rolle des Ehemanns übernehmen sollte, erklärte den Produzenten von *Eine verhängnisvolle Affäre*, daß er keinesfalls «eine schwache, unheroische Figur» spielen werde, erinnert sich Dearden.

Nachdem Douglas zugesagt hatte, mußte als nächstes ein Regisseur gefunden werden. Adrian Lyne war die erste Wahl der Produzenten – merkwürdig, wo es sich doch um einen Fall handelte, der sich in die Psyche von Frauen einfühlen sollte. Natürlich wurde Lyne nicht wegen seiner Einstellung zum anderen Geschlecht ausgewählt, sondern wegen seiner Kassenerfolge. 1983 drehte er *Flashdance*, ein Musical im MTV-Stil, in dem die Hinterteile der tanzenden Frauen weit öfter auf der Leinwand zu sehen sind als ihre Gesichter.

Ein ebenso großer Erfolg war *9½ Wochen*, ein Film, der die Medien vor allem aus zwei Gründen faszinierte: Wegen seiner drastischen Schilderung des Sadomasochismus und wegen einer besonders realistischen Episode (die aus allen Video-Fassungen herausgeschnitten wurde), bei der die masochistische Frau gezwungen wird, vor ihrem Börsenmakler-Freund auf dem Boden kriechend Geld zusammenzusuchen. Bei den Dreharbeiten ging es auch in den Drehpausen mit den Demütigungen weiter. Kim Basinger, die die Frau spielte, duckte sich nicht nur vor ihrem Filmliebhaber, sondern auch vor den Anweisungen Lynes, der sie einschüchtern wollte – ausgehend von der Theorie, ein «bißchen Terror» könne «helfen», sie auf die Rolle vorzubereiten. Weil Lyne anordnete, Kim müsse «völlig am Boden zerstört» sein, wurde sie von Ko-Star Mickey Rourke gepackt und geohrfeigt, um in die passende Stimmung zu kommen.

So wie er später das *Verhängnisvolle-Affäre*-Thema veränderte, versuchte Lyne, auch die ursprüngliche Message von *9½ Wochen* ins Gegenteil zu verkehren. Der Film basierte auf den 1978 geschriebenen authentischen Memoiren einer Frau, die ihren schrecklichen Abstieg in den Masochismus schildert. Im Original-Skript hat die Frau irgendwann genug von den Demütigungen und verläßt ihren Peiniger. Lyne jedoch wollte den Schluß dahingehend ummodeln, daß sie schließlich

Geschmack daran findet. Nur der massive Protest der Schauspielerinnen hinderte Lyne daran, diese Version zu drehen.

«Wo ist die neue Kim Basinger?» habe Lyne während der Vorsprechtermine für *Eine verhängnisvolle Affäre* gefragt, erinnert sich der Besetzungsagent Billy Hopkins. «Schafft mir die neue Kim Basinger her.» Die Besetzungsagentur bemühte sich um mehrere berühmte Schauspielerinnen, darunter Debra Winger und Jessica Lange, die ablehnten. Inzwischen riefen ständig die Agenten von Glenn Close an. Close war entschlossen, die Rolle zu kriegen; sie war sogar bereit, zu einem Drehtest zu kommen, für einen bekannten Star eine unerhörte Geste. Close wollte unbedingt das Image des braven Mädchens aus ihren vorherigen Filmen loswerden – von der Mutter und Krankenschwester in *Garp – wie er die Welt sah*, bis zur Frau in Weiß in *Die Unbeugsame*. Und Ende der 80er Jahre hatten Schauspielerinnen in Hollywood nur eine einzige Möglichkeit, ein Rollenschema zu durchbrechen: indem sie ein klischeehaftes Frauenbild gegen ein anderes eintauschten.

Nachdem Close engagiert war, wandten die Besetzungsagenten ihre Aufmerksamkeit der Figur der Ehefrau zu. Im Originalskript hatte sie eine unwichtige Nebenrolle. Aber die Produzenten und Lyne wollten sie zu einer Ikone der vorbildlichen Gattin machen. Der Produzent Stanley Jaffe: «Sie sollte – und ich glaube, das ist auch gelungen – eine sensible, treue Frau sein, von der ich stolz sagen könnte: ‹Diese Frau würde ich gern kennenlernen.›» Die Besetzungsagentin Risa Bramon erinnert sich, daß sie eine Schauspielerin finden sollte, der man es abnahm, daß sie «unglaublich viel Wärme, Liebe und Kraft investierte, um ihre Familie zusammenzuhalten». Inzwischen hatte man Dearden wieder an den Schreibtisch zurückgeschickt, damit er aus den beiden Frauen diametral entgegengesetzte Figuren machte – oder, wie er es nennt: «Die dunkle und die helle Frau». Ursprünglich war die Ehefrau, Beth, Lehrerin gewesen und wollte unbedingt wieder in ihren Beruf zurück. In der Schlußversion jedoch waren alle Spuren einer beruflichen Karriere getilgt und Beth in den Prototyp des viktorianischen Hausmütterchens verwandelt (wie die viktorianische «Beth» in *Kleine Frauen*), das Tee trank, die Klaviertasten liebkoste und sich mit fast schon religiöser Inbrunst schminkte.

Parallel dazu wurde Glenn Close in die andere Richtung geschoben und von Lyne in eine Frau verwandelt, die, wie er es formuliert, «unter der Oberfläche eine tobende Bestie» ist. Seine Idee war es auch, daß sie schwarze Lederkleidung tragen sollte und daß sie in einem karg ausgestatteten Loft im New Yorker Fleischmarktdistrikt wohnte, umringt von Ölfässern, die flackerten wie Hexenkessel.

Zwecks Inspirationen für diese moderne Vision der dunklen Frau habe er bei Single-Frauen im Verlagsgeschäft «recherchiert», behauptet Lyne. «Am meisten haben mich ihre Wohnungen interessiert.» Er sah sich Dutzende von Polaroidaufnahmen der Wohnungen von Single-Frauen an. «Offen gestanden hatten sie alle etwas Trauriges. Es war kein Leben drin.» Zu seinen «Recherchen» zählte allerdings nicht, daß er sich mit irgendeiner der Bewohnerinnen unterhielt; seine Meinung über Karrierefrauen stand bereits fest. «Sie versuchen irgendwie überzukompensieren, daß sie keine Männer sind», sagt er. «Das macht einen traurig, weil es irgendwie nicht funktioniert.» Trauer ist jedoch nicht das, was Lyne über alleinstehende Karrierefrauen in erster Linie empfindet. Vor allem nicht, wenn es um die Handvoll Karrierefrauen geht, mit denen er in Hollywood konfrontiert ist.

> «Ich sehe es doch an den weiblichen Studio-Bossen. Neulich habe ich eine Produzentin erlebt, die wirklich ziemlich viel Einfluß hat; und da war ein Typ, der viel weniger Erfolg und Macht hatte als sie. Den behandelte sie wie den letzten Dreck. Sie verhielt sich, als ob er gar nicht anwesend sei, und das nur, weil sie in einer so viel höheren Position war als er. Und das Ganze war noch viel erschütternder, weil es eine Frau tat. Es war einfach unweiblich, verstehen Sie?»

Die unweiblichsten Frauen sind für Lyne diejenigen, die um Gleichberechtigung kämpfen:

> «Man hört die Feministinnen und in den letzten zehn, zwanzig Jahren auch die anderen Frauen dauernd davon reden, daß sie lieber Männer ficken würden als selber gefickt zu werden, um's mal kraß auszudrücken. Das ist irgendwie abstoßend, so emanzipiert es vielleicht sein mag. Irgendwie geht das gegen die Rolle der Ehefrau und Mutter. Natürlich hat man seine Karriere und seinen Erfolg, aber für eine Frau ist das doch nicht die Erfüllung!»

Was sein Ideal der «weiblichen» Frau angeht, so verweist er auf seine eigene Gattin:

> «Meine Frau war nie berufstätig. Sie ist der Mensch mit dem geringsten Ehrgeiz, dem ich je begegnet bin. Sie ist eine phantastische Ehefrau. So etwas wie Karriere interessiert sie überhaupt nicht. Irgendwie lebt sie das alles mit mir, und das ist ein tolles Gefühl. Wenn ich heimkomme, ist sie da.»

Michael Douglas hegt ähnlichen Groll gegen den Feminismus und seine Folgen. In einem Interview sagte er:

> «Wenn Sie mich fragen, ich hab die Feministinnen echt satt. Die haben sich doch ihr eigenes Grab geschaufelt! Es wäre ja idiotisch von einem Mann, wenn er nicht auch für gleiche Rechte und Löhne wäre, aber da haben sich jetzt ein paar Frauen mit Karriere, Liebhaber, Kindern [Geburt], Ehe zu sehr verzettelt und sind jetzt todunglücklich. Es wird Zeit, daß die mal sich *selber* anschauen und nicht immer auf die Männer losgehen. Momentan machen die Männer nämlich wegen der unsinnigen Forderungen der Frauen eine schlimme Krise durch.»

Selbst Dearden scheint inzwischen Lynes Urteil über ledige Karrierefrauen zu teilen. «Ich denke, in New York gibt es viele Frauen, die wie Alex Forrest leben», sagt er.

> «Vielleicht findet man so eine dynamische Karrierefrau attraktiv für ein kurzes Abenteuer, aber man will doch nicht mit ihr zusammenleben! Denn sie hat eine Karriere, und die käme wahrscheinlich mit deiner eigenen in Konflikt, und dann gäbe es Rivalitäten, und es wäre einfach keine Beziehung, in der man sich gegenseitig eine Stütze sein kann.»

Die endgültige Botschaft des Films resultierte jedoch nicht nur aus Lynes und Deardens Urteil über Frauen. Close konsultierte drei Psychiater, die ihr übereinstimmend versicherten, «diese Verhaltensweise sei absolut möglich». Und das allerletzte Wort hatte die Marktforschung. Ursprünglich sollte *Eine verhängnisvolle Affäre* so aufhören, daß Alex sich in tiefer Verzweiflung über ihre unerwiderte Liebe die Kehle durchschneidet, zur Musik von *Madame Butterfly*. Als Paramount diese ursprünglich geplante Version einem Testpublikum vorführte, gab es jedoch eine enttäuschende Reaktion. «Es war einfach nicht kathartisch», erinnert sich Dearden. «Die Zuschauer wurden in Hochspannung versetzt, aber dann schlaffte alles ab, und sie erhielten keine emotionale Befriedigung. Sie haßten diese Frau inzwischen so sehr, daß sie dem Mann eine Vergeltung gönnten.» Selbstmord allein reichte als Strafe offenbar nicht.

Sofort beschlossen die Schöpfer des Films, den Schluß mit einem Höhepunkt auszustatten, der dem Publikum gefiel – eine Entscheidung in letzter Minute, die sie 1,3 Millionen Dollar kosten würde. Alex sollte durch Mord sterben – und die helle Frau sollte die dunkle Frau umbringen. Dieser Knalleffekt wurde ins Haus der Familie verlegt, «ins Allerheiligste», wie Dearden es ausdrückt. Die niederträchtige Alex dringt, mit einem Hackmesser bewaffnet, ein, und Dan umklammert ihren Hals und versucht, sie in der Badewanne zu ertränken. Der tödliche Schuß jedoch, mitten ins Herz, bleibt der pflichtgetreuen Ehefrau überlassen. Der Film endet mit einem langsamen Schwenk über ein gerahmtes Familienfoto; die Familie ist wieder intakt – zumindest die Familie Gallagher. (Denn trotz aller Sentimentalität in puncto Familie verschwendeten die Filmemacher keinen Gedanken darauf, daß Alex schwanger ist, als Beth sie erschießt.)

Was ist aus Lansings ursprünglichem Ziel geworden, einen feministischen Film zu machen? Lansing gibt zu, daß am Ende des Films «die Sympathien nicht bei Alex liegen, sondern bei der Familie». Aber sie beharrt darauf, daß der Film bis zu einem gewissen Punkt auf Alex' Seite ist. «Sie hat meine Sympathie, bis sie Säure auf den Wagen gießt», meint Lansing. Aber ihr ist klar, daß die meisten männlichen Zuschauer anders empfinden. In einer Szene des Films sitzt Alex weinend auf dem Boden und knipst zwanghaft eine Lampe an und aus. «Also ich persönlich habe das tragisch gefunden», sagt Lansing. «Aber im Kino wird an dieser Stelle oft gelacht. Das hat mich überrascht.»

Trotzdem findet Lansing, dies bleibe eine Geschichte über «die moralischen Konsequenzen männlichen Handelns». Das Leben des untreuen Ehemannes, sagt sie, «verwandelt sich in einen einzigen schrecklichen Alptraum.» Das mag ja stimmen, aber es ist immerhin ein Alptraum, aus dem er wieder erwacht – ernüchtert, aber unversehrt. Tödlich ist die Affäre am Ende nur für die Single-Frau.

«Ich glaube, der größte Fehler, der einem Filmemacher passieren kann, ist der, daß er sagt, okay, wir zeigen nur noch in sich ruhende, stabile Frauen, die wunderbare Menschen sind», meint Lansing. Ende der 80er Jahre schien das in Hollywood jedoch keine große Gefahr zu sein. Auf die Bitte um ein paar Beispiele «in sich ruhender, stabiler, wundervoller» Single-Frauen in ihren Filmen sagt Lansing: «Oh, da gibt es viele.» – «Wo konkret?» – «Ich bin sicher, daß es in meinen Filmen solche Figuren gibt», wiederholt sie. Als sie erneut um ein konkretes Beispiel gebeten wird, sagt sie schließlich: «Na ja, Bonnie Bedelia in *When the Time Comes* [ein ABC-Fernsehfilm] war doch genau dieser standhafte, phantastische Fels in der Brandung.» Nur spielte Bedelia eine junge Frau, die an Krebs stirbt – eine weitere Beth aus *Kleine Frauen*. Lansings Beispiel unterstreicht nur noch die Botschaft der Schlußeinstellung in *Eine verhängnisvolle Affäre*: Die beste Single-Frau ist eine tote Single-Frau.

Die 70er: Ledige Frauen und steile Karrieren

In den 70ern liebäugelte die Filmindustrie eine Zeitlang mit der Frauenfrage. So wie das Stummfilm-Hollywood der Frauenbewegung ein kurzes Gastspiel gewährte – nachdem eine Reihe von Low-Budget-Filmen, die das Frauenstimmrecht befürworteten, zu Kassenschlagern wurden –, erkannten auch die Filmstudios Ende der 70er endlich, welche Profitmöglichkeiten die Emanzipationsbewegung barg. In Filmen wie *Tagebuch eines Ehebruchs*, *Eine Frau unter Einfluß*, *Eine entheiratete Frau*, *Alice lebt hier nicht mehr*, *Sandkastenspiele*, *Schütze Benjamin* und *Am Wendepunkt* verlassen Hausfrauen ihre Familie, vorübergehend oder für immer, um sich selbst zu verwirklichen. Damals schien das weibliche Publikum etwas ganz Ähnliches zu suchen. In New Yorker Kinos blieben die Frauen nicht ruhig in ihren Sesseln sitzen. Sie buhten die Schlußszene des neu angelaufenen Films *Sheila Levine is Dead and Living in New York* aus, weil der Schluß des Bestsellers im Drehbuch umgeschrieben worden war und die Single-Frau verheiratet wurde – mit einem Arzt natürlich, der sie vermutlich von ihrer Single-Krankheit heilen würde.

Irgendwann übernahmen die Filmemacher dann endlich den feministischen Standpunkt der tobenden Zuschauerinnen. Der Schluß von *Schütze Benjamin*, wo die Heldin ihren despotischen Bräutigam abblitzen läßt, ist ein typisches Beispiel. «Es war sehr wichtig für mich, daß sie aus der Kirche hinausläuft», erinnert sich Nancy Meyers, die den Film zusammen mit Charles Shyer machte. «Es war wichtig, etwas über die Identität der Frau zu schreiben, und wie leicht ihr diese Identität in der Ehe abhanden kommen konnte. Das hört sich inzwischen wohl fast altmodisch an, aber ich weiß, daß es damals für sehr viele Frauen wichtig war.» Nachdem *Schütze Benjamin* angelaufen war, erreichten Meyers massenweise Briefe von Frauen, «die sich in der Figur wiederfanden». Auch für die Hauptakteurin des Films war es ein befreiendes Erlebnis: Goldie Hawn hatte bis dahin nämlich das Image einer albernen Blondine gehabt.

In *Schütze Benjamin* spielt Hawn die alleinstehende Judy, für die «die größte Sehnsucht ihres Lebens» – die Ehe – zerbricht, als ihr Mann in der Hochzeitsnacht stirbt. «Wenn ich nicht verheiratet sein werde, dann weiß ich nicht, was ich mit mir anfangen soll», sagt sie. Schließlich tritt sie in die Armee ein, wo die Grundausbildung für sie zu einem metaphorischen Crashcourse in emotionaler und ökonomischer Unabhängigkeit wird. Mit über dreißig Jahren, aber ohne Panik wegen ihres Single-Status, wird sie nach Europa versetzt und lebt dort auf sich allein gestellt. Schließlich begegnet sie einem französischen Arzt, und sie verloben sich, aber als sie entdeckt, wie er mit anderen Frauen flirtet, rennt sie mitten in der Trauungszeremonie aus der Kirche und wirft ihren Brautkranz in die Luft. Die Szene erinnert an den berühmten Schluß des 1967 gedrehten Films *Die Reifeprüfung*; aber in der feministischen Version dieses Flucht-vom-Traualtar-Szenarios bedurfte es keines Mannes mehr, der als Befreier agierte.

In den Frauenfilmen der 70er Jahre werden nicht Single-Frauen ab dreißig verrückt, die irgendein Männermangel in Panik versetzt, sondern Hausfrauen in Vorortsiedlungen, die die ständige Unterordnung, Repression, Plackerei und Vernachlässigung in den Wahnsinn treibt. In der extremsten Behandlung dieses Themas, *Die Frauen von Stepford*, werden die Hausfrauen buchstäblich in Roboter verwandelt, die ihre Männer erfunden haben. In *Tagebuch eines Ehebruchs* werden der Tablettenmißbrauch und die Nervenzusammenbrüche der Ehefrauen als gar nicht so unwahrscheinliche Reaktion auf die lähmende häusliche Situation dargestellt – Verrücktheit als Zeichen der hinter ihr verborgenen geistigen Normalität. Was die Männer in diesen Filmen als Wahnsinn bezeichnen, erweist sich meist als eine Form weiblichen Widerstands.

In diesen 70er-Jahre-Filmen wenden sich die Frauen nicht an männliche «Ärzte»: Als in *Schütze Benjamin* Judys Verlobter (der bezeichnenderweise Gynäkologe ist) ihr eine Injektion geben will, um sie zu «beruhigen», haut sie ihm eine runter. Statt dessen wandten sich diese Heldinnen an Frauen, deren Rat dem der männlichen Kliniker genau entgegengesetzt war: Werde aktiv und nimm kein Blatt vor den Mund. Die Hausfrau in Paul Mazurskys *Eine entheiratete Frau* sucht Rat bei einer emanzipierten Therapeutin, die ihr sagt, sie solle ausgehen, guten Sex haben und «in den Strom des Lebens eintauchen». In Martin Scorseses *Alice lebt hier nicht mehr* wendet sich die Hausfrau an eine schlagfertige, ordinäre Kellnerin. «Wenn du mal rausgefunden hast, was du willst», empfiehlt sie, «dann pack mit beiden Händen zu und denk, den letzten beißen die Hunde.»

Die amerikanische Ehe, nicht die amerikanische Frau, ist die Patientin, die in den Frauenfilmen der 70er analysiert wird, und die Dialoge sondieren die ökonomischen und sozialen Ungerechtigkeiten der traditionellen Ehe. «Eine Frau wie ich arbeitet doppelt soviel und wofür?» fragt Barbra Streisand, die Hausfrau Margaret in *Sandkastenspiele*, ihren Mann, einen Geschichtsprofessor. «Schwangerschaftsstreifen und Krampfadern, dafür! Du hast *einen* Job; ich hab siebenundneunzig. Vielleicht sollte ich mal aufs *Time*-Cover: Staubwedel des Jahres! Königin der Waschküche! Expertin für Kinderspielsachen!» Margarets Mutter bringt das, was nach Meinung dieser Filme der Kern der Ehemisere ist, lakonisch auf den Punkt: «Denk dran, die Ehe ist ein 75 : 25%-Geschäft. Die Frau investiert 75%.»

In diesen Filmen kämpfen die Heldinnen darum, aus der Nebenrolle auszubrechen, die ihnen die traditionelle Ehe zuwies; sie bitten um Erlaubnis, wenigstens einmal die Hauptrolle in ihrem eigenen Leben zu spielen. «Diese Geschichte wird nur von mir handeln», verkündet Judy Davis' Sybilla im ersten Satz von Gillian Armstrongs *Meine bril-*

lante Karriere, ein australischer Film, der Ende der 70er Jahre in den Vereinigten Staaten zum Hit wurde. Die jugendliche Heldin lehnt einen Heiratsantrag ab, aber nicht, weil ihr der Freier egal ist, sondern weil Heirat bedeuten würde, daß sich ihre eigene Geschichte nie entwickeln könnte. «Vielleicht bin ich ehrgeizig und egoistisch», sagt sie entschuldigend. «Aber ich kann mich nicht an das Leben eines anderen Menschen verlieren, wenn ich mein eigenes noch nicht gelebt habe.»

Aus der Sicht der konventionellen Analyse der 80er waren diese Heldinnen natürlich *tatsächlich* egoistisch und ihr Bedürfnis nach der Erforschung ihrer eigenen Persönlichkeit nur ein Euphemismus für egoistische Selbstbezogenheit. Aber diese Deutung übersieht einen entscheidenden Aspekt dessen, was die Frauen in diesen Filmen anstrebten. Die Heldinnen zogen sich nicht in sich selbst zurück; sie bemühten sich um aktives Engagement auch außerhalb des häuslichen Bereichs. Sie erhoben ihre Stimme nicht nur, um persönlich weiterzukommen, sondern auch für humanitäre und politische Ziele – Menschenrechte in *Julia*, Arbeiterrechte in *Norma Rae*, Lohngerechtigkeit in *Warum eigentlich... bringen wir den Chef nicht um?* und atomare Sicherheit in *Das China Syndrom*. Sie wollten nicht nur sich selbst verändern, sondern auch die Welt um sich herum. Sie waren laut und kämpferisch, denn es war sowohl eine private als auch eine soziale Pflicht, den Mund aufzumachen. «Bist du immer noch so wütend wie früher?» wird Lillian Hellman in dem biographischen Film *Julia* von Julia, der Widerstandskämpferin im Zweiten Weltkrieg, gefragt. «Deine Wut gefällt mir... Laß sie dir von niemand ausreden.»

Die 80er Jahre:
Die Rückkehr der Zelluloid-Frau

Wenn Vanessa Redgraves Julia die Art von Heldin verkörperte, die das feministische Kino der 70er für eine biographische Studie wählte, dann war es an Redgraves Tochter, Natasha Richardson, Ende der 80er Jahre ihren Gegenpart zu spielen: Patty Hearst. Nach den Vorstellungen von Paul Schraders 1988 entstandenem Film ist die Erbin – gefesselt und mit verbundenen Augen – ganz Opfer; der Mangel an Persönlichkeit ist ihr hervorstechendster Charakterzug. Mit Schraders Worten: «Der Film ist im wesentlichen wie ein zweistündiger Reaction-Shot.»

Dasselbe ließe sich von den passiven, erschöpften Frauengestalten sagen, die Ende der 8oer Jahre die Leinwand bevölkerten. In sehr vielen dieser Filme hat man den Eindruck, Hollywood habe die feministischen Frauenfilme einfach rückwärts laufen lassen. Jetzt rennen die Frauen aus dem Büro und hämmern an die Tür ihres Zuhauses. Jetzt streben sie danach, in die traditionelle Ehe zurückzukehren, statt sie in Frage zu stellen; jetzt möchten sie ihren Arbeitsplatz verlassen, statt bessere Arbeitsbedingungen zu erreichen. Wenn Frauen doch noch einen Beruf ausüben, haben sie wenig Freude dran. Sie empfinden ihre Karriere als öde und belastend, mehr als «Job» denn als Beruf. Während die emanzipierten Frauen der 7oer-Jahre-Filme Schriftstellerinnen, Sängerinnen, Schauspielerinnen, Wissenschaftsjournalistinnen und Polit-Aktivistinnen waren, die das System herausforderten, sind die Frauen der 8oer Unternehmensberaterinnen, Anlageberaterinnen, Firmenanwältinnen, Produktions- und Regieassistentinnen hinter den Kulissen. Sie sind die Stützen des Systems.

Natürlich sind gegenwärtig auch in der Realität die meisten Frauen zu untergeordneten Positionen, zu unbefriedigender oder degradierender Arbeit verdammt, aber diese Filme sollen keine Kritik an der beruflichen Benachteiligung der Frau oder an einem demoralisierenden Arbeitsmarkt sein. Sie suggerieren nur einfach, daß Frauen daheim besser aufgehoben wären. In den Filmen werden berufstätige Frauen ausgetrickst: Die Rückkehr ins Hausfrauendasein läßt sich einfacher rationalisieren, wenn der Job, den die Frau aufgibt, schlecht bezahlt und sinnlos ist. Es ist schwer zu beweisen, daß eine Frau etwas verpaßt, wenn sie ihren Job im Großraumbüro aufgibt – oder daß die Gesellschaft Schaden nimmt, wenn eine Investmentbankerin die Wall Street verläßt.

Die Karrierefrauen des Kinos Ende der 8oer Jahre nehmen nicht besonders für sich ein. Sie lächeln fast nie und haben vor Überarbeitung und Erschöpfung rotgeränderte Augen. «Ich weiß nicht mehr, was ich machen soll», erklärt Cher, eine Anwältin, in *Unter Verdacht* einem Kollegen; er ist zwar auch Single, aber, da männlich, gegen das Burnout-Syndrom immun. Sie sagt:

«Das ist einfach kein Leben mehr. Der letzte Kinobesuch ist etwa ein Jahr her. Musik höre ich nur noch beim Autofahren. Ich habe keine Verabredungen mehr. Ich hätte zwar gern ein Kind, aber ich hab ja nicht mal einen Freund, wie könnte ich also ein Kind kriegen? . . . Ich glaube, so kann ich nicht weitermachen. Ich bin fertig. Total fertig.»

Sally Fields Daisy in *Nicht jetzt, Liebling* ist «Künstlerin». Aber ihre künstlerische Tätigkeit spielt sich am Fließband einer Firma ab, wo sie massenweise Landschaftsschinken für Hotels produziert. Der einzige Versuch, sich persönlich auszudrücken, ist, daß sie auf eines ihrer Ölbilder eine winzige weibliche Gestalt pinselt; das ist sie selbst, wie sie ertrinkt. Ihr einziger Wunsch ist begreiflicherweise, den Job aufzugeben und nur noch Ehefrau und Mutter zu sein. «Wenn ich bis einundvierzig nicht wieder verheiratet bin», stöhnt sie, «besteht eine siebenundzwanzigprozentige Chance, daß ich als einsame Trinkerin ende.» Ihre «biologische Uhr» tritt in diesem Film sozusagen als Gaststar auf. Daisy erzählt ihrer beneidenswert fruchtbaren Freundin, die schon zum viertenmal schwanger ist, einen Traum. «In diesem Traum kommen ein Ehemann und ein Baby vor.» Das «Wesentliche», sagt Daisy, ist: «Ich will ein Kind.» Obwohl sie behauptet, eine Karriere als Malerin anzustreben, wird sie schon nach fünf Minuten an der Staffelei durch ihre eigentliche Berufung, die Ehe, abgelenkt. Sie summt den Hochzeitsmarsch, als sie ihrem späteren Mann, einem produktiven, erfolgreichen Romancier, nachläuft.

Auch die alleinstehende Isabella in *Sarah und Sam* ist eine freudlose berufstätige Frau. Als Hilfskraft in einer Buchhandlung dient sie den Interessen erfolgreicher männlicher Autoren. Auch ihre Freizeit ist nicht allzu erfreulich; in einer quälenden Szene in einem Manhattaner Feinkostgeschäft flattern sie und eine andere Single-Frau wie Seelen in der Vorhölle um die Salatbar herum, mit geisterhaft vom Neonlicht beschienenen Gesichtern. Die Styropor-Behälter umklammernd, schlendern sie lustlos nach Hause – um ihr ödes Mahl allein auf dem Bett zu verzehren.

In typischer «postfeministischer» Manier äußert *Sarah und Sam* Sympathie für feministische Anliegen, um sofort alles wieder zurückzunehmen. Die Filmheldin setzt sich für Selbstbestimmung ein, um sie gleich wieder zu unterlaufen. Isabella sagt ärgerlich zu ihrer Großmutter, sie habe gute Freunde und ein erfülltes Leben und «brauche keinen Mann, um ein ganzer Mensch zu sein» – nur um kurz darauf zuzugeben, sie habe gerade einen Alptraum gehabt, in dem sie ertrunken sei. Sie behauptet, ihre Unabhängigkeit zu schätzen – um dann zusammen mit ihren Freundinnen den Männermangel zu beklagen. Sie protestiert zwar, sie sei doch «eine glückliche Frau» und brauche die Heiratsvermittlerin nicht, die ihre Großmutter engagiert hat, um sie vor dem Schicksal einer alten Jungfer zu bewahren. Aber dann sieht man, wie sie an ihrem Geburtstag einsam und verlassen vor einer Bude auf dem Times Square einen Hotdog ißt, während ihr eine Stadtstreicherin mit wildem Blick «Some Enchanted Evening» ins Ohr summt. «Das Alleinleben ist was für einen Hund, aber doch nicht für eine Frau», sagt ihre Großmutter. Und am Ende sind es ihre Worte, denen wir glauben sollen. Isabella lernt sich zu «bescheiden» – in diesem Fall mit dem Gurkenverkäufer aus ihrer alten Gegend. Er ist dumm, aber solide, ein guter Ernährer für die kleine Frau.

Die berufstätigen Frauen im Film, die sich gegen diesen «Trend» zum Hausfrauendasein wehren, die sich weigern, ihre Erwartungen herunterzuschrauben und die Stimme zu senken, zahlen für diese Widerspenstigkeit einen hohen Preis. In *Nachrichtenfieber* versäumt es Holly Hunters Jane, eine alleinstehende Fernsehproduzentin, dem Aufruf zur Verpuppung Folge zu leisten. Sie sucht nicht auf Teufel komm raus einen Mann und liebt ihre Arbeit leidenschaftlich. Ihr männlicher Mitarbeiter, ein alleinstehender Reporter, hat dieselbe Einstellung; bei ihm gilt sie als bewundernswert – bei ihr als neurotisch. Sie ist ein «Nervenbündel», eine «Besessene», die mitten am Tag ohne ersichtlichen Grund in lautes Schluchzen ausbricht und zwanghaft Befehle krächzt. «Vom sozialen Aspekt abgesehen», sagt eine Arbeitskollegin zu ihr, «sind Sie mein Vorbild.» Während die beiden männlichen Hauptfiguren glänzende Karrieren machen und ein erfülltes Privatleben haben, ist Jane am Schluß allein. Ihre Aggressivität im Beruf mindert ihre Chancen in der Liebe. Sämtliche Versuche, ein romantisches Treffen zu arrangieren, scheitern kläglich. «Irgendwo habe ich eine Grenze überschritten», sagt sie. «Ich fange an, Männer, die ich eigentlich verführen möchte, abzustoßen.»

In diesen Gegenschlagsfilmen wird nur der Frau, die ihre Intelligenz unter einem Babydoll-Outfit versteckt, ein gewisses Maß an beruflichem Erfolg garantiert, ohne daß sie auf einen Lebensgefährten verzichten muß. In *Die Waffen der Frauen* kommt Melanie Griffiths Tess, eine ehrgeizige Sekretärin mit Kinderstimme, im Beruf voran und kriegt *dazu* noch einen Mann – aber beide Ziele erreicht sie nur, weil sie das unselbständige Dummchen mimt. Sie kommt beruflich nur deshalb weiter, weil sie die Klatschspalten der Boulevardblätter nach Investmenttips durchkämmt – und die entscheidenden Weichenstellungen ihrer «Karriere» wesentlich einflußreicheren Geschäftsmännern überläßt. Erfolg in der Liebe hat sie nach Dornröschen-Art, indem sie einem Mann ohnmächtig in die Arme sinkt.

Die Bedingung dafür, daß Tess im amerikanischen Business aufsteigt, ist jedoch, daß sie eine andere Frau zu Fall bringt; genau wie in den Sitzungssälen realer amerikanischer Firmen ist auch im Kino der 8oer Jahre immer nur Platz für *eine* Frau. Weibliche Solidarität ist in solchen Filmen nur eine Strohpuppe, die man auseinandernehmen kann. «Sie nimmt mich ernst», erzählt die naive Tess ihrem Freund über ihre neue Chefin, Katharine. «Und zwar, weil sie eine Frau ist. Sie möchte meine Mentorin sein.» Ab diesem Punkt des Films geht es nur noch darum, Tess über diesen Irrtum die Augen zu öffnen. Die eiskalte Katharine, Harvard-MBA mit einem Filofax an Stelle des Herzens (die Filmreklame nannte sie «die Chefin aus der Hölle»), hintergeht Tess bei der erstbesten Gelegenheit. Der Film endet mit einem verbalen Katzenkampf zwischen der hellen und der dunklen Frau, einer Art Comic-Version der Schlußszene von *Eine verhängnisvolle Affäre*, in der Tess Katharine anfährt, mit ihrem «Magerarsch» gefälligst aus ihrem Büro zu verschwinden. Katharine bekommt den Mann *nicht*; und sie behält nicht einmal ihren Job.

Die Unvereinbarkeit von Karriere und privatem Glück predigt auch ein weiterer typischer Frauenfilm der 8oer, *Baby Boom*. Genau wie *Eine verhängnisvolle Affäre* zogen die Medien auch diesen Film immer wieder als «Beweis» dafür heran, daß Babys und Beruf sich gegenseitig ausschließen. «Erinnern Sie sich noch an die Probleme, die die von Diane Keaton gespielte ehrgeizige Manhattaner Geschäftsfrau im Film *Baby Boom* hatte...?» half *Child* dem Gedächtnis seiner Leserinnen auf die Sprünge. «Die zur Erziehung eines Kindes erforderlichen Talente kollidieren mit denen, die es für eine Karriere braucht.»

Wie in *Die Waffen der Frauen* hat auch in *Baby Boom* der männliche Boß eine saubere Weste. Ein gutmütiger Patriarch rät J. C. Wiatt – einer ehrgeizigen Unternehmensberaterin mit einem messianischen Komplex, der ihren Initialen Ehre macht –, daß sie sich zwischen Job und Wiege entscheiden muß. Er will nicht gemein sein, nur realistisch. «Ist Ihnen klar, was Sie opfern?» fragt er sie, als er ihr die Chance bietet, als Partner in die Firma einzusteigen. «Ein Mann kann erfolgreich sein. Meine Frau ist immer für mich da, wenn ich sie brauche. Ich habe Glück. Ich kann alles auf einmal haben.» Da die Koautorin von *Baby Boom* Nancy Meyers war, Erfinderin von *Schütze Benjamin*, hätte man erwarten können, daß der Film dieses ungerechte Arrangement in Frage stellen und argumentieren würde, Firmen müßten lernen, sich auf die Frauen einzustellen, nicht umgekehrt. Aber diese Nancy Meyers unterscheidet sich völlig von der, die sieben Jahre zuvor für die Emanzipation des Schützen Benjamin eingetreten war.

Gemäß der für diese Dekade typischen Meinung sieht Meyers die Frauen jetzt in zwei feindliche Lager geteilt. «Es gibt bestimmte Frauen, die im Beruf sehr aggressiv und erfolgreich sind, die aber keine Ahnung von Babys haben und die der Gedanke an eigene Kinder eher einschüchtert», sagte sie in einem Presse-Interview. «Sie wollen zwar welche, wissen aber nicht, wie sie eine Familie gründen und ein Kind kriegen sollen, aus Angst, daß es ihrer Karriere schaden könnte. Ich habe kein gutes Gefühl bei diesen Frauen.»

«Ich sehe nicht, daß Frauen sehr weit kommen, wenn sie alles auf einmal haben wollen», sagte Meyers später in einem Interview. Sie saß in ihrem Haus in Studio City mit einem Baby im Arm. «Ich sehe Frauen nicht in der Geschäftswelt.» Statt gegen den mangelnden Fortschritt zu protestieren, hat Meyers sich angepaßt. Sie sagt, sie habe sich entschlossen, ihrem kreativen Partner und Lebensgefährten, dem Regisseur Charles Shyer, den Vorrang zu lassen und sich um die beiden kleinen Kinder zu kümmern. Obwohl Meyers an der Entstehung von *Baby Boom* maßgeblich beteiligt war, wurde nur Shyer als Regisseur erwähnt. «Ich werde oft gefragt, warum ich nicht Regie führe», sagt Meyers. «Ich habe Angebote bekommen, aber immer abgelehnt. Es wäre nicht gut für meine Familie, für meine Kinder. Am Ende des Films heißt es ‹Regie: Charles Shyers›, und die Leute lesen das und denken, na ja...» Meyers Stimme verliert sich. «Aber so ist es eben.

Ich sage nicht, daß es fair ist; ich sage nicht, Frauen sollten Kompromisse schließen, aber letztlich bleibt ihnen nichts anderes übrig. Ich denke, wenn Männer Abstriche machen würden...» Meyers Stimme verliert sich erneut. Falls sich diese letzten Worte auf Shyer beziehen, der ihr am Tisch gegenübersitzt, merkt er es jedenfalls nicht.

Beim Zurückschrauben der Erwartungen ihrer weiblichen Filmfigur wurde Meyers sehr von den Hollywood-Studios bestärkt. Als sie und Shyers das Drehbuch zu *Protocol* schrieben, mischte sich das verantwortliche Studio, Warner Brothers, massiv ein. Ursprünglich sollte es um eine naive Kellnerin gehen, wieder von Goldie Hawn gespielt, die ein politisches Bewußtsein entwickelt und zu einer klugen Diplomatin wird. Shyer erinnert sich, daß das Studio darauf bestand, Hawns politische Entwicklung aus dem Skript zu streichen. In der Schlußversion ist sie zu einem oberflächlichen amerikanischen Sweetheart geworden, das voll hinter Amerika steht. «Sie waren ängstlich darauf bedacht, daß der Film ja keinen politischen Aspekt hatte», erinnert sich Charles Shyer. «Es war am Anfang der Reagan-Ära, und sie wollten vermeiden, daß der Film als Anti-Reagan-Film gesehen werden könnte.» Um als subversiv zu gelten, reichte es anscheinend schon, daß eine Frau selbständig dachte.

Als *Baby Boom* Mitte der 80er Jahre dann produziert wurde, hatten Meyers und Shyer die Anordnungen der Studios verinnerlicht; Diane Keatons schauspielerische Leistung wird von keinen ungehörigen politischen Ausbrüchen besudelt. Am Anfang des Films hat J. C. Wiatt, die Tigerlady des Sitzungssaals, sich gegen Heirat und Mutterschaft und für die Karriere «entschieden» und in der Folge alle Zeichen von Weiblichkeit – oder Menschlichkeit – aus ihrem Wesen getilgt. Diane Keatons Wiatt ist eine effizient arbeitende Maschine; selbst ihre sexuellen Begegnungen sind auf leidenschaftslose Vier-Minuten-Nummern reduziert. Als ihr durch den Tod einer entfernten Verwandten ein Baby aufgezwungen wird, versucht sie das Nullsummenspiel der «Entscheidung» zu erklären: «Ich kann kein Baby brauchen», sagt sie, «weil ich um 12.30 Uhr eine Verabredung zum Essen habe.» Da ihre Wahl nun einmal auf die Männerwelt gefallen ist, ist sie anscheinend nicht einmal zu den einfachsten Handgriffen der Kinderpflege fähig. Das Baby zu wickeln wird für die Elite-Uni-Absolventin zum unlösbaren Problem. Gemäß dem weiblichen Spiel der Kompromisse geht es mit der

Babypflege im selben Maß bergauf, wie es mit der Karriere bergab geht. Daß sie sich dem Baby widmet, zerstört ihre Beförderungschancen; das Angebot der Firmenbeteiligung wird zurückgezogen, und sie wird zur Leiterin des Hundefutterressorts degradiert.

Der Tigerlady mit der hervorragenden Ausbildung kommt es nie in den Sinn, daß es sich bei der Behandlung, die ihr zuteil wird, um sexuelle Diskriminierung handeln könnte. Statt zu prozessieren, gibt sie ihren Job auf und zieht aufs Land. Nachdem sie sich behaglich auf einem Gut niedergelassen hat, wird sie bald weicher; sie lernt backen und wendet ihr Geschäftstalent einem weiblicheren Bereich zu: der Herstellung und dem Vertrieb von Babyfeinkost. Vollends wird ihre wahre weibliche Seite von dem ortsansässigen Tierarzt «Cooper» erweckt. Genau wie Tess findet auch sie auf altmodische Art zur Liebe – durch eine Ohnmacht. Der Arzt ruft sie auf einem Untersuchungstisch ins Leben zurück – und sie verliebt sich in ihn.

Die in *Baby Boom* vertretenen Werte sind verschwommen; erst führt der Film einen halbherzigen Schlag gegen das Firmensystem, dann kneift er total. Einerseits tut er so, als lehne er die Geldethik ab, andererseits verläßt er nie ihren Einflußbereich. Die Tigerlady zieht sich aufs Land zurück, aber auf ein unverschämt teures Bauerngut, das sie sich nur dank ihres früheren Wall-Street-Gehalts leisten kann. Sie rümpft die Nase über den Yuppie-Materialismus, verkauft aber selbst exklusives Baby-Apfelmus an Yuppie-Mütter. Als ihr eines der Ressorts ihrer früheren Firma für ihre Babynahrungsfirma drei Millionen Dollar bar auf den Tisch legen will, marschiert sie in den Sitzungssaal, um den Deal abzulehnen. «Country Baby steht nicht zum Verkauf», sagt sie tugendhaft. Es wäre eine Gelegenheit gewesen, die Firma dafür ins Gebet zu nehmen, daß sie ihre beste Angestellte hinausgeworfen hat, nur weil sie ein Kind hat. Sie hätte sich für die Rechte berufstätiger Mütter einsetzen können. Statt dessen verliert sich die frühere Tigerlady in blauäugige Träumereien über die Freuden des Landlebens. «Und wahrscheinlich würde ich meinen 62-Acre-Besitz sowieso vermissen», erklärt sie. «Elizabeth [ihr Baby] ist dort so glücklich, und da ist dieser Tierarzt, mit dem ich mich treffe…» Die letzte Einstellung zeigt sie zu Hause im Schaukelstuhl, mit dem Baby im Arm, umgeben von Spitzenvorhängen und geblümten Polstermöbeln.

So wie die Macher von *Eine verhängnisvolle Affäre* verteidigen auch

Meyers und Shyer die «Man-kann-nicht-alles-haben»-Botschaft des
Films durch die Behauptung, sie basiere auf «Recherchen». Man muß
ihnen zugute halten, daß sie sich wenigstens die Mühe gemacht haben,
eine richtige Karrierefrau zu interviewen. Das Vorbild der Tigerlady
war eine Unternehmensberaterin mit Harvard-Abschluß. «Sie war so
hin und her gerissen», sagt Meyers. «Es war so schwer für sie. Sie
wußte nicht mehr weiter.» Ihren Beruf jedoch gab ihr Vorbild, Nadine
Bron, nicht auf. Ihr gelang es, trotz Karriere, einen Mann zu finden,
den sie liebte und auch heiratete. Sie fühle sich eigentlich nicht «hin
und her gerissen», sagt sie.

«Ich weiß schon, das ist eben Hollywood», sagt Bron diplomatisch,
als man sie später nach ihrer Meinung zu *Baby Boom* fragt, «aber mich
hat geärgert, daß der Film so tat, als sei das die einzige Möglichkeit –
alles aufzugeben und aufs Land zu ziehen.» Brons Leben widerlegt die
«Man-kann-nicht-alles-haben»-These: Sie hat für eine große Consul-
ting-Firma gearbeitet und leitet jetzt eine eigene Anlageberatungs-
firma – ohne auf ein Privatleben zu verzichten. Ihre Ehe, sagt sie, sei
besser, weil sie beide «ein erfülltes Leben» hätten. Sie verspürt nicht
den Wunsch, Hausfrau auf dem Land zu werden.

«Meine Mutter ist früher daheim geblieben, während mein Vater
das Geschäft geleitet hat», erinnert sie sich. «Sie war sehr frustriert.»
Als Heranwachsende hat Bron schmerzlich die Gewichtsprobleme und
Depressionen ihrer Mutter miterlebt. Sie hat keine Lust, dieses Muster
zu wiederholen. «Manche Frauen», sagt Bron, «bleiben lieber daheim.
Aber ich könnte das niemals. Für mich ist es sehr wichtig, berufstätig
zu sein.» Für sie liegt das Problem nicht darin, daß Frauen Hausfrauen
sein *wollen*, sondern daß die männliche Geschäftswelt sich weigert, sie
als gleichberechtigt anzuerkennen. «Die Gesellschaft war bisher nicht
bereit, sich auf diese neue Rolle der Frau umzustellen. Frauen werden
von der Gesellschaft bestraft.»

Die Erziehung des Kino-Babys

Ein zwar nicht beabsichtigter, aber doch eindrucksvoller Aspekt des
Films *Baby Boom* ist die Implikation, berufstätige Frauen müßten zur
Mutterschaft gezwungen werden. Es ist nicht der erste Film jener Ära,

der suggeriert, es seien intensiver Druck, Tadel oder ein Deus ex machina nötig (wie der unwahrscheinliche Fall, daß die Tigerlady ein fremdes Baby erbt), um diese widerspenstigen modernen Frauen zu Müttern zu machen – in einer Zeit, wo angeblich in den weiblichen Hirnen das «Babyfieber» tobt. Ebensowenig wie die Medien reflektieren diese Filme die Rückkehr der Frauen zur totalen Mutterschaft; sie vermarkten sie. Manchmal entarten diese Filme wirklich ganz unverhüllt zu Werbung. In den letzten fünf Minuten von *Eine Wahnsinnsfamilie* strömt die ganze Nachkommenschaft auf eine Entbindungsstation, wo praktisch jede Frau ein Neugeborenes wiegt oder stolz die Hand auf ihrem dicken Bauch liegen hat. Beim Kameraschwenk über Reihen frischgewickelter Babys vergißt man beinahe, daß es sich nicht um eine Pampers-Reklame, sondern einen Spielfilm handelt.

Die Gegenschlagsfilme bemühen sich angestrengt, das Muttersein so verlockend wie möglich darzustellen. Im Film der 8oer Jahre werden ältere Kinder von knuddligen Babys in Designerkleidung abgelöst; die hübsch herausgeputzten Kinder fungieren in diesen Filmen mehr als Sammlerstücke denn als Menschen. Die Kinder ein Jahrzehnt früher waren gesprächige, unberechenbare Kids mit eigenem Kopf – wie der altkluge, fluchende Elfjährige, der seiner Mutter in *Alice lebt hier nicht mehr* sowohl Freude bereitet als auch freche Antworten gibt, oder die Siebzehnjährige, die ihre Mutter in *Eine entheiratete Frau* sowohl tröstet als auch kritisiert. Im Gegensatz dazu schreien die Babys Ende der 8oer Jahre fast nie.

Wieder einmal werden die Frauen in zwei Lager unterteilt: die bescheidenen Frauen, die Kinder bekommen, und ihre geld- oder karrieregeilen Schwestern, die keine kriegen. Die arrogante Erbin in *Overboard* weigert sich, Kinder zu bekommen. Aber am Schluß des Films – nachdem sie gedemütigt wurde, nachdem sie kochen und Böden schrubben mußte und schließlich das Glück als Hausfrau gefunden hat – verrät sie ihrem tyrannischen Ehemann, was ihr höchstes Lebensziel sei: «Sein» Baby zur Welt zu bringen. Frauen, die sich dem Babyfieber verweigern, indem sie Empfängnisverhütung betreiben oder das Kinderkriegen aufschieben, werden beschämt und bestraft. In *Second Hand Family* verschiebt die von Glenn Close verkörperte Karrierefrau – Absolventin einer Elite-Uni, die als Grundstücksmaklerin arbeitet – das Kinderkriegen so lange, bis ihre biologische Uhr abgelau-

fen ist. Nach zermürbenden Besuchen bei verschiedenen Infertilitätsspezialisten muß sie schließlich eine junge Leihmutter engagieren, die
das Baby für sie austrägt.

In diesem scheinheiligen Klima wird die Abtreibung zum moralischen Lackmustest, der die guten von den schlechten Frauen unterscheidet. Dem Mann in *Eine Wahnsinnsfamilie* eröffnet seine gute
Ehefrau an dem Tag, als er seinen Job verliert, daß sie das vierte Kind
erwartet; schon der bloße Gedanke an Abtreibung erfüllt sie mit Horror. Die Entscheidungsmöglichkeiten ihrer schwangeren Nichte im
Teenageralter scheinen im Film ähnlich beschränkt. Sie hat gerade ihre
ausgezeichneten SAT-Noten zugeschickt bekommen, wird aber, wie
der Film versichert, selbstverständlich ihre Collegepläne aufgeben, um
das Baby zu kriegen und ihren Freund zu heiraten – einen arbeitslosen
Rennfahrer, der völlig am Ende ist. Verurteilt wird Abtreibung auch in
dem Film *Listen to me*, der das Thema angeblich ausgewogen behandelt, und dämonisiert wird sie in *Der Frauenmörder*, wo die Abtreibe-
rin, Sybil, als hexenhafte Figur dargestellt wird, deren Sohn durch ihren Beruf traumatisiert und zum Psychopathen wird. Selbst in intelli-
genteren Filmen gibt es Moralpredigten zu diesem Thema. In Woody
Allens *September* hat die alleinstehende Wissenschaftlerin, eine
strenge, gefühllose alte Jungfer, eine beschämende Jugenderinnerung
– und zwar an ihren egoistischen Entschluß, eine Abtreibung vornehmen zu lassen. «Du denkst nur an deine Karriere, nur an deinen Verstand», beschwerte sich damals ihr Geliebter, und jetzt erkennt sie, zu
spät, wie recht er mit seinen Vorwürfen hatte.

Drei Männer und ein Baby (der später in *Drei Männer und eine
kleine Lady* seine Fortsetzung fand) hatte von den pronatalen Filmen
den größten Erfolg – mit der im Rampenlicht thronenden Baby-Heldin
und der aus dem Familienparadies vertriebenen Karrierefrau. Die Prä-
misse – eine ehrgeizige Single-Frau legt ihr Kind drei Junggesellen vor
die Tür – erinnert an die gegen das Frauenstimmrecht gerichteten
Filme siebzig Jahre früher. (In dem 1912 entstandenen Film *A Cure for
Suffragettes* zum Beispiel strömen Feministinnen zu einer politischen
Versammlung und lassen die Kinderwagen einfach an einer Straßen-
ecke stehen; um die Babys kümmern sich dann Polizisten.)

Drei Männer und eine Wiege, die französische Originalversion des
Films, schlug beim amerikanischen Publikum dermaßen ein, daß Para-

mount schnell eine eigene Version drehte – und die Bearbeitung spricht Bände. Für die amerikanische Story führte Paramount nämlich eine neue Figur ein: Die unglückliche Rebekka, eine mürrische Anwältin, die ständig einen Schmollmund zieht. Als übellaunige Freundin des Junggesellen Peter fährt Rebekka beim Anblick des neuen Wonnebündels angeekelt zurück. Als das Baby auf Rebekkas Finger sabbert, muß sie sich fast übergeben. Obwohl Peter fleht: «Rebekka, bitte bleib bei mir – hilf mir, für sie zu sorgen», weigert sie sich. Rebekka hat weder mütterliche noch romantische Empfindungen. Als Peter sie bittet, die Nacht seines Geburtstags bei ihm zu verbringen, lehnt sie ab, weil sie am nächsten Morgen einen Vorverhandlungstermin bei Gericht hat – und das rangiert auf ihrer Prioritätenliste weiter oben.

Auf den ersten Blick glaubt man vielleicht, in *Drei Männer und ein Baby* feministische Tendenzen zu entdecken; schließlich sind es die Männer, die sich um das Baby kümmern. Aber der Film will keineswegs anregen, daß Männer tatsächlich Verantwortung für die Kindererziehung übernehmen sollten. Vielmehr bezieht er seinen ganzen Humor aus der Umkehrung der vermeintlich natürlichen Ordnung: daß Mutti sich ums Baby kümmert. Der Film zeigt an vielen ergötzlichen Beispielen, wie wenig diese sorglosen Junggesellen zur Kindererziehung taugen. Daß einer von ihnen *wirklich* der Vater ist, soll nur ein Gag sein. «Woher weiß ich denn, daß es meins ist?» fragt er fröhlich. «Boys Will Be Boys» ist der Song, der sich durch den ganzen Film zieht. Tatsächlich feiern die drei Junggesellen trotz ihrer steilen Karriere und trotz des Umstands, daß sie nicht mehr die Jüngsten sind, ihre blockierte Entwicklung in einem teuren Verbindungshaus. Was Sexualität betrifft, frönen die drei «Boys» ausgelassen der Philosophie «Jede Nacht 'ne andere Frau». «So viele Frauen und so wenig Zeit», prusten sie und schlagen sich gegenseitig auf den Rücken, wie Footballspieler nach einem genauen Paß.

Anders als die französische Fassung betont der amerikanische Film dauernd die Maskulinität der männlichen Figuren. Als hätten sie Angst, ein Baby im Haus könne den Testosteronspiegel senken, stemmen die Jungs ständig Gewichte, keuchen sich auf dem Sportplatz die Lunge aus dem Leib und joggen zum Kiosk, um sich die neueste Nummer von *Sports Illustrated* oder *Popular Mechanics* zu besorgen. Im amerikanischen Remake lernt die pflichtvergessene Mutter schließlich doch noch, ihre traditionelle «weibliche» Rolle zu akzeptieren. In der Schlußeinstellung nimmt sie nicht nur wieder ihre Mutterpflichten auf sich, sondern erklärt sich auch bereit, unter dem Dach der Männer zu wohnen. Das Baby, so behauptet einer der Junggesellen, «braucht eine Ganztagsmutter» – und die Männer anscheinend ebenfalls.

Die amerikanische Filmindustrie der 80er hatte generell eine negative Einstellung zu Filmen, die emanzipierte Frauen als gesunde, lebhafte Menschen zeigten, ohne sie für ihr Vergnügen zu bestrafen. Die Erfahrungen der Produzentin Gwen Field mit dem kurz nach *Eine verhängnisvolle Affäre* entstandenen Film *Patti Rocks* ist ein Maßstab dafür, wie feindselig Hollywood in diesem Jahrzehnt solchen Themen gegenübersteht. In Fields Film will eine eigensinnige Single-Frau nichts von der Ehe wissen («Heiraten macht dick», sagt sie scherzhaft); sie hat Freude am Sex, beschließt, als alleinstehende Mutter ein Kind zu kriegen, und muß doch nicht für ihr Verhalten büßen. *Patti Rocks* bekam ein paar gute Rezensionen, erntete von den Moralhütern Hollywoods jedoch nichts als feindselige Ablehnung. Ein Studio nach dem anderen wies Field ab, stets mit der gleichen Begründung; es hieß, ihr Film sei «verantwortungslos», weil er eine Single-Frau zeige, die Sex hat, mit wem sie gerade möchte. (Beim Film *Drei Männer und ein Baby*, in dem die geilen Junggesellen wahllos drauflosvögeln, gab es keine derartigen moralischen Bedenken.) Die freiwillige Selbstkontrolle der Filmindustrie versuchte, den Film für nicht jugendfrei zu erklären, obwohl er keine Gewalt zeigt und nicht mehr Sex darin vorkommt als in einem durchschnittlichen jugendfreien Film. Field erinnert sich, daß sich die Ablehnung der Kommission nicht auf die visuelle Darstellung bezog, sondern auf «die Sprache» – derselbe Angriff, der Mae West ein halbes Jahrhundert früher zu Fall brachte.

«Was für eine Ironie», sagt Field, «daß ein Film als nicht jugendfrei bezeichnet wird, der genau gegen das angeht, was in der Pornographie geschildert wird – die Erniedrigung der Frau.» Erst nach dreimaligem formalem Einspruch nahm die Kommission ihre Entscheidung zurück. Letztlich hatte der Film *Patti Rock* sowieso kaum Chancen; als unabhängig produzierter Film mit unpopulärem Inhalt würde er nur in wenigen Kinos gezeigt werden.

Der Zelluloid-Mann übernimmt die Verantwortung

«Wer bin ich?» fragt in David Mamets 1987 entstandenem Film *Haus der Spiele* die Psychiaterin ihren Mentor, einen kleinen Spieler und raffinierten Betrüger. Obwohl *sie* den akademischen Grad hat, spielt er den Arzt. Mit kurzgeschorenem Haar, ernstem und strengem Gesicht hält sie das Buch umklammert, das sie geschrieben hat: *Getrieben: Obsession und Zwang im Alltagsleben*, aber es hält keine Antworten für sie bereit. Die muß *er* ihr geben. Die anschließende Beratung erinnert an eine Therapiesitzung im Kino des letzten Gegenschlags, und zwar zwischen dem Psychoanalytiker und der besessenen, ledigen Zeitschriftenverlegerin in *Lady in the Dark*. Der Dialog des früheren Films:

> «Er: Sie mußten also beweisen, daß sie allen Männern überlegen waren. Sie mußten sie beherrschen.
> Sie: Was könnte da helfen?
> Er: Vielleicht ein Mann, der Sie beherrschen wird.»

Ein halbes Jahrhundert des «Fortschritts» später lautet die Diagnose in *Haus der Spiele* immer noch so:

> «Sie: Was will ich nur?
> Er: Daß jemand in Ihr Leben tritt. Jemand, der Sie besitzt. Würde Ihnen das gefallen?
> Sie: Ja.»

Privat beklagte sich David Mamet bitter über Frauen im Unterhaltungsgeschäft, die anscheinend lieber dominieren und «keine Kompromisse schließen wollen». In einem 1988 entstandenen Essay mit dem Titel *Bewitched, Bothered and Bewildered* (Bezaubert, verärgert und verwirrt) behauptete er: «Das kälteste, grausamste, arroganteste Verhalten, das ich in meinem Beruf erlebt habe, legten – durchweg – Film- und Theaterregisseurinnen an den Tag.» In Mamets *Haus der Spiele* bringt der geknechtete Mann die kalte Karrierefrau durch seine Taschenspielertricks wieder unter seine Fuchtel. Und wer ist die Schauspielerin, mit der Mamet den erniedrigenden weiblichen Part besetzte? Lindsay Crouse, seine eigene Frau.

Das Gegenschlagskino der 80er Jahre greift die Pygmalion-Tradition auf – Männer, die Frauen neu definieren, Männer, die Frauen als ihr Eigentum betrachten. In *Pretty Woman*, der unverblümtesten Behandlung dieses Themas, verwandelt der Wall-Street-Magnat die laute, ordinäre Nutte, die Kaugummiblasen zerplatzen läßt, in sein sanftes, wohlerzogenes Anhängsel, das sich für eine Ralph-Lauren-Reklame eignen würde. Film um Film kehren die Männer zu ihren Rollen als Familienpotentat, Ernährer und Beschützer weiblicher Tugend zurück. Von *Mondsüchtig* bis *Die Familie* herrschen die Zelluloid-Neopatriarchen über «altmodische» große Familienclans. Als er in *Die Unberührbaren* gegen den Mob vorgeht, verschafft Eliot Ness nicht nur dem Gesetz Geltung, sondern verteidigt damit ebensosehr die traditionelle Familie. In Filmen wie *Der Mann im Hintergrund, Sea of Love* oder *Kuck mal, wer da spricht* spielen die Gegenschlags-Helden väterliche Beschützer hilfloser, von Pirschjägern bedrohter Frauen und Familien. In der Wirklichkeit würde ein Arbeiter vielleicht seine Autorität als Geldverdiener und Familienvorstand verlieren, doch in solchen Filmen verlangen Polizisten und Taxifahrer von unterwürfigen reichen Frauen Respekt.

Bei allen sentimentalen Huldigungen an die Wiederkehr des typisch amerikanischen Haushalts – «Nichts kann die Familie ersetzen!» lautet in *Mondsüchtig* der Toastspruch des Sohnes, und «Schön, verheiratet zu sein, wie?» sagt in *Die Unberührbaren* ein Mann zum anderen – sind die Pro-Familien-Filme der 80er Jahre gespickt mit der Wut der Männer auf weibliche Frauenforderungen und ihrer Angst vor weiblichem Fortschritt. «Das ging in einer Tour: ‹Stick it here, stick it there›», sagt Al Pacinos geschiedener Polizist in *Sea of Love* verbittert über seine Exfrau. «Ich bin heute abend acht Frauen begegnet, von denen jede mehr verdient als ich», erwidert sein Partner. «Wie kommt's, daß die nicht verheiratet sind?» In *She's having a Baby* soll es eigentlich um eine Vorort-Hochzeit im 50er-Jahre-Stil gehen, aber der größte Teil des Films ist den Überlegungen des Ehemanns gewidmet, wie er der Fuchtel seiner zänkischen Frau entfliehen kann. In *Nicht jetzt, Liebling* unterstellt der Protagonist, ein zweifach geschiedener Autor, allen Frauen boshafte Hintergedanken. «Wir sind doch nur leichte Beute für sie», behauptet er und schwört, nach Kuweit zu ziehen, «weil dort Frauen nicht wählen dürfen.» Als er in der Eingangshalle des Hauses seines Scheidungsanwalts steht, hat er die Wahl: Entweder kann er in den einen Aufzug steigen (zusammen mit einer Frau in Lederkleidung) oder in den anderen Aufzug (zusammen mit einem knurrenden Dobermann und einem Ganoven). Er versucht sein Glück mit dem Hund-Gangster-Duo.

Die Dekade des Familienkinos schloß nicht mit einem herzerwärmenden Salut auf das behagliche Heim, sondern mit einem haßerfüllten Ehefeuerwerk. Jetzt trat auf der Leinwand endlich die Achillessehne des Gegenschlags in Erscheinung, als sich in Filmen wie *Der Rosenkrieg, Die Teufelin, Ich liebe dich zu Tode* und *Schlafen mit dem Feind* Ehepaare an die Gurgel sprangen. Die normalerweise versteckte Angst vor starken Frauen wird jetzt dreist zur Schau gestellt. Sowohl im *Rosenkrieg* als auch in *Die Teufelin* handelt es sich bei den Frauen praktisch um Hexen, die ihre Ehemänner mit übernatürlicher und tödlicher Präzision beherrschen und besiegen.

Auch in den Emanzipationsfilmen der 70er und den Kriegsfilmen der 40er Jahre stritten Männer und Frauen endlos, aber mit guten Absichten – um einander zu verstehen und aufzuklären und um die Kluft zwischen den Geschlechtern eher zu verringern als zu vergrößern. Als sich in *Alice lebt hier nicht mehr* nach dem Wortgefecht zwischen Ellen Burstyn und Kris Kristofferson der aufgewirbelte Staub verzieht, begreift allmählich jeder den Standpunkt des anderen; ihr Einfühlungsvermögen und ihre Liebe ist durch den Streit gewachsen. In *Ehekrieg* stampft Spencer Tracys Rechtsanwalt aus dem Haus und verlangt die Scheidung, nachdem seine Frau (Katharine Hepburn) vor Gericht ihren feministischen Prozeß gewonnen hat. «Ich will, daß es zwei Geschlechter gibt», schreit er sie an. «Und noch was. Mir ist plötzlich die Lust vergangen, mit einer sogenannten modernen Frau verheiratet zu sein!» Sie ruft ihm nach: «Weglaufen ist nie eine Lösung!», und am Schluß stimmt er ihr zu; sie finden wieder zusammen und kommen mit ihren Differenzen klar. In *Der Rosenkrieg* hingegen gibt es keine Hoffnung auf Versöhnung, Waffenstillstand oder gar ein Ende des Ehekriegs – am Schluß sterben beide und liegen zerschmettert in der Halle ihres Hauses.

In vielen dieser Ende der 80er Jahre entstandenen Filme geben es Männer und Frauen nicht nur auf, über Probleme zu diskutieren, sondern sie leisten sich nicht einmal mehr auf der Leinwand Gesellschaft.

Wie im Gegenschlagskino der 50er Jahre werden emanzipierte Frauen
dadurch mundtot gemacht, daß man sie einfach aus dem Film wirft. In
den Tough-Guy-Filmen, die am Ende der Dekade wie Pilze aus dem
Boden schossen, machen sich männliche Helden in nur Männern vorbehaltene Kriegsgebiete und den Wilden Westen auf. Im Rahmen der
eskalierenden Gewalt einer endlosen Reihe von Kriegs- und Actionfil-
men – *Prädator, Stirb langsam, Stirb langsam II, RoboCop, Robo-
Cop 2, Lethal Weapon, Tage des Donners, Total Recall* – werden
Frauen auf stumme und nebensächliche Rollen beschränkt oder tau-
chen gar nicht erst auf. In den zahlreichen Filmen Ende der 80er Jahre,
die davon handeln, daß Männer wieder zu Jungen werden, suchen
Männer Zuflucht in einer frauenfreien Kindheit. Und in einer ganzen
Reihe von Filmen führt der Rückzug sogar noch weiter, in halluzinato-
rische Männerphantasien von der Wiederkehr des Vaters. In Filmen
wie *Feld der Träume, Indiana Jones und der letzte Kreuzzug, Dad* und
Star Trek V: Grenzen des Universums stirbt die Mutter oder verschwindet von der Bildfläche, und so können der Vater (der manchmal
von den Toten aufersteht) und der Sohn wieder eine seelisch heilsame
Beziehung herstellen.

Es überrascht nicht, daß eine 1990 von der Screen Actors Guild
durchgeführte Untersuchung ergab, daß die Zahl der weiblichen Hol-
lywood-Rollen in den letzten beiden Jahren drastisch abgenommen
hatte. Männer, so berichtete die Schauspielervereinigung, erhielten
jetzt mehr als doppelt so viele Rollen wie Frauen.

Während die Männer in ein hypermaskulines Traumland abdrifte-
ten, wurden die weiblichen Figuren, wenn sie nicht schon tot waren,
sogar noch schlimmeren Martyrien unterworfen als bisher. 1988 spielten, bis auf eine Ausnahme, alle Schauspielerinnen, die als Academy
Award's Best Actress vorgeschlagen wurden, die Rolle eines Opfers.
(Es paßt, daß die Ausnahme Melanie Griffiths *Mädchen* in dem Film
Die Waffen der Frauen war.) Die Gewinnerin des Preises, Jodie Foster,
spielte in *Angeklagt* ein Vergewaltigungsopfer. Die Produzentin dieses
Films war Sherry Lansing.

Lansing produzierte *Angeklagt* ein Jahr nach *Eine verhängnisvolle
Affäre* und hoffte, es würde ihren feministischen Ruf aufpolieren. Der
Film erzählt die Geschichte einer jungen Arbeiterin, die in einer Bar
vor den Augen einer Männermenge von einer Bande vergewaltigt wird

– eine Geschichte, die auf einer gräßlich realen Bandenvergewaltigung in einer Kneipe in New Bedford, Mississippi, basiert. «Wenn irgend jemand diesen Film als antifeministisch bezeichnet, geb ich auf», sagte Lansing gegenüber der Presse. «Wer diesen Film gesehen hat, wird sicher nie mehr so über Vergewaltigung denken wie bisher. Diese Bilder werden sich im Kopf der Zuschauer festsetzen, und sie werden nächstes Mal mehr Mitleid haben, wenn sie von einer Vergewaltigung hören.»

Mußten die Leute wirklich ermahnt werden, daß ein Vergewaltigungsopfer Mitgefühl verdient? Lansing selbst hatte es offenbar nötig: «Ich habe gar nicht gewußt, wie schlimm (Vergewaltigung) ist, bis ich diesen Film sah», verkündete sie. Offenbar bedurften dieser Ermahnung auch viele junge Männer, die den Film sahen: Sie johlten und brüllten Beifall, als die Vergewaltigungsszene kam. Und einer Gesellschaft, in der die Vergewaltigungsziffer drastisch anstieg, konnte etwas Umerziehung auf diesem Gebiet sicher nicht schaden.

Lansing meinte, *Angeklagt* müsse als Durchbruch gefeiert werden, weil er den Amerikanern zeige, daß eine Frau das «Recht» habe, nicht vergewaltigt zu werden. Doch scheint es angemessener, den Film als deprimierendes Artefakt der Zeit zu beklagen – denn er zeigt nur, wieviel Terrain die Frauen schon verloren haben. Ende der 80er Jahre ging schon ein Film, der die Mißhandlung einer jungen Frau verurteilte, als kühnes feministisches Statement durch.

5 Teenager-Engel und ledige Hexen: Der Gegenschlag im Fernsehen

«Unter keinen Umständen wird dies die Rückkehr des ‹Hüftgewak-kels› sein. Diese Mädchen sehen nicht nur gut aus; es sind echte Persönlichkeiten.» Tony Shepherd, Vizepräsident von Aaron Spelling Productions, legt auf jedes dieser Worte sein ganzes Gewicht, als könne eine sorgfältige Betonung die immer noch skeptische Hollywood-Presse doch noch überzeugen. Zum Glück sehen das die meisten Reporter, die sich im Fox Television Center zur Ankündigung der neuen Fernsehserie «Angels 88» versammelt haben, genau wie Shepherd; sie reichen ihm am kalten Büffet über den Berg von Pasteten hinweg die Hand. «Toll gemacht, Tony», sagt einer der Boulevardreporter, während er ein Croissant mampft. «Toll, wie du die Mädchen ausgewählt hast!»

An diesem Maimorgen im Jahr 1988 findet das große Finale des 250 000 $-Unternehmens der Fox statt: Zwei Monate lang war ganz Amerika nach den vier Engeln durchkämmt worden – was die Presseagenten der Gesellschaft mit «der großen Suche nach Scarlett O'Hara» und «den Glanztagen Hollywoods» verglichen. Shepherd hat das Land viermal von einem Ende zum anderen bereist («Ich mußte mir im Flugzeug viermal *Drei Männer und ein Baby* anschauen»), hat persönlich in zwölf der vierundvierzig Städte öffentliche Vorstelltermine geleitet und mindestens sechstausend der sechzehntausend Frauen, die für ein Anderthalb-Minuten-Gespräch den ganzen Tag Schlange standen, persönlich in Augenschein genommen. Sekretärinnen und Hausfrauen, sagt er, hätten Temperaturen bis zu fünfundzwanzig Grad ausgehalten, nur um ihn zu sehen; eine Frau sei wegen der Hitze sogar in Ohnmacht gefallen.

Doch ein paar der anwesenden Journalisten können sich die Frage nicht verkneifen: Ist «Angels 88» nicht einfach eine Wiederholung von Spellings «Drei Engel für Charlie», wo drei hüftenwackelnde Detektivinnen vom unsichtbaren Boß Charlie Befehle erhielten und in Bikinis herumtollten? «Nein, nein, nein!» Shepherd, der kettenrauchende Urenkel Louis B. Mayers, stößt heftig Rauch aus. «*Die* hatten doch keine eigene Persönlichkeit. Die waren einfach bloß schön.» Die Figuren in «Angels 88», sagt er, seien «fortschrittlichere», emanzipierte Frauen, die nicht einmal unbedingt Modepuppen sein werden. Das sei der Grund, warum der Sender für die Hauptrollen so viele reale Frauen interviewt habe. Es könne durchaus sein, daß diese neuen Engel vielleicht «nicht perfekt frisiert und keine perfekten Models sind» sagt er. «Sie werden sehen, daß diese Mädchen in ‹Angels 88› in manchen Szenen nicht mal geschminkt sind. Vor allem, wenn sie am Strand rumlaufen.»

In diesem Moment betritt ein Fox-Presseagent die Bühne, um den unmittelbar bevorstehenden Auftritt der Engel anzukündigen. Keine Interviews, warnt er die Medien, bevor die Fotografen ihre «Beauty-Shots» gemacht haben. Als sich die Engel auf der Bühne aufgereiht haben, beginnen die Kameraleute herumzubrüllen. «Hier rüber, Mädchen, hier rüber!» «He, ihr jungen Damen, hierher!» Und die Engel drehen sich in diese und jene Richtung, perfekt frisiertes Haar schwingt um makellos geschminkte Gesichter. Die unbeschäftigten Reporter blättern ihre Pressemappen durch, die von jedem Star Großaufnahmen und Kurzbiographien enthalten – Tea Leoni, «die 5′7″ schöne Blondine» Karen Kopins, «die 5′8″ schöne Brünette» und so weiter. Leoni ist von den vieren die einzige, die bei den landesweiten Vorstellterminen entdeckt wurde. Die anderen sind Models, die bereits kleinere Rollen hatten. Die Engel verbringen exakt fünf Minuten mit der Presse, bevor sie zu einer längeren Fotosession für *Time* entführt werden. Das Bühnenmikrophon wird nun Aaron Spelling übergeben, der einige der erfolgreichsten Sendungen in der Geschichte des Fernsehens produziert hat, von «Love Boat» bis «Fantasy Island». «Wie wird sich diese Serie von ‹Drei Engel für Charlie› unterscheiden?» fragt ein Reporter. «Diese jungen Damen sind selbständig; sie sind keinem Mann unterstellt», erwidert Spelling. «Es ist eine reine Frauenserie ohne männliche Leitung. Es ist eine Serie über junge

Frauen, die dick miteinander befreundet sind.» Er setzt eine bittende Miene auf. «Wie ist es nur möglich», will er wissen, daß jemand auf die Idee kommt, er wolle «die hübschen Flittchen» auf den Bildschirm zurückholen? Er schüttelt den Kopf. «Es wird eine Sendung über junge Frauen von heute [sic!], und es wird um ihr Privatleben gehen; wir werden aktuelle Themen behandeln, es wird um ihre Probleme mit Dates, Sex, Safe Sex und überhaupt Sex in der heutigen Zeit gehen. Das wird eine sehr interessante Serie.»

Später an jenem Tag in Santa Monica rollt der Drehbuchautor, Brad Markowitz, mit den Augen, als er die Details der Pressekonferenz erfährt. Einige Monate zuvor hatte Spelling Markowitz und seinen Koautor engagiert, um die Pilotfolge der Serie zu schreiben. «Spelling hat sehr schön geredet, z. B. daß ‹die Mädchen› realistischer sein würden», erinnert sich Markowitz. «Er sprach dauernd davon, daß diese Serie viel besser rüberbringe, wie Frauen wirklich sind, im Gegensatz zu diesem idealisierten, kalten Typ.» Aber als es an den Entwurf ging, sollten die Engel auf Spellings Wunsch gleich am Anfang spärlich bekleidet zu einem Rockvideo herumhüpfen. Spelling sei mit dem ersten Entwurf unzufrieden gewesen, erinnert sich Markowitz, weil «wir nicht genug Bikini-Mädchen hatten»; er ordnete zusätzliche Szenen mit Badeschönheiten an. Spelling bestand auch darauf, daß die zweiunddreißigjährigen Detektivinnen, die die Police-Academy absolviert haben (ihr ursprünglicher Status in «Drei Engel für Charlie»), zu arbeitslosen Schauspielerinnen Anfang Zwanzig degradiert wurden, die durch Zufall zur Polizei kommen und dort kläglich versagen. Spelling, der später leugnet, diese Änderungen gefordert zu haben – «ich weiß nur, daß das Skript nichts taugte» –, verteidigte die Änderungen so: «Dadurch wird die Serie doch erst richtig amüsant – daß sie selbständig handeln sollen, es aber nicht können! Sie sind schlicht unfähig!»

Nach diversen Verzögerungen und Auseinandersetzungen über das Skript wurde «Angels 88» auf Eis gelegt und dann zu einem «Telefilm» umgearbeitet, in dem die Frauen, laut Spelling, sogar noch jüngere «Studentinnen» sein sollen. Inzwischen hat Spelling sein Konzept der «jungen, dick befreundeten Frauen» auf «Nightingales» übertragen, einer zur Hauptsendezeit ausgestrahlten NBC-Serie über fünf hüftwackelnde Schwesternschülerinnen, die in Unterwäsche im Umkleideraum herumspringen. Sie seien zwar nicht emanzipiert, aber ihre Vor-

gesetzte sei eine Frau, sagt Spelling stolz – als ob eine weibliche Ober-
schwester der traditionellen Rollenverteilung widerspräche.

Jedenfalls seien, erklärte Spelling bei der «Angels»-Pressekonfe-
renz, zumindest in seinen Sendungen die Hauptrollen mit Frauen besetzt. «Sehen Sie doch mal fern und sagen Sie mir, in wieviel Serien
Frauen vorherrschen, mal abgesehen von ein paar Komödien. Sie
werden merken, in sehr wenigen.»

Da hat er allerdings recht. In der Saison von 1987–88, dem Höhepunkt des Gegenschlags im Fernsehen, gab es nur in drei von zweiundzwanzig neuen Serien im Hauptprogramm weibliche Hauptrollen –
und nur zwei davon waren erwachsene Frauen. Die eine war eine
College-Studentin, die andere eine Detektivin im heiratsfähigen Alter,
die viel Zeit damit verbrachte, vor der Kamera zu posieren und über die
Dating-Szene zu klagen. (Der Titel der Serie, «Leg Work» [«Beinar-
beit»], spricht für sich). In einem starken Rückgang gegenüber den
Jahren zuvor traten Frauen in 60% der während dieses Zeitraums angelaufenen Serien nur vereinzelt oder als Randfiguren auf. In 20% der
Serien traten sie erst gar nicht in Erscheinung. Und ganz besonders rar
waren volljährige Frauen.

Selbst im einzigen Fernseh-Genre, das immer ihre Domäne gewesen
war – der Situationskomödie –, verloren die Frauen Terrain. In einer
Renaissance der altbekannten Formation «Komisches Paar» zogen in
jeder fünften Situationskomödie befreundete Junggesellen ohne er-
wachsene Frauen zusammen, unter anderem in «Everything's Relative», «My Two Dads», «Trial and Error» und «Full House». In den
Situationskomödien mit nur einem Elternteil, die in jenem Jahr die
Hauptsendezeit beherrschten, lebten zwei Drittel der Kinder beim Vater oder einer männlichen Aufsichtsperson – verglichen mit 11% in der
Realität. «In dieser Saison wird besonders deutlich, wie wenig den TV-
Autoren der Gedanke an berufstätige Mütter behagt», bemerkte die
Zeitschrift *New York Woman*. Das Magazin brachte ein Quiz, das die-
ses Unbehagen deutlich dokumentierte; das «Berufstätige-Mütter-
Quiz» lud die Leser ein, jede neue zur Prime-Time ausgestrahlte Sen-
dung der jeweiligen Situation der berufstätigen Filmmütter zuzuord-
nen. Die korrekten Antworten: «A Year in the Life» – tot. «Full
House» – tot. «I Married Dora» – tot. «My two Dads» – tot. «Valerie's
Family» – tot. «Thirtysomething» – gibt ihren Beruf auf, um Hausfrau

zu werden. «Everything's Relative» – Serie abgesetzt. «Mama's Boy»
– Serie abgesetzt.

Damit, daß Ende der 80er Jahre Frauen aus dem Hauptprogramm
verschwinden, wiederholt sich ein Muster des letzten Gegenschlags –
Ende der 50er, Anfang der 60er Jahre –, als Single-Väter die TV-Woh-
nungen bevölkerten und Frauen plötzlich vom Bildschirm verschwanden. 1960 traten nur in zwei der zehn beliebtesten Serien regelmäßig
Frauen auf – «Gunsmoke» und «Real McCoys» –, und 1962 war dann
auch die eine Frau in «Real McCoys» beseitigt worden. Das Verschwinden der Frauen mündete dann in Familienserien, bei denen –
etwa in «Bachelor Father», «My Three Sons», «Family Affair» und
«The Andy Griffith Show» – alleinstehende Väter die Haushaltsführung übernahmen.

Was die 80er Jahre betrifft, so ging die Zahl der Filmfrauen von 1985
bis 1986 allmählich zurück, als ein neuer Schlag von Action-Aben-
teuer-Serien, in denen Frauen nur noch als Mädchen und als Opfer
vorkamen, das ausgewogenere Programmangebot zu verdrängen begann. Wie besorgte Kritiker damals feststellten, machten diese zahllosen neuen Filme mit ihren brutalen Attacken gegen junge Frauen den
Slasher-Movies Konkurrenz. In «Lady Blue» zum Beispiel weiden
männliche Teenager ihr weibliches Opfer mit Skalpellen aus; in «Our
Family Honor» wird eine Siebzehnjährige mit einem Kleiderbügel tot-
geprügelt. Und wenn weibliche Figuren in jenem Jahr nicht irgendwelchen Angriffen ausgesetzt waren, dann wurden sie mit großer Wahrscheinlichkeit mundtot gemacht oder als vermißt gemeldet: Eine Analyse der 1987 im Hauptprogramm ausgestrahlten Sendungen ergab,
daß 66% der 882 Sprechrollen männlich waren – etwa derselbe Anteil
wie in den 50er Jahren.

Während die neuen Schurken damit beschäftigt waren, Frauen um-
zubringen, legten sich die Helden der schon länger laufenden Serien
ein härteres Auftreten zu. «Die Rückkehr der knallharten Männer»,
nannte es der *New-York-Times*-Fernsehkritiker Peter Boyer in einem
Artikel zu diesem Phänomen. Aus dem freundlichen Dr. Caldwell in
«St. Elsewhere» wurde ein draufgängerischer Casanova. Der unreife
Handlanger der eleganten, selbstbewußten Maddie Hayes stellt in
«Moonlighting» plötzlich seine Chefin in den Schatten – und bringt sie
zum Schweigen. Selbst Tom Selleck wurde befohlen, in «Magnum»

maskuliner aufzutreten. Und die Sender kurbelten ihren Macho-Out-
put immer weiter an; von den zehn neuen Serien, die im Herbst 1989
der Öffentlichkeit vorgestellt wurden, handelten fünf von Polizisten
oder Cowboys, mit so sprechenden Titeln wie «Nasty Boys» und
«Hardball». Die Premiere der zuletzt genannten Serie machte klar, wer
bei diesem Spiel auf der Gewinnerseite – und wer auf der Verliererseite
– sein würde. In der ersten Episode wird eine mörderische, fiese Polizistin vom männlichen Helden in die Knie gezwungen – eine Szene, die
die sich zuspitzende Konfrontation in *Eine verhängnisvolle Affäre*
wiederholt. (Er hält ihr im Bad den Kopf unter den Wasserhahn und
versucht, sie zu ertränken.)

Welche Gründe auch immer die TV-Programmacher veranlaßten,
den starken Mann hervorzukehren, Zuschauerwünsche gehörten jedenfalls nicht dazu. Umfragen ergaben nämlich, daß Polizeiserien und
Western die Zuschauer am *wenigsten* interessierten. Nichtsdestotrotz
behauptete Brandon Tartikoff, Leiter der NBC-Unterhaltungsabteilung, in der *New York Times*, die TV-Männer würden deshalb so brutal, weil das Publikum genug habe von «Schlappschwänzen» und «Helden wie Alan Alda, denen man ihre Empfindsamkeit schon von weitem
ansehe»; zum Beweis bezog er sich jedoch nicht auf reale Personen,
sondern auf die Gefühlsergüsse in Macho-Filmen – wieder ein Beispiel
dafür, wie die Macher kultureller Medien einander zitieren, um den
Gegenschlag immer weiter zu verstärken. Glenn Gordon Caron, Produzent von «Moonlighting», räumte in einem *New-York-Times*-In-
terview persönlichere Motive ein: «Ich wollte gern mal einen richtigen
Mann auf dem Bildschirm sehen.» Er beklagte sich, daß das letzte Jahrzehnt gesellschaftlicher Veränderungen sein Geschlecht vom Bildschirm verdrängt habe. «Lange Zeit gab es einfach keine Männer
mehr», nörgelte er; das Geschlecht dieser Schwächlinge habe sich nur
dadurch bestimmen lassen, daß sie «tiefere Stimmen und eine flachere
Brust hatten». Glen Charles, Koproduzent von «Cheers». war sogar
noch direkter: Er verwandelte seinen Film-Barkeeper Sam in einen
chauvinistischen Schürzenjäger, weil «er für eine Menge Leute steht,
die glauben, [die Frauenbewegung] sei ein Riesenquatsch, und die jeden, der das anders sieht, verachten.»

Der Gegenschlag im Fernsehen orientierte sich bis zu einem gewissen Grad am Beispiel der Filmindustrie. Aus *Eine verhängnisvolle Af-*

färe wurde bei ABC ein Jahr später «Obsessive Love»; aus *Baby Boom*
wurde eine Fernsehserie gleichen Namens; *Working Girl, Parenthood*
und *Look Who's Talking* tauchten alle auch als Fernsehserien auf; der
Western kehrte auf die große Leinwand und den kleinen Bildschirm
zurück. (Und um beim Thema des Single-Vaters zu bleiben, bekommt
der alleinstehende Cowboy Ethan Allan, der Held der Fernsehserie
«Paradise», vier Waisen aufgehalst). Die gleichen Gegenschlagstrends wurden neu aufbereitet: Wegen des Männermangels in Panik
geratene Single-Frauen rannten in «Addicted to His Love» einem Trieb-
verbrecher in die Arme. (Der Fernsehfilm der ABC zitierte sogar die
Harvard-Yale-Studie mit ihrer 20%igen Heiratschance für Collegeabsolventinnen über dreißig.) In Serien wie «Babys» wurden Karrierefrauen vor lauter Baby-Sehnsucht und Infertilität von Ohnmachten
heimgesucht. («Meine biologische Uhr dröhnt allmählich wie Big
Ben!» schreit eine dieser Heldinnen, die sich wie leere Gefäße fühlen.)
Selbst der «epidemische» sexuelle Mißbrauch in Kinderhorten wurde
zum Anlaß für eine Rüge: In «Do You Know the Muffin Man?» entdeckt eine geschiedene berufstätige Mutter, daß ihr vierjähriger Sohn
im Kindergarten vergewaltigt und mit Gonorrhöe infiziert wurde.

Doch hielt sich der Konterschlag des Fernsehens zwangsläufig in en-
geren Grenzen als der Hollywoods. Vor dem Fernseher haben Frauen
nämlich mehr Einfluß als im Kino; sie repräsentieren nicht nur die
Mehrheit des Publikums, sondern, noch entscheidender, die Mehrheit
jenes Publikums, auf das die Werbung zielt. Als die Programmacher
1987–88 versuchten, noch mehr arrogante Kerle und kränkliche Mädels auf den Bildschirm zu bringen, schaltete eine überwältigende Zahl
von Zuschauerinnen einfach ab. Keine der fünfundzwanzig neuen
Shows des Hauptprogramms schaffte es bezüglich der Einschaltquoten
in die Top Twenty, außer «A Different World», eine Neufassung der
«Cosby Show» (und eine der wenigen neuen Shows mit weiblicher
Hauptrolle). Im Dezember waren die Einschaltquoten während der
Hauptsendezeit dann im Vergleich zum Vorjahr um spektakuläre neun
Punkte gefallen, ein durchschnittlicher Verlust von 3,5 Millionen
Haushalten pro Abend und die TV-Saison mit den niedrigsten Ein-
schaltquoten aller Zeiten. Während der Rückgang teilweise dem Um-
stand zuzuschreiben war, daß sich die «Einschaltquotenmessung», eine
verfeinerte Methode zur Bestimmung der Zuschauerzahl, noch im An-

fangsstadium befand, erklärt diese technologische Neuerung nicht, warum so überdurchschnittlich viele Zuschauer*innen* ausschalteten. Auch erklärt sie nicht, warum bei späteren Gegenschlägen, als die Einschaltquotenmessung nicht mehr umstritten war, weiterhin überdurchschnittlich viele Frauen abschalteten. Um so mehr, als die Einschaltquotenmessung im Ruf stand, jüngere Zuschauer mehr zu favorisieren als die alten «Tagebuch»-Meßmethoden. Während jüngere Männer im Herbst 1987 im Vergleich zum Vorjahr jedoch wöchentlich im Durchschnitt zwei Stunden länger fernsahen, hatte sich die Zeit, die Frauen vor dem Fernseher verbrachten, im gleichen Zeitraum um fast eine Stunde *verringert*.

Im folgenden Jahr schraubten die Programmacher etwas zurück und ließen ein paar starke weibliche Hauptrollen ins Hauptprogramm. «Roseanne» und «Murphy Brown», beides Frauen, die kein Blatt vor den Mund nehmen – und beide, nicht zufällig, von Frauen kreiert – wurden sofort Riesenhits: «Roseanne» war eine der erfolgreichsten Serien der Fernsehgeschichte und erreichte Jahr für Jahr die höchsten Einschaltquoten. Zwei starke Frauen waren jedoch schon zuviel. Emanzipierte Frauen «beherrschen allmählich die Hauptsendezeit» nörgelte *Newsweek* 1989 in einer Titelstory. «Das TV-Pendel hat sich zu weit von den glückselig-häuslichen Übermüttern entfernt, die einst den elektronischen Herd warm hielten.» Hinter den Kulissen bemühte sich der Sender um Änderungen, die darauf hinausliefen, daß «aus Murphy total die Luft rausgelassen» wurde, wie die Erfinderin der Serie, Diane English, sagte. Vor allem die scharfzüngige Roseanne Barr wurde zum Blitzableiter für diesen Groll. Obwohl ihr für den Hang zu schmachtenden Menschenmassen und dem mißtönigen Absingen der Nationalhymne eindeutig kein Miss-Congeniality-Preis gebührt, schien das Maß an Ärger und Hysterie, die diese Komikerin auf sich zog, in keinem Verhältnis zu ihrem Vergehen zu stehen. Die Medien erklärten sie, genau wie die *Verhängnisvolle-Affäre*-Verführerin, zur «meistgehaßten Frau Amerikas»; Fernsehbosse attackierten sie in den Printmedien; ihr früherer Chefproduzent schaltete in *Daily Variety* sogar eine ganzseitige Anzeige, um die Schauspielerin zu verspotten, und trotz Kritikerlobs und spektakulärer Einschaltquoten gingen die Emmys Jahr für Jahr an «Roseanne» vorbei. Auch außerhalb des Senders schloß sich dem Kreuzzug gegen Barr ein Heer von Männern an.

Sportjournalisten, Baseballspieler und Nachrichtenkolumnisten verdammten sie in den Printmedien als «Schlampe» und «Miststück». Selbst George Bush sah sich zu einer Verurteilung gezwungen: Er bezeichnete sie als «gräßlich». (Und zu den Truppen im Mittleren Osten sagte er später, er würde sie gern als Geheimwaffe gegen den Irak einsetzen.) Der Geschäftsmann James Rees, Sohn des früheren Kongreßabgeordneten, gründete einen landesweiten «Roseanne-Hasser-Club» und warb auf den Anzeigenseiten von *Rolling Stone* und *The National* um Mitglieder. «Sie hassen Roseanne Barr?» lautete der Anzeigentext. «Treten Sie dem Club bei!» Innerhalb weniger Wochen hatte er über sechshundert Zuschriften erhalten, fast alle von Männern, die völlig mit Rees' Einschätzung der «fettärschigen alten Kuh» einverstanden waren. Sie sei «ein ekliges, fieses, häßliches, taktloses Schwabbelmonster von der schwarzen Lagune», schrieb ein Mann. Ein anderer schlug vor: «Machen wir doch Shish-Kebab aus ihr!»

Im folgenden Jahr fand im Hauptprogramm wieder die Rückkehr zu traditionellen weiblichen Ikonen statt; die neuen Serien bevölkerten den Bildschirm mit jungen Mannequins, Hausfrauen, einer Nonne und jenem merkwürdigen Prototypus des letzten TV-Gegenschlags – der netten Vorort-Hausfrau, die hexen kann. Eine modernisierte Version des gezähmten Geistes aus «Bewitched» gab es in der ironisch «Free Spirit» genannten Serie. Im nächsten Jahr nahm die Zahl der Serien, aus denen Frauen ausgeschlossen wurden, derart zu, daß sich selbst der Komiker Jay Leno bei einer Preisverleihung darüber mokierte. Angesichts der Tatsache, daß es in den neuen Sendungen von «männlichen Jugendlichen und mutterlosen Haushalten nur so wimmelte», fragte die TV-Kritikerin Joyce Millman: «Was ist nur aus dem vom Fernsehen verkündeten ‹Jahr der Frau› geworden?... Für den bevorstehenden Herbst gilt wieder: ‹Die Jungs machen einen drauf.›» Nur in zwei von dreiunddreißig neuen Shows spielten berufstätige Frauen eine Rolle; in den übrigen waren sie Hausfrauen, kleine Mädchen oder gar nicht vorhanden.

Daß der Konterschlag des Fernsehens gegen emanzipierte Frauen beim Fernsehen ruckweise vor sich geht, resultiert aus dem zutiefst ambivalenten Verhältnis des Fernsehens zu seinen Zuschauerinnen. Die Gestalter des Hauptprogramms sind stärker von der Zustimmung der Frauen abhängig als die Filmemacher und empfinden ob dieser

Abhängigkeit auch größeren Groll gegen sie. Dazu, um einer Herrin zu dienen, sind die TV-Männer nicht nach Holywood gekommen. (Und tatsächlich handelt es sich meist um Männer; über 90% der Fernsehautoren zum Beispiel sind männliche Weiße.) Sie vertreten zwar die Ansicht, Fernsehshows sollten ein breites Publikum ansprechen, sobald darin aber autonome Frauen auftreten, versuchen sie die Shows einzustellen. «Designing Women» und «Kate and Allie», beides ungeheuer populäre Serien, waren immer wieder Versuchen des Senders ausgesetzt, sie einzustellen.

Die modernen Programmgestalter befinden sich in einer Situation, die sich ungefähr mit der Situation der spätviktorianischen Kirchenmänner vergleichen läßt. Genau wie jene Anführer des Gegenschlags im letzten Jahrhundert sehen auch die TV-Bosse voller Besorgnis, wie die weibliche Zuschauergemeinde die Kirchenbank verläßt – tagsüber, um zur Arbeit zu gehen, und abends zugunsten anderer Formen elektronischer Unterhaltung, die größere Entscheidungsfreiheit und echte Alternativen bieten. Frauen wenden sich immer mehr Videos und Kabelprogrammen zu. 1987, als der Sturz der Einschaltquoten begann, stieg die Zuschauerzahl der Kabel-Hauptprogramme um 35%, und der Anteil der Haushalte mit Videorecorder stieg binnen eines Jahres von 19% auf 60%. Die Zuschauerzahl der Networks ging in der Dekade um über 25% zurück – und am meisten trugen zu diesem Rückgang die Frauen bei. 1990 berichtete Nielsen, daß sich zwei- bis dreimal mehr Frauen als Männer vom Hauptprogramm abwendeten. Die Abwanderung der Frauen war nicht nur eine Kränkung; sie bedeutete auch massive finanzielle Einbußen. (Schon ein einprozentiger Rückgang der Einschaltquoten während des Hauptprogramms bedeutet für den Sender in einer Saison über 90 Millionen Dollar Verlust.)

Abgesehen davon, daß einige Programmchefs emanzipierte Frauen aus persönlichen Gründen vom amerikanischen Bildschirm verdrängen wollen, wird dies auch von den Werbekunden gefordert, die die Hausfrau immer noch als idealste Konsumentin betrachten. Das bringt die TV-Programmacher in eine vertrackte Zwickmühle: Einerseits wollen die Werbekunden, daß die Networks sich so wenig wie möglich an moderne Frauen wenden. Andererseits erreichen Frauenfiguren, die nicht der Tradition entsprechen, wie Anführerinnen, Heldinnen und Komikerinnen, beim weiblichen Publikum durchweg die höchsten Ein-

schaltquoten. Die größten Werbekunden des Fernsehens, die Fertig-
nahrungs- und Haushaltswarenindustrie, wünschen sich traditionelle
«Familien»serien, die weiterhin einen seit zwanzig Jahren praktisch
unveränderten Spitzenumsatz garantieren. Werbekunden bevorzugen
Hausfrauen, weil sie als passivere, bereitwilligere Konsumentinnen
gelten, weil sie wahrscheinlich mehr Kinder haben und weil sie an dieses Arrangement einfach gewöhnt sind. Seit seinen Anfängen wurde
das Fernsehen als ein Gerät vermarktet, vor dem sich die ganze Familie
versammelt – der flimmernde Herd der Moderne –, wodurch die Fir-
menwerbung den ganzen Clan auf einmal erreicht.

Obwohl das Fernsehen seinen Konterschlag ruckweise von Saison zu
Saison fortsetzte, gelang es einigen Serien, die periodisch hochschla-
genden Wellen zu überstehen. «L. A. Law», «Designing Women» und
«Golden Girls» sind einige Beispiele. Aber insgesamt wurden die starken, emanzipierten Frauen aus dem Fernsehen verdrängt und durch
nostalgisch verschleierte Darstellungen apolitischer «Familien»-
Frauen ersetzt. Dieser Prozeß vollzog sich im Unterhaltungsbereich in
zwei Etappen. Als erstes wurden Anfang der 80er Jahre feministische
Themen vom Bildschirm verbannt. Dann wurde Mitte der 80er eine
«traditionelle» Frauenhierarchie errichtet, mit den Vorort-Hausfrauen
an der Spitze, den Karrierefrauen auf den mittleren Rängen und den
Single-Frauen ganz unten.

Von politischer Bewußtseinsentwicklung zum Cheerleading

Mitte der 70er Jahre ging es in den Familienserien des Abendpro-
gramms für kurze Zeit um politische Inhalte – und um eine ganze
Reihe feministischer Themen. Sie waren nicht nur auf einzelne Folgen
mit jeweils einem «Thema» beschränkt; Diskussionen über den Feminismus wurden in die wöchentlichen Folgen hineinverwoben. Die
Bunkers stritten in «All in the Family» ständig über Emanzipation,
Maude diskutierte offen über Abtreibung, und in «The Mary Tyler
Moore Show» ging Lou Grants Frau Edie in Frauengruppen und verließ schließlich ihren Mann.

1978 waren all diese Sendungen abgesetzt worden; und die wenigen

Programmacher, die die Networks für Sendungen mit feministischem Inhalt gewinnen wollten, stießen auf erbitterten Widerstand. 1980 versuchte Esther Shapiro, die ABC-Direktorin für Miniserien (eine der wenigen Frauen, die je einen solchen Posten erhielten), ihre männlichen Kollegen für ein Skript zu gewinnen, das auf Marilyn Frenchs Roman *Frauen* basierte. Die Autorin des Skripts hatte sich an Shapiro gewandt, nachdem das CBS sie abgewiesen hatte. «Es war einfach toll», erinnert sich Shapiro. «Und ich dachte, das muß unbedingt ins Fernsehen.» Außerdem sah es nach einem garantierten Hit aus. Das Buch war ein absoluter Bestseller; die Geschichte von der Hausfrau, die sich emanzipiert und ihre Familie verläßt, hatte den Frauen gefallen.

Doch der Versuch, den Sender zu überzeugen, wurde zu dem, was Shapiro rückblickend als «die schrecklichste Erfahrung» ihrer Karriere bezeichnet. Die Männer beharrten eisern auf ihrer ablehnenden Position. Egal, welches Argument sie brachte, «alles, was ich zu hören bekam, war ein kategorisches Nein», sagt sie. Sie seien, versicherten ihr die Männer, nicht nur persönlich dagegen, sondern auch alle Werbekunden würden von dem feministisch belasteten Thema die Finger lassen. Shapiro initiierte eine Kampagne zugunsten der Serie, indem sie den widerspenstigsten Chefs Telegramme schickte und an die Tür des Männerklos sogar Schilder mit der Aufschrift WOMEN'S ROOM hängte. Aber die Männer reagierten einfach mit dem Hinweis auf die Einschaltquoten: «Sie sagten, es würde vielleicht 11 % Zuschauer geben», meint sie. «Sie taten so, als sei das Publikum, das sich für die Sendung interessieren könnte, eine Minderheit. Dabei machen Frauen doch 54 % der Bevölkerung aus!»

Schließlich konnte sie die Programmacher zu «The Women's Room» überreden, einfach als Ausgleich für eine andere Show, an der ihnen sehr viel lag, und zwar *Dallas Cowboys Cheerleaders*, ein Sexploitation-Movie von der Stange. Die Männer waren einverstanden, verlangten aber, daß «The Women's Room» von einer Miniserie auf einen abendfüllenden Fernsehfilm zusammengeschnitten wurde.

Und die Kontrollkommission bestand auf einem Dementi, das den Zuschauern versicherte, die Serie spiele in der Vergangenheit und erhebe keinen Anspruch auf Aktualität. Kaum hatten rechte Gruppen wie die National Federation of Decency des Reverend Donald Wildmon spitzgekriegt, daß die ABC diesen Emanzipationsfilm bearbeiten ließ,

bombardierten sie den Sender mit Boykottdrohungen, und die Werbekunden nutzten von den vierzehn Minuten Reklame nur vier. Als
«The Women's Room» schließlich trotzdem gesendet wurde, erreichte
der Film die riesige Einschaltquote von 45 % (die höchste jener Woche),
zog eine Flut positiver Briefe nach sich und gewann einen Emmy.

Auch die feministischen TV-Autorinnen Barbara Corday und Barbara Avedon bekamen die ersten Wogen des Gegenschlags zu spüren.
Sie glaubten, sie hätten ein originelles Konzept, als sie «Cagney and
Lacey» entwarfen: Zwei starke, reife Frauenfiguren – eine alleinle-
bend, die andere verheiratet –, die Kolleginnen bei der Polizei sind.
«Das ursprüngliche Skript war eine Art freche, ausgelassene Komödie;
es gab sogar einen männlichen Prostituiertenring», erinnert sich Corday. «Wir versuchten, alles aus einem feministischen Blickwinkel darzustellen.» Aber selbst als Corday das Skript «entschärfte» und ihren
Mann, den einflußreichen Produzenten Barney Rosenzweig, einschaltete, dauerte es noch sechs Jahre, bis «Cagney and Lacey» verkauft
wurde. Alle lehnten ab: Filmstudios, unabhängige Produktionsfirmen,
Fernsehsender.

Rosenzweig erinnert sich, es seien immer wieder die gleichen Klagen
gekommen: «Die Frauen sind nicht sanft genug. Die Frauen sind nicht
feminin genug.» Die Hollywood-Bosse waren sogar darüber verärgert,
daß die Frauen «schmutzige Wörter» benutzten, obwohl es sich nur
um «Verdammt!» oder «Zum Teufel!» handelte. Als der Film wieder
und wieder abgeschmettert wurde, sagte «[Barbara] Corday zu mir:
‹Die Frauenbewegung wird mich längst überholt haben [bevor das verkauft wird].›» Und damit hatte sie gar nicht so unrecht.

Die CBS-Bosse entschieden sich schließlich 1981, «Cagney and Lacey» als Fernsehfilm zu senden. Nachdem der Film die sensationelle
Einschaltquote von 42 % erreicht hatte, stimmte der Sender der Produktion der Serie zu. Rosenzweig besetzte die Rolle der Single-Frau
mit Meg Foster. Schon nach zwei Folgen wurde die Serie, angeblich
wegen niedriger Zuschauerzahlen, eingestellt. Rosenzweig konnte die
Verantwortlichen überreden, der Serie noch eine Chance zu geben –
aber sie beschwerten sich, die Frauen seien «zu herb», und vor allem
Foster sei nicht vornehm genug und müsse gehen. «Ich habe gesagt,
ohne eine Änderung in der Besetzung könne ich mit der Serie nicht
weitermachen», erinnert sich Harvey Shephard, damals der Leiter der

Programmabteilung. «Meg Foster wirkte in dieser Rolle zu maskulin», erklärt CBS-Direktor Arnold Becker später. «Sie müssen bedenken, sie spielten Polizistinnen, und die Vorstellung, daß eine Frau Polizistin ist, ist nicht so leicht zu akzeptieren.» Rosenzweig ersetzte Meg Foster durch die blonde Sharon Gless.

Aber die Programmacher waren immer noch nicht zufrieden. Die CBS-Bosse waren von der Figur der Single-Frau wie besessen und nervten die Autoren der Serie mit endlosen Forderungen, ihre Weiblichkeit mehr zur Geltung zu bringen, ihre Sprechweise und Erscheinung zu mildern und sie «gesellschaftsfähiger» zu machen. Für zusätzliche 15 000 $ wurde «elegantere Kleidung» gekauft, ihre feministische Haltung gedämpft und ihrem familiären Hintergrund eine vornehme Westchester-County-Kindheit hinzugefügt.

Mit besonderer Sorge erfüllten die CBS-Bosse die diversen Flirts der Figur. «Cagneys sexuelle Gewohnheiten wurden ständig überwacht, nicht nur vom Sender, sondern auch vom Programmchef», sagt Rosenzweig. «Wenn ich dann zum Beispiel argumentierte: ‹Es macht Ihnen doch auch nichts aus, wenn Magnum Sex hat›, bekam ich zur Antwort: ‹Das ist etwas anderes.» Er war der Meinung, dadurch, daß Cagney mit jemandem schlief, wirke sie ordinär.» Shephard, der CBS-Programmchef, war besorgt, sie «könne promiskuitiv wirken», was ein Problem gewesen wäre, weil sie dann kein «positives Vorbild» mehr gewesen wäre. Der CBS-Boß Becker erklärt die Sorge und Einmischung in bezug auf Cagneys Verhalten folgendermaßen: «Nun ja, sie [Lacey] war verheiratet, und so gab es Gelegenheit, sie in ihrem Zuhause zu zeigen, wo sie liebevoll waltete. Da Cagney jedoch alleinstehend war, konnte man schwerer zeigen, wie verletzlich sie ist.» Und wieso mußte ihre Verletzlichkeit *überhaupt* gezeigt werden? «Weil die meisten Amerikaner finden, Frauen sollten so sein... Ich frage mich, wieviel Männer es heutzutage in den USA gibt, die drauf aus wären, eine knallharte Polizistin zu heiraten.» Ziemlich einfältig fügt Becker dann hinzu, daß «meine Tochter mich für diese Worte umbringen würde». Sie sei Rechtsanwältin und so «extrem feministisch», daß sie ihn sogar korrigiere, wenn er erwachsene Frauen als «Mädels» bezeichne.

Der Sender schritt tatsächlich gegen jede Episode ein, in deren Mittelpunkt feministische Themen standen. In einer Folge, die vom ERA (Gleichberechtigungszusatzartikel) handelte, wollte Rosenzweig die

Frauenrechtlerin Gloria Steinem bitten, eine kleine Rolle zu übernehmen. Die Kontrollkommission verhinderte dies so entsetzt, als hätten
die Serienmacher Son of Sam für eine Nebenrolle erwählt. Und dann
wurde die Folge sowieso zurückgezogen, wenige Stunden vor der Ausstrahlung, und zwar mit der Begründung, der feministische Inhalt sei
eine Beleidigung für die Zuschauerinnen.

Noch größeren Aufruhr verursachte eine Episode, in der Cagney
schwanger werden und mit dem Gedanken an Abtreibung spielen
sollte. Das Skript sah in der Schlußszene eine Fehlgeburt vor, so daß sie
die Entscheidung eigentlich gar nicht fällen mußte, aber selbst dies war
den CBS-Programmdirektoren noch zu anstößig. Schließlich überar-
beiteten die Autoren das Skript und eliminierten das ganze Thema. In
der «Alternativen» betitelten Schlußversion glaubt Cagney nur irr-
tümlich, sie sei schwanger. Lacey tadelt sie, weil sie sich nicht verant-
wortungsbewußter verhält – und sagt ihr, im *Falle* einer Schwangerschaft hätte sie heiraten müssen. Abtreibung steht als Alternative gar
nicht zur Debatte.

In einer späteren Episode, über einen Bombenanschlag auf eine Abtreibungsklinik, bekam Rosenzweig von der Kontrollkommission ein
dreiseitiges Memo «voller Verbote» zugeschickt. Besonders verärgert
war man darüber, daß beide Frauen in der Serie das Recht auf Abtreibung unterstützten. Rosenzweig wies vergeblich darauf hin, daß das
Skript ja nur die Wirklichkeit widerspiegle, in der 70% aller berufstätigen Frauen für freie Entscheidung eintreten. Mittlerweile machten,
kaum war etwas über die bevorstehende Episode nach draußen gesickert,
überall Abtreibungsgegner mobil. Schließlich landete die Kontroverse
sogar in amerikanischen Talkshows und Radiosendungen.

Die Direktoren des Senders behaupteten, sich nur aus Sorge um die
Zuschauerinnen einzumischen, die sich durch berufstätige Frauen wie
Cagney und Lacey «eingeschüchtert» fühlen könnten. Rosenzweig er-
widerte: «Ich habe auf meinem Schreibtisch viertausend Briefe von
Frauen, die durchaus nicht eingeschüchtert wirken. Was für Beweise
haben Sie denn?» Sie hatten keine. (In Wirklichkeit hatte Becker den
Gegenbeweis sogar bei sich zu Hause vor Augen. Er gibt zu, seine Frau
sei ein «großer Fan» der Serie.) Es waren die männlichen Programmma-
cher des CBS, nicht die Zuschauerinnen, denen die starken Frauen aus
«Cagney und Lacey» nicht behagten. Becker beschwerte sich damals,

die Frauen der Serie seien «zu aggressiv, zu laut und zu kalt». Ein anderer CBS-Vertreter äußerte gegenüber dem *TV Guide*, die Heldinnen seien «zu schroff und emanzipiert... Diesen Frauen in ‹Cagney and Lacey› schien es mehr um die Bekämpfung des Systems als um ihre Polizeiarbeit zu gehen. Für uns waren das Lesben.»

Schließlich versuchten die Schauspielerinnen die Serie dadurch zu retten, daß sie von ihrer eigenen Linie abrückten. In der Öffentlichkeit begannen sie abzustreiten, daß die Serie feministische Inhalte habe – obwohl sie zu Themen wie Frauendiskriminierung, sexuelle Belästigung, Gewalt gegen Ehefrauen, Gesundheitsfürsorge für Frauen sowie Prostitution regelmäßig feministische Positionen vertrat. April Smith, die Produzentin von «Cagney and Lacey», versicherte der Presse, die Crew wolle «die Serie nicht zu einem Vehikel der Frauenbewegung machen». In einer Talkshow behauptete der Ko-Star Sharon Gless, «Cagney and Lacey» sei *keine* «feministische» Serie, da dieses Etikett zu «enge Grenzen setzen» würde. Als sich eine Frauenforscherin wegen einiger Fragen zum Frauenbild der Serie brieflich an den Sender wandte, antwortete ihr die Zuschauerabteilung frostig: «Wir wünschen nicht, in eine Diskussion über unsere Ansichten zum Feminismus verwickelt zu werden.»

Doch all diese Widerrufe genügten nicht, um den Sender zu besänftigen. 1983 setzte das CBS «Cagney und Lacey» ab. Nachdem von loyalen Zuschauern und Zuschauerinnen Zehntausende von Briefen eingetroffen waren (eine Lawine, die den letzten großen Fan-Protest für «Lou Grant» um das Zehnfache übertraf), nachdem Tyne Daly (Lacey) den Emmy für die beste Seriendarstellerin erhalten hatte und nachdem die Show bei den Sommer-*Wiederholungen* die höchsten Einschaltquoten bekommen hatte, kapitulierte der Sender und nahm die Serie wieder ins Programm. Sie gewann fünf weitere Emmys, inklusive den für die beste Serie. Nichtsdestotrotz verlegte das CBS 1987 «Cagney and Lacey» von der gewohnten auf eine völlig unattraktive Sendezeit. Zu Beginn der folgenden Saison gab es «Cagney and Lacey» nicht mehr.

Hausmütterchen und Patriarchen

«Die Häuslichkeit wird dieses Jahr ein wichtiges Serienthema sein», verkündete der *TV Guide* zu Beginn der Herbstsaison 1988, eine Feststellung, die sich als Understatement erweisen sollte. In Hauptprogramm-Serien von «Cheers» bis «The Beauty and the Beast», «Designing Woman» bis «Newhart», von «L. A. Law» bis «Night Court» erlagen Frauen der «Sehnsucht nach einem Baby», rannten in Infertilitätskliniken und gebaren sogar vor laufender Kamera. Die Serien nährten ihre Baby-Hysterie gegenseitig. Eine ganze «Thirtysomething»-Folge war einer Entbindung gewidmet. Dann, bei der Saisonpremiere von «L. A. Law», diskutierte die werdende Mutter eben diese «Thirtysomething»-Folge in ihrem Geburtsvorbereitungskurs. Am selben Abend setzten in «Cheers» bei einer weiteren Mutter die Wehen ein. Und in der gleichen Woche phantasierten Männer in der «Cosby»-Show darüber, *selbst* schwanger zu sein.

Das Gebärfestival allein wäre ja noch zu ertragen gewesen, wenn es auch etwas monoton war. Aber die Networks setzten nicht nur Babys in die Welt; sie holten auch regressive Phantasien über Mutterschaft und Ehe auf den Bildschirm zurück. Die TV-Programmacher begannen, ihre Kindheitserinnerungen an das Fernsehen der 50er Jahre aufzubereiten; schon nach kurzer Zeit dominierten die sogenannten «Nostalgieprogramme». Die Networks brachten das 50er-Jahre-Fernsehen ziemlich buchstäblich zurück, mit einer Flut von Wiederholungen und «Neu»-Produktionen wie: «The New Leave It to Beaver», «The New Newlywed Game», «The New Dating Game», die nun alle nicht gerade ein progressives Frauenbild vertraten. Gleichzeitig erweckten die Sender die Familienserien zu neuem Leben, etwas subtiler, in moderner Verpackung. Die Mütter in einigen dieser Sendungen haben angeblich Jobs, aber nur auf dem Papier. Die Frau in «Family Ties» hat zwar eine «Karriere», aber selbst wer die Sendung regelmäßig sieht, könnte kaum sagen, um was es sich handelt. Die Frau in der «Cosby»-Show ist vielleicht die erste Anwältin, die einen Full-time-Job hat, ohne das Haus zu verlassen; wenn sie sich beruflich engagiert, dann nur bei Familienzwisten im Wohnzimmer. Es sind die gleichen alten TV-Hausfrauen, die nur ihr Hauskleid abgelegt haben und deren «Karrieren» ein verlogenes Zugeständnis an die fundamentalen Veränderungen im Leben der Frauen sind.

Daß die «Cosby»-Show den Verantwortlichen des Senders – und Ronald Reagan, einem der treuesten Fans der Serie – so sehr gefiel, lag weniger daran, daß es sich um eine farbige Familie, sondern eher daran, daß es sich um eine Kernfamilie handelt. «Bill Cosby hat in die Situationskomödien wieder das männliche Element eingeführt», sagte der Chef der NBC-Unterhaltungsabteilung gegenüber der Presse. Folge um Folge behauptet Dr. Heathcliff Huxtable – der passenderweise Geburtshelfer ist – seine Rolle als Familienpotentat und erstickt jede Unbotmäßigkeit mit seiner freundlichen, aber autoritären Stimme. Politische Themen existieren nicht; die Botschaft der Serie besteht darin, daß man Kinder zum Gehorsam gegenüber ihrem Dad erziehen soll. Einige typische «Themen», um die es in dieser Familie der Upper-Middle Class geht: Daß sich eine Tochter weigert, ein anderes Partykleid anzuziehen, und daß ein Sohn fünf Minuten zu spät vom Basketballtraining nach Hause kommt. «Ich glaube an Kontrolle», sagte Cosby gegenüber dem *Time Magazine*. Er glaubt auch an die «traditionelle» Aufteilung der Haushaltspflichten, zumindest wenn man sich den Rat ansieht, den er den Männern in seinem 80er-Jahre-Bestseller, *Die Kunst, ein perfekter Vater zu sein*, erteilte. «Die Ehefrauen *tun so*, als überließen sie die Erziehung jetzt uns Vätern, aber eigentlich meinen sie das nicht ernst.»

Andere TV-Programme gaben sich nicht einmal mit dieser oberflächlichen Anerkennung der berufstätigen Frauen ab. In manchen der Shows, Mitte der 80er Jahre, wimmelte es derart von Vorort-Muttis, die sich um Dutzende von Kindern kümmerten, daß man an Wiederholungen denken mußte. «Ich werde allmählich zu June Cleaver», seufzt denn auch, völlig zu Recht, eine Frau in «Full House». Einige Serien, wie «The Wonder Years», spielten sogar buchstäblich in der Vergangenheit, wo man ruhig noch zeigen durfte, wie Mutti sich am Herd abrackert, weil es sich ja noch um die präfeministischen 60er handelt.

Andere Hausfrau-Serien entzogen sich der Welt der berufstätigen Frau in irgendwelche Phantasielandschaften. In Serien wie «Blue Skies» und «Just the Ten of Us» packt Vati die Familie in den Kombiwagen und steuert einem «besseren» Leben im ländlichen Amerika zu – wo Mutti mit einem ganzen Wurf Kinder zu Hause bleiben und Papi wieder allein verdienen kann. Mehr als eine dieser TV-Familien macht sich zu den Amish People auf, bei denen die Mütter nur im Haus arbeiten. Hier lernen die bösen Städterinnen «alte» Werte kennen. In «Aaron's Way» zum Beispiel hält eine bei den Amish People lebende Tante ihrer schwangeren Nichte einen strengen Vortrag, welch große Tugend es für eine Frau sei, Opfer zu bringen; das widerstrebende junge Mädchen stellt sich schließlich seiner «Verantwortung» und ist bereit, das Baby auszutragen. Mittlerweile gewinnen die Männer in diesen Serien wieder ihre Kraft zurück: Man sieht sie holzhacken, alte Wassermühlen reparieren und gemeinsam mit anderen strammen Dorfburschen altmodische Viehställe bauen.

Der Rückzug aufs Land könnte als milde Rebellion gegen den kapitalistischen Konkurrenzkampf betrachtet werden – obwohl die Wohnungen der Serienfiguren mit genügend Konsumgütern vollgestopft sind, um die Werbekunden dahingehend zu beruhigen, daß die Revolte gar nicht ernst gemeint ist. Doch bedeutet der Rückzug aufs Land in viel stärkerem Maß eine Ablehnung des veränderten Status der Frau in der Berufswelt. Und es ist typisch für die Hausmütterchen-Serien, daß die *Hausfrau* als Sprachrohr für die periodisch wiederkehrenden Tiraden gegen Karrierefrauen herhalten muß. Wie die Filmemacher Ende der 80er Jahre erweckten auch die Macher des TV-Hauptprogramms den wütenden Streit zwischen Frauen wieder zum Leben. In «Just the Ten of Us» schimpft eine Hausfrau über «eine aufrührerische Feministin». Sie beweist, dadurch, daß sie zu Hause blieb, die bessere Frau zu sein, auch wenn dies bedeutet, daß ihr schlecht verdienender Ehemann, Sportlehrer an einer katholischen Schule, den kinderreichen Haushalt allein ernähren muß. Eine ähnliche Hommage an die Hausfrau, auf Kosten der Karrierefrau, findet sich in «Family Man». Eine gehässige Anwältin fragt die Heldin (die Hausfrau ist), wie sie es nur den ganzen Tag zu Hause aushalte; als die Hausfrau an jenem Abend neben ihrem Mann im Bett liegt, führt sie ihm dramatisch vor, wie sie diese Karrierefrau gern zusammenstauchen würde: «Du Idiotin! Du blöde Ziege! Du dumme, verlogene Yuppie-Schlampe!» Dann bricht sie in Tränen aus, blickt zum gütigen Gesicht ihres Gatten auf und wimmert: «Es macht dir doch nichts aus, daß ich Hausfrau bin?» Er strahlt sie an. «Aber nein», beruhigt er sie, «ich finde es toll, ich finde es ganz toll!»

Während das Fernsehen der 80er Jahre die Hausmütterchen des 50er-Jahre-Fernsehens feierte, wurden Mütter, die es wagten, aus dem Kreis der Familie hinauszutreten, verunglimpft. Die Ziele der emanzipierten Frau, die in «Raising Miranda» ihre Familie verläßt, werden auf einen kläglichen Witz reduziert. Mutti sei weggelaufen, nachdem sie einen «Selbstverwirklichungs-Workshop» besucht habe, kichert Miranda, die älteste Tochter – ein junges Mädchen, das für seinen Arbeiter-Macho-Vater die Rolle der pflichtbewußten Ersatzmutti übernimmt. Mirandas fundierte Haushaltskenntnisse sind ein ziemlich direkter Vorwurf an die Adresse der pflichtvergessenen Mutti, die, wie Miranda uns verächtlich mitteilt, «nicht mal eine Ladung Wäsche» waschen konnte. In «Blossom» empfindet eine verlassene Tochter ähnlichen Abscheu vor ihrer die Aufsichtspflicht vernachlässigenden Mutter. «Sie sollte in der Küche sein, wenn ich aus der Schule komme», bestimmt sie, und nicht «unterwegs, um ihre Bedürfnisse zu befriedigen.» Kamen in einer Serie aber doch einmal berufstätige Mütter vor, dann wurden sie meist als unfähig, unglücklich oder pflichtsäumig hingestellt. In «Who's the Boss?» ist die Mutter so egoistisch von ihren beruflichen Plänen in Anspruch genommen, daß ihr muskulöser männlicher Haushälter sich um die Kinder kümmern muß.

Selbst vermeintlich aufgeklärtere Serien konnten nicht der Versuchung widerstehen, die berufstätige Mutter herunterzumachen. Als der Fernsehproduzent Gary David Goldberg «Day by Day» vorstellte, eine Serie über einen familiär geleiteten Kinderhort, sagte er, die Serie werde eine Rarität bringen – und zwar zur Hauptsendezeit eine Behandlung des Themas Kinderhort aus positiver Sicht. Mit den berufstätigen Müttern jedoch ging die Serie nach wie vor verächtlich um. Neurotisch und unfähig, kommen die Karrieremuttis jeden Morgen in den Hort gestolpert und werfen ihre Kleinkinder der Leiterin und dem Leiter in die Arme – Eheleute, die sich alle fünf Minuten gegenseitig dazu beglückwünschen, *ihre* Wall-Street-Karrieren geopfert zu haben, um die Sprößlinge dieser pflichtsäumigen Mütter zu beaufsichtigen.

Die Single-Lady verschwindet

«Singlefrau-Hauptrollen funktionieren in einstündigen Fernsehfilmen nicht», informierte Scott Siegler, CBS-Direktor für Dramenkonzeption, den Soziologen Todd Gitlin Anfang der 80er Jahre. Am Ende der Dekade konnte man angesichts der Besetzungslisten den Eindruck gewinnen, Singlefrau-Hauptrollen funktionierten im Fernsehen *überhaupt* nicht.

Mit der Eliminierung von Single-Frauen wiederholt sich ein Muster, das sich während des letzten TV-Gegenschlags etabliert hat. In den Anfängen des Fernsehens gab es eine ganze Reihe von Serien mit Single-Frauen, wenn es sich auch meist um unglückliche Lehrerinnen, Dienstmädchen und Sekretärinnen handelte, zum Beispiel in Werkchen wie «Private Secretary», «Ella Miss», «My Friend Irma», «Our Miss Brooks» und «Meet Millie». Mitte der 50er Jahre jedoch waren alle Sendungen mit einer Single-Frau in der Hauptrolle abgesetzt worden. Die unverheiratete Heldin blieb auch Anfang und Mitte der 60er Jahre verschwunden und tauchte nur noch als Randfigur auf, um die Zuschauerinnen an die Schrecken des Single-Lebens zu erinnern. In «The Dick Van Dyke Show» diente die ledige Sally Rogers nur dazu, das Glück und die femininere Ausstrahlung der von ihrem Mann vergötterten Ehefrau van Dykes – gespielt von Mary Tyler Moore – noch deutlicher hevorzuheben. In den zahllosen Arzt- und Krankenhausserien der 60er Jahre kamen Single-Frauen nur als Patientinnen vor, deren Krankheit meist auf irgendeine «egoistische» Handlungsweise zurückzuführen war – etwa auf eine Abtreibung, eine Affäre oder, am häufigsten, auf den Widerstand gegen die Anordnungen des Arztes.

1970 jedoch bekam Mary Tyler Moore im Van-Dyke-Puppenhaus ihre eigene Wohnung und ihre eigene Chance. Moores Mary Richards war nicht nur ledig, sondern auch über dreißig und litt keineswegs an Torschlußpanik. Sie hatte Freunde und Freundinnen und ein harmonisches Sexualleben; sie wies Männer, die ihr nicht gefielen, einfach ab und nahm sogar die Pille – ohne am Schluß im Krankenhaus zu landen. (Ihrem Boß gegenüber war sie allerdings immer noch das unterwürfige Pseudoschulmädchen; während ihre Kolleginnen und Kollegen den Chef «Lou» nannten, sagte sie immer «Mr. Grant» zu ihm.) Die Zuschauerinnen liebten sie heiß und innig. Die Sendung hatte stets Top-Einschaltquoten, gewann fünfundzwanzig Emmys und zog zwei andere erfolgreiche Situationskomödien mit emanzipierten weiblichen Hauptrollen nach sich. Mittlerweile hatte die Botschaft auch andere Programmacher erreicht, und sie entwarfen ihre eigenen Serien über emanzipierte Single-Frauen, von der realistischen Frau in «One Day at a Time» bis zur übermenschlichen Frau in «The Bionic Woman».

1986, eine Dekade nach ihrem früheren Triumph, kehrte Mary Tyler Moore ins Hauptprogramm zurück – als ausgebrannte, düstere geschiedene Frau, deren Karriere nur noch Gegenstand des Spotts ist. In «Mary» ist sie für die Verbrauchertipskolumne eines Schundblatts zuständig. Weder an ihrem Arbeitsplatz noch privat hat sie wirkliche Freunde, was ihre eh schon freudlose Existenz noch mehr verdüstert. Nebenan ist in die Wohnung ihrer sinnlichen Freundin Rhoda eine narzißtische Karrierefrau eingezogen, die eine Werbeagentur leitet und verzweifelt auf Anrufe von Männern wartet. In einer Folge lernt diese Nachbarin einen Gangster kennen und gibt noch am selben Tag ihre Verlobung bekannt.

Moores Nachbarin war nicht die einzige Single-Frau im Fernsehen, die dem Trauschein zuliebe ihre Ansprüche zurückschraubte. Unter dem Druck des Senders verheirateten die Erfinder von «Kate and Allie» die geschiedene Mutter Allie an einen farblosen Freier, den sie erst seit kurzem kannte. In der gleichen Saison wurde in «Moonlighting» die schwangere Maddie Hayes mit einem stockdummen Buchhalter verheiratet, kurz nachdem sie sich im Zug kennengelernt haben. Cybill Shepherd, die die Maddie spielte, hatte sich erbittert dagegen gewehrt, und die Zuschauerinnen waren ähnlich angewidert. Es kamen solche Massen empörter Briefe, daß die Ehe schließlich annulliert werden mußte.

Maddies erzwungene Ehe stand nur am Ende einer langen Kampagne, die darauf zielte, diese emanzipierte Frauenfigur zu ducken. David Addison, ein unbeschwerter Junggeselle und Maddies Angestellter, zähmt seine «Bienenkönigin»-Chefin auf altmodische Weise; er gibt ihr eine Ohrfeige, und sie gibt seinen Annäherungsversuchen nach. Damit jedoch immer noch nicht zufrieden, lassen die Serienproduzenten sie später vor dem arroganten David buchstäblich auf den Knien herumrutschen. Diese Demütigung Maddie Hayes' war kein beliebiger Einfall. Sie reflektierte vielmehr eine Kampagne hinter den Kulissen, die vom Produzenten Glenn Caron und dem Schauspieler Bruce Willis (der den David spielte) initiiert worden war, um die «aggressive» Persönlichkeit der Single-Frau Shepherd zu bändigen. Die beiden äußerten gegenüber der Presse, sie fänden es schlecht, daß sie dauernd dem Regisseur widerspreche. Auf Carons Geheiß schickte der Sender Shepherd ein Disziplinarschreiben. Darin wurde ihr unter An-

drohung eines Prozesses und der Absetzung der Serie befohlen, die
Anordnungen des Regisseurs zu befolgen, die festgelegten Pausen
nicht zu überziehen und um Erlaubnis zu fragen, wenn sie die Dreharbeiten verlassen wollte. «Mir wurde ganz schlecht, als ich das las»,
sagte Shepherd damals. «Das war wie in der Besserungsanstalt.»

Während das Fernsehen den Run der Single-Frauen auf den Altar
meist als ihre «freie Entscheidung» darstellte, enthüllten manchmal
die Plots das zugrundeliegende Konzept – das der Wunscherfüllung
alleinstehender Männer diente. Bei der Serie «Murder, She Wrote»
(bei der Frauen, trotz des Titels, 1987 weder für das Drehbuch noch für
Produktion und Regie zuständig waren) gab es 1988 eine solche durch-
schaubare Folge, die von der Erlösung einer berufstätigen Single-Frau
durch die Ehe handelte. Nachdem ihn eine Karrierefrau sitzengelassen
hat, flüchtet Grady an die Bar. Vielleicht sei es so das Beste, beschließt
er. «Ich will ein traditionelles Mädchen.» Ein Trinkkumpan meldet
sich zu Wort: «Ist sie eine Karrierefrau?» Als Grady nickt, wirft ihm
der Mann einen wissenden Blick zu: «Ja, ja, man gibt ihnen eine Aktentasche in die Hand, und schon ziehen sie einem das Fell über die
Ohren!» Am Schluß der Folge kommt die Karrierefrau (eine Wirtschaftsprüferin) angelaufen und bittet Grady um Absolution. «Ich will
gar nicht Wirtschaftsprüferin sein», weint sie. «Ich will einfach nur
deine Frau sein!» Ein hocherfreuter Grady zieht das Fazit: «Ich glaube,
jetzt wird doch noch alles gut.»

Der eheliche Imperativ beschränkte sich nicht nur auf das Hauptprogramm; in den tagsüber ausgestrahlten Seifenopern, in denen ständig
die Hochzeitsglocken bimmelten, kletterte die Heiratsrate sogar noch
höher, während die Scheidungsrate fiel. «Vor zehn Jahren hätten wir
sie vielleicht Schluß machen lassen», sagt Mary Alice Dwyer-Dobbin,
die für das Tagesprogramm zuständige ABC-Vizedirektorin, über die
zerstrittenen unverheirateten Paare. «Jetzt jedoch wurden die Autoren
aufgefordert, neue, originelle Plots zu schreiben, die zwar durchaus
Konflikte aufkommen lassen, die Hauptfiguren aber nicht auseinan-
derreißen.» Warum? «Es gibt immer mehr Hausfrauen», sagt sie.
«Das hat alles damit zu tun, daß das Pendel von der Superfrau-Ära
wieder zurückschlägt.»

Wie die bettlägerigen Single-Patientinnen der Arztserien der 60er
Jahre riskierten auch in den Seifenopern der 80er heiratsunwillige

Frauen den Tod. 1988 waren in der realen Welt 8% der AIDS-Opfer Frauen. Im Tagesprogramm des Fernsehens jedoch waren es 100%. In «The Young and the Restless» erkrankt eine frühere Prostituierte an AIDS und gibt ihr Kind weg, um ihrem Beruf nachgehen zu können – der Gipfel des Karrierismus. (Am Ende steckt sie auch noch ihre Tochter an.) In «All my Children» erkrankt eine geschiedene Frau an AIDS und beschließt, da auf dem Krankenlager offenbar ihre Weiblichkeit zum Leben erwacht, wieder zu heiraten. Wird im Hochzeitsgemach Safer Sex praktiziert? Darüber berichtet diese «sozial verantwortungsbewußte» Seifenoper nichts.

Mit Ausnahme von «Murphy Brown» brachte das Hauptprogramm der 80er Jahre fast keine Serien über Single-Frauen in der Arbeitswelt, geschweige denn darüber, daß ihnen ihr Beruf Stolz und Freude bereitet. Die wenigen Serien über Single-Frauen, die sich intensiv in ihrem Beruf engagieren – wie etwa die Anwältin in «Sara» – überstanden meist nicht einmal eine Saison. Offenbar befürworteten die Networks Single-Frau-Serien nur dann, wenn die Heldinnen in harmlosen Rollen in einer reinen Frauenwelt ans Haus gefesselt waren – wie die ältlichen Witwen in «The Golden Girls», oder daheim tätige Innenarchitektinnen in «Designing Women».

Die Single-Frauen, die sich in dieser Saison im Fernsehen halten konnten, hatten meist Nebenrollen oder Rollen, die zur Warnung dienen sollten; wie bei Sally Rogers in «The Dick Van Dyke Show» dienten ihre schrecklichen Lebensumstände nur dazu, das Glück der die Hauptrolle spielenden Ehefrau noch mehr hervorzuheben. In Nebenrollen verbannt, wurden die Single-Frauen bald wieder auf zwei Standardtypen reduziert: Die kalte, berechnende Karrieristin oder die depressive alte Jungfer. Entweder hatte die Single-Frau gar keine Emotionen, oder sie war ein emotionales Wrack. Die Single-Karrieristin stand auf der weiblichen Rangliste ganz unten. Sie hatte ihre Menschlichkeit mit einem Gehaltsscheck vertauscht und wies nicht nur Männer, sondern auch Kinder verächtlich zurück. Der bloße Anblick eines Babys konnte ihre sowieso schon eisige Seelentemperatur auf arktische Verhältnisse sinken lassen. «Babys, oje», sagt die alleinstehende Börsenmaklerin in «Day by Day» und muß sich fast übergeben, als ihr eins ins Blickfeld torkelt. «Unappetitlich und abstoßend.» Etwas weiter oben in der Frauenhierarchie des Fernsehens rangierte die verheulte alte Jungfer. Sie war weniger einschüchternd als ihre beruflich ambitionierte Schwester; sie war viel zu sehr mit Weinen beschäftigt, um an Karriere zu denken. Sie verdiente Mitleid, so suggerierte die Serie – wenn auch nicht Respekt.

Der seelische Zusammenbruch der Single-Frau beschäftigte auch anspruchsvollere Serien wie «The Days and Nights of Molly Dodd», wo die vierunddreißigjährige geschiedene Heldin nicht nur ihren Mann verloren hat, sondern auch zahllose Jobs, männliche Freunde, ihre nebenan wohnende Freundin und sogar ihren Therapeuten. Bereits nach sechs Folgen erleidet sie einen Nervenzusammenbruch.

Der NBC-Unterhaltungschef Warren Littlefield sagte der Presse, das «Ziel» des Senders sei es gewesen, mit «Molly Dodd» eine Serie zu machen, «die über die Realität einer Single-Frau berichtet». Aber in der Phantasie der Programmacher Ende der 80er Jahre ist die einzige «reale» Single-Frau die, die zusammenbricht. Im Fall der Molly *ist* die seelische Krankheit ihre Persönlichkeit. «Ich habe sie zu einer Neurotikerin gemacht», erklärt Executive Producer Jay Tarses, «weil ich nicht wollte, daß sie die Zuschauer kalt läßt.» Tarses hätte aber auch zu anderen Eigenschaften greifen können, um ihren Charakter interessant zu machen: Schließlich gelang ihm auch mit dem Psychotherapeuten in «The Bob Newhart Show» eine denkwürdige Persönlichkeit, ohne daß der Therapeut gleich durchdrehen muß.

Natürlich gibt es auch in Wirklichkeit Single-Frauen wie Molly, und innerhalb eines breit gefächerten Spektrums weiblicher TV-Figuren – einem Spektrum, das Single-Frauen mit unterschiedlichen Problemen einschließt und vielleicht auch mal eine Single-Frau, deren bewundernswerte Attribute ihre Defekte überwiegen –, wäre nichts gegen diese Figur einzuwenden gewesen. Als eine der wenigen Single-Frauen, die Ende der 80er Jahre ihre eigene Fernsehserie hatten, diente die grämliche Molly letztlich als Archetypus – um die Stereotypen zu untermauern, die der Rest des Gegenschlags verbreitete. Und vielleicht war dies sogar die Absicht des Erfinders. «Sie verkörpert für mich alle Frauen», sagt Tarses über Molly. «Ihre biologische Uhr tickt... ‹Molly Dodd› unterscheidet sich um 180 Grad von Mary Tyler Moore.»

Auch über die Frauenrechte schwieg Molly ebenso beharrlich, wie Mary offen darüber gesprochen hatte. «Ich denke, viele Frauen fragen sich: Was hat uns der Feminismus eigentlich gebracht?» sagt Tarses.

«Haben wir wirklich etwas gewonnen? Das ist Molly Dodds Blickwinkel.» Wenn die Serie einen Blick zurückwerfen würde, auf Molly Anfang der 70er Jahre, dann würden die Zuschauer seiner Meinung nach
einer Frau begegnen, die «sich nach außen hin wahrscheinlich als radikale Feministin gebärdet, insgeheim jedoch auf ein traditionelleres Leben gehofft hätte». Warum? «Weil ich so das Gefühl habe», sagt Tarses. «Ich habe nie begriffen, was die Frauenbewegung eigentlich
wollte... Alles, was ein Mann sagte oder tat, konnte von Feministinnen falsch ausgelegt werden. Ich hab diesen ständigen Eiertanz nicht
eingesehen. Ich verstehe immer noch nicht, wo das große Problem
liegt. Ich hatte nie den Eindruck, daß ihnen irgendwelche Türen verschlossen waren.»

Thirtysomething:
Schwangerschaftsstreifen und Streßbeschwerden

Würde man sämtliche 80er Trendstorys über Frauen in einen TV-
Skript-Computer eingeben, dann käme vielleicht «Thirtysomething»
heraus, das gefeierte «realistische Gegenwartsdrama» der ABC über
Babyboomer mit unbegrenzten Aufstiegschancen. Zu den Themen
dieser Hauptprogrammserie, die im Herbst 1987 begann und auf leb-
haftes Medieninteresse stieß, zählen die Verpuppung, die Mutti-
Schiene, der Männermangel und die biologische Uhr. Es gibt sogar eine
Episode über die Nachteile des neuen Scheidungsrechts, die direkt Lenore Weitzmans Buch *The Divorce Revolution* entstammen könnte. In
dieser Folge drängt eine boshafte Rechtsanwältin den seiner Familie
entfremdeten Ehemann dazu, mit Hilfe des neuen Gesetzes hinter dem
Rücken von Frau und Kindern das Haus zu verkaufen. Bei der herzlo-
sen Anwältin handelt es sich natürlich um eine alleinstehende Karrierefrau.

Die Erfinder von «Thirtysomething» vermarkteten die Show als TV-
Serie mit vernünftigen Ansichten. Aber ebenso wie die typische
Trendstory vermieden die Skripte der Show jede gesellschaftliche oder
politische Analyse und pumpten Moralismus in das entstandene Vakuum. Die Moralgeschichten zielten, gemäß der Tradition des Me-
dientrends, ausschließlich auf Frauen. Die gute Mutter, Hope Stead-

man, schwebte, in himmlisches Licht getaucht, durch die Küche und stillte verzückt ihr Kind. Indessen preßten die bösen alten Jungfern die Hände auf ihren unfruchtbaren Leib und strichen kläglich um das Haus der glücklichen Steadmans herum; wie die Single-Frau des *New-York-Times*-Artikels «kämpften sie gegen eine innere Leere an». Die Skripte verbrämten ihre wöchentlichen Moralpredigten mit pseudoprogressiven, phrasenhaften Dialogen und einer ironischen Haltung, die sich von der jeweiligen Botschaft gleich wieder distanzierte. Die Figuren inszenierten einen läppischen, nicht ernstgemeinten Kampf gegen das häusliche Image des 5oer-Jahre-Fernsehens, um dann mit fliegenden Fahnen dazu überzulaufen. «Sag ja nicht, ich würde mich allmählich in June Cleaver verwandeln», äußert Hope, die glückliche Hausfrau, rhetorisch. Sie nennt Michael «Ward» (so heißt der Patriarch in «Leave it to Beaver»), und auch er weiß, welche Rolle er zu spielen hat. «Ist das jetzt die Stelle, wo ich sage: ‹Wally, komm in mein Arbeitszimmer?›» fragt er.

Während die Presse «Roseanne» argwöhnisch und mit dümmlichen Witzen empfing, wurde für «Thirtysomething» der rote Teppich ausgerollt. Die Schauspielerin Mel Harris, die die gute Ehefrau spielt, wurde sogar von einigen Talkshows gebeten, den Zuschauerinnen zu erklären, was eine gute Mutter ausmacht. Therapeuten ließen sich in den Medien begeistert über «Thirtysomething» aus und nervten den Sender mit Anfragen nach Videoaufzeichnungen einiger Episoden, die sie ihren Patientinnen «verschreiben» könnten. Die American Psychological Association verlieh der Show ihren jährlichen Preis dafür, daß sie «die inneren Gedanken» mit einbeziehe. (Diese enthusiastische Reaktion hatte ihren guten Grund. Wie nämlich ein Professor in *Redbook* berichtete, hatte eine von ihm durchgeführte Umfrage ergeben, daß Zuschauerinnen, nachdem sie «Thirtysomething» gesehen hätten, «sich eher zu einer Therapie entschließen».) Geistliche benutzten die Serie für Single-Einkehrwochenenden. Partnerschaftsvermittlungen boten «Thirtysomething»-Treffs an, und «The New Dating Game» verhieß männliche Teilnehmer mit einer «wirklich angenehmen ‹Thirtysomething›-Erscheinung». Selbst George Bush erwähnte die Serie in einer seiner Wahlkampfreden.

Und dieser ganze Rummel drehte sich um eine Serie, deren Einschaltquote nie höher lag als bei 25 % – und während der ersten Saison sogar kontinuierlich sank. In diesem Fall störte das jedoch nicht einmal die Werbekunden. Sie waren bereit, ein Auge zuzudrücken, weil die Serie in puncto «Qualitätsdemographie» weit oben lag – eine Umschreibung der TV-Industrie für Besserverdienende und eine vom Fernsehen entwickelte Strategie, mit der ein sinkender Marktanteil kaschiert wird. Das Haushaltseinkommen der meisten «Thirtysomething»-Zuschauer überstieg 60 000 Dollar jährlich – und, noch besser, über die Hälfte dieser Zuschauer hatten Kinder unter drei Jahren. Und so sprangen Industriezweige, die mit Sicherheit vom Gegenschlag profitierten, auf den «Thirtysomething»-Zug auf. In Reklame für Jif-Erdnußbutter und Kool-Aid war sogar von einem «‹Thirtysomething›-Feeling» die Rede. Die Erfinder einer Canada-Dry-Reklame, in der es um häuslich lebende Paare geht, bezogen ihre Legitimation aus der Serie. Und woher wußte die Werbeagentur, daß es einen «Trend» zur Häuslichkeit gab? «Wenn man sich ‹Thirtysomething› anschaute», erklärt Marcia Grace, Creative Director der Agentur in Wells Rich Green, «wurde einem wirklich einiges klar.»

«Thirtysomething» präsentierte ein ganzes Pantheon von Gegenschlagsfrauen – von der glücklichen Hausfrau und Mutter über die neurotische Jungfer bis hin zur keifenden Single-Karrierefrau. Die Serie enthielt sogar einen Frontalangriff gegen die Frauenbewegung: Die unsympathischste Figur ist eine Feministin.

Ganz oben auf der «Thirtysomething»-Frauenleiter thronte Hope. «Es ist so schwer, für Hope zu schreiben, weil sie immer von diesem Strahlenkranz umgeben ist», sagte Ann Hamilton, eine der Autorinnen der Serie. «Sie tut eigentlich nie etwas.» Als die Produzenten der Show, Ed Zwick und Marshall Herskovitz, den Pilotfilm konzipierten, entwarfen sie von allen Figuren Minibiographien. Bei den Männern ging es um Berufsziele, Hobbys und Anschauungen. Bei Hope Steadman hieß es nur: «Hope ist mit Michael verheiratet.»

«Ich habe ein schlechtes Gewissen», sagt Hope seufzend zu ihren alleinstehenden Freundinnen, «weil mein Leben so ausgefüllt ist.» Ihr größtes Problem: Sie entdeckt, daß ihr Haus einen «Grenzfall» von Radon-Kontamination darstellt. Ihr dunkelster Moment: Michael verschlampt ihre Restaurant-Reservierung, und der Film, den sie besuchen wollten, ist ausverkauft. «Michael», sagt sie zu ihm, «das war gestern der schlimmste Samstagabend meines Lebens!»

Nachdem sie, ihrer Biographie zufolge, früher «überdurchschnittliche Leistungen erbrachte», hat Hope ihre Ambitionen jetzt einem glücklichen Familienleben geopfert. Und dies war, wie einem die Serie Folge um Folge einhämmert, die richtige Entscheidung. Als Michael, leitender Angestellter in einer Werbeagentur, kleinere Geldprobleme hat, überlegt sich Hope, ob sie wieder arbeiten gehen soll. «Ich verdiene jetzt das Geld», versichert ihr Ehemann – und was würde aus ihrer zweijährigen Tochter Janey? «Du liebst sie doch. Du wirst doch jetzt nicht wieder arbeiten wollen.» Daß eine Frau arbeiten geht *und* ihre Kinder liebt, schließt sich anscheinend aus.

Hope bekräftigt ihre Verpuppungsentscheidung noch einmal neu, und zwar in einer «Verwöhnung» betitelten Schlüsselepisode, in der sie als Teilzeitkraft in ihren Job zurückkehrt, in dem sie für eine Zeitschrift Recherchen macht. Die Last des Teilzeitjobs erdrückt sie fast; man sieht sie jede Nacht bis drei Uhr arbeiten. Ihr Gatte stöhnt: «Wir waren doch mal wahnsinnig verliebt!» Sie meint entschuldigend: «So wird es nicht immer bleiben», worauf er erwidert: «Klar, wahrscheinlich wird es noch schlimmer.» Hope fürchtet, daß er recht hat. Und sie sagt einer Freundin: «Eigentlich habe ich nur erreicht, daß ich total erschöpft bin.»

In ihrem Job lernt Hope eine habgierige Single-Karrierefrau kennen – sie giert sogar nach Hopes Job. Hope fragt sie, ob sie einmal Kinder haben wolle. «Ach, ich weiß nicht», gibt die Frau schnippisch zurück, «meine eigenen Pläne sind mir erst mal wichtiger... Im Moment hab ich ja nicht mal Zeit für eine Beziehung.» Das gibt den Ausschlag; Hope rennt aus dem Büro in die Arme ihres Ehemanns Michael zurück. Sie könne nicht mehr, sagt sie weinend. «Eigentlich sollte ich ja beides schaffen. Das höre ich die ganze Zeit.» Mit verschmitztem Lächeln gesteht er ihr, daß er sie auch lieber daheim habe, auch wenn dies «unemanzipiert» sei. Jetzt, wo sie die Erlaubnis eingeholt hat, eilt Hope nach Hause zurück, nimmt Baby Jane in die Arme und wirbelt mit ihr durchs Kinderzimmer. Während der Nachspann abläuft, sülzt Van Morrison «She's an Angel».

Die Folge «Entwöhnung» schrieb Liberty Godshall; sie ist mit einem der beiden Erfinder der Show, Ed Zwick, verheiratet. Früher hatte sie als Schauspielerin kleinere Rollen in Fernsehserien, inklusive «Charlie's Angels»; da sie es aber frustrierend fand, immer nur «die nuttige blonde Freundin» zu spielen, wechselte sie zum Journalismus über. Als sie dann ein Kind bekam, gab sie, genau wie Hope, ihren Beruf auf.

Mit «Entwöhnung» sagt Godshall, habe sie die Frauen drängen wollen, zu Hause zu bleiben, während die Kinder noch sehr klein sind. Godshall sagt, in der Episode sei das sogar *schwächer* zum Ausdruck gekommen, als sie wollte. «Ich glaube, ich wollte mehr, daß das Daheimbleiben wie ein Fest gefeiert wird.» Eines Tages berichteten sie und ihr Mann in den «Thirtysomething»-Produktionsbüros in Studio City über die Entstehung jener Episode:

«Godshall: ‹Ich wollte den Frauen sagen: Tut es nicht – es sei denn, ihr habt es finanziell bitter nötig oder ihr wollt es unbedingt. Denn neben den Erfolgserlebnissen gibt es eben auch Fehlschläge und Schuldgefühle.›

Zwick: ‹Mir gefiel an dieser Folge, daß sie von tief innen heraus geschrieben worden war... Sie war von den Hormonen her geschrieben. Die Gefühle hatten etwas so Verletzliches, das fand ich gut... Die heutige Frauengeneration ist in ihrer Jugend plötzlich irgendwann Germaine Geer und Betty Friedan begegnet und bekam eingetrichtert: Nein, nein, ganz falsch! Diese Richtung! Nach links! Daraufhin sagten sie: Okay, und befolgten diesen Rat. Und jetzt, wo sie selber ein Kind haben, machen sie die Entdeckung, daß es eine starke biologische – und nicht nur biologische – Bindung gibt, die Politik und Schlagworte ersetzt.›

Godshall: ‹Ein Kind aufzuziehen ist das Schwierigste, was es gibt.›

Zwick: ‹Wenn ich einmal den ganzen Tag mit meinem Sohn zusammen war...›

Godshall (wirft ihm einen Blick zu): ‹Nicht allzuoft.›

Zwick: ‹Na ja, mehr so, daß ich ihn vier Stunden am Stück beaufsichtigt habe, damit sie weggehen konnte.›

Godshall: ‹Fifty-fifty, so wollten wir's eigentlich machen. Das war, bevor mein Sohn zur Welt kam. Aber das scheint nicht mehr realisierbar zu sein... Ich nenne ihn [Zwick] Ward. Als ob sich Rollenmuster wiederholen.›»

Für Melissa, die alleinstehende, um ihre Existenz kämpfende freie Fotografin in «Thirtysomething», existieren keine sich wiederholenden Rollenmuster – nur Neurosen und das ständige Bewußtsein, daß, wie sie es ausdrückt, «meine biologische Uhr abläuft». Melissa ist die verheulte Version der 80er-Jahre-Jungfer – bemitleidenswerter und dadurch sympathischer als ihre karrierebesessene Single-Schwester.

«Die arme Melissa!» seufzen ihre verheirateten Freundinnen ständig. «Wenn du noch eine Idee gefühlvoller wärst, würdest du ihnen auf die Nerven gehen», sagt der Junggeselle Gary, der seinerseits natürlich keine derartigen Probleme hat. Als sie bei einem Samstagabend-Rendezvous von einem Unbekannten versetzt wird, schwört Melissa weinend auf den Vollmond: «Ich schwöre, daß ich verheiratete Leute wie Hope und Michael nicht idealisieren werde; sie haben ihre eigenen Probleme, obwohl ich nicht weiß, welche, und obwohl ich sie manchmal umbringen könnte, wenn sie sich beschweren, vor allem Hope.»

Am meisten beklagt Melissa ihren unfruchtbaren Leib. «Ich will dieses Baby», ächzt Melissa jedesmal, wenn sie Janey sieht. «Wie werde ich je zu einem Baby kommen?» Kurz darauf verliebt sie sich in einen Gynäkologen, aber da er schon ein Kind hat und keins mehr will, verläßt sie ihn. «Tja, dann packen wir's wohl wieder, ich und meine Eizellen», sagt sie. Später versucht sie erfolglos, den sorglosen Junggesellen Gary für die Rolle des Zuchthengsts zu gewinnen. In der Zwischenzeit wird sie in einem Alptraum in eine Gameshow gelockt, die sich um die «biologische Uhr» dreht.

Es ist zwar unvorstellbar, aber ursprünglich war die Rolle der Melissa von den Erfindern der Show noch extremer konzipiert gewesen. Die Schauspielerin Melanie Mayron, die die Melissa spielt, erinnert sich an den ersten Vorspieltermin: «Sie wurde einfach als ‹verrückt nach Männern› beschrieben.» Mayron fragte, welchen Beruf sie habe. «Das wußte keiner. Eine Single-Frau in den Dreißigern ‹verrückt nach Männern›? Ich bitte Sie! So was macht man mit Zwanzig. Mit Dreißig hat man einen Beruf und muß Rechnungen bezahlen; da hat man was Besseres zu tun, als täglich Kontaktanzeigen zu lesen.»

Mayron hatte die Idee mit der Karriere als Fotografin und drängte auf eine komplexere Entwicklung des Charakters und weniger seelische Probleme. «Ich ärgere mich über diese Message, als alleinstehende Frau müsse man automatisch unglücklich sein», sagt Mayron, die selbst Single ist. «Auf mich und meine Freundinnen trifft das jeden-falls nicht zu.»

Zumindest wird Melissa in der Serie noch etwas Sympathie entge-gengebracht. Ellyn, der knallharten Karrierefrau, jedoch nicht. Da ihr der Job in der Stadtverwaltung viel bedeutet, muß sie auf ein Liebesle-ben verzichten. In ihrer Biographie wird sie beschrieben als «Karriere-frau, deren Karriere sich im gleichen Maß positiv wie ihr Sexualleben sich negativ entwickelt.» Genau wie Melissa war auch diese Figur am Anfang noch krasser überzeichnet und wurde nur durch die ständige Fürsprache Polly Drapers abgemildert, die die Ellyn spielte. Draper erinnert sich, daß die Produzenten, als sie für die Rolle vorsprach, Ellyn als «die Art von Mensch» schilderten, «die einen so aufregt, daß man am liebsten rausgeht, wenn sie reinkommt. Und sie wollten, daß sie Hope vergöttere und genauso sein wollte wie sie. Da habe ich gesagt: Moment mal, kann sie nicht für sich allein zufrieden sein?»

In der Serie führt Ellyn das, was sie selbst als «diese verlogene Leih-Existenz» bezeichnet. Im Vergleich zu ihrem Apartment wirkt das Quartier der Single-Frau in *Eine verhängnisvolle Affäre* direkt gemüt-lich. «Was ich habe, ist geliehen», sagt Ellyn über ihre Umgebung. «Alles. Die Couch. Die Bilder. Sogar der Salzstreuer.» Ihre Karriere läßt ihr wenig Zeit zum Einkaufen – und überhaupt keine für mensch-liche Gesellschaft. Sogar Sex hatte sie in fünfzehn Monaten kein einzi-ges Mal. «Zwischen der Arbeit... und dem Training», sagt sie, «bleibt mir ja nicht mal Zeit für eine Beziehung.» Als ein Mann in ihr Leben tritt, hält sie das kaum aus. «Meine Arbeit leidet darunter», murrt sie. Als er sagt: «Ich liebe dich», fährt sie ihn an: «Damit werde ich nicht fertig.»

Auch ihr Berufsleben wirkt nicht besonders anziehend. «Mann, bin ich müde», sagt Ellyn zu Hope. «Ich hab diese Woche jeden Abend bis zehn geschuftet. Schau dir diese Augenringe an!» Die heitere Hope wiegt ihr Baby und fragt: «Was macht dein Magen?» Ellyn stöhnt: «Schrecklich. Streß. Der totale Streß.» Als Hopes Baby vor sich hin wimmert, faucht die unmütterliche Ellyn: «Kann sie nicht mit dem Geschrei aufhören?»

Auch am Entwurf der abstoßenden Persönlichkeit Ellyns hat Liberty Godshall tatkräftig mitgewirkt. «Ja, mit Ellyn ist es schlimm», sagt sie lachend. «Und es wird vielleicht noch schlimmer. Wir spielen mit dem

Gedanken, sie drogensüchtig zu machen.» Sie schlug sogar den Pop-
titel «Addicted» als Ellyns Erkennungssong vor.

Und noch ein Schicksalsschlag, den sie und ihr Mann für die alte
Karrieristin erwogen hatten: ein totaler Nervenzusammenbruch.
Schließlich jedoch, so erklärt Zwick, «haben wir uns für etwas viel Sub-
tileres entschieden.» Ellyn entwickelt ein offenes Magengeschwür,
bricht zusammen und landet im Krankenhaus. Kurz darauf verläßt sie
ihr Freund mit den Worten: «Du tust mir wirklich leid, weil du so
egoistisch und selbstzerstörerisch handelst.» In der letzten Szene ist
Ellyn wieder im Haus ihrer Eltern und liegt auf ihrem Jungmädchen-
bett, umgeben von Stofftieren. Ihre frauliche Seite ist wieder zum Leben erwacht, und sie trifft die richtige, «weibliche» Entscheidung: Sie
greift zum Telefon und ruft einen Psychiater an.

Eine noch geringschätzigere Darstellung einer Single-Frau läßt sich
zwar kaum denken, doch in der zweiten Saison gab es das in «Thirtysomething» wirklich: Susannah, die humorlose Feministin. Susannah
ist sozial engagiert und arbeitet den ganzen Tag in einem Gemeinde-
zentrum im Getto der Stadt, wo sie sich um wohnsitzlose Männer und
mißhandelte Ehefrauen kümmert. Trotz ihrer selbstlosen Arbeit ge-
lingt es der Serie, sie als unmenschlich kalt darzustellen, als starre,
aggressive Fanatikerin ohne Freunde. Der ganze Steadman-Kreis mag
sie nicht und macht sich über ihre «übertriebene» Emanzipation und
ihr altmodisches politisches Engagement lustig. Selbst die engelhafte
Hope feixt hinter Susannahs Rücken.

Schließlich wird die widerspenstige Feministin vom Junggesellen
Gary gezähmt. Als er sie schwängert, will sie eigentlich abtreiben lassen. Aber in der Klinik bimmelt dann plötzlich ihre biologische Uhr.
«Ich habe immer alles auf später verschoben», gesteht sie Gary weinend, «ich kann jetzt einfach nicht mehr für die Zukunft planen.» Er
triumphiert, und sie bekommt das Baby.

«Wenn man sich die Figuren dieser Serie anschaut», bemerkt Ann
Hamilton, die zum Autorenteam gehört, «bekommt man den Eindruck, alle Single-Frauen seien unglücklich. Man sieht diese Frauen
und denkt: Mein Gott, bin ich froh, daß ich heutzutage keine Single-
Frau bin... Wenn ich daran denke, wie ernst die Zuschauerinnen diese
Serie nehmen, wird mir angst und bange.» Bei Planungskonferenzen
protestierte Hamilton vergeblich gegen die Folge «Entwöhnung». Sie

war damals selbst schwanger und dachte nicht daran, nach der Geburt des Babys ihren Beruf aufzugeben. «Ich fühlte mich schrecklich, weil die Folge im Grunde sagte: Wenn du wieder arbeiten gehst, bist du eine schlechte Mutter.» Aber sie empfand auch Wut, weil die Folge insgeheim den Gehorsam der Ehefrau billigt. «Hope schien genau die Entscheidung getroffen zu haben, die Michael wünschte.»

Auch den Schauspielerinnen gefiel es nicht, wie die Serie mit berufstätigen Müttern umsprang. Schließlich hatten sie *ihre* Kleinkinder in Horte gegeben, um in einer Serie mitspielen zu können, die Hausfrauen auf den Präsentierteller hob. (Die Produktionsgesellschaft der Serie stellt, wie – mit einer Ausnahme – auch alle anderen Hollywood-Studios, keinen Kinderhort zur Verfügung.) Mel Harris, die die Hope spielte, kehrte neun Monate nach der Geburt ihres Sohnes wieder in ihren Beruf zurück. «Ich denke, wenn ich arbeite, kann ich eine bessere Mutter und ein besserer Mensch sein», sagt sie. Patricia Wettig – Darstellerin der Nancy, der zweiten Hausfrau und Mutter der Serie – hat Karriere, Ehe und Kinder. (Sie ist mit dem Schauspieler verheiratet, der Hopes Mann Michael spielte.) Sie sagt: «Aus meiner Sicht sind alle drei Dinge äußerst wichtig, und ich bin nicht bereit, irgend etwas davon aufzugeben.» Als Nancy in der Serie zaghafte Versuche unternimmt, sich als Kinderbuch-Illustratorin zu betätigen, bekommt sie prompt Eierstockkrebs.

Selbst Fernsehzuschauerinnen waren über die Haltung besorgt, die in der Serie zum Ausdruck kommt. Henry Schafer, Marktforschungsleiter der ABC, der Zuschauerbefragungen durchführte, berichtet, «eines der wichtigsten Ergebnisse» sei gewesen, daß die Zuschauerinnen nicht wollten, daß Hope zu Hause blieb. «Sie sagten: ‹Holt sie von da weg, stellt sie an andere Schauplätze.› Wir haben verschiedene Möglichkeiten getestet – daß sie eine ehrenamtliche Tätigkeit hat, und daß sie einen Job bekommt. Der Job machte das Rennen.»

Es waren also nicht die Schauspielerinnen und Zuschauerinnen, die lautstark nach Vollzeithausfrauen riefen, sondern die männlichen Erfinder der Serie. Die Frauenbewegung beunruhigte sie, noch mehr die Folgen, die sie für *die Männer* hatte. «Ich finde, es ist eine schlimme Zeit für Männer, vielleicht die schlimmste in der ganzen Geschichte», beklagte sich einer der Erfinder, Marshall Herskovitz, in einem Männermagazin. «Männer kommen mit bestimmten biologischen Gege-

benheiten auf die Welt», sagte er, aber sie hätten angeblich keine «akzeptablen Möglichkeiten» mehr, diese Bedürfnisse auszuleben. «Das
Mannsein wurde in den letzten Jahren einfach entwertet und hat kaum
noch Gewicht.»

Jetzt, wo es wieder die höchste Berufung für eine Frau war, sich Ehemann und Kindern aufzuopfern, war es wohl nur eine Frage der Zeit,
bevor TV-Macher die Spielshow «Queen for a Day» aus dem Jahr 1950
buchstäblich wieder zum Leben erweckten. Jener berühmt-berüchtigte
Wettstreit, in dem um den Titel der meistgemarterten Hausfrau gekämpft wird, erschien Fries' Distribution offenbar wieder verwendbar.
Darauf läßt der Plan schließen, die «aktualisierte» Show 1988 ins Programm aufzunehmen. Ebenso wie die Rückkehr von Spellings «Angels»
wurde auch dieses Revival als Fortschritt für die Frauen präsentiert. Die
«völlig neue Queen for a Day» wird «eine Show sein, die sich mit den
Zeiten geändert hat», kündigte Fries-Sprecherin Janet Katelman an.

In der 50er-Jahre-Version war jede der Tränendrüsen-Kandidatinnen
eine Heilige à la Stella Dallas. Alle schilderten sie ihr erbarmungswürdi-
ges Opfer-Los, und das Publikum kürte die tränenseligste Geschichte.
Die glückliche Siegerin trug einen Preis nach Hause – meist eine Wasch-
maschine oder einen Kühlschrank mit Frostschutz. In der 80er Pilotfolge der Show (deren Ausstrahlung, als dies geschrieben wurde, noch
bevorstand) sollen folgende Kandidatinnen auftreten: Das Opfer eines
Brands, eine Frau, deren Tochter von einer Streetgang ermordet wurde,
und eine kinderlose Frau, die sich zur Adoption entschlossen hat. Und
wie in der alten Sendung werden die Frauen vor einem stimmberechtig-
ten Publikum ihre Leidensgeschichte ausbreiten. In welcher Hinsicht
hat sich also die neue «Queen of the Day» «mit den Zeiten geändert»?
Katelman erklärt: «Jede der Frauen wird einen Preis bekommen. Es wird
keine Verliererinnen geben.» Keine Verliererinnen, abgesehen von den
Millionen Zuschauerinnen – die im Spiegel des Gegenschlags-TVs ein
weiteres Zerrbild ihrer selbst erblicken.

6 Die Puppen anziehen:
Der Gegenschlag in der Mode

Nur zehn Tage nach dem Börsenkrach vom 19. Oktober 1987 präsentierte der französische Designer Christian Lacroix auf einer Society-Gala in der Wall Street seine Kollektion «Luxe». Passend für ein Ereignis kurz nach dem Börsenkrach fand das Ganze im Erdgeschoß des turmhohen World Financial Center statt. Während in den oberen Etagen Broker den Scherbenhaufen begutachteten, schwebten unten im Hof hohlwangige Models mit Kreuzen um den Nacken über den Laufsteg, und ihre klapperdürren Körper schwankten unter zwanzig Pfund Taft und Krinolinen. An den hochgeschnürten Brüsten von «Maria, Mounia, Veronica und Katoucha» prangten kohlkopfgroße Rosen; unter ihren enggeschnürten Taillen bauschten sich kürbisförmige Röcke. Drei Lagen Taft hoben das Gesäß hervor. Dies waren, wie Lacroix sagte, Kleider für Frauen, die sich gern «wie kleine Mädchen anziehen». Die Preise waren allerdings nicht ganz so klein; die Kleider kosteten bis zu 45 000 $ – und gehörten zur teuersten Mode, die je aus Paris kam.

Als schließlich das Licht anging, sprangen die Modejournalistinnen und -journalisten von den Stühlen, um rosa Nelken auf den Laufsteg zu werfen. Es gab donnernden Applaus für den «Messias» der Haute Couture, zu dem ihn die Modepresse ein Jahr zuvor gesalbt hatte, als er in Paris seine erste «Baby-Doll»-Kollektion vorstellte. Während draußen ein von Revlon gesponsertes Feuerwerk zu Ehren des Mode-Heilands explodierte, begaben sich die gutbetuchten Gäste ins Winter-Garden-Atrium zu einem Essen für 500 $ pro Person. Dort, umgeben von dreitausend Votivkerzen, ließen die Reklamemacher der Haute Couture in Hörweite der Modepresse ehrfürchtige Lobsprüche ab:

Lacroix' Ballonröcke strahlten «unabhängige Kraft und Sensibilität» aus; man fühle sich wie in einem «Raum voller Picassos», äußerte ein Designer gegenüber der *New York Times*.

Die Luxe-Kleider kamen – in Gegenwart von Lacroix, der Autogramme gab – bei Bergdorf-Goodman zum Verkauf, und innerhalb von zwei Tagen hatten neunundsiebzig Society-Matronen Bestellungen im Wert von 330000 $ aufgegeben. Vielleicht würde der Messias die Frauen ja doch noch zur Femininen Linie bekehren – oder zum Flitter, wie weniger ehrfürchtige Beobachter den plötzlichen Schwenk der Modewelt im Frühling 1987 zu Rüschen und Petticoats nannten. Zumindest die Designer und der Einzelhandel hofften auf diese Bekehrung. Nachdem im Juli 1986 Lacroix' Pariser «Phantasiemode»-Debüt überschwengliche Kritiken in *Women's Wear Daily* bekommen hatten, präsentierten einundzwanzig der vierundzwanzig Haute-Couture-Häuser rasch ihre eigene Version der Femininen Linie; die Modemacher hatten begonnen, «die Idee der Frau als hübsch angezogener Puppe» zu fördern; der Einzelhandel führte Petticoats, Miniröcke, Partykleider und knallenge Kleidungsstücke, die die Taille um sieben Zentimeter verschmälerten. Und die Modepresse hatte den Weg dafür geebnet, indem sie den «Gassenmädchen-Look» beschwor und das Jahr 1987 zum «Jahr des Kleides» erklärte. Aber alle Vorbereitungen waren vergeblich. In jenem Frühling hörten die Frauen nämlich einfach zu kaufen auf.

Lacroix als Messias zu bezeichnen paßte besser als beabsichtigt; Ende der 80er Jahre hätte es nämlich wirklich göttlichen Einschreitens bedurft, um den Damenbekleidungsmarkt wiederzubeleben. Der Schwarze Montag, der die Begeisterung für demonstrativ zur Schau gestellten Reichtum dämpfte, war nur der letzte Schlag für eine Industrie, die sowieso schon ins Wanken geraten war: durch ausländische Konkurrenz, massive Fusionsschulden, Spitzenpreise für Rohstoffe, den sinkenden Dollarkurs – und dann noch durch jene letzte Schmach, die von den amerikanischen Frauen erteilte Abfuhr.

Die angebliche weibliche Shopping-Leidenschaft hatte seit einiger Zeit nachgelassen. Zwischen 1980 und 1986 gaben Frauen mehr Geld für Häuser, Autos, Restaurantbesuche, medizinische Behandlungen aus, kauften sich aber weniger zum Anziehen – von der Oberbekleidung bis zur Unterwäsche. Zwar spielte auch die labile Wirtschaftslage eine gewisse Rolle, aber größtenteils schienen die Frauen einfach nicht mehr soviel Spaß am Kleider-Shopping zu haben wie früher. In einer Umfrage gaben über 80% an, sie täten es äußerst ungern, doppelt soviel wie ein Jahrzehnt zuvor.

Während der ganzen Dekade versuchten Textilfirmen und Einzelhandel die sinkenden Umsätze durch rapide Preissteigerungen zu kompensieren. Aber je höher die Preise kletterten, desto weniger Kleidung trugen die Kundinnen zur Kasse. Dann, 1987, im Jahr der Femininen Linie schnellten die Preise für Bekleidung um 30% nach oben. Die Frauen warfen einen Blick aufs Preisschild, einen zweiten Blick auf die superkurzen Kleider – und eilten aus dem Laden. In diesem Jahr fiel der Gesamtumsatz bei Damenbekleidung, trotz der Preissteigerungen, die die geringere Produktion ausgleichen sollten, zum ersten Mal innerhalb einer Dekade. Im sogenannten Jahr des Kleides fiel allein der Kleiderumsatz um 4%. Selbst auf der Höhe des Weihnachtsgeschäfts sanken die Umsätze; dies war nicht einmal während der Rezession von 1982 geschehen. Und das Phänomen blieb nur auf Frauen beschränkt. Die Umsätze bei der Herrenbekleidung stiegen im selben Jahr um 2,1%.

Die 1987 stattfindende «Moderevolte» und «Preisschockrevolution» der Frauen, wie die Presse es nannte, hätte der Modeindustrie beinahe ernstlich geschadet. Und je mehr die Modeindustrie versuchte, ihren widerstrebenden Kundinnen irgendwelche Kinkerlitzchen aufzuzwingen, desto kleiner wurden die Gewinnspannen. Im Frühjahr 1988, nach einer weiteren Saison der Volants, Ballonröcke, Minis sowie einem weiteren 40%igen Preisanstieg, sanken die Textilhandelsaktien und der Quartalsumsatz zwischen 50% und 75%. Die großen Kaufhäuser – bei denen Oberbekleidung 75% des Umsatzes ausmacht – erlitten Profiteinbußen von -zig Millionen Dollar. Im zweiten Quartal von 1988 belief sich der Umsatz der Bekleidungsindustrie auf über 4 Millionen $ weniger als in der Periode kurz vor der Femininen Linie.

Eigentlich hätten es sich die Designer ja denken können. Sie warben für «Kleinmädchen»kleider und «schlanke Silhouetten» zu einer Zeit, in der die Durchschnittsamerikanerin zweiunddreißig Jahre alt war, 65 Kilo wog und Kleidergröße 40–42 trug. Weniger als ein Viertel der amerikanischen Frauen waren über 1,63 m groß oder hatten eine Kleidergröße unter 38 – doch waren 95% der Mode für diese Maße entworfen. Von all den Rüschen- und «Nostalgie»-Modetrends, die 1987 vorgestellt wurden, schlug nur einer wirklich ein: Das *Peplon*, eine Extraschicht Stoff, die von der Taille herabhing und breite Hüften kaschierte.

Wie konnte der Modeindustrie ein solcher Marketing-Schnitzer passieren? Der Einzelhandelsanalytiker von Goldman Sachs, Joseph Ellis, wies ein Jahr später in seiner Analyse «Das Einzelhandelsdebakel mit der Damenbekleidung: Warum?» darauf hin, daß die Demographen «seit Jahren vor einer starken Verschiebung der Population hin zu höheren Altersstufen» gewarnt hatten. Doch Designer, Hersteller und Einzelhandel gingen «genau in die falsche Richtung». Ellis zog das nachsichtige Fazit, der Branche hätten wohl nicht die richtigen Marktforschungsstudien vorgelegen.

Doch es bedurfte wohl kaum eines Marketing-Experten, der den Modemachern sagte, daß die Babyboomer älter werden. Bei der Rüschen-Explosion von 1987 handelte es sich nicht einfach um ein Mißverständnis, sondern um den Ausbruch des seit langem schwelenden Frusts und Ärgers über das zunehmend emanzipierte Verhalten der Konsumentinnen. «Was ist nur mit den amerikanischen Frauen los?» wurde John Molloy, Autor von *Dress for Success* [Erfolg durch Kleidung], von einem französischen Modedesigner angeschnauzt, als er Mitte der 80er Jahre verschiedene Designer-Ateliers besuchte. «Sie tun nicht mehr, was man ihnen sagt. Wir sagen ihnen, was sie anziehen sollen, aber sie hören einfach nicht auf uns!» Oder wie sich Lacroix später beschwerte, wurden die Frauen «mit der Frauenbewegung Ende der sechziger, [und in den] siebziger Jahren weniger modebewußt», und es kehrten so viele wohlhabende Kundinnen der Haute Couture den Rücken, daß «arabische Prinzessinnen und die klassische Matrone als einzige Kundinnen übrigblieben». Die Feminine Linie war ein Versuch, die Aufmerksamkeit der emanzipierten Frauen zu erzwingen. Wie der Modedesigner Arnold Scaasi, einer der führenden Schöpfer der Femininen Linie, erklärt, ist das neue Modediktat «eine Reaktion auf die Frauenbewegung, die ihrerseits eine Art Krieg führt.»

Die Aufgabe Lacroix' und seiner Designer-Kollegen war es, diesen Krieg zu gewinnen, die Frauen zum «Zuhören» zu zwingen und sie zu bändigen, manchmal im wahrsten Sinn des Wortes. Bei einer Lacroix-Modenschau führte der Designer sein regelrecht aufgezäumtes «Cowgirl»-Model an einem Strick herein. Es reichte nicht, daß Frauen überhaupt Kleider kauften; sie mußten die Kleider kaufen, die die Designer ihnen *vorschrieben*. Die Designer wollten die «Frauen anziehen», wie es der Council of Fashion Designers of America 1987 in seiner Hommage an Lacroix formulierte.

Was 1987 geschah, war fast genauso bereits im Modekrieg von 1947 passiert. Die Frauen, die während des Zweiten Weltkriegs Hosen, flache Schuhe und weite Pullover entdeckt hatten, wollten auch im Frieden nicht mehr darauf verzichten. Die Modeindustrie stürzte, wie es damals im *Time Magazine* hieß, in eine «beängstigende Krise», da die Aufträge bis zu 60% zurückgingen. Und als der französische Designer Christian Dior seinen «Neuen Stil» vorstellte – in Wirklichkeit ein altmodischer, spätviktorianischer Stil mit Krinolinen, Schnürtaillen und langen, gebauschten Röcken –, rief er damit nur den Protest der Frauen hervor. Über dreihunderttausend Frauen traten den «Bis-etwas-übers-Knie-Klubs» bei, um gegen den neuen Stil zu protestieren, und als Neiman Marcus seinen jährlichen Modepreis an Dior verlieh, standen draußen Frauen, die Plakate schwenkten – NIEDER MIT DEM NEUEN STIL – und den Mann ausbuhten, der glaubte, Taillen über 43 Zentimeter wirkten an einer Dame «abstoßend». «Machen wir den neuen Stil von heute zum vergessenen Stil von morgen!» verkündete die Anwältin für Arbeitsrecht Anna Rosenberg, und die meisten Frauen teilten ihre Empfindungen. Bei einer Umfrage in jenem Sommer verurteilte die Mehrzahl der Frauen den Dior-Stil.

Die Proklamationen der Frauen verstärkten jedoch nur noch die Entschlossenheit der Designer, sie zum Schweigen zu bringen. «Die Frauen, die jetzt am lautesten schreien», erwiderte Dior, «... werden bald die längsten Kleider tragen... Modetrends lassen sich nie aufhalten.» Ende der 40er Jahre, nach einer zweijährigen Werbekampagne von Einzelhandel und Modepresse, hatte Dior gewonnen. Die Frauen trugen den neuen Stil, wenn auch eine abgeschwächte Version. Und sie beugten sich Diors Befehl, Korsetts zu tragen, die ihre Taille um fünf Zentimeter schmaler machten; tatsächlich erreichten Korsetts, die die Taille sogar um *sieben* Zentimeter reduzierten, einen Umsatz von 6 Millionen $ pro Jahr.

Im Rahmen jedes Gegenschlags produzierte die Modeindustrie sträflich enge Kleidung, und die Modepresse forderte die Frauen auf, sie zu tragen. «Wenn ein heranwachsendes Mädchen sanft und frau-lich werden soll, dann schnüre man ihr die Taille ein», hieß es in einer der vielen männlichen Korsett-Empfehlungen der spätviktorianischen Presse. In der zweiten Hälfte des neunzehnten Jahrhunderts wurden immer mehr rippenquetschende Kleider mit wuchtigen Tournüren hergestellt. Und eine Reform-Kampagne für bequemere, sportlichere Kleidung wurde durch den Hohn der Presse erfolgreich sabotiert. Das einflußreiche *Godey's Lady's Book* zog über die «plumpen, bäurischen Gewänder» her und bezeichnete ihre Verfechterinnen als Kleider-«De-formiererinnen».

Als die Modeindustrie in den 80ern erneut Marschbefehle auszutei-len begann, verfolgten ihre Reklameagenten eine Linie, die die des-potische Absicht herunterspielte und vorgab, den Wünschen der Frauen entgegenzukommen. Wie alle Förderer der Gegenschlagskul-tur klammerte sich auch die Modebranche an die Vorstellung, die heu-tigen Frauen litten an einer übertriebenen Gleichberechtigung, die sie ihrer Weiblichkeit beraubt hätte. Im Bereich der Mode lautete das Ge-genschlagsargument: Die Emanzipation habe den Frauen das «Recht» auf weibliche Kleidung genommen; das 70er-Jahre-Outfit der berufs-tätigen Frau lege ihre Seele in Ketten. «Viele Frauen haben den maßge-fertigten Stil so weit ausgelegt, daß er unattraktiv wurde», meint der Designer Bob Mackie. «Wahrscheinlich hat das, psychologisch gese-hen, ihrer Weiblichkeit geschadet. In New York sieht man sie oft auf der Wall Street herumlaufen.» Nach Meinung des Designers Arnold Scaasi hätten die Frauen gemerkt, daß sie «allmählich einige ihrer weiblichen Attribute einbüßen ... Die Frauen kämpfen jetzt um ihre Individualität» – indem sie «nach Hause gehen und sich schönma-chen.»

Aus lauter Verzweiflung begann die Modeindustrie, ihren eigenen altehrwürdigen Traditionen zuwiderzuhandeln. Die Modepromoter hatten lange Zeit überschwenglich versichert, Weiblichkeit sei «ewig» und in der Natur jeder Frau verankert; gleichzeitig machten sie den Frauen jedoch weis, falsche Kleidung genüge, um das Wesen dieser zeitlosen Weiblichkeit zu zerstören. Dies wurde zur Direktive, die alle vertraten, vom Petticoat- bis zum Dessoushändler.

«Wir haben sogar Nadelstreifen getragen, wir wußten ja nicht mehr, wer wir waren!» rief Karen Bromley, die Sprecherin des Intimate Apparel Council [eine Kommission der Dessousbranche]. «Wir steckten in einer Identitätskrise und haben uns wie Männer angezogen.»

Die einzige «Identitätskrise» jedoch, mit der die Frauen beim Blick in den Kleiderschrank tatsächlich konfrontiert wurden, hatte die Modeindustrie der 8oer Jahre selbst fabriziert. Die Modemacher hatten gute Gründe, den Frauen angst zu machen: Innere Unsicherheit motiviert stark zum Kauf von Kleidung. Wells Rich Greene fand im Rahmen einer der größten Studien über weibliche Shopping-Gewohnheiten Anfang der 8oer Jahre heraus, daß Frauen um so seltener Kleidung kauften, je selbstbewußter und emanzipierter sie wurden; und je mehr ihnen ihre Arbeit Spaß machte, desto weniger dachten sie über ihre Kleidung nach. Die Studie ergab, daß nur drei Frauengruppen jede Mode mitmachten: Die sehr jungen, die sehr geselligen und die sehr ängstlichen Frauen.

Obwohl die Presseagenten der Modeindustrie durch ihre erbarmungslose Werbung für «jugendliche» Mode mithalfen, die Angst der älter werdenden Babyboom-Frauen zu schüren, wiesen sie jede Schuld weit von sich. Statt dessen mußte der übliche Sündenbock herhalten – der Feminismus. Die Frauenbewegung, so hämmerten sie den Modejournalisten unablässig ein, habe die kleidungsmäßige «Identitätskrise» der Frauen herbeigeführt – indem sie ihnen eine «Dress-for-Success»-Ideologie angedreht habe. Da dieser Vorwurf gut zum generellen Frauenbild der Dekade paßte, übernahm ihn die Modepresse bereitwillig. Dabei handelte es sich nur um einen weiteren Gegenschlags-Mythos. Die Führerinnen der Frauenbewegung wollten die Frauen ebensowenig zu Nadelstreifen überreden, wie sie Büstenhalter verbrannten.

Vom Hauskittel zum maßgeschneiderten grauen Flanell

«Sie müssen aussehen, als ob Sie arbeiten, nicht, als ob Sie spielen», instruierte der Direktor von Henri Bendel 1977 die Leserinnen in einem *Harper's-Bazaar*-Artikel mit dem Titel: «Selbstbewußte Kleidung»; es handelte sich um einen von vielen Artikeln, in denen damals den Frauen geraten wurde, Anzüge zu tragen, die «Selbstvertrauen» und «Autorität» ausstrahlten.

«Ziehen Sie sich für den Job an, den Sie gern hätten», hieß es in der September-Ausgabe 1977 in *Mademoiselle*. «Parallel zur Jobhierarchie gibt es auch eine Kleidungshierarchie.» Die Titelstory der *Mademoiselle*-Ausgabe vom September 1979 enthielt einen «Dress-for-Success-Ratgeber», bei dem der Frau, die etwas aus ihrem Leben macht, graue Flanellanzüge und auf Taille gearbeitete Tweedjacketts empfohlen wurden. Der Maßanzug, so hatte die Modepresse Ende der 70er Jahre entschieden, bringe die wachsenden ökonomischen und politischen Ambitionen der Frauen ideal zum Ausdruck.

Die Modepresse hatte diese Ideen jedoch nicht von der Frauenbewegung, sondern aus den Büchern eines Modeberaters. John T. Molloys *The Woman's Dress for Sucess Book* schlug 1977 sofort ein und hielt sich über fünf Monate lang auf der Bestsellerliste der *New York Times*. Das Buch bot ehrgeizigen Geschäftsfrauen einfache Tips zur Kleidung im Beruf, so wie sein erstes Buch, *Dress for Success*, Männern Moderatschläge erteilt hatte. Auch jenes erste, 1975 erschienene Buch war sehr populär. Als die Modemedien sich ein Jahrzehnt später aber gegen «Dress for Success» wandten, richtete sich ihre verbale Attacke nur gegen die Ausgabe für Frauen.

Molloy, früher Lehrer an einer Prep. School, verlegte sich aus finanziellen Gründen Mitte der 70er Jahre darauf, Business-Kleidung für Frauen zu studieren. Firmen wie AT&T und U. S. Steel, die gesetzlich verpflichtet waren, Frauen einzustellen, sponserten Forschungsprojekte und Seminare, um als gute, die Chancengleichheit unterstützende Arbeitgeber dazustehen. Anders als die Förderer der Femininen Linie, die auf «Gefühlen» basierende Modetrends etablierten, befragte Molloy tatsächlich Hunderte von Berufstätigen. Er beauftragte sogar Assistenten damit, die Kleidungsgewohnheiten männlicher und weiblicher Firmenangestellter zu erforschen, und beobachtete im Rahmen einer Vierjahresstudie bei mehreren hundert Geschäftsfrauen Veränderungen bezüglich Kleidung und Karriere.

Aufgrund seiner Umfrageergebnisse berechnete Molloy, daß Frauen, die Anzüge trugen, anderthalbmal öfter das Gefühl hatten, als Vorgesetzte akzeptiert zu werden – und daß die Wahrscheinlichkeit, daß Männer ihre Autorität in Zweifel zogen, um ein Drittel sank. Sexuell betonte Kleidung hingegen verschlechterte – bei Frauen wie bei Männern – den Status am Arbeitsplatz. «Kleidung, die beruflichen Erfolg bringt, und sexuell attraktive Kleidung schließen sich nahezu aus.»

Wenn Molloy auch vorwiegend aus kommerziellen Motiven handelte, hatte sein Buch doch einen politischen Subtext, als Lehrbuch darüber, wie Menschen aufgrund ihrer Klassen- oder Geschlechtszugehörigkeit benachteiligt werden. Selbst ein Kind der Lower Middle Class, wandte sich Molloy an Leserinnen in ähnlicher Situation, an die «amerikanischen Selfmade-Typen», wie er sie nannte, «deren Eltern nie auf dem College waren» und die sich bemühten, «mit der Wahl ihrer Kleidung sozioökonomische Barrieren zu überwinden». Der Autor setzte sich auch für die steigenden Ansprüche der Frauen ein – und forderte sie auf, zur Verbesserung ihres Status mehr auf ihren Verstand als auf ihren Körper zu setzen. «Viele Frauen», schrieb er, «halten bewußt oder unbewußt immer noch an dem Glauben fest, konkurrieren könne eine Frau nur als Sexualobjekt, und jede Mode mitzumachen sei eine der besten Methoden, um zu siegen. Aber das stimmt nicht.»

Als Molloys Buch für Frauen in den 70ern ein Bestseller wurde, erschienen sofort drei Nachahmungen. Einzelhändler beriefen sich auf Molloy als Autorität und behaupteten sogar, meist fälschlicherweise, der Bekleidungsguru habe ihre Business-Kollektion für Damen höchstpersönlich ausgewählt. *Newsweek* erklärte den Erfolg durch Kleidung zu einem Trend. Und während der nächsten drei Jahre recycelten Frauenzeitschriften zahllose Mode-Artikel, die nicht nur den Anzug billigten, sondern auch die durch ihn repräsentierten Ambitionen – mit Überschriften wie: IHRE KARRIERE-GARDEROBE, POWER! und WAS SIE BEI BESPRECHUNGEN TRAGEN SOLLTEN. Anfangs wurde die Erfolgskleidung auch von den Modemachern begrüßt. Die Reklame stimmte jetzt Lobgesänge auf die Ziele berufstätiger Frauen an – natürlich mit der Einschränkung, daß Frauen diese Ziele nur im Anzug erreichten. Die Bekleidungsbranche hatte die Vision eines neuen, noch nicht erschlossenen Marktes. «Der Erfolg des Anzugs hat die Modeindustrie in Ekstase versetzt», bemerkte *Newsweek* 1979. Dieses Gefühl war völlig berechtigt: Der Umsatz an Damenanzügen hatte sich in jenem Jahr mehr als verdoppelt.

Vor lauter Begeisterung entging der Modebranche jedoch die zentrale Aussage von Molloys Buch: Erfolgskleidung konnte den Frauen

Geld sparen helfen und sie vom Status des willfährigen Modeopfers befreien. Businessanzüge waren nämlich keinen wilden Modeschwankungen unterworfen; die Frauen konnten ein und denselben Anzug mehrere Tage hintereinander tragen und brauchten nur Bluse und Accessoires zu variieren – was ökonomischer war, als für jeden Tag der Woche ein anderes Kleid zu kaufen. Wenn eine Frau erst einmal mehrere Anzüge besaß, hatte sie sogar eine Zeitlang vor Einkäufen Ruhe.

Zwischen 1980 und 1987 stieg der Jahresumsatz bei Damenanzügen um fast 6 Millionen Stück, während er bei Kleidern um 29 Millionen zurückging. Die Zuwachsrate von 600 Millionen $ war zwar erfreulich – aber sie konnte nicht die *Milliarden* von Dollar wettmachen, die die Modeindustrie durch die zurückgegangenen Kleiderumsätze verlor. Noch schlimmer wurde es, als die Hersteller die Anzüge verteuerten, um das Defizit auszugleichen – und die Frauen einfach auf preiswertere ausländische Fabrikate zurückgriffen. Zwischen 1981 und 1986 stiegen die Importe an Damenanzügen fast um das Dreifache.

«Wenn diese Berufskleidung von vielen Geschäftsfrauen akzeptiert wird», prophezeite Molloys Buch, «. . . wird sie wütend attackiert werden.» Die Modeindustrie, so warnte der Bekleidungsberater, könnte die Anzüge vielleicht sogar aus dem Angebot entfernen: «Sie werden dadurch ihre Herrschaft über die Frauen bedroht sehen. Und damit werden sie völlig recht haben.»

Requiem für den kleinen Schlips

1986 reduzierten die amerikanischen Bekleidungshersteller ihre Jahresproduktion an Damenanzügen um 40%; im folgenden Jahr sank die Produktion um weitere 40%. Mehrere große Anzugfirmen stellten ihr Damenbekleidungssortiment ganz ein. Die plötzliche Verringerung hing jedoch nicht mit mangelnder Nachfrage zusammen: 1986 schnellten die Verkäufe von Damenanzügen und -blazern um 5,3% nach oben. Und diese Reduktion bezog sich auch keineswegs auf beide Geschlechter gleichermaßen. Die Produktion von Herrenanzügen blieb nämlich unverändert.

Bald schon begannen die Kaufhäuser die Abteilungen für Managerinnen, die sie Ende der 70er Jahre eröffnet hatten, wieder zu schließen. Marshall's schloß seine Careers-Abteilung; Carson Pirie Scott schloß seine Corporate-Level-Abteilung für Damen; Neiman Marcus entfernte aus vielen seiner Geschäfte Businessanzüge für Damen. Paul Harris Stores verlegte sich von Damen-Berufskleidung auf Miniröcke (und verlor prompt 5,6 Millionen $). Und Alcott & Andrews, das Geschäft, das sich bei seiner Eröffnung 1984 als weibliche Version der Brooks Brothers ankündigte, kaufte Rüschenkleider ein. Als Molloy 1987 die New Yorker Filiale besuchte, fand er keinen einzigen Anzug mehr vor. (Zwei Jahre später gingen Alcott & Andrews bankrott.)

Modejournalisten trugen das Konzept des Erfolgs durch Kleidung ebenso eifrig zu Grabe, wie sie es einst bejubelt hatten. «Leb wohl, kleiner Schlips!» rühmte *Mademoiselle* 1987 in einem Artikel mit der Überschrift: «Der Tod von Dress-for-Success». Es war einer von zahlreichen derartigen Mediennachrufen; unter anderem gehörten dazu Artikel wie: «Der Tod des doofen blauen Anzugs» und «Eine Uniform der Unterwerfung wird endlich zu Grabe getragen». Wie letztere Überschrift (aus der *Chicago Tribune*) andeutet, wurde jetzt suggeriert, nicht die ungleiche Stellung im Geschäftsleben, sondern die Businessanzüge bedrohten die Chancen der Frauen am meisten. Wie ein Modeberater zum selben Thema in einem *Los-Angeles-Times*-Artikel erklärte, zeige der Anzug, daß «Sie nicht erfolgreich sind, weil sie nicht einfach ein Kleid tragen können, und das heißt, Sie haben keine Macht». Gemäß der Modetheorie der 80er Jahre lauerten Fesseln im umgebundenen Schlips – nicht jedoch in den Korsetts, die bald folgen sollten.

Das einzige, was der Feldzug gegen Dress-for-Success jetzt noch brauchte, war ein Bösewicht. Es lag nahe, sich für John Molloy zu entscheiden. Die Modepresse klagte ihn dreier Vergehen an; ihm wurde vorgeworfen, «dem gräßlichen kleinen Schlips» sowie «dem langweiligen blauen Anzug» zum Erfolg verholfen zu haben und Frauen zu «Männerimitationen» gemacht zu haben. Als sein erstes Buch herauskam, war Molloy so populär, daß sich die Zeitungen darum rissen, seine Kolumne «Making It» zu drucken. Nachdem Molloys Name jedoch auf der schwarzen Liste der Modebranche stand, zogen die Zeitungen ihre Anfragen zurück. Eine große Tageszeitung, die Molloy damals als erste um Veröffentlichung der Kolumne gebeten hatte, gab folgende Erklärung: «Die Modeleute haben was dagegen.»

Die Vorwürfe gegen Molloy wurden total aufgebauscht. In Wirklichkeit hatte Molloy in seinem Buch den Schlips nie erwähnt; er war nicht einmal auf dem Markt, als das Buch erschien. Molloy trat in seinem Buch auch nicht für dunkelblaue Anzüge ein; vielmehr empfahl er Grau, was seiner Ansicht nach mehr Autorität ausstrahlte. Und ein ganzer Teil des Buchs war speziell dem Rat gewidmet, Frauen sollten sich *nicht* wie «Männerimitationen» kleiden. *Dress for Success* beschränkte sich nicht einmal ausschließlich auf Anzüge, wie viele Zeitschriften behaupteten; das Buch schlug Frauen vor, ihre Berufsgarderobe mit Blazern, maßgefertigten Röcken und Kleidern zu variieren. Die Modepresse attackierte ihre eigene starre Auffassung von Erfolg durch Kleidung, nicht die Molloys. Wie Molloy selbst sagte, hätte eine geschäftstüchtigere Bekleidungsbranche aus seinem Rezept Kapital schlagen können. «In meinem Buch wurde ein breites Spektrum von Kleidung empfohlen», meint er. «Meine Kleidervorschriften waren nicht so eng. Es war die Modebranche, die die Entscheidungsmöglichkeiten der Frauen einengte. Sie wurde sich selbst zum schlimmsten Feind.»

Lacroix: Der Clown, der König werden wollte

Nachdem sie die Anzüge aus dem Angebot entfernt und Molloy abgesetzt hatte, machte sich die Modebranche daran, Lacroix zum «König der Haute Couture» zu krönen, ein Adelstitel, der gut zum zwanghaften Klassenbewußtsein der 8oer-Jahre-Mode paßte. Während Molloy zu den «amerikanischen Selfmade-Typen» sprach, wandte sich Lacroix ausschließlich an die Elite. Er befaßte sich mit einer Schicht, die Erfolg durch Kleidung nicht nötig hatte. Seine weibliche Klientel, die Zierde der amerikanischen High Society, hatte ihren Upper-Class-Status schon erreicht – und zwar durch Heirat oder Erbschaft, nicht durch einen wöchentlichen Gehaltsscheck.

Lacroix' Beschäftigung mit den obersten Stufen der Einkommensleiter paßte perfekt zur Preissteigerungspolititk des Einzelhandels dieser Dekade. In Entsprechung zur «Qualitätsdemographie» des Fernsehens wandten zahlreiche Einzelhändler den Mittelschichtfrauen den Rükken, um nur noch die «besserverdienenden» Kundinnen zu hofieren, wie sie die Reichen euphemistisch nannten. Statt konkurrenzfähige Preise und ein breites Spektrum von Alternativen anzubieten, orientierten sie sich allmählich nur noch an Geschmack und Einkommen der wohlhabenden Kundinnen. Statt den Bedürfnissen der vielen berufstätigen Frauen entgegenzukommen, beschränkten sie sich darauf, Smoking-Bälle zu sponsern und dem kleinen Kreis der Müßiggängerinnen Nachmittagstees und teure Gesichtsbehandlungen zu bieten. «Wir haben uns vor einigen Jahren als Unternehmen bewußt dazu entschlossen, nur noch überwiegend teure Mode höherer Qualität anzubieten», erklärt Harold Nelson, Geschäftsführer der Neiman-Marcus-Filiale in Washington, D.C., wo im Jahr 1988 die Mode zu 90% zur Haute Couture oder teuren Designer-Kategorien gehörte. «Preiswertere Ware haben wir mehr und mehr aus dem Angebot entfernt.»

Lacroix' Mode-Blickwinkel stand sogar noch fundamentaler mit der Epoche in Einklang. Auf der Suche nach Inspirationen blickte er immer nur zurück – «Ich liebe die Vergangenheit viel mehr als die Zukunft» – und vor allem auf die Mode der spätviktorianischen Zeit und der Nachkriegsjahre. 1982, während seiner Zeit als Chef-Designer bei Patou, hatte er, wenn auch erfolglos, sogar versucht, wieder die Tournüre einzuführen. (Lacroix später zu diesem Versuch: «Ich muß sagen, [die] Tournüre betont die Silhouette auf eine Art und Weise, die mir sehr gefällt.») Während der nächsten drei Jahre gingen auch seine fünf folgenden nostalgisch getönten Modeschauen daneben; später sagte er über diese Periode, er habe «darunter gelitten, als Clown der Haute Couture zu gelten». Nichtsdestotrotz blieb er auf diese «weiblicheren» Modestile fixiert, die ihn seit seiner Kindheit beschäftigt hatten; damals hatte er, wie er sich später erinnert, voller Bewunderung spätviktorianische Modemagazine mit Frauen in Korsetts studiert und davon geträumt, ein zweiter Dior zu werden, ein Ziel, das er eines Tages beim Mittagessen der Familie verkündete. Als er es als Erwachsener schließlich geschafft hatte, inszenierte er diese Phantasie. Er legte die feierliche Eröffnung des Hauses Lacroix auf den Tag des vierzigsten Jubiläums von Dior.

Natürlich spricht die Modepresse schon von seinen «Trends», wenn sie die Kundinnen noch lange nicht erreicht haben; doch in Lacroix' Fall trieb das führende Blatt der Branche, *Women's Wear Daily*, die Modeprognose zu einem neuen Extrem. Es erklärte Lacroix' erste

«Baby-Doll»-Kollektion nämlich schon zwei Tage *bevor* der Designer sie im Juli 1986 in Paris vorführte, zu einem Hit. Wie sich herausstellte, waren die Zuschauerinnen an jenem Tag von dem Ansturm der «Phantasiemode» auf dem Laufsteg von Lacroix und seinen Designern keineswegs angetan. Wie *Women's Wear Daily* eher verärgert als einsichtig bemerkte, habe die Reaktion der anwesenden Society-Damen «kühl gewirkt»; und selbst als einer der Couturiers zu «einem Kleidungsstil» aufrief, «der sich nicht mehr so wichtig nimmt», schenkten ihm die Zuschauerinnen in der ersten Reihe «keine Beachtung». Doch die matte Reaktion der Damen entmutigte die Zeitschrift keineswegs; am Tag darauf wurde Lacroix und die Feminine Linie in einer Cover-Story erneut hymnisch gefeiert. DIE MODE WIRD VERRÜCKT! verkündete die Balkenüberschrift des Magazins hirnverbrannt. Lacroix habe «den Frauen ihr Recht auf Ausgelassenheit, Spaß und gute Laune wiedergegeben».

Aber war es wirklich so, daß Laxroix den Frauen «Spaß» bot – trieb er nicht eher seinen Spaß mit ihnen? Er setzte seinen Laufsteg-Models Narrenkappen auf, schloß ihnen Scheiben um den Hals, die an Hundehalsbänder erinnerten, steckte ihnen kegelförmige Papphütchen auf die Brüste und hundertblättrige Rosen ans Hinterteil und befestigte ihnen Tabletts auf dem Kopf – wobei der letzte Einfall Assoziationen an sein Gegenteil hervorrief: Frauenköpfe auf Tabletts. Dann schickte er die Models zu Songs wie diesem auf den Laufsteg: «Drunten am Bahnhof, früh am Morgen, seht nur die kleinen, dicken Loks, alle in einer Reihe.» *Women's Wear Daily* feierte Laxroix' Feminine Linie nicht deswegen, weil sie den Frauen das Recht auf «Spaß» gab, sondern weil sie die Frauen als unverdorbene junge Mädchen präsentierte, bereit, vernascht zu werden. John Fairchild, Verleger der Zeitschrift und legendärer «Modekaiser», sagte, ganz besonders liebe er an den Lacroix-Kleidern «daß man sie mitten in Lavendelfeldern sieht, getragen von glücklichen kleinen Jüngferchen, die gern keine Jüngferchen mehr wären».

Fairchilds Rückendeckung garantierte Lacroix den totalen Kotau der restlichen Modewelt. Im folgenden Juli, drei Monate vor dem Börsenkrach, stellte er seine erste Signature-Kollektion auf einer Pariser Modenschau vor, zum «rhythmischen Applaus» der Modejournalisten und -händler. Danach standen die Einzelhandelsbosse in den Seitengängen und brachten die Journalisten mit übertriebenen Huldigungen an Lacroix ganz außer sich. Der Präsident von Martha's prophezeite: «Das wird die Garderobe jeder Frau verändern». Der leitende Direktor von Bloomingdale's sprach von einer der «brillantesten persönlichen Aussagen, die ich je auf dem Laufsteg erlebt habe». Und am freimütigsten äußerte sich gegenüber der Presse der Direktor von Bergdorf Goodmann: «Er hat uns das gegeben, wonach wir gesucht hatten.» Solchermaßen instruiert, rannten die maßgeblichen Modejournalisten los, um die «Neuigkeiten» zu verbreiten. Hebe Dorsey von der *International Herald Tribune* stürmte zur nächsten Telefonzelle, um ihrer Redaktion zu sagen, diese neue Entwicklung müsse auf die Titelseite. Am nächsten Tag erhob die *New-York-Times*-Moderedakteurin Bernadine Morris Lacroix in die «Ruhmeshalle der Mode» und erklärte: «Wie Christian Dior vor genau vierzig Jahren hat er eine darniederliegende Institution zu neuem Leben erweckt.»

Die übrige Presse fiel rasch ein. *Time* und *Newsweek* brachten enthusiastische Trendstories. *People* feierte Lacroix' «Ausgelassenheit» und die Art, wie er «hinten Polster in die Kleider stopft». Und die Leidenschaft der Massenmedien für Lacroix betraf nicht nur seine superfemininen Kleider, sondern auch den Kult seiner maskulinen Persönlichkeit. Lacroix, dessen eigener Kleiderschrank Ralph-Lauren-Mode im Gutsherrenstil enthält, wollte unbedingt das Image eines Muskelmanns vermarkten: «Einfache Menschen, Sonne und daß allerhand los ist», informierte er die Presse, «das mag ich am liebsten.» Geschichten über Lacroix waren voll von beifälligen Hinweisen auf seine männliche Vorliebe für Cowboys und Stierkämpfer. *Time* brachte folgende Huldigung einer Modekommentatorin: «Er sieht aus wie Brando; er ist pantherartig, katzenhaft. Er ist auf eine absolut unverbrauchte Art sexy.» Sein großspuriges Auftreten, und die Begeisterung der Presse dafür, bestätigten die reale «Krise», die den Gegenschlag anheizte – nicht die Sorge, daß Frauen durch Berufstätigkeit und Emanzipation ihrer Weiblichkeit beraubt werden, sondern die Angst, daß Männer dadurch ihrer Männlichkeit verlustig gehen. Die Sorge um das Schwinden der Männlichkeit war in der Modewelt besonders akut: Die in der Branche weitverbreitete homosexuelle Kultur kollidierte in den 8oern mit Homophobie und der wachsenden Angst vor AIDS.

Nachdem Lacroix zum König der Haute Couture gekrönt worden war, kämpften Designer-Konkurrenten ihrerseits erbittert um den Thron. Von Emanuel Ungaro bis Karl Lagerfeld legten sie noch mehr Rüschen übereinander und plusterten die Röcke mit noch mehr Taft auf. Obwohl die Feminine Linie doch weibliche Kurven betonen sollte, schafften es ihre wilden barocken Auswüchse eigentlich nur, die weibliche Gestalt zu verhüllen. Es war schwierig, durch dieses Dickicht von Volants und Blumenmustern überhaupt noch irgendwelche Körperformen zu erkennen. Die Schulterpolster des Dress-for-Success-Stils waren unbedeutende Accesoires, verglichen mit den 30 cm breiten Satinrosen, die Ungaro an den Schulterpartien von Abendkleidern befestigte.

Zwar hatten ein paar Dutzend reicher Amerikanerinnen Lacroix' Kleider der 1978er Luxe-Kollektion gekauft, aber der Designer wollte sich unbedingt auf dem größeren Alltagsmarkt der Konfektionskleidung einen Namen machen. Sein letzter Versuch, noch bei Patou 1984, war kläglich gescheitert, nachdem seine Entwürfe sich als zu teuer für den Verkauf erwiesen hatten. Diesmal ging er strategisch vor. Zuerst schickte er die Kleider im Frühling 1988 in drei ausgewählten Geschäften «auf Tour» – Martha's, Bergdorf Goodman und Saks Fifth Avenue. Später, im Herbst, nachdem er die Frauen mit dieser Modestichelei aufgereizt hatte, würde er dann das ganze Land mit Konfektionsware beliefern.

Im Mai 1988 erschienen in der *Washington Post* große Anzeigen von Saks Fifth Avenue, die Lacroix' Wanderschau in der Stadt begrüßten – und den Frauen rieten, vor dem großen Andrang rasch ihre speziellen Bestellungen aufzugeben.

«Wahrscheinlich wollen sie nicht gern aufgetakelt wirken»

Als die Lacroix-Kleider bei Saks eintreffen, schweben fünf Männer in dunklen Anzügen durch den Designer-Salon und überwachen vier ältere Verkäuferinnen, die die Kleider aus den Hüllen nehmen, mit blaugeäderten Händen, die leicht zittern, als sie die schweren krinolinenbesetzten Kostüme auf die Ständer hängen.

«Vorsicht, Vorsicht!» ruft einer der Männer im Anzug jedesmal, wenn ein Saum den Boden zu berühren droht. Von einem glockenförmigen purpurroten Rock wird die Hülle abgestreift – 630 $. Dazu gehört ein Oberteil zu 755 $.

Um die Mittagszeit bringt ein Fahrer das Video einer Lacroix-Modenschau vorbei, das den Kundinnen zur Unterhaltung vorgeführt werden soll. Die Verkäuferinnen versammeln sich um den Fernseher und sehen zu, wie die Models über den Laufsteg schwanken, zu einem Song, den der Designer für diesen Anlaß ausgesucht hat – «My Way». Eines der Models ist von Kopf bis Fuß mit riesigen Rosen und Schleifen bedeckt. «Das ist doch lächerlich», murmelt Mimi Gott, die ein graues Tweedkostüm trägt. «Unsere Kundinnen sind ältere Damen. Die kaufen so was doch nie!»

Gegen ein Uhr mittags trifft Pandora Gogos im Salon ein, am Arm ihrer Tochter Georgia. Sie wollen zu einem «Smoking Diner», und Gogos, «um die Siebzig», findet nirgends etwas anzuziehen. «Ich habe hier eingekauft, seit diese Geschäfte in den 50er Jahren eröffnet haben», beklagt sie sich und sinkt mit schmerzendem Rücken in einen Sessel. «Aber selbst in den Fünfzigern gab es nichts so Verrücktes wie das hier. Ich habe überall gesucht – bei Saks, bei Garfinckels – aber ich finde einfach kein Cocktailkleid. Bei Garfinckels gab es eins, eine Viertausend-Dollar-Jacke mit einem Rock, der bis hier ging» – sie zeigt auf ihren Hals –, «neuntausend Dollar!»

Kurz darauf kommt Mrs. Barkin, eine Frau mittleren Alters, in den Designer-Salon, um das Rüschenkleid eines Lacroix-Nachahmers zurückzugeben. Es ist mit riesigen Blumen besetzt und mit einem Petticoat ausgestattet. «Ich konnte es einfach nicht tragen», sagt sie entschuldigend. Die Verkäuferin Venke Loehe, die ein schlichtes Wikkelkleid von Diane Von Furstenberg trägt, nickt ihr mitfühlend zu. «Es ist die Rückkehr zu den Fünfzigern», sagt Loehe. «Viele unserer Kleider sind jetzt so... Aber der klassische Stil verkauft sich immer noch am besten.» Mrs. Barkin entschließt sich zum Umtausch – sie muß auf eine Cocktailparty – und beginnt die Ständer zu durchstöbern. Widerstrebend entschließt sie sich zu einem Kleid mit ausgestelltem Rock; es ist das einzige Abendkleid, das etwas länger ist. «Keine Ahnung, wie ich damit sitzen soll», sagt sie besorgt.

Was die Lacroix-Ständer betrifft, scheinen die einzigen Kleidungsstücke, für die sich jemand interessiert, ein schlichter Mantel und eine elegante Jacke zu sein. Größtenteils schauen die Frauen nicht einmal herein; gegen drei Uhr nachmittags waren noch nicht einmal ein Dutzend Besucherinnen da. Die Männer in den Anzügen fragen sich, was denn aus all den Kundinnen geworden sei. «Diese vielen Verzierungen, Rüschen, Spitzen und Volants», sagt ein frustrierter Lawrence Wilsman, Saks' Einkäufer europäischer Designer-Importe, «das scheinen die Frauen nicht besonders zu mögen. Anscheinend bevorzugen sie einen ruhigeren, sachlicheren Stil. Kleidung, in der man sie ernst nimmt. Wahrscheinlich wollen sie nicht gern aufgetakelt wirken.»

In jenem Herbst traf Lacroix' ganze Konfektionskollektion bei Saks ein. Einen Monat später baumelten Schilder mit herabgesetzten Preisen von den Ärmeln. Warenhäuser von Nordstrom bis Dayton Hudson nahmen die Lacroix-Moden nach einer Saison wieder aus dem Angebot. «Wir mußten nach etwas schauen, mit dem die amerikanischen Frauen mehr anfangen konnten», erklärte ein Nordstrom-Sprecher. Und *Women's Wear Daily* stellte beim Besuch verschiedener Warenhäuser fest, daß sich Lacroix-Mode mit am schlechtesten verkaufte. 1989 verzeichnete Lacroix einen Verlust von 9,3 Millionen Dollar.

Volants im Job

Wenn es Lacroix' Petticoats auch vielleicht nicht geschafft hatten, die betuchten Kundinnen der Designer-Salons zu erobern, so hofften Bekleidungshersteller und Einzelhändler doch immer noch, die Durchschnittskundin für die Feminine Linie zu gewinnen. Zu diesem Zweck verwandelte Bullock's 60% seiner Damenbekleidung im Frühjahr 1987 in einen «1950er-Look». Und selbst progressivere Designerinnen wie Donna Karan begannen die Rückschrittsedikte des Couturiers nachzuäffen. «Man kann inzwischen zu einer Frau sagen: ‹Es ist okay, wenn man deinen Hintern sieht›», äußerte sie gegenüber der *New York Times*. «Ich habe erst daran gezweifelt. Aber die Frauen haben heutzutage eine bessere Figur.»

Wenn die Feminine Linie den Konfektionsmarkt erobern wollte, mußten berufstätige Frauen den neuen Stil akzeptieren – und ihn im Büro tragen. Die Bekleidungshersteller konnten soviel Abendkleider entwerfen, wie sie wollten; es änderte nichts an der Tatsache, daß der Großteil der Damenbekleidung für den Job gedacht war. 1987 zum Beispiel wurden über 70% der verkauften Röcke von Frauen am Arbeitsplatz getragen. Den berufstätigen Frauen Baby-Doll-Mode anzudrehen, war ein noch kniffligeres Manöver, als sie den oberen Zehntausend zu verkaufen. Die Designer mußten die Frauen nicht nur dazu überreden, daß man Rüschen durchaus im Job tragen könne, sondern man mußte wesentlich subtiler vorgehen; mit anmaßenden Befehlen würde man bei den weniger modebewußten berufstätigen Frauen nicht weit kommen. Die Designer und Händler mußten den neuen Look als «freie Wahl» der Karrierefrauen präsentieren.

«Das hier hat nichts mit einem Designer-Diktat zu tun», verkündete Calvin Klein, als er erneut Minis auf den Markt brachte. «Wir orientieren uns an dem, was die Frauen wollen. Sie sind jetzt bereit dazu.» «Ältere Frauen wollen jetzt im Job sexy wirken», insistierte der Chef von Componix, einer Bekleidungsfirma in Los Angeles. «Sie wollen, daß die Männer sie als Frauen betrachten: Schau erst mal auf meine Beine, nicht auf meine Referenzen.» Einer nach dem andern stellten sich die Autoritäten der Modebranche hinter dieses neue Konzept. «Die Mädels zeigen gern Bein», behauptete der Designer Bill Blass. «Mädchen wollen wieder Mädchen sein», intonierte der Designer Dik Brandsma. Die einzige abweichende Meinung vertrat der erfahrene Designer John Weitz, indem er sagte, nicht die Frauen hätten lautstark nach mädchenhaften Kleidern verlangt, sondern die Zeitschrift *Women's Wear Daily*. «Die Frauen verändern sich überhaupt nicht, nur der Journalismus», sagte er und tat die Feminine Linie ab als «vorübergehende Entgleisung, die auf einer weitverbreiteten Unsicherheit basiere. Irgendwann geht das vorbei, und dann werden die Frauen wieder wie starke, entschlossene Persönlichkeiten wirken, nicht wie Eis am Stiel.» Allerdings konnte Weitz sich diese Offenheit leisten; *er* verdiente sein Geld mit Männermode.

Die Bekleidungshersteller übernahmen das Stichwort von den Designern, entwickelten die gleiche Masche mit der «freien Wahl» – und hüllten sie in pseudofeministische Argumente, Phrasen und Bilder. Diese einengende, unbequeme Kleidung sei ein Zeichen weiblichen

Fortschritts. Wie es ein Werbeagent von Alcott & Andrews formulierte: «Unsere Frauen sind an einem Punkt angelangt, wo sie im Beruf wirklich alles tragen können, was ihre Weiblichkeit unterstreicht.» Bloomingdale's, das seine neueste Kleiderabteilung für Frauen «Bloomingdale's NOW [NOW = «jetzt», aber auch Abkürzung von National Organisation of Women, A.d.Ü.]» nannte, schlug vor, Frauen sollten versuchen, «im Beruf mit neuartigen Referenzen voranzukommen» – indem sie die in der Abteilung angebotenen engen Hemden kauften und sie ins Büros anzögen. Ebenso wie die Designer erhoben auch die Händler den Anspruch, für die Frauen zu sprechen, manchmal buchstäblich. «Saks versteht mich», murmelte eine fiktive Karrierefrau in einer Saks-Reklame. «Sie lassen mir die Wahl... Sie zeigen mir, daß ein ‹weicher Stil› nicht heißt, daß man keine Chancen mehr hat.» Und was trug sie auf der Abbildung am Arbeitsplatz? Shorts.

Auch die Modepresse legte sich ins Zeug; in den gleichen Publikationsorganen, die die Frauen gedrängt hatten, Anzüge zu tragen, falls sie ernst genommen werden wollten, las man jetzt Überschriften wie: SÜSSE KLEIDUNG FÜR UNTERWEGS, UND DER NEUE ERFOLGSLOOK: YOUNG AND EASY. *Savvy* sagte den berufstätigen Frauen, «Powerkleidung» bedeutete in den 80ern nur «Flower Power» – sie sollten sich künstliche Kamelien für 150 Dollar an die Taille stecken, riet das Magazin seinen Leserinnen, «wenn Sie vorhaben, ein CEO-Statement abzugeben». Frauen könnten angeblich *schneller* vorankommen, wenn sie in ausladenden Petticoats am Arbeitsplatz erschienen; DRESSING DOWN FOR SUCCESS nannte es die Moderedaktion der *Los Angeles Times*. Die Modepresse bediente sich sogar pseudofeministischer Argumente, um für die vorpubertäre Mode zu werben: Die Frauen sollten Partypuppen-Rüschen als Zeichen reifer Emanzipation tragen – als eine Art feministische Siegesschärpe. Nichts unversucht lassend, spielten die Modeschreiber sogar auf die Harvard-Yale-Heiratsstudie an: «Ein Männermangel? Welcher Männermangel?» Die Zeitschrift *Mademoiselle* warb in ihrem Leitartikel für Petticoats und Minis. «Wenn Sie in so einem ultraheißen Teil auftreten, sind Sie bis nächsten Juli ausgebucht.»

Aber egal, mit welchen Argumenten es die Mode-Promoter versuchten, die Frauen kauften einfach nicht. Bei einer Umfrage von *New York Times*/CBS 1988 gab nur ein Viertel der erwachsenen Frauen an, im Vorjahr auch nur ein einziges Mal einen Rock getragen zu haben, der nicht bis zum Knie ging. Einige Frauen wurden in ihrem Widerstand so eloquent wie die Anti-Dior-Demonstrantinnen eine Generation zuvor. «Ich werde die neuen Miniröcke dann tragen, wenn Männer im Spielanzug ins Büro kommen», erklärte die Kolumnistin Kathleen Fury in *Working Woman*. Nina Totenberg, Gerichtsreporterin des National Public Radio, ermahnte ihre Zuhörerinnen über den Äther: «Bleiben Sie fest. Kaufen Sie nicht. Dann stirbt der Mini.»

Der Einzelhandel, der auf Minis im Wert von Millionen von Dollars sitzenblieb, war nahe daran, aufzugeben. Der Minirock habe den Damenbekleidungsmarkt in «ein Chaos» gestürzt, äußerte ein Sprecher von Liz Claiborne Inc. besorgt, «und wir sehen keine Anzeichen, daß sich dies bald ändert.» Die Top-Designer jedoch – die ihr Geld eher dadurch verdienen, daß sie ihren Namen hergeben, als dadurch, daß sie tatsächlich Kleidung verkaufen – konnten sich eine Fortsetzung der Kampagne leisten. Und so fanden die Einzelhändler, als sie auf die Modemesse strömten, um die neuen Designermoden für den Herbst 1988 in Augenschein zu nehmen, zu ihrer großen Überraschung – noch einmal gerüschte, superenge Moden vor.

«Ich glaube, es ist wirklich ein Trend», sagt Yvette Crosby, Modedirektorin des California Mart, 1988 auf der Modemesse in Los Angeles jedem, dem sie die neueste Ausgabe des «Trend Report» in die Hand drückt. «Es ist ein romantischer, viktorianischer Stil, und ich glaube wirklich, daß er für diese Saison genau das Richtige ist.» Crosby selbst trägt einen Anzug.

Die Journalisten und Einkäufer strömen zur morgendlichen Modenschau – mit dem Titel «Thirty Something» – in den Vorführraum der Messe. Der Programmzettel enthält den Hinweis, daß diese Kleidungsstücke «für berufstätige Frauen von heute» entworfen worden seien – eine notwendige Gedächtnishilfe. Als sich die Models nämlich in Kleidern mit bis zu fünf Volantschichten und riesigen, von der Hüfte bis zur Schulter reichenden Schleifen auf dem Laufsteg drehten, könnte man leicht vergessen, daß es sich um Kleidung für den Arbeitsplatz handelt. Um die passende Karrierestimmung zu erwecken, hat ein Designer seine Models mit Aktentaschen bewaffnet. Die ausgezehrten jungen Frauen trippeln auf Pfennigabsätzen den Laufsteg entlang, ihre Hände stecken in engen, eleganten weißen Handschuhen. Sie schwingen ihre Aktentaschen wie Osterkörbchen, federleicht; schließlich sind sie ja leer.

Irgendwann ziehen sich die Models dann hinter die Bühne zurück, und man strömt in die obere Etage, wo die Einkäufe getätigt werden. Im Vorführraum von Bob Mallard, dem größten Verkaufsraum der Messe, huschen die Firmenvertreter hoffnungsvoll an ihre Plätze. Mallard, der der Branche 1950 als Bekleidungshersteller in der East Bronx beitrat, verfolgt das Ganze mit grimmiger Resignation; er hat das lederartige, zerschrammte Gesicht eines Boxers, der einige Zeit im Ring war.

«Letztes Jahr waren die Minis ein Desaster», sagt er. «Auch der Flitter lief nicht besonders gut. Die Frauen wollen Anzüge. Die verkaufen sich immer noch am besten.» Doch er weiß, daß seine Beobachtungen in den Designer-Ateliers auf taube Ohren stoßen werden. «Der Durchschnittsdesigner geht in die Bibliothek und schaut sich in einem Bildband Bilder an. Vielleicht macht er sich Gedanken, ob das Kleid an der Puppe im Schaufenster gut aussehen wird. Aber das wär's auch schon. Ich glaube kaum, daß er sich je die Mühe macht, mit einer Frau darüber zu sprechen. Die Frau erfährt es als letzte.»

In den Glasvitrinen zu beiden Seiten des langen Gangs tun Mallards Firmenvertreter und Vertreterinnen ihr Bestes, um skeptischen Einkäufern den «Neuen Romantik-Look» aufzuschwatzen. Teri Jons Vertreterin, Ruth McLoughlin, nimmt ein Kleid nach dem anderen von den Ständern und präsentiert sie den Einkäuferinnen Jody Krogh und Carol Jameson von Jameson Ltd., einer Firma mit Hauptsitz in Portland. «Kurz hat sich letztes Jahr nicht verkauft», sagt Krogh immer wieder. «Nein, nein, Sie dürfen nicht nach dem gehen, was auf den Bügeln hängt», erwidert McLoughlin etwas gereizt. «Wir können das auch in lang liefern. Wie wär's damit?» Sie hält ein Kleid mit tiefem Dekolleté, eingeschnürter Taille und mehreren Petticoatschichten hoch. «Ich weiß nicht recht», sagt Jameson. «Die Frauen werden es lieben!» sagt McLoughlin. Sie selbst trägt einen Anzug.

«Das hier wird am häufigsten nachbestellt», sagt Joe Castle, ein Cattiva-Verkäufer mit flinkem Mundwerk, am anderen Ende der Halle. Er wedelt einem Einkäufer, der ein leeres Bestellformular in der Hand hält, mit einem rüschenverzierten Kleid vor der Nase herum. «Gibt ein tolles Kleid für Brautmütter ab!» schwatzt Castle. Es klingt ein bißchen nach einer *Newsweek*-Trendstory, als Castle sein letztes Argument vorbringt: «Nach Kleidern für Brautmütter besteht große Nachfrage. Schließlich wird immer mehr geheiratet.»

Auf den Herbst-Modeschauen im Sommer 1988 machten die Designer ein paar Kompromisse – indem sie ihren Kollektionen Hosenanzüge und längere Röcke hinzufügten –, aber diese Zusätze hatten oft eine infantile oder rachsüchtige Kehrseite. Jean-Paul Gaultier zeigte Hosen und Blazer – aber es waren hautenge Lycra-Anzüge und Schulmädchenuniformen. Pierre Cardin brachte capeartige Mäntel, die so eng anlagen, daß selbst die Modeseite der *New York Times* sie «ziemlich beängstigend fand, weil die Models die Arme nicht bewegen können». Romeo Gigli verlängerte zwar die Röcke, aber dafür waren sie so eng, daß die Models auf dem Laufsteg nur humpeln konnten. Eines seiner Models war doppelt behindert; er hatte sie nach Art einer Zwangsjacke mit Samtbändern gefesselt.

Ein Jahr später war es sogar mit den Kompromissen vorbei – da zwängten die Designer ihre Models wieder in kürzere Minis, knallenge Korsetts, Büstenhalter, die den Busen hochschnürten, und umhüllten sie mit Wolken durchsichtigen Chiffons. Das Lacroix-Markenzeichen des «Humors» kehrte auf den Laufsteg zurück: Die Models trugen clownartige Kostüme, «Hofnarren»-Jacken, «Brustharnische» und Nadelstreifenanzüge, bei denen auf einer Seite Arm und Schulter in Fetzen gerissen waren. 1990 warb Valentino für «Baby Dolls», stellte Gianni Versace Röcke vor, «die knapp den Po bedeckten», und bot die Lacroix-Kollektion Overalls mit «goldverziertem Mieder» an.

Wenn die Bekleidungshersteller die Frauen nicht dazu bringen konnten, Petticoats zu tragen, dann versuchten sie es eben mit einem anderen demütigenden Modediktat. Ausschlaggebend war weniger der Inhalt der Mode als vielmehr, daß sie durchgesetzt wurde. Es gab einen Grund, warum ihre Entwürfe selbst angesichts einer Flut von Marktforschungsberichten über das steigende Alter der Konsumentinnen immer noch regressiv und infantil waren: Die Frauen kleinzumachen war für die Designer vielleicht eine Möglichkeit, ihre eigene

Autorität zu stärken. Die Frau, die – wie so oft auf den Laufstegen der 8oer Jahre – mit winzigen Schrittchen und einem Teddy im Arm dahergetrippelt kommt, ist ein Kind, dem man Anweisungen erteilen kann. Die Frau, die sich zu George Michaels «Father Figure» bewegt – 1988 der populärste Laufsteg-Song –, ist eine Tochter, die auf ihre Eltern hört. Die modernen Amerikanerinnen «tun nicht mehr, was man ihnen sagt», hatte sich der Couturier Molloy gegenüber beschwert. Aber vielleicht würden sie es ja tun – wenn man sie nur dazu bringen könnte, sich als Daddys kleine Mädchen zu fühlen.

Weiblichkeit, Undercover

«Some enchanted evening, you will see a stranger...» Dieser Song wurde im New Yorker MK Club gespielt, und die Einkäufer und Modejournalisten, die sich seit über einer Stunde an der Bar mit Drinks bedient hatten, verstummten, als die Bühne in rosiges Licht getaucht wurde. Sechs Models in Satinstrumpfhosen und Spitzen-Bodysuits schwebten träumerisch ins Blickfeld und sanken abwechselnd ohnmächtig aufs Hauptrequisit der Bühne – ein viktorianisches Sofa. Die entkräfteten Damen – «Sophia», «Desiree», «Amapola» – kämmten mit altmodischen Silberbürsten melancholisch ihr offenes Haar und hielten gelegentlich inne, um matt die Hand an die Stirn zu führen, als überfordere schon dies bißchen Kämmen ihre zarte Konstitution.

In der Pressemitteilung wurde dieses Ereignis als Bob Mackies «erste Phantasiewäsche-Kollektion» bezeichnet. In Wirklichkeit hatte der Kostümdesigner aus Hollywood (Autor von *Dressing for Glamour*) bereits zehn Jahre zuvor eine nahezu identische Kollektion vorgestellt. Damals war sie schon nach wenigen Wochen gescheitert – aber die Frauen Ende der 8oer Jahre waren, so glaubte Mackie, anders. «Ich sehe die Veränderung», versicherte Mackie. «Die Frauen wollen jetzt sehr feminine Wäsche tragen.»

Diesen Eindruck bekam Mackie jedoch nicht von den Frauen vermittelt, sondern von der Wäscheindustrie Ende der 8oer Jahre; sie behauptete, es finde gerade eine «explodierende Nachfrage nach Dessous» statt. Wie immer war dies ein Werbeslogan, kein gesellschaftlicher Trend. Durch sinkende Umsätze frustriert, gründete der Inti-

mate Apparel Council – eine nur aus Männern bestehende Kommission von Dessousherstellern – 1987 ein spezielles Public-Relation-Ko-
mitee. Seine Aufgabe: Die Branche in «Aufregung» zu versetzen.

Das Komitee gab sofort eine Pressemitteilung heraus, in der die
«Rückkehr des Brustansatzes» verkündet wurde sowie der Umstand,
daß sich der weibliche Busen plötzlich im Durchschnitt von 80B auf
85C vergrößert habe. «Bustiers, Korsetts, Mieder, Schlüpfer und Petticoats», verkündeten die Pressemappen, würden von Frauen jetzt nicht
nur «akzeptiert», sondern stellten tatsächlich «ein Mode-Statement»
dar. Eine 10000 $ teure Zielgruppenstudie sammelte für das Komitee
Informationen über die Vorlieben der Hersteller und Einzelhändler.
Konsumentinnen wurden nicht befragt. «Nicht, daß wir uns nicht für
sie interessierten», erklärt Karen Bromley, die Sprecherin des Komitees. «Es steht nur nicht genug Geld zur Verfügung.»

In Erwartung der explodierenden Nachfrage nach Dessous stieg die
Dessousproduktion auf den höchsten Stand seit zwölf Jahren. 1987,
im gleichen Jahr, in dem die Modebranche die Produktion von Damenanzügen drastisch senkte, verdoppelte sich die Strumpfbandproduk-
tion. Wieder waren es die «bessergestellten» Kundinnen, auf die es die
Modeindustrie abgesehen hatte; innerhalb eines Jahres steigerte sich
die Luxuswäscheproduktion fast um das Dreifache. Du Pont, der
größte Miederwarenhersteller, startete gleichzeitig ein landesweites
«Informationsprogramm»; dazu gehörten «Schulungsvideos» in den
Geschäften sowie Poster in den Anprobekabinen und spezielle «Schulungs»etiketten auf den Kleidungsstücken, um die Frauen auf die Vor-
züge von Drahtbügel-BHs und Hüfthaltern hinzuweisen (die jetzt
allerdings «Body-Former» hießen – Kleidungsstücke, die den Frauen
ein «Gefühl von Kontrolle» geben sollten). Wieder einmal wurde ein
modischer Rückschritt als feministischer Durchbruch ausgegeben.
«Die Frauen haben seit den 60er Jahren einen langen Weg zurückge-
legt», hieß es frohlockend in der Du Pont-Verkaufsinformation. «Jetzt
ist für sie wichtig, was sie unter der Kleidung tragen.»

Die Modepresse zog wie üblich mit. «BH-Umsätze boomen!» behaupteten die *New York Daily News*. Ihr Beweismaterial: Die Pressemitteilung des Intimate Apparel Council. Indem sie einen verlogenen
Gegenschlagstrend mit dem anderen legitimierte, behauptete die *New
York Times*, die Frauen kauften massenweise 375 $-Bustiers «für

die Verpuppung». *Life* widmete 1989 sein Juni-Cover dem Salut für ein hundertjähriges Jubiläum: «Es lebe der BH!» und beharrte darauf, ebenfalls ohne Angabe von Zahlen, daß Frauen eifrig in Designer-Büstenhalter und -Korsetts investierten. In einem späteren Interview räumt die Autorin des Artikels, Claudia Dowling, ein, der Trend treffe auf sie selbst nicht zu; die Frage, welche BH-Marke sie trage, kann sie nicht einmal genau beantworten: «Das Standardmodell von Warner, glaube ich», sagt sie.

Auch Hollywood eilte der Dessousbranche zu Hilfe, mit Strumpfgürteln in *Bull Durham*, den Busen hochschnürenden BHs in *Gefährliche Liebschaften* und zahllosen Lustige-Witwe-Outfits in *Die Waffen der Frauen*. Auch das Fernsehen trug seinen Teil bei, indem Schauspielerinnen von «The Young and the Restless» bis «Dynasty» in Bustiers schlüpften und selbst die «Thirtysomething»-Frauen beim Shopping Bodysuits inspizierten. Die Modepresse vermarktete die explodierende Nachfrage nach Dessous als Symbol der neuen sexuellen Freiheit der modernen Frau. «Die ‹sexy› Revolution bringt heiße Dessous» verkündete *Body Fashions* in seiner Coverstory vom Oktober 1987. Das Magazin tat jedoch gut daran, «sexy» in Anführungsstriche zu setzen. Das Cover-Model trug einen breiten Hüftgürtel, und die Wäsche im Innern des Hefts stammte größtenteils aus viktorianischer Zeit. Die Dessous Ende der 80er Jahre zelebrierten die Unterdrückung, nicht das Erblühen der weiblichen Sexualität. Der idealen viktorianischen Lady, für die sie ja ursprünglich entworfen worden waren, gestand man keine Libido zu.

Einige Jahre vor der explodierenden Nachfrage nach Dessous hatte die Popsängerin Madonna dadurch Berühmtheit erlangt, daß sie ein schwarzes Mieder als Bluse trug. In ihrer rebellischen Parodie sittsamer Vorstellungen von weiblicher Tugend stellte sie ihre Sexualität zur Schau und verwandelte die «Dessous» in ein klares ironisches Statement. Dies war jedoch nicht die Art von «sexy Revolution», an die die Modedesigner gedacht hatten. «Dieser Madonna-Look war doch vulgär», meint Bob Mackie naserümpfend. «Er war übertrieben sexuell. Röcke und Kleider zerrissen und überall verrutscht; man konnte Nutten ja nicht mehr von Schulmädchen unterscheiden.» Die Dessous, für die er eintrat, waren «damenhafter und femininer».

Die spätviktorianischen Textilfabrikanten waren die ersten, die «feminine» Unterwäsche als Massenprodukt vermarkteten, Korsetts zu einem Fetisch der «Sittenstrenge» machten und den Frauen dreißig Pfund Tournüren und Petticoats aufbürdeten. Für sie zahlte es sich aus; zur Jahrhundertwende hatten sie «das große Zeitalter der Unterwäsche» eingeleitet. Werbeagenten von Dessousfirmen der 8oer Jahre führten verschiedene soziologische Gründe für die Renaissance der viktorianischen Unterwäsche an, von der «Rückkehr zur Ehe» bis zur «Angst vor AIDS» – wenn sie auch nie erklärten, auf welche Weise denn Strumpfgürtel eine Infektion verhindern sollten. Der eigentliche Grund für die viktorianische Renaissance war jedoch geschäftlicher Art. «Wenn die viktorianische Romantik in Mode kommt, geht es uns wieder besser», erklärte Peter Velardi, Vorstandsvorsitzender des Dessousgiganten Vanity Fair und Mitglied des Exekutivausschusses des Intimate Apparel Council.

Was Reklame angeht, stand die Dessousindustrie dieser Dekade am tiefsten in der Schuld von The Limited, dem Modeeinzelhändler, der eine kalifornische Wäscheboutique namens «Victoria's Secret» [Victorias Geheimnis] binnen fünf Jahren in eine internationale Kette mit 346 Läden verwandelte. «Ich möchte ja nicht arrogant klingen», sagt Howard Gross, Präsident von «Victoria's Secret», «aber... wir haben die explodierende Nachfrage nach Dessous in Gang gesetzt. Wir haben damit angefangen, und eine Menge Leute wollten es uns nachtun.»

Nach dem Willen der Designer des «Victoria's-Secret»-Ladens – einer Disneyland-Version des Ankleideboudoirs einer Dame des 19. Jahrhunderts – wurde jedes der Geschäfte mit «antiken» Wäscheschränken vollgestellt und die Wände mit Sepiafotos von Bräuten und Müttern bedeckt.

Ihr Entwurf wurde rasch von anderen Einzelhändlern kopiert: Mays «Amanda's Closet», Marshall Fields «Amelia's Boutique», Belks «Marianne's Boutique» und Bullocks «Le Boudoir». Selbst «Frederick's» in Hollywood bekehrte sich zum viktorianischen Stil, indem Strubbelperücken durch Spitzenhemdchen ersetzt, die Wände mit damenhaften Rosa- und Mauvetönen übertüncht und Oben-ohne-Fotos aus den Katalogen verbannt wurden. «Jetzt kann man unseren Katalog auch auf den Kaffeetisch legen», sagt George Townson, Präsident von «Frederick's», stolz.

The Limited kaufte «Victoria's Secret» 1982 von seinem Begründer

Roy Raymond, der den ersten Laden in einem Vorort-Einkaufszentrum in Palo Alto, Kalifornien, eröffnet hatte. Stanford-MBA und ehemaliger Marketing-Spezialist der Firma Vicks – wo er so erfolglose Hygieneartikel wie einen nach dem Stuhlgang aufs Klopapier zu spritzenden Schaum entwickelte –, wollte Raymond einen Laden gründen, der seinen Geschlechtsgenossen gefiel. «Es gehörte mit dazu, daß Männer es gemütlicher hatten», sagt er. «Ich denke, ich habe dabei an mich selbst gedacht.» Seine Kundinnen sollten jedoch nicht den Eindruck bekommen, der Laden werde von einem Mann geleitet; das hätte sie abschrecken können. Also fand sich in den Katalogen umsichtigerweise ein an die Abonnentinnen gerichteter persönlicher Brief von «Victoria», der angeblichen Eigentümerin des Geschäfts, die ihre persönlichen Dessous-Vorlieben verriet und die Leserinnen drängte, «meine Boutique» zu besuchen. Falls Kundinnen sich telefonisch nach Ms. Victorias Aufenthaltsort erkundigten, sollten die Verkäuferinnen sagen, sie «sei auf einer Europareise». TV-Auftritte übernahm Raymonds Ehefrau.

Raymond verlegte sich aus zwei Gründen auf das viktorianische Motto: Weil er damals gerade sein eigenes viktorianisches Haus in San Francisco renovierte und weil er den Eindruck hatte, die viktorianische Ära sei «eine romantische, glückliche Zeit» gewesen. Er erklärt: «Es ist dieses Ralph-Lauren-Image... daß die Leute damals glücklicher waren. Ich weiß nicht, ob das wirklich stimmt. Es ist einfach eine Vorstellung in meinem Kopf, wahrscheinlich durch alles, was ich in den Medien so gesehen habe. Aber es ist real.»

Vielleicht sei die viktorianische Ära für die Frauen nicht die beste aller Zeiten gewesen, räumt er ein, aber er hatte eine Werbestrategie parat, um mit diesem Problem fertig zu werden: Die Frauen seien jetzt so «emanzipiert», daß sie sich Korsetts kauften, weil sie selbst Freude daran hätten, nicht ihren Männern zuliebe. «Es gab da diese Masche», erinnert er sich, «daß die Frau sich unsere total romantischen, erotischen Dessous kaufe, um sich selbst gut zu fühlen, und daß die Wirkung auf Männer nebensächlich sei. Dadurch konnten wir die Sachen verkaufen, ohne sexistisch zu erscheinen.» Aber traf dies denn zu? Er zuckt die Achseln. «Das war eben unsere Philosophie. Die Medien griffen sie auf und sprachen von einem ‹Trend›, aber ich weiß nicht recht. Ich habe jedenfalls keine einzige Statistik gesehen.»

Als «Victoria's Secret» von the Limited übernommen wurde, übernahm der neue Chef das Motto. Karrierefrauen wollten angeblich im
Sitzungssaal Bustiers tragen, sagt Howard Gross, damit sie die Sicherheit hätten, unten drunter anatomisch perfekt zu sein. «Irgendwie gibt
das den Frauen einen Kick», erklärt er. «So etwas wie: ‹Da sitze ich hier
in dieser hochwichtigen Konferenz, und die haben keine Ahnung, daß
ich einen Strumpfgürtel trage!›» Auch Gross verfügte über keine Statistiken, um seine Theorie zu unterstützen: «Die Firma betreibt keine
Verbraucher- oder Marktforschung, absolut keine! Ich glaube einfach
nicht daran.» Statt also die Durchschnittsfrau zu fragen, welche Unterwäsche sie sich wünschte, veranstaltete Gross firmeninterne Brain-
storming-Sessions, bei denen Topmanager um einen Tisch saßen und
ihre «romantischen Phantasien» offenbarten. Einige davon, räumt
Gross ein, seien «nicht ganz so romantisch» gewesen – wie etwa die des
leitenden Angestellten, der sich vorstellte: «Ich gehe mit achtzehn
Frauen ins Bett.»

An einem Spätnachmittag im Sommer 1988 hängen im ursprünglichen
«Victoria's-Secret»-Geschäft im Stanford Shopping Center, Palo Alto,
reihenweise unverkaufte Seiden-Bodysuits auf den Ständern. In den
Regalen drängen sich blütenduftende Teddybären in winzigen Hoch-
zeitskleidchen. Für 18 bis 34 $ finden diese knuddeligen Bräute nicht
gerade reißenden Absatz; auf ihren Schleiern hat sich Staub angesam-
melt. Aber drüben am Wühltisch, wo es ganz normale Unterwäsche im
Angebot gibt, «vier Stück für 16 $», sieht es aus, als habe ein Zyklon
gewütet.
    «O Gott, der Tisch mit den Slips sieht ja furchtbar aus!» stöhnt die
Chef«eigentümerin» Becky Johnson. Als sie, ihren Angaben nach
heute schon zum zehnten Mal, aufräumt, kommen zwei Frauen herein
und stürmen den Wühltisch. «Das sind ja phantastische Preise!» sagt
Bonni Pearlman und hält ihrer Freundin ein Paar ganz normale kurze
Unterhosen hin. «Ob die eingehen?» überlegt sie und zieht prüfend am
Gummi. Auf die Frage, ob sie wegen der viktorianischen Unterwäsche
hergekommen seien, schütteln beide den Kopf. Pearlman sagt: «Ich
suche nach etwas, das gut sitzt.» Suzanne Ellis, eine andere Kundin,
sieht sich die Ständer mit hauchdünnen Bodysuits an und verdreht die

Augen. «Ich hab ein paar von diesen Dingern geschenkt gekriegt», sagt sie. «Das war so ein Gefühl wie: Na ja, man dankt; ich meine, ich will nicht unbedingt den ganzen Tag auf Druckknöpfen sitzen.» Sie hält ihren Kauf hoch: die Vier-für-16 $-Slips. Selbst die Eigentümerin Becky Johnson sagt, sie kaufe hier «die guten, alten, ganz normalen BHs und Slips». Wer kauft das viktorianische Rüschenzeug dann überhaupt? Johnson: «Die Männer.»

Obwohl Männer nur 30–40% der Kundschaft in «Victoria's-Secret»-Shops ausmachen, geht nach Schätzungen der Firmenmanager fast die Hälfte des Umsatzes auf ihr Konto. «Die Männer sind einfach toll», seufzt eine der Verkäuferinnen im Stanford-Geschäft. «Die zahlen jeden Preis.»

Genau in dem Moment betritt eins dieser Exemplare den Laden. Jim Draeger, ein fünfunddreißigjähriger Anwalt, geht am Slip-Wühltisch vorbei und steuert zielstrebig auf die Bustier-Regale zu. «Ich komme seit 1980 hierher», sagt er, während er ein Seidenmieder begutachtet. «Diese Kleidungsstücke steigern die Sexualität einer Frau. Weil sie zugeschnürt werden, weil sie durchsichtig sind. Ich bedaure nur, daß man viele Sachen, die im Katalog abgebildet sind, im Laden nicht bekommt.» Er entscheidet sich für einen exquisiten Tanga.

Die 1987 verkündete explodierende Nachfrage nach Dessous hat es nie gegeben. In jenem Jahr sank der Bodysuit-Umsatz um 31%. Die Frauen kauften 40 Millionen Unterhosen weniger als im Vorjahr und 9 Millionen weniger BHs. Der Gesamtumsatz an Hemden, Slips und Bodysuits sank in zwei Jahren um 4 Millionen Dollar. «Zur Berufstätigkeit der Frauen gehört vielleicht auch, daß Unterwäsche für sie etwas Ähnliches wird wie Boxershorts für Männer», meint John Tugmann, Vizepräsident und Generalmanager für Textilien bei der Firma MRCA, die an 11500 Haushalten das Verbraucherverhalten beobachtet. «Die sexuelle Bedeutung der Unterwäsche wird immer mehr von der funktionalen abgelöst. Unterwäsche muß bequem und praktisch sein.»

Hätten sich die Wäschehersteller auf diesen realen Trend gestürzt, dann hätten sie vielleicht auch reale Umsätze gemacht. Einer einzigen Firma fiel diese Business-Strategie ein – Jockey International, Amerikas ältestem Hersteller vielgekaufter Herrenunterwäsche. 1982 meldete sich der neue Präsident von Jockey bei einer Marketing-Konferenz auf höchster Ebene zu Wort und machte einen bescheidenen Vorschlag: Was wäre, wenn die Firma auch Damenunterwäsche verkaufen würde, die in Komfort und Qualität der Herrenunterwäsche gleiche? Schließlich habe die Firma zahlreiche Briefe von Frauen erhalten, die diese Bitte enthielten.

Wie sich der Präsident von Jockey, Howard Cooley, erinnert, reagierten die grauhaarigen Firmenveteranen schockiert; er wolle Jockey wohl in «eine Frauenfirma» verwandeln, zischten sie. Die Leitung der Werbeagentur der Firma war ebenso entsetzt: «Ihr zerstört euer maskulines Image», bekam Cooley zu hören. Und als der Präsident von Jockey seinen Vorschlag den Einzelhändlern unterbreitete, war jeder einzelne von ihnen dagegen. Frauen würden niemals Unterwäsche ohne Spitzenverzierung kaufen, hieß es, und ganz gewiß keine Unterhosen mit dem «männlichen» Jockey-Label auf dem Hosenbund.

Cooley beschloß, trotzdem einen Versuch zu wagen. Zur Vorbereitung entschloß sich die Marktforschungsabteilung der Firma zu einer weiteren Neuerung – es wurden tatsächlich Frauen um Rat gefragt. Die Marktforscher der Firma Jockey ließen zahlreiche Frauen Hunderte von Slips ausprobieren und baten um ihre Meinung. Das Resultat: Die Frauen wollten Unterwäsche, die nicht rutschte, die beim Waschen nicht kaputtging und die tatsächlich der auf dem Etikett angegebenen Größe entsprach.

1983 stellte die Firma «Jockey für SIE» vor – mit einer Werbekampagne, die ganz reale Frauen zeigte, die die Unterwäsche wirklich trugen und mochten, Frauen, die den verschiedensten Berufen, Altersstufen und Körperbautypen angehörten. Es war eine Großmutter dabei, eine Pilotin und eine sogar etwas mollige Kosmetikerin. Die Marke wurde sofort zum Erfolg; binnen fünf Jahren war es die meistgekaufte Damenwäsche-Marke Amerikas, mit einem ungewöhnlich hohen Marktanteil von 40%.

Jockey für SIE zog Nachahmungen einiger großer Herrenwäsche-Hersteller nach sich. Aber im großen und ganzen ignorierten die Hersteller von Damenunterwäsche den Erfolg der Firma Jockey und gingen sogar noch weiter in die entgegengesetzte Richtung. Statt bequemer kurzer Slips, die nicht rutschten, führte die Wäscheindustrie dieses praktische neue Dessous ein – den «String»-Tanga. Und bei der seltenen Gelegenheit, wo Frauen die Chance erhielten, mit Wäscheherstellern zu sprechen, wurden ihre Kommentare einfach ignoriert. Levine Huntley Schmidt & Beaver, die Werbeagentur von Maidenform, verbrachte mehrere Monate damit, weibliche Zielgruppen über Wäsche zu befragen. «Die Frauen beschwerten sich, daß niemand auf ihre Bedürfnisse eingehe», sagt der Creative Director Jay Taub. «Sie wollten wie wirkliche Menschen behandelt werden.» Doch die einzigen «wirklichen Menschen», die in der daraus resultierenden Maidenform-Kampagne vorkamen, waren männliche Prominente, und die einzigen «Bedürfnisse», um die es ging, waren die der Männer. In einer typischen Anzeige erklärte Omar Sharif, er möge Intimwäsche, «weil ich daran sehe, wie *sie* zu mir steht».

Guess und das Jahr des Hinterteils

Im allgemeinen wurden die Versuche der Modemacher, die emanzipierte Konsumentin wieder in den Griff zu kriegen, verschleiert und hinter schmeichlerischer, stummer Verehrung der wieder feminin gewordenen Frau von Lebensart versteckt. Diese Hochachtung war jedoch nur Frauen vorbehalten, die sich den Regeln des Gegenschlags unterwarfen und die Rolle des braven Mädchens oder der tugendhaften viktorianischen Lady akzeptierten. Für weniger gefügige Frauen hatte man eine andere Modebotschaft parat – die sich durch die Androhung von Strafe auszeichnete.

Die geschlagene, gefesselte oder in Säcke gesteckte Frau wurde Ende der 80er ein Hauptgegenstand von Modereklame und Foto-Layouts. In den Schaufenstern der großen Warenhäuser wurden weibliche Schaufensterpuppen plötzlich als übel zugerichtete Eroberungen von Männern in Ledermontur dargestellt und als in Mülleimer gestopfte Leichen. In *Vogue* zeigte ein Mode-Layout mit dem Titel «Geheime Freuden» ein Mannequin mit verbundenen Augen, das an den Korsettschnüren herumgeführt wird, eine andere Frau mit gefesselten Beinen und eine weitere, deren Arme und nackter Rumpf mit Riemen umwunden waren. Andere Mainstream-Modemagazine brachten doppelseitige Fotos von Frauen, die in Zwangsjacken steckten, an Halsbändern geführt und nackt in Plastikmüllsäcke verpackt wurden. Modereklame dieser Art gab es immer mehr: eine Frau, die auf einem Bügelbrett liegt, während ein Mann ihr ein Bügeleisen an den Schritt hält (Esprit); eine Frau in einer Zwangsjacke (Seruchi); eine Frau, die von einer Männerfaust an den Füßen gepackt wird und wie ein Huhn kopfüber herunterhängt (Cotler's; die Überschrift lautete: «Für eine richtige Haltung»); eine zu Boden geschlagene Frau, deren Bluse aufgerissen ist (Foxy Lady); und eine Frau im Sarg (Michael Mann).

Das Mädchen, das der Kamera den Hintern entgegenreckt, als kriege sie ihn gleich versohlt, war ein besonders beliebtes Motiv – genau wie ein Jahrhundert zuvor in spätviktorianischen Cartoons und volkstümlicher Kunst. Ende der 80er Jahre des 20. Jahrhunderts war die Po-Reklame so weit verbreitet, daß sie Leitartikler zu Kommentaren reizten. Ein Kolumnist überlegte sogar, ob 1987 «Das Jahr des Hinterteils» genannt werden sollte. In Dutzenden von Modeanzeigen, von Gitano-Kleidern über Famolare-Schuhe bis Driver-Jeans stand der weibliche Po im Mittelpunkt des Geschehens. In einer Jordache-Basics-Anzeige stand eine junge Frau vor einer graffitibedeckten Wand, stützte sich mit den Händen am Beton ab und reckte den Hintern heraus. Der abgebildete Mann legte ihr besitzergreifend die Hand aufs Bein. Der Anzeigentext lautete: «Er läßt mich das sein, was ich sein soll – mich selbst.»

Im Sommer 1987 begegnete man in Dutzenden amerikanischer Magazine einem weiteren Hinterteil, und zwar dem eines Mädchens im Bodysuit, das vor den behosten Beinen eines älteren Mannes auf dem Boden kauerte. Sie starrte ehrfürchtig auf seinen Hosenschlitz. Auf den folgenden Seiten sah man den gleichen Mann, der vor anderen am Boden kauernden Mädchen stand und herablassend grinste. Die Firma, die hinter dieser Anzeige steckte: Guess-Jeans.

Sechs Jahre zuvor, als die Wirtschaftsrezession begann und der Jeans-Umsatz auf den niedrigsten Stand aller Zeiten sank, war der Marseiller Unternehmer Georges Marciano mit einem Stapel hautenger stone-washed Jeans bei Bloomingdale's erschienen. Der Firmenüberlieferung zufolge habe ihn der Einkäufer ausgelacht und gesagt: «Die Dinger trägt doch keiner. Sie sind unbequem und sehen aus wie getragen.» Zudem kosteten sie 60 $, doppelt soviel wie eine durchschnittliche Jeans. Bald jedoch würde Guess, wie es *Women's*

Wear Daily formulierte, «einen der größten Coups der Jeans-Geschichte landen».

Georges und seine Brüder, Armand, Maurice und Paul, hatten ursprünglich eine Ladenkette besessen; sie eröffneten mit einer Investition von nur 100 000 $ ein Geschäft in Los Angeles und schlossen sich als Edeljeans-«Designer» wieder zusammen. Ihre Elite-Hosen sollten nur in teuren Geschäften verkauft werden. Kurz nachdem sie ins Geschäft eingestiegen waren, warf ihre kleine Investition bereits jährlich 250 Millionen Dollar ab.

Während Lacroix mit den Ballonröcken und Petticoats seiner Femininen Linie nur die Restelager füllte, entdeckte Guess einen Weg, den Gegenschlag zum Verkauf von Kleidung zu nutzen. Jeans sind, anders als Partykleider, erschwingliche Massenprodukte, selbst wenn es sich um extrem teure Marken handelt. Und sie werden vorwiegend von Teenagern gekauft, die für Modediktate empfänglicher sind als die Society-Damen, die ursprünglich Lacroix' Zielgruppe waren, und als berufstätige Frauen, die die Modeindustrie für Lacroix' Ideen begeistern wollte.

Die Guess-Jeans unterschieden sich von anderen Designer-Jeans, die den Markt der 80er Jahre überschwemmten, in keinem Punkt – bis auf die Reklame. Die Marciano-Brüder investierten jährlich 10 Millionen $ in eine Kampagne, die nie das Produkt zeigte. Statt dessen vermarkteten die Anzeigen das, was die Firma «Die Guess Mystique» nannte: grobkörnige Fotos eines Amerikanischen Westens, der von großspurigen Cowboys hoch zu Roß und schüchternen Frauen in Weizenfeldern bevölkert war; ein Kleinstadt-Amerika der 50er Jahre, wo Männer über staubige Landstraßen brettern und Mädchen passiv im Diner warten, an einem Milchshake nippen und mit den in Söckchen steckenden Füßen wippen. Die Guess-Anzeigen stießen bei Medien und Öffentlichkeit auf Mißbilligung, weil manche der Fotos «unanständigen» Sex zeigten, sie galten als «geschmacklos». Aber dadurch, daß sich die Guess-Kritiker gleich auf die Frage der Laszivität stürzten, gingen sie am Wesentlichen vorbei; sie übersahen die sexistische Haltung der Firma.

«Sie sollten mal hören, was die Leute über die Anzeigen sagen; einfach hysterisch», sagt Lisa Hickey, Paul Marcianos persönliche Assistentin. Die magere junge Frau im Ballonrock führt uns in das vordere Büro der Guess-Zentrale in Los Angeles, einem stacheldrahtumzäunten Gehege inmitten eines Gettos. «Die verstehen nicht, daß Paul einfach sehr romantisch ist. Für ihn sind das Liebesgeschichten.» Hickey, eine Journalismus-Studentin, sagt, sie habe eigentlich ihren Magister machen wollen, aber Paul Marciano habe ihr abgeraten. «Paul hat gesagt: ‹Ach Lisa, das ist doch nicht dein Ernst!› Er mag es nicht, wenn wir auf die Uni gehen.»

Paul kommt lässig ins Büro geschlendert: gestreiftes T-Shirt, Baumwollhosen, Slipper. Obwohl die vier Brüder die Firma als Team leiten, hat Paul den wichtigsten Job: Er ist für die Werbung verantwortlich. Paul macht es sich in einem Sessel bequem und schickt Hickey nach den Mappen mit den früheren Werbekampagnen. «Als ich herkam, hab ich mich gleich in den amerikanischen Westen verliebt», sagt der sechsunddreißigjährige Marciano. «Ich habe die Anzeigen in den Westen verlegt, weil man dort keinerlei Veränderung wahrnimmt. Das hat mich unglaublich beruhigt.» Am meisten gefallen ihm an dieser Gegend die Frauen, die, wie er glaubt, nicht vom Feminismus beeinflußt sind. Im amerikanischen Westen werden die Frauen, wie es in Guess' Bildband über Texas heißt, «mit großem Respekt behandelt, aber unter der Voraussetzung, daß sie ihre Position kennen – eine untergeordnete Position – und ihre Funktion, die oft rein dekorativ ist.»

Außer dem Westen, sagt Marciano, habe er noch eine andere Schwäche – für das Amerika der 50er Jahre –, und zwar aus dem gleichen Grund: «Mir gefällt es, wie weiblich die Frauen damals waren», sagt er. «Diese Weiblichkeit, wie man sie in den Zeichnungen von Vargas findet. Das ist es, was wir wiederbringen wollen – alles, was verlorengegangen ist.» Das wolle aber nicht nur er, beeilt sich Marciano hinzuzufügen. «Die Frauen möchten gern so aussehen wie damals in den 50ern», behauptet er. Sie fühlten sich angeblich von der Emanzipation betrogen. «Die meisten heiraten nicht... Ihre Unabhängigkeit war ihnen wichtiger als ihr Privatleben, und ihr Privatleben hat furchtbar darunter gelitten. Sie sind über Dreißig, immer noch nicht verheiratet, und haben das Gefühl, nicht das erreicht zu haben, was sie als Frau erreichen wollten.»

Hickey kommt mit den Werbemappen zurück. Marciano schlägt eine auf, die «Louisiana-Kampagne», und blättert langsam die Schwarzweißaufnahmen durch. «Jede davon ist wie ein kleines Filmzitat», sagt er. Die Louisiana-Kampagne zum Beispiel basiert auf einem seiner liebsten amerikanischen Filme, *Baby Doll* – Elia Kazans 1956 gedrehte Geschichte einer daumenlutschenden Kindbraut, die in einem Kinderbett schläft. Marciano kommentiert beim Blättern: «Das eine Mädchen spioniert dem andern nach, das mit dem Mann zusammen ist, und sie ist ein bißchen eifersüchtig» – er zeigt auf das Foto einer ängstlichen jungen Frau, die sich hinter einem Baum versteckt – «und hier kriegt sie ein bißchen Ärger mit ihm» – der Mann packt die Frau am Kinn und dreht ihren Kopf zur Seite – «und hier ist sie ein bißchen traurig...» – ein schmerzgequältes Mädchen verbirgt das Gesicht in den Händen; sie hat wirres Haar und zerrissene Kleidung.

Er legt die Mappe weg und nimmt eine andere zur Hand: Die berüchtigte «Rom-Kampagne», in der es um Hinterteile im Bodysuit geht. Diese Kampagne, erklärt er, basiert auf Fellinis *La Dolce Vita*. «Ein paar Leute hatten etwas dagegen, weil er so viel älter ist als sie», seufzt Marciano und zeigt auf den lüstern grinsenden Gentleman. «Er sieht aus, als sei er in den Fünfzigern. Aber er hätte genausogut ihr Vater sein können.» Warum die Tochter allerdings *ohne Hemd* auf Daddys Schoß hüpft, erklärt Marciano nicht.

Marciano sagt, er sei stolz, daß in seinen Anzeigen reale Männer vorkämen – echte Cowboys, Rancher, Truck-Fahrer und ein echter Matador. «Mein Gebiet ist der Alltag», meint er. «Ich möchte keine gefälschten Bilder schaffen.» Bei den Frauen ist das anders: «Wir arbeiten immer mit Models. Es ist schwierig, reale Frauen zu finden, die genau das ausdrücken, was wir sagen wollen. Reale Frauen sind nicht so kooperativ wie reale Männer.» Marciano bevorzugt relativ unbekannte Models «ohne Identität»: «Auf diese Weise können wir das Guess-Girl genau nach unseren Vorstellungen formen.»

Um ihre Identität im Film einzufangen, engagierte Marciano den Modefotografen Wayne Maser, der für *Vogue* Modefotos gemacht hatte, in denen es quasi um Fesselung ging; Maser war auch an der Werbung für ein anderes Artefakt des Gegenschlags beteiligt: Er entwarf die Filmplakate für *Eine verhängnisvolle Affäre*. Der Regisseur, Adrian Lyne, war früher als Werbefotograf ein Kollege von Maser gewesen. 1988 schloß Maser dann den Kreis, indem er den Film des früheren Werbefachmanns wieder in Reklame verwandelte. Vier Tage lang fotografierte Maser in jenem Mai die Guess-Version von *Eine verhängnisvolle Affäre* – in zwei von weißen Lattenzäunen umgebenen Häusern in Bedford, New York, die auch Lyne für seinen Film benutzt hatte.

«Also, was haltet ihr von diesem Mantel?» fragt Maser dauernd, während seine Assistenten am ersten Aufnahmetag das Kamera-Equipment auspacken. Er trägt einen weiten Mantel mit wattierten Schultern. «Paul Smith... Echt geil, dieser Mantel.» Die Mitglieder seiner Crew stimmen ihm zu. Bewundernde Äußerungen bezügliche Masers Männlichkeit gibt es häufig. Das (rein männliche) Fototeam erinnert die Besucher immer wieder daran, daß Maser im Gegensatz zu «all den anderen Fotografen» «ein richtiger Mann» und «strikt heterosexuell» sei.

Für die *Verhängnisvolle-Affäre*-Aufnahmen hat Maser die Guess-Regel gebrochen und ein prominentes Model engagiert, Rosemary McGrotha. Sie war nur widerstrebend bereit, für Maser zu posieren. «Ich hatte Schlimmes über ihn gehört», sagt sie. Und sie war nicht die einzige. «Viele der bekannten Models wollen nicht mit ihm zusammenarbeiten», sagt Masers Fotoassistent, Jeffrey Thurnher. «Sie greifen zu ihren Magentabletten, wenn sie seinen Namen hören.» Thurnher erklärt auch warum: «Ich hab mal gesehen, wie Wayne ein Model, das nicht mitgemacht hat und nur so ohne Emotionen dastand, mit dem Gesicht gegen die Wand gedrückt hat... Oder er sagt: ‹Zieh dich aus› – vor ihm –, und wenn sie sich weigert, sagt er: ‹Verpiß dich!› Er spielt mit ihnen.»

Die Rolle der «anderen Frau» in diesem Minifilm-Reklameskript hat Maser mit einem fünfundzwanzigjährigen französischen Model besetzt, einer Nastassja-Kinski-Doppelgängerin mit Schmollmund. Claudia, der die Art, wie sich diese Werbekampagne entwickelt, so sehr mißfällt, daß sie darum bittet, nicht mit vollem Namen genannt zu werden, hält sich vom Team fern – und liest in den Pausen *Anna Karenina*. «Ich schaffe das alles nur», meint sie, «weil es in meinem Leben noch andere Perspektiven gibt.» Sie malt, zieht ihr zweijähriges Kind auf und arbeitet in einem Studio für Graphikdesign in Paris.

Im Lauf der Aufnahmen schraubt Maser das Alter und den Beruf der Verführerin immer mehr herunter – genau wie der TV-Regisseur Aaron Spelling dies in verschiedenen Drehbuchfassungen mit dem Status seiner Engel tat. «Stecken wir Claudia doch in eine Kellnerinnen-Uniform», schlägt Maser vor. «Nein, Moment. Wir machen ein Au-pair-Mädchen aus ihr. Das kleine Au-pair-Girl, das den Ehemann verführt... Super, wie? Echt super!» Alle sind seiner Meinung, und so muß sich Claudia wie ein französisches Dienstmädchen anziehen. Der Stylist erhält die Anweisung, den Rock enger zu stecken. Dann stellt Maser Claudia vor den Küchenherd, sagt ihr, sie solle so tun, als koche sie das Frühstück, und befiehlt: ‹Reck den Arsch richtig raus!›»

«Echt cool», sagt Maser, während seine Polaroid klickt. «Wir brauchen das Kleid noch enger... das muß richtig sexy wirken.» Claudia beschwert sich: «Das tut aber weh.» Doch Maser achtet nicht darauf und knipst weiter.

Gegen Mittag biegt ein Möbelwagen in die Einfahrt. Das Ehepaar, dem das Haus gehört, steckt mitten in der Scheidung – und die Frau wollte eigentlich heute ihre Sachen packen. Da ihr Mann den Guess-Fototermin ohne ihr Wissen vereinbart hatte, erschrickt sie; überall Kamera-Equipment, leere Bierdosen und Fremde, von denen einige in ihrem Zimmer pizzakauend vor dem Videorecorder herumlümmeln. Als sie durch die Küche in den ersten Stock rennt, folgt ihr Masers Blick. «Aha, eine wütende Karrierefrau», murmelt er. «Wahrscheinlich eine Feministin.»

Mit wütenden Feministinnen scheint sich Maser öfters zu beschäftigen; am Abend kommt er noch einmal auf das Thema zurück. «Das Problem mit der heutigen Werbung», sagt er bei einem Bier, «ist, daß alle Angst haben, etwas gegen Frauen zu sagen. Jeder will es den Feministinnen recht machen, weil die Feministinnen alle wichtigen Positionen in der Werbung besetzt haben. Die sind schuld, daß die Frauen so langweilig geworden sind.» Er begreift seine Fotografien als eine Herausforderung der feministischen Verschwörung. «Meine Arbeit ist eine Reaktion auf die feministische Langeweile», sagt er. Aber er möchte klarstellen, daß er nicht etwa versucht, Frauen zu unterdrükken. «Wir befinden uns in einer postfeministischen Periode», erklärt er. «Jetzt können die Frauen wieder Frauen sein. Meine Mädels können sich alle frei entscheiden.»

Später verzichteten die Marciano-Brüder dann auf die *Verhängnisvolle-Affäre*-Reklame – nicht etwa wegen des erniedrigenden oder brutalen Umgangs mit Frauen oder der feindseligen Haltung gegenüber der feministischen «Langeweile», sondern weil die sexuellen Darstellungen für die Allgemeinheit zu drastisch waren. Gedemütigte oder mißhandelte junge Frauen passierten die Marciano-Zensur ohne weiteres, aber die Darstellung von Ehebruch hätte ja die heilige Institution der Familie verletzen können. Statt dessen startete Guess in jener Saison eine Werbekampagne mit Cowgirls, die an den Fingern lutschten. Sie starrten mit erschrockenen, weidwunden Rehaugen in die Kamera – Bambis angesichts der Jäger. Im Grunde handelte es sich um die gleiche Botschaft wie in Masers *Verhängnisvolle-Affäre*-Kampagne, nur etwas dezenter präsentiert – und auf jeden Fall effektiver. Die Modereklame der 80er Jahre wirkte oft wie eine einzige große Frauenhatz. Und wenn die Männerwut geschickt kaschiert wurde, dann, so entdeckten die Marciano-Brüder, konnte man die besten Treffer landen.

7 Schönheit und Gegenschlag

Mit Hilfe einer Metallstange kann die erste Frau «der neuen Generation» in Robert Filosos Werkstatt in Los Angeles aufrecht stehen; ihre Füße baumeln einige Zentimeter über dem Boden. Ihre Tonarme sind mit Gazestreifen bandagiert, und ihr Gesicht steckt in einem Plastikbeutel, der zum Schutz vor Staub im Nacken verknotet ist. Schon ein winziges Stäubchen würde einen Makel bedeuten.

«Meine Puppen haben keinerlei Mängel», erklärt der achtunddreißigjährige Schaufensterpuppen-Modellierer. «Die müssen alle ausgemerzt werden.» Das feuchte Klima im Innern des Beutels hat jedoch seine eigenen Schönheitsfehler produziert. Zwischen den leicht geöffneten Lippen der Frau sprießt grüner Schimmel.

An diesem Aprilmorgen 1988 arbeitet Filoso gerade an der Puppe, die die Maßstäbe für das kommende Jahr setzen wird. Seit er bei weiblichen Schaufensterpuppen «den neuen Realismus» eingeführt hat – indem er Wirbel, Zehen und Brustwarzen deutlich herausarbeitet –, steht Filoso an der Spitze der 1,2 Milliarden $-Schaufensterpuppenindustrie und beliefert alle besseren Geschäfte. In diesem Jahr nimmt er einige entscheidende Veränderungen vor. Seine Frau der neuen Generation ist kleiner geworden, hat einen fast 7,5 cm größeren Brustumfang, eine um 2,5 cm schmälere Taille und drei Wimpernschichten. Die neuen Maße 85-58-91 sind für eine Schaufensterpuppe zwar üppig, aber die Lacroix-Ära der schulterfreien Kleider und knallengen Bodysuits macht größere Busen und Wespentaillen erforderlich. «Die Figur meiner Mädels», sagt Filoso, «wird durch die Mode bestimmt.»

Der Modellierer wickelt behutsam die Stoffstreifen ab und gibt sie seiner Assistentin Laurie Rothey, die gleichzeitig sein Modell ist. «Man hat den Eindruck, unheimlich viele Mädchen lassen sich Brustimplantate einsetzen», sagt Rothey und meint damit nicht die Schaufensterpuppen. «Das ist die einzige Möglichkeit, einen Job zu kriegen; die Agenturen engagieren nur noch große Busen...»

Filoso unterbricht sie mit einem Fluch. Da der Ton noch nicht trokken war, ist der Arm der Puppe vom Metallknochen geplumpst. Der Modellierer versucht, ihn wieder zu befestigen, aber jetzt ist ein Arm kürzer als der andere. «Schau sie dir an, die reinste Katastrophe!» schreit Filoso, wirft das Handtuch und verläßt ärgerlich den Raum.

Später am Tag, als er seine Fassung wiedererlangt hat, schildert Filoso seine Vision der neuen Generation. Er entwirft eine wohlgeformte, wohlhabende Marilyn Monroe, eine «kurvenreiche, aber schlanke» Dame der großen Gesellschaft, die «es sich leisten kann, zu Bergdorf Goodman's zu gehen und alles zu kaufen». Auch ihre Posen, sagt er, wären «femininer, beherrschter... In den 70er Jahren waren die Puppen immer nach außen gewandt, haben dauernd nach irgendetwas gegriffen. Jetzt ziehen sie sich in sich selbst zurück.» Genauso wird es sich auch mit den realen Frauen der 80er Jahre verhalten: «Jetzt können sie sie selbst sein, richtige Damen. Sie müssen kein Energiebündel mehr sein.»

Filosos Meinung nach sind diese Entwicklungen ein bedeutender Fortschritt gegenüber den 70er Jahren, wo die Frauen sich um ihr Aussehen «nicht kümmerten». «Die Läden wollten keine schönen Schaufensterpuppen, aus Angst, Kundinnen könnten sagen: ‹Mein Gott, so könnte ich nie und nimmer aussehen!›» Doch damit, so weiß Filoso glücklich zu berichten, sei es jetzt vorbei. «Jetzt erwachen die Schaufensterpuppen wirklich zum Leben. Sie werden wieder hübscher – mehr wie die Modefotos in den alten Zeitschriften der 50er Jahre.» Und was ist mit den Kundinnen, die vielleicht heute sagen: «Mein Gott, nie könnte ich so aussehen!»? Das sei ja gerade die gute Botschaft, meint Filoso. «Heutzutage können die Frauen eine schöne Schaufensterpuppe betrachten und sagen: ‹Ich würde gern aussehen wie sie›, und das können sie auch! Sie können zu ihrem Arzt gehen und sagen: ‹Doc, ich hätte gern solche Wangenknochen.› – ‹Doc, ich hätte gern solche Brüste.›»

Er seufzt. «Wenn ich schlau gewesen wäre, wäre ich Schönheitschirurg geworden.»

Während der 80er Jahre bestimmten die Schaufensterpuppen die
Schönheitstrends – und die realen Frauen sollten ihnen folgen. Die
Puppen «erwachten zum Leben», während die Damen Äther einatme-
ten und sich unters Messer begaben. Die Kosmetikindustrie warb für
eine «Rückkehr zur Weiblichkeit», als handele es sich um eine Renaissance der natürlichen Fraulichkeit – ein Aufblühen all jener angeborenen weiblichen Eigenschaften, die angeblich in den feministischen
70ern unterdrückt wurden. Doch die «femininen Merkmale», die die
Branche am meisten feierte, waren alle höchst widernatürlich – und
nahmen immer drastischere, gesundheitsschädlichere und sträflichere
Ausmaße an.

Die Schönheitsindustrie ist natürlich noch nie für die Ziele des Feminismus eingetreten. Das heißt jedoch nicht, daß ihre Promoter ein be-
wußtes politisches Programm gegen die Frauenbewegung haben, nur
ein kommerzielles Mandat, um unterm Strich ein besseres Ergebnis zu
erzielen. Und das Rezept, auf das sich die Branche so viele Jahre verlassen hat – nämlich, das ohnehin negative Selbstwertgefühl der Frauen
noch mehr zu drücken und ihre Sorge um eine «weibliche» Erscheinung noch mehr zu schüren –, hat ihr immer gute Dienste geleistet.
(Umfragen des Kinsey-Instituts zufolge haben die amerikanischen
Frauen eine negativere Einstellung zu ihrem Körper als die Frauen jeder anderen Gesellschaft, in der diesbezügliche Studien durchgeführt
wurden.) Die Motive der Schönheitsmacher sind nicht besonders tief-
gründig oder durchdacht. Ihre endlosen, überzogenen Instruktionen
sind eher gedankenlos als programmatisch; ihr hektischer Lärm bewirkt eher atmosphärische Störungen als etwas wirklich Substantiel-
les. Aber trotzdem gehörte die Schönheitsindustrie in den 80er Jahren
zu der gesellschaftlichen Programmschleife, die das Feedback des Gegenschlags produzierte. Es war natürlich unvermeidlich, daß auch die
Werbeagenten der Kosmetikfirmen jene Warnungen, die über den
Preis der Gleichberechtigung kursierten, aufgriffen – und sie für ihre
eigenen Zwecke verstärkten.

«Zahlt Ihr Gesicht den Preis für Ihren Erfolg?» fragte 1988 eine

Nivea-Anzeige besorgt, sie zeigt eine Frau im Businessanzug, die mit der Aktentasche in der Hand eilig ein Kind in den Hort bringt – und in einem Schaufenster einen Blick auf ihr von der Karriere mitgenommenes Gesicht wirft. Wäre sie nur nicht so erfolgreich, dann hätte sie einen strahlenderen Teint. «Beruflicher Streß kann sich auf Ihren Teint verheerend auswirken», warnte *Mademoiselle*; er könne «hartnäckige Schuppen» hervorrufen, «in manchen Fällen Haarausfall» und, am allerschlimmsten, eine Gewichtszunahme. Am meisten gefährdet, so das Magazin, seien «erfolgreiche Frauen», deren attraktive Erscheinung durch den «Führungsstreß» zerstört werden könne. Anzeige um Anzeige hämmerte die Kosmetikindustrie den Frauen ihre Version der Gegenschlagsthese ein: Der berufliche Fortschritt der Frauen habe ihr Äußeres zum Nachteil verändert; die Gleichberechtigung habe Sorgenfalten und Zellulitis bewirkt. Diese Botschaft wurde fast unverändert aus dem vorigen Jahrhundert übernommen, wo die spätviktorianische Schönheitspresse die Frauen warnte, ihr Streben nach gleichen Ausbildungs- und Berufschancen werde ein «allgemeines Schwinden ihrer Reize» zur Folge haben und ihren «Teint verderben».

Die Werbestrategen der Branche schürten die Angst vor dem Preis des beruflichen Erfolgs vor allem deshalb, weil sie – zu Recht – befürchteten, dieser Erfolg habe *sie* etwas gekostet – nämlich Profite. Nach dem Entstehen der Frauenbewegung in den 70ern krankten Kosmetik- und Parfumfirmen eine Dekade lang an flauen bis sinkenden Umsätzen, Hersteller von Haarpflegeprodukten verzeichneten einen anhaltenden Konjunkturrückgang, und Friseure mußten hilflos zusehen, wie zahllose Kundinnen sich für schlichte preiswerte Schnitte entschieden und in Diskount-Salons gingen. 1981 fielen die Umsätze von Revlon zum ersten Mal seit 1968; im folgenden Jahr waren die Profite der Firma um eine Rekordzahl von 40% gesunken. Die Branche hatte das Ziel, dadurch ökonomisch zu gesunden, daß sie den Frauen einredete, *sie* seien die Kranken – und die Krankheit sei ihre Berufstätigkeit. Die Schönheit wurde behandlungsbedürftig, als das weißbekittelte Heer ihrer Promoter, und richtiger Ärzte, von Medizinern gebilligte Elixiere, Hautinjektionen, chemische Haar«treatments» und plastische Operationen für praktisch jeden Zentimeter des Körpers verordneten. (Ein Arzt versprach den Frauen sogar, sie kleiner zu machen, indem er ihnen ein Stück des Beinknochens wegsägte.) Ärzte und Klinikverwaltungen, die mit finanziellen Problemen zu kämpfen hatten, machten bei dieser Kampagne gemeinsame Sache mit der Industrie. Dermatologen sattelten angesichts eines schrumpfenden Teenager-Markts von der Behandlung der Pubertätsakne auf die «Behandlung» der Falten erwachsener Frauen um. Gynäkologen und Geburtshelfer, frustriert von sinkenden Geburtenzahlen und sprunghaft steigenden Kunstfehler-Prämien, vertauschten die Geburtszange mit der Liposuktions-Kanüle. Kliniken mit Umsatzdefiziten eröffneten Abteilungen für kosmetische Chirurgie und sponserten teure Extremdiät-Programme mit Protein-Drinks.

Wenn die Schönheitsindustrie unter den am Gegenschlag partizipierenden gesellschaftlichen Institutionen auch scheinbar eine nebensächliche Rolle spielt, so hatte sie doch in vielerlei Hinsicht eine zutiefst destruktive Wirkung auf die Frauen – sowohl körperlich als auch seelisch. In Befolgung des Schönheitsdiktats der 8oer Jahre machten die Ärzte viele Frauen buchstäblich krank. Antifaltenmittel enthielten Karzinogene. Säure-Peelings verbrannten die Gesichtshaut. Silikon-Injektionen hinterließen schmerzhafte Kapselbildungen. Die «kosmetische» Fettabsaugung zog schwere Komplikationen, Infektionen und sogar Todesfälle nach sich. Verinnerlicht spielten die Schönheitsdiktate des Jahrzehnts eine Rolle bei der epidemischen Ausbreitung von Eßstörungen. Und die Schönheitsindustrie trug auch mit dazu bei, die psychische Isolation unzähliger Frauen der 8oer Jahre noch zu verstärken, indem sie ihre Probleme weiterhin als individuelles Leiden hinstellte, angeblich ohne jeden Zusammenhang mit gesellschaftlichem Zwang, und heilbar nur bis zu dem Grad, in dem sich die einzelne Frau der allgemeinen Norm anzupassen vermag – indem sie sich körperlich verändert.

Alle in den 8oern vermarkteten Schönheitssymbole – Fragilität, Blässe, Kindlichkeit – stammten aus früheren Gegenschlagsepochen. Die Venus des Gegenschlags war eine nervenschwache Kranke, die auf der Chaiselongue genas, eine dekorative, feine Dame, die im Salon an ihrem Tee nippte, eine Kindbraut, die nur mit Sonnenschirm ins Freie durfte. Während der spätviktorianischen Ära verherrlichte die Schönheitsindustrie einen Krankheitskult – und profitierte davon, indem sie für gesundheitsschädliche Elixiere warb, die das Gesicht kalkweiß machten. Der Schwindsucht-Look trug mit zur ersten Diätmanie Amerikas und zur Entstehung von Anorexie bei jungen Frauen bei. In Gegenschlagszeiten läuft die Schönheitsnorm mit der gesellschaftlichen Kampagne gegen eigensinnige Frauen zusammen und verbündet sich mit der «traditionellen» Moral; ein porzellanartiges makelloses Äußeres wird zum Beweis für innere Reinheit, Fügsamkeit und Zucht. Die schöne Frau des Gegenschlags wird im doppelten Sinn des Wortes beherrscht. Ihr Körper wurde gebändigt, ihre Erscheinung als Besitz des Mannes gezähmt und maniküft.

In den Zwischenzeiten jedoch, wo die Kultur den Emanzipationsbestrebungen der Frau offener gegenübersteht, gilt eine Frau als schön, wenn sie sportlich und gesund ist und einen lebhaften Teint hat. In den Jahren vor und nach 1920 begannen Sportlerinnen als Schönheitsideal der Nation die Filmstars in den Schatten zu stellen; Coco Chanels brauner Teint ließ in ganz Amerika einen frischen Outdoor-Look Mode werden; und Helena Rubinsteins bunte Kosmetik machte auffallende, lebhafte Farben salonfähig. Doch schon Ende der 20er, Anfang der 30er Jahre verunglimpfte die Schönheitspresse die Frauen, die ihr Gesicht bräunten, und viele Firmen kündigten Frauen, die mit einem sportlichen, auffälligen Make-up zur Arbeit erschienen. Während des Zweiten Weltkriegs wiederum galt alles Lob den lebhaften, sonnengebräunten Schönheiten. *Harper's Bazaar* beschrieb «den neuen amerikanischen Stil von 1943» wie folgt: «Ihr Gesicht ist ständig der frischen Luft ausgesetzt, und sie ebenfalls. Sie hat eine starke, geschmeidige Figur, von Bewegung geformt. Das Glamourgirl gibt es nicht mehr.» Kaum war der Krieg jedoch vorbei, ließ die Schönheitsindustrie jenes Glamourgirl wieder auferstehen – ermutigt durch eine neue Generation von Motivforschern, die den Kosmetikfirmen zu einem passiveren Frauenbild rieten. Schönheitspublizisten befahlen den Frauen, ihre Brüste mit wattierten BHs oder Silikon zu vergrößern, ihr Haar mit krebserregenden Farbstoffen zu bleichen, ihren Teint blasser zu machen, indem sie Haut und Lippen mit Titan bleichten – mit einem Wort, jenem Glamourgirl nachzueifern, das am allermeisten gebleicht und behandelt worden war, Marilyn Monroe.

Im Rahmen des Gegenschlags der 80er Jahre wiederholte sich dieses Muster, als die in den Frauenzeitschriften der 70er zum Ideal erhobene «Action Beauty» von der Krankenbett-Ästhetik abgelöst wurde. Es war eine umfassende Verwandlung, die auf fast allen Ebenen der Schönheitskultur vollzogen wurde – vom oberflächlich angebrachten Parfum bis zu gefährlichen Eingriffen.

Von Charlie zu Ophelia

Im Winter 1973 berief Charles Revlon eine Konferenz von Revlon-Topmanagern ein. Er habe ein revolutionäres Konzept, wie er ihnen mitteilte: Ein Duft, der die Emanzipation der Frau feiere. (So revolutionär war das in Wirklichkeit gar nicht: Schon zwischen 1910 und 1920 ersetzten Parfumhersteller wie Guerlain schwache Lavendel- durch starke Moschusparfums und wandten sich damit an die emanzipierte moderne Frau.) Das Revlon-Team versah das Konzept mit dem Codenamen «Cosmo» und verbrachte die kommenden Monate damit, Frauen bei einer Essenseinladung zu fragen, welches Parfum sie sich wünschten.

Die Revlon-Interviewer erfuhren, die Frauen hätten es satt, dauernd zu hören, daß sie angeblich durch bestimmte Duftnoten charakterisiert würden; sie wollten ein Parfum, das ihr eigenes neues Selbstbild reflektierte. Die Marktforscher der Firma richteten sich danach und kamen schließlich mit einem Duft namens Charlie daher, den in Anzeigen eine selbstbewußte, berufstätige Single-Frau repräsentierte, die ihre eigenen Schecks ausstellt, ohne männliche Begleitung Nachtclubs besucht und sogar Männer zum Tanz auffordert. Revlon stellte Charlie im Jahr 1973 vor – und binnen Wochen waren sämtliche Lagerbestände ausverkauft. Nach weniger als einem Jahr war Charlie das meistverkaufte Parfum der Nation.

«Charlie symbolisierte diesen neuen Lebensstil», erinnert sich der leitende Direktor von Revlon, Lawrence Wechsler, «und das hieß: Du kannst sein, was du willst, du kannst tun, was du willst, ohne irgendwelche Kritik hervorzurufen. Wenn du im Anzug statt im Rock ins Büro willst, bitte.» Der Erfolg der Charlie-Reklame provozierte fast ein Dutzend Nachahmungen, von Max Factors Maxi («Wenn ich Lust auf etwas habe, laß ich mich nicht davon abbringen»), bis Chanels Cristalle («Feiere dich selbst»); und immer sah man freche, emanzipierte, erotisch selbstbewußte Heldinnen; es wimmelte von Superathletinnen –

von Cotys Eislauf-Champion, Smitty, bis Fabergés Rollschuh-Dynamo, Babe («Der Duft für die sagenhafte, moderne Frau, zu der du wirst») – eine Hommage an die Olympiasiegerin Babe Didrikson Zaharias.

1982 zog Revlon plötzlich die alte Charlie-Reklame zurück und ersetzte sie durch Reklame mit einer Frau, die sich nach Ehe und Familie sehnte. Die Wende wurde nicht etwa von sinkenden Umsätzen diktiert; die Manager der Firma Revlon hatten nur «einfach das Gefühl», die Zeit für Charlie sei jetzt vorbei. «Wir hatten diese ganze Emanzipationssache etwas zu weit getrieben», meint Wechsler. «Und außerdem war es sowieso kein Thema mehr. Es gab jetzt wichtigere Themen, Drogen zum Beispiel. Und dann gibt es ja die biologische Uhr. Die Frauen müssen ihren Ehrgeiz jetzt ein bißchen zurückschrauben.» Doch er besteht darauf, daß die Beendigung der Charlie-Kampagne ein Zeichen des «Fortschritts» der Frauen sei. Die amerikanische Frau sei jetzt so weit, sagt er, «daß sie nicht mehr so selbstbewußt sein muß. Sie kann sich jetzt wieder weiblicher geben.»

Die neue Werbekampagne jedoch sprach die Käuferinnen nicht an und mußte deshalb 1986 abermals ersetzt werden. Diesmal eliminierte Revlon den Charlie-Charakter ganz und bot statt dessen eine Auswahl anonymer Frauen an, die als «very Charlie» bezeichnet wurden (und zwar in einer von Malcolm MacDougall kreierten Werbekampagne, dem gleichen Werbefachmann, der für *Good Housekeeping* die Neue Traditionalistin geschaffen hatte). In gewisser Hinsicht hatte sich damit der Kreis geschlossen: Wieder einmal legte das Parfum die Norm fest, der die Frauen zu entsprechen hatten.

Zumindest war es aber so, daß die als «very Charlie» charakterisierten Frauen noch herumliefen und Lebenszeichen von sich gaben. Mitte der 80er hatten sich viele der Parfum-Ladies in unbewegliche, kalkweiße Figurinen verwandelt. Die Parfumindustrie hatte beschlossen, schwächere Duftnoten an schwächere Frauen zu verkaufen, und so wurden Parfums und Parfümierte gedämpft. «In den vergangenen Jahren benutzten viele Frauen Parfums, die ebenso stark waren wie ihr Ehrgeiz, eine Führungsposition zu erreichen», behauptete Jonathan King, Marketing Direktor des Parfumlieferanten Quest International 1987 in der Presse. Jetzt jedoch würden «entspanntere» Parfums mit damenhafteren, zurückhaltenderen Duftnoten an ihre Stelle treten und das entzau-

berte «Geheimnis» der Frau wiederherstellen. Unzählige Parfumhersteller der 8oer Jahre dispensierten Heil-Elixiere: sie wurden «Aroma-
therapie» genannt; es handelte sich um Parfumsorten, die eine «beruhi-
gende» Wirkung auf enervierte Karrierefrauen haben sollten. Diese
Düfte konnten angeblich sogar «von Streß und Depressionen befreien,
ohne daß man Medikamente nehmen muß», wie Craig Warren, Direktor von International Flavors, munter erklärte. Avon bestand sogar
darauf, daß ihre Marke, Tranquil Moments, erwiesenermaßen einen
beruhigenden Effekt auf die weiblichen Hirnströme habe. Aber die Änderung wurde nicht nur durch die beruhigenden Düfte symbolisiert. In
den neuen Werbekampagnen der 8oer Jahre waren die weiblichen Models nicht einmal mehr «ehrgeizig» – jetzt zielten die Parfumhersteller
mit ihrer Werbung auf drei Gruppen «femininer» Frauentypen: die
reiche Müßiggängerin, die Braut und das kleine Mädchen.

In der ersten Hälfte der 8oer Jahre wurde der Markt von fünfhundert
teuren Parfummarken überschwemmt, die alle den Anspruch hatten,
ein Duft für die oberen Zehntausend zu sein. (Um dies zu unter-
streichen, waren mindestens sechs der High-Society-Parfums Gold-
stäubchen beigemischt. Als die Couture-Designer sich um lukrative
Lizenzverträge für Parfums bemühten, begannen *ihre* Namen auf den
Parfumflakons die Namen der Frauen zu verdrängen; Bill Blass ersetzte Babe Didrikson. Die Frauen, die es in die Parfumreklame schafften, repräsentierten Vornehmheit und Glamour, nicht Emanzipation
oder Sportlichkeit. Zur Werbung für Passion engagierte Parfums International Elizabeth Taylor; sie spielte die aristokratische Lady, las in
TV-Werbespots Gedichte vor und fungierte in Kaufhäusern als Gast-
geberin von Kaffeekränzchen für vornehme Kundinnen. Selbst die
Durchschnittsfirma Avon versuchte ihr Niveau zu steigern, indem sie
die Rechte an Parfummarken wie Giorgio, Oscar de la Renta und Perry
Ellis kaufte und Deneuve vorstellte, zu 165 $ pro 30 ml.

Kaum forcierte die Parfumindustrie ihre zweite Strategie, ging es in
allen Anzeigen nur noch ums Heiraten, und die selbstbewußte Single-
Frau wurde durch sittsame, alabasterfarbene Bräute ersetzt. 1985
stellte Estee Lauder Beautiful vor, das Parfum «für Ihre schönsten Momente». Der einzige «Moment» jedoch, von dem in der Werbung je die
Rede war, war der Hochzeitstag. (Die Kampagne «Schönste Momente»
fiel zufällig mit der auf Männer zielenden Kampagne «Bedeutungs-

volle Momente» der Uhrenfirma Omega zusammen, wodurch sich in vielen Zeitschriften unbeabsichtigt ein aufschlußreicher Kontrast ergab: Auf der einen Seite senkte sie ihren Schleier; auf der nächsten bot er die Faust, um «die ungetrübte Freude des Siegers» zu feiern».) Bijan für Frauen befürwortete die Ehe sogar in Schwarzweißmalerei: Die 1988 erschienenen Anzeigen des Parfumherstellers sagte den Frauen, sie bewiesen «schlechten Geschmack», wenn sie unverheiratet mit einem Mann zusammenlebten, «guten Geschmack», wenn sie heirateten und schwanger würden, und «außergewöhnlich guten Geschmack», wenn «Sie stolz Ihren Ehering am Finger tragen».

Hatten die Frauen in der Parfumwerbung keine Babys, dann wurden sie selbst dazu gemacht – eine Firma nach der anderen wählte ein vorpubertäres Mädchen zum neuen Weiblichkeitsideal. «Parfum ist eine der angenehmsten Seiten des Frauseins», hieß in *Vogue* die Unterschrift zum Foto einer kleinen Lolita, der verführerisch blonde Locken ins stark geschminkte pausbäckige Gesicht fielen. «Lobpreisung der Frau» hieß 1989 der Werbeslogan für Lord & Taylors Parfum Krizia, aber die einzige Frau, die in dieser Anzeige gepriesen wurde, war ein Mädchen im Vorschulalter, in viktorianischen Kleidern, den Blick sittsam gesenkt. «Du bist von Anfang an ganz Frau», raunte eine weitere Parfumwerbung – mit einer damenhaften Fünfjährigen. Selbst eine der als «very Charlie» bezeichneten Frauen von Revlon war unter zehn.

Doch keine dieser Verkaufsstrategien zahlte sich aus. Die Flut kostspieliger Parfums bewirkte 1986 vielmehr einen Rückgang des Parfumumsatzes – das erste Mal seit Jahren. In exklusiven Geschäften sank der Umsatz teurer Parfums zwischen 1980 und 1985 um über 20 Millionen $. Bei Avon sanken bis 1988 die Vierteljahresumsätze um 57%, weniger als die Hälfte der Profite stammte von Verkäufen in den USA, und die Firma mußte ein Drittel ihrer Geschäftsführer entlassen. Indem sie sich an die wohlhabenden «Damen» wandte, hatte die Firma ihre zahllosen treuen Kundinnen ignoriert: die Arbeiterinnen. Das Unternehmen hätte sich nur seine eigenen Marktforschungsstudien ansehen müssen, die zeigten, daß die typische Avon-Kundin eine Frau mit High-School-Abschluß, Fabrikjob, zwei Kindern und einem Jahreseinkommen von 25 000 $ war. Wie sollte sie ein Parfum kaufen, von dem 30 ml 165 $ kosteten?

Nachdem sich Reichtum, Ehe und Kindlichkeit als unzureichende Köder erwiesen hatten, trieb die Parfumwerbung die Idealisierung der schwachen, gefügigen Frau bis zu ihrem logischen Extrem – und schoben den Leichnam der Frau auf der Bahre hinaus. In der Opium-Reklame von Yves Saint Laurent sah man eine aufgebahrte Frau; sie hatte die Augen geschlossen, und um ihr totenbleiches Gesicht waren Blumen arrangiert. In Jovans Florals-Reklame liegt eine moderne Ophelia im Todesschlaf hingesunken da, deren nackter Körper mit schwarzen und weißen Orchideen bedeckt ist. Die morbide Szene trug folgende Unterschrift: «Das Recht jeder Frau auf ein wenig Luxus.»

Tägliche Einträge ins Verjüngungstagebuch

Die Kosmetikindustrie griff als neuesten Make-up-«Trend» Ende der 8oer Jahre eine bekannte viktorianische Regel für Kinder auf. So drückte es die Überschrift eines Artikels aus: «Die Make-up-Botschaft für den Sommer: Gesehen, aber nicht gehört werden.» Die schöne Frau war die stille Frau. Die Kosmetik-Beiträge in *Mademoiselle* priesen den «stummen» Look, warnten vor einem «lauten Mundwerk» und erinnerten die Frauen daran, daß «es besser ist, eine Dame zu sein... besser als Macht, besser als Geld». *Vogue* legte den Frauen den Finger auf die Lippen und bat um Stille: «Das Make-up hat einen neuen Reiz... Keine ‹schreienden› Farben mehr.» Zehn Jahre zuvor kamen die Make-ups wie die Parfums in schonungslos «lebhaften» und «überschwenglichen» Farben «mit Macht» daher. Die «freimütige Chanel-Frau» benutzte für Nägel und Gesicht Farben, die so laut waren wie ihr neues «Selbstbewußtsein» und ihre «geistreichen Äußerungen». Jetzt jedoch tippelte die Kosmetik geisterhaft auf Zehenspitzen über die Haut. Zum Teil ergab sich dieses neue Schönheitsdiktat natürlich einfach aus der altbewährten Verkaufsstrategie: Nachfrage schaffen, indem man die Mode-Diktate einfach umkehrt. Daß man die stummen Mädchen zum neuen Ideal erhob, war entlarvend; dieses Image beruhigte die Kosmetikvertreiber, die der Kosmetikboykott der Frauen zermürbt hatte.

Auch die Make-up-Hersteller wandten sich an die vornehme Upperclass-Lady; wie die Parfumproduzenten hofften auch sie darauf, mit weniger Frauen mehr Geld zu machen, indem sie reiche Frauen der Babyboom-Generation zum Kauf aristokratisch klingender Schönheitsprodukte anhielten – zu entsprechend hohen Preisen. Aber auch dieses Marketingmanöver erwies sich als Fehlschlag. Den größten Make-up-Verbrauch haben Teenager und Arbeiterinnen – und die wurden durch die überhöhten Preise der neuen «Elite»-Make-ups einfach abgeschreckt. Die Taktik der Make-up-Firmen bewirkte nur, daß die Umsätze noch drastischer sanken – und schon bald rieten Experten führender Versicherungen den Investoren von Kosmetik-Aktien ab.

Schließlich fanden diese Firmen aber doch noch einen lukrativen Weg, den Gegenschlag für ihren Umsatz einzuspannen. Viele große Firmen boten plötzlich teure, medizinisch klingende Elixiere an, die die Haut älterer Frauen in weiße Babyhaut verwandeln und ihren «sensiblen» Teint vor den verheerenden Einflüssen der Umwelt und insbesondere des Berufs schützen sollten. Dadurch, daß sie aus der unter den zahlreichen, älter werdenden Babyboomern weit verbreiteten Vergänglichkeitsangst Kapital schlug – natürlich nur bei den Frauen –, gelang es der Branche doch noch, ihre Finanzlage zu verbessern.

Betrat man Ende der 80er Jahre eine Kosmetikabteilung, dann kam man sich vor, als sei man in einem eleganten Sanatorium gelandet. Die Verkäuferinnen trugen weiße Schwesterntrachten, und es gab teure, zeitaufwendige Kuren zu kaufen, die wie Medikamente benannt und verpackt waren und von Ärzten empfohlen wurden. Das 92 $ teure «Biologische Straffungsmittel» von Clarin gab es in einer Zwanzig-Tage-Kurpackung mit reagenzglasförmigen «Ampullen». Glycel, eine «Anti-Ageing»-Creme, rühmte sich der Unterstützung des Herzchirurgen Dr. Christiaan Barnard. Von der Firma La Prairie gab es eine «Zelltherapie» aus ihrem «weltberühmten medizinischen Labor» in der Schweiz – die 225 $ teuren Fläschchen waren mit «Kapseln» gefüllt und wurden mit kleinen Löffelchen für die richtige Dosierung geliefert. Das «medizinisch ausgebildete» Personal von Linique forderte die Frauen auf, ein tägliches Peeling durchzuführen, den Fortschritt ihrer Haut in einem «täglichen Verjüngungstagebuch» festzuhalten und ihren Zustand auf dem «Computer» der Firma zu kontrollieren – ein Plastikbrett mit Gleitknöpfen, das eher einer Fisher Price Busybox als einem Macintosh ähnelte.

Auch von Verweisen auf die weibliche Fruchtbarkeit wimmelte es in

den Kosmetikabteilungen, als die Schönheitsindustrie aus den mit der
«biologischen Uhr» verknüpften Ängsten Kapital zu schlagen begann.
Auf den Etiketten Dutzender von Schönheitskuren wurden Ingredien-
zien angepriesen, die irgendwie mit einem gynäkologischen Bereich zu
tun hatten: «Schafplazentas», «Rinderembryos» und bizarrerweise sogar «menschliches Placenta-Protein». Zur Auswahl standen auch, im
Einklang mit der Gegenschlagsmode der 8oer, 50 $ teure «Brust-
cremes» und «Busen-Lotions», die angeblich den Busen vergrößerten –
Produkte, die es seit den 5oer Jahren nicht mehr gegeben hatte.

Um den Absatz ihrer Haut«kuren» zu fördern, bedienten sich die
Kosmetikfirmen zwar der traditionellen Methode, den Frauen Angst
einzujagen («Frühzeitiges Altern: Schützen Sie sich davor!» warnte die
Ultima II-Reklame – es sei «der Alptraum jeder hautbewußten Frau»),
aber jetzt kam diese Panikmache in pseudofeministischen Formulierungen daher, in dem Sinne, daß die Frauen die Kontrolle übernehmen
sollten. Die Werbeagentur, die die erfolgreiche 8oer-Kampagne für Oil
of Olaz durchführte – diese Werbekampagne verlagerte die Zielgruppe
der Firma von älteren Frauen mit realen Falten auf Babyboom-Frauen
mit imaginären Falten –, bediente sich einer Methode, die von der Firmenleitung «das Kontroll-Konzept» genannt wurde. Das Reklame-
Model – zwar in panischer Angst vor dem Altern, aber fest entschlossen,
die Sache in die Hand zu nehmen – schwor: «Ich habe nicht vor, in
Würde alt zu werden ... Ich habe vor, Schritt für Schritt dagegen anzukämpfen.» Die Chanel-Reklame riet Frauen sogar zu Anti-Falten-
Cremes, um ihren beruflichen Status zu verbessern; Falten zu bekämpfen sei «ein cleverer Karriereschachzug».

Während Kosmetikfirmen einerseits das Vokabular der Emanzipation für Marketingzwecke mißbrauchten, behaupteten sie andererseits, die Früchte eben jener Emanzipation schadeten dem Aussehen
der Frauen. Der Karriere-«Streß» sei für die Zerstörung der weiblichen
Schönheit verantwortlich, insistierte die Kosmetikindustrie. Die Ne-
onbeleuchtung am Arbeitsplatz und der tägliche Weg ins Büro stelle
für die Haut der Frau eine noch größere Bedrohung dar als selbst intensive Sonnenbräunung, hieß es in der Ultima II-Reklame. «Die Dermatologen sind sich einig, daß sich im Lauf des Jahres auf dem Weg von
und zur Arbeit weit mehr Schäden akkumulieren als während zwei
Wochen intensiven Sonnenbadens.»

Die Kosmetikfirmen fuhren besser mit Anti-Falten-Elixieren als mit traditionellen Düften und Kosmetikartikeln, weil es der Gegenschlag in diesem Bereich schaffte, uralte weibliche Ängste mit dem modernen demographischen Sachverhalt zu verbinden, daß die Babyboom-Frauen älter wurden. Diese Kombination erwies sich als äußerst wirkungsvoll. 1985 ergab eine vom Kosmetikhersteller-Verband veranstaltete Umfrage bei Kosmetikerinnen, daß 97% ihrer Kundinnen jetzt über drohende Falten deutlich besorgter und bestürzter waren als noch einige Jahre zuvor. 1986 hatten sich die jährlichen Hautcreme-Umsätze binnen fünf Jahren auf 1,9 Milliarden $ verdoppelt. Und zum ersten Mal verkauften viele Kosmetikgeschäfte mehr Hautpflegeprodukte als dekorative Kosmetik. Bei I. Magnin machten diese Produkte 70% des gesamten Kosmetikumsatzes aus.

Daß die teuren Anti-Falten-Cremes so viel gekauft wurden, lag wohl kaum an ihrer verbesserten Wirkung. Bei fast der Hälfte der Versprechungen auf den teuren Anti-Ageing-Produkten handelte es sich um Betrug. Die Verheißung von «Zellerneuerung», «DNA-Repairs» und der «Umkehrung» des Alterungsprozesses war so absurd, daß selbst die Food and Drug Administration der Reagan-Ära gegen dreiundzwanzig Kosmetikfirmen Verbote erließ. Genauso verlogen waren die Versprechungen der Sonnenschutzpräparate. Hautpflegehersteller verkauften Sunblocker bis zu Hautschutzfaktor 34; Forschung und FDA fanden jedoch heraus, daß über den Lichtschutzfaktor 15 hinaus keine Wirkungssteigerung mehr möglich ist. Und so gern man glauben würde, daß den Kosmetikfirmen ja nur daran gelegen war, die Haut der Frauen vor der krebserregenden Strahlung zu schützen, so gleichgültig war ihnen dieses Risiko, als sie eins der neuen Skin-Treatments vorstellten, für die in dieser Dekade am aggressivsten geworben wurde: Retinol-A.

Ein Jahrhundert zuvor wurden die Frauen dazu ermuntert, ihre alternde Haut mit «Fowlers Solution», einer arsenhaltigen Aknecreme, zu revitalisieren; viele erkrankten, manche sogar tödlich. In den 80ern verschrieben die Schönheitsärzte eine Aknesalbe, der nachgesagt wurde, sie wirke dem Alterungsprozeß der Haut entgegen. Retinol-A löste bei Mäusen im Tierversuch jedoch Krebs aus, und eine orale Variante des Medikaments, Akkutane, wurde mit Geburtsfehlern in Verbindung gebracht. Zudem schien Retinol-A die Gesichter der Frauen eher zu verätzen als zu glätten. In der einzigen Studie, die die Faltenwirkung der Creme untersucht – gesponsert vom Hersteller selbst, der Ortho Pharmaceutical Corp. –, benötigten 73% der Teilnehmerinnen lokale Steroide gegen die schmerzhaften Schwellungen, und 20% entwickelten eine so schwere Dermatitis, daß sie die Teilnahme an der Studie abbrechen mußten. (Andererseits ergab die Studie, daß Retinol-A bei *einer* Teilnehmerin ein «deutlich verbessertes» Hautbild bewirkt habe.)

Der Dermatologe, der diese einzige Studie leitete, John Voorhees, erklärte sich bereit, als Chef-Promoter der Firma Ortho für Retinol-A zu fungieren. Überflüssig zu sagen, daß der Dekan der dermatologischen Fakultät der Universität Michigan sich nicht bei den medizinischen Risiken aufhielt, als er Retinol-A auf einer Pressekonferenz im Rainbow Room in Manhattan empfahl – ein Reklametrick, der die Aktien von Johnson & Johnson binnen zwei Tagen um acht Punkte in die Höhe schnellen ließ. Die Medien nannten Voorhees den Ponce de Leon der 80er Jahre; *USA Today* bezeichnete seine Entdeckung als «ein Wunder». Innerhalb eines Jahres stiegen die Retinol-A-Umsätze um 350% auf 67 Millionen $ an, Apotheken gingen die 25 $ teuren Tuben aus, die Frauen strömten scharenweise in die Hautarztpraxen, und Ärzte gründeten Retinol-A-Einkaufs-«Kliniken», die Hunderte von Frauen anlockten. Obwohl die FDA Retinol-A nicht zum Gebrauch gegen Falten zugelassen hatte, verschrieben es die Dermatologen trotzdem zu diesem Zweck, indem sie auf den Rezepten einfach behaupteten, ihre Patientinnen mittleren Alters litten plötzlich an Pubertätsakne. Zumindest auf dem Papier war es den Ärzten gelungen, erwachsene Frauen in picklige Teenager zu verwandeln.

Die Rückkehr des Breck-Girls

Es war ein trauriger Tag für Amerika, als das Breck-Girl abtrat. Dieser Ansicht war zumindest seine Erfinderin, die Firma American Cyanamid, als sie «einen stabilen Faktor in unserer Gesellschaft seit über vierzig Jahren» zur Ruhe bettete.

In Wirklichkeit war das Vorbild mit dem glänzenden Haar eher ein periodisch auftretender Faktor gewesen, der am besten während der Jahre des Gegenschlags gedieh. Das Breck-Girl wurde während der

Wirtschaftsdepression als kleines Mädchen auf einem Friseurplakat geboren. In die Massenreklame trat sie in der Weiblichkeitswahn-Ära ein und debütierte 1946 als siebzehnjährige göttliche Blondine auf der Rückseite des *Ladies Home Journal*. Jedes Jahr wechselte die Firma eines der natürlichen jungen Models gegen ein anderes aus. Im Lauf der Zeit wurde aus dem Breck-Girl eine Blondine über zwanzig, wenngleich sie oft immer noch eine Puppe im Arm hielt.

In den 70ern fiel das Breck-Girl allmählich in Ungnade. Erst wandten sich die Frauen Shampoos mit Kräutern und anderen natürlichen Inhaltsstoffen zu. Dann war die Firma wegen ihres klischeehaften Frauenbilds Kritik von seiten der Frauenbewegung ausgesetzt. Um die Kritikerinnen zu beschwichtigen, wurden den Anzeigen jetzt Kurzbiographien beigefügt, die jedem Mädchen eine «Persönlichkeit» verpassen sollten. Trotzdem ging es mit der Popularität des Breck-Girls weiter bergab, und die Firma machte ihr 1978 die letzte Aufwartung. «Die Firmenleitung hatte den Eindruck, das Breck-Girl werbe nicht mehr effektiv für das Shampoo», erklärt Gerard Matthews, der Produktmanager von Breck.

Mit dem Gegenschlag der 80er Jahre entstieg das Breck-Girl jedoch wieder seinem Madison-Avenue-Grab. Es sei wieder da, und zwar «moderner» denn je, versicherte der Sprecher der Firma den Kundinnen 1987, als der neue Slogan vorgestellt wurde: «Das Breck-Girl: Eine Frau der 80er Jahre mit eigenem Stil». Breck engagierte denselben Illustrator wie in den 70er Jahren, Robert Anderson, und schickte ihn quer durch Amerika auf die Jagd nach dem perfekten Breck-Girl.

Anderson leckte sich noch die Wunden, die ihm sein letztes Gefecht mit der Frauenbewegung geschlagen hatte. «Diese militanten Feministinnen kamen doch einfach daher und sagten zu mir: ‹Welches Recht haben Sie eigentlich, da rumzufahren und zu entscheiden, was schön ist?›» erinnert er sich. Es war ein Recht, auf das Anderson 1987 gern wieder Anspruch erhob, als er sich auf «die große Suche» begab, um «die Personifikation der amerikanischen Schönheit» zu finden. Anderson sagt, er habe wie der Prinz, der den Glasschuh mit sich trägt, gewußt, «daß ich sie auf den ersten Blick erkennen würde». Außerdem gab ihm die Firma ein paar Tips: «Wir wollten keine Frau, die Ärztin war oder sonst irgendwie über dem Durchschnitt», erinnert sich der Produktmanager Gerard Matthews. Dem pflichtete Anderson bei; wie er in «Meine Eindrücke während der Suche» schrieb, hätte ein Model, das eine erfolgreiche Frau verkörperte, ja eine einschüchternde Wirkung auf die Frauen haben können – «genauso frustrierend» wie «makellos schöne Models». Er beschloß, behutsam vorzugehen; er würde nach einer Frau suchen, die für ihr Leben nur «ein paar Entscheidungen» getroffen hatte und «vielleicht etwas klarer definiert war als manches der früheren Breck-Girls».

«Ich saß am Computer, und als er vorbeilief, habe ich einfach nur genickt – wir haben gar nicht miteinander gesprochen», sagt Cecilia Gouge über jenen ereignisreichen Märztag, an dem Andersons Suchtrupp ihren Schreibtisch erreichte.

Gouge hatte, von ihrem Hausfrauendasein «total gelangweilt», erst einen Monat zuvor mit achtundzwanzig Jahren angefangen, im Marriott Marquis Hotel in Atlanta als Sekretärin zu arbeiten.

Am nächsten Tag wurde Gouge von Anderson und einem Assistenten interviewt. Sie erinnert sich an viele Fragen «bezüglich meiner moralischen Einstellung». «Er fragte mich über meine Familie aus, meine Wertvorstellungen und wie ich zu meiner Familie stünde», sagt Gouge. «Ich habe ihnen erzählt, daß Joey (ihr Mann) früher Pfarrer war und ich selbst Sonntagsschullehrerin, und das hat sie sehr interessiert... Sie fragten mich, ob ich Probleme gehabt hätte, nach Morgans [ihre Tochter] Geburt wieder arbeiten zu gehen. Ich sagte, nach Morgans Geburt hätte ich mich entschlossen, zu Hause zu bleiben und erst später wieder arbeiten zu gehen. Das fanden sie hochinteressant.» Auch was die Frauenfrage betraf, war sie völlig unbelastet. «Ich bin nicht besonders frauenbewegt. Ich bin keine Feministin. In unserer Familie ist Joey der Haushaltsvorstand.»

Anderson brach die Suche ab; das Breck-Girl war «entdeckt», wie es in der Pressemitteilung hieß. «Cecilia besaß alle Qualitäten, die das neue Breck-Girl haben sollte», versicherte Anderson. «Sie hat nicht nur ein hübsches Gesicht.» Ihre anderen Qualitäten, laut Firmenmitteilung: Sie «kocht gern rustikal», «spielt mit ihrem Töchterchen» – und «besorgt ihren Haushalt selbst».

Das neue Breck-Girl wurde für seine Dienste nicht bezahlt. Cecilia Gouges einzige Entschädigung war ein Gratis-Trip nach New York und Freikarten für ein Neil-Simon-Broadwaystück. Die Firmenvertreter sagten zwar, sie würden ihr ein paar hundert Dollar für jede Veröffentlichung zahlen, erinnerten sich aber nur noch einmal an sie – anläßlich des «Familientags» der Firma.

«Manchmal ärgert es mich ein bißchen», sagt Gouge über das wenig lukrative Arrangement. «Aber dann denke ich wieder, wir sind quitt. Ich hatte die Anerkennung, die Chance, daß mich eine ganze Nation kennenlernte. Es war die Chance für eine Mannequin-Karriere.» Aber diese Karriere kam nie zustande.

«Als Cecilia aus Boston zurückkehrte (wo sie für die Breck-Reklame fotografiert worden war), schwebte sie in den Wolken», erinnert sich ihr Mann, Joe, ein Jahr später. Er sitzt am Küchentisch ihres Hauses in einem Vorort von Atlanta. Cecilia, die gerade von ihrem kirchlichen 40-Stunden-Job zurückgekommen ist, nachdem sie noch ihre zweijährige Tochter vom Kinderhort abgeholt hat, steht jetzt am Herd und kocht. Joe, der darauf wartet, daß sie das Essen serviert, fährt fort: «Je mehr sie redete, desto mehr schwand meine Begeisterung. Ihre Augen leuchteten. Ich erinnere mich, daß wir essen gingen und daß sie mich irgendwann angeschaut und gesagt hat: ‹Du wirkst ja nicht gerade begeistert›, und ich hab gesagt: ‹Um ehrlich zu sein, das bin ich auch nicht.› Ich fand, daß sie wieder arbeiten ging, reichte doch als Kompromiß. Ich war in großer Sorge, wohin das alles führen würde.»

Bald nachdem sie zum Breck-Girl ernannt worden war, wandte sich Cecilia an eine Model-Agentur und verpflichtete sich vertraglich, einmal monatlich für 3000 $ bei den Treffen der Bootshändler der Marathon Company aufzutreten. Joe jedoch löste den Vertrag nach wenigen Monaten wieder auf. «Am meisten beunruhigte mich, daß sie ganz allein in all diesen Städten war. Ich mag es, wenn zu Hause alles organisiert und vorbereitet ist, und es wurde mir alles ein bißchen zu chaotisch.» Irgendwann schloß sich Cecilia seiner Meinung an. «Es wurde zu hektisch», sagt sie jetzt, während sie den Küchentisch abräumt – und Joe ins Wohnzimmer geht, um fernzusehen.

Im nächsten Jahr berichtete Breck, der Verkauf der 450-ml-Shampooflasche sei 1987 um 89% gestiegen. Aber dieser Ausschlag nach oben hatte, so der Produktmanager der Firma, angeblich nichts mit der Rückkehr des Breck-Girls zu tun. Der entscheidende Faktor sei vielmehr die 22%ige Preisreduzierung Anfang des Jahres gewesen.

Der Busenexperte von San Francisco

Beim Lunch im ausschließlich Männern vorbehaltenen Bohemian Club in San Francisco reden die Geschäftsleute über ihre Ehefrauen. «Meine Frau ist vierzig, sieht aber aus wie dreißig», erzählt ihnen der Schönheitschirurg Dr. Robert Harvey. Bis jetzt hätten ein paar Kollageninjektionen zur Glättung der Krähenfüße ausgereicht. «Irgendwann wird sie dann wohl eine Bauchdeckenstraffung wollen.» Die Männer nicken milde und spießen Hummersalat-Häppchen auf die Gabel. Die wenigen Frauen am Tisch – beim Lunch ist «Damenbegleitung» erlaubt – schweigen.

Bei diesem Mittagsmahl steht Dr. Robert Harvey, der nationale Sprecher des Breast Council, im Mittelpunkt. Dies ist bereits sein zweiter Auftritt. Harvey, von manchen seiner Mitarbeiter und Kollegen «der Busenexperte von San Francisco» genannt, gilt als der führende Brustvergrößerungsexperte San Franciscos – keine Kleinigkeit in der Stadt mit den meisten Schönheitschirurgen Amerikas.

Nach dem Lunch rollt der Busenexperte eine Leinwand aus und verdunkelt den Raum. Die erste Reihe Dias enthält fast ausschließlich Fotos von Asiatinnen, deren Züge er verwestlicht hat – wodurch sie, Harveys Ansicht nach, «femininer» wurden. Während auf der Leinwand die Vorher-nachher-Bilder erscheinen, erzählt Harvey den Männern von einer Frau, die zu ihm kam, weil ihr die Form ihrer Nase mißfiel. Sie hatte «zum Teil recht», sagt er; ihre Nase «mußte» tatsächlich verändert werden, aber nicht so, wie es sich die Frau vorgestellt hatte.

Ein paar Stunden später rasselt in der Praxis eine von Harveys «Patientenberaterinnen» eine lange Liste von Harveys Auftritten in Presse und Fernsehen herunter: «*Good Housekeeping, Harper's Bazaar*, die ‹Dean-Edell Show› – davon haben wir ein Video, falls Sie es sich ansehen wollen...» Dann die Vortragsverpflichtungen: «Der Decathalon Club, der San Francisco Rotary Club, der Daly City Rotary Club, der Press Club...» Die Liste enthält erstaunlich viele Männervereinigungen. «Die erzählen es dann ihren Ehefrauen weiter», erklärt sie. «Die Herrenclubs sind eben sehr lukrativ.»

Harveys Patientenberaterin verschaffte dem Arzt ihrerseits lukrative Aufträge. Rief eine zukünftige Patientin an, wurde sie herbestellt,

um sich den Busen von Harveys Beraterin anzuschauen. Sie hatte ihn
einige Jahre zuvor von 85 A auf 85 C vergrößern lassen. Dazu sagte sie
den Frauen: «Ich fühle mich jetzt wirklich selbstbewußter. Ich fühle
mich mehr als Frau.» (Allerdings nicht so selbstbewußt, daß sie ihren
Namen erwähnt haben möchte; einige ihrer engsten männlichen
Freunde wüßten nichts von der Operation.) Sie habe als effektives
Marketing-Instrument gedient, wie sie sagt. «Es gibt ihnen Sicherheit,
wenn sie erst mit einer [Frau] sprechen können, von der sie sich nicht
eingeschüchtert fühlen. Dann haben sie nicht den Eindruck, ein Mann
wolle ihnen irgend etwas andrehen.» Ihre Assistenz war tatsächlich ein
Segen für Harvey und trug mit dazu bei, seine Einnahmen durch
Brustvergrößerungen binnen drei Jahren zu verdoppeln. Harvey
pflegte sie «meine rechte Hand» zu nennen. Den Patientinnen, die vor
dem chirurgischen Eingriff Angst hatten, riet Harveys Beraterin, erst
einmal mit einer Kollageninjektion im Gesicht zu beginnen. Bei einem
Preis von 270 $ pro Kubikzentimeter hält eine Kollageninjektion etwa
sechs Monate. «Das ist eine gute Möglichkeit, die Angst abzubauen. Es
hilft, die Operationshürde zu nehmen.» Sie führte täglich mehrere Injektionen durch – «sieben waren mein Maximum». Innerhalb eines
Jahres habe allein dieses Verfahren Harveys Einkünfte vervierfacht. Er
zahlte ihr keine Beteiligung für die Patientinnen, die sie ihm auf diese
Weise zuführte, aber sie sagt, das mache ihr nichts aus; sie sei einfach
nur «dankbar», daß er sie die Eingriffe habe durchführen lassen. Harvey belohnt seine Angestellten sowieso in anderer Form: Zum Geburtstag hat er fast der Hälfte seiner weiblichen Angestellten kosmetische Operationen geschenkt.

Harvey hatte sich der plastischen Chirurgie ursprünglich «aus altrui-
stischen Gründen» zugewandt; er wollte Verbrennungsopfern helfen.
Aber schon bald sattelte er auf kosmetische Eingriffe um, weil sie
«kunstvoller» sind – und wesentlich lukrativer. In seiner von Antiqui-
täten und Leonardo-da-Vinci-Bildbänden überquellenden Praxis sitzend, erklärt Harvey: «Es ist eine sehr individuelle Tätigkeit. Wir sind
im Grunde Bildhauer.» Er selbst hat sich nie einer plastischen Operation unterzogen. «Meine Nase ist zwar nicht besonders toll, aber das
stört mich nicht.» Aus seiner Schreibtischschublade zieht Harvey Muster der verschiedenen «Auswahlmöglichkeiten», die jetzt für eine
Brustimplantation zur Verfügung stehen. Die Frauen können zwischen

einem Silikon-, einem Wasser- und «dem regulierbaren Modell» wählen. Letzteres funktioniert mit einer Art Plastikstrohhalm, der nach der Operation aus der Achselhöhle der Frau ragt. Wenn ihr die Brustgröße nicht gefällt, kann Harvey durch den Strohhalm Silikon zugeben oder absaugen. «Auf diese Weise hat die Frau das Gefühl, mitbestimmen zu können. Sie kann es selbst regulieren.»

Die meisten Frauen, die Brustimplantate wollen, seien «von sich aus motiviert». Damit meint er, sie vergrößerten ihre Brüste nicht einem Mann zuliebe. «Sie gehören zu dieser Ich-Generation. Sie tun es für sich selbst. Ihre Ehemänner oder Freunde mögen sie meist so, wie sie sind.» Das hält ihn jedoch nicht davon ab, seine zahlreichen Vortragstermine in Herrenclubs wahrzunehmen.

«Ich bin noch keiner Frau begegnet, die nach der Operation nicht einfach begeistert war», sagt Harveys Beraterin, als sie eine Liste fünf zufriedener Patientinnen herausgibt. «Die Resultate sind hervorragend», sagt Harvey. «Nur bei fünf Prozent müssen die Implantate wieder entfernt werden.»

Aber schon die erste Frau auf der Liste gehört zu jenen fünf Prozent. Ein Jahr zuvor hatte ihr Harvey Silikongel-Implantate durch die Achselhöhle in die Brüste eingesetzt. Einige Wochen später begannen die Brüste zu schmerzen. Dann wurden sie «steinhart». Dann begann das linke Implantat nach oben zu rutschen.

«Es wurde immer schlimmer, bis ich dann merkte, daß das Implantat in der Achselhöhle festsaß», sagt die Frau, eine Ingenieurin im nahe gelegenen Silicon Valley. «Ich konnte es nicht bewegen. Obwohl ich es mit dem Bizeps und beiden Armen versuchte und mein Freund mir half, rührte es sich nicht von der Stelle. Ich versuchte es mit einem ACE-Verband um den Brustkorb, um die Einlagen am Verrutschen zu hindern. Allmählich kriegte ich es mit der Angst zu tun.» Sie rief Harvey an, der ihr sagte, sie solle sich «keine Sorgen machen, es würde wieder nach unten rutschen».

Statt dessen rutschte es noch höher. Sie ging in die Bibliothek der medizinischen Fakultät und begann sich über Brustoperationen zu informieren. Der Fachliteratur entnahm sie, daß Implantationen durch die Achselhöhle nicht in 5 %, sondern in 40 % aller Fälle mißlingen. (Harvey sagte, die 5 % entstammten einer nicht schriftlich fixierten, unveröffentlichten Studie, die er mit zweihundert seiner eigenen Patientinnen durchgeführt habe). Nach einem Jahr der Angst bat sie Harvey, die Implantate wieder zu entfernen. Er setzte neue ein, diesmal durch die Brustwarzen, ein Verfahren, das zwar eine Narbe hinterläßt, bei dem es aber weniger Fehlschläge gibt. Bis jetzt, sagt sie, habe es geklappt. Sie trage Dr. Harvey nichts nach: «Zuerst war ich irgendwie wütend, aber er hat mir bei meinem Problem wirklich geholfen. Ich war ihm für seine Geduld sehr dankbar. Für die zweite Operation hat er nicht mal etwas verlangt.»

Auf die Erfahrung dieser Frau angesprochen, schiebt Harvey alle Schuld auf die Patientin. «Wahrscheinlich hat sie nicht genug massiert», meint er.

Kosmetische Chirurgie:
Krebs und andere «Abweichungen vom Ideal»

1983 startete die American Society of Plastic and Reconstructive Surgeons eine Kampagne der «Praxiserweiterung» und gab eine Flut von Pressemitteilungen, «Vorher-nachher-Fotos» sowie Broschüren und Videotapes zur «Information» der Patientinnen heraus. Sie behauptete, den «Körper zu modellieren» sei sicher, effektiv und erschwinglich – und sogar wichtig für die seelische Gesundheit der Frau. «Es gibt medizinische Beweise, daß diese Mißbildung [kleine Brüste] wirklich als Krankheit anzusehen ist», wurde in einem Statement der Vereinigung behauptet; ohne korrigierenden Eingriff bewirke Flachbrüstigkeit «einen völligen Mangel an Wohlbefinden». Um dieser ernsten psychischen Gefahr zu begegnen, brachte die Vereinigung schon bald einen Finanzierungsplan für Patientinnen heraus – «keine Sofortzahlung» und Kreditbewilligung innerhalb von vierundzwanzig Stunden.

Hinter dem Blitzkrieg der Vereinigung steckte das übliche Motiv – ein kleines Problem mit Angebot und Nachfrage. Die Zahl der Schönheitschirurgen hatten sich seit den 60er Jahren verfünffacht, doch der Enthusiasmus der potentiellen Patientinnen hatte damit nicht Schritt gehalten. Bis zum Jahr 1981 war die plastische Chirurgie durch die Unmenge von Ärzten, die sich der kosmetischen Chirurgie zuwandten, in Amerika zu dem am schnellsten expandierenden medizinischen Spezialgebiet geworden, und so brauchten die Ärzte mehr Körper. Die Schönheitschirurgen machten systematisch für sich Reklame. Mitte der 8oer Jahre wimmelte es in Zeitschriften und Zeitungen von ihren Appellen, in denen von «kostengünstigen monatlichen Finanzierungsplänen», dem Akzeptieren aller Kreditkarten und günstigen Abend- und Samstagsterminen die Rede war. Eine einzige Ausgabe des *Los-Angeles*-Magazins enthielt über zwei Dutzend solcher Anzeigen.

Die Chirurgen behaupteten, mit ihrer Tätigkeit das Selbstbild der Frauen zu verbessern – und ihre Chancen zu erhöhen. Die kosmetische Chirurgie könne den Frauen sogar bei der «Verwirklichung ihrer Karriereziele» helfen, verhieß eine Anzeige in der *New York Times*. Durch Liposuktion «können Sie mehr Selbstbewußtsein gewinnen», behauptete das Center for Aesthetic & Reconstructive Surgery. «Das Wichtigste» sei, daß die Frau «die Wahl» habe – obwohl der Anzeigentext damit nur «die Wahl Ihres Arztes» meinte.

Von *Vogue* bis *Time* unterstützten die Medien die Ärzte, indem sie in Dutzenden von Artikeln die Frauen drängten, in Brustvergrößerungen und Liposuktion zu «investieren», wie es das *Wall Street Journal* formulierte. «Werden Sie kurvenreich!» mahnte *Mademoiselle*. «Legen Sie oberhalb der Taille ein bißchen zu»; es sei ganz einfach, und man könne «nach fünf Tagen wieder arbeiten gehen und nach sechs Wochen wieder Aerobic treiben». «Vorn und im Mittelpunkt, aufgepaßt!» forderte das Magazin drei Nummern später erneut. «Der üppige Busen ist wieder in!» – und Brustimplantate seien die beste Methode, um «zuzulegen». Ein Artikel im *Ladies Home Journal* lobte drei Frauengenerationen einer Familie, die ihr Aussehen durch Operationen «in den Griff» bekommen hatten: Die Großmutter ließ sich für 5000 $ das Gesicht liften, die Mutter ließ sich für 3000 $ Brustimplantate einsetzen (nachdem ihr Ehemann eingeräumt hatte, der Gedanke an große Brüste sei «wirklich erregend»), und die Tochter unterzog sich für 4000 $ einer Nasenkorrektur. «Ich fand, für ein gutes Körpergefühl lohnte sich das Risiko», erklärte die Mutter. In TV-Talkshows konnte man eine kosmetische Operation gewinnen; Radiosender ermöglichten kostenlose Brustimplantationen zu Werbezwecken. Selbst *Ms.* hielt die plastische Chirurgie für eine Möglichkeit, sich selbst «neu zu erschaffen» – eine Strategie für Frauen «die es wagen, ihr Leben selbst in die Hand zu nehmen».

Schon bald schloß sich der Kreis der Propaganda: Die Schönheitschirurgen fügten diese Artikel ihren Resümees und Anzeigen bei, als
sei die Medien-Publicity ein Beweis für ihr berufliches Können.
«Dr. Gaynor wird oft als ‹König der Liposuktion› bezeichnet», prahlte
eine Anzeige des Dermatologen Dr. Alan Gaynor. «Man ist ihm als
Liposuktionsexperten schon Dutzende Male im Fernsehen sowie im
Time Magazine, dem *Wall Street Journal* und den meisten Lokalzei-
tungen begegnet.

Die Kampagne funktionierte. 1988 hatte sich die Zahl der kosmetischen Eingriffe mehr als verdoppelt, auf 750 000 pro Jahr. Und dazu
zählten nur die Eingriffe, die die Ärzte offiziell angaben; die jährliche
Gesamtzahl wurde auf bis zu 1,5 Millionen geschätzt. Über zwei Millionen Frauen, oder jede sechzigste, trugen die zwischen 2000 $ und
4000 $ teuren Brustimplantate zur Schau – und damit war die Brust-
vergrößerung der am häufigsten durchgeführte kosmetische Eingriff.
Über hunderttausend Frauen hatten sich der mindestens 4000 $ teuren
Liposuktion unterzogen, ein Verfahren, das noch eine Dekade zuvor
völlig unbekannt war. (1987 verzeichneten die Schönheitschirurgen
im Durchschnitt einen *Profit* von 180 000 $ pro Jahr!) Etwa 85 % der
Patienten waren Frauen – und es waren nicht nur reiche Matronen.
Eine 1987 von einer Schönheitschirurgen-Vereinigung durchgeführte
Studie ergab, daß etwa die Hälfte der Patientinnen unter 25 000 $ pro
Jahr verdienten; diese Frauen nahmen Kredite und sogar Hypotheken
auf ihr Haus auf, um die Operation bezahlen zu können.

Der Wandel war also durch Publicity, nicht durch bahnbrechende
Neuerungen der medizinischen Technologie bedingt. Die plastische
Chirurgie war gefährlich wie eh und je; das Operationsrisiko stieg sogar noch, als die großen Profite Scharen von Ärzten anderer Fachrich-
tungen anlockten. 1988 deckte eine vom Kongreß in Auftrag gegebene
Untersuchung weitverbreitete Scharlatanerie, mangelhaft ausgerü-
stete Praxen, schwere Kunstfehler und sogar Todesfälle nach ver-
pfuschten Operationen auf. Andere Studien stellten bei mindestens
15 % der kosmetischen Eingriffe Blutungen, Verletzungen der Ge-
sichtsnerven, entstellende Narben oder Narkosekomplikationen fest.
Die Nachoperationen zur Korrektur von Kunstfehlern füllten ein zwei-
bändiges, 1134 Seiten starkes Handbuch mit dem Titel *Die verhängnisvollen Folgen der plastischen Chirurgie*. Bei einem Viertel der von

Schönheitschirurgen durchgeführten Eingriffe handelte es sich um Korrekturen der Kunstfehler von Kollegen.

Brustimplantationen bedurften in mindestens 20% der Fälle einer Nachoperation wegen auftretender Schmerzen, Infektionen, Blutgerinnseln oder der Ruptur des Implantats. Eine 1987 in den *Annals of Plastic Surgery* veröffentlichte Studie berichtete, daß die Implantationen in 50% der Fälle mißlangen und die Einlagen entfernt werden mußten. 1988 fanden Ermittler der FDA-Abteilung für Produktüberwachung heraus, daß es bei Brustimplantationen unter allen chirurgischen Eingriffen ihres Zuständigkeitsbereichs die höchste Zahl mißlungener Eingriffe gab. Statt jedoch entsprechende Maßnahmen zu ergreifen, hörte die FDA einfach auf, mißlungene Operationen zu registrieren – weil sich die beratenden Ärzte nicht entscheiden konnten, wie «mißlungen» definiert werden sollte.

Ein Drittel der operierten Frauen litt an einer Schrumpfung des Narbengewebes um das Implantat herum, an einer Ablösung des Brustgewebes und einer schmerzhaften Verhärtung der Brüste. Die medizinische Literatur berichtete, daß 75% der Frauen von Schrumpfungen des Narbengewebes betroffen waren, davon 20% schwer. Die Implantate verursachten außerdem Narbenbildung, Infektionen, Hautnekrose und Blutgerinnsel. Und wenn die Implantate aufplatzten, konnte der auslaufende Inhalt toxisch wirken, und Lupus, rheumatische Arthritis und Autoimmunkrankheiten wie etwa Sklerodermie verursachen. Auch konnten die Implantate das Stillen, Krebsvorsorgeuntersuchungen und die Sensibilität der Brüste beeinträchtigen. 1989 starb in Florida eine Frau während einer Brustvergrößerung. Wenn auch die Ursache, ein Anästhesiefehler, nur indirekt mit dem Verfahren zu tun hatte, so muß die Frau doch als Opfer des Gegenschlags bezeichnet werden: Sie hatte zwei Kinder, war Mannequin und hatte sich dem Eingriff unterzogen, weil die Model-Agenturen nur Frauen mit großem Busen vermittelten.

1982 erklärte die FDA die Brustimplantation zu einem Eingriff mit «potentiell unzumutbarem Risiko». Trotzdem führte die staatliche Behörde ihre Untersuchungen nicht fort. Und als 1988 eine Studie der Dow Corning Corporation herausfand, daß Silikonimplantate bei über 23% der getesteten Ratten Krebs erzeugt hatten, spielte die FDA diesen Befund herunter. «Für den Menschen besteht, wenn überhaupt, ein sehr geringes Risiko», meinte der FDA-Beauftragte Dr. Frank Young. Erst im April 1991, nachdem Regierungsstudien in weiteren Fällen schaumstoffumhüllte Implantate mit Krebs in Verbindung gebracht hatten und ein Unterausschuß des Kongresses interveniert hatte, kapitulierte die FDA und setzte den Implantatherstellern eine neunzigtägige Frist, um die Unbedenklichkeit ihrer Produkte zu beweisen oder sie vom Markt zu nehmen. Bristol-Myers Squibb Co. zog, nervös geworden, umgehend seine zwei Produkte zurück.

Auf diese Probleme reagierte die American Society of Plastic and Reconstructive Surgeons mit einer «positiven Stellungnahme»; sie war als Pressemitteilung formuliert und sollte «die fast 94 000 Frauen, die sich jährlich einer Brustoperation unterziehen, beruhigen». Bei Frauen mit Brustimplantaten bestehe «kein höheres Risiko einer erschwerten Krebsfrüherkennung», beschwichtigte das Statement, ohne jedoch den medizinischen Beweis zu erbringen. Statt dessen hieß es, «die wahren Ursachen, wenn Krebs nicht rechtzeitig erkannt wird, sind Ignoranz, Blauäugigkeit, Nachlässigkeit und Verweigerung». Mit anderen Worten, die Frau ist selber schuld.

Um die Liposuktion, das Abtragen und Absaugen von Fettdepots, war es nicht besser bestellt. Zwischen 1984 und 1986 stieg die Zahl der Liposuktionen um 78% – aber die Prozedur brachte so gut wie keinen Nutzen. Die Liposuktion entfernte höchstens ein bis zwei Pfund Fett, hatte keinerlei positiven Einfluß auf den unansehnlichen «Grübchen-Effekt» der Zellulitis und machte ihn, im Gegenteil, oft noch schlimmer. Außerdem zog das Verfahren unter Umständen eine permanente «Ausbeulung» der Haut sowie Ödeme nach sich – nur zwei der «Abweichungen vom Ideal», die der Schönheitschirurgen-Verband in seinem eigenen Bericht aufgezählt hatte. Eine weitere «Abweichung», die auf der Liste stand: «Schmerz».

Die Studie des Verbands deckte noch weitere bedauerliche Vorfälle auf. Eine Liposuktionspatientin legte sich auf den OP-Tisch, um sich Bauchfett entfernen zu lassen, und als sie erwachte, war ihr Darm perforiert, und der Darminhalt lief in die Bauchhöhle. Drei Patientinnen bekamen eine Lungenentzündung, zwei Patientinnen Totalinfektionen. Drei Frauen erlitten eine Lungen-Fettembolie, ein lebensbedrohlicher Zustand, in dem es zu Fettablagerungen in Herz, Lunge und Augen kommen kann. Und «zahlreiche Patientinnen» benötigten, wie es die Studie vornehm ausdrückte, «unvorhergesehene Transfusionen».

Am 30. März 1987 starb Patsy Howell an einer Totalinfektion, drei Tage nach einer Liposuktion; der Eingriff war von Dr. Hugo Ramirez durchgeführt worden, einem Gynäkologen, der in Pasadena, Texas, eine Klinik für kosmetische Chirurgie leitete. Am selben Tag, an dem Howell operiert wurde, führte Ramirez auch bei Patricia Rogers eine Liposuktion durch. Auch sie bekam eine Totalinfektion und wurde in kritischem Zustand ins Krankenhaus eingeliefert; schließlich mußte ihr von unterhalb der Brust bis zum Ansatz der Oberschenkel die ganze Haut entfernt werden.

Howell, die neununddreißigjährige Filialleiterin eines Blumengeschäfts und Mutter zweier Söhne, unterzog sich der Liposuktion, um einen kleinen Bauchansatz entfernen zu lassen. Sie war 1,55 m groß und wog nur 54 Kilo. «In der Broschüre, die sie in einem Einkaufscenter bekam, stand drin, es sei ein ganz simpler Eingriff», teilte ihre Freundin Rheba Downey einem Reporter mit. «Sie hat sich gesagt: ‹Warum nicht?›» Ihre Entscheidung fiel nach der Lektüre von Ramirez' Zeitungsanzeige, in dem die Operation als «revolutionäre Technik zur Fettreduktion ohne Diät» bezeichnet wurde. Niemand klärte sie über die Risiken auf. Ramirez operierte über zweihundert Frauen, wobei es zahllose Kunstfehler und zwei Todesfälle gab, bevor ihm endlich seine Zulassung entzogen wurde.

1987, nur fünf Jahre, nachdem die Fettabsaugungsmethode in den Vereinigten Staaten eingeführt worden war, hatte der Schönheitschirurgen-Verband schon elf Todesfälle durch Liposuktion registriert. 1988 setzte ein Unterausschuß des Kongresses die Zahl der Todesfälle auf zwanzig herauf. Und wahrscheinlich liegt sie noch höher, da die Familien der Patientinnen oft aus Scham über diese «Eitelkeits»-Operation vor einer Anzeige zurückscheuen. Eine Frau in San Francisco zum Beispiel, die nicht auf der Liste des Chirurgenverbands oder des Kongresses stand, starb 1989 an einer Infektion als Folge einer Liposuktion am Bauch; die Infektion breitete sich ins Gehirn aus, die Frau erlitt einen Lungenkollaps und am Ende einen tödlichen Schlaganfall. Doch der Familie war die Operation so peinlich, daß sie nicht an die Öffentlichkeit ging.

Dem 1987 herausgegebenen Liposuktionsbericht des Verbands

schien es jedoch weniger um die Sicherheit als vielmehr um die «Reputation der Liposuktionsmethode» zu gehen, die, wie Autoren befürchteten, «durch vermeidbare Todesfälle und Komplikationen» Schaden genommen hatte. Das Fazit des Berichts war, alle Probleme könnten ohne weiteres durch «Richtlinien» gelöst werden, «die bestimmen, wer chirurgische Eingriffe vornehmen und für sie werben darf». Mit anderen Worten, sie wollten die Gynäkologen und Dermatologen loswerden und nur noch allein für die Eingriffe zuständig sein.

Einige der Liposuktionspatientinnen waren jedoch auch durch die Hand von Schönheitschirurgen gestorben. Und das häufigste Todesrisiko waren Fettembolien in Herz, Lunge oder Hirn – ein Risiko, das immer dann auftritt, wenn die inneren Schichten der Epidermis verletzt werden, unabhängig vom Können des Operateurs. Sogar der Bericht räumte ein: «(Bei der Liposuktion) wird naturgemäß Gewebe gequetscht. Folglich muß die Fettembolie als realistische Möglichkeit betrachtet werden.»

Manche Chirurgen warben auch für Injektionen flüssigen Silikons direkt ins Gesicht. In der Zeitschrift *Vogue* heißt es: «Plastische Operationen waren bisher eine dramatische Angelegenheit, doch jetzt erlauben es den Ärzten neue Methoden, kleinere Modellierungen im Gesicht vorzunehmen.» Diese «neue» Methode war in Wirklichkeit ein altes Verfahren, das die Ärzte der letzten Gegenschlagsära zur Brustvergrößerung verwendet – und als zu gefährlich aufgegeben hatten. Der zweite Versuch fiel nicht besser aus; Tausende von Frauen litten an Gesichtsschmerzen, Taubheitsgefühl, Vereiterungen und schrecklichen Entstellungen. Ein Schönheitschirurg aus Los Angeles, Dr. Jack Startz, verunstaltete die Gesichter von Hunderten der zweitausend Frauen, denen er Silikon-Gel injizierte. Er beging später Selbstmord.

Größtenteils operierten diese Ärzte keineswegs Frauen, die der plastischen Chirurgie wirklich bedurften. Die Zahl der Wiederherstellungsoperationen bei Brustkrebspatientinnen und Verbrennungsopfern begann Ende der 8oer Jahre sogar zu sinken. Viele Schönheitschirurgen sahen ihre Hauptberufung nicht darin, den Frauen zu einem besseren Selbstwertgefühl zu verhelfen. Trotz der Anzeigentexte waren die Ärzte weniger daran interessiert, ihren Patientinnen ein Gefühl der «Kontrolle» zu geben, sondern eher, ihre eigene Kontrolle über die Patientinnen auszubauen. «Für mich», sagte der Schönheitschirurg

Kurt Wagner, der seine Ehefrau neunmal operierte, «ist das Operieren so, als sei ich in einer Arena, wo Entscheidungen gefällt werden und einem niemand Vorschriften macht.» Narkotisierte Frauen geben keine frechen Antworten.

Die Generalüberholung der 5%-Frau

Diana Doe, eine berufstätige Single-Frau, hatte an ihrem fünfunddreißigsten Geburtstag eine ganze Menge Gründe, stolz zu sein. (Diana Doe ist ein Pseudonym. Die Frau war ursprünglich mit der Nennung ihres Namens einverstanden gewesen und hatte sich selbst aktiv an die Medien gewandt. Ihre Geschichte und ihr Name wurden in anderen Berichten und in TV-Nachrichtensendungen veröffentlicht. Diese Publicity führte jedoch zu einer solchen Flut höhnischer Beschimpfungen, daß sie sich beschämt zurückzog. Sie hat darum gebeten, hier nicht namentlich erwähnt zu werden.) Sie hatte drei Kinderbücher veröffentlicht; sie leitete mehrere Workshops, um die Ausdrucksfähigkeit und das Selbstwertgefühl von Kindern zu verbessern; sie arbeitete als freie Autorin an mehreren Projekten; und sie war gerade gebeten worden, begabte Studenten in einem von einer Elite-Universität gesponserten Kurs zu unterrichten. Und doch überlief sie, als sie an einem heißen Julitag 1986 im Supermarkt in der Kassenschlange stand und müßig den Zeitschriftenständer überflog, ein Schauer der Demütigung. Sie war bei der *Newsweek*-Titelstory hängengeblieben, die sie darauf hinwies, daß ihre Heiratschancen auf 5% gesunken waren. «Es war ein schlimmes Gefühl. Ich hab mir gesagt: Okay [Diana], krieg dich wieder ein! Das ist doch nicht, als hättest du Krebs.» Sie ging nach Hause und verdrängte die Statistik.

Ein paar Wochen später telefonierte sie mit dem Reporter eines Fitneß-Magazins wegen eines neuen Auftrags. Sie erinnert sich, daß er sie fragte: «Na, haben Sie diese Story in *Newsweek* gelesen? Vergessen Sie's; Sie werden nie heiraten.» – «Warum?» fragte sie. «Frauen in den Dreißigern können körperlich einfach nicht mehr mithalten», sagte er. «Das ist eine Realität.» Sie erwiderte, sie habe durchaus die Absicht zu heiraten, und außerdem hätten «Frauen in den Dreißigern eine Menge mehr zu bieten, als Sie vielleicht glauben».

«Glauben Sie das wirklich?» fragte er. «Denn falls ja, hätten Sie sicher nichts gegen eine kleine Wette einzuwenden.» Als sie auflegten, hatte Diana um mindestens 1000 $ mit ihm gewettet, daß sie «der 5 %-Chance zum Trotz» mit spätestens vierzig verheiratet sein würde. Der Journalist war achtunddreißig und ebenfalls ledig, aber irgendwie kam niemand auf den Gedanken, eine Wette auf *seine* eheliche Zukunft abzuschließen.

Diana sagt, sie sei darauf eingegangen, weil sie ihm zeigen wollte, «was eine Frau in meinem Alter alles erreichen kann». Sie sagt: «Ich glaube wirklich, daß in den 8oer Jahren Frauen erst mit über dreißig ihre vollen Fähigkeiten entwickeln.» Aber schon bald konzentrierte sie sich ganz auf die «Entwicklung» ihres Körpers. Ihre Geschichte ist ein Extrembeispiel dafür, wie total der Gegenschlag feministische Mittel für seine Zwecke eingespannt hatte – und welch destruktive Folgen es haben konnte, wenn sich Emanzipationsschlagworte im Bewußtsein einzelner Frauen mit kulturellen Signalen vermischten, die darauf abzielten, ihr Selbstvertrauen und Selbstwertgefühl nicht zu steigern, sondern auszuhöhlen.

Hochgewachsen, mit ausgeprägten Wangenknochen und großen Augen hatte Diana zwischen zwanzig und dreißig kurze Zeit als Model gearbeitet. Ihr Körper hatte ihrer Meinung nach jedoch den Zeittest nicht bestanden und konnte «ein paar Verbesserungen» brauchen; allmählich kam sie zu der Überzeugung, daß es ihre physischen Defizite waren, die zwischen ihr und dem Traualtar standen. Und sie sorgte sich noch mehr über ihr Aussehen, nachdem ihr ein Modellier-Experte geraten hatte, «ich solle meinen Körper in einzelne Zonen aufteilen und jede dieser Zonen mit der Lupe untersuchen», erinnert sich Diana. «Wo eine Verbesserung möglich war, sollte ich sie durchführen lassen. Den Rest sollte ich eben kaschieren.»

Nachdem sie ihren Körper Zentimeter um Zentimeter überprüft hatte, kam sie zu dem Schluß, er brauche eine Generalüberholung. Angesichts der vielen Berichte über die Wunder der Schönheitschirurgie dachte sie, dies sei die beste Methode, ihre Verwandlung durchzuführen oder, wie sie es formulierte, «die neuen Möglichkeiten und Alternativen einer Frau der 8oer Jahre auszuloten». Sie legte sogar die Maße fest, die sie erreichen wollte: 92–62–92. Blieb nur noch die Kostenfrage. Als freie Unternehmerin mit zeitlich begrenzten Aufträgen und einem Hang zu «Deals» hatte Diana immer Talent bewiesen, wenn es darum ging, Geld für ihre beruflichen Projekte aufzutreiben; jetzt konzentrierte sie dieses Talent auf die Neugestaltung ihres Körpers. Dianas Strategie könnte einen an die rachsüchtige Hausfrau in Fay Weldons populärem Roman *The Life and Loves of a She-Devil* von 1983 erinnern. Aber Weldons Heldin veränderte ihren Körper, um über ihren flatterhaften Ehemann zu triumphieren; Diana Doe veränderte ihn nur, um Männerwünschen gerecht zu werden und einem potentiellen Lebensgefährten zuliebe.

Mit einer Marketingstrategie im Kopf suchte Diana Patrick Netter auf, den Personal-Fitneß-Trainer Hollywoods. Daß sie ihre Körperuhr zurückdrehte, könne doch eine «tolle Medienstory» werden, meinte sie zu ihm. «Eine Story über eine Frau, die ihr eigenes Potential verwirklicht. Ein Aschenputtelmärchen der 80er Jahre.» Sie schwenkte eine Profitanalyse, die sie persönlich bei einem Marketing-Professor in Auftrag gegeben hatte. (Seinen Berechnungen zufolge konnte die Vermarktung ihrer Metamorphose zwischen «100 000 und einer halben Million Dollar» bringen.) Sie hatte sogar schon einen Titel für ihr neues Selbst: «Die ultimative 5 %-Frau.» Und Netter konnte ein Stück vom Kuchen haben. Er solle ihr persönlicher Manager werden, schlug sie vor, und Hersteller von Gesundheits- und Kosmetikprodukten finden, die daran interessiert waren, ihre Transformation im Tausch gegen kostenlose Publicity zu finanzieren. «Für mich machte die Idee, ihre Umwandlung zu vermarkten, kommerziell gesehen Sinn», sagte Netter später. «Wenn es auch ein bißchen traurig ist, daß eine Frau so etwas tun muß.» Aber doch nicht so traurig, daß es ihn davon abgehalten hätte, einen Vertrag zu entwerfen – der ihm 50 % des Profits garantierte.

Ein paar Wochen später wurde «das Projekt», wie es Diana nannte, offiziell gestartet. Eine L. A.-Infotainment-Show filmte einen Abschnitt ihrer Generalüberholung. Und Netter brachte sie mit einem Schönheitschirurgen zusammen, der sich bereit erklärte, Gratisoperationen im Wert von 20 000 $ an ihr vorzunehmen: Gesichtslifting und -peeling, Lifting der Ober- und Unterlider, eine Nasenkorrektur, eine Brustvergrößerung, eine Bauchstraffung sowie Liposuktion an Hüften und Oberschenkeln. Dafür würde sie ihn in Radio und Fernsehen namentlich erwähnen – mit der Garantie, wie Netter es formuliert, daß die Publicity «vorteilhaft» und «geschmackvoll» ausfiele. Ähnliche Deals machte Diana mit einem Dentisten in Los Angeles, einem Fitneßclub, einer Schönheitsfarm und einer Modeberaterin. Außerdem schloß sie einen Vertrag mit einem Fitneßmagazin ab, für das sie eine zehnteilige Story über ihre Entwicklung schreiben würde. Später engagierte sie dann noch einen Literaturagenten, um ihr viertes Buch zu verkaufen, die Geschichte ihrer physischen Erneuerung, mit dem Titel *Erschaffe dich selbst.*

Im Frühling 1987 meldete sie sich bei ihrem Schönheitschirurgen für den ersten Eingriff an, Brustimplantate. Sie legte sich auf den OP-Tisch und hielt die Narkosemaske über Nase und Mund. Als der Raum in Nebel verschwamm, schob Diana ihre Angst vor den gesundheitlichen Folgen der Operation beiseite. Sie erinnert sich, vor sich hin gemurmelt zu haben: «Okay, was ist dir lieber: schön zu sein oder Marathon zu laufen? Schön zu sein natürlich.» Als sie erwachte, konnte sie nicht mal stehen, geschweige denn joggen. Sie hatte pochende Schmerzen in der Brust und war so geschwächt, daß man sie aus dem Bett heben mußte.

Als es ihr Zustand erlaubte, das Projekt fortzusetzen, stattete sie einigen Marketing-Managern von Oil of Olaz einen Besuch ab. Sie hatte die neue Werbekampagne der Firma gesehen, die auf dem «Kontrollkonzept» basierte und die Frauen aufforderte, gegen das Altern «anzukämpfen»; Diana dachte, die Manager könnten an ihrer aktionsorientierten Story interessiert sein. Das waren sie auch – bis sie erwähnte, daß ihr Verwandlungsplan auch kosmetische Chirurgie einschloß. Man sagte ihr, dies bedeute einen «Interessenkonflikt» mit dem «Image» der Firma, weil es nichts «Natürliches» sei. Bei ihrer ersten Radiosendung stieß Diana auf die gleiche Kritik – diesmal von seiten männlicher Anrufer. Sie verurteilten ihre «Eitelkeit» und warfen ihr vor, ihren Körper «auf unnatürliche Weise» zu manipulieren. Zuerst hatte ein männlicher Reporter sie niedergemacht, weil sie «körperlich nicht mehr mithalten» konnte, jetzt kritisierten sie Männer für den Versuch, den von Männern errichteten Normen gerecht zu werden – Normen, die sie verinnerlicht hatte. Im Laufe des Projekts ließen sich ihr Wunsch, ihr Ziel zu erreichen, und ihr Wunsch, akzeptiert zu werden, nicht mehr voneinander unterscheiden. «Alle sagten, ich solle diesen Kampf aufgeben», sagt sie. «Ich bekam dauernd zu hören: ‹Nimm dein Aussehen nicht selbst in die Hand.›»

Irgendwann rief Netter an, um ihr zu sagen, er habe ein Treffen mit mehreren Paramount-Produzenten arrangiert, weil vielleicht die Möglichkeit bestünde, im «Film der Woche» aufzutreten. Als Diana die feudale Bürosuite betrat, saßen die Produzenten um einen Konferenztisch und waren schon bei der Planung «ihrer Geschichte». Die Unterhaltung wurde fortgesetzt, als sei Diana gar nicht da. «Sie sagten dauernd, es ist toll, aber wir brauchen einen Schluß», erinnert sich Diana. «‹Sollen wir sie verheiraten? Sollen wir sie scheitern und Selbstmord begehen lassen?› Die redeten über mich, als solle ich versteigert werden.» Nicht diese Männer sollten über den Schluß entscheiden – sie wollte ihren eigenen Schluß.

An der Heiratsfront sah es inzwischen ziemlich düster aus. Sie hatte eine «Telefonbeziehung» mit einem Grundstücksmakler begonnen. Er wollte sie ständig sehen, und sie weigerte sich ständig, ihn zu treffen, bevor «das Projekt abgeschlossen war». Er sagte ihr, er stehe «hundertprozentig hinter ihr», und sie solle sich keine Sorgen über ihr Äußeres machen. Dies ging fünf Monate lang so weiter, bis sie zögernd einwilligte, hinzufliegen und einen Tag mit ihm zu verbringen.

Als er sie am Flughafen abholte, bemerkte sie gleich die Enttäuschung in seinem Blick. «Er sah mich an, und ich wußte, daß alles vorbei war.» Erst nach Wochen telefonierten sie wieder miteinander. «Sie werden nicht für mich dasein, stimmt's?» fragte sie ihn. «Stimmt», sagte er. «Und warum?» fragte sie und wartete auf die Antwort, die sie schon im voraus kannte. Nach einer Pause sagte er endlich: «Sie wirken zu alt.» (Er selbst war zwei Jahre älter als sie.) Dann rasselte er «eine Liste meiner Fehler» herunter, erinnert sie sich, «vom Kopf bis zu den Zehen. Er hatte etwa zehn Punkte auf der Liste, zur Erklärung dafür, daß er mich fallenließ.» Und jeder dieser Punkte bezog sich auf ihren Körper. Ein paar Monate später hörte sie, er habe sich verlobt – mit einer zehn Jahre jüngeren Frau.

Im August 1988, als das Projekt ins zweite Jahr ging, versuchte Diana, zur Vorbereitung auf die Liposuktion abzunehmen. An einem heißen Sommernachmittag saß sie im Skinny Haven Restaurant und studierte die Kalorienangaben, die als Orientierungshilfe auf der Speisekarte vermerkt waren. In einigen Stunden sollte sie auf der Abschlußfeier ihrer Studenten eine Rede halten. Sie war stolz auf ihre Schüler, aber im Moment beschäftigte sie etwas ganz anderes. Ihr Geburtstag stehe bevor, meinte sie. Wie alt sie denn werde? Sie sah ruckartig auf; es gefiel ihr nicht, daran erinnert zu werden. «Ich werde achtunddreißig», sagte sie. «Aber wenn mein Projekt abgeschlossen ist, fange ich neu zu zählen an – bei eins.»

Der Versuch, den Alterungsprozeß umzukehren, ist ein altes und bekanntlich zum Scheitern verurteiltes Unternehmen. Eigentlich würde man nicht erwarten, daß sich eine praktisch denkende, berufstätige Frau wie Diana auf so etwas einläßt. Doch Ende der 80er Jahre hatte das Wiederaufleben strenger Schönheitsnormen selbst kreative Frauen mit Unternehmungsgeist wie sie in seine Fesseln geschlagen. Natürlich kann man sich über die Egozentrik von Dianas 5%-Plan lustig machen. Aber vielleicht wird ihr Verhalten verzeihlicher, wenn man bedenkt, daß es ihr nicht in erster Linie um die Jagd nach dem Quell ewiger Jugend ging, sondern darum, sich gegen den übermächtigen Lauf der Zeit ein eigenes Leben aufzubauen. Diana gehörte einer Kultur an, die diesen Lauf der Zeit kaum wahrnahm, geschweige denn den Frauen Kraft zum Widerstand dagegen verlieh; statt dessen bewaffnete sie die Frauen mit Salben und Skalpellen, um ihre eigene Anatomie zu bekämpfen. Wenn Diana sich dafür entschied, gegen die Natur zu kämpfen, statt Vergleichen mit dem Breck-Girl und ihren zahllosen Reklameschwestern zu widerstehen, hatte sie vielleicht ihre Gründe. Angesichts einer Dekade, in der Frauen, die den «Trends» trotzen, sich isoliert und verraten vorkommen müssen, hat sie sich vielleicht einfach bessere Chancen ausgerechnet, wenn sie gegen biologische Gegebenheiten kämpfte, statt über einen scheinbar stärkeren kulturellen Sog zu triumphieren.

DRITTER TEIL

Ursprünge einer Reaktion: Triebkräfte, Erschütterer und Denker des Gegenschlags

8 Die Politik des Ressentiments: Der Krieg der Neuen Rechten gegen die Frauen

«Die Politik der Verzweiflung war in Amerika
bezeichnenderweise immer die Politik des Gegenschlags.»

Seymour Martin Lipset und Earl Raab

«Ich habe zum ersten Mal seit langem wieder Hoffnung», erklärt Paul Weyrich. Der «Vater der Neuen Rechten» schaut aus dem Fenster auf die verwahrloste Gegend, in der sein Büro in Washington, D. C. liegt. Obdachlose Familien hocken zusammengekauert auf den Gehsteiggittern; einen halben Häuserblock von Weyrichs Free Congress Research and Education Foundation entfernt hört man Sirenengeheul und Schüsse.

Die hoffnungsvolle Stimmung des Führers der Neuen Rechten scheint ebensowenig zu den herrschenden Zeiten wie zur Lage seines Büros zu passen. Denn ist es im Winter 1988 für den Gründer der Heritage Foundation nicht etwas zu spät, im Hinblick auf Amerika ein gutes Gefühl zu haben? War die Zeit der Hoffnung für die Neue Rechte nicht der Anfang des Jahrzehnts, als ihre Führer liberale Senatoren verdrängten, das Programm der Republikaner umschrieben und triumphierend in Washington einzogen? Ging es seitdem nicht ständig bergab?

Weyrich, der soeben von einer College-Vortragsreise zurückgekehrt ist, deutet die Zeichen anders. «Ich habe große Hoffnung, weil die Leute zum ersten Mal wieder empfänglicher sind. Wenn ich vor zehn Jahren auf dem Campus von der Emanzipationslüge sprach, vom Verzicht auf sexuelle Befriedigung, reagierte das Publikum total feindselig. Es wurde gezischt und gebuht. Jetzt aber hört man mir mit großem Interesse zu. Jetzt kommt am Kent State College – Kent State! – doch tatsächlich nach dem Vortrag ein neunzehnjähriges Mädchen zu mir, mit Dankesränen in den Augen und sagt: ‹Ich danke Ihnen, vielen Dank!›»

Nicht nur ein paar Studentinnen hören ihm zu, sondern auch die «liberalen Medien» scheinen sich allmählich Weyrichs Meinung über Frauen anzuschließen. Das ermutigt ihn am meisten: «Endlich begreifen sie doch noch, wie verlogen der Feminismus ist. Die Frauen merken, daß sie nicht alles haben können. Sie merken, daß ihre Kinder unter der Karriere leiden und das Familienleben daran zerbricht. Früher waren wir die einzigen, die das gesagt haben. Jetzt lese ich es überall. Sogar im *Ms.*-Magazin. *Ms.*!»

Die Bewegung der Neuen Rechten konnte zwar viele der Gesetzesvorschläge ihres Programms nicht zum Gesetz erheben, aber dafür machte sie große Fortschritte auf dem umfassenderen – und in den Jahren Reagans und Bushs immer wichtiger werdenden – Gebiet der Öffentlichkeitsarbeit. Ende der 80er Jahre spielten Männer wie Weyrich in der politischen Landschaft Washingtons zwar keine große Rolle mehr, aber das war auch nicht ihr Ziel gewesen. Wie es ein Pfarrer der Neuen Rechten bei einer der ersten Strategiesitzungen in der Heritage Foundation seinen Kameraden gegenüber formulierte: «Wir sind nicht hier, um in die Politik zu gehen. Wir sind hier, um die Uhren in diesem Land auf 1954 zurückzudrehen. Und wenn wir das geschafft haben, machen wir, daß wir aus dieser widerlichen Stadt rauskommen.» In den letzten Jahren der Dekade gewannen Männer wie Weyrich, wenn sie die Zeitung aufschlugen, den Eindruck, so langsam sickere ihr Gedankengut in die Massenkultur ein, und die Zeiger der Zeit begännen sich tatsächlich gegen den Uhrzeigersinn zu drehen.

Wenn der jetzige Gegenschlag einen Geburtsort hatte, dann hier in den Reihen der Neuen Rechten, wo er zum erstenmal als Bewegung mit eindeutigem ideologischem Programm Gestalt annahm. Die Führer der Neuen Rechten gehörten zu den ersten, die den Kernpunkt des Gegenschlags formulierten – daß die Gleichberechtigung der Grund für die Unzufriedenheit der Frauen sei.

Sie warfen der Frauenbewegung auch zum erstenmal jene beiden einander widersprechenden Sünden vor, die später am häufigsten zitiert werden sollten: daß die Frauenbewegung materielle über moralische Werte stelle (d. h. die Frauen in geldgierige Yuppies verwandele) und daß sie das traditionelle Familienerwerbssystem demontiere (d. h. Mütter zu Sozialhilfeempfängerinnen mache). Der Mainstream begegnete ihren aufgeregten Phrasen und Höllenmetaphern zwar ablehnend, doch der Kern ihrer politischen Botschaft überlebte – um sich in die Medien«trends» zu verwandeln.

Die Führer der Neuen Rechten waren ländliche Fundamentalistenpfarrer, deren Gemeinden schrumpften, und Fernsehprediger, denen die Zuschauer wegliefen. Für die leeren Kirchen auf dem Land waren die ständige Abwanderung der Gemeindemitglieder in Vorstädte und Städte sowie das Desinteresse der jüngeren Generation verantwortlich. Zwischen 1977 und 1980, genau zur Zeit des «Aufstiegs» der Neuen Rechten, verloren die TV-Prediger eine Million Zuschauer. Im November 1980 hatten neun der zehn populärsten Fernsehprediger weniger Zuschauer als im Februar desselben Jahres; Oral Roberts hatte 22% seines Fernsehpublikums verloren, der PTL Club 11%. Selbst auf dem Gipfel der Medienprominenz von Moral Majority fühlten sich kaum 7% der befragten Amerikaner durch die Organisation repräsentiert. Einer Harris-Umfrage zufolge richteten sich knapp 14% der Wähler nach den TV-Evangelisten – und die Hälfte davon erwog, ihre Unterstützung zurückzuziehen.

«Die Politik des Gegenschlags», so die Politologen Seymour Martin Lipset und Earl Raab in ihrer Untersuchung dieses – im öffentlichen Leben des modernen Amerika periodisch auftretenden – Phänomens, «läßt sich als die Reaktion von Gruppen definieren, die eine vermeintliche Bedeutung und Macht zu verlieren drohen.» Anders als die klassischen Konservativen betrachten sich diese «Pseudokonservativen» – wie Theodor Adorno die Anhänger solcher moderner rechter Bewegungen nannte – eher als sozial Ausgestoßene denn als Bewahrer des Status quo. Sie wollen weniger eine herrschende Ordnung verteidigen als vielmehr eine veraltete oder imaginäre Ordnung wieder zum Leben erwecken. «Amerika ist von ihnen und ihresgleichen größtenteils befreit», schrieb der Historiker Richard Hofstadter, «obwohl sie fest entschlossen sind, es wieder in Besitz zu nehmen und den letzten destruktiven Akt der Subversion zu verhindern.» Und Weyrich selbst sagt über seine liberalen Gegner: «Sie haben es bereits geschafft. Nicht wir sind an der Macht, sondern sie.»

Pendants der Neuen Rechten gab es auch in den vergangenen Gegenschlagsepochen: Die American Protective Association Ende des 19. Jahrhunderts, das Wiederaufleben des Ku Klux Klan und Father Coughlins rechte Bewegung in den 20er und 30er Jahren sowie die antikommunistische Kampagne der John Birch Society in den Nachkriegsjahren. Die Wähler dieser Kreuzzüge waren gescheiterte Farmer, die nicht mehr von ihrem Land leben konnten, Arbeiter der Unterschicht, die ihre Familien nicht mehr ernähren konnten, oder ländliche Fundamentalisten in einer säkularisierten, urbanen Nation. Sie sahen ihre elementarsten menschlichen Ziele vereitelt – die Sehnsucht, von ihrer Gesellschaft anerkannt und geschätzt zu werden, den Wunsch, auf einer instabilen Einkommensleiter Tritt zu fassen. Wenn sie schon diese elementaren Bedürfnisse nicht befriedigen konnten, dann konnten sie wenigstens den bitteren Trost der Vergeltung suchen. Wie der Gründer des Conservative Caucus, Howard Philips, erklärte, müssen «wir zeigen, daß wir fähig sind, uns an Leuten zu rächen, die gegen uns sind». Der wichtigste Spendenorganisator der Neuen Rechten, Richard Viguerie, schwor, «es einer Menge Leute heimzuzahlen». Wenn sie schon nicht ihren Lohn in diesem Leben empfingen, dann konnten sie wenigstens jene bestrafen, von denen sie sich um ihr Glück betrogen fühlten. Jede Gegenschlagsbewegung besaß ihren bevorzugten Sündenbock: Für die American Protective Association waren es die Katholiken. Für Father Coughlins Bewegung der «sozialen Gerechtigkeit» die Juden. Für den Ku Klux Klan natürlich die Schwarzen. Und zu den wichtigsten Feindfiguren der Neuen Rechten zählten die Feministinnen.

1980 gehörte Weyrich zu den ersten der vielen Führer der Neuen Rechten, die die Schuldigen ausspähten: Im *Conservative Digest* warnte er seine Anhänger vor der feministischen Bedrohung:

«Es gibt Leute, die eine neue politische Ordnung wollen, aber nicht unbedingt Marxisten sind. Verkörpert durch die Emanzipationsbewegung glauben sie, der Schlüssel für ihre künftige politische Macht liege in der Umstrukturierung der traditionellen Familie und vor allem in der Herabsetzung der Rolle, die der Mann bzw. Vater innerhalb der traditionellen Familie spielt.»

Im selben Jahr erteilte Reverend Jerry Falwell von der Moral Majority seinen Anhängern den gleichen Rat. «Der Gleichberechtigungs-Zusatzartikel trifft das Fundament unserer gesamten Gesellschaftsstruktur», lautete sein Fazit in *Listen, America!*, einer Abhandlung, die sich Seite um Seite mit dem verheerenden Einfluß der Frauenbewegung befaßt. Die Feministinnen hätten eine «teuflische Attacke auf Heim und Familie» gestartet, sagte Falwell. Und sein dringlichstes Anliegen war es, diese Frauen zu zermalmen, angefangen bei der Beseitigung des ERA (Gleichberechtigungs-Zusatzartikel). «Ich wünsche mir aus ganzem Herzen», schwor er, «den ERA ein für allemal in ein tiefes, dunkles Grab zu versenken.»

Eine Gruppe der Neuen Rechten nach der anderen stellte sich hinter dieses Programm. Die Conservative Caucus erachtete den ERA als eines «der destruktivsten Gesetze, das je vom Kongreß verabschiedet wurde»; und das Comitee for the Survival of a Free Congress machte die finanzielle Unterstützung eines Kandidaten von seiner Haltung zum ERA abhängig. Die Darstellung der Feministinnen als böse Geister, die zu allem Schlechten und zur Zerstörung Amerikas fähig sind, war ebenfalls ein immer wiederkehrender Refrain. Der Spendenaufruf der Vereinigung American Christian Cause beginnt mit folgender Warnung: «Satan hat die Führung der ‹Emanzipations›-Bewegung übernommen und wird vor nichts zurückschrecken.» Die Christian Voice war der Ansicht, «der rapide Verfall der Weltmachtstellung Amerikas ist eine direkte Folge» der feministischen Kampagne für Gleichberechtigung und das Recht auf Abtreibung und Empfängnisverhütung. Die Feministinnen, so das Voice-Schrifttum, seien «moralisch pervers» und «Feindinnen jeder sittsamen Gesellschaft». Die Feministinnen seien eine tödliche Macht, erklärten die Kommentatoren des evangelikalen 700 Club, weil sie die Männer ihrer Macht zu berauben drohten; sie «würden das Land den Frauen übergeben». Daß die Neue Rechte in erster Linie antifeministisch statt antikommunistisch oder rassistisch war, bewies an sich schon, welche Macht und welche Stellung die Frauenbewegung in der letzten Dekade besaß. «Die Frauenbewegung in den 70er Jahren», so die Wissenschaftlerin Rosalind Pollack Petchesky, «war in Amerika die treibende Kraft für soziale Veränderungen; sie bedrohte nicht nur massiv konservative Wertvorstellungen und Interessen, sondern auch einzelne Gruppen, die sich in

ihrem ‹Lebensstil› durch Ideen der sexuellen Befreiung provoziert
fühlten.» Bezeichnenderweise verschwanden die entscheidenden
Gruppen der Neuen Rechten binnen zwei Jahren nach den beiden größten Siegen der Frauenbewegung – der 1972 erfolgten Verabschiedung
des Gleichberechtigungs-Zusatzartikels durch den Kongreß und der
Legalisierung der Abtreibung durch den Supreme Court im Jahr 1973.
   Die Prediger der Neuen Rechten sahen durch den Einfluß des Feminismus auch ihren beruflichen Status bedroht. Wie die viktorianischen
Pfarrer, die damals in vorderster Front gegen die Frauenbewegung
kämpften, hingen auch die Geistlichen der Neuen Rechten finanziell
von einer überwiegend weiblichen Gemeinde ab – und diese Gemeinde
wurde nicht nur kleiner, sondern auch zunehmend aufmüpfiger. Eine
1989 durchgeführte Befragung von etwa 18 000 christlich orientierten
Amerikanerinnen ergab, daß nur 3 % ihren Pfarrer als moralische Autorität betrachteten. Und so versuchten die frustrierten Pfarrer diese
Frauen wenigstens am Reden zu hindern. Als eine Meinungsforscherin evangelische Frauen befragen wollte, weigerte sich ein Pfarrer nach
dem anderen, ihr Kontakt zu den weiblichen Gemeindemitgliedern zu
vermitteln. In ihren Predigten beriefen sich die Pfarrer der Neuen
Rechten so oft auf eine bestimmte Bibelstelle, daß sogar die Presse
darauf aufmerksam wurde. Epheser 5, 22 – 24 – «Der Mann ist des
Weibes Haupt, gleichwie auch Christus ist das Haupt der Gemeinde» –
wurde auf vielen Kanzeln zu einem fast wöchentlich wiederholten
Mantra. Das feministische Gedankengut drang auch zunehmend in
den familiären Bereich der fundamentalistischen Männer hinein, sosehr sie sich auch bemühten, die Tür zuzuhalten. «Immer mehr Männer schlagen ihre Frauen, weil sie nicht mehr Herr im Haus sind»,
erfuhr eine Soziologin von einem evangelischen Pfarrer. «Ich sage den
Frauen immer, sie sollen wieder in die Familie zurückgehen und sich
mehr unterordnen.»
   Der Feminismus und die umfassenden politischen Kräfte, die sie mit
ihm verknüpften, erschien den Pfarrern der Neuen Rechten zwar als zu
stark, um dagegen anzugehen, doch dafür gaben einzelne Frauen in
Reichweite bequeme, schutzlose Sündenböcke ab. Enttäuscht und verbittert durch die Regierung Carter – die ihre Forderungen nach dem
gesetzlich vorgeschriebenen Schulgebet, staatlich subventioniertem
Religionsunterricht und vielen anderen Punkten, bei denen sie sich von

einem baptistischen Präsidenten Unterstützung erhofft hatten, ignorierte – konzentrierte sich die ganze Wut der Fundamentalisten-Führer
auf Carters Schwester, Ruth Carter Stapleton. In einer Verleumdungskampagne mit Kassetten, Rundfunkpredigten und sogar einem gegen
sie gerichteten Buch stellten diese Männer die Frau, die sie «Königin
der Hexen» nannten, an den Pranger. (Hexerei und sexuelle Gleichberechtigung waren im Phrasenrepertoire der Neuen Rechten noch nie
weit voneinander entfernt.) «Die gingen richtig auf mich los», erinnerte Stapleton sich später. «. . . Sie waren gegen Erweckungspredige-
rinnen. Eigentlich waren sie überhaupt gegen Frauen. Dauernd hieß
es, die Frau solle sich dem Mann ganz unterwerfen.»

Als die Männer der Neuen Rechten die amerikanische Politik betraten, brachten sie ihren antifeministischen Hexenwahn mit. Howard
Phillips bezichtigte die Feministinnen, sie hätten die Hauptstadt erobert und steckten hinter der «vorsätzlichen Taktik der Regierung, die
Ehefrau von der Führung des Ehemannes zu befreien». Wohin er in
Washington auch blickte – überall glaubte Jerry Falwell aggressive Feministinnen zu entdecken: Selbst ein Beratungsausschuß des Health
and Education Department, der sich mit den Bedürfnissen von Frauen
beschäftigte, habe, wie er besorgt erklärte, «aus zwölf äußerst aggressi-
ven, selbsternannten Feministinnen bestanden». «Muß ich noch sagen, daß es höchste Zeit ist, moralisch denkende Amerikaner zu informieren und sie zur Bewahrung der familiären Werte unserer Nation
aufzurufen? . . . Wir können nicht länger warten. Der Untergang unserer Nation steht vielleicht kurz bevor.» Laut Falwell war nicht nur das
traute Heim gefährdet. Die Feministinnen höhlten auch das Militär
aus und gewannen immer mehr Einfluß auf die internationale Lage. In
Listen, America! entwarf Falwell eine globale feministische Verschwörung – ein von Frauen aufgebautes finsteres Netz aus Tarnorganisatio-
nen, die ihre Fühler über die ganze freie Welt ausstreckten. Selbst das
Internationale Jahr des Kindes 1979 hatte angeblich «eine Schatten-
seite»: Das Ereignis sei eine Hintertür, durch die intrigante, sozialistisch orientierte feministische Aktivistinnen «Zugang zu einem welt-
weiten Geflecht von Regierungen gewonnen» hätten.

Das *Mandate for Leadership*, der Gesamtplan, den die Heritage
Foundation 1981 für die Reagan-Regierung entwarf, warnte vor dem
«wachsenden politischen Einfluß feministischer Interessen» sowie vor

der Infiltration der Regierungsbehörden durch ein «feministisches
Netz» und forderte ein Bündel von Gegenmaßnahmen zur Einschränkung der feministischen Macht. Auch das drei Jahre später erschienene
Mandate for Leadership II beschäftigte sich mit dem Sieg über die
Emanzipationsbewegung; seine Autoren behaupteten, «die Bekämpfung derartiger Wertvorstellungen muß das Hauptanliegen der nächsten Regierung werden». Und *Cultural Conservatism*, ein weiteres
grundlegendes Traktat im Bücherschrank der Neuen Rechten, bezeichnete kurzerhand «radikale Formen des Feminismus» als Quelle einer
langen Liste sozialer Mißstände, von aufsässigen Jugendlichen bis hin
zu antiamerikanischem Gedankengut. Regierung und Schulen seien
bereits tief von radikalen Feministinnen durchsetzt, hieß es in *Cultural
Conservatism* warnend. «Man braucht nicht mehr ins Women's Studies Department zu gehen», um den «Emanzen» zu begegnen, stellten
die Autoren des Buchs fest; diese verderblichen Ideen seien bereits
tief in den Literaturabteilungen der Universitäten, in Jura-Seminaren,
TV-Talkshows und «so manchem Rock-Video» verankert. Selbst als
sich die Neue Rechte dem «weltlichen Humanismus» zuwandte, entdeckte sie, daß überall zwischen den Zeilen der Feminismus lauere.
Was sie an den Schulbüchern am meisten erzürnte, waren die Texte, in
denen ein emanzipiertes Frauenbild zum Ausdruck kam. Die Publikationsliste des Rockford Institute's Center for the Family in America,
eine Denkfabrik der Neuen Rechten, liest sich wie ein Strafregister
gegen emanzipierte, alleinstehende, berufstätige und, natürlich, feministische Frauen. Tatsächlich handelte nur ein einziger der zweiundzwanzig Titel *nicht* von irgendwelchen weiblichen Vergehen. Einige
typische Angebote: «Gefährliche Parallele: berufstätige Frauen,
selbstmordgefährdete Ehemänner», «Warum mehr berufstätige
Frauen weniger Lohn für die Männer bedeuten», «Die beängstigende
Zunahme der Mutter-Staat-Kind-Familie» und «Der Zusammenhang
zwischen mutterdominierten Familien und Drogenmißbrauch».

«Alles konzentrierte sich nur noch auf den Feminismus», erinnert
sich Edmund Haislmaier, ein Forscher der Heritage Foundation. Als
konservativer Ökonom, der den Wunsch seiner Kollegen nach einer
rückläufigen sozialen Revolution nicht teilte, empfand Haislmaier angesichts des internen antifeministischen Aufruhrs ein gewisses Unbehagen:

«Rückblickend muß ich sagen, daß sie den Feministinnen viel, viel mehr vorwarfen, als sie wirklich verdienten. In Wirklichkeit war gar nicht die Frauenbewegung an der hohen Scheidungsrate schuld, die ja schon vor der Emanzipation begonnen hatte. Die Feministinnen hatten auch ganz sicher nichts mit der katastrophalen Wirtschaftspolitik zu tun. Aber die Feministinnen wurden eben zu einer leicht auszumachenden Zielscheibe. Ellie Smeal [die ehemalige Präsidentin der National Organization for Women] war ein eindeutiges Ziel; die rasante Inflation und die Einstufung in ungünstigere Steuerklassen waren es nicht.»

Die Aufstellung des antifeministischen Programms

Schon bald nach den ersten Überraschungssiegen der Neuen Rechten im Kongreß versammelte ein überschwenglicher Paul Weyrich seine engsten Berater in der Heritage Foundation. Ihre Aufgabe: Eine Gesetzesvorlage zu entwerfen, die sich als Entwurf für das Programm der Neuen Rechten verwenden ließe. Es würde ihre erste Gesetzesinitiative sein und eine symbolische Bedeutung für ihre Sache haben. Der Gesetzesentwurf sollte zwar Family Protection Act heißen, was sie aber 1981 dem Kongreß vorlegten, hatte wenig mit der Hilfe für Familien zu tun. Im Grunde hatte der Antrag nur ein einziges Ziel: fast alles, was die Frauenbewegung an Gesetzen erreicht hatte, zu demontieren.

Die Vorschläge im einzelnen: Bundesgesetze für gleiche Ausbildungschancen sollten beseitigt werden; «die Vermischung der Geschlechter im Sportunterricht oder bei anderen schulischen Aktivitäten» sollte untersagt werden; den Mädchen sollte vermittelt werden, daß sie zu Ehe und Mutterschaft berufen seien; Schulen, an denen Bücher benutzt wurden, die ein nichttraditionelles Frauenbild vertraten, sollten nicht mehr subventioniert werden; alle Gesetze zum Schutz geschlagener Frauen sollten aufgehoben werden; und Frauen, die sich wegen einer Abtreibung beraten oder sich scheiden lassen wollten, sollten keine staatliche Rechtshilfe mehr erhalten; der Gesetzentwurf war größtenteils negativ formuliert; die lange Liste der zu streichenden staatlichen Programme enthielt nur eine einzige eigene Initiative – neue Steueranreize, die Frauen dazu bringen sollten, daheim zu bleiben und Kinder zu kriegen. Diese Bestimmung sah vor, daß ein Mann, dessen Frau während des ganzen Jahres *keinerlei* Einkünfte hatte, in eine steuerlich absetzbare Altersversorgung einzahlen konnte. Offenbar war da schon eine Tupperware verkaufende Hausfrau suspekt.

In den nächsten Jahren folgten weitere «familienfreundliche» Gesetzesentwürfe, und praktisch alle hatten das Ziel, die Emanzipation der Frau in allen Bereichen niederzuschlagen: Ein totales Abtreibungsverbot, auch wenn das Leben der Frau bedroht war; Zensur jeglicher Informationen über Empfängnisverhütung, bis zur Ehe; ein «Keuschheits»gesetz; Aufhebung des Equal Pay Act (Gesetz zur Lohngleichheit) und ähnlicher Beschäftigungsgesetze; und, natürlich, die Beseitigung des Gleichberechtigungs-Zusatzartikels.

Beim Präsidentschaftswahlkampf 1980 agierte die Neue Rechte fast ausschließlich auf der Basis ihrer oppositionellen Haltung gegenüber den Frauenrechten. Ihr wesentlichster Einfluß auf die republikanische Partei bestand darin, daß sie deren Führer zwangen, in ihrem Wahlprogramm gegen die Abtreibung und den ERA (Gleichberechtigungs-Zusatzartikel) Stellung zu beziehen – es war das erste Mal seit 1940, daß der ERA von den Republikanern abgelehnt wurde. Daß die Republikaner in jenem Jahr auf ihrem Parteitag das antifeministische Programm der Neuen Rechten akzeptierten, war eine der wenigen klaren Trennlinien zwischen den beiden amerikanischen Parteiprogrammen, deren Grenzen ansonsten in vielen anderen Bereichen, von der Außenpolitik bis Law and Order, fließend waren. Und ihr Kandidat für das höchste Amt unterschied sich von seinen Vorgängern sehr deutlich durch seine Einstellung zur Frauenfrage: Reagan war der erste Präsident, der, seit seiner Verabschiedung durch den Kongreß, gegen den ERA war – und der erste, der jemals ein «Human Life Amendment» unterstützte, das Abtreibung und sogar manche Empfängnisverhütungsmethoden verbot.

Doch merkwürdigerweise bezeichneten die meisten Chronisten des Einzugs der Neuen Rechten in die Hauptstadt – sowohl Befürworter als auch Gegner – den Feminismus als «marginales» Problem. Presseberichte, selbst von liberalen oder linken Blättern, stellten die oppositionelle Haltung der Rechten zur Abtreibung und zum ERA stets als unterhaltsames Streiflicht zu den handfesteren, «wichtigeren» politischen

Zielen dar – Einschränkung der staatlichen Kontrolle, Etatkürzungen, Aufstockung des Verteidigungshaushalts. Auch die ersten Bücher über die Neue Rechte waren nicht besser. Richard G. Hutcheson Jr.s *God in the White House*, eine typische Darstellung, widmete dem ERA nur zwei Seiten und erforschte alle möglichen Ursachen für die Mobilmachung der Rechten, von Watergate bis zum «neuen Narzißmus», bis auf den Feminismus. In *Thunder on the Right* lautete das Fazit Alan Crawfords, daß «die ‹Herd-und-Heim›-Themen» im Programm der Neuen Rechten «höchstens apolitische Randthemen» seien.

Während diese Kommentatoren die Attacke der Neuen Rechten auf die Frauenbewegung als nebensächlich beurteilten, wußten es die Akteure des fundamentalistischen Dramas der Neuen Rechten besser. Für sie war die öffentliche Bestrafung autonomer Feministinnen nichts Geringeres als das Hauptereignis.

Der Krieg der Worte

«Wir unterscheiden uns von den bisherigen Generationen von Konservativen», sagte Weyrich 1980 in einer Rede. «Uns geht es nicht mehr um die Erhaltung des Status quo. Wir sind radikal und arbeiten daran, die gegenwärtige Machtstruktur des Landes zu kippen.» Sie waren auch die «neuen Macho-Prediger», wie man sie bald nannte, die im Fernsehen großspurige Phrasen droschen. Reverend James Robison, «der zornige Mann Gottes», prahlte mit seinen früheren brutalen Großtaten (inklusive «geplante Vergewaltigungen»); Reverend Tim LaHaye erzählte der Presse gern von seiner Zeit beim Militär, als er bereit war, ‹jedem das Lebenslicht auszupusten›. Wie sie in ihren Texten und Reden immer wieder betonten, waren sie «Krieger», die hinter einem fahnetragenden Christus mit geschwellter Brust ins feindliche Territorium einmarschierten. «Jesus war kein Pazifist», sagte Falwell des öfteren. «Er war kein Waschlappen.»

Und doch waren die fundamentalistischen Soldaten genau deshalb nach Washington marschiert, weil sie Angst hatten, schon zu den «Schwächlingen» zu gehören, die Falwell in seinen Schriften immer wieder verhöhnte. Sosehr die Krieger der Neuen Rechten sich aber als aggressive, freie Urheber des Wandels sahen, so sehr waren ihre Manöver doch allesamt Reaktionen auf ihren vermeintlichen Hauptfeind – die Frauenbewegung. Trotz der verbalen Prahlerei hing die Identität der Neuen Rechten vollständig von einer anderen Bewegung ab. In dieser Situation befindet sich natürlich jede konservative Gruppe, die versucht, einen bedrohten Lebensstil zu bewahren oder wieder zum Leben zu erwecken. «Paradoxerweise kann der Konservatismus nicht ohne den Liberalismus existieren», stellte der politische Autor Sidney Blumenthal in *The Rise of the Counter-Establishment* fest. «Obwohl [die Konservativen] ein Sendungsbewußtsein haben, ist es für sie doch schwierig, über eine rein oppositionelle Haltung hinauszukommen.» Doch die Männer der Neuen Rechten befanden sich in einer besonders erniedrigenden Situation: Nicht nur, daß sie mehr reagierten als agierten – ihre Reaktion richtete sich auch noch ausgerechnet gegen Frauen. John Birchers konnte es wenigstens so darstellen, als kämpfe man gegen den Vormarsch der kommunistischen Verbrecher. Die Prediger der Neuen Rechten jedoch hatten die peinliche Aufgabe, Frauen abzuwehren.

Aus dieser in jeder Gegenschlagsbewegung verankerten passiven Haltung schien es kaum ein Entrinnen zu geben. Aber die Männer der Neuen Rechten fanden schließlich doch einen Weg. «Zwanzig Jahre lang ging es im Bereich der Bürgerrechte vor allem um die Kontrolle der Sprache», wurde im *Mandate for Leadership* behauptet – besonders um Begriffe wie «Gleichheit» und «Chancen». «Das Geheimnis des Erfolges, ob vor Gericht oder im Kongreß, war es, diese Begriffe unter Kontrolle zu haben.» Dadurch, daß sie die zentralen Begriffe der Gleichberechtigungsdebatte einfach umbenannten, konnten sie sich vielleicht auf verbalem Weg die Herrschaft ertricksen. Indem sie durch eine Art semantischer Umkehrung den Schalter umlegten, konnten sie vielleicht mit Hilfe von Euphemismen einen Coup landen. Und in diesem Fall würden Worte lauter sprechen als Aktionen.

Im Rahmen dieser linguistischen Strategie bezeichnete die Neue Rechte ihren Widerstand gegen das neue Recht der Frau auf Geburtenregelung als Eintreten «für das Leben»; ihre Opposition gegen die neue sexuelle Freiheit der Frau als Eintreten «für die Keuschheit»; und ihre feindselige Haltung gegenüber der Tatsache, daß massenhaft Frauen auf den Arbeitsmarkt strömten, als Eintreten «für die Mutterschaft». Und schließlich gab sich die Neue Rechte auch noch selbst eine neue

Bezeichnung – ihre regressive und negative Haltung gegenüber den Fortschritten der Frauenbewegung hieß jetzt «familienfreundlich». Zuvor hatte sich die Anti-ERA-Gruppe Eagle Forum formell als «Alternative zur Frauenbewegung» bezeichnet. Nach der Wahl von 1980 jedoch veränderte sie ihr Motto, und das hieß ab jetzt: «Seit 1972 an der Spitze der Bewegung für die Familie.» Zuvor mußte Weyrich seine Feindin wohl oder übel «Frauenemanzipationsbewegung» nennen. Jetzt aber konnte Weyrich seine Nemesis als «Antifamilienbewegung» bezeichnen. Jetzt hatte *er* die Oberhand – und die Feministinnen würden auf *sein* Programm reagieren müssen.

Mit Hilfe dieser Orwellschen Wortspielereien konnten sich die Führer der Neuen Rechten nicht nur aus ihrer passiven Ecke hinausmanövrieren; sie konnten dahinter auch ihre Wut auf die wachsende Unabhängigkeit der Frauen verbergen. Dies war ein erfolgreiches Marketing-Instrument, da sie größere Sympathie von seiten der Presse und mehr Zulauf erhielten, wenn sie unter dem Banner traditioneller Familienwerte marschierten. In den 20ern hatte sich der Ku Klux Klan mit einem ähnlichen Rhetorikmanöver Unterstützung gesichert, indem er nämlich den Rassismus herunterspielte und ihn als Patriotismus ausgab; die Ku-Klux-Klan-Anhänger lynchten nicht Schwarze, sondern waren moralische Reformer, die die Flagge verteidigten.

Die Sprache der Führer der Neuen Rechten war in vielfacher Hinsicht ebenso verlogen wie die des Klans. Diese Anwälte «für das Leben» warfen Brandsätze in Familienplanungskliniken, traten für die Todesstrafe ein und nannten die Atombombe «eine herrliche Gabe, die unserem Land von einem weisen Gott geschenkt wurde». Diese Kreuzfahrer «für die Mutterschaft» zogen gegen praktisch jedes staatliche Programm zu Felde, das Mütter unterstützte, von der Schwangerenberatung bis zu Kursen über Säuglingsernährung. Unter dem Banner der «Familienrechte» waren sie in Wirklichkeit nur eine Lobby für das Recht jedes Mannes, daheim die erste Geige zu spielen – und das zu übernehmen, was Falwell die «gottgegebene Verantwortung» des Ehemannes nannte, «seine Familie zu leiten.»

Zurückgezogen lebende Frauen

Während die Männer der Neuen Rechten mit der «Für-die-Familie»-Strategie einerseits eine indirekte Attacke gegen die Frauenrechte führen konnten, holten sie andererseits auch zum direkten Schlag aus – mit Frauen als Vermittlerinnen. Wenn sie die Feministinnen mit einem besonders dicken verbalen Brocken bewerfen wollten, versteckten sie sich hinter einer Frau der Neuen Rechten. «Die Emanzen sind wie die Typhus-Mary, die einen Bazillus mit sich herumträgt», sagte die bekannteste Sprecherin der Neuen Rechten, Phyllis Schlafly. «Der Feminismus ist schlimmer als eine Krankheit», behauptete Beverly La-Haye, Gründerin der rechten Gruppe Concerned Women for America. «Er ist eine Philosophie des Todes.» In altbewährter Weise hatten antifeministische rechte Führer Frauen eingespannt, die die schwersten Geschütze gegen ihre eigenen Rechte selbst abfeuern sollten.

Um ihre Angriffe öffentlich zu inszenieren, mußten die Frauen der Neuen Rechten jedoch den Mund aufmachen und sich stark und emanzipiert geben – was zeigte, daß sie keineswegs dem Ideal der passiven, zurückgezogen lebenden Frau entsprachen, das sie ständig beschworen. Diese Führerinnen, die die gehässigsten antifeministischen Statements der Neuen Rechten abgaben, übernahmen vom Feminismus weit mehr, als sie oder die männlichen Führer zugaben – oder als ihnen überhaupt bewußt war.

Schlafly war dafür eines der frühesten, bekanntesten und extremsten Beispiele. Die Frau, die gegen den Zusatzartikel war, weil er «der Frau das wunderbare Recht rauben wird, sich ganz dem Beruf der Ehefrau und Mutter zu widmen, die von ihrem Ehemann ernährt wird», war selbst Rechtsanwältin mit Harvard-Abschluß, Autorin von neun Büchern und zweimal Kongreßkandidatin. Und sie brachte der Frauenbewegung weit mehr Sympathie entgegen, als es ihr Ruf vermuten ließ. In ihrer antifeministischen Abhandlung *The Power of the Positive Woman* äußert sie sich sogar mit einem gewissen Wohlwollen: etwa zu den vom Feminismus erreichten Gleichberechtigungsgesetzen und den Prozessen gegen die berufliche Benachteiligung von Frauen, die in den 70er Jahren vor dem Bundesgerichtshof verhandelt wurden; dadurch sei der Weg geebnet worden für «eine Zukunft, in der [die amerikanische Frau] unbegrenzte Ausbildungs- und Berufschan-

cen hat». Die Frauen, die sie in ihrem Buch als positive Vorbilder bezeichnet, sind durch die Bank Superfrauen: Olympia-Athletinnen,
einflußreiche Spitzenpolitikerinnen und ambitionierte Topmanagerin-
nen. Ihrer Meinung nach ist Margaret Thatcher «zweifellos eine der
prominenten positiven Frauen in der Welt». Manchmal klingt es fast,
als preise sie die Errungenschaften der Gegenseite. «Die positive Frau
des heutigen Amerika», schreibt sie fröhlich, «hat fast unbegrenzte
Möglichkeiten, ihr Schicksal selbst zu bestimmen, neue Spitzenlei-
stungen zu erbringen und andere Menschen zu motivieren und zu beeinflussen.»

Die Frauenorganisationen der Neuen Rechten, die Ende der 70er und
Anfang der 80er Jahre entstanden, waren nicht mehr nur Anhängsel
der von Männern dominierten Lobby. Was die Struktur ihrer «Zu-
satz»-Gruppen betraf, orientierten sie sich sogar eher an den
Frauenrechtsorganisationen als an der Männerhierarchie der Neuen
Rechten. Und auch die politische Taktik und Rhetorik entliehen sie
feministischen Veranstaltungen, Vorträgen und Schriften. 1977
wurde im Rahmen des Internationalen Jahrs der Frau in Houston ein
größtenteils feministisches Programm beschlossen, und es war dieses
Programm, das die Frauen der Neuen Rechten zum ersten Mal heraus-
forderte, die ja nur darauf warteten, ihre Meinung zu äußern und sich
zu organisieren. Aus der Konferenz heraus entstanden zahlreiche
Frauengruppen der Neuen Rechten, die sich schließlich in der National
Pro-Family Coalition zusammenschlossen. Die 1979 von Präsident
Carter veranstaltete White House Conference on Families, ebenfalls
eine feministisch orientierte Versammlung, diente der Pro-Family
Coalition als Sprungbrett in die nationale Politik. Als auch diesmal
feministische Themen die Konferenz beherrschten, reagierten die
Frauen der Neuen Rechten mit einer Schattenkonferenz ähnlichen
Formats – und sie zogen demonstrativ aus der Versammlung aus, bildeten eine «alternative» Vereinigung und entwarfen ein eigenes Programm. Für viele dieser Frauen war dieses Erlebnis eine erste erfri-
schende Berührung mit dem politischen Aktivismus, die befreiende
Erfahrung, sich öffentlich zu artikulieren. «Das Internationale Jahr der
Frau war unser ‹Trainingscamp›», sagte Rosemary Thomson, Autorin
von *The Price of Liberty* und Koordinatorin des Eagle Forum-Kontin-
gents bei der White House Conference on Families nach dem Show-

down stolz zu einer Soziologin. «Jetzt sind wir bereit, offensiv für unsere Familien und unseren Glauben zu kämpfen.» Eine Organisatorin des Eagle Forum erklärte: «Ich hatte noch nie einen Vortrag gehalten, noch nie einen Vortrag geschrieben, noch nie vor Gericht ausgesagt, war noch nie im Radio oder Fernsehen gewesen... Du kriegst allmählich ein gewisses Selbstvertrauen. Da schlägst du während einer Debatte ein paarmal eine Anwältin aus dem Feld und denkst: ‹Na so was, ist ja toll. Ich wußte gar nicht, daß ich das kann.›»

Aber dann nutzte die Neue Rechte die wachsende Sicherheit und Ambitionen dieser Frauen doch für ihre Zwecke. Die Bewegung brauchte sowohl Intellektuelle, die sich klar artikulieren konnten, als auch geschickte Organisatoren, die die Säle füllten; bei den Frauen der Neuen Rechten fand sich beides. Vor allem zwei Frauen, Connaught «Connie» Marshner – die Top-Frau der Heritage Foundation – und Beverly LaHaye – die Leiterin von Concerned Women of America, der größten Frauengruppe der Neuen Rechten –, übernahmen die Leitung dieser unterschiedlichen Aufgabenbereiche.

Die Superfrau der Heritage Foundation

«Es liegt im Wesen der Frau, daß sie sich nach anderen richtet... Frauen sind ihrer Natur nach dazu bestimmt, sich für andere aufzuopfern.»
Connaught C. Marshner, *The New Traditional Woman*, 1982

«Wenn mir zwischen 1979 und 1984 irgend jemand gesagt hätte: ‹Du solltest mehr Zeit mit deinen Kindern verbringen›, hätte mich das schwer gekränkt.»
Connaught C. Marshner, *Interview*, 1988

«Ach ja, der Family Protection Act», erinnert sich Connie Marshner. «Ich hab das Grundlagenpapier dafür geschrieben. Ich habe es den Leuten schmackhaft gemacht. Ich habe am meisten dafür geworben.» Marshner sitzt im Frühjahr 1988 nach dem Abendessen im Wohnzimmer ihres Hauses in einem Vorort von Washington, D. C. Ihr Ehemann Bill räumt den Tisch ab und zieht sich zum Spülen in die Küche zurück. Sie habe heute keine Zeit zum Kochen gehabt, erklärt sie, also habe es wieder mal Essen vom Chinesen gegeben. Während sie im einen Arm ihr Neugeborenes, im andern einen Stapel Forschungsunterlagen balanciert, erinnert sie sich an die ersten berauschenden Tage, als sie sich hinsetzte, um den Family Protection Act zu verfassen.

«Ich wurde immer mehr in die Politik verwickelt. Ich weiß noch, daß ich damals bei dieser Nachbarschaftsinitiative [zur gegenseitigen Kinderbetreuung] war, aber mir wurde schnell klar, daß ich mich nie revanchieren könnte. Ich hatte einfach zuviel zu tun. Irgendwann wollten mich dann die anderen Mütter nicht mehr dabeihaben.»

Marshners politische Karriere begann 1971, an der University of South Carolina; die Studentin Connie Coyne hatte zwar Englisch für höhere Schulen als Hauptfach, verbrachte aber ihre ganze Zeit in der Uni-Gruppe der Young Americans for Freedom, einer konservativen politischen Organisation. Gleich nach dem College wurde sie Assistentin des Herausgebers des YAF-Magazins *New Guard*. Als ihr Chef ins YAF-Büro auf den Kapitolshügel umzog, bot er ihr einen Job als Sekretärin an. Sie griff schnell zu, hatte aber nicht die Absicht, lange Bürokraft zu bleiben. Schon bald nach ihrer Ankunft bekam sie von ihrem Chef ein Papier, eine Attacke gegen den Gesetzentwurf zur Kinderbetreuung; statt ihn abzutippen, nahm sie ihn mit nach Hause und verfaßte, wie sie sich erinnert, «die definitive Analyse dessen, was daran falsch ist». Ihr Papier «wurde zur konservativen Kritik an Mondales Gesetzentwurf zum Child Development und führte schließlich zu dessen Ablehnung.»

Connie Marshner selbst deutet manche Aspekte ihres jugendlichen Konservatismus – wie etwa, daß sie auf dem regelmäßigen Besuch der Sonntagsschule bestand – als «kindliche Rebellion», als den Wunsch, ihre liberaleren und nur nominell katholischen Eltern zu ärgern. Während sie aber einerseits gegen ihre Eltern kämpfte, beherzigte sie andererseits deren Rat für die Zukunft. Ihre Mutter, eine frustrierte, mit einem Marineoffizier verheiratete Hausfrau, riet ihren beiden Töchtern, nicht in ihre Fußstapfen zu treten. «Mutter las Friedans *Weiblichkeitswahn* gleich, als es erschienen war», sagt Marshner, «und ich weiß noch, daß sie sagte: ‹Wie gräßlich das Eheleben wirklich ist, versteht man erst, wenn man das gelesen hat.› Mutter sagte dauernd zu mir: ‹Du wirst doch nicht heiraten wollen und dein Leben zerstören! Bleib unabhängig.›»

Auch der Vater drängte Connie und ihre ältere Schwester, die später Rechtsanwältin wurde, sich um eine gute Ausbildung zu kümmern und schlechtbezahlten «Frauenjobs» aus dem Weg zu gehen. «Mein Vater war sehr klug. Er hat zu mir gesagt: ‹Lern auf keinen Fall Steno.›» Die Coynes erzogen ihre Töchter zur Unabhängigkeit – eine Lektion, die Connie mit ins Erwachsenenalter hinübernahm. «Ich bin mir nie hilflos vorgekommen», meint sie. «Emanzipieren muß man sich vielleicht, wenn man zu Hilflosigkeit erzogen wurde. Ich wurde nie so erzogen.»

Als junge Frau wurde sie so dazu gedrängt, ihre Unabhängigkeit zu bewahren, daß «ich entschlossen war, nie zu heiraten». Aber dann begegnete sie bei einem Gottesdienst Anfang der 70er Jahre Bill Marshner. 1973 heirateten sie. Im selben Jahr wurde die Heritage Foundation als erste Denkfabrik der Neuen Rechten gegründet. Connie Marshners früherer YAF-Boß, der die Heritage Foundation gründete, empfahl sie den Organisatoren der Stiftung. Sie nahm deren Angebot – einen Forschungsjob – an und zog mit Bill in ein Washingtoner Apartment in der Nähe ihres Büros.

Wieder verwandelte Connie Marshner ihre unwichtige Aufgabe rasch in eine einflußreichere Position. Als ihre Vorgesetzten merkten, «wie gut ich am Telefon mit Reportern fertig wurde», beförderten sie die Zweiundzwanzigjährige zur Leiterin für Erziehungsfragen. Sie begann einen nicht abreißenden Strom von Artikeln und Monographien zu produzieren, in denen sie gegen staatliche Subventionen für Kinderhorte opponierte, den verderblichen Einfluß des Feminismus auf Schulbücher anprangerte und für eine Regierungspolitik eintrat, die die Frauen davon abhalten sollte, Erfüllung außerhalb der Familie zu suchen. Intellektuelle und Pragmatikerin zugleich, untermauerte Marshner ihre Schriften einerseits mit wissenschaftlichen Verweisen – etwa auf die Kindersterblichkeitsraten im Paris des 18. Jahrhunderts und die Grenzen der malthusianistischen Theorie – und sammelte andererseits mit nüchterner Businesslogik Punkte bei den Firmenbossen. Abtreibung zum Beispiel habe negative kommerzielle Folgen; wenn auf jedes geborene Baby fünf abgetriebene kämen, erklärte sie einer Gruppe von Topmanagern, dann bedeute dies, daß sie «fünf *Krieg-der-Sterne*-Spiele weniger verkaufen würden, was auf mindestens fünfzig *Krieg-der-Sterne*-Aktionsfiguren hinausliefe».

Im Winter 1974 entdeckte sie, daß sie schwanger war. «Erst dachte ich, ich würde ihn [den Job] ganz aufgeben, aber da wir schrecklich arm waren, tat ich es doch nicht.» Bill bereitete sich auf den Magister vor, und sie bekam keine Beihilfe; ihre Notentbindung und der einwöchige Krankenhausaufenthalt fraßen fast sämtliche Ersparnisse. 1976 wurde sie erneut schwanger. Inzwischen hatte sie zwei Jobs – einen als Forschungsberaterin der Heritage Foundation und einen als Koordinatorin für das Committee for Survival of a Free Congress. Außerdem hatte sie gerade den Vorschlag eines Verlegers angenommen, ein Buch über Erziehung zu schreiben. Bill hatte sich mittlerweile an einer texanischen Universität für die letzten Semester seines Theologiestudiums immatrikuliert. Statt aber in den Westen zu ziehen und ihren Beruf aufzugeben, blieb Marshner in Washington und schickte ihren einjährigen Sohn zu ihrer Mutter nach Baltimore. Erst in den letzten Monaten der Schwangerschaft zog sie zu ihrer Familie nach Texas, so daß ihr Mann sich um das Kind und die Mahlzeiten kümmern konnte – «Gott sei Dank hatte ich Bill!» –, während sie ihr Buch fertigschrieb, meist bis tief in die Nacht. «Als die Wehen einsetzten, habe ich gerade die Schlußfassung getippt.»

Nach Bills Abschluß zogen sie nach Washington zurück. Sie hatte eine glänzende Karriere vor sich. «Das Buch hat meine Position bei den Konservativen wirklich verändert», sagt sie, und als Weyrich nach der Wahl 1978 beschloß, eine wichtige Konferenz für die neuen Kongreßabgeordneten zu organisieren, übertrug er ihr die Leitung. Bei der Eröffnungssitzung hielt sie einen Vortrag, der sich, wie sie sagt, als «prophetisch» erweisen sollte. Das Thema: «Warum soziale Themen in den 8oer Jahren zunehmend an Bedeutung gewinnen werden.» Marshner lächelt, als sie sich an den Moment erinnert: «Das war so ein Fall von: ‹Hier habt ihr es zum ersten Mal gehört.›»

Sehr deutlich erinnert sie sich im Zusammenhang mit der Konferenz auch an einen kleinen, aber aufschlußreichen Zwischenfall:

«Beim Frühstück saß ich mit Paul und den anderen neu gewählten Kongreßabgeordneten zusammen. Da fragt plötzlich einer von ihnen alle nach ihrer Meinung zu einem bestimmten Thema, übergeht mich aber. Dann nimmt er die Rednerliste zur Hand, sieht, daß mein Name als nächster draufsteht, und schaut mich so komisch an, bis mir auf einmal klar wird, oh, der hat mich für Weyrichs Sekretärin gehalten!»

Zehn Jahre später erinnert sie sich zwar immer noch genau an jenen Moment – sagt aber, es habe sie kaum gekränkt. «Natürlich war ich nicht gerade erfreut. Ich hab daraus gelernt, daß Männer in der Politik glauben, Mädchen seien nur dazu da, Befehle entgegenzunehmen. Aber ich bin da komisch; solche Leute vergesse ich einfach.»

Wenn Marshner die Beleidigung auch nicht ganz vergessen kann, so vermag sie ihr doch den persönlichen Stachel zu nehmen – indem sie sich nicht als eins der «Mädchen» betrachtet. Scheinbar sieht sie sich an der anderen Seite des Tischs, bei den Ehrenmännern, die den Frauen jene «Befehle» erteilen. Das erreichte sie nur dank ihres Talents. «Meine Erfahrung auf dem Arbeitsmarkt war nicht so, daß ich mich diskriminiert fühlte. Alles, was ich bekommen habe, habe ich durch Leistung erreicht.» Sie sei die «Ausnahme», die die Regel bestätige: Ihrem Geschlecht mangle es an der Fähigkeit, nicht an den Chancen, es im öffentlichen Leben zu etwas zu bringen.

Aktionen für die Frauenrechte seien «albern», weil sich Leistung immer bezahlt mache. Wenn es die meisten Frauen nicht geschafft hätten, dann deshalb, weil sie einfach nicht die nötigen Voraussetzungen hätten. In ihren Schriften und Vorträgen zeichnet Marshner ein düsteres, oft auch verächtliches Bild von ihren Geschlechtsgenossinnen. Diese Perspektive teilt sie mit Schlafly, die in ihren Büchern mit den Hausfrauen umgeht wie eine Camp-Leiterin mit einer Gruppe schmollender Pfadfinderinnen. Hört auf zu jammern und seid «fröhlich», auch wenn euch nicht danach zumute ist, befiehlt sie ihnen in *The Power of the Positive Woman*. Wenn Marshner von Frauen spricht, benutzt sie die distanzierende Form der zweiten oder dritten Person, als zähle sie selbst nicht dazu. «Frauen müssen wissen, daß jemand die Autorität hat und Entscheidungen trifft» – und «euer Auftrag ist es», erklärte sie den Frauen, «damit zufrieden zu sein.» Als Marshner und Schlafly die Frauen für die Protestkundgebung bei der White House Conference on Families trainierten, erinnert sich Marshner, daß sie am meisten von Schlaflys Fähigkeit beeindruckt gewesen sei, «die Frauen zu beherrschen ... Wenn sie sagte: ‹Springt auf›, dann taten sie das auch.» Frauen bräuchten diese Führung, sagt Marshner: «Es ist sehr schwer, Frauen zu organisieren, weil sie zu Gehässigkeit neigen. Sie lassen sich immer davon ablenken, wer welchen Titel kriegen wird. Sie vergeuden eine Menge Zeit.»

1979 wurde Marshner Leiterin der «Familienabteilung» der Free Congress Foundation und Herausgeberin des *Family Protection Report*. Dann, im Jahr, als Präsident Reagan gewählt wurde, berief Weyrich sie in das «Viererteam», eine Elitegruppe, die das Land bereiste und in den einzelnen Bundesstaaten handverlesene Führer für Basisaktionen auswählte und ausbildete. «1980 bin ich neunundneunzigmal geflogen», sagt sie. «Ich war auf dem laufenden.»

Mittlerweile hatte ihr Mann an einem kleinen College in Front Royal, Virginia, eine Anstellung gefunden. Da Connie dort nicht hinziehen wollte, mietete sie sich ein Apartment in Washington. Dann überredete sie eine Tante in Kalifornien, nach Front Royal zu ziehen und Bill bei der Erziehung der Kinder zu helfen. Sie selbst kam am Wochenende zu Besuch. «Bill war mehr mit ihnen zusammen als ich», sagt sie. «Es war nicht nur eine Pendlerehe, sondern auch eine Pendlermutterschaft. Und das, bevor es Mode wurde! Ich glaube, ich war meiner Zeit voraus.»

Nach der Wahl 1980 leitete sie ein halbes Dutzend Beratungsausschüsse, hatte fünf Angestellte unter sich, hielt weiterhin im ganzen Land Vorträge und diskutierte mit Gott und der Welt, von der engagierten Abtreibungsbefürworterin Kate Michelman bis zum Exsenator George McGovern. 1982 bat sie der lokale Bezirksvorsitzende, die Leitung des Virgina House of Delegates zu übernehmen. Sie lehnte ab, aber nicht aus weiblicher Zurückhaltung. «Es hätte mich gereizt, aber ich war zu sehr mit der Rettung des Landes beschäftigt, um mich um einen einzigen Distrikt in Virginia zu kümmern», sagt sie. Ihr drittes Kind kam im folgenden Jahr zur Welt – und Weyrich, der befürchtete, sie könne sich beurlauben lassen, schlug ihr vor, in einem freien Büro ein Kinderzimmer einzurichten. «Paul war sehr entgegenkommend», erinnert sich Marshner.

In jenem Jahr, als ihre Karriere ihren Höhepunkt erreichte – sie mußte sich wegen der zahlreichen geschäftlichen Anrufe sogar ein Autotelefon zulegen –, sprach sie auf der Konferenz des Family Forum in Washington, D.C. Ihr Thema: «Wer ist die neue Traditionalistin?» Ihre Antwort klang sehr ähnlich wie später der Text der Neuen-Traditionalistinnen-Anzeige in *Good Housekeeping*: «Sie ist modern», sagte Marshner über diese weibliche Ikone, «weil sie in der heutigen Zeit lebt, mit all ihrem Druck, ihrer Hektik und ihren raschen Verän-

derungen. Sie ist traditionell, weil sie sich, angesichts des unaufhör-
lichen kulturellen Wandels, an den ewigen Wahrheiten von Glaube
und Familie orientiert.» Marshner zog keine Verbindung zwischen den
positiven, «modernen» Aspekten des Lebens der Frauen und den
Früchten des Feminismus. Vielmehr erklärte Marshner ihrem Publikum, die Frauenbewegung sei die Feindin der neuen Traditionalistin.
Durch die Frauenbewegung sei «ein neues Frauenbild» entstanden, ein
«freudloser Macho-Feminismus harter Frauen, die gezwungen und
entschlossen waren, sich ihren Platz im Leben zu erobern, egal, über
wessen Leiche sie dabei gehen mußten». Der Prototyp der Macho-Feministin sei die böse Mutter in *Kramer gegen Kramer*, die ihrem Mann
die Sorge für die Kinder überläßt, um sich selbst zu verwirklichen.
«Der Macho-Feminismus hat die Frauen betrogen», sagte sie, «weil er
ihnen eingeredet hat, sie könnten nur glücklich sein, wenn sie wie
Männer behandelt würden, und das implizierte, daß sie sich selbst wie
Männer behandelten.»

Mit ähnlichen Parolen trat Marshner 1984 auf den Family Forums II
und III in San Francisco und Dallas für die traditionelle Familie ein,
Vorträge, die zeitlich mit den Wahlkampf-Parteitagen in diesen Städ-
ten zusammenfielen. Dann flog sie wieder nach Washington in ihr
Büro zurück – um den Titel der Präsidentin der Free Congress Foundation entgegenzunehmen, womit sie in der Washingtoner Einrichtung
der Neuen Rechten die höchstrangige Frau wurde.

Marshners Interesse an den hausfraulichen Pflichten des traditionellen Familienlebens hält sich, wie sie offen zugibt, in engen Grenzen.
«Ich kann nicht gut mit kleinen Kindern umgehen und bin eine furchtbare Hausfrau», sagt sie. «Für mich ist das ein undankbarer Job, der
mich nicht ausfüllt. Dagegen bringt mir das, was ich in Washington
mache, greifbare Erfolge.» Doch weder sie noch ihr Mann halten sie
deswegen für eine «Macho-Feministin».

Als Marshner 1987 zum viertenmal schwanger wurde, hatte es den
Anschein, als befolge sie endlich ihren eigenen Rat: Sie beschloß, sich
eine Zeitlang aus der Washingtoner Politik zurückzuziehen. Weyrich
versuchte zwar erneut, sie davon abzubringen, da die Stiftung inzwischen maßgeblich von ihrem schriftstellerischen und rednerischen
Talent abhing. Aber diesmal lehnte sie ab. Der qualvolle Tod ihrer
kleinen Tochter, die mit einem Herzfehler zur Welt gekommen war,

ging ihr nach. Sie wollte ganz für das neue Baby dasein. «Marshner ist nicht mehr dabei», sagte Weyrich, als er Anfang 1988 auf sie angesprochen wurde, mit einer wegwerfenden Handbewegung. «Sie hat aufgehört, um ihr viertes Kind zu kriegen. Okay, sie ist immer noch Herausgeberin des *Family Protection Report*. Aber im Grunde ist sie nicht mehr dabei. Sie ist ein klassisches Beispiel für das, was ich dauernd sage – Frauen können eben nicht alles haben... Alle Mädchen hier, die Kinder bekommen haben, sind gegangen.»

Währenddessen sitzen am anderen Ende des Flurs vier hart arbeitende Frauen in ihren Büros – von seiner Finanzmanagerin über seine Planungsleiterin bis hin zu seiner Sekretärin. Alle haben sie Kinder; manche sind sogar alleinerziehende Mütter.

Marshner hatte jedoch durchaus nicht vor, sich der traditionellen Hausfrauenrolle zu widmen. Sie eröffnete in ihrem Haus sofort ein Büro, wurde Chefredakteurin eines christlichen Verlags, begann als freie Mitarbeiterin zahlreiche Artikel zu verfassen und schloß einen Vertrag für ihr viertes Buch ab – in dem sie sich diesmal gegen Kinderhorte wandte. «Ich werde mich über die Folgen der Horterziehung informieren», sagt sie, «und mit Müttern, die davon Gebrauch gemacht haben, über die Gründe reden, warum sie es bereuen.» Jetzt, wo sie zu Hause ist, scheint sie schnell bereit, Frauen zu verurteilen, bei denen das anders ist. «Für eine Frau muß ihr Kind Vorrang haben. Andernfalls muß sie früher oder später dafür bezahlen, entweder durch Verhaltensstörungen des Kindes oder durch ihr eigenes schlechtes Gewissen.»

Die Frau, mit der sie am härtesten und unfairsten ins Gericht geht, ist sie selbst; die Gegenschlagsideen, bei deren Verbreitung sie mitgewirkt hat, haben auf ihre eigene Psyche zurückgeschlagen. Sie fragt sich jetzt, ob ihre Karriere den Herzschaden ihrer Tochter «verursacht» haben könnte. «Auch die Jungen wären wahrscheinlich glücklicher gewesen, wenn ich daheim geblieben wäre», meint sie.

Aber die Jungen, die von der Wohnzimmercouch aus zuhören, widersprechen. «Das war eine tolle Zeit», seufzt der zwölfjährige Mike. «Mir hat es gefallen, als du gearbeitet hast.»

Eine vom göttlichen Geist beherrschte Frau...
oder ein göttlicher Geist, der beherrschen will?

«Die Frau, die wahrhaft vom Geist Gottes erfüllt ist, wird sich ihrem Mann völlig unterordnen wollen... So ist sie wahrhaft befreit. Gott hat die Frau zur Unterordnung bestimmt.»
Beverly LaHaye, *The Spirit-Controlled Woman*

«Gott hat mich nicht zu einem Niemand gemacht.»
Beverly LaHaye, *Interview*, 1988

Die Gründerin der Concerned Women for America erzählt der Presse immer wieder dieselbe Geschichte: An einem Abend im Jahr 1978 in San Diego saß Beverly LaHaye im Wohnzimmer neben ihrem Mann Tim LaHaye, dem Mitbegründer von Moral Majority; sie sahen sich im Fernsehen die Abendnachrichten an. Barbara Walters interviewte Betty Friedan, und als die führende Feministin behauptete, sie spreche für viele amerikanische Frauen, sprang LaHaye auf die Füße und erklärte: «Für mich spricht Betty Friedan nicht, und ich wette, daß sie auch nicht für die Mehrzahl der Frauen in diesem Land spricht.» Sie schwor an Ort und Stelle, andere «fügsame» Frauen um sich zu scharen, die, wie sie, glaubten, daß «die Emanzipationsbewegung die Familie zerstört und das Überleben unserer Nation bedroht».

Kurze Zeit später leitete sie zu diesem Zweck in einer Kirche ihres Wohnorts eine Versammlung. «Ich wußte gar nicht, ob überhaupt jemand kommen würde», sagte sie, «aber dann waren da 1200 Frauen. Ich konnte es nicht fassen! Und ich konnte es mir nur damit erklären, daß die Mehrheit der amerikanischen Frauen nicht mit Betty Friedan und dem ERA einverstanden waren.» Es gab jedoch eine viel plausiblere Erklärung für die hohe Beteiligung: 1978 war Beverly LaHayes Name in der evangelischen Gemeinde ein starker Publikumsmagnet – aber nicht, weil sie gegen den Feminismus opponierte.

Das eigentliche Erwachen Beverly LaHayes hatte sich zwei Jahrzehnte vor ihrer elektronischen Begegnung mit Betty Friedan abgespielt, und zwar im Jahr 1965 bei einer Motivationstagung für Sonntagsschullehrerinnen. Damals war LaHaye eine «ängstliche, introvertierte» Hausfrau gewesen, die sich nicht von der Seite ihres Gatten wagte und so scheu war, daß «ich Probleme hatte, Leute zu uns nach Hause einzuladen, geschweige denn, mich nach draußen zu wagen». Sie war genau jene fügsame Frau, die sie später so rühmen würde, aber sie fühlte sich nicht wohl dabei. «Wenn mich Frauengruppen einluden, Vorträge zu halten, habe ich meist abgelehnt, weil ich mich so unzulänglich fühlte und mich wirklich fragte, ob ich ihnen irgend etwas zu sagen hatte», schrieb sie in *The Spirit-Controlled Woman*, in einem «Die fehlende Dimension» überschriebenen Kapitel, dessen Inhalt ebensogut aus dem berühmten Kapitel in Friedans *Weiblichkeitswahn* – «Das Problem, das keinen Namen hat» – stammen könnte:

«Eine sehr wohlmeinende Frau sagte zu mir, kurz nachdem wir die neue Pfarrstelle angetreten hatten: ‹Mrs. LaHaye, die Frau unseres letzten Pastors war Schriftstellerin; was machen denn Sie?› Das war eine schwere Frage für eine furchtsame siebenundzwanzigjährige Frau. Und ich begann mich zu fragen: Was machst du eigentlich? O ja, ich war meinen vier Kindern eine gute Mutter, ich war eine ziemlich gute Hausfrau, mein Mann liebte mich über alles, aber was konnte ich denn, was das Leben anderer Frauen nachhaltig beeinflussen würde? Die Antwort schien ganz klar. ‹Sehr wenig!› In meinem Leben fehlte etwas.»

Und auch LaHayes Analyse der Hausarbeit wird den früheren *Ms.*-Leserinnen bekannt vorkommen. Sie schrieb:

«In meinem Fall waren es nicht die großen Probleme, die mich zermürbten; es war der schwelende Groll wegen der endlosen kleinen Handgriffe, die ständig wiederholt werden mußten und mir so sinnlos vorkamen. Tag für Tag die gleiche Routine: Ich suchte schmutzige Socken zusammen, hängte nasse Handtücher auf, machte Schranktüren zu, knipste Lampen aus, die jemand angelassen hatte, und bahnte mir einen Weg durch die überall verstreuten Spielsachen.»

Schon als ihr kleinstes Kind noch im Wickelalter war, ging LaHaye wieder arbeiten – ganztags, als Fernschreiberin bei Merrill Lynch. «Vor dreißig Jahren bekamen Pfarrer kein hohes Gehalt. Wenn ich nicht gearbeitet hätte, wären wir nicht über die Runden gekommen», erklärt sie. Aber das war nicht der einzige Grund. «Ich hab gern dort gearbeitet. Es war irgendwie aufregend. Man mußte schon um sechs Uhr früh dasein, weil um diese Zeit die New Yorker Börse eröffnete. Ich wurde gut bezahlt. Und mir hat es gefallen.» Sie stellte eine «Haushälterin» ein, wie sie ihr Kindermädchen nennt, eine schwarze ledige Mutter, die «keine Arbeit fand, weil sie keine Ausbildung hatte».

Zwar stärkte der Job als Fernschreiberin ihr Selbstvertrauen, aber die «fehlende Dimension» erhielt ihr Leben erst durch die Veränderungen, die 1965 jene Sonntagsschulkonferenz bewirkte. Der Redner, der bekannte christliche Psychologe Henry Brandt, sprach zu ihnen darüber, wie wichtig es für jeden Menschen sei, sich selbst zu verwirklichen und auszudrücken. Diese Worte weckten in der jungen Pfarrfrau eine schlummernde Sehnsucht. «Tief in meinem Innern spürte ich, daß ich gern aufstehen und mich ausdrücken würde», sagt sie später. «Und ich dachte, das würde sich nie ändern.»

Angeregt durch die Worte des Psychologen, überlegte sie, wie sie ihre Ängste überwinden könne. Verstärkt wurde dies noch durch eine Bibelstelle, auf die er anspielte – eine Zeile aus Timotheus, in der es heißt, daß der Heilige Geist den Jüngern nicht nur Liebe, sondern auch «Kraft» verleihen werde. «Genau das bräuchte ich!» sagte LaHaye zu sich, wie sie später schrieb. Mit Hilfe «einer neuen Kraft in mir» konnte sie vielleicht ihre Schüchternheit überwinden und «Selbstvertrauen» entwickeln. In den folgenden Monaten bastelte LaHaye sich einen Selbstverwirklichungsplan zusammen, der teils aus populärer Psychologie, teils aus Religion bestand, auf den Prinzipien des Selbstsicherheitstrainings basierte und von der christlichen Lehre unterstützt wurde. Wie sie später in einem Selbsthilfebuch für christliche Frauen schrieb, bestand das Problem darin, daß sie und viele andere Hausfrauen an einem «ziemlich dürftigen Selbstbild», an «Passivität» und «Minderwertigkeitsgefühlen» litten. Sie wollte sich durchsetzen und «stark» auftreten, aber ohne daß sie damit die Kirche provozierte oder ihren Ehemann bedrohte. Und bald merkte sie, daß es funktionierte, wenn sie nur deutlich machte, daß sie einzig und allein nach «spiritueller Kraft» suchte. Der Wunsch nach Autorität war legitim, wenn man vorgab, sich nur nach einem «Zugang zur Kraft des Heiligen Geistes» zu sehnen. Kein Mitglied der evangelischen Gemeinde konnte etwas gegen ihre Bestrebungen haben, solange sie heilig waren.

Obwohl LaHaye ihren Wunsch nach Dominanz rasch als «spirituelle Gottergebenheit» bezeichnete, waren die Maßnahmen, die sie später in ihren Büchern schilderte, verdächtig handlungsorientiert. Ihre semantische Strategie war derjenigen der männlichen Mitglieder der Neuen Rechten genau entgegengesetzt; während die Männer ihr Gefühl von Schwäche mit einer aktiv klingenden Terminologie kaschierten, verbarg LaHaye ihr neugewonnenes Selbstbewußtsein hinter einer passiv klingenden Rhetorik. Die Führer der Neuen Rechten behaupteten fälschlicherweise, sie führten das Kommando; LaHaye ihrerseits behauptete fälschlicherweise, sie habe kein Interesse daran, das Ruder zu übernehmen.

Wenn eine Fundamentalistin die «spirituelle Kraft» anzapfte, schrieb LaHaye in *The Spirit-Controlled Woman*, könne sie «voller Selbstvertrauen vorwärtsschreiten», «ihre Passivität überwinden» und «ein fähiger Mensch» werden. LaHayes Version des spirituellen Wachstums zufolge war ein Gefühl des Selbstvertrauens der Frömmigkeit am nächsten und Schüchternheit ein seelischer Makel. Eine vom Geist beherrschte Frau müsse «ihre Ängstlichkeit als Sünde erkennen und entsprechend damit umgehen». Indem sie religiöse Dogmen auf diese Art umkehrte, schuf sie sich den nötigen Freiraum, um Selbstachtung, eine unabhängige Identität und die Fähigkeit zu öffentlichem Ausdruck zu entwickeln – während sie dauernd behauptete, sie tue es nur durch und für Jesus.

LaHayes Weg zur spirituell vermittelten Befreiung begann an dem Tag, als sie sich zwang, in einem kirchlichen Frauenverein zu sprechen, der sie eingeladen hatte. Sie erzählte von ihren Ideen zur Stärkung des Selbstbewußtseins und war verblüfft, als die Frauen applaudierten und sie nach dem Vortrag um Rat baten. Sie erklärte sich bereit, auch vor anderen Frauengruppen zu sprechen, und schon bald wurde sie durch ihre Vorträge im kirchlichen Bereich bekannt. Zusammen mit ihrem Mann begann sie, «Familienseminare» zu leiten; außerdem moderierten sie einmal wöchentlich eine Sendung im Kabelfernsehen sowie eine Sendung über das Familienleben, bei der live angerufen werden konnte. Schon bald trat ein Verleger mit dem Vorschlag an sie heran, ein Selbsthilfebuch für christliche Frauen zu schreiben. «Ich hab gesagt, nein, nein, ich bin doch keine Schriftstellerin», erinnert sie sich. «Aber dann dachte ich, Moment mal. Das kannst du doch.» *The Spirit-Controlled Woman*, erschienen 1976, verkaufte sich über eine halbe millionmal. In den nächsten zehn Jahren schrieb LaHaye fünf weitere Bücher für christliche Frauen, Traktate zur Persönlichkeitsentwicklung mit Kapiteln wie «Hilf dir selbst» und «Kann man eine mutige Frau zum Schweigen bringen?»

Zur selben Zeit, als sie *The Spirit-Controlled Woman* schrieb, been-

dete LaHaye zusammen mit ihrem Ehemann Tim ein langfristiges
Buchprojekt. 1976 veröffentlichten die LaHayes gegen den Rat anderer
christlicher Eheberater *The Act of Marriage*, ein Sex-Leitfaden. Das
Buch wurde auf einen Schlag zum evangelischen Pendant von *The Joy
of Sex – Freude am Sex*, es fand Millionen von Leserinnen und Lesern.
The Act of Marriage: The Beauty of Sexual Love war für evangelische
Leser ein revolutionäres Dokument, es war offen und anschaulich geschrieben (es schilderte – erstaunlich detailliert – Vorspiel, Einölen und
multiple Orgasmen), und es stellte sexuelle Lust aus weiblicher Sicht
dar. Das Buch zeigte christlichen Männern nicht nur, wie sie ihre Ehefrau im Bett befriedigen konnten, sondern teilte ihnen auch in klaren
Worten mit, daß jede Frau das Recht auf einen Orgasmus hat: «Die
moderne Forschung hat eindeutig ergeben, daß alle verheirateten
Frauen orgasmusfähig sind. Keine christliche Frau sollte sich mit weniger zufriedengeben.» Man merkte dem Buch oft an, daß eine Frau die
Feder führte: «Bedauerlicherweise scheinen manche Ehemänner aus
dem finstersten Mittelalter zu stammen, wie etwa der, der seiner frustrierten Ehefrau sagte: ‹Ein braves Mädchen braucht keinen Höhepunkt.› Heutige Ehefrauen wissen es besser.» Der Leitfaden riet den
Frauen, ihr fügsames Verhalten an der Schlafzimmertür abzulegen:
«Viele Frauen sind bei der körperlichen Liebe viel zu passiv... Die
körperliche Liebe ist ein Kontaktsport, zu dem es zweier aktiver Menschen bedarf.» Die LaHayes erklärten sogar den vaginalen Orgasmus
zu einem Mythos und priesen die klitorale Stimulation – «Der himm-
lische Vater hat [Ihre Klitoris] dort zu Ihrem Vergnügen plaziert» –
und verwiesen skeptische Leser auf eine Bibelstelle, die ihren Enthusiasmus rechtfertige (Das Hohelied Salomos 2, 6: «Seine Linke liegt
unter meinem Haupte, und seine Rechte herzt mich»). Und als sei dies
noch nicht genug, billigten die Autoren doch tatsächlich die Empfängnisverhütung, und zwar aus folgendem Grund: Um der Frau ein
Höchstmaß an Lust zu ermöglichen.

The Act of Marriage las sich, als stünde Beverly LaHaye kurz vor
dem Übertritt zum Feminismus, und zwar einem Übertritt, der einer
Germaine Greer würdig gewesen wäre. Und tatsächlich schien sie
auch auf anderen Gebieten elementare feministische Forderungen zu
unterstützen. Sie bezeichnete sich als Anhängerin der Gleichberechtigung, erklärte, sie «sei vollkommen für» Lohngleichheit, und sagte, sie

glaube fest «an das Recht jeder Frau, am Arbeitsplatz keinen sexuellen Belästigungen ausgesetzt zu sein». Und doch war sie nie bereit, den letzten Schritt zu tun, der möglicherweise den Bruch mit der Kirche, ihrem Gatten und ihrem sozialen Umfeld bedeutet hätte. Statt dessen kam es in den Jahren nach der Buchveröffentlichung immer mehr dahin, daß sie einen Gegenangriff gegen die Frauenbewegung leitete. Nachdem sie die Gleichberechtigung ins evangelische Schlafzimmer eingeführt hatte, bekämpfte sie sie jetzt an allen anderen Fronten. Nachdem sie durch ihre Aufforderung, «voll Selbstvertrauen vorwärtszuschreiten», viele Anhängerinnen gewonnen hatte, mobilisierte sie ihre weibliche Armee jetzt für eine Kampagne, die die Frauen zurück an den Herd trieb.

LaHaye versuchte, die Frauen für ihre neue Sache zu begeistern, indem sie sowohl mit traditionalistischen Ängsten wie auch mit feministischen Zielen spielte. Sie wies immer wieder darauf hin, daß der veränderte Status der Frau ihre traditionellen Ehen gefährden könne, und daß die Frauen am Ende «schutzlos» zurückbleiben würden. Gleichzeitig verschaffte sie Hunderttausenden christlichen Frauen ein willkommenes Betätigungsfeld für jenes selbstbewußte Handeln, dessen elementare Bedeutung für die Persönlichkeitsentwicklung sie erkannt und gefördert hatte. «Ich entdeckte eine Organisation, in der ich denken, meinen Verstand benutzen konnte», sagte Cheryl Hook, eine Hausfrau aus Chicago, die sich dreißig Stunden wöchentlich für den CWA einsetzte. Ihre Tätigkeit für die Concerned Women for America ermöglichte es den Frauen, energisch ihre Stimme zu erheben – ohne daß daheim oder in der Kirche die Alarmglocken schrillten. Schließlich traten sie ja nur für das Recht der Frau ein, ruhig zu Hause zu bleiben.

Nach der Gründung von Concerned Women for America im Jahr 1979 errichtete LaHaye ein nationales Netzwerk, das kurzfristig Hunderttausende von Frauen mobilisieren konnte. Die Organisation, von der sie behauptete, es sei die größte Frauengruppe der Nation (Schätzungen gehen von 150000 bis zu einer halben Million Mitglieder), wurde von ihr in zweitausend «Gebets-/Aktions-Ortsgruppen» gegliedert – mit dem Akzent auf Aktion. Aber auch aus den Gebeten sprach eine bemerkenswert weltliche Gesinnung. «Vater, wir bitten dich, daß das vom Gesetzgeber vorgesehene Geld nicht für die Schwangerschaft von Teenagern verwendet wird», begann eines davon 1986 bei einem

Gebetsfrühstück in einem Hotel in Maryland. «Wir bitten dich, die Pläne unserer Feinde zu durchkreuzen, besonders die unseres Feindes Familienplanung.» LaHaye benutzte ihr Netzwerk, um den Kongreß säckeweise mit Briefen zu überschwemmen und um Hunderte von Frauen in ganz Amerika zu «lokalen» Antiabtreibungsdemonstrationen in einzelne Bundesstaaten zu beordern. 1986 fiel ihr reaktionsschnelles Team in Vermont ein und trug, mit Hilfe einer Kriegskasse von 350 000 $, mit dazu bei, in diesem Bundesstaat den Gleichberechtigungs-Zusatzartikel niederzuschlagen.

In der Presse wurden die Concerned Women for America oft als der Damenclub von Moral Majority bezeichnet, eine Art Daughters of the New Right Revolution. Diese Charakterisierung war gar nicht so falsch. Die Neue Rechte und die Reagan-Administration behandelten die CWA-Frauen durchaus wie Hilfstruppen und benutzten sie taktisch als spendensammelnde und briefeschreibende Infanterie. Die Führer der Neuen Rechten unterstützten die Concerned Women ursprünglich in der Hoffnung, daß die Organisation Verstärkung heranziehen würde. Tim LaHaye offerierte seine Frau als zuverlässige Galionsfigur; die Moral-Majority-Oberen besetzten den CWA-Vorstand mit ihren Ehefrauen, die, so glaubten sie, ihre Instruktionen befolgen würden.

Im Lauf der Zeit jedoch entwickelten sich die Concerned Women for America von einer ehelichen Dienstleistungsgesellschaft in ein Ein-Frauen-Lehen. Beverly LaHayes unumstrittene Autorität erweckte den Neid von Männern wie Paul Weyrich. «Ihr wird die Art von Loyalität entgegengebracht», sagte er, «daß sie die Frauen buchstäblich auffordern kann: ‹Tut das nicht!›, und dann lassen sie's bleiben.» Sehr zu ihrem Verdruß konnten die männlichen Führer der Neuen Rechten nicht denselben Gehorsam von LaHaye einfordern. Sie weigerte sich, Präsidentschaftskandidaten zu unterstützen, für die sie sich entschieden hatten. Als Falwell, Ed McAteer vom Religious Roundtable und die anderen Spitzenmänner der Neuen Rechten Bush befürworteten, durchbrach LaHaye die Einheitsfront und unterstützte Jack Kemp. Als sie sich später über ihn ärgerte, zog sie ihre Unterstützung kurzerhand zurück. Sein Vergehen: Er verschickte über ihre Signatur einen Brief an die CWA-Mitglieder, in dem er als «der einzig wahre Konservative» bezeichnet wurde, ohne vorher ihre Erlaubnis einzuholen.

1983 verlegte LaHaye ihr Büro von San Diego nach Washington, D. C., wo sie ein sechsundzwanzig Personen umfassendes Capitol-Hill-Team aufbaute, eine aus fünf Anwälten und Anwältinnen bestehende Rechtsabteilung für Prozesse gründete und über einen Jahresetat von 6 Millionen Dollar verfügte. Sie begann herumzujetten, erst durch Amerika, dann durch die ganze Welt. Einmal flog sie in einem Jahr neunmal nach Costa Rica. War sie mit dem Wagen unterwegs, erteilte sie Befehle über ihr neues Autotelefon. Und sie machte allen klar, daß es keine Nachfolgerinnen geben werde; 1987 war sie Vorsitzende auf Lebenszeit geworden.

«Ich denke, die Frauenbewegung hat den Frauen wirklich damit geschadet, daß sie ihnen beibrachte, mehr Wert auf die Karriere als auf die Familie zu legen», sagt Beverly LaHaye. Sie gewährt ein Interview in ihrem Büro in Washington, D. C. Es sei heute schon ihr sechstes, berichtet sie.

Wie nicht anders zu erwarten, sind die Geschäftskarten auf dem Schreibtisch dieser Verfechterin der Weiblichkeit rosarot. Rosa sind auch ihre Nägel sowie die Konferenzsessel und die Volantvorhänge. Aber LaHaye trägt einen Maßanzug. An der Wand hinter ihr hängt ein gerahmtes Foto von Ronald Reagan und ihr selbst, wie sie sich gerade die Hand schütteln. Auch einige andere Einrichtungsgegenstände haben mit dem Präsidenten zu tun: ein Tisch wie der im Oval Office und seitlich davon eine große amerikanische Flagge. An der gegenüberliegenden Wand hängt in einem merkwürdigen Winkel ein riesiger Spiegel – aber nicht, damit LaHaye sich darin die Lippen rosa nachziehen kann. «Mrs. LaHaye hat den Spiegel deshalb so aufgehängt», erklärt Rebecca Hagelin, die Sprecherin der Concerned Women for America, «daß sie von ihrem Schreibtisch aus den Capitol Hill sieht.»

«Der Feminismus hat die Mutterschaft regelrecht verunglimpft», behauptet LaHaye, die hinter ihrem Schreibtisch sitzt. «Für eine Frau muß die Familie an erster Stelle kommen; alles andere ist gegen die Natur.» In diesem Moment kommt LaHayes persönliche Assistentin mit einem Filofax herein. Die Assistentin entschuldigt sich und geht dann LaHayes Reise-Terminkalender durch: «An diesem Wochenende sind Sie bis Sonntag nicht in der Stadt», sagt sie. «Am 5. ist Ihre

Rede zum National Day of Prayer, am 6. dann St. Louis, vom 7. bis 8.
Florida, vom 9. bis 17. Costa Rica, am 18. dieser Vortrag in New Jersey,
am 19. wieder Washington, am 27. und 28. Massachusetts...»

LaHaye ist einverstanden, die Assistentin verläßt den Raum, und die
Vorsitzende der Concerned Women for America kehrt zur Verteidigung
der traditionellen Mutterrolle zurück. «Eine Frau muß der Familie absoluten Vorrang einräumen. Wenn das heißt, daß sie ihre Karriere aufgeben muß, soll sie es tun. So ist es von der Natur vorgesehen. Das ist bei
uns Frauen so eingerichtet.» Und was ist damit, daß sie selbst beruflich
oft lange von zu Hause abwesend ist? «Meine Kinder sind ja schon groß.
Als sie noch klein waren, war das etwas anderes», sagt sie und vergißt
bequemerweise ihre Frühschichten bei Merrill Lynch.

«Bei diesen Karrierefrauen läuft die biologische Uhr ab», sagt sie und
untermauert ihre antifeministische Lehre eher mit Beweisen aus den
Massenmedien als aus der Bibel. Ende der 8oer Jahre hatte sich der
Gegenschlag so ausgebreitet, daß LaHaye ebenso viele brauchbare Me-
dienschlagworte wie Bibelzitate zur Verfügung standen. (Ihr letztes
antifeministisches Buch, *The Restless Woman*, berief sich auf die bekannten Trends des «Postfeminismus» und der «Sehnsucht nach einem
Baby» und bezog sich in den Fußnoten nicht auf die Traktate der Heritage Foundation, sondern auf die *New York Times* und *Glamour*.) Die
Karrierefrauen, fährt sie im selben Stil fort, «haben eines Tages von
ihrem Schreibtisch aufgeblickt und gemerkt, daß sie nicht alles haben
können... Daher rührt der Trend, daß immer mehr Frauen ihren Beruf aufgeben.» Auf die Frage nach Beweisen für diesen «Trend» meint
sie: «Die Statistiken liegen mir jetzt nicht vor, aber ich habe es in
der Zeitung gelesen... Und gehen Sie doch mal ins Kino! Alle Filme
handeln jetzt vom Kinderkriegen. Zum Beispiel *Drei Männer und ein
Baby*.»

LaHaye entschuldigt sich: Sie müsse zu einem «Führungsmeeting».
Zuvor genehmigt sie noch Gespräche mit einigen ihrer Mitarbeiterinnen; ohne Erlaubnis von oben darf niemand etwas sagen. Elizabeth
Kepler, Leiterin der Abteilung für Gesetzesfragen, ist eine der Frauen,
mit denen man sprechen darf. Sie ist gerade vom «Hill» hereingeschneit,
wo sie sich die ganze Woche gegen die staatliche Förderung von Kinderhorten eingesetzt hat.

«Es ist toll, es ist einfach toll!» sagt Kepler und läßt sich in einen Sessel fallen. Sie rückt verstohlen ihre verrutschten Schulterpolster zurecht, während sie spricht. «Mich hat Washington so fasziniert, weil es aufregend ist. Macht, verstehen Sie? Wie jemand Macht erlangt, und wie er diese Macht nutzt.»

Wie kam sie zu den Concerned Women for America? «Offengestanden hat mich der allgemeine Ablauf der Washingtoner Politik mehr interessiert als speziell diese Organisation.» Sie beeilt sich hinzuzufügen, daß sie mit dem Ziel der Organisation, wieder zur traditionellen Frauenrolle zurückzukehren, «total einverstanden» sei. Aber würde sie persönlich zu der Rolle zurückkehren, auf die die Frauengeneration ihrer Mutter beschränkt war? Sie schüttelt den Kopf. «Das wäre ja frustrierend. Ich bin froh, daß ich in der heutigen Zeit lebe.»

Kepler ist eine siebenundzwanzigjährige Single-Frau und sagt, sie sei «sehr zufrieden» und habe es mit dem Heiraten «nicht eilig». Im Gegensatz zu ihren liberaleren Pendants in normalen Berufskarrieren findet sie das Gerede vom Männermangel und der biologischen Uhr «reichlich albern». Wenn sie einmal Kinder hätte, wäre sie sich nicht sicher, ob sie ihren Job aufgeben würde. Obwohl sie diese Woche gegen die staatliche Förderung von Kindertagesstätten eintritt, sagt sie, sie würde ihr eigenes Kind unter Umständen auch in einen Kinderhort geben, ziehe jedoch «familiär geleitete» Tagesstätten vor. Ihre Erklärung klingt feministisch. «Ich denke, die Regierung sollte uns nicht vorschreiben, in welche Art von Horten unsere Kinder gehen sollen. Ich denke, das sollten die Frauen selbst entscheiden.»

Am Ende des Flurs überprüft Susan Larson, die Verwaltungschefin, Dienstberichte. Seit kurzem verheiratet, tritt sie für eine Rückkehr zur traditionellen Ehe ein. Den CWA-Posten anzunehmen bedeutete aber, daß ihre Karriere vor der ihres Ehemanns Vorrang hatte. Er folgte ihr nach Washington – ohne eine Stelle in Sicht zu haben. Und zu Hause, fügt sie hinzu, «nehme ich den Ölwechsel vor, und er macht die Wäsche». In einem anderen Raum telefoniert die Leiterin der Abteilung für Öffentlichkeitsarbeit, Rebecca Hagelin, gerade mit ihrem Mann. «Also, der Teppich muß gesaugt werden», ordnet sie an. «Und wenn du das Wohnzimmer ein bißchen aufräumen könntest.» Es ist nach sechs Uhr abends, und Hagelin ist immer noch im Büro. Ihr Mann ist daheim und kocht, paßt auf das Baby auf und bereitet alles für die Gäste vor, die am Abend kommen sollen. Die Vorlage für ihr häusliches Arrange-

ment hätten die Hagelins in einem Anfang der 70er Jahre erschienenen
Handbuch für emanzipierte Paare finden können: Sie teilten sich
Haushalt und Kindererziehung. «Sehen Sie, ich wollte wirklich gern
ein Kind haben, aber ich wollte auch gern berufstätig bleiben», sagt
Hagelin. «Ich liebe meine Arbeit.» Das Fifty-fifty-Arrangement sagt
ihr zu. «So ist es in den 80er Jahren – kein Entweder-Oder. Es ist
wirklich möglich, alles zu haben.»

Bei den Frauen der Neuen Rechten war es in mancher Hinsicht umgekehrt wie bei ihren progressiveren «Yuppie»-Schwestern, die sich in
den Schlingen des Gegenschlags verfingen. Während die normalen berufstätigen Frauen häufiger feministische Prinzipien vertraten, innerlich jedoch mit den vom Gegenschlag bewirkten Selbstzweifeln und
Vorwürfen zu kämpfen hatten, vertraten die Frauen der Neuen Rechten eine antifeministische Haltung – verinnerlichten aber gleichzeitig
die Botschaft der Frauenbewegung und integrierten deren Ziele wie
Selbstbestimmung, Gleichberechtigung und Entscheidungsfreiheit
klammheimlich in ihr eigenes Privatleben.

Wenn die rechten Aktivistinnen bei den Concerned Women for
America weniger Angst vor dem «Preis» ihrer Emanzipation zu haben
schienen als die durchschnittliche liberale Karrierefrau, dann vielleicht
deshalb, weil die Frauen der Neuen Rechten ironischerweise in ihrer
Umgebung auf weniger Widerstand stießen. Solange sie die Stimme
nur erhoben, um die Linie der Moral Majority nachzuplappern, solange sie die Hausarbeit nur aufteilten, um mehr Zeit für den Kampf
gegen Gleichberechtigungsgesetze zu haben, begrüßten und ermutigten die Führer der Neuen Rechten (und die ebenfalls der Neuen Rechten angehörenden Ehemänner) ihre scheinbare «Unabhängigkeit». Die
Frauen befolgten stets die von ihren Männern aufgestellten Spielre-
geln und kamen dafür in den Genuß der Wertschätzung und der Wohl-
taten ihrer Subkultur. Im Gegensatz dazu erhielten die übrigen berufstätigen und alleinstehenden Frauen, die *wirklich* unabhängig waren,
keine solche lautstarke Unterstützung; sie wurden tagtäglich von einer
Massenkultur zermürbt, die ihren Lebensstil parodierte, ihre Entscheidungen mit Mitleid und Spott überhäufte und ihre feministischen «Irr-
tümer» rügte.

Die Aktivistinnen der Concerned Women for America konnten im Anzug ins Büro gehen und gleichzeitig in Pressemitteilungen die Rückkehr der Frau an den Herd fordern, ohne sich jemals des Widerspruchs bewußt zu werden. Indem sie ihre persönliche Emanzipation von ihrer öffentlichen Haltung zur Geschlechterpolitik trennten, konnten sie privat vom Feminismus profitieren, während sie öffentlich seinen Einfluß beklagten. Sie konnten tatsächlich «alles haben» – indem sie sich dafür einsetzten, daß allen anderen Frauen die gleichen Chancen vorenthalten blieben.

9 Ms. Smith verläßt Washington: Der Gegenschlag in der Innenpolitik

Nachdem sie sich mit ihrer Intelligenz und ihrer großen Anzahl dafür eingesetzt hatten, ihrem Kandidaten ins Amt zu verhelfen, rechneten sich die Frauen der Neuen Rechten nach 1980 neue Chancen im Weißen Haus aus. Statt dessen begannen mit Reagans Wahl die Frauen aus der Regierung zu verschwinden.

Die Berufungen von Frauen ins Richteramt fielen von 15% unter Carter auf 8%. Auch die Zahl der Frauen, deren Berufung durch den Senat bestätigt werden mußte, sank, und dadurch wurde Reagan zum ersten Präsidenten seit über zehn Jahren, der die Zahl seines Vorgängers nicht erhöhte. Die Anzahl der Frauen im Weißen Haus sank von 123 im Januar 1980 auf 62 im Jahr 1981. Und sogar 62 war noch geschönt; die Reagan-Administration bauschte die Zahl auf, indem sie plötzlich bei unwichtigeren Regierungsjobs – wie etwa drittrangigen Ministerialdirektorenposten – von einer «Berufung in ein politisches Amt» sprach.

Kaum stand Reagan am Beginn seiner zweiten Amtszeit nicht mehr unter dem Druck der Wiederwahl und brauchte nicht einmal mehr so zu tun, als setze er sich für Chancengleichheit ein, hatte es umgehend sowohl mit der Coalition in Women's Appointments als auch mit den Working Group on Women ein Ende. Die Zahl der ernannten Frauen sank jetzt sogar noch rapider, und zum ersten Mal seit 1977 hatte keine einzige Frau einen so hohen Posten, daß sie an den täglichen Lagebesprechungen oder dem täglichen Präsidentenrapport teilnehmen konnte. Im Justizministerium hatte Ed Meese 1986, zwei Jahre nach seinem Amtsantritt, immer noch keine Frau in eine politisch einflußreiche Stellung berufen – trotz bundesweit geltender Vorschriften, die das Ministerium dazu verpflichteten. Das Federal Women's Program, 1967 für die Berufung von Frauen in Regierungsämter gebildet, wurde im wesentlichen aufgelöst: Den dafür zuständigen Koordinatorinnen in den verschiedenen Behörden teilte man entweder andere Ämter zu, strich ihren Etat zusammen oder entließ sie in aller Stille. «Jedes Jahr wurde unser Etat gekürzt, auch dieses Jahr wieder», erklärte Betty Fleming, die 1991 den zweithöchsten Posten im Hauptbüro des Federal Women's Program innehatte. Aber sie wolle sich nicht beklagen; sie bräuchten die Gelder gar nicht, weil «wir uns einfach treffen und miteinander reden werden». Im Rahmen von Reagans Paperwork Reduction Act hörte man dann auch damit auf, Einstellungsstatistiken über Frauen zu sammeln. Jetzt konnte die Bundesregierung die Suche nach Frauen beenden – ohne daß es jemand merkte.

Die wenigen Frauen, die es doch noch schafften, sich an den Für-Frauen-verboten-Schildern des Weißen Hauses vorbeizumogeln, fühlten sich nicht besonders wohl. Die UNO-Botschafterin Jeane Kirkpatrick hatte eines Tages, als sie inmitten lauter männlicher Weißer an einer Lagebesprechung teilnahm, eine Offenbarung. Aus den Augenwinkeln sah sie ein Nagetier durchs Zimmer huschen. «Da dachte ich», sagte sie später gegenüber dem *Wall Street Journal*, «daß die Maus hier auch keinen ungewöhnlicheren Anblick bot als ich.» Sie verließ die Regierung mit folgendem Fazit: «Der Sexismus lebt.»

Faith Whittlesey erhielt den «höchsten» weiblichen Posten im Mitarbeiterstab Reagans: als seine Assistentin für Öffentlichkeitsarbeit, die Lippenbekenntnisse für die Angelegenheiten von Frauen und Kindern ablegte. Die Reagan-Administration, so versicherte sie, werde den Frauen dadurch beistehen, daß sie den *Männern* zu einem höheren «Familien»einkommen verhelfe, damit «all diese Frauen zu Hause bleiben und sich um ihre Kinder kümmern können». 1984 versicherte Whittlesey in ihrer Rede zum Status der Frau, die Frauenrechte seien in Washington in guten Händen: «Ich weiß, daß der Präsident sich energisch dafür einsetzt, den Frauen größtmögliche Entscheidungsfreiheit zu gewähren.» Während ihrer Tätigkeit im Weißen Haus kamen Whittlesey jedoch bald Zweifel an Reagans energischem Einsatz – Zweifel, die sich wahrscheinlich vertieften, als Don Regan Personalleiter wurde und sie zurückstufte. Genau wie Kirkpatrick stieg sie schließlich aus. Als sie am letzten Tag mit ihren Packkisten auf den

Parkplatz zusteuerte, «sah ich in all diesen Autos nur Hunderte von
Männern kommen und wegfahren», erinnert sie sich. «Da dachte ich:
Vielleicht haben sie recht. Frauen sind im Weißen Haus nicht er-
wünscht.»

Die Frauen der Neuen Rechten, die es doch zu einer «Ernennung»
brachten, landeten meist auf Posten mit aufgeblähten Titeln und keinerlei Einfluß oder wurden mit den härtesten antifeministischen Maßnahmen betraut. Frauen wie Beverly LaHaye landeten in der ersten
Gruppe, abgeschoben in so einflußlose Kommissionen wie das Family
Advisory Board. Auf der anderen Seite wurde eine Reihe von Frauen
ins Office of Population Affairs berufen, um die Dreckarbeit der Administration zu verrichten: Maßnahmen gegen emanzipierte Mädchen
und Frauen. Zuerst wurde die engagierte Abtreibungsgegnerin Mar-
jory Mecklenburg damit beauftragt, für den «Petz-Erlaß» zu werben,
einen taktischen Vorschlag Reagans, dem zufolge Kliniken die Eltern
junger Mädchen informieren sollten, wenn diese ohne elterliche Erlaubnis um Empfängnisverhütungsmittel baten. Jo Ann Gasper,
Conservative-Digest-Kolumnistin und Herausgeberin von *The Right
Woman*, erbte Mecklenburgs Job. (Mecklenburg wurde ironischerweise entlassen, nachdem es Gerüchte über eine außereheliche Affäre
mit einem ihrer Mitarbeiter gegeben hatte.) Gasper fiel die undankbare
Aufgabe zu, Programme zum Schutz vor familiärer Gewalt einzustellen. Sie wiederum wurde von Nabers Cabaniss abgelöst – berühmt dafür, daß sie mit neunundzwanzig noch Jungfrau war –, die Reagans
Plan den Weg ebnen sollte, jeder Klinik, in der das Wort Abtreibung
auch nur erwähnt wurde, alle staatlichen Subventionen zu entzie-
hen.

Weg mit den Feministinnen...

War das Washingtoner Reagan-Klima schon für die Frauen der Neuen
Rechten frostig, so war es für die Feministinnen tödlich: Sie wurden
das Ziel einer von der Neuen Rechten initiierten Säuberungsaktion.
Als das 1981 erschienene *Mandate for Leadership* der Heritage Foundation jene staatlichen Programme auflistete, die gekürzt oder eliminiert werden sollten, stand an erster Stelle ein von Feministinnen «do-

miniertes» Amt. Unter den Dutzenden von Regierungsprogrammen, die die Heritage Foundation im Visier hatte, wurde speziell das Programm des Women's Educational Equity Act Ziel einer beispiellos fiesen, persönlichen und anhaltenden Attacke. Das *Mandate for Leadership* forderte die Zerschlagung des WEEA aus einem einzigen Grund: Weil das WEEA eine «wichtige Hilfsquelle feministischer Strategien und Politik» darstelle. Es sei einer der «wesentlichsten Punkte für das feministische Netz» und vertrete eine «extrem feministische Haltung».

Die Leiterin des WEEA, Leslie Wolfe, die zehn Jahre im öffentlichen Dienst gearbeitet hatte, Regierungsprogrammen zur Förderung der Ausbildungschancen von Frauen den Weg geebnet hatte und zu den wenigen Frauen mit G. S. 15-Status gehörte, erboste die Neue Rechte wie keine andere politische Figur. «Ich war eine ‹bekannte Feministin›», sagte Wolfe später. «Und da das WEEA als ‹feministische Gruppierung› galt, wurde es von der Neuen Rechten völlig anders behandelt als andere mißliebige Regierungsprogramme.» Sie war eine der wenigen Leiterinnen eines staatlichen Programms, auf die sich die Neue Rechte namentlich einschoß. In einer Flut von internen Notizen, Zeitschriftenartikeln und Rundfunkvorträgen bezeichneten die Führer der Neuen Rechten Wolfe als «radikale Feministin», verbreiteten Verleumdungen über ihr berufliches Auftreten und verlangten ihre «rasche Entthronung».

Was soviel Wut auslöste, war ein winziges Amt im Education Department mit magerem Budget – das einzige staatliche Programm zur Förderung gleicher Ausbildungschancen für Mädchen. Das WEEA gewährte Projekten, die eine nichtsexistische Ausbildung unterstützten und gegen die schulische Benachteiligung von Mädchen kämpfte, kleine Beihilfen. Es war von der Association of American Colleges als «eines der Regierungsprogramme mit dem günstigsten Kosten-Nutzen-Verhältnis» gelobt worden. Die Frau, die das WEEA ursprünglich angeregt hatte, war nicht einmal eine jener «radikalen Feministinnen» der National Organization for Women, NOW; Arlene Horwitz war Schreibkraft in einem Kongreßbüro, eine berufstätige Frau, die aus persönlicher Erfahrung – nämlich dem Versuch, von ihrem knappen Gehalt zu leben – wußte, daß eine Benachteiligung während der Schulzeit langfristige ökonomische Konsequenzen haben konnte. Auch die vom WEEA geförderten Projekte konnte man kaum als radikal

bezeichnen: ein Handbuch für behinderte junge Mädchen; ein Programm zur Durchsetzung gesetzlich garantierter gleicher Ausbildungschancen an ländlichen Schulen; ein Mathematik-Nachhilfe-
dienst für ältere Frauen aus Minderheitengruppen, die den zweiten
Bildungsweg beschritten.

Nichtsdestotrotz betrachteten die Männer der Heritage Foundation
das WEEA als «das feministische Netz, das am staatlichen Tropf
hängt». Charles Heatherly (Mitglied der Heritage Foundation und
Herausgeber des *Mandate for Leadership*), der diese Behauptung im
August 1983 bei verschiedenen Hearings vor dem House Education
and Labor Committee aufstellte und Wolfe heftig attackierte, räumte
später ein, er habe nie «mit ihr persönlich zu tun gehabt». Trotzdem
stand sein Urteil über die WEEA-Leiterin fest. «Sie galt allgemein als
radikale Feministin», erklärte er. Und seine Kampagne gegen Wolfe
und das WEEA wurde durch Reagans Wahl nur noch verschärft: Der
neue Präsident ernannte Heatherly zum Deputy Undersecretary of
Management im Education Department und übertrug ihm die Leitung
des Programms.

Heatherly ließ seine Mitarbeiter von der Neuen Rechten – manche
gehörten zu seinem Stab, andere, wie der Conservative-Caucus-Grün-
der Howard Phillips, wurden als Berater hinzugezogen – den Etat des
Programms überprüfen. Ihr Auftrag: das WEEA auszulöschen. Im
Weißen Haus hatte man dafür ein offenes Ohr. Schon bald nach seinem Amtsantritt schlug Reagan eine sofortige Kürzung des bereits genehmigten Etats um 25% vor und eine völlige Streichung der Zuschüsse im folgenden Jahr. Im Kongreß schlugen die Verfechter des
WEEA zurück. Unter Führung der GOP-Beauftragten Margaret Heckler gelang es, einen Aufschub zu erwirken, wenn auch nicht ohne eine
40%ige Kürzung des Etats.

Doch die Führer der Neuen Rechten waren nicht bereit, nach dieser
ersten Runde aufzugeben. Im Winter 1981 und im Frühjahr 1982 führten sie gegen Wolfe eine monatelange Medien- und Briefkampagne.
Human Events: National Conservative Weekly behauptete, es habe
anstößige WEEA-Beihilfen wie eine Summe für den Council on Inter-
racial Books for Children «aufgedeckt». *Conservative Digest*, das Publikationsorgan des Conservative Caucus, griff Wolfe persönlich in
einem anonymen Artikel an, der angeblich von einem «besorgten Mit-

arbeiter des Education Department» stammte. Der Briefschreiber warf ihr vor, «das Beihilfe-Bewilligungsverfahren zu verzerren», «nahezu totale Kontrolle» auszuüben und das WEEA als Schmiergelderfonds für die National Organization of Women und als «Geldmaschine für ein Netz offen radikaler Gruppen zu mißbrauchen». Leslie Wolfe sei eine «Alleinherrscherin», die «gebieterisch über ihr Lehen wacht». Auch in einer Talkshow wurde sie von Howard Phillips beschuldigt, Frauenorganisationen heimlich Geld zuzuschanzen. Außerdem beschwerte er sich über Widersetzlichkeit; Wolfe, sagte er empört, habe vom Bildungsminister einmal als von «Seiner Doofwohlgeboren» gesprochen.

Nur eine Woche nach der massiven Attacke des *Conservative Digest* wurde Wolfe degradiert – per Memo. In diesem Memo stand, daß künftig ein von Heatherly ernannter Mitarbeiter das WEEA leiten werde und Wolfe nur noch «eine beratende Funktion» innehaben werde. Wolfe protestierte gegen diese Entscheidung schriftlich. Sie erhielt keine Antwort. Drei Wochen später wurde sie ins Büro der stellvertretenden Ministerialdirektorin Jean Benish gerufen – wieder hatte man es einer Frau überlassen, einer Feministin die schlechte Nachricht zu überbringen. «Sie sind ab Montag morgen zeitweilig einer Projektgruppe über Betrug, Verschwendung und Mißbrauch zugeteilt», bekam Wolfe zu hören. Wolfe: «Ich habe gesagt: ‹Ich bin nicht die Richtige für diesen Job. Ich bin für Bildung zuständig, nicht für Betrug.›» Die Ministerialdirektorin erwiderte, sie habe keine Wahl; es handle sich um einen Notstand, das Ministerium brauche eine «hochrangige» Leiterin mit «hervorragenden Führungsqualitäten», um dieses wichtige Projekt zu leiten. Wolfe solle noch am selben Tag abends ihre Schlüssel auf dem Schreibtisch liegenlassen.

Als Wolfe jedoch an ihrem neuen Arbeitsplatz eintraf, fand sie keinerlei Notstand oder Bedarf nach einer hochrangigen Führungskraft vor. Ihr neuer Chef jedoch betonte, daß sie noch Glück habe, hier gelandet zu sein; Heatherlys Männer hätten mit dem Gedanken gespielt, sie zum «Secretarial Certification Program» zu versetzen. Wieder protestierten die Befürworter des WEEA im Kongreß gegen dieses harte Vorgehen, und drei Monate später sagte man Wolfe, sie könne ihren alten Job wiederhaben. Als sie jedoch zurückkam, lief sie in den Fluren nur Fremden über den Weg.

Jedes Jahr müssen 150 unabhängige Sachbearbeiterinnen die Verteilung der Beihilfen überprüfen – und gemäß WEEA müssen die Prüfer
Chancengleichheitsgesetze einsehen und befürworten sowie eine gewisse Sachkenntnis im bildungspolitischen Bereich besitzen.
Heatherly hatte – gleich am Tag nach Wolfes Versetzung – alle von ihr
bestimmten Prüferinnen gefeuert und durch seine eigenen ersetzt:
Eine Gruppe von Frauen aus Phyllis Schlaflys Eagle Forum. «Es
herrschte allgemein der Eindruck, daß es da zuviel Inzucht gegeben
hat», begründete Heatherly später die Massenentlassung. «Es mußten
neue Gesichter her.» Diese Prüferinnen waren nicht aufgrund ihrer
Begeisterung für die WEEA-Ziele ausgewählt worden. Wie eine von
ihnen damals in einem Interview mit der Lokalzeitung ihres Wohnorts, der *Tulsa World*, erklärte, begab sie sich nach Washington, um bei
der Zügelung «einer feministischen Behörde» mitzuhelfen, die Reagan
gern abschaffen wollte.

Was die neuen Prüferinnen betraf, so fand der Kampf um gleiche
Ausbildungschancen weder ihr Verständnis noch ihre Unterstützung.
Eine Prüferin, zuständig für die Überprüfung von Beihilfen, die den
Title IX unterstützen sollten, erkundigte sich kläglich bei der Vorsitzenden der Kommission: «Was *ist* denn überhaupt der Title IX?» Eine
andere Frau, die Beihilfen für behinderte Frauen überprüfen sollte,
wollte wissen, ob es als «Behinderung» gelte, wenn eine Frau Indiane-
rin sei. Die Prüferinnen, die über Chancengleichheitsprojekte für
Minderheitenfrauen befinden sollten, waren eine Leihgabe der für
Frauendiskriminierung berüchtigten Bob Jones University. Sie lehnten wiederholt Beihilfeanträge ab, und zwar mit dem Hinweis, es habe
nie so etwas wie Diskriminierung gegeben. «Ich sehe keinen Bedarf für
das Projekt», schrieb eine Prüferin in ihrer Bewertung. «Die meisten
Mädchen und Jungen entscheiden sich für bestimmte Bereiche», erklärte sie, «weil sie so von ihren Eltern erzogen werden, und meist sind
bestimmte Wünsche auch angeboren... [Ich] bin einfach mit dem ganzen Ansatz nicht einverstanden.» Eine andere schrieb über eine bestimmte Beihilfe: «Der Anspruch des Programms beunruhigt mich.»
Warum? Er «ermutigt Frauen dazu, nicht in den Niedriglohnjobs zu
bleiben, sondern einfach nach Belieben aufzusteigen». Schließlich
schaltete sich das General Accounting Office ein und fand heraus, daß
20% der Prüferinnen überhaupt nicht und die meisten nur in gerin-

gem Umfang für ihren WEEA-Job qualifiziert waren und daß die Zahl
der Prüferinnen, die sich mit Beihilfen für Minderheitengruppen befaßten, so das GAO, um 75% gekürzt worden war. Diese Befunde hinderten die Administration jedoch nicht daran, ihre Kampagne gegen
das WEEA fortzusetzen.

Ein Jahr später wurde Wolfe ein letztes Mal ins Büro ihres Vorgesetzten beordert. Ihren Posten gebe es nicht mehr, sagte man ihr, und
sie würde entlassen werden, wenn sie nicht eine neue Stelle akzeptiere:
Secretary im Office of Compensatory Education. Wolfe verzichtete.
Die fünf übrigen WEEA-Mitarbeiterinnen wurden entlassen oder versetzt – während die restlichen fünf Männer ihre Stelle behielten. Nachdem Wolfe weg war, stufte das Education Department das Amt sofort
auf die unterste Ebene der Bürokratie zurück – und Wolfes ehemaligen
Posten zum Posten einer «Abteilungsleiterin» – eine niedrige Klassifikation. Der Posten ging an eine ambitionierte Staatsbeamtin, die ihrerseits zwei Dienstgrade zurückgestuft wurde. So hatte die «Entthronung», wenn auch nicht ganz so rasch, doch noch stattgefunden.

... und her mit den Vätern

Das Department of Education, das in der Kampagne gegen die Feministinnen eine Hauptrolle gespielt hatte, richtete jetzt alle Anstrengungen darauf, die Väter zu krönen. Wenn die «Für-die-Familie»-Bewe-
gung «für» irgend etwas war, dann für die Machtstellung des Vaters.

Das Weiße Haus integrierte das «Amt für Familienpolitik» ins Bil-
dungsministerium, eine durchaus logische Entscheidung für eine
Administration, die «Familienpolitik» als eine Reihe didaktischer Lektionen betrachtete und nicht als Programm, das der Familie ökonomische, medizinische oder juristische Hilfe gewährt. Wie Gary Bauer, der
zum Beherrscher der Familienpolitik des Ministeriums wurde, gegenüber führenden Bürgerrechtlern sagte: «Die in der Cosby-Show vermittelten Werte würden einkommensschwachen Familien und minderjährigen Kindern mehr helfen als eine Unzahl neuer staatlicher
Programme... Zahllose Forschungsergebnisse weisen darauf hin, daß
Werte viel wichtiger sind als, sagen wir mal, die Höhe der Sozialhilfe.»
Die Werte, an die er dachte, waren jedoch nicht einfach nur Liebe und

Verständnis innerhalb der Familie. Was Bauer an der Cosby-Show am meisten gefiel, war die Darstellung einer Familie, in der, wie Bauer später in einem Interview sagte, «die Kinder ihren Vater respektieren».

Bauer hatte selbst gewisse Autoritätsprobleme innerhalb der Regierungsfamilie, der er 1981 beitrat. Er trat als stellvertretender Staatssekretär für Erziehung in den Staatsdienst ein, mit der Vision, von seinem Schreibtisch aus eine «soziale Revolution» in Gang zu setzen. Doch wurde er von den Reagan-Beamten ignoriert, und selbst seine Mitarbeiter kümmerten sich nicht um das, was er sagte; Bauer verbrachte seine beiden ersten Jahre mit dem Versuch, die wenigen Gemäßigten zum Schweigen zu bringen, die im Education Department noch übriggeblieben waren und die darauf bestanden, ohne seine Erlaubnis mit Journalisten zu sprechen. Schließlich avancierte Bauer zum Leiter des Office of Policy Development, nur um zu entdecken, daß es dabei in erster Linie um Public Relation ging. Als ihm eine weitere Scheinernennung zuteil wurde, nämlich zum Vorsitzenden der Projektgruppe Familie, platzte Bauer der Kragen. Sein in gereiztem Ton verfaßter 52-Seiten-Bericht war, wie es Senator Daniel P. Moynihan damals formulierte, «eher ein Wutausbruch als ein politisches Statement».

Der Bericht «Die Familie: Bewahrerin der Zukunft Amerikas» beginnt passenderweise mit einem Zitat jenes spätviktorianischen Verfechters bedrohter Männlichkeit, Teddy Roosevelt: «Wenn die Mutter nicht ihre Pflicht erfüllt, wird es keine nächste Generation geben, oder aber eine nächste Generation, die schlimmer ist als gar keine.» Bauers Bericht fährt mit der Kritik an unabhängigen Frauen jeder Art fort, die ihre Pflicht vernachlässigen: Frauen, die zur Arbeit gehen, Frauen, die ihre Kinder in Horte geben, Frauen, die sich scheiden lassen, Frauen mit unehelichen Kindern. Bauers Weltbild zufolge verlassen Ehefrauen ständig ihre Männer und Kinder und werfen ihre Ehen weg wie «Papierhandtücher». Er begründet seine Behauptungen jedoch nicht mit Statistiken, sondern mit einem Zeitungscartoon, in dem eine Braut ihrem Bräutigam sagt: «Tut mir leid, Sam, ich habe gerade unter den Gratulanten meinen Traummann gefunden.» Selbst an ihrer Armut haben die Frauen selbst schuld; «mehr und mehr» finanzielle Probleme von Frauen «resultieren aus persönlichen Entschlüssen» wie etwa dem Einreichen der Scheidung oder dem Austragen eines unehelichen Kindes. Was das Schicksal der Kinder betrifft, die diesen zerrütteten Familien entstammen, interessieren Bauer nur die Söhne (eine Fixierung, die bei der Neuen Rechten für die Behandlung dieses Themas typisch ist). Er beklagt, daß die «Scheidung weit schädlichere Folgen für Jungen als für Mädchen» habe – als wäre eine Scheidung nicht so schlimm, wenn die *Mädchen* stärker darunter leiden.

Bauers «Empfehlungen» zum Schutz der Familie lesen sich eher wie eine Liste von Strafmaßnahmen für Mädchen und Mütter: Junge alleinstehende Frauen sollen nicht in staatlichen Unterkünften wohnen dürfen; die alten Scheidungsgesetze sollen reaktiviert werden, damit die Auflösung der Ehe für Frauen schwerer wird; jungen Frauen sollen keine Kontrazeptiva verschrieben werden. Andererseits schlägt er für Frauen, die seine Befehle befolgen, Preise vor. Mütter, die zu Hause bleiben, sollen Steuerbefreiungen bekommen; je mehr Babys, desto mehr gutgeschriebene Beträge.

«In diesem Land kommen auf eine Frau 1,8 Kinder», stellt Bauer an einem Frühlingsnachmittag im letzten Jahr von Reagans Amtszeit düster fest. Er sitzt in seiner engen Suite im Westflügel des Weißen Hauses; falls die Quadratmeterzahl ein Indikator für staatliche Prioritäten ist, rangiert der Schutz der Familie ganz unten auf der Liste.

«Das läßt sich nicht mehr ausgleichen», warnt Bauer vor dem bevorstehenden Geburtenrückgang. «Wenn wir so weitermachen, wird das ernste Konsequenzen für eine freie Gesellschaft haben.» Und wer hat schuld? «Die militanten Feministinnen, die vor zehn Jahren alles zu beherrschen schienen, *mußten* ja einen negativen Einfluß auf die Familie haben.» Und der Beweis? «Nehmen Sie zum Beispiel *Kramer gegen Kramer*. Da ist dieser bittere Brief, den die Mutter ihrem Sohn zurückläßt, in dem es heißt: ‹Das ist nicht alles, was es im Leben gibt. Mutti muß noch etwas anderes machen.› Ich denke, das war wirklich ein Symbol für die heutige Zeit. Eine Ausrede für Frauen, die sich aus der Verantwortung stehlen wollen.»

Und hat Bauer über das «verantwortungslose» Verhalten der Mrs. Kramer auf Zelluloid hinaus – die sich übrigens nie als Feministin bezeichnet hatte – noch andere Beweise dafür, daß der Feminismus der Familie Schaden zugefügt hat? «Man braucht nur in die Schulbücher reinzuschauen», meint er. «Vor zwanzig Jahren waren die Frauen in den Schulbüchern Hausfrauen. Und jetzt findet man keinerlei Hinweis mehr auf die erzieherische Aufgabe der Frau in der Familie. Jetzt kriegen unsere Töchter beigebracht, sie hätten kein erfülltes Leben, wenn sie nicht Stewardeß oder Reporterin oder so was werden.»

Bauer sagt, «die meisten Frauen» in Amerika seien inzwischen seiner Ansicht; sie hätten «entdeckt», daß sie nicht alles haben könnten. Es gebe Statistiken, daß sich Frauen, die sich früh für eine Karriere entschieden hätten und für die es jetzt fast zu spät sei, eine Familie zu gründen, betrogen fühlten. Ihre Uhr läuft ab. Auf die Bitte, diese statistischen «Beweise» vorzuzeigen, sagt er, leider habe er sie gerade nicht zur Hand.

Selbst berufstätige Frauen, deren biologische Uhr noch funktioniert, «erkennen», laut Bauer, «daß sie lieber zu Hause bei ihren Kindern bleiben wollen. Die meisten Frauen arbeiten nur, weil sie es müssen.» Mütter sollten ihren Kindern zuliebe daheim bleiben, meint er. Kinder in Tageshorten, die er als «marxistisch» bezeichnet, erlitten angeblich langfristige Schäden – wie angeblich «zahlreiche Studien» belegten. Es überrascht dann doch etwas zu hören, daß Bauer auch seine eigenen Kinder dieser linken Institution anvertraut hat – neun Jahre lang.

Das könne er erklären, sagt er. Die Art, wie er von der Hortbetreuung Gebrauch gemacht habe, sei «anders» und «besser», weil er seine Kinder zu einer «Tagesmutter» gegeben habe – das heißt in einen nicht amtlich zugelassenen Hort, der vom Wohnzimmer einer Frau aus geführt wird. (Es ist nicht ersichtlich, warum dies besser sein soll: Eine Überprüfung von Statistiken über Kindesmißbrauch in Tagesstätten belegt, daß die meisten Fälle von Kindesmißbrauch in solchen nicht amtlich genehmigten Stätten passieren.) Jedenfalls, meint Bauer etwas defensiv, sei es nicht so, daß seine Kinder direkt von der Entbindungsstation in die Kinderkrippe gekommen seien. Seine Ehefrau Carol habe «mindestens drei, vier Monate» gewartet, bevor sie wieder in ihren Beruf zurückkehrte. «Für meine Frau war es ein längerer Prozeß, bis sie erkannte, daß man nicht alles haben kann.»

Carol Bauers Erinnerung weicht davon ab. «Ich bin sechs Wochen nach Elyses Geburt wieder arbeiten gegangen», sagt seine Ehefrau, die an einem Frühlingsmorgen 1988 am Wohnzimmertisch sitzt und zerstreut Brotkrümel vom Tischtuch auftupft. Die Kinder sind weg –

die älteren in der Schule und die Jüngste in einer Initiative zur «Entlastung der Mutter».

Als ihre Tochter Elyse 1977 geboren wurde, sagt Carol Bauer, war sie die persönliche Assistentin der Kongreßabgeordneten Margaret Heckler; sie konnte nicht einfach aufhören. Beigetragen habe zu ihrer Entscheidung auch der Mangel an staatlichen Hilfsprogrammen für Mütter: «Im Weißen Haus gibt es keinen festgelegten Erziehungsurlaub», betont sie. Auch finanzielle Erwägungen hätten eine Rolle gespielt: «Wir hatten gerade ein Haus gekauft und eine Hypothek aufgenommen.» Und dann war da noch dieser andere Impuls, der sich einfach nicht unterdrücken ließ: «Es war nicht nur der ökonomische Aspekt. Ich habe diese geistige Anregung genossen, die mir mein Beruf gab. Die Arbeit machte mir Spaß.» Sie lacht. «Als ich Elyse bekam, habe ich meine Arbeit buchstäblich mitgenommen. Schon am Tag nach der Entlassung aus der Klinik habe ich wieder daheim gearbeitet.»

Jahrelang brachten die Bauers Elyse jeden Morgen zur Tagesmutter, und dann auch ihre zweite Tochter, Sarah; nach der Arbeit holten sie die Mädchen auf dem Heimweg, meist nach sechs Uhr abends, wieder ab. Die Kinder hätten tatsächlich soviel Zeit bei der Tagesmutter verbracht, sagt Carol Bauer, daß sie Elyse später, als sie in den Kindergarten kam, in einer Schule in der Gegend der Tagesmutter anmeldeten, nicht in ihrer eigenen Wohngegend. Wie erging es den Mädchen in der Tagesstätte? «Oh, sehr gut», meint Carol Bauer. «Sie waren dort sehr glücklich. Für die war das ganz normal.»

Schwieriger war es, daß sich Carol Bauer daran gewöhnte, nur noch Hausfrau zu sein. Seit ihrer Kindheit hatte sie sich leidenschaftlich für die amerikanische Politik interessiert; schon damals hatte sie ein Einklebebuch über die Präsidentschaftswahlen geführt und in der Schule stolz ihre Republikaner-Buttons getragen. Am Muskingum College in Ohio studierte sie Politologie als Hauptfach und ließ sich die *Washington Post* ins Studentenwohnheim schicken. «Ich hatte das Potomac-Fieber», erinnert sie sich. «Ich konnte es kaum erwarten, nach Washington zu kommen. Ich wollte Karriere machen. Irgendwann wollte ich auch eine Familie, aber mein eigentlicher Traum war eine politische Karriere.»

Nach ihrem Abschluß zog sie in die Hauptstadt. Dort war sie zuerst Forschungsassistentin beim Republican National Committee und

wurde dann in Hecklers Kongreßbüro berufen, wo sie rasch die höchste
Position erreichte. Besonders gefiel es ihr, daß sie zum Mitarbeiterstab
einer der wenigen Kongreß*frauen* gehörte. «Es hatte etwas, für eine
Frau zu arbeiten, die es geschafft hatte», meint sie. Als Heckler das
Department of Health and Human Services übernahm, ging Carol
Bauer mit und erhielt einen Teilzeitposten. Doch dann drängte die
Reagan-Administration Heckler aus dem Amt. Der neue HHS-Mini-
ster, Otis Bowen, bat Bauer zu bleiben und ihm beim Übergang zu
helfen. Sie war einverstanden – aber ohne ihr Rollenvorbild und ihre
Machtbasis verlor der Job bald seinen Reiz. «Das war der schwierigste
Teil meiner Karriere», sagt sie. «Am einen Tag noch persönliche Assistentin der Ministerin und am nächsten nur noch Teil der Regierungs-
Clique. Ich fühlte mich wie das fünfte Rad am Wagen.» Bowen weigerte sich auch, ihr den flexiblen Zeitplan zu ermöglichen, den sie
unter Heckler gehabt hatte. Schließlich hörte sie im Herbst 1986 auf –
mit der Begründung, ihre Kinder brauchten sie daheim.

Doch sie habe entdeckt, daß das Dasein als Hausfrau und Mutter
zum Teil sehr belastend sei. «Es war ein langer Winter», sagte sie über
ihre erste Zeit zu Hause. «Das war schon eine ziemliche Umstellung.»
Sie macht eine Pause. «Und ist es immer noch.» Die ersten Monate
waren die schlimmsten. «Ich fühlte mich ziemlich isoliert. Ich war ja
daran gewöhnt, nach Washington zu fahren.» Sie versuchte, aus der
neuen Situation das Beste zu machen. «Letztes Frühjahr faßte ich den
Entschluß, wenn ich zu Hause bleiben würde, müßte ich mich für andere Dinge engagieren. Und so bin ich in diesem Schuljahr im Mantua
Women's Club; ich bin im Vorstand der Babysitting-Hilfe, und ich
arbeite bei der PTA [eine Vereinigung von Eltern und Lehrern] mit.
Das gibt mir eine gewisse Befriedigung.» Sie zuckt die Achseln. «Aber
trotzdem rede ich immer noch von meinem Büro. Und beim Abendessen frage ich Gary immer aus.»

Dieses Jahr, sagt sie, bewerbe sich ihre älteste Tochter, Elyse, um das
Amt der Studentensprecherin. Und neulich sei Sarah aus dem ersten
Fachsemester heimgekommen und habe etwas vorgeführt, was Carol
Bauer als «mein Traum-T-Shirt» bezeichnet. Ihre Tochter hatte es im
Kunstunterricht mit ihren Lebenszielen beschriftet: «Geh aufs Col-
lege. Lern etwas. Such dir einen Job.»

Einfach nicht genügend gute Frauen

Gary Bauer gedieh mit seinem Gesetzesprogramm zur Förderung der Hausarbeit nicht sehr weit. Die Steuerbefreiung von 5000 $, die er für Familien vorgesehen hatte, in denen die Mutter Hausfrau ist, hätte der defizitgeplagten Regierung Steuereinbußen von etwa 20 Millionen $ pro Jahr beschert. Während jedoch Männer der Neuen Rechten, wie Bauer, viele ihrer bürokratischen Schlachten verloren, gewannen sie schließlich doch den Kampf um die Inhalte der nationalen Politik.

In diesem Kampf war die Präsidentschaftswahl von 1984 ein entscheidender Wendepunkt – das letzte Eintreten der demokratischen Partei für die Frauenrechte.

Durch die Nominierung der Abgeordneten Geraldine Ferraro zur Vizepräsidentin machten die Demokraten den Frauen mutig den Unterschied zwischen den Parteien klar. Diese Maßnahme blieb nicht ohne Wirkung; sie brachte den Demokraten neue Unterstützung von Millionen Wählerinnen, durch die mehr Geld in Ferraros Wahlkampfkasse floß, als Frauen jemals für einen Kandidaten gespendet hatten. Tatsächlich hatte noch kein demokratischer Vizepräsidentschaftskandidat vor Ferraro genauso viele politische Spenden bekommen wie der Präsidentschaftskandidat selbst. Das Democratic National Committee verzeichnete 26 000 neue Mitglieder, der größte Zuwachs in einem Wahlkampfjahr, den je ein einzelner Kandidat bewirkt hatte. Und außerdem ermutigte Ferraro andere ambitionierte Politikerinnen. Die Zahl der Frauen, die in den Senat wollten, stieg um mehr als das Dreifache, und die Zahl der Kongreßkandidatinnen erhöhte sich auf eine Rekordzahl.

Auf Ferraros Nominierung folgte umgehend ein Gegenschlag der Reagan-Anhänger der Neuen Rechten, die sie nicht als Politikerin, sondern als Frau angriffen – und, noch spezieller, als «radikale linke Feministin». Im Fernsehen wiesen sie wiederholt darauf hin, daß Ferraro durch ihre Geschlechtszugehörigkeit unfähig sei, die Nation zu verteidigen. Hinter den Kulissen setzten sie eine Reihe von Flüsterkampagnen in Gang, die alle auf ihr Sexualleben zielten. «Es wurde behauptet, ich sei lesbisch veranlagt», erinnert sich Ferraro, «man unterstellte mir Affären oder eine Abtreibung.» Die führenden Abtreibungsgegner verfolgten sie rachsüchtig.

Obwohl viele Politiker der 80er Jahre heftigen Angriffen und genauer Überwachung ausgesetzt waren, war die Attacke gegen Ferraro beispiellos: Nicht ihr eigenes Verhalten befand sich auf dem Prüfstand, sondern das ihres Ehemanns John Zaccaro. Sie mußte dafür geradestehen, daß er in undurchsichtige New Yorker Immobiliengeschäfte verwickelt war. Dabei war Ferraro selbst eher gegen diesen Berufsstand – 88% der Mitglieder des Immobilienmakler-Verbands hatten ihr bei einer Umfrage sogar eine negative Bewertung erteilt. Sie wurde angegriffen, weil ihr Mann sich weigerte, seine Steuererklärung zu offenbaren – während Bush, nachdem er sein Vermögen in einem «blind trust» deponiert hatte und damit einer Offenlegung seiner Steuererklärung entgangen war, keinerlei Angriffen ausgesetzt war. Die ersten Gerüchte über Zaccaros Unkorrektheiten wurden von *Human Events*, einer Zeitschrift der Neuen Rechten, sowie der rechtslastigen Publikation *Accuracy in Media* in Umlauf gesetzt. Das Washingtoner Pressecorps durchleuchtete das Geschäftsgebaren dieses Schmalspur-Grundbesitzers so gründlich, als solle er demnächst das Budget des Weißen Hauses verwalten. Diese Hartnäckigkeit vermißte man vier Jahre später in bezug auf George Bushs Rolle in der Iran-Contra-Affäre stark. Der *Philadelphia Reporter* setzte auf die Zaccaro-Story *dreißig* Journalisten an. Selbst nachdem Ferraro die Steuererklärung ihrer Familie in einer landesweit übertragenen eineinhalbstündigen Pressekonferenz bis in quälendste Details dargelegt hatte, dauerten die Untersuchungen «ihrer» Finanzen an und bewegten sich dabei weit von ihrem Bankkonto weg. Die Presse untersuchte sogar weit zurückliegende Geschäftsverbindungen von Ferraros Vater (der seit ihrem achten Lebensjahr tot war) und des *Vaters* ihres Ehemanns. Wie der Kolumnist Richard Reeves, einer der wenigen Journalisten, die sich aus dieser Schlammschlacht heraushielten, damals bemerkte, ging «die öffentliche Steinigung Geraldine Ferraros immer weiter, und niemand trat vor, um ihr beizustehen oder zu protestieren – nicht einmal jemand aus ihrem eigenen Lager».

Am Ende trugen, wie zahllose Umfragen nach der Wahl bewiesen, weder der Skandal um Zaccaros Geschäfte noch Ferraros Nominierung zur Niederlage der Demokraten bei. Eine sich erholende Wirtschaft war die Ursache, daß das Weiße Haus wieder an die Republikaner überging. Fast 80% der Wählerinnen gaben in einer *Newsweek*-Umfrage an, die Aufregung um Ferraros Ehemann habe ihre Wahlentscheidung nicht beeinflußt. Auch hatten die Wählerinnen nichts dagegen einzuwenden, daß eine Frau das hohe Amt bekleidete. Eine nationale Erhebung nach der Wahl 1984 ergab sogar, daß ein Viertel der Wählerinnen *eher* geneigt war, eine weibliche Kandidatin zu wählen, nachdem sie Ferraro im Wahlkampf erlebt hatten. Darüber hinaus ergaben Nachfragen, daß bei den Wählerinnen, die ihre Entscheidung aufgrund des *Zweitkandidaten* auf dem Wahlzettel getroffen hatten, Ferraro *vor* Vizepräsident Bush kam.

Aber manchmal schreibt sich die Geschichte selbst neu: «Umfragen ergaben, daß Ferraro Mondales Position im Wahlkampf eher geschwächt als gestärkt hat», behauptete die *National Review* ein Jahr nach der Wahl, ohne diese ominösen Umfragen anzugeben. Andere politische Analysen bezeichneten Ferraros Nominierung als «Kapitulation» der Demokraten vor den Feministinnen – und warfen den Feministinnen vor, sie hätten schuld, daß Mondale im Wahlkampf «schwach» gewirkt habe. Führende Demokraten behaupteten, die Frauen seien am schlechten Abschneiden der Partei schuld; sie hätten im Wahlkampf zuviel Einfluß gehabt und die männlichen weißen Wähler verjagt. Der Autor Nicholas Davidson behauptete, Mondale sei «von den Feministinnen unter Druck gesetzt worden – weit mehr als von anderen Teilen der Wählerschaft». Der *Washington-Post*-Kolumnist Richard Cohen beklagte, daß Mondale «unter dem Pantoffel» gestanden habe und den «Kommandos, ja Drohungen der organisierten Frauenbewegung» gehorcht habe. Er sei zu einem «stereotypen amerikanischen Schwächling» gemacht worden und «hätte den Wahlkampf ebensogut sandwichkauend in einem Lehnstuhl aussitzen können».

Am Ende verinnerlichte auch Ferraro einen Großteil dieser revisionistischen Geschichtsschreibung – und richtete sie gegen sich selbst. In verschiedenen Presseinterviews sagte Ferraro, sie würde sich jetzt nicht mehr um das Amt bewerben. Daß sie die Nominierung akzeptiert habe, sei ihrem Ehemann gegenüber nicht «fair» gewesen. Und sie gab den Plan auf, 1986 für den Senat zu kandidieren.

«Die Niederlage einer einzelnen Frau wird oft als Urteil über alle Frauen interpretiert», schrieb Ferraro in ihren Memoiren. Und tatsächlich wurden ihre schlimme Erfahrung im Wahlkampf und ihre überall veröffentlichten Äußerungen der Reue auch von vielen amerikanischen Frauen so empfunden. 1984 äußerten bei nationalen Umfragen noch 53% der Frauen die Erwartung, bis zum Jahr 2000 würde eine Frau an der Spitze der USA stehen; 1987 waren es nur noch 40%. Frauen mit politischen Ambitionen wurden durch die Prügel, die Ferraro öffentlich bezogen hatte, noch mehr entmutigt. 1988 waren in beiden Parteien plötzlich kaum noch Frauen zu finden, die für politische Ämter kandidierten. Der aus Mitgliedern beider Parteien bestehende Women's Campaign Fund hatte Schwierigkeiten, seine Gelder zu verteilen. Ruth Mandel, Leiterin des Center for the American Woman and Politics, bekam von potentiellen Kandidatinnen ständig den gleichen Ablehnungsgrund zu hören; sie fürchteten «den Ferraro-Faktor». Die populäre kalifornische Ministerin March Fong Eu lehnte in jenem Jahr eine Senatskandidatur für die Demokraten ab. Ihre Begründung: Ihr Mann wolle nicht wie Ferraros Gatte gezwungen werden, seine Finanzen offenzulegen.

Am Wahltag blieben im Senatskampf 1988 nur noch zwei Kandidatinnen übrig (beides Republikanerinnen), im Vergleich zu zehn Frauen im Jahr 1984. Es war seit zehn Jahren die kleinste Zahl von Frauen, die sich um einen Senatssitz bewarben. Im Repräsentantenhaus sank die Zahl der Kandidatinnen ebenfalls. Und auch bei allen Bundesstaatswahlen für die Exekutivposten – vom Gouverneur über den Vizegouverneur, Staatssekretär, Schatzmeister bis hin zum staatlichen Rechnungsprüfer – sank die Zahl der Frauen. Bewerberinnen um das Gouverneursamt gab es zum Beispiel nur noch zwei, im Vergleich zu acht Kandidatinnen zwei Jahre zuvor. Nur bei den Wahlen für Legislativämter nahm die Zahl der Frauen leicht zu – und selbst hier war die Zuwachsrate im Gegensatz zu früheren Jahren beträchtlich niedriger.

Als die Wahlergebnisse für 1988 feststanden, hatten beide Frauen, die für den Senat kandidiert hatten, verloren, womit im Senat auch weiterhin nur zwei weibliche Abgeordnete saßen. (Das letzte Mal hatten die Frauen diesen Stillstand 1953 durchbrochen – als gleich drei neue Frauen in den Senat kamen.) Im Repräsentantenhaus wurden 1988 nur zwei Frauen zugewählt, im Vergleich zu vier im Jahr 1986. Insgesamt stagnierte der Prozentsatz der Frauen sowohl im Kongreß als auch in der Legislative der Bundesstaaten, und die Zahl der in den Wahlämtern der Bundesstaaten vertretenen Frauen insgesamt war auf 12% geschrumpft, von 15% im Vorjahr – das erste Mal seit elf Jahren.

An einem bitterkalten Morgen im Januar 1988 in Des Moines, Iowa, versammelten sich im Kongreßzentrum der Stadt über tausend weibliche Delegierte zur Women's Agenda Conference. Die Frauen waren gekommen, um den vielversprechenden Präsidentschaftskandidaten ihre Wünsche mitzuteilen. Doch es waren kaum Kandidaten da. Nicht einer der sechs republikanischen Vorwahlkandidaten erschien zum Hauptereignis der Tagung, dem Presidential Forum; und vier hielten es nicht einmal für nötig, offiziell abzusagen. Auch zwei der Demokraten waren abwesend: Gary Hart und Albert Gore. Das lag nicht etwa daran, daß die Veranstalterinnen «radikale Feministinnen» gewesen wären: Die von Frauen aus beiden Parteien organisierte Tagung wurde von der National Federation of Business and Professional Women's Clubs unterstützt – einer Organisation mit gemäßigtem Ruf und vorwiegend republikanischen Mitgliedern. Es lag auch nicht daran, daß Zeitpunkt oder Veranstaltungsort ungünstig gewesen wären: Die Kandidaten zogen wegen der Vorwahlen im Januar publicitysüchtig kreuz und quer durch Iowa. Und es lag nicht daran, daß man sie nicht richtig informiert hatte: Die Einladungen waren bereits im Juni des Vorjahrs verschickt worden. Und schließlich lag es auch daran nicht, daß die Kandidaten unabkömmlich waren: Einer von ihnen ging an jenem Tag angeln. So blieb nur noch eine einzige Erklärung übrig. «Die Art, wie die republikanischen Kandidaten Frauen wahrnehmen», so das widerwillige Fazit der Organisationsleiterin, der Republikanerin Linda Dorian, «hat etwas höchst Ärgerliches.»

Größtenteils zogen es 1988 die republikanischen Kandidaten jedoch vor, Frauen überhaupt nicht wahrzunehmen. Sie stellten für die Republikaner nämlich ein wachsendes Problem dar, auf das die Parteiführer lieber keine Aufmerksamkeit lenken wollten. Der «geschlechtsspezifische Unterschied im Wahlverhalten» zeigte sich erstmals bei der Wahl 1980, als mehr Frauen (fünf bis sieben Prozent) als Männer die Demokraten favorisierten, und Gallup-Umfragen ergaben, daß die demokratische Partei bei den Frauen einen 19%igen Vorsprung genoß. Was den Präsidentschaftskandidaten anging, waren Männer und Frauen laut Umfragen ebenfalls verschiedener Meinung: Eine Mehrheit der Männer (55%), aber nur eine Minderheit der Frauen (47%) gaben Reagan ihre Stimme. Die Kluft zwischen den Geschlechtern war tiefer als jemals bei vorhergegangenen Präsidentschaftswahlen – und so auffallend, daß Reagan dem Meinungsforscher Richard Wirthlin den Auftrag gab, für die nächste Wahl Gegenmaßnahmen zu entwickeln. Im gleichen Jahr zeigte sich, ohne daß die Presse Notiz davon nahm, auch eine noch nie dagewesene Kluft, was feministische Interessen anbelangte. Die Frauenrechte waren im Grunde das einzige Thema, bei dem Carter in Umfragen vor Reagan lag. Es gab das erste Votum, das vorwiegend über feministische Interessen abstimmte – und zwar, wie die Politologin Ethel Klein in ihrer Studie über das amerikanische Wählerverhalten feststellte, nur bei den Frauen. Es war «die erste Wahl», schrieb Klein, «in der ein Teil der Wählerschaft einen bestimmten Kandidaten bevorzugte, weil er Frauenthemen vertrat, und das erste Mal, daß dieser Teil mobilisiert werden konnte». 1988 gaben schon beachtliche 40 % der für Gleichberechtigung eintretenden Frauen in Umfragen an, sie wünschten sich eine «feministische Partei». Die größte Angst der Gegner des Frauenstimmrechts vor sechzig Jahren drohte wahr zu werden: Die Frauen begannen in beachtlicher Zahl einen von den Männern unabhängigen Wählerblock zu bilden.

Im weiteren Verlauf der Dekade nahm der geschlechtsspezifische Unterschied im Wählerverhalten zu – in bezug auf Reagan zeitweise um 17 % –, und damit wuchs der Einfluß der Frauen auf das Wahlergebnis. 1984 war es dann soweit, daß die Stimmen von Wählerinnen mehr Wahlen entschieden als die von Männern. 1986 brachte der geschlechtsspezifische Unterschied den Senat wieder in die Hand der Demokraten; bei neun entscheidenden Senatswahlkämpfen favorisierten die Frauen die Demokraten, die siegten, und die Männer die Republikaner, die verloren. 1988 stellte der geschlechtsspezifische Unterschied im Wählerverhalten in über 40 Bundesstaatswahlen einen ausschlaggebenden Faktor dar. Und sein Effekt wurde durch den wachsenden Vorsprung der Frauen an der Wahlurne noch verstärkt. 1980 lagen die Wählerinnen noch um 5,5 Millionen hinter den Männern zurück; 1984 gingen zum erstenmal mehr Frauen als Männer zur Wahl; und 1988 gaben 10 Millionen mehr Frauen als Männer ihren Stimmzettel ab.

1988 klafften die Präferenzen von Männern und Frauen so weit auseinander, daß Umfragen während des Präsidentschaftswahlkampfs einmal einen 24 %igen geschlechtsspezifischen Unterschied zugunsten des demokratischen Kandidaten Michael Dukakis feststellten. Es waren die Single-Frauen, ob ledig, geschieden oder verwitwet, die am drama-

tischsten dazu beitrugen, gemeinsam mit den berufstätigen, gebildeten, jungen und schwarzen Frauen. Mit anderen Worten, Dukakis'
Unterstützerinnen, die ihm diesen gewaltigen Vorsprung verschafften, waren Frauen, die größtenteils mit den feministischen Forderungen nach Lohngleichheit, sozialer Gerechtigkeit und dem Recht auf
Geburtenregelung sympathisierten.

GOP-Führer verschlossen vor dieser Drohung durchaus nicht die
Augen: Der Vorsitzende der Republikaner, Frank Fahrenkopf Jr.,
warnte seine Kollegen während des Präsidentschaftswahlkampfs 1988:
«Besonders verwundbar, wenn dieses Wort erlaubt ist, sind wir in bezug auf junge berufstätige Frauen zwischen achtzehn und fünfunddreißig, und innerhalb dieser Untergruppe wiederum vor allem in bezug
auf alleinerziehende Mütter.» Dies war eigentlich nicht überraschend:
Die von Frauen geführten Haushalte hatten unter Reagans Familienpolitik am meisten gelitten, da Milliarden von Dollar für dringend be-
nötigte Kindertagesstätten, ärztliche Hilfe, Rechtshilfe oder Erzie-
hungsbeihilfen und Mietzuschüsse gestrichen wurden.

Eine Lösung wäre natürlich gewesen, daß die Republikaner versucht
hätten, diesem wachsenden weiblichen und feministischen Votum
durch eine fortschrittliche Sozialpolitik zu begegnen – durch eine Politik, die sicher von den meisten amerikanischen Frauen unterstützt
worden wäre. Statt dessen aber zeigten die GOP-Führer den Frauen die
kalte Schulter und liefen doppelt so eifrig den Männern nach. Keiner
von ihnen vertrat Positionen, die die Mehrheit der Frauen unterstützen – vom Recht auf Abtreibung über Sozialhilfe bis zum Gleichberechtigungszusatzartikel. Und vertrat ein Republikaner doch einmal
eine dieser Positionen, dann beeilte er sich, sie zu widerrufen. Bush,
Robert Dole und Pete Du Pont distanzierten sich alle von früheren,
profeministischeren Positionen. Bush hatte einmal den Gleichberechtigungszusatzartikel, die legale Abtreibung und staatlich geförderte
Empfängnisverhütungsprogramme unterstützt. Eben jenes staatliche
Programm zur Geburtenregelung, das er in den 80ern attackierte, hatte
er 1970 als Kongreßabgeordneter selbst befürwortet – und damals verkündet: «Niemand braucht mehr vor der Diskussion über Empfängnisverhütung zurückzuscheuen.» Das einzige, wovor Bush und die Par-
teispitze bezüglich der Hilfe für Frauen nicht zurückscheuten, waren
rein symbolische, nichtssagende Phrasen. Auf dem Parteitag der Repu-

blikaner 1988 wurde den Frauen nur in einem Punkt Anerkennung gezollt: Es gab Plaketten für vier gute Mütter, inklusive Joanne Kemp, der Ehefrau des Abgeordneten Jack Kemp, die zugunsten der Kinder ihre Karriere aufgegeben hatten.

Statt den Bedürfnissen der Frauen entgegenzukommen, vertraten die GOP-Männer Macho-Standpunkte, mit denen sie ihren Geschlechtsgenossen zu imponieren hofften. Daß er aus echtem Schrot und Korn sei, wollte Bush vor allem den Mitgliedern des Pressecorps beweisen, die vom «Versager-Faktor» ebenso besessen zu sein schienen wie die männlichen Politiker, über die sie berichteten. «Ich kann sehr wütend werden», versicherte ihnen Bush. «Da werde ich zu einem Geschoß. Ich brülle richtig rum! Dann geht natürlich alles in Deckung.» Er prophezeite sogar, mehr aus einem Wunschdenken heraus als aus wirklicher Überzeugung: «Vielleicht wird aus mir mal noch ein Teddy Roosevelt.»

Im Wahlkampf gingen Bushs Wahlkampfmanager über alles hinweg, was die Frauenrechte betraf; das sei zu banal, um extra erwähnt zu werden, sagten sie. «Wir laufen doch nicht rum und geben uns mit einem Haufen sogenannter Frauenthemen ab», äußerte Bushs Pressesekretär gegenüber der *New York Times* empört. Als Bush eine Gruppe Regierungsbeamter berief, die ihn während der Kampagne beraten sollten, war nur eine einzige Frau dabei. Der Präsidentschaftskandidat bezeichnete das Abtreibungsverbot zwar als einen Eckpfeiler seiner Kampagne, machte sich aber offenbar kaum Gedanken über dieses entscheidende Anliegen der Frauen. In einer Fernsehdiskussion befragt, ob er «bereit sei, eine Frau wegen dieser Entscheidung zur Verbrecherin zu brandmarken», sagte er: «Über die Art der Strafe habe ich noch nicht nachgedacht.» Die einzige kleine Geste in Richtung der berufstätigen Frauen während dieses Wahlkampfs war ein unbedeutender Vorschlag zur Kinderbetreuung, der den ärmsten Arbeiterfamilien einen wöchentlichen Steuernachlaß von etwa 20 $ gewähren sollte. Mit dieser winzigen Summe sollte die Kinderbetreuung bezahlt werden, die in Wirklichkeit durchschnittlich viermal soviel kostet. Schließlich war die einzige Geste Bushs an die Frauen unglaublicherweise die Wahl Dan Quayles. Seine jugendlich-blonde Erscheinung werde, so führende Vertreter der republikanischen Partei gegenüber der Presse, die Damen gewiß entzücken.

Es hatte den Anschein, als seien die Demokraten die offensichtlichen Nutznießer der wachsenden Abneigung der Frauen gegen die republikanische Partei. (Tatsächlich ergab 1988 eine Wählerbefragung des *Los Angeles Times Mirror*, daß sich der größte Anteil der Frauen als Demokratinnen im Stil der 60er Jahre definierten und sich mit der Friedens- und Bürgerrechtsbewegung der 60er identifizierten; bei den Männern war es im Gegensatz dazu der *kleinste* Anteil, der sich mit dieser Gruppe identifizierte.) Doch waren die demokratischen Kandidaten und Spitzenpolitiker 1988 so damit beschäftigt, sich *ihrerseits* als Machos auszuweisen und *ihre* «Für-die-Familie»-Strategie vorzustellen, daß sie die Frauenrechte beinahe aus dem Parteiprogramm gestrichen hätten. Paul Kirk, Vorsitzender des Democratic National Committee, verkündete, derart «beschränkte» Punkte wie der Gleichberechtigungszusatzartikel und das Recht auf Abtreibung – die beide von einem Großteil der amerikanischen Wählerschaft unterstützt wurden – hätten im Parteiprogramm keinen Platz. Dann versuchte er, die Parteiausschüsse der Frauen aufzulösen – nachdem er in seiner Kampagne für den Parteivorsitz ausdrücklich das Gegenteil versichert hatte. Mittlerweile strich der Democratic Leadership Council in aller Stille das Abtreibungsrecht aus seinem Programm.

1984, als sich die Demokraten noch um die Frauen bemühten, veranstaltete das Democratic National Committee zu Ehren seiner weiblichen Mitglieder ein Gala-Dinner, und es war üblich, daß Präsidentschaftsbewerber auf den Frauentagungen eine Rede hielten. 1988 war für die Frauen der demokratischen Partei alles gelaufen. Erstens gab es in jenem Jahr kein Ehrenbankett, und zweitens ließ sich während der vier Tage dauernden Frauentagungen kein einziger Präsidentschaftsbewerber blicken. Dukakis schickte seine Frau; und sein Vizepräsidentschaftskandidat, Senator Lloyd Bentsen, war der einzige prominente männliche Politiker, der sich an die Frauen wandte. In seiner Antrittsrede auf dem Parteitag der Demokraten kam Dukakis weder auf die Geburtenregelung zu sprechen, noch äußerte er sich zu sexistischer Diskriminierung, Lohngleichheit oder zum ERA. Er konnte sich nicht einmal zu einer vagen Billigung der Frauenrechte durchringen. Am nächsten kam er dem Thema noch mit dem Hinweis, wie wichtig Kinderbetreuung sei. Nicht anders als seine republikanischen Mitstreiter konnte auch er sich Frauen nur im Rahmen der Familie vorstellen.

Dadurch, daß er den Frauen den Rücken kehrte, schaffte es Dukakis, sich selbst seinen größten Rückhalt abzuschneiden. Der 24%ige geschlechtsspezifische Unterschied, von dem er in jenem Sommer profitiert hatte, sank bis zum Wahltag rasch unter 8%. Erst jetzt, nachdem alle Stimmen ausgezählt waren, sprachen Bushs Männer über das Gefälle – um Dukakis' Scheitern als ihren Erfolg zu verbuchen. «Die Hauptleistung von Bush/Quayle war es, daß es ihnen gelang, die Kluft zwischen männlicher und weiblicher Wählerschaft zu schließen», prahlte Bushs Wahlberater Vince Breglio später. «Dies war ausschlaggebend für den Sieg.» Breglio behauptete, die GOP hätte Wählerinnen gewonnen, indem sie die Kinderbetreuung und ein «freundlicheres, sanfteres» Programm hochgespielt habe. Doch die Umfragen nach der Wahl zeigen, daß dieser Sieg durchaus keine Reaktion auf das Wahlprogramm darstellte; Bush erhielt 49–50% der Frauenstimmen, nicht gerade die Majorität, und 1988 fiel die Zahl der Anhängerinnen dieser Partei nochmals um vier Prozentpunkte. (Nur noch 26% der Frauen bezeichneten sich 1988 bei Umfragen als Republikanerinnen.) Die republikanische Partei «besiegte» das Geschlechtergefälle nur durch Versäumnisse. Trotz seiner Kraftmeierei brachte Dukakis aber kein einziges Mal den Mut auf, Bushs Fassade der familiären Werte zu durchstoßen. Donna Brazile, einziges Mitglied von Dukakis' Wahlberatern, die es wagte, Bushs Familienvater-Getue öffentlich scheinheilig zu nennen, wurde wegen ihrer Offenheit gefeuert – und ein nervöser Dukakis entschuldigte sich bei Bush für die taktlose Bemerkung seiner Mitarbeiterin.

Weit davon entfernt, dagegen zu protestieren, daß ihr Kandidat die weibliche Bevölkerung im Stich ließ, schienen sich die meisten Frauen in der demokratischen Partei als Damen profilieren zu wollen, die stumm vor sich hin litten. Wagten es ein paar Frauen auf den Tagungen, Bentsen wegen seines lahmen Engagements für Frauenthemen in Frage zu stellen, wurden sie sofort zum Schweigen gebracht – durch andere Teilnehmerinnen. Als die feministische Autorin Barbara Ehrenreich an eine prominente Politikerin mit der Bitte herantrat, einen Gesetzesantrag zu den ökonomischen Rechten der Frau zu unterstützen, hieß es, das könne sie vergessen. ««Frauenfragen› stehen jetzt nicht mehr auf der Tagesordnung», bekam Ehrenreich von der Assistentin der Politikerin mitgeteilt – ohne daß sie auch nur eine Chance gehabt hätte, den Inhalt des Gesetzesantrags zu umreißen. «Wir kümmern uns jetzt um ‹Familienfragen›.»

Solche traditionell «weiblichen» Proteste erinnern an die zweite Generation der Suffragetten Anfang des 20. Jahrhunderts. Auch sie versuchten es mit der damenhaften Strategie. Sie gaben die Forderung nach Gleichberechtigung auf und wurden statt dessen zu Hüterinnen von Mutterschaft und Häuslichkeit, zu den «Haushälterinnen» der nationalen Politik. Mit ihren vornehmen Renovierungsversuchen übertünchten sie sogar das Kernstück – aus dem Frauenstimmrecht wurde jetzt der «Schutz des Heims». Fast hundert Jahre später hängten sich ihre Pendants in der Washingtoner Politik erneut die Familienflagge um. Die politischen Frauengruppen begannen sich in erster Linie für die Mütter einzusetzen; sie veranstalteten eine große amerikanische Family-Tour und eine Umfrage zu «Familienangelegenheiten», initiiert durch ein TV-Special über Hope Steadman, die Muttergöttin aus «thirtysomething». In einer abschließenden Pressemitteilung, wenige Tage vor der Wahl, stellten der National Women's Political Caucus und das Women's Vote Project ein umfangreiches Paket vor, das sich praktisch ausschließlich auf «Familien»fragen konzentrierte. Man forderte die Frauen auf, zur Wahl zu gehen, denn «Amerikas Familien brauchen unsere Stimme!» Und was war mit den Belangen der amerikanischen Frauen? Darüber sagte das Paket nichts aus.

Natürlich gehört es zu jedem umfassenden sozialpolitischen Konzept, daß die Interessen von Kindern und Familien geschützt werden. Und daß sich die Frauengruppen für die Familie einsetzten, war auch durchaus legitim und notwendig – und wesentlich aufrichtiger als das verlogene Gewäsch zahlloser Präsidentschaftskandidaten vom «Schutz der Familie». («Ich hoffe wirklich, daß wir bald zu wichtigeren Themen übergehen können, statt uns ständig mit Erziehungsurlaub und Kinderbetreuung abzugeben», meckerte der republikanische Senatsleader Bob Dole im Kongreß – bevor er sich im selben Jahr unter dem Banner der Familie fürs Amt des Präsidenten bewarb.) Aber damit, daß sich die Frauengruppen allein auf Familienfragen beschränken ließen, wurden sie handlungsunfähig. Indem sie sich «dafür entschieden», die Frauenfrage zugunsten der Familie zu vernachlässigen, erlagen die Politikerinnen einem weiteren Man-kann-nicht-alles-haben-Axiom des

Gegenschlags. Die Forderung nach Kinderfürsorge und Erziehungsurlaub schloß die Forderung nach Bildungschancen, Lohngleichheit und dem Recht auf Geburtenregelung aus. Diese einseitige Strategie war nicht nur unfair, sondern sie funktionierte nicht einmal. Sämtliche Gesetzesanträge zu Kinderbetreuung und Erziehungsurlaub wurden in jenem Jahr abgelehnt.

Im selben Maß, wie die «Für-die-Familie»-Ideologie in den Mittelpunkt der amerikanischen Politik rückte, wurden die Frauen abgedrängt. Am Ende der Dekade hatte man sich an ihr Verschwinden so gewöhnt, daß es kaum noch auffiel. Während bei der Wahlberichterstattung Anfang der 8oer Jahre der politische Status der Frauen noch eine wichtige Rolle gespielt hatte, zeigten die Medien beim letzten Präsidentschaftswahlkampf der Dekade kein Interesse mehr daran. Am Tag nach der Wahl brachte die *Washington Post* eine vierzehnseitige Sonderbeilage zur Wahl; Frauen kamen darin nicht vor. In der Woche nach der Wahl 1988 widmete die *New York Times* der Auswertung und Analyse der Wahlergebnisse über dreißig Seiten. Nur in zwei Abschnitten der letzten Spalte eines umfassenden Berichts über politische Trends wurde das Geschlechtergefälle erwähnt – obwohl dieses Gefälle über mindestens fünf Parlamentssitze entschieden, einige republikanische Kongreßabgeordnete eliminiert und im großen und ganzen das Muster künftiger Kongreßwahlen festgelegt hatte (daß die Mehrzahl der Frauen die Demokraten wählte und die Mehrzahl der Männer die Republikaner). Obwohl zahlreiche Artikel die Wahlergebnisse aus dem Blickwinkel aller möglichen Interessengruppen untersuchten, beschäftigte sich kein einziger mit dem Schicksal der Kandidatinnen. Es war also nicht nur so, daß die Zahl der in politische Ämter gewählten Frauen sank, sondern auch so, daß die Öffentlichkeit nie über diesen schweren Rückschlag der amerikanischen Politikerinnen informiert wurde.

Im Januar 1989, wenige Tage nach Bushs Amtsantritt und genau ein Jahr nach der ersten Women's Agenda Conference, versammelten sich Politikerinnen und Aktivistinnen zur zweiten Tagung. Obwohl Bush es im Vorjahr nicht für nötig gehalten hatte zu erscheinen, hatten die Delegierten doch noch Hoffnung. Prominente Politikerinnen prophezeiten, Bush werde jetzt die während des Wahlkampfs aus opportunistischen Gründen aufgesetzte antifeministische Maske abnehmen und sein wahres Gesicht eines Fürsprechers der Frauen zeigen. Statt dessen sagte Bush erneut ab, schickte aber diesmal ersatzweise ein Video. Darauf versprach er, mit den Frauen «im Gespräch» zu bleiben. Wobei er per Video natürlich nie ihre Erwiderungen hören konnte.

Eine Partei für sich

Im Sommer nach der Wahl traf sich die National Organization for Women in Cincinnati, drei Wochen nach dem berühmten *Webster*-Urteil des Supreme Court (das das Recht auf Abtreibung einschränkte) und angesichts der Tatsache, daß die Regierung Bush der historischen Absage des Gerichts an das Recht auf Geburtenregelung Beifall zollte. Einige NOW-Delegierte, zermürbt vom Verhalten beider Parteien, das sie als endlosen Verrat an den Frauen empfanden, schlugen vor, die Gründung einer dritten Partei zu diskutieren, die unter anderem für die Gleichberechtigung der Frau eintreten würde. Der Antrag wurde einstimmig angenommen.

Die Presse, die NOW-Tagungen normalerweise ignorierte, explodierte vor Empörung, Wut und Hohn. «So nicht, NOW – es ist Zeit für den Konsens, nicht für den Konflikt!» rügte Jodie Allen, Outlook-Redakteur der *Washington Post* in einem Leitartikel. «Es muß einmal gesagt sein: Halt den Mund, Molly Yard [die NOW-Präsidentin]!» Was den Rest der NOW-Führung betrifft, befahl der Leitartikel «Macht das rückgängig, oder tretet von der Bühne ab!» Dutzende anderer wütender Leitartikel klangen ähnlich. Eine Auswahl von Schlagzeilen: «Die NOW zeigt sich von ihrer schlechtesten Seite», «NOW-Phantasien» und «NOW liebäugelt mit Selbstmord». *Newsweek* warnte, «die schrillen Töne der NOW» könnten das Aus für die Pro-Geburtenregelung-Bewegung bedeuten, und zitierte eine anonyme Gewährsfrau der Tagung, die angeblich gesagt habe: «Ich wünschte, wir könnten uns Molly Yard vom Hals schaffen.» (Angesichts der Tatsache, daß die Tagung den Antrag auf die Gründung einer dritten Partei einstimmig angenommen hatte, ist die Identität dieser Abweichlerin etwas fragwürdig.)

In ihrer überhitzten Reaktion auf den Antrag brachten es die Journalisten fertig, das Ganze auch noch falsch zu verstehen. Sie warfen der NOW-Präsidentin Molly Yard vor, sie hätte den Tagungsteilnehmerinnen die Idee mit der dritten Partei aufgedrängt; aber in Wirklichkeit

war Basis-Frauen die Idee in einem Seminar gekommen, und sie hatten
den Antrag auch ein- und durchgebracht – während die NOW-Spitze
verblüfft danebenstand: Die Führungsspitze hatte einen viel moderate-
ren Plan gehabt, der sich auf die innerparteiliche Arbeit beschränkt
hätte; Yard hatte nur vorgeschlagen, eine gerechtere Berücksichtigung
auch der Frauen bei der Aufstellung der Kandidatenlisten beider Parteien zu fordern. Und diese Delegierten waren wohl kaum die von den
Medien beschworenen «radikalen Fanatikerinnen»: Da es sich nicht um
ein Wahljahr handelte, waren viele Langzeitaktivistinnen und liberalere
Mitglieder von der Ost- und Westküste zu Hause geblieben. Die Tagung
wurde von Mittelschichtfrauen aus dem Mittleren Westen dominiert;
tatsächlich nahmen sogar überdurchschnittlich viele Frauen teil, die erst
in jenem Jahr der NOW beigetreten waren. Außerdem enthielt ihre
Resolution nicht die Forderung nach einer neuen Partei – nur nach
«einer Erläuterungskommission», um die *Möglichkeit* einer solchen
Parteigründung zu diskutieren. Und die Partei, die sich die Delegierten
wünschten, war auch nicht, wie es die Presse bezeichnet hatte, eine
«Frauenpartei»; die Delegierten definierten sie hauptsächlich als Men-
schenrechtspartei, die auch gegen Rassendiskriminierung, Armut, Um-
weltverschmutzung und Militarismus angehen wollte.

Die panische Reaktion von Journalisten und Vertretern des politischen Establishments – die, vom Präsidenten, über den Vorsitzenden
des Democratic National Committee bis zu den Gouverneuren von
Maine und Michigan, einen reichen Fundus an Verdammungszitaten
lieferten – wirkt sogar noch grotesker, wenn man sich in Erinnerung
ruft, daß es sich bei der Hälfte der letzten neunundvierzig Präsidentschaftswahlen um Drei-Parteien-Wahlen handelte, was dem politischen Prozeß in Amerika offenbar nicht geschadet hat. Als acht Jahre
zuvor John Anderson oder Barry Commoner nach einer dritten Partei
riefen, schlug kein einziger Leitartikler vor, man solle sich die beiden
vom Hals schaffen. (Man könnte auch erwähnen, daß die Republikaner
am Anfang selbst als dritte Partei fungierten und Lincoln in einem *Vier-*
Parteien-Wahlkampf wählten.) Daß ein fast schüchtern formulierter-
Antrag eine solche Wut entfesselte, überraschte die NOW-Führung.
«Also, normalerweise müssen wir uns echt anstrengen, damit die Presse
auch nur die geringste Notiz von uns nimmt!» sagte Eleanor Smeal, die
ehemalige NOW-Präsidentin, verblüfft. «Daß der Präsident der Verei-

nigten Staaten die NOW-Resolution erwähnt [in einem Interview], ist
unbegreiflich, unfaßbar!... Daraus kann ich nur schließen, daß viele
maßgebliche Regierungsstellen beunruhigt sind.»

Die geballte Verachtung, die der Dritte-Partei-Antrag des NOW auf
sich zog, erreichte ihr Ziel: nämlich, eine Idee im Keim zu ersticken,
bevor sie auch nur die geringste Chance gehabt hatte, sich zu entfalten.
Die Führerinnen von Frauenrechtsgruppen eilten eine nach der anderen aufs öffentliche Podium, um ihre persönliche Abneigung gegen die
Frauenpartei kundzutun – oft in damenhafter Ausdrucksweise. Kate
Michelman, Vorsitzende der National Abortion Rights Action League,
rief sogar aus dem Urlaub an, um den Journalisten mitzuteilen, sie sei
gegen den Plan einer dritten Partei, weil sie nicht wolle, daß die vielen
«Freunde» der Frauen bei Republikanern und Demokraten «das Gefühl
haben, wir ließen sie im Stich». Dies war eine völlig andere Reaktion
als 1980, als führende Feministinnen die demokratische Partei mit dem
Trumpf einer dritten Partei zwangen, ein umfassendes Frauenrechts-
programm zu unterstützen: Sie drohten damit, den unabhängigen
Kandidaten John Anderson zu unterstützen, falls die Demokraten
nicht das ERA, das Recht auf Abtreibung und Kinderbetreuung, auf die
Tagesordnung setzten.

Der heftige Spott, den die Idee einer dritten Partei hervorrief, hätte
die Politikerinnen eigentlich auf die ebenso heftige Unsicherheit hinweisen können, die sich dahinter verbarg. Smeal hatte wohl recht; die
Regierungsstellen waren besorgt. Das politische Establishment mußte
den NOW-Antrag als «verrückt» und «albern» diskreditieren, eben
weil keins von beidem zutraf – in Wirklichkeit war der Antrag nämlich
ebenso glaubwürdig wie bedrohlich. Schließlich war es von allen Herausforderungen des Wahlkampfs '88 der Sieg über das Geschlechtergefälle gewesen, den Bushs Berater als die «Hauptleistung» seines Wahlkampfs ausgemacht hatten. «Ist für die männlichen Weißen alles
gelaufen?» fragte der altgediente Journalist David Brinkley 1988 nervös im Fernsehen, als er die NBC-Berichterstattung über den Parteitag
der Demokraten moderierte. Der Kommentator George Will sah ähnlich konsterniert drein und erwiderte, ja, anscheinend seien sie Zeugen
«des Untergangs des männlichen Weißen». Auf dem demokratischen
Podium hinter ihnen wimmelte es zwar von männlichen weißen Gesichtern, aber das spielte für diese beiden Experten kaum eine Rolle.

Am Ende der Dekade bedurfte es keiner besonders lebhaften Phantasie, um den Ärger und Parteienüberdruß der meisten Amerikanerinnen wahrzunehmen – zuerst waren sie von der Reagan-Administration betrogen, dann vom Präsidentschaftswahlkampf 1988 ausgeschlossen und schließlich durch das *Webster*-Urteil (das das Recht auf Abtreibung einschränkte) demoralisiert worden. Die Wut der Frauen kam in Umfragen spektakulär zum Ausdruck. Eine Yankelovich-Clancy-Shulman-Umfrage von 1988 ergab, daß die meisten Frauen glaubten, sowohl die demokratische als auch die republikanische Partei hätten «keinen Kontakt mehr zur amerikanischen Durchschnittsfrau». Und wer, glaubten sie, *hatte* diesen Kontakt? Die Mehrzahl der Frauen nannte folgende drei Gruppen: Die NOW, die Führerinnen der Frauenrechtsbewegung und die Feministinnen. Eine Altersanalyse ergab bei der Yankelovich-Umfrage für den zukünftigen Status der demokratischen und republikanischen Partei ein düsteres Bild: Jüngere Frauen identifizierten sich in der Umfrage von allen Altersgruppen am *wenigsten* mit den traditionellen Parteien – und am *meisten* mit feministischen Gruppen und Führerinnen. Unter den Zweiundzwanzig- bis Neunundzwanzigjährigen glaubten nur 36 %, die Republikaner hätten Kontakt zu den Anliegen der Durchschnittsfrau; für die NOW wiederum traf dies nach Ansicht von 73 % dieser jungen Frauen zu. Die jüngsten Frauen, zwischen sechzehn und einundzwanzig, brachten die überwältigendsten Zahlen – von ihnen fühlten sich ganze 83 % von der NOW vertreten.

Am Ende der Dekade hätten die Frauen einen immens einflußreichen Wählerblock bilden können – wenn die führenden Frauenrechtlerinnen und andere progressive Führerinnen ihre riesige Zahl mobilisiert hätten. Doch in den 80ern verhinderte der Gegenschlag im Kapitol diese historische Chance der Frauen – durch einen Hagel von Ächtung, Feindseligkeit und Hohn. Die Frauen, die dieses Bombardement am meisten entmutigte, waren begreiflicherweise die in unmittelbarer Reichweite. Und so kam es, daß gerade in dem Moment, wo die amerikanischen Mittelschichtfrauen bei der NOW-Tagung im Mittleren Westen aktionsbereit gewesen wären, viele ihrer Führerinnen in Washington in Deckung gingen.

10 Der Brain-Trust des Gegenschlags: Von Neokonservativen zu Neofeministinnen

Die Führer der Neuen Rechten hätten den Gegenschlag niemals allein vermarkten können. Sie hätten vielleicht unbegrenzte Sendezeit in Falwells «Old-Time Gospel Hour» bekommen, aber in «Good Morning, America» hätten sie mit ihren wetternden Tiraden keine Chance gehabt. Ihre antifeministischen Traktate wären vielleicht in die evangelikalen Bestsellerlisten gekommen, aber die großen Verlage hätten sich kaum um die Taschenbuchrechte gerissen. Zutritt zum nationalen Forum erhielten kühlere Köpfe, Mittelsmänner mit dem nötigen Medienschliff und akademischer Laufbahn, die hitzige Tiraden gegen die Emanzipation in wohlklingende Häppchen und enthusiastisch begrüßte Hardcover-Ausgaben verwandelten.

Die Emissäre des Gegenschlags berichteten von sämtlichen Außenposten der Gelehrsamkeit; es waren Philosophen, die die Klassik beschworen, Soziologen, die mit Statistiken herumfuchtelten, und Anthropologen, die anhand von Eingeborenenstämmen beweisen wollten, welche Rolle der Frau von Natur aus zukomme. Aber dies waren nicht nur akademische Autoritäten. Es waren auch populäre Autoren und Redner; es waren Mentoren der Männer- und manchmal auch der Frauenaktionen. Diese Mittelsmänner und -frauen verbündeten sich auch nicht mit irgendeinem bestimmten ideologischen Lager; ihre billigende Haltung unterstützte die Verbreitung antifeministischer Sentiments quer durchs politische Spektrum. Während am Beginn der Dekade die bekanntesten unter ihnen neokonservative Kommentatoren waren, versammelten sich am Ende der Dekade auf dem Podium des Gegenschlags auch liberale und linke Theoretiker. Anfang der 90er Jahre überließ der reaganfreundliche Autor George Gilder die Redner-

tribüne dem Linksintellektuellen Christopher Lasch, der Abtreibungsbefürworterinnen scharf kritisierte und ein in der Verfassung veran-
kertes Scheidungsverbot für Ehepaare mit Kindern forderte.

Während nur wenige dieser Denker die Gleichberechtigungsforde-
rung der Frauen offen diskreditierten, gab sich die Mehrzahl neutral:
Es handle sich um einen philosophischen, keinen persönlichen Diskurs
über die Unabhängigkeit der Frau. Wenn *sie* sagten, der Feminismus
habe den Frauen geschadet, dann sprachen sie angeblich nur als gut-
unterrichtete, besorgte Zuschauer, die den Schauplatz feministischer
Verbrechen aus objektiver Distanz beobachteten. Ihrem Urteil konnte
die Öffentlichkeit vertrauen. Anders als die Neue Rechte traten sie
nicht gegen den Feminismus an. Sie wollten nur das Beste für die
Frauen.

Zu den Gegenschlagsexperten gehörten sogar Frauen, die sich als
Feministinnen bezeichneten. Manche von ihnen nannten sich «Neo-
feministinnen» der zweiten Generation, die sich für die «Rechte der
Mütter» einsetzten. Andere schwenkten Mitgliedskarten aus den An-
fangstagen der Frauenbewegung; es waren feministische Autorinnen
der 70er, die jetzt revisionistische Texte veröffentlichten. Und dann gab
es noch die unfreiwilligen, unwilligen Verkünderinnen – feministische
Wissenschaftlerinnen, die bestürzt zusehen mußten, wie ihre Studien
über den Unterschied der Geschlechter von den immer zahlreicher werdenden fanatischen Gegenschlagsinterpreten verzerrt wurden.

Bei den Experten, die den Gegenschlag der Öffentlichkeit präsentierten, handelte es sich um eine heterogene, unzusammenhängende
Gruppe, die sich nicht auf einen gemeinsamen politischen oder sozialen
Nenner bringen ließ – aber wer von diesen Experten ans Mikrofon trat,
trug immer auch sein persönliches Gepäck mit sich. Ihr Interesse für
den Status der Frau war womöglich echt, ihre intellektuelle Neugier
sicher groß. Aber sie wurden auch von privaten Sehnsüchten, Animositäten und Eitelkeiten geleitet, die ihnen selbst kaum bewußt waren.
Wie die Männer und Frauen aus dem Lager Reagans und der Neuen
Rechten hatten auch sie im Privat- und Berufsleben mit den schmerzhaften sozialen Veränderungen der letzten beiden Dekaden zu kämpfen. Und schließlich verschmolzen – was in solch stressigen Perioden
zwischen den Geschlechtern offenbar unvermeidlich ist – persönliche
Angst und intellektuelle Forschung miteinander und machten die

Frauen zu einem «Problem», das fieberhaft und detailliert untersucht werden mußte, zu einem Schandfleck in der nationalen Landschaft, der es verdiente, daß man sich endlos den Bart raufte und in dogmatischen Auslassungen erging. Egal ob Frauen im Leben dieser Experten nun eine Quelle des Verdrusses waren oder nicht, in ihren Schriften und Vorträgen wurde «die Frau» jedenfalls die Allzweckleinwand, auf die zahllose private Befürchtungen und Gespenster projiziert werden konnten.

Die Gelehrtenrobe vieler dieser Denker und Denkerinnen des Gegenschlags bemäntelte Impulse, die mit Wissenschaft nicht das geringste zu tun hatten. Manchmal handelte es sich um Akademiker, die glaubten, die Feministinnen hätten sie um Beförderung, Amt und Würden gebracht; sie empfanden die Einrichtung eines Lehrstuhls für Frauenforschung nicht nur beruflich, sondern auch persönlich als Störung; die Feministinnen waren unbefugte Eindringlinge, die *ihren* Campus-Rasen zertrampelten. Manchmal handelte es sich um Schriftsteller oder Schriftstellerinnen, die glaubten, feministische Autorinnen und Lektorinnen hätten ihre literarische Karriere negativ beeinflußt oder das Verlagswesen an sich gerissen. Dann wieder gab es Theoretiker, die versuchten, höchst untheoretische Veränderungen in ihrer eigenen Umgebung und Ehe zu bewältigen. Bei wieder anderen handelte es sich um politische Taktikerinnen, die ungelöste, jahrzehntealte persönliche Fehden mit Frauenrechtsorganisationen ausfochten oder über reale und eingebildete Kränkungen von seiten führender Feministinnen grübelten. Und vielen anderen ging es einfach um Publicity; sie wollten an ihren früheren Ruhm anknüpfen, den sie ursprünglich dadurch erworben hatten, daß sie für die Frauenrechte eintraten.

Der Versuch einer Analyse all dieser Männer und Frauen wäre hier weder durchführbar noch ratsam. Und er wäre nicht fair; daß sie der Frauenbewegung den Kampf ansagten, hatte eine Vielzahl von Ursachen – von denen das Privatleben nur eine ist. Es geht hier nicht darum, die Theoretiker des Gegenschlags auf psychologische Fallstudien zu reduzieren, sondern darum, ihre Ideen auch einmal unter weniger bekannten Aspekten zu betrachten – von beruflichem Groll bis zu häuslichem Rollenstreß –, die die antifeministische Haltung dieser Denker und Denkerinnen maßgeblich mitgeformt haben.

Die nun folgenden kurzen Szenen sollen auch keine repräsentative

Auswahl all der weiblichen und männlichen Wissenschaftler, Autoren und RednerInnen sein, die im Gegenschlagseintopf rührten. Es waren einfach zu viele Köche – von bekannten Namen bis zu Eintagsfliegen –, die dem Publikum den Gegenschlag schmackhaft machen wollten. Die folgenden Seiten liefern statt dessen eine Auswahl gesalbter Wortführer – kleine Skizzen einiger hochfahrender Experten, bei denen es sich auch um verängstigte oder verwirrte Menschen handeln könnte, die sich mit Bluff, Angeberei oder Maulheldentum ihren Weg durch eine schwierige, verwirrende Zeit der Veränderung bahnten.

George Gilder:
«Amerikas Antifeminist Nummer eins»

Als 1970 die USA in Kambodscha einmarschierten, fühlte sich der neunundzwanzigjährige George Gilder, damals Sprecher des liberal-republikanischen Senators Charles McC. Mathias, von Friedensdemonstranten «bedrängt», die wissen wollten, wie der Kongreßabgeordnete gleichzeitig gegen die Invasion und für den Senator sein könne. Gilder war auch Spott ausgesetzt. «Ihrer Ansicht nach mochte ich zwar gegen den Krieg sein», erinnert er sich, «aber ich war Teil des ‹Systems›.» Eines Abends, nachdem er sich seinen Weg durch eine Menge skandierender Demonstranten gebahnt hatte, saß Gilder zu Hause und grübelte vor sich hin. Wie er später schrieb, reichte an jenem Abend sein «Unbehagen» «über das Dilemma meines Jobs hinaus. Ich hatte auch ‹Zweifel an meiner Männlichkeit›.»

«Nicht nur hatte ich mich vor dem feindlichen Feuer in Südostasien gedrückt, sondern auch vor einem hundertprozentigen Engagement in Washington. Tausende junger Männer und Frauen würden am nächsten Tag voll moralischer Inbrunst auf die Straße gehen und demonstrieren, während ich mich um Gewalt sorgte oder um die Beleidigung mächtiger Senatoren, die vielleicht für den Frieden stimmen könnten.

In gewisser Hinsicht wußte ich, daß meine Verpflichtung tiefer, praktischer, professioneller war. Aber sie erlaubte keine Verschmelzung von physischem und moralischem Engagement: eine Hingabe an die Gruppe und die Sache.»

Nachdem er sein Gewissen gründlich erforscht hatte, wollte er eine Entscheidung treffen – beim Joggen. «Ein guter Dauerlauf konnte mir ein Gefühl der Männlichkeit und der moralischen Tauglichkeit geben, das oft mehrere Stunden lang anhielt.» Als Gilder den Hügel zum Washington Monument hinaufkeuchte, fiel etwas vom Himmel, und Gilder wurde plötzlich «im Dunklen zu Boden geworfen, wie durch einen Bauchschuß oder eine Schlinge um den Hals». Die Polizei hatte ihn für einen Demonstranten gehalten und eine Tränengasgranate in seine Richtung geschleudert. Auch wenn er nicht direkt getroffen wurde, war es trotzdem «eine Feuertaufe». «Als ich da auf dem Hügel stand... war ich nicht direkt in nachdenklicher oder philosophischer Stimmung», schreibt er. «Überraschenderweise erfaßte mich eine Woge der Begeisterung. Es war vielleicht nicht Geschichte, aber ich war in den Strom der Ereignisse hineingezogen worden. Ich sah, daß ich wohl eines der ersten Demonstrationsopfer war. Vielleicht überhaupt das erste.»

Die Taufe bekehrte Gilder zwar nicht zur Friedensbewegung, aber er bekam dadurch eine «sofortige Verbindung» zu ihr und rannte in seinem nachwirkenden Gemeinschaftsgefühl auf vier Demonstranten zu, die vor seinem Apartment geparkt hatten, um ihnen «meine Geschichte» zu erzählen. Die Demonstranten – drei Männer und eine Frau – erzählten ihm daraufhin *ihre* Geschichte: Sie brauchten einen Schlafplatz. «Einfach aus der Situation heraus», schreibt Gilder, «lud ich sie ein, bei mir zu übernachten.»

Aber am nächsten Morgen dachten die männlichen Gäste nicht daran zu gehen – auch nicht am Tag darauf. Tag um Tag traf Gilder sie an, wenn er nach Hause kam; sie rekelten sich auf seiner Couch, sein Wohnzimmer lag voller Jointkippen, sein Kühlschrank war leergeräumt. Als Gilder sanft auf ein mögliches Abreisedatum zu sprechen kam, drohte ihm der Anführer spöttisch mit einem Schnappmesser. Schließlich packte Gilder *seine* Sachen und floh vorübergehend zu einem «Mädchen». «Ich glaube, in gewisser Weise haben die mich rausgeschmissen», schreibt er.

Als er es eine Woche später endlich wagte, wieder zurückzukommen, entdeckte er zu seiner Erleichterung, daß die Besetzer abgehauen waren – nicht ohne seinen Plattenspieler, seine Schallplatten und Lebensmittel mitzunehmen. Aber sie hatten ein fünfzehnjähriges Mäd-

chen dagelassen, das in Gilders Bett schlief. Diesem einzelnen weiblichen Eindringling gegenüber trat Gilder großspurig auf. Er warf die
Blondine aus seinem Schlafzimmer und «jagte sie fort».

Im Jahr darauf kehrte Gilder zum Harvard Square zurück in der
Hoffnung, ein «berühmter Schriftsteller» zu werden, eine Familientradition – jedenfalls was die Frauen betraf. Überdurchschnittlich viele
Frauen in seiner Verwandtschaft seien erfolgreiche und sogar ausgezeichnete Buch- und Theaterautorinnen gewesen. (Auch wurde Gilder, nachdem sein Vater, David Rockefellers College-Zimmergenosse,
im Zweiten Weltkrieg gefallen war, von den Rockefellers aufgezogen –
eine Umgebung, die zweifellos zu den höheren Erwartungen beitrug.)
Wie er sich später erinnert, hatte er gehofft, *der* gesellschaftliche Kommentator der turbulenten amerikanischen Szene seiner Zeit zu werden
– eine literarische Figur wie Joan Didion, sein erklärtes Vorbild. Bis
dahin jedoch gab er das *Ripon Forum* heraus, die Zeitung der liberal-
republikanischen Ripon Society.

Bei diesem republikanischen Mitteilungsblatt wurde ihm – diesmal
direkter politisch – erneut mit der Vertreibung aus seinem Revier gedroht. Nachdem er in einem Artikel Präsident Nixons Veto gegen
einen Gesetzesantrag zur Kinderbetreuung gelobt hatte, verschworen
sich, seinen Worten nach, die «Feministinnen» des *Ripon Forum* gegen
ihn; sie setzten sich für seine Entlassung ein. Noch schlimmer: Dadurch, daß sie ihn schlechtmachten, kamen sie auch noch in die Medien. «Ein paar von ihnen traten in der ‹Today›-Show mit Barbara
Walters auf», erinnert er sich. «Ich meine, da war diese obskure Zeitschrift, die praktisch niemand abonnierte, und doch konnten diese
Funktionärinnen im Fernsehen, sogar in der ‹Today›-Show, gegen
meine Ansichten protestieren.»

Aber dann merkte er, daß bei den TV-Moderatoren noch größeres
Interesse an seiner Gegenattacke bestand. «Ich kam in ‹Firing Line›,
zusammen mit all diesen Kongreßabgeordneten und führenden Professoren und Feministinnen, nur weil ich diesen Artikel geschrieben
hatte.» Und es wurde ihm die Aufmerksamkeit eines Publikums zuteil,
das er sich schon lange gewünscht hatte: «Nach der Sendung wollte
praktisch jede Frau mit mir diskutieren. All die Jahre hatte ich nach
einer Möglichkeit gesucht, das leidenschaftliche Interesse der Frauen
zu erwecken, und jetzt war klar, daß ich es geschafft hatte.» Damals

kam ihm der Gedanke: Er konnte sich in Amerika auch auf andere Weise einen Namen machen – als «Amerikas Antifeminist Nr. eins».

Bis dahin hatte Gilder sich selbst als Feminist bezeichnet. Heute behauptet er, es sei ihm nichts anderes übriggeblieben; damals hätten die «Anhängerinnen der Emanzipationsbewegung» die Männer gezwungen, sich zu Wort zu melden. «In Cambridge wurde praktisch alles vom Feminismus dominiert», sagt er. «Wirklich, es gab nur noch Leute, die für den Feminismus eintraten. Es war wie ein rhetorisches Bedürfnis.» Aber nachdem er «zum amerikanischen Chauvinisten Nummer eins» geworden war, ein weiterer Titel, den er sich selbst halb scherzhaft verlieh, sah er endlich eine Möglichkeit, dieser Dominanz zu entfliehen und gleichzeitig eine schriftstellerische Karriere aufzubauen.

Sofort nach dem Showdown mit den Ripon-Feministinnen gab Gilder seinen Job auf, zog nach New Orleans und begann mit der Arbeit an *Sexual Suicide*. Es sollte das erste von vier Büchern über die verheerenden Auswirkungen des Feminismus sein; *Naked Nomads*, *Visible Man*, und *Men and Marriage* folgten. (Letzteres, 1986 erschienen, war eigentlich nur eine revidierte Fassung von *Sexual Suicide*, neu aufgelegt in der Hoffnung, aus den, laut Gilder, «schweren Rückschlägen» des Feminismus während des Gegenschlags der 80er Jahre Kapital zu schlagen.) In all diesen Büchern ging es um Frauen, die «die Männer im Beruf mehr und mehr verdrängen», und um Männer – sogar «viele konservative Männer» –, «denen der Schneid fehlt, sich gegen diese Upperclass-Feministinnen zu wehren.» Sein Buch warnte, die Feministinnen würden auch immer mehr zu «Zwangsmaßnahmen» greifen, um ihren Willen durchzusetzen: Im beruflichen Bereich «bedrohen sie nicht nur die Rollenverteilung, auf der die Familie basiert, sondern auch die Privilegien im Kern des freien Unternehmertums»; in Washington versuchten sie angeblich, «das politische System zu entmannen».

«Laßt uns einen Befreiungstraum träumen, einen Traum von jungen Frauen», beginnt Gilders Märchen, «The Princess' Problem». Wie die Medientrend-Story hat auch Gilders für alleinstehende Karriere-Mädchen gedachte Geschichte eine Moral. Die Prinzessin ist die unglückliche emanzipierte Susan, eine Mitherausgeberin von «Rancour

House». Ihr «Problem»: Sie ist Single und geht auf die Dreißig zu. Sie hat eine Affäre mit Simon, dem verheirateten Rancour-Chefredakteur.

«Warum gibt es keine alleinstehenden Männer?» seufzt Susan in ihrem Büro vor sich hin, während sie «den kleinen, aber privilegierten Ausblick auf den East River genießt». Sie denkt gleichzeitig über die Freiheitsstatue und die Kehrseite der Emanzipation nach.

«Was fordert die Freiheitsstatue im Jahr 1986? Bringt sie her zu mir alle: eure Mitherausgeberinnen, die wieder frei durchatmen wollen, eure Mädchen in Führungspositionen, die die Büroluft satthaben, eure jungen Anwältinnen mit dem munteren, tüchtigen Lächeln und den medikamentös behandelten Bäuchen, eure müden, hungrigen Erbinnen mit akademischem Grad – all eure Single-Frauen, die hinter den erleuchteten, nicht zu öffnenden Fenstern immer höher aufsteigen, auf den braunen Fluß starren und über die verrinnende Zeit und die Verheißung der Freiheit nachdenken.»

Susan könnte ihr «Problem» lösen, schreibt Gilder, wenn sie nur ihre Ansprüche zurückschrauben und Arnold, einen Junggesellen und erfolglosen Schriftsteller, heiraten würde. Arnold ist ein hartnäckiger, wenn auch etwas kläglicher Freier, aber Susan hält Arnold kaum ihres Rolodex für wert. Sein neuestes Manuskript liegt als Staubfänger auf ihrem Schreibtisch.

Susan wird, laut Gilder, dafür bezahlen, daß sie Arnold verschmäht hat. Simon wird seine Ehefrau nicht verlassen, und Susan wird schließlich dastehen, «weit über dreißig und ohne Mann». Sie «wird, wenn sie auf die Vierzig zugeht, den heiraten müssen, der gerade zu haben ist... Wenn sie zu lange wartet, kann es durchaus sein, daß selbst Arnold kein Interesse mehr hat, besonders, wenn er es in seinem Beruf schließlich doch noch zu etwas gebracht hat. Möglich, daß er es bedauert, sie abweisen zu müssen. Aber abweisen wird er sie auf jeden Fall, und zwar zugunsten einer Frau in den Zwanzigern.» Der tölpelhafte Arnold wird der sein, der zuletzt lacht. Und sie wird eine dieser alten Jungfern werden, die «nur allzuoft... zu Drogen und zur Flasche greifen».

Warum muß Susan gerade Arnold heiraten? Die Frauen «müssen auf die Arnolds dieser Welt setzen», schreibt Gilder, denn «dadurch, daß sie sie erwählen und lieben und ihre Kinder zur Welt bringen, erhöhen die jungen Frauen die Wahrscheinlichkeit, daß strebsame junge Single-Männer tatsächlich so erfolgreich werden wie Simon». Mit anderen Worten, Susan muß Arnold um *Arnolds* willen heiraten. Das «Problem» der Prinzessin entpuppt sich als das Problem des Prinzen.

In den 70ern hatte der strebsame Autor und frustrierte Junggeselle ähnliche Schwierigkeiten wie Arnold. Er war über dreißig, unverheiratet und, wie er selbst sagt, sehr unglücklich darüber. Gilders Bücher dieser Dekade drehen sich ständig um die «mißliche Lage des Single-Manns», wie er es nennt. Von seinen fünf Jugendfreunden, so schreibt er bekümmert, seien alle verheiratet, bis auf «P. J.», ein Angehöriger des Marine-Corps, der sich kürzlich in den Kopf geschossen hat. Da Gilder einem ähnlichen Los unbedingt entgehen will, war er «sehr draufgängerisch hinter den Frauen her» – aber keine wollte ihn heiraten.

In *Naked Nomads* beschreibt George seine Begegnung mit einer dieser widerstrebenden Kandidatinnen, einer üppigen Fünfundzwanzigjährigen, die er an einem Inselstrand erspäht; er hat sich allein in der Karibik verkrochen, um zu schreiben. Er spricht sie an, aber sie entpuppt sich als knallharte Emanze, die allein über den Ozean segelt, eine Feministin von der Sorte, die «aus ideologischen Gründen den Kopf hoch trägt». Sie sagt ihm: «Ich würde nie heiraten. Niemals. Das wäre heutzutage eine Dummheit.» Als er dann allein über die Klippen der Insel wandert (zu einem Platz, wo er braun zu werden hofft, denn «schließlich bin ich ein alleinstehender Mann»), fällt Gilder hin und bricht sich das Nasenbein. Er hat sofort den Verdacht, an diesem Mißgeschick sei sein Junggesellentum schuld. «Alleinstehende Männer sterben mit sechsmal höherer Wahrscheinlichkeit an ‹Stürzen› als verheiratete Männer», weiß er zu berichten. Dann macht er sich Sorgen, seine platte Nase könne ihn weniger attraktiv machen. Schließlich tröstet er sich aber mit dem Gedanken, daß Frauen auf den Preisboxer-Look stehen. «Vielleicht mußte ich ja doch nicht für den Rest meines Lebens allein bleiben.»

Gilbert bedauert in seinen Büchern den Umstand, daß es gegenwärtig zu viele Single-*Männer* gebe, und beklagt ihre labile seelische Verfassung. «Der Single-Mann ist auf ein Riff aufgelaufen, und die Ebbe kommt», schreibt er. «Er ist biologisch gestrandet und hat einen hoffnungslosen Traum.» Im Gegensatz zu anderen Gegenschlagsautoren gibt er zumindest ehrlich zu, welche Vorteile die Ehe seinem Geschlecht bietet und wie das Zahlenverhältnis von Single-Männern und Single-Frauen wirklich aussieht. (Und trotzdem konnte er, als in den 8oern *Men and Marriage* erschien, nicht der Versuchung widerstehen, in der Einleitung die Harvard-Yale-Heiratsstudie zu zitieren, als Beweis, welche schädlichen Auswirkungen der Feminismus auf Frauen hat.) Wohin man auch blicke, seien Single-Frauen heutzutage weit besser dran als Single-Männer, schreibt Gilder und weist auf eine Studie hin, nach der Single-Frauen sogar mehr als doppelt so häufig Sex haben wie Single-Männer. «In bezug auf Armut, Verbrechen, seelische Erkrankungen, Depressionen und Sterblichkeit», schreibt er, «sind es die Single-Männer, die man als Opfer der sexuellen Revolution bezeichnen kann.» Und er führt aus, daß Single-Männer die Ehe viel *nötiger* haben als Frauen: «Auch wenn sie das Gegenteil behaupten, können Frauen oft durchaus ohne Ehe leben; Single-Frauen können zumindest auch im Alter seelisch stabil und schöpferisch sein... Männer ohne Frauen hingegen werden oft zu ‹Nervensägen›» und seien zu einem «Hobbesschen Leben verurteilt – einsam, armselig, ekelhaft, tierisch und kurz».

Ein Mann müsse auch deshalb heiraten, damit er eine Familie ernähren könne – die Feuerprobe der Männlichkeit. «Virilität», so Gilder, «...bleibt hauptsächlich den Verheirateten vorbehalten.» Und wie kann sich ein Single-Mann als «Ernährer» erweisen, fragt Gilder, «in einer Gesellschaft, in der er nicht mehr Geld verdienen kann als die für ihn in Frage kommenden Frauen»? Wie die Yankelovich-Forscher ist auch Gilder zufällig auf den meist immer noch unumstrittenen Punkt gestoßen, der in Amerika als Bedingung für wahre Männlichkeit gilt: Ein richtiger Mann zahlt die in der Familie anfallenden Rechnungen – alle. Gilder weicht jedoch insofern von jenen Soziologen ab, daß er behauptet, diese ökonomische Definition sei in der menschlichen Biologie verankert.

Gilders Version des unterbeschäftigten jungen Single-Manns ist weit düsterer, als es die «Kämpfer» der Yankelovich-Studie waren. Gilder betrachtet Single-Männer im allgemeinen als eine höchst unangenehme Spezies, eine «Affenhorde» «nackter Nomaden», die weit häufiger als verheiratete Männer zu Drogenmißbrauch, Alkoholismus, Spielsucht, Kriminalität und Mord neigen. «Je älter ein Mann wird, ohne zu heiraten», schreibt er, «desto größer ist die Gefahr, daß er sich umbringt.» Nur ein Ehering, so Gilder warnend, könne «die Barbaren zähmen». Wenn der typische Single-Mann aber so abstoßend ist, welche Frau käme dann auf die Idee, sich mit ihm zu verabreden oder ihn gar zu heiraten? Gilders Antwort an die Frauen: Ihr habt keine Wahl – heiratet oder macht euch auf den Tod gefaßt. «Die an den Rand gedrängten Männer sind nicht machtlos», warnt er unheilvoll. «Sie können sich Messer und Pistolen kaufen, Drogen und Alkohol und auf diese Weise eine kurze, verderbliche Überlegenheit erlangen.» Sie werden «vergewaltigen und plündern, sich Raub und Ausschweifungen hingeben». Es sei besser, mit ihnen zum Altar zu schreiten – als ihnen in einer dunklen Gasse zu begegnen.

Mit seinen ersten Büchern gewann Gilder den Ruf eines antifeministischen Medienexperten, aber nicht die ersehnte Leserschaft. Die Verkaufszahlen gingen während der 70er ständig zurück: Zwölftausend verkaufte Exemplare von *Sexual Suicide*, siebentausend von *Naked Nomades* und kolossale sechshundert von *Visible Man*. «So gründlich ging noch kein Karriereversuch daneben», seufzte Gilder. (*Men and Marriage* wiederum, auf dem Höhepunkt des Gegenschlags erschienen, verkaufte sich über dreißigtausendmal – obwohl man das Buch nur per Post bestellen konnte.)

Aber als Gilder 1981 seine Karriere mit der Ronald Reagans koppelte, kam endlich der literarische Erfolg. Er brachte seine liberal-republikanischen Tendenzen mit seiner feministischen Vergangenheit in Einklang (als junges Gründungsmitglied des *Ripon Forum* hatte er an einem Buch mitgearbeitet, in dem er sich über diesen «zweitklassigen Filmschauspieler» mokierte), wurde Reagans Redenschreiber, gestaltete seine Antrittsrede mit und schrieb vor allem ein Buch, in dem er die angebotsorientierte Wirtschaftspolitik und den Etatkürzungsentwurf der neuen Regierung ausarbeitete – ein Entwurf, der in erster Linie einen verheerenden Schlag gegen weibliche Haushaltsvorstände darstellte. Während *Reichtum und Armut* damals meist als Breitseite gegen die Liberalen und ihr Vermächtnis galt, ging die Attacke gegen eine andere politische Gruppe eher unter: Gilders Buch enthielt auch jede Menge Seitenhiebe gegen die Feministinnen und ihr Werk.

Über Nacht wurde der unbekannte, unbegüterte freie Autor zum intellektuellen Liebling der Reagan-Administration – und gelangte dabei selbst von Armut zu Reichtum. Reagans Leute agierten als unermüdliche Förderer und Werbeagenten für *Reichtum und Armut*: Reagans Wahlkampfleiter, William Casey, unterstützte Gilder finanziell, während das Buch entstand, und Reagans Budget-Direktor David Stockman schlug sogar vor, es vor versammelter Presse den Kabinettsmitgliedern zu übergeben. Diese Promotion zahlte sich aus: *Reichtum und Armut* verkaufte sich über einemillionmal.

Während sich die Rezensenten damals nur auf die wirtschaftliche Message von *Reichtum und Armut* konzentrierten, setzte Gilder in diesem Buch seinen Krieg gegen die emanzipierten Frauen fort. Er weitete ihn sogar noch aus. *Reichtum und Armut* macht die Frauenbewegung nicht nur dafür verantwortlich, daß alleinstehende Männer keine Frau finden, sondern auch dafür, daß verheiratete Männer erfolglos sind. Wenn Ehefrauen absichtlich arbeiten gehen, so Gilders Vorwurf, machen sie ihre Männer zu überflüssigen Krüppeln: «Der Mann hat immer mehr das Gefühl, seiner Rolle als Ernährer – dieser eindeutig männlichen Aufgabe, von der Frühzeit der Jäger und Sammler über die industrielle Revolution bis zur modernen Zeit – weitgehend verlustig zu gehen.» Die Frauenbewegung habe die Position des männlichen Ernährers gleich zweifach untergraben – erstens direkt, dadurch, daß sie die Frauen zur Arbeit ermutigt hat, und zweitens indirekt, dadurch, daß sie sozialpolitische Konzepte befürwortet, die der Ehefrau ein Überleben auch ohne ihren Mann ermöglichen. Erst hätten die Feministinnen sich in die Ernährerrolle des Mannes eingemischt, und dann hätten sie dafür gesorgt, daß den Männern «durch die Härtefallregelung Hörner aufgesetzt werden».

Während Gilder den Verlust der traditionellen Männerrolle in der Gesellschaft beklagte, wollte er für sich eine private Variante dieser Rolle. Das Glück war ihm jetzt doch noch hold gewesen und hatte ihm eine Frau beschert. Nini war seiner Schilderung nach eine traditionell orientierte Frau, die ein niedrigeres Gehalt hatte als er, und so sollte es nach Gilders Wunsch auch bleiben. Wie er in *Men and Marriage* versicherte, wollte er nicht, daß seine Frau «sich mir nicht ebenbürtig fühlt, nur weil sie weniger verdient als ich, oder daß sie sich den Karrierefrauen unterlegen fühlt, mit denen ich beruflich zu tun habe».

Sicherheitshalber richtete sie sich aber nicht ganz nach seiner Ideal-vorstellung von einer Lebensgefährtin. Als sie sich kennenlernten, so räumt er später ein, machte sie als Architekturhistorikerin Karriere. Und auch nach der Hochzeit blieb sie in ihrem Bereich aktiv und schrieb mehrere Bücher. Aber vielleicht hatte dieser alternde Prinz ja mal über *seine* Heiratschancen nachgedacht – und hatte beschlossen, lieber mit dem zufrieden zu sein, was zu haben war.

Allan Bloom: Auf der Flucht vor der feministischen Besatzung

Angeblich wegen des Niedergangs des amerikanischen Bildungswe-sens ist Allan Blooms *Der Niedergang des amerikanischen Geistes* Seite um Seite dem Angriff auf die Frauenbewegung gewidmet. Ob er den Zustand der Forschung, die verweichlichten Tendenzen in der Mu-sik oder die wechselnden Beziehungen unter Studenten und Studen-tinnen beklagt, alles hängt mit dem gleichen verderblichen Einfluß zu-sammen: Der feministischen Umwandlung der Gesellschaft, die den Frauen Forderungen und Wünsche eingab und den Männern Elan und Energie raubte. «Der neueste Feind der Lebendigkeit klassischer Texte ist der Feminismus», schreibt er; die vereinten Attacken gegen den literarischen Kanon von seiten radikaler 60er-Studenten und Minder-heiten würden im Vergleich dazu verblassen. Selbst die sexuelle Revo-lution, Blooms zweites Schreckgespenst, erscheint ihm, verglichen mit dem «härteren» Diktat der feministischen Tyrannei, als bloßes Auf-wärmtraining. «Der 14. Juli der sexuellen Revolution», so Bloom, «war in Wirklichkeit nur ein Tag zwischen dem Umsturz des Ancien-régime und dem Beginn des Terrors.»

In Blooms Abhandlung geht es zum geringsten Teil um den sinken-den Bildungsstandard; den weitaus größten Raum nehmen Schlag-worte gegen den Frauenterror ein. «Das feministische Konzept», warnt er, habe «eine Vielzahl empörter Zensorinnen mit Lautsprechern und Inquisitionstribunalen» auf den Plan gerufen, und «ein Mann zahlt einen hohen Preis», wenn er ihre Gesetze mißachtet. Der Feminismus habe «über die Familie triumphiert», «das Schamgefühl beseitigt», «die Rollen der Geschlechter neu verteilt», «Zwang angewendet», erreicht, daß «eine Frau sich einfach Befriedigung verschaffen kann, ohne ihr Gefühl in eine feste Beziehung zu investieren», und habe Frauen befähigt, Kinder zu kriegen «ganz nach ihren Vorstellungen, ob mit Vater oder ohne». Kurz, der Feminismus habe die Frauen von der Herrschaft der Männer befreit, «so daß [Frauen] leben können, wie es ihnen paßt» – eine Entwicklung, die dieser Wissenschaftler offenbar höchst problematisch findet.

Blooms Machwerk war nur der berüchtigtste der vielen Wälzer über den «Niedergang Amerikas», die Ende der 8oer die Buchläden bevölkerten. Genau wie die Urheber ähnlicher Ergüsse Ende des neunzehnten Jahrhunderts beschworen auch die gelehrten Verursacher dieser Panikmache düster Amerikas sinkendes Bildungsniveau, den Verfall der moralischen Werte und die sinkende Risikobereitschaft der Unternehmer – und fanden immer einen Weg, den Feminismus zumindest teilweise für diese nationalen Drangsale verantwortlich zu machen. In *The True and Only Heaven* sieht Christopher Lasch «das Ungesunde... unserer Lebensweise» grell durch die Tatsache veranschaulicht, daß der Feminismus auf «der Entscheidungsfreiheit» insistiert, daß er die traditionelle Ehe in Frage stellt und daß die Feministinnen «Propaganda für unbeschränkte Abtreibung» machen. In *Tenured Radicals: How Politics Has Corrupted Our Higher Education* klagt Roger Kimball die Frauenbewegung gleich auf der ersten Seite an. «Der radikale Feminismus», so seine Warnung, sei «die einzige und größte Bedrohung des Kanons.» Die Frauenforschung beherrsche mittlerweile «die geisteswissenschaftlichen Abteilungen vieler unserer besten Colleges und Universitäten», zum großen Schaden des amerikanischen Geisteslebens. Feministische Wissenschaftlerinnen erzwängen von den Universitäten die Einstellung weiterer Feministinnen, und «es geht ihnen um nichts Geringeres als die Zerstörung der Werte, Methoden und Ziele des traditionellen geisteswissenschaftlichen Studiums». 1991 hatten sich in Kalifornien etwa hundert Professoren, die diese Ansicht teilten, in der California Association of Scholars zusammengeschlossen; die Gruppe lief Sturm gegen Frauenforschungsprogramme, behauptete, die Immatrikulation und Einstellung von Frauen und Angehörigen von Minderheiten zerstöre die akademischen Standards, und scharte sich um den Anthropologieprofessor Vincent Sarich von der University of California, der studierende Frauen und Angehörige von Minderheitengruppen erzürnt hatte – durch seine Verurteilung von Antidiskriminierungsprogrammen und seine «wissenschaftliche» Theorie, Frauen hätten ein kleineres Gehirn als Männer.

Einige Jahre nach dem Erscheinen von *Der Niedergang des amerikanischen Geistes* bleibt der Autor nicht nur bei seinen Vorwürfen gegen den Feminismus, sondern behauptet jetzt sogar, sein bekannter Bestseller von 1987 habe das Problem «unterschätzt». Der Feminismus sei noch «unendlich viel mächtiger geworden», und nirgends regierten die Feministinnen mit so eiserner Faust wie auf dem amerikanischen Campus, wo ihre Ansichten «wirklich eine Art orthodoxer Lehre» darstellten, und jeder, der sich nicht linientreu verhalte, werde einfach «niedergemacht».

Der siebenundfünfzigjährige Plato-Experte lehrt an der University of Chicago, wo er sich in den konservativen und praktisch rein männlichen Bunker des Committee on Social Thought zurückgezogen hat (das in seinen Reihen praktisch nur eine einzige Frau hatte): «Ich bin in meinem exzentrischen Elfenbeinturm geschützt», meint er. «In den Abteilungen ist es schlimmer.» Wenn er sich aus der demilitarisierten Zone des Komitees hinauswagt, bewegt er sich mit äußerster Vorsicht. «Man kann es den Leuten außerhalb der Universitäten kaum vermitteln, was für eine außergewöhnliche Situation das ist», sagt er und vergleicht sein Los mit dem eines Flüchtlings mit Kriegneurose, der über Greuel zu berichten weiß: «Ich bin wie einer der ersten aus Kambodscha.»

Blooms Frontbericht zufolge haben die Feministinnen alle akademischen Heiligtümer entweiht – eine Ansicht, die all jene männlichen Wissenschaftler teilen, die die «politische Korrektheit» der frühen 90er Jahre verurteilen. «Keine Abteilung ist davon verschont geblieben. Das Lehrangebot hat sich außerordentlich verändert. Aber darüber hinaus ist es sogar bei den alten etablierten Kursen mit traditionellen Lehrbüchern so, daß viele [Professoren] die feministische Sicht vertreten. Wenn man jetzt amerikanische Geschichte studiert, dann ist Amerika nur noch die Geschichte der Frauenversklavung! Zweifellos ist das zur Doktrin geworden.»

Die Feministinnen herrschten, weil sie in der Überzahl seien. «Dieser schreckliche Angriff auf das Curriculum geht vor allem von den Feministinnen aus, weil die Feministinnen am erfolgreichsten waren», sagt Bloom. «Da gab es diesen überwältigenden Trend, um jeden Preis Frauen einzustellen, und jetzt haben sie es wirklich geschafft und sind da. Und nun ist es schlicht so: Man kriegt eine Mehrheit für eine bestimmte Interpretation, und dann halten die [Feministinnen] alle für inkompetent und stellen welche von sich ein.»

Blooms Überzeugung, daß die meisten Unijobs und Publikationsrechte jetzt für Feministinnen reserviert seien, wird von vielen seiner sowohl konservativen als auch liberalen Universitätskollegen geteilt. Doch diese Überzeugung basiert auf Angst, nicht auf Fakten. Frauen, ob Feministinnen oder nicht, machen nämlich nur 10% des Lehrpersonals an den üblichen Vier-Jahres-Institutionen aus (und an Elite-Colleges nur 3 bis 4%) – eine Zunahme von nur 6% seit den 60er Jahren. Frauen, die in Philosophie promoviert haben, sind fünfmal häufiger arbeitslos als ihre männlichen Pendants. Auch kann man kaum sagen, daß es auf dem Campus von feministischen Professuren wimmelt; in den USA gibt es insgesamt nur zwölf Lehrstühle für Frauenforschung. Was die Dominanz bei wissenschaftlichen Publikationen betrifft, ergab eine Erhebung unter den etwa eintausendfünfhundert Artikeln, die jährlich in Fachzeitschriften für Geschichte, Literatur, Erziehung, Philosophie und Anthropologie veröffentlicht werden, daß es in nur 7,4% davon um Frauen oder Frauenthemen ging, ein winziger Zuwachs von 5% seit den 60er Jahren. In Blooms Fachgebiet, der Philosophie, war der Anteil von Artikeln über Frauenthemen am kleinsten, nämlich 2,7% – und er war sogar von einem 5,4%-«Gipfel» im Jahr 1974 wieder *gesunken*. Wenn Gelehrte wie Bloom auf ihrem Gebiet weniger Chancen hatten, dann lag das eher an einer finanziell bedingten Prioritätenverlagerung an den Universitäten als an der Frauenforschung. In den 80ern kürzte eine Universität nach der anderen die geisteswissenschaftlichen Budgets und pumpte die Geldmittel statt dessen in jene Bereiche, die man in diesem Jahrzehnt als die beiden Wachstumsindustrien des Campus bezeichnen konnte: die Medizinische Fakultät und die Business-Schools.

Vielleicht ärgerte sich Bloom weniger darüber, daß es mit der amerikanischen Intelligenz bergab ging, als vielmehr darüber, daß diese Intelligenz nichts von ihm wissen wollte. 1970 mußte Bloom seine Elite-Uni-Zuflucht verlassen und nach Kanada fliehen. «Die Gewehre der Cornell University», wie er den Studentenaufstand nennt, hatten ihn verjagt. Obwohl nur sehr wenige dieser Gewehre in der Hand von Frauen waren, erinnert er sich an sie am deutlichsten – und grollt ihnen am meisten. «Das war mein erster Zusammenstoß mit den Feministinnen», so sein Resümee über die Cornell University, einem der ersten Colleges mit einem Frauenforschungsprogramm. «Die Feministinnen haben sich sehr laut zu Wort gemeldet. Ein paar von ihnen sind inzwischen ziemlich bekannt. Es waren meist Komparatistik-Studentinnen, die viel Aufmerksamkeit erregten.»

Während diese Frauen ihre Karriere aufbauten und Ruhm ernteten, hatte er das Gefühl, zu zehn bitteren Exiljahren an der Universität Toronto verurteilt zu sein. «Ich war verloren», sagte er einem Journalisten später. Nach zwei Jahren im Exil erlitt er im relativ jungen Alter von einundvierzig einen Herzinfarkt. Schließlich bekam er nach zweijährigen Verhandlungen eine Berufung an die University of Chicago. Aber selbst dort blieb er, mit seinen eigenen Worten, ein «Niemand». Er hatte sogar große Probleme mit der Publikation von *Der Niedergang des amerikanischen Geistes*. Schließlich mußte er sich mit einem Vorschuß von 10 000 $ zufriedengeben.

Bloom ist der Ansicht, die Feministinnen der Fakultät hätten ihn um seinen rechtmäßigen Ehrenplatz gebracht. «Es gibt eine gewisse Ächtung, wenn man nicht der Doktrin folgt», und weil er zu schreiben wagte, daß «die Frauenbewegung gegen die Natur ist», sei er bestraft worden. «Und *deshalb* erhalte ich nur wenig Einladungen. Mir wird keine der üblichen akademischen Ehrungen zuteil.»

Selbst seine Studentinnen machen sich nichts aus ihm. «Einmal betrat ich ein theologisches Seminar an einer bedeutenden theologischen Fakultät. Ich wollte einfach über diese Themen diskutieren, und das ganze Seminar, elf Leute, neun davon Frauen, rief plötzlich, [der Seminarleiter] sei ein Lügner und Betrüger, weil er mich mitgebracht habe.» Und er fügt hinzu: «Aber das ist noch gar nichts, manchmal wird es richtig gewalttätig.» Zum Beispiel habe er einmal «an einem sehr bedeutenden College» eine Vorlesung gehalten, und da seien die weiblichen Zuhörerinnen richtig wütend geworden, weil er sie beim Frage-und-Antwort-Teil nicht mit einbezog. Eine habe ihm sogar vorgeworfen, «Frauen auszuschließen».

Für Bloom stellt sich die Sache jedoch so dar, daß die Männer ausgeschlossen wurden. In *Der Niedergang des amerikanischen Geistes* ist sein Lamento über den «Zerfall der Familie» genau wie bei der Neuen Rechten ein Lamento über den Verlust der traditionellen männlichen Autorität im privaten und öffentlichen Leben, eine Autorität, die seiner Ansicht nach wütend angegriffen wird. Wehmütig schreibt er von der Zeit, als die Familie noch allgemein als «eine Art Miniaturstaat» galt, «in dem der Wille des Ehemanns der Wille des Ganzen ist». Er ist verärgert über Frauen, die ihre Männer wegen der liberalisierten Scheidungsgesetze rücksichtslos verließen, und über Töchter, deren «Beziehungen zu Jungen noch zu keinem geschichtlichen Zeitpunkt so wenig überwacht wurden».

Zuweilen scheint sich Bloom fast nach der Zeit zurückzusehnen, als Männer mit Frauen umspringen konnten, wie sie wollten, ohne Angst vor Tadel. Er meint, das Gerede von der Gewalt gegen Frauen sei... einfach nur Gerede. «Frauen», schreibt er in *Commentary* äußerst skeptisch, «... werden angeblich sowohl von ihren Ehemännern als auch von Fremden vergewaltigt, von Professoren und Vorgesetzten, an der Universität und am Arbeitsplatz sexuell belästigt.» Und die Feministinnen, so schreibt er mit wachsender Empörung, wollen, daß all diese sogenannten Vergehen «gesetzlich verboten und unter Strafe gestellt werden». Zumindest einen Ort gebe es, wo das traditionelle Verhältnis der sexuellen Macht noch bestehe – die Pornomagazine. Die Feministinnen seien nicht deshalb gegen Pornographie, weil sie etwas gegen die erniedrigenden, brutalen Darstellungen von Frauen hätten, sondern nur, «weil darin noch die alte Liebesbeziehung anklingt, in der die Geschlechterrollen unterschiedlich verteilt waren».

Selbst Junggeselle, hält Bloom flammende Reden gegen Frauen, die nicht heiraten; wiederholt betont er, wie «unvereinbar» die «weibliche Karriere» mit der Ehe sei. Die Frauen seien unglücklich und «von Zweifeln zernagt», weil die Emanzipation ihnen Liebe und Ehe verweigert habe. Er liefert die übliche paradoxe Gegenschlagsanalyse, wenn auch in hochtrabendem Stil: Diese jungen Frauen hätten all ihre Kämpfe «gewonnen», schreibt er, aber sie seien als ungeliebte Verliererinnen daraus hervorgegangen. «Mit all unseren Reformen haben wir uns selbst den Wind aus den Segeln genommen, und jetzt herrscht Flaute.»

Doch während Bloom behauptet, der Feminismus habe die Frauen betrogen, enthüllt er schon bald seinen eigentlichen Verdacht – daß die

am meisten geschädigten Opfer der Frauenbewegung die Männer
seien. «Und hier wird das Ganze gefährlich», schreibt er und wendet
sich dem zu, was er die aller«tyrannischste» Forderung des Feminismus nennt: Daß sich nämlich auch die Männer ändern sollen (oder, wie
Bloom es formuliert, daß «die Seelen der Männer... auseinanderge-
nommen werden müssen»). Die Konsequenz davon sei eine allgemeine
Entmannung. Wenn er den modernen Campus betrachte, sehe er nur
«geistig zurückgebliebene» Schuljungen und Wissenschaftler, die sich
in «altjüngferliche Bibliothekarinnen» verwandelt hätten. Wenn er die
heutige Gesellschaft betrachte, sehe er nur noch die Ruinen eines goldenen Männerzeitalters: «Nichts ist mehr übrig von der Verehrung
des Vaters als Symbol des Göttlichen auf Erden, des unbestrittenen
Inhabers der Autorität.» Er späht in die zerfallende Männerburg hinein und entdeckt, daß selbst im innersten Heiligtum – dem Ehegemach
– ein verhinderter Sexprotz haust. Der moderne Mann sei «bezüglich
seiner sexuellen Leistung verunsichert», schreibt er. In der Vergangenheit habe ein Mann hoffen können, für das, was er brachte, bewun-
dert zu werden. Aber jetzt könne er «ziemlich sicher sein, verglichen
und beurteilt zu werden», eine «entmutigende» Sachlage, bei der er
eventuell «nicht kann».

Der Feminismus, polemisiert Bloom, habe nicht nur die Männer um
ihre Erektion gebracht, sondern sie teilweise ihrer grundlegenden
Identität beraubt, indem er das Fundament dieser Identität zerstört
habe – die traditionelle Familie. Das Schreckgespenst vom «Niedergang der Familie» scheint Bloom weniger deshalb so zu beschäftigen,
weil er die behaglichen häuslichen Freuden bewahren will, sondern
weil er der Familie eine zentrale Bedeutung für das männliche Selbstgefühl beimißt. «[Ein] Mann ohne den festen Boden der Familie unter
den Füßen oder ohne eine Familientradition, für deren Fortsetzung er
verantwortlich ist», schreibt Bloom unter Berufung auf Tocqueville, ist
ein Mann, dem es schwerfallen wird, «sich als integralen Bestandteil
einer Vergangenheit und einer Zukunft zu sehen, statt als anonymes
Atom in einem sich ständig verändernden Kontinuum».

Der Niedergang des amerikanischen Geistes ist so vollgepackt mit
gelehrten klassischen Anspielungen, daß man den Eindruck gewinnt,
Blooms Kritik am Feminismus basiere nicht auf einer persönlichen
Aversion, sondern auf Plato. Jätet man aber aus Blooms Garten die

überzüchteten Metaphern, die vielsilbigen Floskeln und die üppigen
Zitate griechischer Philosophen, Rosseaus, Flauberts und Shakespeares
aus, dann steht man auf akademischem Ödland: keine Forschungsergebnisse, keine Beweise, kein einziges Zitat eines noch lebenden Menschen, um Blooms Analyse der gegenwärtigen Situation der Geschlechter zu untermauern. Nur einmal erwähnt er, er habe im Restaurant
Gespräche zwischen Paaren «belauscht». Wenn es mit der Wissenschaft
tatsächlich bergab geht, dann wird Blooms Werk dies sicher nicht verhindern.

Michael und Margarita Levin:
Jungen kochen nicht, und Mädchen verstehen
nichts von ungekürzter Division

In seinem 1988 erschienenen Buch *Feminism and Freedom* definiert
der Philosophieprofessor Michael Levin den Feminismus als eine «an-
tidemokratische, wenn nicht sogar totalitäre Ideologie» ohne den geringsten versöhnlichen Aspekt. «Gewiß irrt sich kein Ideengebäude in
allem, aber genau das unterstelle ich dem Feminismus», schreibt er.
«Doch wenn der Feminismus auch vielleicht *per accidens* manches
Gute erreicht hat, würde ich die Geduld des Lesers ebensowenig dadurch strapazieren, daß ich Zentren für vergewaltigte Frauen lobe, wie
ich sie beim Thema Faschismus dadurch strapazieren würde, daß ich
die Pünktlichkeit der Züge unter Mussolini lobe.» Seine Motive für
jenes Werk entsprängen durchweg einer hohen Gesinnung, wie er versichert. «Ich fühlte mich von meinem Gewissen gedrängt, den Feminismus so darzustellen, wie ich ihn sehe.»

Levins Werk stellt die Standarddogmen der Gegenschlags«forschung» der 8oer Jahre vor. Seine Kernpunkte: 1) Frauen mit erfolgreicher Karriere opfern Ehe und Mutterschaft. 2) Geschlechterrollen
sind angeboren: Frauen haben von Natur aus eine Vorliebe fürs
Kochen und die Haushaltsführung, Männer von Natur aus nicht.
3) Männer sind besser in Mathe.

Die Behauptungen belegt er mit Fußnoten über Jungen und Mädchen aus dem !Qung-Stamm, Hermaphroditen, Hypogonaden (Männer mit verkümmerten Hoden) und kastrierten Rhesusaffen. Zum

Beispiel: «Die Hier-Crowley-Studie über neunzehn idiopathische Hypogonaden erbringt weitere Beweise dafür, daß das räumliche Vorstellungsvermögen bei Männern angeboren ist.» Oder: «Bei den !Qungs sind jugendliche Spielgruppen eingeschlechtlich; die Jungen verbringen viel mehr Zeit als die Mädchen mit der Erforschung technologischer Sachverhalte (z. B., mit Pfeilen Termitenhügel aufzugraben) und mit Raufereien.»

Während man sich durch diese Seiten quält, fragt man sich unwillkürlich, warum denn dauernd von kastrierten Affen und idiopathischen Hypogonaden die Rede ist – und nie von heutigen Männern und Frauen. Ein Besuch bei Levin klärt das Rätsel auf.

«Falls Sie Michael morgen interviewen wollen, das geht nicht», erklärt ein paar Tage vor dem Besuch seine Frau, Margarita Levin, am Telefon. «Da gebe ich Unterricht, und er muß auf die Jungs aufpassen.» Dies ist, wie sich zeigt, keine Ausnahme. Trotz seiner in *Feminism and Freedom* aufgestellten Behauptung, aus genetischen Gründen «kümmern sich Frauen lieber um Kinder als Männer», wird im Doppelverdienerhaushalt der Levins die Kinderbetreuung grundsätzlich aufgeteilt. Margarita muß auch an ihre Karriere denken. Sie ist Philosophieprofessorin an der Yeshiva University – und ihr Spezialgebiet ist die mathematische Philosophie.

«Mit den Jungs schmusen, das macht meine Frau; ich raufe nur mit ihnen rum», betont Michael Levin ein paar Tage später, als er in Manhattan den Besuch ins Wohnzimmer der Familie führt. Er bahnt sich einen Weg durch die überall verstreuten Spielsachen und setzt sich in einen Lehnstuhl. Natürlich kümmere er sich um die fünf und acht Jahre alten Jungen, wenn seine Frau weg sei, sagt er, «aber manche Dinge kommen nicht in Frage... Putzen und Kochen sind immer noch Sache meiner Frau. Ich koche nicht gern. So sind Männer nun mal.» Männer hätten das Gefühl, «viel Prestige» einzubüßen, «wenn sie weibliche Tätigkeiten übernehmen», erklärt er. «Ich habe sogar das Gefühl, schon dadurch viel Prestige verloren zu haben, daß ich über [den Feminismus] rede.» Aber er glaubt, er müsse sich damit beschäftigen – um «meine Genitalien und meine Männlichkeit zurückzufordern».

Levin erinnert sich, zum ersten Mal vor vielen Jahren gegen den Feminismus angetreten zu sein, als ein paar ihm bekannte feministisch orientierte Frauen anfingen, die Männer zu einer Änderung ihres Verhaltens aufzufordern. Ein bestimmtes Ereignis, sagt er, «werde ich nie vergessen»: Die emanzipierte Freundin einer seiner Freunde sprach über die Frauenrechte, «und da schaute sie mich so an und sagte: ‹Die Männer werden sich ändern müssen.› Das war sehr totalitär. Ich habe mich wirklich darüber aufgeregt.»

Während er spricht, kommt sein Sohn Mark durchs Zimmer gerannt, klettert seinem Vater auf die Knie und will «in den Arm genommen» werden. Levin tut es, aber dann fällt ihm offenbar ein, daß er vor einer Minute behauptet hat, Schmusen sei tabu, und so scheucht er seinen Sohn zur Mutter hinüber. Aber das läßt sich der kleine Junge nicht gefallen; das ganze Gespräch über springt er seinem Vater immer wieder auf den Schoß.

«Haben Sie Michael bei ‹Geraldo› gesehen?» fragt Margarita, die sich zu uns ins Wohnzimmer gesetzt hat. Die Talkshow-Moderatorin Geraldo Rivera hatte Levin neulich als Experten zu einer Sendung eingeladen, in der es darum ging, warum Männer Frauen bevorzugen, die ihnen nicht ebenbürtig sind. Levin erinnert sich an seine Antwort: «Wenn sich ein Mann nicht dominant fühlt, empfindet er keine sexuelle Erregung. Es reduziert seine Männlichkeit. Daher kommt es, daß immer mehr junge Männer impotent sind.» Woher er denn wisse, daß «immer mehr junge Männer impotent» seien? Levin zuckte freundlich die Schultern. «Einfach so ein Eindruck.» Pause. «Ein Verdacht.» Wieder eine Pause. «Ich glaube, ich hab mal was in einer Zeitschrift darüber gelesen.»

Michael Levins Ehe entspricht nicht gerade seinem häuslichen Ideal. «Meine Frau ist intelligenter als ich», sagt er kategorisch. Sie ist nicht nur Philosophieprofessorin, sondern auch eine begabte Mathematikerin. Und sogar was seine antifeministischen Schriften betrifft, ist sie eine intellektuelle Gesprächspartnerin. Doch Levin ist es gelungen, ihre Beziehung in neue Begriffe zu fassen, die, zumindest in seinem Kopf, die traditionelle Balance zwischen Mann und Frau wiederherstellen. Damit dieser Punkt nur ja nicht untergeht, kommt er mehrmals auf ihn zurück: «Sie ist eine frühere Studentin von mir, deshalb fühle ich mich durch sie nicht bedroht», behauptet er. Obwohl dieser Tuto-

ren-Mythos ihrer Ehe längst keine Bedeutung mehr hat, wird er von
Levin aktiv am Leben erhalten – als müsse man die Hülle dieser Ehefik-
tion jetzt um so lauter anpreisen, damit niemand merkt, daß sie leer ist.

Während Levin spricht, erscheint sein anderer Sohn, Eric. Er hält
eine Pfanne umklammert und will wissen, ob ihm sein Vater beim
Reiskochen hilft. Vielleicht später, heißt es. Michael Levin gesteht,
daß Kochen zur Zeit die «Lieblingsbeschäftigung» seines Sohnes sei.
Inzwischen ist Mark hingefallen und weint, und Michael geht ins
Nebenzimmer, um ihn zu trösten. Nun setzt sich Margarita in den
Patriarchensessel – um zu erzählen, wie es dazu kam, daß sie in Mathe
so eine Kanone wurde.

Sie entdeckte ihr Talent in der Grammar School Anfang der 60er
Jahre – als man Mädchen meist nicht direkt zu Algebra ermutigte.
Margarita jedoch sagt, sie sei glücklicherweise ein paar verständigen
Lehrern über den Weg gelaufen, die ihre Begabung erkannten: «Da
mir nie jemand sagte: ‹Laß es bleiben›, machte ich eben weiter.» Sie
studierte am New Yorker City College, wo Michael lehrt, Mathematik als Hauptfach. Dann wechselte sie an die University of Minnesota und promovierte dort in Mathematikphilosophie. (Den Sommer,
als sie ihre Dissertation schrieb, blieb Michael zu Hause bei den
Kindern.) «Ich denke, ich bin in Mathe besser als die meisten Männer», sagt sie.

Doch das Beispiel ihrer intellektuellen Fähigkeiten veranlaßt Margarita Levin keineswegs, die biologische Geschlechtertheorie ihres Mannes abzulehnen – sie sieht sich, wie Connie Marshner, als «Ausnahme». In den exakten Wissenschaften, sagt sie, gebe es «nur sehr
wenige verdienstvolle Frauen». Sie billigt nicht nur das Frauenbild ihres Mannes, sondern ist, laut Michael, «sogar noch mehr gegen den
Feminismus als er». Ihre Opposition gegen die Frauenbewegung, sagt
Margarita, habe auf dem Campus begonnen; dort hätten Akademikerinnen angefangen, ihre Unterrepräsentierung in bestimmten männlichen Enklaven in Frage zu stellen. «Es war wegen des feministischen
Angriffs auf die Wissenschaft, daß mir dann wirklich der Kragen
platzte», sagt sie. «Dummköpfe kann ich einfach nicht ertragen.» 1988
schlug sie in einem Artikel im *American Scholar* zurück und warnte,
wenn man die Feministinnen in die wissenschaftlichen Fakultäten
ließe, zöge das garantiert einen Rattenschwanz unzumutbarer Forde-

rungen nach sich – Vorzugsbehandlung für Studentinnen oder sogar
«nonmaskulinistischen» Publikationen vorbehaltenen Raum in wissenschaftlichen Zeitschriften. Vielleicht war das, was Margarita Levin
«den Kragen platzen ließ», tatsächlich die Vorstellung einer feministischen Kolumne in einem wissenschaftlichen Magazin – aber vielleicht
gab es dafür auch persönlichere Gründe. Wenn es in der mathematischen Abteilung mehr Frauen gäbe, dann würde ihre eigene Leistung
vielleicht nicht mehr so viel Aufsehen erregen. Wenn Frauen in der
Fakultät gleichberechtigt wären, dann zählte sie vielleicht nicht mehr
zu den «wenigen verdienstvollen Frauen». Oder vielleicht wollte sie
sich auch nur auf weniger wissenschaftliche Art profilieren: «Ich fände
es toll, wenn wir die berühmtesten Antifeministen würden», seufzt
sie. «Ich fände es toll, wenn wir aufs Cover des *New York Times Magazine* kämen!»

Margarita Levin dehnte ihren antifeministischen Kreuzzug bald
über die Wissenschaft hinaus aus. *Newsweek* bot ihr gerne ein Forum
und veröffentlichte ihren Essay über die «feministischen Exzesse» in
Kinderbüchern, die eine «eingeschlechtliche» Welt der Ärztinnen, Po-
litessen und Automechanikerinnen schilderten. «Diese Bücher», behauptete sie, «stehen in krassem Widerspruch zum wirklichen Leben.»
Falls diese Autorinnen so weitermachten, «werden unsere Kinder am
Ende noch mit Long Jane Silver konfrontiert und einer Wendy, die
gegen Captain Hook kämpft, während Peter Pan daheim bleibt und auf
die Jungs aufpaßt.» ... Oder, muß man unwillkürlich denken, sogar
mit einer Mathematikprofessorin namens Margarita, die gegen Feministinnen in ihrer Fakultät kämpft, während ihr Ehemann Mike daheim auf die Kinder aufpaßt.

Michael Levin setzt sich wieder dazu und beklagt, daß es bis vor
kurzem so schwer gewesen sei, das Interesse der Massenmedien zu
wecken. Er sieht zwar verheißungsvolle Zeichen – auf die Frage nach
einem Beispiel nennt er die Brautreklame des Parfums «Beautiful» –
aber Antifeministen hätten es immer noch schwer. «Die Feministinnen haben sich in die Medien eingekauft», sagt er, und plötzlich klingt
seine Stimme erbittert. «Sie haben die Werbung unter Kontrolle. Sie
haben die Universitäten übernommen – für die Feministinnen ist das
besetztes Gebiet.» Wenn Levin einmal in diesem Fahrwasser ist, kann
ihn nichts mehr stoppen. Plötzlich ist der freundliche Professor knall-

rot im Gesicht. «Da promoviert irgendein Typ in Philosophie», sagt er, «und obwohl er der Beste ist, wird ihm eine Frau vorgezogen. Das feministische Hauptquartier ist an jeder Uni die Abteilung für Frauenforschung. Das ist die Kommandozentrale. Und die produzieren doch nur Fäkalien. Vielleicht ist noch ein bißchen Urin dabei, aber größtenteils Fäkalien.» Mit seiner akademischen Freundlichkeit ist es vorbei, nicht aber mit seinem akademischen Stil.

In diesem Moment unterbricht Eric das Gespräch. Er schwingt immer noch die Bratpfanne und bittet seinen Vater erneut um Hilfe. Levin, der sich langsam wieder abkühlt, folgt seinem Sohn in die Küche. Margarita läßt sich, in ihrem Lehnstuhl sitzend, weiter über ihre Laufbahn aus. Am Schluß des Interviews kommt Michael Levin aus der Küche, um sich zu verabschieden. Er sieht etwas verdrießlich aus – er trägt eine Schürze.

Warren Farrell:
Der emanzipierte Mann widerruft

«Männer leiden mehr als Frauen – das heißt, Männer sind jetzt in vieler Hinsicht machtloser als Frauen.» Warren Farrell macht eine Pause und trinkt aus dem Kaffeebecher, den ihm seine Haushälterin gerade gebracht hat. In einem der anderen Zimmer ist seine Sekretärin damit beschäftigt, zu tippen und seine Akten wegzuräumen. «Es hat sich gezeigt, daß die Frauenbewegung sich nicht für Gleichberechtigung einsetzt, sondern dafür, daß die Frauen ihre Chancen maximieren können», sagt er.

An diesem Morgen ist Farrell auf dem Weg in die School of Medicine der University of California in San Diego, wo er ein Seminar über «Männerfragen» hält. Das Thema: «Männliche Ohnmacht.» Der Text, den man benutzen wird: *Warum Männer so sind, wie sie sind*, Farrells neues Buch; es nimmt den Feminismus unter anderem dafür ins Gebet, daß er den Männern die «Schuld» an der mangelnden Gleichberechtigung gibt und daß er die Frauen dazu ermutigt, sich ausschließlich auf ihre eigene Unabhängigkeit zu konzentrieren. Der Feminismus habe den Frauen ja vielleicht zu einem besseren Leben verholfen, aber für einige Frauen gelte, «je stärker der Feminismus, desto mehr haben sie sich den Männern verschlossen». Bisher, sagt Farrell, habe sich die Hardcover-Ausgabe des Buchs schon über hunderttausendmal verkauft. «Wir leben in einer Zeit, in der sich die Männer nicht mehr von den Frauen verstanden fühlen», meint er. Es sei so schlimm geworden, daß Frauen mittleren Alters, die einen Mann suchten, vielleicht sogar vom Mangel an feinfühligen jungen Damen profitierten. «Ältere Frauen, die gern heiraten würden, könnten den Verlust ihrer Attraktivität tatsächlich dadurch kompensieren, daß sie die Männer verstehen.»

Farrell schnappt sich seine Lederjacke und steuert auf seinen ledergepolsterten Maserati zu. Auf der Phantasie-Plakette des Sportwagens steht: Y MEN R [Why Men Are, A. d. Ü.]. Er schiebt sich hinters Steuer und läßt den Motor aufheulen; mit quietschenden Reifen jagt er um die Straßenecken eines Vororts von Leucadia, Kalifornien.

In einem Seminarraum der medizinischen Fakultät nimmt er vor fünfzehn Studentinnen und Studenten Platz. «Okay, letzte Woche haben wir also darüber gesprochen, daß die Frauen bis zu den 60er Jahren durch die Ehe ökonomisch abgesichert waren. Solange dies ein Arrangement auf Lebenszeit war, hat es funktioniert. Dies galt für fast jede Gesellschaft... Das System war gar nicht übel... Es trug Tausende von Jahren zum Überleben bei. Die Frauen bekamen die besten Beschützer und Jäger, und die Männer warben um die schönsten Frauen.»

Eine junge Frau hebt die Hand. «In manchen Gesellschaften», sagt sie dem Dozenten, «waren es die Frauen, die Nahrung gesammelt und ihren Nachwuchs versorgt haben. Die Jagd lieferte nur den kleinsten Teil ihrer Ernährung.» Dies sei, erklärte ihr Farrell, einfach eine «Abweichung von den Geschlechtsrollen gewesen». Sie versucht es erneut: «Nein, worauf ich hinauswill, ist, daß die Männer oft weniger ‹die Ernährer› waren, als daß sie vielmehr den Zugang der Frauen zu Nahrung und Land unter Kontrolle hatten.» Farrell runzelt leicht die Stirn. «Das wäre eine pejorative Interpretation», meint er und geht mit seiner Geschichtsstunde rasch zu den 70er Jahren des 20. Jahrhunderts über.

«Nun brach alles in dem Moment zusammen, wo die Scheidung dieses System ins Wanken brachte... Und nachdem das angefangen hatte, rückte die innere Wut der Frauen ihr Ziel, nämlich zu heiraten, in noch weitere Ferne», erklärt er. «Die Wut verscheuchte die Männer.»

Wieder schießt eine Hand hoch. «Aber ich hab gedacht, die Wut der Frauen sei dem Gefühl entsprungen, daß das *alte* System gegen sie gearbeitet hatte», sagt ein Student verwirrt. Farrell schüttelt den Kopf. «Nein», korrigiert er. «Das System war zum Nutzen von Männern und Frauen errichtet worden, es profitierten aber vor allem die Frauen davon. Die Männer waren Sklaven der Arbeit, in mancher Hinsicht versklavter als Frauen.»

Dies entsprach nicht ganz dem Fazit, zu dem Farrell eine Dekade früher gelangt war. Anfang der 70er Jahre hatte er sich zur Frauenbewegung hingezogen gefühlt, weil ihn die Wirkung des «Systems» auf Frauen beunruhigte, die in klaustrophobischen oder destruktiven traditionellen Ehen gefangen waren. Und welchen Tribut das System forderte, erlebte er vor allem bei einer Frau, die er gut kannte – seiner Mutter. «Ich hatte mit angesehen, wie sie in Depression versank und wiederauftauchte», schrieb er später. «Sie versank in Depression, wenn sie nicht arbeiten ging, und sie tauchte daraus auf, wenn sie arbeiten ging. Es waren immer nur vorübergehende Jobs, aber sie sagte mir: ‹Wenn ich arbeite, muß ich Daddy nicht um jeden Penny bitten.› Wenn es mit den Jobs vorbei war, kehrte die Verdüsterung zurück und wurde immer stärker. Sie nahm Medikamente dagegen ein, aber davon kriegte sie nur Schwindelanfälle, durch die sie stolperte und stürzte. Eines Tages, sie war neunundvierzig, stürzte sie sich zu Tode.»

Farrell erinnert sich:

«Kurz nach dem Tod meiner Mutter kam die Frauenbewegung auf. Vielleicht lag es an ihrem Tod, daß mir das sofort einleuchtete. Es war nicht zu übersehen gewesen, wie sich das Selbstgefühl meiner Mutter verbessert hatte, wenn ihre Arbeit ihr sowohl Lohn als auch Kommunikation mit anderen Erwachsenen brachte und sie dadurch das Gefühl hatte, etwas Sinnvolles zu tun und gewisse Rechte zu haben.»

Als junger Student in New York hörte Farrell, wie sich andere Männer am College über die Ziele der Frauenbewegung lustig machten. «Es hat mich überrascht, wie die Männer jene Ziele bagatellisierten, um deren Artikulierung die Frauen kämpften. Bald war es soweit, daß ich in Mahattan in den Wohnungen feministischer Freundinnen saß, mit der Instruktion, ihren Ehemännern ‹das zu sagen, was du mir gesagt hast›.»

Schließlich weitete sich Farrells Engagement für die Sache sogar auf sein Berufsleben aus. Er vertauschte sein ursprüngliches Dissertationsthema mit einer feministischen Untersuchung des Rollenwandels, gab seinen Job als Assistent des Präsidenten der New York University auf und begann mit der Arbeit an *The Liberated Man*, einem Buch, das zu einem berühmten männlichen feministischen Werk wurde. Er organisierte, in Anlehnung an die Frauengruppen, Hunderte von Männergruppen, in denen die Männer dazu ermutigt wurden, »[die Frauen] eher anzuhören, als sie beherrschen zu wollen«, den politischen Unterbau ihrer Ehen und Beziehungen zu untersuchen und Zusammenhänge zwischen Männlichkeitswahn und Gewalt aufzudecken. Außerdem ermutigte er die Männer- und Frauengruppen, sich regelmäßig zu treffen und eine gemeinsame Basis zu suchen. Der Feminismus, sagte er, werde auch die Männer befreien: von der ökonomischen Last, alleiniger Ernährer der Familie zu sein, sowie vom physischen und psychischen Streß, ständig die eigene Männlichkeit zu beweisen und «weibliche» Emotionen zu unterdrücken. «Ein Junge, dem man nicht sagt, bei Schlägereien könne er seine Männlichkeit beweisen, wird psychologisch eher die Freiheit haben, einer potentiellen Schlägerei aus dem Weg zu gehen», schrieb er 1971 in einem Leitartikel in der *New York Times*. «Als erwachsener Autofahrer wird er eher zu einer vorsichtigen Fahrweise fähig sein, statt ‹einen Kavalierstart hinzulegen› und die ‹Pferdestärken› seines Wagens zur Schau zu stellen – ein Ersatz für die Zurschaustellung seiner eigenen Kraft.»

Diese Message wurde in populären Büchern männlicher Feministen der 70er Jahre immer wieder aufgegriffen, Büchern, die die Dogmen der amerikanischen Männlichkeit in Frage stellten. «Die Wahrheit ist doch, daß die Männer mit der Welt, die sie geschaffen haben, nicht sehr glücklich sind», schrieb Michael Korda 1973 in *Male Chauvinism*. Keins der Geschlechter profitiere vom traditionellen Männlichkeitsideal der «zwanghaften Konkurrenzfähigkeit» und «Unverwundbarkeit», schrieb Marc Fasteau 1974 in *The Male Machine*; dieses Ideal schade nicht nur den Frauen, sondern es beschränke auch die Männer unnatürlicherweise auf «ein sehr enges Spektrum menschlichen Kontakts». In diesem literarischen Lager der Männeremanzipation war Farrell die unumstrittene Leitfigur. Er gründete sechzig «Männeremanzipations»gruppen der National Organization for Women, wurde dreimal in den New-York-City-Ausschuß der NOW gewählt und wurde in der *Chicago Tribune* als «die Gloria Steinem der Männer-emanzipation» bejubelt. Eine schmeichelhafte vierseitige Fotostory porträtierte Farrell und seine Ehefrau Ursie, eine Mathematikerin – ein *Love-Story*-Paar, das im Central Park mit einem Fußball kickte und in seiner West-Side-Eigentumswohnung ein Omelett quirlte. Er ver-kehrte mit Medienstars wie Barbara Walters, traf sich mit Gloria Stei-nem zum Essen und spielte mit den anderen männlichen Kultfiguren des Feminismus, Alan Alda und Phil Donahue, Tennis. Er sagt, er sei siebenmal in Donahues Show aufgetreten.

Aber als der Medienrummel um den Feminismus nachließ, schien auch Farrells Enthusiasmus abzuflauen. Vielleicht, sagt er, sei sein Sinneswandel doch nur oberflächlich gewesen, kaum mehr als eine kosmetische Retusche, um im kurzlebigen Emanzipationsdrama der 70er Jahre eine Starrolle zu spielen. Oder vielleicht erschien Farrell das Infragestellen der traditionellen Männerrolle – schon unter günstig-sten Umständen ein monumentales Unterfangen – als undankbare und unmögliche Aufgabe, nachdem die gesellschaftliche Unterstützung plötzlich weggefallen war. Farrell selbst hatte 1971 in seinem *New-York-Times*-Essay gewarnt: «Das männliche Image ist so beherr-schend», daß es leichter wäre, das Geschlecht eines Mannes «durch einen operativen Eingriff» umzuwandeln, als «die soziale und kultu-relle Konditionierung rückgängig zu machen».

Jedenfalls fand er es Mitte der 80er Jahre an der Zeit, für die Männer einzutreten, die neuen Unterdrückten. Seiner Meinung nach lassen die unabhängigen Frauen ihre Wut zu sehr an den Männern aus; sie kriti-sieren das Verhalten der Männer nur, «um ihre vorrangige Stellung zu bestätigen», murrt er in *Warum Männer so sind, wie sie sind*. Bald schon leitete er Workshops, die sich auf die Umerziehung von *Frauen* konzentrierten, Sensitivitätstrainings, in denen Frauen lernen sollten, dem Groll der Männer Gehör und Beachtung zu schenken. In *Warum Männer so sind, wie sie sind* kehrt Farrell das feministische Bild um; er schildert eine Welt der Geschlechter, in der die Frauen «enorme Macht» über versklavte Männer haben, die von leistungsbesessenen Frauen zu «Erfolgsobjekten» reduziert würden. Männer, die als Sekre-täre arbeiten wollten, würden jetzt von diesen arroganten weiblichen Profis diskriminiert, die ihre männlichen Schreibkräfte zu One-Night-Stands mißbrauchten und ihren Wunsch nach einer längeren Beziehung zurückwiesen. In Farrells neuem Kosmos von Unterdrückten und Unterdrückerinnen sind die schlimmsten Despotinnen unabhängige Frauen mit erfolgreicher Karriere. «Frauen in Führungspositionen haben angefangen, Männer in untergeordneten Positionen zu diskriminieren», sagt er. «Ich erlebe es immer wieder, daß erfolgreiche Männer mit ihrer Karriere verheiratet sind. Viele Männer vermissen ein Gefühl der Hingabe.»

Jetzt, wo es immer mehr Karrierefrauen gebe, sei die Situation für Männer noch schlimmer geworden. Im Gegensatz zu vielen neokonservativen Männern behauptet Farrell jedoch nicht, es seien die Frauen, die sich durch die neue weibliche Berufstätigkeit gelähmt fühlten. «Ich kenne Millionen von Männern, die nicht den Eindruck haben, sie seien besonders gefragt», sagt er. «Aus ihrer Sicht gibt es keinen Männermangel.» Für Farrell ist die von Karrierefrauen erteilte Abfuhr keine abstrakte Angelegenheit: Seine Frau, eine IBM-Managerin mit Harvard-Abschluß und Blitzkarriere, hat ihn verlassen und einen IBM-Manager geheiratet. Farrell sieht einen direkten Zusammenhang zwischen ihrem beruflichen Erfolg und der Zerrüttung ihrer Ehe. «Meine Exfrau ist Vizepräsidentin bei IBM», sagt der jetzt alleinstehende Farrell in einem seiner Seminare. «Sie verdient eine viertel Million Dollar im Jahr. Ob eine Frau erfolgreich ist oder nicht, sie wird immer noch geliebt. Aber was ist mit einem Mann, der nur gut aussieht, ohne erfolgreich zu sein?»

Mitte der 8oer Jahre hatten Farrell auch seine Gefährten aus der Männeremanzipationsbewegung im Stich gelassen. Das Tennisspielen mit Alda hörte auf, und Donahue «rief mich nicht mehr an». Und als Farrells neuestes Buch erschien, gingen ihm auch befreundete Feministinnen aus dem Weg. Schlimmer noch, sie nahmen keinerlei Notiz mehr von ihm. «Die Reaktion von *Ms.* bestand hauptsächlich darin, daß das Buch und ich ignoriert wurden», sagt er. Farrells Aktenschränke quellen jetzt von männlichen Dankesbriefen über. Ständig erhält er telefonische Einladungen, vor Männerclubs und Männerrechtsvereinigungen zu sprechen. Sein Buch verkauft sich gut, und er hat bereits einen Vertrag für zwei weitere Bücher zum selben Thema in der Tasche: *The Disposable Sex* und *The Myths of Male Equality*. Diese antifeministischen Fans dürften jedoch nicht das Publikum sein, das Farrell in erster Linie erreichen wollte.

Nachdem er zwei Seminare über Männerfragen gehalten, mit einem gleichgesinnten Dozenten für Männerforschung zu Mittag gegessen und in einer Unversitätsbuchhandlung überprüft hat, wie sich sein Buch verkauft, begibt sich Farrell in eine Bar am Rand von San Diego. Er bestellt ein Bier, rührt es aber kaum an. Während er ins Glas starrt, wird er ernst, düster. «Ich merke jetzt, daß die Ideologinnen der Frauenbewegung nicht zuhören wollen», sagt er und kommt wieder auf die Ignorierung seines Buchs in *Ms.* zurück. «Gloria Steinem hat nicht zurückgerufen, das tat sie früher immer.» Er starrt weiter in sein Glas und sagt dann: «Es hat mich sehr getroffen, daß sich Leute von mir abgewendet haben, für die ich früher ein Idol war. Als sich Gloria Steinem von mir distanzierte – das hat weh getan.»

Robert Bly:
Die Verwandlung von «Joghurtessern» in «wilde Männer»

> Es ist ein massiger
> maskuliner Schatten,
> fünfzig zusammenhockende Männer
> in einem Saal, einem vollen Raum
> heben etwas nicht deutlich Erkennbares
> in die mitschwingende Nacht hinauf.
>
> Robert Bly, *Fünfzig zusammenhockende Männer*

«Wer morgen mit aufs Männerwochenende geht, denkt bitte dran, einen großen Stein mitzubringen!» Shepherd Bliss, ein Mann mit harten Gesichtszügen und runden Schultern, steht vor der dichtgedrängten Menge im Hinterzimmer des Black-Oak-Buchladens in Berkeley. Heute abend sind so viele gekommen, daß der Platz nicht reicht; Dutzende hören jetzt von draußen über Wandlautsprecher zu. Drinnen drängeln sich über hundert Leute, um besser aufs Podium zu sehen, auf dem gleich der Dichter Robert Bly erscheinen wird, der, wie es Bliss ausdrückt, «direkt aus dem Winterschlaf kommt» und aus seinen neuesten Werken lesen wird.

Bliss, zu dessen jüngster Verwandlung es gehört, daß er sich statt

Walter jetzt Shepherd nennt und statt Armeeoffizier jetzt Psychologe ist, ist einer von Blys wichtigsten Wortführern innerhalb der maskulinistischen Gemeinschaft des New Age. Doch im Moment gibt er sich, was die Steine betrifft, etwas zugeknöpft. Sie werden zur Errichtung eines «Hermes-Monuments» gebraucht, aber mehr verrät er nicht. Er will nicht zu deutlich werden, da heute auch Frauen anwesend sind.

Plötzlich beginnen die Männer auf dem Podium auf Kongas zu trommeln. Der Winterbär persönlich, der aus seinem tiefen Schlaf im «fernen Norden» erwacht ist – Moose Lake, Minnesota, um genau zu sein –, tappt schwerfällig den Gang entlang. Soeben sechzig geworden, erinnert Bly mit seiner wirren weißen Mähne und dem dicken Bauch ein bißchen an den Weihnachtsmann. Wie er an diesem Abend mehrfach wiederholen wird, sei er dem nordischen Erbe verpflichtet, und irgend etwas an seiner Pose – vielleicht die Art, wie er breitbeinig dasteht, als halte er auf einem sturmgepeitschten Deck aus – erweckt den Eindruck, er wolle von seinem Publikum gern für einen Wikinger gehalten werden.

Es gebe keine «wirklich männlichen» Vorbilder mehr, sagt Bly, während das Getrommle weitergeht. Langweilige Waschlappen hätten die harten Männer abgelöst. «Woody Allen ist genauso schlimm – ein John Wayne mit negativen Vorzeichen», sagt er und äfft ihn mit nasal piepsender Stimme nach. «Seit der *Ilias*, der *Odyssee* und ähnlichen Büchern haben die Männer sich Modelle geschaffen, wie ein Mann sein soll.» Die Männerwochenenden, verspricht er, werden ihnen diese Rollenmodelle zur Erbauung zurückbringen: «Wir werden unter anderem zu den uralten Geschichten von vor fünftausend Jahren zurückkehren, wo es noch gesündere Ansichten über Männlichkeit gab.»

Zwei Jahrzehnte früher galt Bly in Berkeley aus anderen Gründen als Held: Der Dichter war ein engagierter Friedenskämpfer der 6oer Jahre und wurde berühmt, als er literarisch gegen den Vietnamkrieg Stellung bezog. Als er 1967 für seine Gedichtsammlung *The Light Around the Body* den National Book Award gewann, gab er das Geld einer Gruppe von Wehrdienstverweigerern und attackierte bei der Preisverleihung die amerikanische Selbstgefälligkeit: «Haben wir, die wir in Vietnam eine Kultur vernichten, die mindestens ebenso hochentwickelt ist wie die unsrige, das Recht, uns zu unserer kulturellen Überlegenheit zu beglückwünschen?»

Damals lobte Bly Frauen, die junge Männer im wehrpflichtigen Alter dazu ermutigten, sich dem Krieg zu verweigern und nach Kanada zu fliehen. Damit Frieden in der Welt einkehre, so Bly, sollten Männer und Frauen sich auf ihr weibliches Prinzip besinnen; beide Geschlechter trügen den lebensbewahrenden Instinkt in sich, behauptete er, nur sei er bei den Männern widernatürlicherweise unterdrückt. Auf den – beiden Geschlechtern offenstehenden – «Große-Mutter»-Tagungen, die er in den 70ern abhielt, versuchte Bly jene «weibliche» Friedenskraft zu fördern.

Als die Friedensbewegung jedoch im Lauf der Jahre abebbte, gebot Bly nicht mehr über die Massen – und bekam auch keine nationalen Literaturpreise mehr, die er ablehnen konnte. Anfang der 80er begann er sich überhaupt nicht mehr männlich zu fühlen. «Ich fühlte mich herabgewürdigt», schreibt Bly, «weil ich so wenig den erfolgreichen – oder fruchtbaren – Mann verkörperte.» Es lag seiner Meinung nach jedoch nicht am Verlust seines frühen Ruhms. Es lag an seinem «mangelnden Kontakt zu Männern» und dem Umstand, daß er zuviel mit starken, zornigen Frauen zu tun hatte, die sich darüber beschwerten, wie schlecht sie in ihrem Leben von Männern behandelt worden waren. (Im Fall seiner Familie, erinnert sich Bly, sei seine Mutter auf seinen Vater, einen frostigen, unnahbaren Alkoholiker, eingegangen.) Er befürchtete, daß er und seinesgleichen sich *zu* eng mit solchen Frauen verbündet und sich folglich «eine weibliche Sicht» auf ihre Väter und ihre eigene Männlichkeit zu eigen gemacht hätten. Er kam zu dem Schluß, mit seinen früheren Empfehlungen einen Irrtum begangen zu haben: «Wenn jetzt jemand zu mir sagt: ‹Du hast zuwenig weibliche Anteile›, dann antworte ich: ‹Nein, zuwenig männliche›», äußerte Bly 1988 gegenüber der Zeitschrift *Whole Earth*. Er befürchtete, vielleicht nur «oberflächlich» männlich zu sein. Die Männer hätten das weibliche Prinzip in sich erweckt, nur um dann von ihm verschlungen zu werden. Sie seien zu «Softies» geworden.

Um diese neueste Störung des Gleichgewichts zu beheben, begann Bly mit der Veranstaltung von Workshops, in denen er den Männern wieder Zugang zur «unbewußten Männlichkeit» vermitteln wollte. Schon bald leitete er Wildnis-Wochenenden, auf denen sich die Männer mit Stammesmasken und Tierkostümen verkleideten, Trommeln schlugen und «das wilde Tier in sich» wiederentdeckten. Während

Warren Farrell, und selbst Neokonservative wie George Gilder, von den Frauen wenigstens noch gehört werden wollten, glaubte Bly, strikter Separatismus sei des Softies einzige Rettung.

Mitte der 80er Jahre zog Bly erneut die Massen an; Hunderte von Männern zahlten 55 $ für einen einzelnen Vortrag, 300 $ für eine zweitägige Einkehr. Gegen Ende der Dekade kehrte Bly auch wieder auf den Medienthron zurück; er war ein neunzigminütiges TV-Special mit Bill Moyers wert, ein Feature im *New York Times Magazine* und Anerkennung von traditionellen Männermagazinen und New-Age-Zeitschriften. Er wurde sowohl im *Gentlemen's Quarterly* als auch im *Yoga Journal* gefeiert. Die Massenblätter begrüßten ihn als «Vaterfigur für den völlig neuen Mann». 1990 waren dann seine im Selbstverlag veröffentlichten Pamphlete über die Männlichkeitskrise von einem bekannten Verleger gesammelt und im Hardcover herausgegeben worden – und das Buch *Iron John* [Eisenhans] kletterte in der Bestsellerliste der *New York Times* rasch nach oben.

Blys Erfolg zog zahlreiche Imitationen nach sich; Ende der 80er hatte sich die Männerbewegung in eine Heimindustrie verwandelt – mit Vortragsreihen («Fruchtbar-erdige Maskulinität, nur für Männer»), Mitteilungsblättern («New Warrior News»), Tapes («The Naive Male»), Radioshows («Man-to-Man with Jerry Johnson») und sogar Brettspielen («A Game of Insights for Men Only»). Diese neue Männerbewegung war nicht einfach eine weitere kalifornische Kuriosität. In Tulsa, Oklahoma, entstanden «Bruderschaftslogen»; in Washington, D.C., gab es sechs Männerorganisationen, die «Wilde-Mann»-Rituale veranstalteten; «The Talking Stick: A Newsletter About Men» erschien in Frederick, Maryland; die in Austin, Texas, stattfindenden «Wilde-Mann-Versammlungen» waren monatelang im voraus ausgebucht; und das Men's Center in Minneapolis zog so viele Männer an, daß jeden Tag mehrere «Playshops» stattfinden konnten. Am Sterling Institute of Relationships in New York City und Oakland, Kalifornien, lernten «Schwächlinge», wie sie zu «richtigen Männern» werden konnten, indem sie sich als Gorillas verkleideten, sich auf die Brust trommelten und Schlägereien veranstalteten. Allein diese Seminare wurden in den 80ern von über zehntausend Männern besucht. Blys Wochenendseminare verzeichneten allein in der zweiten Hälfte der 80er Jahre fünfzigtausend Teilnehmer. Es handelte sich dabei auch keineswegs um irgendwelche Randgruppen. Auf Blys Namenslisten fanden sich Anwälte, Richter, Ärzte, Steuerberater und Manager; an einem der Wildnis-Erfahrungswochenenden nahmen sogar einige Vizepräsidenten großer US-Firmen und zwei Besitzer von Fernsehstationen teil.

Die New-Age-Maskulinisten behaupteten, sie trügen der Frauenbewegung nichts nach. Blys Anhänger betonten gern, die beiden Bewegungen liefen auf «parallelen Gleisen». Als Bly bei der Black-Oak-Lesung von einer Frau nach seiner Einstellung zur Frauenbewegung gefragt wurde, versicherte er: «Ich befürworte die Arbeit dieser Bewegung außerordentlich.» Der einzige Grund, warum er zu den Treffen keine Frauen einlade, sei der, daß die Männer «offener sein können, wenn keine Frauen anwesend sind». Blys Schriften und Vorträge weisen jedoch noch auf andere Gründe für den Ausschluß von Frauen hin.

«Ich erinnere mich an einen Autoaufkleber [pro Kriegsdienstverweigerung] in den 60er Jahren, auf dem stand: FRAUEN SAGEN JA ZU MÄNNERN, DIE NEIN SAGEN», schreibt er in «The Pillow & the Key», seinem 1987 erschienenen Manifest des New-Age-Maskulinismus. «... Dies hieß zweifellos, daß die Frauen den sanfteren, willigen Mann vorzogen und ihn für seine Sanftheit belohnen würden: ‹Wenn du nicht zu aggressiv und machomäßig bist, schlafen wir mit dir.›» Dies, behauptet Bly, sei der erste von vielen weiblichen Stichen gewesen, die aus der männlichen Psyche die Luft herausließen. «Hier wurde die Entwicklung der Männer etwas gestört», schreibt er, «etwas beeinträchtigt.»

Mit der Entstehung der Frauenbewegung Anfang der 70er Jahre nahm diese Beeinträchtigung zu. «Was Männer wirklich wollen», ein schriftlicher «Dialog» zwischen Bly und dem New-Age-Maskulinisten Keith Thompson, umreißt das Problem:

«Bly: Ich erlebe das Phänomen des, sagen wir mal, ‹sanften Mannes› im heutigen Amerika. Wenn ich mir manchmal mein Publikum anschaue, sind etwa 50% der jungen Männer das, was ich als sanft bezeichnen würde... Viele dieser Männer sind unglücklich. Sie haben kaum Energie. Sie sind lebensbewahrend, aber nicht direkt lebensspendend. Und warum sind diese Männer oft mit starken Frauen zusammen, die wirklich Energie ausstrahlen?

Thompson: Vielleicht liegt es daran: Damals, in den Sechzigern, wollten wir von der Frauenbewegung eine Orientierungshilfe, wie wir denn nun sein sollten, und bekamen die Message, die neuen starken Frauen *wollten* sanfte Männer.
Bly: Genau. Das war der Eindruck.»

Kurz gesagt, die Autorität der Großen Mutter ist zu groß geworden. «Männergemeinschaften verschwinden immer mehr, teils unter dem Druck gekränkter Frauen», schreibt er. Zu viele Frauen «erziehen Jungen ohne einen Mann im Haus». Der Sohn der Single-Mutter sei zu einem «netten Jungen geworden, der nicht nur seiner Mutter Freude macht, sondern auch der jungen Frau, mit der er zusammenlebt».

Um wieder eine männliche Identität zu erhalten, schlägt Bly vor, müsse der nette Junge aufhören, sich nach seiner Mutter zu richten, und statt dessen «in seine Psyche hinabsteigen und das Dunkle dort unten akzeptieren». Als Führer für diese Reise bietet Bly «The Story of Iron John» [Die Geschichte vom Eisenhans] an, nach einem Märchen der Brüder Grimm. In dem Märchen wird ein behaarter «wilder Mann» in einen eisernen Käfig in der Nähe des Königsschlosses eingesperrt; der Schlüssel zum Käfig liegt unterm Kopfkissen der Königin. Eines Tages rollt dem jungen Prinzen sein kostbarer «goldener Ball» in einen verlassenen Tümpel, und er bekommt ihn nur wieder, wenn er seiner Mutter den Schlüssel stiehlt und den wilden Mann befreit. Der junge Mann muß sich, wie es Blys Kumpan Keith Thompson formuliert, «die Kraft zurückholen, die er seiner Mutter gegeben hat, und dem Kraftfeld ihres Betts entfliehen. Er darf seine Energien nicht mehr dazu verwenden, Mami zu erfreuen, sondern muß sie umleiten.»

Bei Blys «mythopoetischen» Männerwochenenden fordern die nicht mehr ganz so jungen Prinzen ihre goldenen Bälle zurück, mit ein paar Zugeständnissen an die heutige Zeit. Bei einem dieser Wochenenden – in einem Bibel-Camp in Mound, Minnesota – bauen die «wilden Männer» ihre Höhle aus Plastik-Klubsesseln. Der Journalist John Tevlin, der an jenem Wochenende dabei war, erinnert sich an eine typische Wilder-Mann-Gruppensitzung, geleitet von dem allgegenwärtigen Shepherd Bliss.

«Während er an jenem ersten Abend von der Wiederentdeckung des ‹wilden Mannes in uns› sprach, sank Shepherd langsam auf die Knie. ‹Vielleicht wollen einige von euch eine Zeitlang die Welt der Zweibeiner verlassen und mir in die Welt der Vierbeiner folgen›, sagte er. Einer nach dem anderen glitten wir von unseren orangeroten Naugahyde-Sesseln auf den orangeroten Plüschteppich, der direkt aus den Sechzigern stammte. ‹Kann sein, daß ihr euch plötzlich wie diese Vierbeiner verhaltet; kann sein, daß ihr auf einmal in der Erde scharrt und mit dem Schmutz und der Welt um euch herum in Berührung kommt.›

Während er sprach, begannen alle auf dem Boden herumzuscharren... ‹Kann sein, daß ihr euch plötzlich wie das männlichste aller Tiere benehmt – der Widder›, sagte Shepherd mit suggestiver Stimme... ‹Kann sein, daß ihr ungewohnte Töne ausstoßt!› ...Man hörte Gegurgle und Geblöke, vereinzeltes Wolfsgeheul... Aus dem Augenwinkel sah ich Shepherd mit gesenktem Kopf auf mich zukommen... Inzwischen spürte ich hinten am Gesäß eine leichte Berührung, und als ich mich umdrehte, sah ich, wie ein Mann anfing, meinen Hintern zu beschnüffeln.

‹Wuff!› sagte er.»

Mit der Frage, wie man die Beziehung zu Frauen, in und außerhalb des Betts, verbessern könnte, wird an diesen Wochenenden bemerkenswert kurzer Prozeß gemacht. «Zwei volle Tage lang war von Frauen kaum die Rede», schreibt Trip Gabriel über eine «Wilde-Mann-Versammlung» in Texas. Die Autoren Steve Chapple und David Talbot, die an Blys Wochenende über «Liebe, Sex und intime Beziehungen» in Kalifornien teilnahmen, berichteten, keines dieser drei Themen habe auf dem Programm gestanden:

«Junge und alte Männer trommeln vor sich hin und jammern den Vätern nach, die sie nie kannten. Sie offenbaren ihre tiefste Schmach und überhäufen die dominierenden Frauen in ihrem Leben nicht gerade zimperlich mit Hohn und Verachtung. Überraschenderweise ist Sex bei diesen Treffen jedoch kaum ein Thema. Der Neue Mann scheint von sich selbst tausendmal mehr fasziniert zu sein als von den Frauen.»

Wenn man einen dieser Männer nach seiner «idealen Lebensgemein-
schaft» fragt, schreiben Chapple und Talbot, dann sieht er sich selbst
allein im Bett «beim Wichsen».

Aber im Grunde ist es gar nicht so überraschend, daß nicht über
Beziehungen geredet wird. Das eigentliche Thema von Blys Wochenenden ist schließlich nicht Liebe und Sex, sondern Macht – wie man sie
den Frauen entringt und wie sie Männern verfügbar wird. In der Tat
begann das Bly-Seminar, das Chapple und Talbot besuchten, mit einer
Vorführung von «Machtobjekten», die jeder Mann von daheim mit-
bringen sollte. An diesem Wochenende war unter den Trophäen auch
eine Automatikpistole Kaliber 38. Bly mag ja ein Anwalt des Welt-
friedens sein, aber als General der Männerbewegung überwacht er
einen Kampf an der häuslichen Front – und angesichts des familiären
Konflikts versiegen seine sanften Regungen. 1987 leitete Bly ein Seminar mit tausend Teilnehmern. Als ein Mann zu Bly sagte: «Robert,
wenn wir den Frauen unsere Wünsche mitteilen, dann sagen sie, wir
irren uns», erwiderte Bly: «Dann kriegen sie eins aufs Maul!» Als ihn
jemand darauf hinwies, daß dieses Statement doch Gewalt gegen
Frauen befürworte, korrigierte sich Bly: «Ja. Ich hab gemeint, man soll
diesen Frauen verbal eins draufgeben.»

«Was ist los? Zuviel Joghurt?» ruft Bly. Es ist in der Mitte einer zwei-
tägigen Vortragsreihe im Jung Center in San Francisco – einem der
raren Anlässe, bei denen er Frauen zuläßt. Er nimmt wieder seine Ka-
pitänspose ein, die Hände in den Hüften, und betrachtet finster die
über vierhundert Zuhörer und Zuhörerinnen. «Die amerikanischen
Männer von heute sind zu passiv und naiv», sagt er, während er auf der
Bühne hin und her zu gehen beginnt. «Es grassiert eine Krankheit, und
die Frauen haben sie verbreitet. Seit den 60ern sind die Frauen in
männliche Bereiche eingedrungen und haben die Männer wie kleine
Jungen behandelt.»

Eine Frau im Publikum fragt, ob er denn die Schuld bei der
Frauenbewegung suche. «Die Männerbewegung ist keine Antwort auf
die Frauenbewegung», sagt er. Kurz darauf warnt er die Männer aber
schon wieder, sich vor dem «weiblichen Kraftfeld» zu hüten. Als ihn
eine andere Frau im Publikum auf den Widerspruch hinweist, wird er

wütend. Er packt das Mikrophon und marschiert auf die Unruhestifterin zu – eine fragile ältere Frau, die eine geblümte Einkaufstasche umklammert. Er bringt sein Gesicht nah an ihres und schreit ins Mikrophon: «Durch Frauen wie Sie werden Männer zu Joghurtessern!» Verlegen versucht die Frau, den wütenden Poeten zu beschwichtigen, und fragt mit zittriger Stimme, ob er «irgendwelche Vorschläge» habe, wie sie ihre Beziehung zu ihrem emotional abweisenden Ehemann verbessern könne. «Warum hören Sie nicht auf, Forderungen an ihn zu stellen, und lassen ihn einfach in Ruhe?» schreit Bly. «Lassen Sie ihn doch einfach in Ruhe!»

Am zweiten Tag des Jung-Center-Wochenendes verkündet Bly, daß er ein Märchen erzählen werde. Er erklärt, er verlasse sich oft auf alte Mythen, weil sie «moderner» seien als die rationale oder psychologische Analyse. «Niemandem wird die Schuld in die Schuhe geschoben», sagt er. «In den Mythen heißt es nicht: ‹Ich bin wütend auf dich›, sondern: ‹Es gibt eine Hexe, die uns das antut.› Die Hexe ist in jeder Beziehung eine dritte Partei.» Doch die Berufung auf eine derartige «Hexe» erweist sich als fauler Trick – als eine Verkörperung des feministischen Monsters, das die Männer verunglimpfen kann, ohne sich entschuldigen zu müssen. «Man kann», sagt Bly, «über Männer und Frauen keine verallgemeinernden Aussagen mehr treffen», ohne jemanden zu beleidigen. «Also muß man es mythologisch ausdrücken.»

Auch heute geht es wieder um ein Märchen der Brüder Grimm, «Der Rabe». Ein Held, der durch eine Hexe und eine Vielzahl tyrannischer Frauen seiner Kraft beraubt wird, muß erst im Kampf gegen Riesen seine Männlichkeit zurückerobern, bevor er um die Hand der Prinzessin anhalten darf. Als das Märchen aus ist, fordert Bly seine Zuhörer auf, sich mit jenem Teil zu identifizieren, der am ehesten zu ihrer persönlichen Situation paßt. Als kaum einer der Männer den Teil wählt, wo der Held den Glasberg erstürmt, ist Bly empört. «Ihr seid alle in der ‹passiven weiblichen› Rolle», murrt er. «Ich will Action sehen. Ich will Wut sehen. Ihr müßt da raus und die Riesen umbringen!» Bly fleht die Männer an, sie sollten «knurren», und als sie nur lau reagieren, wirft er die Arme hoch. «Los, los! Zeigt die Zähne! Zeigt eure Wut!»

Ein junger Mann hebt die Hand. «Aber Robert, Gandhi hat doch auch nicht zu Gewalt aufgerufen, um seine Ziele zu erreichen.» Bly stampft mit dem Fuß auf. «Ihr seid alle so naiv! Ihr steckt voller schwächlicher Ideen, zu denen euch sentimentale Philosophen, inklusive Gandhi, ermutigt haben!»

Es ist Zeit fürs Mittagessen. Als das Publikum hinausströmt, geht die Frau mit der geblümten Tüte auf Bly zu und gibt ihm einen Zettel. Er stopft ihn in seine Brusttasche und geht wortlos davon – in ein Hinterzimmer, wo zwei grauhaarige Frauen des Jung Center ihm sein Essen servieren.

Monatelang hat Bly ein Interview verweigert – wenn er den Medien Auskunft gibt, dann meist männlichen Interviewern. Heute jedoch ist er zu einem kurzen Gespräch beim Lunch bereit. Zwischen riesigen Sandwich-Bissen sagt der Poet, er schließe Frauen deshalb von den meisten seiner Veranstaltungen aus, weil Männer Rückzugsmöglichkeiten aus einer frauendominierten Welt brauchten. «Für den Krieger ist in diesem Land kein Platz. Die Feministinnen haben die katholischen Priester abgelöst.» Und das sei erst der Anfang der weiblichen Invasion. «Ich sehe einfach, daß es immer schlimmer wird. Die Männer werden immer unsicherer, entfernen sich immer mehr von ihrer eigenen Männlichkeit. Die Männer werden allmählich eher zu Frauen, und die Frauen werden versuchen, wie Männer zu werden. Keine gute Aussicht.»

Und welche Beweise hat er dafür, daß all dies geschieht, und dafür, daß der Feminismus die Männer wirklich zu «Softies» macht? Den ehrwürdigen Dichter packt plötzlich die Wut. «Ich brauche keine Beweise! Ich hab Köpfchen, deshalb weiß ich es! Ich gebrauche einfach meinen Verstand!» Er weigert sich, weitere Fragen zu beantworten, und dreht seinen Stuhl herum, so daß er jetzt auf die Seitenwand schaut. Im Raum herrscht unbehagliches Schweigen; die beiden Frauen vom Jung Center versuchen, ihn wieder in Laune zu bringen, indem sie ihm leise Komplimente über seinen «durchdringenden Verstand» machen und ihm noch Apfelsaft anbieten. Er schweigt eine Weile; dann fällt ihm offenbar die Frau ein, die ihn schon vorher geärgert hat, und er fischt den Zettel aus der Brusttasche. Er schüttelt den Kopf, schnaubt und beginnt laut vorzulesen: «Es hat mich sehr verletzt, wie Sie meine Kommentare einfach weggewischt und sich über mich lustig gemacht haben.» Am meisten habe sie verletzt, wie er sie angriff, als sie sagte, sie wünsche sich mehr emotionale Unterstützung von ihrem Mann. Sie brauche diese Unterstützung nämlich, schrieb sie, weil sie mit Eierstockkrebs ringe. Beim Weiterlesen sagt Bly sarkastisch: «Soso, ich kann mir also nicht vorstellen, wie Eierstockkrebs ist, wenn ich das nicht selber durchgemacht habe?» Er stopft den Zettel wieder in die Brusttasche und vertilgt den Rest seines Sandwichs.

Sylvia Ann Hewlett:
Das bedeutungslosere Buch der Neofeministin

«Ich habe inzwischen begriffen, was mich an Phyllis Schlafly so anzog», sagt Sylvia Ann Hewlett, Mitglied des Council of Foreign Relations und anderer Denkfabriken. Die Autorin von *A Lesser Life: The Myth of Women's Liberation in America* sitzt am hochglanzpolierten Konferenztisch im Upper-East-Side-Büro des Council. «Ich habe erkannt, daß das ERA, so attraktiv es für elitäre, elegante Karrierefrauen, die in der NOW sind, auch sein mag, der Hilfe für die Durchschnittsfrau im Weg stehen könnte.»

Hewlett erklärt, wie sie zu ihrer revisionistischen Sicht des Feminismus kam. «Ich war früher mal ziemlich aktiv in der Frauenbewegung.» Sie sei in den 70ern in einer Frauengruppe gewesen und habe gelegentlich beim Stimmensammeln für das Equal Rights Amendment geholfen. «Aber allmählich wurde mir klar, daß das ERA spezielle Arbeitsschutzbestimmungen für Frauen beseitigt hätte. Wenn das ERA heute zur Debatte stünde, würde ich nicht dafür stimmen, weil es wirklich ins Auge gehen könnte.» Sie sagt, die ganz normalen Durchschnittsfrauen hätten sie überzeugt. «Die Feministinnen sind total an den Bedürfnissen und Zielen der amerikanischen Durchschnittsfrau vorbeigegangen», schreibt sie in ihrem Buch. Sie hätten nicht begriffen, daß «viele Hausfrauen gar keine Gleichbehandlung wollten». Und schließlich meint sie: «Wenn man dann noch die berechtigten Ängste der Arbeiterinnen hinzuzählt, die hart erkämpften Arbeitsschutzbestimmungen zu verlieren, dann hat man ein gewaltiges Wählerpotential gegen das ERA.»

Wann ist Hewlett, die damals mit ihrem Mann – einem Investment-Banker – unter einer noblen Adresse in Manhattan wohnte, überhaupt mit diesen Durchschnittsfrauen in Kontakt gekommen? In *A Lesser Life* gibt sie einige wenige Beispiele – sehr wenige. Im einen Fall zitiert sie eine anonyme Arbeiterin, die gerade von ihrer Schicht in einer Textilfabrik im Raum Atlanta kommt; die Frau sagt, sie sei gegen die Gleichberechtigung, weil «wir Mädchen in der Schicht 'ne Extrapause kriegen». Hewlett behauptet, diese Bemerkung habe sie so erschüttert, daß sie nie mehr für das ERA Stimmen gesammelt habe. Das ist eine seltsame Anekdote: In dem Jahr, in dem Hewlett angeblich in Atlanta war, hatten nämlich im Raum Atlanta alle Fabriken bis auf eine dichtgemacht, und diese eine hatte die Belegschaft auf ein Minimum reduziert. Jedenfalls gab es keine einzige Fabrik, die Frauen eine «Extrapause» gewährte. (Im Gegenteil – wie sich die frühere Fabrikarbeiterin Joyce Brookshire erinnert: «Wenn überhaupt, dann haben die *Männer* Extrapausen gekriegt, weil sie wegen Zigarettenpausen ‹ins Raucherzimmer› mußten. Frauen durften nicht ins Raucherzimmer.» Brookshire weiß noch, daß sie und alle anderen Arbeiterinnen, die sie kannte, für das ERA waren.)

Hier ein weiteres Beispiel einer «Durchschnitts»frau, das Hewlett zitiert. Es handelt sich um eine anonyme Frau, eine der «traditionellen amerikanischen Mittelschichtfrauen», die sich beschwert: «Die Emanzipation möchte uns von jener Institution befreien, die zur Überwindung unserer gegenwärtigen gesellschaftlichen Krise am unverzichtbarsten ist: die Familie.» In einer Fußnote wird dieser Satz einer Frau als aus George Gilders *Sexual Suicide* stammend nachgewiesen. Ein Blick aufs Originalzitat zeigt jedoch, daß Hewlett es verändert hat – unter anderem durch Hinzufügung von «unserer» –, damit es so aussieht, als stamme es von einer Frau. In Wirklichkeit stammen die Worte von Gilder selbst. Diese «traditionelle Frau» ist also ein antifeministischer Mann. Auf eine diesbezügliche Frage sagt Hewlett nur: «Ich weiß nicht genau, wie das passieren konnte. Es ist mir schleierhaft.»

Auf der Basis dieser informativen Begegnungen mit der Frau auf der Straße zieht Hewlett das Fazit, daß der Feminismus ihrem Geschlecht geschadet habe. «Die amerikanische [Frauen-]Bewegung hat das Problem der Frauen auf eine Reihe gesetzlicher, politischer und ökonomischer Rechte sowie auf das Recht auf Geburtenkontrolle reduziert.» Den meisten amerikanischen Frauen, behauptet sie, gehe es jedoch weder um Gleichberechtigung noch um persönliche und sexuelle Freiheit; sie «wollen die traditionelle Familienstruktur stärken, nicht schwächen». Indem sie sich auf Gleichberechtigung statt auf Mutterschaft konzentrierten, begingen die Feministinnen «einen riesigen Fehler». Die Frauenbewegung habe das Leben der Frauen in Wirklichkeit «bedeutungsloser» gemacht, weil sie es versäumt hätten, für die Bedürfnisse der berufstätigen Mütter und ihrer Kinder einzutreten. Die Feministinnen «haben das Kind mit dem Bad ausgeschüttet».

Die Aufbauschung dieses «Fehlers», besonders vor dem Hintergrund ihres Rufs als angebliche «Feministin», garantierte Hewlett umgehend die Aufmerksamkeit der Gegenschlagsmassenmedien. Um die Rechte an Hewletts Buch kämpften elf Verlage, wobei es um sechsstellige Vorauszahlungen ging. Doch die Verleger schätzten das Interesse der Leserinnen an dieser These falsch ein. *A Lesser Life* verkaufte sich nicht besonders gut. Aber sie hatten zu Recht enthusiastische Pressereaktionen auf dieses revisionistische Machwerk erwartet; das Buch wurde sofort zum Medienereignis. Ein *Washington-Post*-Rezensent jubelte: «Hosianna! Endlich wird es einmal von einer anerkannten Autorin ausgesprochen!» Wie Hewlett ein Jahr später im Nachwort zur Taschenbuchausgabe sagte, wurde sie von Talkshows bestürmt – «von allen hundertzehn!» Sie wurde auf einen Schlag zur nationalen Autorität für Familienpolitik – «Senator Moynihan, Gouverneur Cuomo und der Abgeordnete Oakar haben mich um Rat gefragt» –, der Gouverneur von Arizona berief sie in einen Familienwohlfahrtsausschuß, und der Woman's National Democratic Club wandte sich wegen seiner programmatischen Rede an sie.

In den nächsten Jahren beriefen sich Hunderte von Journalisten, Nachrichtenmoderatoren und Kolumnisten auf Hewletts Werk, wann immer die tragischen Folgen des Feminismus betont werden sollten. Ihre Attacke auf die Frauenbewegung garantierte ihr die Beachtung sämtlicher Medien, von der *New York Times* über *People* bis zu «Donahue». Selbst der *National Enquirer* war interessiert; das Boulevardblatt berichtete über die unglaubwürdigen Befunde des Buchs unter der Überschrift: «Emanzipation für Mädchen nicht hilfreich, sondern schädlich!»

Hewlett klagt die Frauenbewegung in drei Punkten an. Die Feministinnen ließen die Frauen im Stich, weil sie 1. das Equal Rights Amendment befürworten, 2. für das neue Scheidungsgesetz sind und 3. Mutterschaft für sie kein Thema sei. Vielleicht hätte der *Enquirer*-Bericht

ein Hinweis sein sollen; Hewletts «Fakten» hatten oft eher Boulevard-
Niveau.

«Es ist ernüchternd zu sehen, daß das ERA nicht von Barry Goldwa-
ter, Jerry Falwell oder irgendwelchen anderen Chauvi-Schweinen nie-
dergeschlagen wurde, sondern vielmehr von Frauen, die sich einer
Frauenbewegung entfremdet hatten, deren Wertvorstellungen elitär
und ohne Beziehung zum Leben der Durchschnittsfrau waren»,
schreibt sie. Die Mehrzahl der Frauen sei gegen das ERA gewesen, weil
es den Hausfrauen das Recht auf Versorgung durch ihren Ehemann
und den Berufstätigen das Recht auf «harterkämpfte Arbeitsschutzbestimmungen» geraubt hätte, wie etwa «Pausen und bessere Aufent-
haltsräume».

Um diese Behauptungen zu belegen, zitiert Hewlett fast ausschließlich folgende Quelle: Phyllis Schlafly vom Eagle Forum, die die «Stop-
ERA»-Initiative leitete. Die einzige andere Autorität, die Hewlett bezüglich des ERA zitiert, ist ein nie namentlich genannter «prominenter
Anwalt für Arbeits- und Zivilrecht», der Hewlett versichert habe, das
ERA sei überflüssig. Woher sie weiß, daß damals die Mehrheit der
Frauen das ERA ablehnte, erklärt Hewlett nicht. Hätte sie sich die nationalen Umfragen angesehen, dann hätte sie entdeckt, daß über 60 %
der Frauen *für* das ERA waren. (Und ihr Anteil ist inzwischen noch
gewachsen – auf über 70 %.) Und auch die «Durchschnitts»frauen waren dem ERA nicht feindlich gesinnt. Laut einer Gallup-Umfrage von
1982 befürworteten Sekretärinnen und Verkäuferinnen das ERA sogar
noch begeisterter als Akademikerinnen – und Frauen mit niedrigem
Einkommen waren häufiger als Frauen mit höherem Einkommen dafür, den Ratifizierungstermin zu verlängern.

Hewlett sagt, Frauen seien gegen das ERA, weil sie wüßten, es koste
sie den Unterhalt und die «Arbeitsschutzbestimmungen». Aber das
ERA hätte diese Dinge ja nur von der Geschlechtszugehörigkeit losge-
koppelt, was in den meisten Staaten sowieso schon der Fall war. Die
Hälfte der Staaten verlangte von Ehemännern keine Unterhaltszahlungen an ihre Ehefrauen – und jede verlassene Ehefrau hätte Hewlett
sagen können, daß, *falls* es solche Bestimmungen gab, die Staaten sie
kaum je anwandten. Und was die Arbeitsschutzbestimmungen betraf,
die hatten die Gerichte sowieso schon eliminiert – da sie die Bürgerrechte der Frauen verletzten. Diese Gesetze hatten nämlich seit jeher

nicht die Frauen, sondern vielmehr die Arbeitsplätze der Männer geschützt, indem sie die Frauen von höherbezahlten Tätigkeiten ausschlossen. Und es waren gerade die Arbeiterinnen, die die Gerichte anriefen, diese «Schutzbestimmungen» abzuschaffen.

Und schließlich wurde das ERA nicht von den Durchschnittsfrauen abgeschafft, sondern von einer Handvoll sehr einflußreicher Männer in der Legislative dreier entscheidender Bundesstaaten. Diese Männer bekämpften das ERA nicht, weil es die traditionellen Schutzbestimmungen für Frauen gefährdete, sondern weil es ihre eigene Überzeugung in Frage stellte, die, wie es einer jener Gesetzgeber ausdrückte, darin bestand, «daß eine Frau ihrem Mann dienen sollte».

Hewletts zweiter Punkt – daß die Feministinnen der traditionellen Hausfrau durch die Befürwortung des reformierten Scheidungsrechts schadeten – basiert auf einem Mythos des Gegenschlags. Hewletts Beweismaterial stammt aus Lenore Weitzmans fehlergespicktem Buch *The Divorce Revolution*.

Hewletts letzte Behauptung schließlich ist die am häufigsten zitierte. Die Frauenbewegung, behauptet sie, «verunglimpft» Mütter und Kinder und «wütet» gegen sie; die 70er-Jahre-Feministinnen hätten der Kinderbetreuung die «niedrigste» Priorität eingeräumt und sich nicht einmal des Mutterschaftsurlaubs angenommen. Diese «kinderfeindliche» und «mutterschaftsfeindliche» Haltung habe die Frauenbewegung in den Augen der meisten heutigen Frauen diskreditiert. Dieses nachlässige Verhalten vergleicht sie mit dem der «Sozialfeministinnen» Westeuropas, denen sie es hoch anrechnet, daß sie sich um staatlich subventionierte Kindertagesstätten und Mutterschutzbestimmungen gekümmert hätten.

In Wirklichkeit wurden die von ihr gepriesenen europäischen Maßnahmen nicht von Sozialfeministinnen initiiert, sondern schon Jahrzehnte früher von Regierungen, die sinkende Geburtenraten steigern und die vom Krieg dezimierte Bevölkerung ergänzen wollten. Außerdem fehlte im Kampf der amerikanischen Feministinnen um «Gleichberechtigung» die Kinderbetreuung keineswegs. Die Emanzipationsbewegung kritisierte die amerikanische Gesellschaft zu Recht dafür, daß es für Mütter verlogene Sentimentalitäten statt gesetzliche Regelungen und echten Respekt gab, und gleichzeitig drängten ihre Führerinnen auf ein breites Spektrum von Rechten, die den Müttern zugute kommen würden. Anfang der 70er Jahre kämpften die Feministinnen im Kongreß für *fünf* Gesetzesanträge zur Kinderbetreuung. Drei der acht Punkte der ursprünglichen «Bill of Rights for Women» der NOW 1967 befaßten sich speziell mit Kinderfürsorge, Mutterschaftsurlaub und anderen Vergünstigungen. In den folgenden Jahren traten die NOW und andere Frauengruppen im Kongreß wiederholt gegen die Benachteiligung von schwangeren Frauen und Müttern ein, es gab Demonstrationen und Gemeinschaftsklagen. Und ein entscheidender Punkt, den Hewlett und ähnliche Kritiker und Kritikerinnen zu übersehen pflegten: Wenn die Feministinnen sich auf anderen Gebieten für die Frauenrechte einsetzten – Beschäftigungschancen, Lohngleichheit, Kreditwürdigkeit, Gesundheitsfürsorge für Frauen –, profitierten davon immer auch Mütter und ihre Kinder. Außerdem hat Hewlett schlicht unrecht, wenn sie sagt, die meisten Durchschnittsfrauen betrachteten die Frauenbewegung als «familienfeindlich». Als die Yankelovich-Interviewer 1989 speziell fragten: «Ist die Frauenbewegung familienfeindlich?», antwortete eine große Mehrzahl von Frauen aller Altersgruppen mit Nein.

Der letzte Beweis, den Hewlett für die «mutterschaftsfeindliche» Tendenz der Frauenbewegung heranzieht, ist rein persönlicher Natur. Sie hält sich bei der Geschichte ihres eigenen Kampfs auf, Kinderbetreuung mit ihren Wirtschaftsvorlesungen am Barnard College in Einklang zu bringen, ein Ein-Frau-Kampf, der ihrer Meinung nach daran schuld ist, daß sie keine Professur bekam. Die Feministinnen an der Universität seien «von der Familie alles andere als begeistert» gewesen, hätten ihr während ihrer Schwangerschaft keinerlei Mitgefühl entgegengebracht und seien «gegen jede Art von Mutterschaftspolitik» gewesen. Außerdem hätten sie auf das Komitee, das sie für den Kampf um Mutterschaftsurlaub am College gegründet habe, heruntergeschaut und ihr bei Women's Center Meetings vorgeworfen, sie wolle «einen Freifahrschein». Die Leiterin des Women's Center habe sie später beiseite genommen und «entschuldigend erklärt, der Mutterschaftsurlaub sei bei den Feministinnen umstritten». Hewlett weiß noch, daß sie damals gedacht hat: «Wenn das die Kehrseite der Emanzipation ist... dann kann den berufstätigen Müttern nur der Himmel helfen. Unsere Schwestern tun es jedenfalls nicht.»

Jane Gould, damals Leiterin des Barnard Women's Center, war verblüfft, als sie diesen Abschnitt in Hewletts Buch las. Hewlett, sagt Gould, habe beim Kampf der Barnard-Frauen um den Mutterschaftsurlaub keine zentrale Rolle gespielt, und die wenigen Professorinnen, die gegen diese Kampagne opponierten, seien keine Feministinnen gewesen: «Es waren die *Feministinnen*, die das Komitee für Mutterschaftsurlaub gründeten», sagt Gould. «Sylvia hat nie einen Fuß ins Women's Center gesetzt.»

Auch an der nationalen Front waren die eigentlichen «Mutterschaftsgegner» keine Feministinnen; es waren Führer und Führerinnen der Neuen Rechten, konservative Politiker und Politikerinnen und Firmenleitungen, die die Rechte der Mütter nicht nur ignorierten, sondern auch attackierten. Schließlich war es Phyllis Schlafly und nicht Gloria Steinem, die zwei Jahrzehnte lang im Kongreß die Opposition gegen Gesetzesanträge zur Kinderbetreuung und zum Mutterschaftsurlaub anführte. Es war das Chamber of Commerce, nicht die National Organization for Women, die am meisten zur Niederschlagung des Family and Medical Leave Act von 1987 beigetragen hatte. Die Kammer triumphierte vor allem aufgrund ihrer Behauptung, daß dieses Gesetz die Unternehmen mindestens 24 Milliarden Dollar pro Jahr kosten würde. (Das General Accounting Office veranschlagte die Kosten später auf etwa 500 Millionen Dollar.)

Die gleichgültige Haltung von Regierung und Wirtschaft gegenüber den Rechten berufstätiger Mütter wurde auch Hewlett schmerzlich bewußt, als sie versuchte, beim Economics Policy Council, einer New Yorker Denkfabrik, einen familienpolitischen Ausschuß zu organisieren. In der Hoffnung, führende Politiker und Industrielle an einen Tisch zu bringen, damit sie gemeinsam einen Plan zum Schutz berufstätiger Mütter entwarfen, wandte sie sich an Größen wie Robert Anderson, den Präsidenten von Atlantic Richfield, an Steven Ross, den Präsidenten von Warner Communications, und sogar an den früheren US-Präsidenten Gerald Ford. Aber kaum wurde den Männern klar, um welches Thema es ging, kniffen sie. «Es wurde so eine Art Drehtürprinzip», erinnert sich Hewlett. «Wirklich enttäuschend.» Die Männer kamen zu einer einzigen Sitzung, sahen dauernd nervös auf die Uhr und verschwanden wieder. «Die hatten wirklich das Gefühl, es würde ihnen etwas anhaften, die Leute würden sie für Schwächlinge halten», erinnert sich Hewlett. Einige wollten in einen anderen Ausschuß versetzt werden, wo es nicht um «Frauenkram» ging. «Da schicke ich doch am besten meine Personalchefin hin», bekam Hewlett von einem Chef zu hören. «Als Frau könnte sie das interessieren.»

Nichtsdestotrotz hielt Hewlett den Ausschuß am Laufen, und schließlich kam ein Paket von Empfehlungen heraus, das mit großem Tamtam bei einem Smoking-Dinner auf dem Capitol Hill vorgestellt wurde. Die Empfehlungen selbst unterschieden sich jedoch kaum von denen, die während der letzten zwanzig Jahre in Dutzenden von feministischen Berichten enthalten gewesen waren. Es wurden die üblichen Lösungen für berufstätige Mütter vorgeschlagen: staatlich subventionierte Kinderbetreuung, Mutterschaftsurlaub, Gesundheitsfürsorge für Mutter und Kind und flexible Arbeitszeiten. Die Politiker nahmen sie zur Kenntnis und legten sie zweifelsohne zu den üblichen Akten.

Betty Friedan:
Revisionismus als Marktinstrument

Als Hewlett ihren familienpolitischen Ausschuß organisierte, hatte sie auch zwei Frauen aus dem «feministischen Establishment», wie sie es nannte, eingeladen. Eine davon war Betty Friedan. Genau wie manche Männer kam Friedan nur ein einziges Mal. Später kritisierte sie Hewletts Werk als «irreführendes Gegenschlagsbuch». Dieser Angriff überraschte Hewlett, die nach der Lektüre von Friedans letztem Buch geglaubt hatte, sie seien verwandte Geister. «Ich habe speziell Friedan in den Ausschuß eingeladen, weil sie in ihrem neuen Buch *Der zweite Schritt* die gleichen Gedanken zu vertreten schien wie ich.»

Tatsächlich enthielt Friedans 1981 erschienenes Buch *Der zweite Schritt* viele ähnliche Vorwürfe gegen die Frauenbewegung. Ihre Führerinnen hätten den Ruf nach Mutterschutzgesetzen überhört: «Unser Fehler bestand darin, daß wir in puncto Familie die Augen verschlossen.» Und nicht nur dies, wie Friedan behauptet; die Frauenbewegung habe sich oft auch irrtümlicherweise auf eine «direkte» und «auf Konfrontationskurs gehende» politische Taktik konzentriert – eine Taktik, der sie selbst den Weg bereitet hatte, die sie aber jetzt zu «männlich» fand – wo man es eigentlich mit dem Freiwilligkeitsprinzip und einem feineren «Beta-Stil» hätte versuchen sollen.

Friedan war nicht die einzige berühmte Feministin, die ihre Maschen selbst wieder aufzog. Eine Handvoll Autorinnen, deren Bestseller in den 70ern mit dazu beigetragen hatten, die Frauenemanzipaton populär zu machen, widerrief eifrig. Für die Neue Rechte klangen die neuen Ansichten der Altfeministinnen fast zu schön, um wahr zu sein. «Der Feminismus, der einst mithalf, den Frauen neue Möglichkeiten zu eröffnen, hat sich gegen sich selbst gewandt», freute sich die Reagan-Assistentin Dinesh D'Souza, Chefredakteurin der neokonservativen *Policy Review*. Nachdem in der Titelstory des *New York Times Magazine* ein Auszug aus *Der zweite Schritt* erschienen war, jubelte Phyllis Schlafly in ihrem Mitteilungsblatt, Friedan habe soeben «einen weiteren Nagel in den Sarg des Feminismus geschlagen».

Mitte der 80er steigerten sich die feministischen Widerrufe zu wahrem Getöse, als die Medien die Äußerungen einiger wichtiger Symbolfiguren des Feminismus aufgriffen und überall verbreiteten. Viele dieser neuen Bücher lasen sich wie ausgewalzte, hastig zusammengekleisterte Pressemitteilungen. Die Zeiten, in denen diese «Führerinnen» vor den Fernsehkameras gestanden hatten, waren meist längst vorbei; aber sie hofften, wie der ehemalige Feminist Warren Farrell, wieder ins Rampenlicht zurückzukehren.

Obwohl es viele feministische Denkerinnen und Denker gab – neue und alte, berühmte und unbekannte –, die fest zu ihrer politischen Überzeugung standen, blieben sie dem flüchtigen Blick der Kamera verborgen. Die einzige selbsternannte neue «feministische» Theoretikerin, die die Presse aus dem Dunkel zerrte, war in Wirklichkeit eine verbitterte antifeministische Akademikerin. Die Literaturwissenschaftlerin Camille Paglia landete im gleichen Monat auf dem Cover von *New York* und *Harper's* und wurde über Nacht berühmt, nachdem sie in ihrem 1990 erschienenen Buch *Sexual Personae: Art and Decadence from Nefertiti to Emily Dickinson* einen ätzenden Angriff gegen die «larmoyanten» Feministinnen gestartet hatte. Die Presse wärmte rasch ihre frauenfeindlichen und antifeministischen Sottisen auf («Wäre die Zivilisation den Frauen überlassen worden, dann würden wir immer noch in Grashütten leben» und «[feministische Akademikerinnen] können doch nicht bis drei zählen»); *Newsday* berichtete darüber, daß sie die Vergewaltigung bei Dates als feministischen Unsinn abgetan habe; TV-Produzenten überschlugen sich, um eine Option auf ihr Buch zu bekommen. Und was war Paglias – offen zugegebenes – Motiv für diese Attacke gegen die Feministinnen? Schlicht und einfach Gehässigkeit. Sie beklagte sich, konkurrierende Literaturwissenschaftlerinnen, die Feministinnen waren, hätten allen «Beifall» eingeheimst und ihren großartigen Talenten den «Respekt» versagt, und deshalb hätte sie an der wenig renommierten Philadelphia University of Arts keine Professur erhalten und sei ihr Buch von sieben Verlagen abgelehnt worden. Damals habe sie, wie sie später einem *New-Yorker*-Journalisten sagte, angefangen, gegenüber den feministischen Akademikerinnen «auf Rache zu sinnen».

1984 ließ Germaine Greer auf den Bombenerfolg *Die heimliche Kastration*, ihre Verherrlichung weiblicher Unabhängigkeit und Sexualität, das mürrische und deterministische *Sex and Destiny* folgen. Einstiger Medienliebling, als flammende Verfechterin der sexuellen Emanzipation – eine «kesse Feministin, die sogar Männer mögen», hatte es damals in einer *Life*-Titelstory geheißen – trat Greer jetzt für Vernunftehen, Keuschheit und den Tschador ein; ihr neues Vorbild war die altmodische Bauersfrau, zufrieden auf Küche und Kinderzimmer beschränkt, zufrieden unter ihrem Tschador versteckt. Greer selbst bezeichnete das Buch als «Angriff auf die Ideologie der sexuellen Freiheit». Eine gewisse Ironie lag darin, daß gerade in dem Moment, wo Beverly LaHaye von den Concerned Women of America für Empfängnisverhütung, Spaß am Sex und klitorale Orgasmen eintrat, Greer gegen all dies Opposition bezog. Die beste Form der Empfängnisverhütung, behauptete sie, sei Enthaltsamkeit. Klitorale Orgasmen seien zu «eindimensional» und «maskulin».

Viel Aufhebens machten antifeministische Wortführer 1986 auch von dem revisionistischen Geraune der feministischen Aktivistin Susan Brownmiller, Autorin von *Gegen unseren Willen*, des 1975 erschienenen bahnbrechenden Werks über Vergewaltigung; jetzt sagte sie, die Frauenbewegung habe womöglich «grundlegende biologische und psychologische Unterschiede» zwischen den Geschlechtern übersehen. Brownmiller, Autorin einer akribisch dokumentierten historischen Analyse sexueller Gewalt, produzierte jetzt einen fußnotenlosen, fragwürdigen Abriß weiblichen Verhaltens im Lauf der Geschichte. In *Weiblichkeit* ging es um so dringliche Fragen wie, ob ein Haar in Brownmillers Gesicht Resultat eines «häßlichen Ehrgeizes» sei – oder vielleicht eher auf «eine verborgene Testosteron-Quelle in meinem System» hindeute – und ob sie es ausreißen solle. Antwort auf die letzte Frage: Ja.

Im Lauf der Dekade produzierten diese berühmten Feministinnen der 70er Jahre immer rückschrittlichere Bücher. In den 1980 erschienenen Erinnerungen an ihren willensschwachen Vater, *Daddy, die Geschichte eines Fremden*, übertraf Greer, was die Verteufelung der Mutter betrifft, fast noch Philip Wylies «Momism». Sie ist «der bissige Hund in der Küche», buchstäblich ein Miststück, das ständig «Schaum vorm Mund» hatte und Daddy seiner Männlichkeit beraubte. Mittlerweile nahm Brownmiller ein *Opfer* familiärer Gewalt ins literarische Visier; in einem fiktionalisierten, überstürzt veröffentlichten Bericht über den berühmten Fall Lisa Steinbergs (des von seinem Adoptivvater totgeprügelten Kinds aus New York City), der in der Gastkolumne der *New York Times* sowie in *Waverly Place* erschien, sparte sich Brownmiller ihre harscheste Kritik für die Versäumnisse der mißhandelten Ehefrau auf. (Sie beendete das Buch, noch bevor das Urteil verkündet wurde.) Und auch die bekannte Feministin Erica Jong gesellte sich schnell zu den Widerruferinnen. (Allerdings war ihre Unterstützung für den Feminismus schon immer ziemlich fragwürdig gewesen, trotz ihres Medien-Rufs als führende «Emanze», den ihr der Bestseller *Angst vorm Fliegen* eingebracht hatte.) Nicht nur nahmen ihre emanzipierten Figuren alles zurück, sie desavouierte die Sache der Frauen auch höchstpersönlich – natürlich in *Ms*. Die Frauen «meiner Generation», schrieb sie, «blicken sehnsüchtig auf die Ehen unserer Eltern und Großeltern... In der Einsamkeit unserer Single-Familien, immer noch auf der Suche nach der großen Liebe, beginnen wir allmählich, den Braten zu riechen.»

Von allen Abtrünnigkeitserklärungen steckte jedoch in *Der zweite Schritt* das größte Potential, der Sache des Feminismus zu schaden. Betty Friedan war ein bekannter Name, für Millionen von Amerikanerinnen identisch mit der Emanzipationsbewegung. Sie war «die Mutter der modernen Frauenbewegung», wie sie in Hunderten von Zeitungsartikeln genannt wurde, seit sich ihr Klassiker *Der Weiblichkeitswahn* 1963 zum ersten Mal mit dem «Problem, das keinen Namen hat», befaßt und mitgeholfen hatte, eine Bewegung des sozialen Wandels in Gang zu bringen. In dieses Buch hatte Friedan viel Zeit und

Mühe investiert. Jahrelang war sie in einem Nebengebäude der staubigen New York Public Library mit Recherchieren und Schreiben beschäftigt gewesen. Und doch attackierte sie jetzt, zwei Jahrzehnte später, den *feministischen Wahn* und warf der Frauenbewegung vor, sie schaffe «ein neues Problem, das keinen Namen hat» – in einem dürftig dokumentierten Buch, das sich über große Strecken liest, als sei es auf Band diktiert worden. Was war geschehen?

Von Friedan selbst erhält man nur wenig Auskunft. «Den Begriff *weiblicher Wahn* habe ich in meinem Buch nicht verwendet», sagt Friedan in einem Interview empört. Darauf aufmerksam gemacht, daß sie diesen Begriff auf den ersten fünfzig Seiten sogar *zweimal* benutzt, erwidert sie: «Na ja, in den 70ern hat es einen gewissen Extremismus gegeben. Die radikalen Feministinnen begannen mit einem reaktiven Feminismus, der beschränkt, falsch und verzerrt war.» Wer nicht derselben Meinung ist wie sie, wird einfach als eine jener radikalen Feministinnen abgetan, die «immer noch auf das Denken des ersten Stadiums fixiert sind» und sich «durch meinen Versuch, die Bewegung neu zu konzipieren, bedroht fühlen».

Laut Friedans Buch haben die «radikalen Feministinnen» der 70er viele schwerwiegende strategische Fehler begangen. Die Feministinnen, sagt sie, seien so sehr auf den Zutritt zur Männerwelt fixiert gewesen, daß sie es versäumt hätten, «die Unterschiede zwischen Mann und Frau zu bejahen» und «die weibliche Sensibilität für das Leben» zu feiern. Sie hätten ihre Energien nicht mit Protesten gegen Vergewaltigung vergeuden sollen (ein Problem, das in einer 1989 durchgeführten Yankelovich-Umfrage 88% der Frauen als «das wichtigste Thema für Frauen heutzutage» bezeichneten); gegen sexuelle Gewalt zu demonstrieren bedeutet ihrer Ansicht nach, daß man «irgendwie in dieser Opferrolle schwelgt», wodurch «unsere eigenen Quellen der Kreativität vergeudet» werden. (Ihre Worte erinnern an George Gilder in *Men and Marriage*; auch er beklagte sich darüber, die Feministinnen «palaverten endlos» über das Thema Vergewaltigung.) Sie hätten das ERA verloren, weil sie «sich in ‹männliche› politische Machtbereiche hätten kooptieren lassen». Sie hätten sich zu sehr auf Themen wie etwa das Abtreibungsrecht konzentriert, die, wie sie naserümpfend feststellt, «gewiß nicht zu den Hauptproblemen des heutigen Amerikas» zählten. Selbst daß sich die Bewegung weiterhin für die Rechte der Frau einsetzt, findet sie verkehrt. «Ich glaube kaum», schreibt Friedan, «daß die Frauenrechte das dringlichste Anliegen der amerikanischen Frauen sind.»

Warum hackt Friedan auf einer Bewegung herum, an deren Entstehung und Führung sie selbst so maßgeblich beteiligt war? Vielleicht ist die Tendenz, umzuschwenken und sich selbst zu widersprechen, im Rahmen des Gegenschlags unvermeidlich. Die Frauenforscherin Judith Stacey schreibt: «Im politischen rechten und ‹postfeministischen› Klima der 80er älter zu werden war für viele Feministinnen der zweiten Generation eine traumatische Erfahrung, und es fehlen uns bequeme Sündenböcke für unsere Misere... Vielleicht erklärt das die heftigen, undifferenzierten Widerrufe im Rahmen des neuen, familienfreundlichen Feminismus.» In Friedans Fall bietet sich jedoch noch eine andere Möglichkeit an. Sieht man sich *Der zweite Schritt* genauer an, so gewinnt man den Eindruck, der Hauptfehler der «radikalen Feministinnen» habe darin bestanden, daß sie nicht Friedans Befehlen gefolgt sind. Friedan sagt zwar, sie habe mit dem «Beta-Stil» der führungslosen, kooperativen und «beziehungsorientierten» Organisation, die sie in ihrem Buch entwirft, «keinerlei Probleme». Aber ihr Buch ist durchsetzt von den Zornausbrüchen einer gestürzten Führerin, die sichtlich wütend und verzweifelt ist, weil sie nicht die Alpha-Wölfin spielen durfte, solange sie wollte.

Sie drängt sich in dem Buch oft selbst in den Vordergrund, wärmt Machtkämpfe auf, die sie bei längst vergessenen Feminismus-Tagungen verloren hat, zitiert ihre früheren Reden und beschwert sich, daß andere Feministinnen ihre Vorschläge ignoriert hätten. Dieser Hang zu imperialen Erlassen und zur Selbstinszenierung hat bei Friedan Tradition. 1970 legte sie ihr Amt als Präsidentin der NOW mit den Worten nieder: «Ich habe euch in die Geschichte geführt. Jetzt verlasse ich euch – damit ein neuer historischer Abschnitt beginnen kann.»

Ihr Weggang war kämpferisch – Friedan gegen die «radikalen Feministinnen», so stellte sie es damals dar –, und ihre Berichte über interne Streitereien hatten seither stets den gleichen Subtext: Sie war unfairerweise aus der feministischen Machtelite ausgeschlossen worden. Die Öffentlichkeit mochte sie für die «mütterliche» Führerin der Bewegung gehalten haben, aber sie selbst hatte das Gefühl, von den Medien zu schnell aufs Abstellgleis geschoben worden zu sein, zugun-

sten jüngerer und fotogenerer Führerinnen. Man mochte sie als die
«Mutter» des Feminismus bezeichnet haben, aber die Medien hatten
Gloria Steinem buchstäblich zum «Glamourgirl» des Feminismus er-
nannt – und Friedan wußte nur zu gut, welcher dieser beiden Titel in
Amerika mehr galt.

Statt zu sehen, daß es sich dabei einfach um die übliche Vorliebe der
Presse für jugendliche Blondinen handelte, argwöhnte Friedan, die Feministinnen selbst hätten sich gegen sie verschworen. Selbstverständlich gab es (wie in jeder politischen Bewegung) manchmal heftige ideo-
logische Differenzen, aber Friedan schien zu glauben, alle internen
Diskussionen liefen, in ihren eigenen Worten, auf einen «Plan» hinaus, eine Intrige, um sie auszuschließen. 1972 schlug sie in der Presse
zurück, indem sie Steinem vorwarf, «die Bewegung zu ihrem persönlichen Vorteil» von Friedan «loszureißen», und verkündete: «Niemand sollte [Steinem] für eine Führerin halten.» Jahre später, in Marcia Cohens Buch *The Sisterhood*, einer 1988 erschienenen Chronik der
Frauenbewegung, war Friedan immer noch auf dieses Thema fixiert:
«Gloria [Steinem] wollte, daß ich verschwinde», sagte sie zu der Autorin. «Sie wollte mich einfach *verschwinden* lassen.»

Der «neue historische Abschnitt», den Friedans Buch für den Femi-
nismus entwirft, ist eine «Wende zum zweiten Stadium», der Ruf nach
einer vage definierten Neuordnung, die stark auf alten viktorianischen
Floskeln basiert. In diesem neuen Stadium, so ihre Vision, werden die
Frauen den Kreis der Familie als «Basis ihrer Identität und ihres
menschlichen Einflusses» wiederentdecken. Wie im neunzehnten
Jahrhundert die Verfechter getrennter Sphären behauptet auch
Friedan, die Frau könne von zu Hause aus Einfluß ausüben: «Die
Macht der ‹weiblichen Sphäre›, sowohl das politische als auch das per-
sönliche Bewußtsein zu formen, ist von den Feministinnen heutzutage
eindeutig unterschätzt worden», versichert sie – ein merkwürdiges
Statement für eine Frau, die jene Sphäre unbedingt verlassen wollte
und seitdem fast ausschließlich, und mit großem Vergnügen, in der
Öffentlichkeit lebt. Die Last dieser Wende wird den Frauen aufgebürdet; daß auch die Männer sich ändern müßten, spielt in Friedans
neuem Plan kaum eine Rolle. Vielmehr wischt sie die Beobachtung von
Feministinnen, daß Männer keine Lust haben, ihren Beitrag zu Haushalt und Kindererziehung zu leisten, munter beiseite. Wenn sich die

Männer nicht geändert hätten, schreibt sie, «warum werden 1981 dann plötzlich drei von vier Gourmet-Diners, von der Suppe bis zur Mousse, anscheinend von Männer zubereitet?» Und woher stammt diese «Statistik»? Sie hat sie erfunden – aufgrund von ein paar dahingesagten Bemerkungen «einiger meiner Kolleginnen».

Das Buch macht in puncto Inhalt und Stil auch einige Anleihen bei Reagans Regierungsprogramm. Im «zweiten Stadium», so ihr Vorschlag, sollten die Feministinnen aufhören, Firmen, Gesetzgebung und den «erschöpften Wohlfahrtsstaat» zur Erweiterung der Frauenrechte zu drängen – sondern sich statt dessen ehrenamtlich bei Nachbarschaftshilfen engagieren. Die «individuelle» Verantwortung und die «freiwillige Verteilung von Gemeinschaftsressourcen», schreibt sie, werden die Parolen des zweiten Stadiums sein. Um sich zu befreien, sollten die Frauen Pfadfinderinnengruppen leiten oder in die Junior League eintreten. Friedan ist überzeugt, daß es ein großer Fehler der Frauenbewegung ist, das Potential solcher Institutionen zu übersehen, die für die Frauenrechte «vielleicht genauso wichtig sind» wie politische Aktionsgruppen. In einer der verwirrenderen Passagen des Buchs – sie schreibt oft völlig chaotisch – wirft Friedan der NOW vor, sie habe die Frauen nur dazu ermutigt, «sich unentgeltlich für den sozialen Wandel und in feministischen Gruppen zu engagieren, aber nicht in der Gemeindearbeit, wo ihre Arbeit ausgebeutet wurde... Dieser Widerstand gegen unentgeltliche Arbeit hat mir nie gefallen – obwohl wir tatsächlich gegen die Ausbeutung der unentgeltlich arbeitenden Frauen im Büro und daheim hätten angehen müssen...»

Die Schlagworte der Neuen Rechten ziehen sich in aufgefrischter Form durchs ganze Buch. Connie Marshner nannte allzu ehrgeizige Karrierefrauen «Machofeministinnen». Betty Friedan spricht von «weiblichem Machismo». Friedan entwirft ein wahrhaft düsteres Szenario dessen, was der jungen emanzipierten Frau zustoßen könnte, die «den unersättlichen Forderungen des weiblichen Machismo» erliegt:

> «Was, wenn sie als Reaktion all die unwägbaren, unbeachteten weiblichen Aufgaben und Verschönerungen aus ihrem Leben verbannt, wenn sie einfach aufhört, Kekse zu backen, wenn sie sich wie ein Mönch das Haar abschneidet, wenn sie beschließt, keine Kinder zu kriegen, wenn sie sich einen Computer ins

Schlafzimmer stellt? Dann erleidet sie irgendwann eine neue
‹Krise des Selbstvertrauens›. Sie hat nicht das Gefühl, fest im Leben zu stehen. Innerlich fröstelt sie. Der weibliche Machismo hat
sie innerlich leer gemacht.»

Indem sie die Sprache der Neuen Rechten akzeptierte, ist Friedan auch
prompt in die semantische «Für-die-Familie»-Falle der Neuen Rechten
getappt. Sie reagiert eher auf den Gegenschlag, als daß sie ein eigenes
Programm entwirft, und bezeichnet die Frauenbewegung jetzt sogar
als «die Reaktion der Feministinnen».

Am Ende sind Sprache und Logik von *Der zweite Schritt* so verwor-
ren, daß sich endgültig nicht mehr sagen läßt, woran Friedan heute
eigentlich noch glaubt. Teils scheint sie sich in einen häuslichen Dunst
zurückzuziehen, dann hat es wieder den Anschein, als formuliere sie
fundamentale Prinzipien des Feminismus – zum Beispiel, wenn sie
schreibt, daß es im «zweiten Stadium» nur um «die Wiederherstellung
unserer Institutionen auf der Basis einer wirklichen Gleichberechtigung von Frau und Mann» gehe. Vielleicht wollte Friedan wirklich
viele der im *Weiblichkeitswahn* geäußerten Ansichten widerrufen.
Vielleicht hat sie sich aber auch nur in ihren eigenen Worten verhed-
dert.

Am Ende hat Friedans Verbitterung über den Verlust ihrer Autorität
ihr genau jene Frauen entfremdet, die sie immer noch als Führerin
betrachtet hatten. Friedans Tiraden gegen alle, die ihrem Vermächtnis
nicht die gebührende Ehrerbietung erwiesen, sind schon legendär. Im
Winter 1988 sponserte Friedan eine Frauentagung zum fünfundzwan-
zigsten Jahrestag des Erscheinens von *Der Weiblichkeitswahn*. Beim
Mittagessen in der Uni-Cafeteria war eine ältere Frau den Tränen
nahe. Sie war Friedan auf der Damentoilette begegnet und hatte ihren
ganzen Mut zusammengenommen, um sich ihrem langjährigen Idol
vorzustellen. «Ich wollte ihr einfach sagen, wie dankbar ich ihr für das
Buch *(Der Weiblichkeitswahn)* war und wieviel es mir bedeutet hatte.
Und ich war total nervös und hab so was Blödes gesagt wie ‹Ich bin so
froh, daß Sie auf dieser Tagung sind›, und da ist sie mir fast ins Gesicht
gesprungen. Sie fing an zu schreien: ‹Natürlich bin ich hier! Schließlich ist das meine Tagung! Ich hab das Ganze ja organisiert!› Das war so
peinlich. Ich hab mich einfach schrecklich gefühlt.»

Carol Gilligan:
Andere Ausdrucksformen oder viktorianische Echos?

Friedans Aufwertung des «freundschaftlichen» Beta-Modus und anderer ausgesprochen «weiblicher» Eigenschaften vollzog sich nicht in einem Vakuum. In den 8oern begannen populäre Bücher, die «weibliches Verhalten» und «die weibliche Natur» priesen – von Sara Ruddicks *Maternal Thinking* bis Sally Helgesens *Frauen führen anders* –, in den Frauenbuchabteilungen amerikanischer Buchhandlungen andere Literatur zu verdrängen. Die Autorinnen schrieben, manchmal sehr blauäugig, über die grenzenlose Fähigkeit der Frau, anderen zu dienen, gütig und kooperativ zu sein. Schon bald wurde «die weibliche Fürsorglichkeit» ein Allzwecketikett für die Psyche der Frau. Und gegen Ende der Dekade schienen sich manche Autoren dieses Genres (größtenteils Frauen) zeitweise sogar aktiv am Gegenschlag zu beteiligen. In ihrem 1990 erschienenen Buch *Prisoners of Men's Dreams: Striking Out For a New Feminine Future* schob Suzanne Gordon die Schuld am rauhen Klima der 8oer zum Großteil auf «Gleichberechtigungsfeministinnen», die die Frauen ermutigt hätten, «die pflegerischen Tätigkeiten abzuwerten», und somit eine «allgemeine Verschärfung des gesellschaftlichen Pflegenotstands» herbeigeführt hätten.

Während diese Bücher einer breiten Öffentlichkeit derlei Ideen vermittelten, waren die Theorien, auf denen sie basierten, in der Welt der Frauenforschung entstanden. Ende der 7oer Jahre entstand eine neue Schule des «beziehungsorientierten» feministischen Denkens, die sich auf eine separate «Frauenkultur» und das typische «Anderssein» der Frau konzentrierte. In den 8oern wurden Frauenforschungstagungen von einer Flut von Papieren überschwemmt, in denen es um typische Tugenden der Frau ging: ihre «pflegerischen Eigenschaften», ihre «Ethik der Fürsorge», ihr «vernetztes Denken». So wie die akademische Welt am Ende der viktorianischen Epoche vom Unterschied der Geschlechter fasziniert war, befaßte man sich auch in dieser Dekade in fast jeder Disziplin mit dem besonderen Wesen der Frau. 1987 wurden auf der Jahreskonferenz der American Educational Research Association fünfundzwanzig Gruppen zum Thema «Geschlechtsunterschiede» angeboten.

Die meisten Frauenforscherinnen wollten die Ursachen der Unterschiede zwischen Mann und Frau ursprünglich nur erforschen, nicht glorifizieren. Sie wollten die Tradition hinterfragen, die männliches Verhalten als Norm, weibliches Verhalten als Abweichung definiert. Und sie hofften, im «Anderssein» der Frau ein humaneres Modell für das öffentliche Leben zu finden – eines, das sowohl Männer als auch Frauen übernehmen könnten. *Die Stärke weiblicher Schwäche*, der 1976 erschienene Klassiker der Psychiaterin Dr. Jean Baker Miller, ist ein frühes und erfolgreiches Beispiel für diesen Versuch. «Es ging darum», schrieb sie 1986 im Vorwort zur zweiten Auflage, «die weiblichen Stärken zu beschreiben und zu erklären, warum sie unbeachtet blieben... Daraus kann dann ein neuer Rahmen des Verständnisses für Frauen – und Männer – entstehen.»

In den 8oern jedoch war dieser Plan, einen neuen Rahmen zu schaffen, größtenteils aufgegeben worden; viele beziehungsorientierte Wissenschaftlerinnen, denen es jetzt darum ging, den Hausfrauen die längst überfällige Anerkennung zu erweisen, verloren oft den größeren Zusammenhang aus dem Blick – und phantasierten statt dessen blauäugig über die auf den häuslichen Bereich beschränkte Frau. Die Frauenforscherin Ellen DuBois warnte ihresgleichen in einem Essay in einer Fachzeitschrift: «Bei der Erforschung der Frauenkultur herrscht nicht die Tendenz vor, sie mit dem Feminismus zu verknüpfen, sondern sie vielmehr isoliert zu betrachten und die Situation der Frauen zu romantisieren.»

Manchmal schienen die Wissenschaftlerinnen und Wissenschaftler den Einfluß der Sozialisation völlig zu vergessen, denn sie bezeichneten Frauen- und Männerrollen als biologisch determiniert und unveränderbar. Die bedeutende Frauenforscherin Alice Rossi behauptete sogar, die Abneigung der Männer gegen Kochen und Kinderpflege habe schlicht anatomische Gründe: Sie hätten nicht so geschickte Finger wie die zartknochigen Frauen.

Die Untersuchung von Geschlechtsunterschieden könnte die Chance bieten, ein weitverzweigtes Machtgeflecht zu erforschen – aber allzu oft wird daraus nur eine erneute Rechtfertigung. Wenn das «Besondere» an Frauen (oder an irgendeiner anderen Bevölkerungsgruppe) begrüßt wird, ist das stets eine zweischneidige Sache. Frauen seien bereit, für «Sonderrechte», die sich auf ihre Sonderstellung als Mutter beziehen, bis zu einem gewissen Grad auf die gesetzlich garantierte

Gleichberechtigung zu verzichten, meint Elizabeth Wolgast in ihrem 1980 erschienenen Buch *Equality and the Rights of Women*; sie behauptet sogar, die Gleichberechtigung könne zur Diskriminierung von Frauen mißbraucht werden, weil sie nicht auf ihre besonderen Bedürfnisse zugeschnitten sei. Wenn Frauen als «etwas Besonderes» bezeichnet werden, kann es leicht passieren, daß ihnen Grenzen gezogen werden. «Etwas Besonderes» klingt vielleicht überlegen, aber es ist auch eine euphemistische Bezeichnung dafür, daß jemand gehandicapt ist.

Die meisten beziehungsorientierten Wissenschaftlerinnen glaubten zweifellos, sie könnten den Häuslichkeitskult nach ihren eigenen Vorstellungen wieder zum Leben erwecken. Sie glaubten, sie könnten für die «Sonderrechte» der Frauen eintreten, ohne ihre elementaren Bürgerrechte und Chancen zu gefährden. Aber trotzdem riskierten sie mit ihren Huldigungen an die «Kunst der Haushaltsführung», ihrer manchmal selbstgerechten Hommage an die moralische Überlegenheit der Frau und ihrer Verunglimpfung der «dummen Gleichberechtigung», daß altes viktorianisches Gedankengut plötzlich in modernem akademischem Gewand daherkam. Und am Ende sahen sich die Gesetzgeber keineswegs veranlaßt, «Sonderrechte» für Frauen zu schaffen. Statt dessen wurden Gilligans Worte in der umfassenderen Gegenschlagsära, in der die beziehungsorientierten Feministinnen ihre Bücher schrieben, gebraucht und mißbraucht – durch antifeministische Autorinnen und Autoren und, schlimmer noch, durch Firmenanwälte bei Prozessen um sexistische Diskriminierung. Wer für die Fehlkalkulation der beziehungsorientierten Frauenforscherinnen bezahlen mußte, waren, wie wir in einem späteren Kapitel sehen werden, die Arbeiterinnen, die noch nie von ihnen gehört hatten.

Im Rahmen des Gegenschlags entdeckten die Verfechterinnen und Verfechter der «Andersartigkeit» der Frau, daß ihnen als Lohn die Zustimmung von Kritikern und Medien winkte. «Andersartigkeit» wurde zum neuen Zauberwort, das den feministischen Kampf um Gleichberechtigung entschärfte. Und wer immer davon Gebrauch machte, lief Gefahr, selbst wenn er nicht als antifeministisch gelten konnte, vor den Karren des Gegenschlags gespannt zu werden.

Carol Gilligans 1982 erschienenes Buch *Die andere Stimme*, eines der meistzitierten und einflußreichsten feministischen Werke der 80er, wurde das wichtigste Aushängeschild der Wissenschaft für die

«Andersartigkeit» der Frau. «Der Name Gilligan ist in akademischen und feministischen Kreisen zu einem Schlagwort geworden», bemerkte ein Kommentator. Das Buch wurde in Psychologievorlesungen, juristischen Schriftsätzen und Gesetzesanträgen zitiert. Über die akademische Welt hinaus verwandelten Einrichtungen der Erwachsenenbildung Gilligans Idee in ein Verkaufsinstrument für Workshops mit Titeln wie: «Männer- und Frauenrealität – Berücksichtigung der Unterschiede.» Auch Verfasserinnen und Verfasser von Selbsthilfebüchern beriefen sich ständig darauf. Und selbst die Zeitschrift *Vogue* beschwor das Werk der Wissenschaftlerin in ihren Meditationen über die «Weibliche Linie»: Es könne durchaus sein, daß Gilligan «die Modeempfehlungen dieser Saison vorausgeahnt hat». Was die Medien betrifft, so wurde Gilligan in *Ms.* zur «Frau des Jahres» ernannt, und das *New York Times Magazine* brachte Gilligan auf der Titelseite. Und als das Radcliffe College 1989 seine politische Tagung zum Thema «Der Herausforderung begegnen: Frauen in Führungspositionen» abhielt, sagte die College-Präsidentin Matina Horner in ihrer Eröffnungsrede: «Die Frage für das 21. Jahrhundert ist doch, ob Frauen andere Ausdrucksformen am Konferenztisch einführen würden.» Die dringlichere Frage stellte sie nicht – warum an diesem Konferenztisch immer noch so wenig Frauen sitzen.

Gilligans Buch entsprang ihrer Entdeckung als Dozentin für Entwicklungspsychologie, daß sich in der Forschung sämtliche Studien nur auf Männer bezogen. «Es war, als seien diese Studien von irgendeinem Studenten durchgeführt – und die Hälfte der Stichprobe weggelassen!» erinnert sich Gilligan. Und was noch schlimmer war: die Frauen, die in Gilligans Fachgebiet lehrten, «bemerkten nicht einmal, daß wir weggelassen wurden!» 1975 setzte sie sich eines Tages an ihren Eßtisch und schrieb über diese Ausgrenzung einen kurzen Essay, der schließlich zu *Die andere Stimme* wurde. «Ich hätte nie gedacht, daß sich irgend jemand für das Buch interessieren könnte, außer ein paar Leuten in meiner begrenzten Sphäre, im Untergrund [der wissenschaftlichen Psychologie].»

In ihrem Buch möchte Gilligan zeigen, wie die moralische Entwicklung der Frau von psychologischen Forschern abgewertet und verzerrt und wie Ethik nur vom männlichen Standpunkt aus definiert wurde. Mindestens seit den 50ern, beobachtet Gilligan, habe die Forschung die moralische Urteilsfähigkeit von Frauen und Männern aufgrund einer rein männlichen Studie abgewertet. Der Psychologe Lawrence Kohlberg hatte diese Studie benutzt, um seine allgemein verwendete Skala der moralischen Urteilskraft zu entwickeln – eine Sechsstufenleiter, auf der Hilfsbereitschaft und Freundlichkeit nur Platz drei erreichen, die Neigung, abstrakte Rechtsprinzipien höher zu werten als menschliche Beziehungen, jedoch auf Platz eins rangiert. Gilligan behauptet, Frauen könnten moralische Urteile eher im Kontext bestimmter Situationen und aus dem Interesse für ein bestimmtes Individuum fällen – und weniger auf der Basis abstrakter Fairneßregeln und Gesetze. Das heiße aber nicht, daß Frauen moralisch «unreif» seien, meint Gilligan – nur anders.

Am Anfang des Buchs betont sie auch, daß diese andere Ausdrucksform nicht nur im Wesen der Frau begründet liege. «Die andere Ausdrucksform, von der ich spreche, wird durch den Gegenstand, nicht durch das Geschlecht bestimmt... Bei der Darstellung der Gegensätze von männlichen und weiblichen Ausdrucksformen geht es hier eher darum, daß zwei unterschiedliche Denkweisen und ein Interpretationsproblem beleuchtet werden, als um eine verallgemeinernde Sicht auf eins der Geschlechter», schreibt sie. Auch schreibt sie diese Unterschiede nicht allein den Genen zu. «Diese Unterschiede stehen eindeutig in einem sozialen Kontext», sagt sie, in dem «Faktoren wie sozialer Status und Macht» ebenfalls eine Rolle spielen.

Trotz dieser Eingangserklärungen hätte noch immer die Möglichkeit bestanden, Gilligan kraß mißzuverstehen – und damit die Wahrscheinlichkeit, daß die Gegnerinnen und Gegner des Feminismus Gilligans Argumente für ihre Zwecke eingespannt hätten. Nachdem sie sich erst von verallgemeinernden Aussagen über die Geschlechter distanziert hat, scheint sie in den drei Studien, auf denen ihre Argumentation basiert, selbst welche zu machen.

In der ersten Studie über «Rechte und Pflichten» konzentriert sie sich fast ausschließlich auf zwei Elfjährige, die sie Jake und Amy nennt. Die beiden werden zu regelrechten Archetypen geschlechtsspezifischen Verhaltens – vorwiegend durch ihre Antworten auf eine hypothetische Frage. Das moralische Dilemma, das sie lösen sollen: Ein Mann muß entscheiden, ob er, um seine Frau zu retten, ein Medikament stehlen soll, das er sich nicht leisten kann. Jake sagt, er solle es

stehlen, weil «ein Menschenleben wichtiger ist als Geld». Amy schwafelt herum und überlegt, ob der Mann «das Geld nicht vielleicht leihen
oder einen Kredit aufnehmen könnte oder so was», weil er sonst vielleicht später ins Gefängnis müsse, und was wäre, wenn seine Frau dann
erneut krank würde? Diesen Antworten zufolge hätte die kranke Ehefrau bei Jake wohl bessere Überlebenschancen als bei Amy, aber das ist
nicht der Punkt, der Gilligan interessiert. Jake, schreibt Gilligan, «kon-
struiert das Dilemma, genau wie Kohlberg, als Konflikt zwischen dem
Wert des Eigentums und dem Wert des Lebens». Amys Gedankengang
hingegen basiere auf «einer Welt, die mehr aus Beziehungen als aus
isolierten Personen besteht, einer Welt, die eher durch menschliche
Bindungen als durch Regelsysteme zusammengehalten wird». Anschließend erweitert Gilligan diese Fallstudie zu zwei unterschiedlichen Moralsystemen, in denen Jake für das «perfektionistische Ideal»
und Amy für «das fürsorgliche Ideal» steht. Der Unterschied zwischen
diesen stereotypen männlichen und weiblichen Ausdrucksformen wird
wiederholt betont, ohne daß jene «Faktoren wie sozialer Status und
Macht» erwähnt werden, von denen sie doch ursprünglich meinte, sie
müßten berücksichtigt werden. Ist Jake teilweise deshalb so perfektio-
nistisch, weil Jungen so erzogen werden? Sind Amy menschliche Beziehungen teilweise deshalb so wichtig, weil Mädchen beigebracht
wird, daß Leistungen auf diesem Gebiet am meisten Beifall finden?
Diese Fragen werden nie behandelt.

Auch basieren Gilligans «Studien» nicht gerade auf idealen demographischen Stichproben. Die Befunde der «College-Studenten-Studie»
basieren auf fünfundzwanzig Harvard-Studentinnen und Studenten,
die ein Seminar über moralische und politische Entscheidungen belegten – wohl kaum ein repräsentativer Ausschnitt der amerikanischen
Gesellschaft. Und das Beweismaterial, das Gilligan in der «Rechte-und-
Pflichten»-Studie vorlegt – die auf einer Stichprobe von acht Jungen und
acht Mädchen aus verschiedenen Altersgruppen basiert –, läuft letzten
Endes auf ein paar anonyme Zitate zweier Achtjähriger und zweier
Elfjähriger hinaus. Am frustrierendsten ist die letzte Studie von *Die
andere Stimme*, die untersucht, wie neunundzwanzig junge Frauen
entscheiden, ob sie abtreiben sollen oder nicht. «Es wurde nicht ver-
sucht, eine repräsentative Stichprobe der Klinik zu erstellen oder das
Personal zu befragen», schreibt Gilligan, aber bei *dieser* Studie gibt es

ein noch gravierenderes Problem als die zugrundeliegenden Daten. In einem Buch, das angeblich untersuchen will, wie unterschiedlich Männer und Frauen auf ein moralisches Dilemma reagieren, erscheint das Thema der Studie völlig sinnlos. Naheliegenderweise gab es für Abtreibung keine männliche Kontrollgruppe. (Gilligan argumentiert, in diesem Fall sei eine Kontrollgruppe auch gar nicht nötig; aber die Abtreibungsstudie zeigt eher, daß sich moralische Entscheidungen für Frauen manchmal deshalb anders darstellen, weil Frauen in andere Situationen kommen als Männer.)

Fairerweise muß gesagt werden, daß Gilligan ihre Studien nicht als eine wissenschaftliche Forschungsleistung ausgibt. «Ich würde nie behaupten wollen, daß dies eine erschöpfende Auswahl von Personen ist», sagt sie. «Es war nur eine ganz kleine Arbeit mit drei kleinen Pilotstudien.» Später rechtfertigt sie ihr Vorgehen in einer schriftlichen Verteidigung ihres Buchs so: Ihr Ansatz sei «nicht statistisch», sondern «interpretativ» gewesen, und «Daten allein sagen überhaupt nichts aus». Das mag ja sein, aber Gilligan stellt ihren Leserinnen nicht einmal jene elementaren Fakten zur Verfügung, die sie bräuchten, um ihre Fallstudien beurteilen zu können: Sie sagt fast nichts über die familiären Hintergründe der interviewten Kinder, über ihre Erziehung oder die finanzielle Situation der Eltern. Auch berücksichtigt sie nicht, daß zwischen dem, was jemand über sein moralisches Verhalten sagt, und dem, wie er dann wirklich handelt, ein Unterschied besteht. Die jungen Frauen in Gilligans Interviews mögen mehr über Mitleid und Fürsorge geredet haben als die jungen Männer, aber bei vielen Beobachtungsstudien, in denen beide Geschlechter wirklich in einem Notfall helfen müßten, sind Frauen keineswegs altruistischer als Männer.

Womöglich ist Gilligans Versuch, aus Kohlbergs moralischen Kategorien auszubrechen, sowieso rein hypothetisch. In einer Kritik an *Die andere Stimme* weist Zella Luria, Psychologieforscherin an der Tufts University, darauf hin, daß Gilligan mit ihrem Angriff auf Kohlbergs männlich-voreingenommene Moralskala womöglich auf eine «Strohpuppe» losgegangen ist. 1984 überprüfte der Forscher Lawrence Walker neunzehn Studien, die auf Kohlbergs Meßmethode basierten – und er entdeckte, daß ihre Daten keine statistisch signifikanten Unterschiede bezüglich der moralischen Urteilsfähigkeit von Mann und Frau ergaben. Ironischerweise hatte Gilligan eine der von ihm überprüften

Studien mitverfaßt. Darauf angesprochen, räumt sie ein, sie habe teilweise auch bei ihren eigenen Forschungen keine Unterschiede gefunden. Aber sie behauptet, derlei Kritik gehe am Wesentlichen vorbei, denn «mich interessiert nicht, *ob* Frauen auf Kohlbergs Skala Punkte sammeln konnten, sondern warum es ignoriert oder als problematisch betrachtet wurde, wenn Frauen sich auf andere Weise äußerten».

Die Unterschiede bei moralischen Entscheidungen, die Soziologinnen und Soziologen *tatsächlich* in diesen Studien fanden, haben meist nichts mit der Geschlechtszugehörigkeit, sondern mit der sozialen Schicht und dem Bildungsgrad zu tun – also eben jenen wichtigen sozialen und ökonomischen Einflüssen, um die die beziehungsorientierten Feministinnen, Gilligan inbegriffen, einen so großen Bogen gemacht haben. «Wenn zur Erforschung von Geschlechtsunterschieden eines laut und deutlich gesagt werden kann», schreibt Zella Luria, «dann dies, daß vor allem bei psychologischen Bewertungen die Übereinstimmungen immer größer sind als die Unterschiede. Wir sind ja nicht zwei Gattungen, sondern zwei Geschlechter.»

Doch Zella Lurias Stimme ging im Beifallssturm für *Die andere Stimme* unter, das sich bis 1989 360 000mal verkauft hatte. Die *New-York-Times*-Titelstory über Gilligan erledigte alle Abweichler in einem einzigen Abschnitt mit der Behauptung, sie litten wohl an «einer dunklen akademischen Psychologese».

Gilligans Buch verdankte seine Popularität größtenteils seinem eleganten Stil und den vielen literarischen Anspielungen auf Tschechow, Tolstoi und George Eliot. Gilligans Statistiken mochten dubios sein, aber das machte ihr lyrischer Stil, eine Seltenheit bei psychologischen Texten, mehr als wett. Die Stanford-Psychologinnen Catherine Greeno und Eleanor Maccoby stellen in ihrer Analyse des Buchs fest: «Es erscheint fast banausisch, ihre Beweise anzuzweifeln.»

Die andere Stimme hatte in den 80ern jedoch noch einen anderen Reiz. Der Gegenschlag machte es einfach, daß man Gilligans Theorien heranzog, um diskriminierende Behauptungen zu untermauern, die Frauen wirklich schadeten. Sehr gegen ihren Willen wurde Gilligan zu einer von den Massenmedien des Gegenschlags gern zitierten Expertin. *Newsweek* benutzte Gilligans Buch, um die Behauptung zu belegen, Karrierefrauen müßten einen «psychischen Preis» für den beruflichen Erfolg zahlen. Rückschrittliche Psychologieratgeber, unter anderem

Smart Women / Foolish Choices und *Being a Woman*, beriefen sich auf Gilligan, wenn es um das Argument ging, Unabhängigkeit sei für Frauen ein widernatürlicher und ungesunder Zustand. Antifeministische Wissenschaftler wie Michael Levin mißbrauchten Gilligans Forschungsarbeit sogar noch krasser, indem sie erklärten, sie bestätige erneut die traditionelle Freudsche Analyse der weiblichen Psyche, und munter behaupteten, endlich sei Gilligan auch zu der Ansicht gelangt, die *sie* schon immer vertreten hätten. Der antifeministische Autor Nicholas Davidson schrieb 1988 in seinem Buch *The Failure of Feminism* über Gilligan: «War es denn wirklich nötig, diese ganze feministische Sturm-und-Drang-Epoche zu durchlaufen, nur um dann doch bei Ideen zu landen, die es schon allgemein vor vierzig Jahren gab?...»

Gilligan konnte sich gegen solche Darstellungen ihrer Arbeit zur Wehr setzen und tat es auch. «Mir ist durchaus bewußt, daß eine Untersuchung über Geschlechtsunterschiede dazu benutzt werden kann, Unterdrückung zu rationalisieren, und ich bedaure es, wenn mein Buch zu diesem Zweck mißbraucht wird», schrieb sie in dem feministischen Wissenschaftsjournal *Signs*. Und privat sagt sie, daß sie inzwischen manche ihrer Ideen anders darstellen würde; vor allem würde sie sich um eine differenziertere Beweisführung bemühen, «damit Jake und Amy nicht so plakativ als ‹männlich› und ‹weiblich› dastehen». Aber ihr Bedauern nutzt im Grunde nichts. *Signs* wird nicht allgemein gelesen. Und der Schaden ist schon passiert.

VIERTER TEIL

Gegenschläge:
Ihre seelischen, beruflichen
und körperlichen Folgen
für Frauen

11 Das ist doch alles nur in eurem Kopf: Die Populärpsychologie beteiligt sich am Gegenschlag

Im Center for Relationship Studies, einer kleinen Gemeinschaftspraxis in der Nähe Hollywoods, arbeiten sich die berühmten Selbsthilfeautoren Melvyn Kinder und Connell Cowan durch das Programm des Vormittags. Erster Punkt: Vertragsverhandlungen mit der ABC wegen der «Film-der-Woche»-Version von *Smart Women / Foolish Choices*. Dann eine Beratung, ob man in «Oprah» oder «Donahue» auftreten wird («Beides geht einfach nicht», seufzt Kinder). Zeit für ein weiteres Medieninterview, eine weitere Gelegenheit, öffentlich die Misere der heutigen Frau zu analysieren.

> «Kinder: ‹Die Frauenbewegung hat bewirkt, daß sich die Frauen nicht mehr um Beziehungen kümmern.›
>
> Cowan: ‹Die Frauenbewegung hatte die Tendenz, das Interesse der Frauen an Beziehungen zu unterdrücken und es statt dessen auf die Karriere zu lenken.›
>
> Kinder: ‹Je intelligenter die Frauen waren, desto wahrscheinlicher hingen sie diesen illusorischen Ideen an. Sie glaubten, sie könnten das durchhalten. Ich kenne jede Menge Frauen in den Dreißigern und Vierzigern, die schon x-mal verheiratet sein könnten, wenn man bedenkt, wie viele Männer sie schon abgewiesen haben.›»

Die beiden Experten mußten der Presse ihre Diagnose kaum erklären: Ende der 8oer Jahre waren ihre Ratgeber *Smart Women / Foolish Choices* und *Women Men Love / Women Men Leave* bereits Medienknüller und rekordverdächtige Bestseller. (*Smart Women* stand nach Lee

Iacoccas Autobiographie am zweitlängsten auf der Sachbuch-Bestsellerliste der *New York Times*.) Beide Bücher hämmerten den Lesern den gleichen Sachverhalt ein: Folge der Unabhängigkeit sei, daß sich die Frauen jetzt für jeden Mann zu «intelligent» hielten – und daß sie deswegen «töricht» handelten, indem sie die Ehe aus persönlichen, beruflichen oder Ausbildungsgründen aufschöben. Der Feminismus sei den Frauen zu Kopf gestiegen und habe sie krank gemacht.

Doch gegen Ende der Dekade vertraten Kinder und Cowan merkwürdigerweise genau die entgegengesetzte Diagnose. Jetzt hieß es, das psychologische Problem der Frauen sei nicht, daß sie sich zuwenig um Beziehungen kümmerten – sondern, daß sie sich zuviel darum kümmerten.

> «Cowan: ‹Viele Frauen sind jetzt vom Gedanken ans Heiraten wie besessen.›
>
> Kinder: ‹Die reden nur noch *davon*! Wenn man seine Bedürfnisse auf die lange Bank schiebt, dann handelt man sich seelische Störungen ein – und all diese Frauen Ende Dreißig geraten jetzt in große Sorge, in große Aufregung... schließlich ist das am meisten verkaufte Buch jetzt *Marry the Man of Your Choice!*» (Margaret Kents Buch, das erfolglosen ledigen Frauen eine Geld-zurück-Garantie gab.)

Tatsächlich sei diese jüngste weibliche Neurose zu einem solchen «Trend» geworden, meint Kinder, daß er und sein Partner überlegten, ob sie über dieses Thema ein drittes Buch schreiben sollten.

Könnte diese neue Heirats«krankheit» vielleicht damit zusammenhängen, daß Single-Frauen jahrelang gescholten wurden – eine Bestrafung, zu der Populärpsychologen wie sie maßgeblich beitrugen? Ganz gewiß nicht, entgegnen die Selbsthilfeautoren scharf. «Wir treiben sie ja nicht dazu», sagt Kinder. «Wir informieren sie bloß.» Und wer ist dann für diese neueste psychische Störung verantwortlich? «Wenn irgend jemand an dem zwanghaften Verhalten der Frauen schuld hat», erklärt Kinder bereitwillig, «dann die Frauenbewegung.»

Doch spielten Selbsthilfeautoren wie Cowan und Kinder in den 8oern sehr wohl eine Rolle bei der Entstehung dieses «zwanghaften Verhaltens» – und zwar eine sehr wichtige und, zumindest für die Autoren, sehr einträgliche Rolle. Mit Hilfe der Populärpsychologie drängte sich der Gegenschlag an die vorderste Front und hämmerte Millionen von Frauen, die sich von Therapiebüchern und Ratgebern Hilfe erhofften, höchst wirkungsvoll und destruktiv seine entmutigende, moralistische Message ein – Frauen, die sich ohnehin schon unsicher und verletzlich fühlten, die sich ohnehin schon in privaten Schützengräben verschanzt hatten.

Die Selbsthilfeexperten versetzten den zahllosen Leserinnen der Selbsthilfebücher einen doppelten Schlag. Zuerst machten sie die emanzipierte Frau fertig und befahlen ihr, ihre «übertriebene» Unabhängigkeit aufzugeben – einen ungesunden Zustand, der sie in eine unersättliche Narzißtin, eine sterile Spinnerin verwandelt habe. Dann, nachdem sie die «Opfer» des Feminismus in die Knie gezwungen hatten (was schon eine viel weiblichere Haltung war), fuhren die Berater die Ernte ein – indem sie das Gegenschlagsopfer wieder aufrichteten. In der ersten Hälfte der 8oer machten die Experten den Frauen weis, sie litten an einem aufgeblähten Ego und an «Beziehungsangst»; in der zweiten Hälfte hieß es, jetzt sei ihr Problem ein verkümmertes Ego und «Beziehungssucht». Im Krieg der Dekade gegen die Frauen gaben diese Psychologen mit die ersten Schüsse ab – und eilten dann aufs Schlachtfeld, um die zahllosen Wunde zu verbinden.

In den quietistischen 8oern blieben den Frauen, die sich demoralisiert fühlten, als einzige Quellen der Erleichterung nur noch Selbsthilfebücher und die Therapiecouch. In einer Ära, die kaum auf wirkliche politische und soziale Änderungen hoffen ließ, konnten die amerikanischen Frauen ihr Los nur noch dadurch verbessern, daß sie sich selbst zu ändern versuchten. Und dabei hätten diese Ratgeber und Verfasser von Selbsthilfebüchern *durchaus* etwas tun können – gerade im Rahmen des Gegenschlags –, um das angeschlagene weibliche Ego zu stärken und den Frauen, die sich immer einsamer und ohnmächtiger fühlten, Trost und Unterstützung zu geben. Natürlich gab es in den 8oern auch viele Ratgeber, die den so dringend benötigten Beistand und Trost gewährten. Aber die Medienstars der Dekade zählten nicht dazu. Diese Vertreter der psychologischen Zunft schafften es, die Isolation der

Frauen eher noch zu vertiefen als zu mildern. Sie trugen dazu bei, daß die Zweifel bezüglich ihres Werts und ihrer Stellung in der Gesellschaft, an denen die Frauen sowieso schon litten, voll aufflammten. Unter dem Vorwand der Anleitung zur Selbsthilfe wurden den Frauen ständig Befehle erteilt, wie sie sich benehmen sollten, um einen Mann zu finden, statt daß man ihnen Mut machte und ihnen therapeutische Mittel zur Selbsthilfe anbot. Statt den Frauen bei der Überwindung des Gegenschlags zu helfen, trugen die Selbsthilfeexperten dazu bei, den Gegenschlag in den Köpfen und Herzen der Frauen zu verankern – indem sie den Frauen nahelegten, alle Zwänge des Gegenschlags ausschließlich als «ihr eigenes» Problem zu sehen. Während natürlich viele psychische Probleme von Frauen (und Männern) höchst individuell und idiosynkratisch sind – Menschen suchen aus vielerlei Gründen Rat, von denen die Sozialisation der Frau natürlich nur einer ist –, erkannten die Ratgeber, die die Buchhandlungen der 80er überschwemmten, bei ihrer Analyse und Behandlung der Frauen *keinerlei* äußere Faktoren an. Die Psychologie des Gegenschlags verschloß die Augen vor den gesellschaftlichen Einflüssen, die während der letzten Dekade auf die Frauen eingewirkt hatten – all die Herabsetzungen durch die Massenmedien und Hollywood, all die verbalen Angriffe religiöser und politischer Führer, all die erschreckenden Berichte von Wissenschaftlern und «Experten» und all die Wut, in Form von Brandanschlägen auf Frauenkliniken oder in Form sexueller Belästigung und Vergewaltigung. Der psychische Schaden, den die Dauerattacke einer Kultur auf die betreffenden Opfer haben kann, wurde von diesen Populärpsychologen nicht mit einbezogen, ja nicht einmal anerkannt. Überflüssig zu sagen, daß sie auch jene psychologischen Probleme außer acht ließen, die in dieser Dekade das *andere* Geschlecht mit der neuen Frauenrolle haben mochte. Selbsthilfebücher für Männer verkauften sich einfach nicht gut genug, daß es das therapeutische Wagnis gelohnt hätte.

An den Mißhandlungen, denen sie in den 80ern ausgesetzt waren, seien die Frauen, so die Experten Ende der Dekade, wohl selber schuld. Statt nach den Gründen zu fragen, warum so viele Frauen Opfer männlicher Wut geworden waren, kamen sie zu dem Schluß, diese Frauen hätten die Strafe wohl einfach herausgefordert. Ein populärpsychologischer Wälzer nach dem anderen wartete mit einer auf den neuesten

Stand gebrachten Version des weiblichen Masochismus auf – natürlich in der Sprache der Emanzipation. Viele dieser Bücher waren schlicht trivial – Produkte populärer Therapietrends, die wie Moden kommen und gehen – aber ihre rückschrittliche Sicht der weiblichen Psyche fand sich schließlich noch in einem weit gefährlicheren Kontext: im wichtigsten Handbuch der professionellen Psychiatrie.

Erste Stufe:
Die Therapie zur Zähmung der Feministin

Erlangen Sie «Macht», indem Sie sich jeder Laune Ihres Mannes «ausliefern» und «unterwerfen», rät ein führendes Selbsthilfebuch der 8oer mit typisch feministisch klingenden Schlagworten. Geben Sie ihm keine freche Antworten, denn damenhaftes Schweigen wird Ihre «Selbstachtung» und Ihr «Überlegenheitsgefühl» «steigern». «Übernehmen Sie die Verantwortung... für die Zeit Ihrer ersten Liebe», rät ein anderer populärer Text. «Überwinden Sie Hindernisse», damit Sie heiraten können. Am prägnantesten formuliert es der pseudofeministische Titel eines 1989 erschienenen Ratgebers: *Women Who Marry Down and End Up Having It All.*

Die Therapiebücher des Gegenschlags mögen in feministischem Stil geschrieben sein, aber sie mißachten das elementarste Gebot feministischer Therapie – nämlich daß sowohl soziales als auch persönliches Wachstum äußerst wichtig sind und daß sich beide gegenseitig verstärken. Maßgebliche Selbsthilfebücher der 7oer vertraten diese Ansicht, wenn auch in ziemlich abgeschwächter, kommerzialisierter Form. 1975 brachte *The New Assertive Woman* eine «Everywoman's Bill of Rights» heraus; sie forderte «das Recht auf Respekt» und «das Recht, angehört und ernst genommen zu werden». Davon gingen die Selbsthilfeexperten der 8oer jedoch ab; sie drängten die Frauen, ihre Gedanken für sich zu behalten und mit der Hinterfragung gesellschaftlicher Zwänge *aufzuhören* – also zu lernen, sich dem Klischee anzupassen, statt es zu sprengen.

Niemandem wurde diese Botschaft heftiger eingebleut als den Frauen ohne Trauschein. Letztlich gab es kaum einen Unterschied zur Nachkriegszeit, wo der damals meistgelesene Ratgeber – *Modern*

Women: The Lost Sex von Marynia Farnham und Ferdinand Lundberg –
alle Single-Frauen zu Neurotikerinnen erklärte und ihnen psychothe-
rapeutische Hilfe empfahl, damit sie endlich unter die Haube kämen.
Diese Linie vertraten in den 8oern sogar Selbsthilfeexperten, die für
Single-Frauen und dem auf ihnen lastenden Druck mehr Verständnis
hatten. Susan Page, die Verfasserin des 1988 erschienenen vielgekauften Ratgebers *If I'm So Wonderful, Why Am I Still Single?* räumt im
Vorwort ein, daß ledige Frauen mit einem besonders rauhen sozialen
Klima zu kämpfen hätten; auf ihnen lasteten «die spezifischen Probleme unserer Zeit, wie etwa Frauenfeindlichkeit», schreibt sie. Aber
sie hat kein Interesse, Single-Frauen dabei zu helfen, jene Selbstsicherheit und innere Kraft zu entwickeln, die sie brauchten, um diesen
feindseligen Bedingungen standzuhalten. Auch schlägt sie den Single-
Frauen nicht etwa vor, das gesellschaftliche Ehediktat in Frage zu
stellen. «Ich möchte bestimmte soziologische und psychologische Faktoren als *gegeben* akzeptieren [Hervorhebung von ihr]», schreibt sie.
«Wir werden in diesem Buch nicht die Frage behandeln, *warum* [Her-
vorhebung von ihr] diese Bedingungen so sind, wie sie nun einmal
sind, und wir werden nicht darüber lamentieren.» Was sollten Single-
Frauen also tun, um die, wie Page es nennt, «tiefe emotionale Depression» zu lindern, von der laut Page Millionen betroffen sind? Verändern Sie einfach ihren Single-Status, schlägt sie vor. Sie gibt den
Frauen «Strategien» nur an die Hand, damit ihr Kurs auf dem Heiratsmarkt steigt.

Die Gegenschlagstherapeuten der 8oer verweigerten sich auch
standhaft einem anderen feministischen Prinzip – daß nämlich Männer
sich ebenfalls verändern sollten und könnten. «In letzter Zeit scheint
die totale Frustration der Frauen bezüglich der Männer immer mehr
zuzunehmen», heißt es in *Smart Women / Foolish Choices*, und viele
Frauen «sind von den Männern am Ende stets enttäuscht». Cowan und
Kinder überlegen nun aber nicht etwa, welche männlichen Verhaltensweisen es wohl sind, die diese gewaltige Frustration bewirken, oder wie
sich die Männer ändern könnten, damit es den Frauen besser geht.
Vielmehr gelangen die Psychologen zu dem Schluß, die Männer seien
völlig okay, und die Enttäuschung, die eine Frau empfinde, sei hausge-
macht. Es liege nicht daran, daß die Männer «unzulänglich» seien,
schrieben die Autoren; die Frauen hätten einfach «überspannte Er-

wartungen». Die Frauen seien den Männern gegenüber einfach «überkritisch». Alles könne gut werden, wenn die Frauen nur lernen würden, die Männer und ihr «Bedürfnis nach Überlegenheit und beruflichem Erfolg» «wirklich zu verstehen». Die Frauen könnten glücklich sein, wenn sie nur aufhörten, das andere Geschlecht zu Verhaltensänderungen zu «drängen», und wenn sie lernten, «Kompromisse zu schließen».

Später befragt, an welche Kompromisse er denn gedacht habe, sagt Kinder: «Die Frauen könnten schon während der Collegezeit Kinder kriegen, und wenn sie dann noch eine Karriere wollen, können sie das tun, wenn die Kinder groß sind. Man muß eben Opfer bringen.» Was ist damit, daß Väter ein «Opfer bringen», indem sie einen Teil der Verantwortung für ihre Sprößlinge übernehmen? Kinder, dessen Frau zu Hause blieb, um den Nachwuchs aufzuziehen, überlegt einen Moment. «Ja, das wäre die Lösung des Problems», sagt er dann. «Aber da machen die Männer nicht mit. Und es ist nicht unsere Aufgabe, so etwas zu sagen. Für angewandte Sozialwissenschaft sind wir nicht zuständig.» Jedenfalls nicht, wenn es um Männer geht.

Mit den antifeministischen Implikationen ihrer Botschaft konfrontiert, leugnen die Gegenschlagstherapeuten fast immer ab. «Wir reden über zu große Erwartungen, nicht darüber, daß man sich mit weniger zufriedengeben soll, und das ist nicht nur ein Spiel mit Worten», sagt Cowan. Aber genau das ist es eben doch – es sei denn, Cowan hat schon vergessen, welche «Regeln, um den Richtigen zu finden», er selbst in *Smart Women* aufgestellt hat. Regel Nr. 8: «Geringere Erwartungen führen zu größerem Erfolg.»

Manche der Therapeuten, die die Emanzipation angriffen, behaupteten im Brustton der Überzeugung sogar, sie seien selbst dafür. Viele medienbewußte Therapeuten hatten nämlich in den 80ern entdeckt, daß antifeministische «Feministen» die meiste Sendezeit ergatterten. Susan und Stephen Price, Autor und Autorin des vielgelesenen Buchs *No More Lonely Nights: Overcoming the Hidden Fears That Keep You From Getting Married*, waren eins dieser «feministischen» Mann-Frau-Therapeutenteams, die durch folgende Gegenschlagsdiagnose viel Beachtung in der Presse erlangten: Die moderne Single-Frau leide an «Androphobie». Dieses «Problem ohne Namen» – womit sie schamlos Friedans Schlagwort klauten – sei eine «tiefverwurzelte, intensive

Angst vor Männern», an der die meisten Frauen über Dreißig litten, vor allem die berufstätigen Frauen. Der Grund: «Sie sind stark vom Feminismus beeinflußt worden.»

«Diese zwanghafte Androphobie ist eine der Hauptursachen für den Widerstand der heutigen Frauen gegen die Ehe», sagt Stephen Price in seiner Praxis in Manhattan, einige Wochen nach seinem Auftritt in der «Today»-Show. «Jetzt, wo die Frauenbewegung am Ende ist, was übrigens auch für unsere Kultur gilt...» Er zögert und fährt dann fort: «Wir sind natürlich beide sehr *für* die Errungenschaften der Frauenbewegung.»

Seine Frau Susan, die im zweiten Therapeutensessel der Praxis sitzt, nickt lebhaft. «Wir sind beide Feministen», meint sie. «Gerade weil ich so feministisch bin, hätte ich fast die geheimen Ängste übersehen, die sich da entwickelten. Als Therapeutin habe ich die Frauen immer zur Karriere ermutigt. Aber sie sind in ihre Karrieren geflüchtet, statt ihre Energie in ihre Beziehung zu stecken. Ihr feministischer Standpunkt wurde den Frauen zur Falle.» Wenn die Karriere den Frauen psychisch schadet, warum ergeben dann, wie wir gesehen haben, praktisch alle psychologischen Messungen, daß berufstätige Frauen die gesündeste Psyche haben? Darauf wissen die Prices keine Antwort.

Trotz der Behauptung, sie seien feministisch, scheinen die Prices gegen alle feministischen Anliegen zu sein, von der ökonomischen Unabhängigkeit bis zur sexuellen Freiheit. In ihrem Buch und ihren Einzelsitzungen raten sie den Frauen nicht nur ab, in puncto Sexualität selbst aktiv zu werden, sondern sie raten überhaupt vom vorehelichen Sex ab. «Wenn die Frau sexuell aggressiv ist, könnte ein Mann sie für eine von denen halten, mit denen man nur ins Bett geht, punktum», sagt Susan Price. Beweise? «*Eine verhängnisvolle Affäre* mag zwar in mancher Hinsicht überzeichnet sein, aber da läßt sich das wirklich beobachten», meint sie.

Im Gegensatz zu authentischen Feministinnen und Feministen, berücksichtigen die Prices nicht, daß es im Leben der Frauen noch andere Einflüsse geben könnte, und erst recht tun sie nichts dagegen. Sie verstärken die Isolation der Single-Frauen in dieser Ära, indem sie ihren Leserinnen nahelegen, sich selbst als defekte Einheit zu betrachten,

allein und isoliert nur durch ihr eigenes Fehlverhalten. Sie raten den
Frauen: «Gehen Sie Ihrer persönlichen Krise auf den Grund! Womit
bewirken vielleicht *Sie* selbst [Hervorhebung von ihnen], daß Nähe zu
einem Mann unmöglich wird? Welche Verhaltensweisen sind dafür
verantwortlich, daß *Sie* [Hervorhebung von ihnen] für die Ehe nicht zu
haben sind?» Die wichtigste kränkende Verhaltensweise, die das Buch
erwähnt: Wenn eine Frau darauf besteht, von ihrem Lebensgefährten
respektvoll und gleichberechtigt behandelt zu werden. «Der Wunsch,
sich in der Beziehung zu einem Mann nicht unterzuordnen, kann Sie in
ein Leben ohne Liebe führen», behaupten sie. Wieder gibt es keine
Analyse der männlichen Verhaltensweisen, geschweige denn Vorschläge, sie zu ändern. Wenn ein Mann eine Frau mißhandelt, dann hat
sie es wahrscheinlich nicht anders gewollt. «Eine widerstrebende Frau
wird an einen widerstrebenden Mann geraten», sagt Susan Price. «Wir
helfen den Single-Frauen einzusehen, daß das, was sie für ein Problem
des Mannes halten, in Wirklichkeit in ihnen selbst liegt.» Spielen
Männer in schwierigen Beziehungen denn *überhaupt* keine Rolle?
«Wahrscheinlich steht es fifty-fifty», räumt Stephen Price achselzuk-
kend ein. «Aber dieses Buch konzentriert sich nur auf Frauen – sonst
würde es zu kompliziert.»

Obwohl sie also nicht mit feministischen Zielen sympathisieren, bedienen sich die Prices nur zu gern der aktivistischen Sprache der
Frauenbewegung, um für ihr eigenes Programm zu werben. Sie drängen die Frauen, ihr Liebesleben «in den Griff» zu kriegen, indem sie
ihre beruflichen Ambitionen zurückschrauben, und «Macht» über ihre
potentiellen Ehemänner zu gewinnen, indem sie sich vorehelichem Sex
verweigern. «Es liegt ganz bei Ihnen, ob Sie heiraten», heißt es in dem
Ratgeber, wobei dies offenbar der einzige Punkt ist, wo Frauen selbst
die Initiative ergreifen dürfen.

Der Begriff Androphobie mag zwar wissenschaftlich klingen, basiert
aber auf keinerlei wissenschaftlicher Forschung – oder überhaupt irgendwelchen Recherchen. «Wir *wußten* einfach, daß es eine Phobie
ist», sagt Stephen Price kategorisch. Und woher? «Na ja, weil es da
eben einen Widerstand gibt.» Gedrängt, näher zu erklären, was er damit meine, verstummt Stephen Price. Schließlich sagt er: «Die Dynamik der Phobie ist größtenteils verborgen. Daran sehen wir, daß es sich
um eine Phobie handelt. Sie spielt sich sehr im verborgenen ab.»

Diese unsichtbare Phobie machte die Prices zu unübersehbaren «Ehegurus», wie sie sich inzwischen selbst nennen. «Wir sind total überlaufen», sagt Susan Price glücklich. «Wir haben drei Radiosendungen pro Woche. Uns rufen Frauen an und fragen, wie sieht denn Ihre Heiratserfolgsquote aus? Wir machen auch telefonische Beratungen. Manche Frauen fliegen vom äußersten Westen hierher. Und wir kriegen so viele Briefe von Frauen, die sagen, sie hätten bei der Lektüre unseres Buchs erkannt, daß es an ihnen selbst lag. Sie sind uns dankbar.»

Es stellt sich heraus, daß Susan Price in gewisser Hinsicht doch feministische Prinzipien befürwortet – für sich selbst. «Am Anfang unserer Ehe verstand Steve nicht, daß ich nicht zu Hause bleiben, sondern auch eine Karriere wollte», erinnert sie sich. «Ich hab während seines Studiums gejobbt [um ihn zu unterstützen]. Er bereitete sich auf eine Karriere vor, und ich?» Erst wurde sie Lehrerin, aber das füllte sie nicht richtig aus. «Ich wollte Therapeutin werden. Also ging ich wieder auf die Uni. Die Kinder waren damals noch klein. Sie hatten viele verschiedene Babysitter und waren in vielen verschiedenen Kindergärten.» War daran irgend etwas falsch? «O nein, ich liebe meinen Beruf!»

Toni Grant:
Die Chance, eine Frau zu sein

Die «Starpsychologin der Medien» trommelt mit ihren rosalackierten Nägeln ungeduldig auf ein Pult in der KFI-AM-Radiostation in Los Angeles; an diesem Sommerabend 1988 läuft gerade die Lifeübertragung von «The Dr. Toni Grant Show», der ersten und bald landesweit übertragenen Radiotherapiesendung mit einem Millionenpublikum. Die Frau, die gerade anruft, geht Grant auf die Nerven. Carol spricht über ihren Ehemann; er gebe das Geld aus, das er ihrer Meinung nach in die beiden kleinen Töchter investieren sollte. Sie habe ihm das schon ein paarmal gesagt. Ein Riesenfehler, wie Grant findet – wenn eine Frau ihren Ehemann in Frage stellt, ist sie ganz sicher «vom Feminismus infiziert».

«Grant: ‹Warum lassen Sie das nicht bleiben?›

Carol: ‹Weil es mich ärgert.›

Grant: ‹Das ist doch kein Grund... So etwas tun Sie nicht ungestraft. Das werden Sie merken, wenn er anfängt, Sie zu betrügen, wenn er immer seltener nach Hause kommt, nicht mehr mit Ihnen schläft, nicht mehr mit Ihnen spricht... Sie müssen lernen, den Mund zu halten, vor allem, wenn es um Liebe geht.›»

Carol verspricht, den Mund zu halten. Nicht alle Zuhörerinnen müssen getadelt werden; manche haben Grants Bestseller *Die Chance, eine Frau zu sein* gründlich studiert und ihre Lehren beherzigt. Die Anruferin Lee Ann ist ein typischer Fall. Lee Ann ist siebenundfünfzig, Dozentin für Textildesign und bezeichnet sich als «stark und unabhängig»; nach ihrer Scheidung ging sie wieder aufs College, um ihre Lehrerlaubnis zu bekommen. Sie erzählt Grant, ihr gegenwärtiger Lebensgefährte erwarte, genau wie ihr Exmann, daß sie den Haushalt allein erledige. Nachdem sie von Grants Buch gehört habe, frage sie sich jetzt, ob sie an dieser mangelnden Hilfsbereitschaft selbst schuld sei, weil sie sich nicht «weiblich» genug gebe.

So ist es, sagt Grant. «Wenn Sie unheimlich kompetent wirken... [dann werden Männer] Sie zum Mann machen.» Es könne sein, daß ein Mann ihre Stärke «bewundere», aber es werde ihn nicht dazu «inspirieren», für sie «zu sorgen, Sie innig zu lieben und ein leidenschaftlicher Liebhaber zu sein». Grant empfiehlt Lee Ann, sie solle einmal «in sich hineinschauen» und das «zerbrechliche», feminine Mädchen in sich zum Vorschein bringen. Ihre Zerbrechlichkeit werde ihn «entzücken» – anscheinend immerhin so sehr, daß er den Müll runterträgt.

Ihre eigene Verwandlung datiert Grant auf das Jahr 1981 zurück, als sie angefangen habe, «das Single-Dasein zu erforschen», wie sie es während ihrer Publicity-Tour formulierte. Das Thema war ihr aus persönlicher Erfahrung bekannt: Sie war sechs Jahre zuvor von ihrem Mann geschieden worden und lebte seitdem allein. Es wurden ihr viele Anträge gemacht, unter anderem von einigen prominenten Hollywood-Werbeagenten und -Produzenten, die sie alle zurückwies. Grant schien ihren unabhängigen Lebensstil zu genießen, ja sogar zu propagieren. 1984 verkleidete sie sich auf einer Hollywood-Halloweenparty als Wonder Woman. 1985 erzählte sie einem Reporter, sie genieße ihren

Single-Status. 1986 sagte sie dem *Los Angeles Herald Examiner*, sie
meide zwar das «feministische» Etikett, wolle aber gern «das Beste repräsentieren, was die Feministinnen für die Frauen erreichen wollen,
Gleichberechtigung und so weiter».

Als der Interviewer sie fragte: «Hat die Karriere Sie nicht stets mehr
ausgefüllt als die Familie?», antwortete sie: «Natürlich.» Noch lange
nachdem das Buch veröffentlicht wurde, nannte sie sich eine «leidenschaftliche Verfechterin» der Frauenrechte. «Natürlich bin ich Feministin», sagt sie. «Was könnte ich anderes sein?... Ich habe in meinem
Leben viel geleistet... Ich habe bis siebenundzwanzig studiert... ich
bin allein für zwei Kinder, ein Haus, zwei Autos aufgekommen. Ich bin
eine unabhängige, hochgebildete Frau. Wenn ich keine Feministin bin,
wer dann?»

Ihr Buch jedoch spiegelt weniger ihre persönliche Erfahrung wider
als vielmehr die weitverbreiteten Gegenschlagsprinzipien. Sie brüstet
sich immer damit, daß sich das Buch wegen des «perfekten Timings»
so gut verkaufe – «Es trifft genau die momentan herrschenden
Frauentrends». Das sind Ratschläge, die nicht von der psychologischen
Forschung, sondern vom Markt bestimmt werden. «Man muß in
einem Buch einen bestimmten Standpunkt vertreten», sagt sie. «Man
kann nicht seitenlang nur darüber reden, daß man Feministin ist.»

Nichtsdestotrotz behauptet Grant, der Grund dafür, daß sie ihre Einstellung zu unabhängigen Karrierefrauen revidiert habe, sei die Auswertung der Fachliteratur gewesen. Ihre Single-Forschung führte sie
als erstes zu Freud, dessen Werk, wie sie in *Die Chance, eine Frau zu
sein* schreibt, ihr folgendes klargemacht habe: «Biologie ist Schicksal.»
Damals begann sie, auf die moderne berufstätige Frau sauer zu werden,
die «oft gegen ihre Natur» und «ihre monatliche Periode» handele.
Dann beschäftigte sie sich mit Jung, und seinem Werk entnahm sie,
daß Frauen durch die Gleichberechtigung in Amazonen verwandelt
werden, «ständig zum Kampf gerüstet», und daß sie «durch ihr Ver-
leugnen der biologischen Uhr schwer neurotisch» werden. Auch zeitgenössische Wissenschaftlerinnen wurden von ihr konsultiert. Ihr
Buch zitiert Carol Gilligans *Die andere Stimme* – zum Beweis, daß
Simone de Beauvoirs Analyse der Geschlechterrollen «absurd» sei und
daß nicht der Wunsch nach staatlichen Gesetzen, sondern der Wunsch
nach Romantik «das Wesen der Frau» ausmache.

Grants Analyse läuft auf folgende Einsicht hinaus: Die neue, durchsetzungsfähige Frau ist gerade deshalb anormal, weil sie sich *selbst* durchsetzt: Eine «normale» Frau überläßt es passiv einem Mann, ihr Leben zu formen, ob zum Guten oder zum Schlechten. «Was ist denn eigentlich «Masochismus»? fragt Grant in *Die Chance, eine Frau zu sein*. «Die meisten Leute assoziieren Masochismus mit Lust und Schmerz, es werden Bilder von der Mißhandelten und dem Mißhandler heraufbeschworen.» Ihrer Ansicht nach ist Masochismus jedoch einfach das natürliche weibliche «Bedürfnis, eher Schmerz zu erleiden als ihn zuzufügen; eher auf Herrschaft zu verzichten, als sie an sich zu reißen». Und sie kam zu dem Schluß: «In diesem Sinn sind sicher die meisten Frauen masochistisch.»

1988 verkündete Grant ihr Fazit: Bei der Frauenemanzipation handle es sich um eine Reihe «faustdicker Lügen», die die Frauen um Glück und Liebe brächten. Diese «Infektion durch den Feminismus», so verkünden es die ganzseitigen Werbeanzeigen für ihr Buch, habe den Frauen «Streß, Angst, Depression, Zwang, Sucht, Erschöpfung» beschert. Und das ist noch nicht alles. In ihrem Buch wird behauptet: «Die Lüge von der Gleichheit der Geschlechter hat unter den Frauen zu weitverbreiteter Promiskuität geführt, sie hat dazu geführt, daß sie den Kontakt zu ihrem Körper und sogar zu ihrer Seele verloren.» Karrierefrauen sind keine Wonder Women mehr. «Ohne den Madonnen-Aspekt», schreibt Grant, «ohne wahre weibliche Gelassenheit, Empfänglichkeit und Klarheit gemahnen diese Frauen an gierige, allesverschlingende Monster, an eine Lady Macbeth, die keinerlei weibliches Empfinden mehr hat.»

Nichtsdestotrotz behauptet Grant, *Die Chance, eine Frau zu sein* handle «nicht direkt vom Feminismus und sollte nie eine antifeministische Attacke sein. Auf einer Seite erwähne ich sogar, was die Bewegung für die Frauen Gutes erreicht hat.» Die Diagnose ihres Buchs stellt den stereotypen Kausalzusammenhang des Gegenschlags wieder her: Der Feminismus führt zur Berufstätigkeit, die wiederum zur Psychose führt. Kliniker des 19. Jahrhunderts verknüpften den Feminismus auf ähnliche Weise mit Neurasthenie und Hysterie; die Agitation der Suffragetten, so behauptete ein typischer spätviktorianischer Experte, habe bei der weiblichen Bevölkerung «eine inzwischen allgemein verbreitete seelische Not» ausgelöst. Grants Schlagworte sind ebenfalls vergangenen Gegenschlagsepochen entlehnt. Auch das 1947 erschienene *Modern Woman: The Lost Sex* berief sich auf Lady Macbeth als Symbol der emanzipierten Verrückten.

Ihren Zuhörerinnen und Leserinnen wies Grant einen Weg aus dem feministischen Wahnsinn: «Die Hingabe ans Frausein.» Um ihren erschöpften Geist wieder aufzufrischen und zu innerer Gelassenheit zurückzufinden, riet sie den Frauen, «passive Empfänglichkeit und Stille» zu kultivieren. Auf Grants dringend empfohlener Liste wiederherstellender Mittel finden sich außerdem: «Stille Meditation, lange Spaziergänge in der Natur, warme Bäder», und eine «spirituelle», wenn schon nicht faktisch bestehende Jungfräulichkeit. Diese Strategie nannte sie, höchst originell, die Entwicklung einer «feminine mystique». Wenn eine Single-Frau all diese Maßnahmen befolge, versprach Grant, werde sie den höchsten Lohn für ihre seelische Gesundheit erringen: einen Ehemann.

Als sie ihre «Maßnahmen, um ganz Frau zu werden», konzipierte, erinnert sich Grant, habe sie sich ebenfalls danach gerichtet. Sie habe begonnen, eine «spirituellere» Seite zu entwickeln, Rüschenkleider zu tragen und «leiser sprechen» zu lernen. Trotz ausgiebiger Wannenbäder war Grant jedoch, als im Frühjahr 1988 ihr Buch einschlug, immer noch Single. Schlechte Nachrichten für die Marketing-Abteilung ihres Verlags und für Grant selbst, der eine Lesetour und die unvermeidlichen Fragen der Presse bevorstanden.

Genau zu diesem Zeitpunkt lernte Grant einen akzeptablen Junggesellen kennen, der im Rahmen einer Tagung der Young Presidents Organization ihren Vortrag über «Beziehungen» besuchte. John Bell, Leiter einer Wellpappe-Firma mit Sitz in Indiana, war geschieden und auf der Suche nach einer Frau. Grant legte los, und es begann eine stürmische Romanze. «Es waren acht Tage und Nächte voller Zauber und Romantik!» erzählte sie später immer wieder gern in Interviews. Kaum hatten sie die Insel verlassen, begann Grant nach einem Ehering zu schielen. «John, wie sind deine Absichten?», fragte sie ihn einige Wochen nach der Reise. «Er hat mir versichert, sie seien ehrbar.» Nachdem sie ihn noch etwas gedrängt hatte, machte er ihr einen Antrag. Sie nahm sofort an – und schlug vor, gleich am folgenden Sonntag zu heiraten. Bell fand, das sei «etwas zu bald». Also setzten sie den Termin für Juni fest.

Nachdem sich Bell festgelegt hatte, mobilisierten Grants Werbe-agenten in Windeseile die Medien. «Dr. Toni Grant heiratet den Indu-striellen John L. Bell», verkündete eine hastig herausgegebene Presse-mitteilung. Es gab eine Promotion-Party in einem Restaurant in Hollywood, auf der die Verlobung bekanntgegeben wurde. Und die Verlobte selbst erschien in einem Petticoatkleid und affigen weißen Handschuhen – darüber hatte sie ihren fünfkarätigen, tropfenförmi-gen Verlobungssolitär angesteckt. Zärtlich bei ihrem Zukünftigen ein-gehakt, streckte sie jedem, der herkam, die linke Hand entgegen und rief: «Habt ihr schon meinen Ring gesehen? Ich werde eine Juni-braut!»

Im folgenden September schwang das Pendel noch etwas tiefer in Toni Grants Leben hinein. Sie gab eine weitere Pressemitteilung her-aus, daß sie ihre Radiosendung einstellen werde, um «ganz Frau zu sein und nach dem Buch zu leben, das ich geschrieben habe». Im Gegensatz zu vielen anderen Gegenschlagsautorinnen hatte sie sich entschlossen, ihren eigenen Rat zu befolgen. Sie hängte beim Rundfunk ihren Kopf-hörer an den Nagel, kaufte ein Haus in Tahoe und schwor, der Inbegriff der Manager-Gattin zu werden. Es war ein sehr weiblicher Rückzug – wenn man darüber hinwegsieht, daß sie ihn mit ihrer Millionenkar-riere finanzierte.

Doch zog sie sich keineswegs aus weiblicher Rücksicht zurück. Spä-ter über die Gründe für ihren Entschluß befragt, nannte sie zwei: «Ich hatte das Gefühl, die Medienpsychologie habe ihren Höhepunkt er-reicht», und «ich wollte reisen und die Welt sehen». Und eigentlich war es nicht einmal ein Rückzug. «Kreative Menschen», erklärt Grant, «müssen, um ihre Kreativität zu erneuern, wirklich manchmal eine Weile aufhören. Coco Chanel hat sieben Jahre pausiert, und als sie wiederkam, schuf sie den Chanel-Look, der sie berühmt machte.» Sieht Grants Zeitplan ähnlich aus? «Oh, ich glaube nicht, daß ich sie-ben Jahre brauche», sagt sie. Eineinhalb Jahre nach ihrem «Halbrück-tritt», wie sie es nennt, erscheint Grant schon wieder auf der Bildfläche, wird in den Medien herumgereicht («Ich war in ‹Oprah›; ich war in ‹Donahue›») hält Vorträge «im In- und Ausland» und leitet Partner-schaftsseminare. «Ich vermisse meine Arbeit», sagt sie. Sie plant be-reits ein Comeback – sogar auf noch höherer Ebene. «Ich würde lieber etwas im Fernsehen machen.»

Zweite Stufe:
Therapie für die zu feminine Frau

An einem ungewöhnlich sonnigen Sommertag sitzen in einer dämmrigen Ladenfront in San Francisco eng gedrängt sechzig Frauen; sie hocken zusammengekuschelt in alten Sesseln, auf durchsackenden Sofas. An der Wand hängen krumm und schief vergilbte Ölbilder; Staubflusen schweben wie Löwenzahnsamen über den Boden. Irgend jemand hat eine Rose auf den ramponierten Couchtisch gestellt, um einen heiteren Akzent zu setzen, aber die einsame Blume betont die düstere Stimmung nur noch mehr. Früher waren in diesen trübseligen Räumlichkeiten nur die Anonymen Alkoholiker zusammengekommen. Doch 1986 begann sich hier jeden Samstag eine Gruppe zu treffen, die gegen eine andere «Sucht» anzukämpfen versuchte. Und bald schon kamen regelmäßig fünfzig, manchmal sogar hundert «Frauen, die zu sehr lieben». Wie Tausende anderer Frauen in ganz Amerika kamen sie her, um sich mit dem Buch *Wenn Frauen zu sehr lieben* der Autorin und Therapeutin Robin Norwood zu beschäftigen.

An diesem speziellen Samstag 1987 steht die Gruppenleiterin auf, schließt die Vordertür ab und rüttelt ein paarmal heftig am Türgriff. «Wir sind hier», sagt sie, «weil wir eines gemeinsam haben. Wir haben alle von Grund auf unglückliche Beziehungen.» Eine Liste der von Norwood aufgestellten typischen «Merkmale von Frauen, die zu sehr lieben», geht herum, und jede Frau liest eine Zeile laut vor. «Nummer eins: Sie kommen aus einem gestörten Elternhaus, wo Ihre emotionalen Bedürfnisse nicht erfüllt wurden»... «Nummer elf: Sie sind süchtig nach Männern und seelischem Schmerz»... «Nummer vierzehn: Sie neigen zu depressiven Phasen.» Die Frauen trinken koffeinfreien Kaffee; bei diesen Meetings sind keinerlei Stimulanzien erlaubt. Auf einem Sofa wiegen Frauen abwechselnd einen Teddybären im Arm.

Die Gruppenleiterin erinnert an zwei Grundregeln für Wenn-Frauen-zu-sehr-lieben-Gruppen: Die Frauen sollen sich nicht gegenseitig Ratschläge erteilen und nicht über «ihn» sprechen. Denkt dran betont sie, es ist *euer* Problem, nicht seines.

Dann beginnt der «Erfahrungsaustausch» des Meetings.

«Hi, ich heiße Sandra [Namen wurden geändert] und bin eine Frau, die zu sehr liebt. Ich bin mit einem Mann verheiratet, der Trinker geworden ist... was an mir hat einen kranken, abhängigen Alkoholiker angezogen?»

«Hi, ich heiße Nancy und bin eine Frau, die zu sehr liebt. Ich bin mit einem Mann zusammen, der mich sexuell zurückweist. Wahrscheinlich finde ich ihn gerade deshalb so anziehend, weil er mich zurückweist und ich dann gekränkt und wütend sein und zumachen kann.»

Und so geht das anderthalb Stunden lang weiter; jede Sprecherin schildert ihr Problem und zeigt anklagend auf sich selbst. Eine Frau berichtet der Gruppe, sie sei «immer so müde» und wisse nicht warum. Eine andere erzählt, daß sie sich bisweilen zweimal täglich im Schlafzimmerschrank zusammenkauert und «ohne Grund weint». Die anderen reagieren auf diese Geständnisse nicht. Da keine die Probleme der anderen kommentieren darf, gibt es eigentlich gar keinen echten «Austausch»; man fühlt sich eher an Sandkastenspiele erinnert, wo jedes Kind allein vor sich hin buddelt.

Wenn die persönlichen Berichte abgeschlossen sind, wird die Gruppe auf dieselbe Weise wie immer beendet. Die Frauen stehen auf, nehmen sich an der Hand und bilden einen Kreis; dann sprechen sie das Gelassenheitsgebet und bitten Gott, daß er ihre Beziehungen besser machen möge. Dann schließt die Leiterin die Tür auf, und die Frauen treten, eine nach der anderen, jede für sich allein, auf die sonnenüberflutete Straße hinaus.

1985 erschienen, wurde Norwoods Buch über die «Beziehungssucht der Frauen» der Leitstern für über 20 Millionen Leserinnen. Über ein Jahr auf Platz eins der *New-York-Times*-Bestsellerliste, war *Wenn Frauen zu sehr lieben* 1986 landesweit das meistverkaufte Taschenbuch, der Top-Bestseller auf der *Times*-Liste für Selbsthilfebücher und der gefragteste Titel in den amerikanischen Buchladenketten Waldenbooks' und B. Daltons. Anderthalb Jahre nach Erscheinen des Buchs gab es von Philadelphia über Atlanta bis Los Angeles Unmengen von Wenn-Frauen-zu-sehr-lieben-Gruppen. Als 1987 in einem kurzen *New-York-Times*-Artikel eine Wenn-Frauen-zu-sehr-lieben-Gruppe einfach nur am Rande erwähnt wurde, erhielten die Gruppenleiterinnen noch am selben Tag Hunderte von Anrufen.

Offenbar gab es unzählige in destruktiven Beziehungen gefangene

Frauen, die verzweifelt Hilfe brauchten. Und ganz sicher gab es auch viele Frauen, denen Norwoods Buch und die dadurch inspirierten Meetings Trost gewährten. Aber der Titel versprach den Frauen mehr praktische Hilfe, als das Buch einlöste; ihm lag eine quasimystische Botschaft zugrunde, die eher für kindliches, passives Akzeptieren als für erwachsene, aktive Veränderung eintrat. Um eine Anleihe beim Gelassenheitsgebet zu machen: Norwoods Buch gab den Frauen eher die Gelassenheit, Dinge hinzunehmen, die nicht zu ändern waren, als den Mut, Dinge zu ändern, die sie ändern konnten.

Wie so viele Therapeuten der Dekade hatte Norwood Gelegenheit, das Ansteigen emotionaler und sexueller Gewalt gegen Frauen aus nächster Nähe zu beobachten. Sie zerbrach sich den Kopf, warum offenbar Millionen Frauen von ihren Ehemännern und Liebhabern verbal beleidigt und physisch mißhandelt wurden. Mit der Erklärung, die sie schließlich lieferte, ignorierte sie jedoch völlig die sozialen Dimensionen dieser Entwicklungen und verlegte das Problem nach innen. Die heutigen Frauen, schreibt sie, seien nach den Männern, die ihnen weh tun, regelrecht «süchtig». «Sehr viele von uns waren ‹Männerjunkies›», schreibt sie, «und wie viele andere Süchtige auch müssen wir uns die Schwere unseres Problems eingestehen.» Natürlich folgen viele Frauen derlei selbstzerstörerischen Mustern, aber Norwoods ahistorische Analyse hilft nicht erklären, warum das Problem gerade jetzt so akut ist – oder warum Gewalt gegen Frauen so dramatisch zunimmt. Sie dreht den Spieß auch kein einziges Mal um: Norwoods Buch fragt zwar, warum sich so viele Frauen Männer «aussuchen», die sie mißhandeln, aber nicht, warum es denn so viele mißhandelnde Männer zum Aussuchen gibt.

Norwoods Selbsthilfeplan, der sich am Zwölf-Punkte-Programm der Anonymen Alkoholiker orientiert, rät Frauen, die nach dem Ursprung ihrer Qual forschen, nicht mehr bei anderen zu suchen – eine Angewohnheit, die Norwood «Verantwortung abwälzen» nennt. Statt die Frauen dazu zu ermutigen, sich ein stärkeres Ego zuzulegen, aktiver zu werden und Männer zur Änderung herauszufordern, empfiehlt Norwood ihren Leserinnen, sie sollten ihre «Bereitschaft zur Hingabe steigern», «Gefühlsausbrüche» vermeiden und «den Eigensinn loslassen». Nur indem sie «mit ihrer höheren Macht in Kontakt kommt», kann eine männersüchtige Frau ihrer Seelennot entfliehen. «Spirituelle Übungen wirken beruhigend», schreibt Norwood. Sie helfen zwar nicht, die Umstände zu ändern oder sich selbst, aber «sie helfen, Ihre Perspektive zu verändern – Sie sind nicht mehr in der Opferrolle, sondern fühlen sich aufgerichtet». Einfach indem sie ruhig vor sich hin sagt «Ich leide nicht mehr», könne sich eine Frau Erleichterung verschaffen. Daß man selbst die Initiative ergreift, um die eigene Situation zu verbessern, gehört nicht zu Norwoods Plan. Statt dessen rät sie, «aufzuhören, etwas unbedingt erreichen zu wollen». «Sie müssen die Tatsache akzeptieren», erklärt sie, «daß Sie vielleicht nicht immer wissen, was in einer bestimmten Situation das Beste ist.» Und Selbstsicherheit soll die Leserin sogar als «Charaktermangel» betrachten.

Auch Persönlichkeitswachstum und eine gesunde Psyche haben in Norwoods Therapieprogramm keinen Platz. Frauen, die zu sehr lieben, warnt sie, könnten nie endgültig geheilt werden, sondern sich nur «erholen». Genau wie chronische Alkoholiker blieben «Männerjunkies» ihr Leben lang süchtig. Die Frauen könnten höchstens daran arbeiten, ihre Krankheit, die für immer in ihrem System stecken wird, «in den Griff zu kriegen». Um die Krankheit «in Schach zu halten», verschreibt sie nur ein einziges Mittel: Den regelmäßigen Besuch von Wenn-Frauen-zu-sehr-lieben-«Selbsthilfegruppen».

Die Bedeutung von «Sucht» – «daß man sich einem Verlangen hingibt» – paßt ausgezeichnet zur traditionellen viktorianischen Vorstellung der weiblichen Passivität. Die Behandlungsstrategie für «Frauen, die zu sehr lieben», ersetzt eine Form der Passivität durch eine andere, bessere, nämlich die, daß man sich einer «höheren Macht» hingibt. Die Frauen lernen durch *Wenn Frauen zu sehr lieben* nicht, ihr Leben selbst zu meistern, sondern sie lernen, an eine mysteriöse Macht zu glauben, die das für sie übernimmt. Sie lernen nicht, ihre eigenen inneren Kräfte zu mobilisieren, sondern nur, sich einer höheren Kraft zu unterwerfen. In gewisser Weise ist Norwoods Methode die Umkehrung des persönlichen Verwandlungsplans Beverly LaHayes von den Concerned Women for America. LaHaye versteckte ihren Wunsch nach Selbstbestimmung und Autorität unter dem Deckmantel der «spirituellen Unterwerfung»; Norwood verkauft eine wirkliche Form der Preisgabe als aktive Möglichkeit, das eigene Leben in den Griff zu kriegen.

Was Norwoods eigenes Leben betrifft, so tritt auch sie darin eher als spirituelles Medium denn als Akteurin auf. Sogar ihr Buch, behauptet sie, sei nicht von ihr, sondern von einer «höheren Macht» geschrieben worden. «Ich habe das Gefühl, ich wurde von Anfang an geführt», sagte sie später. Selbst der Titel wurde ihr auf einer Fahrt über den Highway ins Ohr geflüstert. Damit, daß sie sich zur passiven Empfängerin göttlicher Weisheit erklärt, erinnert sie an die viktorianische Verena Tarrant in Henry James' *Die Damen aus Boston* – die kindliche Heldin, die ihr Vortragstalent folgendermaßen begründet: «Ach, das bin gar nicht ich, es ist etwas außerhalb von mir!... Wahrscheinlich irgendeine Macht.»

Ende der 80er, mit dem Aufkommen der «Beziehungssucht», weitete sich das Sucht- oder Krankheitsmodell der weiblichen Neurose rasch auf andere Therapieformen aus. Es trug dazu bei, daß sich die Mitgliederzahl von Selbsthilfeorganisationen verdoppelte und «Selbsthilfe»-Gruppen für beziehungssüchtige Frauen wie Pilze aus dem Boden schossen, von den Women for Sobriety (Frauen für Nüchternheit) bis zu den Women with Multiple Addictions (Frauen mit mehrfachen Süchten). Es gab sogar eine Gruppe, die sich FEMALE nannte – Formerly Employed Mothers at Loose Ends (Ehemals berufstätige Mütter, die nichts mit sich anzufangen wissen). Offenbar wurden jetzt sogar schon schlechte Beschäftigungschancen als Psychose der einzelnen Frau betrachtet. Die medizinischen Fachzeitschriften unterstützten diese Krankheitsmetapher, indem sie Beziehungssucht als eine «Krankheit von Beziehungen» definierten, in denen das Individuum sich «einen Lebensgefährten *auswählt*, der an Drogenabhängigkeit oder einer anderen Störung leidet». (Das Individuum, an das sie dachten, war fast immer eine Frau; der Markt der Beziehungssüchtigen war zu 85% weiblich. Beziehungssucht wurde sogar in weiblicher Form definiert – das Urbild war die Frau des Alkoholikers.)

Die Führerinnen der Beziehungssucht-Bewegung rieten ihren Patientinnen, sich in der Phantasie, und auch in Wirklichkeit, als kleine Mädchen zu sehen. Eine von diesen Gurus häufig empfohlene Methode: Kaufen Sie sich eine Puppe zum Knuddeln, und tragen Sie sie immer mit sich herum. «Das innere Kind zurückholen», lautete das Mantra der Bewegung, und beziehungssüchtige Neue wurden aufgefordert, sich als «erwachsene Kinder» zu sehen. Am Anfang dieses Konzepts mögen durchaus gute Absichten gestanden haben – daß man sich an Mißhandlungen und Schikanen aus der Kindheit erinnert, um sie zu überwinden; aber allzuoft rückte die Ausgrabung des verschütteten verletzten Kindes völlig in den Mittelpunkt, und der Versuch, sich vom Opferstatus zu befreien und reifer zu werden, geriet größtenteils ins Hintertreffen. In zahlreichen Beziehungssucht-Gruppen wateten die Frauen in den Morast ihrer Kindheit, um ihr Kleinmädchen-Ich zu «retten» – und versanken nur noch tiefer im Schlamm.

Trotz ihrer infantilisierenden Methode und ihres Widerwillens gegen jeglichen «Eigensinn» behaupteten die Erfinder und Praktiker der Beziehungssucht, feministische Positionen zu vertreten. Die Leitung des National Self-Help Clearinghouse erklärte: «Die Beziehungssucht-Bewegung könnte durchaus der psychologische Zweig der Frauenbewegung sein.» Norwood selbst verglich ihre Wenn-Frauen-zu-sehr-lieben-Gruppen mit den Frauengruppen der frühen 70er Jahre.

Doch erinnert Norwoods Therapie, bei der Frauen in düstere, koffeinfreie Gruppenräume gesperrt und angewiesen werden, erwachsenes Selbstbewußtsein für einen leidenschaftslosen, passiv-kindlichen Seelenfrieden einzutauschen, eher an die «Ruhekur» Ende des 19. Jahrhunderts als an die Gruppendiskussionen Anfang der 70er. Die vor hundert Jahren praktizierte Kur, zu der Bettruhe in verdunkelten Zimmern, reizlose Kost und die Verleugnung der eigenen Persönlichkeit gehörten, bewirkte oft eher eine drastische Verschlimmerung als eine Heilung der Beschwerden. Wie die feministische Autorin Charlotte Perkins Gilman treffend über ihre 1887 erfolgte Ruhekur schreibt, habe sie versucht, gemäß den ärztlichen Anordnungen die Feder wegzulegen und «ein möglichst häusliches Leben zu führen» – und hätte dabei «um ein Haar den Verstand verloren».

Welche Schwächen sie auch immer haben mochten, die Frauengruppen der 70er Jahre forderten ihre Teilnehmerinnen wenigstens auf, ihre Meinung zu sagen und erwachsen zu werden. Sie waren als eine Art wöchentlicher Boxenstopp im Rahmen einer sozialen Revolution gedacht. Wie es der 1972 in *Ms.* erschienene Frauengruppen-Überblick beschrieb, sollten die Frauen dort emotional auftanken, Gemeinschaft erleben und neues Selbstvertrauen entwickeln können, «wenn wir von dem Versuch, unser Umfeld zu ändern, zerschlagen und verspottet zurückkehren». Die Gruppensitzungen waren kostenlos, so daß Frauen aus allen Einkommensklassen mitmachen konnten – und es gab keine Leiterin, so daß niemand zur Autoritätsperson wurde und sich jede Teilnehmerin ermutigt fühlte, selbständig zu denken und zu sprechen.

Zwar waren die Frauen, die in den 80ern scharenweise den Norwood-Gruppen beitraten, ebenfalls bei dem Versuch, ihr Umfeld zu verändern, geschlagen und verspottet worden. Aber falls sie die Hoffnung hegten, diese sozialen Veränderungen fortzusetzen, bestand kaum Aussicht, daß sie bei diesen Gruppensitzungen dazu ermutigt würden. Zudem war die Bewegung Ende der 80er von geschäftstüchtigen Therapeutinnen vereinnahmt worden, die eine verlockende Möglichkeit entdeckt hatten, doppelt abzusahnen. Und obwohl Norwood ursprünglich vorgeschlagen hatte, die Gruppen sollten gratis und ohne Leitung sein, nahmen nun häufig Therapeutinnen das Heft in die Hand – und das nicht umsonst.

Bei der allwöchentlichen Freitagssitzung der Norwood-Gruppe im California Family Therapy Institute sitzen die Frauen in einem Kreis; die Jalousien sind heruntergelassen, der Raum ist schwach beleuchtet. Sie zahlen der Therapeutin, die die Gruppe leitet, 30 bis 40 $ pro Woche – zusätzlich zu den 80 $ für Einzelberatungen.

«Ich bin so etwas wie eine Mutter für sie», sagt die Therapeutin und läßt den Blick über die Schar «erwachsener Kinder» schweifen. Von sich selbst sagt sie: «Ich gehöre eindeutig zu den Frauen, die zu sehr lieben.» Sie war eine Vollzeithausfrau, bis ihr Ehemann nach dreiundzwanzigjähriger Ehe mit ihrer besten Freundin davonlief. Mit vierzig ging sie wieder auf die Uni und wurde Therapeutin. Jetzt «erholt» sie sich gerade, nachdem sie kapiert hat, was in ihrer Ehe schiefgelaufen ist. «Ich habe mich gehenlassen. Ich mache ihm keinen Vorwurf. Er ist ein Mann wie jeder andere. Wenn ich davor soviel an mir gearbeitet hätte, wäre er vielleicht geblieben.»

Als die Gruppe vor zehn Monaten begann, hatte jede der Frauen gute Gründe, Hilfe zu suchen. Eine Frau lebte mit einem Mann zusammen, der kaum noch mit ihr sprach, seitdem sie berufstätig war. Eine andere Frau lebte mit einem Mann zusammen, der sie in der Arbeit anrief und sie am Telefon zusammenstauchte, wenn sie vergessen hatte, sein Lieblingshemd zu bügeln. Der Mann einer weiteren Frau, der ständig über Staub im Teppich schimpfte, hatte eine Affäre und sagte, das sei «ihre Schuld».

Auf die Frage, warum sie ursprünglich in die Gruppe eingetreten seien, geben sie mit kleinen Variationen immer die gleiche Antwort. «Ich wollte widerstandsfähiger werden», sagt eine. «Ich wollte nicht mehr so gefühlsduselig sein», sagt eine andere. «Ich wollte stark sein», eine dritte. Auf die Frage, was ihnen die Gruppe bis jetzt gebracht habe, lauten die Antworten jedoch sehr unterschiedlich: «Ich hab gelernt, daß ich tief drinnen ein kleines Mädchen war», sagt eine Geschäftsfrau mittleren Alters. «Ich hab erkannt, daß ich ein kleines Kind bin», sagt eine vierzigjährige Lehrerin. «Und ich hab gelernt, wie ich mit diesem Kind in Kontakt kommen kann.» Auf Wunsch ihrer Therapeutin hat sie sich eine Puppe gekauft, die sie jetzt ständig mit sich herumträgt. Im Auto, sagt sie, achte sie immer darauf, daß die Puppe auch angeschnallt sei. «Sie werden merken», sagt die Therapeutin, «wie die zarten Stimmen meiner Mädchen in der Gruppe immer schwächer und schwächer werden.»

Der Sinn einer Rückkehr in die Kindheit besteht wahrscheinlich darin, daß man einen neuen Anfang macht. Hier jedoch scheinen die Frauen zu regredieren und steckenzubleiben. Statt ihr Leben zu ändern, haben sie offenbar höchstens gelernt, wie man sich unerträglichen Situationen anpaßt. Eine Frau, die erst kürzlich wieder in ihren Beruf als Immobilienmaklerin zurückgekehrt ist, war ursprünglich deshalb in die Gruppe eingetreten, weil sie während der Scheidung Unterstützung brauchte. Ihr Mann traf sich mit einer anderen Frau, aber das war noch das wenigste. Seit sie in ihren Beruf zurückgekehrt war, hatte seine Wut ständig zugenommen; schließlich war sie einfach unerträglich geworden. «Wenn ich nicht jeden Tag staubgesaugt habe, hat er herumgebrüllt», sagt sie. «Wenn ich morgens mal vergessen habe, ihm seine Kleidung zurechtzulegen, kriegte ich gleich Vorwürfe. Wenn der Fisch nicht frisch war oder ich Fisch angekündigt hatte, dann aber Steaks servierte, wurde er wütend. Manchmal nahm er mir mein ganzes Geld, meine Kreditkarten und mein Auto weg, warf mich raus und sagte, ich solle doch versuchen, allein zu leben.» Nach zehn Monaten in der Wenn-Frauen-zu-sehr-lieben-Gruppe beschloß sie jedoch, wieder mit ihm zusammenzuziehen. «In der Gruppe habe ich gelernt, daß es eigentlich nicht seine Schuld war. Ich hab zugelassen, daß es passiert ist.»

Über ein Jahr lang bekam die Publicity-Abteilung von Pocket Books praktisch täglich Anrufe von Frauen, die unbedingt mit Robin Norwood sprechen wollten. «Sie ist die einzige, die mir helfen kann!» hieß es oft. Manche Frauen flogen sogar nach Santa Barbara, Norwoods Wohnsitz, in der Hoffnung auf ein Beratungsgespräch an Ort und Stelle. Sie wollten auch zu jenen Männersüchtigen gehören, denen Norwood geholfen hatte, zu den Dutzenden realer Frauen, über die in *Wenn Frauen zu sehr lieben* berichtet wurde. Einer der Hauptgründe dafür, daß sich Scharen von Bittstellerinnen an sie wandten, war Norwoods eigene, an die große Glocke gehängte Genesung. Judith Staples, eine Suchttherapeutin aus San Francisco, die Norwoods letzten öffentlichen Auftritt organisiert hat, bemerkt: «Robin ist für zahllose Frauen in Not ein Symbol der Hoffnung. Weil Robin es selbst geschafft hat. Sie hat sich aus der Beziehungssucht befreit und sich davon erholt.»

Nach dem Erscheinen des Buchs erzählte Norwood anderthalb Jahre lang in sechsstündigen Marathonvorträgen, die sie im ganzen Land hielt, Tausenden von Frauen die Geschichte ihrer Genesung. Ihr Vortragshonorar betrug 2500 $, der Eintritt 40 $. Als Norwood 1987 in San Francisco sprach, gab es einen Ansturm von über tausend Anmeldungen binnen einer Woche. Schließlich mußte das Meeting in eine höhlenartige Kirche verlegt werden, und selbst diese Räumlichkeiten reichten nicht aus. Norwoods Zuhörerinnen «hingen von der Empore herunter», erinnert sich die Organisatorin.

In Norwoods täglichem Vortrag ging es um ihre Lebensgeschichte, aber diese mündliche Biographie bestand nur aus den Details zahlreicher mißglückter Beziehungen. Es begann mit der Geschichte von dem Jungen, der ihr auf dem Spielplatz über den Mund fuhr – im Kindergarten. Und sie beschloß jede Anekdote mit dem gleichen Fazit: «Es hatte mit meinem Inneren zu tun», berichtete sie ihrem Publikum. «Lange Zeit hab ich immer gedacht: ‹Warum passieren mir lauter so schlimme Dinge?› Es kam daher, daß ich sie mir *ausgesucht* hatte. Wir suchen uns Alkoholiker aus. Wir suchen uns Männer aus, die nicht treu sein können.»

Ihr zweiter Mann war Trinker, der immer wieder auf Kneipentouren versumpfte und längere Zeit wegblieb. Dies blieb nicht ohne Auswirkungen auf ihren Job – sie arbeitete in einer Klinik als Therapeutin für Alkoholiker. «Nach einer Weile tauchte ich dort morgens auf und fing gleich an zu weinen», erinnert sie sich. «Und eines Tages konnte ich dann nicht mehr aufhören zu weinen... Da haben mich die andern beim Arm genommen und gesagt: ‹Robin, bleiben Sie doch lieber eine Weile zu Hause.› Also ging ich heim und blieb dort. Fast drei Monate lang.»

Als sie nicht mehr arbeitete, ging es mit Norwood schnell bergab. «Zeitweise war ich wie gelähmt. Das Sprechen fiel mir furchtbar schwer. Ich konnte mich nicht bewegen. Es war, als stecke ich in nassem, schwerem Zement. Ich schlich nur noch im Morgenmantel herum. Fast jeden Abend gab es Springfield Chili. Wenn ich es bis runter zum Briefkasten schaffte und wieder zurück, war das schon viel, das war der Höhepunkt des Tages.» Schließlich kam ihr Mann wieder zurück und gelobte Besserung; sie ging wieder arbeiten, und die Depression wich. Aber bald begannen die Kneipentouren von neuem, und sie verfiel wieder in Verzweiflung. Auf ihrer Haut hätten sich «große Blutergüsse» gebildet, ihrer Meinung nach ein Zeichen, daß ihr «Bindegewebe» sich auflöste. Sie sagt: «Mir war klar, ich mußte sterben.»

Schließlich wandte sich Norwood an eine Al-Anon-Gruppe. Dort habe sie zum ersten Mal die Bedeutung der Hingabe erkannt. «Für mich hieß Genesung, daß ich mich auf etwas viel Größeres als mich selbst verließ.» Sie «übergab die ganze Sache Gott» und «begann zu beten». Vor allem betete sie um einen «netten Mann». Und ihre Gebete wurden erhört: Eine göttliche Macht, sagt sie, habe sie mit ihrem dritten Mann zusammengeführt. Er sei zwar «total langweilig» gewesen, sagt sie, aber jetzt, wo sie sich auf dem Weg der Genesung befand, habe sie erkannt, daß dies das beste war. Leidenschaft lasse einen ständig nur «leiden», sie sei eine «tödliche» Droge.

Die Leserinnen von *Wenn Frauen zu sehr lieben*, die Norwoods Vorträge besuchten, mochte die erstaunliche Ähnlichkeit zwischen Norwoods eigener Geschichte und den im Buch beschriebenen Fallgeschichten ihrer Patientinnen aufgefallen sein. Genau wie «Pam» hatte Norwoods erster Mann nicht einmal einen High-School-Abschluß; genau wie «Jill» lernte Norwood ihren zweiten Mann in einem Tanzclub kennen; genau wie «Trudi» war ihr dritter Mann ein netter, langweiliger Typ. Dies ist kein Zufall. Wie Norwood einigen Kolleginnen verriet, handelt es sich bei vielen «Patientinnen» des Buchs in Wirklichkeit um sie selbst. Im großen Finale des Buchs – einer langen, bis ins Detail geschilderten letzten Therapiesitzung zwischen Norwood und der dankbaren, «genesenen» Trudi (wo die Therapeutin von den «warm leuchtenden braunen Augen» ihrer Patientin schwärmt, von der «wunderschönen Wolke sanft gelockten, rotbraunen Haars», länger und voller, als ich es in Erinnerung hatte) – in diesem Finale spricht nur die Therapeutin mit und über sich selbst.

Später gefragt, warum sie sich im Buch als ihre eigenen Patientinnen ausgegeben habe, sagt Norwood: «Ich habe nie behauptet, daß dies Fallstudien seien. Manche sind wirklich erfunden. Es geht ja nicht darum, welche Teile ich bin und welche nicht.» Leider geht es eben *doch* genau um diese Unterscheidung. Norwood wollte ursprünglich eine «Bewußtseinsentwicklung» bewirken, indem sie über die intimen Erfahrungen verschiedener Frauen schrieb; mit ihrem Buch holte sie die Leserinnen in ihre therapeutische Praxis, damit sie vielen Frauen zuhören und daraus Mut schöpfen sollten. Aber eigentlich hört man in diesem Beichtstuhl nur die reuevollen Äußerungen einer einzigen Frau, einer zerquälten, einsamen Gestalt, die in ihrem menschenleeren Spiegelsaal immer wieder nur sich selbst entgegenblickt.

Norwoods «Genesung» – durch die Heirat mit dem «richtigen» Mann – war nur von kurzer Dauer. Im Frühjahr 1987 stellte Norwood ihre Vorträge plötzlich ein. Sie konnte ihre eigene Erfahrung nicht länger als erfolgreiche Fallstudie vermarkten: Die Ehe mit dem netten, langweiligen Gatten hatte sich als doch nicht so nett erwiesen, und Norwood ließ sich scheiden.

Nach dem Ende ihrer Ehe beschritt Norwood einen Weg, der ihre Isolation eher förderte als milderte. Sie gab ihre Praxis auf, zog in ein Cottage ans Meer und verkroch sich in ihr Schneckenhaus. Es gebe dort «keinerlei Geselligkeit», berichtet sie. Sie liest nicht mehr und sieht nicht mehr fern. «Ich schaue nie in die Zeitung.» Im Grunde tut sie nichts. «Ich halte einfach still.» Wäre der Kontakt zu anderen nicht ein Trost? «Ich will mit dem Leben anderer Leute nichts zu tun haben», sagt sie. Interessiert es sie nicht wenigstens, was in der Welt passiert? «Das will ich gar nicht wissen», sagt sie. «Das lenkt mich nur vom Kontakt zu mir selbst ab.»

Dieses Selbsthilfeprogramm Norwoods diente nicht der Bewußtseinsentwicklung; es erinnerte eher an Einzelhaft. «Der Kern [der Bewußtseinsentwicklung]», schreibt die Historikerin Hester Eisenstein, «war die Entdeckung, daß man nicht allein war, daß andere Frauen ähnliche Gefühle und Erfahrungen hatten.» Norwood jedoch war sehr einsam – sogar einsamer als vor ihrer Behandlung. Ebenso erging es manchen der behandelten «beziehungssüchtigen» Frauen, die ihre Puppen mit nach Hause nahmen und hinter sich die Tür zuschlugen. Solange diesen Patientinnen weisgemacht wurde, häusliche Schwierigkeiten seien immer nur das Problem der Frau, endeten sie, Selbstgespräche führend, allein in einem Zimmer. Es erging ihnen wie Norwood, die in einem Haus am Meer saß, vor den Geräuschen der Welt die Ohren verschloß, den Blick, wie Verena Tarrant, gen Himmel gewandt.

Weiblicher Masochismus im Stil der 80er

Die erstmals in der spätviktorianischen Ära formulierte psychiatrische Diagnose des Masochismus definiert ihn als sexuellen Lustgewinn aus Schmerz. Bald aber wurde daraus eine Art Allzweckdefinition der weiblichen Psyche; angeblich wurden deshalb so viele Frauen mißhandelt, weil sie es nicht anders wollten – in mancher Hinsicht eine frühe Formulierung von Robin Norwoods These.

Doch irgendwann geriet der Masochismus als therapeutische Diagnose in Verruf. Wie die Psychoanalytikerin Karen Horney in den 20er Jahren als erste ausführte, war der angeblich «natürliche» weibliche Masochismus eher das unnatürliche Produkt eines sexistischen Gesellschaftssystems von Belohnung und Strafe, das viele Frauen zu einem unterwürfigen Verhalten bewog. Horneys freudianische männliche Kollegen hielten von dieser Beobachtung wenig – sie warfen Horney aus der New York Psychoanalytic Society. Doch im Lauf der Zeit gelangten die meisten Psychologen zu Horneys Ansicht, und in den 70ern schien die Idee eines angeborenen weiblichen Masochismus nur noch ein kurioses Relikt zu sein, mehr ein lachhaftes Schlagwort als eine ernst zu nehmende psychoanalytische Theorie.

1985 jedoch beschlossen einige Psychoanalytiker der American Psychiatric Association, es sei Zeit für ein Comeback des Masochismus als «neuer» Störung im *Diagnostic and Statistical Manual of Mental Disorders*, oder *DSM*, der Bibel der amerikanischen Psychiatrie. Dies war keine geheime Klassifikation. Das *DSM* ist *das* Standardnachschlage-werk: Psychologen und Psychiatern dient es zur Diagnosefindung, Wissenschaftler benutzen es zur Erforschung psychischer Krankhei-ten, private und staatliche Krankenversicherungen benötigen es zur Festlegung des Erstattungssatzes, und Gerichte konsultieren es bei An-trag auf Unzurechnungsfähigkeit sowie bei Sorgerechtsprozessen.

In jenem Jahr war Dr. Teresa Bernardez Vorsitzende des Committee on Women der APA (American Psychiatric Association), das bei allen geplanten neuen DSM-Diagnosen, die Frauen betreffen, konsultiert werden muß. Doch die APA-Kommission, die die neuen Diagnosen formulierte, hielt es nicht für nötig, Bernardez oder ein anderes Mitglied des Komitees davon in Kenntnis zu setzen. Als eine Abstimmung der APA über die Diagnose bevorstand, hörte Bernardez zufällig über einen Freund davon. Sie erkundigte sich genauer – und entdeckte, daß die APA-Kommission nicht nur eine, sondern gleich *drei* Diagnosen, die Frauen betrafen, neu ins DSM aufnehmen wollte, und alle drei waren höchst problematisch. «Prämenstruelle Dysphorie» hieß die zweite – eine Diagnose, die die seit langem in Verruf geratene Vorstellung wiederbelebte, das PMS sei eher eine psychische Krankheit als schlicht ein endokrinologisches Problem. «Paraphile Vergewaltigungsstörung» lautete die dritte Diagnose, die die APA-Kommission auf Männer (und, rein theoretisch, auch auf Frauen) anwenden wollte, die wiederholt Phantasien über Vergewaltigung oder sexuelle Belästigung äußerten und «diesem Trieb wiederholt nachgeben oder spürbar unter ihm lei-den». Falls diese vage Definition gebilligt würde, konnten ausgefuchste Anwälte bei sexuellem Mißbrauch von Kindern oder Vergewaltigung ohne weiteres auf die Unzurechnungsfähigkeit ihrer Mandanten plädie-ren. Sogar für den amerikanischen Justizminister lag dies so klar zutage, daß er, einmal alarmiert, dagegen Einspruch erhob.

Von den drei Diagnosen war die «masochistische Persönlichkeitsstö-rung» in mancher Hinsicht vielleicht die rückschrittlichste und sonder-barste. Die APA-Kommission hatte neun typische Merkmale des Masochismus zusammengestellt – und sie waren merkwürdig weit ge-faßt. Sie schlossen jede Person ein, die «Hilfe, Geschenke oder Gefäl-ligkeiten zurückweist, um anderen nicht zur Last zu fallen», oder «furchtbar besorgt ist», ja keine Umstände zu machen, oder «auf Erfolg oder positive Ereignisse mit dem Gefühl reagiert, es nicht verdient zu haben». Die Liste enthielt sogar die Studentin, die ihr eigenes Lernpensum vernachlässigt, um Kommilitoninnen bei der Prüfungsvorbereitung zu helfen. Keines der neun Merkmale dieses neuen «Masochismus» erwähnte die Lust am Schmerz. Statt dessen schilderten sie jene Selbstlosigkeit und Selbstherabsetzung, die sonst immer das ideale weibliche Verhalten charakterisiert. Die APA-Kommission hatte fein säuberlich die weibliche Sozialisation aufgelistet – und sie zur individuellen psychiatrischen Funktionsstörung abgestempelt. Die APA-Kommission ging sogar noch weiter und bezeichnete das Problem nicht nur als eine behandelbare Erkrankung, sondern als «Persönlichkeitsstörung» – eine Kategorie psychischer Erkrankungen, die die Psychiatrie *kaum* als sozial bedingt und vorwiegend als seit früher Kindheit in der individuellen Persönlichkeit verankert sieht – und die folglich kaum zu ändern ist.

Das schlimmste war, daß die Diagnose dazu einlud, geschlagene Frauen wieder als Masochistinnen zu behandeln, die ihren Ehemann zu Mißhandlungen herausfordern. Die Definition der neuen Masochistinnen enthielt unter anderem folgende Merkmale: daß sie sich Menschen «aussuchen», die sie «enttäuschen» oder «schlecht behandeln», und daß sie in Beziehungen bleiben, in denen sie «ausgenutzt oder mißhandelt» werden. Die Kommission nannte ein Beispiel für eine Masochistin, das sich eher nach der männlichen Gegenschlagsperspektive als nach der Beschreibung einer psychischen Krankheit anhörte: Eine Frau, die ihren Ehemann kritisiert und auf diese Weise «einen wütenden Gegenangriff provoziert».

Wieder einmal wurde im Rahmen des Gegenschlags von den Ursachen jenes «Gegenangriffs» abgelenkt: die männliche Wut auf die wachsenden Ansprüche der Frau und die männliche Angst vor der zunehmenden Autonomie der Frau. Wieder einmal wurde jede Frau, die Ziel des Gegenschlags war, neu definiert – als ihre eigene und einzige Feindin. Und während die Psycho-Ratgeber – die den Frauen beibrachten, die Schuld stets bei sich zu suchen – in den Buchhandlungen der 80er kamen und gingen, war das *DSM* eine permanente Einrichtung. Wenn die American Psychiatric Association diese Definition des Masochismus ins *DSM* aufnahm, wäre damit die psychologische Botschaft des Gegenschlags auf Jahre hinaus institutionalisiert.

Durch die Nachricht von der geplanten Masochismus-Diagnose alarmiert, schickte Dr. Teresa Bernardez einen Brief an Dr. Robert Spitzer, Psychiater an der Columbia University und Vorsitzender der mit der Revision des DSM betrauten APA-Kommission, in dem sie ihm ihre Bedenken mitteilte. Die Kommission wurde von Psychoanalytikern dominiert, jener Untergruppierung mit der heftigsten Schwäche für die traditionelle freudianische Psychiatrie, und einer Expertenrunde, die immer noch über der letzten, fünf Jahre zurückliegenden DSM-Revision brütete, bei der endlich total veraltete Überreste freudianischer Terminologie beseitigt worden waren. Die Befürworter der neuen Masochismus-Definition schienen sich auch über die «weiblich dominierte» Psychologierichtung zu ärgern, die sich mit ihren zeit- und kostensparenden Behandlungsmethoden seit den 70er Jahren in die Psychiatrie einmischte. 1987 meckerte der APA-Vizepräsident, Dr. Paul Fink, manche Psychologen und Psychologinnen seien wohl «erst dann zufrieden, wenn es keine Psychoanalyse mehr gibt».

Viele dieser vor sich hin köchelnden Animositäten schäumten während des Masochismus-Streits hoch – und schließlich über –, als viele Therapeutinnen sich weigerten, nachzugeben und der Linie der männlichen Psychoanalytiker zu folgen. «Die Wut, die uns da entgegenschlug, war einfach unglaublich», erinnert sich Bernardez, eine argentinische Emigrantin, die kurz zuvor als Staatsbürgerin unter dem repressiven Peron-Regime auch schon allerhand erlebt hatte. «(Diese Wut) war einfach da, und als die Frauen Druck machten und nicht nachgaben, kam alles hoch.»

Ursprünglich hatte weder Bernardez mit ihren Protesten Erfolg gehabt, noch hatte die APA-Kommission auf wiederholte Beschwerden anderer psychologischer Frauenkomitees reagiert. Erst als das Feminist Therapy Institute mit gerichtlichen Schritten drohte, erklärten sich Spitzer und seine Kommissionskollegen wenigstens bereit, den Frauen ein Hearing zu gewähren. Außerdem teilte die vorwiegend männliche Kommission – das einzige weibliche Mitglied war Spitzers Frau, eine Sozialarbeiterin – den Kritikerinnen schon im voraus mit, daß nur sechs von ihnen reden dürften.

Spitzer eröffnete das Hearing im November 1985 damit, daß er den Zweck der DSM-Revision erläuterte: dadurch werde eine «wissenschaftlichere» Diagnose möglich. Dann stellte er die wissenschaftlichen Fakten vor: eine von ihm geleitete Studie mit acht Patienten, die alle von Psychiatern seiner Abteilung an der Columbia University behandelt wurden. Es waren nur zwei männliche Patienten dabei. Die Studie sollte zeigen, daß der Masochismus existierte, weil die Psychiater bei diesen acht Patienten «unabhängig voneinander» Masochismus diagnostiziert hatten. Dies sei eine «exzellente» Stichprobe, sagte Spitzer, weil die Patienten während ihrer Analyse über einen langen Zeitraum hinweg beobachtet worden seien. Eine der feministischen Therapeutinnen im Publikum fragte ihn, wie viele der «masochistischen» Patientinnen denn geschlagene Frauen oder Gewaltopfer seien. Darauf blieb Spitzer die Antwort schuldig: Keiner der Psychiater hatte sich die Mühe gemacht, das herauszufinden – obwohl sie diese «Masochistinnen» anderthalb Jahre lang behandelt hatten.

Die Präsentation der «Fakten» der APA-Kommission nahm ihren Fortgang, und zwar mit einem historischen Überblick, verfaßt von Dr. Richard Simons, dem Präsidenten der American Psychoanalytic Association; er argumentierte, der Masochismus müsse eine legitime Diagnose sein, weil ein europäischer Psychiater der 50er Jahre eine depressive Persönlichkeitsstörung beschrieben habe, die «fast identische Merkmale aufwies». Anscheinend glaubte Simons, man könne sich in der Psychiatrie, wie in der Rechtswissenschaft, allein auf Präzedenzfälle verlassen. Spitzer lagen auch die Ergebnisse eines Fragebogens über Masochismus vor; er hatte ihn an APA-Mitglieder geschickt, die sich für Persönlichkeitsstörungen interessierten. In die Umfrage war jedoch ein bemerkenswertes Vorurteil eingebaut. Die erste Frage lautete: Sind Sie dafür, daß der Masochismus in das *DSM* aufgenommen wird? Wer mit Nein antwortete, wurde aufgefordert, den Fragebogen *nicht* weiter auszufüllen. Spitzer räumt ein, daß es mit dieser Methode gelungen sei, die Hälfte der Befragten auszuschalten. Nachdem die Psychoanalytiker ihre Fakten präsentiert hatten, waren die Therapeutinnen am Zug. Sie machten geltend, daß die Masochismus-Diagnose den Patientinnen die alleinige Schuld aufbürde, ohne soziale Konditionierung und Lebensumstände zu berücksichtigen. Unterwerfung und Märtyrertum müßten nicht zwangsläufig Beweise für Masochismus sein; sie seien in dieser Kultur auch die traditionellen weiblichen Ehrenabzeichen, mit denen sich Frauen soziale Anerkennung und Liebe erwerben können.

Dann erklärte die Psychologin Lenore Walker, daß ihren Forschungen zufolge häusliche Gewalt oft genau jene Verhaltensmerkmale hervorrufe, die die Kommission in ihre Definition des Masochismus aufgenommen habe – eine Definition, die Fehldiagnosen und falscher Behandlung Tür und Tor öffne und Gerichten und prügelnden Ehemännern die Möglichkeit biete, die Brutalität des Ehemannes als Problem der Ehefrau zu definieren. Ihre Studien über geschlagene Frauen hatten Walker gezeigt, daß die Opfer oft nicht zurückschlagen – aber nicht, weil sie weiter geschlagen werden wollten, sondern weil sie aus Erfahrung wußten, daß Widerstand den prügelnden Mann noch mehr in Rage brachte. Auch daß diese Frauen oft bei ihren prügelnden Ehemännern blieben, entspringe nicht der Lust an Mißhandlung, sondern der realistischen Angst vor noch schlimmerer Gewalt, wenn sie gehen. Von den Mordopfern unter den geschlagenen Frauen wurden die meisten von ihren Peinigern getötet, *nachdem* sie weggelaufen waren. Und schließlich präsentierte Walker ihre Studie über Hunderte geschlagener Frauen, die keinerlei Zusammenhang zwischen frühkindlichen Persönlichkeitsstörungen und der späteren Mißhandlung ergaben. Das eigentliche Problem, erklärte Walker der Kommission, bestehe schlicht darin, daß Gewalt gegen Frauen *dermaßen* weit verbreitet sei. Ganze 50 Prozent aller Frauen berichten, daß sie irgendwann in ihrem Leben mißhandelt wurden. Und dabei handelt es sich kaum um lauter Masochistinnen.

Die Kommissionsmitglieder teilten den Frauen mit, sie hätten sich nie eine ihrer Studien angesehen – und beabsichtigten dies auch in Zukunft nicht. «Das ist doch irrelevant», lautete später Spitzers Kommentar zu sämtlichen vorgelegten Studien über häusliche Gewalt. Er machte sich über die Statistiken lustig. Er behauptete, sich im Lauf seiner Karriere nur an zwei mißhandelte Frauen erinnern zu können, und bezweifelte, daß die Mißhandlungsrate «auch nur annähernd» bei 50 Prozent liege.

Eigentlich sollte das Hearing den ganzen Tag dauern, aber um die Mittagszeit verkündete Spitzer, man hätte von den Frauen jetzt genug gehört; am Nachmittag wolle die Kommission die Diagnosen ausformulieren, und die Frauen sollten jetzt gehen. Die Therapeutinnen protestierten und erhielten schließlich die Erlaubnis zu bleiben, aber nur unter der Bedingung, daß sie «nichts sagten». Diese Bedingung wurde bei einem weiteren von Fink geleiteten Hearing erneut gestellt. Fink (inzwischen APA-Präsident) erklärte die Knebelung später so: «Ich war der Meinung, es lohne sich nicht, einen ganzen Tag darüber zu debattieren... ich hatte schließlich die Leitung.» Auch das «unverschämte» Verhalten der Frauen paßte ihm nicht: «Manche der Frauen waren absolut nicht bereit, uns zuzuhören oder irgend etwas von dem zu begreifen, was wir sagten... Ich fühlte mich wirklich attackiert.»

Die Therapeutinnen kamen am Nachmittag wieder, um die Kommission in Aktion zu sehen – und wurden angesichts der Verfahrensweise zusehends verzweifelter. Als die APA-Kommissionsmitglieder unter sich darüber diskutierten, wie man Masochismus definieren solle, bezogen sie sich kein einziges Mal auf Forschungsergebnisse oder klinische Studien. Sie schüttelten einfach neue «Charakteristika» aus dem Ärmel, und eine Sekretärin tippte sie in einen Computer. «Das niedrige intellektuelle Niveau war schockierend», erinnert sich Renee Garfinkel, ein APA-Mitglied, das dem Verfahren beiwohnte, später. «Die Diagnosen wurden durch Mehrheitsbeschluß entwickelt, auf dem Niveau der Entscheidung für ein Restaurant: Du willst italienisch essen, ich lieber chinesisch, dann gehen wir doch in eine Cafeteria.» An einem Punkt, erinnert sich Lynne Rosewater, die Leiterin des Feminist Therapy Institute, «diskutierten sie über ein Kriterium [für die masochistische Persönlichkeitsstörung] und da sagt Bob Spitzers Frau [Janet Williams]: Das mache ich auch manchmal. Und da meint er: Okay, lassen wir's weg. Wenn man das sieht, fragt man sich schon: Moment mal, *wir* haben also kein Recht, *die* zu kritisieren, weil das eine ‹Wissenschaft› ist? Es war wirklich erschreckend. Denn wenn das so läuft, traue ich keiner Diagnose mehr.»

Nach dem Hearing sah sich die APA-Kommission aufgrund zahlloser kritischer Briefe, eines formellen Protests der American Psychological Association und zahlreicher Petitionen, die Tausende praktizierender Psychologen und Psychologinnen unterzeichnet hatten, veranlaßt, folgenden «Kompromiß» anzubieten: Sie würden einige der anstößigen Diagnosen umbenennen. Die «masochistische Persönlichkeitsstörung» wurde zur «selbstschädigenden Persönlichkeitsstörung»; die «prämenstruelle Dysphorie» wurde zu «Dysphorie am Ende der Progesteronphase», und «paraphile Vergewaltigung» wurde zu «paraphiler Zwang». Die Definitionen jedoch blieben unverändert.

Im Dezember 1985 stimmte ein Ad-hoc-Ausschuß des APA-Kuratoriums einem letzten Hearing zur Masochismus/Selbstschädigung-Diagnose zu. Die Therapeutinnen protestierten erneut, und wieder schickten die Psychiater sie nach ein paar Stunden fort. Dann zogen sie sich ins «Freud-Zimmer» zurück – und entschieden sich für die Masochismus-Diagnose.

In jenem Frühjahr protestierten und organisierten sich die feministischen Gegnerinnen weiter. Doch schienen die Anstrengungen der Frauen die männlichen Kommissionsmitglieder nur noch in ihrem Entschluß zu bestärken. Wie ein hoher APA-Funktionär später sagte, wurden Mitglieder, die die neuen Krankheitsbilder aus dem DSM werfen wollten, beschuldigt, sie «gäben den Frauen nach». Kurz bevor das APA-Kuratorium einen letzten Beschluß faßte, erschien Dr. Teresa Bernardez, um ein letztes Mal Einspruch zu erheben. «Als ich zu sprechen begann, wurde ich gleich unterbrochen», erinnert sie sich. «Ich konnte mir kaum Gehör verschaffen.» Schließlich sagte sie, was zu sagen war, hatte aber den Verdacht, daß ihre Worte kaum wahrgenommen wurden. Ihre wenig damenhafte Direktheit jedoch wurde registriert – und später bestraft. Als Bernardez' Mitgliedschaft im Frauenausschuß der APA hätte erneuert werden müssen, wurde sie einfach nicht mehr aufgefordert. Sie war nicht das einzige Mitglied des Frauenausschusses, das für offenen Widerstand gegen die neuen Diagnosen bestraft wurde; binnen eines Jahres war der Frauenausschuß der APA von allen Feministinnen gesäubert.

Am Ende stimmte das APA-Kuratorium sowohl der Masochismus- als auch der PMS-Diagnose zu. (Der Vergewaltigungszwang wurde vorerst zurückgestellt, um noch genauer überprüft zu werden.) Die APA-Funktionäre schlossen angesichts all der Proteste gegen die beiden Diagnosen einen einzigen Kompromiß: Sie packten beide in den Anhang des DSM – in dem angeblich nur vorläufige Diagnosen standen.

Aber selbst diese Einschränkung war nur ein Trick. Normalerweise tragen die Diagnosen im Anhang nicht jene Codenummern, die die Versicherungsgesellschaften für die Kostenerstattung brauchen. Die

APA läßt die Nummern absichtlich weg – um Psychotherapeuten und Therapeutinnen davon abzuhalten, solche umstrittenen Diagnosen in der Praxis anzuwenden. In diesem Fall jedoch machten die Kuratoren, auf Dr. Spitzers Empfehlung hin, eine Ausnahme. Sie versahen sowohl die Masochismus- als auch die PMS-Diagnose mit Codenummern. Die neuen Frauenkrankheiten waren ins Verzeichnis aufgenommen.

12 Arbeitslöhne und Gegenschlag: Der Tribut der berufstätigen Frauen

Der Konterschlag gegen die Frauenrechte war nur einer von mehreren schwerwiegenden Faktoren, die das Klima für berufstätige Frauen so rauh und beschwerlich machten. Reagans Wirtschaftsprogramm, die Rezession sowie die Expansion eines Niedriglohn-Dienstleistungssystems trugen maßgeblich dazu bei, die Position der Frauen auf dem Arbeitsmarkt zu schwächen und sogar auszuhöhlen.

Nicht nur, daß der Gegenschlag die Beschäftigungs-, Beförderungs- und Lohnchancen der Frauen verminderte, seine Wortführer und Wortführerinnen hielten viele dieser Rückschritte auch noch vor den Frauen geheim. Nicht nur fügte der Gegenschlag den berufstätigen Frauen schlimmen Schaden zu – er tat es auch noch klammheimlich. Die Reagan-Administration spielte Berichte über den dramatisch sinkenden Status der berufstätigen Frauen herunter oder hielt sie einfach zurück. Firmen behaupteten, die Zahl der berufstätigen Frauen und die Zahl ihrer Beförderungen hätten ein Rekordhoch erreicht. Und die Presse schien das keineswegs zu stören. Als sich die Situation der berufstätigen Frauen in den 80ern immer mehr verschlechterte, brachten die Gegenschlagsmedien immer noch Aufschwungmeldungen – und behaupteten, das einzige Problem der berufstätigen Frauen sei, daß sie eigentlich lieber zu Hause bleiben würden.

Viele Mythen über die «sich bessernde» Situation der berufstätigen Frau machten in den 80ern die Runde – während einige entmutigende und *reale* Trends, mit denen berufstätige Frauen konfrontiert waren, in der Presse kaum beachtet wurden. Hier nur einige Beispiele.

Die Trendstory, die wir alle über die Frauenlöhne gelesen haben:
LOHNGEFÄLLE ZWISCHEN DEN GESCHLECHTERN SCHLIESST
SICH! Die Differenz zwischen den Durchschnittslöhnen von Männern und Frauen habe sich, so erfuhren wir 1986, plötzlich verringert.
Was noch nie dagewesen sei: Einem männlichen Dollar entsprä-
chen bei ganztägig berufstätigen Frauen jetzt 70 Cent. Leitartikler
applaudierten und rieten den Feministinnen, ihre «obsoleten» Buttons
zurückzuziehen, auf denen gegen das Verhältnis 1 Dollar : 59 Cents
protestiert wird.

Eigentlich hätte die Trendstory jedoch lauten müssen: ES IST WIE-
DER DA! DAS LOHNGEFÄLLE DER 50er JAHRE! In Wirklichkeit
fand 1986 nämlich *keine* Verbesserung auf 70 Cent statt. Ganztägig
berufstätige Frauen verdienten in jenem Jahr nur 64 Cent auf einen
Männer-Dollar, was sogar noch etwas *weniger* war als im Vorjahr –
und exakt dem Gefälle von 1955 entsprach.

Die Presse entnahm die 70-Cent-Zahl einem ehemaligen Census-
Bureau-Bericht, der eigentlich auf Daten aus einem anderen Jahr basierte und von der Standardmethode zur Berechnung des Lohngefälles
abwich. Dieser Bericht bauschte die Löhne der Frauen künstlich auf,
indem er, statt wie üblich die Jahreslöhne, die Wochenlöhne heranzog
– wodurch der Lohn für Teilzeitarbeit – die größtenteils von Frauen
übernommen wird und nicht das ganze Jahr hindurch läuft – stark
überbetont wurde. Als das Census Bureau das Lohngefälle von 1986
später noch einmal mit seinen Standardmethoden berechnete, ergaben
sich 64%. Doch die Medien schafften es, diesen Report geflissentlich
zu übersehen.

In jenem Jahr hatte sich das Lohngefälle für Frauen seit 1979 um
weniger als 5% «verbessert». Und die Hälfte dieser Verbesserung ging
auf die sinkenden Männerlöhne, nicht auf die steigenden Frauenlöhne
zurück. Klammerte man den Faktor der sinkenden Männerlöhne aus,
dann hatte sich das Gefälle nur um 3% gebessert.

Frauen mit College-Abschluß konnten die berühmten 59-Cent-But-
tons 1988 durchaus immer noch tragen. Sie verdienten auf einen Dollar ihrer männlichen Pendants nach wie vor 59 Cent. Für sie war das
Lohngefälle sogar noch etwas größer als fünf Jahre zuvor. Auch
schwarze Frauen, die in der Dekade so gut wie keine Fortschritte gemacht hatten, konnten sich die 59-Cent-Buttons anstecken. Ältere und

hispanische Frauen nicht – aber nur, weil sie noch weniger als 59 Cent
bekamen. Älteren berufstätigen Frauen war es sogar 1968 noch besser
ergangen, als ihr Stundenlohn im Vergleich zum Männer-Dollar bei
61 Cent lag; 1986 war er auf 58 Cent gesunken. Und auch die Löhne
hispanischer Frauen gingen 1988 zurück; sie verdienten jetzt im Vergleich zum Dollar eines männlichen Weißen skandalöse 54 Cent.

Wie Zahlen des U. S. Labor Department belegen, verschlimmerte
sich das Lohngefälle in vielen Berufen, von der Sozialarbeit über das
Schreiben von Drehbüchern bis hin zum Immobilienmanagement.
1989 verschlimmerte sich das Lohngefälle erneut für ganztägig in Führungspositionen tätige Frauen; während der durchschnittliche Manager um vier Prozent mehr verdiente, blieb das Einkommen seines weiblichen Pendants unverändert. Und das Gefälle vergrößerte sich gerade
bei jenen Berufen, in denen die Zahl der beschäftigten Frauen am
schnellsten anstieg – Speisenzubereitung, Service-Aufsicht, Bedienen
und Putzen. Im journalistischen Bereich, wo sich die Zahl der Frauen
während der Dekade verdoppelt hatte, nahm das Gefälle so drastisch
zu, daß Elizabeth Lance Toth, Professorin für Kommunikationswissen-
schaft, die den Status der Frau in diesem Beruf beobachtet, berichtet:
«Während einer vierzigjährigen Berufslaufbahn verliert eine Frau
allein durch ihre Geschlechtszugehörigkeit eine Million Dollar.»

Die Trendstory, die wir alle über Gleichberechtigung am Arbeitsplatz
gelesen haben:

FRAUEN STÜRMEN MÄNNERDOMÄNEN! Die Frauen, hieß es,
drängten angeblich in traditionelle «Männerberufe». Unmengen von
Frauen in ihren Dress-for-Success-Anzügen und bequemen Slippern
hätten ihre «goldenen Käfige» verlassen und die Wallstreet, Anwaltskanzleien und Firmenetagen erobert. Andere Frauen schnürten sogar
die Armeestiefel, setzten Schutzhelme auf und mischten sich in die
männliche Domäne des Militärs und der Handwerks- und Industrie-
betriebe.

Eigentlich hätte die Trendstory jedoch lauten müssen: IMMER
MEHR FRAUEN WERDEN SEKRETÄRINNEN.

Während der Level der Geschlechtertrennung im Beruf in den 70er
Jahren um 9% gesunken war – nachdem er sich in diesem Jahrhundert

zum ersten Mal verbessert hatte – kam dieser Fortschritt in den 8oern schon wieder zum Stillstand. Das Bureau of Labor Statistics registrierte bald eine wachsende Geschlechtertrennung im Beruf. Dies war für die Frauen eine bittere finanzielle Pille: 45 % des Lohngefälles sind durch Geschlechtertrennung im Beruf bedingt. (Einer Schätzung zufolge sinkt der Jahreslohn der weiblichen Beschäftigten durch einen 10 %igen Zuwachs der in diesem Beruf neu eingestellten Frauen um etwa 700 $). Eine Zunahme der Geschlechtertrennung im Beruf war einer der Gründe, warum die Frauenlöhne in den 8oern sanken; 1986 trugen mehr Frauen Armutslöhne mit nach Hause als noch im Jahr 1973.

Die Frauen strömten in viele schlechtbezahlte Frauenjob-Gettos. Der ohnehin schon riesige Anteil von Frauen mit untergeordneten Bürojobs kletterte Anfang der 8oer auf fast 40 % – höher als 1970. Auch der Anteil der Frauen in den traditionell weiblichen Dienstleistungsberufen war Ende der 8oer gestiegen. Eine Vielzahl traditioneller «Frauenberufe» wurde jetzt *noch* mehr von Frauen dominiert, etwa im Verkaufsbereich, bei den Reinigungsdiensten, der Speisenzubereitung sowie im Büro, in der Verwaltung und an der Rezeption. Der Anteil weiblicher Buchhalterinnen zum Beispiel stieg von 1979 bis 1986 von 88 auf 93 %. Vor allem schwarze Frauen wurden in traditionelle Frauenberufe wie Krankenschwester, Lehrerin, Sekretärin und Sozialarbeiterin abgedrängt. Und auch bei Amerikas größtem Arbeitgeber, der Regierung, sah es nicht anders aus. Zwischen 1976 und 1986 stieg der Anteil der weiblichen Beschäftigten auf den untersten Rängen des Staatsdiensts von 67 auf 71 %. (Gleichzeitig hatte sich der Anteil von Frauen in leitenden Positionen seit 1979 nicht mehr erhöht – es waren immer noch dürftige 8 %. Und die Rate der Frauen in Spitzenpositionen war so weit gesunken, daß Anfang der 8oer Jahre weniger als 1 % der Beschäftigten in den höchsten Besoldungsstufen Frauen waren.)

In den wenigen Fällen, wo berufstätige Frauen wirklich in männliche Enklaven vorstießen, erlaubte man ihnen das auch nur, weil ein Mangel herrschte. Wie eine von der Soziologin Barbara Reskin verfaßte Studie über Integration am Arbeitsplatz ergab, hatten Frauen in der Handvoll Bereiche, wo Frauen am erfolgreichsten in «Männerjobs» vorgedrungen waren – das reichte vom Schriftsetzen über die Schadensfestsetzung im Versicherungswesen bis zur Pharmazie –, nur deshalb Erfolg gehabt, weil Bezahlung und Status dieser Jobs drastisch gesunken waren und die Männer ausstiegen. Die Computerisierung zum Beispiel hatte männliche Schriftsetzer zu Schreibkräften degradiert; die Drugstore-Ketten hatten unabhängige Apotheker in schlechtbezahlte Verkäufer verwandelt. Andere Studien über den «Fortschritt» der Frauen im Bankmanagement ergaben, daß Frauen größtenteils jene Zweigstellenleiter-Jobs bekamen, die Männer nicht mehr wollten, weil sich Bezahlung, Macht und Status dramatisch verringert hatten. Und eine weitere Analyse von Umschichtungen im Beschäftigungsbereich ergab, daß ein Drittel des Frauenzuwachses im Transportwesen und die Hälfte des Frauenzuwachses im Finanzbereich nur durch den Statusverlust dieser beiden Berufsgruppen bedingt war. In vielen der höherbezahlten Bürojobs, wo besonders viel vom Erfolg der Frauen die Rede war, gab es gegen Ende der Dekade fast oder überhaupt keinen Fortschritt mehr. Der Frauenanteil in einigen der höherrangigen und Spitzenbereiche ging in der zweiten Hälfte der 8oer sogar leicht zurück. Die Wahrscheinlichkeit, daß Berufssportler, Drehbuchautoren, Off-Kommentatoren in der TV-Reklame, Regisseure und Orchestermusiker, Ökonomen, Geologen, Biologen und Biowissenschaftler weiblich waren, war Ende der 8oer sogar etwas *geringer* als im Lauf der Dekade.

Die atemberaubenden Berichte darüber, daß «Karrieristinnen» in hellen Scharen in juristische, medizinische und andere Eliteberufe drängten, waren aufgebauscht. Zwischen 1972 und 1988 nahm der Frauenanteil in solchen Berufen nur um 5% zu. Tatsächlich waren 1988 sogar nur 2% mehr Frauen in derlei spezialisierten Berufen tätig als fünfzehn Jahre zuvor – und dieser Zuwachs war größtenteils Anfang der 8oer erfolgt und dann fast nicht mehr.

Kaum Fortschritte gab es auch in den oberen Rängen der Unternehmen. Verschiedenen Studien zufolge begann die ohnehin winzige Zahl der Frauen in Spitzenpositionen – von der Werbung bis zum Einzelhandel – gegen Ende der Dekade sogar noch zu sinken. Die Zuwachsrate von Frauen, die in die Aufsichtsräte der tausend größten amerikanischen Firmen berufen wurden, nahm Ende der 8oer wieder ab, obwohl der Frauenanteil der Führungskräfte sowieso nur 6,8% erreicht hatte. Selbst die vielen Berichte über die wachsende Zahl weiblicher «Unternehmerinnen», die ihre eigenen Firmen gründeten, verschleierten die ernüchternde Realität: Die Mehrzahl der von weißen Unternehmerinnen geleiteten Firmen hatten Jahresumsätze von unter 5000 $.

Unter Reagan geriet der Fortschritt der Frauen beim Militär rasch unter Beschuß. Mitte der 70er, nachdem Einstellungsbeschränkungen für Rekrutinnen aufgehoben worden waren und die Kampfeinsatzbestimmungen überarbeitet wurden, um Frauen mehr Jobs zu eröffnen, war die Zahl der Frauen beim Militär gestiegen. Aber kurz nach Reagans Wahl erklärte der Generalstabschef: «Ich habe, was die weitere Zunahme der Zahl der Frauen beim Militär betrifft, eine Pause verordnet» – und 1982 waren bereits die Kampfeinsatzbestimmungen revidiert worden, um Frauen von weiteren dreiundzwanzig Karriereposten auszuschließen. Alle Bereiche begannen weniger Personal einzustellen, und somit sank während der 80er der Zuwachs an weiblichen Beschäftigten beim Militär.

Auch beim Handwerk sah es nicht besser aus. Wie eine Studie des Labor Department in aller Stille bekanntgab, war die Zahl der Frauen, die in den besser bezahlten Handwerksberufen Fuß fassen konnten, seit 1983 *nicht* gestiegen. 1988 sank der winzige Anteil der Frauen, die es geschafft hatten, und zwar bei einer langen Reihe von Berufssparten – von den Elektrikerinnen über die Installateurinnen bis hin zu den Automechanikerinnen und Maschinistinnen. Die ohnehin verschwindend kleine Anzahl von Tischlerinnen zum Beispiel sank zwischen 1979 und 1986 um die Hälfte, auf 0,5%. Weiter oben, bei der Bauleitung, sank der Frauenanteil zwischen 1983 und 1988 von 7 auf 5,4%.

Wo Frauen in Handwerksberufen besser Fuß faßten, waren die Zunahmen trotzdem ziemlich gering. Der Anteil von Frauen in der Bauindustrie stieg zum Beispiel zwischen 1978 und 1988 von 1,1 auf 1,4%. Die größten Fortschritte machten Frauen als Fahrerinnen – ihre Zahl stieg zwischen 1972 und 1985 auf mehr als das Doppelte – aber das lag nur daran, daß sie als Schulbusfahrerinnen eingesetzt wurden, meist ein Teilzeitjob, der von allen Transportberufen die schlechtesten Löhne und Sozialleistungen hatte.

Die Trendstory, die wir alle über gleiche Beschäftigungschancen lasen: BERUFLICHE BENACHTEILIGUNG GEHT RASCH ZURÜCK.

Frauen würden jetzt in allen Unternehmen gern gesehen, hieß es. «Praktisch alle wichtigen Arbeitgeber sind jetzt auf der Seite der Frauen», versicherte *Working Women* 1986 seinen Leserinnen. Die Benachteiligung gehe zurück, berufstätige Frauen würden immer besser behandelt – und alle gegenteiligen Berichte seien schlicht «eigennützige Propaganda bestimmter Parteien», wie *Forbes* 1989 behauptete – in einem Artikel über den «Rückgang» der sexuellen Belästigung am Arbeitsplatz.

Eigentlich hätte die Trendstory jedoch lauten müssen: UNGERECHTIGKEIT UND EINSCHÜCHTERUNG: JETZT MEHR DENN JE!

Berichte über sexistische Diskriminierung und sexuelle Belästigung erreichten in der Dekade ein Rekordhoch – sowohl bei privaten wie öffentlichen Arbeitgebern. Die bei der Equal Employment Opportunity Commission eingegangenen Beschwerden von Frauen stiegen in den Reagan-Jahren um fast 25 % – und im öffentlichen Dienst allein in der ersten Hälfte der 80er auf 40 %. Klagen über Ausschließung, Degradierungen und Entlassungen aufgrund der Geschlechtszugehörigkeit stiegen um 30 %. Allgemeine Belästigungen von Frauen, sexuelle Belästigung nicht mitgerechnet, stiegen um über 200 %. Und während die Public-Relations-Abteilung der EEOC Statements herausgab, in denen behauptet wurde, die sexuelle Belästigung in amerikanischen Firmen gehe zurück, zeigten ihre eigenen Daten, daß die Zahl der jährlichen Klagen gegen sexuelle Belästigung zwischen 1981 und 1989 um 70 % gestiegen war.

Während eines Großteils der 80er Jahre trafen Entlassungen und Lohnkürzungen Frauen mit höherer Wahrscheinlichkeit als Männer – und Klagen gegen dieses Ungleichgewicht hatten bei Gericht kaum Erfolg. Entgegen den Presseberichten forderten die Massenentlassungen der 80er einen höheren Tribut von Frauen im Dienstleistungsgewerbe als von männlichen Fabrikarbeitern – auf den Dienstleistungssektor entfielen fast die Hälfte der Entlassungen dieser Dekade, fast 10 Prozentpunkte mehr als in der Industrie. Und selbst in den Fabriken verloren Frauen häufiger ihren Arbeitsplatz als Männer. Auch beim staatlichen «Personalabbau» Anfang der 80er wurden Frauen mit höher bezahlten Jobs im öffentlichen Dienst (G. S. 12 und darüber) doppelt so häufig entlassen wie der Durchschnitt. Auch wurden in den 80ern weit mehr Frauen als Männer zu Teilzeitarbeit und ins größer werdende

Heer der Teilzeitsekretärinnen gedrängt, wo Frauen im Vergleich zum männlichen Dollar gerade noch 52 Cent verdienten und wenig oder gar keine Sozialleistungen bekamen. Selbst unter entlassenen Arbeitern, die sich wieder eine Stelle ergatterten, hatten es Frauen schwerer. Frauen im Dienstleistungsgewerbe, die wieder eingestellt wurden, mußten sich Lohnkürzungen von 16% gefallen lassen, fast doppelt so hoch wie bei ihren männlichen Pendants.

Wenn in den 80ern weniger über Diskriminierung am Arbeitsplatz zu hören war, dann lag dies teils daran, daß die Regierung ihren Gleichstellungsbeauftragten einen Maulkorb anlegte oder sie einfach entließ. Zur gleichen Zeit, als die Diskriminierungsakten der EEOC überquollen, strich die Reagan-Administration das Budget der Behörde auf die Hälfte zusammen und stellte die Bearbeitung der Fälle ein. Im Jahr von Reagans Amtsantritt hatte die EEOC fünfundzwanzig Gemeinschaftsklagen, ein Jahr später keine mehr. Die Behörde reduzierte die von ihr geführten Prozesse um über 300%. Ein Bericht des House Education and Labor Committee ergab, daß die Zahl der Diskriminierungsopfer, die Entschädigung erhielten, in der ersten Hälfte der 80er um zwei Drittel sank. 1987 ergab eine Studie des General Accounting Office, daß die EEOC-Distriktbehörden und die Gleichstellungsbehörden der Bundesstaaten 40 bis 80% ihrer Fälle abschlossen, ohne gründlich oder überhaupt zu ermitteln.

Ähnlich lief es in den anderen staatlichen Behörden, die die Gleichbehandlung von Frauen und Minderheiten durchsetzen sollten. Zum Beispiel fielen beim Office of Federal Contract Compliance die Lohnnachzahlungssummen von 9,3 Millionen $ im Jahr 1980 auf 600 000 $ im Jahr 1983; die Zahl der Firmen, die wegen Diskriminierung keine Regierungsaufträge mehr bekamen, fiel von fünf im Jahr vor Reagans Amtsantritt auf null im Jahr danach. In einer 1982 durchgeführten Studie gaben sogar alle befragten OFCC-Beschäftigten an, es habe keine einzige Firma gegeben, die die Bedingungen *nicht* erfüllt hätte. Dies lag aber nicht daran, daß sich die amerikanischen Firmen plötzlich gebessert hätten: Die Mehrzahl der im Rahmen derselben Studie befragten Unternehmen erklärten, die Behörde übe keinerlei Druck auf sie aus, die Gleichstellungsforderungen zu erfüllen.

Eine umfassende Untersuchung weiblicher Berufsmuster in den 80ern würde den Rahmen dieses Buchs sprengen. Aber es kann immerhin über einige Frauen in repräsentativen Beschäftigungszweigen berichtet werden – vom Medien- über den Verkaufsbereich bis zu Handwerk und Industrie. Es geht um Frauen, die dem Gegenschlag im Berufsleben auf die eine oder andere Weise Kontra boten und dabei gegen die von Arbeitgebern, männlichen Kollegen, Richtern, Regierungsbeamten und sogar «feministischen» Wissenschaftlerinnen und Wissenschaftlern errichteten Barrieren rannten. Sie wurden verhöhnt, geächtet, bedroht und sogar physisch attackiert – nur weil sie versuchten, sich ihren Lebensunterhalt zu verdienen.

Frauen in den Medien

Die Beschäftigung von Frauen bei Presse, Funk und Fernsehen verdient besondere Beachtung, weil die Medien bei der Verbreitung der Gegenschlagsmythen eine zentrale Rolle spielen. Wiesen Management und Belegschaft von Zeitungen, Zeitschriften und Fernsehstationen auch nur annähernd den gleichen Frauenanteil wie die Gesamtbevölkerung – oder wie ihr Publikum – auf, dann hätten sie vielleicht trotzdem genauso über all die Gegenschlagstrends der 80er berichtet. Aber vielleicht hätten sie auch eine ganz andere Geschichte erzählt.

Im Winter 1988 versammelten sich einige prominente Medienvertreterinnen und -vertreter auf einem Podium der University of Southern California im Rahmen einer dreitägigen Konferenz mit dem Titel: «Frauen, Männer und die Medien, Durchbrüche und Gegenschlag.» Aber während die Stunden vergingen und die Rednerinnen und Redner ihre Berichte vortrugen, wurde es immer schwieriger, durch den Gegenschlag hindurch noch irgendwelche Durchbrüche zu entdecken.

Ein Jahr zuvor waren vier Medienvertreterinnen in Top-Positionen in die Diskussionsrunde aufgenommen worden, als «Frauen, die den Durchbruch geschafft haben»; doch als die Konferenz stattfand, hatten drei von ihnen ihren hohen Posten verloren. Andere Diskussionsteilnehmerinnen zeigten sich davon keineswegs überrascht. «Die Frauen sitzen nicht fest im Sattel, und es gibt sehr viele Rückschläge», sagte die Nachrichtensprecherin Marcia Brandwynne. Jennifer Siebens, eine

CBS-Sprecherin, bezeichnete die Situation auf ihrem Gebiet als «äußerst trostlos» und warnte junge Frauen im Publikum: «Falls Sie davon träumen sollten, eine richtige TV-Reporterin zu werden, bei einem der großen Sender, oder, noch schwieriger, bei einem Lokalsender, vergessen Sie's.» Die frühere ABC-Vizepräsidentin Marlene Sanders, 1964 die erste Frau, die eine Nachrichtensendung im Fernsehen moderierte, sagte, bei der ABC würden die Frauen immer noch über die selben Probleme klagen, «für die wir schon vor zehn Jahren eine Lösung gesucht hatten».

Was aus dem Publikum kam, war genauso entmutigend: Eine ehemalige TV-Nachrichten-Produzentin erzählte, was passierte, als ihr Sender Rationalisierungsmaßnahmen durchführte – alle weiblichen Beschäftigten wurden gefeuert. Die Nachrichten-Kamerafrau Catherine Cummings berichtete: «Wir haben jetzt weniger Chancen... Es ist schlimmer als vor fünfzehn Jahren, als ich anfing. Es ist wirklich schlimmer geworden.» Eine Journalismus-Studentin stand auf und sagte, daß es selbst hier an der USC beim *Daily Trojan* immer weniger Frauen gebe und jetzt nur noch zwei der sechzehn Redakteure Frauen seien. Selbst im Auditorium konnte man diesen Prozeß beobachten: Die Tagung wurde von einem rein männlichen Kamerateam gefilmt.

In einer anderen Ära hätten derlei Beschwerden berufstätiger Frauen womöglich Empörung und den Ruf nach Aktionen bewirkt. Aber einige Diskussionsteilnehmerinnen rieten ganz in dem resignierten, «weiblich»-schicklicheren Stil, der für den Gegenschlag oft so typisch ist, von Gerichtsprozessen und Konfrontation ab, und die Tagungsleitung gelobte nur, ein Kontrollkomitee zu gründen, das die Entwicklung «beobachten» und sich einmal pro Jahr treffen werde. Und als es Zeit für Schuldzuweisungen wurde, wandten sich einige der Rednerinnen einfach gegen die Frauen oder die Frauenbewegung. Linda Alvarez, die bei der KNBC in Burbank wochentags eine Nachrichtensendung mitmoderierte, sagte, bei ihrem Sender hätten Frauen große Chancen, und das einzige Hindernis für Frauen beim Fernsehen sei ihre «innere Einstellung» – manche Frauen strengten sich eben einfach nicht genug an. (Alvarez erwähnte nicht den Diskriminierungsprozeß, der gegen ihren Sender lief und bei dem der Station vorgeworfen wurde, wiederholt junge Männer ohne Berufserfahrung in das rein männliche Kamerateam geholt zu haben, während die einzige weibliche Tontechnikerin, eine Veteranin, die als sehr tüchtig galt, übergangen wurde. Die Diskussionsteilnehmerin Anne Taylor Fleming, damals Kolumnistin bei der *New York Times*, übte keinerlei Kritik an den matten Gleichstellungsbemühungen ihres Arbeitgebers. Aber dem *Feminismus* die Schuld an den Problemen berufstätiger Frauen zu geben machte ihr Spaß. Die Frauenbewegung dränge das weibliche Geschlecht aufs Abstellgleis, behauptete sie, indem sie sich ausschließlich darauf konzentriere, Frauen mehr Zugang zum öffentlichen Leben und mehr Einfluß zu verschaffen. «Allein schon das Wort Machtzuwachs», sagte sie in einem Ton affektierten Widerwillens. «Ich empfinde das immer nur als *männliches* Wort.» Der weibliche Teil in ihr, sagte sie, «schaudere» davor zurück. Ihr Beitrag erhielt herzlichen Applaus.

Anfang der 70er wurden die dank der intensiven Bemühungen der NOW erlassenen Gesetze durch den Equal Employment Opportunity Act gekrönt. Dieses Gesetz eröffnete zum ersten Mal einer größeren Anzahl von Frauen Zugang zum Fernsehen und den Printmedien. Als Folge davon traten einige Frauen, die zu den prominentesten Nachrichten-Moderatorinnen ihrer Generation werden sollten, etwa gleichzeitig ihren Job im Fernsehen an.

Zur «72er Gruppe», wie sie später genannt wurde, gehörten so bekannte Namen wie Jane Pauley, früher bei der «Today»-Show der NBC, Lesley Stahl, die frühere CBS-Korrespondentin im Weißen Haus, und Judy Woodruff, die «MacNeil/Lehrer-Newshour»-Korrespondentin. Unter der Regierung Carter stieg die Zahl der Frauen bei Fernsehen und Printmedien weiter an, wegen der strikten Durchsetzung von Gleichstellungsmaßnahmen durch das FCC und der vielen von Journalistinnen angestrengten Prozesse. Diese Entwicklung führte zu einer Reihe von Erlassen, die die Medienbosse zwangen, Frauen einzustellen und zu fördern und ihre Löhne anzugleichen.

Reagans neuer FCC-Beauftragter, Mark Fowler, versuchte jedoch, wie so viele Amtsinhaber unter Reagan, die Bestimmungen seiner eigenen Behörde abzuschaffen. Während seiner Amtsdauer sammelte das FCC erheblich weniger Informationen über berufstätige Frauen und Angehörige von Minderheiten und machte es praktisch unmöglich, bei

Gemeinschaftsklagen Diskriminierungen nachzuweisen. Und die Informationen, die der FCC noch zugänglich machte, waren oft irreführend und geradezu grotesk. «Unter den achtzig Prozent Arbeitnehmern kann es nicht nur Entscheidungsträger geben», hieß es in einer Fünfjahresstudie über die Einstellungspraxis des Fernsehens sarkastisch zu einem besonders absurden Fall von Statistikfälschung.

Nachdem die Regierung keinen Druck mehr ausübte, begann der kleine Fortschritt, den die Frauen bei den Networks erreicht hatten, wieder zu schwinden. Auch zuvor hatte es bei den Networks nur zwei Abend-Moderatorinnen gegeben, Marlene Sanders und Barbara Walters; Ende der 8oer gab es keine mehr. Das CBS ekelte Sanders, eine ausgezeichnete, langjährige Nachrichtenmoderatorin, hinaus, indem man ihr eine Spätabendsendung «zuwies», die normalerweise jungen, unerfahrenen Reportern vorbehalten war. Die Moderatorin der «Mac-Neil/Lehrer Newshour», Charlayne Hunter-Gault, eine der ersten farbigen Nachrichtenmoderatorinnen, wurde klammheimlich zur untergeordneten Mitmoderatorin einer anderen Sendung degradiert. Die «60-minutes»-Korrespondentin Meredith Vieira wurde gefeuert, weil sie schwanger war und vorübergehend Teilzeitarbeit machen wollte. 1990 verdrängte sogar eines der liebsten Schreckgespenster des Gegenschlags – die biologische Uhr – ein weiteres Gesicht vom Bildschirm. Connie Chung vom CBS kündigte an, sie werde ihre Moderatorenpflichten drastisch einschränken – und eine Gehaltskürzung von 800 000 $ hinnehmen –, weil sie jetzt «um alles in der Welt» schwanger werden wolle.

Die Networks versetzten eine Reihe «alternder» Moderatorinnen in den Ruhestand, um sie durch entweder viel ältere Männer oder viel jüngere – und viel schlechter bezahlte – Frauen zu ersetzen. 1989 wurde die populäre Jane Pauley, Komoderatorin der «Today»-Show, im reifen Alter von neununddreißig Jahren aus der Sendung geekelt – im Rahmen einer sehr öffentlichen und demütigenden Kampagne – und durch die jüngere, blondere Deborah Norville ersetzt (die später ihrerseits von einem jungen Model, Katie Couric, abgelöst wurde, zur Hälfte ihres Gehalts). Diese Entscheidung wurde nicht im Hinblick auf das Publikum getroffen: Pauleys Einschaltquoten lagen viel höher als die ihres männlichen Komoderators Bryant Gumbel, und nach ihrer Vertreibung sausten die morgendlichen Einschaltquoten der Sendung in den Keller, sogar noch unter die der Zeichentrickfilme. Beim CBS mußte Kathleen Sullivan, Moderatorin der Morgennachrichten, der jüngeren, blonderen Paula Zahn Platz machen, die die männlichen Bosse des Senders für eine schicklichere, tüchtigere Vertreterin wahrer Weiblichkeit hielten als die geschiedene Sullivan. «Paula ist verheiratet und hat ein Kind; Kathleen ist alleinstehend», erklärte CBS-Executive Producer Eric Sorenson gegenüber der Presse. «Man spürt den Unterschied, wie geborgen sich ein Mensch fühlt.» (Ironischerweise war es Sullivan gewesen, die einige Jahre zuvor so forsch die gönnerhafte Serie des Senders über die seelischen Probleme alleinstehender Frauen moderiert hatte.)

Bei lokalen Nachrichtensendern traf man sogar noch häufiger auf dieses Muster. «Die meisten männlich-weiblichen Moderatoren-Teams bei den Lokalsendern», bemerkte Marlene Sanders, «ähneln den zweiten Ehen der meisten Männer.» Bei der spektakulärsten Entlassung einer Nachrichtenmoderatorin wurde Christine Craft vom KMBC-TV der Metromedia in Kansas zur Reporterin degradiert, weil sie «zu alt und zu unattraktiv war und Männern nicht genügend Respekt entgegenbrachte». Als bei einem späteren Prozeß eine Jury zu ihren Gunsten entschied, ging der Richter einfach über das Verdikt der Geschworenen hinweg und stauchte Craft zusammen, weil ihr ihr «Aussehen anscheinend völlig gleichgültig» sei.

1983 ging die Zahl der Nachrichtenmoderatorinnen bei den kommerziellen Sendern landesweit zurück, wie eine nationale Erhebung der Radio-Television News Directors Association berichtete. 1989 waren unter den hundert am häufigsten zu sehenden Korrespondenten nur acht Frauen – ein Jahr zuvor waren es noch fünfzehn gewesen. Und die Probleme der Nachrichtenmoderatorinnen wiederholten sich in allen anderen TV-Jobs: Die Zahl der Sportmoderatorinnen zum Beispiel sank zwischen 1977 und 1987 von 2% auf 0,4%. Und auch in den Spitzenpositionen der Networks stagnierte oder schrumpfte die ohnehin schon geringe Zahl einflußreicher Frauen. 1987 ergab eine Umfrage, daß unter den Direktoren der Nachrichtenabteilungen nur etwa 6% Frauen waren – kaum ein Unterschied zu 1978. Beim CBS war die Zahl der Direktorinnen von vier auf eins zurückgegangen; bei NBC von eins auf null.

Inzwischen waren Mitte der 80er bei den großen Zeitungen die gerichtlich festgelegten Vergleiche abgelaufen – und damit erlosch auch ihr Engagement für die Gleichberechtigung. Wie eine Umfrage der Ohio State University ergab, stagnierten nach 1982 Fortschritte bei den Bedingungen für weibliche und männliche Beschäftigte in den Nachrichtenredaktionen. Bei der *Washington Post*, so ergab eine Studie des Journalistenverbands, vergrößerte sich das Lohngefälle nach 1985 – dem letzten Jahr, wo der Vergleich in Kraft war, den die *Post* bei einem Diskriminierungsprozeß geschlossen hatte. Wie die Statistiken der Newspaper Guild zeigen, verdienten 1987 weiße Frauen bei der *Post* wöchentlich im Durchschnitt 204 $ weniger als Männer, und für farbige Reporterinnen hatte sich das Gefälle binnen fünf Jahren verdoppelt. Während der *New-York-Times*-Vergleich in Kraft war, hatte sich das Lohngefälle langsam verringert – kaum war er ausgelaufen, vergrößerte es sich rasch wieder. Auch was den Frauenanteil betraf, hatte sich 1989 in der Nachrichtenredaktion der *New York Times* nicht viel getan. Es gab insgesamt vierundfünfzig Reporterinnen, Kritikerinnen und Korrespondentinnen, nur vierzehn mehr als 1972. Die Sportredaktion der *New York Times* hatte 1972 keine Reporterinnen gehabt; 1989 gab es eine einzige.

Nach 1982 sahen die Zeitungsverlage auch keinen Anlaß mehr, Frauen in Spitzenpositionen zu befördern. Nachdem die jährliche Zuwachsrate an Chefredakteurinnen 1982 einen «Gipfel» von zwei Prozent erreicht hatte, fiel sie bis 1982 auf 0,5 % und erhöhte sich während der restlichen Dekade nur noch geringfügig. Fast 90 % der Chefredakteursposten waren von Männern besetzt. Laut einer für die American Society of Newspaper Editors durchgeführten nationalen Umfrage gab es Ende der 80er Jahre bei 76 % aller Tageszeitungen in höheren Posten wie dem des Mitherausgebers, Chefs vom Dienst, Chefredakteurs und Redakteurs keine einzige Frau. Trotz dieses jämmerlichen Befunds verkündete 1988 bei einer ASNE-Diskussion über den Status der Frau der Chefredakteur der *Washington Post*, Ben Bradlee, vom Podium, die Präsenz der Frauen im Medien-Management habe sich «in den letzten zehn Jahren radikal verändert».

Am Angebot lag es nicht. Noch nie hatten sich so viele Frauen nach Medienjobs gedrängt. Die Zahl der Journalismus-Studentinnen schnellte nach oben, und während der gesamten Dekade waren zwei Drittel aller Journalismus-Studenten Frauen. Eine ASNE-Umfrage von

1989 ergab, daß diese Journalistinnen sogar bessere Noten hatten und ehrgeiziger waren als ihre männlichen Kollegen. Und doch blieben die Nachrichtenredaktionen zu 65% mit Männern besetzt und wurden auch weiterhin mehr Männer als Frauen eingestellt. Bei großen Tageszeitungen machten Frauen weniger als ein Drittel der Belegschaft aus. Nur bei kleinen Provinzblättern, die unterdurchschnittliche Gehälter zahlten, waren die Frauen in der Überzahl.

Erstaunlicherweise wurde genau zu der Zeit, als Journalistinnen an allen Fronten immer mehr ins Hintertreffen gerieten, in Nachrichtenredaktionen und Radiostudios die Klage laut, es gebe auf diesem Gebiet jetzt «zu viele Frauen». Die NBC-Tontechnikerin Lee Serrie erinnert sich, daß sich 1982 während der Arbeit plötzlich einer der Kameramänner bitter darüber beklagte, «wieviel Terrain die Männer in den letzten zehn Jahren verloren haben». Er selbst jedoch hatte seinen Job behalten, weil der Sender im Rahmen von Rationalisierungsmaßnahmen zuerst seine einzige Kollegin entlassen – und ihm dann die freie Stelle angeboten hatte (Serrie ihrerseits mußte prozessieren, damit der Sender auch nur erwog, sie probehalber einzustellen). Vielleicht wurden die Ängste vor einer «Feminisierung» des Berufs auch dadurch verstärkt, daß Personalchefs, wenn männliche Bewerber abgelehnt wurden, meist die Quotenregelung als Allzweckalibi benutzten. «Ich habe Ablehnungsbescheide gesehen, in denen es hieß: ‹Tut uns leid, aber wir mußten einen Schwarzen oder eine Frau einstellen›, auch wenn der Bursche einfach nur unfähig war», sagte ein Redakteur, der diese Praxis bei der *New York Times* hautnah miterlebte.

Das eigentliche Problem der Medienmänner war nicht, daß es «zu viele Frauen», sondern daß es immer weniger freie Stellen gab. Fusionen, sinkende Werbeeinnahmen, sinkende Auflagen, die Einstellung der Nachmittagsausgaben und eine sinkende Nachfrage nach TV-Nachrichten – all diese Faktoren bewirkten beim Zeitungsjournalismus einen Beschäftigungsrückgang und beim Fernsehen die Massenentlassungen der 80er – von der, trotz der Klage der Männer, Frauen schlimmer betroffen waren.

In den 80ern war das Klima der Nachrichtenredaktionen vom Gegenschlag und einem sinkenden Wirtschaftswachstum beeinflußt; in diesem Klima entfernten sich die Journalistinnen immer mehr von den aggressiveren Strategien, mit denen die Frauengeneration vor ihnen um ihre Rechte gekämpft hatte. Diese jungen Frauen hatten als warnendes Beispiel die Schicksale von Aktivistinnen vor Augen, die früher beim gleichen Arbeitgeber angestellt gewesen waren. Die NBC entließ zwei Produzentinnen, die in einem Diskriminierungsprozeß gegen den Sender eine Schlüsselrolle gespielt hatten, und ersetzte sie durch junge männliche Weiße ohne Berufserfahrung – bei gleichem Gehalt. Bei der *New York Times* mußten alle namentlich bekannten Klägerinnen im Diskriminierungsprozeß schwere Karriererückschläge hinnehmen und meist sogar die Zeitung verlassen. Diese Geschichten animierten nicht gerade zur Nachahmung. «Offenbar umweht uns ein gewisser Korditgeruch, der die jüngeren Frauen abschreckt», meinte Betsy Wade, die im *New-York-Times*-Prozeß eine zentrale Rolle spielte und dann zur Spätschicht abgeschoben wurde.

Es kann nicht überraschen, daß die Frauen immer mehr zögerten, wie in den 70ern gemeinsam gegen Diskriminierung zu kämpfen. Bei einem Treffen der Journalists' Trade Group of the National Writers Union im Jahr 1986 blickte eine Journalistin darauf zurück, wie die Fortschritte der Medienfrauen ausgehöhlt worden waren, und schlug vor, ein Frauenkomitee zu gründen. Später schrieb sie: «Die Reaktion der Gruppe war aufschlußreich, wenn auch deprimierend vorhersehbar. Alle Frauen, die nach mir das Wort ergriffen, stimmten meiner Einschätzung der Situation zu, und jede kannte selbst einen Fall sexistischer Behandlung. Gleichzeitig jedoch betonten alle, sie seien keine Feministinnen und nicht an der Gründung einer Frauenversammlung interessiert.»

Zwei Versuche von Frauen, sich in den 80ern bei der NBC und ABC zu organisieren, wurden angesichts des Widerstands der Intendanz schnell wieder aufgegeben. Bei der NBC organisierten die Frauen einen Schlichtungsausschuß und begannen, über rechtliche Schritte nachzudenken. Bald darauf, im September 1984, gab der Sender neue Rationalisierungsmaßnahmen bekannt, die die Frauen am härtesten trafen; als zum Beispiel die Beschäftigten der NBC-Dokumentarabteilung blaue Briefe erhielten, waren neun von zehn Entlassenen Frauen. Rasch distanzierte sich daraufhin der Schlichtungsausschuß von allen Prozeßabsichten und begann, seine Zusammenkünfte als bloße «Gruppe zur gegenseitigen Unterstützung» zu deklarieren. Nach einer Weile wurde so klar, daß die Gruppe kapituliert hatte, daß selbst die Mitglieder düster über ihr «Damen-Kränzchen» spotteten.

Mitte der 8oer war die ABC berüchtigt dafür, daß sie kaum Frauen beschäftigte; sie hatte unter allen Sendern die niedrigsten Einstellungs- und Beförderungsquoten; 1986 gab es bei der ABC keine Produktionsleiterinnen und nur eine einzige Abteilungsleiterin. In jenem Jahr waren nur 12% der Abendnachrichten von Frauen gesprochen worden. Außerdem konnte sich der Sender eines 30%igen Lohngefälles rühmen sowie einiger ungeheuerlicher Fälle sexueller Belästigung.

1983 trat Rita Flynn, eine CBS-Journalistin mit zehnjähriger Berufserfahrung, im Washingtoner ABC-Studio ihre Stelle an. Doch ihr neuer Arbeitgeber, so erinnert sie sich, habe sie und ihre Kolleginnen wie Anfängerinnen behandelt und ihnen kaum interessante Aufträge und Sendezeit zugestanden. Nach einer Weile fühlte sie sich, als sei sie in ein «Zeitloch» gestolpert. Sie sagt, das sei «alles noch einmal wie 1969» gewesen.

Schließlich trafen sich die Frauen des Studios eines Abends zum Essen, um über das Problem zu sprechen. «Da ja keine von uns in der Hauptsendezeit kam, war es kein Problem, sich zu treffen», bemerkt Flynn sarkastisch. Als die Frauen ihre Geschichten verglichen, wurde ihnen klar, daß es für einen Diskriminierungsprozeß reichte. Sie begannen, Statistiken über Löhne und Beschäftigungsbedingungen der Frauen beim Fernsehen zu sammeln. Flynn traf sich mit einer Anwältin für Arbeitsrecht.

Zehn Jahre früher wäre die Intendanz angesichts solcher Vorbereitungen sofort mit einem Schlichtungsvorschlag gekommen, um einen rufschädigenden und peinlichen Prozeß zu vermeiden. Aber im gegenwärtigen Klima neigten die Vorgesetzten eher dazu, sich auf die Hinterbeine zu stellen. Es dauerte monatelang, bis den Frauen auch nur ein kurzes Hearing mit dem ABC-Nachrichtenchef Roone Arledge gewährt wurde. Sie teilten ihm mit, um wie viele Frauen und welche Beschwerden es sich handelte; die Vorgesetzten meldeten Zweifel an, und dann war die Sitzung vorbei. Die ABC-Intendanz machte nur ein einziges Zugeständnis: daß eine Frau, die dem Sender gegenüber loyal eingestellt war, Direktorin der Public-Relations-Abteilung wurde. Als Cheerleader des Senders in diesem traditionell mit Frauen besetzten Job diente sie nicht der Sache der Frauen, sondern der Sache des Senders, indem sie die Art, wie mit den Frauen umgesprungen wurde, vor der Presse verteidigte.

Auch in einem anderen Bereich der ABC gab es entmutigende Vorkommnisse, und was Cecily Coleman dort erlebte, wurde für viele andere zur bitteren Lehre. Die Vorsitzende des Advisory Committee on Voter Education der ABC hatte gegen James Abernathy, den Direktor für interne Angelegenheiten, eine vertrauliche Beschwerde wegen sexueller Belästigung eingereicht. Coleman gab an, verschiedentlich belästigt worden zu sein – er habe sie in seinem Büro begrapscht, habe auch auf Geschäftsreisen versucht, in ihr Hotelzimmer einzudringen, und habe angedeutet, wenn sie nicht willfährig sei, werde sie ihren Job verlieren. Statt jedoch ihren Beschwerden nachzugehen, entließ der Sender sie prompt – während sie sich auf Geschäftsreisen befand – und durchwühlte ihr Büro.

Wie eine Frau vom Komitee später sagte, hätten sich die Mitglieder des Komitees nach Cecily Colemans Entlassung «schnell zurückgezogen». «Es war, als hätte jemand eine Schlange in einen Pferdestall geworfen, und alle machten einen Satz.» Bald hatte das Komitee nur noch sechs Mitglieder und ließ seine Forderungen fallen. Nun nannte die Sprecherin die Beschwerden des Komitees «eher Herausforderungen als Probleme».

Rita Flynn, eine der Komiteefrauen, die am deutlichsten ihre Meinung sagten, merkte plötzlich, daß ihre Karriere ins Stocken geriet. Zuerst wurde sie aufs Wochenende abgeschoben – wobei es sich angeblich um eine «Beförderung» handelte. Dann wurde sie vom Weißen Haus zur «Paradestraße» versetzt. Bald wurde sie nicht mehr zu den gesellschaftlichen Veranstaltungen der Dienststelle eingeladen und von ängstlichen Kolleginnen gemieden. Weil sie mit Rechtsanwälten und der Presse gesprochen hatte, «war ich als böses Mädchen verschrien».

Nach einer Weile war sie zermürbt. Als Flynns Mann bei einer Zeitung in Portland, Oregon, eine Stelle angeboten bekam, verließ sie die ABC, voller Zuversicht, daß sie im aufgeklärteren Westen einen neuen Job finden werde. In Oregon angekommen, mußte sie aber entdecken, daß ihr ihr Ruf vorausgeeilt war. Der Generalmanager einer der dortigen Studios sagte ihr, er habe gehört, sie sei eine «bekannte feministische Unruhestifterin». Keine einzige TV-Station in Oregon wollte mit ihr zu tun haben. Nachdem ihr Mann sie verlassen hatte, landete sie bei

einer Bank und übernahm nebenher noch freiberuflich Public-Rela-
tions-Aufträge, um sich über Wasser zu halten.

Am Schluß konnte sie nur noch folgendes Fazit ziehen: «Ich bin
mehr denn je davon überzeugt, daß wir in einer Männerwelt leben.»

Der Sears-Prozeß

Die meisten berufstätigen Amerikanerinnen haben natürlich nicht das
Glück, in einem Mittelschichtberuf wie dem des Journalismus zu arbeiten. Mehr denn je traf das in den 8oern zu, als der eigentliche Stellenzuwachs auf den untersten Rängen des Dienstleistungssektors stattfand.
Von 1980 bis 1985 wurden in den schlechtbezahlten frauendominierten
Verkaufs- und Dienstleistungsjobs fast 7 Millionen neue Stellen geschaffen. 146000 Redakteurinnen und Reporterinnen standen am Ende
der Dekade 4,2 Millionen Verkäuferinnen gegenüber, der im Vergleich
zu allen anderen am schlechtesten bezahlten Berufsgruppe.

Die amerikanischen Verkäuferinnen sind von einem größeren
Lohngefälle als alle anderen Berufe betroffen (im letzten Jahrzehnt
zwischen 51 und 53 Cent auf einen Männerdollar), und sie verdienen
weniger als Männer in allen anderen Berufen, inklusive dem des Tage-
löhners. Die durchschnittliche Verkäuferin verdient 226 $ pro Woche;
ihr männliches Pendant 431 $. Im Einzelhandel liegt dies größtenteils
daran, daß die meisten Kaufhäuser immer noch wie die traditionelle
Familie aufgebaut sind: Die Frauen stauben in den Niedriglohn-«Damen»abteilungen die Kosmetiktheken ab und ordnen die Kleiderstän-
der, während die Männer in den «Hochpreis»-Abteilungen Fernseher
justieren und mit Durchlauferhitzern herumhantieren – und dabei
fette Provisionen absahnen. Das Resultat: Frauen, die Kleidung verkaufen (und auf diesem Gebiet besteht das Personal zu 83% aus
Frauen), verdienen durchschnittlich 170 $ pro Woche; Männer, die
Autos und Boote verkaufen (und auf diesem Gebiet besteht das Personal zu 93% aus Männern), verdienen etwa 400 $.

1973 begann die EEOC dieser Beschäftigungspraxis bei Sears, Roebuck & Company nachzugehen. Der staatlichen Behörde lagen Hunderte von Diskriminierungsklagen über das riesige Kaufhaus vor – in
Amerika der private Arbeitgeber mit den meisten weiblichen Beschäf-

tigten. Die EEOC-Ermittler hatten Beweise für gravierende geschlechtsspezifische Unterschiede bei Lohn, Arbeitsbedingungen und Aufstiegschancen entdeckt. Nach Schätzungen des EEOC verdiente der provisionsberechtigte Sears-Verkäufer im ersten Jahr durchschnittlich doppelt soviel wie die nicht provisionsberechtigte Verkäuferin, egal, wie viele Jahre sie schon für Sears gearbeitet hatte. Den Berechnungen der Behörde zufolge stellten Frauen etwa 60% *aller* Jobanwärter und mindestens 40% jener Jobanwärter, die sämtliche Bedingungen für Provisionsverkäufe erfüllten. Trotzdem waren in den fünf Jahren vor der EEOC-Untersuchung jährlich weniger als 10% der hochbezahlten Provisonsjobs an Frauen vergeben worden.

Ende der 70er hatte die EEOC mit allen übrigen von Gemeinschaftsklagen betroffenen Firmen Vergleiche in Millionenhöhe geschlossen. 1973 zahlte zum Beispiel AT&T Vergleichssummen in Höhe von 50 Millionen $ und erfüllte (nachdem es jahrelang geheißen hatte, man könne keine technisch interessierten Frauen finden) binnen einem Jahr 90% seiner Auflagen, indem auf die schnelle zehntausend Frauen eingestellt wurden, die auf Telefonmasten kletterten, in Kabeltunnel krochen und Anlagen installierten. In den nächsten zehn Jahren beeilten sich Firmengiganten von General Electric bis General Motors, mit der EEOC zu verhandeln, und rückten schließlich -zig Millionen Dollar für Entschädigungen, Lohnnachzahlungen und Schulungsprogramme heraus, um den voraussichtlich viel höheren Prozeßstrafen zu entgehen.

Der Sears-Prozeß nahm jedoch einen anderen Verlauf. Die EEOC und die Frauenrechtsorganisationen hatten gehofft, der Prozeß werde die Erfolge der Frauen nun auch auf das riesige Gebiet des Einzelhandels ausdehnen. Aber der Sears-Prozeß wurde als letzter verhandelt; die EEOC erhob erst 1979 Anklage, und als sich das innenpolitische Klima und die Washingtoner Führung änderten, schwanden die Prozeßchancen. Sears sah in einem solchen Klima keinen Anlaß zu einem Vergleich und schwor, vor Gericht gegen die Regierung zu kämpfen. 1986 siegte der Konzern – mit Hilfe eines Richters, der nicht glauben konnte, daß berufstätige Frauen jemals benachteiligt worden seien, mit Hilfe einer Frauenhistorikerin, die «bewies», daß Frauen schon immer schlechter bezahlte Jobs vorgezogen hätten, und mit Hilfe der Regierung selbst.

Sears' Verteidigung basierte größtenteils darauf, daß die typische

Verkäuferin als scheues Wesen geschildert wurde – eine schüchterne, abhängige Frau, die am liebsten zu Hause ist, sich ein Taschengeld verdient und sich nicht gern den Rock zerknittert. Wie Sears' Anwälte immer wieder euphemistisch ausführten, hätten Frauen einfach andere «Interessen» als Männer; sie seien einfach nicht an besser bezahlten, «aufreibenderen» Jobs interessiert. Diese Behauptung vor Gericht stimmte nicht ganz mit dem überein, was sich bei Sears tat, als man von der EEOC-Ermittlung erfahren hatte. Kaum war bekanntgeworden, daß das Kaufhaus Gegenstand einer EEOC-Untersuchung war, hatte das Personalbüro problemlos zahlreiche interessierte Frauen gefunden – genug, um den Anteil der provisionsberechtigten Verkäuferinnen im folgenden Jahr zu verdoppeln und die Zahl der Frauen in so «männlichen» Abteilungen wie Autozubehör, Sanitäranlagen, Heizkörper und Zäune sogar auf das Drei- bis Vierfache zu erhöhen.

Nichtsdestoweniger hielt Sears während des zehnmonatigen Gerichtsverfahrens von 1984 bis 85 an seiner Behauptung fest, Frauen hätten andere «Interessen». Ein Personalchef, der passenderweise Rex Rambo hieß, erklärte, Verkäuferinnen hätten «mehr Interesse an der Verschönerung des Heims und solchen Dingen», Frauen würden nicht gern Autoreifen verkaufen, weil es sein könnte, daß sie «bei Regen oder Schnee oder so» ins Freie müßten. Sie verkauften nicht gern Haushaltsgeräte, weil sie «nicht gern in fremde Wohnungen gehen». Der Sears-Verkäufer Ed Michaels bezeugte, daß Frauen keine Zäune verkaufen könnten: «Da muß man durch die Gärten laufen», sagte er, «und man muß Stiefel dabeihaben.» Und Ray Graham, Sears' Direktor für Chancengleichheit, lieferte nur folgenden Beweis für die Theorie, daß Frauen vor Großpreis-Jobs zurückschreckten: Als er 1965 Geschäftsführer gewesen sei, habe er einmal drei Frauen eingestellt, um Küchenherde zu verkaufen. Zwei seien nach wenigen Monaten gegangen, und die dritte habe sich in eine andere Abteilung versetzen lassen. Im Kreuzverhör räumte er ein, daß es vielleicht noch einen anderen Grund für die Unzufriedenheit der Frauen gegeben haben könnte: Die Küchenherd-Abteilung sei damals bei *beiden* Geschlechtern die unbeliebteste gewesen.

Das Einstellungsverfahren des Unternehmens kodifizierte die Vorstellung, nur die Männlichsten könnten das verkraften, was ein Sears-Zeuge das «wüste Gerangel» der Provisionsverkäufe nannte. Alle Anwärter für diese Jobs mußten einen «Härte»test machen, mit Fragen wie «Haben Sie eine tiefe Stimme?», «Waren Sie in einem Football-team?», «Sind Sie schon einmal auf die Jagd gegangen?», «Fluchen Sie oft?». Obgleich Sears vor Gericht behauptete, seit den 70ern werde den Testergebnissen kaum noch Beachtung geschenkt, wurde das Examen doch weiterhin durchgeführt – selbst dann noch, als eine interne Studie eine hohe Punktzahl beim «Härte»test mit einem schlechteren Ver-kaufstalent in Verbindung gebracht hatte.

Um zu beweisen, daß Frauen an Provisionsjobs einfach kein Inter-esse hätten, brauchte Sears einen glaubwürdigeren, unparteiischeren Experten als seine eigenen Manager. Und in Rosalind Rosenberg, einer Frauenhistorikerin am Barnard College, fand die Firma eine wichtige Zeugin. Außerdem hatte sie einen großen Bonus: Sie war Feministin. Eigentlich hätte die Wahl Rosenbergs verwundern können. Ihr 1982 erschienenes Buch *Beyond Separate Spheres: Intellectual Roots of Modern Feminism* konzentrierte sich darauf, welchen Erfolg feministi-sche Soziologinnen Anfang des 20. Jahrhunderts damit hatten, daß sie die spätviktorianische Meinung anzweifelten, Geschlechtsunter-schiede seien unanfechtbar und biologisch determiniert. Man hätte erwarten können, daß sie ähnlich argumentieren würde, wenn es im Zusammenhang mit *modernen Verkäuferinnen* um ein bestimmtes geschlechtsspezifisches Rollenverhalten ging. Aber in ihrer Aussage für Sears argumentierte die Wissenschaftlerin, die winzige Zahl von Frauen in Provisionsjobs spiegle nur «die natürliche Folge» der speziel-len «Andersartigkeit» der Frauen wider. Diese naturgegebenen Unter-schiede als Beweis für sexistische Vorurteile bei Sears zu sehen sei, so meinte sie vor Gericht, «naiv».

Laut Rosenberg war es einfach so, daß viele Verkäuferinnen Nied-riglohnjobs bevorzugten. Frauen neigten angeblich weniger zum Kon-kurrenzdenken und wollten nicht so gern ganztags, abends und am Wochenende arbeiten, weil das mit ihren Mutterpflichten kollidiere. Diese Argumente entsprachen natürlich genau denen Rex Rambos, aber Rosenberg drückte sich vornehmer aus. «Viele Frauen wählen lieber Jobs, die ihre Familienpflichten ergänzen, als Jobs, die vielleicht ihren Verdienst steigern könnten», formulierte es Rosenberg. Und: Frauen «investieren in ihre Ausbildung mit großer Wahrscheinlichkeit weniger als Männer».

Welche «Investitionen in die Ausbildung» nötig seien, um Sears-Sofas zu verkaufen, erläuterte Rosenberg nicht. Auch machte ihre Theorie, Frauen arbeiteten ungern abends und am Wochenende, keinen Sinn: Den nicht provisionsberechtigten Verkäuferinnen bei Sears bleibt gar nichts anderes übrig, als auch abends und am Wochenende zu arbeiten, und manche in Niedriglohnjobs tätigen Mütter, die sich keinen teuren Kinderhort leisten können, ziehen solche Jobs sowieso vor, weil dann die Wahrscheinlichkeit größer ist, daß die Ehemänner auf die Kinder aufpassen können. Und schließlich zog Rosenberg den Schluß, da Verkäuferinnen Teilzeitjobs vorzögen, trügen sie nicht die Hauptverantwortung für die Ernährung der Familie. Doch wie eine 1982 durchgeführte Studie ergab, waren bei Sears fast ein Drittel der Verkäuferinnen mit arbeitslosen Männern verheiratet, weitere 25 % hatten Männer, die unter 15 000 $ jährlich verdienten, und 75 % hatten Männer, deren Jahreseinkommen unter 25 000 $ lag.

Rosenberg wurde ursprünglich aus persönlichen Gründen in den Sears-Prozeß hineingezogen; sie war mit Sears' Hauptverteidiger, Charles Morgan, Jr., befreundet, dem Arbeitgeber ihres Exgatten. Als Morgan sie jedoch um eine Zeugenaussage bat, zögerte sie. «Ich hatte so ein Gefühl, bei der EEOC säßen die Guten und bei den privaten Arbeitgebern nicht», erinnert sie sich. «Ich habe ein paar andere Namen vorgeschlagen.» Außerdem erklärte sie Morgan damals, Arbeitsgeschichte sei nicht ihr Gebiet. Als jedoch die Experten für Arbeitsgeschichte, an die Sears sich wandte, ablehnten und Morgan sie erneut fragte, stimmte sie zu.

Rosenberg sagt, teils habe sie sich deshalb für das Gutachten entschlossen, weil sie erfahren habe, daß die EEOC sich auf statistisches Material stützen wolle – was ihrer Ansicht nach nicht ausreichte, um Diskriminierung nachzuweisen. Doch sei ihre Entscheidung auch von der neuen, beziehungsorientierten Frauenforschung beeinflußt worden, die von der «Andersartigkeit» der Frau spreche. Aufgrund dieser wissenschaftlichen Ideen habe sie ihre Haltung zum Feminismus neu überdacht und die Forderungen nach einer simplen Gleichberechtigung der Geschlechter plötzlich in neuem Licht gesehen – als «den alten Feminismus der 70er» und als «törichte Androgynie».

Rosenberg bildete sich ihre Meinung zu dem Prozeß, ohne irgendwelche eigenen Recherchen anzustellen. Sie sprach mit keiner einzigen

Verkäuferin, auch nicht mit anderen weiblichen Beschäftigten bei Sears: «Ich habe mich einfach weitgehend auf das verlassen, was mir [die Sears-Anwälte] gaben.» Um die Sears-Anwälte zu unterstützen, trug sie Beweise aus anderen wissenschaftlichen Werken zusammen, die angeblich zeigen sollten, daß Frauen traditionell «andere», weiblichere Jobs bevorzugten. Dieses Material übergab sie den Anwälten. Und die hätten dann, so Rosenberg, das Prozeß-Statement für sie verfaßt – und es ihr fix und fertig zur Unterschrift vorgelegt.

In ihrem historischen Überblick stützte sich Rosenberg auf Texte verschiedener Arbeitswissenschaftlerinnen, vor allem aber auf die Schriften von Alice Kessler-Harris, einer feministischen Arbeitshistorikerin an der Hofstra University und Autorin des Buchs *Out of Work: A History of Wage-Earning Women in the United States*, einer historischen Untersuchung über erwerbstätige Frauen. Als die EEOC-Anwälte eine Kopie des Schriftstücks erhielten, reichten sie sie mit der Bitte um Stellungnahme an Kessler-Harris weiter. Die las sie immer ungläubiger. Kessler-Harris sagt, sie habe damals gedacht: «Keine Historikerin, die bei Verstand ist, würde so argumentieren.» Sie war sich sicher, Rosenberg werde es sich noch anders überlegen. Außerdem fand sie, in dem Statement werde ihr eigenes Buch falsch interpretiert. Als Rosenberg dann doch vor Gericht erschien, war Kessler-Harris bereit, als Zeugin für die EEOC aufzutreten.

Vor Gericht zeigte Kessler-Harris auf, wo Rosenberg die Aussagen ihres Buchs verdreht hatte, meist durch eigenmächtige Auslassungen. Zum Beispiel wurde Kessler-Harris mit der Aussage kritisiert, Frauen hätten nach dem Zweiten Weltkrieg in hellen Scharen die Fabriken verlassen – als historischen Beweis dafür, daß Frauen sich für den Verzicht auf die traditionellen Männerjobs «entschieden» hätten. Rosenberg übersprang jedoch den Teil, wo Kessler-Harris sagte, die Frauen hätten ihre Stellen nicht freiwillig aufgegeben, sondern seien entlassen worden, um heimkehrenden Soldaten Platz zu machen. Ähnliche Freiheiten hatte sich Rosenberg auch bei anderen wissenschaftlichen Werken erlaubt. Phyllis Wallaces Studie über den AT&T-Prozeß verdrehte sie zum Beispiel so ungeheuerlich, daß sie, vor Gericht in die Enge getrieben, widerrief und darum bat, diesen Teil zu streichen. «Es war ein Fehler», sagt sie jetzt, der ihr unterlaufen sei, weil sie ihr Gutachten für Sears in aller Eile zusammengestellt habe.

War der eine Eckpfeiler der Sears-Verteidigung die Hinzuziehung feministischer Wissenschaftlerinnen, dann bestand der andere in dem Versuch, die feministische Infiltration der EEOC nachzuweisen. Hier trat die Gegenschlagsmentalität am deutlichsten in Erscheinung, als der Sears-Anwalt Charles Morgan zweimal versuchte, den Prozeß abzuweisen, weil er angeblich gehört hatte, einige EEOC-Beschäftigte seien Mitglieder von Frauenrechtsgruppen. Während des gesamten Prozesses ritten Morgan und sein Team auf diesem «Interessenkonflikt» herum und begannen eine Art feministischer Hexenjagd, deren Vorwürfe und Schlagworte immer maßloser wurden. Mit Formulierungen, die an ein Jerry-Falwell-Traktat erinnerten, behaupteten die Sears-Anwälte, die National Organization for Women und andere Frauengruppen hätten «innerhalb der EEOC eine weibliche Untergrundbewegung» geschaffen, die die «Usurpation» der Behörde instrumentiert und sich jetzt verschworen habe, Sears «zu schädigen». Mit anderen Worten: Nicht Sears verletze die Rechte der Frauen, sondern die Verfechterinnen der Frauenrechte schädigten Sears. «Hier gibt es nur ein einziges Opfer», verkündete Charles Morgan vor Gericht, «und dieses eine Opfer heißt Sears, Roebuck & Company».

Um ihre Theorie von der feministischen Invasion zu erhärten, ließen die Sears-Anwälte Dutzende von EEOC-Beschäftigten zu eidlichen Aussagen vorladen und forderten Listen von EEOC-Mitarbeiterinnen an, die Mitglieder von Frauenrechtsgruppen waren oder auch nur mit irgendeiner von sechsundzwanzig Frauenorganisationen oder neununddreißig feministischen Führerinnen «in Verbindung gewesen» waren. Eine ältere Verkäuferin, die auf eigene Faust gegen Sears prozessierte, wurde vor die Sears-Inquisitoren gerufen. Ob ihre Tochter nicht Mitglied der Gruppe Stewardesses for Women's Rights sei, wurde sie gefragt. Die Sears-Verteidiger nahmen sogar eine EEOC-Mitarbeiterin in die Mangel, weil sie in einem Memo das Wort «now» in Großbuchstaben geschrieben hatte. Das Adverb, so der Verdacht der Anwälte, sei vielleicht eine versteckte Anspielung auf die Frauenrechtsorganisation.

Der Vorwurf der NOW-Verbindung erwies sich als fast völlig substanzlos. Als die Sears-Anwälte forderten, Isabelle Capello, eine der EEOC-Anwältinnen, die ursprünglich die Klage gegen Sears eingereicht hatte, solle ihre Verbindungen zu feministischen Gruppierun-

gen offenlegen, stellte sich heraus, daß sie gar keine hatte. Bei dem
ganzen Unternehmen wurde nur ein einziger potentieller Interessenkonflikt an Land gezogen: David Copus, früher geschäftsführen-
der Leiter der National Programs Division der EEOC, hatte knapp ein
Jahr im Vorstand des Legal and Education Defense Fund der NOW gesessen. Die Frage war unlauter, da Copus bei der Entscheidung der
EEOC, gegen Sears zu prozessieren, keine Rolle gespielt hatte und auf
Bitten des EEOC-Vorsitzenden aus dem NOW-Vorstand ausgetreten
war – schon zehn Jahre vor dem Prozeß. Die Sears-Anwälte versuchten
Copus auch dadurch zu diskreditieren, daß sie Fragen zu seiner Be-
kanntschaft mit einer NOW-Aktivistin stellten. Sears beantragte sogar
eidliche Aussagen darüber, daß die beiden beobachtet worden seien,
«wie sie zusammen durch die Flure (. . .) gegangen sind».

Schließlich schob der vorsitzende Richter den Inquisitionsmethoden
von Sears einen Riegel vor. Aber wenn Morgan auch keine seiner Behauptungen bewiesen hatte, beeinflußten sie doch den Ausgang des
Prozesses. Sowohl der Richter als auch die Berufungsrichter, die den
Prozeßhergang überprüften, akzeptierten die Behauptung, es bestünde
ein «Interessenkonflikt»; wenn sie deswegen auch nicht den Prozeß
abwiesen, so nahmen sie diese Behauptung doch so ernst, daß sie die
EEOC rügten und in ihrer schriftlichen Urteilsbegründung ausführlich
auf die drohende «weibliche Untergrundbewegung» eingingen.

Am Ende waren all diese juristischen Manöver jedoch für den Pro-
zeßausgang irrelevant. Entscheidend war, daß die Regierung die Seiten
gewechselt hatte. Weit von dem Wunsch entfernt, Sears strafrechtlich
zu verfolgen, wollte die von der Reagan-Administration neu einge-
setzte EEOC-Leitung unbedingt nachgeben; man versuchte zweimal
während des Prozesses, sich mit Sears zu einigen, ohne Bußgelder oder
Gehaltsnachzahlungen zu verlangen. Ein hochrangiger Beamter des
Justizministeriums schilderte der Presse das Sears-Verfahren als
«Strohpuppe, die wir gern totgeschlagen hätten, um Gemeinschafts-
klagen in Zukunft zu verhindern». Der von Reagan berufene EEOC-
Vorsitzende Clarence Thomas sagte 1985 gegenüber der *Washington
Post*, während seine eigenen Mitarbeiter gegen Sears prozessierten:
«Seit ich hier bin, habe ich versucht, aus dieser Sache rauszukommen.»
Thomas behauptete, die ungleichen Lohn-, Einstellungs- und Beför-
derungschancen könnten ohne weiteres durch Faktoren wie Ausbil-

dung und, merkwürdigerweise, durch Pendlergewohnheiten erklärt werden. Thomas äußerte sich so unverblümt, daß die Sears-Anwälte sogar überlegten, ob sie ihn nicht als ihren Zeugen verwenden sollten.

Wie sich zeigen sollte, stand der vorsitzende Richter, der von Reagan berufene John A. Nordberg, im Sears-Prozeß nicht weit von Thomas entfernt. An einem Punkt des Verfahrens verlangte Nordberg allen Ernstes, die EEOC-Anwälte und Anwältinnen sollten erst einmal beweisen, daß amerikanische Frauen jemals beruflich benachteiligt worden seien; er habe da seine Zweifel: «Es war höchst bizarr», erinnert sich Karen Baker, eine der drei mit dem Fall befaßten EEOC-Anwältinnen. «Wir mußten ihm wirklich die geschichtlichen Fakten erklären.»

Nordbergs Urteil, das in zweiter Instanz bestätigt wurde, verwarf den Sears-Prozeß. Der Richter stimmte mit Sears überein, daß Frauen eben von Natur aus Niedriglohnjobs «bevorzugen». Er stellte sich die überempfindliche Sears-Verkäuferin ziemlich ähnlich vor wie Rex Rambo. Wenn Frauen nicht bei der Herrenbekleidung arbeiteten, meinte er in der Urteilsbegründung, dann liege es wohl daran, daß sie dort «manchmal bei Männern Maß nehmen müßten».

Die meiste Kritik bezog die EEOC von seiten Nordbergs und auch der Presse dafür, daß sie sich allein auf Statistiken verließ. Die Medien fragten, wo die wirklichen Opfer seien. Die EEOC-Anwälte und Anwältinnen sagten, sie hielten sich deshalb an Zahlen, weil die Vergangenheit gezeigt habe, wenn man einzelne Frauen in den Zeugenstand rufe, würde sich der Prozeß in Debatten über die Persönlichkeit der Frau verheddern. Bei ihrer Kritik dieses Versäumnisses der EEOC übersah die Presse jedoch einen wesentlichen Punkt: Die EEOC *hatte* Frauen im Zeugenstand.

Während des Verfahrens spielten die Sears-Anwälte dauernd auf die vielen Jobanwärterinnen an, die nicht an Provisionsjobs interessiert seien. Die EEOC-Anwältinnen verlangten ein paar Namen aus dieser angeblich umfangreichen Liste. Nach vielem Hin und Her rückte Sears schließlich die Namen von drei Frauen heraus. Anhand von Sozialversicherungsunterlagen gelang es den EEOC-Anwältinnen, zwei davon aufzuspüren. Beide erklärten sich bereit auszusagen – für die EEOC.

«Ich wollte gern auf Provisionsbasis arbeiten», erinnert sich Lura Lee Nader ein paar Jahre nach ihrer Sears-Aussage. Die freundliche Frau Ende Fünfzig umklammert in einem Café in der Nähe ihrer Wohnung in Columbus, Ohio, eine Teetasse. «Büroarbeit mag ich nicht so.» Nader war schon jahrelang berufstätig gewesen, bevor sie sich bei Sears bewarb. 1965, als sie mit ihrem fünften Kind schwanger war, erlitt ihr Mann einen tödlichen Sturz von der Leiter. Naders allererster Job als Witwe war, daß sie auf Provisionsbasis Vorhänge nähte. Das einzige, was ihr an diesem Job mißfiel: sie mußte daheim arbeiten. Wie sie später vor Gericht sagte, mußte sie «raus, unter erwachsene Menschen». Also wurde sie Fleischeinkäuferin in einem Supermarkt; um noch etwas dazuzuverdienen, verkaufte sie zusätzlich abends Sarah-Coventry-Schmuck – ausschließlich auf Provisionsbasis. Da ihr das gefiel, arbeitete sie schon bald ganztags. Später wechselte sie, ebenfalls auf Provisionsbasis, zu Max Factor; bei dieser Tätigkeit war sie meist unterwegs. Dann bewarb sie sich bei Sears, «wegen des großen Umsatzes», den man bei einem so großen Einzelhändler machen konnte. Als sie den Job nicht bekam, arbeitete sie für eine Optikfirma, wieder auf Provisionsbasis.

Nader war kaum jene hilflose Maid, die von den Sears-Managern als die typische Bewerberin beschrieben wurde. Sie war amerikanische Rollschuhmeisterin, baute selbst eine Garage für ihr Haus, deckte ihr Dach mit Schindeln und reparierte ihr Auto selbst. Und ihr ganzes Leben lang ernährte sie ihre fünf Kinder allein.

Alice Howland, die zweite Zeugin, versorgte ihre Familie ebenfalls allein, als sie sich bei Sears bewarb. In den fünfziger Jahren hatte die Einser-Studentin ihr Collegestudium abgebrochen – sie sei «in Panik geraten», nachdem ein Soziologiedozent bei einer Vorlesung erklärt hatte: «Frauen, die mit fünfundzwanzig nicht verheiratet sind, werden alte Jungfern» – und hatte einen Mann geheiratet, den sie auf einem Parkplatz kennenlernte. Anfangs blieb sie zu Hause, weil ihr Mann, ein Verkäufer, gesagt hatte: «Meine Frau geht mir nicht arbeiten.» Als er jedoch mit der Abzahlung der Hypothek in Rückstand geraten war, erlaubte er ihr, einen Job als Übersetzerin anzunehmen. (Howland war im Zweiten Weltkrieg als Kind aus Rußland geflohen und beherrschte mehrere Sprachen.) Je länger sie arbeitete, desto weniger gefiel ihm das. 1971 ließen sie sich scheiden. Da er keinen Pfennig Unterhalt zahlte, zog Howland die fünf Kinder allein auf.

Nach der Scheidung übernahm sie eine aufreibende Provisionstätigkeit bei der amerikanischen Handelskammer: ausschließlich auf Provi-

sionsbasis, auf Abruf, Tür-zu-Tür-Verkauf von Mitgliedschaften. Es
gab kein Produkt zu verkaufen, sondern ein Abonnement des Mittei-
lungsblatts der Kammer. Oft war sie wochenlang unterwegs: «Ich war
zu jeder Tageszeit unterwegs, weil manche Leute nur abends zu erreichen waren», erinnert sie sich. «Ich schaute bei auf Milchwirtschaft
spezialisierten Farmern auf dem Land vorbei, ich war im Winter draußen, bei schneidendem Wind und knöcheltief im Schnee. Ich mußte in
schmutzige Maschinenhallen; manchmal riefen mir Männer Obszöni-
täten nach.» Aber sie ließ sich nicht beirren. «Ich habe einfach versucht, so professionell wie möglich zu sein. Ich habe einfach weiterge-
macht. Ich gebe nicht so leicht auf.» Jedes Abonnement kostete 40 $,
von denen sie 50% Provision bekam. In den ersten sechs Monaten
verdiente sie 10000 $, ein Rekord. Diesen Job machte sie drei Jahre
lang.

Als Howard sich bei Sears bewarb, vermerkte sie auf dem Formular,
daß sie lieber ganztags arbeiten würde. Sie hatte inzwischen wieder
geheiratet, und zusammen mit den Kindern aus der ersten Ehe ihres
Mannes mußten jetzt zehn hungrige Mäuler gefüttert werden. Außerdem hoffte sie auf einen Provisionsjob. «Ich mag es, wenn mein Verdienst davon abhängt, wieviel ich loswerde.» Sie wollte Haushaltsgeräte verkaufen. «Damenbekleidung zu verkaufen finde ich langweilig,
und man verdient nicht soviel.» Als sie bei Sears nicht ankam, nahm sie
ihren ersten und letzten «Frauenjob» als Schreibkraft an. Sie fand es
schrecklich. «Mein Chef sagte zum Beispiel: ‹Wenn meine Kaffeetasse
gespült werden soll, dann stelle ich sie auf diese Seite des Schreibtischs;
wenn meine Bleistifte gespitzt werden müssen, tue ich sie in die Ab-
lage.› Es gefällt mir nicht, daß man in einem Büro von jemandem abhängt, der sagt: ‹Okay, Sie leisten gute Arbeit, Sie kriegen zehn Cent
mehr.›» 1982 gab sie den Bürojob auf und kaufte mit ihrem Mann
einen heruntergewirtschafteten Bootshafen in Erie, Pennsylvania. Da
ihr Mann noch ganztags bei AT&T arbeitete, managte sie den Bootshafen, überwachte die Mechaniker und verkaufte Zwölf-Meter-Boote,
Motorteile und Bilgenpumpen.

«Daß Sears behauptet hat, ich sei nicht an einem Provisionsjob interessiert gewesen, war einfach –» Howland fehlen die Worte. Sie sieht
sich in dem Haus um, das sie größtenteils selbst entworfen und gebaut
hat. «Ich konnte es einfach nicht fassen.»

In all den Jahren der Ermittlung durch die Regierung, des Multimillio-
nen-Dollar-Prozesses und der ausführlichen Berichterstattung kam –
von den Anwälten bis zu den Reportern – niemand auf die Idee, einmal
die Sears-Verkäuferinnen *selbst* zu fragen, welche «Interessen» sie
hätten. Bei einem zugegebenermaßen unwissenschaftlichen Experiment betrat ich eines Tages eine Sears-Filiale in San Francisco und
sprach die erstbeste Verkäuferin an, eine ältere Frau in der Damenabteilung; sie trug eine rosa Jacke und ein Kleid mit Spitzenkragen und
schien eine typische Befürworterin der traditionellen «Frauenjobs» zu
sein. Aber es stellte sich heraus, daß sie gerade gegen ihren Willen aus
der Fotoabteilung zur Damenbekleidung versetzt worden war. Sie
schäumte vor Wut.

«Seit 1964 habe ich Kameras verkauft», sagte sie. «Das fand ich gut,
weil ich alles über Fotografie, Filme, Projektoren gelernt habe. Und da
kommt plötzlich der Geschäftsführer und sagt: ‹Von jetzt ab arbeiten
Sie in der Kleiderabteilung.› Ohne Erklärung, einfach so.» Sie haßt die
Kleiderabteilung. «Hier ist es so: Die Kleider werden anprobiert, ich
hänge sie wieder auf, sie werden wieder anprobiert, und ich hänge sie
wieder auf. Dann muß ich die Schilder abreißen, den Preis in die Kasse
tippen und wieder Schilder abreißen.»

Als sie von Sears' Behauptung hörte, Frauen hätten andere Interessen als Männer, machte sie eine wegwerfende Handbewegung. «Das
ist doch Quatsch! Ich habe zwei Kinder großgezogen. Wenn die mir
einen Provisionsjob angeboten hätten, hätte ich den genommen. Ich
hätte ihn brauchen können.» Und was war damit, daß Frauen lieber
tags arbeiten, wie Rosenberg behauptet hatte? Wieder fuhr die Hand
hoch. «Mir hat damals die Personalchefin gesagt: ‹Entweder Sie kommen zu den Zeiten, die wir Ihnen sagen, oder Sie bleiben daheim.› Ich
hatte keine Wahl. Als ich anfing, habe ich immer abends und samstags
gearbeitet. Da ich keinen Babysitter hatte, mußten meine Kinder allein
zu Hause bleiben.»

In einem anderen Bereich der Damenabteilung tippte gerade Ann
Sirni Preise ein. Sie sagte, sie erinnere sich an den EEOC-Prozeß, weil
damals plötzlich die Abteilungsleiter herumliefen und «alle Frauen
fragten, ob wir Großpreisartikel verkaufen wollten». Und sie fügte
hinzu: «Es gab keinerlei Probleme, Frauen für diese Jobs zu finden.
Viele freuten sich, weil man bei Großpreisartikeln mehr verdient.»

Auch Charlotte Mayfield, eine Verkäuferin in der Schmuckabteilung, erinnerte sich an den Prozeß; sie war eine der Frauen, die für das Schulungsprogramm rekrutiert wurden. «Sie wollten Minderheitenfrauen ins Management holen, als dieser Prozeß begann», erinnerte sich Mayfield, die selbst Schwarze ist. «Sie luden mich zu diesem Management-Lehrgang ein, aber, ehrlich gesagt, ich war etwas enttäuscht. Wir gingen da also hin und bekamen ein Handbuch und ein Diplom und so weiter, aber man hat uns nie Managementjobs angeboten.»

Auch sie hätte einen Provisionsjob angenommen, wenn ihr einer angeboten worden wäre. «Die Bezahlung ist einfach besser.» Und hätte sie vor dem «Konkurrenzkampf» Angst behabt, wie die Sears-Vertreter vor Gericht behauptet hatten? Sie dachte einen Moment nach. «Wahrscheinlich hätte ich zuerst ein bißchen Angst gehabt, aber das hatte ich auch, bevor ich hierherkam, weil ich noch nie eine Registrierkasse bedient hatte. Aber ich hätte den Job auch genommen, wenn ich nervös gewesen wäre. Es wäre eine Herausforderung gewesen.»

Aber nachdem der Einzelhandel nicht mehr unter dem Druck stand, die Gleichberechtigungsbestimmungen einzuhalten, hatten Frauen wie Charlotte Mayfield außerhalb der «Damen»abteilungen kaum noch Möglichkeiten, sich Herausforderungen zu stellen. Laut den Statistiken des Labor Department kletterte in der Gegenschlagsära die Zahl der auf traditionelle Verkäuferinnenjobs beschränkten Frauen noch höher – und der kleine Anteil der Frauen in «Männerjobs» wie dem Verkauf von technischen Geräten, Baubedarf, Ersatzteilen und Möbeln begann wieder zu sinken.

Diane Joyce:
Frauen in der Arbeiterwelt

Diane Joyce mußte fast zehn Jahre lang darum kämpfen, bis sie die erste Facharbeiterin in der Geschichte von Santa Clara County wurde. Und sie mußte weitere sieben Jahre prozessieren, bis zum Supreme Court, bevor sie endlich anfangen konnte zu arbeiten. Und dann begann erst der eigentliche Kampf.

Für Arbeiterinnen gab es im Job keine Schonzeit; der Gegenschlag begann gleich am ersten Arbeitstag – und verschlimmerte sich noch, als die Reagan-Administration über eine Million Arbeiter um ihren Job brachte, Lohnsenkungen herbeiführte und wachsende Angst verbreitete. Während die gehobenen Berufe in den 80ern anscheinend zahllose neue Anwälte und Banker absorbieren konnten, bestand bei Handel und Handwerk keine Möglichkeit zu weiterer Expansion. «Im handwerklichen Bereich stellen Frauen eine viel größere ökonomische Bedrohung dar, weil es dort nur eine begrenzte Zahl von Tätigkeiten gibt», sagt Mary Ellen Boyd, Direktorin von Non-Traditional Employment for Women. «Mit einem Magister in Betriebswirtschaft kann man alles machen. Aber ein Installateur bleibt ein Installateur.» Obwohl Frauen immer nur einen geringen Prozentsatz der Facharbeiter ausmachten, reichten in dieser angespannten Situation schon ein paar weibliche Gesichter, um das Pulverfaß zur Explosion zu bringen.

Diane Joyce zog 1970 nach Kalifornien. Sie war eine dreiunddreißigjährige Witwe mit vier Kindern, in Chicago geboren und aufgewachsen. Ihr Vater war Werkzeugmacher, ihre Mutter arbeitete in der Umtauschabteilung eines Kaufhauses. Mit achtzehn heiratete sie Donald Joyce, einen Lehrling in der Fabrik ihres Vaters. Fünfzehn Jahre später, nachdem er viel mit PCB gearbeitet hatte, starb er plötzlich an einer seltenen Form von Leberkrebs.

Nach seinem Tod brachte sich Joyce selbst das Autofahren bei, packte ihre Kinder in einen Chrysler-Kombi Baujahr 1966 und fuhr westwärts nach San Jose, Kalifornien, wo eine alleinstehende Verwandte lebte. Als erfahrene Buchhalterin fand Joyce bald Arbeit als Angestellte im Office of Education des County, bei einem Monatsverdienst von 506 $. Ein Jahr später hörte sie, daß die Verkehrsbehörde des County die Stelle des Chefbuchhalters zu vergeben habe, zu 50 $ mehr im Monat. Sie bewarb sich im März 1972.

«Wissen Sie, eigentlich wollten wir einen Mann», sagte ihr der Leiter des Einstellungsgesprächs gleich, als sie zur Tür hereinkam. Da aber kurz zuvor die Buchhalterlöhne gekürzt worden waren, hatten sich sechzehn Frauen und kein einziger Mann beworben. Also wurde sie zu einem zweiten Einstellungsgespräch bestellt. «Dieser Typ war etwas höflicher», erinnert sie sich. «Er hat erst noch gesagt: ‹Schöner Tag heute, nicht wahr?›, bevor er mir mitteilte: ‹Eigentlich wollten wir ja einen Mann.› Ich hätte am liebsten gesagt: ‹Und wo ist *mein* Mann? Bei mir zu Hause bin *ich* der Mann.› Aber ich saß mit vier Kindern da und konnte nur ans Geld denken, und deshalb habe ich den Mund gehalten.»

Sie bekam den Job. Drei Monate später sah Joyce ein Stellenangebot für einen «Straßenbau-Einsatzleiter». Man brauchte keinen High-School-Abschluß und nur ein Jahr Berufserfahrung und bekam 723 $ monatlich. Ihr jetziger Job erforderte High-Schoolabschluß, Buchhaltungskenntnisse und eine vierjährige Berufserfahrung – und sie bekam monatlich 150 $ weniger. «Als ich dieses Angebot gelesen hatte, habe ich gesagt: ‹Wow, das wär doch was für mich!› Alle im Büro lachten. Die fanden das zum Schreien komisch... da ließ ich es bleiben.»

Aber einige Monate später bekamen alle County-Angestellten eine Gehaltserhöhung von 2–5%, außer den 70 Buchhalterinnen. «Für was braucht ihr denn eine Gehaltserhöhung?» bekamen Joyce und einige andere Frauen, die sich beschwerten, vom Personalleiter zu hören. «Ihr würdet das Geld doch nur für Europareisen verschwenden.» Joyce war schockiert. «Alle Buchhalterinnen, die ich kannte, mußten wegen Tod oder Scheidung selbst eine Familie ernähren. Ich war noch nicht mal in Mexiko gewesen, geschweige denn in Europa.» Joyce beschloß, sich so bald wie möglich für einen besser bezahlten «Männerjob» zu bewerben. In der Zwischenzeit wurde sie in der Gewerkschaft aktiv; sie konnte gut formulieren und war dort eine der Vertreterinnen mit der besten Ausbildung.

1974 wurde ein Straßenbau-Einsatzleiter pensioniert, und sowohl Joyce als auch ein Mann namens Paul Johnson, ein früherer Ölarbeiter, bewarben sich um die Stelle. Die Supervisoren teilten Joyce mit, sie müsse erst in einem Straßenbautrupp arbeiten, und gaben ihr ihre Bewerbung zurück. Johnson hatte zwar auch noch nicht in einem Straßenbautrupp gearbeitet, aber seine Bewerbung wurde akzeptiert. Schließlich bekam den Job ein anderer Mann.

Joyce machte sich daran, Bautrupperfahrungen zu sammeln. Als sie ihre Bewerbung für den nächsten Bautrupp ausfüllte, der 1975 mit der Arbeit beginnen würde, kam ihr Vorgesetzter herein, fragte, was sie da mache, und lief rot an. «Sie nehmen einem Mann den Job weg!» rief er. Joyce dachte einen Moment ruhig nach. Dann sagte sie: «Nein, das tue ich nicht. Weil ein Mann nämlich genausogut hier sitzen kann, wo ich sitze.»

Abends belegte sie Kurse in Straßenwartung und in der Bedienung von kleineren Baumaschinen und Lastwagen. Von 87 Anwärtern kam sie beim Einstellungstest auf den dritten Platz. Es gab zehn freie Stellen im Straßenbautrupp, von denen sie eine bekam.

Die nächsten vier Jahre trug Joyce Teereimer auf der Schulter, entfernte Abfall vom Mittelstreifen und manövrierte Lastwagen in die Berge hinauf, um Erdrutsche zu beseitigen. «Es war toll, im Freien zu arbeiten», sagt sie. «Sonst zahlen Frauen monatlich fünfzig Dollar fürs Fitneßcenter, und ich bekam Geld dafür, daß ich in Form blieb.»

Die Straßenarbeiter waren nicht gerade begeistert. Als sie ihr zeigten, wie man Sattelschlepper fuhr, gaben sie ihr ständig wechselnde Instruktionen; einer gab ihr Fahrtips, die fast den Motor ruiniert hätten. Ihr Vorgesetzter händigte ihr keinen Overall aus; sie mußte erst eine formale Beschwerde einlegen, um ihn zu kriegen. Auf dem Lagergelände schlossen die Männer die Damentoiletten ab, und unterwegs weigerten sie sich anzuhalten, wenn sie aufs Klo mußte. «Sie haben einen Männerjob gewollt, jetzt müssen Sie auch lernen, wie ein Mann zu pinkeln», sagte ihr Vorgesetzter.

Seitlich auf den Lastwagen gab es obszöne Schmierereien in bezug auf Joyce. Wenn sie am Schwarzen Brett Gewerkschaftsnachrichten aufhängte, zielten die Männer mit Wurfpfeilen darauf. Tony Laramie, der Lagerverwalter, der später zugab, er habe sie immer «das Ferkel» genannt, berief in den Bereitschaftsraum des Lagers eine Generalversammlung ein. «Ich verfluche den Tag, an dem Sie gekommen sind!» schrie er sie vor den anderen Männern an, die zum Teil zustimmend nickten. «Wir wollen Sie hier nicht haben! Sie gehören hier nicht her! Wie wär's, wenn Sie sich endlich verpissen?»

Was Joyce erlebte, war typisch für den unverhüllten und oft brutalen Gegenschlag in der Arbeiterschaft, ein Angriff, der nicht durch Huldigungen an die «Andersartigkeit» der Frau verbrämt wurde. Auf einem New Yorker Bauplatz zum Beispiel, wo es nur wenige Arbeiterinnen gab, nahmen die Männer einer der Frauen die Arbeitsstiefel weg und hackten sie in Stücke. Eine andere Frau wurde von einem männlichen Kollegen verletzt; er schlug ihr mit einem Zollstock auf den Kopf. In der Gleichstellungsbehörde von Santa Clara County, wo Joyce arbeitete, stapelten sich die Berichte über Ächtung, Schikanen, sexuelle Belästigungen, Drohungen, verbale Beleidigungen und tätliche Angriffe. «In manchen Betrieben nimmt das richtig überhand», sagt John Longabaugh, der damalige Gleichstellungsbeauftragte. «Die Männer machen die Werkzeuge der Frauen kaputt, lassen Pornohefte auf ihren Tischen liegen. Den Frauen wird der Zugang zu Schutzausrüstungen erschwert oder unmöglich gemacht.» Ein Wartungsmonteur empfing die erste Frau in seiner Abteilung mit folgenden Worten: «Ich kenne jemanden, der Ihnen für Geld einen Arm oder ein Bein brechen würde.» Eine andere Frau bekam den Befehl, einen Transitbus zu reinigen – nur um zu entdecken, daß ihre Kollegen ihr ein kleines Geschenk hinterlassen hatten: Die Sitze waren mit Kot beschmiert.

1980 war ein anderer Einsatzleiter-Job zu haben. Joyce und Johnson bewarben sich beide dafür. Beide erreichten im schriftlichen Einstellungstest eine ähnlich hohe Punktzahl. Joyce hatte inzwischen vier Jahre Straßenbauerfahrung, Paul Johnson nur anderthalb. Die drei Männer, die das Einstellungsgespräch führten – von denen einer Joyce später vor Gericht als «aufmüpfig» und «wenig damenhaft» bezeichnete –, gaben Johnson den Job. Joyce beschloß, sich bei der Antidiskriminierungsbehörde des County zu beschweren.

Der Fall ging an den Ingenieur James Graebner, den neuen Direktor des Verkehrsamts; Graebner war der Meinung, es sei höchste Zeit, daß das County für seine 238 Facharbeiterjobs endlich auch mal eine Frau anheuerte. Es gab eine Gegenüberstellung mit dem Straßenbauleiter, Ron Shields. «Was spricht denn gegen die Frau?» fragte Graebner. «Ich hasse sie», antwortete Shields, wie mehrere Anwesende berichten. Shields selbst behauptet: «Ich habe nur gesagt, daß ich Johnson für geeigneter halte. Sie konnte nicht so gut mit schweren Geräten umgehen.» Johnson allerdings auch nicht. Aber das war sowieso unwichtig: Die Tätigkeit des Straßenbau-Einsatzleiters ist ein Bürojob, bei dem man nichts heben muß, das schwerer wäre als ein Mikrophon.

Graebner sagte Shields, seine Entscheidung werde rückgängig gemacht; Joyce bekomme den Job. Später am Tag wurde Joyce von ihrem Vorgesetzten in den Konferenzraum gerufen: «Gut, Sie haben den Job gekriegt», sagte er zu ihr, «aber Sie sind nicht qualifiziert.» Inzwischen saß Johnson am Telefon und wählte sich bis ganz oben durch. «Ich hätte am liebsten irgend etwas kaputtgeschlagen», erinnert er sich. Er verlangte einen Termin mit jemandem von der Antidiskriminierungsstelle. «Der Typ von der Antidiskriminierungsstelle kommt rein», sagt Johnson, «und es ist so ein großer Schwarzer. Von dem lasse

ich mir nichts sagen. Der bringt diese Minderheit ein, die kaum Englisch kann ... Ich hab denen gesagt: ‹Ihr hört noch von mir!›» Wenige
Tage später hatte er einen Anwalt engagiert und nun seinerseits eine
Diskriminierungsklage eingereicht, mit der Behauptung, das County
habe den Job einer «weniger qualifizierten» Frau gegeben.

1987 entschied der Supreme Court gegen Johnson. Das Urteil wurde
von Frauen- und Bürgerrechtsgruppen begrüßt. Ein Sieg in Washington war jedoch noch lange kein Sieg im Fuhrpark. Was Joyce und die
Straßenbauer betraf, ging der Gegenschlag erst richtig los. «So was
wird mir eines Tages auch passieren», sagt Gerald Pourroy, ein Vorarbeiter in Joyces Büro leise und bitter über das Gerichtsurteil. Er sitzt an
seinem Schreibtisch und starrt auf die Betonwand. «Ich schaue die
Schienen entlang und sehe den Zug auf mich zukommen.» Am Tag
nach dem Supreme-Court-Urteil schickte eine County-Angestellte
Joyce einen Gratulationsstrauß, vierundzwanzig Nelken. Joyce stellte
die Blumen auf ihren Schreibtisch. Am nächsten Tag waren sie verschwunden. Sie fand sie schließlich in einem Abfalleimer. Ein Polier
teilte ihr mit: «Ich hab sie über den Hof gekickt!»

An einem Spätsommernachmittag, einige Monate nach dem Urteil,
dröhnen die County-Laster ins Depot und wirbeln trägen Staub auf.
Als die Männer hereinkommen, nimmt Joyce ihre Schlüssel entgegen
und hakt sie ab. Vier Männer mit verspiegelten Sonnenbrillen lehnen
sich, soweit es geht, über die Theke.

«Hallo, hallo, Diii-ane! Himmel, Arsch, wie läuft's denn so?»

«Hey, Diane, wie läuft's denn so, verfickt noch mal?»

«Laß doch. Das weiß die doch nicht.»

«Ja, ja, unsere Diane – die hat von nichts 'ne Ahnung.»

Diane Joyce sammelt mit dünnem Lächeln die Schlüssel ein. Einige
der Männer gehen hinüber in den Bereitschaftsraum. Sie blättern in
eselsohrigen *Guns*-Heften und treten gegen einen störrischen Snack-
Automaten. Als sie nach Diane Joyce gefragt werden, reagieren sie mit
herabsetzenden Äußerungen und Bitterkeit.

«Die hält sich jetzt für was Besseres, weil sie im Fernsehen war», sagt
einer der Männer. «Als ob wir Dreck wären.»

«Heut muß ein Mädel doch nur sagen: Hey, ich werde benachteiligt, und schon kriegt sie den Job. Gegen so was kommt ein Mann doch nicht an.»

«Die ist für neunundneunzig Prozent der Aufgaben nicht qualifiziert. Ich wette, wenn der nächste Polierjob frei ist, kriegt sie ihn, bloß weil sie 'ne Frau ist. Ich bin seit sechzehn Jahren beim Straßenbau. Ist das vielleicht fair?»

Paul Johnson hat sich inzwischen in das kleine Fischerstädtchen Sequim, Washington, zurückgezogen. Von hier aus verschickt er an Zeitungsredaktionen im ganzen Land einen «Offenen Brief an die weißen Männer Amerikas»: «Mit-Männer!» schreibt er. «Ich glaube, es wird Zeit, daß wir gegen *unsere* Unterdrückung protestieren!» Seine Frau Betty habe den Brief mit aufgesetzt und ihn getippt. Mit ihrem Job als Bankangestellte finanziert sie beider Lebensunterhalt – und einen Großteil von Johnsons umgekehrtem Diskriminierungsprozeß.

Nach dem Supreme-Court-Urteil nahm die Zahl der Facharbeiterinnen in Santa Clara County um lächerliche zwei bis drei pro Jahr zu. Ende 1988 war zwar die Gesamtzahl der Facharbeiterstellen von 238 auf 468 gestiegen, die Zahl der Frauen hatte sich jedoch nur auf 12 erhöht. Und dies lag nicht daran, daß die Frauen sich nicht für diese Jobs interessierten. In dieser Gegend machten Rekordmengen von Frauen die von der Gewerkschaft angebotenen Handwerkslehren. Und eine Umfrage des County über seine eigenen weiblichen Beschäftigten (die immer noch überwiegend im Büro arbeiteten) ergab, daß 85 % der Frauen an höherbezahlten «Männerjobs» interessiert waren. Darüber hinaus glaubten 90 % der Frauen den Grund dafür zu kennen, daß sie diese höherbezahlten Jobs nicht bekamen: Diskriminierung.

Damen am Montagetisch, Herren als Prüfer

Auch der Supreme Court selbst höhlte Diane Joyces Sieg aus – nur zwei Jahre nachdem sie in Washington «gewonnen» hatte. Innerhalb von zehn Tagen machte der Supreme Court im Juni 1989 zwei Dekaden wegweisender Bürgerrechtsurteile in vier verschiedenen Prozessen rückgängig. Das Gericht ermöglichte es Männern, Antidiskriminierungsurteile anzufechten, errichtete Barrieren, die es bei Prozessen wesentlich schwerer machten, Diskriminierung anhand von Statistiken nachzuweisen, und entschied, daß ein Bürgerrechtsgesetz von 1866 Beschäftigte dann nicht vor Diskriminierung schütze, wenn diese *nach* der Einstellung erfolge.

Einer der vier Prozesse dieses Sommers, *Lorance gg. AT&T Technologies*, versetzte vor allem den Arbeiterinnen einen schweren Schlag. Es ging um die Elektronikfabrik von AT&T in Illinois; dort war 1979 ein System der Beförderung nach Dienstalter in Kraft getreten, das Gewerkschafts- und Firmenvertreter eindeutig so konzipiert hatten, daß Frauen ausgeschlossen waren. Das Gericht entschied nun, daß die Arbeiterinnen dieses System nicht anfechten durften. Der Grund: Die Frauen hatten die vom Bund festgelegte 180tägige Frist überschritten, innerhalb deren man gegen ungerechte Beschäftigungspraktiken Beschwerde einlegen konnte. Dieses Urteil wurde gefällt, obwohl fünf vorhergehende Urteile den Beschäftigten solche Beschwerden auch nach Verstreichen der Frist erlaubt hatten. Und ironischerweise war genau am selben Tag eine Gruppe weißer Feuerwehrmänner nicht zu spät dran, *ihre* umgekehrte Diskriminierungsklage einzureichen – gegen einen Vergleich, der bei einem Antidiskriminierungsprozeß im Jahr 1974 geschlossen worden war.

In der wirtschaftlich schwachen Stadt Montgomery, Illinois, vierzig Meilen von Chicago entfernt, bekommen fast alle Beschäftigten nur Mindestlöhne – außer in der Firma Western Electric, wo für AT&T Schalttafeln montiert und getestet werden. Solange sich zurückdenken läßt, war die Fabrikarbeit starr nach Geschlechtern aufgeteilt: Die Frauen hatten praktisch alle schlechtbezahlten «Montier»-Jobs (bei denen die Schaltsysteme von Hand zusammengesetzt und verdrahtet werden mußten), und die Männer hatten praktisch alle hochbezahlten «Test»-Jobs (bei denen die Schalttafeln überprüft werden mußten). So war es bis 1976, als drei Frauen beschlossen, ohne den geringsten Anstoß durch die Antidiskriminierungsbeauftragten, die Geschlechtertrennung abzuschaffen.

Pat Lorance gehörte zu den ersten, die die Furt durchwateten. Sie hatte von Jugend auf gearbeitet, seit ihr Vater die Familie verlassen hatte und ihre Mutter ohne Arbeit und mit fünf Kindern zurückgeblieben war. Lorance kam 1970 in die Fabrik, als Montiererin. Nach neun Jahren hatte sie die langweilige Tätigkeit satt, und vor allem das niedrige Gehalt. Als sie hörte, daß die dortige Volkshochschule Kurse anbot, durch die man sich zum Prüfer qualifizieren konnte, beschloß Lorance, einen Versuch zu wagen. Es machten noch zwei andere Frauen mit, beides Montiererinnen.

«Am Anfang waren wir ein bißchen eingeschüchtert, weil uns der Lehrer, der von Western Electric war, sagte: ‹Wissen Sie, Frauen brechen normalerweise vorher ab.› Aber beim vierten Kurs respektierte er uns dann.» Sie absolvierte sechzehn Kurse, inklusive Elektronikschaltungen, Computerprogrammierung und «Grundwissen über Wechselstrom». Um alles unter einen Hut zu bringen, begann Lorence schon morgens mit der Fünf-Uhr-Schicht – manchmal war es auch schon die Drei-Uhr-Schicht –, lernte nachmittags und besuchte abends bis 21.30 Uhr den Unterricht.

Die Leitung von Western Electric-AT&T verfolgte die Anstrengung der Frauen genau und mit einigem Unbehagen. Damals führte gerade die EEOC ihre vielbeachteten Gemeinschaftsprozesse gegen Industrieunternehmen – inklusive andere AT&T-Abteilungen –, und der Firma war klar, daß sie das nächste Ziel sein konnte, falls die Arbeiterinnen jetzt öffentlich nach der Gleichbehandlungsstatistik des Unternehmens fragten. 1976 wurden plötzlich einige der weiblichen Montiererinnen einzeln ins Personalbüro gerufen, wo man ihnen einen Deal anbot. Wie sich einige der Betroffenen erinnern, informierte sie ein Personalleiter, die Firma habe sie «irrtümlicherweise» für einige offene Stellen übersehen. Sie könnten jetzt als «Entschädigung» einen Scheck über mehrere hundert Dollar bekommen; dafür müßten sie sich nur schriftlich verpflichten, die Firma nie auf Diskriminierung von Frauen zu verklagen. Außerdem wurden sie instruiert, nicht mit ihren Kolleginnen darüber zu sprechen. «Manche Mädchen wollten wissen, um welche Jobs es denn gehe», erinnert sich eine Frau, eine Montiererin, die, wie alle anderen auch, nicht namentlich genannt sein will, aus Angst, ihren Job zu verlieren. «Manche wollten das Geld nicht nehmen. Aber das war so ähnlich wie: ‹Nehmen Sie das Geld, oder Sie fliegen raus.› Ich hab über 600 $ gekriegt.» (Die Firmenleitung behauptet, über diese Zusammenkünfte im Personalbüro gebe es keinerlei Aufzeichnungen. «Wir haben keine Fakten gefunden, die diese Behauptungen unterstützen würden», sagt Charles Jackson, der Firmenanwalt.)

Als Lorance dann im Herbst 1978 die nötigen Zeugnisse beisammen hatte, bewarb sie sich für die erste freie Prüfer-Stelle. Man nahm ihre Bewerbung zwar an – teilte ihr jedoch eine Woche später mit, die Stelle sei gestrichen worden. Dann erfuhr sie, daß in derselben Woche drei männliche Prüfer eingestellt worden waren. Sie protestierte bei der Gewerkschaft und wurde schließlich, nach einigem Hin und Her, die erste Prüferin der Firma.

Ende 1978 waren etwa fünfzehn der zweihundert Prüfer Frauen. Für die Männer im Betrieb waren das fünfzehn zuviel. «Es gab Bemerkungen wie, Frauen seien zu dumm für diesen Job», erinnert sich Lorance. «Ich hab ein ziemlich starkes Selbstbewußtsein und hab das abgeschüttelt, weil ich dachte, irgendwann hören sie auf.» Aber mit der Zahl der Frauen stieg auch die Wut der Männer.

Manche Männer begannen, die Test-Sets der Frauen zu sabotieren; wenn die Frauen Pause machten, verdrahteten sie die Kabel falsch oder schütteten Tinte über ihre Notizen. Überall im Betrieb wurden demütigende Poster aufgehängt. Ein typisches Beispiel: das Bild einer grotesk dicken Frau, die mit heruntergerutschten Nylonstrümpfen auf einem Tisch steht, während aus ihren Schuhen Geld quillt. Die Männer hatten dazu geschrieben: «Gestern hab ich noch nicht gewußt, wie man Prüfer buchstabiert. Heute bin ich ein Brüfer.»

1980 trat Jan King in die zweite Gruppe von Frauen ein, die in die Reihen der Prüfer einbrechen wollten. Sie hatte in der Firma seit 1966 als Montiererin gearbeitet, damals für 1,97 $ pro Stunde. King hatte das Extrageld dringend nötig: Ihr Mann, ein gewalttätiger Alkoholiker, verpraßte seinen Lohn zum größten Teil mit Saufen und Spielen, und sie hatte ein Kind. «Eines Tages hab ich mich in der Firma umgeschaut und gemerkt, daß ich alles akzeptiert hatte, was ich da sah», erzählt sie. «Ich hab immer gedacht, ich sei nicht gut in Mathe, weil es das immer von den Frauen hieß. Aber ein Teil meines Hirns hat gesagt: Moment mal, wenn die das können, kann ich es auch. Nur weil ich so und so erzogen worden bin, muß ich ja nicht so bleiben.»

King mußte um den Job an zwei Fronten kämpfen, in der Firma und zu Hause. «Mein Mann hat gesagt: Für so was gehst du mir nicht zur Schule. Das ist Zeitverschwendung.» Zuerst drohte er ihr. Als sie dann trotzdem zum Unterricht ging, «hat er zum Beispiel fünf Minuten vorher verkündet, er werde nicht babysitten. Aber ich bin drangeblieben, weil diese kleine Stimme in meinem Hinterkopf dauernd sagte: ‹Irgendwann mußt du deine Tochter mal selbst ernähren.› Ich hab gewußt, wenn er mich verläßt, wird er für das Kind keinen Unterhalt zahlen.»

Die Firmenleitung war auch nicht viel hilfreicher. «Die hatten einfach die Haltung: Frauen können so was nicht», erinnert sich King. «Frauen verstehen nichts von Mathe, Frauen verstehen nichts von Elektronik.» Als Frauen anfingen, sich als Prüferinnen zu bewerben, gab es plötzlich neue Ausbildungs- und Prüfungsbedingungen. Manche waren höchst merkwürdig. Einer der Topmanager versuchte durchzusetzen, Prüferinnen ohne durchsichtige Handtaschen sollten heimgeschickt werden – eine Maßnahme, die wohl vom Diebstahl abschrecken sollte.

Als einige Prüfer hörten, daß sich zwölf weitere Montiererinnen bei der Volkshochschule eingeschrieben hatten, fanden sie, jetzt sei es genug. Die jüngeren Männer waren am wütendsten; da sie das niedrigste Dienstalter hatten, wußten sie, daß die Montiererinnen (Frauen, die jahrelang in der Fabrik gearbeitet hatten) vor ihnen befördert würden – und erst nach ihnen entlassen. Im Winter 1978 organisierten die Männer eine geheime Gewerkschaftssitzung; als Lorance davon erfuhr, tauchte sie dort überraschend mit einer Kollegin auf.

«Die waren nicht gerade begeistert», erinnert sie sich. Lorance saß im Gewerkschaftssaal und hörte zu. Ihr wurde klar, daß die Männer ein neues System zur Beförderung nach Dienstjahren entwarfen; es sollte verhindern, daß Frauen ihre Jahre als Montiererinnen angerechnet wurden. Dies hätte geheißen, daß in der Prüfabteilung bei jeder Entlassungswelle die Frauen am härtesten betroffen gewesen wären. Lorance und ihre Freundin berichteten umgehend den anderen Prüferinnen davon.

Bei der Gewerkschaftssitzung, bei der über das neue Beförderungssystem abgestimmt werden sollte, saßen auf einer Seite des Saals neunzig Männer, auf der anderen fünfzehn Frauen. Ein Mann nach dem anderen stand auf, um sich für das vorgeschlagene System auszusprechen: «Ich muß eine Familie ernähren. Wißt ihr, wieviel heutzutage ein Laib Brot kostet?» Dann standen die Frauen auf und sagten, daß viele von ihnen geschiedene Mütter seien und ebenfalls eine Familie ernähren müßten, weil ihre Exmänner keine Alimente zahlten.

«Das ist ein Männerjob!» schrie einer der Männer. «Ja, aber ein

Frauenbetrieb», gab eine Frau zurück, und machte ihn darauf aufmerksam, daß auf der Lohnliste der Firma mehr Frauen als Männer stünden; er bemerke sie nur nicht, weil sie alle in die Mindestlohnjobs abgeschoben würden.

Am Schluß gewannen die Männer; im Prüfbereich stellten sie immer noch die Mehrheit. Die Gewerkschaftsvertreter beschwichtigten Lorance und die anderen Frauen, der neue Beförderungsplan werde sich nicht auf Rückstufungen oder Entlassungen auswirken, nur auf die Beförderung. Auch die Firmenleitung, die am Entwurf des neuen Beförderungssystems mitgewirkt und ihm schnell zugestimmt hatte, machte, was Entlassungen betraf, ähnliche Versprechungen. Die Frauen glaubten diesen Zusicherungen – und gingen nicht vor Gericht. Lorance erklärt, 1978 sei keine von ihnen entlassen worden, und «warum Ärger machen, wenn es nicht nötig ist?» Keine der Frauen wollte ihren Job riskieren, den sie sich so schwer erkämpft hatte.

Jan King zum Beispiel war mehr denn je auf ihr Gehalt angewiesen; die Situation zu Hause hatte sich noch mehr verschlechtert. «Ich hatte den Eindruck, er betrachtete jeden Fortschritt, den ich machte, als Zurückweisung für sich», sagt sie über ihren Mann. «Solange ich von ihm abhängig war, glaubte er, daß ich bleiben würde.» Er wurde noch gewalttätiger; er begann, sie an den Haaren aus dem Bett zu ziehen, sie zu schlagen und schließlich zu vergewaltigen. Wann immer sie von Scheidung sprach, drohte er mit Mord. «Wenn du mich verläßt, bist du tot», sagte er. «Wenn ich dich nicht haben kann, dann keiner.»

Als 1982 die Rezession begann, merkten die Frauen, daß sie von Gewerkschaft und Firmenleitung getäuscht worden waren; der neue Beförderungsplan wurde *doch* auf Entlassungen angewandt, und die Frauen wurden als erste gefeuert. Schließlich verloren Frauen mit fast zwanzigjähriger Berufserfahrung ihren Job. Frauen, die nicht entlassen wurden, wurden zurückgestuft und wieder an die Werkbank versetzt, eine Degradierung, die manche Frauen über 10000 $ Jahreslohn kostete.

Lorance wurde sofort zurückgestuft. Sie ging zu einem ihrer Vorgesetzten und bat um eine Erklärung. Der sprach mit seinen Chefs und teilte ihr dann mit: «Tut mir leid, Patty, aber die haben gesagt, ich muß

Sie [für einen Verweis] aufschreiben.» Sie fragte, was sie denn getan
habe. Er erklärte, sie habe «eine Frage gestellt». Dann zog er sie beiseite und sagte, der wahre Grund sei seiner Meinung nach, daß man sie
davon abhalten wolle, vor Gericht zu gehen. «Sie wissen ja, was ich
dann tat», sagt Lorance. Gleich am nächsten Tag schlug sie das Bran-
chenverzeichnis auf und begann, Rechtsanwältinnen anzurufen.

Schließlich prozessierten Lorance und drei weitere Prüferinnen gegen die Firma. (Eine der Frauen stieg später auf Befehl ihres Mannes
aus.) Bridget Arimont, eine Chicagoer Anwältin, sie sich auf Prozesse
wegen sexistischer Diskriminierung spezialisiert hatte, übernahm den
Fall, der auch prompt wegen einer verfahrenstechnischen Debatte über
die für Diskriminierungsklagen einzuhaltende Frist ins Schleudern
kam. Die Firma behauptete, 1978, als das neue Beförderungssystem in
Kraft trat, habe die Uhr neu zu laufen begonnen, und ihre Klage sei
«gegenstandslos» geworden. «Die Damen haben ihre juristischen
Möglichkeiten nicht rechtzeitig genutzt», behauptete später Charles
Jackson, der Rechtsberater von Western Electric. «Der Fehler lag wirklich bei ihnen.» Die Frauen hielten dagegen, daß die Uhr zu laufen
begonnen habe, als sie gefeuert wurden; denn wie hätten sie vorher
von dieser unfairen Firmenpolitik wissen können? «Die Ironie des
Ganzen», sagt Arimond, «war, daß der ganze Kampf vor Gericht darauf
hinauslief, ob die Frauen, die sich mit den gesetzlichen Bestimmungen
nicht auskannten, rechtzeitig Klage erhoben hatten oder nicht. Und der
Richter [im untergeordneten Gericht] wartete über ein Jahr, bis er über
den Antrag entschied.» Dieser Richter war John Nordberg vom Sears-
Prozeß.

Inzwischen wurde Pat Lorance immer wieder entlassen und neu eingestellt. Schließlich wurde sie am 31. März 1989 endgültig entlassen.
Sie mußte einen Job als Barkeeperin annehmen. Als sie zwei Monate
später abends den Fernseher einschaltete, erfuhr sie, daß sie den Prozeß
verloren hatte. «Ich war sehr enttäuscht», sagt sie. «Ich glaube kaum,
daß das Gericht sich ernsthaft damit auseinandergesetzt hat. Keine von
uns hat eine Szene gemacht, wir wollten nur unser Recht.»

King überraschte das Urteil nicht. «So wie das Gericht die Sache
anging, stand es für uns von Anfang an nicht gut.» Das Urteil bedeutete für King, die jetzt alleinerziehende Mutter war, eine finanzielle
Katastrophe. Ihr zu Gewalttätigkeiten neigender Ehemann war 1983

bei einer Schlägerei getötet worden. Nach seinem Tod ließ sich King beurlauben, um wieder zu sich zu kommen. Während ihrer Abwesenheit wurde sie gefeuert, und zwar mit der Begründung, sie habe es versäumt, dem Personalbüro rechtzeitig mitzuteilen, wann sie wiederkommen werde. Weil sie dringend Geld brauchte, um ihre zwei Kinder durchzubringen, arbeitete King zuerst als Putzfrau und nahm dann eine Stelle als Kellnerin an. Sie hat jeden Anspruch auf Beihilfe verloren. «Heute habe ich Jalousien geputzt», sagt sie. «Ich kriege höchstens 2,01 $ pro Stunde. Es ist schrecklich erniedrigend. Man hat das Gefühl, nichts wert zu sein.»

Während sie Soßenreste von den Tellern schrubbt, läßt King die Szenen, die zu dieser trostlosen Situation geführt haben, Revue passieren. «Wenn ich darüber nachdenke, fallen mir diese Barrikaden ein, die mit den gelben Lampen, und immer, wenn du einen Schritt machen willst, werfen sie dir eine neue Barrikade in den Weg.» Trotz allem – trotz der Prozeßniederlage, trotz der Schreckensherrschaft ihres verstorbenen Mannes, trotz des demütigenden Abstiegs zur Spülerin – habe sie ihre Entscheidung, mehr zu wollen, nie bereut. «Wenn dadurch irgend jemand angespornt wird zu sagen: ‹Das muß jetzt anders werden›, dann hat es sich gelohnt», meint sie.

Im gleichen Jahr, wieder auf der Medientagung «Durchbrüche und Gegenschlag» in Kalifornien, waren einige der einflußreichsten Journalistinnen und Frauenrechtsführerinnen eifrig bemüht, Konflikte zu vermeiden. Es ging um die Frage, ob Frauen an «Männerjobs» und «männlicher Macht» denn wirklich so gelegen sei. Jan King, die zu sagen pflegt: «Nenn mich einfach eine von diesen Emanzen», hätte solche Vorgänge zweifellos befremdend und deprimierend gefunden – ja sogar beschämend. Sie hat nicht aus dem Blick verloren, was sie und viele andere ökonomisch benachteiligten Frauen wollen, und sie ist immer noch entschlossen, die Gegenschlagsbarrikaden zu stürmen, um es zu erreichen. «Ich glaube nicht, daß man alles so hinnehmen muß, wie es ist», sagt sie. «In diesem Punkt werde ich meine Meinung nie ändern.»

13 Geburtenregelung im Rahmen des Gegenschlags: Der Angriff auf den weiblichen Körper

«Mami, bring mich nicht um!» schreit wieder und wieder ein erwachsener Mann, der ein Kruzifix umklammert hält und erfolglos versucht, sich durch eine Reihe von Frauen zu drängen, die das Zentrum für Schwangerschaftsberatung in Sacramento bewachen. Er ist einer der vielen «Krieger» des «Nationalen Rettungstags II» – so nennen die Abtreibungsgegner der Gruppe «Operation Rescue» ihren dramatischen Auftritt im April 1989 –, eine landesweite Belagerung von Familienplanungszentren.

Doch die Bannerträger, die hier Stellung bezogen haben, sind von Feministinnen umzingelt worden. Die nordkalifornische Karawane der Operation Rescue hat sich frühmorgens zum Beratungszentrum aufgemacht, nur um zu entdecken, daß die Türen verschlossen waren und die Verteidigerinnen des Centers das ganze Gebäude umringten, die Arme zu einer Menschenkette verschränkt. Frustriert greifen die Operation-Rescue-Männer zu Gewaltmaßnahmen, verdrehen Handgelenke, treten gegen Schienbeine. Während sie sich vordrängen, loben sie Gott, beschimpfen aber auch die Frauen; zwischen den vielen «Amen» hört man mehr als einmal «Hure» und «Lesbe». Ein Mann mit Baseballmütze bringt sein Gesicht nah an das einer Frau, die ein Proabtreibungsplakat hochhält. «Ich schmeiß dich durchs Fenster!» droht er und ballt die Fäuste. Da aber die Presse zuschaut, bleiben sie seitlich am Körper.

Weiter vorn am Gehweg steht ordentlich in Reihen formiert eine vorwiegend weibliche Kolonne der Operation Rescue, die «Gebetshilfstruppe». Die Frauen und Töchter der «Krieger» stehen still da, recken die Hände zum Himmel und wispern «Jesus liebt die kleinen

Kinder». «Wir dürfen nichts sagen», erklärt eine Frau auf die Bitte um ein Interview.

Auf der anderen Straßenseite gönnt sich Russell Walden III eine Gefechtspause. Der untersetzte Mann mit den traurigen Augen zieht die Brauen hoch, als er etwas aus seiner Lebensgeschichte erzählt. Die Waldens I und II, sagt er, seien beide Steuereinschätzer gewesen, Stützen der Gesellschaft. Er sei in der Familie der erste, der aus der Reihe getanzt sei. Er hatte sich durch verschiedene ausgefallene Jobs hindurchgewurstelt – unter anderem war er Assistent eines Leichenbestatters und hütete bissige Tiere – und trat der Operation Rescue bei, nachdem er einige ihrer Mitglieder kennengelernt hatte – in einer Gefängniszelle. Dort saßen sie, weil sie unbefugt in ein Klinikgelände eingedrungen waren, Walden hatte man wegen Trunkenheit am Steuer festgenommen. Als sie ihm eine Aufgabe als Rechtshelfer anboten, trat er der Kampagne bei.

«Meine eigene Frau hätte vor ein paar Jahren fast abtreiben lassen, aber das hab ich verhindert», berichtet er. «Ich hab gesagt: Nein, nein und nochmals nein!» Sie hatten schon vier Kinder, und seine Frau wollte nicht noch eins; als sie trotz seines Einspruchs in die Klinik ging, folgte er ihr ins Untersuchungszimmer, wo sie bereits in einem Klinikhemd lag. «Ich bin rein, hab sie gepackt und hab gesagt: ‹Weg hier! Sofort!› Sie soll nirgends ohne mich hin.» Seine Frau bekam das Baby zwar, verließ ihn aber später. Als er dies erzählt, hat er Tränen in den Augen. Er wischt sie weg und erklärt: «Ich weine um die ungeborenen Kinder.»

Während er redet, gesellt sich Don Grundemann, ein hagerer junger Chiropraktiker im Armeeparka, dazu. Seine Freundin habe abtreiben lassen, ohne ihn zu fragen, sagt er. «Ich glaube, die Frau wollte kein Kind, das mir ähnelt.» Mit der Abtreibung, meint Grundemann, zahlten es die Frauen den Männern heim: «Unbewußt ist das eine Rache an den Männern. Die Männer haben die Frauen schäbig behandelt, und jetzt schlägt die Frauenbewegung mit einem Overkill zurück.»

Operation Rescue wurde 1986 von Randall Terry, einem sechsundzwanzigjährigen New Yorker Gebrauchtwagenhändler, gegründet. Seine Mission: die Schließung der Familienplanungskliniken. Wie der

«gegen den Sittenverfall» gerichtete Kreuzzug gegen Empfängnisverhütung und Abtreibung im spätviktorianischen Amerika – der damals
ebenfalls von einem unterbeschäftigten New Yorker Verkäufer geführt wurde und Überfälle auf Frauenkliniken einschloß – zog auch die
Operation Rescue Tausende junger Männer an; sie fühlten sich auf die
eine oder andere Weise aus einer Welt ausgeschlossen, die scheinbar
keine sinnvolle Aufgabe mehr für sie bereithielt. Im Gegensatz zum
verbreiteten Image der Abtreibungsgegner als ergraute Christen äh-
nelten die Operation-Rescue-Männer (und in der Mehrzahl waren es
Männer) eher den zornigen jungen «Kämpfern» der Yankelovich-Studie. Fast alle Führer der Operation Rescue und etwa die Hälfte der
aktiven Mitglieder waren zwischen Anfang Zwanzig und Mitte Dreißig, und die große Mehrheit zählte zu den niedrigen Einkommens-
gruppen. Dies waren Männer aus der Hälfte des Babybooms, die nicht
nur den politischen Kampf der 6oer verpaßt hatten, sondern auch um
die Profite jener wohlhabenden Ära betrogen wurden. Es waren erfolglose Söhne – durch die Wirtschaftssituation der 8oer dazu verurteilt,
weniger als ihre Väter zu verdienen, und außerstande, ohne die Hilfe
ihrer Ehefrauen steigende Hypotheken zu bezahlen und Essen auf den
Tisch zu bringen.

Die Medien definierten den Abtreibungsstreit als moralische und
biologische Diskussion – wann beginnt das Leben? Zweifellos sahen
viele, die sich in der Abtreibungsfrage unsicher waren, darin die entscheidende Frage. Doch die besonders erbitterte Feindseligkeit, die
Terry und seine Anhänger in die Abtreibungsdebatte brachten, speiste
sich nicht aus leidenschaftlichen Bedenken philosophischer oder wissenschaftlicher Natur. Sie weinten zwar über die «ungeborenen Babys», aber es setzten ihnen noch ganz andere ökonomische und soziale
Erschütterungen zu – Veränderungen, die sie allzugern auf die steigende Zahl emanzipierter und berufstätiger Frauen schoben. Während
sie selbst weniger verdienten und zu Hause an Autorität verloren,
mußten sie zusehen, wie Frauen im Berufsleben immer mehr Fuß faßten, die Autorität des Mannes in der Familie in Frage stellten und sogar
im Schlafzimmer die Initiative ergriffen. Als der Groll gegen die zunehmenden beruflichen Erfolge der Frauen sich mit der Angst vor
deren neuer sexueller Freiheit mischte, begannen diese Männer ihre
Gegnerinnen mit puritanisch entrüsteten Schlagworten zu geißeln.

In der Öffentlichkeit nannten die Wortführer der militanten Abtreibungsgegner die Feministinnen «Kindsmörderinnen» und warfen ihnen vor, sie trieben die Abtreibungsraten in «Rekordhöhen». Entlarvender war aber das, was sie leise sagten: Daß sie «Huren» und «Nutten» flüsterten. Das schlimmste Verbrechen der Feministinnen hieß womöglich gar nicht Mord, sondern sexuelle Unabhängigkeit.

Für Männer wie John Willke, den Präsidenten des National Right to Life Committee, richtete sich die Abtreibung nicht nur gegen den Fötus, sondern auch gegen das Vorrecht des Mannes auf Familienplanung. Abtreibungsbefürworterinnen, behauptete er, «tun der Ehe Gewalt an», weil sie «dem Ehemann das Recht rauben, das Leben jenes Kindes zu schützen, das er im Leib seiner Frau gezeugt hat». «Gott hat die Frau nicht als unabhängiges Wesen erschaffen», erklärte Father Michael Carey, der Hauptredner beim Nationalen Rettungstag II in San Jose, ein Punkt, den er den Zuhörern während seiner Rede immer wieder einhämmerte. Das Abstoßendste an diesen Abtreibungsaktivistinnen sei die Forderung, Frauen sollten sich entscheiden können, ohne vorher ihren Mann zu konsultieren. Wenn man diesen «vom Feminismus infizierten» Frauen ihren Willen ließe, warnte er, dann würde es den Männern «nicht mehr erlaubt sein, über eine Abtreibung zu entscheiden». In *Men and Marriage* hatte George Gilder 1986 sehr offen über diese Art der Männer gesprochen, die der Sorge über das Abtreibungsrecht der Frau zugrunde liegt. Der erfolgreiche Kampf der Frauenbewegung um Empfängnisverhütung und Abtreibung, schreibt er, verlagere «das sexuelle Machtgleichgewicht noch weiter zur Frau hin», beraube den Mann seiner patriarchalen «Potenz» und reduziere seinen Penis zu einem «bedeutungslosen Spielzeug».

Den bitteren Subtext im Kampf der 8oer um das «Lebensrecht» des Fötus bildete das verlorene Recht des Patriarchen, die Familienentscheidungen allein zu treffen – ein zwar nie ausgesprochener, aber wichtiger Punkt der Antiabtreibungskampagne. Dem Wunsch, die traditionelle Macht des Vaters zu verteidigen, begegnete man immer wieder bei den vielen «Vaterrechts»-Prozessen der Dekade, mit denen Abtreibungen verhindert werden sollten; bei diesen Prozessen kämpften typische Ehemänner gegen Ehefrauen, die den Befehlen ihres Mannes nicht Folge leisten wollten oder kurz zuvor die Scheidung eingereicht hatten. Im Fall Eric Conns aus Indiana hatte die Ehefrau wenige

Stunden bevor er im Namen des Fötus Klage erhob, die Scheidung eingereicht. «Es gefiel mir einfach nicht, daß man mir drohte und Vorschriften machte», sagt David Ostreicher, ein Kieferorthopäde aus Levittown und ein weiterer «Vaterrechts»-Kläger. Nicht nur hatte seine Frau gegen seinen Willen abtreiben lassen wollen, sondern sie stellte auch noch den Ehevertrag in Frage, den sie auf seinen Wunsch vor der Heirat unterschrieben hatte – ein Vertrag, der ihm bei einer Scheidung den Großteil des ehelichen Vermögens zusprach. 1988 klagte in New York ein sechsundzwanzigjähriger Seemann ebenfalls gegen die Abtreibung seiner Verlobten, weil er damit eine kurz vorher von ihr getroffene Entscheidung rückgängig machen wollte – ihn nicht zu heiraten.

Die männlichen Abtreibungsgegner haben vielleicht behauptet, sie wollten die sprunghaft ansteigende Zahl der Abtreibungen in diesem Land stoppen, aber in Wirklichkeit eskalierte die Rate keineswegs. Amerikanische Frauen haben schon seit mindestens hundert Jahren eine von drei Schwangerschaften abgebrochen; der einzige wirkliche Unterschied nach dem *Roe*-Urteil war der, daß Frauen unerwünschte Schwangerschaften jetzt legal abbrechen konnten – ohne Gefahr für Leib und Leben. Und während die Zahl der legalen Abbrüche zwischen 1973 und 1980 tatsächlich zunahm, ging sie dann prompt wieder zurück, um Anfang der 80er Jahre sogar abzunehmen. Von 1980 bis 1987 sank die Abtreibungsrate um 6 %.

Die eigentliche Veränderung war, daß Frauen jetzt gefahr- und angstlos über ihre Fruchtbarkeit bestimmen konnten – eine neue Freiheit, die nicht die Abtreibungsrate, aber das weibliche Sexualverhalten entscheidend verändert hat. Nachdem es erstens jederzeit Kontrazeptiva gab und zweitens die Möglichkeit eines gesundheitlich unbedenklichen Schwangerschaftsabbruchs, hatten Frauen jetzt endlich die gleiche sexuelle Freiheit wie Männer. Dadurch verdoppelte sich in dem halben Jahrhundert nach der Legalisierung der Geburtenregelung die Zahl der vorehelichen Sexualkontakte von Frauen und hatte bis Ende der 70er fast die der Männer erreicht. (Im gleichen Zeitraum nahmen die vorehelichen Sexualkontakte der Männer viel langsamer zu, etwa halb so rasch wie bei den Frauen.) 1980 ergab eine von *Cosmopolitan* durchgeführte wegweisende Sex-Umfrage mit 106 000 Frauen, daß 41 % der Frauen außereheliche Affären hatten, im Vergleich zu 8 %

im Jahr 1948. Das Sexualverhalten der Frauen hatte sich in der Tat so stark verändert, daß es nun beinahe dem der Männer entsprach. «Die typische Frau dieser Umfrage», hieß es in der Einleitung, «ist ein sexuell außergewöhnlich freier Mensch», dessen neue sexuelle Ausdruckskraft «einen Bruch mit der alten Doppelmoral» darstellt.

Frauen wurden auch viel unabhängiger, wenn es darum ging, wann und in welcher ehelichen Situation sie Kinder wollten und wann sie keine mehr wollten. Bei diesen Entscheidungen hatten die biologischen Väter immer seltener das letzte Wort – wenn überhaupt noch ein Mitspracherecht. Die Zahl der Frauen, die Mutterschaft ohne Trauschein befürworteten, nahm in den 80ern stark zu. Der Women's View Survey von 1987 ergab, daß 87% der Single-Frauen – 14% mehr als noch vier Jahre zuvor – es vollkommen in Ordnung fanden, daß Frauen ihre Kinder bekommen und aufziehen, ohne verheiratet zu sein. Fast 40% der Frauen in der Virginia-Slims-Umfrage von 1990 meinten, wenn es um Abtreibung gehe, solle der betroffene Mann nicht gefragt werden. Und es gab auch immer mehr Frauen, die einseitige und unwiderrufliche Entscheidungen bezüglich der Größe der Familie trafen. Die Sterilisation wurde in den 80ern zur Hauptmethode der Empfängnisverhütung – fast jede sechste Amerikanerin entschied sich dafür. Auch diese Entwicklung beschränkte sich wieder nur auf ein Geschlecht. Die Sterilisationsrate der Männer stieg in den 80ern um nur 1%. Bis 1973 hielten sich Vasektomien und Tubenligaturen bei verheirateten Männern und Frauen die Waage. Doch in der zweiten Hälfte der 80er betrafen fast zwei Drittel der Sterilisationen Frauen.

Vielen männlichen Abtreibungsgegnern mag das Tempo, mit dem sich die Frauen sexuelle Freiheit und das Recht auf Geburtenregelung errangen, Angst eingejagt haben. Und anders als die Zunahme des geschlechtsspezifischen Gefälles beim Wählerverhalten oder die wachsende Zahl berufstätiger Frauen drang diese Revolution des weiblichen Verhaltens in die intimste Domäne der Männer ein. «Die Männer haben die Kontrolle über die Fortpflanzung fast vollständig verloren», schrieb Gilder; sie hänge jetzt «in einem nie dagewesenen Maß von der aktiven Lust der Frau ab». Kein Wunder, meinte er, daß so viele Männer «gegen Abtreibung sind». Männer, denen diese Veränderungen Probleme bereiteten, konnten der sexuellen Befreiung zwar nicht direkt Einhalt gebieten, aber vielleicht ließ sich ja

mit Hilfe des Abtreibungsverbots die Bremse ziehen. Wenn sie schon
nicht verhindern konnten, daß eine wachsende Zahl von Frauen auf
den Fahrersitz kletterte, dann konnten sie die Fahrt zumindest gefähr-
licher machen – indem sie das Recht auf Geburtenregelung einschränk-
ten.

Die politische Metaphorik der Antiabtreibungsbewegung der 80er
Jahre trug das Gepräge der Ideologie der Neuen Rechten, die ihr vorausgegangen war. In ihrer kriegszerrissenen Psycho-Landschaft war
der Feind der Feminismus, die Waffe waren aggressiv-moralistische
Phrasen, und die Angriffstaktik beschränkte sich größtenteils auf semantische Mittel. Wie die Männer der Neuen Rechten empfanden
auch die führenden Abtreibungsgegner die Feministinnen als beängstigend zahlreich und mächtig. Als «alte Vetteln» bezeichnete sie der Abtreibungsgegner Tom Bethell in *The American Spectator* – als «furcht-
einflößend wilde» Frauen, die «schreien» und «kreischen». In seinem
gegen die Abtreibung gerichteten Buch *Grand Illusions* bezeichnete
George Grant abtreibungswillige Frauen und Beraterinnen in den Kliniken als «perverse» Furien mit «wildem Blick», die mit «erbitterter
Wut» den «Altar der Bequemlichkeit» bewachen. Planned Parenthood,
meint er, sei eine Institution, die das Pentagon in den Schatten stelle;
die Macht dieser Einrichtung habe «sich in praktisch alle Bereiche des
modernen Lebens eingemischt». Ein führender Abtreibungsgegner,
Father Norman Weslin, war derselben Ansicht. Er sagte, er habe in der
U.S. Army zwanzig Jahre lang als Fallschirmspringer und «für Nukle-
arwaffen zuständiger Kommandeur» gedient, aber im Vergleich zu den
feministischen Widersacherinnen, mit denen er jetzt konfrontiert sei,
seien das «Sandkastenspiele» gewesen.

  Um ihre Kommandostellung zu befestigen und wieder zu echten
«Aktivisten» zu werden, nahmen die Abtreibungsgegner Zuflucht zu
den verbalen Strategien, deren sich zum erstenmal die Neue Rechte
bedient hatte. In Joseph Scheidlers *Closed: 99 Ways to Stop Abortion*,
einem zentralen Text der militanten Abtreibungsgegner, unterstrich
der Leiter der Pro-Life Action League, wie wichtig es sei, die im Zusammenhang mit Abtreibung verwandte Sprache zu «beherrschen». Man
solle gegenüber der Presse, hieß es in seinem Handbuch, «möglichst

selten das Wort ‹Fötus› benutzen. Sagen Sie ‹Baby› oder ‹ungeborenes Kind›... Sie müssen nicht vor dem Vokabular dieser Leute kapitulieren... Vielmehr werden sie irgendwann Ihre Begriffe übernehmen, wenn Sie sie verwenden.» Willkes Buch *Abortion: Questions and Answers*, das zur Bibel der Abtreibungsgegner wurde, betonte genau diesen Punkt: «Man sollte möglichst positiv sein», hieß es darin. «Wir sind *für* den Schutz der Ungeborenen, Behinderten und Alten. Den negativen Begriff ‹Abtreibungsgegner› sollte man möglichst nicht verwenden.»

In ihrem Kampf um verbale Kontrolle bemächtigten sich die Abtreibungsgegner auch des Vokabulars und der Metaphern des Feindes. Willkes Handbuch drängt die Anhänger, das «feministische Credo» des «Rechts auf ihren eigenen Körper» zu übernehmen, es aber auf die abgetriebenen Föten anzuwenden. «Das Baby muß die Wahl haben!» wurde bei Demonstrationen von Abtreibungsgegnern gerne skandiert. Ein «Little Ones» betitelter Protestsong der Operation Rescue forderte «Equal rights/ Equal time/ For the unborn children». Frauen entschieden sich nicht etwa freiwillig für die Abtreibung; vielmehr handele es sich um durch die Abtreibung ausgebeutete Frauen, «Women Exploited By Abortion», wie der Name einer Antiabtreibungsgruppe lautete; sie versprach Abtreibungs«opfern» Rat und Hilfe. Die Literatur der Abtreibungsgegner schilderte Abtreibungsbefürworter als Quasi-Vergewaltiger, die jungen Frauen unsägliche Schrecken zufügten, dann ihr Geld kassierten und in Limousinen davonbrausten. Indem sie Frauen zu Opfern ihres eigenen Rechts auf Abtreibung erklärten, erreichten die Abtreibungsgegner mehr als nur eine Verdrehung des gegnerischen Vokabulars – sie bekräftigten von neuem eine Hauptthese des Gegenschlags. Wieder einmal wurde die Freiheit der Frauen als Ursache für ihr Leiden bezeichnet. Die Wortführer der Bewegung behaupteten, Frauen, die sich unglücklich fühlten, litten wahrscheinlich an den Nachwirkungen des «Abtreibungsfolgesyndroms» – angeblich eine neue Krankheit, die die weibliche Bevölkerung heimsuchte.

Größtenteils stritten die führenden Abtreibungsgegner jede feindselige Haltung gegenüber dem Feminismus ab. Aber ihre Aktionen sprachen eine deutlichere Sprache. John Willke, der Führer von National Right to Life, behauptete, er sei für Gleichberechtigung – opponierte

aber gleichzeitig gegen das Equal Rights Amendment; bald schon revidierte die Führung von National Right to Life ihre anfangs neutrale
Haltung zum ERA. Joseph Scheidler, Führer der Pro-Life Action League, sagte: «Ich habe keinerlei Probleme mit den Frauenrechten»; er
wolle den Frauen ihr Leben nur «erleichtern», indem er ihnen die physische und seelische Qual der Abtreibung erspare. 1986 schwor er jedoch bei einer Tagung der Abtreibungsgegner, er werde jeder Frau, die
ihm widerspreche, «ein Jahr lang Qual und Angst» bereiten.

Die Leitfigur des militanten Kreuzzugs der Abtreibungsgegner, der
Operation-Rescue-Führer Randall Terry, vermied das Thema Gleichberechtigung in seinen zahlreichen öffentlichen Reden ebenso sorgfäl-
tig. Es gehöre nicht zu seinen Zielen, die Freiheit der Frau einzuschrän-
ken, versicherte er der Presse; er versuche nur, «die Mütter und ihre
ungeborenen Babys zu retten». Die Geschichte von Terrys politischem
Werdegang suggeriert jedoch viel komplexere, persönlichere Motive –
unter denen die Kampagne für die Frauenrechte eine herausragende
Stellung einnahm.

Randall Terry:
Wen rettete er wirklich?

> «Ich war ein uneheliches Kind. Ich hätte abgetrieben werden kön-
> nen. Obwohl ich hoffe und glaube, daß meine Eltern das nicht
> getan hätten, bin ich doch froh, daß sie gar nicht erst die Mög-
> lichkeit dazu hatten.»
>
> Randall Terry

Randall Terry wuchs in der Vorstadtgegend von Rochester, New York,
auf, dem Geburtsort von Susan B. Anthony und dem Sprungbrett für
die erste Welle des amerikanischen Feminismus vor 150 Jahren. Terrys
Beziehung zum feministischen Aktivismus involvierte jedoch mehr als
nur das geographische und historische Zusammentreffen. Terry war
der älteste Sohn einer Familie, die, von mütterlicher Seite her, seit drei
Generationen selbstbestimmte Frauen hervorgebracht hatte, die sich
politisch artikulierten. Seit Beginn des Jahrhunderts, als seine Urgroß-
mutter mütterlicherseits einem Gemeindepriester den Gehorsam ver-

weigert hatte und aus der katholischen Kirche ausgetreten war, waren die DiPasquale-Frauen freimütig, progressiv und feministisch. «Randy Terrys Konterschlag gegen die Frauenbewegung mag intimere Gründe haben, als man denkt», sagt Dawn Marvin, ehemalige Sprecherin der Planned-Parenthood-Ortsgruppe Rochester – und Randall Terrys Tante. «Er wurde von Feministinnen großgezogen.»

Terrys drei Tanten, Diane, Dawn und Dale, agitierten für Bürgerrechte, Frieden und vor allem für die Gleichberechtigung der Frau. Während der Siebziger riefen die Schwestern von der eng verbundenen mütterlichen Linie ein Programm für das Frauenrecht auf Sozialhilfe ins Leben, außerdem das erste Frauenforschungsprogramm an der Buffalo Bill University, ein Künstlerinnenkollektiv, eine Frauentalkshow, eine Frauengruppe und eine Frauenklinik. Ihr vordringlichstes feministisches Anliegen war jedoch das Recht auf Abtreibung. In ihren Schriften und Universitätsvorträgen befürwortete Diane den legalen, sicheren Schwangerschaftsabbruch. Dawn stand stundenlang im Regen und sammelte Unterschriften für eine Petition zur Legalisierung der Abtreibung in New York State. Dales Foto war im Rahmen einer Werbekampagne für Aufklärungsunterricht in sämtlichen Bussen der Stadt zu sehen.

Der Aktivismus der Schwestern basierte auf schmerzlichen Erfahrungen. Jede der vier Schwestern war als lediger Teenager ungewollt schwanger geworden, bevor es die Möglichkeit zur legalen Abtreibung gab; Randy war das Produkt einer dieser Schwangerschaften. In einem Fall versagte ein Kondom. Im anderen Fall klappte es nicht mit dem Koitus interruptus. Was auch immer «schiefging», die Frau mußte dafür bezahlen. Dawn gab ein College-Studium und eine Karriere als Künstlerin auf, um einen ungeliebten Mann zu heiraten, der ihr während der Schwangerschaft mit Faustschlägen den Kiefer zertrümmerte. Diane gab Pläne für ein Studium an einer Elite-Universität auf und verbrachte die letzten Monate ihrer High-School-Zeit mit der Suche nach einer Möglichkeit zur illegalen Abtreibung; erst im fünften Monat fand sie einen «Arzt», der sich bereit erklärte. Er knöpfte ihr 500 $ ab, injizierte ihr Kochsalzlösung und ließ sie in einem fremden Haus allein. Sie wäre fast verblutet.

«Unsere zähesten Feindinnen sind fast immer Feministinnen», sagt Terry. Der schlaksige Neunundzwanzigjährige mit dem Kindergesicht hockt auf dem Gehsteig vor dem Operation-Rescue-Hauptquartier in Binghamton, New York. Hinter ihm befindet sich die «Kommandozentrale», eine muffige Dreizimmerwohnung, deren Wände mit Wasserflecken und Fotos blutiger Föten übersät sind. In einem der Büroschränke schwebt «Baby Choice» in einem Glas. Dieser einbalsamierte Fötus begleitet Terry oft auf Pressekonferenzen; dann wird er mit Windeln umhüllt und in einem winzigen Schuhkarton-«Sarg» aufgebahrt.

«Der radikale Feminismus hat den Kindermord geboren», sagt Terry. «Die sind auf die Straße gegangen und haben ihre Rechte eingefordert, NARAL, NOW, mit ihren Lügen und ihrer verlogenen Propaganda, die die Medien sofort kritiklos schluckten und auf das amerikanische Volk zurückspien. Lügen.» Aber schließlich, sagt er, seien auch die meisten Reporter «Werkzeuge der NOW». «Die radikalen Feministinnen haben natürlich geschworen, die traditionelle Familie zu zerstören, sie hassen die Mutterschaft, sie hassen größtenteils Kinder und befürworten lesbische Aktivitäten.» Er gibt ein Beispiel: Margaret Sanger, Pionierin der Geburtenregelung und Gründerin von Planned Parenthood. Sie sei eine «Hure», meint er. «Sie hat die Ehe gebrochen und überall herumgeschlafen, in der ganzen Welt, mit allen möglichen Leuten.» Er sei nicht nur gegen die Abtreibung; er wolle auch alle Empfängnisverhütungsmittel verbieten – und selbstverständlich auch voreheliche Sex. Er sagt, er beabsichtige, seine eigene Tochter als Jungfrau zum Altar zu führen.

Wenige Stunden später fährt Terry heim. Seine Frau Cindy, eine dünne Frau mit fast durchscheinender Haut, öffnet ihm die Tür; die dreijährige Tochter Faith klammert sich an sie. «Ich hab ihr schon mitgeteilt, daß du nichts sagst», instruiert er seine Frau und zeigt mit dem Daumen auf mich. Sie berichtet, der Rasenmäher springe nicht an. Er zieht ein paarmal den Anlasser, und als der Motor anspringt, überläßt er ihr die Arbeit. Er setzt sich auf die Wohnzimmercouch, legt die Füße hoch und erinnert sich mit einem wehmütigen Seufzer daran, daß er heute vor einem Jahr seinen Medienzenit erreicht habe: «Da hab ich in einem Hotel auf die Limousine gewartet, die uns in die ‹Morton Downey, Jr.› Show bringen sollte.»

Sein Aufstieg zum «nationalen Medienstar», wie er es nennt, war kometenhaft; wenige Jahre bevor ihn die Downey-Limousine abholte, hatte er noch alte Autos im Norden von New York State verkauft. Während draußen der Rasenmäher dröhnt, erzählt Terry die entscheidenden Ereignisse seines jungen Lebens, die zu seinem unvermittelten Ruhm führten.

Mit sechzehn wollte er nach Kalifornien, um sich «selbst zu finden» und «ein Rock-and-Roll-Star» zu werden. Als talentierter Pianist und Gitarrist und überdurchschnittlich begabter Schüler brach er vier Monate vor der Abschlußprüfung 1976 die Schule ab und trampte nach Westen. «Ich war ein junger Rebell», erinnert er sich. «Ich war fast zu spät geboren worden», ein «Nachzügler» der Sechziger.

Er lief auch aus einem spannungsgeladenen Elternhaus davon. Sein Vater, Michael Terry, war ein unzufriedener Lehrer, ein begabter klassischer Sänger, dessen Karriere sich in nichts auflöste, als er das Music-College abbrach und mit zwanzig Jahren eine Mußehe schloß. Die Ehe war sehr problematisch, und oft wandte sich Michael Terrys heftiges Temperament gegen seinen ältesten Sohn. Am Abend bevor Randy von zu Hause weglief, hatte ihn sein Vater verprügelt.

Terry kam nie in Kalifornien an, und die Reise war eine Enttäuschung; 1976 war es etwas zu spät für die typische «On-the-Road»-Erfahrung. «Ich wollte Antworten», sagt er. Aber «in den 70ern wollten alle nur high sein.» Er kam bis Galveston, Texas, wo er am Strand kampierte, Dope rauchte und Gitarre spielte, bis ihm ein Landstreicher seinen Rucksack und all seine Habseligkeiten stahl. Er kehrte nach Hause zurück, mit einer Gideon-Bibel in der Hand, die er sich unterwegs gekauft hatte.

Zurück in der Vorstadtgegend von Rochester, nahm er den einzigen Job an, den er bekam – als Eisverkäufer bei den Three Sisters, einem Imbißstand am Ort. Von Zeit zu Zeit kam ein Laienprediger aus dem nahe gelegenen Elim Bible Institute vorbei, um Zeugnis für Christus abzulegen. Eines Abends dann wurde Terry bekehrt. Er schwor, ein religiöser Führer zu werden, verließ den Eisstand und schrieb sich am Elim Institute ein, um sich auf das geistliche Amt vorzubereiten.

Doch mit Hilfe seines Diploms vom Elim Institute, einer nicht anerkannten Ausbildungsstätte, fand er nicht einmal einen passablen Job. Er verkaufte Autoreifen und wendete bei McDonald's Hamburger.

Während der Rezession wurde er zweimal entlassen. Inzwischen verheiratet, konnte er sich keine Wohnung leisten – er und Cindy mußten wie Sozialfälle in einem leeren Wohnwagen der Kirche leben. Für die Bezahlung von Arztrechnungen und manchmal sogar von Lebensmitteln mußte er Cindys Mutter anpumpen. Obwohl Terry später die berufstätigen Frauen für «die Zerstörung der traditionellen Familie» verantwortlich machte, war es der Floristinnenjob seiner Frau, der ihnen durch diese mageren Zeiten half. Erst als Terry die Operation Rescue ins Leben rief und Hunderttausende von Spendendollars einliefen, konnte er von seinem Lohn leben – und seine Frau an den Herd zurückschicken.

Die «Vision» von der Operation Rescue sei ihm im Herbst 1983 während einer Gebetsversammlung gekommen. Es war ein Dreipunkteplan: Kliniken zu blockieren, Frauen vom Abbruch abzuraten und Heime für ledige Mütter bereitzustellen. Er leitete mehrere Angriffe auf Kliniken, aber seine Kampagne kam erst im Juli 1988 in die Medien, als er über Atlanta herfiel und über ein Pressecorps, das sich wegen des demokratischen Parteitags in der Stadt aufhielt. In der anschließenden wochenlangen Belagerung wurden 134 Protestierer festgenommen, Terry «schaffte es ins Fernsehen» und war so gut wie sicher zum Star avanciert.

Als Terry am Höhepunkt der Geschichte angelangt ist, kommt Cindy, die fertiggemäht hat, ins Haus zurück, um das Abendessen zu richten. Nach einer Weile kommt sie ins Wohnzimmer geschlendert. «Ich hab ihr gesagt, du magst keine Medienleute, deshalb sei kein Kommentar von dir zu erwarten», sagt Terry seiner Frau. Cindy scheint zum Reden jedoch durchaus bereit zu sein. Sie erzählt, sie sei Randy im Elim Institute begegnet, wo sie gelernt habe, «eine bessere Christin zu sein». Anfangs habe sie sich nicht zu ihm hingezogen gefühlt, sagt sie, aber im Unterricht über das Leben der christlichen Frau habe sie gelernt, daß «blinde Liebe» zu «schlechten Ehen» führen könne. Randy hingegen sagt, Cindy habe ihn sofort angezogen – weil «sie so still war».

Cindy Dean wuchs in Manchester auf, einer kleinen Stadt im Norden des Bundesstaats New York. Sie arbeitete als Kellnerin und Bardame im dortigen Sheraton Hotel, sehnte sich aber nach mehr. «Mein Leben sollte nicht ein einziger Fehlschlag sein», sagt sie. Also meldete sie sich mit dreiundzwanzig im Culinary Institute of America an, das am Hydepark liegt, «eine der besten Kochschulen der Vereinigten Staaten», wie sie betont. Sie war eine der wenigen Schülerinnen, die Chefköchinnen werden wollten, sie sei in einen «von Männern dominierten Beruf» eingedrungen, sagt sie stolz. «Ich war wirklich voll dabei. Ich hatte ausgezeichnete Noten, weil ich ja etwas aus meinem Leben machen wollte.» Dann begann sie, in einem französischen Restaurant in Rochester zu arbeiten; sie kreierte Pasteten und hatte bald die ganze Küche unter sich. Aber dann begegnete sie einer Gruppe neugeborener Christen. Sie bekehrten sie – und überredeten sie, die Ausbildung abzubrechen.

«Wir müssen jetzt zum Schluß kommen», unterbricht Randy ihre Erzählung. «Ich möchte essen.» Sie gehen ins Eßzimmer hinüber. Randy sitzt dem Tisch vor, und Cindy trägt auf. Er tadelt sie, weil ihr «die Bohnen angebrannt» sind. Nach dem Abendessen zieht er sich ins Wohnzimmer zurück, mit einem Video des TV-Films über Lieutenant Colonel Oliver North: *Guts and Glory*. Während Cindy den Tisch abräumt, gesteht sie, die Klinikblockaden seien ursprünglich ihre Idee gewesen. Sie habe große Probleme gehabt, schwanger zu werden – fünf Jahre lang –, und sich allmählich über die Frauen geärgert, die so mühelos schwanger wurden und dann abtreiben ließen. Auf eigene Faust begann sie, vor den Southern Tier Women's Services – der Binghamtoner Familienplanungsklinik – auf und ab zu marschieren. Sie trug ein handgeschriebenes Plakat vor sich her und rief den Frauen zu: «Bringen Sie Ihr Baby nicht um! Ich nehme es! Ich kann kein Baby kriegen!» Alex Aitken, eine damalige Klinikangestellte, sagt nachträglich über Cindy: «Sie war anfangs eine ziemlich starke Persönlichkeit. Die ist auf alle zugegangen.»

Eines Tages jedoch kam sie in Randys Begleitung. Und bald darauf, erinnert sich Aitken, sei Cindy «einfach von der Bildfläche verschwunden». Statt dessen patrouillierte jetzt Terry über den Parkplatz und warf sich buchstäblich gegen die Autos, um die Frauen am Betreten der Klinik zu hindern. Als er einmal die Identität einer Patientin herausbekam, platzte er ins Wartezimmer und schrie wieder und wieder ihren Namen, wie der Held in *Die Reifeprüfung*. Ein anderes Mal, so erinnern sich Klinikangestellte, gab er sich als Klinik«berater» aus, sagte einem sechzehnjährigen Mädchen, er bringe sie jetzt in «unsere andere

Praxis», bei der es sich in Wirklichkeit um sein eigenes Büro handelte. Dort zeigte er dem Teenager blutrünstige Filme über angebliche Folgen der Abtreibung – Unfruchtbarkeit, Wahnsinn und Tod –, bis das verängstigte Mädchen davonlief.

1985 hatte Terry dann eine Gruppe kirchlicher Unterstützer organisiert, die der Klinik tägliche Besuche abstatteten. Sie besprühten die Türschlösser mit Sekundenkleber und folgten den Angestellten auf dem Hin- und Heimweg. Eines Tages stürmten sie die Klinik, zertrümmerten das Mobiliar, rissen die Telefonkabel aus der Wand und schlossen sich im Beratungszimmer ein. Die Polizei mußte die Tür aufbrechen. Bei einem anderen Protest sprang ein junger Operation-Rescue-Aktivist in ein Fenster und boxte eine im fünften Monat schwangere Frau in den Magen. Sie kam mit dem Krankenwagen in die Klinik – und hatte drei Wochen später eine Fehlgeburt. Mit den beiden anderen Punkten seines «Dreipunkteplans» kam Terry nicht sehr weit. Bis 1989 hatte die Operation Rescue erst eine einzige Beratungsstelle für bedürftige junge Schwangere eingerichtet, das Crisis Pregnancy Center. Mit einer Anzeige auf den Gelben Seiten, die kostenlose Schwangerschaftstests verhieß, lockte man die Teenager hin und führte ihnen dann einschüchternde Antiabtreibungsfilme vor. Am Tag meines Besuchs bestand der einzige Service, der bedürftigen Müttern angeboten wurde, in ein paar Paketen Trockennahrung und zwei gebrauchten Kinderbettchen. Was die Heime für ledige Mütter betraf, so errichtete Terry nur ein einziges, das House of Life in Pennsylvania. Und nachdem es vier schwangere Mädchen aufgenommen hatte, machte es auch schon wieder zu. Der Grund? Das Ehepaar, das das Heim leitete, hatte zuviel mit den Geburtsvorbereitungen für sein eigenes Baby zu tun.

Das Vermächtnis der Abtreibungsgegner

Die militanten Abtreibungsgegner waren die lautstärksten und brutalsten Vertreter des Gegenschlags. Durch ihre Hetze wurden zwischen 1977 und 1989 siebenundsiebzig Familienplanungskliniken mit Brandsätzen oder Bomben beworfen (in mindestens sieben Fällen während der Arbeitszeit, also während Angestellte und Patientinnen in der Klinik waren), 117 wurden angezündet, 250 erhielten Bombendrohungen, in 231 drangen Abtreibungsgegner ein, und 224 wurden verwüstet. Und im Lauf der Zeit nahm die Zahl der Übergriffe zu. Im April hatte die Zahl der Bomben- und Brandanschläge bereits die Gesamtzahl des Vorjahrs erreicht. Patientinnen wurden belästigt und sogar gekidnappt; Mitarbeiter und Mitarbeiterinnen erhielten in sechsundsiebzig Familienplanungszentren Morddrohungen und waren in siebenundvierzig Zentren tätlichen Angriffen ausgesetzt. Eine medizinisch-technische Assistentin wurde von Abtreibungsgegnern mit Chemikalien geblendet, bevor sie die Concerned Women's Clinic in Cleveland, Ohio, in Brand setzten. Eine Ärztin wurde durch einen in ihrer Morgenzeitung versteckten Sprengsatz verstümmelt. Die Leiterin von Planned Parenthood in Minnesota wurde mehrfach geschlagen und gewürgt. In einer Klinik in Youngstown, Ohio, erlitt eine Angestellte eine Gehirnerschütterung, als fünfundzwanzig Abtreibungsgegner das Gebäude stürmten. Angestellte anderer Kliniken wurden geschlagen, als Geiseln genommen, mit dem Auto angefahren, und einmal wurde sogar der Hund einer Klinikleiterin vergiftet.

Die Geschichte der Antiabtreibungskampagne in den Jahren seit dem *Roe*-Urteil* ist bekannt: Schon im ersten Jahr seiner Existenz wurden über fünfzig Anträge gegen den *Roe*-Erlaß eingereicht; 1974 gab es den Versuch, ihn durch einen Verfassungszusatz zu verbieten; 1976 blockierte das Hyde Amendment erfolgreich die staatliche Beihilfe zur Abtreibung; die republikanischen Präsidenten der 80er Jahre spielten eine immer aktivere Rolle; Hunderte von Gesetzesanträgen führten in über dreißig Staaten zu Verboten oder zu Gesetzen, die bei Minderjährigen eine elterliche oder richterliche Erlaubnis verlangten. Es gab Prozesse gegen das *Roe*-Urteil, die in dem 1989 vom Supreme Court gefällten *Webster*-Urteil** gipfelten – ironischerweise am Vorabend des Unabhängigkeitstages –, das Abtreibungseinschränkungen bestätigte. Und schließlich erließ 1991 der Supreme Court ein Urteil, das es staatlich subventionierten Kliniken verbot, bei der Schwangerenberatung das Wort Abtreibung auch nur zu *erwähnen*.

Doch trotz des vielen Aufsehens wurde die Kampagne nie zu einer

* Ein 1973 von Supreme Court gefälltes Urteil, das die gesetzliche Regelung der Abtreibung in 3-Monats-Zeiträume gliedert.
** Das Webster-Urteil verbot Abtreibungen in städtischen Kliniken.

Massenbewegung. Eine Umfrage nach der anderen zeigte klar, daß die Mehrheit der amerikanischen Bevölkerung *Roe* gegen *Wade* unterstützte. Das Webster-Urteil erhöhte die Zahl der Abtreibungsbefürworter sogar noch. Jetzt wurde *Roe* in allen Landesteilen, allen Altersgruppen, beiden politischen Lagern und bei den Katholiken von einer Mehrheit favorisiert. Nur eine einzige Gruppe wünschte sich mehrheitlich eine Revision dieses Gerichtsurteils: die weiße Gemeinde der TV-Evangelisten.

Die unerschütterliche Unterstützung für das *Roe*-Urteil macht nur im größeren Kontext der amerikanischen Geschichte Sinn; das wegweisende Urteil ist einfach eine Rückkehr zum Status quo. Das Recht auf Abtreibung – in der einen oder anderen Form seit der Kolonialzeit praktiziert – war bis zum letzten Viertel des 19. Jahrhunderts nie eingeschränkt gewesen. Und bis damals bedeutete eine Abtreibung, bevor sich der Fötus bewegte (einige Monate nach der Empfängnis), nicht einmal einen moralischen Makel. Die auf die Geschichte der Geburtenregelung spezialisierte Historikerin Kristin Luker sagt: «Ironischerweise stimmte das 1973 gefällte, vielgeschmähte Supreme-Court-Urteil zur Abtreibung, *Roe* gegen *Wade* – das die gesetzliche Regelung der Abtreibung in 3-Monats-Zeiträume gliedert –, viel mehr mit den traditionellen Abtreibungsregeln zusammen, als die meisten Amerikaner glauben.»

1800 war die Abtreibung in fast allen Bundesstaaten erlaubt und die öffentliche Meinung dazu neutral. Erst nach dem Aufkommen der Frauenbewegung Mitte des Jahrhunderts wurde das Thema Abtreibung zum Schlachtfeld. Als die Frauen so simple Erleichterungen wie «freiwillige Mutterschaft» forderten – was einfach hieß, daß Ehefrauen die Möglichkeit haben sollten, sich aus gesundheitlichen Gründen gelegentlich sexuell zu verweigern –, konterten Ärzte, Abgeordnete, Journalisten und Kirchenmänner mit einer weit extremeren Kampagne gegen jede Art von Geburtenregelung. Plötzlich wimmelte es in der *New York Times* von Artikeln, die die Abtreibung als «die Geißel des Zeitalters» bezeichneten. Plötzlich startete die American Medical Association (damals eine noch in den Anfängen steckende Organisation, die sich profilieren wollte, indem sie Hebammen und andere Abtreibungsbefürworterinnen aus dem Geschäft drängte) eine massive Kampagne gegen diese «kriminelle» und «verantwortungslose» Praxis und verlieh sogar einen Preis des Jahres für das beste Buch gegen Abtreibung. Plötzlich erklärten Kirchenmänner die Abtreibung zur schweren Sünde. Plötzlich stürmten «Keuschheits»-Verfechter die Abtreibungskliniken und zerrten die Operateure, meist Frauen, vor Gericht. Ende des 19. Jahrhunderts führte dieser Konterschlag gegen das Recht auf Geburtenregelung zu einem staatlichen Verbot sämtlicher Verhütungsmittel (das bis weit in unser Jahrhundert hineinreichte) und zum Verbot des Schwangerschaftsabbruchs (außer bei Lebensgefahr für die Frau) in jedem Stadium.

Vielleicht entfachen auch die bescheidensten Versuche von Frauen, selbst über ihre Fruchtbarkeit zu bestimmen, zwangsläufig einen Proteststurm. Alle Ziele von Frauen – ob in bezug auf Ausbildung, Beruf oder jede Art von Selbstbestimmung – beruhen letztlich auf der Möglichkeit, frei zu entscheiden, ob und wann sie Kinder haben möchten. Aus diesem Grund war das Recht auf Geburtenregelung in den aufeinanderfolgenden feministischen Programmen schon immer das populärste Anliegen – und das vom Gegenschlag am heftigsten attackierte Ziel. Als Anfang der 20er Jahre der Feminismus wiederauflebte, bekam die von Margaret Sanger initiierte Empfängnisverhütungsbewegung über Klassen- und Rassengrenzen hinweg weit breitere Zustimmung als jeder andere Punkt der Frauenrechtskampagne. Die Frauenrechtlerin und Friedenskämpferin Crystal Eastman schrieb 1918 über ihre feministischen Zeitgenossinnen: «Egal, ob wir nun erklärte Anhängerinnen von Alice Paul, Ruth Law, Ellen Key oder Olive Schreiner sind – Anhängerinnen von Margaret Sanger müssen wir alle sein.»

Wie schon im 19. Jahrhundert war auch die Antiabtreibungsbewegung der 80er Jahre durch Strafreaktionen geprägt: Bescheidene Freiheiten der Frauen auf dem Gebiet der Geburtenregelung wurden wieder einmal mit einem Ausbruch repressiver Gegenmaßnahmen beantwortet. In den Hunderten von Gesetzesinitiativen und Referenden, die folgten, hatte es oft den Anschein, daß es den Gegnern des Rechts auf Geburtenregelung um weit mehr ging als um die Aufhebung des *Roe*-Urteils. Manche schlugen ein totales Abtreibungsverbot vor, auch dann, wenn für die Frau Lebensgefahr bestand – ein extremer Standpunkt, der nicht einmal vor dem *Roe*-Urteil in der Abtreibungsgesetzgebung enthalten gewesen war. Andere forderten, die Frauen müßten erst die Erlaubnis ihres Ehemanns vorweisen können; wieder andere bestanden auf einer Zwangsberatung durch den behandelnden Arzt. Andere Vorschläge zielten darauf, daß alle Verhütungsmittel, die möglicherweise noch nach der Befruchtung wirkten, verboten werden sollten; oder es ging ihnen darum, daß Informationsschriften über Empfängnisverhütung sogar aus öffentlichen Büchereien verbannt werden sollten oder daß völlig Fremde die Möglichkeit bekommen sollten, gegen abtreibungswillige Frauen eine richterliche Verfügung zu erwirken. In Utah sollten nach dem Willen des Gesetzgebers Abtreibungsbefürworter mit Gefängnis bis zu fünf Jahren bestraft werden; in Louisiana wurden zehn Jahre Zwangsarbeit gefordert, in Massachusetts forderte ein zweimal eingereichter Gesetzesantrag den elektrischen Stuhl.

Als sich der Konterschlag gegen das Recht auf Geburtenregelung verstärkte, beteiligten sich auch Journalisten, Kirchenmänner und Rechtsanwälte. Allein in den letzten beiden Jahren der 8oer erschienen in den wichtigen Tageszeitungen über fünfzehnhundert Artikel über Abtreibung, und die Wochenzeitungen widmeten der Abtreibungsfrage mehr Raum als jedem anderen sozialpolitischen Thema. (Diese Artikel befaßten sich fast nie mit den Nöten oder Ansichten der Millionen Frauen, die von der Attacke gegen die Abtreibung betroffen waren; statt dessen wurde moralisiert oder der Frage nachgegangen, ob man Reporterinnen überhaupt erlauben solle, über die Abtreibungsdebatte zu schreiben, oder besorgt überlegte, in welcher Form der Abtreibungsstreit verschiedenen Politikern «schaden» könne.) Die amerikanische Anwaltskammer stimmte 1990 über die Änderung ihrer abtreibungsbefürwortenden Linie ab – nur sieben Monate nachdem sie beschlossen worden war. Selbst moderate religiöse Sekten – darunter die amerikanischen Baptisten, die Presbyterianer, die Vereinigten Methodisten und die Episkopalkirche – rückten von ihrer bis dahin abtreibungsbefürwortenden Haltung ab. Die katholischen Bischöfe zogen sämtliche Bremsen und beauftragten Hill & Knowlton, Amerikas größtes Public-Relations-Unternehmen, mit einer 55 Millionen $ teuren Publicity-Kampagne gegen die Abtreibung. Die New Yorker Erzdiözese schlug die Gründung eines neuen Nonnenordens vor, «Sister of Life», der sich ausschließlich dem Kampf gegen die Abtreibung widmen sollte. Ebenfalls in New York gab John Kardinal O'Connor ein zwölfseitiges Papier heraus, in dem römisch-katholische Politiker darauf hingewiesen wurden, daß ihnen Exkommunikation drohe, falls sie das Recht der Frau auf Abtreibung unterstützten. In New Jersey erklärte Bischof James McHugh, daß katholische Politiker, die von der Position der Kirche abwichen, von jetzt an keine Reden mehr bei kirchlichen Veranstaltungen und keine Gottesdienste mehr halten dürften. Der Erzbischof von Guam schwor, jeden Senator zu exkommunizieren, wenn er sich gegen einen extremen Gesetzesantrag stelle, der auf der Insel praktisch alle Abtreibungen verbot. Und Bischof Rene Gracida aus Corpus Christi, Texas, exkommunizierte die Leiterin eines Familienplanungszentrums der Stadt und drohte der Angestellten einer anderen Klinik mit einem ähnlichen Schicksal, falls sie nicht kündige.

Am Ende der Dekade jedoch hatte es die Antiabtreibungskampagne nicht geschafft, das *Roe*-Urteil zu kippen, drakonische Gesetzesvorschläge waren größtenteils abgelehnt oder revidiert worden, und die allgemeine Befürwortung der legalen Abtreibung hatte nur noch zugenommen. Nichtsdestoweniger hatten die permanente Publicity, die zahllosen Prozesse, die vielen Schikanen und Gewalttätigkeiten bewirkt, daß es für einen Großteil der Frauen de facto fast keine Möglichkeit zur Abtreibung mehr gab.

Das Klima der Angst entmutigte die sowieso schon zögerlichen Krankenhäuser noch mehr, den Eingriff vorzunehmen. 1987 konnten Frauen in 85% der Counties keine Abtreibung mehr durchführen lassen. Einer landesweiten Umfrage zufolge sank in ländlichen Gegenden die Zahl der Abtreibungskliniken zwischen 1977 und 1988 um über 50% – und 20% dieses Rückgangs vollzogen sich nach 1985. Auch die Zahl der Ärzte und Ärztinnen, die für den Eingriff ausgebildet waren oder eine solche Ausbildung anstrebten, ging rapide zurück. In North Dakota und South Dakota gab es jeweils nur eine Abtreibungsklinik, und in mindestens einem Dutzend Bundesstaaten von Mississippi bis Maryland mußten Frauen die Grenze überschreiten, um den Eingriff vornehmen zu lassen. In Missouri reisten abtreibungswillige Frauen den ganzen Tag und campten auf dem Parkplatz der einzigen Familienplanungsklinik in St. Louis, die noch im zweiten Schwangerschaftsdrittel abtrieb. Im Truman Medical Center von Kansas City sank – sogar noch bevor das Webster-Urteil Abtreibungen in städtischen Kliniken verbot – die Zahl der Eingriffe von 484 im Jahr 1986 auf 49 im

Jahr 1988. Es lag nicht an mangelnder Nachfrage; es lag vielmehr daran, daß einer der beiden Ärzte, die die Abtreibungen durchführten, solchen Schikanen ausgesetzt war, daß er nach Kalifornien zog, und daß die Wohnung des anderen Arztes so oft von Abtreibungsgegnern belagert wurde, daß ihm gekündigt wurde. Selbst Hauptstädte waren betroffen. Das Cook County Hospital, das größte Chicagoer Armenkrankenhaus, weigerte sich, Abtreibungen vorzunehmen, und 1990 machte der neue Direktor der County-Verwaltung – der im Wahlkampf dafür plädiert hatte, daß Frauen wieder die Möglichkeit zum Abbruch erhalten müßten – unter dem Druck der Abtreibungsgegner innerhalb der Verwaltung einen Rückzieher. Im gleichen Monat stellte das Masonic Medical Center, eines der wenigen Krankenhäuser in Illinois, das Abtreibungen auch noch im zweiten Schwangerschaftsdrittel durchgeführt hatte, die Eingriffe ein – weil die katholische Kirche dem Krankenhaus ein dringend benötigtes Grundstück nur unter der Bedingung verkaufte, daß es sich der kirchlichen Abtreibungsposition anschloß.

Für die zehn Millionen Frauen, die von der staatlichen Gesundheitsfürsorge – Medicaid – abhingen, waren selbst die wenigen Abtreibungskliniken, die die Eingriffe weiterhin durchführten, unerreichbar. Die jährlich über 250 000 von Medicaid abhängigen Frauen, die abtreiben lassen wollten, bekamen keine Beihilfe mehr. Und bis auf wenige Ausnahmen verboten bis Ende der Dekade auch alle Bundesstaaten die durch öffentliche Gelder finanzierten Abtreibungen. (Darüber hinaus verabschiedeten acht Staaten Anfang der 8oer Jahre Gesetze, die es sogar Privatversicherungen verboten, für Abtreibungen aufzukommen.) In Michigan bewirkte ein 1988 in Kraft getretenes Verbot der staatlich finanzierten Abtreibungen, daß die Zahl der Schwangerschaftsabbrüche im folgenden Jahr um 10 300 oder 23 % zurückging. Es war, als habe das *Roe*-Urteil nie existiert.

Die paar privaten Stellen, die minimale Abtreibungsbeihilfen gewährten, wurden von verzweifelten Frauen förmlich überrannt: Der Chicagoer Abortion Fund mußte jedes Jahr Hunderte von Frauen abweisen. Rosie Jimenez, eine siebenundzwanzigjährige alleinerziehende Mutter mit College-Stipendium, entdeckte sechs Monate vor der Lehrerprüfung, daß sie schwanger war. Für einen finanziell erschwinglichen Abbruch mußte sie über die Grenze nach Mexiko. Sie kam bei dem billigen, illegalen Eingriff ums Leben. Als Spring Adams, eine Dreizehnjährige aus Idaho, 1989 von ihrem Vater vergewaltigt und geschwängert wurde, fand ihre von Sozialhilfe lebende Mutter im ganzen Bundesstaat nur einen einzigen Arzt, der Abtreibungen auch noch im zweiten Schwangerschaftsdrittel vornahm, ihr jedoch finanziell nicht entgegenkam. Da sie sein Honorar nicht bezahlen konnte (in Idaho war die Finanzierung von Abtreibungen durch Medicaid verboten, sofern nicht Lebensgefahr für die Mutter bestand), dehnte Springs Mutter ihre verzweifelte Suche auf andere Bundesstaaten aus. Endlich fand sie eine Klinik in Portland, Oregon, die sich bereit erklärte, den Eingriff für nur 200 $ durchzuführen. Zwei Tage bevor Spring in den Greyhoundbus nach Portland steigen konnte, wurde sie jedoch von ihrem Vater – einem Abtreibungsgegner – erschossen.

Durch die Antiabtreibungsbewegung wurde es auch schwerer, von den wenigen Kliniken zu erfahren, die überhaupt noch Abtreibungen durchführten. Das 1991 vom Obersten Zivilgericht gefällte Urteil knebelte Frauenkliniken, die öffentliche Gelder erhielten. Die staatlich geförderte Sexualaufklärung im Rahmen des Adolescent Family Life Act enthielt den Schülerinnen jegliche Information über Abtreibung und Empfängnisverhütung vor. Und aus Angst vor den Drohungen der Abtreibungsgegner schafften auch die Public-School-Behörden Aufklärungsunterricht mit solchen Informationen ab. In Minnesota war 1989 an über der Hälfte der High-Schools der Aufklärungsunterricht eingestellt worden – eine direkte Reaktion auf den Druck der starken Antiabtreibungslobby des Bundesstaats. Antiabtreibungslobbys zwangen die Medien, Anzeigen von Familienplanungskliniken abzulehnen und auch die öffentliche Information über Abtreibungskliniken einzustellen. Ob als direkte Reaktion auf diesen Druck oder einfach, um die Kontroverse zu beenden, gingen Dutzende von Zeitungen, Radiostationen, Fernsehsender, College- und High-School-Zeitungen, Jahrbücher und sogar Football-Zeitungen dazu über, Meldungen und Anzeigen von Familienplanungskliniken und sogar Infos von Proabtreibungsgruppen nicht mehr zu veröffentlichen.

Attacken *gegen* die Abtreibung jedoch waren zu sehen – in Pizzaschachteln und sogar in Sportvideos. Der Direktor von Domino's Pizza, Thomas Monaghan, sorgte dafür, daß seine Kunden per Flugblatt über Antiabtreibungsdemonstrationen informiert wurden. Wellington Mara, Besitzer von New York Giants, produzierte das *Champions-for-Life*-Video, das er über die American Life League an Schulkinder verlieh. «Jetzt, wo es den Abtreibungstodesschwadronen erlaubt ist, in unserem Land herumzuwüten», teilte der Giants-Spieler Mark Bavaro (einer von sechs Team-Stars in dem Film) seinen jungen Fans mit, «frage ich mich, wie viele zukünftige Champions umgebracht werden, noch bevor sie das Licht der Welt erblicken.»

Eine NOW-Anzeige, die nur Zeit und Ort einer nationalen Demonstration für das Recht auf Geburtenregelung enthielt, wurde von sechsundzwanzig Radiostationen in fünf der größten amerikanischen Medienmärkte abgelehnt. Die *Los Angeles Times* und die *Washington Post* weigerten sich, eine Anzeige des Fund for Feminist Majority zu bringen, in der der abtreibungsbefürwortende Film *Abortion for Survival* angekündigt wurde. (Und jenen Frauen, die schriftlich bei der *Los Angeles Times* gegen diese Entscheidung protestierten, schickte die Anzeigenabteilung einen Brief, in dem ihnen mitgeteilt wurde, daß sie nur von feministischen Interessen «instrumentiert» würden.) Andererseits war jedoch *USA Today* bereit, eine große Anzeige der American Life League zu bringen – am Jahrestag von *Roe* gegen *Wade* –, in der vergewaltigte Frauen aufgefordert wurden, nicht abtreiben zu lassen. Und das Fernsehen hatte auch keine Probleme damit, Teile des umstrittenen und irreführenden Antiabtreibungsfilms *The Silent Scream* zu zeigen, in dem angeblich ein zwölf Wochen alter Fötus gezeigt wurde. Die Furcht der großen Werbekunden vor Boykottdrohungen der Abtreibungsgegner erleichterte die Berichterstattung über die Abtreibung auch nicht gerade. Ein von Barbara Walters moderiertes ABC-Radio-Special über Abtreibung fand keinen einzigen Sponsor.

Die Abtreibungsgegner erreichten auch massive Kürzungen staatlicher und privater Subventionen für Abtreibungskliniken und andere Familienplanungsstellen. Die Subventionen, die Bund und Staaten für Familienplanungsstellen bereitgestellt hatten, fielen zwischen 1980 und 1987 um 50 Millionen $. Der Vatikan befahl den Sisters-of-Mercy-Hospitälern, dem größten nichtstaatlichen Krankenhaussystem Amerikas, keine Sterilisationen mehr durchzuführen – die häufigste Empfängnisverhütungsmethode der Katholiken. Unter dem Druck der «Lebensrecht»-Lobby zogen auch viele Unternehmen, Wohlfahrtseinrichtungen und Stiftungen ihre Unterstützung für die

Familienplanung zurück. 1988 stellte die Organisation United Way die Unterstützung von Planned Parenthood ein; 1988 strich auch AT&T unter dem Druck des Christian Action Council seine Zuschüsse (nach fünfundzwanzig Jahren), es wurde behauptet, die Aktionäre hätten gegen die Verbindung des Unternehmens zur Abtreibung protestiert – obwohl 94% der Aktionäre für die Subventionierung von Planned Parenthood gestimmt hatten.

Die Kürzung der Subventionen führte ironischerweise zu mehr Abtreibungen bei jungen und armen Frauen, da der Mangel an Familienplanungsstellen die Zahl der ungewollten Teenager-Schwangerschaften in die Höhe trieb. 1990 berichtete das National Center of Health Statistics von einer Zunahme der Geburtenrate bei Teenagern, womit sich die Entwicklung nach achtzehn Jahren umkehrte. Nach Schätzung kalifornischer Gesundheitsexperten bewirkten die 24-Millionen-Dollar-Kürzungen der staatlichen Subventionen im Jahr 1989 – wodurch Teenager-Kliniken schließen und in vielen Zentren Personal und Arbeitszeit eingeschränkt werden mußten – wöchentlich etwa tausend zusätzliche Schwangerschaften und fünfhundert zusätzliche Abtreibungen, bevor die Subventionen schließlich wieder gewährt wurden.

Gesetze, die in vierunddreißig Staaten den jungen Mädchen die Abtreibung dadurch erschwerten, daß die Eltern zustimmen mußten, hielten junge Frauen nicht vom Sex ab; sie führten nur dazu, daß sich das Trauma verschlimmerte und daß die Teenager-Geburtenrate anstieg – außerdem zu Verzögerungen, die junge Frauen zu riskanteren und teureren Abbrüchen im zweiten Schwangerschaftsdrittel zwangen. Nachdem in Minnesota per Gesetz die Genehmigung der Eltern verlangt wurde, schnellte die Geburtenrate bei fünfzehn- bis siebzehnjährigen Mädchen um fast 40% nach oben. Im Vergleich dazu stieg die Geburtenrate bei achtzehn- bis neunzehnjährigen Mädchen im selben Bundesstaat, die nicht von dem Gesetz betroffen waren, im selben Zeitraum um nur 0,3%. Die Zahl der Teenager in Minnesota, die im zweiten Schwangerschaftsdrittel abbrechen wollten, stieg nach der Verabschiedung des Gesetzes um 27%. Und der Zwang, eine Genehmigung der Eltern vorzuweisen, trieb verängstigte junge Frauen höchstens dazu, illegal abtreiben zu lassen, manchmal mit furchtbaren Folgen. Becky Bell, ein siebzehnjähriges Mädchen aus Indianapolis, starb 1988 an einer illegalen Abtreibung; ein legaler Eingriff war ihr verweigert worden, weil sie Angst hatte, ihre Eltern um Erlaubnis zu fragen. Nachdem *Seventeen* 1991 über Becky Bell berichtet hatte, gingen zahllose Briefe von Mädchen ein, die ihre eigene schreckliche Geschichte erzählten. Eine Zwölfjährige schrieb von einer Freundin, die das gleiche Schicksal wie Bell erlitten hatte. Ein junges Mädchen aus Wyoming berichtete, sie habe aus Verzweiflung ebenfalls illegal abgetrieben. Der Arzt habe sie «gedemütigt», und «die hygienischen Zustände waren höchstwahrscheinlich schlecht, weil ich monatelang Blutungen hatte. Schließlich fuhr mich eine Freundin ins Krankenhaus, wo eine Kürettage durchgeführt wurde. Das hat mir vermutlich das Leben gerettet.»

Die vom Gesetz angebotene «Alternative» zur elterlichen Genehmigung – die Mädchen konnten auch die Zustimmung eines Richters einholen – war keine echte Alternative. Es war für viele junge Mädchen zu kompliziert und quälend. Dieser «richterliche Umweg» erforderte oft, daß die jungen Frauen medizinische Gutachten beibringen und Rechtsberatungen aufsuchen und daß sie ihre Geschichte zwei Dutzend Fremden erzählen und Verzögerungen von einem Monat hinnehmen mußten – für viele junge Mädchen, deren Schwangerschaft schon weit fortgeschritten war, eine Katastrophe. Und am Ende dieses langwierigen juristischen Prozesses waren sie immer noch von der Gnade des Richters abhängig. Während in manchen Staaten jährlich Tausende richterlicher Genehmigungen erteilt wurden, gab es etwa in Indiana, wo die meisten Richter Abtreibungsgegner waren, jährlich nur sechs bis acht.

Viele Richter lehnten solche Fälle sogar ab. In Massachusetts weigerten sich zwölf der sechzig Superior-Court-Richter prinzipiell, die Bitten der Mädchen um eine Abtreibung anzuhören; in ganz Minnesota waren derlei Anhörungen nur an zwei Orten möglich. Auch das Recht auf eine vertrauliche Behandlung des Falls wurde mißachtet – manchmal war zu den Anhörungen Publikum zugelassen, und es wurden Name und Adresse der Mädchen protokolliert, was gegen die Klauseln des Genehmigungsgesetzes verstieß. Viele Richter unterwarfen die Mädchen langen, einschüchternden Verhören oder zornigen Moralpredigten. Ob ihr klar sei, daß sie ein «Kind» töte? Ob sie wisse, daß der Fötus «Augen» habe? Abtreibungsfeindliche Richter hatten manchmal Bilder blutiger Föten herumliegen, während sie die Mädchen befragten. Oder sie schoben ihre Entscheidung hinaus und zwangen die Mädchen auf diese Weise ins zweite Schwangerschaftsdrittel. Einer der Richter wartete einen ganzen Monat, bis er sein Urteil bekanntgab; ein anderer befahl der Stenographin, das Protokoll nicht ins reine zu tippen, und versuchte so, den Einspruch eines Mädchens hinauszuzögern, dem er eine Abtreibung verweigerte.

Der Kreuzzug gegen die Abtreibung reduzierte auch die künftigen Möglichkeiten der Geburtenkontrolle, weil praktisch alle staatlichen oder privaten Forschungsprojekte eingestellt wurden. Am Ende der Dekade gab es nur noch ein einziges Unternehmen, das Empfängnisverhütungsmittel erforschte – im Vergleich zu zwei Dutzend Firmen in den 60ern und 70ern. Auch die Versicherungsgesellschaften machten einen Rückzieher und finanzierten 1990 fast keine klinischen Tests mehr. 1990 ergab eine Studie des Institute of Medicine, daß die Vereinigten Staaten, die einst auf dem Gebiet der Empfängnisverhütungsforschung führend gewesen waren, deutlich hinter den Rest der Industriestaaten zurückgefallen waren und daß es in Zukunft womöglich keine «Verhütungsalternativen» mehr geben würde.

Auch die Abortiva-Forschung kapitulierte vor den Drohungen der Abtreibungsgegner. Das Unternehmen Sterling Drug, das 1986 an der Entwicklung eines Abortivums gearbeitet hatte, stellte die Forschung rasch ein. Upjohn Co. zog sein Abortivum zurück und stellte 1985 die Empfängnisverhütungsforschung ein, nachdem Lebensrecht-Gruppen zum Boykott aufgerufen hatten. Und schließlich beendete auch der Population Council die Erforschung der französischen Abtreibungspille RU-486. Unter dem Druck von Kongreßabgeordneten wie den Senatoren Jesse Helms, Henry Hyde und Robert Dornan verbot die FDA 1989 die Einfuhr von RU-486 für den Privatgebrauch. 1990 wurde das einzige amerikanische Forschungsteam, das RU-486 klinisch getestet hatte, vom Hersteller Roussel-Uclaf nicht mehr beliefert. Auch die Unterstützung, die diese Forscher der University of Southern California bislang von ihren Kollegen erhalten hatten, ließ nach; obwohl sich die meisten der angesprochenen Mediziner und Medizinerinnen anfangs interessiert gezeigt hatten, weigerten sie sich dann, an der Studie teilzunehmen, weil sie «zu umstritten» sei. Inzwischen war es so weit gekommen, daß die Firmenleitung des Pharma-Riesen Eli Lilly & Co., wenn ein Aktionär vorschlug, man solle die Möglichkeit einer Herstellung von RU-486 *überprüfen*, sofort zur Securities and Exchange

Commission rannte, damit der Vorschlag aus dem Sitzungsprotokoll gestrichen wurde. Sie hatten Erfolg; die Aktionäre bekamen nie Gelegenheit, darüber abzustimmen. Nur ein einziges amerikanisches Unternehmen, die winzige Firma Gyno-Pharma in New Jersey, gab knapp vierundzwanzig Stunden lang zu, man erwäge den Vertrieb von RU-486. Nach Boykottdrohungen der Antiabtreibungslobby stritt die Firmenleitung rasch jedes Interesse an dem Medikament ab.

Die Rechte des Fötus: Mutter gegen Fötus

Die Ikonographie der Abtreibungsgegner der letzten Dekade schilderte immer den Fötus, aber nie die Mutter. In den Büchern, Fotos, Filmen und anderen Requisiten der Kampagne schwebt das unversehrte «ungeborene Kind» in einem vom Körper der Frau losgelösten Uterus. Der Fötus ist ein mit Bewußtsein ausgestattetes, ja sogar übermütiges Kerlchen, die Mutter ein passives, gestalt- und lebloses «Milieu». Der Fötus ist der Bewohner, die Mutter ist die vorübergehende Behausung. Ein Lebensrecht-Komitee erfand sogar das «Tagebuch eines ungeborenen Kindes», in dem ein frühreifer Fötus Gedanken über Blumen äußert und gesteht: «Ich würde gern Kathy heißen.» Das Willkes'-Handbuch instruiert seine Leserschaft, im Zusammenhang mit dem Fötus immer «personifizierende Ausdrücke... wie etwa ‹kleines Kerlchen›» zu gebrauchen, im Zusammenhang mit der Mutter jedoch Begriffe wie «Wohnstatt». Dr. Bernard Nathanson, Schöpfer von *The Silent Scream* – ein Film, in dem in Wirklichkeit die *Mutter* die stumme Rolle spielt –, beschreibt den Fötus in *The Abortion Papers* als «den kleinen Aquanauten», ein Kind im «intrauterinen Exil», das «sozusagen hinter einer undurchdringlichen Wand aus Fleisch, Muskeln, Knochen und Blut eingemauert ist». Zumindest wird die Schwangere noch als bewohntes Haus geschildert; für die Frau, die abtreibt, halten die Abtreibungsgegner die Metapher der ausgebombten Ruine bereit: «Ihr Körper ist ein Spukhaus, in dem ein Kind auf tragische Weise zu Tode kam», schrieb Joseph Scheidler.

Den Abtreibungsgegnern gelang es in erstaunlichem Maß, bis zum Ende der 8oer einen Großteil des juristischen und medizinischen Establishments von ihren Ansichten über Fötus und Mutter zu überzeugen. Der Fötus wurde zur Hauptperson im pränatalen OP, zum vollberechtigten Bürger im Gesetzbuch und zum Hauptkläger im Gerichtssaal. Ende der 80er hatte ein Fötus in manchen Gegenden tatsächlich mehr Rechte als ein lebendiges Kind.

Die ersten Zeilen der fötalen Unabhängigkeitserklärung verfaßten die Ärzte. 1982 einigte sich in Kalifornien eine Gruppe von Geburtshelfern und Genetikern, daß in der immer noch stark experimentellen Embryonalchirurgie genügend Fortschritte gemacht worden seien, um den Fötus als unabhängigen «Patienten» zu betrachten. Gleichzeitig gingen die Ärzte auf dem ebenso experimentellen Gebiet der Infertilitätsbehandlung mit dem Fötus um, als sei er ein getrennt von der Mutter existierendes Baby. In den Wartezimmern der In-Vitro-Befruchtungskliniken hängten die Ärzte «Babyfotos» ihrer Embryos auf – «Unsere Kathy» hieß eines der verschwommenen Sonogramme, mit denen die Wände des Pacific Fertility Center in San Francisco zugekleistert waren. Manche Infertilitätsspezialisten boten sogar Videotapes von «unseren Kindern» an – Aufnahmen kaum befruchteter Eizellen – und schwärmten davon, wie «der Betrachter der Sonographie, der auf den selbstvergessenen Fötus blickt, in ihm oder ihr ein erstaunlich aktives kleines Wesen erkennt». Manche Infertilitätsärzte benahmen sich wirklich so, als handle es sich bei dem jeweiligen Fötus um *ihr* Baby. Am Jones Institute of Reproductive Medicine erhob Dr. Howard Jones Anspruch auf das Sorgerecht für den Embryo einer Patientin; er mußte durch ein Gerichtsurteil davon abgebracht werden.

Für die Infertilitätsspezialisten machte es Sinn, den Embryo zu personifizieren – es lenkte von ihren spektakulären Mißerfolgen ab. Einer Kongreßuntersuchung von 1988 zufolge hatten die In-Vitro-Fertilisationszentren eine Erfolgsrate von weniger als 10%, und in der Hälfte der Center hatte es noch nie eine Lebendgeburt gegeben. Nichtsdestoweniger schafften es die Ärzte, jeder Patientin im Durchschnitt Zehntausende von Dollars abzuknöpfen – für medizinische Verfahren, die meist nicht einmal von den Versicherungen bezahlt wurden.

Nicht nur erhoben die Fertilitätsexperten befruchtete Eizellen in den Status von Säuglingen; sie reduzierten gleichzeitig die Patientinnen zum «uterinen Milieu» oder zu «Brutkästen» – und behandelten sie immer mehr wie Versuchskaninchen. So wie die spätviktorianischen Ärzte den Unterleib der Frau in einen «chinesischen Spielzeugladen» verwandelten (wie es ein zeitgenössischer Arzt formulierte) – indem sie heiße Eisen, Injektionsnadeln oder, am häufigsten, Blutegel einführten –, wurden auch Frauen, die in den 8oern bei Fertilitätszentren Hilfe suchten, mit kaum erprobten Medikamenten vollgepumpt, bekamen nicht überprüftes Sperma injiziert und wurden riskanten, ja sogar lebensgefährlichen Prozeduren unterworfen. Mindestens zehn Frauen starben an Komplikationen infolge einer In-Vitro-Fertilisation. Beim DiMiranda Institute, einer Stiftung, die Infertilitätskliniken überwacht, gingen Ende der 8oer täglich Beschwerden ein: von Frauen, deren Ovarien nach Einnahme des bekannten Fertilitätsmittels Perganol auf Grapefruitgröße angeschwollen waren; von Frauen, die sich durch infiziertes Sperma Geschlechtskrankheiten zugezogen hatten; von Frauen, die nur wegen einer kleinen Laserbehandlung in die Klinik gekommen waren und sie dann ohne Gebärmutter verließen. Gina DiMiranda, die Leiterin, gründete das Institut, nachdem sie selbst fast gestorben wäre. Ein Infertilitätsspezialist hatte ihr ein noch unerprobtes Steroidmedikament verschrieben. Sie landete in kritischem Zustand im Krankenhaus, mit 42 Grad Fieber, schweren Allgemeininfektionen sowie uterinen und rektalen Blutungen.

Auch Gesetzgeber und Richter waren nahe daran, dem Fötus die vollen Bürgerrechte zu verleihen. Zum ersten Mal in der amerikanischen Geschichte begannen Gesetzgeber und Justiz den Fötus eher als juristisch selbständige «Person» zu definieren statt als Wesen, dessen Interessen untrennbar mit denen der Mutter verknüpft sind. Ein Gericht in New Hampshire betrachtete den Fötus sogar als «Hausbewohner», der beim Hauseigentümer mitversichert sei. Mitte der 8oer galten in über der Hälfte der Bundesstaaten «Abtreibungs»gesetze, die den Sachverhalt des widerrechtlichen Todes auch auf den Fötus ausdehnten. Manche Staaten gingen sogar noch weiter. In Louisiana definierte ein Gesetz die befruchteten Eizellen als vollentwickelte Menschen. Auch die Gerichte verschoben die Entstehung der Persönlichkeit bis in präfötale Stadien. In einem Scheidungsfall entschied 1989 ein Bezirksrichter in Tennessee, die tiefgefrorenen präembryonalen Klumpen von vier bis acht Zellen seien juristisch gesehen die Kinder des Ehepaars und dürften nicht vernichtet werden.

Während diese ersten Abtreibungsgesetze vorrangig dazu dienten, den Fötus vor einer sich einmischenden dritten Partei zu schützen – ein betrunkener Autofahrer oder ein Straßenräuber, der die Mutter belästigte –, zielten die Gesetze und Gerichtsurteile in der zweiten Hälfte der Dekade immer ausschließlicher und erbitterter gegen die Mutter selbst. Hatten die frühen Gesetze und Urteile Mutter und Fötus getrennt, so setzten sie später Mutter und Fötus gegeneinander.

Ende der 80er versuchten die Abgeordneten aller Bundesstaaten, den Fötus mit Hilfe von Kindesmißhandlungsgesetzen vor einer böswilligen Mutter zu schützen. Auf Bundesebene kämpfte der kalifornische US-Senator Pete Wilson für ein Gesetz gegen Kindesmißhandlung während der Schwangerschaft. «Das Schlimmste und Gemeinste ist sicher die sprunghaft ansteigende Kindesmißhandlung über die Nabelschnur», meinte er zu den anderen Abgeordneten. Mittlerweile gab es in den Bundesstaaten eine Flut von Gesetzesanträgen bezüglich der «Verwahrlosung des Fötus». Es wurde gefordert, Frauen strafrechtlich zu verfolgen, deren Verhalten während der Schwangerschaft als schädlich für den Fötus betrachtet wurde – dies schloß alles ein, von der Nichtbefolgung ärztlicher Anordnungen über falsche Ernährung bis hin zu Hausgeburten. Andere Gesetzesinitiativen wollten jeglichen Alkoholkonsum ahnden und schwangere Wiederholungstäterinnen mit bis zu fünfundzwanzig Jahren Haft bestrafen. In vielen Staaten wurde es an Jugendgerichten üblich, das «Sorgerecht» für die Föten einkommensschwacher Frauen zu beantragen, deren Schwangerschaftsverhalten dem Fötus möglicherweise schaden konnte; dann, bei der Geburt, wurden die Kinder zu staatlichen Mündeln erklärt und abgeschoben.

Schließlich schloß sich dieser Kampagne auch die Öffentlichkeit an. In einer 1988 durchgeführten Gallup-Umfrage war über die Hälfte der Befragten der Meinung, daß Schwangere, die tranken, rauchten oder nicht regelmäßig zur Schwangerenvorsorge gingen, dafür juristisch haftbar gemacht werden sollten. In Läden, Restaurants und selbst in der U-Bahn informierten Schilder über richtige Ernährung. Mediziner und Juristen forderten obligatorische Alkoholtests für angetrunken wirkende Schwangere, obligatorische Schwangerenvorsorge (bei Strafandrohung für den Fall der Verweigerung) sowie die Verhaftung von Schwangeren, die die Diätvorschriften mißachteten. In diesem Klima nahmen es sich Wildfremde heraus, eine Schwangere anzusprechen, wenn sie gerade eine Sechserpackung Dosenbier gekauft hatte oder sich im Restaurant ein einziges Glas Wein bestellte. 1991 hielten in Seattle zwei Kellner einer schwangeren Frau, die sich in einer Bar einen Drink bestellt hatte, eine so unverschämte Standpauke, daß sie vor Gericht ging. Der Kolumnist der Lokalzeitung allerdings begrüßte die Wachsamkeit der Kellner. Im selben Jahr wurde ebenfalls in Seattle einer schwangeren Busfahrerin, die wegen Muskelschmerzen in einem Fitneßclub ein heißes Bad nahm, befohlen, aus der Wanne zu steigen. Die Angestellten beharrten auf einer schriftlichen Genehmigung des Arztes. (Dabei hatte die Frau ihren Arzt tatsächlich um Erlaubnis gefragt.)

Im selben Maß, wie die Rechte des Fötus zunahmen, schrumpften die der Mutter. Einkommensschwache Schwangere wurden von Strafverfolgern, Ärzten und Ehemännern vor Gericht gezerrt. Ihr Blut wurde auf Drogen getestet, ohne daß sie gefragt oder auch nur informiert wurden; ihr Recht auf vertrauliche Behandlung wurde aus lauter Eifer, einen Prozeß anstrengen zu können, ständig verletzt, und sie wurden zum «Wohl» des Fötus zu chirurgischen Eingriffen gezwungen, auch wenn sie selbst dabei in Lebensgefahr gerieten.

Hier nur eine Auswahl der vielen Fälle aus den Polizei-Dienstbüchern und den Prozeßlisten der Dekade:

– In Michigan übernahm ein Jugendgericht das Sorgerecht für ein Neugeborenes, weil die Mutter während der Schwangerschaft Valium genommen hatte – gegen Schmerzen durch eine Unfallverletzung. Die Mutter dreier Kinder hatte in der Vergangenheit weder Medikamentenmißbrauch getrieben noch ihre Kinder vernachlässigt. Erst nach einem Jahr bekam sie ihr Kind zurück.

– In Kalifornien wurde ein Gesetz, das ironischerweise eigentlich verantwortungslose Väter zu Unterhaltszahlungen zwingen sollte, gegen eine junge Frau angewandt – wegen Verwahrlosung des Fötus. Ihr wurde vorgeworfen, daß sie die Empfehlung eines Arztes mißachtet hatte (der es jedoch versäumt hatte, nachdrücklich auf der Behandlung zu bestehen), daß sie nicht schnell genug ins Krankenhaus gefahren war und daß sie mit ihrem Mann geschlafen hatte. Der Ehemann, ein Prügler, wegen dessen brutaler Ausbrüche im Lauf eines einzigen Jahres über zwölfmal die Polizei gerufen worden war, wurde nicht verurteilt – man ermittelte nicht einmal gegen ihn.

– In Iowa wurde einer Frau ihr Baby gleich nach der Geburt weggenommen, obwohl keinerlei Schäden festzustellen waren – sie hatte, neben anderen angeblichen Verstößen, «während der Schwangerschaft nicht auf ihre Ernährung geachtet», wie ein AP-Artikel später die Begründung des Jugendgerichts umriß, und einfach gegessen, «was ihr schmeckte».

– In Wyoming wurde eine Frau wegen krimineller Kindesmißhandlung angeklagt, weil sie während der Schwangerschaft angeblich trank. Sie wurde von ihrem Mann geschlagen und wurde wegen obigem Vorwurf verhaftet, nachdem sie sich vor ihrem mißhandelnden Ehemann zur Polizei geflüchtet hatte.

– In Illinois mußte eine Frau vor Gericht, nachdem ihr Mann sie beschuldigt hatte, durch sie habe die ungeborene Tochter bei einem Autounfall Darmverletzungen davongetragen. Dabei hatte die Frau nicht einmal am Steuer gesessen.

– In Michigan schleppte ein Ehemann seine Frau vor Gericht, weil sie während der Schwangerschaft Tetrazykline genommen hatte; das ärztlich verordnete Medikament habe angeblich später die Zähne des Sohnes verfärbt. Das Berufungsgericht entschied, der Ehemann habe tatsächlich das Recht, seine Frau wegen dieser «pränatalen Nachlässigkeit» zu verklagen.

– In Maryland verlor eine Frau das Sorgerecht für ihren Fötus, weil sie sich nicht in ein Krankenhaus in einer anderen Stadt verlegen ließ. (Sie hätte ihren neunzehn Monate alten Sohn allein lassen müssen.)

– In South Carolina wurde eine achtzehnjährige Schwangere noch vor der Geburt verhaftet, weil der Verdacht auf Kokainkonsum bestand. Der Verdacht, der auf einem einzigen Urintest basierte, erhärtete sich nicht; sie gebar ein gesundes, drogenfreies Baby. Trotzdem, und obwohl das Department of Social Service keinerlei Hinweise auf Mißhandlung oder Verwahrlosung entdeckte, hieß es, der Fall werde weiterverfolgt.

– In Wisconsin kam eine sechzehnjährige Schwangere in Sicherheitgewahrsam, weil sie angeblich dazu neigte, «sich herumzutreiben», und für die Schwangerenvorsorge «nicht motiviert» war.

Natürlich hat die Gesellschaft ein zwingendes Interesse, daß gesunde Kinder zur Welt kommen, und die moralische und praktische Pflicht, den Frauen dabei zu helfen, während der Schwangerschaft auf sich achtzugeben. Aber hinter den Strafmaßnahmen, denen Mütter in den 8oern von seiten des Gesetzgebers, der Polizei, der Staatsanwälte und Richter immer stärker ausgesetzt waren, steckte mehr als nur die Sorge um das Kindeswohl. Die Polizei transportierte verdächtige Frauen ab, die gerade entbunden hatten und noch bluteten; Staatsanwälte platzten unangemeldet in Entbindungsstationen, um Frauen zu verhören; Richter warfen Schwangere mit Drogenproblemen monatelang ins Gefängnis, obwohl das General Accounting Office und andere Ermittlungsbehörden festgestellt hatten, daß die Schwangerenvorsorge in amerikanischen Gefängnissen schockierend unzulänglich oder gar nicht existent ist (in vielen Gefängnissen gibt es nicht einmal eine/n Gynäkologen/in) – was zur Folge hatte, daß zahlreiche Frauen schwerkranke oder behinderte Babys bekamen. Die Polizei plädierte heftig für Höchststrafen. Im Fall Pamela Rae Stewarts aus San Diego – der Frau, der man Sex mit ihrem gewalttätigen Ehemann vorwarf – hätte sich der Ermittlungsbeamte eine Mordklage gewünscht. «Für mich war da kein Unterschied zwischen geboren und ungeboren», erklärt Lieutenant Ray Narramore später. «Ich hab mich nur gefragt, warum man sie nicht wegen Mord angeklagt hat. Mit Mord wäre ich zufrieden gewesen. Das hätte ich nicht übertrieben gefunden. Immerhin hat sich diese Frau den Anordnungen ihres Arztes widersetzt.»

Die Behauptung des Gesetzgebers, man wolle einfach die Bedingungen für künftige Kinder verbessern, klang besonders verlogen. Während einkommensschwache Mütter verklagt wurden, weil sie sich angeblich nicht genug um ihre Föten kümmerten, wurden gleichzeitig genau jene Hilfsprogramme zusammengestrichen, die es den sozial schwachen Schwangeren ermöglicht hätten, den gesetzlichen Anforderungen zu genügen. Wie sollte eine verarmte Frau ein gesundes Kind zur Welt bringen, wenn man ihr Schwangerenvorsorge, Nahrungsergänzung, Sozialhilfe und Wohnzuschüsse verweigerte? Im District of Columbia erklärte Marion Barry die Gesundheit des Kindes zum Hauptpunkt seiner Kampagne für das Bürgermeisteramt – und dann schränkte er die Gesundheitsfürsorge ein, zwang Schwangerschaftskliniken zu drastischen Einsparungen und nahm ihnen die Abendsprechstunden, auf die viele berufstätige Frauen angewiesen waren. Ärzte kritisierten die bedürftigen Mütter zwar immer öfter, weigerten sich aber auch immer häufiger, sie zu behandeln. Gegen Ende der De-kade gab es in über 25% aller amerikanischen Counties keinerlei Vor-sorgekliniken für mittellose Frauen mehr, und ein Drittel der Ärzte-schaft weigerte sich, Medicaid-Patientinnen zu behandeln. Eine Studie des Gesundheitsministeriums ergab, daß es in sieben Counties des Bundesstaats New York keine umfassende Schwangerenvorsorge für mittellose Frauen gab; nicht ganz zufällig war in einigen dieser Coun-ties die Kindersterblichkeit doppelt so hoch wie der nationale Durch-schnitt. 1986 gab es in zwölf kalifornischen Counties keine einzige Arztpraxis, die einkommensschwache Medi-Cal-Patientinnen behan-delte; in der Tat bezeichnete das National Health Law Program die Situation in Kalifornien als so schlecht, daß es für bedürftige Schwan-gere «im wesentlichen keine Vorsorge gibt».

Von allen Knüppeln, mit denen mittellosen Schwangeren in der De-kade gedroht wurde, war der Drogentest der bekannteste. Als Regie-rung und Presse anfingen, sich zwanghaft mit dem sozialen Problem des Crackmißbrauchs in den Gettos zu beschäftigen, schoß sich die na-tionale Hysterie rasch auf drogenabhängige schwangere Frauen ein. In Kongreß-Hearings wurde Panikmache betrieben. Staatsanwälte wand-ten auf diese Frauen härteste Strafgesetze an – Gesetze, die eigentlich für Drogendealer, nicht für Drogenkonsumenten gedacht waren – und verklagten sie nicht nur auf Kindesmißhandlung, sondern auch auf Angriff mit einer tödlichen Waffe und Mord. Richter befürworteten eine «Bewährungsfrist» bei Zwangsverhütung, Routinetests bei süch-tigen Schwangeren und permanente Unterlassungsurteile, die den Frauen verboten, jemals ihre Kinder zu sehen. Gesetzesanträge forder-ten die Zwangssterilisation. Medizinprofessoren empfahlen die Strei-chung der Sozialhilfe. Die Pressekommentatoren stellten ihre eigenen Lösungen vor. Der in mehreren Zeitungen erscheinende Kolumnist Charles Krauthammer schlug vor, alle schwangeren Drogenkonsu-mentinnen zusammenzutreiben und sie an einem «sicheren Ort» zu verwahren – um den Vormarsch einer «Bio-Unterschicht» zu stoppen. Und auf den angeblich neutralen Nachrichtenseiten ging es genauso weiter, mit zahllosen – fast immer auf schwarze Frauen zielenden – schulmeisterlichen Artikeln über cracksüchtige Mütter. Es wurde behauptet, an erster Stelle seien diese Frauen am Chaos in den Innenstädten und an der Rekordzahl der Totgeburten schuld. «Crackbabys: Die schlimmste Bedrohung ist Mami selbst» lautete eine Überschrift der *Washington Post.* «Die Drogensucht bei Schwangeren» behauptete *Newsweek* 1989 im Einklang mit zahlreichen anderen Zeitungen, «läßt die Kindersterblichkeit in Amerika drastisch ansteigen.»

In Wirklichkeit nahm die Kindersterblichkeit keineswegs zu. Die Fortschritte bei der Senkung der katastrophal hohen Kindersterblichkeit – die nur in wenigen Industriestaaten ähnlich hoch war – verlangsamten sich zwar drastisch. Aber das hatte schon vor der Crack-Epidemie der zweiten Hälfte der 80er begonnen; für diese Verzögerung waren vorwiegend schwere Rückschläge bei der Krankenversicherung und der Gesundheitsfürsorge Anfang der 80er Jahre verantwortlich. 1983 war die Zahl der Nichtversicherten im Vergleich zum Ende der 70er Jahre um 20% emporgeschnellt. Mitte der 80er Jahre waren fast 40% der einkommensschwachen Frauen nicht versichert. Gleichzeitig hatten 1981 die Kürzungen bei der staatlichen Gesundheitsfürsorge und Sozialhilfe für bedürftige, alleinerziehende Mütter über eine Million Frauen und ihre Kinder jeder medizinischen Hilfe beraubt. Die Zahl der Babys von Müttern, die nicht oder erst spät zur Schwangerenvorsorge gehen konnten, stieg von 1980 bis 1987 um 20% an. Schwarze Frauen waren von diesen Trends am härtesten betroffen; 1985 litt jede zweite schwarze Frau an unzureichender ärztlicher Betreuung während der Schwangerschaft.

Es lag an diesen Entwicklungen und weniger an der Crack-Sucht, daß die Kindersterblichkeit langsamer sank und daß Anfang der 80er die Zahl der untergewichtigen Babys anstieg – nach einer Dekade der Besserung. Die Hauptursachen des Säuglingssterbens hingen nicht mit Drogen zusammen, sondern mit Krankheiten wie Influenza, Infektionen und Lungenentzündung, die man durch eine elementare Gesundheitsfürsorge mühelos hätte verhindern oder heilen können. Wieder waren schwarze Frauen am schwersten betroffen; bei ihnen begann sich die Kindersterblichkeit 1984 (noch bevor sich die Crack-Epidemie ausbreitete) zu verschlimmern, und 1987 war das Sterblichkeitsgefälle zwischen schwarzen und weißen Kindern größer als jemals, seit die Regierung 1940 angefangen hatte, solche Statistiken zu führen. (Schwarze Frauen wurden im Kreuzzug gegen die Sucht von Gerichten und Presse sowieso ungerecht hervorgehoben; wie eine Studie ergab, waren etwa gleich viele schwarze und weiße Frauen drogen- oder alkoholabhängig; schwarze Frauen wurden jedoch zehnmal häufiger angezeigt als weiße.) 1989 wertete ein Forscherteam der University of California Statistiken über mehr als 146 000 Geburten zwischen 1982 und 1986 in Kalifornien aus; dabei wurde festgestellt, daß Babys von nicht krankenversicherten Eltern – eine Gruppe, die im gleichen Zeitraum um 45 % gewachsen war – mit 30 % höherer Wahrscheinlichkeit starben, schwerkrank zur Welt kamen oder ein zu niedriges Geburtsgewicht hatten; nichtversicherte schwarze Frauen brachten doppelt so häufig kranke Kinder zur Welt wie versicherte schwarze Frauen. Eine ähnliche Studie, die 1985 in Florida die schrecklichen Folgen der fehlenden Schwangerenvorsorge schilderte, kam zu dem Fazit: «Am Ende ist es für das Kind sicherer, eine drogensüchtige, anämische oder zuckerkranke Mutter zu haben, die aber während der Schwangerschaft regelmäßig zum Arzt geht, als eine gesunde Mutter, die das nicht tut.»

Befürworter der harten Maßnahmen gegen drogensüchtige Schwangere argumentierten, die Frauen könnten der Strafverfolgung ja dadurch entgehen, daß sie eine Entzugstherapie machten. Es gab jedoch kaum Therapieplätze für entziehungswillige Schwangere. Sie waren auf klinische Programme angewiesen. Ein abrupter Entzug kann für Mutter und Fötus tödlich sein. Während der Staat immer schärfer gegen drogensüchtige Frauen vorging, wurde es für einkommensschwache Frauen, die einen Entzug machen wollten, in den 80ern immer schwerer, Hilfe zu finden; sie mußten jahrelang auf einen Therapieplatz warten, und viele Einrichtungen nahmen keine schwangeren Frauen auf, um nicht für drogenbedingte Geburtsfehler haftbar gemacht zu werden. Weniger als 1 % der staatlich subventionierten Drogenhilfe zielte auf die Behandlung von Frauen – und noch weniger war für die Therapie schwangerer Frauen vorgesehen. Eine Umfrage in achtundsiebzig Therapieeinrichtungen in New York City ergab, daß die meisten keine mittellosen Schwangeren aufnahmen; 87 % weigerten sich, schwangere Medicaid-Patientinnen zu behandeln. Insgesamt gaben zwei Drittel der Krankenhäuser in den USA an, keine Therapieplätze für drogenabhängige Schwangere zu haben.

Nichtsdestotrotz wurde eine Verschärfung der Gesetze gefordert. Die National District Attorneys Association sponserte sogar ein zweitägiges Seminar, das die Strafverfolger zu einem juristischen Krieg gegen schwangere Drogenabhängige ermutigen sollte. 1988 kündigte im kalifornischen Butte County ein besonders kämpferischer Staatsanwalt, Michael Ramsey, an, er werde jede Mutter, deren Neugeborenes positiv auf Kokain, Amphetamine oder Heroin getestet werde, zu drei Monaten Haft verurteilen. Wie er später sagte, habe ihm «ein Entscheidungssystem» vorgeschwebt. Er versprach jede Frau davon auszunehmen, die an einer Entziehungstherapie teilnahm. Aber in Butte County gab es keine solchen Therapieeinrichtungen. Wie ließ sich da von freier Entscheidung sprechen? «Die Leute entscheiden sich nur, wenn man sie dazu zwingt», erklärte er dazu.

Die erste Frau, die Ramsey ins Netz ging, war eine in Armut geratene siebenundzwanzigjährige Heroinabhängige. Für die Zwecke des Staatanwalts erwies sich dieser erste Fall jedoch nicht als ideal. Die junge Frau war 130 Meilen zur nächsten Methadonklinik gefahren, einem privaten Therapieprogramm für monatlich 200 $. Als ihr Wagen kaputtging, war sie per Anhalter weitergefahren. Als ihr das Geld ausging, hatte man sie von der Therapie ausgeschlossen, obwohl man wußte, daß sie schwanger war. Zwei Monate vor der Entbindung wandte sie sich hilfesuchend an verschiedene Krankenhäuser der Umgebung – ohne Erfolg. Ramsey und seine Schwangerschaftspolizei beeindruckte jedoch keiner dieser mildernden Umstände. Als der Herointest bei ihrem Neugeborenen positiv ausfiel, drang sein Team knapp vierundzwanzig Stunden nach der Geburt in ihr Zimmer ein, verhörte sie und nahm das Baby mit. Oder, in Ramseys Worten: «Wir sind hingegangen und haben sie vor die Wahl gestellt.»

Falls diese einschüchternde Strafverfolgungstaktik drogenabhängige Frauen dazu bringen sollte, während der Schwangerschaft Hilfe zu suchen, ging der Schuß nach hinten los. In Butte County gingen drogenabhängige bedürftige Frauen überhaupt nicht mehr ins Krankenhaus – aus Angst, ins Gefängnis zu kommen. Die Leiterin des Therapieprogramms für drogensüchtige Mütter in San Diego sagte, nach Pamela Rae Stewarts Verhaftung seien die Frauen «ständig besorgt gewesen, ich könne sie anzeigen». (Stewart selbst tauchte später unter.) In San Francisco berichteten Gesundheitsbeauftragte und Sozialarbeiter immer häufiger von «Klosett-Babys» – Babys, die zu Hause, auf der Toilette oder auf dem Küchenboden geboren wurden. Der Staatsanwalt Lori Giorgi, der immer mehr derartige Fälle erlebte, sagte: «Sie haben Angst, daß ihnen ihr Baby weggenommen wird.»

Skalpelle und Kaiserschnitte: Eingriffe in den Uterus

Nachdem die Ärzteschaft den Fötus zum selbständigen Patienten erklärt hatte, erklärte sie die Schwangere zur untergeordneten Partei, der nicht das Recht zustand, eine Behandlung zu verweigern. Zuerst hatten die Ärzte eine Verbotsliste aufgestellt, die den schwangeren Frauen vorschrieb, was sie nicht mit ihrem Körper tun durften. Jetzt gingen sie zum Angriff über und bestanden auf ihrem Recht, chirurgische Eingriffe vorzunehmen – ob mit oder ohne Einwilligung der Schwangeren. Im Rahmen einer nationalen Umfrage waren 1986 fast 50% der befragten Leiter von Maternal-Fetal Medicine Fellowship Programmen dafür, schwangere Frauen per Gerichtsbeschluß zu operativen Eingriffen zu zwingen – und sie zu inhaftieren, wenn ihre Weigerung aus ärztlicher Sicht den Fötus gefährdete. Weniger als 25% sprachen einer geschäftsfähigen Schwangeren das Recht zu, sich ärztlichen Anordnungen zu widersetzen. In der medizinischen Fachliteratur schlugen Ärzte und Medizinprofessoren immer härtere Strafmaßnahmen vor. Zu den Empfehlungen zählte die Inhaftierung schwangerer Frauen, die «eine genetische Beratung ablehnten» oder die gegen ärztlichen Rat lieber durch eine Hebamme entbunden werden wollten.

Die Richter standen hinter den Ärzten. Wenn Ärzte zur Durchsetzung ihres Willens an den Einfluß der Richter appellierten, hatten sie fast immer Erfolg. Auch den Richtern schien es in ihrem Kampf um die Rechte des Fötus schwerzufallen, in der Frau einen vollberechtigten Menschen zu sehen. In Washington, D.C., ordnete ein Richter des Superior Court gegen den Willen der neunzehnjährigen Ayesha Madyun einen Kaiserschnitt an, mit folgender Begründung: «Zwischen dem Madyun-Fötus und seiner von der Mutter unabhängigen Existenz stand, simpel ausgedrückt, nur das ärztliche Skalpell.»

Eine Überprüfung medizinischer Institutionen in achtzehn Bundesstaaten zwischen 1981 und 1986 ergab sechsunddreißig Fälle, wo Ärzte vor Gericht gegangen waren, um eine Frau zu einem Eingriff zu zwingen – meist schon am Tag, nachdem sie von ihrer Weigerung erfahren hatten. Und bis auf drei Fälle wurde allen Klagen stattgegeben – 88% binnen sechs Stunden, 20% binnen einer Stunde oder weniger. Manchmal wurde die Zustimmung sogar bequemerweise telefonisch erteilt. Der Wille der Frau wurde dabei jedesmal mißachtet, obwohl die Frau in keinem einzigen Fall als geschäftsunfähig galt. Meist handelte es sich nicht einmal um Notfälle; in nur zwei Fällen forderten Ärzte einen Kaiserschnitt, weil sie den Fötus für stark gefährdet hielten. Außerdem waren die Diagnosen der Ärzte oft falsch. Bei sechs der fünfzehn Kaiserschnitte per Gerichtsbeschluß stellte sich heraus, daß gar kein Risiko bestanden hatte. In Georgia bezeugten Ärzte 1981 im Fall einer Frau, ohne den Eingriff betrage das Todesrisiko des Fötus 99%. Nach dem Gerichtsbeschluß tauchte die Frau unter – und brachte ein gesundes Kind zur Welt.

In einer Zeit, in der das Recht des Patienten auf Behandlungsverweigerung in allen anderen Bereichen juristisch an Boden gewann, verloren immer mehr Frauen den Kampf um ihr Verweigerungsrecht auf der Entbindungsstation. Bei diesen Zwangseingriffen entstand oft der Eindruck, daß Ärzteschaft, Krankenhäuser und Gerichte den Rechten der Schwangeren verächtlich gegenüberstanden. In Chicago wurde eine Frau, die Drillinge erwartete, an Händen und Füßen ans Bett gefesselt, weil sie eine vorzeitige Schnittentbindung abgelehnt hatte. Statt ihr zu erlauben, sich an ein anderes Krankenhaus zu wenden, verschaffte sich die Klinik das Sorgerecht für die ungeborenen Drillinge und bekam den Eingriff per Gerichtsbeschluß genehmigt. In mindestens zwei Fällen rollten Ärzte ihre protestierenden Patientinnen sogar ohne Gerichtsbeschluß in den OP. 1982 befahl ein Richter in Michigan einer Frau nicht nur, sich gegen ihren Willen einem Kaiserschnitt zu unterziehen; er drohte ihr auch noch an, sie von der Polizei ins Krankenhaus bringen zu lassen. (Auch diese Frau floh und bekam ein gesundes Kind.)

Bei diesen Verfügungen gingen die Richter weit über die elterlichen Pflichten gegenüber lebenden Kindern hinaus. Die Gerichte vertraten lange Zeit die Position, man könne Eltern nicht zu Maßnahmen zwingen, die der Gesundheit des Kindes dienten. In zwei wichtigen Fällen weigerte sich das Gericht, einen Vater dazu zu zwingen, seinem sterbenden Kind eine Niere zu spenden, und lehnten es sogar ab, Eltern zum Umzug in eine andere Gegend zu verurteilen, wenn ihrem kranken Kind damit hätte geholfen werden können. «Den Angeklagten zu einem körperlichen Eingriff zu zwingen würde gegen alle Begriffe und Prinzipien verstoßen, auf denen unsere Gesellschaft basiert», lautete eine dieser Urteilsbegründungen. «Es wäre ein Angriff auf die körperliche Unversehrtheit des Individuums.» Offenbar waren jedoch Eingriffe bei Schwangeren juristisch durchaus vertretbar.

Die Verfechter der Zwangsoperationen argumentierten, der Schutz des Fötus kollidiere nicht ernstlich mit den Rechten der schwangeren Frau; selbst wenn die Mutter einen Kaiserschnitt ablehne, werde ihr der Eingriff kaum schaden. Wenn aber zwischen der Gesundheit der Mutter und den Rechten des Fötus zu unterscheiden war, machte immer häufiger der Fötus das Rennen. Diese Zwangsrangordnung mütterlicher und fötaler Rechte wurde nirgends brutaler durchgeführt als im Fall «A. C.» – der unpersönlichen Bezeichnung des Gerichts für Angela Carder während ihrer letzten menschenunwürdigen Tage.

An einem Junitag 1987 lag Angela Carder in einem Bett des George Washington University Hospital in Washington, D. C. Sie war eine achtundzwanzigjährige Sekretärin in der sechsundzwanzigsten Schwangerschaftswoche und hatte nur noch ein Bein – das andere hatte sie in ihrem lebenslangen Kampf gegen Knochenkrebs verloren. Zweimal schon hatten Ärzte ihren nahen Tod prophezeit. Beide Male hatten sie sich getäuscht. Angela Carder war tatsächlich eines der ersten Kinder, die das Ewing-Sarkom überlebten.

1984 hatte Carder dann geheiratet und sich für ein Kind entschieden. Sie fragte ihren Arzt um Rat. Da ihr Gesundheitszustand sich seit einigen Jahren gebessert hatte, riet ihr der Gynäkologe zu. Doch während der Schwangerschaft brach die Krankheit mit aller Macht erneut aus. Im sechsten Monat litt Carder an einem inoperablen Lungentumor. Sie kam ins George Washington Hospital, wo man ihr sagte, sie sei unheilbar krank. Ihr langjähriger Onkologe, der schon einmal Zeuge von Carders Genesung gewesen war und sie keineswegs als unheilbaren Fall betrachtete, empfahl Bestrahlung und Chemotherapie – was auch Carders Wunsch entsprach. «Sie hat dem Arzt gleich am Anfang gesagt, ihre eigene Gesundheit müsse Vorrang haben», erinnert sich ihre Mutter, Nettie Stoner. «Angie hatte schon zuviel ums Überleben gekämpft, als daß sie sich einfach aufgegeben hätte.»

Doch die Krankenhausärzte, die den Fall gerade übernommen hatten und Carder nur noch einige Tage gaben, lehnten Chemotherapie ab, weil sie das Risiko für den Fötus fürchteten. Mit sechsundzwanzig Wochen hatte er zwar kaum Überlebenschancen, aber wenn es gelang, Carders Leben noch ein paar Wochen zu verlängern – statt etwas zu ihrer Rettung zu tun –, würden die Chancen des Fötus steigen. Statt also den Krebs zu behandeln, schoben sie ihr einen Tubus in den Hals und pumpten sie mit Sedativa voll – Maßnahmen, die den Zeitpunkt des Todes hinauszögern sollten. Carder habe versucht, sich gegen diese «Behandlung» zu wehren, sagt ihre Mutter, sie habe sich im Bett hin und her geworfen, um die Ärzte abzuwehren. «Sie hat gesagt: ‹Nein, nein, nein! Ich will nicht!›» Aber sie verlor den Kampf und wurde buchstäblich zum Schweigen gebracht. Mit dem Tubus im Hals konnte sie nicht sprechen.

Der Fall Carder kam rasch der Leitung und den Juristen des Krankenhauses zu Ohren. Die Anwälte des George Washington Hospital wußten, welches Klima derzeit bezüglich der Rechte des Fötus herrschte. Sie hatten erlebt, daß andere Krankenhäuser von Abtreibungsgegnern vor Gericht gezerrt wurden, weil sie heroische Maßnahmen zur Rettung akut gefährdeter Föten unterlassen hatten. Man begann besorgt zu überlegen: Was, wenn der Fötus «lebensfähig» war? Dann konnte das Krankenhaus für seinen Tod haftbar gemacht werden. Also empfahl die Verwaltung den Ärzten, sie sollten versuchen, den Fötus durch einen sofortigen Eingriff zu retten – einen Kaiserschnitt.

Angesichts ihres kritischen Zustands hätte Carder einen so schweren Eingriff kaum überlebt. Selbst die Ärzte, die den Fötus retten wollten, waren dagegen. Von der Patientin hieß es, sie sei wegen der Sedativa «nicht bei Bewußtsein» und könne nicht gefragt werden. Statt ein paar Stunden zu warten, bis die benebelnde Wirkung der Medikamente nachgelassen hatte und Carders Zustimmung eingeholt werden konnte, schaltete die Krankenhausverwaltung – ohne Carders Familie zu fragen – einen Richter ein.

Noch am selben Nachmittag kam der Superior-Court-Richter Emmet Sullivan vorbei und hielt in einem Sitzungsraum des Krankenhauses Gericht. Auf der einen Seite: die Anwälte des Hospitals, zwei Staatsanwälte und die Anwältin des Fötus. Auf der anderen Seite: ein einsamer Pflichtverteidiger, der Carder vertrat und erst eine halbe Stunde vor dem Hearing berufen worden war.

Carders Familie wurde zwar zu der Sitzung eingeladen, vorher jedoch nicht informiert, daß über das Schicksal ihrer Tochter entschieden werden sollte. Nettie Stoner erinnert sich, daß sie während eines Besuchs ihrer Tochter auf der Intensivstation von einer Sozialarbeiterin beiseite genommen wurde, die ihr nur sagte, sie werde bei einer «kurzen Besprechung» einige Zimmer weiter gebraucht. «Keiner hat mir gesagt, was los war», erinnert sich Stoner, und die Atmosphäre im Konferenzraum verwirrte sie noch mehr. «Als ich hereinkam, saßen die alle beim Mittagessen, wie bei einer Party. Dauernd hieß es: ‹Nehmen Sie doch ein Sandwich! Trinken Sie doch ein Glas Soda!›»

Der Richter bat um eine ärztliche Stellungnahme. Alle Ärzte der Entbindungsstation rieten von dem Eingriff ab. Dann aber meldete sich die Anwältin des Fötus, Barbara Mishkin, zu Wort. «Na ja, wahrscheinlich wird es ihren Tod beschleunigen», meinte sie, aber Carder werde sowieso in wenigen Stunden sterben. Man solle ihre Rechte außer acht lassen. Um ihre Position zu untermauern, erzählte Mishkin eine Geschichte aus zweiter Hand. Carder habe am Vorabend gesagt, sie habe «genug von den Schmerzen». Aus diesem mittelbaren Beweis schloß Mishkin, daß Carder vielleicht sowieso nicht weiterleben wolle, weshalb die Interessen des Fötus Vorrang haben sollten.

Die Fragen des Richters an Mishkin und die anderen bezogen sich fast ausschließlich auf den Fötus. Er wollte wissen, ob ein Kaiserschnitt dem Fötus gesundheitlich schaden könne – aber nicht, ob er Carder schade. Er verfocht das Lebensrecht des Fötus – bezeichnete Carders Überlebenskampf hingegen als fast egoistische Besorgnis um «ihr eigenes Wohlergehen». Die Behauptung, Carder sei so gut wie tot, wurde vom Richter kein einziges Mal überprüft oder angezweifelt. Nicht einmal ihr langjähriger Onkologe wurde zum Hearing eingeladen. Als Carders Anwalt zu bedenken gab, ein Kaiserschnitt werde «ihr Leben verkürzen», wurde er mitten im Satz vom Richter unterbrochen, der sagte: «Sie wird sterben.» Bei diesen Worten rief Carders Vater gequält: «Wer sagt, daß sie sterben wird?» Aber seine Frage wurde einfach ignoriert.

Obwohl Carder nur ein paar Zimmer weiter lag, machten sich bei

diesem Prozeß um Leben und Tod weder der Richter noch die Staatsanwälte die Mühe, den kurzen Weg in ihr Zimmer zurückzulegen. Später
hatten alle ihre Gründe. «Hätte ich gehen wollen, dann hätten auch die
andern gehen wollen», lautete Mishkins Erklärung. «Ich wollte sie
nicht stören.» Und sie fügte hinzu: «Wir hatten alle einen anstrengenden Tag hinter uns. Wir konnten einfach nicht mehr.»

Der Richter zog sich kurz zurück und setzte dann die Verhandlung
fort. «Es gibt Hinweise, daß ein Kaiserschnitt Angelas Tod beschleunigen könnte», sagte er zu den Anwesenden. «Aber es gibt auch Hinweise, daß jedes Zögern große Risiken für den Fötus birgt... Angesichts dieser Alternativen ist das Gericht der Meinung, daß man dem
Fötus eine Lebenschance geben sollte.» Dann sagte er: «Das Urteil ist
gefällt» – und ordnete die sofortige Operation an.

Dr. Louis Hamner von der Entbindungsstation kehrte in Carders
Zimmer zurück, um ihr die Nachricht zu überbringen. Die Wirkung
der Sedativa begann gerade nachzulassen, und Carder war immer noch
benommen. Als er sie fragte, ob sie mit der Operation einverstanden
sei, formten ihre Lippen das Wort «Ja». Als er eine halbe Stunde später
erneut in ihr Zimmer kam, sagte sie: «Ich will nicht, daß es gemacht
wird, ich will nicht, daß es gemacht wird», eindeutig und immer wieder. Für ihn sei das, sagte Hamner, «völlig klar gewesen».

Als der Arzt jedoch in den Konferenzraum zurückeilte, um den anderen davon zu berichten, waren sie unschlüssig. «Das Gericht ist sich
immer noch nicht sicher, was sie wirklich will», sagte der Richter. Und
einer der Staatsanwälte, Richard Love, kümmerte sich sowieso nicht
darum, weil das Urteil ja ursprünglich davon ausging, daß die Operation ohne Carders Zustimmung durchgeführt werden sollte. Der Richter war derselben Meinung und befahl den Ärzten erneut, sofort zu
operieren.

In einem letzten verzweifelten Versuch rief Carders Pflichtverteidiger, Robert Sylvester, das American Civil Liberties Union Reproductive Freedom Project an; die ACLU-Anwälte legten in aller Eile Berufung gegen das Urteil ein, um die Vollstreckung auszusetzen. In dieser
Stunde wurde der Fall via Konferenzschaltung einer hastig zusammen-
gestellten Kommission aus drei Berufungsrichtern vorgelegt. Nachdem die Richter erfahren hatten, daß sofort operiert werden mußte,
erklärten sie sich bereit, alle Beweise anzuhören und binnen «sechzehn

Minuten» ein Urteil zu fällen. Umgehend wurden Zweifel an Carders Entscheidungsfähigkeit laut. Ob ihr «Geisteszustand» beeinträchtigt sei, wollten die Richter wissen. «Scheint diese Frau ambivalent zu sein?» drängte Richter Frank Nebecker. «Sie hat also mindestens zweimal ihre Meinung geändert, ist das korrekt?» Die Anwältin des Fötus, Barbara Mishkin, teilte den Richtern mit, die Operation bedrohe Carders Leben nur «unwesentlich», da sie Krebs im letzten Stadium habe. Es gehe hier «nicht um die Alternative, das Leben der Mutter oder das des Fötus zu retten, weil die Mutter ja gar keine normale Lebenserwartung mehr hätte». Das «Recht des Fötus» überwiege in diesem Fall «jegliches Interesse an der Fortsetzung des äußerst kurz bemessenen Lebens der Mutter».

Da die Staatsanwälte alle in letzter Minute ernannt worden waren, kannte sich keiner mit den Gesetzen bezüglich des Rechts auf Geburtenregelung aus. Die einzige Teilnehmerin des Telefonhearings, die mit diesem Gebiet vertraut war, war Elizabeth Symonds, die ACLU-Anwältin. Die Gesetzeslage sei «völlig klar», erklärte sie den Richtern. «Der Supreme Court hat unmißverständlich entschieden, daß die Gesundheit und das Leben der Frau grundsätzlich Vorrang vor Gesundheit und Leben des Fötus haben muß, wörtliches Zitat 439 U.S. 379, 400.» Richter Nebecker stellte ihr eine Frage, unterbrach sie dann aber mitten im ersten Antwortsatz und meinte: «Angesichts dieses Zeitdrucks haben wir keine Zeit für Vorlesungen.» Statt dessen ordneten die Richter nach Ablauf der sechzehn Minuten an, die Operation durchzuführen.

Kurze Zeit später wurde Carder von einem Mädchen entbunden. Angeblich hatte es zwei Stunden «gelebt», obwohl nicht ganz klar ist, wie: Mehrere Versuche, sie künstlich zu beatmen, schlugen fehl. Es war, als wolle man «einen Felsen beatmen», sagte Dr. Hamner später der *Washington Post*. Nettie Stoner wurde aufgefordert, sich das Baby anzusehen; sie erinnert sich, daß man ihr einen winzigen starren Leichnam überreichte, mit Windeln, einem T-Shirt und einer Mütze bekleidet. Eine Schwester sagte, das Baby habe kurze Zeit gelebt, aber Stoner glaubte ihr nicht. «Die wollten eine lebende Frucht», sagt sie bitter. «Die wollten eine lebende Frucht, um ihre Tat zu rechtfertigen.»

Carder erwachte einige Stunden später. Als man ihr mitteilte, das

Baby sei tot, weinte sie. Ihre Mutter hielt ihre Hand, sagte ihr, alles würde gut, alle hätten sie lieb, und vielleicht werde sie eines Tages noch ein Baby bekommen. Kurz darauf fiel Carder ins Koma. Zwei Tage später war sie tot. Im Autopsiebericht stand, daß die Operation mit zu ihrem Tod beigetragen habe.

Fünf Monate später veröffentlichte das Berufungsgericht endlich die schriftliche Begründung für sein Sechzehn-Minuten-Urteil. «Uns ist durchaus bewußt», hieß es ohne jedes Bedauern in der Begründung, «A. C.s Lebensspanne eventuell verkürzt zu haben.» Carders Eltern legten später gegen das Urteil Berufung ein, weil ihre Tochter der Operation nicht zugestimmt und der Eingriff ihr Recht auf Leben mißachtet habe. Drei Jahre später schloß sich der D. C. Court of Appeals endlich ihrer Meinung an und erklärte das Urteil für falsch. Aber für Angela Carder war das drei Jahre zu spät.

Nachdem Carders Story durch die Zeitungen gegangen war, geriet sie auf die kulturelle Feedbackschleife und wurde zur Grundlage einer Episode von «L. A. Law». In der TV-Version fällt der Richter jedoch die «richtige» Entscheidung. Die Rechte des Fötus werden bestätigt: Die Mutter stirbt, aber das Baby überlebt. Für Carders Mutter war die Sendung der Gipfel der Demütigung. Zuerst war ihre Tochter gegen ihren Willen operiert worden. Dann hatten die Gerichte wissentlich den Tod ihrer Tochter beschleunigt. Und jetzt vertuschte Hollywood diese Verbrechen auch noch. Als die NBC dieses Skript ausstrahlte, sagte Stoner: «Die haben Angela ihre Geschichte weggenommen.»

Am Arbeitsplatz: Der wachsende Schutz des ungeborenen Lebens

Zumindest ging es in den «Verwahrlosungs»prozessen der 80er um *reale* Föten. Als jedoch U. S.-Firmen damit begannen, sich für die Rechte des Fötus starkzumachen, waren die «ungeborenen Kinder», die sie angeblich retteten, noch nicht einmal empfangen.

Vom Ende der 70er Jahre und, noch beschleunigt, während der 80er Jahre begannen mindestens fünfzehn der größten amerikanischen Unternehmen, von Du Pont über Dow bis General Motors, «Richtlinien zum Schutz ungeborenen Lebens» zu entwickeln, die die Frauen von traditionell höherbezahlten «Männerjobs», bei denen man Chemikalien oder Strahlung ausgesetzt war, teilweise oder ganz ausschlossen – mit der Begründung, es bestünde die Gefahr späterer Geburtsfehler. In der Mitte der Dekade wurden den Frauen auf diese Weise Hunderte von Beschäftigungsmöglichkeiten genommen. Und eine Umfrage bei verschiedenen Chemieunternehmen ergab, daß der Ausschluß von Frauen aus diesen Arbeitsbereichen einmütig unterstützt wurde.

Nach außen hin wirkten diese Richtlinien wie fortschrittliche Maßnahmen zum Schutz der Beschäftigten. Aber sie wurden aus Furcht vor der Haftpflicht unternommen, nicht aus Sorge um die Frauen. Es handelte sich durchgehend um Firmen, deren Geschichte zeigt, daß man schon immer nach einem Vorwand suchte, um Frauen auszuschließen. Als progressive Bemühungen gesundheitsbewußter Firmen getarnt, hatten die Richtlinien zum Schutz ungeborenen Lebens in Wirklichkeit mehr mit den rückschrittlichen «Arbeitsschutzbestimmungen» zu tun, die zur Jahrhundertwende allgemein üblich waren. Diese Bestimmungen hatten Stundenzahl, Bezahlung und Art der von Frauen durchzuführenden Beschäftigungen eingeschränkt – und die Frauen mindestens 60 000 Jobs gekostet. Auch die Verfechter jener Richtlinien gaben damals vor, sie sorgten sich um das Wohl der künftigen Kinder, aber viele von ihnen waren Gewerkschaftsführer und Abgeordnete, die rein männliche Bereiche absteckten. Cigarmakers International stellte 1879 in seinem Jahresbericht offen fest: «Wir können die Frauen nicht aus diesem Beruf drängen, aber wir können ihr tägliches Arbeitssoll durch Firmengesetze einschränken.»

Ab 1980 räumten weder die U. S.-Firmen noch die Regierung dem Schutz ungeborener Kinder wirklichen Vorrang ein. Tatsächlich löste sich der Wunsch der Unternehmen, die weibliche Fruchtbarkeit zu schützen, auf mysteriöse Weise in nichts auf, sobald es um Frauen außerhalb der hochbezahlten «männlichen» Arbeitsbereiche ging. Berufstätige Frauen waren erwiesenermaßen Gefahren für die Fortpflanzung ausgesetzt und hatten in der Textilindustrie, in Krankenhäusern, Zahnarztpraxen und Schönheitssalons mit genau den gleichen Chemikalien und Strahlungsquellen zu tun, ohne daß irgend jemand nach Schutzmaßnahmen rief. (Schwangere Kosmetikerinnen haben ein überdurchschnittlich hohes Risiko, an Toxikämie zu erkranken und Fehl- und Frühgeburten zu erleiden; schwangere Krankenschwestern

und medizinisch-technische Assistentinnen sind Narkosedämpfen
ausgesetzt, die Fehlgeburten bewirken können.) Die oben erwähnten
Unternehmen verbannten Frauen zwar aus der Herstellung, nicht aber
aus dem Büro – obwohl man damals die Bildschirmarbeit verdächtigte,
für höhere Fehlgeburten, Geburtsfehler und andere Fertilitätsprobleme verantwortlich zu sein. Die Reagan-Administration demon-
strierte die gleiche Doppelmoral. Während das Weiße Haus für die 1,4
Millionen Frauen, die in traditionell «männlichen» Industriezweigen
arbeiteten, Maßnahmen zum Schutz ungeborenen Lebens förderte,
verhinderte es Studien über die potentielle Bedrohung der 11 Millionen Bildschirmarbeiterinnen. Als das National Institute for Occupational Safety and Health (NIOSH) die Ursachen der überdurchschnittlich
häufigen Fertilitätsprobleme der Bildschirmarbeiterinnen bei Southern Bell erforschen wollte, verlangte das Office of Management and
Budget, es müßten alle Fragen nach Fertilität und Streß gestrichen
werden – weil derlei Forschungen «keinen praktischen Zweck» hätten.

Praktisch alle Firmen, die in den 80er Jahren Richtlinien zum Schutz
ungeborenen Lebens aufstellten, gehörten zu jenen männerdominier-
ten Industriezweigen, die eine Dekade zuvor nur aufgrund intensiven
staatlichen Drucks Frauen eingestellt hatten. AT & T zum Beispiel, wo
Frauen 1986 aus der Computerchip-Produktion verbannt wurden, war
in den 70ern eines der Hauptziele der EEOC gewesen. Die Leitung von
Allied Chemicals regte sich immer noch über Gesetze auf, die «uns
gezwungen haben, Frauen einzustellen», als sie einige Packerinnen
entlassen wollten – mit der Begründung, sie müßten vor der Chemika-
lie Fluorocarbon 22 geschützt werden. Nachdem sich zwei der Frauen
sterilisieren ließen, um ihre Jobs zu behalten, räumte die Firmenleitung ein, Fluorocarbon stelle gar kein so großes Risiko für den Fötus
dar. Und diese Firmen wollten Frauen nicht nur von jenen Jobs ausschließen, in denen es um Chemikalien ging. Johnson Controls, der
größte amerikanische Hersteller von Autobatterien, versperrte Frauen
auch alle Wege, die zu jenen besserbezahlten Jobs *hinführten*. Alle
Stellen, die durch Versetzung oder Beförderung irgendwann zu einem
Job mit Bleibelastung führen konnten, waren Johnson-Control-Arbei-
terinnen verschlossen.

Auf der Suche nach Argumenten für den Schutz ungeborenen Lebens griff man auf die Positionen der Abtreibungsgegner zurück: Fö-

ten seien selbständige Menschen, Frauen seien nur Aufenthaltsstätten. In einer Regierungserhebung wurden verschiedene Firmen über ihre Haltung zu den Schutzbestimmungen befragt; dabei bezeichneten Firmenleitungen und Industrielobbyisten den Fötus als «ungeladenen Gast», der geschützt werden müsse – und die Frau als jemand, der dem Fötus «Kost und Logis» gewähre und ihm ein «sicheres, gesundes Milieu» bieten müsse. Ein Konzern bezeichnete das «ungeborene Kind» als «Mitglied der Gesellschaft, das unfreiwillig in kontrollierte Gebiete gebracht wurde».

Auch auf die juristische Prioritätenliste der 8oer griffen die Firmen zurück – erst der Fötus, dann die Mutter. In der Regierungsumfrage zu den Schutzbestimmungen stimmten die Firmensprecher darin überein, daß die Rechte des künftigen Fötus Vorrang vor den Rechten der berufstätigen Frauen haben müßten. Für die Synthetic Organic Chemical Manufacturers Association war der Ausschluß von Frauen nur eine kleine Unannehmlichkeit, «ein kleiner Preis, den man den Müttern, den potentiellen Müttern und der Gesellschaft zahlt».

Die Sorge dieser Firmen um die ungeborenen Kinder reichte allerdings nicht so weit, daß sie auch ihren Vätern den Zutritt zur Fabrik verboten hätten – obwohl erwiesen ist, daß der Kontakt von Männern mit Industriegiften zu Mißbildungen des Kindes führen kann. Eine OSHA-Studie ergab, daß einundzwanzig der sechsundzwanzig Chemikalien, die in den Richtlinien zum Schutz ungeborenen Lebens üblicherweise erfaßt sind, auch bei Männern Sterilität oder genetische Schäden bewirken. Johnson Controls verbannte wegen der Bleibelastung zwar die Frauen aus den Batteriefabriken, kümmerte sich aber nicht um die Männer – obwohl Blei bekanntermaßen die Fertilität beider Geschlechter beeinträchtigen kann. 1989 ergab eine Umfrage bei 198 großen Chemie- und Elektronikfirmen in Massachussetts, daß 20% Schutzbestimmungen hatten, die Frauen von bestimmten Jobs ausschlossen; Männer waren davon nie betroffen – obwohl alle Chemikalien, bis auf eine, bekanntermaßen auch bei Männern zu Fertilitätsproblemen oder genetischen Schäden führen können.

Auch beruhte das plötzliche Interesse an der gesunden Fortpflanzungsfähigkeit der Frau keineswegs auf neuen Forschungsergebnissen. Wenn sich die Firmen schon einmal die Mühe machten, ihre Schutzbestimmungen mit Daten zu untermauern, dann griffen sie meist auf einige wenige, veraltete Studien zurück. Bei Du Pont handelte es sich um eine einzige Tierversuchsstudie, die später widerlegt wurde. Und noch häufiger existierten überhaupt keine «Forschungsdaten». Von den zigtausend Berufschemikalien, die im Gebrauch sind, wurden nur etwa 6% auf ihren Einfluß auf die Fortpflanzung untersucht. Und weder Staat noch Industrie beeilten sich mit der Finanzierung neuer Studien. Die Reagan-Administration kürzte staatliche Subventionen für die Erforschung beruflicher Fortpflanzungsrisiken sogar drastisch.

Die Arbeiterinnen reichten gegen Johnson Controls Klage ein wegen der extremen Bestimmungen zum Schutz ungeborenen Lebens, die das Unternehmen 1982 eingeführt hatte. Der Prozeß schleppte sich durch die Instanzen. Ein Berufungsgericht des Bundes bestätigte die Politik der Firma. Die Regierung Bush stellte sich hinter die Interessen des Unternehmens, mit dem Argument, derlei Ausschließungen seien völlig korrekt, solange der Arbeitgeber beweisen könne, daß sie notwendig seien. Schließlich triumphierten 1991 die Johnson-Controls-Arbeiterinnen aber doch vor dem Supreme Court; die Richter befanden, die Richtlinien zum Schutz ungeborenen Lebens hätten den Pregnancy Discrimination Act von 1978 verletzt. Doch für neun Jahre Lohnverlust und verpaßte Beschäftigungschancen konnten die Frauen vom Gericht nicht entschädigt werden. Auch wurden die betreffenden Unternehmen durch das Urteil keineswegs entmutigt; sie verlagerten sich einfach auf subtilere, raffiniertere Taktiken. Zum Beispiel wurden Frauen in neuen, obligatorischen «Beratungs»gesprächen über Berufsrisiken im Hinblick auf eine spätere Schwangerschaft informiert, oder man verlangte ärztliche Bescheinigungen, daß die Frauen bestimmte Arbeiten verrichten konnten, oder sie mußten sich verpflichten, die Firma nicht juristisch haftbar zu machen.

Ganz ähnlich wie es in viktorianischen Gesundheitsratgebern hieß, Frauen seien mehr vom «Geist» oder mehr vom «Uterus» bestimmt, teilten auch die Richtlinien, die die 80er-Jahre-Firmen zum Schutz ungeborenen Lebens erließen, die Frauen in zwei gegnerische Lager ein. Frauen konnten sich entweder fortpflanzen und daheim bleiben – oder sich sterilisieren lassen und berufstätig sein. Ihr habt die Wahl, wurde den weiblichen Beschäftigten von den Firmen signalisiert: verliert euren Job oder euren Uterus.

Im Fall des Unternehmens American Cyanamid verloren manche Frauen beides.

Die kommerzielle Message des Gegenschlags der 80er wurde von der Kosmetikabteilung des Konzerns American Cyanamid freudig begrüßt und noch verstärkt. Unter dem Banner der Rückkehr zur Weiblichkeit wollten die Firmenstrategen dem kränkelnden Breck-Shampoo zu einem Comeback verhelfen und den Umsatz ihrer Skin-«Treatment»-Serie «La Prairie» in die Höhe treiben. Sie beauftragten sogar die Trendexpertin Faith Popcorn mit der Förderung eines «nostalgischen» Kaufverhaltens. Aber American Cyanamid profitierte nicht nur vom Gegenschlag; das Unternehmen packte selbst mit an.

Hinter dem retuschierten Gesicht des Breck-Girls erstreckten sich die rauchenden Schlote der vielen Chemie- und Kosmetikfabriken dieses Mischkonzerns. Und wie fast jedes Chemieunternehmen Anfang der 70er Jahre beschäftigte auch American Cyanamid nur männliche Fabrikarbeiter. Als der Staat anfing, auf Integration zu drängen, bekam American Cyanamid den Druck als eine der ersten Chemiefirmen zu spüren. Vor allem die Fabrik in Willow Island, West Virginia, erweckte die Aufmerksamkeit der staatlichen Ermittler.

Ab den 40ern hatte American Cyanamid diese weitläufige Chemiefabrik in Pleasant County rasch in einen unerfreulichen schmutzigen Landstreifen entlang des Ohio River verwandelt. Die Willow-Island-Fabrik war (und ist) die einzige Attraktion der Stadt, ihr Fließband bietet im Umkreis von vielen Meilen die einzigen Arbeitsplätze. Im Herzen eines Bundesstaats mit der höchsten Arbeitslosenrate der Nation verfügte die Firma über die willigste Arbeitnehmerschaft in ganz Amerika. Nur wenige Männer oder Frauen aus der Gegend hätten sich die Chance entgehen lassen, bei American Cyanamid zu arbeiten.

Doch als die staatlichen Ermittler 1973 nach Willow Island kamen, entdeckten sie, daß die Firma im Produktionsbereich noch keine einzige Frau eingestellt hatte. Schon bald stand American Cyanamid vor der Wahl, entweder den Frauen die Fabriktore zu öffnen oder einen Prozeß zu riskieren. 1974 bekam die Fabrikleitung von Willow Island von der Zentrale in New Jersey den Auftrag, nach Bewerberinnen zu suchen. Wenige Tage nachdem sich die Nachricht in Pleasant County verbreitet hatte, strömten die Frauen ins Personalbüro der Fabrik. «Nachdem wir mit einigen von ihnen ein Einstellungsgespräch geführt hatten», erinnert sich später der Industrial-Relations-Direktor, Glenn Mercer, «brauchten wir nicht mehr weiterzusuchen. Es lagen genügend Bewerbungen vor.»

Damals war Betty Riggs eine junge Mutter und arbeitete im Farm Fresh Market in der Nähe von Belmont. Eines Tages, Anfang 1974, kamen ein paar Männer aus der Fabrik in den Laden, um Sandwichs zu kaufen. Sie hörte die Männer darüber klagen, daß die Firma jetzt Frauen einstellen wolle. Als Riggs sich nach Details erkundigte, sagten sie ihr, in der Fabrik werde «Schwerarbeit» geleistet, das sei «kein Platz für eine Frau».

Riggs' Erfahrung nach redeten Männer oft vom «Platz der Frau», aber Ehefrauen und Mütter hatten schon immer gearbeitet. In ihrer Kindheit hatten die Frauen der Familie das Essen für die acht Kinder auf den Tisch gebracht; und wenn sie sich den Einkauf im Laden nicht leisten konnten, gingen sie auf die Jagd. «Entweder gab es Wild oder gar nichts», erinnert sich Riggs. Als sie elf war, hatte sie schon einen Job. Nach ihrer Heirat mit fünfzehn, einer unglücklichen Mußehe, war sie die «Hauptverdienerin»; ihr Mann trank ständig, arbeitete aber nur sporadisch. Riggs ernährte ihren Sohn, ihren Ehemann und ihre Eltern von dem niedrigen Lohn, den sie bei einigen «Frauen»jobs verdiente: 75 Cent pro Stunde als Kellnerin im Parkette Truck Stop, 1 Dollar pro Stunde als Kassiererin in Hammet's Dairy Bar und 2 Dollar beim Farm Fresh Market.

Als Riggs hörte, daß American Cyanamid Frauen einstellte, bewarb sie sich sofort. Als sie keine Antwort bekam, schaute sie einfach immer wieder im Personalbüro der Firma vorbei. «Ich bin fast jeden zweiten Tag hingegangen», erinnert sie sich. Aber trotz der Anweisung, Frauen einzustellen, verhielt sich die Firmenleitung ablehnend. Mehrere Bewerberinnen erzählten später, daß man ihnen entweder sagte, sie seien für eine Männerfabrik zu feminin oder nicht feminin genug. Manche hörten, sie seien «zu hübsch», um in einer Fabrik zu arbeiten; anderen sagte man, sie seien «zu dick». Riggs erinnert sich, daß der Personalleiter sie nicht einstellen wollte, weil er sie für übergewichtig hielt und weil die Fabrik keine «Diätklinik» sei. Riggs speckte ab und bewarb sich von neuem. Aber sie wurde immer noch nicht eingestellt.

Nachdem sie ein Jahr lang fast täglich zur Fabrik gepilgert war, bekam Riggs endlich einen Job bei American Cyanamid – aber in der Kantine und zum gleichen Lohn wie beim Farm Fresh Market. Sie lehnte ab und bewarb sich weiterhin für einen Fabrikjob. Endlich stellte American Cyanamid sie im Dezember 1975 als Pförtnerin ein. Wenige Monate später gelang es ihr, in die Bleipigmentabteilung versetzt zu werden – wo sie sechsmal mehr verdiente als beim Farm Fresh Market.

In der Pigmentabteilung mußte Riggs «Tafeln zerschroten» und «blauverpacken». Den ganzen Tag wuchtete sie Fünfzig-Pfund-Tiegel zusammengebackener Farbe aus einem Fabrikofen, ließ die Farbplatten in eine Mühle gleiten, um am anderen Ende den blauen Staub einzusammeln und in Tüten zu packen. «Mir gefiel der Job sehr gut», erinnert sie sich. «Es war echte Schwerarbeit, ein echtes Training.» Im Lauf des Jahres kamen noch andere Frauen in Riggs' Abteilung.

Donna Lee Martin war arbeitslos und suchte dringend einen Job, als sie hörte, daß American Cyanamid Frauen einstellte. Sie hatte ihren Job in einer Fiberfabrik, mit einem Stundenlohn von 4 Dollar, verloren, weil die Firma zumachte. Beim Einstellungsgespräch bei American Cyanamid fragte der Personalchef «mich über meine Familie aus, ob ich Schicht arbeiten müßte, ob ich zuverlässige Babysitter hätte und ob ich es auch schaffen würde, wenn meine Kinder krank wären». Sie sagte, sie würde es schaffen. Im Oktober 1974 bekam sie einen Job als «Hilfskraft» in der Katalysatorenabteilung. Sechs Wochen später ließ sie sich in die Pigmentabteilung versetzen, weil sie gehört hatte, daß es dort bessere Aufstiegschancen gebe.

Barbara Cantwell Christman war Ende Zwanzig, seit kurzem geschieden und mußte für ihre beiden Jungen aufkommen. Sie nahm jeden Job an, der sich ihr bot: als Bedienung im Restaurant des North Bend State Park, als Schreibkraft in einer Bekleidungsfirma und als Sprechstundenhilfe in einer Arztpraxis. Im April 1974 bewarb sie sich ebenfalls bei Cyanamid. In den Einstellungsgesprächen warnten sie die Personalleiter, sie müsse «spätnachts mit einem Haufen geiler Männer zusammenarbeiten». Einer sagte, sie werde «wahrscheinlich Kohle in einen Kohlenwagen schaufeln müssen», und fragte sie, ob sie das denn wirklich schaffen werde. «Ich hab ja gesagt», erinnerte sie sich später in einem Gerichtsprotokoll. «Er hat gesagt, ich sei doch

viel zu hübsch für so einen Job, aber ich hab gesagt, ich will den Job...
ich brauche den Job.»

Insgesamt wurden zwischen 1974 und 1976 sechsunddreißig Frauen
in der Produktion eingestellt. In der Pigmentabteilung stiegen im ersten Arbeitsjahr der Frauen sowohl Qualität als auch Quantität der
Produktion deutlich an – ein Umstand, der beim jährlichen Firmen-
essen widerwillig zugegeben wurde. Riggs wunderte das nicht. Sie
hielt sich an das vorgeschriebene Pensum von zwölf kompletten «Ma-
schinenladungen» pro Nacht, sehr zum Ärger ihres männlichen Kollegen, der sich an das bequemere Pensum von zehn gewöhnt hatte. «Da
hast du eine gute Sache versaut!» sagte er zu ihr. Sie ignorierte ihn.
«Ich hab eine Aufgabe gekriegt», sagt sie, «und die wollte ich auch
erledigen.»

Riggs' Kollege war nicht der einzige Mann, der sich über die Invasion der Frauen aufregte. «Die Frauen sollten hier den Männern nicht
die Jobs wegnehmen», hieß es immer wieder. «Ein Typ», erinnert sich
Riggs, «hat zu Barb [Christman] gesagt: Wenn du mit mir verheiratet
wärst, würdest du meine Socken stopfen und das Essen kochen.» Sie
mußte lachen; seine Frau war berufstätig. Der Vorarbeiter war auf ein
anderes «Problem» fixiert. Er beschwerte sich, die Frauen seien ein
Sicherheitsrisiko, weil es doch passieren könne, daß sie «sich [eine]
Brustwarze in der Maschine einquetschen» oder «mit den Brüsten in
die Pfanne kommen».

Je mehr Frauen eingestellt wurden, desto schlimmer wurden die
Schikanen. Als die Frauen eines Tages in die Arbeit kamen, fanden sie
an einem Balken in der Produktionshalle folgende Begrüßung: JEDE
ERSCHOSSENE FRAU IST EIN GERETTETER ARBEITSPLATZ.
Ein anderes Mal klebten auf den Schließfächern der Frauen Zettel, die
sie als «Huren» bezeichneten. In Riggs' Schließfach hatte jemand ein
brutales Pornographie-Poster gestopft; der beigefügte Kommentar:
«Das würde ich gern mit dir machen!» In zwei Fällen mußten sich
Frauen bei den Schließfächern und im Duschraum gegen sexuelle
Attacken zur Wehr setzen.

Am erbittertsten war jedoch Riggs' erster Mann gegen ihren neuen
Job. Er hatte sowieso noch nie gezögert, sie mit den Fäusten zur Räson
zu bringen. In einem Jahr hatte er sie so oft verprügelt, daß ihre Freundinnen bei Farm Fresh ihr an Weihnachten eine Augenklappe schenk-

ten. (Tragischerweise konnte sie die gut gebrauchen; noch am gleichen Tag, erinnert sie sich, habe sie zwei blaue Augen gehabt.) Vor dem Job bei American Cyanamid hatte Riggs die Prügel ertragen, weil ihrem Mann das Haus gehörte und er – wenn er mal arbeitete – die höheren Lohnschecks nach Hause brachte – Geld, das sie dringend für ihren Sohn und ihre Eltern brauchte. Aber jetzt, wo sie gut verdiente, hatte sie die Mittel, ihn zu verlassen. «Deshalb hat mir der Job bei Cyanamid so viel bedeutet», sagt sie. «Weil ich wußte, daß ich eines Tages allein sein würde.»

Zuerst flüchtete sich ihr Mann in Euphemismen, um mit der neuen finanziellen Unabhängigkeit seiner Frau fertig zu werden. «Als ich den Fabrikjob anfing, war alles ‹sein Geld›», erinnert sich Riggs. «Immer, wenn Zahltag war, mußte ich den Scheck unterschreiben, und dann hieß es: ‹Soviel kriegst du jetzt für diese Woche.› Und außerdem: ‹Sag ja niemand, wieviel du verdienst.›» Er verschaffte sich auch Macht, indem er sich weigerte, auf ihren gemeinsamen Sohn aufzupassen, während sie arbeitete. Selbst wenn er gerade arbeitslos war, mußte sie sich eine Babysitterin suchen. Und «ich mußte immer wieder neue Babysitterinnen suchen», erinnert sich Riggs, «weil er die Finger nicht von ihnen lassen konnte.»

Schließlich ging er zu einer direkteren, brutaleren Strategie über. Er schloß sie im Haus ein oder prügelte sie, bis sie sich vor lauter Blutergüssen nicht mehr blicken lassen konnte. Eines Tages, nachdem er ihren Kopf so lange gegen den Küchenboden geschlagen hatte, bis sie bewußtlos wurde, tat sie den Schritt. Sie verließ ihn und reichte die Scheidung ein. Aber das machte ihn nur noch brutaler. Bald nach der Trennung suchte er sich einen Job in der Fabrik und schikanierte sie dort weiter, mit immer erschreckenderen Methoden. Als sie eines Nachts auf den Parkplatz kam, stand ihr Wagen in Flammen. Ein anderes Mal kam er während der zweiten Nachtschicht in die Pigmentabteilung, schlich sich an Riggs heran und riß sie zu Boden. Er schlug ihr so lang mit den Fäusten ins Gesicht, bis ihre Brille zerbrach. «Es war noch ein anderer Mann da», erinnert sich Riggs, «aber der stand nur da und schaute zu. Der Vorarbeiter... rannte einfach raus. Er wollte kein Zeuge sein.» Der Sicherheitsbeauftragte der Firma, dem sie Bericht erstattete, erklärte sich nur bereit, ihrem Mann eine «mündliche Verwarnung» zu geben.

Die Frauen in der Fabrik in Willow Island waren fest entschlossen da-
zubleiben, egal, was die Männer anstellten. Doch Ende der 70er drohte
ihnen ein stärkerer Gegner als ihre Arbeitskollegen: das Topmanagement der Firma. 1976 stellte die Fabrik plötzlich keine Frauen mehr
ein. Im gleichen Jahr beschloß man in der Zentrale, Bestimmungen
zum Schutz ungeborenen Lebens auszuarbeiten. Bisher hatte American Cyanamid sich nie sonderlich um den Schutz der Belegschaft
gekümmert – die Angestellten der explosionsgefährdeten Fabrik in
Willow Island hatten jahrelang unter schmutzigen und gefährlichen
Bedingungen gearbeitet. Plötzlich jedoch zeigte sich die Firmenleitung
über Fortpflanzungsrisiken besorgt. Der medizinische Direktor von
American Cyanamid, Dr. Robert Clyne, entwarf flugs einen Richtli-
nienkatalog, der Frauen im gebärfähigen Alter von allen Produktions-
jobs ausschloß, bei denen sie mit einer von neunundzwanzig Chemikalien in Berührung kamen.

Dem waren nicht etwa Klagen von Arbeiterinnen vorausgegangen.
Clyne selbst räumt ein, daß ihm keine vorgelegen hätten, und die Beschäftigten waren auch nie auf mögliche Fortpflanzungsrisiken hin beobachtet worden. Die Maßnahme basierte auch nicht auf wissenschaftlichen Forschungsergebnissen. Die medizinische Abteilung der Firma
konsultierte weder die Fachliteratur, noch führte sie eigene Studien
durch. Wie Clyne später erklärte, hatten sich die neunundzwanzig
Chemikalien aus der «raschen Auswertung einiger Computerbögen»
ergeben. Tatsächlich war nur eines der ausgewählten Toxine, nämlich
Blei, dafür bekannt, daß es die Fertilität beeinträchtigen konnte. Und
obwohl dies im Fall von Blei beide Geschlechter betrifft, ließ Clyne die
Risiken für Männer außer acht. «Uns lagen einfach nicht genügend
Informationen vor, um zum damaligen Zeitpunkt auch noch diesen
Aspekt mit einzubeziehen», sagte er später in einem Gerichtsprotokoll.
Einem Radiointerview zufolge würde er, selbst wenn die männliche
Fortpflanzungsfähigkeit nachweisbar durch bestimmte Arbeitsbedin-
gungen gefährdet wäre, trotzdem nicht auf der Versetzung der Männer
bestehen: «Es wird andere Maßnahmen zum Schutz der Männer ge-
ben; entweder wird die Produktion eingestellt, oder es gibt Schutzklei-
dung und Atemschutzmasken.» Auch die Firma erwog keine Alternativen zum Ausschluß der Frauen – etwa eine Reduktion der Toxine am
Arbeitsplatz. Später behauptete die Firma, es stünden für dieses Pro-

blem keine «Technologien zur Verfügung». Eine staatliche Inspektion jedoch hatte ergeben, daß bestimmte Verbesserungen der technischen Kontrollen die Bleibelastung gesenkt hätten – auf ein für beide Geschlechter gesetzlich vertretbares Maß. Doch die Kosten – 700 000 $ – hatten der Firmenleitung anscheinend nicht zugesagt.

1978 brachte die Firma ihre erste Fassung der Richtlinien zum Schutz ungeborenen Lebens heraus. «Wir wissen, daß dies womöglich die Zahl der für die einzelnen Frauen verfügbaren Jobs einschränken wird», stellte der Exekutivausschuß der Firma in einem internen Memo fest, «aber unserer Ansicht nach ist dies von zwei Übeln sicherlich das kleinere.»

Obwohl die Richtlinien noch nicht offiziell galten, beschlossen die Willow-Island-Manager, sie sofort anzuwenden. Glenn Mercer, der Direktor für Industrial Relations, rief im Januar und Februar 1978 die Frauen zu mehreren Sitzungen ins Büro des Betriebsarztes, um ihnen die Grundlagen zu erklären. Nach dem 1. Mai, so erklärte er ihnen, seien fruchtbare Frauen unter fünfzig Jahren aus acht der zehn Abteilungen ausgeschlossen – eine Regelung, die für die Frauen nur noch sieben Arbeitsplätze offenließ –, es sei denn, sie ließen sich sterilisieren. Mercer behauptete, damit wolle die Firma «der OSHA zuvorkommen», die jetzt angeblich jeden Tag ähnliche Vorschriften erlassen könne. Riggs erinnert sich: «Er hat uns gesagt, das sei weltweit so. Er hat gesagt, es werde eine Zeit kommen, wo in keiner Chemiefirma mehr Frauen arbeiten würden, es sei denn, sie wären sterilisiert.»

Die Frauen begannen Fragen zu stellen. Ob jüngere Männer entlassen würden, um diese Arbeitsplätze den entlassenen Frauen mit längerer Dienstzeit zu geben? Nein, sagte er, es würden nur Frauen entlassen. Ob es genüge, wenn sie die Pille nähmen? Nein, sagte Mercer, das reiche nicht, weil sie sie mal «vergessen» könnten. Und wenn sie jeden Monat einen Schwangerschaftstest machen ließen? Wieder schüttelte Mercer den Kopf. Und wenn ihre Ehemänner eine Vasektomie machen ließen? Nein, sagte Mercer. Die *Frau* müsse sich operieren lassen.

Dann baten die Frauen um eine Liste der betreffenden Chemikalien. Mercer erwiderte, er habe gerade keine bei der Hand, aber es gebe «Hunderte davon», und «täglich» kämen neue dazu. Dann betraten eine Krankenschwester und ein Arzt den Raum und erklärten den Frauen, die Sterilisation sei ein simpler Eingriff, der am hiesigen Krankenhaus durchgeführt werden könne. Damit war die Sitzung beendet, und die Frauen gingen hinaus; die meisten waren zu erschüttert, um etwas zu sagen.

Donna Martin verfolgte Mercers Vortrag mit wachsendem Grauen. Sie wußte, daß ihre Dienstjahre nicht ausreichten, um eine der sieben übriggebliebenen Stellen zu kriegen. Wie sollte sie ihre Kinder ernähren? Ihr Mann war arbeitslos, und sie hatten schon genug finanzielle Probleme. Wochenlang quälte sie sich herum, und je mehr sie darüber nachdachte, desto depressiver wurde sie. «Ich wurde gefühlsmäßig einfach nicht damit fertig, daß ich mich entscheiden mußte, ob ich meinen Job behalten oder später noch Kinder haben wollte.» Von einer früheren Nackenverletzung her hatte sie noch Schmerztabletten übrig; im Februar nahm sie eine Überdosis und landete für einen Monat im Krankenhaus.

Binnen einer Woche nach ihrer Entlassung aus dem Hospital entschloß sie sich zur Operation, «damit ich nicht mehr um meinen Job fürchten mußte». Sie ging zu Dr. George Gevas, einem Gynäkologen an ihrem Wohnort, unterschrieb noch am gleichen Tag das Operationsformular und vereinbarte einen Termin für die folgende Woche – weil sie unbedingt die von der Firma gesetzte Frist einhalten wollte. Aus Angst, ihren Job zu verlieren, wenn sie zu lange wegblieb, gestand sich Martin nur drei Wochen Erholung zu – «weniger erlaubte er [Gevas] mir nicht», sagte sie.

Als Martin in die Fabrik zurückkehrte, erfuhr sie, daß während ihrer Abwesenheit die Frist für den Eingriff verlängert worden war; die medizinische Abteilung der Firma formulierte die Richtlinien zum Schutz ungeborenen Lebens neu. Den ganzen Sommer über wurden immer wieder Fristen gesetzt und wieder verlängert. Schließlich gab die Firmenleitung abschließend bekannt: Die Liste der Chemikalien sei von neunundzwanzig auf eine reduziert worden – Blei –, und es seien nur die Frauen in der Bleipigmentabteilung davon betroffen. Diese Frauen, hieß es, müßten sich bis zum 2. Oktober zwischen Sterilisation und Kündigung entscheiden.

Barbara Christman wünschte sich zwar noch mehr Kinder, brauchte aber auch dringend ihren Job. Genau wie Martin geriet sie, je länger sie die Alternativen abwog, «vor lauter Sorge ganz durcheinander». Schließlich ging auch sie zu Dr. Gevas. Er gab ihr einen Termin für den folgenden Tag. Als Christman aus der Narkose erwachte, befand sie sich in ziemlich unpassender Umgebung. Man hatte sie taktvollerweise auf die Entbindungsstation gebracht.

Auch Betty Riggs und Lola Rymer vereinbarten Termine bei Dr. Gevas. Wie Rymer sich erinnert, habe der Arzt jeder von ihnen abgeraten; es sei ein «schlechter Weg, seinen Job zu behalten», aber «wenn Sie es unbedingt wollen, mache ich es». Beide wollten, und er setzte den Eingriff noch für den gleichen Tag fest. Riggs sagt später, sie habe einfach keine andere Alternative gesehen: «Ich hab das gemacht, weil ich meine Familie mehr oder weniger allein ernähren mußte und sie alle von mir abhingen. Ich konnte sie doch nicht hängenlassen. Ich stand vor einer Mauer, und es blieb nur noch der Weg nach vorn.»

Am Ende hatten sich fünf der sieben Frauen in der Pigmentabteilung sterilisieren lassen. Die restlichen zwei kamen zum Pförtnerpersonal.

Die Nachricht von den Sterilisationen erreichte schließlich auch die Firmenzentrale und den Mediziner, der die Richtlinien zum Schutz ungeborenen Lebens entworfen hatte. Eine Frau erzählte es Dr. Clyne bei einer Konferenz, aber es schien ihn kaum zu interessieren – geschweige denn zu beunruhigen. Auf diesbezügliche Fragen antwortete er später wie folgt:

«Frage: ‹Hat sie Ihnen sonst noch etwas gesagt?›
Clyne: ‹Nein.›
Frage: ‹Haben Sie ihr irgendwelche Fragen gestellt?›
Clyne: ‹Das geschah ja mehr oder weniger am Rande... ich erhielt einfach eine Information.›»

Riggs kehrte deprimiert – und verängstigt – an ihren Arbeitsplatz zurück. «Ich hab mich gefragt... wenn die uns so nicht losgeworden sind, was kommt dann als nächstes?» Gleich in der ersten Woche rief Mercer sie in sein Büro und erkundigte sich, ob sie nicht vielleicht trotz der Sterilisation in eine andere Abteilung versetzt werden wolle. Er warnte sie, wenn sie bliebe, würden die Männer sie «brandmarken». Sie erwiderte: «Es gibt nichts, für was ich mich schämen muß.» Ein ähnliches Gespräch führte Mercer auch mit Christman. Nachdem sie zwei, drei Tage nachgedacht hatte, drängte er sie. Sie sagte ihm, «es sei eine schwere Entscheidung, und ich bräuchte Bedenkzeit. Daraufhin hat er gesagt, er müsse es wirklich wissen, weil er Zeitpläne aufstellen muß und so weiter, und wenn ich mich nicht entscheide, wisse er nicht, wie er seinen Arbeitsplan aufstellen muß.»

Beide Frauen beschlossen, in der Pigmentabteilung zu bleiben. Es war nicht einfach; genau wie Mercer prophezeit hatte, wurden sie gebrandmarkt. Kurz nach Donna Martins Operation überreichte ihr einer der Aufseher eine Versicherungsbroschüre für werdende Mütter. Die Männer in der Abteilung bemerkten höhnisch, die Frauen seien «kastriert» worden. «Jetzt seid ihr ja ganze Kerls» und ähnliche Sprüche bekamen die Frauen in dieser Zeit nur allzuoft zu hören. Auch die Firmenleitung verhielt sich nicht viel besser: in ihren Unterlagen stand, die Frauen seien «ausgeräumt» worden.

Anfang 1979 wurde die Firma in Willow Island von der OSHA überprüft. Als sich das herumsprach und Gerüchte über geplante Entlassungen in der Pigmentabteilung aufkamen, wuchs die Spannung noch mehr. «Ihr Weiber seid schuld, wenn die Fabrik geschlossen wird!» hieß es jetzt in der Pigmentabteilung. «Ihr habt uns diesen ganzen Ärger eingehandelt!» In jenem Oktober entschied die OSHA, daß American Cyanamid gegen den Occupational Safety and Health Act verstoßen habe, und verurteilte die Firma zu 10000 $ Geldstrafe. Die Firmenpolitik stelle ein «Risiko» für die Beschäftigten dar, befand die OSHA, weil sie die Frauen letztlich zur Sterilisation gezwungen habe. Außerdem sei die Bleibelastung für Männer genauso gefährlich und solle abgestellt werden. Daraufhin schloß American Cyanamid die Pigmentabteilung. Die Arbeitsplätze, für die die fünf Frauen so viel geopfert hatten, gab es nicht mehr.

1980 focht American Cyanamid diese Entscheidung an, worauf sich ein Prüfungsausschuß der OSHA bereit erklärte, auf Berufung zu verzichten; die Begründung lautete, der Verstoß werde von dem OSHA-Gesetz nicht erfaßt, da die Beschäftigten dem Risiko «nicht direkt ausgesetzt waren». Das Labor Department bereitete einen Einspruch gegen diese Entscheidung vor, aber als Reagan an die Macht kam, wurde der Einspruch fallengelassen.

Mittlerweile hatten sich die Frauen selbst um ihr Recht bemüht – erst beim Bürgerrechtskomitee des Bundesstaats, dann bei der lokalen EEOC-Behörde. Nachdem ihnen in beiden Fällen klargemacht worden war, daß sich eine Regierungsentscheidung Jahre hinziehen werde, wandten sie sich an die Gewerkschaft und die Rechtshilfe. Die Internationale der Beschäftigten der Öl-, Chemie- und Atomindustrie war zu dem Berufungsverfahren bereit, das vom Labor Department damals fallengelassen worden war. Und in einem separaten Prozeß klagten noch dreizehn weitere Arbeiterinnen gegen die Firma, wegen Verstößen gegen den Civil Rights Act.

Die Klage der Gewerkschaft landete vor dem Berufungsrichter Robert Bork, der 1984 zugunsten der Firma entschied. Die Bestimmungen zum Schutz ungeborenen Lebens stellten kein Risiko dar, schrieb er, weil die Frauen «die Option» gehabt hätten, sich sterilisieren zu lassen: «Die Firma wurde nur deshalb angeklagt, weil sie die Frauen vor eine Alternative gestellt hatte.» Der Bürgerrechtsprozeß der Frauen lief sich nach dreieinhalbjährigen Vorverhandlungen tot. Die Firma konnte Millionen von Dollars mehr investieren als sie. 1983 akzeptierten sie das dürftige Vergleichsangebot – 200 000 $, die unter den verbliebenen elf Klägerinnen aufzuteilen waren.

Die Klägerinnen gehörten zu den ersten, die in den 8oer Jahren entlassen wurden. Und als sie anderswo nach Arbeit suchten, stellten sie fest, daß ihnen ihr Ruf als Unruhestifterinnen bereits vorausgeeilt war. Betty Riggs, die sich am ehrlichsten geäußert hatte, hatte es am schwersten. Schließlich mußte sie sich mit einem Niedriglohnjob in einem Nationalpark zufriedengeben – als Bedienung. Sie war wieder in einem Frauenjob gelandet.

1987 saß Betty Riggs eines Tages mit ein paar Freunden im schummrigen Sunshine Club in der Nähe der Fabrik und verfolgte im Fernsehen eine Sendung, in der es um Richter Borks Bestätigungsverfahren am Supreme Court ging. Zu ihrer Überraschung fragte ihn einer der Kongreßabgeordneten in der Diskussionsrunde nach dem American-Cyanamid-Urteil. Sie hörte aufmerksam zu, was Bork dazu zu sagen hatte: «Ich denke, die fünf Frauen, die den Job behalten wollten und sich für die Sterilisation entschieden, waren froh, daß sie die Alternative hatten.» Verblüfft sprang Riggs auf und rief: «Habt ihr das gehört? Dieser unglaubliche Lügner!» Weil sie unbedingt «etwas tun wollte», schickte Riggs ein Telegramm an den Rechtsausschuß des Senats:

«Es ist unfaßlich, daß Richter Bork glaubt, wir seien über die Alternative froh gewesen, entweder sterilisiert oder entlassen zu werden. Nur ein Richter, der nichts über Frauen weiß, die auf ihren Job angewiesen sind, kann so etwas behaupten. Ich war erst sechsundzwanzig, mußte jedoch unbedingt arbeiten, also hatte ich keine Wahl... das war das Schlimmste, was ich je erlebt habe. Ich glaube immer noch, daß es widergesetzlich war, egal, was Bork sagt.»

Auf diesen Brief gab es nur zwei Reaktionen. Der Assistent eines Senators rief an und sagte, er finde den Brief zu gut formuliert – ob ein Rechtsanwalt «sie dazu angestiftet» habe? Und bei den Hearings sagte Senator Alan Simpson, er habe Riggs' Telegramm «ungehörig» gefunden.

Am Ende der Dekade hatte sich der Kreislauf des Gegenschlags geschlossen, und Borks Phrasen waren vom Gerichtsprotokoll über die Presseberichte nach Pleasant County, West Virginia, zurückgekehrt, wo man sie wieder und wieder heranzog, um die Zwangslage der Frauen zu verharmlosen.

In der Straße, die zur Fabrik führt, lehnen an einem Frühlingsmorgen 1988 Steve Tice und ein Freund – beides kürzlich entlassene Cyanamid-Arbeiter – am Schaufenster eines der vielen geschlossenen Geschäfte. Auf die Frage nach dem Prozeß der Willow-Island-Frauen zuckt Tice die Achseln und meint: «Jede hatte die Wahl. Sie hätten es nicht tun sollen [sich sterilisieren zu lassen], und dann einen Mordskrach schlagen. Den Frauen wird's heute einfach zu leicht gemacht, sich wegen jeder Kleinigkeit zu beschweren.»

In einer Allee im älteren Teil des nahe gelegenen Parkersburg führt Dr. Gevas eine gut florierende Privatpraxis. Sein Urteil lautet ähnlich. «Ich finde, diese Frauen hatten die Wahl», meint er. «Mit einem Strick um den Hals oder einer Pistole am Kopf hätten die Frauen Grund gehabt, vor Gericht zu gehen. Aber so hatten sie die Wahl.»

Auch Glenn Mercer, Industrial-Relations-Direktor der Firma, wohnt in einer gepflegten Gegend; im Garten blühen prächtige Rosensträucher. Mercer steht breitbeinig und mit verschränkten Armen auf dem geräumigen Vorplatz. «Kein Kommentar», sagt er zu sämtlichen Fragen. Als er schließlich gefragt wird, ob er seine damaligen Instruktionen bezüglich der Frauen nicht bereue, sagt er: «Kein bißchen. Mehr habe ich dazu nicht zu sagen. Ich bereue nichts.» Dann geht er ins Haus und knallt die Tür zu.

Nachdem ihnen alle Wege zu einer offiziellen Entschädigung versperrt blieben, wandte sich die Qual der Frauen gegen sich selbst. In den Jahren nach der Operation gelangte jede der fünf sterilisierten Cyanamid-Frauen zu der Ansicht, sie sei «unweiblich» und «unvollständig». Manche sagen, sie schliefen nicht mehr mit ihrem Mann – sie fühlten sich nicht mehr als «richtige Frau». Alle haben an lähmenden Depressionen gelitten. Und wenn sie therapeutische oder ärztliche Hilfe suchten, wurde ihre Not nur mit betäubenden Medikamenten behandelt beziehungsweise manchmal noch verschlimmert. Sie bekamen Tranquilizer, Antidepressiva und Lithium.

Nach der Operation zog sich Betty Riggs einfach von ihrer Umgebung zurück. «Ich war anderen Menschen gegenüber oft sehr kalt und lieblos», erinnert sie sich. Kaum sah sie auf der Straße eine Frau mit Kind, wurde sie von Neid und Scham erfüllt. Zu Hause «zerriß mir jede TV-Show, die irgend etwas mit Familie zu tun hatte, fast das Herz». Das sei gewesen, als bringe sie einfach nicht mehr «meinen Kopf, meinen Körper und mein Herz zusammen... Ich war kein ganzer Mensch mehr. Irgend etwas hat gefehlt. Als ob das Besondere an dir vor die Hunde geht. Als ob du auf dein einziges Recht verzichtet hast.»

Darüber hinaus war es auch das einzige «Recht», für das sich die Gegenschlagsära starkmachte. Die Frauen bei American Cyanamid waren in den 80ern – genau wie die amerikanischen Frauen aus allen anderen Landesteilen, Schichten, Berufsgruppen – dem gnadenlosen Wortschwall der Medien ausgesetzt. Man sagte ihnen, Mutterschaft sei ihre höchste Berufung. Man sagte ihnen, sie könnten ihre Weiblichkeit zurückgewinnen, wenn sie ihren Beruf aufgeben würden. Man sagte ihnen, für den finanziellen und beruflichen Erfolg müßten sie ihr häusliches, privates Glück opfern. Obwohl dieses Programm kaum praktische Bedeutung für das harte Leben hatte, das Betty Riggs und ihre Kolleginnen führten, bewirkte es doch, daß sie auf eine sehr persönliche, quälende Weise das Gefühl hatten, es «fehle ihnen etwas».

Wie so viele Alternativen, die der Gegenschlag den Frauen großmütig offerierte, wurde auch die «Wahl», die American Cyanamid
diesen Arbeiterinnen ließ, als progressive Entwicklung deklariert – als
ein Fortschritt für die Frauen. Nachdem der Feminismus den Frauen
Alternativen eröffnet hatte, behaupteten Firmen, Gerichte und der
Rest der Gesellschaft, sie täten das gleiche. Der Horror, dem die
American-Cyanamid-Arbeiterinnen ausgesetzt waren, zeigt, welche
verlogene Bedeutung das Wort «Alternative» im Rahmen des Gegenschlags hatte. Die Alternativen, die man den Cyanamid-Frauen anbot, waren nicht ehrlich, hilfreich oder fortschrittlich; sie waren paradox, schädlich und rückschrittlich – und von Anfang an gegen sie
gerichtet.

Diesen Frauen blieb gar nichts anderes übrig, als arbeiten zu gehen:
Der Job war sowohl eine wirtschaftliche Notwendigkeit – wegen der
schlechten Lebensumstände und der unzuverlässigen Ehemänner –
als auch eine wichtige Quelle für die Autarkie und Selbstachtung der
Frauen. Sie mußten und wollten arbeiten; aber niemand wollte sie arbeiten lassen – weder ihre Arbeitgeber noch ihre männlichen Kollegen, noch ihre Ehemänner. Wenn sie trotzdem weiter arbeiteten,
wurden sie am Arbeitsplatz gedemütigt, im Duschraum attackiert und
zu Hause verprügelt; wollten sie den gesellschaftlichen Signalen folgen und blieben zu Hause, verhungerten sie.

Diese «Alternativen» hatten die Frauen bereits, als ihnen American
Cyanamid das in die Schutzbestimmungen eingebaute Ultimatum
stellte. Jetzt konnten sie sich entscheiden, ob sie ihren Job aufgeben
sollten, den sie zum Überleben brauchten, oder durch eine Sterilisation das aufgeben sollten, was angeblich ihr erhabenster Lebenszweck
war. Der Gegenschlag machte den Frauen weis, sie müßten sich zwischen einer weiblichen und einer autarken Existenz entscheiden, und
nahm ihnen die Entscheidung gleich ab; er machte den Frauen weis,
sie könnten ihre natürliche Weiblichkeit nur dadurch zurückgewinnen, daß sie den unnatürlichen Kampf um Selbstbestimmung aufgaben. Doch den Frauen bei Cyanamid bot sich nicht einmal diese begrenzte Auswahl. Zuerst definierten die Schutzbestimmungen die
Frauen über ihren Uterus, dann zwangen sie die Frauen zu entscheiden, ob sie sich ihren Uterus herausschneiden lassen wollten. Und
nachdem diese Entscheidung erzwungen worden war, zog die Firma

auch die andere Alternative zurück – und die Arbeiterinnen wurden heimgeschickt, obwohl sie keinen Uterus mehr hatten.

Die Not der Frauen kam größtenteils daher, daß die Signale, die sie von der Gesellschaft auffingen, mit ihren realen Lebensumständen kollidierten. In dieser Zwangslage befanden sich, mehr oder weniger ausgeprägt, alle amerikanischen Frauen der 80er Jahre. Besonders tragisch am Fall der American-Cyanamid-Frauen war, daß dieser Konflikt sie zu unwiderruflichen, ihren Körper betreffenden «Entscheidungen» zwang.

Der Gegenschlag hat es zwar nie geschafft, Amerika jener rückschrittlichen, vaterfixierten Kernfamilien-Phantasie anzugleichen, die er ständig beschwor. Aber er schaffte es, dieses Bild in den Köpfen vieler Frauen zu verankern und eine nagende, oft sogar quälende Dissonanz zu erzeugen. Wenn die Frauen der 80er unglücklich waren – und zweifellos waren das viele, vor allem, als der Gegenschlag heftiger wurde –, dann nicht aus dem Grund, der meist dafür herhalten mußte. Insgesamt kam das Unglück der Frauen kaum vom Feminismus und den mit ihm verknüpften Freiheiten. Vielmehr kam es daher, daß der Wunsch nach Gleichberechtigung, der die ganze Dekade über anhielt, ständig mit dem Gegenschlag kollidierte, bis die Frauen auf die Mauern aus Selbstzweifel und Selbstvorwürfen einhämmerten, die der Gegenschlag errichten half.

Der Gegenschlag verordnete den Frauen eine Form von Glück, die nicht funktionierte und nicht funktionieren konnte. Er trennte das Leben der Frauen in zwei Hälften, Beruf und Zuhause, um dann letzteres als runde, erfüllte Existenz zu verkaufen. Lehnten sich Frauen gegen die Verordnung auf, dann wurden sie durch psychologische und materielle Schikanen ins Unglück getrieben; versuchten sie, die Verordnung zu befolgen, mußten sie erkennen, daß es sich um Quacksalberei handelte – halb Lüge, halb Phantasie –, für die in ihrem Leben kein Platz war. Diese Verordnung hat noch niemals funktioniert; sie war immer nur ein armseliges Surrogat; sie wurde nie den elementaren menschlichen Bedürfnissen und Wünschen gerecht, die die Frauen im Lauf der Jahrhunderte immer wieder geäußert haben – und die ihnen die Gesellschaft stets verweigern wollte.

Epilog

Das Jahrzehnt des Gegenschlags war eine einzige lange und schmerzhafte Dauerkampagne gegen den Fortschritt der Frauen. Aber trotz aller Kräfte, die der Gegenschlag mobilisierte – trotz der ätzenden Brandmarkungen der Neuen Rechten, trotz der juristischen Rückschläge der Reagan-Jahre, trotz des mächtigen Widerstands der amerikanischen Industrie, trotz der sich selbst reproduzierenden Mythenmaschinen Hollywoods und der Medien, trotz der «neotraditionalistischen» Werbekampagnen der Madison Avenue – trotz alldem haben die Frauen nie wirklich kapituliert. Mag sein, daß der Staat die Durchsetzung gleicher Beschäftigungschancen hat schleifen lassen, mag sein, daß die Gerichte das fünfundzwanzig Jahre alte Gleichstellungsgesetz ausgehöhlt haben – trotzdem ist die Zahl der berufstätigen Frauen jedes Jahr gestiegen. Mag sein, daß über Printmedien und Äther massenhaft erschreckende Falschmeldungen über Altjungfernbooms, einen Geburtenmangel, verhängnisvolle Hortbetreuung verbreitet wurden – trotzdem haben Frauen die Heirat weiterhin aufgeschoben, haben weiterhin Familienplanung betrieben und weiterhin Kinder und Beruf kombiniert. Mag sein, daß es in Fernsehen und Kino von braven Hausfrauen nur so gewimmelt hat, aber die höchsten Einschaltquoten der Zuschauerinnen bekamen Filme mit willensstarken, emanzipierten Heldinnen. Gegenschlagscouturiers hatten nicht einmal mit den kleinsten Modediktaten Erfolg; während sich in den Läden die Hüftgürtel und Bodies stapelten, griffen die Frauen weiterhin zum Baumwollslip.

«Ich stand vor einer Mauer», sagte Betty Riggs über ihre schreckliche Situation bei American Cyanamid. Aber wie so viele Frauen dieser Dekade beschloß auch sie, «es blieb nur noch der Weg nach vorn». Egal, wie schmerzhaft und entmutigend der Zusammenstoß mit dieser Mauer auch war, es stemmte sich doch jede Frau auf ihre Art weiter dagegen. Dieser stille Widerstand der Frauen war der unbemerkte Kontrapunkt zur antifeministischen Kampagne der 8oer, ein gemeinsamer Faden, der sich durch die Lebensgeschichte zahlloser Frauen zog, unabhängig davon, welcher ideologischen Richtung oder welcher Schicht sie angehörten. Selbst jene Frauen, die sich am Aufbau der Gegenschlagswälle mitbeteiligten, versuchten gleichzeitig, sie zu übersteigen – ob Connie Marshner von der Heritage Foundation, die am Tag, als die Wehen einsetzten, ihre politisch rechtsgerichtete Abhandlung tippte, oder die «Verpuppungs»vermarkterin Faith Popcorn, die ihren «Zurück-an-den-Herd»-Trend verbreitete, während sie ihre eigene Firma leitete und auf einem emanzipierten Lebensstil bestand. Mag ja sein, daß Beverly LaHaye, Präsidentin der Concerned Women for America, behauptet, sie sei für die Rückkehr der «traditionellen» Familie, aber trotzdem fordert sie Gleichberechtigung im Schlafzimmer. Mag ja sein, daß die Medienpsychologin Toni Grant glaubt, Ehrgeiz liege ihrem Geschlecht von Natur aus nicht, aber trotzdem ist sie so davon besessen, daß sie sogar ihre Hochzeit vermarktete, um den Umsatz ihrer Bücher zu steigern.

Der Gegenschlag schaffte es, das Denken der Frauen zu infiltrieren und ihnen Scham und Vorwürfe einzuimpfen. Aber er konnte nie ganz das zum Schweigen bringen, was die Fabrikarbeiterin Jan King «diese kleine Stimme in meinem Hinterkopf» genannt hat, jenes Geflüster von Selbstbestimmung, das so viele Frauen angespornt hat, die fast am Ende waren. Diese so lang unterdrückte, so verzweifelt um Gehör bittende Stimme ließ die Straßenbau-Einsatzleiterin Diane Joyce in ihrem Job ausharren, als der Spott, die Drohungen und die Mißachtung der Männer längst unerträglich geworden waren. Diese Stimme brachte Beverly LaHaye dazu, ihren Hauskittel und ihre lähmende Schüchternheit abzuwerfen und ihre vielen Bücher und Vorträge zu schreiben. «Tief in meinem Innern», sagte sie, «spürte ich, daß ich gern aufstehen und mich ausdrücken würde.» Diese Stimme, kaum hörbar, aber noch nicht erstickt, regte sich sogar im Innern der braven Hausfrau Cindy Terry von der Operation Rescue, die zugab, sie habe «etwas aus ihrem Leben machen wollen». Egal, wie oft Frauen befohlen wurde, hinzusitzen und den Mund zu halten, haben sie sich doch immer wieder hochgerappelt. Egal, wie oft man ihnen weismachen wollte, daß sie im Schatten glücklicher seien, haben sie doch weiterhin nach einem sonnigeren Podium gesucht, wo das, was sie zu sagen hatten, unabhängig von Form und Text, anerkannt wurde – und vielleicht sogar beklatscht.

Die amerikanischen Frauen haben den wiederholten Versuchen, sie wieder hinter die Kulissen zu schicken, die Stirn geboten. Die entscheidende Frage bezüglich des heutigen Gegenschlags ist also nicht, *ob* Frauen Widerstand leisten, sondern wie effektiv. Millionen einzelner Frauen haben, jede auf ihre Weise, die letzte Dekade damit zugebracht, gegen die Barrikaden des Gegenschlags anzurennen. Aber viele dieser Versuche waren zum Scheitern verurteilt. Die Fragen erlagen dem Gegenschlag zwar nicht, erlangten aber auch nicht genug Stoßkraft, um seine stählernen Tore aufzubrechen. Statt dessen war es oft so: Wenn Frauen auf eigene Faust gegen die antifeministischen Kräfte der 8oer Jahre angehen wollten, verloren sie meist den Boden unter den Füßen und sanken frustriert noch tiefer in den alten Sumpf zurück.

Es gibt viele Arten der Rebellion, die das System nicht wirklich herausfordern – man denke an den sprichwörtlichen ausgebeuteten Arbeiter, der die Schrauben verkehrt herum eindreht, oder die brave Tochter, die sonntags regelmäßig zu spät zum Essen erscheint. Manche Frauen versuchten, am Kontrollpunkt des Gegenschlags mit den ihm eigenen Parolen vorbeizuschlüpfen, die «familienfreundlichen» Inhalte für ihre eigenen Zwecke umzumodeln oder zu betonen, daß *sie* bestimmt keine Feministinnen seien. Wieder andere nahmen Zuflucht zur alten «weiblichen» Taktik – brav und geduldig zu sein; irgendwann wird doch die Welt mit Frauen, die ruhig ausharren, Erbarmen haben.

Obwohl in den 8oern lautstark das Credo «ein einziger Mensch kann etwas verändern» verkündet wurde, erwies sich diese Strategie auf dem Weg zur Gleichberechtigung als Sackgasse. Um die Gegenschlagsmauer niederzureißen und nicht nur immer wieder vergeblich dagegen anzurennen, müssen Frauen mit mehr als ihren privaten Ärgernissen und Zielen ausgerüstet sein. Der Aufruf, jede Frau solle für sich allein kämpfen, bedeutete letztendlich doch nur wieder, ihr eine Niederlage zu bereiten.

In der Vergangenheit haben die Frauen bewiesen, daß sie auf sinnvolle Art Widerstand leisten können, wenn sie über ein klares, kompromißloses Programm, eine einflußreiche, mobilisierte Öffentlichkeit und eine konsequente Haltung verfügen. Bei den seltenen Gelegenheiten, bei denen diese drei Elemente in den vergangenen zwei Jahrhunderten zusammenkamen, haben die Frauen ihre Kämpfe gewonnen. Der Kampf ums allgemeine Frauenstimmrecht geriet ins Stocken, als die Anführerinnen Zuflucht zu Anpassung und Täuschung nahmen – und geziert behaupteten, sie hätten das Stimmrecht nur als eine Art «erweiterter Haushaltsführung» betrachtet. Letztlich war es dann eine Kombination aus konsequentem Programm, Massenaktionen und schierem physischem Widerstand, die den Sieg davontrug. Die Suffragetten organisierten Tausende von Frauen, reichten 480 Rechtsbeschwerden ein, führten sechsundfünfzig Referenden durch und veranstalteten bei verfassungsgebenden Versammlungen der Einzelstaaten siebenundvierzig Kampagnen. Aber erst als die Mitglieder der National Women's Party vor dem Kapitol zu streiken begannen, sich an die Tore des Weißen Hauses ketteten und Haftstrafen und Zwangsernährung erduldeten, erhielt die Hälfte der Bevölkerung endlich das Stimmrecht.

Genauso gab es auch bei der Frauenbewegung viele Fehlstarts. Wie die Politologin Ethel Klein bemerkte, wurden in den 60er Jahren trotz wiederholter Bemühungen einzelner Frauen nur 10 der 884 feministischen Gesetzesanträge vom Kongreß angenommen. Erst als die Frauenbewegung zahlreich und entschlossen auftrat, drang sie ins öffentliche Bewußtsein. Der Women's Strike for Equality von 1977, damals die größte Frauendemonstration aller Zeiten, brachte die Wende – Unmengen neuer Mitglieder in Frauenorganisationen und eine Flut juristischer Siege. Vor der Demonstration hatten die Politiker die Feministinnen ignoriert. Danach wurden binnen weniger Jahre einundsiebzig Frauengesetze verabschiedet – fast 40% der in diesem Jahrhundert verabschiedeten Frauengesetze.

In dieser Periode nahm auch die positive Haltung der Männer zur Frauenbewegung am stärksten zu. Während in den Zeiten des Gegenschlags viele Frauen befürchtet hatten, feministische Forderungen könnten «die Männer kränken», entdeckten die selbstsicheren, hartnäckigen Frauen der 70er, daß sich die Haltung der Männer allmählich verändern ließ. Dadurch, daß sie den traditionellen Männlichkeitsbegriff energisch hinterfragten, ermöglichten sie es auch den Männern, ihn zu hinterfragen. Schließlich hing für die Männer ihre Männlichkeit vor allem deshalb so stark vom Status des Alleinernährers ab, weil viele Frauen dies erwarteten. (Nicht nur die Männer bezeichneten in der Yankelovich-Studie durchweg die Ernährerrolle als wichtigste männliche Eigenschaft, sondern auch die meisten Frauen.) Wenn sich die Männer in den 70ern auch heftig gegen die feministische Herausforderung wehrten, so bauten sie sie doch auch in ihre persönliche Erfahrung ein; und wenn sie merkten, daß die Frau, die sie liebten, nicht nachgab, erklärten sich viele Männer zu Zugeständnissen bereit, um sie nicht zu verlieren. Selbst extreme Antifeministen wie Michael Levin teilten sich, während sie verbal gegen die Gleichberechtigung vom Leder zogen, in aller Stille die Haushaltspflichten mit ihrer Ehefrau. Was in der Gegenschlagsära – in der Frauen eher ermutigt wurden, Männer durch ihr Verhalten und ihr Äußeres zu erfreuen, als sie durch Argumente zu überzeugen – meist vergessen wurde, ist, daß die Männer nicht alle emotionalen Trümpfe in der Hand haben. Die Männer brauchten die Frauen ebenso wie die Frauen die Männer. Die Bindungen zwischen den Geschlechtern können aufreibend sein, und sie können dazu dienen, Frauen zu unterdrücken. Aber sie können auch beide Partner weiterbringen und positiv verändern.

Wenn es die Frauen im Rahmen des 80er-Gegenschlags bei seltenen Anlässen mit dieser mutigen verbalen Taktik versuchten, gelang es ihnen *tatsächlich*, das öffentliche Klima zu verwandeln, ihre Themen auf die Tagesordnung zu setzen und in vielen Einzelfällen die Haltung der Männer zu verändern. Ein Paradebeispiel dafür ist die spektakuläre Wende in der Abtreibungspolitik, die 1989 durch eine verjüngte Abtreibungsbewegung in Gang gebracht wurde: Eine halbe Million Frauen, die an das Recht auf körperliche Selbstbestimmung glaubten, zogen am 9. April 1989 auf den Kapitolshügel – die größte Demo, die Washington, D. C., jemals erlebt hatte – und boten so den Abtreibungsgegnern und ihren Klinikblockaden die Stirn. Auch Studentinnen nahmen in größerer Zahl an den Abtreibungsdemos teil als an den Friedensdemos der 60er. Die riesige Zahl der Frauen walzte einen Antiabtreibungskreuzzug nieder, der noch wenige Wochen zuvor sein Ziel – die Abschaffung des Rechts der Frau auf Geburten-

regelung – fast erreicht zu haben schien. Die Massenmobilisierung
dieser Proabtreibungskoalition entschärfte Hunderte der 1989 in den
einzelnen Bundesstaaten von Abtreibungsgegnern eingereichten Gesetzesanträge, katapultierte Abtreibungsbefürworter und -befürwor-
terinnen in Gouverneursämter und in den Kongreß und jagte dem
Vorsitzenden des Republican National Committee, Lee Atwater, solche Angst ein, daß er die Republikanische Partei als einen «Dachver-
band» der Abtreibungsbefürworter bezeichnete. 1990 sprach sich Cecil
Andrus, Idahos abtreibungsfeindlicher Gouverneur, *gegen* einen der
restriktivsten amerikanischen Gesetzesanträge zur Abtreibung aus –
nachdem Abtreibungsbefürworterinnen zum Boykott gegen Kartoffeln aus Idaho aufgerufen hatten. Manche feministischen Führerinnen
waren gegen solche Aktionen. «Der Gouverneur soll eine Entscheidung auf der Basis dieses wichtigen Themas und der Verfassung fällen
und nicht auf der Basis von Kartoffeln», warnte die Leiterin der National Abortion Rights Action League, Kate Michelman. Aber schließlich
war es der Boykott, der die Sache entschied. «Immer wenn eines unserer landwirtschaftlichen Haupterzeugnisse bedroht wird», erklärte
Gouverneur Andrus, «ist das für uns von Bedeutung.»

Doch für den größten Teil der Dekade galt, daß der wachsende Einfluß einer antifeministischen Kultur die Frauen mehr einschüchterte
als aktivierte. Die Wachtürme des Gegenschlags ließen endlos ihre
grellen Signalscheinwerfer kreisen, um die Frauen blind für ihre eigene
gewaltige Kraft zu machen. In den 80er Jahren stellten die Frauen die
Mehrheit der Gesamtbevölkerung, der Studentenschaft, der Wählerschaft, der Kundschaft von Buchläden und Zeitungskiosken und des
Fernsehpublikums. Sie repräsentierten fast die Hälfte der Büroange-
stellten, und fast 80 % der für Konsumgüter ausgegebenen Dollar
stammten von Frauen. Sowohl bei nationalen als auch bei Bundesstaatswahlen hatten sie einen nie dagewesenen geschlechtsbedingten
Vorsprung – Ende der 80er konnte eine demokratische Kandidatin, die
sich für die Möglichkeit zur Abtreibung aussprach, mit Hilfe der Wählerinnen einen sofortigen Vorsprung von 12–20 % erreichen. Und
doch schienen sich die Frauen ihrer Bedeutung und Dynamik oft gar
nicht bewußt zu sein.

«Die Frauen nutzen die Macht nicht, die sie bereits besitzen», sagte
die *Working-Women*-Herausgeberin Kate Rand Lloyd 1988 bei einer

feministischen Tagung. «Viele Männer wissen, daß sie mit dem Rükken zur Wand stehen... Es ist bedauerlich, daß wir nicht sehen, was
wir getan haben, wie dringend wir gebraucht werden, und daß wir die
Mittel in der Hand hätten, unsere Zukunft selbst zu ändern.»
Der Umstand, daß Frauen über ein riesiges, ungenütztes Potential
verfügen, erklärt auch ein anderes verblüffendes Phänomen des Gegenschlags – die scheinbare «Überreaktion» mancher Männer selbst
auf die winzigsten Fortschritte der Frauenbewegung. Vielleicht haben
diese Männer aber gar nicht überreagiert. In den 80ern sahen die
Politiker, wie sich das Zahlengefälle zwischen den Geschlechtern vergrößerte. Sie sahen die Umfragen, die alle auf die Forderungen einer
riesigen und immer noch größer werdenden Mehrheit von Frauen
hinwiesen: ökonomische Gleichstellung, das Recht auf Geburtenregelung, echte Beteiligung am politischen Prozeß, echtes Engagement
der Regierung im sozialen Bereich und für den Frieden. (Ein 25%iges
Rekord-Gefälle zwischen den Geschlechtern gab es 1991 während des
Golfkrieges; am Vorabend der militärischen Intervention sprach sich
die Mehrheit der Frauen dagegen aus, die Mehrheit der Männer dafür.) Unternehmensleiter sahen den massiven Konsens der Frauen
bezüglich Hortbetreuung und Erziehungsurlaub und ihre Wut über
ungerechte Löhne und schlechte Aufstiegschancen. Evangelikale
Prediger sahen die Unmengen «traditioneller» Ehefrauen, die sich
nicht mehr um ihre Lehren kümmerten oder berufstätig wurden. All
diese Männer begriffen, welch gewaltige Macht die amerikanische
Frauenbewegung ausüben konnte, wenn sie auch nur halbwegs die
Chance dazu bekam. Tragischerweise tappten die Frauen selbst jedoch
weiterhin im dunkeln.

«Der Grund, warum Männer überreagieren, ist der, daß *sie* es kapiert haben», sagte Eleanor Smeal, die Gründerin des Fund for the Feminist Majority. «Wenn sich alle Frauen am selben Tag, zur selben
Stunde zusammenschließen würden, könnten wir zum Angriff übergehen.» Das hätte jeder der 3650 Tage der letzten Gegenschlagsdekade
sein können. Aber die Frauen versäumten es, aus dem historisch einmaligen Vorsprung Kapital zu schlagen; und als die Attacke gegen die
Gleichberechtigung heftiger wurde, war die Energie, die es gekostet
hatte, die verheerenden Schläge des Antifeminismus abzuwehren, erschöpft. Am deprimierendsten ist vielleicht der Gedanke daran, was

hätte sein *können*. Die 8oer Jahre hätten für die amerikanischen
Frauen einen Riesensprung nach vorn bedeuten können.

Anfang der 9oer Jahre wurde verschiedentlich – vorwiegend von Pu-
blizistinnen und Publizisten aus Werbung und Politik – prophezeit, das
nächste Jahrzehnt werde die «Dekade der Frauen». Es war nicht ganz
klar, was sie damit meinten. Sagten sie ein echtes Phänomen voraus,
oder prägten sie nur einen neuen «Trend»? Glaubten sie, daß die
Frauen in den 9oern mehr Macht gewinnen würden, oder träumten sie
nur von einer neuen Nostalgieepoche, in der die Frauen eine sanftere,
«weiblichere» Pose einnehmen würden?

Jedenfalls steckten die Medien, als sie darüber berichten wollten, in
der üblichen Beweisnot. «In jedem Wahljahr bekam ich Anrufe von der
Presse», sagte Ruth Mandel, die Leiterin des Center for the American
Woman and Politics, müde in einem Interview. «Aber die Antwort
lautet nein, das ist nicht das Jahr (der Frauen) – 1986 und 1988 waren es
nicht, und 90 und 92 werden es auch nicht sein.»

Nun könnte man hoffen und wünschen, daß sich Mandels düstere
Prognose als falsch erweist. Produktiver wäre es jedoch, wenn die
Frauen handeln würden. Weil es keinen plausiblen Grund gibt, warum
die 9oer nicht ihre Dekade sein sollten. Weil Demographie und Meinungsumfragen auf ihrer Seite sind. Weil der Auftritt der Frauen
auf der öffentlichen Bühne seit langem überfällig ist. Und weil – egal,
welche neuen Hindernisse sich dem künftigen Kampf um Gleichberechtigung in den Weg stellen werden, egal, welche Mythen erfunden,
Strafen verhängt, Chancen beschnitten und Degradierungen vorge-
nommen werden – niemand der amerikanischen Frau jemals ihre gerechte Sache nehmen kann.

Anmerkungen

Einleitung:
Einfach die Schuld auf den Feminismus schieben

Anmerkungen zu Seite 9–11

Der Kampf der Frauen...: Nancy Gibbs, «The Dreams of Youth», *Time*, Spezialausgabe: «Women: The road ahead», Herbst 1990, S. 12.

Die Frauen haben...: Eleanor Smeal, *Why and How Women Will Elect the Next President*, New York, Harper & Row, 1984, S. 56.

Die *New York Times* berichtet...: Georgia Dullea, «Women Reconsider Childbearing Over 30», *New York Times*, 25. Februar 1982, S. C1.

Newsweek behauptet...: Eloise Salholz, «The Marriage Crunch», *Newsweek*, 2. Juni 1986, S. 55.

Die Gesundheitsratgeber...: Siehe beispielsweise Dr. Herbert J. Freudenberger und Gail North, *Burnout bei Frauen*, Krüger Verlag, Frankfurt/M., 1992; Marjorie Hansen Shaevitz, *The Superwoman Syndrome*, Warner Books, New York, 1984; Harriet Braiker, *The Type E Woman*, Dodd, Mead, New York, 1986; Donald Morse und M. Lawrence Furst, *Women Under Stress*, Van Nostrand Reinold Co., 1982; Georgia Witkin-Lanoil, *The Female Stress Syndrome*, New Market Press, New York, 1984.

Psychologiebücher...: Dr. Stephen und Susan Price, *No More Lonely Nights: Overcoming the Hidden Fears That Keep You From Getting Married*, P. G. Putnam's Sons, New York, 1988, S. 19.

Selbst Betty Friedan...: Betty Friedan, *Der zweite Schritt*, Rowohlt Verlag, Reinbek bei Hamburg, 1982. Zitat nur in der am. Ausgabe, S. 9.

Die Errungenschaften...: Mona Charen, «The Feminist Mistake», *National Review*, 23. März 1984, S. 24.

Unsere Generation war...: Elizabeth Mehren, «Women Face the '90s», *Time*, 4. Dezember 1989, S. 82.

In Newsweek...: Kay Ebeling, «The Failure of Feminism», *Newsweek*, 19. Nov. 1990, S. 9.

Selbst in den Modezeitschriften...: Marilyn Webb, «His Fault Divorce», *Harper's Bazaar*, August 1988, S. 156.

Im letzten Jahrzehnt...: Mary Anne Dolan, «When Feminism Failed», *The New York Times Magazine*, 26. Juni 1988, S. 21; Erica Jong, «The Awful Truth About Women's Liberation», *Vanity Fair*, April 1986, S. 92.

In der «Today»-Show...: Jane Birnbaum, «The Dark Side of Women's Liberation», *Los Angeles Herald Examiner*, 24. Mai 1986, S. 92.

Ein Gastkolumnist...: Robert J. Hooper, «Slasher Movies Owe Success to Abortion» (zuerst erschienen in *Baltimore Sun*), *Minneapolis Star Tribune*, 1. Februar 1990, S. 17 A.

In vielgekauften Romanen...: Gail Parent, *A Sign of the Eighties*, G. P. Putnam's Sons, New York, 1987; Stephen King, *She*, Heyne Verlag, München, 1990.

Wir «haben uns alles versaut»...: Freda Bright, *Singular Women*, Bantam Books, New York 1988, S. 12.

Selbst Erica Jongs...: Erica Jong, *Der letzte Blues*, Scherz Verlag, Bern, München 1990, S. 8 und 9. Eine neue Generation junger «post-feministischer» Schriftstellerinnen wie Mary Gaitskill und Susann Minot brachte ebenfalls eine grimmige Meute unverheirateter Heldinnen hervor. Diese passiven und masochistischen «Mädchen» liefen in der Art von Zombies durch die Städte; sie wurden nur dann lebendig und tatkräftig, wenn es darum ging, männliches Macho-Verhalten aufzuspüren. Eine gute Analyse dazu bietet James Wolcott, «The Good-Bad Girls», *Vanity Fair*, Dezember 1988, S. 43.

Der Feminismus...: Dr. Toni Grant, *Die Chance, eine Frau zu sein: Rückbesinnung auf die Weiblichkeit*, Ariston Verlag, Genf, München 1990, S. 30.

Die Autoren...: Dr. Connell Cowan und Dr. Melwyn Kinder, *Vergötterte Männer – kleine Prinzen: Wenn Erfolgsfrauen den falschen Mann wählen*, Heyne Verlag, München 1988, S. 28/29.

Reagans Sprecherin...: Faith Whittlesey, «Radical Feminism in Retreat», Rede vom 8. Dez. 1984, gehalten im Center for the Study of the Presidency anläßlich der 15. jährlich stattfindenden Führungskonferenz, St. Louis, Minn. S. 7.

Wie es ein kalifornischer Sheriff...: Don Martinez, «More Women Ending Up in Prisons», *San Francisco Examiner*, 4. September 1990, S. A 1. Richter haben die wachsende finanzielle Unabhängigkeit der Frauen für die ansteigende *männliche* Kriminalität verantwortlich gemacht: «Was sollen wir tun (angesichts überfüllter Gefängnisse)?» lautete die rhetorische Frage von Richter John McKellips vom Texas District. «Wir können in unseren eigenen vier Wänden beginnen. Die Mütter können zu Hause bleiben und sich ihren Kindern widmen, solange die im Entwicklungsalter sind.» Siehe dazu «For the Record», *Ms.*, Mai 1988, S. 69.

Die Pornographie-Kommission...: Die Kommission für Pornographie des Justizministeriums, Schlußbericht vom Juli 1989, S. 144. Der Bericht der Beauftragten läuft ferner seiner eigenen Logik zuwider, wenn er einräumt, daß man Frauen schließlich kaum die Zunahme der berichteten Vergewaltigungen anlasten kann, da sie – im Falle einer Vergewaltigung durch Bekannte – selten Anzeige erstatten.

In Nachrichten und Talkshows...: Sylvia Ann Hewlett, *A Lesser Life: The Myth of Women's Liberation in America*, William Morrow, New York, 1986.

Rechtsgelehrte...: Mary Ann Mason, *The Equality Trap*, Simon and Schuster, New York, 1988.

Ökonomen...: James P. Smith und Michael Ward, «Women in the Labor Market and in the Family», *The Journal of Economic Perspectives*, Nr. 1, 3. Jahrgang, Winter 1989, S. 9–23.

In *The Cost of Loving*...: Megan Marshall, *The Cost of Loving: Women and the New Fear of Intimacy*, G. P. Putnam's Sons, New York, 1984, S. 218.

In anderen Tagebüchern...: Hilary Cosell, *Women on a Seesaw: The Ups and Downs of Making It*, G. P. Putnam's Sons, New York, 1985; Deborah Fallows, *A Mother's Work*, Houghton Mifflin, Boston, 1985; Carol Osborn, *Enough Is Enough*, Pocket Books, New York, 1986; Susan Bakos, *This Wasn't Supposed to Happen*, Continuum, New York, 1985. Selbst wenn die Frauen ihre Befreiung nicht wirklich ablehnen, stellen die Verleger ihre Texte dergestalt vor. Mary Kay Blakely's *Wake Me When It's Over*, Random House, New York, 1989, eine Dokumentation über das durch Diabetes verursachte Koma der Autorin, wird auf dem Buchcover als «ein dramatischer Lebensbericht, in der eine arbeitende Supermama ihre Grenzen mißachtet und den dünnen Grat zwischen Gesundheit und Wahnsinn, zwischen Leben und Tod entdeckt», angekündigt.

Wenn die amerikanischen Frauen...: «Money, Income and Poverty Status in the U.S.», Current Population Reports, U.S. Bureau of the Census, Department of Commerce, 1989, Reihe P-60, #168.

Warum verdienen...: Margaret W. Newton, «Women and Pension Coverage», *The American Woman 1988–89: A Status Report*, hrsg. von Sara E. Rix, W. W. Norton & Co., New York, 1989, S. 268.

Warum leben...: Cushing N. Dolbeare und Anne J. Stone, «Women and Affordable Housing», *The American Woman 1990–91: A Status Report*, hrsg. von Sara E. Rix, W. W. Norton & Co., New York, 1990, S. 106; Newton, «Pension Coverage», S. 268; «1990 Profile», von 9 to 5/National Association of Working Women; Salaried and Professional Women's Commission Report, 1989, S. 2.

Lohn der berufstätigen Frau...: «Briefing Paper on the Wage Gap», Nationales Komitee für gleiche Bezahlung, S. 3; «Average Earnings of Year-Round, Full-Time Workers by Sex and Educational Attainment», 1987, U.S. Bureau of the Census, Februar 1989, zit. in *The American Woman 1990–91*, S. 392.

Wenn es die Frauen...: Susanna Downie, «Decade of Achievement, 1977–1987», The National Women's Conference Center, Mai 1988, S. 35; Statistiken von 9 to 5/National Association of Working Women.

Warum stellen sie umgekehrt...: Statistiken vom Women's Research & Education Institute, U.S. Bureau of the Census, Bureau of Labour Statistics, Catalyst, Center for the American Woman and Politics. Siehe auch *The American Woman 1990–91*, S. 359; Deborah L. Rhode, «Perspectives on Professional Women», *Stanford Law Review*, Mai 1988, 40. Jahrgang, Nr. 5: 1178–79; Anne Jardin und Margaret Hennig, «The Last Barrier», *Working Woman*, Nov. 1990, S. 190; Jaclyn Fierman, «Why Women Still Don't Hit the Top», *Fortune*, 30. Juli 1990, S. 40.

Im Gegensatz zu praktisch...: «1990 Profile», 9 to 5/National Association of Working Women; Bureau of Labour Statistics, nationale Studie von 1987 über die Lage der Angestellten. Siehe auch «Who Gives and Who Gets», *American Demographics*, Mai

602   **Anmerkungen zu Seite 15–16**

1988, S. 16; «Children and Families: Public Policies and Outcomes, A Fact of International Comparisons», U.S. House of Representatives, Select Committee on Children, Youth and Families.

In einer 1990 erfolgten Umfrage...: «Women on Corporate Management», nationale Umfrage der Fortune 1000 Companies durch Catalyst, 1990.

Warum haben sie... was die Fortpflanzung betrifft...: Daten vom Alan Guttmacher Institute.

Der Kampf der Frauen...: *The American Woman 1990–91*, S. 63; «Feminization of Power Campaign Extends to the Campus», Eleanor Smeal Report, 31. August 1988, 6. Jahrgang, Nr. 1; Project on Equal Education Rights, National Organization for Women's Legal Defense and Education Fund, 1987.

Kommen Frauen keineswegs...: Deborah L. Rhode, a.a.O., S. 1183; Mark Clements Research Inc.'s Annual Study of Women's Attitudes, 1987; Arlie Hochschild, *The Second Shift: Working Parents and the Revolution at Home*, Viking, New York, 1989, S. 227. Hochschilds Studie, die den Zeitraum von 1976–1988 umfaßt, hat nämlich ergeben, daß Männer, die vorgeben zu helfen, dies in Wirklichkeit äußerst selten tun.

Darüber hinaus ist es Männern...: Statistik vom National Center on Women and Family Law, 1987; National Woman Abuse Prevention Project; Cynthia Diehm und Margo Ross, «Battered Women», *The American Woman 1988–89*, S. 292.

Bundesmittel für Frauenhäuser...: «Unlocking the Door: An Action Program for Meeting the Housing Needs of Women», Women and Housing Task Force, 1988, National Low-Income Housing Coalition, Seite 6 und 8.

In den 80er Jahren...: Katha Pollitt, «Georgie Porgie is a Bully», *Time*, Spezialausgabe, Winter 1990, S. 24. Eine Studie in New York City ergab, daß 40 % aller Obdachlosen geschlagene Frauen sind. Dazu: «Understanding Domestic Violence Fact Sheets», National Woman Abuse Prevention Project.

Fast 70 %...: E. J. Dionne Jr., «Struggle for Work and Family Fueling Women's Movement», *New York Times*, 22. August 1989, S. A1. Die Yankelovich-Clancy-Shulman-Umfrage, 23.–25. Oktober 1989 für *Time*/CNN und die Virginia-Slims-Umfrage (The Roper Organization Inc., 1990) erbrachten annähernd gleich große Mehrheiten von Frauen, die angaben, sie benötigten eine starke Frauenbewegung, um Veränderungen zu bewirken.

Die meisten Frauen...: Die Virginia-Slims-Umfrage von 1990, The Roper Organization Inc., Seite 8 und 18.

In zahllosen Umfragen...: Die Louis-Harris-Umfrage von 1984 ergab, daß 60 Prozent der Frauen den Gleichberechtigungszusatzartikel (ERA) wünschten, und 65 Prozent sprachen sich für den Affirmative Action Plan (Programm, das die Diskriminierung von Minderheiten, Frauen etc. bekämpft) aus. Ähnliche Resultate ergab die *Woman's-Day*-Umfrage (vom 17. Februar 1984), durchgeführt von *Woman's Day* und dem Wellesley College Center for Research on Women, die sich hauptsächlich auf amerikanische, konservativ gesinnte Mittelstandsfrauen stützte (80 Prozent waren Mütter, und 30 Prozent waren Vollzeithausfrauen). Die *Woman's-Day*-Umfrage fand heraus, daß die Mehrheit der Frauen aus allen ökonomischen Schichten eine große Palette weiblicher Rechte erstrebte. Beispielsweise gaben 68 Prozent der Frauen an, sie wünschten den ERA, 79 Prozent sprachen sich für die freie Entscheidung bei einer Abtreibung aus, und 61 Prozent waren für ein staatlich bezuschußtes nationales Kinderbetreuungsprogramm. Die jährliche Studie für weibliche Stellungnahmen des Mark-Clements-Forschungsinstituts fand 1987 heraus, daß 87 Prozent der Frauen ein Gesetz forderten, das Mutterschaftsurlaub garantierte. Etwa 94 Prozent sprachen sich für mehr Kinderbetreuungsmöglichkeiten aus. (Zusätzlich wünschten 86 Prozent ein Gesetz, welches die Unterhaltszahlungen für Kinder regelt.) Die Louis-Harris-Umfrage ergab, daß 80 Prozent der Frauen die Schaffung von mehr Kindertagesstätten begrüßten. Siehe hierzu: *The Eleanor Smeal Report* vom 28. Juni 1984, S. 3; Warren T. Brookes, «Day Care: Is It a Real Crisis or a War Over Political Turf», *San Francisco Chronicle*, 27. April 1988, S. 6; Louis Harris, *Inside America*, Vintage Books, New York, 1987, S. 96.

Nichts davon...: In der *Time*/CNN-Umfrage von 1989 erklärten 94 Prozent der befragten Frauen, die Bewegung habe sie unabhängiger gemacht: 82 Prozent meinten, sie trage noch immer zur Verbesserung der weiblichen Lebensverhältnisse bei. Nur 8 Prozent sagten, ihr Leben sei dadurch schlechter geworden. Eine 1986 durchgeführte Gallup-Umfrage von *Newsweek* ergab, daß 56 Prozent der Frauen sich als «Feministinnen» verstanden und nur 4 Prozent sich als «Antifeministinnen» bezeichneten.

In öffentlichen Meinungsumfragen...: In der jährlichen Studie für weibliche Stellungnahmen (Mark-Clements-Forschungsinstitut, 1988) rangierten für Frauen auf die Frage: «Worüber regen Sie sich auf?» drei Punkte an oberster Stelle: Armut, Kriminalität und ihre eigene Chancenungleichheit. Bei der *New-York-Times*-Umfrage von 1989 nannten Frauen auf die Frage, was ihr größtes Problem sei, in erster Linie «ungleiche Berufschancen».

Roper Organization...: Bickley Townsend und Kathleen O'Neil, «American Women Get Mad», *American Demographics*, August 1990, S. 26.

New York Times...: Dionne, «Struggle for Work and Family», S. A 14.

In der 1990 gestarteten...: Virginia-Slims-Umfrage von 1990, S. 29–30, 32.

In amerikanischen Umfragen...: Daten von den Roper-Organization- und Louis-Harris-Umfragen. Die Roper-Studie von 1990 fand heraus, daß den meisten Frauen zufolge «die Dinge (zu Hause) nicht gut gelaufen (seien)» und daß die Männer darauf aus wären, «die Frauen kleinzuhalten». Siehe dazu die Virginia-Slims-Umfrage von 1990, S. 18, 21, 54. Die Gallup-Organization-Umfrage verzeichnete zwischen 1975 und 1982 8 Prozent mehr Klagen von Frauen über Diskriminierungen im Beruf. Die «Studie über weibliche Anschauungen» der Mark-Clements-Forschung von 1987 (von dem Magazin *Glamour* in Auftrag gegeben) fand heraus, daß hinsichtlich weiblicher Ungleichheit «mehr Frauen fühlten, es gibt heutzutage ein Problem». Die Studie gab an, daß Berichte über Lohndiskriminierungen von 76 Prozent im Jahr 1982 auf 85 Prozent im Jahr 1988 emporschnellten. (Siehe dazu «How Women's Minds Have Changed in the Last Five Years», *Glamour*, Januar 1987, S. 168.) Die jährlichen Studien der Mark-Clements-Forschung fanden ebenso eine ansteigende Menge Frauen, die sich über ungleiche Behandlung bei der Einstellung, dem Fortkommen und über ungleiche Chancen in den Unternehmen sowie im politischen Leben beklagten. (1987 glaubten nur 30 Prozent, sie würden genau wie die Männer behandelt, wenn es um Bankkredite ging.) Eine *Time*-Umfrage ergab, daß 94 Prozent der Frauen über ungleiche Bezahlung, 82 Prozent über Diskriminierung im Beruf klagten.

Geschlechtsspezifische Diskriminierung...: Statistiken von der US-Equal Employment Opportunity Commission, «National Database: Charge Receipt Listing», 1982–88; «Sexual Harassment», 1981–89.

Was das Privatleben betrifft...: Townsend und O'Neil, «American Women Get Mad», S. 28.

Auch außerhalb der Familie...: Virginia-Slims-Umfrage von 1990, S. 38.

Erhebungen – sowohl...: Wirtschaftliche Trends vom US-Büro für Arbeitsstatistiken, US-Equal Employment Opportunity Commission, Office of Federal Contract Compliance, National Committee on Pay Equity, National Commission on Working Women. Siehe Kapitel 12 zur näheren Betrachtung hinsichtlich des verschlechterten Status von Frauen in den Belegschaften.

Der Status der Frauen...: In den ersten sechs Jahren der Reagan-Regierung wurden 50 Milliarden Dollar aus diesen sozialen Programmen gestrichen, während die Ausgaben für die Verteidigung zur selben Zeit um 142 Milliarden Dollar anstiegen. Siehe dazu «Inequality of Sacrifice: The Impact of the Reagan Budget on Women», Coalition on Women and the Budget, Washington, D. C., 1986, S. 5 und 7; Sara E. Rix und Anne J. Stone, «Reductions and Realities: How the Federal Budget Affects Women», Women's Research and Education Institute, Washington D. C., 1983, S. 4 und 5.

Im politischen Bereich...: Daten vom Center for the American Woman and Politics, Eagleton Institute of Politics. Siehe Kapitel 9 über Frauen in der Politik.

Im privaten Bereich...: Philip Robins, «Why Are Child Support Award Amounts Declining?», Juni 1989, Institute for Research on Poverty Discussion Paper, Nr. 885–89, S. 6 und 7.

In Häusern für geschlagene Frauen...: «Unlocking the Door», S. 8.

Die Zahl der zur Anzeige gebrachten...: Statistiken vom US-Department of Justice's Bureau of Justice Statistics; das Sourcebook of Criminal Justice Statistics, 1984, S. 380; Uniform Crime Reports, FBI, «Crime in the United States», 1986; «Sexual Assault: An Overview», National Victims Resource Center, November 1987, S. 1. Während die Vergewaltigungsziffern zwischen 1960 und 1970 um 95 Prozent anstiegen, war der Anstieg – anders als in den 80er Jahren – Teil eines 126prozentigen Anstieges von Gewalttaten in dieser Zeit. (Verbrechensstatistiken haben das Argument zur Genüge widerlegt, der Anstieg in den 80er Jahren sei nur das Ergebnis einer steigenden Tendenz bei Frauen, sexuelle Übergriffe zu melden. Die Nationale Verbrechensstudie fand keine bedeutende Veränderung bei den Prozentzahlen von Vergewaltigungen, die der Polizei in den Perioden 1973–77 und 1978–82 gemeldet wurden.) Vereinzelte Indikatoren deuten darauf hin, daß Vergewaltigungen in steigendem Maße auch von jungen Männern begangen werden. Zwischen 1983 und 1987 stieg die Zahl von Jungen unter 18, die wegen Vergewaltigung in Haft saßen, um 15 Prozent. Daten der Staatsanwaltschaft belegen, daß die Rate der Vergewaltigungen, die von Jungen unter 13 Jahren begangen wurden, in New York City zwischen 1987 und 1989 um 200 Prozent zunahm. In Alaska stiegen sexueller Mißbrauch und sexuelle Übergriffe seitens junger Männer der staatlichen Division of Youth and Family Services zufolge während der 80er Jahre um das Neunfache an und stellen damit das am schnellsten zunehmende Problem von Jugendlichen im Staat dar. Siehe dazu Larry Campbell, «Sexually Abusive Juveniles», *Anchorage Daily News*, 9. Januar 1981, S. 1.

Der Meinung gewesen war...: Virginia-Slims-Umfrage von 1990, S. 16.

New-York-Times-Umfrage...: Lisa Belkin, «Bars to Equality of Sexes Seen as Eroding Slowly», *New York Times*, 20. August 1989, S. 16.

Kaum schien es so...: «Inequality of Sacrifice», S. 23.

Kaum unterstützten...: Eine für *Newsweek* durchgeführte Gallup-Umfrage aus dem Jahre 1986 ergab, daß sich die Mehrheit der Frauen selbst als Feministinnen bezeichneten, nur 4 Prozent sagten, sie seien «Antifeministinnen». Während die Frauen in den 80er Jahren mehrheitlich die ganze Bandbreite des feministischen Spektrums bejahten (von der ERA bis zur gesetzlich erlaubten Abtreibung), nahm der Anteil von Frauen, die sich öffentlich freimütig als Feministinnen zu erkennen gaben, in den 80er Jahren plötzlich rasant ab, nachdem die Massenmedien Feminismus zu einem Schimpfwort erklärten. In den Umfragen von 1989 bezeichnete sich nur eine von drei Frauen als Feministin. Nichtsdestoweniger war das Denken der jungen Frauen in der ganzen Dekade weiterhin von profeministischen Gefühlen geprägt. Beispielsweise sagten 76 Prozent der Teenagerinnen und 71 Prozent von Frauen in den Zwanzigern in der 1989 für *Time* / CNN durchgeführten Yankelovich-Umfrage, sie glaubten, die Feministinnen sprächen für die amerikanische Durchschnittsfrau, verglichen mit 59 Prozent der Frauen in den Dreißigern. Bei derselben Frage nach der National Organization for Women tat sich die Kluft wiederum auf: 83 Prozent der Frauen im Teenageralter und 72 Prozent der Frauen in den Zwanzigern sagten, daß NOW an die Probleme der Durchschnittsfrau rührte, verglichen mit 65 Prozent von Frauen in den Dreißigern. Siehe Downie, «Decade of Achievement», S. 1; Gallup-*Newsweek*-Umfrage; Yankelovich / *Time* / CNN-Umfrage.

Der Gegenschlag ist vielleicht...: Dr. Jean Baker Miller, *Towards a New Psychology of Women*, Beacon Press, Boston 1976, S. XV–XVI.

Haben einige Frauen...: Kate Michelman, «20 Years Defending Choice, 1969–1988», National Abortion Rights Action League, S. 4.

Einige Frauen können jetzt...: «Employment and Earnings», Current Population Survey, Tabelle 22, Bureau of Labor Statistics, U.S. Department of Labor.

Im Gegensatz zu...: Cheryl Russell, *100 Predictions for the Baby Boom*, Plenum Press, New York, 1987, S. 64.

Während eine winzige Zahl...: «A New Kind of Love Match», *Newsweek*, 4. September 1989, S. 73; Barbara Hetzer, «Superwoman Goes Home», *Fortune*, 18. August 1986, S. 20; «Facts on Working Women», August 1989, Women's Bureau, U.S. Department of Labor, Nr. 89–2 und Daten von der Coalition of Labor Union Women and Amalgamated Clothing and Textile Workers Union. Die Masse der Frauen, die in den späten 80er Jahren Gewerkschaften beitraten, war so groß, daß sie damit im

Alleingang die seit zehn Jahren abnehmenden Mitgliedszahlen der Gewerkschaften nach oben trieben. Schwarze Frauen machten den größten Anteil der neuen Mitglieder aus. Frauen organisierten Streiks im ganzen Land, von dem des Verwaltungspersonals an der Yale University bis hin zu den Daughters of the Mother Jones in Virginia (die auf den Gewerkschaftskampf in den Kohlengruben von Pittston Einfluß nahmen) und zu den Arbeitern der Delta Pride Katzenfischanlage in Mississippi (wo Frauen den größten Streik organisierten, der je von schwarzen Arbeitern im Staat durchgeführt wurde, indem sie Protest gegen einen Betrieb einlegten, der seinen fast ausschließlich weiblichen Angestellten Hungerlöhne bezahlte, sie bestrafte, wenn sie weniger als 24000 Fische pro Tag enthäuteten, und ihnen wöchentlich nur sechs zeitlich begrenzte Toilettenpausen zugestand). Siehe dazu Tony Freemantle, «Weary Strikers Hold Out in Battle of Pay Principle», *Houston Chronicle*, 2. Dezember 1990, S. 1A; Peter T. Kilborn, «Labor Fight on a Catfish ‹Plantation›», *The News and Observer*, 16. Dezember 1990, S. J2.

Während bei der Gallup-Umfrage...: Gallup-Umfrage von 1986; Barbara Ehrenreich, «The Next Wave», Juli/August 1987, S. 166; Sarah Harder, «Flourishing in the Mainstream: The U.S. Women's Movement Today», *The American Woman 1990–1991*, S. 281. Siehe dazu ebenso die Yankelovich-Umfrage von 1989: 71 Prozent der schwarzen Frauen sagten, die Feministinnen hätten einen nützlichen Beitrag für die Frauen geleistet, verglichen mit 61 Prozent weißer Frauen. Eine Umfrage von 1987 durch die National Women's Conference Commission ergab, daß 65 Prozent der schwarzen Frauen sich selbst als Feministinnen bezeichneten, im Vergleich zu 56 Prozent von weißen Frauen.

Auch andere Beweise...: Zum Anstieg von gewalttätiger Pornographie siehe beispielsweise die Studie vom April 1986 in der Attorney General's Commission on Pornography, Final Report. S. 1402–3.

Subtilere Zeichen...: Sally Steenland, «Women Out of View: An Analysis of Female Characters on 1987–88 TV-Programs», National Commission on Working Women, November 1987. Die Kriminalliteratur-Umfrage wurde von Sisters in Crime durchgeführt und bei der Konferenz der Mystery Writers of America 1988 vorgestellt; zusätzliche Informationen stammen von einem persönlichen Interview – vom Mai 1988 – mit der Leiterin der Gruppe, der Kriminalschriftstellerin Sara Paretsky. Über volkstümliche Musik: Alice Kahn, «Macho-the Second Wave», *San Francisco Chronicle*, 16. September 1990, Sunday Punch-Teil, S. 2. Über Andrew Dice Clay: Craig MacInnis, «Comedians Only a Mother Could Love», *Toronto Star*, 20. Mai 1990, S. C6; Valerie Scher, «Clay's Idea of a Punch Line Is a Belch After a Beer», *San Diego Union and Tribune*, 17. August 1990, S. C1. Über Rush Limbaugh: Dave Matheny, «Morning Rush Is a Gas», *San Francisco Examiner*, 2. Januar 1991, S. C1. Über amerikanische Frauen in Hörfunk und Fernsehen: Betsy Sharkey, «The Invisible Woman», *Adweek*, 6. Juli 1987, S. 4.

Die Gegenschlagsfront behauptet...: Daten vom Children's Defense Fund: Siehe auch Ellen Wojahm, «Who's Minding the Kids?» *Savvy*, Oktober 1987, S. 16; «Child Care: The Time is Now», Children's Defense Fund, 1987, S. 8–10.

«Ich selbst...»: Rebecca West, *The Clarion*, 14. November 1913, zitiert in Cheris Kramarae und Paula A. Treichler, *A Feminist Dictionary*, Pandora Press, London, 1985, S. 160.

Die Bedeutung des Worts «Feministin»...: *The Feminist Papers: From Adams to de Beauvoir*, hrsg. von Alice S. Rossi, Bantam Books, New York, 1973, S. XIII. Zur Diskussion über die geschichtlichen Ursprünge des Begriffes Feminismus siehe Karen Offen, «Defining Feminism: A Comparative Historical Approach», in *Signs: Journal of Women in Culture and Society*, 14, Nr. 1, 1988, S. 119–157.

ICH BIN KEINE BARBIEPUPPE...: Carol Hymowitz und Michaele Weisman, *A History of Women in America*, Bantam Books, New York, 1978, S. 341.

ERSTER TEIL
Mythen und Rückblicke

1. Männermangel und unfruchtbare Schöße

Den Eindruck einer Demagogin...: Bill Baron, «Men Aren't Her Only Problem», *Newsweek*, 23. November 1987, S. 76.

Vier Fünftel...: Shere Hite, *Der neue Hite-Report, Frauen und Liebe*, Bertelsmann Verlag, München 1988, S. 85/86.

Die *Washington Post* zog sogar...: «Things Getting Worse for Hite», *San Francisco Chronicle*, 14. November 1987, S. C9.

«Der gewohnte bombastische Umfang...»: Claudia Wallis, «Back Off, Buddy», *Time*, 12. Oktober 1987, S. 68.

Und außerdem betont Hite...: Hite, *Der neue Hite-Report*, S. 827–832.

«Ich habe alles hergegeben...»: Ebenda, S. 122, 58/59, 139, 142, 83.

Der Psychologe Dr. Srully Blotnick...: Dan Collins, «Is He Handing Readers a Line?», *New York Daily News*, 19. Juli 1987, S. 4.

Sein Fazit...: Dr. Srully Blotnick, *Otherwise Engaged: The Private Lives of Successful Career Women*, Penguin Books, New York, 1985, S. 316.

In seinem 1985 erschienenen Buch...: Ebenda, S. VIII, XI, 265, 278, 323.

«In der Tat...»: Ebenda, S. 278.

Er verteilte...: Ebenda, S. 323–24.

Praktisch ohne einen Pfennig...: Ebenda S. XIII.

Auch der «Dr.»...: Dan Collins, «Is He Handing Readers a Line», S. 4.

Nach dem Interview...: Persönliches Interview mit Dan Collins, November 1989.

Endlich brachte Collins...: Collins, «Is He Handing...», S. 4.

Aber insgesamt...: «Secret of a Success», *Time*, 3. August 1987, S. 61.

Wie Gerald Howard...: Ebenda, S. 61.

«Die Leute...»: Persönliches Interview mit Martin O'Connell von 1988.

Und Ergebnisse...: Marilyn Power, «Women, the State and the Family in the U.S.: Reaganomics and the Experience of Women», *Women and Recession*, hrsg. von Jill Rubery; Routledge & Kegan Paul, New York 1988, S. 153.

Der Public Health Service...: Michael Specter, «Panel Claims Censorship on Abortion», *San Francisco Chronicle*, 11. Dezember 1989, S. A1.

«Soziologische Forschungen...»: Kingsley Davis, *Human Society*, The Macmillan Co., New York, Ausgabe von 1961 (Erstausgabe 1948), S. 393.

Ihr «Ansatz»...: Interview mit Lisa Marie Petersen, November 1989.

«Der Heiratsmarkt...: Lisa Marie Petersen, «They're Falling in Love Again, Say Marriage Counselors», *Stanford* (Conn.) *Advocate*, 14. Februar 1986, S. A1.

Im Nu...: Persönliches Interview mit Neil Bennett vom Juni 1986.

Aber gerade...: 1987, nur ein Jahr später, hatte sich das Gefälle auf 1,7 Jahre verringert, verglichen mit 2,2 Jahren im Jahr 1963. Siehe «Advance Report of Final Marriage Statistics», 1986 und 1987, National Center of Health Statistics. 1986 war fast ein Viertel der Bräute älter als ihre Bräutigame, wogegen es 1970 nur 16 Prozent waren. National Health Statistics, unveröffentlichte Tabelle von 1986.

Jene Studie...: Robert Schoen und John Baj, «Impact of the Marriage Squeeze in Five Western Countries», *Sociology and Social Research*, Oktober 1985, 70, Nr. 1, S. 8–19.

Die Princeton-Professoren...: Susan Faludi, «The Marriage Trap», *Ms.*, Juli/August 1987, S. 62.

Später dazu befragt...: Persönliches Interview mit Ansley Coale vom Juni 1986.

Daraufhin beschloß sie...: Persönliche Interviews mit Jeanne Moorman, Juni 1986, Mai 1988, September 1989.

Die Resultate...: Jeanne E. Moorman, «The History and the Future of the Relationship Between Education and Marriage», U.S. Bureau of the Census, 1. Dezember 1986.

Im Juni 1986...: Brief von Jeanne Moorman an Neil Bennett, 20. Juni 1986.

Dann, im August...: Ben Wattenberg, «New Data on Women, Marriage», Newspaper Enterprise Association, 27. August 1986.

«Von Ben Wattenberg höre ich...»: Brief von Neil Bennett an Jeanne Moorman, 29. August 1986.

Bennett weigert sich...: Persönliches Interview vom November 1989. Auch Bloom lehnte jeden Kommentar ab.

Zur selben Zeit...: Neil G. Bennett und David E. Bloom, «Why Fewer Women Marry», *Advertising Age*, 12. Januar 1987, S. 18.

«Meiner Ansicht nach...»: Brief von Robert Fay an Neil Bennett, 2. März 1987.

«Es ist alles außer Kontrolle...»: Brief von Neil Bennett an Jeanne Moorman, 3. März 1987.

Dreieinhalb Jahre nachdem...: Felicity Barringer, «Study on Marriage Patterns Revised, Omitting Impact on Women's Careers», *New York Times*, 11. November 1989, S. 9.

Eine schlichte Überprüfung...: «Marital Status and Living Arrangements», U.S. Bureau of the Census, Reihen P-20, #410, März 1985. Außerdem gab es bei der breiteren nichtverheirateten Bevölkerung (eine Klassifizierung, die auch geschiedene und verwitwete Menschen mit einschließt) 1,2 Millionen mehr Männer als Frauen zwischen 25 und 34.

Wenn jemand...: Ebenda; die noch jüngeren Männer standen vor einem ähnlichen Problem: Bei den Männern, die zwischen fünfzehn und vierundzwanzig waren, kamen auf 100 Frauen 112 allein lebende Männer.

Der Anteil von Frauen...: U.S. Bureau of the Census, September 1975, Reihen A-160–171 und September 1988, Tabelle 3.

Wenn man einen Blick...: Current Population Reports, Reihen P-20, #410, Tabelle 1, U.S. Bureau of the Census; «Special Reports: Marital Characteristics», Tabelle 1, 1950 Census of the Population, U.S. Bureau of the Census, Ellen Kay Trimberger, «Single Women and Feminism in the 1980s», Vorlesung vom Juni 1987, National Women's Studies Association.

Tatsächlich nur...: «Marital Status and Living Arrangements», März 1985.

In einer großangelegten Studie...: The Cosmopolitan Report: *The Changing Life Course of American Women*, Battelle Memorial Institute, Human Affairs Research Center, The Hearst Corporation, Seattle, 1986.

Virginia-Slims-Umfrage von 1985...: Virginia-Slims-Umfrage über die Ansichten amerikanischer Frauen von 1985, The Roper Organization, Inc., S. 13.

In der 1989 durchgeführten...: «New Diversity», Significance Inc. and Langer Associates, 1989.

Virginia-Slims-Umfrage...: Die Virginia-Slims-Umfrage von 1990, S. 51.

Eine 1986 für...: Pamela Redmond Satran, «Forever Single?» *Glamour*, Februar 1986, S. 336.

Louis-Harris-Umfrage...: «‹Mad Housewives› No Longer», *San Jose Mercury News*, 10. Februar 1989, S. C5.

Auswertung der National-Survey-Daten...: Norval D. Glenn und Charles N. Weaver, «The Changing Relationship of Marital Status to Reported Happiness», *Journal of Marriage and the Family*, 50, Mai 1988, S. 317–324.

Eine 1985 von *Woman's Day*...: Martha Weinman Lear, «The Woman's Day Survey: How Many Choices Do Women Really Have?» *Woman's Day*, 11. November 1986, S. 109.

Die Zahl der...: Martha Farnsworth Riche, «The Postmarital Society», *American Demographics*, November 1988, S. 23.

Als die amerikanische Regierung...: Ebenda, S. 25; «One-Third of Single Women in the 20s Have Been Pregnant», *San Jose Mercury News*, 1. Juni 1986, S. A6.

Anderen Erhebungen zufolge...: Arland Thornton und Deborah Freedman, «The Changing American Family», *Population Bulletin*, Population Reference Bureau Inc., 38, Nr. 4, Oktober 1983, S. 12.

Eine aus dem Jahre 1982...: Jacqueline Simenauer und David Carroll, *Singles: The New Americans*, Simon & Schuster, New York 1982, S. 15.

«Was wird in einer Gesellschaft...»: Alan T. Otten, «Deceptive Picture: If You See Families Staging a Comeback, Its Probably a Mirage», *The Wall Street Journal*, 25. September 1986, S. 1.

Mitte der 80er...: Persönliche Interviews mit Partnerschaftsanbahnungs- und Ehevermittlungsinstituten in New York, San Jose, San Francisco und Chicago, Juni 1986.

Bei einer Analyse...: Keay Davidson, «Sexual Freedom Will Survive Bush, Researchers Say», *San Francisco Examiner*, 13. November 1988, S. A2.

Als Great Expectations...: Umfrageergebnisse von Great Expectations 1988, 29. Januar 1988, S. 1 und 3.

«Verheiratet zu sein...»: Jessie Bernard, *The Future of Marriage*, Yale University Press, New Haven, Ausgabe von 1982, S. 25.

«Nur wenige Befunde...»: Ebenda, S. 16–17.

«All das Gerede...»: Persönliches Interview mit Ronald C. Kessler, 1988.

Die psychologischen Daten...: Siehe beispielsweise die folgenden Publikationen: Jessie Bernard, *Future of Marriage*, S. 306 und 308; Joseph Veroff, Richard A. Kulka und Elizabeth Douvan, *The Inner American: A Self-Portrait from 1957 to 1967*, Basic Books, New York 1981; Walter R. Grove, «The Relationship Between Sex Roles, Marital Status and Mental Illness», *Social Forces*, 51, September 1972, S. 34–44; Walter R. Grove, «Sex, Marital Status and Psychiatric Treatment: A Research Note», *Social Forces*, 58, September 1979, S. 88–93; Ronald C. Kessler, R. L. Brown und C. L. Broman, «Sex Differences in Psychiatric Help-Seeking: Evidence from Four Large-scale Surveys», *Journal of Health and Social Behavior*, 22. März 1981, S. 49–63; Kay F. Schaffer, *Sex-Role Issues in Mental Health*, Addison-Wesley Publishing Co., Reading, Mass. 1980, S. 132–159; Blayne Cutler, «Bachelor Party», *American Demographics*, Februar 1989, S. 22–26.

Im *Wall Street Journal*...: Joann S. Lublin, «Staying Single: Rise in Never-Married Affects Social Customs and Buying Patterns», *The Wall Street Journal*, 28. Mai 1986, S. 1.

Eine fünfunddreißigjährige Frau...: Karen S. Peterson, «Stop Asking Why I'm Not Married», *USA Today*, 9. Juli 1986, S. D4.

In der *Los Angeles Times*...: Elisabeth Mehren, «Frustrated by the Odds, Single Women Over 30 Seek Answers in Therapy», *Los Angeles Times*, 30. November 1986, Teil VI, S. 1.

Great Expectations...: Great-Expectations-Umfrage, 1987.

Die Annual Study...: Mark Clements Research, Annual Study of Women's Attitudes, 1987, 1986.

Im Jahr nach dem Heiratsreport...: Judith Waldrop, «The Fashionable Family», *American Demographics*, März 1988, S. 23–26.

«Ein neuer... Traditionalismus...»: Jib Fowles, «Coming Soon: More Men than Women», *New York Times*, 5. Juni 1988, III, S. 3.

«Man muß dann nicht einmal...»: Interview mit Jib Fowles vom Juni 1988.

In den 80er Jahren...: Marcia Cohen, *The Sisterhood: The True Story of the Women Who Changed the World*, Simon and Schuster, New York 1988, S. 365.

Vor dem Erscheinen ihrer Studie...: Lenore J. Weitzman, *The Divorce Revolution: The Unexpected Social and Economic Consequences for Women and Children in America*, The Free Press, New York 1985, S. 362.

Die wichtigste ökonomische Folge...: Ebenda, S. XIV, 13, 365.

Während Weitzman...: Ebenda, S. 364, 487.

The Divorce Revolution...: Wallis, «Women Face the 90s», S. 85.

Die Folgen der...: Mason, *The Equality Trap*, S. 68, 53. Weitere Beispiele werden angeführt in Diane Medved, *The Case Against Divorce*, Donald L. Fine, New York 1989 und Mary Ann Glendon, *Abortion and Divorce in Western Law*, Harvard University Press, Cambridge, Mass. 1987.

Das 1970 in Kalifornien...: Weitzman, *Divorce Revolution*, S. 364–365 und S. 41–42.

Weitzman argumentierte...: Ebenda, S. 358–362.

«Es ist erwiesen...»: Ebenda, S. XII.

Im Sommer 1986...: Persönliches Interview mit Saul Hoffman, Greg Duncan, 1988, 1989, 1991. Die «5000-Family»-Studie oder die Panel Study of Income Dynamics haben seit 1967 eine Gruppe von Familien beobachtet. Siehe Greg J. Duncan und Saul D. Hoffman, «Economic Consequences of Marital Instability», *Horizontal Equity, Uncertainty and Economic Well-Being*, University of Chicago Press, Chicago 1985, S. 427–471.

Fünf Jahre nach der Scheidung...: Fünf Jahre später ist der durchschnittliche Lebensstandard sogar höher als während der Ehe, und zwar im wesentlichen deshalb, weil so viele Frauen in zweiter Ehe Männer mit höherem Einkommen heiraten. Für Frauen, die allein bleiben, verbessert sich der Lebensstandard nicht so schnell. Greg J. Duncan und Saul D. Hoffman, «A Reconsideration of the Economic Consequences of Marital Dissolution», *Demographics*, 22, 1985, S. 485.

Weitzmans vielfach publizierte...: Greg J. Duncan und Saul D. Hoffman, «What Are the Economic Consequences of Divorce», *Demography*, 25, Nr. 4, November 1988, S. 641.

Des *Wall Street Journal*...: Alan J. Otten, «People Patterns», *Wall Street Journal*, 12. Dezember 1988, S. B 1.

«Die irren sich einfach...»: Persönliches Interview, Dezember 1988.

Die Befunde Duncans...: Suzanne Bianchi, «Family Disruption and Economic Hardship», Umfrage über Einkommen und Programmbeteiligung, U.S. Bureau of the Census, März 1991, Reihen P-70, Nr. 23.

Weitzmans Zahlen...: Persönliches Interview mit Suzanne Bianchi, März 1991.

Die Antwortquote...: Duncan und Hoffman, «Economic Consequences», S. 644ff. 2; Arland Thornton, «The Fragile Family», *Family Planning Perspectives*, 18, Nr. 5, Sept./Okt. 1986, S. 244.

«Wir haben uns gewundert...»: Weitzman, *Divorce Revolution*, S. 409.

Und sie warnt ausdrücklich...: Ebenda, S. 383.

Eine 1990... durchgeführte Studie...: David L. Kirp, «Divorce, California-Style», *San Francisco Examiner*, 12. Dezember 1990, S. A19.

Eine Erhebung des Census Bureau...: «Child Support and Alimony, 1983», U.S. Bureau of the Census, Reihe P-32, Nr. 14, Das Census Bureau stellte die Sammlung von Unterhaltszahlungsdaten in den 20er Jahren ein und nahm sie 1978 wieder auf.

Weitzmans eigene Daten...: Weitzman, *Divorce Revolution*, S. 177.

Ihr zweiter Punkt...: Ebenda, S. XII und 358.

Der Fall, den Weitzman...: Ebenda, S. 80–81.

Zwischen 1978 und 1985...: Robins, «Child Support Award Amounts», S. 6–7; Saul Hoffman, «Divorce and Economic Well Being: The Effects on Men, Women and Children», *Delaware Lawyer*, Frühjahr 1987, S. 21.

Heute zahlen...: Hewlett, *A Lesser Life*, S. 6; Deborah L. Rhode, «Rhode on Research», Institute for Research on Women and Gender Newsletter, Stanford University, XIII, Nr. 4, Sommer 1989, S. 4.

1985 erhielten nur die Hälfte...: «Law Compels Sweeping Changes in Child Support», *New York Times*, 25. November 1988, S. A 8. Das Zahlungsversäumnis hat nichts mit den Einkommen der Exehemänner zu tun. Tatsächlich sind die Väter, die am meisten verdienen, am wenigsten geneigt, Unterhalt zu zahlen. Geld ist nicht die einzige Form des Beistandes, den Exehemänner ihren Kindern vorenthalten: Mehr als die Hälfte der geschiedenen Väter sehen ihre Kinder selten oder nie, wie der National Children's Survey herausgefunden hat. Siehe dazu «Bad News for the Baby Boom», *American Demographics*, Februar 1989, S. 36; Hochschild, *The Second Shift*, S. 248–49.

Und Studien...: Weitzman, *Divorce Revolution*, S. 298–99.

Wie die Soziologin Arlie Hochschild...: Hochschild, *Second Shift*, S. 250–51.

Eine Anhörung...: Pat Wingert, «And What of Deadbeat Dads?», *Newsweek*, 19. Dezember 1988, S. 66.

Wie Erhebungen...: Weitzman, *Divorce Revolution*, S. 48, 106; Allan R. Golf, «Sex Bias Is Found Pervading Courts», *New York Times*, 2. Juli 1989, S. 14.

«Betrachten das ‹Gleichheits›prinzip...»: Weitzman, *Divorce Revolution*, S. 366.

Wenn die Lohnunterschiede...: Marian Lief Palley, «The Women's Movement in Recent American Politics», *American Woman 1987–88*, S. 174; Greg J. Duncan und Willard Rodgers, «Lone Parents: The Economic Challenge of Changing Family Structures», Organization for Economic Co-operation and Development, November 1987. Überdies gäbe es weniger Scheidungen, wenn es weniger Armut gäbe: Die Wahrscheinlichkeit einer Scheidung ist bei Paaren, die in Armut leben, drei- bis fünfmal höher. Wie Jessie Bernard beobachtete: «Wir könnten durch Sicherstellung des Einkommens mehr zur Erhaltung der Ehe beitragen als durch irgendein anderes Mittel.» Siehe dazu Bernard, *The Future of Marriage*, S. 168–69.

«Die drastische Zunahme...»: Persönliches Interview mit Greg Duncan, 1988.

1984 werteten...: Ronald C. Kessler und James A. McRae, Jr., «Note on the Relationship of Sex and Marital Status to Psychological Distress», *Research in Community and Mental Health*, JAI Press, Greenwich, Conn., 1984, S. 109–30.

Männer sind...: Gallup-Umfrage, Mai 1989: 31 Prozent der Männer sagten, sie seien der Ehepartner, der die Scheidung wollte, im Gegensatz zu 55 Prozent der Frauen. In nur 20 Prozent der Fälle wollten beide Ehepartner die Scheidung. Der *Cosmopolitan/ Battelle*-Bericht von 1985 fand ebenso heraus, daß Frauen sich eher als Männer für die Scheidung von unglücklich verheirateten Ehepaaren mit kleinen Kindern aussprachen: 43 Prozent gegen 31 Prozent. Siehe Judith S. Wallerstein und Sandra Blakeslee, *Gewinner und Verlierer: Frauen, Männer, Kinder nach der Scheidung*, Droemer Knaur Verlag, München 1988, S. 68.

Eine 1982 durchgeführte...: Simenauer und Carroll, *Singles*, S. 379–80.

Die größte in den USA...: Wallerstein, *Gewinner und Verlierer*, S. 16, 69, 70. Auch

Weitzman hatte Mühe, Frauen anzutreffen, die ihre Entscheidung bereuten. Sie stellte fest: «Selbst lange verheiratete ältere Hausfrauen, die nach der Scheidung die größten finanziellen Nöte litten (und die sich durch die Scheidungsregelung wirtschaftlich am meisten benachteiligt, am meisten «hintergangen» fühlten und am ungehaltensten waren), sagten, sie seien «persönlich» besser dran als während ihrer Ehe... Sie berichteten ebenso, sie hätten mehr Selbstachtung, mehr Selbstbewußtsein im Auftreten und größere Sachverständigkeit in allen Aspekten ihres Lebens.» Als Weitzman geschiedene Männer und Frauen zu beschreiben bat, was sie am meisten von ihrer Ehe vermißten, gaben die Männer an, sie vermißten eine Geliebte und Lebenspartnerin, während die Frauen angaben, sie vermißten nur das Einkommen ihrer Ehemänner. Siehe Weitzman, *Divorce Revolution*, S. 346.

«Wenn ein solches Bedauern...»: Wallerstein, *Gewinner und Verlierer*, S. 41.

In ihrem 1989 erschienenen...: «Lasting Pain», The Family In America, Newsletter, Juni 1989, S. 1; Judith S. Wallerstein, «Children After Divorce: Wounds That Don't Heal», *The New York Times Magazine*, 22. Januar 1989, S. 18.

«Da wir noch so wenig...»: Wallerstein, *Gewinner und Verlierer*, S. 70.

«Es ist keineswegs klar...»: Persönliches Interview mit Judith Wallerstein vom Februar 1991.

Die öffentliche Befürwortung...: General Social Survey, National Opinion Research Center, University of Chicago; siehe ebenso Arland Thornton, «Changing Attitudes Toward Separation and Divorce: Causes and Consequences», *American Journal of Sociology*, 90, Nr. 4, S. 857.

Am 18. Februar 1982...: Fédération des Centres d'Etude et de Conservation du Sperme Humain, D. Schwartz und M. J. Mayaux, «Female Fecundity as a Function of Age», *The New England Journal of Medicine*, 306, Nr. 7, 18. Februar 1982, S. 404–6.

Das angeblich neutrale...: Alan H. DeCherney und Gertrud S. Berkowitz, «Female Fecundity and Age», *The New England Journal of Medicine*, 306, Nr. 7, 18. Februar 1982, S. 424–26.

Die *New York Times*...: Bayard Webster, «Study Shows Female Fertility Drops Sharply After Age of 30», *New York Times*, 18. Februar 1982, S. A1.

Ein Selbsthilfebuch...: Price and Price, *No More Lonely Nights*, S. 19–20.

Tatsächlich hatte...: D. Schwartz, P. D. M. MacDonald und V. Heuchel, «Fecundability, Coital Frequency and the Viability of Ova», *Population Studies*, 34, 1980, S. 397.

Die Verkürzung auf ein Jahr...: Infertility: Medical and Social Choices, U.S. Congress, Office of Technology Assessment, Mai 1988, S. 35; Jane Menken, James Trussell und Ulla Larsen, «Age and Infertility», *Science*, 26. September 1986, S. 1389–94; John Bongaarts, «Infertility After Age 30: A False Alarm», *Family Planning Perspectives*, 14, Nr. 2, März/April 1982, S. 75.

In einer britischen Langzeitstudie...: Bongaarts, «Infertility», S. 76–77.

John Bongaarts...: Ebenda, S. 75.

Drei Statistiker...: Menken, Trussell und Larsen, «Age and Infertility», S. 1391.

Drei Jahre später...: Die National Survey of Family Growth Cycle III, National Center for Health Statistics; W. D. Mosher, «Infertility: Why Business in Booming», *American Demographics*, Juli 1987, S. 42–43. Fünf Jahre später.

«Nein, überhaupt nicht...»: Persönliches Interview mit Alan DeCherney vom März 1989.

Ein Kolumnist...: Anna Taylor Fleming, «The Infertile Sisterhood: When the Last Hope Fails», *New York Times*, 15. März 1988, S. B1.

Die Autorin...: Molly McKaughan, *Kinder, aber später: Der Kinderwunsch in der Lebensplanung der Frauen*, Kösel Verlag, München 1990, S. 155, 156, 159.

Sie befalle...: Christopher Norwood, «The Baby Blues: How Late Should You Wait to Have a Child?», *Mademoiselle*, Oktober 1985, S. 236.

In Wirklichkeit jedoch tritt...: Daten von der American Fertility Society, der Endometriosis Association, den Centers for Disease Control und Family Growth Survey Branch of the National Center for Health Statistics, 1989.

In Wirklichkeit haben...: Norwood, «The Baby Blues», S. 238.

In Wirklichkeit belegt...: «Older Mothers, Healthy Babies», *Working Women*, August 1990, S. 93; Diane Calkins, «New Perspectives on Pregnancy After 35», *McCalls*, Januar 1987, S. 107; Stephanie J. Ventura, «Trends in First Births to Older Mothers», *Monthly Vital Statistics Report*, 31, Nr. 2, National Center for Health Statistics, 27. Mai 1982, S. 5.

In mehreren Bundesstaaten...: Akron Center for Reproduction Health, Inc et al., v. City of Akron et al., Nr. 79–3700, 79–3701 und 79–3757, U.S. Ct. of Appeals, 651 F. 2d 1198, 1981.

Über 150 epidemiologische...: Carol J. Rowland Hogue, Willard Cates, Jr. und Christopher Tietze, «Impact of Vacuum Aspiration Abortion on Future Childbearing: A Review», *Family Planning* Perspectives, 15, Nr. 3, Mai/Juni 1983, S. 119–25; Carol J. Rowland Hogue, Willard Cates, Jr. und Christopher Tietze, «The Effects of Induced Abortion On Subsequent Reproduction», *Epidemiologic Review*, 4, 1982, S. 66.

Ein Forscherteam...: Hogue, Cates und Tietze, «Impact of Vaccum Aspiration Abortion», S. 120, 125.

Nationale Studien bestätigen...: Sevgi O. Aral und Dr. Willard Cates, Jr., «The Increasing Concern with Infertility: Why Now?», *Journal of American Medical Association*, 250, Nr. 17, 1983, S. 2327. Infertility: Medical and Social Choices, S. 51; William D. Mosher, «Fertility and Family Planning in the United States», *Family Planning Perspectives*, 20, Nr. 5, Sept./Okt. 1988, S. 207–217; Charles F. Westoff, «Fertility in the United States», *Science*, 234, 31. Oktober 1986, S. 554–559.

Dasselbe Weiße Haus...: Infertility: Medical and Social Choices, S. 17.

Die Infertilitätsrate...: «Fecundity, Infertility and Reproductive Health in the United States, 1982», Daten von der National Survey of Family Growth, Reihe 23, Nr. 14, National Center for Health Statistics, Hayttsville, Md., Mai 1987; Infertility: Medical and Social Choices, S. 52.

Diese Epidemie...: Julius Schachter, «Why We Need a Program for the Control of Chlamydia Trachomatis», *The New England Journal of Medicine*, 320, Nr. 12, 21. März 1989, S. 802–3; A. Eugene Washington, Robert E. Johnson und Lawrence L. Sanders, «Chlamydia Trachomatis Infections in the United States: Why Are They Costing Up?», *Journal of American Medical Association*, 257, Nr. 15, 17. April 1987, S. 2070–74; Infertility: Medical and Social Choices, S. 61–62. Auch die Pharmahersteller trugen durch grobe Nachlässigkeit dazu bei, PID zu verbreiten, indem sie IUD ausgaben, lange nachdem ihre Firmenleitungen von der infektionsfördernden Wirkung wußten. IUD erhöhte die Anfälligkeit der Frauen, sich mit PID zu infizieren, um 9 Prozent; Frauen, die das berüchtigte Dalkon Shields benutzten, waren sechsmal mehr gefährdet, PID zu entwickeln. Siehe Morton Mintz, «The Selling of an IUD: Behind the Scenes at G. D. Searle During the Rise and Fall of the Copper-7», *Washington Post*, Gesundheitsteil, 9. August 1988, S. Z12; Pamela Rohland, «Prof Continues Battle over Defective IUDs», *Reading Eagle*, 18. November 1990, S. A20; William Ruberty, «Tragic Dalkon Story Finally at the End», *Richmond Times-Dispatch*, 21. Januar 1990, S. F1; The Boston Women's Health Collective, *Unser Körper, unser Leben*, Rowohlt Verlag, Reinbek bei Hamburg, 2. Auflage 1988.

Mitte bis Ende der 80er Jahre...: David G. Addiss, Michael L. Vaughn, Margi A. Holzheuter, Lori L. Bakken und Jeffrey P. Davis, «Selective Screening for Chlamydia Trachomatis Infection in Nonurban Family Planning Clinics in Wisconsin», *Family Planning Perspectives*, 19, Nr. 6, Nov./Dez. 1987, S. 252–56; Julius Schachter, Dr. Moses Grossman, Dr. Richard L. Sweet, Jane Holt, Carol Jordan und Ellen Bishop, «Prospective Study of Perinatal Transmission of Chlamydia Trachomatis», *Journal of the American Medical Association*, 255, Nr. 24, 27. Juni 1986, S. 3374–77; persönliches Interview mit Julius Schachter von der University California in San Francisco vom März 1989.

Obwohl die medizinische Literatur...: Persönliches Interview mit Julius Schachter; Julius Schachter, «Chlamydial Infections», *New Journal of Medicine*, 298, 23. Februar, 2. März und 9. März 1978, S. 428–35, 490–95 und 540–49; Washington, Johnson und Sanders, «Chlamydia Trachomatis», S. 2070, 2072.

Die Zahl der männlichen Spermien...: Amy Linn, «Male Infertility: From Taboo to Treatment», *Philadelphia Inquirer*, 31. Mai 1987, S. A1.

Eine niedrige Spermienzahl...: Infertility: Medical and Social Choices, S. 85.

Für diesen alarmierenden Rückgang...: Ebenda, S. 121.

Eine Kongreß-Studie...: Ebenda, S. 29.

«Warum wir uns...»: Interview mit William D. Mosher vom März 1989.

«Dieses kleine Buch...»: Ben J. Wattenberg, *The Birth Dearth*, Pharos Books, New York, 1987, S. 1 und 127.

Der Harvard-Psychologe...: Richard J. Herrnstein, «IQ and Falling Birth Rates», *The Atlantic*, Mai 1989, S. 73; «A Confederacy of Dunces», *Newsweek*, 22. Mai 1989, S. 80–81.

«Sex kommt an erster Stelle...»: Herrnstein, «IQ and Falling Birth Rates», S. 76, 73, 79.

Mit seiner Hetztaktik...: Ben J. Wattenberg, *The Real America: A Surprising Examination of the State of the Union*, Doubleday & Co. Garden City, New York, 1974, S. 152, 168–71; Wattenberg, *The Birth Dearth*, S. 179. Für eine ausgezeichnete, entlarvende Analyse von Wattenbergs Geburtenmangel-Theorie siehe Tony Kaye, «The Birth Dearth», *The New Republic*, 19. Januar 1987, S. 20–23.

Nur zehn Jahre später...: Wattenberg, *Birth Dearth*, S. 14, 97–98.

Wattenbergs Abhandlung zufolge...: Ebenda, S. 9, 57, 95, 115.

Verantwortlich für das...: Ebenda, S. 119–28, 159.

Dennoch glaubte er...: Ebenda, S. 204.

«Allan Carlson, Präsident...»: Kaye, «Birth Dearth», S. 22.

Bei einer Tagung...: «Views on Women Link and Distinguish New Right, Far Right», *The Monitor*, Juni 1986, S. 1.

Und die Teilnehmer eines...: «Birth Dearth Hustlers Want to Promote Baby Boom», Eleanor Smeal Report, 30. April 1986, S. 3.

Die Zahl der unehelichen Geburten...: Daten vom National Center for Health Statistics, vom Children's Defense Funds Clearinghouse über Schwangerschaften bei Adoleszenten und vom Alan Guttmacher Institute.

Die Fertilitätsrate...: Daten vom National Center for Health Statistics, US Bureau of the Census.

Mit anderen Worten...: Kaye, «Birth Dearth», S. 22.

Sie sagten nämlich...: Frank Furstenberg, «The State of Marriage», *Science*, 239, März 1988, S. 1434.

Mitte der 8oer Jahre...: Siehe beispielsweise «The Age of Youthful Melancholia: Depression and the Baby Boomers», *USA Today Magazine*, Juli 1986, S. 69–71; Martin E. P. Seligman, «Boomer Blues», *Psychology Today*, Oktober 1988, S. 50–55; «Depression», *Newsweek*, 4. Mai 1987; Susan Squire, «The Big Chill», *Gentlemen's Quarterly*, November 1987; S. 137; Mark McNamara, «The Big Chill Syndrome», *Los Angeles Times*, August 1988, S. 71.

Die wachsende seelische Not...: Elizabeth Mehren, «Frustrated by the Odd, Single Women Over 30 Seeking Answers in Therapy», *Los Angeles Times*, 30. November 1986, VI, S. 1.

In der Zeitschrift...: Meryl Gordon, «Rough Times», *New York Woman*, März 1988, S. 80.

In Wirklichkeit wußte niemand...: Persönliche Interviews mit Ben Z. Locke, dem Leiter der Epidemiologie und Psychopathologie-Forschung am National Institute of Mental Health; Dr. Myrna M. Weissman, Professor für Psychiatrie an der Columbia University und frühere Direktorin der Abteilung für Depressionsforschung an der Yale University; Dr. Gerald L. Klerman, planmäßiger außerordentlicher Professor für Anthropology, Fachbereich für Psychiatrie an der Harcard Medical School und Leiter der psychiatrischen Epidemiologie, General Hospital, Massachusetts, 1988, 1989.

Wie die Forscherin...: Lynn L. Gigy, «Self-Concept of Single Women», *Psychology of Women Quarterly*, 5, Nr. 2, Winter 1980, S. 321–40.

Dieser Mangel an Daten...: Elaine Showalter, *The Female Malady: Women, Madness and English Culture, 1830–1980*, Penguin Books, New York, 1985, S. 61, 134.

Die wegweisende...: Grace Baruch, Rosalind Barbett und Caryl Rivers, *Lifeprints: New Patterns of Love and Work for Today's Women*, Signet Books, New York, 1983, S. 261, 279.

Forscher des...: Lois M. Verbrugge und Jennifer H. Madans, «Women's Roles and Health», *American Demographics*, März 1985, S. 36. Die Virginia-Slims-Umfrage von 1990 findet ebenso eine direkte Verbindung zwischen Selbstbild und Arbeit. Siehe die Virginia-Slims-Umfrage von 1990. S. 28.

Und schließlich fanden...: Baruch, Barnett und Rivers, *Lifeprint*, S. 281.

Die 1972 ...ausgesprochene Warnung...: Susan Faludi, «Marry, Marry? On the Contrary!», *West Magazine, San Jose Mercury News*, 10. August 1986, S. 6.

Zahlreiche psychologische Indikatoren...: Siehe beispielsweise Carol Tavris und Carole Offir, *The Longest War: Sex Differences in Perspective*, Harcourt Brace Jovanovich, New York, 1977; S. 221; Bernard, *The Future of Marriage*, S. 30–32, 312–13; *Women and Mental Health*, hrsg. von Elizabeth Howell und Marjorie Bayes, Basic Books, New York, 1981, S. 182–83; Kay F. Schaffer, *Sex-Role Issues in Mental Health*, Addison-Wesley Publishing Co., Reading Mass., 1980, S. 136–67; D. Nevill und S. Damico, «Developmental Components of Role Conflict in Women», *Journal of Psychology*, 95, 1977, S. 195–98; Walter R. Gove, «Sex Differences in Mental Illness Among Adult Men and Women», *Social Science & Medicine*, 12 B, 1978, S. 187–198; Mary Roth Walsh, *The Psychology of Women: Ongoing Debates*, Yale University, New Haven, 1987, S. 111.

Während fünfundzwanzig Jahren...: Judith Birnbaum, «Life Patterns and Self-Esteem in Gifted Family-Oriented and Career-Committed Women», 1975 in *Women and Achievement: Social and Motivational Analysis*, hrsg. von M. Mednick, S. Tangri und L. Hoffman, Halsted Press, New York, S. 396–419.

Eine 1980 durchgeführte...: Gigy, «Self-Concept», S. 321–39.

Die Mills-Langzeitstudie...: Scott Winokur, «Women Pay a Price», *San Francisco Examiner*, 16. Dezember 1990, S. E 1.

Umfrage des *Cosmopolitan*...: Linda Wolfe, «The Sexual Profile of the Cosmopolitan Girl», *Cosmopolitan*, September 1990, S. 254.

Und schließlich...: Walter R. Gove, «Mental Illness and Psychiatric Treatment», In *The Psychology of Women*, hrsg. von Mary Roth Walsh; Yale University Press, New Haven, 1987, S. 11.

«Das Burnout-Syndrom...»: Freudenberger und North, *Burnout bei Frauen*.

«Immer häufiger...»: Shaevitz, *Superwomen Syndrome*, S. 17.

«Erstaunlich viele Frauen...»: Susan Agrest, «Just a Harmless Little Habit», *Savvy*, Oktober 1989, S. 52.

The Type E Woman...: Braiker, *Type E Woman*, S. 5.

«Die Frauen erkämpfen sich...»: Persönliches Interview mit James Lynch, März 1988.

Die Emanzipationsbewegung...: Morse und Furst, *Women Under Stress*, S. 275, 305.

«Obwohl auch die Nurhausfrau...»: Witkin-Lanoil, *Female Stress*, S. 119.

Alles zur Verfügung stehende Beweismaterial...: «Basic Data on Depressive Symptomatology, 1974–75», U.S. National Health Survey, Public Health Service, April 1980; S. 3; S. Haynes und M. Feinleib, «Women, Work and Coronary Heart Disease: Prospective Findings from the Framingham Heart Study», *American Journal of Public Health*, 1980, S. 133–41; Lois Wladis Hoffman, «Effects of Maternal Employment in the Two-Parent Family», *American Psychologist*, Februar 1989, S. 283–92; Baruch, Barnett und Rivers, *Lifeprints*, S. 179–80. Eine Metropolitan Lebensversicherungsumfrage fand heraus, daß Frauen in leitenden Stellungen eine 29 Prozent höhere Lebenserwartung haben als Frauen, die als Schreibkräfte und in niederen Positionen arbeiten; ebenso leiden sie weniger an Herzkrankheiten. Siehe «Gender Health», *Women / Scope*, 2, Nr. 7, April 1989, S. 4. Die Gallup-Umfrage fand heraus, daß das Ge-

618

fühl von Selbstwert und Befriedigung von Frauen «stark durch Erziehung, Beschäftigung und finanzielle Mittel» bedingt ist: 81 Prozent der Frauen, die mehr als 35 000 Dollar verdienten, waren mit sich zufrieden, verglichen mit 62 Prozent der Frauen, die zwischen 15 000 und 34 999 Dollar, und 42 Prozent der Frauen, die weniger als 15 000 Dollar verdienten. Siehe «Personal Goals of Women», 25. September 1988, The Gallup Organization, S. 164–65.

Haben weniger Depressionen...: Ruth Cooperstock, «A Review of Women's Psychotropic Drug Use» in *Women and Mental Health*, S. 135.

«Untätigkeit»...: Verbrugge und Madans, «Women's Roles and Health», S. 38.

Karrierefrauen in den 80ern...: David Alexander Leaf, «A Woman's Heart: An Update of Coronary Artery Disease Risk in Women», *Western Journal of Medicine*, 149, Dezember 1988, S. 751–57; Bonnie R. Strickland, «Sex-Related Difference in Health and Illness», *Psychology of Women Quarterly*, 12, 1988, S. 381–99.

Nur die Lungenkrebsrate...: Strickland, «Sex-Related Differences», S. 387.

Selbst in den 50ern...: William H. Chafe, *The American Woman: Her Changing Social, Economic and Political Roles, 1920–1970*, Oxford University Press, New York, 1972, S. 220.

In den 80ern bezeichneten...: Hochschild, *Second Shift*, S. 241–42.

Mit dem Fazit...: Lois Verbrugge, «A Life and Death Paradox», *American Demographics*, Juli 1988, S. 34–37.

Eine nationale Stichprobe...: Ronald C. Kessler und James A. McRae, Jr., «Trends in the Relationship Between Sex and Psychological Distress: 1957–1976», *American Sociological Review*, 46, August 1981, S. 443–52; J. M. Murphy, «Trends in Depression and Anxiety: Men and Women», *Acta Psychiatr. Scand.*, 1986, S. 113–27; Leo Srole, «The Midtown Manhattan Longitudinal Study vs. ‹The Mental Paradise Lost› Doctrine», *Archives of General Psychiatry*, 37, Februar 1980, S. 220; Jane M. Murphy, Richard R. Monson, Donald C. Olivier, Arthur M. Sobol und Alexander H. Leighton, «Affective Disorders and Mortality», *Archives of General Psychiatry*, 44, Mai 1987, S. 473–80; Jane M. Murphy, Arthur M. Sobol, Raymond K. Neff, Donald C. Olivier und Alexander H. Leighton, «Stability of Prevalence: Depression and Anxiety Disorders», *Archives of General Psychiatry*, 41, Oktober 1984, S. 990–97.

Die Veränderungen...: Leo Srole, «Midtown Manhattan», S. 220.

Es gibt, wie sogar...: Witkin-Lanoil, *Female Stress*, S. 124.

«Die Raten...»: «Psychiatric Epidemiology Counts», *Archives of General Psychiatry*, 41, Oktober 1984, S. 932.

Doch den ECA-Daten...: Darrel A. Regier, Jeffrey H. Boyd, Jack D. Burke, Jr., Donald S. Rae, Jerome K. Myers, Morton Kramer, Lee N. Robins, Linda K. George, Marvin Karno und Ben Z. Locke, «One-Month Prevalence of Mental Disorders in the United States», *Archives of General Psychiatry*, 45, November 1988, S. 977–80.

Auswertung einiger Langzeitstudien...: Murphy, «Trends in Depression and Anxiety: Men and Women», S. 119–20; persönliches Interview mit Jane Murphy, Olle Hagnell, Jan Lanke, Birgitta Rorsman und Leif Ojesio, «Are We Entering an Age of Melancholy: Depressive Illness in a Prospective Epidemiological Study Over 25 Years», *Psychological Medicine*, 12, 1982, S. 279–89.

Während die Angst...: Murphy, «Trends in Depression and Anxiety», S. 120; 125; Murphy et al., «Stability of Prevalence»; Ronald C. Kessler, James A. McRae, Jr., «Trends in Relationship Between Sex and Attempted Suicide», *Journal of Health and Social Behavior*, 24, Juni 1983, S. 98–110: «Gender Health», S. 5; Myrna M. Weissman. «The Epidemiology of Suicide Attempts, 1960–1971», *Archives of General Psychiatry*, 30, 1974, S. 727–46; Kessler und McRae, «Trends in Sex and Psychological Distress», S. 449.

Bei der Auswertung...: Kessler und McRae, «Sex and Attempted Suicide», S. 106. Die Forscher fanden ebenso heraus, daß Ehemänner, die sich am stärksten gegen die Berufstätigkeit ihrer Frauen stellten, am ehesten dazu neigten, von seelischen Nöten zu sprechen. Andererseits schienen Ehemänner, die sich bereitwillig an der Kinderbetreuung beteiligten, die sozialen Veränderungen mit weit weniger psychologischen Störungen zu überstehen.

Änderung des Rollenverhaltens...: Kessler und McRae, «Trends in Sex and Psychological Distress», S. 450.

«Haben die Veränderungen...»: Murphy, «Stability of Prevalence», S. 996.

In Wirklichkeit laufen...: Persönliches Interview mit Ronald Kessler vom März 1988.

Eine Studie...: S. Rosenfield, «Sex Differences in Depression: Do Women Always Have Higher Rates?», *Journal of Health and Social Behavior*, 21, 1980, S. 33–42.

Eine Studie, die 1982...: Ronald C. Kessler, James A. McRae, Jr., «The Effects of Wive's Employment on the Mental Health of Married Men and Women», *American Sociological Review*, 47, 1982, S. 216, 27.

Eine 1986 durchgeführte Analyse...: Sandra C. Stanley, Janet G. Hunt und Larry L. Hunt, «The Relative Deprivation of Husbands in Dual-Earner Househoulds», *Journal of Family Issues* 7, Nr. 1, März 1986, S. 3–20.

Eine 1987 entstandene Studie...: Niall Bolger, Anita DeLongis, Ronald C. Kessler und Elaine Wethington, «The Microstructure of Daily Role-Related Stress in Married Couples», wird veröffentlicht in *Cross the Boundaries: The Transmission of Stress Between Work and Family*, hrsg. von John Eckenrode und Susan Gore, Plenum, New York, S. 16, 25. Zahlreiche andere Studien sind zu ähnlichen Ergebnissen gekommen. Siehe G. L. Staines, K. J. Pottick und D. A. Fudge, «Wives' Employment and Husbands' Attitudes Toward Work and Life», *Journal of Applied Psychology*, 71, 1984, Nr. 3/4, S. 143–59.

Anläßlich der *Newsweek*-Titelstory...: David Gelman, «Depression», *Newsweek*, 4. Mai 1987, S. 48.

Die gegen die Tageshorte...: Deborah Fallows, «Mommy Don't Leave Me Here – The Day Care Parents Don't See», *Redbook*, Oktober 1985, S. 160; J. L. Dautremont, Jr., «Day Care Can Be Dangerous to Your Child's Health», *San Francisco Examiner*, 20. Januar 1990, S. A25; «When Child Care Becomes Child Molesting», *Good Housekeeping*, Juli 1984, S. 196; «Creeping Child Care... Creepy», Connaught Marshner, *National Review*, 13. Mai 1988, S. 28.

Die Wortführer der Neuen Rechten...: Zu «Thalidomide of the '80s», siehe Richard A. Vaughan's Bittbrief für *Family In America*, eine Veröffentlichung der Neuen Rechten, 1989, S. 3.

«Amerikanische Mütter...»: «End-of-Year-Issue», Eleanor Smeal Report, 1987, S. 4.
Siehe auch Alexander Cockburn, «Looking for Satan in the Sandbox», *San Francisco Examiner*, 7. Februar 1990, S. A21.
1984 warnte ein *Newsweek*-Artikel...: Melinda Beck, «An Epidemic of Child Abuse», *Newsweek*, 29. August 1984, S. 44.
Nur für den Fall...: Russell Watson, «What Price Day Care», *Newsweek*, 10. September 1984, S. 14.
«Ich mußte mir klarmachen...: Ebenda, S. 18.
Einige Zeit später...: Pat Wingert und Barbara Kantrowitz, «The Day Care Generation», *Newsweek*, Sonderheft, Winter/Frühjahr 1990, S. 86–92. Der einzige «Beweis», den die Geschichte bot, war eine Studie über Drittkläßler in Texas, die ergab, daß Kinder, die während ihrer Kindheit mehr als dreißig Stunden betreut wurden, eher Disziplinarschwierigkeiten an den Tag legten. Doch die Wissenschaftlerin, die für die Studie verantwortlich zeichnete, kam selbst zu dem Schluß, daß Armut, nicht der Kinderhort der eigentlich zugrundeliegende Faktor war und daß die Probleme mit der Kinderbetreuung in Texas weit mehr mit der unzureichenden Durchführung des Kindertageshorterlasses als mit der Natur der Kinderhorte selbst zu tun habe.
Aber die Reaktion der *New York Times*...: Warren E. Leary, «Risk of Sex Abuse in Day Care Seen as Lower Than at Home», *New York Times*, 28. März 1988, S. A20.
Das Fazit der Studie lautete...: David Finkelhor, Linda Meyer Williams, Nanci Burns und Michael Kalinowski, «Sexual Abuse in Day Care: A National Study», März 1988, Family Research Laboratory, S. 18.
Wenn er das Problem...: Ebenda, S. VII, XVII. Daten vom National Committee for Prevention of Child Abuse, das 1986 berichtete, 72 Prozent aller Fälle von sexuellem Mißbrauch gingen auf das Konto von Vätern und Stiefvätern. Ironischerweise hatte die Presse Zweifel an den Berichten über eine Epidemie von häuslicher Kindesbelästigung geäußert. Mitte der 80er Jahre suggerierte eine Flut von Geschichten, daß das Problem von untereinander verschworenen Exehefrauen erfunden worden sei, die auf das alleinige Sorgerecht für die Kinder aus waren. Auch wenn es zweifelsohne Frauen gab, die auf diese Taktik zurückgriffen, so waren sie doch eine Ausnahme. In den 80er Jahren bezogen sich sogar nur 2 Prozent der Auseinandersetzungen, die um Scheidungen und Sorgerecht geführt wurden, auf Behauptungen von sexuellem Mißbrauch.
«Tagesstätten bedeuten...»: Ebenda, Finkelhor u. a., «Sexual Abuse in Day Care», S. 18–19.
Die Untersuchungen der letzten zwanzig Jahre...: *Children of Working Parents: Experiences and Outcomes*, hrsg. von Charyl D. Hayes und Sheila B. Kamermann, National Academy Press, Washington D. C., 1983; Lois Wladis Hoffman, «Effects of Maternal Employment in the Two-Parent Family», *American Psychologist*, Februar 1989, S. 283–92; Kathleen McCartney, Sandra Scarr, Deborah Phillips, Susan Grajek und J. Conrad Schwarz, «Environmental Differences Among Day Care Centers and Their Effects on Children's Development», *Day Care: Scientific and Social Policy Issues*, hrsg. von E. Tiegler und E. Gordon, Auburn House, Boston 1982, S. 126–51; Barbara J. Berg, *The Crisis of the Working Mother*, Summit Books, New York 1986, S. 58–60; Ellen Galinsky, «The Impact of Parental Employment on Children: New Directions For

Research», *Work and Family Life Studies*, Bank Street College of Education, unveröffentlichter Aufsatz; Hochschild, *The Second Shift*, S. 235–36. Siehe auch Susan Faludi, «Are the Kids Alright?», *Mother Jones*, November 1988, S. 15–18.

Untersuchungen über...: Daten von Child Care Law Center and Children's Defense Fund. Siehe auch Carolyn Jabs, «Reassuring Answers to 10 Myths About Day Care», *Child-Care Referral & Education*, Juli / August, Ausgabe von 1985, S. 2.

Die Forschung liefert jedoch kaum...: Sandra Scarr, *Wenn Mütter arbeiten: Wie Kinder und Beruf sich verbinden lassen*, Beck Verlag, München 1987, S. 97–102; Michael Rutter, «Social-Emotional Consequences of Day Care for Preschool Children», *Day Care: Scientific and Social Policy Issues*, S. 5–9; Kathleen McCartney und Deborah Phillips, «Motherhood and Child Care», *The Different Faces of Motherhood*, hrsg. von Beverly Birns und Dale F. Hay, Plenum Press, New York 1988, S. 170–72; Hoffman, «Effects of Maternal Employment in the Two-Parent Family», S. 288.

Die Beweise stammten jedoch...: Die Daten, auf denen diese Behauptungen größtenteils beruhen, stammen aus den Studien des englischen Psychologen John Bowlby, die er nach dem Zweiten Weltkrieg über Waisenkinder erstellte. Siehe John Bowlby, *Bindung: Eine Analyse der Mutter-Kind-Beziehung*, Kindler Verlag, München 1975; Scarr, S. 204–205.

Der Psychologe Harry Harlow...: Michael Rutter, *Maternal Deprivation Reassessed*, Penguin Books, Middlesex, Engl. 1982, S. 36–37.

Bis zu diesem Punkt...: Jay Belsky, «Two Waves of Day Care Research: Developmental Effects and Conditions of Quality», *The Child and the Day Care Setting*, hrsg. von R. Ainslie, Praeger, New York 1984; J. Belsky und L. Steinberg, «The Effects of Day Care: A Critical Review», *Child Development* 49, S. 929–49.

Vom September 1986...: Jay Belsky, «Infant Day Care: A Cause for Concern?», *Zero to Three* 6, Nr. 5, September 1986, S. 1–7.

Schon bald wurde Belsky...: Persönliches Interview mit Jay Belsky, 1991.

Belsky würzte seinen Bericht...: Belsky, «Infant Day Care», S. 4, 6.

Schließlich sprach er...: Persönliches Interview mit Jay Belsky von 1991. (Nachfolgende Zitate von Belsky stammen aus dem Interview, anderenfalls sind sie angegeben.)

Kaum Beachtung...: Deborah Phillips, Kathleen McCartney, Sandra Scarr und Carole Howes, «Selective Review of Infant Day Care Research: A Cause for Concern», *Zero to Three* 7, Februar 1987, S. 18–21.

Auf vier Studien...: Belsky, «Infant Day Care», S. 7.

Belsky behauptete...: Phillips, McCartney, Scarr und Howes, «Selective Review», S. 18–21.

University of North Carolina...: Ebenda, S. 19.

Spätere Verhaltensprobleme...: Ebenda, S. 20; Judith Rubenstein, Carolee Howes, «Adaptation to Infant Day Care», *Advances in Early Education and Day Care*, hrsg. von S. Kilmer, JAI Press, Greenwich, Conn. 1983, S. 41–42.

Aber dieser Jemand...: Ann C. Crouter, Maureen Perry-Jenkins, Ted L. Huston und Susan M. McHale, «Processes Underlying Father Involvement in Dual-Earner and Single-Earner Families», *Developmental Psychology* 23, S. 431–40.

2 Formen des Gegenschlags früher und heute

«Der Fortschritt der Frauenbewegung...»: Ann Douglas, *The Feminization of American Culture*, Avon Books, New York 1977, S. 199.

Historikerinnen...: Deidre English, «What Do Which Women Really Want», *The New York Times Book Review*, 4. September 1988, S. 20; Ethel Klein, *Gender Politics*, Harvard University Press, Cambridge, Ma. 1984, S. 9; Juliet Mitchell, «Reflections on Twenty Years of Feminism», in *What Is Feminism? A Re-Examination*, hrsg. von Juliet Mitchell und Ann Oakley, Pantheon Books, New York 1986, S. 36.

«Während Männer...»: *Feminist Theorists: Three Centuries of Key Women Thinkers*, hrsg. von Dale Spender, Pantheon Books, New York 1983, S. 4.

Wie es die Dichterin...: Adrienne Rich, *On Lies, Secrets and Silence*, W. W. Norton & Co., New York 1979, S. 9–10.

«Zu Beginn des zwanzigsten Jahrhunderts...»: Lois W. Banner, *Women in Modern America: A Brief History*, 2. Aufl., Harcourt Brace Jovanovich, New York 1984, S. 1.

Das Land werde wohl schon bald...: Nancy F. Cott, *Grounding of Modern Feminism*, Yale University Press, New Haven 1987, S. 39.

«Die alte Theorie...»: Chafe, *The American Woman*, S. 179.

Verschiedene Arten von Konterschlägen...: Vern L. Bullough, Brenda Shelton und Sarah Slavin, *The Subordinated Sex: A History of Attitudes Toward Women*, The University of Georgia Press, Athens, Ga. 1988, S. 73–82; Mary R. Beard, *Women as Force in History: A Study in Traditions and Realities*, Octagon Books, New York 1976; Elaine Pagels, *Versuchung durch Erkenntnis, Die gnostischen Evangelien*, Insel Verlag, Frankfurt/Main 1981 und *Adam, Eva und die Schlange*, Rowohlt Verlag, Reinbek bei Hamburg 1991, Barbara Ehrenreich und Deidre English, *Hexen, Hebammen und Krankenschwestern*, Verlag Frauenoffensive, München 1975; Simone de Beauvoir, *Das andere Geschlecht, Sitte und Sexus der Frau*, Rowohlt Verlag, Reinbek bei Hamburg 1968, S. 20.

Weiße Europäerinnen...: Bullough, Shelton und Slavin, *The Subordinated Sex*, S. 261.

Diese Transaktion...: Eleanor Flexner, *Hundert Jahre Kampf, Die Geschichte der Frauenrechtsbewegung in den Vereinigten Staaten*, Syndikat Verlag, Frankfurt/Main 1987, S. 59.

«Man kann sagen...»: Page Smith, *Daughters of the Promised Land: Women in American History*, Brown & Co., Boston 1970, S. 91.

Wie die Wissenschaftlerin: Cynthia D. Kinnard (Hrsg.), *Antifeminism in American Thought: An Annotated Bibliography*, G. K. Hall & Co., Boston 1986, S.XV.

Auch den gebildeten Frauen jener Ära...: Ebenda, S. 307; Barbara Ehrenreich und Deidre English, *For Her Own Good: 150 Years of the Expert's Advice to Women*, Anchor Books, Garden City, New York 1978, S. 128; Lee Virginia Chambers-Schiller, *Liberty, A Better Husband: Single Women in America – The Generation of the 1780–1840*, Yale University Press, New Haven, o. Datum, S. 32–33.

Auch die damaligen Frauen...: Ehrenreich und English, *For Her Own Good*, S. 125–31.

Auch den berufstätigen viktorianischen...: Nancy Sahli, «Smashing: Women's Relationship Before the Fall», *Chrysalis*, Nr. 8, Sommer 1979, S. 17–27.

Vergleichbar mit heute...: Linda Gordon, *Women's Body, Women's Right: Birth Control in America*, Penguin Books, New York 1977, S. 137, 138–42.

Medien und Kirchen: Ebenda, S. 49–71; William L. O'Neill, *Divorce in the Progressive Era*, Yale University Press, New Haven 1967, S. 33–56; Elaine Tyler May, *Great Expectations: Marriage and Divorce in Post-Victorian America*, University of Chicago Press, Chicago 1980, S. 4.

Ende des 19. Jahrhunderts...: Gordon, *Women's Body*, S. 57.

Das Wort «Feminismus»...: Nancy F. Cott, *The Grounding of Modern Feminism*, Yale University Press, New Haven 1987, S. 13.

Die Internationale Gewerkschaft...: Banner, *Women in Modern America*, S. 71.

Und Heterodoxy...: Cott, *Modern Feminism*, S. 38–39.

Das U.S.-Kriegsministerium...: Ebenda, S. 241–60; Banner, *Women in Modern America*, S. 152–53; Carol Hymowitz und Michaele Weissman, *A History of Women in America*, Bantam Books, New York 1978, S. 233.

Die Medien beschimpften...: Cott, *Modern Feminism*, S. 272, 362; Kinnard, *Antifeminism*, S. 183.

Junge Frauen...: Jessi Bernard, *The Female World*, The Free Press, New York 1981, S. 146.

Postfeministischen Ansichten...: Cott, *Modern Feminism*, S. 271–76.

«Exfeministinnen»...: Ebenda, S. 276. «Das Wort Feministin auch nur zu gebrauchen bedeutet, die Extremisten zu ermuntern.»

Statt als gleichberechtigte Menschen...: Alice Kessler-Harris, *Out to Work: A History of Wage-Earning Women...*, Oxford University Press, New York 1982, S. 204–14.

Die 20er Jahre untergruben...: O'Neill, *Everyone Was Brave: The Rise and Fall of Feminism in America*, Quadrangle Books, Chicago 1969, S. 305.

Als die Wirtschaftskrise kam...: Hymowitz und Weisman, *A History of Women in America*, S. 306–307.

«Überall um uns herum...»: William O'Neill, *Everyone Was Brave*, S. 292–93.

«Manchmal hat es den Anschein...»: Margaret Culkin Banning, «They Raise Their Hats», *Harper's*, August 1935, S. 354.

Die Politologin Ethel Klein...: Klein, *Gender Politics*, S. 17.

Die Spirale...: Die Unterstützung für die Tageshorte seitens der Regierung war indes eher verbal als finanziell: Sie sah nur für 10 Prozent aller Kinder, die Kindertagesstätten benötigten, auch welche vor. Siehe Banner, *Women in Modern America*, S. 221; Carl N. Degler, *At Odds: Women and Family in America from Revolution to the Present*, Oxford University Press, New York 1980, S. 420.

Die Frauen begrüßten...: Kessler-Harris, *Out to Work*, S. 276; Hymowitz und Weissman, *A History of Women in America*, S. 312; Degler, *At Odds*, S. 420.

75 % gaben bei amtlichen Erhebungen an...: Hymowitz und Weissman, *A History of Women in America*, S. 314; Chafe, *The American Woman*, S. 178–79.

Die politische Energie der Frauen...: Kessler-Harris, *Out to Work*, S. 290-91, 296.

Diesmal unterstützten ihn...: Cynthia Harrison, *On Account of Sex: The Politics of Women's Issues, 1945–1968*, University of California Press, Berkeley 1988, S. 15–16, 19, 21.

In einer beispiellosen Bekundung...: Klein, *Gender Politics*, S. 18.

Zwei Monate...: Hymowitz und Weissman, *A History of Women in America*, S. 314; Kessler-Harris, *Out to Work*, S. 287.

Die Arbeitgeber...: Hymowitz und Weissman, *A History of Women in America*, S. 314, 316, 323; Kessler-Harris, *Out to Work*, S. 309; Chafe, *The American Woman*, S. 190; Banner, *Women in Modern America*, S. 222–24.

Eine Anti-ERA-Koalition...: Harrison, *On Account*, S. 20.

Als die Vereinten Nationen...: Chafe, *The American Woman*, S. 306–7.

Arbeitgeber, denen...: Harrison, *On Account*, S. 5.

Die Ratgeber...: Chafe, *The American Woman*, S. 176–77, 187.

Auf der Hut sein...: *This Week* zitiert in Catherine Johnson's «Exploding the Male Shortage Myth», *New Woman*, September 1986, S. 48.

Der Feminismus sei...: Marynia Farnham und Ferdinand Lundberg, *Modern Woman: The Lost Sex*, Harper & Row, New Nork 1947, zitiert in Betty Friedan, *Der Weiblichkeitswahn oder Die Selbstbefreiung der Frau. Ein Emanzipationskonzept*, Rowohlt Verlag, Reinbek bei Hamburg 1970, S. 81–82.

Die emanzipierten Frauen...: Chafe, *The American Woman*, S. 176.

Die zunehmende weibliche Autonomie...: Kessler-Harris, *Out to Work*, S. 304; Banner, *Women in Modern America*, S. 234.

Auch die Werbung...: Maureen Honey, *Creating Rosie the Riveter: Class, Gender and Propaganda During World War II*, Amherst, Mass.: University of Massachusetts Press, 1984, S. 122.

Eine spätere Untersuchung...: Harrison, *On Account*, S. 6; Susan M. Hartmann, *The Home Front and Beyond: American Women in the 1940s*, Boston: Twayne Publishers, 1982, S. 200.

Auf den Comic-Seiten...: Hartmann, *Home Front*, S. 202; *Pronatalism: The Myth of Mom and Apple Pie*, hrsg. von Ellen Peck und Judith Senderowitz, Thoman Y. Crowell Co., New York 1974, S. 69.

1948 bemerkte Susan B. Anthony IV...: Chafe, *The American Woman*, S. 184.

Margaret Hickey...: Ebenda, S. 185.

Schon bald erklärte...: Harrison, *On Account*, S. IX.

Ihr durchschnittliches Heiratsalter...: Degler, *At Odds*, S. 429; Jessie Bernard, «The Status of Women in Modern Patterns of Culture», in *The Other Half: Roads to Women's Equality*, hrsg. von Cynthia Fuchs Epstein und William J. Goode, Prentice-Hall Inc., Englewood Cliffs, New York 1971, S. 17.

Wie die Literaturwissenschaftlerinnen...: Sandra M. Gilbert und Susan Gubar, *No Man's Land: The Place of the Woman Writer in the Twentieth Century*, Bd. 1: *The War of the Words*, Yale University Press, New Haven 1988, S. 47.

Dieses gesellschaftlichen Images ungeachtet...: Degler, *At Odds*, S. 418; Hymowitz und Weissman, *A History of Women in America*, S. 314; Kessler-Harris, *Out to Work*, S. 301.

3,25 Millionen Frauen...: Harrison, *On Account*, S. 5.

Zwei Jahre nach dem Krieg...: Ebenda, S. 181; Hymowitz und Weissman, *A History of Women in America*, S. 314; Chafe, *The American Woman*, S. 181.

Im Jahr 1955...: Von 1940 bis 1960 verdoppelte sich der Anteil der verheirateten Frauen, die in einem Arbeitsverhältnis standen, von 15 Prozent auf 30 Prozent. Hymowitz und Weissman, *A History of Women in America*, S. 314; Harrison, *On Account*, S. 5; Sara M. Evens und Barbara J. Nelson, *Wage Justice*, University of Chicago Press, Chicago 1989, S. 23.

Dem Gegenschlag...: Chafe, *The American Woman*, S. 181; Kessler-Harris, *Out to Work*, S. 309.

Die Zahl der berufstätigen Frauen...: O'Neill, *Everyone Was Brave*, S. 305; Dean D. Knudsen, «The Declining Status of Women: Popular Myth and Failure of Functionalist Thought», in *The Other Half: Roads to Women's Equality*, hrsg. von Cynthia Fuchs Epstein und William J. Goode, Prentice-Hall Inc., Englewood Cliffs, New York 1971, S. 98–108; Hymowitz und Weissman, S. 315; Bernard, «Status of Women», S. 16; Kessler-Harris, *Out to Work*, S. 305; der Anteil der Frauen, die in qualifizierten Berufen arbeiteten, fiel von 45 Prozent im Jahr 1940 auf 38 Prozent im Jahr 1966, während zur selben Zeit der Anteil der Frauen, die als Schreibkräfte arbeiteten, von 53 Prozent im Jahr 1940 auf 73 Prozent im Jahr 1968 anstieg. M. P. Ryan, *Womanhood in Amercia: From Colonial Times to the Present*, Franklin Watts, New York 1983, S. 281.

Zum Zeitpunkt der Jahrhundertwende...: William L. O'Neill, «The Fight for Suffrage», *The Wilson Quarterly* X, Nr. 4, Herbst 1986, S. 104; *Sisterhood Is Powerful*, hrsg. von Robin Morgan, Vintage Books, New York 1970, S. 21.

Bericht des AFL-CIO...: «The AFL-CIO and Civil Rights», Report of the Executive Council to the 16th Constitutional Convention of the AFL-CIO, Anaheim, Kalifornien, 28.–31. Oktober 1985.

Was Henry Adams...: Henry Adams, *Die Erziehung des Henry Adams, von ihm selbst erzählt*, Manesse Verlag, Zürich 1953, S. 698–699.

Mit Ausnahme...: Daten vom U.S. Bureau of Census, Fertility Statistics Branch.

Die Medien haben...: Siehe Kapitel 12 über Frauen in der Belegschaft.

Sie haben den tugendhaften Verzicht...: Bernice Kanner, «Themes Like Old Times», *New York Times*, 30. Januar 1989, S. 12.

Er macht den Weg des Feminismus...: Henrietta Rodman, *New York Times*, 24. Januar 1915, zitiert in *Feminist Quotations: Voice of Rebels, Reformers and Visionaries*, hrsg. von Carl McPhee und Ann Fitzgerald, Thomas Y. Crowell, New York 1979, S. 239.

Feministisch orientierte Organisationen...: Michael deCourcy Hinds, «Feminist Business See the Future», *New York Times*, 12. November 1988, S. 16.

Millionen von Frauen...: Siehe Kapitel 11 über die Psychologie des Gegenschlags.

In Wendy Wassersteins...: Philipp Lopate, «Christine Lahti Tries to Fashion a Spunky ‹Heidi›», *New York Times*, 3. September 1989, Rubrik: Kunst und Freizeit, S. 5.

«Ich bin allein...»: Caroline Knapp, «Whatever Happened to Sisterhood?», *The Boston Phoenix*, 7. April 1989, S. 13.

«Ich fühle mich verlassen...»: Angela Brown, «Throwing in the Towel?» Brief an den Herausgeber, *Ms.*, Januar 1988, S. 10.

«Wenn man sich allein fühlt...»: Susan Griffin, «The Way of All Ideology», in *Feminist*

Theory: A Critique of Ideology, hrsg. von Nannerl O. Keohane, Michelle Z. Rosaldo und Barbara C. Gelpi, University of Chicago Press, Chicago 1982, S. 279.

«Um die Konventionen zu überwinden...»: Virginia Woolf, «The Pargiters», zitiert in Michelle Cliff, «The Resonance of Interruption», *Chrysalis* 8, Sommer 1979, S. 29–37.

1989 äußerte fast die Hälfte der Frauen...: Belkin, «Bars to Equality», S. A16. 1990 fand die Virgina-Slims-Umfrage ebenso heraus, daß «zunehmende Anspannung, steigender Druck und größere Anforderungen» ihren Tribut gefordert hatten. Während die überwiegende Mehrheit der arbeitenden Frauen immer noch eine Ehe wollten, wo beide Partner arbeiteten und die familiären Pflichten teilten, stieg der Anteil der arbeitenden Frauen, die zurück zur «traditionellen» ehelichen Arbeitsteilung wollten, seit 1985 um 5 Prozent an – der erste Anstieg in einem Zeitraum von mehreren Jahrzehnten. Siehe Virginia-Slims-Umfrage 1990, S. 46.

«Und wenn Frauen einmal nicht mehr...»: Betty Friedan, *Der Weiblichkeitswahn,* S. 242–243.

«Ich bin sicher...»: Cott, *Modern Feminism,* S. 45.

«Wir haben viel erreicht...»: Banning, «Raise Their Hats», S. 358.

Als der Autor...: Anthony Astrachan, *How Men Feel: Their Response to Women's Demands for Equality and Power,* Anchor Books, Garden City, New York 1986, S. 402.

1988 fand...: Significance Inc., «The American Male Opinion Index» I, Condé Nast Publications, New York 1988, S. 2.

Andere Studien...: Klein, *Gender Politics,* S. 126, 136–38, 163; Andrew Cherlin und Pamela Barnhouse Walters, «Trends in United States Men's and Women's Sex Roles Attitudes: 1972 to 1978», *American Sociological Review* 46, 1981, S. 453–60; Richard G. Niemi, John Mueller und Tom W. Smith, *Trends in Public Opinion: A Compendium of Survey Data,* Greenwood Press, New York 1989.

Wie der American Male...: «The American Male Opinion Index» I, S. 26.

Während das Interesse...: *Trends in Public Opinion;* die Gallup-Umfrage; siehe auch die Virginia-Slims-Umfrage; Townsend und O'Neill, «American Women Get Mad», S. 26.

Dies zeigte sich vor allem...: «Women and Men: Is Realignment Under Way?», *Public Opinion* 5, April–Mai 1982, 2, S. 21; Karlyn H. Keene und Everett Carll Ladd, «American College Women: Educational Interests, Career Expectations, Social Outlook and Values», unveröffentlichter Aufsatz für die Women's College Coalition, American Enterprise Institute/Roper Center for Public Opinion Research, September 1990: persönliche Interviews mit Karlyn H. Keene and William Schneider, Forschungsstipendiaten des American Enterprise Institute, 1991.

Eine nationale Umfrage bei...: Craver Matthews Smith Donor-Umfrage, 1990: persönliches Interview mit Roger Craver von Craver Matthews Smith, 1991.

Zum ersten Mal in...: Klein, *Gender Politics,* S. 6.

Zum ersten Mal befürworteten...: Ebenda, S. 158–159; Doris L. Walsh, «What Women Want», *American Demographics,* Juni 1986, S. 60; Virginia-Slims-American-Women's-Umfrage von 1985.

Eine nationale Umfrage ergab...: *Trends in Public Opinion*, Umfragen von 1986 und 1988.

Der American Male Opinion Index...: *Significance Inc*; «Marketing to Men in the 90s: The American Male Opinion Index, II», Condé Nast Publication, New York 1990, S. 5.

Am Ende des Jahrzehnts...: National-Opinion-Research-Umfrage von 1988.

Während... 1989...: Belkin, «Bars to Equality», S. A1.

«Die gewaltsame Veränderung...»: Joseph H. Pleck, *The Myth of Masculinity*, MIT Press, Cambridge, Mass. 1981, S. 9.

«Männlichkeit in Amerika...»: Margaret Mead, *Mann und Weib, Das Verhältnis der Geschlechter in einer sich wandelnden Welt*, Rowohlt Verlag, Reinbek bei Hamburg 1962, S. 212–213.

«Männer erleben...»: William J. Goode, «Why Men Resist», in *Rethinking the Family*, hrsg. von Barrie Thorne zusammen mit Marilyn Yalom, Longman, New York 1982, S. 137.

«Die Frauen sind so mächtig...»: Tavris und Offir, *Longest War*, S. 10; Smith, *Promised Land*, S. 12; Bullough, Shelton und Slavin, *The Subordinated Sex*, S. 74.

Im sechzehnten Jahrhundert...: Bullough, Shelton und Slavin, *The Subordinated Sex*, S. 171.

Wie Edward Bok...: Kinnard, *Antifeminism*, S. 308.

Ende des neunzehnten Jahrhunderts...: Theodore Roszak, «The Hard and the Soft: The Force of Feminism in Modern Times», in *Masculine/Feminine: Reading in Sexual Mythology and the Liberation of Women*, hrsg. von Betty und Theodore Roszak, Harper & Row, New York 1969, S. 87–104; Joe L. Dubbert, «Progressivism and the Masculinity Crisis», *American Man*, hrsg. von Elizabeth H. und Joseph H. Pleck, Prentice-Hall, Inc., Englewood Cliffs 1980, S. 303–19.

«Die ganze Generation ist verweiblicht...»: Henry James, *Die Damen aus Boston*, Kiepenheuer und Witsch Verlag, Köln, Berlin 1964, S. 299 ff.

Erziehungsratgeber...: Michael Kimmel, «Men's Responses to Feminism at the Turn of the Century», *Gender & Society* 1, Nr. 3, September 1987, S. 269–70; Allen Warren, «Pop Manliness: Baden Powell, Scouting and the Development of Manly Character», in *Manliness and Morality: Middle-Class Masculinity in Britain and America, 1800–1940*, hrsg. von J. A. Mangan und James Wadvin, Manchester University Press, Manchester 1987, S. 200–204; Douglas, *Feminization*, S. 327.

Billy Sunday...: Douglas, *Feminization*, S. 397.

Theodore Roosevelt...: Kimmel, «Men's Responses», S. 243.

Die Ära...: Roszak, «The Hard and the Soft», S. 92.

Die Jugendlichen...: Kimmel, «Men's Responses», S. 272; Jeffrey P. Hantover, «The Boy Scouts and the Validation of Masculinity», in *The American Man*, hrsg. von Elizabeth und Joseph H. Pleck, Prentice-Hall Inc., Englewood Cliffs, New York 1980, S. 294.

Zu Hause sauge...: Philip Wylie, *Generation of Vipers*, Holt, Rinehart & Winston, New York 1942; Philip Wylie, «Common Women», in *Women's Liberation in the Twentieth Century*, hrsg. von Mary C. Lynn, John Wiley & Sons Inc., New York 1975, S. 60.

Sondernummer, die angeblich...: Lynn, *Women's Liberation*, S. 72.

Da die Frauen...: Chafe, *The American Woman*, S. 182.

Look prangerte...: Barbara Ehrenreich, *Die Herzen der Männer*. *Auf der Suche nach einer neuen Rolle*, Rowohlt Verlag, Reinbek bei Hamburg 1984, S. 45.

Der Verleger von *Harper's Bazaar*...: Lewis Lapham, «La Différence», *New York Times*, 4. März 1983, zitiert in Kimmel, «Men's Responses», S. 279.

Kino und Fernsehen...: «The Female in Focis: In Whose Image? A Statistical Survey of the Status of Women in Film, Television & Commercials», Screen Actors Guild, 1. August 1990; Meryl Streep, «When Women Were in the Movies», *Screen Actor*, Herbst 1990, S. 15; Steenland, «Women Out of View».

Romane mit brutalen Macho-Handlungen...: Elizabeth Mehren, «Macho Books: Flip Side of Romances», *Los Angeles Times*, nachgedruckt im *San Francisco Chronicle*, 2. August 1988, S. B4.

In puncto Kleidung...: Jennet Conant, «The High-Priced Call of the Wild», *Newsweek*, 1. Februar 1988, S. 56.

«Ich bin kein schlaffer Softie...»: Doyle McManus und Bob Drogin, «Democrats and Foreign Policy: Test of Toughness», *Los Angeles Times*, 28. Februar 1988, I, S. 1.

George Bush...: Margaret Garrard Warner, «Fighting the Wimp Factor», *Newsweek*, 19. Oktober 1987, S. 28.

«An der Columbia University...»: Carolyn Heilbrun, *Reinventing Womanhood*, W. W. Norton, New York 1979, S. 203.

Der Rektor der Boston University...: «Tenure and Loose Talk», *Washington Post*, 26. Juni 1990, S. A20.

«Komplett unter Kontrolle...»: Jerry Falwell, *Listen, America!*, Doubleday-Galilee, Garden City, New York 1980, S. 158–59.

Ein kaum zur Kenntnis...: *The Yankelovich Monitor*, Ausgabe von 1989; persönliches Interview vom September 1989 mit Susan Hayward, Vizedirektorin von Yankelovich Clancy Shulman. Der größte Teil der Männer (37 Prozent) definierte Männlichkeit in der Monitor-Umfrage von 1989 als die Fähigkeit, ein guter Ernährer seiner Familie zu sein. Fast ebenso viele Frauen (32 Prozent) definierten Männlichkeit in derselben Weise und geben den Männern damit um so mehr Grund, sich auch weiterhin in diesem Sinne zu sehen.

In dieser Periode...: Kevin Phillips, *The Politics of Rich and Poor*, Random House, New York 1990, S. 18. Der 22prozentige Sturz bei mittleren inflationsangepaßten Einkommen ereignete sich zwischen 1976 und 1984.

Daß die herrschende Definition...: Zur Bekräftigung des Beweises, daß sich die Feindseligkeit gegenüber dem Feminismus hauptsächlich auf zwei Gruppen konzentrierte, siehe Astrachan, *How Men Feel*, S. 367–68, 371–75; «The American Male Opinion Index I», S. 17, 19, 26.

In den 80er Jahren...: Barbara Ehrenreich, *Fear of Falling: The inner Life of the Middle Class*, Pantheon Books, New York 1989, S. 207; Barbara Ehrenreich, «Marginal Men», *New York Woman*, September 1989, S. 91.

Es war eine Zeit...: Phillips, *Rich and Poor*, S. 19, 204; «What's Really Squeezing the Middle Class», *The Wall Street Journal*, 26. Juli 1989, S. A12.

Männer unter Dreißig...: Evans und Nelson, *Wage Justice*, S. 12; AP, «Mother's Job Stem Fall in Family Income», *Baltimore Sun*, 11. Mai 1986.

Am schlechtesten erging...: Louis Richman, «Are You Better Off Than in 1980?», *Fortune*, 10. Oktober 1988, S. 38; «The Pay-off for Educated Workers», *San Francisco Chronicle*, 26. Dezember 1989, S. A2; Katy Butler, «The Great Boomer Bust», *Mother Jones*, Juni 1989, S. 36. Von 1979 bis 1987 nahm die Einkommenskluft zwischen männlichen High-School- und College-Absolventen zwischen 25 und 34 beinahe um ein Vierfaches zu; im selben Zeitraum wuchs die Einkommenskluft für Frauen um die Hälfte. Siehe «The Worker Count: A Special Report», *The Wall Street Journal*, 25. September 1990, S. A1.

Diese Einbußen...: Louis Harris, *Inside America*, Vintage Books, New York 1987, S. 33–37.

Als die Yankelovich-Statistiker...: Persönliches Interview mit Susan Hayward von 1989. In den Yankelovich-Umfragen unterstützen «The Contenders» (Die Kämpfer) die Frauen wesentlich weniger in ihren Rechten, vielmehr bezweifeln sie, daß Frauen in hochkarätigen Stellungen ebenso gut wie Männer sind. Auch sind sie tief unzufrieden mit ihrem Arbeitsleben: Während nur 30 Prozent der Personen, die für die Stichprobenerhebung befragt wurden, sagten, sie erwarteten nicht, bei ihrer Arbeit viel Freude zu empfinden, traf das auf 74 Prozent der Kämpfer zu.

Es sind diese sozial schwächeren...»: Ebenda.

Ende der 80er Jahre...: «The American Male Opinion Index», I, S. 17, 19, 29.

Es sind Männer wie...: Fox Butterfield, «Suspicions Came Too Late in Boston», *New York Times*, 21. Januar 1990, S. 17; Richard Lingeman, «Another American Tragedy», *New York Times*, 22. Januar 1990, S. A19.

Es sind junge Männer...: Joan Didion, «New York: Sentimental Journeys», *The New York Review of Books*, 17. Januar 1991, S. 45.

Und gleich über der Grenze...: Elizabeth Kastor, «When Shooting Stopped, Canada Had Changed», *Washington Post*, 10. Dezember 1989, S. A3.

Ein Moment...: William B. Johnson und Arnold H. Packer, *Workforce 2000: Work and Workers for the 21st Century*, Hudson Institute, Indianapolis, Ind., Juni 1987, S. 85; Evans und Nelson, *Wage Justice*, S. 23; Nancy Barrett, «Women and the Economy», *The American Woman: 1987–88*, S. 107; Bernard, *The Future of Marriage*, S. 298–99; Digest of Education Statistics, 1987, U.S. Department of Education.

«Schuld an der Arbeitslosigkeit...»: Susan Faludi, «Why Women May Be Better Off Unwed», *West Magazine*, *San Jose Mercury News*, 10. August 1986, S. 9.

In Wirklichkeit...: Phillips, *Rich and Poor*, S. 202.

Wenn es den Anschein hatte...: Unter Eisenhower lag die jährliche Jobzuwachsrate bei 1,33 Prozent. Der vielgeschmähte Carter dagegen wachte über die höchste jährliche Jobzuwachsrate, die ein Präsident seit dem Zweiten Weltkrieg erlebt hat: 3,3 Prozent. Daten vom U.S. Department of Labor, Bureau of Labor Statistics.

Etwa ein Drittel...: Lawrence Mishel und David M. Frankel, *The State of Working America*, M. E. Sharpe, Inc., Armonk, N. Y. 1991, S. 83–85, 105.

Die Wirtschaft der 80er Jahre...: Phillips, *Rich and Poor*, S. 12.

«Es mußte eine tiefere Ursache...»: Mary Anne Dolan, «When Feminism Failed», *The New York Times Magazine*, 26. Juni 1988, S. 23.

«FATS»...: Steven F. Schwartz, «FATS and Happy», *Barron's*, 6. Juli 1987, S. 27.

Als dann auch das *New York Times Magazine*...: Jane Gross, «Against the Odds: A Woman's Ascent on Wall Street», *The New York Times Magazine*, 6. Januar 1985, S. 16; Ellen Hopkins, «The Media Murder of Karen Valenstein's Career», *Working Woman*, März 1991, S. 70.

Schließlich wurde sie gefeuert...: Harry Waters, «Rhymes with Rich», *Newsweek*, 21. August 1989, S. 46; Mark Hosenball, «The Friends of Michael Milken», *The New Republic*, 28. August 1989, S. 23. Howard Kurtz, «Leona Helmsley Convicted of $ 1,2 Million Tax Evasion», *San Francisco Chronicle*, 31. August 1989, S. A1; Scot J. Paltrow, «Helmsley Gets Four Years», *San Francisco Chronicle*, 13. Dezember 1989, S. A1.

Bis zum Hals in Korruption...: Brian Mitchell, *The Weak Link: The Feminization of the American Military*, Regnery Gateway, Washington, D.C. 1989; David Evans, «The Navy's 5000 Pregnant Sailors», *San Francisco Examiner*, 15. August 1989, S. A19; Falwell, *Listen, America*, S. 158–59.

Bürgermeister Marion Barry...: Tom Shales, «The Year of Roseanne, Saddam, Bart and PBS' Civil War», *Washington Post*, 30. Dezember 1990, S. G3; Scott Rosenberg, «No Soothing for this ‹Savage› Beast», *San Francisco Examiner*, 28. August 1990, S. D1

Joel Steinberg...: Erika Munk, «Short Eyes: The Joel Steinberg We Never Saw», *The Village Voice*, 21. Februar 1989, S. 20.

Und selbst...: Rich Jaroslovsky, «Washington Wire», *The Wall Street Journal*, 2. Februar 1990, S. A1.

Sie ist Laura Palmer...: «Women We Love», *Esquire*, August 1990, S. 108.

Bush versprach...: Alan Murray und David Messel, «Modest Proposals: Faced with Gulf War, Bush's Budget Avoids Bold Moves at Home», *The Wall Street Journal*, 5. Februar 1991, S. A1.

Selbst der *Playboy*...: Alan Carter, «Transformer», *TV Guide*, 27. August 1988, S. 20.

Dafür kritisiert...: Peter Waldman, «Tobacco Firms Try Soft, Feminine Sell», *The Wall Street Journal*, 19. Dezember 1989, S.B1.

Wie es Christopher Lasch...: Christopher Lasch, *Das Zeitalter des Narzißmus*, Bertelsmann Verlag, München 1982, S. 101–102.

ZWEITER TEIL
Der Gegenschlag innerhalb
der Massenkultur

3. Die «Trends» des Antifeminismus

Anmerkungen zu Seite 123–126

Die erste Aktion...: Klein, *Gender Politics*, S. 23–24.

Die beiden einzigen Spektakel...: Joanna Foley Martin, «Confessions of a Non-Bra-Burner», *Chicago Journalism Review*, Juli 1971, S. 4–11.

Der «große Presse-Blitzkrieg»...: Jo Freeman, *The Politics of Women's Liberation: A Case Study of an Emerging Social Movement and Its Relation to the Policy Process*, David McKay, New York 1975, S. 148; Edith Hoshino Altbach, *Women in America*, D. C. Heath and Co., Lexington, Mass. 1974, S. 157–58. Für ein Beispiel, daß die Medien den Mythos von den «verbrannten BHs» benutzten, um die Frauenbewegung zu schwächen, siehe Judy Klemesrud, «The Small Town USA, Women's Liberation Is Either a Joke or a Bore», *New York Times*, 22. März 1972, S. 54.

Bei *Newsday*...: Sandie North, «Reporting the Movement», *The Atlantic*, März 1970, S. 105.

Bei *Newsweek* wurde 1970...: Ebenda.

Dieser Schuß ging nach hinten los...: «Women in Revolt», *Newsweek*, 23. März 1970, S. 78. Helen Dudar, die Frau des Herausgebers von *Newsweek*, gestand, sie sei, nachdem sie «jahrelang die Feministinnen zurückgewiesen hatte, ohne sich ihre Forderungen wirklich näher anzusehen», Feministin geworden, und schrieb, sie habe nun ein «Gefühl des Stolzes und der Verwandtschaft mit allen Frauen, die sich mit all diesen schweren Fragen auseinandergesetzt haben. Ich danke ihnen, und mit mir, so meine ich, werden es eine Menge anderer Frauen tun.»

Hanes brachte...: Veronica Geng, «Requiem for the Women's Movement», *Harper's*, November 1987, S. 49.

DIE KARRIERELEITER...: «Up the Ladder», *Business Week*, 24. Nov. 1975, S. 58.

Der Feminismus sei «tot»...: Siehe beispielsweise Sally Ogle Davis, «Is Feminism Dead?», *Los Angeles*, Februar 1989, S. 114.

«Mit der Frauenbewegung ist es vorbei...»: Betty Friedan, «Feminism's Next Step», *New York Times Magazine*, 5. Juli 1981, S. 14.

Für den Fall...: Susan Bolotin, «Voices from the Post-Feminist Generation», *New York Times Magazine*, 17. Oktober 1982, S. 29.

«Was ist nur...»: «After the Sexual Revolution», *ABC News Closeup*, 30. Juli 1986.

Newsweek stellte...: Eloise Salholz, «Feminism's Identity Crisis», *Newsweek*, 31. März 1986, S. 58.

Zufällig ist dies...: *Newsweek*, 7. März 1960, zitiert bei Friedan, *Der Weiblichkeitswahn*, S. 20–21.

Der erste Artikel...: «Superwoman», *Independent*, 21. Februar 1907, zitiert in Kinnard, *Antifeminism*, S. 214.

Der spätviktorianischen Presse zufolge...: Ebenda, S. 55–61, XIII–IX.

Die Argumente waren...: 1982 kontrollierten fünfzig Handelsgesellschaften die Hälfte des Mediengeschäftes; bis Ende 1987 war die Zahl auf 26 gesunken. Siehe Ben H. Bagdikian, *The Media Monopoly*, Beacon Press, Boston 1990, S. XIX, 3–4; *Media Report to Women*, September 1987, S. 4.

Auch Furcht trieb...: Nach 1985 fiel die Gewinnrate bei den Zeitungen, die im Besitz von staatlich betriebenen Telekommunikationsgesellschaften waren, beständig. Frauen, die den größten Teil der Zeitungsleser und Zuschauer ausmachten, wandten sich in großer Zahl Fachpublikationen und Kabelprogrammen zu und nahmen eine große Menge Werbedollars mit. Siehe Alex S. Jones, «Rethinking Newspapers», *New Scope Surveys of Women 2*, Nr. 7, April 1989, S. 1–2.

In Panik geratene...: Eine für das Jahrzehnt typische Medienstrategie nahm Knight-Ridder Newspapers in Angriff, indem die Leitung des Unternehmens eine «Verbraucher-Obsessions»-Kampagne startete, wobei man den Lesern eher das gab, was man für ihre Wünsche hielt, als was einfach nur neu war.

«Die Nachrichtenorganisationen...»: Bill Kovach, «Too Much Opinion, at the Expense of Fact», *New York Times*, 13. September 1989, S. A31.

NBC zum Beispiel...: «Bad Girls», *NBS News*, 30. August 1989.

«Finden es die Medien...»: «The Next Trend: Here Comes the Bride», *Advertising Age*, 16. Juni 1986, S. 40.

«Heiratspanik...»: «Women's Views Survey: Women's Changing Hopes, Fears, Loves», *Glamour*, Januar 1988, S. 142.

1988 taucht dieser «Trend»...: Mark Clements Research, Women's View Survey, 1988.

1986 wiederum...: Ebenda.

Aber erst 1990...: Amy Saltzman, «Trouble at the Top», *U.S. News & World Report*, 17. Juni 1991, S. 40.

DER NICHTERKLÄRTE KRIEG...: Carol Pogash, «Der Undeclared War», *San Francisco Examiner*, 5. Februar 1989, S. E1.

In der Zeitschrift *Child*...: Sue Woodman, «The Mommy Wars», *Child*, September/Oktober 1989, S. 139; Barbara J. Berg, «Women at Odds», *Savvy*, Dezember 1985, S. 24.

KANN MAN IHN ABSONDERN?...: Kate White, «Is He Separable?», *Newsday*, 15. Mai 1988, S. 25.

Im ABC-Report...: Transcript, «After the Sexual Revolution».

«Viele junge Frauen sagen heute...»: Dena Kleiman, «Many Young Women Now Say They'd Pick Family Over Career», *New York Times*, 28. Dezember 1980, S. 1. Siehe ebenso «I'm Sick of Work: The Back to the Home Movement», *Ladies Home Journal*, Titelgeschichte, September 1984.

Brain Reserve...: «The Brain Reserve Mission Statement», Presseinformationen und Werbeliteratur, 1988; «Her Ideas on Tomorrow Pop Up Today», *USA Today*, 5. Oktober 1987, S. 1; Tim Golden, «In, Out and Over: Looking Back at the 90s», *New York Times*, 16. Januar 1990, S. B1.

«Meine Bibel ist das *Volk*...»: Gary Hanauer, «Faith Popcorn: Kernels of Truth». *American Way*, 1. Juli 1987.

«Selbst wenn die Leute...»: Persönliches Interview mit Faith Popcorn, November 1989.

«Einfach so durch den Kopf...»: Ebenda.

«Wir werden eine sehr häusliche Nation...»: Hanauer, «Faith Popcorn».

Ein begeisterter...: «Putting Faith in Trends», *Newsweek*, 15. Juni 1987, S. 46–47.

«Ist Faith Popcorn die *Ur*...»: «Eager», *New Yorker*, 7. Juli 1985, S. 22.

«Faith Popcorn ist eine...»: «Putting Faith», S. 46.

«Es werden weniger Frauen arbeiten...»: Elizabeth Mehren, «Life Style in the 80s, According to Popcorn», *Los Angeles Times*, 16. Januar 1987, S. 1.

«Kleine, innerhäusliche Schöße...»: Ebenda.

Der Anteil der Frauen...: *The American Women 1990-91*, Tabelle 14, S. 376.

Auch Meinungsumfragen...: Harris, *Inside America*, S. 94, 96.

«Ich bin mit meinem Beruf...»: Persönliches Interview mit Faith Popcorn. (Nachfolgende Zitate stammen aus dem persönlichen Interview, anderenfalls sind sie gekennzeichnet.)

Gegenüber der Presse...: Siehe beispielsweise William E. Geist, «One Step Ahead of Us: Trends Expert's View», *New York Times*, 15. Oktober 1986, S. B4.

Popcorn entnahm...: Alex Taylor III, «Why Women Are Bailing Out», *Fortune*, 18. August 1986, S. 16.

Der Artikel über...: Die Story in *USA Today* war in Wahrheit ein Bericht über die «Ergebnisse» von *Fortune*: «1 in 3 Management Women Drop Out», *USA Today*, 31. Juli 1986, S. 1.

Noch ein Jahr später...: Persönliches Interview mit einer Gruppe von MBA-Studentinnen, Sommer 1988.

Ein Jahr nachdem *Fortune*...: Laurie Baum, «For Women, the Bloom Might Be Off the MBA», *Business Week*, 14. März 1988, S. 30.

«Zu Hause glücklicher...»: Taylor, «Bailing Out», S. 16–23.

«Als Beweis lag ihm...»: Persönliches Interview mit Alex Taylor III, 1988.

«Ich habe ihm gesagt...»: Persönliches Interview mit Mary Anne Devanna, 1988.

«Keinerlei Beweise...»: Persönliches Interview mit Taylor, 1988. (Nachfolgende Zitate stammen aus dem Interview, anderenfalls sind sie gekennzeichnet.)

«Eine Frau, die heiraten...»: Stratford P. Sherman, «The Party May Be Ending», *Fortune*, 24. November 1986, S. 29.

Vielmehr entdeckten sie 1987...: F. S. Chapman, «Executive Guilt: Who's Taking Care of the Children?», *Fortune*, 16. Februar 1987. Eine spätere Rückschau auf die Karrieren ehemaliger Studenten der Columbia University's Graduate School of Business für die Abschlußklasse von 1976 (dieselbe Klasse, auf die Taylors Geschichte gemünzt war) ergab keinen nennenswerten Rückzug von Frauen aus der Geschäftswelt und keine Unterschiede, was den Anteil von Männern und Frauen betraf, die sich selbständig machten. Siehe Mary Anne Devanna, «Women in Management: Progress and Promise», *Human Resource Management* 26, Nr. 4, Winter 1987, S. 469.

Auch die nationalen Umfragen...: Die Virginia-Slims-Umfrage von 1986; Walsh, «What Women Want», S. 60. Eine Umfrage, die gemeinsam von *Working Woman*

und *Success* durchgeführt wurde, fand ebenso heraus, daß Männer mehr am Familienleben interessiert waren als Frauen und weniger interessiert an der Karriere als
Frauen. Siehe Carol Sonenklar, «Women and Their Magazines», *American Demographics,* Juni 1986, S. 44.

Eine 1989 durchgeführte Befragung...: Margaret King, «An Alumni Survey Dispels
Some Popular Myths About MBA Graduates», *Stanford Business School Magazine,*
März 1989, S. 23.

Schließlich ließ *Fortune*...: Julie Connelly, «The CEO's Second Wife», *Fortune,* 28. August 1989, S. 52.

Esquire, eine Zeitschrift...: «The Secret Life of the American Wife», Sonderheft, *Esquire,* Juni 1990.

«Eine wachsende Zahl...»: Barbara Kantrowitz, «Moms Move To Part-time Careers»;
Newsweek, 15. August 1988, S. 64. Tatsächlich fanden die Umfragen heraus, daß
Frauen Vollzeitjobs wollten, statt zu Hause zu bleiben; und der Anteil der Frauen, die
eine Vollzeitarbeit neben ihrer Hausarbeit als «einen integralen Bestandteil» ihres
idealen Lebensstils betrachteten, stieg seit 1975 steil an. Siehe die Gallup-Umfrage
von 1982, S. 186.

Immer mehr Karrierefrauen...: Barbara Basler, «Putting a Career on Hold», *The New
York Times Magazine,* 7. Dezember 1986, S. 152.

«Immer mehr Frauen...»: Carol Cox Smith, «Thanks But No Thanks», *Savvy,* März
1988, S. 22.

1986, nur fünf Monate...: Barbara Kantrowitz, «America's Mothers-Making It Work:
How Women Balance the Demands of Jobs and Children», *Newsweek,* 31. März 1986,
S. 46.

Colleen Murphy Walter...: Ebenda.

«Der Mythos der Superfrau...»: Ebenda, S. 47.

Newsweek nannte...: Ebenda, S. 51.

«Väter kümmern sich...»: Ebenda, S. 48, 52.

Die Medien gerieten...: Felice N. Schwartz, «Management Women and the New Facts
of Life», *Harvard Business Review,* Jan. / Febr. 1989, S. 65–76.

Der «Mutti»-Trend...: Die *New York Times,* nicht Schwartz prägte das Schlagwort. Das
Interviewergebnis stammt von einem persönlichen Interview mit Schwartz' Leiterin
für Öffentlichkeitsarbeit, Vivian Todini, im November 1989.

«Im ganzen Land...»: Elizabeth Ehrlich, «The Mommy Track», *Business Week,*
20. März 1989, S. 126.

Tatsächlich schlug sie...: Ellen Hopkins, «Who Is Felice Schwartz?», *Working Woman,*
Oktober 1990, S. 116.

Frauen mit...: *The Newsweek Research Report on Women Who Work: A National
Survey,* Mathematica Policy Research, Princeton, N. Y. 1984, S. 32.

Ein Jahr danach...: Virginia-Slims-Umfrage von 1990.

Schwartz behauptete...: Persönliches Interview mit Felice Schwartz vom November
1989. Offensichtlich war Schwartz in dieser Hinsicht ebenso keine Musterangestellte.
Während Schwartz behauptete, «vollkommen flexibel in puncto Schwangerschaft» zu
sein, erzählte eine Angestellte von Catalyst, die eine schwierige Schwangerschaft ge-

habt hatte, der Zeitschrift *Working Woman*, daß sie bei ihrer Rückkehr zu ihrer Arbeit feststellte, daß ihr Platz bereits besetzt war. Schwartz' erklärte gegenüber dem Reporter von *Working Woman*: Die Frau «weigerte sich hartnäckig, mich darüber auf dem laufenden zu halten, ob sie ihren Platz wieder einnehmen würde oder nicht», und das sei eine «lächerliche Zumutung für Catalyst» gewesen. Siehe dazu Hopkins, «Felice Schwartz», S. 148.

Erst 1989...: Persönliches Interview mit Derek Harvey, Juni 1991.

«Es sollte keine Forschungsarbeit...»: Persönliches Interview mit Felice Schwartz.

Amtliche Statistiken...: Daten von der Fachgruppe Health Interview Statistics vom National Center for Health Statistics.

In einer Kehrtwendung...: Felice N. Schwartz, «HBR In Retrospect», kurze Abhandlung, veröffentlicht von Catalyst, Juni 1989.

«Sie tritt mit einer gewissen Autorität...»: Barbara Ehrenreich und Deidre English, «Blowing the Whistle on the ‹Mommy Track›», *Ms.*, Juli/August 1989, S. 56.

Später in jenem Frühjahr...: Alan M. Webber, «Is the American Way of Life Over?», *New York Times*, 9. April 1989, S. 25.

Obwohl die Neue Traditionalistin...: In demselben Jahr begann die *New York Times* «I Read It My Way»-Anzeigen abzudrucken, in denen eine Frau wie «Lesley Cooke, Hausfrau und Mutter» die Freuden beim Lesen des Inneneinrichtungsteils und des Elternteils der *Times* erzählte, während sie es sich in ihrem im Kolonialstil der 20er Jahre eingerichteten Heim gemütlich machte. *Country Living* startete eine ähnlich gezielte Anzeigenkampagne unter dem Titel «Traditions Renew».

Die *New York Times* nannte...: Patricia Leigh Brown, «The First Lady-Elect. What She Is and Isn't», *New York Times*, 11. Dezember 1988, S. 22.

Der Begleittext...: «The New Traditionalist», *Good Housekeeping*, Anzeigenseite, 1988, 1989.

Wie der Herausgeber von *Good Housekeeping*...: Carla Marinucci, «The New Woman», *San Francisco Examiner*, 4. Dezember 1988, S. D1.

In den 80ern...: «Seven Sisters Magazines Continue to Lose Readers to Newcomers», *Media Report to Women*, Sept./Okt. 1988, S. 3; Patrick Reilly, «Service Magazine Adapt to Market», Spezialreport: Marketing für Frauen, *Advertising Age*, 7. März 1988, S. S6.

«Gut eingeführte Produkte...»: Marinucci, «The New Woman», S. D4.

Die Auflagenhöhe der Zeitschrift...: Persönliches Interview mit Managern von *Working Woman*, 1989; *Working Woman*, «Rate Card», 1989; Paul Richter, «New Woman Magazines Catch Advertisers' Eye Amid Industry Slum», *Los Angeles Times*, 2. Juni 1986, Wirtschaftsteil, S. 4.

Schließlich waren...: Persönliches Interview mit der Belegschaft für die Verbreitung von *Good Housekeeping*, 1989.

«Das Problem bestand...»: Interview mit Malcolm MacDougall, Oktober 1989. (Nachfolgende Zitate stammen aus dem Interview, anderenfalls sind sie gekennzeichnet.)

«Ich kann jede Verbindung...»: Persönliches Interview mit Susan Hayward, 1989.

«Junge ledige Amerikanerinnen...»: Philip H. Dougherty, «Women's Self Esteem Up», *New York Times*, 15. Mai 1974, S. 71.

«Innerhalb von nur...»: «Games Singles Play», *Newsweek*, 16. Juli 1973, S. 52.

Dieses Klischee...: Susan Jacoby, «49 Million Singles Can't All Be Right», *New York Times Magazine*, 17. Februar 1974, S. 12.

«Ehemüde Frauen...»: Enid Nemy, «Dropout Wives – Their Number Is Growing», *New York Times*, 16. Februar 1973, S. 44.

Laut *Newsweek*...: «Games Singles Play», S. 52.

Newsweek tadelte jetzt...: Eloise Salholz, «The Marriage Crunch: If You're a Single Woman, Here Are Your Chances of Getting Married», *Newsweek*, S. 54; Jane Gross, «Single Women: Coping With a Void», *New York Times*, 28. April 1987, S. 1.

ZU SPÄT FÜR...: Salholz, «Marriage Crunch», S. 54.

Auf der Titelseite...: Gross, «Single Women», S. 1.

New York Times Magazine...: Patricia Morrisroe, «Born Too Late? Expect Too Much? You May Be Forever Single», *New York*, 20. August 1984, S. 24.

«Ohne Liebe, ohne Mann...» «Loveless, Manless: The High Cost of Independence», *Chatelaine*, September 1984, S. 60.

«Der Feminismus ist...»: Tricia Crane, «Are You Turning Men Off? Desperate and Demanding», *Harper's Bazaar*, September 1987, S. 300.

New-York-Times-Story...: Morrisroe, «Born Too Late?», S. 30.

ABC-Special 1986...: ABC-News, «After the Sexual Revolution».

Zwischen 1980 und 1982...: Trimberger, «Single Women and Feminism in the 1980s».

Die Schlagzeilen lauteten...: «The Sad Plight of Single Women», *Philadelphia Inquirer*, 30. November 1990; Kiki Olson, «Sex and the Terminally Single Woman (There Just Aren't Any Good Men Around)», *Philadelphia Magazine*, April 1984, S. 122.

McCall's schilderte...: Peter Filichia, «The Lois Lane Syndrome: Waiting for Superman», *McCall's*, August 1985, S. 55.

Die spätviktorianische Presse...: Kinnard, *Antifeminism*, S. 202.

«Ob nicht manche...»: Kessler-Harris, *Out to Work*, S. 255.

«Warum wird es immer üblicher...»: «Why Is Single Life Becoming More General?», *The Nation*, 5. März 1868, S. 190–91.

«Das Verhältnis ist so ungünstig...»: «Wives at Discount», *Harper's Bazaar*, 31. Januar 1874, S. 74.

Mitte der 80er Jahre...: Billie Samkoff, «How to Attract Men Like Crazy?», *Cosmopolitan*, Februar 1989, S. 168.

«Die traumatische Nachricht...»: Salholz, «Marriage Crunch», S. 25.

Einige Monate später...: David Gates, «Second Opinion» (überarbeitete Fassung), *Newsweek*, 13. Oktober 1986, S. 10.

«Wir wußten über...»: Persönliches Interview mit Eloise Salholz, Juli 1986.

Die *New York Times*...: William R. Greer, «The Changing Women's Marriage Market», *New York Times*, 22. Februar 1986, S. 48.

Als es aber Zeit gewesen wäre...: AP, «More Women Postponing Marriage», *New York Times*, 10. Dezember 1986, S. A22.

Und fast ein Jahr...: Gross, «Single Women», S. 1.

«Es war verfrüht...»: Persönliches Interview mit Jane Gross, 1988.

Der Artikel handelte davon...: Gross, «Single Woman», S. 1.

Die *Newsweek*-Story...: Salholz, «Marriage Crunch», S. 55.

«Wußten Sie schon...»: Werbeschrift von Dell Publishing Co., von Carol Tavoularis, Werbeagentur Dell, 5. Dezember 1986.

Ein ehemaliger *Newsweek*-Volontär...: Persönliches Interview, Oktober 1986.

Newsweek-Prediger...: Salholz, «Marriage Crunch», S. 61, 57.

«Viele ökonomisch unabhängige Frauen...»: Ebenda, S. 61, 55.

«Susan Cohen wünscht sich...»: Ebenda, S. 57.

«CBS-Morning News...»: «CBS Morning News», «What Do Single Women Want», 2.–6. November 1987.

ABC ging...: ABC News, «After the Sexual Revolution».

Offenbar immer noch nicht...: ABC, «Good Morning America», «Single in America», 4.–7. Mai 1987.

«Es hat nicht gereicht...»: Persönliches Interview mit Richard Threlkeld, 1988.

WARUM HEIRATEN?...: Trip Gabriel, «Why Wed?: The Ambivalent American Bachelor», *The New York Times Magazine*, 15. November 1987, S. 24.

In höchste Heiratspanik versetzt...: Brenda Lane Richardson, «Dreaming Someone Else's Dreams», *The New York Times Magazine*, 28. Januar 1990, S. 14.

Mit einer Riesenportion...: Siehe beispielsweise Barbara Kantrowitz, «The New Mating Games», *Newsweek*, 2. Juni 1986, S. 58; James Hirsch, «Modern Matchmaking: Money's Allure in Marketing Mates and Marriage», *New York Times*, 19. September 1988, S. B4; Ruthe Stein, «New Strategies for Singles», *San Francisco Chronicle*, 29. März 1988, S. B1.

«Den Singles...»: Gerald Nachman, «Going Out of Business Sale on Singles», *San Francisco Chronicle*, 1. Dezember 1987, S. B3.

«Als sie wirklich ernsthaft...»: Barbara Lovenheim, «Brides at Last: Women Over 40 Who Beat the Odds», *New York Times*, 3. August 1987, S. 20.

USA Today...: Marlene J. Perrin, «What Do Women Today Really Want?», *USA Today*, 10. Juli 1986, S. D1, D5; Karen S. Peterson, «Men Bare Their Souls, Air Their Gripes», *USA Today*, 14. Juli 1986, S. D1. Und die Frauen, die anriefen, waren nicht alle auf der verzweifelten Suche nach einem Mann: «Wie kann ich die Leute dazu bringen, mich nicht mehr zu fragen, warum ich nicht verheiratet bin?» lautete die Frage einer 32jährigen Frau aus Virginia. Siehe Peterson, «Stop Asking Why I'm Not Married», S. D4.

Die *Cosmopolitan*-Ausgabe von Februar...: Samkoff, «How To Attract Men», S. 163–73.

In *Mademoiselle*...: Persönliches Interview mit Redakteuren von *Mademoiselle*, 1988; Cathryn Jakobson, «The Return of Hard-to-Get», März 1987, S. 220.

In einer *New-Woman*-Story...: Dr. Joyce Brothers, «Why You Shouldn't Move in With Your Lover», *New Woman*, März 1985, S. 54.

«Das Single-Dasein...»: Jeffrey Klugre, «Dangerous Delusions About Divorce», *Cosmopolitan*, September 1984, S. 291.

Die CBS erweckte...: Sue Adolphson, «Marriage Encounter, Tube Style», *San Francisco Chronicle*, Terminkalender, 22. Januar 1989, S. 47.

«Wie bleiben wir verheiratet?...»: Barbara Kantrowitz, «How To Stay Married», *Newsweek*, 24. August 1987, S. 52.

«Wie sich die Zeiten...»: Ebenda.

«Ist diese Zunahme...»: NBC News Special, «The Baby Business», 4. April 1987.

«Wenn man alles haben will...»: «Having It All: Postponing Parenthood Exacts a Price», *Boston Magazine*, Mai 1987, S. 116.

«Der stumme Schmerz...»: Mary C. Hickey, «The Quiet Pain of Infertility: For the Success-Oriented, It's a Bitter Pill», *Washington Post*, 28. April 1987, S. DO5.

Ein *New-York-Times*-Kolumnist...: Fleming, «The Infertile Sisterhood», S. B1.

Newsweek widmete...: Matt Clark, «Infertility», *Newsweek*, 6. Dezember 1982, S. 102; Barbara Kantrowitz, «No Baby on Board», *Newsweek*, 1. September 1986, S. 68.

Warnte *Newsweek*...: Kantrowitz, «No Baby on Board», S. 74.

Der Experte...: Ebenda.

Um nicht ins Hintertreffen...: Anna Quindlen, «Special Report: Baby Craving Facing Widespread Infertility, A Generation Presses the Limits of Medicine and Morality», *Life*, Juni 1987, S. 23.

«Schwer zu sagen...»: Clark, «Infertility», S. 102.

«Es gibt wenige...»: Quindlen, «Baby Craving», S. 23.

In *Mademoiselle*...: Laura Flynn McCarthy, «Caution: You Are Now Entering the Age of Infertility», *Mademoiselle*, Mai 1988, S. 230.

Und 1982...: Georgia Dullea, «Women Reconsider Childbearing Over 30», *New York Times*, 25. Februar 1982, S. C1.

«Karrierefrauen entscheiden sich...»: J. D. Reed, «The New Baby Bloom», *Time*, 22. Februar 1982, S. 52.

Daß *Time*...: Claudia Walis, «The Medical Risks of Waiting», *Time*, 22. Februar 1982, S. 58.

«Immer mehr Karrierefrauen...»: Reed, «The New Baby Bloom», S. 52.

McCalls schwärmte...: «Hollywood's Late-Blooming Moms», *McCall's*, Oktober 1988, S. 41.

Das Muttersein...: Leslie Bennetts, «Baby Fever», *Vogue*, August 1985, S. 325.

Noch weiter führte die Suche...: AP, «Koko the Gorilla Tells Keeper She Would Like to Have a Baby», *San Francisco Chronicle*, 12. März 1988, S. A3.

Und genau wie bei...: Roger Munns, «Couples Race to Get Pregnant», *San Francisco Examiner*, 19. November 1990, S. B5.

In unserem persönlichen Umfeld...: «The Marriage Odds Improve», *San Francisco Chronicle*; 1. Mai 1987, S. 38.

Einige ehemalige Kommilitoninnen...: «Mothers à la Mode», *New York Times*, 8. Mai 1988, S. E28. Die Verfasser des *Times*-Leitartikels scheinen sich an ihre eigenen Worte nicht mehr erinnern zu können. Nur zwei Monate früher hatten sie festgestellt, die Geburtenrate habe sich nicht verändert: «New Baby Boom? No, Just A Dim Echo», *New York Times*, 30. März 1988, S. A26.

«Man kann keine Zeitschrift...»: Kim C. Flodin, «Motherhood's Better Before 30», *New York Times*, 2. November 1989, S. A31.

«Ich habe nie...»: Bennetts, «Baby Fever», S. 326.

Früher ein quasifeministisches Forum...: Renee Bacher, «The Ring Cycle», *The New York Times Magazine*, 31. August 1989, S. 20; Dava Sobel, «Face to Face With the New Me», *The New York Times Magazine*, 9. April 1989, S. 26; Carolyn Swartz, «All That Glitters Is the Tub», *The New York Times Magazine*, 5. November 1989, S. 36.

Viele kleinere...: Julie Pechilis, «What Happened to the Women's Press? No Newspaper of Her Own», *MediaFile*, Februar / März 1989, S. 1.

«Sind durchaus erlaubt...»: Susan Shapiro, «The *Ms*. Guide to Minimalist Grooming», *Ms.*, Oktober 1989, S. 43–46.

Auf dessen Cover...: Peggy Orenstein, «*Ms*. Fights for Its Life», *Mother Jones*, Nov. / Dez. 1990, S. 32.

Das Seltsamste...: «Carbine Says Sale of *Ms*. to Australian Will Open New Opportunities for the Magazine», *Media Report to Women*, Nov. / Dez. 1987, S. 4.

Als Anne Summers...: Persönliches Interview mit Anne Summers, April 1988.

Diese Haltung kam...: *Ms*. Werbeschrift für Inserenten. Siehe ebenso Susan Milligan, «Has *Ms*. Undergone a Sex Change?» *Washington Monthly*, Oktober 1986, S. 17.

Es war ironischerweise...: Siehe *Media Watch*, Sommer / Herbst 1988, S. 2.

Nur Frauen aus Haushalten...: Interview mit Anne Summers, April 1988.

«Sie beschwerten sich...»: Ebenda. (Nachfolgende Zitate stammen aus dem Interview, anderenfalls sind sie gekennzeichnet.)

Schließlich war dies...: Ebenda.

Was die Frauenbewegung betrifft...: Shana Alexander, «A Woman Undone», *Ms.*, September 1988,ʻS. 40.

Inzwischen verloren...: Orenstein, «*Ms*. Fights», S. 82.

Sie übergab...: Ebenda, S. 82–83.

Prophezeiten Kritiker...: Ebenda; David Armstrong, «No-ad Policy Could Be Fatal Ms.-take», *San Francisco Examiner*, 1. November 1989, S. D3.

Nicht *Men* oder *Men's Life*...: Patrick M. Reilly, «New Magazine Offer ‹Real› Guy Stuff», *The Wall Street Journal*, 29. August 1990, S. B4; Deirdre Carmody, «Magazine Market Targets the Men», *San Francisco Chronicle*, 23. Juni 1990, S. C4.

Auch nicht *Elle*...: Brenda Polan, «The Age of Confusion», *Elle*, November 1986, zitiert in Janet Lee, «Care to Join Me in an Upwardly Mobile Tango? Postmodernism and the ‹New Woman›» in *The Female Gaze: Women as Viewers of Popular Culture*, hrsg. von Lorraine Gamman und Margaret Marshment, The Real Comet Press, Seattle 1989, S. 166, 171.

«Wir wollen...»: *Media Report to Women*, Nov. / Dez. 1988, S. 3.

4. Fatale und fötale Visionen

«Ich kapier das nicht...»: Persönliches Interview mit Sabrina Hughes, Oktober 1987.

Mit den Worten Darlene Chans...: Interview mit Darlene Chan, Oktober 1987.

«Es ist verblüffend...»: Interview mit Adrian Lyne, Oktober 1987; Susan Faludi, «Single Wretchedness», *West, San Jose Mercury News*, 15. November 1987, S. 14.

Die Worte...: Marjorie Rosen, *Popcorn Venus: Women, Movies and the American Dream*, Coward McCann, New York 1973, S. 151; Molly Haskell, *From Reverence to Rape: The Treatment of Women in the Movies*, University of Chicago Press, Chicago 1973, S. 117–18; Julie Burchill, *Girls on Film*, Pantheon Books, New York 1986, S. 24–25.

West versetzte...: Rosen, *Popcorn Venus*, S. 153.

In den 30er Jahren...: Ebenda, S. 153; Kathryn Weibel, *Mirror Mirror: Images of Women Reflected in Popular Culture*, Anchor Books, Garden City, N. Y. 1977, S. 233.

Der größte Star der Wirtschaftskrise...: Haskell, *Reverence to Rape*, S. 123; Danelle Morton, «Shirley Temple Black», *West Magazine, San Jose Mercury News*, 8. Januar 1989, S. 5.

Während des Zweiten Weltkriegs...: Hartmann, *Home Front*, S. 191–92.; Rosen, *Popcorn Venus*, S. 190–93.

Aber selbst in dieser Dekade...: Einige Beispiele: *And Now Tomorrow, The Spiral Staircase* und *Johnny Belinda*; Rosen, *Popcorn Venus*, S. 219–20; Hartmann, *Home Front*, S. 202.

Mit den Worten der Filmhistorikerin...: Rosen, *Popcorn Venus*, S. 219.

In den 50er Jahren...: Haskell, *Reverence to Rape*, S. 270–71; Rosen, *Popcorn Venus*, S. 250.

In *The Good Mother*...: Sue Miller's *The Good Mother*, der Unterhaltungsroman aus dem Jahr 1986, auf dem der Film beruht, schenkt wenigstens der ungerechten Doppelmoral Beachtung, mit der die Gesellschaft die Scheidung eines Ehemannes und die einer Ehefrau wertet. Doch die Filmversion predigt Moral und zeigt nur die Gefahren auf, die eine Frau eingeht, wenn sie die Konventionen bricht. Wenn die Filmemacher zum Ziel hatten, solch repressive Verhaltensweisen zu kritisieren, so verbargen sie ihre Absicht meisterlich.

Und kurz nach...: Marilyn Beck, «She Did Her Work Up Real Close», *San Jose Mercury News*, 11. September 1987, S. F6.

All diese Filme...: Rosen, *Popcorn Venus*, S. 151.

Eine Story nach der anderen...: Richard Corliss, «Killer», *Time*, 16. November 1987, S. 72; James S. Kunen, «Real Life Fatal Attractions», *People*, 26. Oktober 1987, S. 88.

Die Schlagzeile...: Zitiert in Dan Goodgame, «Getting Close to Stardom», *Time*, 16. November 1987, S. 81.

People förderte...: Kunen, «Fatal Attractions», Titelzeile.

Dem britischen Regisseur...: Persönliches Interview mit James Dearden vom Oktober 1987. Für die längere Version des Zustandekommens der Geschichte von *Eine verhängnisvolle Affäre* siehe Susan Faludi, «Fatal Distortion», *Mother Jones*, Februar/März 1988, S. 27.

Anfang der 80er Jahre...: Persönliches Interview mit Stanley Jaffe, Oktober 1987.

Lansing war...: Aljean Hermetz, «Sherry Lansing Resigns as Fox Production Chief», *New York Times*, 21. Dezember 1982, S. C11.

«Ich kam immer wieder...»: Persönliches Interview mit Sherry Lansing, Oktober 1987.

Michael Eisner lehnte...: Persönliches Interview mit Adriane Lyne, Oktober 1987.

«Mein Kurzfilm war...»: Persönliches Interview mit James Dearden, Oktober 1987. (Nachfolgende Zitate stammen aus dem Interview mit Dearden, anderenfalls sind sie gekennzeichnet.)

«Die Absicht war...»: Ebenda, Oktober 1987.

Kim Basinger...: Nina Darnton, «How 9 ½ *Weeks* Pushed an Actress to the Edge», *New York Times*, 9. März 1986, S. C1; persönliches Interview mit Adrian Lyne vom Oktober 1987; persönliches Interview mit der Belegschaft der Filmproduktionsgesellschaft, Oktober 1987.

Versuchte Lyne...: Persönliches Interview mit der Filmproduktionsgesellschaft, Oktober 1987; Susan Faludi, «Fatal Distortion», S. 30; Pat H. Broeske, «The Cutting Edge», *Los Angeles Times*, Almanach, 16. Februar 1986, S. 1.

«Wo ist die neue...»: Persönliches Interview mit Billy Hopkins, Oktober 1987.

Close war entschlossen...: Faludi, «Fatal Distortion», S. 30.

Close wollte unbedingt...: Lawrence Van Gelder, «Why a Fury's Furious», *New York Times*, 25. September 1987, S. C10.

«Sie sollte...»: Persönliches Interview mit Stanley Jaffe, Oktober 1987.

Die Besetzungsagentin...: Persönliches Interview mit Risa Bramon, Oktober 1987.

Parallel dazu...: Persönliches Interview mit Adrian Lyne, Oktober 1987.

Seine Idee war es auch...: Ebenda. (Die übrigen Zitate von Lyne stammen aus dem Interview, anderenfalls sind sie gekennzeichnet.)

«Wenn Sie mich fragen...»: Joan Smith, *Misogynie, Frauenhaß in der Gesellschaft*, DTV Verlag, München 1992 (Zitat fehlt in der dt. Ausgabe).

Close konsultierte...: Gelder, «Why a Fury's Furious», S. C10.

Ursprünglich sollte...: Faludi, «Fatal Distortion», S. 49.

Die Schöpfer des Films...: Aljean Hermetz, «Fatal Attractions Director Analyses the Success of His Movie, and Rejoices», *New York Times*, 5. Oktober 1987, S. C17.

Lansing gibt zu...: Persönliches Interview mit Sherry Lansing, Oktober 1987. (Die übrigen Zitate stammen aus dem Interview, anderenfalls sind sie gekennzeichnet.)

So wie das Stummfilm-Hollywood...: Kay Sloan, «Sexual Warfare in the Silent Cinema: Comedies and Melodramas of Woman Suffragism», *American Quarterly*, Herbst 1981, S. 412–36.

Damals schien...: Pauline Kael, *Reeling*, Brown & Co., Boston 1986, S. 430.

«Es war sehr wichtig...»: Persönliches Interview mit Nancy Meyers, Februar 1988.

Nach den Vorstellungen von...: Glenn Collins, «Natasha Richardson, on Portraying Patty Hearst», *New York Times*, 5. Oktober 1988, S. C19.

«Erinnern Sie sich noch...»: Andree Aelion Brooks, «When Fast Trackers Have Kids: Can a Baby Mix With Business», *Child*, Sept./Okt. 1989, S. 88.

«Es gibt bestimmte Frauen...»: Jim Jerome, «Annie Hall Gets It All», *Savvy*, Oktober 1987, S. 37–41.

Anmerkungen zu Seite 192–209

«Ich sehe nicht...»: Persönliches Interview mit Nancy Meyers, Februar 1988.

«Sie waren ängstlich...»: Persönliches Interview mit Charles Shyer, Februar 1988.

«Sie war so hin und her gerissen...»: Persönliches Interview mit Nancy Meyers, Februar 1988.

«Das ist eben Hollywood...»: Persönliches Interview mit Nadine Bron, 1988. (Die übrigen Zitate von Bron stammen aus dem Interview.)

In dem 1912...: Sloan, «Sexual Warfare», S. 420.

Wies Field ab...: Persönliches Interview mit Gwen Field, März 1988.

In einem 1988 entstandenen Essay...: «Bewitched, Bothered and Bewildered», New York Woman, Februar 1988, S. 58.

In Filmen wie...: Für zwei gute Erörterungen dieses Phänomens siehe Caryn James, «It's a New Age for Father-Son Relationships», New York Times, Rubrik: Kunst und Freizeit, 9. Juli 1989, S. 11; Stephen Holden, «Today's Hits Yearn for Old Times», New York Times, 13. August 1989, Rubrik: Kunst und Freizeit, S. 1.

Es überrascht nicht...: Streep, «When Women Were in Movies», S. 15.

1988 spielten...: Siehe Media Watch, Frühjahrsausgabe 1989. Band 3, Nr. 1.

«Wenn irgend jemand...»: Bob Strauss, «Hollywood's ‹Has-It-All› Woman», San Francisco Examiner, 14. Oktober 1988, S. C6.

«Ich habe gar nicht gewußt...»: Ebenda.

5. Teenager-Engel und ledige Hexen

«Unter keinen Umständen...»: Interview mit Tony Shepherd, 1988; persönliche Beobachtungen bei der Fox-Pressekonferenz für «Angels ‹88›», 5. Mai 1988.

An diesem Maimorgen...: D. Keith Mano, «So You Want to Be an Angel», Life, Mai 1988, S. 145; Lisa Wren, «Hundreds Wing It for a Chance to Be Angels», Fort Worth Star Telegram, 5. März 1988, S. 1; Zay N. Smith, «Angels Tryout Not So Divine», Chicago Sun-Times, 5. März 1988, S. 3; Bill Givens, «Fox Hunt for Charlie's Angels of the Eighties», Star, 22. März 1988, S. 2.

Später an jenem Tag...: Persönliches Interview mit Brad Markowitz, 5. Mai 1988.

Spelling, der später...: Persönliches Interview mit Aaron Spelling, Mai 1988 und August 1990.

1987–88...: Joanmarie Kalter, «What Working Women Want from TV», TV Guide, 30. Januar 1988, S. 3.

In einem starken Rückgang...: Sally Steenland, Women Out of View: An Analysis of Female Characters on 1987–88 TV Programs, Bericht von der National Commission on Working Women, Washington D.C., November 1987, S. 2, 4.

In einer Renaissance...: Jay Martel, «On Your Mark, Get Set, Forget It», TV Guide, 4. Februar 1988, S. 28.

In den Situationskomödien...: Steenland, Women out of View, S. 6.

In dieser Saison...: «Moms at Work», New York Woman, Februar 1988, S. 93.

Frauen aus dem Hauptprogramm...: Diana M. Meehan, Ladies of the Evening: Women

Characters of Prime-Time Television, The Scarecrow Press, Metuchen, N. J., S. 42, 109–110.

In «Lady Blue…»: Sally Steenland, «Trouble on the Set, An Analysis of Female Characters on 1985 Television Programs», Bericht von der National Commission on Working Women, Washington D. C., 1985, S. 9.

Eine Analyse…: Donald M. Davis, «Portrayals of Women in Prime-Time Network Television…», *Sex Roles* 23, Nr. 5–6, 1990, S. 325–30.

«Die Rückkehr der knallharten…»: Peter J. Boyer, «Television Returns to the Hard Boiled Male», *New York Times*, II, 16. Februar 1986, S. 1.

Und die Sender…: John Carman, «Networks Playing It Bland», *San Francisco Chronicle*, TV Week, 17.–23. 1989, S. 3.

Umfragen ergaben…: Michael A. Lipton, «What You Want to See in the New Decade», *TV Guide*, 20. Januar 1990, S. 11.

Nichtsdestotrotz behauptete…: Boyer, «Hard Boiled Male», S. 1.

Glenn Gordon Caron…: Ebenda.

Glen Charles…: Ebenda.

Als die Programmacher…: Peggy Ziegler, «Where Have All the Viewers Gone?», *Los Angeles Times*, 1. Mai 1988, S. 6; Daten von Nielsen Media Research.

Keine der…: Ziegler, «Where Have All the Viewers Gone?», S. 6.

Während jüngere Männer…: Nielsen Media Research, Nielsen-Bericht über das Fernsehen, «Weekly Viewing Activity», 1980–1989.

Emanzipierte Frauen «beherrschen»…: Harry F. Waters, «Networking Women», *Newsweek*, 13. März 1989, S. 48.

Hinter den Kulissen…: Michael E. Hill, «Murphy Brown: F. Y. I., We Like Your Show, Sort of», *Washington Post*, TV Week, 26. Februar 1989, S. 8.

Die Medien erklärten sie…: «People», *Orange County Register*, 29. März 1990, S. A2; Michael McWilliams, «Pauley and Barr: Two Notions of Womanhood», Gannett News Service, 8. August 1990; Dennis Duggan, «What, Me Judge a Man on Looks Alone? Guilty!», *Newsday Magazine*, 17. Februar 1991, S. 6; Jeffrey Zaslow, «Roseanne Ban Would Be as Bad as Barr's Own Antics», *Chicago Sun-Times*, II, 29. November 1990, S. 65; Michele Stanush, «Anti-War Sentiments», *Austin-American Statesman*, 16. Dezember 1990, S. E1.

TV-Kritikerin Joyce Millman…: Joyce Millman, «Prime Time: Where the Boys Are», *San Francisco Examiner*, 9. September 1990, S. F1.

Nur in zwei von dreiunddreißig…: Ebenda.

Meist um Männer…: Davis, «Portrayals of Women», S. 330.

Frauen wenden sich…: «VCRs Reach Working Women», *Marketing to Women* 1, Nr. 3, Dezember 1987, S. 11.

1990 berichtete Nielsen…: Dennis Kneale, «TV's Nielsen Ratings, Long Unquestioned, Face Tough Challenges», *The Wall Street Journal*, 19. Juli 1990, S. A1.

Schon ein einprozentiger Rückgang…: Paul Richter, «Eyes Focus on People Meter As It Gauges TV Viewing», *Los Angeles Times*, 10. Mai 1987, Teil IV, S. 1.

Beim weiblichen Publikum…: Jean Gaddy Wilson, «Newsroom Management Commission Report», 15.–18. September 1987, S. 7.

«Es war einfach toll…»: Persönliches Interview mit Esther Shapiro, November 1989. (Nachfolgende Zitate von Shapiro stammen aus dem Interview.)

Und die Kontrollkommission…: Todd Gitlin, *Inside Prime Time*, Pantheon Books, New York, 1985, S. 251.

Kaum hatten rechte Gruppen…: Ebenda, S. 251.

«Das ursprüngliche Skript…»: Persönliches Interview mit Barbara Corday, 1988.

«Die Frauen sind nicht sanft genug…»: Persönliches Interview mit Barney Rosenzweig, 1988. (Nachfolgende Zitate von Rosenzweig stammen aus dem Interview.)

«Ich habe gesagt…»: Persönliches Interview mit Harvey Shephard, 1991. (Nachfolgende Zitate von Shephard stammen aus dem Interview.)

«Meg Foster…»: Persönliches Interview mit Arnold Becker vom April 1991. (Nachfolgende Zitate stammen aus dem Interview, anderenfalls sind sie gekennzeichnet.)

Für zusätzliche 15 000 $…: Julie D'Acci, in Kürze erscheinende wissenschaftliche Abhandlung über «Cagney and Lacey», 2. Kapitel, S. 35–36.

In einer Folge…: Ebenda, S. 35.

Becker beschwerte sich…: Gitlin, *Prime Time*, S. 9; D'Acci, S. 55.

Ein anderer CBS-Vertreter…: Frank Swertlow, «CBS Alters Cagney, Calling It ‹Too Women's Lib›», *TV Guide*, 12.–18. Juni 1982, S. 1.

April Smith…: D'Acci, S. 37.

In einer Talkshow…: Lorraine Gamman, «Watching the Detectives», in *The Female Gaze*, S. 25.

Als sich eine Frauenforscherin…: Ebenda, S. 25.

«Die Häuslichkeit…»: «Changes», *TV Guide*, 1.–7. Oktober 1988, S. 83. Siehe auch Andy Meisler, «Baby Boom!», *TV Guide*, 30. Dez.–5. Jan. 1989–90, S. 4.

«Bill Cosby hat…»: Boyer, «Hard Boiled Male», S. 1.

«Ich glaube an Kontrolle…»: Dan Goodgame, «Cosby Inc.», *Time*, 28. September 1987, S. 56.

«Die Ehefrauen *tun so*…»: Bill Cosby, *Die Kunst, ein perfekter Vater zu sein*, Goldmann Verlag, München 1982, S. 52.

«Single-Frau-Hauptrollen…»: Gitlin, *Prime Time*, S. 23.

In den Anfängen des Fernsehens…: Meehan, *Ladies of the Evening*, S. 154.

Sie hatte Freunde…: Ebenda, S. 174–75.

In «Mary»…: Für eine ausgezeichnete Kritik siehe Joyce Millman, «What Are Big Girls Made Of?», *Boston Phoenix*, 14. Januar 1986, S. 5.

Unter dem Druck des Senders…: Mark Harris, «Smaller Than Life: TV's Prime-Time Women», *New York Woman*, Oktober 1988, S. 104.

Maddies erzwungene Ehe…: Joyce Millman, «Is the Sun Setting on ‹Moonlighting›», *San Francisco Examiner*, 5. April 1988, S. E1.

Sie reflektierte…: Louise Farr, «The ‹Moonlighting› Mess – Behind the Feuding That Almost Killed the Show», *TV Guide*, 14.–20. Januar 1989, S. 9.

«Mir wurde ganz schlecht…»: Ebenda, S. 8.

Bei der Serie…: Sally Steenland, «Prime Time Power», Bericht von der National Commission on Working Women, August 1987, S. 9.

«Vor zehn Jahren…»: Interview mit Mary Alice Dwyer-Dobbin, Februar 1988.

Im Tagesprogramm...: Deborah Rogers, «AIDS Spreads to the Soaps, Sort Of», *New York Times*, 28. August 1988, S. 29.

Der NBC-Unterhaltungschef...: Mark Christensen, «Even Career Girls Get the Blues», *Rolling Stones*, 21. Mai 1987, S. 29.

«Ich habe sie...»: Persönliches Interview mit Jay Tarses, 1988. (Nachfolgende Tarses-Zitate stammen aus dem Interview.)

Sogar von einigen Talkshows...: Persönliches Interview mit Mel Harris, 1988.

Therapeuten ließen sich...: Diane Haithman, «Therapy Takes to TV», *Los Angeles Times*, 29. April 1988, Teil VI, S. 1; Patricia Hersch, «thirtytherapy», *Psychology Today*, nachgedruckt in *San Jose Mercury News*, 4. Januar 1989, S. F1; Aurora Mackey, «Angst Springs Eternal: Modern-day Therapy Gets Couched in ‹thirtysome-thing› Terminology», *Los Angeles Daily News*, 6. Dezember 1988, S. 4.

Wie nämlich ein Professor...: Bette-Jane Raphael, «‹Thirtysomething›: Can This TV Show Help Your Marriage?», *Redbook*, Oktober 1988, S. 4.

Geistliche benutzten...: Haithman, «Therapy».

Partnerschaftsvermittlungen...: Susan Faludi, «There's *Something* Happening Here...», *West Magazine, San Jose Mercury News*, 26. Februar 1989, S. 4.

Selbst George Bush...: Ebenda.

Und dieser ganze Rummel...: Howard Rosenberg, «That Made-Up Feeling of ‹thirty-something›», *Los Angeles Times*, 27. Oktober 1987, Teil VI, S. 1.

Die meisten «thirtysomething»-Zuschauer...: Faludi, «There's *Something* Happening Here...»

Jif-Erdnußbutter...: Ebenda; James Kaplan, «The ‹thirtysomething› Sell», *Manhattan, Inc.*, Dezember 1988, S. 78.

«Wenn man sich...»: Persönliches Interview mit Marcia Greene, Februar 1988.

«Es ist so schwer...»: Persönliches Interview mit Ann Hamilton, Mai 1988.

«Hope ist...»: «Biographies», «thirtysomething» – Produktionsnotizen, MGM/UA, 1987.

Früher hatte sie...: Persönliches Interview mit Liberty Godshall, Mai 1988.

Eines Tages...: Persönliches Interview mit Godshall und Edward Zwick, Mai 1988.

«Sie wurde einfach...»: Persönliches Interview mit Melanie Mayron, Januar 1989.

Draper erinnert sich...: Persönliches Interview mit Polly Draper, Januar 1989.

«Mit Ellyn ist es schlimm...»: Persönliches Interview mit Liberty Godshall, Mai 1988.

«Haben wir uns...»: Persönliches Interview mit Edward Zwick, Mai 1988.

«Wenn man sich die Figuren...»: Persönliches Interview mit Ann Hamilton, Mai 1988. (Daß Hamilton sogar für «thirtysomething» schrieb, ist an sich schon eine Gegen-schlagsgeschichte. Ihr Fachgebiet waren eigentlich Action-Abenteuer-Drehbücher – und «eine Zeitlang bekam ich Aufträge, weil einige dieser Männervereine unter dem Druck standen, Frauen einzustellen». Aber «das wird», wie sie feststellte, «jetzt alles lockerer gehandhabt». Als sie ihr Action-Drehbuch Mitte der 80er Jahre in den Stu-dios anbot, erntete sie überall Absagen. Als sie aber ihren Namen in «Buck Finch» umänderte und ihr Ehemann es feilbot, nahmen die Studiobosse es auf der Stelle.

«Ich denke, wenn ich arbeite...»: Persönliches Interview mit Mel Harris, Januar 1989; Raphael, «Thirtysomething», S. 26.

«Aus meiner Sicht...»: Persönliches Interview mit Patricia Wettig vom Januar 1989; Dan Wakefield, «Celebrating ‹the Small Moments of Personal Discovery›», *TV Guide*, 11. Juni 1988, S. 35.

Als Nancy in der Serie...: Joy Horowitz, «Life, Loss, Death and ‹thirtysomething›», *New York Times*, Feuilleton, 10. Februar 1991, S. 29.

Marktforschungsleiter der ABC...: Persönliches Interview mit Henry Schafer, Januar 1989.

«Ich finde...»: Stephen Fried, «What ‹thirtysomething› Is Saying About Us», *Gentlemen's Quarterly*, April 1989, S. 267.

«Queen for a Day...»: Persönliches Interview mit Janet Katelman, 1988.

6. Die Puppen anziehen...

An den hochgeschnürten Brüsten...: Julie Baumgold, «Dancing on the Lip of the Volcano», *New York*, 30. November 1987, S. 36.

Dies waren...: Jennet Conant, «Oh, La La, Lacroix», *Newsweek*, 9. November 1987, S. 60.

Die Preise waren allerdings...: «Christian Lacroix», *Current Biography*, April 1988, S. 39.

Lacroix' Ballonröcke...: Bernadine Morris, «Lacroix Fever Spreads to New York», *New York Times*, 30. Oktober 1987, S. A16.

Die Luxe-Kleider...: Martha Duff, «Fantasy Comes Alive», *Time*, 8. Februar 1988. «High Femininity» war ein Name, den Modetrendsetter dem Look gaben, «Fantasy Look» ein anderer.

Nachdem im Juli 1986...: Kathleen Beckett, «The Frill of It All», *Vogue*, April 1987, S. 178; «La Gamine: Fun and Flirty», *Harper's Bazaar*, April 1987, S. 86.

Zwischen 1980 und 1986...: Daten von der Market Research Corporation of America, Information Services; Trish Hall, «Changing U. S. Values, Tinged with Caution, Show Up in Spending», *New York Times*, 26. Oktober 1988, S. B1.

In einer Umfrage...: Martha Thomases, «Why I Don't Stop», *The Village Voice*, 27. Dezember 1988, S. 37.

Dann, 1987...: Tris Donnally, «Gloomy Fashion Forecast», *San Francisco Chronicle*, 23. März 1988, S. B3.

In diesem Jahr...: Woody Hochswender, «Where Have All the Shoppers Gone?», *New York Times*, 31. Mai 1988. Die Statistik vom 4prozentigen Fall des Textilumsatzes stammt vom Soft Goods Information Service, Market Research Corp. of America. Wie MRCA feststellt, stieg der Gesamtumsatz (in Dollar) an weiblicher Kleidung in den ersten sieben Jahren des Jahrzehnts nur deswegen, weil die Kosten für Damenbekleidung so rasch anstiegen; die Umsatzeinheiten bei Kleidern rangierten von flau bis leicht gedrückt.

Selbst auf der Höhe...: Aimee Stern, «Miniskirt Movement Comes Up Short», *Adweek's Marketing Week*, 28. März 1988, S. 2.

Und das Phänomen...: Ebenda; Jennet Conant, «The High-Priced Call of the Wild», *Newsweek*, 1. Februar 1988, S. 56.

Versandhauskataloge für Männerkleidung profitierten davon am meisten und konnten ihre Umsätze in dieser Zeit um gut 25 Prozent steigern. Bei Ruff Hewn, einem Versandunternehmen, das Kleider im Country-Look verkaufte, stiegen die Umsätze in einem Jahr um 275 Prozent, und bis zum Jahr 1988 hatte es diese kleine Firma aus North Carolina auf 17 Niederlassungen gebracht und plante eine landesweite Einzelhandelskette. Die Charaktertypen in Ruff Hewns Katalog waren Archetypen des Gegenschlags: «Barclay Ruffin Hewn», der fiktive Held des Firmenkatalogs, wurde als Landedelmann des späten 19. Jahrhunderts und hoch dekorierter Kriegsveteran dargestellt, der mit Teddy Roosevelts Rough Riders ritt. Seine Frau, «Elizabeth Farnsworth Hamptom Hewn», wie Firmenchef Jefferson Rives sie nannte, war «eine sehr traditionelle und weibliche Dame, die zu Hause bleibt und sich um Ruff und die Kinder kümmert». (Ruff-Hewn-Kataloge und Werbeprospekte; persönliches Interview mit Jefferson Rives, 1988.)

Im Frühjahr 1988...: Hochswender, «All the Shoppers»; Donnally, «Gloomy Fashion»; Barbara Deters, «Limited Fashioning a Turnaround», *USA Today*, 20. Mai 1988, S. B3; Stren, «Miniskirt Movement Comes Up Short», S. 2.; Susan Caminiti, «What Ails Retailing: Merchants Have Lost Touch With Older Customers», *Fortune*, 30. Januar 1989, S. 61.

Im zweiten Quartal...: Im Gegensatz dazu stieg der Umsatz für Männerbekleidung in derselben Zeit um fast 1 Milliarde Dollar. Daten vom Department of Commerce, Bureau of Economic Analysis, Personal Consumption Expenditures.

Sie warben für...: Blayne Cutler, «Meet Jane Doe», *American Demographics*, Juni 1989, S. 24; Thomases, «I Don't Shop», S. 37. Da die Modeindustrie den 30 bis 40 Millionen Frauen, die Größe 40 und darüber trugen, keine Beachtung schenkte, brachte sich die Modeindustrie um den Ertrag von 6 Milliarden Dollar. Siehe Jolie Solomon, «Fashion Industry Courting Large Women», *The Wall Street Journal*, 27. Februar 1985.

Goldman Sachs...: Joseph H. Ellis, «The Women's Apparel Retailing Debacle: Why?» Goldman Sachs Investment Research, 8. Juni 1988.

«Was ist nur...»: Persönliches Interview mit John Molloy, 1988.

Oder, wie sich Lacroix...: Interview mit Christian Lacroix, Mai 1991.

Wie der Modedesigner Arnold Scaasi...: Persönliches Interview mit Arnold Scaasi, Februar 1988.

Bei einer Lacroix-Modenschau...: «Lacroix Triumphant», *Women's Wear Daily*, 27. Juli 1987, S. 1.

Die Designer wollten...: «Christian Lacroix», S. 38.

Die Frauen, die...: Weibel, *Mirror, Mirror*, S. 209.

Die Modeindustrie stürzte...: «Counter-Revolution», *Time*, 15. September 1947, S. 87.

Über dreihunderttausend Frauen...: Jeanne Perkins, «Dior», *Life*, 1. März 1948, S. 84.

Bei einer Umfrage...: Hartman, *Home Front*, S. 203.

«Die Frauen, die jetzt...»: «Counter-Revolution», S. 92.

Und sie beugten sich...: Weibel, *Mirror, Mirror*, S. XVI.

«Wenn ein heranwachsendes Mädchen...»: Valerie Steele, *Fashion and Eroticism: Ideals of Feminine Beauty from the Victorian Era to the Jazz Age*, Oxford University Press, New York 1985, S. 182.

In der zweiten Hälfte...: Robert E. Riegel, «Women's Clothes and Women's Rights», *American Quarterly XV*, Nr. 3, Herbst 1963, S. 390–401; Elizabeth Ewins, *Dress and Undress*, Drama Books Specialists, New York 1978, S. 89.

Das einflußreiche *Godey's Lady's Book*...: Kinnard, *Antifeminism*, S. 289, 304.

«Viele Frauen...»: Persönliches Interview mit Bob Mackie, 1988.

Hätten die Frauen gemerkt...: Persönliches Interview mit Arnold Scaasi, Februar 1988; Bernadine Morris, «The Sexy Look: Why Now?» *New York Times*, 17. November 1987, S. 20.

«Wir haben sogar Nadelstreifen...»: Persönliches Interview mit Karen Bromley, Juli 1989.

Wells Rich Green...: Persönliches Interview mit Jane Eastman, Vizepräsident für stra tegische Planung bei Wells Rich Green, Februar 1988.

«Sie müssen aussehen...»: Bernadine Morris, «Self-Confident Dressing», *Harper's Bazaar*, November 1978, S. 151.

«Ziehen Sie sich...»: Amy Gross und Nancy Axelrad Comer, «Power Dressing», *Mademoiselle*, September 1977, S. 188.

Vom September 1979...: «Your Dress-for-Success Guide», *Mademoiselle*, September 1979, S. 182.

Auch jenes erste...: John T. Molloy, *Dress for Success*, Warner Books, New York 1975.

Molloy, früher Lehrer...: Persönliches Interview mit John T. Molloy, 1988; John T. Molloy, *The Woman's Dress for Success Book*, Warner Books, New York 1977, S. 23–26.

Er beauftragte sogar...: Molloy, *Woman's Dress for Success*, S. 40–48.

«Kleidung, die beruflichen Erfolg...»: Ebenda, S. 121.

Selbst ein Kind...: Ebenda, S. 25, 20–23.

«Viele Frauen...»: Ebenda, S. 22.

Als Molloys Buch...: Susan Cheever Cowley, «Dress for the Trip to the Top», *Newsweek*, 26. September 1977, S. 76.

Einzelhändler beriefen sich...: Molloy, a. a. O., S. 30.

Newsweek erklärte...: Cowley, a. a. O., S. 76.

Und während der nächsten...: «Your Get Ahead Wardrobe», *Working Woman*, Juli 1979, S. 49; «Power!», *Essence*, März 1980, S. 68; «What to Wear When You're Doing the Talking», *Glamour*, Oktober 1978, S. 250.

«Der Erfolg des Anzugs...»: «A Well-Suited Season», *Newsweek*, 5. November 1979, S. 111.

Dieses Gefühl...: Ebenda.

Zwischen 1980 und 1987...: Statistiken von der Market Research Corporation of America; persönliches Interview mit John Tugman, Vizepräsident und Generaldirektor von MRCA, Soft Goods Information Services, 1988.

Die Zuwachsrate...: Statistiken von MRCA.

Zwischen 1981 und 1986...: «Women's Coats, Suits, Tailored Career Wear, Rainwear and Furs», Reportage aus *Fairchild Fact File*, Fairchild Publications, New York 1987, S. 20.

«Wenn diese Berufskleidung...»: Molloy, *Woman's Dress for Success*, S. 36.

1986 reduzierten...: «Women's Coats», in *Fairchild Fact File*, S. 12; U. S. Bureau of the Census, Current Industrial Reports, 1987, «Quantity of Production and Value of Shipments of Women's, Misses', and Juniors' Dresses and Suits: 1987 and 1986», Tabelle 8; persönliches Interview mit Judy Dodds, Analytikerin von Current Industrial Reports, U. S. Bureau of the Census, Commerce Department, 1988.

Die plötzliche Verringerung...: «Women's Coats», *Fairchild Fact File*, S. 30.

Und diese Reduktion...: U. S. Bureau of the Census, Current Industrial Reports, 1987, «Quantity of Productions and Value of Shipments of Men's and Boys' Suits, Coats, Vests and Sports Coats: 1987 and 1986», Tabelle 2.

Bald schon begannen...: Mark Potts, «Thirteen Britches for Women Stores to Close», *Washington Post*, 9. Dezember 1989, S. 10; persönliches Interview mit Harold Nelson, Vizepräsident und Generaldirektor von Neiman Marcus's Washington, D. C., Warenhaus, 1988; Clara Mason, «Paul Harris Stores Rebounds from 1988 Losses», *Indianapolis Business Journal*, 12. März 1990, S. A13.

Als Molloy...: Persönliches Interview mit John T. Molloy, 1988.

«Leb wohl, kleiner Schlips!...»: Terri Minsky, «The Death of Dress for Success», *Mademoiselle*, September 1987, S. 308.

Es war einer...: Patricia McLaughlin, «The Death of the Dumb Blue Suit», *Philadelphia Inquirer*, 7. Februar 1988, S. 35; «Dumb Blue Suit: A Uniform for Submission Is Finally Put To Rest», *Chicago Tribune*, 8. Mai 1988, S. C5.

Wie ein Modeberater...: Betty Goodwin, «Fashion 88: Dressing Down for Success», *Los Angeles Times*, V, 15. April 1988, S. 1.

Es lag nahe...: Die «Amtsenthebung» John Molloys gleicht in vieler Hinsicht dem Angriff auf «Coco» Chanel, der ursprünglichen Modeschöpferin des Power-Kostüms im Jahr 1920. Chanel schneiderte ihr klassisches, streng geschnittenes Jackett mit dem bequemen Hüftrock nach dem Vorbild des männlichen Straßenanzugs, und sie richtete sich – wie Molloy – an die aufstrebende Neue Frau auf den unteren Sprossen der Karriereleiter. (Sie selbst war eine dieser kämpfenden Frauen, da sie als Teenager in ein Waisenhaus gegeben worden war, nachdem ihr Vater sie im Stich gelassen hatte.) Der Gegenschlag ihrer Epoche stellte sie geschäftlich kalt, und als sie in den frühen 50er Jahren ein Comeback versuchte, zog sie den ungehemmten Zorn ihrer Kollegen – vor allem Christian Diors – auf sich, der gesagt haben soll, daß eine Frau «nie ein großer Couturier» sein könne. Siehe Weibel, *Mirror, Mirror*, S. 201, 213–14; Lois W. Banner, *American Beauty*, Alfred A. Knopf, New York 1983, S. 275–76.

Eine große Tageszeitung...: Persönliches Interview mit John T. Molloy, 1988.

Molloy trat in seinem Buch...: Molloy, *Woman's Dress for Success*, S. 43, 52.

Und ein ganzer Teil...: Ebenda, S. 27–29.

«In meinem Buch...»: Persönliches Interview mit John T. Molloy, 1988.

Nachdem sie die Anzüge...: Martha Duff, «Fantasy Comes Alive», *Time* (Internationale Ausgabe), 8. Februar 1988, S. 44.

Statt den Bedürfnissen...: Louis Trager, «Nordstrom Abuzz», *San Francisco Examiner*, 6. Oktober 1988, S. C1.

«Wir haben uns...»: Persönliches Interview mit Harold Nelson, Mai 1988.

Auf der Suche nach...: Duffy, «Fantasy», S. 46–47.

1982... als Chef-Designer...: «Christian Lacroix», S. 37.

Lacroix später...: Persönliches Interview mit Christian Lacroix, Mai 1991.

Nichtsdestotrotz blieb er...: Duffy, «Fantasy», S. 38.

Er legte die feierliche Eröffnung...: «Christian Lacroix», S. 38.

Natürlich spricht die Modepresse...: «Patou's Baby Dolls», *Women's Wear Daily*, 25. Juli 1986, S. 1.

Wie *Women's Wear Daily*...: Christa Worthington, «Fantasy Fashion Rebounds in Paris», *Women's Wear Daily*, 29. Juli 1986, S. 1.

FASHION GOES MAD...: «Fashion Goes Mad», *Women's Wear Daily*, 29. Juli 1986, S. 1.

Lacroix habe den Frauen...: Worthington, «Fantasy Fashion», S. 1.

Er setzte seinen Laufsteg-Models...: Videos von Lacroix' Modeschauen in Paris und New York; Bernadine Morris, «For Lacroix, a Triumph; For Couture, a Future», *New York Times*, 27. Juli 1987, S. C14.

Dann schickte er die Models...: Martha Duffy, «Welcome to the Fresh Follies», *Time*, 9. Februar 1987, S. 76.

John Fairchild...: Baumgold, «Dancing on the Lip», S. 49.

Im folgenden Juli...: Morris, «For Lacroix, a Triumph», S. C14.

Der Präsident von Martha's...: Ebenda; «Lacroix Triumphant», *Women's Wear Daily*, 27. Juli 1987, S. 1.

Hebe Dorsey...: «Lacroix Triumphant», S. 3.

Am nächsten Tag...: Morris, «For Lacroix, a Triumph», S. C14.

Time und *Newsweek*...: Duffy, «Fantasy»; Conant, «Oh La La, Lacroix».

People feierte...: «Paris' Daring Darling Shakes Up High Fashion with High Jinks», *People*, 19. Mai 1986, S. 138.

Lacroix, dessen...: Baumgold, «Dancing on the Lip», S. 38.

«Einfache Menschen...»: Duffy, «Fantasy», S. 46.

«Er sieht aus wie Brando...»: Ebenda, S. 46.

Sein letzter Versuch...: Nina Hyde, «The Real Lacroix», *Washington Post*, 17. März 1988, S. 1.

Im Mai 1988...: «Introducing Christian Lacroix' Pret-a-Porter first at Sakes Fifth Avenue», *Washington Post*, 19. Mai 1988, S. A4.

«Das ist doch lächerlich...»: Persönliches Interview mit Mimi Gott, 24. Mai 1924. (Die Stellungnahmen der Saks-Angestellten und -Käufer stammen ebenso aus persönlichen Interviews, die am selben Tag stattfanden.)

Einen Monat später...: «Lacroix Avoids Markdown Blues», *Houston Chronicle*, 4. Januar 1990, S. 5; Pete Born, «How the French Do in U. S. Stores», *Women's Wear Daily*, 17. März 1989, S. 1; «Stores Lament Designer Sales», *Women's Wear Daily*, 12. Juni 1990, S. 1; Bernadette Morra, «Mix Master Lacroix Designs with Gusto», *Toronto Star*, 25. Oktober 1990, S. D2.

Zu diesem Zweck...: Lisa Lapin, «Jeepers! Cool Is Hot, Ralph Kramden Is a Folk Hero and Business Discovers There's Money To Be Made From Reviving the '50s», *Los Angeles Times*, IV, 4. Januar 1987, S. 1.

«Man kann inzwischen...»: Maureen Dowd, «The New Exec», *The New York Times Magazine*, 24. August 1986, S. 145.

1987 zum Beispiel...: Statistiken von der Market Research Corporation of America.

«Das hier hat nichts...»: Genevieve Buck, «Hemline Lib», *Chicago Tribune*, 3. Juni 1987, S. 7.

«Ältere Frauen wollen...»: Goodwin, «Fashion 88», S. 1.

«Die Mädels zeigen...»: Buck, «Hemline Lib», S. 7.

«Mädchen wollen wieder...»: «La Gamine», S. 86.

«Die Frauen verändern sich...»: Persönliches Interview mit John Weitz, Februar 1988; Morris, «The Sexy Look».

Wie es ein Werbeagent...: Persönliches Interview mit Sarah O'Donnell, Alcott & Andrews, Werbeagenten, 1988.

Bloomingdale's...: Reklame von Bloomingdale's, *New York Times*, 24. August 1988, S. A5.

«Saks versteht mich...»: Zweiseitige Anzeige von Saks Fifth Avenue, *Vanity Fair*, März 1988, S. 78.

Auch die Modepresse...: «Dressing Cute Enroute», *Mademoiselle*, August 1985, S. 56; «The Success Looks: Young and Easy», *Harper's Bazaar*, Oktober 1987, S. 76.

Savvy sagt...: «Power Flower», *Savvy*, März 1988, S. 78.

Frauen könnten angeblich...: Goodwin, «Fashion 88», S. 1.

«Ein Männermangel?...»: «Little Dating Looks», *Mademoiselle*, November 1987, S. 226.

Bei einer *New-York-Times*/CBS-Umfrage...: Die Männer waren trotzdem weit enthusiastischer; 71 Prozent gaben ab, sie zögen Röcke vor, die nicht unters Knie reichten. Trish Hall, «No Surprise Here: Men Prefer the Mini», *New York Times*, 31. März 1988, S. C1. Eine frühere, von 1982 stammende Erhebung von Audits and Surveys for the Merit Report fand heraus, daß 81 Prozent Frauen und Männer entweder nicht wollten, daß der Minirock wieder in Mode kommt, oder der Frage gleichgültig gegenüberstanden. Siehe dazu «Opinion Roundup – Light Fare: Of Legs, Locks Love and Lancelots», *Public Opinion*, April–Mai 1982, S. 37.

«Ich werde die neuen Miniröcke...»: Kathleen Fury, «Why I'm Not Wearing Miniskirts, I Think», *Working Woman*, November 1987, S. 184.

Nina Totenberg...: Für die gedruckte Fassung siehe Nina Totenberg, «Miniskirt, Maxi Blunder», *New York Times*, 21. März 1988, S. A19.

Der Minirock...: Sanford L. Jacobs, «Claiborne Says Miniskirts May Mean Mini-Increase in Earning for 1988», *The Wall Street Journal*, 26. Februar 1988.

«Ich glaube, es ist wirklich...»: Persönliches Interview mit Yvette Crosby und Beobachtungen vom California Mart's Market Week, 9. April 1988, S. 20.

«Letztes Jahr waren die Minis...»: Persönliches Interview mit Bob Mallard. (Die folgenden Szenen stammen aus persönlichen Interviews und Beobachtungen in Mallards Showroom, 9. April 1988.)

Jean-Paul Gaultier...: Holly Brubach, «The Rites of Spring», *New Yorker*, 6. Juni 1988, S. 80.

Pierre Cardin...: Bernadine Morris, «In Paris Couture, Opulence Lights A Serious Mood», *New York Times*, 26. Juli 1988.

Romeo Gigli...: Brubach, «Rites of Spring», S. 81.

Das Lacroix-Markenzeichen...: Gladys Perint Palmer, «Top to Toe at Paris Show», *San Francisco Examiner*, 29. Oktober 1989, S. E3.

1990 warb Valentino...: Marylou Luther, «Young and Restless: Haute Couture Sports a New Attitude for the '90s», *Chicago Sun-Times*, II, 1. August 1990, S. 25.

Die Frau, die...: Brubach, «Rites of Spring».

«Some enchanted evening...»: Persönliche Beobachtung bei der Damenunterwäscheschau von Bob Mackie, New York, 1988.

«Ich sehe die Veränderung...»: Persönliches Interview mit Bob Mackie, 1988.

Durch sinkende Umsatze...: Persönliches Interview mit der Belegschaft und Vorstandsmitgliedern von Intimate Apparel Council. Siehe auch Susan Faludi, «Artifice and Old Lace», *West Magazine, San Jose Mercury News*, 10. September 1989, S. 14.

Das Komitee gab sofort...: Pressemappe, «Intimate Aparel: How History Has Shaped Fashion», Intimate Apparel Council, Sommer 1989, S. 5.

«Nicht, daß wir uns nicht...»: Persönliches Interview mit Karen Bromley, Juli 1989.

In Erwartung...: «Underwear and Nightwear», Current Industrial Reports, 1987, U. S. Department of Commerce.

Du Pont...: Persönliches Interview mit der Sprecherin von Du Pont, Ellen Walsh, Juli 1989. Siehe auch «Dupont Says, ‹What a Body›», *Body Fashions/Intimate Apparel*, Oktober 1987, S. 2.

«Die Frauen haben...»: «The Intimate Market: A Profile», E. I. du Pont de Nemours & Co., Intimate Apparel Marketing, 1987.

«BH-Umsätze boomen!...»: Jane Ellis, «Bra at 100: Big Biz», *New York Daily News*, 15. Juni 1989.

Indem sie einen...: Woody Hochswender, «Lounge Wear for Cocooning», *New York Times*, 3. Januar 1989, S. B4.

Life widmete 1989...: Claudia Dowling, «Hurrah for the Bra», *Life*, Juni 1989, S. 88.

In einem späteren Interview...: Persönliches Interview mit Claudia Dowling, Juli 1989.

«Die ‹Sexy› Revolution...»: «The ‹Sexy› Revolution Ignites Intimate Apparel», BFIA, Oktober 1987, S. 1.

«Dieser Madonna-Look...»: Persönliches Interview mit Bob Mackie, 1988.

Die spätviktorianischen Textilfabrikanten...: Steele, *Fashion and Eroticism*, S. 192.

«Wenn die viktorianische Romantik...»: Persönliches Interview mit Peter Velardi, Juli 1989.

«Ich möchte ja nicht arrogant klingen...»: Persönliches Interview mit Howard Gross, Juli 1989. (Nachfolgende Zitate von Gross stammen aus dem Interview.)

«Jetzt kann man...»: Persönliches Interview mit George Townson, Juni 1989.

Stanford-MBA...: Persönliches Interview mit Roy Raymond, Juni 1989. (Nachfolgende Zitate stammen aus dem Interview.)

«O Gott, der Tisch mit den Slips...»: Persönliches Interview mit Becky Johnson, Juli

1989. (Die folgenden Szenen und Zitate stammen aus persönlichen Interviews und Beobachtungen, Juli 1989. Siehe Faludi, «Artifice and Old Lace», S. 18.)

In jenem Jahr sank...: Daten vom MRCA, Soft Goods Information Services.

«Zur Berufstätigkeit der Frauen...»: Persönliches Interview mit John Tugman, 1988.

1982 meldete sich...: Persönliches Interview mit Jockeyvorstand Howard Cooley und Don Ruland, Vizevorsitzender für Verkaufsförderung, Juli 1989. (Nachfolgende Zitate von Cooley stammen aus dem persönlichen Interview.)

Zur Vorbereitung entschloß sich...: Persönliches Interview mit Gayle Huff, dem Werbechef für Inlandsverkauf von Jockey, und Bill Herrmann, dem Seniorvizechef für Werbung, Juli 1989.

Die Marke wurde sofort...: Faludi, «Artifice and Old Lace», S. 21.

«Die Frauen beschwerten sich...»: Persönliches Interview mit Jay Taub, 1988.

In den Schaufenstern...: Stephanie Salter, «Short Skirts, Long Battles», *San Francisco Examiner*, 20. Oktober 1989, S. A25; Jean Kilbourne, «Still Killing Us Softly: Advertising's Image of Women», 1987, Cambridge Documentary Films.

In *Vogue*...: «Hidden Delights», *Vogue*, März 1989, S. 462.

Andere Mainstream-Modemagazine...: Diese Bilder stammen aus *Vogue*, *Glamour* und *Cosmopolitan*. Ich danke Ann Simonton, Leiterin von *Media Watch*, daß ich ihre Bildersammlung von Frauen in der Werbung der 80er Jahre verwenden durfte.

Ende der 80er Jahre...: Linda Frye Burnham, «Rear Window», *LA Weekly*, 5. November 1987.

«Er läßt mich das sein...»: «Jordache Basics», *New York Times Magazine*, 21. August 1988, S. 23.

Der Firmenüberlieferung zufolge...: «The Guess? Success», Guess-Pressemappe, 1988.

Bald jedoch würde Guess...: Aus: Guess? Werbevideos.

«Sie sollten mal hören...»: Persönliches Interview mit Lisa Hickley, April 1988.

«Als ich herkam...»: Persönliches Interview mit Paul Marciano, April 1988. (Nachfolgende Zitate von Marciano stammen aus dem Interview.)

Im amerikanischen Westen...: The Panhandle, Guess? Inc., Los Angeles, undatiert.

«Also, was haltet ihr...»: Persönliches Interview mit Wayne Maser, Mai 1988. (Die folgende Szene und die Zitate stammen aus persönlichen Interviews und Beobachtungen bei den Guess-Modeaufnahmen Mai 1988.

«Ich hatte Schlimmes...»: Persönliches Interview mit Rosemary McGrotha, Mai 1988.

«Viele der bekannten Models...»: Persönliches Interview mit Jeffrey Thurner, Mai 1988.

«Ich schaffe das alles nur...»: Persönliches Interview, Mai 1988.

7. Schönheit und Gegenschlag

«Meine Puppen haben...»: Interview mit Robert Filoso und persönliche Beobachtungen, April 1988. (Nachfolgende Zitate von Filoso stammen aus dem Interview.) In diesem Jahr...: Zur selben Zeit fertigten Hersteller männlicher Mannequins mehr Macho-Modelle. Pucci Manikins beispielsweise erhöhte die Größe seiner männlichen Schaufensterpuppen von sechs Fuß auf 6,2 Fuß und machte seine 40-Inch-Brustkörbe um 0,2 Inch breiter. Siehe Sam Allis, «What Do Men Really Want», *Time*, Sonderheft, Herbst 1990, S. 80.

«Man hat den Eindruck...»: Persönliches Interview mit Laurie Rothey, April 1988.

«Zahlt Ihr Gesicht...»: Anzeige für Nivea Visage, 1988.

«Beruflicher Streß...»: Jeanne M. Toal, «Stress and Single Girl», *Mademoiselle*, September 1987, S. 293.

Diese Botschaft wurde fast...: Kinnard, *Antifeminism*, S. 20, 307.

1981 fielen...: «Charlies's Back», *Barron's*, Mai 1985, S. 34.

Die Schönheit wurde...: Eine medizinisch orientierte und körperlich schädigende Schönheitsnorm ist ein weiteres Merkmal des Gegenschlags. Die Ärzte der späten viktorianischen Ära führten die ersten «Gesichtshaut»-Operationen und Brustvergrößerungen durch, «Brustdurchbohrung» genannt, weil sie einen Metallring einführten, der das Fleisch reizte und dadurch anschwellen ließ. In den 30er Jahren wurden Gesichtsliftings zunehmend populärer; in der Ära des «Weiblichkeitswahns» wurden Silikoninjektionen eingeführt und intensiv propagiert. Siehe Rosen, *Popcorn Venus*, S. 181; Maggie Angeloglou, *A History of Makeup*, The Macmillan Co., London, 1970, S. 103.

Ein Arzt versprach...: Ann Louise Bardach, «The Dark Side of Cosmetik Surgery», *The Good Health Magazine, New York Times*, 17. April 1988, S. 24.

Ärzte und Klinikverwaltungen...: Bis zum Jahr 1988 brachten medizinische Programme für Gewichtsverlust jährlich 5,5 Milliarden Dollar ein, und Diätkliniken machten 10 Milliarden Profit – nicht schlecht für eine Industrie mit einer 95prozentigen Mißerfolgsrate. Siehe Molly O'Neill, «Dieters, Craving Balance, Are Battling Fears of Food», *New York Times*, 1. April 1990, S. 1.

Stammten aus früheren...: Siehe beispielsweise Bram Dijkstra, *Idols of Perversity: Fantasies of Feminine Evil in Fin de Siècle Culture*, Oxford University Press, New York 1986, S. 25–29.

Während der spätviktorianischen Ära...: Dijkstra, *Idols of Perversity*, S. 29.

Der Schwindsucht-Look...: Banner, *American Beauty*, S. 41; Banner, *American Beauty*, S. 47; Joan Jacobs Brumberg, *Fasting Girls: The Emergence of Anorexia Nervosa as a Modern Disease*, Harvard University Press, Cambridge, Mass. 1988, S. 101–140.

In Gegenschlagszeiten...: Das war eine Gleichsetzung, die John Ruskin 1864 ausdrücklich in seinem Vortrag über weibliche Schönheit, «Of Queens' Gardens», machte: «Das, was die Frau innerhalb ihres heimischen Gefildes, als Zentrum der häuslichen Ordnung, als Zerstreuerin von Sorgen und als Verkörperung von Anmut sein soll, das sei sie auch außerhalb ihres Heimes, wo weniger Ordnung herrscht, wo Schwierigkeiten drohen und die rauhe Wirklichkeit zutage tritt.» Siehe Banner, *American Beauty*, S. 12; Steele, *Fashion and Eroticism*, S. 104–105.

In den Jahren vor und nach...: Banner, *American Beauty*, S. 227; Angeloglou, *History of Makeup*, S. 109, 116–17, 119.

Während des Zweiten Weltkriegs...: Siehe beispielsweise «The Changing Face of the American Beauty», *McCall's*, April 1976, S. 174.

Harper's Bazaar beschrieb...: Tina Sutton und Louise Tutelian, «Play It Again, Roz», *Savvy*, April 1985, S. 60.

Kaum war der Krieg jedoch...: Angeloglou, *History of Makeup*, S. 131; Weibel, *Mirror, Mirror*, S. 161.

Im Rahmen des Gegenschlags...: Siehe beispielsweise «Action Beauty», *Mademoiselle*, April 1979. Die Schönheitsmagazine der 70er Jahre sind mit redaktionellen und werbemäßigen Achtungsbezeigungen an athletische, gebräunte und natürliche Gestalten gefüllt.

Im Winter 1973...: Persönliches Interview mit Lawrence Wechsler, dem Vizedirektor von Revlon, 1989.

So revolutionär war das...: Angeloglou, *History of Makeup*, S. 126.

Das Revlon-Team...: Persönliches Interview mit Lawrence Wechsler, 1989.

«Charlie symbolisierte...»: Ebenda. (Nachfolgende Zitate von Wechsler stammen aus dem Interview.)

1982 zog Revlon plötzlich...: Philip H. Dougherty, «Defining ‹A Charlie› for Revlon», *New York Times*, 28. November 1986, S. D7.

Die neue Werbekampagne...: Ebenda.

«In den vergangenen Jahren...»: «Light Scents with Strong Appeal», *Glamour*, September 1987, S. 386.

Unzählige Parfumhersteller...: Ronald Alsop, «Firms Push ‹Aroma Therapy› to Treat Flat Fragrance Sales», *The Wall Street Journal*, 20. März 1986, S. 31.

In den neuen Werbekampagnen...: Zur selben Zeit wurden die Duftwässer für Männer betont männlicher, als Dufthersteller neue Sorten wie «Boss» und «Hero» auf den Markt brachten; letztere wurde vom Baseballhelden Hank Aaron unterstützt. Siehe Woody Hochswender, «Men's Fragrance: The Scent of Money Has Attracted a Striking Number of New Products», *New York Times*, 4. Oktober 1988.

In der ersten Hälfte...: Lisa Belkin, «Cosmetics Go on Gold Standard», *New York Times*, 11. Oktober 1986, S. 52; «Selling Scents Gets Tougher», Einzelhandel: Ein Sonderbericht, *The Wall Street Journal*, 7. Mai 1987, S. 1.

Zur Werbung für Passion...: Kathleen A. Hughes, «Perfume Firms Go All Out in Effort to Lure Buyers», *The Wall Street Journal*, 10. Dezember 1987, S. 29.

«Du bist von Anfang an...»: Jean Kilbourne, «Still Killing Us Softly», Cambridge Documentary Films, 1987.

Die Flut...: Mark Honigsbaum, «Dollars and Scents», *This World*, *San Francisco Chronicle*, 16. Oktober 1988, S. 9.

Bei Avon...: Walecia Konrad, «The Problems at Avon Are More Than Skin Deep», *Business Week*, 20. Juni 1988, S. 49; Denise M. Topolnicki, «Avon's Corporate Makeover», *Working Woman*, Februar 1988, S. 57.

Indem sie sich...: Topolnicki, «Corporate Makeover», S. 59.

Die Überschrift eines Artikels...: Cynthia Robins, «The Makeup Message for Summer: Be Seen But Not Heard», *San Francisco Examiner*, 31. Juli 1986, S. E5.

Die Kosmetik-Beiträge...: «Now You're Chic... Now You're Cheap – Do Not Cross That Fine (Beauty) Line», *Mademoiselle*, April 1988, S. 230.

Vogue legte...: «The Impact of a New Year... And a Difference in Makeup», *Vogue*, Januar 1987, S. 140.

Den größten Make-up-Verbrauch...: Laura Sachar, «Forecast: Industry Analysis-Cosmetics», *Financial World*, 5. Januar 1988, S. 21; Joseph Weber, «Why Noxell Is Touching Up Its Latest Creation», *Business Week*, 11. Juli 1988, S. 92.

Die Taktik der...: «Cosmetics Shows Its Age», *Financial World*, 29. Mai–11. Juni 1985, S. 87.

Auf den Etiketten...: Biotherm Anti-Faltencreme behauptete, «menschliche Placentaproteine» zu verwenden. Barbara Kallen, «Facing Facts», *Forbes*, 19. Mai 1986, S. 178.

Die Werbeagentur...: Persönliches Interview mit Jane Eastman von Wells Rich Greene, 1988; Kathleen Deveny und Alecia Swasy, «In Cosmetics, Marketing Cultures Clash», *The Wall Street Journal*, 30. Oktober 1989, S. B1.

Die Chanel-Reklame...: Ronald Alsop, «Chanel Plans to Run Ads in Magazines with Less Cachet», *The Wall Street Journal*, 27. Januar 1988, S. 30.

1985 ergab eine...: Cynthia Robins, «The Quest for Flawless Skin», *San Francisco Examiner*, 27. Juli 1986, S. A19.

1986 hatten sich...: Ebenda.

Die Verheißung von...: Melinda Beck, «Peddling Youth Over the Counter», *Newsweek*, 5. März 1990, S. 50.

Hautpflege-Hersteller...: Cynthia Robins, «Blocking the Sun's Rays», *San Francisco Examiner*, 30. Juli 1986, S. E4.

Ein Jahrhundert zuvor...: «The Pale Pursuit», *Ms.*, September 1987, S. 52.

Retinol A löste...: Kathy Holub, «Does Retin-A Really Work?» *West Magazine, San Jose Mercury News*, 15. Mai 1988, S. 14; Marilyn Chase, «Looking for Miracles, Young and Old Flock to Purchase Retin-A», *The Wall Street Journal*, 12. Februar 1988, S. 1; Beck, «Peddling Youth», S. 50–51.

In der einzigen Studie...: Jonathan S. Weiss, Charles N. Ellis, John T. Headington, Theresa Tincoff, Ted A. Hamilton und John J. Voorhees, «Topical Tretinoin Improves Photoaged Skin», *Journal of American Medical Association* 259, Nr. 4, 22.–29. Januar 1988, S. 527–52.

Überflüssig zu sagen...: Holub, «Retin-A».

Innerhalb eines Jahres...: Susan Duffy Benway, «Youth for Sale: Anti-Aging Is the Hottest Thing in Cosmetics», *Barron's*, 22. Dezember 1986, S. 24.

Dieser Ansicht war...: «Breck Hair Care», Verlautbarung der «Breck '88»-Pressemappe.

Das Breck-Girl...: «What Ever Happened to the Breck Girl?» Werbebroschüre von Breck, 1988.

«Die Firmenleitung hatte...»: Persönliches Interview mit Gerard Matthews, Februar 1988.

Es sei wieder da...: Das Wiederaufleben des Begriffs «The Breck Girl» löste eine neue Welle beißender Kritik seitens weiblicher Journalisten aus, die das Ereignis kommentierten und ärgerliche Briefe von Frauen anführten. Die Firma gab im folgenden Jahr schließlich nach und taufte sie in «The Breck Woman» um.

«Diese militanten...»: Persönliches Interview mit Robert Anderson, 1988.

«Wir wollten keine...»: Interview mit Gerard Matthews, Februar 1988.

Dem pflichtete...: Robert Anderson, «My Impressions of the Search», Breck-Pressemappe.

«Ich saß am Computer...»: Persönliches Interview mit Cecilia Gouge, Mai 1988. (Nachfolgende Zitate von Cecilia Gouge stammen aus dem Interview.)

Anderson brach die Suche...: «Cecilia Gouge Becomes the New Breck Girl» und «New Breck Girl Combines Career, Motherhood – And She Baits Her Own Hook», Breck-Pressemappe, 1987.

Das neue Breck-Girl...: Persönliches Interview mit Cecilia Gouge und Breck-Werbeagentin Susan McCabe, 1988.

«Als Cecilia...»: Persönliches Interview mit Joe Gouge, Mai 1988. (Nachfolgende Zitate von Joe Gouge stammen aus dem Interview.)

Im nächsten Jahr...: «Breck Announces Sales Increase and Line Extensions for 1988», Pressemitteilung von 1988.

«Meine Frau ist...»: Persönliches Interview mit Robert Harvey und persönliche Beobachtungen beim Bohemian Club, 1988. (Nachfolgende Zitate stammen aus dem Interview.)

«*Good Housekeeping*...»: Persönliches Interview mit einer von Harveys Patientenberaterinnen, die nicht namentlich genannt werden möchte, 1988.

«Es wurde immer schlimmer...»: Persönliches Interview – 1988 – mit einer von Harveys Patientinnen, die nicht namentlich genannt werden wollte, da sie nicht wünschte, daß die Öffentlichkeit von ihrem Entschluß, sich einer Brustimplantation zu unterziehen, erfahren sollte.

1983 startete...: Lisa M. Krieger, «New Face of Plastic Surgery», *San Francisco Examiner*, 1. Januar 1989, S. A1; Pressemappe von American Society of Plastic and Reconstructive Surgeons Inc. und ihrer Plastic Surgery Education Foundation.

«Es gibt medizinische...»: Krieger, «New Face of Surgery», S. A1.

Eine einzige Ausgabe...: Bardach, «The Dark Side of Cosmetic Surgery», S. 24.

Die kosmetische Chirurgie...: Anzeige mit der Überschrift «Cosmetic Surgery Can Enhance Your Life», *The New York Times Magazine*, 17. April 1988, S. 57.

Durch Liposuktion...: Anzeige im *Los Angeles Magazine*, Februar 1989.

Von *Vogue* bis...: Teri Agins, «Boom in Busts», *The Wall Street Journal*, nachgedruckt in *San Francisco Examiner*, 15. Dezember 1988, S. D1.

«Werden Sie kurvenreich!...»: «Go Curvy!: The Right Inches/The Right Places», *Mademoiselle*, Januar 1988, S. 108.

«Vorn und im Mittelpunkt...»: «Breasts... the Bare Truth: A Beauty Report», *Mademoiselle*, April 1988, S. 221.

Ein Artikel im...: Rita Seiff, «Getting Better All the Time», *Ladies' Home Journal*, Juli 1987, S. 20.

In TV-Talkshows...: Die Sendung «Good Morning Bay Areas» vom 13. Januar 1989 veranstaltete einen Schönheitsoperationswettbewerb, bei dem lokale Schönheitschirurgen entschieden; die Kandidatinnen waren Frauen, die «am meisten Potential für eine positive Veränderung» an den Tag legten. Im Dezember 1988 ernannte «Donahue» eine Patientin der plastischen Chirurgie zur «perfekten Frau». Siehe Ryan Murphy, «It's Not Easy Being Perfect», *San Jose Mercury News*, 14. Februar 1989, S. D1. Für die Radiostationen: Barbara Lippert, «Vanna Doesn't Speak», *Adweek*, 6. Juli 1987, S. 10. Selbst *Ms*....: Wendy Kaminer, «Of Face Lifts and Feminism», *New York Times*, 6. September 1988, S. A23.

1988 hatte sich...: Steven Findlay, «Buying the Perfect Body», *U. S. News and World Report*, 1. Mai 1989, S. 68; Susan Jacobym, «Appearance Anxiety», *The New York Times Magazine*, 28. August 1988, S. 26.

Über zwei Millionen...: Krieger, «New Face», S. A 22.

Eine 1977 von....: «Facial Plastic and Reconstruction Surgery Study», zitiert in Susan L. Wampler, «Mirror: The Changing Face of Beauty», *Indianapolis Business Journal III*, 19. Februar 1990, S. 28.

1988 deckte eine...: Eine sechsmonatige Untersuchung durch das U. S. House of Representatives' Small Business Subcommittee; seine Ergebnisse wurden im Frühjahr 1989 veröffentlicht.

Andere Studien...: Rita Freedman, *Die Opfer der Venus: Vom Zwang, schön zu sein*, Kreuz-Verlag, Stuttgart und Zürich 1989, S. 213.

Die Nachoperationen...: Elizabeth Bennett, «Choice of Doctors May Determine Success in Quest for Youth and Beauty», *Houston Post*, 29. Mai 1987, S. G1.

Brustimplantationen...: Sandra Blakeslee, «Breast Implant Surgery: More Facts Are Sought in the Battle Over Safety», *New York Times*, 28. Dezember 1989, S. B6.

Eine 1987 in den...: John B. McCraw, Charles E. Horton, John A. I. Grossman, Ivor Kaplan und Ann McMellin, «An Early Appraisal of the Methods of Tissue Expansion and the Transverse Rectus Abdominis Musculocutaneious Flap in Reconstruction of the Breast Following Mastectomy», *Annals of Plastic Surgery* 18, Nr. 2, Februar 1987, S. 93–113.

1988 fanden Ermittler...: Bardach, «Dark Side», S. 54. Tatsächlich sind keine umfassenden epidemiologischen Studien über Brustimplantationen seit Einführung der Erfindung im Jahr 1964 angestellt worden.

Schrumpfung des Narbengewebes...: Ebenda; Blakeslee, «Breast Implant Surgery»; «Breast Implants Delay Diagnosis of Cancer», *San Francisco Chronicle*, 8. Juli 1988; «Breast Implants Hinder X-Ray Mammography», *The Wall Street Journal*, 14. Juni 1989, S. B1.

1989 starb in...: «Dying for Beauty», *Media Watch* 3, Sommer 1989, S. 2.

1982 erklärte die FDA...: Sybil Niden Goldrich, «Restoration Drama», *Ms.*, Juni 1988, S. 20.

«Für den Menschen...»: Warren E. Leary, «Silicone Implants Tied to Cancer in Test Rats», *New York Times*, 10. November 1988, S. A8.

Erst im April 1991...: Jean Seligmann, «The Hazards of Silicone», *Newsweek*, 29. April 1991, S. 56.

Auf diese Probleme....: «Plastic Surgeons' Society Issues Statement on Breast Implants», neuen Verlautbarung von der American Society of Plastic and Reconstructive Surgeons, Januar 1988.

Zwischen 1984 und 1986...: Daten von der American Society of Plastic and Reconstructive Surgeons, 1988; «Five-Year Updated Evaluation of Suction-Assisted Lipectomy», vom ASPRS Ad Hoc Committee on New Procedures erstellte wissenschaftliche Abhandlung, 30. September 1987.

Außerdem zog...: «Five-Year Updated Evaluation of Suction-Assisted Lipectomy». Eine weitere Abweichung...: Ebenda.

Am 30. März 1987...: Carrie Dolan, «Fat-cutting Gains Wide Popularity But Can Be Dangerous», *The Wall Street Journal,* 26. Juni 1987, S. A1; Bennett, «Choice of Doctors»; Fred Bonavita, «Pasadena Doctor's License Revoked», *Houston Post,* 25. Juli 1987, S. 1A.

In der Broschüre...: Hope E. Paasch, «Widower Suing Doctor», *Houston Post,* 8. April 1987, S. 3A.

Ramirez operierte...: Ebenda; Bonavita, «Pasadena Doctor».

1987, nur fünf Jahre...: «Five-Year Updated Evaluation of Suction-Assisted Lipectomy», S. 8–11.

1988 setzte...: Laura Fraser, «Scar Wars», This World, *San Francisco Chronicle,* 20. Mai 1990, S. 7.

Eine Frau in San Francisco...: Persönliches Interview – von 1989 – mit einer nahen Freundin der Frau, die nicht wollte, daß ihr Name veröffentlicht wird.

Dem 1987 herausgegebenen...: «Five-Year Updated Evaluation of Suction-Assisted Lipectomy», S. 2.

Sogar der Bericht...: Ebenda, S. 12.

In der Zeitschrift...: Janice Kaplan, «Fix vc. Lift?» *Vogue,* Januar 1985, S. 205.

Ein Schönheitschirurg...: Bardach, «Dark Side», S. 51.

Die Zahl der ...: Statistiken von der American Society of Plastic and Reconstructive Surgeons. Zwischen 1984 und 1986 fiel die Zahl der durchgeführten Brustwiederherstellungsverfahren von 98 800 auf 57 200, und die Zahl der Operationen zur Wiederherstellung von Verbrennungsschäden sank von 23 000 auf 20 400. Insgesamt fiel die Zahl aller Wiederherstellungsprozeduren (im Gegensatz zu den ästhetischen) von 1 388 700 auf 1 259 500.

«Für mich», sagte der...: Rodney Tyler, «Doctor Vanity», *Special Report,* November 1989–Januar 1990, S. 20. Wagner führte auch an seiner Mutter, seiner Schwiegermutter und der Schwester seiner Frau kosmetische Operationen durch. Damit stand er nicht allein da. Bei einer Erhebung über Schönheitschirurgen aus dem Jahr 1987 gab fast die Hälfte von ihnen an, sie gestalteten ihre Frauen, Mütter und Töchter um.

«Es war ein schlimmes...»: Persönliches Interview, 1988. (Nachfolgende Zitate stammen aus dem Interview.)

«Für mich machte die Idee...»: Persönliches Interview mit Patrick Netter, 1990.

DRITTER TEIL
Ursprünge einer Reaktion

8. Die Politik des Ressentiments

Anmerkungen zu Seite 315–319

«Die Politik der Verzweiflung...»: Seymour Martin Lipset und Earl Raab, *The Politics of Unreason: Right-Wing Extremism in America, 1790–1970*, Harper and Row, New York 1970, S. 3.

«Ich habe zum ersten Mal...»: Interview mit Paul Weyrich, 1988. (Nachfolgende Zitate von Weyrich stammen aus dem Interview, anderenfalls sind sie gekennzeichnet.)

Wie es ein Pfarrer der Neuen Rechten...: Persönliches Interview – von 1988 – mit Edmund Haislmaier, Mitglied der Heritage Foundation, der bei dieser Versammlung anwesend war.

Zwischen 1977 und 1980...: Arbitrons Studie «Prime Time Preachers» aus dem Jahr 1981 ergab, daß die wöchentliche Zahl der Zuschauer zwischen 1977 und 1980 von 21 auf 20 Millionen fiel; A. C. Nielsens «Report on Syndicated Programs» von 1980 fand heraus, daß nur zwei der zehn unabhängigen Top-Prediger des Fernsehens gerade 2 Prozent der Haushalte durch ihre Sendungen erreichten. Siehe John L. Kater, Jr., *Christians on the Right*, The Seabury Press, New York, S. 18; William Martin, «The Birth of a Media Myth», *Atlantic*, Juni 1981, S. 9. Im Laufe des Jahrzehnts ließ das Interesse an den TV-Geistlichen weiter nach: Eine Louis-Harris-Umfrage von 1987 ergab, daß 70 Prozent der Amerikaner glaubten, die Medienprediger hätten eher einen schädlichen als einen nützlichen Einfluß.

Selbst auf dem Gipfel...: Mit der Zahl von 23,4 Millionen Menschen übertrieb Falwell sein Fernsehpublikum. Siehe Flo Conway und Jim Siegelman, *Holy Terror: The Fundamentalist War on America's Freedoms in Religion and Our Private Lives*, A Delta Book, New York 1984, S. 83.

Einer Harris-Umfrage zufolge...: Louis-Harris-Umfrage vom Mai 1987.

«Die Politik des Gegenschlags...»: *The Politics of Unreason*, S. 29–30.

«Amerika ist von ihnen...»: Richard Hofstadter, *The Paranoid Style in American Politics*, Alfred A. Knopf, New York 1965, S. 23–43.

Und Weyrich selbst sagt...: Thomas J. McIntyre und John C. Olbert, *The Fear Brokers*, The Pilgrim Press, Philadelphia 1979, S. 156.

Pendants der Neuen Rechten...: Hofstadter, *The Paranoid Style*, S. 68, 73–74; Lipset und Raab, *Politics of Unreason*, S. 30.

Wie der Gründer des Conservative...: McIntyre, *The Fear Brokers*, S. 156.

1980 gehörte Weyrich...: *Conservative Digest* 6, Nr. 6, Juni 1980, S. 12, zitiert in Rosalind Pollack Petchesky, «Antiabortion Antifeminism and the Rise of the New Right», *Feminist Studies* 7, Nr. 2, Sommer 1981, S. 232.

Im selben Jahr...: Jerry Falwell, *Listen, America!*, Doubleday-Galilee, Garden City, N. Y. 1980, S. 151.

Eine Gruppe der Neuen Rechten...: Charlene Spretnak, «The Christian Right's ‹Holy War› Against Feminism», *The Politics of Women's Spirituality*, Anchor/Doubleday, New York 1982, S. 470–496; Walda Katz Fishman und Georgia E. Fuller, «Unraveling the Right-Wing Opposition to Women's Equality», *Interchange*, Bericht vom Interchange Resource Center, Washington D. C., 1981, S. 1; Marcia Fram, «ERA Foes Exploit ‹Women vs. Women's Myth», *National Catholic Reporter*, 30. Juni 1982.

«Die Frauenbewegung...»: Petchesky, «Antiabortion», S. 211.

Eine 1989 durchgeführte Befragung...: «Women Shun Clergy's Advice», *San Francisco Chronicle*, 14. April 1989, S. B4.

Als eine Meinungsforscherin...: «A Poll for Women: A Survey of Protestant Evangelical Opinion About Self-Image and Social Problem», Februar/Mai 1982. Siehe Carol Virginia Pohli, «Church Closets and Back Doors: A Feminist View of Moral Majority Women», *Feminist Studies 9*, Nr. 3, Herbst 1983, S. 542.

In ihren Predigten...: Dan Morgan, «Evangelicals: A Force Divided, Political Involvement, Sophistication Growing», *Washington Post*, 8. März 1988, S. A1; Janet E. Burks, «Changing Roles of Women: Two Views, the Religious Right Moves Backward into History», *Sequoia*, Juli–August 1986, S. 9.

«Immer mehr Männer...»: Barbara Ehrenreich, Elizabeth Hess und Gloria Jacobs, *Gesprengte Fesseln, 20 Jahre Kampf um eine weibliche Sexualität und was wir damit gewonnen haben*, Goldmann, München 1988, S. 161–162.

In einer Verleumdungskampagne...: Conway und Siegelman, *Holy Terror*, S. 275–76.

«Die gingen richtig...»: Ebenda, S. 276.

Howard Phillips bezichtigte...: Leslie Wolfe, «The Unfinished Agenda: Women and Girls in Education», Women's Way Conference, 9. November 1987, Philadelphia, Pa., S. 11.

Wohin er in Washington...: Falwell, *Listen, America!*, S. 142–43, 157–64.

Das *Mandate for Leadership*...: *Mandate for Leadership: Policy Management in a Conservative Administration*, hrsg. von Charles Heatherly, Heritage Foundation, Washington D. C. 1981, S. 180.

Auch das drei Jahre später...: Stuart M. Butler, Michael Sanera und W. Bruce Weinrod, *Mandate for Leadership II: Continuing the Conservative Revolution*, Heritage Foundation, Washington D. C. 1984, S. 157.

Und *Cultural Conservatism*...: *Cultural Conservatism, Toward a New National Agenda*, Free Congress Foundation, Lanham, Md. 1987, S. 2.

«Man braucht nicht mehr...»: Ebenda, S. 7.

Die Publikationsliste...: *Family-in-America*-Publikationsliste, Rockford Institut, 1989.

«Alles konzentrierte sich...»: Interview mit Edmund Haislmaier, 1988.

Die Vorschläge im einzelnen...: Onalee McGraw, «The Family Protection Report: Symbol and Substance», Moral Majority Report, 23. November 1981, S. 4; Petchesky, *Antiabortion, Antifeminism*, S. 224–225; Frances Fitzgerald, «The New Righteousness – Changing Our Laws, Your Life», *Vogue*, November 1981, S. 236.

Diese Bestimmung sah vor...: Marilyn Power, «Women, the State and the Family», S. 155.

Daß die Republikaner...: Für eine aufschlußreiche Erörterung dieses Phänomens siehe

Zilliah Eisenstein, «Antifeminism in the Politics and Election of 1980», *Feminist Studies 7*, Nr. 2, Sommer 1981, S. 187.

Und ihr Kandidat...: Fishman und Fuller, «Unraveling the New-Right Opposition», S. 1.

Richard G. Hutcheson Jr....: Richard G. Hutcheson, Jr., *God in the White House*, Macmillan, New York 1988; ähnlich wenig Beachtung wird der Rolle des Feminismus in vielen anderen Studien geschenkt. Siehe Samuel S. Hill und Dennis F. Owen, *The New Religious Political Right in America*, Abindon, Nashville, Tenn., 1982; McIntyre, *The Fear Brokers*.

In *Thunder on the Right*...: Alan Crawford, *Thunder on the Right: The «New Right» and the Politics of Resentment*, Pantheon, New York 1980, S. 149; Petchesky, «Antiabortion», Fußnote 2, S. 239.

«Wir unterscheiden uns...»: McIntyre, *Fear Brokers*, S. 156.

Reverend James Robison...: Conway und Siegelman, *Holy Terror*, S. 60, 161.

«Jesus war kein...»: Kater, *Christians*, S. 38.

Und doch waren die...: «Weil wir schwache Männer haben», klagt er, «haben wir schwache Familien, und Kinder aus diesen Familien werden wahrscheinlich ihrerseits schwache Eltern werden, die noch schwächeren Familien vorstehen.» Falwell, *Listen, America!*, S. 129.

«Paradoxerweise kann der...»: Sidney Blumenthal, *The Rise of the Counter-Establishment: From Conservative Ideology to Political Power*, Harper & Row, New York 1988, S. 6.

«Zwanzig Jahre lang...»: Butler, Sanera und Weinrod, *Mandate for Leadership II*, S. 155.

Zuvor hatte sich die...: Fram, «ERA Foes Exploit ‹Women vs. Women› Myth».

Jetzt hatte er die Oberhand...: Für ein Beispiel, wie Weyrich sich dieser rhetorischen Taktik bedient, siehe Conway und Siegelman, *Holy Terror*, S. 116. Die Neue Rechte benannte sogar Zufluchtstätten für geschlagene Frauen in «Antifamilie»(n)-Institutionen um. Siehe Barbara Bergmann, *The Economic Emergency of Women*, Basic Books, New York 1986, S. 206.

In den 20ern hatte sich...: Lipset und Raab, *Politics of Unreason*, S. 117.

Diese Anwälte «für das Leben»...: Für die Atombombenrate siehe Conway und Siegelman, *Holy Terror*, S. 417.

Unter dem Banner...: Falwell, *Listen, America!*, S. 129.

«Die Emanzen sind wie...»: Phyllis Schlafly, *The Power of the Positive Woman*, Jove/Harcourt Brace Jovanovich, New York 1977, S. 72.

«Der Feminismus ist schlimmer...»: Beverly LaHaye, *The Restless Woman*, Zondervan Publishing House, Grands Rapids, Mich. 1984, S. 54.

Die Frau, die gegen den...: Siehe Carol Felsenthal, *The Sweetheart of the Silent Majority: The Biography of Phyllis Schlafly*, Doubleday & Co., New York 1981.

In ihrer antifeministischen Abhandlung...: Schlafly, *Positive Woman*, S. 40–41.

Die Frauen, die sie...: Schlafly, *Positive Woman*, S. 12–13, 33–34, 49, 53–54.

Ihrer Meinung nach...: Ebenda, S. 53.

«Die Positive Frau des heutigen Amerika...»: Ebenda, S. 33.

1977 wurde im Rahmen...: Rebecca E. Klatch, *Woman of the New Right*, Temple University Press, Philadelphia 1987, S. 123; Ann Hulbert, «The Baltimore Bust», *The New Republic*, 28. Juni 1980, S. 20. Siehe auch Beverly LaHaye, *Who But a Woman?*, Thomas Nelson Publishers, New York 1984, S. 25, 29, 43, 49. Wie La-Haye, die Begründerin der Neue-Rechte-Gruppe Concerned Women for America selbst schrieb: «Ich weiß, dies klingt unglaublich, aber ich verdanke Bella Abzug, Gloria Steinem, Betty Friedan und anderen radikalen Feministinnen wirklich viel, was den Bestand von Concerned Women for America angeht.» Der Kongreß von 1977, so stellte sie fest, «öffnete mir und den anderen christlichen Frauen im ganzen Land, die sich dafür engagiert hatten, die Augen».

Das Internationale Jahr der Frau...»: Klatch, *New Right*, S. 123–24.

«Ich hatte noch nie...»: Ebenda, S. 143–44.

«Es liege im Wesen der Frau...»: Connaught C. Marshner, *The New Traditional Woman*, Free Congress Research and Education Foundation, Washington D. C. 1982, S. 12.

«Wenn mir zwischen...»: Persönliches Interview mit Connaught Marshner, Mai 1988.

«Ach ja...»: Ebenda. (Die folgenden Zitate stammen aus dem persönlichen Interview mit Marshner, anderenfalls sind sie gekennzeichnet.)

Intellektuelle und Pragmatikerin zugleich...: Connaught C. Marshner, *Why the Family Matters: From a Business Perspective*, The Free Congress Foundation, Washington D. C. 1985, S. 8.

Abtreibung zum Beispiel...: Ebenda, S. 14.

Hört auf zu jammern...: Schlafly, *Positive Woman*, S. 70–71.

«Frauen müssen wissen...»: Klatch, *New Right*, S. 45.

«Sie ist modern...»: Marshner, *New Traditional Woman*, S. 1.

Durch die Frauenbewegung...: Ebenda, S. 3.

«Der Macho-Feminismus hat...»: Ebenda, S. 3–4.

«Marshner ist nicht mehr dabei...»: Persönliches Interview mit Paul Weyrich, 1988.

Währenddessen sitzen...: Persönliches Interview – 1988 – mit Mitgliedern der Belegschaft.

«Die Frau, die wahrhaft...»: Beverly LaHaye, *The Spirit-Controlled Woman*, Harvest House Publishers, Eugene, Ore., 1976, S. 71.

«Gott hat mich nicht zu...»: Persönliches Interview mit Beverly LaHaye, Mai 1988.

«Für mich spricht Betty Friedan nicht...»: Ebenda. (Die folgenden Zitate von LaHaye stammen aus dem Interview, anderenfalls sind sie gekennzeichnet.)

Damals war LaHaye eine...: LaHaye, *Spirit-Controlled Woman*, S. 13.

«Wenn mich Frauengruppen einluden...»: Ebenda.

«Eine sehr wohlmeinende Frau...»: Ebenda, S. 13–14.

«In meinem Fall...»: Ebenda, S. 89.

Schon als ihr kleinstes Kind...: Persönliches Interview mit Beverly LaHaye, Mai 1988.

Der Redner, der bekannte...: Ebenda.

«Genau das bräuchte ich!...»: LaHaye, *Spirit-Controlled Woman*, S. 13, 14, 30, 34.

Wenn eine Fundamentalistin...: Ebenda, S. 14, 34.

Eine vom Geist beherrschte Frau...: Ebenda, S. 34.

LaHayes Weg zur...: Persönliches Interview mit Beverly LaHaye, Mai 1988.

«Die moderne Forschung...»: Tim und Beverly LaHaye, *The Act of Marriage: The Beauty of Sexual Love*, Zondervan Publishing, Grand Rapids 1976, S. 109.

«Bedauerlicherweise scheinen manche...»: Ebenda, S. 121.

«Viele Frauen sind...»: Ebenda, S. 126.

Die LaHayes erklärten sogar...: Ebenda, S. 73, 258.

Und als sie dies noch...: Ebenda, S. 240–41.

Sie bezeichnete sich...: LaHaye, *Who But a Woman*, S. 53.

«Ich entdeckte eine Organisation...»: Mary Schmich, «A Spokeslady of the Right», *Chicago Tribune*, 23. März 1986, S. 1.

«Die Organisation, von der sie behauptete...»: Barrie Lyons, die Schwester von Beverly LaHaye und Vizepräsidentin von CWA, teilte einem Interwiever mit, die Organisation bestehe aus einer halben Million Beteiligter, wobei jede, die durch Anforderung eines Rundschreibens oder Unterzeichnung einer Petition «Interesse» an der Gruppe bekundete, als Mitglied gezählt wurde. Andererseits waren tatsächlich etwa 150000 Frauen offizielle Mitglieder, die den Mindestbeitrag von 15 Dollar im Jahr entrichteten. Die meisten Medien übernahmen jedoch die künstlich aufgeblähten Mitgliederverzeichnisse: In einer *Time*-Geschichte bespielsweise konnte man lesen, die CWA habe mehr Mitglieder «als die Anhängerschaft der National Organization for Women, der National Women's Political Caucus und der League of Women Voters gemeinsam». («Jerry Falwell's Crusade», *Time*, 2. September 1985.) NOW hatte in der Tat mehr zahlende Mitglieder als CWA.

«Vater, wir bitten dich...»: Randi Henderson, «In the Tradition», *Baltimore Sun*, 26. März 1986, S. C1.

Tim LaHaye offerierte seine Frau...: Dem National Advisory Council der CWA zum Beispiel gehörten auch Jerry Falwells Ehefrau Macel, die Ehefrau Senator Jesse Helms', Dorothy, und die Ehefrau von Jimmy Swaggart, Frances, an, um hier nur einige Namen zu nennen.

«Ihr wird die Art von Loyalität...»: Geoffrey Aronson, «The Conversion of Beverly LaHaye», *Regardie's*, März 1987, S. 105.

Sie weigerte sich...: Ebenda, S. 120; Morgan, «Evangelicals as a Force Divided», S. A1; Maralee Schwartz, Lloyd Grove und Dan Morgan, «Kemp Loses Endorsement», *Washington Post*, 3. März 1988, S. A15.

Einmal flog sie...: Mary Battiata, «Beverly LaHaye and the Hymn of the Right», *Washington Post*, 26. September 1987, S. C1.

War sie mit dem Wagen...: Cathy Trost, «Conservatives Enter into the Fray on Child Care, Arguing for Tax Breaks, Against Regulation», *The Wall Street Journal*, 6. Mai 1988, S. 44.

Und sie machte allen klar...: Nadine Brozan, «Politics and Prayer: Women on a Crusade», *New York Times*, 15. Juni 1987, S. C1.

«Ich denke, die Frauenbewegung...»: Persönliches Interview mit Beverly LaHaye, Mai 1988.

«Mrs. LaHaye hat den Spiegel...»: Interview mit Rebecca Hagelin, 1988.

(Ihr letztes antifeministisches Buch...): Beverly LaHaye, *The Restless Woman*, Zondervan Publishing, Grand Rapids, Mich. 1984, S. 88, 108, 109.

«Es ist toll...»: Persönliches Interview mit Elizabeth Kepler, 1988.

Und zu Hause...: Persönliches Interview mit Susan Larson, 1988.

«Also, der Teppich...»: Persönliche Beobachtung und persönliches Interview mit Rebecca Hagelin, 1988.

9. Ms. Smith verläßt Washington

Die Berufungen von Frauen...: Jane Mayer, «Unfair Shake? Women Charge, They Don't Get Their Share of White House Jobs», *The Wall Street Journal*, 10. September 1985, S. 1.

Die Anzahl der Frauen...: Barbara Gamarekian, «Women Are Liberating a Citadel of Male Power», *New York Times*, 18. Mai 1988, S. 24.

Und sogar 62 war...: Information von Federally Employed Women.

Kaum stand Reagan...: Mayer, «Unfair Shake?», S. 1.

Im Justizministerium hatte...: Es gibt ebenso keine Frauen auf den einundzwanzig vom Präsidenten bestimmten Posten des Justice Department. Meeses Liste sah bezüglich der Minderheiten nicht besser aus; in seinen ersten zwei Jahren berief er auch keine schwarzen Spitzenparteiideologen. In Reagans ersten sechs Jahren stellte er von 93 US-Staatsanwälten nur zwei Frauen ein, und von 292 staatlichen Bundesrichtern waren nur 27 Frauen. Siehe Howard Kurtz, «Affirmative Action: A Vacuum at Justice? Meese Puts No Black or Women in Top Jobs», *Washington Post*, 26. November 1986, S. A19.

Das Federal Women's Program...: Persönliche Interviews mit der Belegschaft vom Federal Women's Program, 1989, 1991.

«Jedes Jahr wurde...»: Persönliches Interview mit Betty Fleming, Mai 1991.

Die UNO-Botschafterin...: Mayer, «Unfair Shake?», S. 1.

Die Reagan-Administration...: Lindsy Van Gelder, «Countdown to Motherhood», *Ms.*, Dezember 1986, S. 37.

«Ich weiß, daß der Präsident...»: Whittlesey, «Radical Feminism in Retreat», 8. Dezember 1984.

Als sie am letzten Tag...: Mayer, «Unfair Shake?», S. 1.

Zuerst wurde die engagierte...: Steve Chapple und David Talbot, *Burning Desires: Sex in America*, Doubleday, New York 1989, S. 77–88. Der «Petz-Erlaß» wurde schließlich durch die Richter verhindert.

Jo Ann Gasper, *Conservative-Digest*-Kolumnistin...: Ebenda, S. 78–82; Conway und Siegelman, *Holy Terror*, S. 372.

Das *Mandate for Leadership* forderte...: *Mandate for Leadership*, S. 179–180.

«Ich war eine ‹bekannte Feministin›...»: Persönliches Interview mit Leslie Wolfe, Februar 1988.

In einer Flut von internen...: Siehe beispielsweise «A Brief Look at the Women's Educa-

666

Anmerkungen zu Seite 353–358

tional Equity Act», ein Heritage-Foundation-«Schulungs»-Papier (das beklagte, daß das Programm «wie ein vom Steuerzahler subventionierter Versuch durchgeführt wurde, um die ‹feministische Weltanschauung› auf die Lehrpläne der US-Schulen zu setzen»); «Feminist Network Fed by Federal Grants: Insider Exposes Education Department Scandal», *Conservative Digest*, Sonderheft 8, Nr. 4, April 1982, S. 26.

Es war von der Association...: Judy Mann, «Two Faced», *Washington Post*, 14. September 1983, S. C1.

Auch die vom WEEA geförderten...: Judith Paterson, «Equity in Exile», *Ms.*, November 1984, S. 18.

Nichtsdestotrotz betrachteten...: Zeugenaussage von Charles Heatherley, Heritage-Mitglied und früherer Deputierter unter dem Staatssekretär für Management im U. S. Education Department, bei Hearings vor dem House Education und dem Labor Committee, 2. August 1983.

Charles Heatherley.... Persönliches Interview mit Charles Heatherley, November 1989.

Heatherley ließ seine Mitarbeiter...: Kongreßhearings über das WEEA-Protokoll, 27. September 1983.

Im Weißen Haus hatte man...: Paterson, «Equity in Exile», S. 20.

Human Events: National Conservative Weekly...: «Education Department Uncovers Grants to Feminist», *Human Events: National Conservative Weekly*, 30. Januar 1982.

Conservative Digest, das Publikationsorgan...: «Feminist Network Fed», S. 26–27.

Auch in einer Talkshow...: Kongreßhearings über das WEEA-Protokoll, 27. September 1983.

Nur eine Woche nach...: Persönliches Interview mit Leslie Wolfe, 1988; «Statement of Dr. Leslie R. Wolfe», 27. September 1983, Zeugenaussage vor Kongreßhearings über das WEEA, S. 17–19.

Als Wolfe jedoch an ihrem...: Persönliches Interview mit Leslie Wolfe, 1988; «Statement of Dr. Leslie R. Wolfe», S. 20.

Jedes Jahr müssen...: Deborah R. Eisenberg, «Evaluating the Department of Education's Field Readers», *GAO Review*, Herbst 1984, S. 32–35.

«Es herrschte allgemein der Eindruck...»: Persönliches Interview mit Charles Heatherley, November 1989.

Wie eine von ihnen damals...: «Statement of Dr. Leslie R. Wolfe», S. 38.

Eine Prüferin, zuständig für...: Ebenda, S. 32, 35–36.

Schließlich schaltete sich...: «Procedures for Making Grant Awards Under Three Department of Education Discretionary Grant Programs», General Accounting Office, 26. Juli 1983.

Ein Jahr später wurde...: Persönliches Interview mit Leslie Wolfe, 1988.

Die fünf übrigen...: «More on the Women's Issues», *New York Times*, 18. August 1983, S. B12.

«Die in der Cosby-Show...»: «Can Uncle Sam Cure What Ails the Family?» *U. S. News and World Report*, 1. September 1986.

Was Bauer an der Cosby-Show...: Persönliches Interview mit Gary Bauer, 1988.

Doch wurde er von den...: Julie Johnson, «Fanning the Flames for Conservation», *New York Times*, 12. Oktober 1988, S. A15; John B. Judis, «The Mouse That Roars», *The New Republic*, 3. August 1987, S. 23.

Als ihm eine weitere Schein-Ernennung...: Judis, «The Mouse That Roars», S. 23.

«Wenn die Mutter nicht...»: «The Family: Preserving America's Future», ein Bericht an den Präsidenten von der White House Working Group on the Family, Dezember 1986.

«Tut mir leid, Sam...»: Ebenda, S. 13.

Selbst an ihrer Armut...: Ebenda, S. 16. Tatsächlich schätzt man, daß die Haushalte, denen eine Frau vorsteht, zwischen 1979 und 1986 nur zu 1,2 Prozent am Anstieg der Armut unter den Kindern Amerikas beteiligt sind. Siehe Joan Smith, «Impact of the Reagan Years: Gender & Restructuring», Vortrag für den ersten Annual Women's Policy Research Conference, Institute for Women's Policy Research, 19. Mai 1989, S. 2–3, 26.

Was das Schicksal der Kinder...: Ebenda, S. 13–14. *The Family in America* vom Rockford Institute beispielsweise, eine Veröffentlichung der Neuen Rechten, die sich mit einer «Untersuchung» über die Familie beschäftigt, konzentriert sich in erster Linie auf die schädlichen Auswirkungen von Scheidungen auf Söhne. Trägt nur die Mutter die Verantwortung, so warnt die Publikation, können Jungen emotionell verkümmern, Schlaflosigkeit entwickeln und zu «Weichlingen» werden. Ob Mädchen wegen der Scheidung ihrer Eltern um den Schlaf gebracht werden, ist offensichtlich keiner Erwähnung wert. Siehe zum Beispiel «Needing Dad» und «Just Like His Dad», *The Family in America*, Juli 1989, S. 2, 3.

Bauers «Empfehlungen»...: «The Family», S. 38. Siehe auch den Fortsetzungsbericht «Report to the President on the Family», Office of Policy Development, 25. Juli 1988, S. 7.

Andererseits schlägt er für...: «The Family», S. 45.

«In diesem Land...: Persönliches Interview mit Gary Bauer, 1988. (Nachfolgende Zitate von Bauer stammen aus dem Interview, anderenfalls sind sie gekennzeichnet.)

(Es ist nicht ersichtlich...): «Child Care: The Time Is Now», Children's Defense Fund, 1987, S. 9.

«Ich bin sechs Wochen...: Persönliches Interview mit Carol Bauer, 1988. (Nachfolgende Zitate stammen aus dem Interview.)

Die Steuerbefreiung von...: «Report Urges President to Strengthen Families», *Washington Post*, 14. November 1986, S. A1.

Diese Maßnahme blieb...: Geraldine Ferraro und Linda Bird Francke, *Ferraro: My Story*, Bantam Books, New York 1985, S. 194–95.

Die Zahl der Frauen...: Daten vom Center for the American Woman and Politics, Eagleton Institute of Politics, Rutgers University.

Auf Ferraras Nominierung...: Sara Diamond, «Women on the Radical Right: Meeting Our Needs?» *Plexus*, November 1984, S. 4.

«Es wurde behauptet...»: Persönliches Interview mit Geraldine Ferraro, 1988.

Sie beschatteten sie sogar...: Ferraro mit Francke, *Ferraro*, S. 223–24, 227–28.

Dabei war Ferraro selbst...: «Ferraroblip», *The Nation*, 1. September 1984, S. 131.

Die ersten Gerüchte über...: James Ring Adams, «The Lost Honor of Geraldine Ferraro», *Commentary*, Februar 1986, S. 34.

Der *Philadelphia Inquirer*...: Ebenda, S. 35.

Wie der Kolumnist...: Ferraro mit Francke, *Ferraro*, S. 234.

Am Ende trugen...: Siehe beispielsweise die *Newsweek*-Umfrage von 1984; «Bad News for Mondale», *Newsweek*, 24. September 1988.

Eine nationale Erhebung...: National Women's Political Caucus-Umfrage, 1984.

Darüber hinaus ergaben Nachfragen...: Wahlumfragen von der *Los Angeles Times*, ABC und der demokratischen Meinungsforscherin Dotty Lynch. Siehe Peggy Simpson, «Myths and Realities: Did Ferraro Attract Voters?» *Working Woman*, Februar 1985, S. 54.

«Umfragen ergaben, daß...»: «The Ferraro Problem», *National Review*, 1. November 1985, S. 20.

Fuhrende Demokraten...: Peggy Simpson, «What Happened in '84: Did Women Make a Difference?» *Working Woman*, Februar 1985, S. 52; Robin Toner, «Democrats and Women: Party Shifts Approach», *New York Times*, 11. Juli 1987, S. 10.

Der Autor Nicholas Davidson...: Nicholas Davidson, *The Failure of Feminism*, Prometheus Books, Buffalo, N. Y. 1988, S. 149,.

Der *Washington-Post*-Kolumnist...: Richard Cohen, «... And Wobbling», *Washington Post*, 3. Juli 1984, S. A15.

In verschiedenen Presseinterviews...: «The Hurt Was Even More Than What's In the Book», *Newsweek*, 7. Oktober 1985, S. 81.

«Die Niederlage einer einzelnen...»: Ferraro mit Francke, *Ferraro*, S. 312.

1984 äußerten bei...: Mark Clements Research, Annual Study of Women's Attitudes, 1984, 1987.

1988 waren in beiden Parteien...: Persönliches Interview mit Jane Danowitz, Vorstandsmitglied vom Women's Campaign Fund, 1988; persönliches Interview mit Ruth Mandel, 1988; Ellen Hume, «Women Grow Reluctant to Run for High Office As Ferraro Euphoria Fades and Scandals Mount», *The Wall Street Journal*, 16. Oktober 1987, S. 62.

Die populäre kalifornische Ministerin...: Hume, «Women Grow Reluctant», S. 62.

Am Wahltag blieben...: Statistiken vom Center for the American Woman and Politics. Diese Zahlen schließen die Kandidaten der zwei großen Parteien mit ein.

Als die Wahlergebnisse für 1988...: Ebenda.

Nicht einer der sechs...: «GOP Candidates Snub Women's Conference», *Dallas Times Herald*, 21. Januar 1988; persönliches Interview mit den Veranstaltern der Konferenz, 1988.

«Die Art, wie die...»: «GOP Candidates Snub Women's Conference».

Der «geschlechtsspezifische Unterschied im Wahlverhalten»...: Information stammt aus der Gallup-Umfrage, 1982, S. 35; Analysen vom Center for American Women and Politics; Thomas G. Exter, «What Men and Women Think», *American Demographics*, August 1987, S. 34. Unter Collegeabsolventen lag der geschlechtsspezifische Unterschied in dieser Wahl bei 15 Prozent. Siehe Susanna Downie, «Decade of Achievement: 1977–1987», S. 34.

Was den Präsidentschaftskandidaten...: Die Wahlumfrage von *New York Times* / CBS News 1988. Siehe «Portraits of the Electorate», *New York Times*, 10. November 1988, S. A16. Den Wahlumfragen zufolge stimmten 8 Prozent oder etwa 3 Millionen weniger Frauen als Männer für Reagan: Siehe Eleanor Smeal, *Why and How Women Will Elect the Next President*, Harper & Row, New York 1984, S. 3; Simpson, «What Happened in '84», S. 43.

Die Frauenrechte waren...: Klein, *Gender Politics*, S. 159.

Es gab das erste...: Ebenda, S. 161.

Es war «die erste Wahl»...: Ebenda, S. 159–60.

1988 gaben schon beachtliche...: Fund for the Feminist Majority-Umfrage, 1988.

Im weiteren Verlauf der Dekade...: «Gender Gap Found in All Areas, Social Levels», *The Gallup Report*, März 1983; «Reagan Popularity: Men vs. Women», *The Gallup Report*, März 1983; Smeal, *Why and How Women Will Elect The Next Presidents*, S. 3.

1986 brachte der geschlechtsspezifische...: «The Gender Gap», *WEJC Update*, Women's Economic Justice Center 2, Nr. 1, Frühjahr 1989, S. 3; «Women and the Vote – 1988: Women's Impact at the Polls», National Commission on Working Women, 1988.

1988 klafften die Präferenzen...: ABC News / *Washington Post*, 8. November 1988; NBC News / *Wall Street Journal*, 8. November 1988; *Los Angeles Times*, 8. November 1988. Siehe «The Exit Poll Results», *Public Opinion*, Jan. / Febr. 1989, S. 26; die *Washington Post* / ABC News Survey, 15. –19. Juni 1988; R. W. Apple, Jr., «Bush's Growing Appeal Fails to Include Women», *New York Times*, 27. Oktober 1988, S. B15.

Es waren die Single-Frauen...: «In Review», *The American Woman 1990–91*, S. 49; «Quayle's Votes on Gender Gap Issues», *Eleanor Smeal Report* 5, Nr. 24, 19. August 1988, S. 3.

«Besonders verwundbar...»: David Hoffman, «Reagan Coalition's Not Yet Bush's: Women, Blue Collars May Be Drifting from GOP, Polls Show», *The Washington Post*, 11. Mai 1988, S. 1A.

Dies war eigentlich nicht...: Frauen bilden mehr als 90 Prozent der Empfänger der staatlichen AFDC, 66 Prozent sind auf staatliches Wohngeld angewiesen, 66 Prozent nehmen Armenrecht in Anspruch, 60 Prozent sind Nutznießer von Medicaid, und 60 Prozent erhalten Lebensmittelmarken. Siehe Power, «Women, the State and the Family», S. 55.

Statt dessen aber zeigten...: Amy Brooke Baker, «Low Marks for GOP on Women's Issues», *The Christian Science Monitor*, 21. Januar 1988, S. 3, Kenneth H. Bacon, «Bush Backs Away From Birth-Control Program As Congress Braces for a Tough Fight on Issue», *The Wall Street Journal*, 2. Februar 1990, S. A12.

Auf dem Parteitag der...: Sara Rimer, «For Women, Taking on One Role at a Time», *New York Times*, 23. September 1988, S. B1.

Daß er aus echtem...: *Newsweek* machte aus dem «Versager»-Punkt eine Titelgeschichte: «Fighting the Wimp Factor», *Newsweek*, 19. Oktober 1987, S. 28.

«Ich kann sehr wütend...»: «Flash! Bush Is Angry (Or Maybe He Isn't)», «Campaign Notes», *New York Times*, 7. November 1988, S. B17.

«Vielleicht wird aus mir...»: George Will, «The Pastel President», *Newsweek*, 24. April 1989, S. 86.

«Wir laufen doch nicht...»: E. J. Dionne, Jr., «Why Bush Faces a Problem Winning Women's Support», *New York Times*, 19. Juni 1988, S. A1.

Als Bush eine Gruppe...: Peggy Simpson, «Games Republicans Play», *Ms.*, Juli 1988, S. 42.

Seine jugendlich-blonde...: Ellen Goodman, «Envelope, Please, for Equal Rights Winners», *Boston Globe*, 23. August 1988, S. A19.

(Tatsächlich ergab 1988...): «The People, the Press and Politics», *Los-Angeles-Times-Mirror-Umfrage 1988*.

Paul Kirk, Vorsitzender...: «Women's Groups Meet with Kirk», *Eleanor Smeal Report* 5, Nr. 10, 23. Dezember 1987; Elizabeth Drew, «Letter from Washington», *New Yorker*, 15. August 1988, S. 65.

Mittlerweile strich der...: Toner, «Democrats and Women», S. 10.

«Die Hauptleistung von...»: «Gender Gap», S. 1.

Doch die Umfragen...: «Election '88: What the Voters Said», *Public Opinion*, Jan./Febr. 1989, S. 26.

Donna Brazile...: George E. Curry, «A Season in Hell», *Ms.*, Okt. 1989, S. 59.

Wagten es ein paar Frauen...: Mary Jo Neuberger, «Nice Girls Don't: Women's Caucus Shuns Conflict in Atlanta», *The Village Voice*, 2. August 1988, S. 24.

Als die feministische Autorin...: Barbara Ehrenreich, «The Heart of the Matter», *Ms.*, Mai 1988, S. 20.

In einer abschließenden Pressemitteilung...: «America's Families Need Our Votes», Women's Vote Project and National Women's Political Caucus, 28. Oktober 1988.

(«Ich hoffe wirklich...»): Peggy Simpson, «Child Care: All Talk, No Action», *Ms.*, Dezember 1988, S. 81.

Diese einseitige Strategie...: Und als der US-Senat schließlich 1990 eine abgeschwächte Version des Family and Medical Leave Act verabschiedete, ein Gesetzesentwurf, der nur 5 Prozent aller US-Angestellten betraf, legte Präsident Bush prompt sein Veto ein.

Am Tag nach der Wahl...: Die Sonderbeilage der *Washington Post* zog sich bis zum 9. November 1988, S. 22–43 hin.

In der Woche nach der Wahl...: Persönliche Prüfung der *New York Times*, 9.–16. November 1988.

Im Januar 1989...: Nadine Brozan, «Women Meet, Ideology in Back Row», *New York Times*, 9. Januar 1989, S. A10.

«So nicht, NOW...»: Jodie T. Allen, «Not NOW – It's Time for Consensus, Not Conflict», *Washington Post*, 30. Juli 1989, S. C1.

«Die NOW zeigt sich...»: «With Stale Strategies, NOW Puts Her Worst Foot Forward», *Insight*, 9. Oktober 1989, S. 16; David S. Broder, «NOW's Fantasy», *Washington Post*, 30. Juli 1989, S. 7; Judy Mann, «NOW's Flirtation With Suicide», *Washington Post*, 26. Juli 1989, S. B3.

Newsweek warnte...: Eleanor Clift, «Taking Issue with NOW», *Newsweek*, 14. August 1989, S. 21.

Die Führungsspitze hatte...: Eleanor Smeal, «Why I Support a New Party», *Ms.*, Jan./Febr. 1991, S. 72.

Die Tagung wurde von...: Persönliche Interviews mit Veranstaltern der Tagung, 1988;

persönliches Interview mit Eleanor Smeal, früherer NOW-Präsidentin und Begründerin von Fund for the Feminist Majority, 1989.

«Also, normalerweise müssen...»: Persönliches Interview mit Eleanor Smeal, 1989.

Kate Michelman, Vorsitzende...: Allen, «Not NOW», S. 1; Dan Balz, «NOW's Talk of New Party Attacked as Self-Defeating», *Washington Post*, 28. Juli 1989; Peggy Simpson, «Reconcilable Differences», *Ms.*, Oktober 1989, S. 70.

«Ist für die männlichen...»: NBC News, Berichterstattung über die Democratic National Convention, 18. Juli 1988.

Eine Yankelovich-Clancy-Shulman-Umfrage...: Die Umfrage wurde von *Time* durchgeführt – obwohl das Magazin diese Ergebnisse seltsamerweise nie seinen Lesern mitteilte. Die für *Times-Mirror* durchgeführte Gallup-Umfrage von 1978 kam zu ähnlichen Resultaten: Die Mehrheit der Frauen betrachtete sich selbst als Feministinnen oder Befürworterinnen weiblicher Rechte, während nur eine Minderheit sich als Republikanerinnen, Demokratinnen oder auch nur Liberale bezeichnete.

10. Der Brain-Trust des Gegenschlags

Diese Mittelsmänner und -frauen...: Welche Ideologie diese Experten guthießen, war oft schwer zu ermitteln. Die Politikwissenschaftlerin Jean Bethke Elshtain ist so ein verwirrendes Beispiel – eine anscheinend gut konservative Gelehrte, die sich selbst als Feministin bezeichnete und für so liberale und linksgerichtete Zeitschriften wie *The Progressive* und *Dissent* schrieb. Sie produzierte eine nicht abreißende Flut von antifeministischen Artikeln, Essays und Büchern, in denen sie die Frauenbewegung anklagte, die Familie zu schwächen. Siehe Judith Stacey, «The New Conservative Feminism», *Feminist Studies* 9, Nr. 3, Herbst 1983, S. 559. Für eine Erörterung der Angriffe auf die Frauenbewegung von seiten der Linken siehe Arlie Hochschild, «Is the Left Sick of Feminism?» *Mother Jones*, Juni 1983, S. 56.

Anfang der 90er Jahre...: Lasch schlug solch ein Verbot sowohl auf einer von *Harper's* gesponserten öffentlichen Diskussionsveranstaltung als auch, 1991, in einer Rede anläßlich einer Tagung von Ehe- und Familientherapeuten vor. Siehe «Who Owes What to Whom: Drafting a Constitutional Bill of Duties», *Harper's*, Februar 1991, S. 48.

Als 1970 die USA...: George Gilder, *Naked Nomads: Unmarried Men in America*, Quadrangle / The New York Times Book & Co., New York 1974, S. 106–7.

«Ihrer Ansicht nach...»: Ebenda, S. 107.

«Nicht nur hatte ich...»: Ebenda.

«Ein guter Dauerlauf...»: Ebenda.

Als Gilder den Hügel...: Ebenda, S. 108.

Auch wenn er nicht...: Ebenda, S. 110.

«Als ich da auf dem...»: Ebenda.

Aber am nächsten Morgen...: Ebenda, S. 110–14.

Im Jahr darauf...: Persönliches Interview mit George Gilder, 1989. (Die nachfolgenden Zitate stammen aus dem Interview, anderenfalls sind sie gekennzeichnet.)

Wie er sich später erinnert...: Persönliches Interview mit George Gilder, 1989; Gilder, *Naked Nomads*, S. VII.

Nachdem er in einem Artikel...: Persönliches Interview mit George Gilder, 1989.

In all diesen Büchern...: George Gilder, *Men and Marriage*, Pelican Publishing Co., Gretna, La. 1986, S. 108, 139.

Sein Buch warnte...: Ebenda, S. 149, 108.

«Laßt uns einen Befreiungstraum...»: George Gilder, «The Princess's Problem (All the Good Ones Are Married, Sort of)», *National Review*, 28. Februar 1986, S. 28. (Der Essay findet sich auch in *Men and Marriage*.)

«Was fordert die...»: Ebenda, S. 28.

Simon wird seine...: Ebenda, S. 30.

Die Frauen...: Ebenda, S. 29.

Er war über dreißig...: Persönliches Interview mit George Gilder, 1989; Gilder, *Naked Nomads*, S. 5, 22.

In *Naked Nomads*...: Ebenda, S. 161–62.

Alleinstehende Männer...: Ebenda, S. 4.

«Der Single-Mann ist...»: Ebenda, S. 141.

Im Gegensatz zu anderen...: Ebenda, S. 14–21, 27–28, 65–66, 74, 152.

«In bezug auf Armut...»: Ebenda, S. 65.

«Auch wenn sie das...»: Ebenda, S. 6–7, 10.

«Virilität», so Gilder...: Ebenda, S. 129, 158.

Gilders Version...: Ebenda, S. 75.

«Je älter ein Mann...»: Ebenda, S. 27.

«Die an den Rand gedrängten...»: Ebenda, S. 75.

Sie werden «vergewaltigen...»: Gilder, *Men and Marriage*, S. 39.

Die Verkaufszahlen gingen...: Persönliches Interview mit George Gilder, 1989.

Er brachte seine...: Blumenthal, *The Rise of the Counter-Establishment*, S. 203–4.

Reagans Leute agierten...: Ebenda, S. 204, 208. 210.

«Der Mann hat immer mehr...»: George Gilder, *Reichtum und Armut*, DTV, München 1983, S. 36/37.

Nini war seiner Schilderung...: Gilder, *Men and Marriage*, S. XIII, XI.

Als sie sich kennenlernten...: Persönliches Interview mit George Gilder, 1989.

«Der neuste Feind...»: Allan Bloom, *Der Niedergang des amerikanischen Geistes: Ein Plädoyer für die Erneuerung der westlichen Kultur*, Hoffmann und Campe Verlag, Hamburg 1988, S. 78–79, 91–95, 98, 99, 126–128.

«Das feministische Konzept»...: Ebenda, S. 126–128, 131–133, 158–159.

In *The True and Only Heaven*...: Christopher Lasch, *The True and Only Heaven*, W. W. Norton & Co., New York 1991, S. 33–34.

In *Tenured Radicals*...: Roger Kimball, *Tenured Radicals: How Politics Has Corrupted Our Higher Education*, Harper & Row, New York 1990, S. XI, XVII, 15.

1991 hatten sich...: Stephen Schwartz, «Challenge to Campus Policies», *San Francisco Chronicle*, 5. Januar 1991, S. A4.

Einige Jahre nach dem Erscheinen...: Interview mit Allan Bloom, 1989. (Die nachfolgenden Zitate stammen aus dem Interview, anderenfalls sind sie gekennzeichnet.)

Frauen, ob Feministinnen oder nicht...: Deborah L. Rhode, «Perspectives on Professional Women», *Stanford Law Review* 40, N.r 5, Mai 1988, S. 1175, 1179–80. Eine 1982–83 durchgeführte Umfrage bei 2500 Hochschulen durch die American Association of University Professionals ergab, daß trotz eines Jahrzehnts gezielten Handelns gegen Diskriminierungen die «Frauen sehr wenig erreicht hatten». Der Bericht der Vereinigung fand am wenigsten Fortschritt bei den elitären Colleges: An der Harvard University hatten nur 4,2 Prozent Frauen C4-Posten inne, in Yale 3,9, in Princeton 3,2 und in Stanford 2,6 Prozent. Nicht daß es an Frauen gefehlt hätte: Etwa ein Drittel der arbeitsuchenden Promovierten waren Frauen.

Auch kann man kaum...: Mariam Chamberlain, «The Emergence and Growth of Women's Studies Programs», *The American Woman 1990–91*, S. 318.

Was die Dominanz...: Ellen Carol DuBois, Gail Paradise Kelly, Elizabeth Lapovsky Kennedy, Carolyn W. Korsmeyer und Lillian S. Robinson, *Feminist Scholarship: Kinding in the Groves of Academe*, University of Illinois, Chicago 1987, S. 165, 168–69.

Wenn Gelehrte wie Bloom...: Anne Matthews, «Deciphering Victorian Underwear and Other Seminars», *New York Times Magazine*, 10. Februar 1991, S. 42.

«Die Gewehre der...»: Bloom, *Der Niedergang des amerikanischen Geistes*, S. 457–458.

«Ich war verloren»...: James Atlas, «Chicago's Grumpy Guru», *New York Times*, 3. Januar 1988, S. 25.

Nach zwei Jahren...: Ebenda.

Wehmütig schreibt er...: Bloom, *Der Niedergang des amerikanischen Geistes*, S. 161–162.

Er ist verärgert...: Ebenda, S. 153, 15.

«Frauen», schreibt er in...: Allan Bloom, «Liberty, Equality, Sexuality», *Commentary*, April 1987, S. 24.

Die Feministinnen seien nicht...: Bloom, *Der Niedergang des amerikanischen Geistes*, S. 130.

Selbst Junggeselle, hält...: Ebenda, S. 163.

Die Frauen seien...: Ebenda, S. 159.

Er liefert die übliche...: Ebenda, S. 135, 169.

«Und hier wird das...»: Ebenda, S. 10, 165–166.

Wenn er die heutige...: Ebenda, S. 176–177, 145.

Der moderne Mann...: Ebenda, S. 158–159.

«(Ein) Mann ohne den festen...»: Ebenda, S. 103–104.

Nur einmal erwähnt er...: Ebenda, S. 159–160.

In seinem 1988 erschienenen Buch...: Michael Levin, *Feminism and Freedom*, Transaction Books, New Brunswick, N. Y. 1987, S. 3, IX.

«Die Hier-Crowley-Studie...»: Ebenda, S. 83.

«Bei den !Qungs sind...»: Ebenda, S. 90.

«Falls Sie Michael morgen...»: Persönliches Interview mit Margarita Levin, 1988. (Die nachfolgenden Zitate stammen aus dem Interview, anderenfalls sind sie gekennzeichnet.)

674 *Anmerkungen zu Seite 399–411*

Trotz seiner in...: Levin, *Feminism and Freedom*, S. 270.

«Mit den Jungs schmusen...»: Persönliches Interview mit Michael Levin, 1988. (Die nachfolgenden Zitate stammen aus dem Interview, anderenfalls sind sie gekennzeichnet.)

1988 schlug sie...: Margarita Levin, «Caring New World: Feminism and Science», *The American Scholar*, Winter 1988, S. 100.

Wenn Frauen in der Fakultät...: In Wirklichkeit hatten die mathematischen und naturwissenschaftlichen Fakultäten in den späten 80er Jahren nicht nur unter «einigen wenigen» in Frage kommenden Frauen zu wählen. 1988 erwarben 40 Prozent Frauen einen Magister in Mathematik und 49 Prozent Frauen in Biowissenschaft. (Daten vom U. S. Department of Education.) Und langfristig angelegte Studien über die Erfolge von Jungen und Mädchen bezüglich Mathematik ergaben, daß auch die geschlechtsspezifischen Unterschiede im Verschwinden begriffen waren. Siehe Keay Davidson, «Nature vs. Nature», *San Francisco Chronicle and Examiner*, *Image*-Magazin, 20. Januar 1991, S. I–11.

Newsweek bot ihr gern...: Margarita Levin, «Babes in Libland», *Newsweek*, 28. Dezember 1981, S. 8.

«Männer leiden mehr...»: Persönliches Interview mit Warren Farrell, 1988. (Die nachfolgenden Zitate und Beobachtungen stammen aus dem Interview, anderenfalls sind sie gekennzeichnet.)

Der Feminismus habe...: Warren Farrell, *Warum die Männer sind, wie sie sind*, Goldmann Verlag, München 1991, S. 20.

«Ich hatte mit angesehen...»: Ebenda, S. XV.

«Kurz nach dem Tod...»: Ebenda.

«Es hat mich überrascht...»: Ebenda, S. XV–XVI.

Er organisierte...: «Getting Men to Hold Hands – On the Road to Liberation», *People*, 20. Januar 1975, S. 48.

«Ein Junge, dem man...»: Warren T. Farrell, «The Human Lib Movement I», *New York Times*, 17. Juni 1971, S. 41.

«Die Wahrheit ist doch...»: Michael Korda, *Male Chauvinism*, Random House, New York 1973, S. 160; Marc Feigen Fasteau, *The Male Maschine*, McGraw-Hill, New York 1974, S. 5, 11.

Eine schmeichelhafte vierseitige...: Farrell, «Getting Men to Hold Hands», S. 48.

Farrell selbst hatte...: Farrell, «Human Lib Movement».

Seiner Meinung nach...: Farrell, *Why Men Are*, S. 355.

Es ist ein massiger...: Robert Bly, «Fifty Males Sitting Together», in *Loving a Woman in Two Worlds*, Harper & Row, New York 1985, S. 3.

«Wer morgens mit aufs...»: Persönliche Beobachtung bei Black Oak Books, 1988.

«Haben wir, die wir...»: Jill Wolfson, «Make Poetry», *San Jose Mercury News*, 16. April 1983, S. F1.

«Ich fühlte mich herabgewürdigt»...: Robert Bly, *The Pillow & the Key*, Ally Press, St. Paul, Minn. 1987, S. 19.

Es lag seiner Meinung...: Ebenda.

«Wenn jetzt jemand...»: «Robert Bly», *Whole Earth*, Winter 1988, S. 68.

Die Massenblätter begrüßten...: Jerry Carroll, «Father Figure to the New, New Man», *San Francisco Chronicle*, 19. März 1976, S. 36.

1990 waren dann...: Robert Bly, *Eisenhans: Ein Buch über Männer*, Kindler Verlag, München 1991.

Blys Erfolg zog...: Siehe *Men's Resource Hotline Calendar* 5, Nr. 1–3, The National Men's Resource Center, 1989; Trip Gabriel, «Call of the Wildmen», *The New York Times Magazine*, 14. Oktober 1990, S. 36; Phil McCombs, «Men's Movement Stalks the Wild Side: Lessons in Primitivism», *The Washington Post*, 3. Februar 1991, S. F1.

Am Sterling Institute...: Persönliche Beobachtung und persönliche Interviews mit der Belegschaft des Sterling Institutes und Teilnehmern des Wochenendseminars, 1988.

Blys Wochenendseminare...: «The Gender Rap», *The New Republic*, 16. April 1990, S. 14.

Auf Blys Namenslisten...: Chapple und Talbot, *Burning Desires*, S. 200.

«Ich erinnere mich an einen...»: Robert Bly, *The Pillow & the Key*, S. 2.

Ich erlebe das Phänomen...: Robert Bly und Keith Thompson, «What Men Really Want: A New Age Interview with Robert Bly», *New Age*, Mai 1982, S. 30.

«Männergemeinschaften verschwinden...»: Bly, *The Pillow & the Key*, S. 13–14.

Zu viele Frauen...: Ebenda, S. 14.

Der Sohn der Single-Mutter...: Ebenda, S. 2.

Um wieder eine männliche...: Ebenda, S. 5.

Der junge Mann muß...: Ebenda, S. 9.

Bei Blys «mythopoetischen»...: John Tevlin, «Of Hawks and Men: A Weekend in the Male Wilderness», *Utne Reader*, Nov./Dez. 1989, S. 50.

Während er an jenem Abend...: Ebenda, S. 53–54.

«Zwei volle Tage...»: Trip Gabriel, «Call of the Wildmen», S. 17.

«Junge und alte Männer...»: Chapple und Talbot, *Burning Desires*, S. 189.

Wenn man einen dieser...: Ebenda.

In der Tat begann das...: Ebenda, S. 187, 195–96.

«Was ist los?...»: Persönliche Beobachtung während des Jung-Center-Seminars, 1988. (Nachfolgende Zitate stammen aus dem persönlichen Interview mit Robert Bly und Beobachtungen anläßlich desselben Ereignisses.)

«Ich habe inzwischen begriffen...»: Persönliches Interview mit Sylvia Ann Hewlett, 1988.

«Die Feministinnen sind...»: Sylvia Ann Hewlett, *A Lesser Life: The Myth of Women's Liberation in America*, Warner Books, New York 1986, S. 208, 216.

In einem Fall zitiert sie...: Ebenda, S. 202–3.

Das ist eine seltsame...: Persönliche Interviews mit Joyce Brookshire und anderen früheren Fabrikarbeitern, 1991.

«Die Emanzipation möchte...»: Ebenda, S. 329; George Gilder, *Sexual Suicide*, The New York Times Book Co., New York 1973, S. 6.

«Ich weiß nicht genau...»: Persönliches Interview mit Sylvia Ann Hewlett, 1991.

«Die amerikanische [Frauen-]Bewegung...»: Hewlett, *A Lesser Life*, S. 217.

Den meisten amerikanischen...: Ebenda, S. 216.

Indem sie sich auf...: Ebenda, S. 179.

Die Feministinnen «haben das...»: Ebenda, S. 188.

Um die Rechte an Hewletts Buch...: Persönliches Interview mit Sylvia Ann Hewlett, 1988.

Ein *Washington-Post*-Rezensent...: Beryl Lieff Benderly, «Motherhood and the Fast Track», *The Washington Post Book World*, 6. April 1986, S. 6.

Wie Hewlett im Jahr...: Hewlett, *A Lesser Life*, S. 406, 413.

«Emanzipation für...»: Arline und Harold Brecher, «Gals Are Being HURT – Not Helped – by Women's Lib», *National Enquirer*, 22. Juli 1986, S. 32.

Hewlett klagt die...: *A Lesser Life* behauptet zudem, die Unfruchtbarkeitsrate sei stark ansteigend, und zitiert die französische Studie aus dem Jahr 1982, die in *The New England Journal of Medicine* veröffentlicht worden war und die – wie wir bereits gesehen haben – zu der Zeit, als sie an ihrem Buch arbeitete, von den Bevölkerungswissenschaftlern weit und breit widerlegt worden war. Siehe *A Lesser Life*, S. 194, 443.

«Es ist ernüchternd...»: *A Lesser Life*, S. 211.

Die Mehrzahl der Frauen...: Ebenda, S. 208, 201.

Die einzige andere...: Ebenda, S. 203.

Hätte sie sich die...: Im Mai 1987 fand eine Harris-Umfrage heraus, daß die Zahl auf 75 Prozent angestiegen war. Die Louis-Harris-Umfrage vom April 1982 kam auf 63 Prozent Befürworter.

Laut einer Gallup-Umfrage...: Gallup-Umfrage, Juni 1982, S. 139–41.

Aber das ERA hätte...: Deobrah L. Rhode, «Equal Rights in Retrospect», *Law & Inequality: A Journal of Theory and Practice* 1, Nr. 1, Juni 1983, S. 19–21; Wendy Kaminer, *A Fearful Freedom: Women's Flight from Equality*, Addison-Wesley, Reading, Mass. 1990, S. 80; Catherine East, «Critical Comments on *A Lesser Life*», National Women's Political Caucus, unveröffentlichter Aufsatz, S. 27; Barbara R. Bergmann, *The Economic Emergence of Women*, Basic Books, New York 1986, S. 153.

Diese Männer bekämpften...: Rhode, «Equal Rights in Retrospect», S. 51.

Hewletts zweiter Punkt...: Hewlett, *A Lesser Life*, S. 61, 66–67.

Die Frauenbewegung, behauptet sie...: Ebenda, S. 184, 190.

Diese «kinderfeindliche» und...: Ebenda, S. 185.

Dieses nachlässige Verhalten...: Ebenda, S. 143–44, 167–74.

In Wirklichkeit wurden...: East, «Critical Comments», S. 7–8.

Anfang der 70er Jahre...: Klein, *Gender Politics*, S. 24.

Drei der acht Punkte...: *Sisterhood Is Powerful*, hrsg. von Robin Morgan, Vintage Books, New York 1970, S. 576–77.

Als die Yankelovich-Interviewer...: Yankelovich-Clancy-Shulman-Umfrage für *Time/CNN* vom 23.–25. Oktober 1989.

Sie hält sich bei...: Hewlett, *A Lesser Life*, S. 31, 43–45.

Die Feministinnen an...: Ebenda, S. 31, 44–45.

Die Leiterin des...: Ebenda, S. 32.

«Wenn das die Kehrseite...»: Ebenda, S. 32.

Jane Gould, damals...: Persönliches Interview mit Jane Gould, 1988.

Die Kammer triumphierte...: Alice H. Cook, «Public Policies to Help Dual-Earner Families Meet the Demands of the Work World», *Industrial and Labor Relations Review*, Januar 1989, S. 201–215.

In der Hoffnung...: Persönliches Interview mit Sylvia Ann Hewlett, 1988; Hewlett, *A Lesser Life*, S. 367–82.

«Es wurde so eine Art...»: Persönliches Interview mit Sylvia Ann Hewlett, 1988. (Die nachfolgenden Zitate stammen aus dem Interview, anderenfalls sind sie gekennzeichnet.)

Genau wie manche...: Persönliches Interview mit Sylvia Ann Hewlett, 1988.

Später kritisierte sie...: Hewlett, *A Lesser Life*, S. 405.

«Ich habe speziell...»: Persönliches Interview mit Sylvia Ann Hewlett, 1988.

«Unser Fehler bestand...»: Betty Friedan, *Der zweite Schritt*, Rowohlt Verlag, Reinbek bei Hamburg 1982, S. 175.

Und nicht nur...: Ebenda, S. 174–175, 220–221, 225, 232–233, 322–24, 326. Wie es bei dieser Arbeit häufig der Fall ist, widerspricht sich Friedan – was diesen Punkt betrifft – merkwürdigerweise selbst eindeutig an anderen Stellen. «Die Frauenbewegung», schreibt sie auf Seite 224, «hat vielleicht als erste Bewegung überhaupt den Beta-Stil in größerem Rahmen politisch angewandt.»

«Der Feminismus, der einst...»: Dinesh D'Souza, «The New Feminist Revolt: This Time It's Against Feminism», *Policy Review*, Nr. 35, Winter 1986, S. 46.

Nachdem in der Titelstory...: Phyllis Schlafly, «Betty Friedan and the Feminist Mystique», *Phyllis Schlafly Report* 19, Nr. 8, März 1988, S. 3. (Diese Ausgabe von Schlaflys Bericht stützte sich auf Lenore Weitzmans Scheidungsziffern und vermerkte hämisch die neuerdings eher laxe Haltung des *Ms.*-Magazins.

Die Literaturwissenschaftlerin...: Camille Paglia, *Sexual Personae: Art and Decadence from Nefertiti to Emily Dickinson*, Yale University Press, New Haven 1990; Francesca Stanfill, «Woman Warrior», *New York*, 4. März 1991, S. 22; Camille Paglia und Neil Postman, «She Wants Her TV! He Wants His Book», *Harper's*, März 1991, S. 44; «A Scholar and a Not-so-Gentle Woman», *Image, San Francisco Examiner*, 7. Juli 1991, S. 7.

Einstiger Medienliebling...: Germaine Greer, *Der weibliche Eunuch, Aufruf zur Befreiung der Frau*, Fischer Verlag, Frankfurt/Main 1979, Frontispiz.

Greer selbst bezeichnete...: Germaine Greer, *Sex and Destiny: The Politics of Human Fertility*, Harper & Row, New York, S. 94, 104–105, 243, 257.

Klitorale Orgasmen...: Ebenda, S. 253.

Viel Aufhebens machten...: D'Souza, «Feminist Pioneers», S. 21.

In *Feminity*...: Susan Brownmiller, *Feminity*, Fawcett Columbine, New York 1984, S. 129.

In dem 1980 erschienenen...: Germaine Greer, *Daddy: Die Geschichte eines Fremden*, DTV, München 1982, S. 20–21.

Mittlerweile nahm...: Susan Brownmiller, «Hedda Nussbaum, Hardly a Heroine», *New York Times*, 2. Februar 1989, S. A25; Susan Brownmiller, *Es geschah bei den Nachbarn*, Verlag am Galgenberg, Hamburg 1990; Stefan Kanfer, «Out to Make Killings: Crime Pays, At Least for Many Authors Who Write About It», *Time*, 20. Februar 1989, S. 98.

Die Frauen «meiner...»: Erica Jong, «Ziplash: A Sexual Libertine Recants», *Ms.*, Mai 1989, S. 49.

Und doch attackierte...: Friedan, *Der zweite Schritt*, S. 22–23.

«Den Begriff...»: Persönliches Interview mit Betty Friedan, 1989.

Die Feministinnen...: Friedan, *Der zweite Schritt*, Anm. Ausgabe, Afterword.

Sie hätten ihre Energien...: Ebenda, S. 235.

Ihre Worte erinnern...: Gilder, *Men and Marriage*, S. IX–X.

Sie hätten das ERA...: Ebenda, S. 207.

«Ich glaube kaum...»: Ebenda, S. 365.

«Im politisch rechten...»: Judith Stacey, «Are Feminists Afraid to Leave Home? The Challenge of Conservative Pro-family Feminism», in *What Is Feminism? A Re-Examination*, hrsg. von Juliet Mitchell und Ann Oakley, Pantheon Books, New York 1986, S. 229.

Friedan sagt zwar...: Friedan, *Der zweite Schritt*, S. 221–222.

Aber ihr Buch...: Siehe beispielsweise ebenda, S. 93–95. Für einen besonders «Ich»-bezogenen Abschnitt, in einem Buch, das ein solch «männliches» egozentrisches Verhalten mißbilligt, siehe S. 18.

1970 legte sie ihr Amt...: Marcia Cohen, *The Sisterhood*, Simon & Schuster, New York 1988, S. 273, 317, 336–337, 351.

In diesem neuen Stadium...: Friedan, *Der zweite Schritt*, S. 203.

«Die Macht der ‹weiblichen Sphäre›...»: Ebenda, S. 281.

Wenn sich die Männer...: Ebenda, Am. Ausgabe, Afterword.

Im «zweiten Stadium»...: Ebenda, S. 322, 325, 334.

Um sich zu befreien...: Ebenda, S. 322–323.

Friedan ist überzeugt...: Ebenda, S. 322.

In einer der verwirrenderen...: Ebenda, S. 323.

Betty Friedan spricht von...: Ebenda, S. 46.

Friedan entwirft...: Ebenda, S. 100–101.

Sie reagiert aber...: Ebenda, S. 21, 36, 45.

Am Ende sind...: Ebenda, S. 32.

Beim Mittagessen...: Persönliches Interview und persönliche Beobachtung, 29. Februar 1988.

In den 80ern begannen...: Sally Helgesen, *Frauen führen anders*, Campus Verlag, Frankfurt/Main 1991; Sara Ruddick, *Maternal Thinking: Towards a Politics of Peace*, Beacon Press, Boston 1989.

Suzanne Gordon...: Suzanne Gordon, *Prisoners of Men's Dream: Striking Out for a New Feminine Future*, Little, Brown and Co., Boston 1991, S. 12, 14. Gordon lehnte den Feminismus nicht ab. In ihrem Buch machte sie eine Unterscheidung zwischen «Chancengleichheits-» und «umgestaltendem» Feminismus; letzteren stellte sie als die reinere, nichtkommerzielle Version dar und definierte sich selbst als eine Befürworterin der unverfälschten Variante. Doch diese Unterscheidung ging in der Gegenschlagspresse unter.

Ende der 70er Jahre...: «Beziehungsorientierte» Frauenforschung gab es auch unter anderen Namen, wie «Neofeminismus», «Sozialfeminismus» und «Unterscheidungsfeminismus». Der Bequemlichkeit halber will ich sie hier der «beziehungsorientier-ten» Schule zuordnen, einem übergeordneten Begriff, der unterschiedliche Nuancen des feministischen Denkens beinhalten soll, das der neuen Hervorhebung vom «andersartigen» oder «besonderen» Status der Frauen entstammte. Für die Diskussion der aufkommenden «beziehungsorientierten» Forschung und ihrer mannigfaltigen Ansätze siehe Joan C. Williams, «Deconstructing Gender», *Michigan Law Review* 87, Februar 1989, S. 797; Hester Eisenstein, *Contemporary Feminist Thought*, G. K. Hall & Co., Boston 1983, S. XII, XVIII–XIX, 134–135; Ellen DuBois, «Politics and Culture in Women's History», *Feminist Studies* 6, Nr. 1, Frühjahr 1980, S. 28; Wini Breines, Margaret Cerullo und Judith Stacey, «Social Biology, Family Studies and Antifeminist Backlash», *Feminist Studies* 4, Februar 1978, S. 43. Diese Beschäftigung mit geschlechtsspezifischen Unterschieden sprang natürlich auch auf die Medien über, wo eine Titelgeschichte nach der anderen erschien, die mehr die biologischen als die kulturellen Barrieren zwischen den Geschlechtern hervorhoben. Siehe beispielsweise Merrill McLoughlin, «The New Debate Over Sex Differences: Men Vs. Women», *U. S. News and World Report*, 8. August 1988, S. 50; Ethel S. Person, «Some Differences Between Men and Women», *The Atlantic Monthly*, März 1988, S. 71; Laura Shapiro, «Guns and Dolls: Scientists Explore the Differences Between Girls and Boys», *Newsweek*, 28. Mai 1990, S. 56.

1987 wurden...: Barbara Reskin, «Bringing the Men Back In», *Gender & Society* 2, Nr. 1, März 1988, S. 76.

«Es ging darum...»: Miller, *Towards a New Psychology*, S. X.

Die Frauenforscherin...: DuBois, «Politics and Culture», S. 31.

Die bedeutende Frauenforscherin...: Breines, Cerullo und Stacey, «Social Biology», S. 48.

Frauen seien bereit...: Du Bois u. a., *Feminist Scholarship*, S. 128–29; Elizabeth Wolgast, *Equality and the Rights of Women*, Cornell University Press, Ithaca 1980.

Bemerkte ein Kommentator...: Williams, «Deconstructing Gender», S. 803.

Über die akademische Welt hinaus...: «Men's and Women's Reality – Making the Differences Count», Candle-Publishing-Pressemitteilung, 30. September 1988, S. 1.

Und selbst die Zeitschrift *Vogue*...: Kathleen Madden, «Femininity: Do You Buy It?», *Vogue*, März 1987, S. 445.

Was die Medien betrifft...: Lindsey Van Gelder, «Carol Gilligan: Leader for a Different Kind of Future», *Ms.*, Januar 1984, S. 37; Francine Prose, «Confident at 11, Confused at 16», *The New York Times Magazine*, 7. Januar 1990, S. 23.

Und als das Radcliffe-College...: Heather R. McLeod, «The Radcliffe Conferences: Women in the 21st Century», *Radcliffe Quarterly*, September 1989, S. 11.

Gilligans Buch entsprang...: Persönliches Interview mit Carol Gilligan, Mai 1991. (Die nachfolgenden Zitate von Gilligan stammen aus dem Interview, anderenfalls sind sie gekennzeichnet.)

Der Psychologe Lawrence Kohlberg...: Carol Gilligan, *Die andere Stimme. Lebenskonflikte und Moral der Frau*, Piper Verlag, München und Zürich 1991, S. 28–29.

«Die andere Ausdrucksform...»: Ebenda, S. 10.

«Diese Unterschiede...»: Ebenda.

Jake sagt...: Ebenda, S. 38.

Amy schwafelt...: Ebenda, S. 40.

Jake, schreibt Gilligan...: Ebenda, S. 38.

Amys Gedankengang...: Ebenda, S. 41.

Anschließend erweitert Gilligan...: Ebenda, S. 49.

Auch basieren...: Ebenda, S. 10–11.

«Es wurde nicht versucht...»: Ebenda, S. 11.

Später rechtfertigt...: Carol Gilligan, «Reply by Carol Gilligan» aus: «On *In A Different Voice*: An Interdisciplinary Forum», *Signs* 11, Nr. 21, Winter 1986, S. 326, 328.

Die jungen Frauen...: Catherine G. Greeno und Eleanor E. Maccoby, «How Different Is the ‹Different Voice›?», *Signs* 11, Nr. 21, Winter 1986, S. 313–14. Diese Studien schlossen Hilfe für fremde Personen mit ein; Untersuchungen darüber, welches Geschlecht sich mehr um Freunde und Verwandte kümmert, sind bereits angestellt worden. Andere Wissenschaftler, die geschlechtsspezifische Unterschiede erforschen, sind zu dem Schluß gekommen, daß kooperativ oder mitfühlend zu sein – «Nettigkeit», wie es genannt wurde – in Wirklichkeit der einzige menschliche Zug ist, der im wesentlichen *nicht* genetisch bedingt ist. Siehe Deborah Franklin, «The Making of a Personality: New Light on the Debate Over Nature vs. Nurture», *San Francisco Examiner-Chronicle*, «This World», 17. September 1989, S. 15.

In einer Kritik...: Zella Luria, «A Methodological Critique», *Signs* 11, Nr. 21, Winter 1986, S. 318. Gilligans Antwort auf diese Kritik läßt auf einen gewissen Wunsch schließen, beide Seiten zu haben. Zuerst sagt sie, Lurias Einwand sei irrelevant, da sie nicht beabsichtigt habe, die «unterschiedlichen» moralischen Ausdrucksformen in geschlechtlichen Begriffen zu definieren: «Bei zwei Gelegenheiten habe ich keine geschlechtsspezifischen Unterschiede bei Kohlbergs Feststellungen registriert», stellt sie fest. Doch dann verteidigt sie sich selbst, indem sie behauptet, die Autoren der beiden Studien, die Walker verwendete, hätten später gesagt, ihre Studien hätten tatsächlich geschlechtsspezifische Unterschiede ergeben. Siehe Gilligan, «Reply by Carol Gilligan», S. 328–29.

«Wenn zur Erforschung...»: Luria, «Methodological Critique», S. 318.

Die *New-York-Times*-Titelstory...: «Confident at 11», S. 25.

«Es erscheint fast banausisch...»: Greeno und Maccoby, «How Different», S. 314.

Newsweek benutzte...: Salholz, «Feminism's Identity Crisis», S. 59.

Antifeministische Wissenschaftler...: Levin, *Feminism and Freedom*, S. 38. Der neokonservative Schriftsteller George Gilder beruft sich auch auf Gilligan. Siehe Gilder, *Men and Marriage*, S. 169, 218.

«War es denn wirklich nötig...»: Davidson, *Failure of Feminism*, S. 230.

«Mir ist durchaus bewußt...»: Gilligan, «Reply by Carol Gilligan», S. 333.

VIERTER TEIL
Gegenschläge...

11. Das ist doch alles nur in eurem Kopf

Anmerkungen zu Seite 447–454

Im Center...: Persönliche Beobachtung und persönliche Interviews mit Melvyn Kinder und Connell Cowan, 1987. (Die nachfolgenden Zitate von Kinder und Cowan stammen aus den Interviews, anderenfalls sind sie gekennzeichnet.)

Margaret Kents Buch...: Margaret Kent, *How to Marry the Man of Your Choice*, Warner Books, New York 1988.

Erlangen Sie «Macht»...: Dr. Toni Grant, *Die Chance, eine Frau zu sein: Rückbesinnung auf die Weiblichkeit*, Ariston Verlag, Genf und München 1990, S. 169, 157, 28.

«Geben Sie ihm...»: Ebenda, S. 85.

«Übernehmen Sie...»: Dr. Stephen und Susan Price, *No More Lonely Nights*, G. P. Putnam's Sons, New York 1988, S. 221, 68.

Der pseudofeministische Titel...: Judith Kuriansky, *Women Who Marry Down and End Up Having It All*, im Herbst 1989 angekündigte Neuerscheinung von Doubleday, (Liste kommender Titel, S. 14).

Maßgebliche Selbsthilfebücher...: Lynn Z. Bloom, Karen Coburn und Joan Perlman, *Die selbstsichere Frau*, Ehrenwirth Verlag, München 1977, S. 23–42.

Sie drängten die Frauen...: Chafe, *American Woman*, S. 203–5.

Verfasserin des 1988...: Susan Page, *Ich finde mich so toll – warum bin ich noch Single? 10 Strategien, die Ihr einsames Dasein dauerhaft beenden*, Diana Verlag, Zürich 1989, S. 8.

«Ich möchte bestimmte...»: Ebenda.

«In letzter Zeit...»: Dr. Connell Cowen und Dr. Melvyn Kinder, *Vergötterte Männer – kleine Prinzen: Wenn Erfolgsfrauen den falschen Mann wählen*, Heyne Verlag, München 1988, S. 17.

Es liege nicht daran...: Ebenda, S. 49–50.

Frauen hätten einfach...: Ebenda, S. 21.

Alles könnte gut werden...: Dr. Connell Cowen und Dr. Melvyn Kinder, *Women Men Love / Women Men Leave*, Clarkson N. Potter, New York 1987, S. 165.

Die Frauen könnten glücklich sein...: Cowen und Kinder, *Vergötterte Männer*, S. 170, 166.

«Die Frauen könnten schon während...»: Persönliches Interview mit Dr. Melvyn Kinder, 1987.

Aber genau das ist es...: Cowen und Kinder, *Vergötterte Männer*, S. 186–187.

«Sie sind stark vom...»: Price und Price, *Lonely Nights*, S. 71.

«Diese zwanghafte...»: Persönliches Interview mit Dr. Stephen Price, 1988. (Die nachfolgenden Zitate stammen aus dem Interview, anderenfalls sind sie gekennzeichnet.)

«Wir sind beide Feministen...»: Persönliches Interview mit Susan Price.

Indem sie ihren Leserinnen nahelegen...: Price und Price, *Lonely Nights*, S. 23, 611.

«Es liegt ganz bei Ihnen...»: Ebenda, S. 207.

Die Frau, die gerade anruft...: Persönliches Interview mit Toni Grant, Mai 1988 und Juni 1991. Persönliche Beobachtungen in der KFI-Radiostation, Los Angeles 1988, und Tonbandaufnahmen von der «Dr. Toni Grant Show», 1988. (Die nachfolgenden Zitate stammen aus den im Mai 1988 oder Juni 1991 geführten Interviews, anderenfalls sind sie gekennzeichnet.)

1984 verkleidete sie sich...: James Brown, «Portrait of a Professional», *Let's Talk*, Mai/Juni 1985, S. 24.

1985 erzählte sie...: Ebenda.

1986 sagte sie...: Ray Richmond, «My Style: Toni Grant in Conversation with Ray Richmond», *Los Angeles Herald Examiner*, 21. April 1986, S. B 5.

Ihre Single-Forschung...: Grant, *Die Chance, eine Frau zu sein*, S. 18.

Damals begann sie...: Ebenda, S. 70.

Dann beschäftigte sie sich...: Ebenda, S. 29, 36–37, 42–43.

Ihr Buch zitiert...: Ebenda, S. 14.

«Was ist denn eigentlich...»: Ebenda, S. 173.

1988 verkündete Grant...: Ebenda, S. 13.

Diese «Infektion»...: «If the Feminists Are Right, Then Why Aren't We Happy?» *The New York Times Book Review* (Anzeige), 28. Februar 1988.

«Die Lüge von der Gleichheit...»: Grant, *Die Chance, eine Frau zu sein*, S. 18.

«Ohne den Madonnen-Aspekt...»: Ebenda, S. 59.

Kliniker des 19. Jahrhunderts...: Kinnard, *Antifeminism*, S. 309.

Auch das 1947 erschienene...: Zitiert in Friedan, *Der Weiblichkeitswahn*, S. 82.

Ihren Zuhörerinnen...: Grant, *Die Chance, eine Frau zu sein*, S. 22.

Um ihren erschöpften Geist...: Ebenda, S. 21.

Auf Grants empfohlener Liste...: Ebenda, S. 69, 64.

«Es waren acht Tage...»: Interview mit Toni Grant, Mai 1988; siehe Nikki Finke, «Toni Grant: Taking Her Own Advice», *Los Angeles Times*, V, 28. April 1988, S. 1.

«Dr. Toni Grant heiratet...»: «Dr. Toni Grant to Wed Industrialist John L. Bell»; Pressemitteilung, Michael Levine Public Relations Co., 1988.

Und die Verlobte selbst...: Persönliche Beobachtung, 1988.

Sie gab eine weitere...: «Names and Faces», *San Francisco Examiner*, 2. September 1989, S. B 2.

An einem ungewöhnlich sonnigen...: Persönliche Beobachtung, 1987.

Über ein Jahr...: Susan Faludi, «Addicted to Love», *West Magazine, San Jose Mercury News*, 29. November 1987, S. 6.

Als 1987...: Ebenda.

«Sehr viele von uns...»: Robin Norwood, *Wenn Frauen zu sehr lieben. Die heimliche Sucht, gebraucht zu werden*, Rowohlt Verlag, Reinbek bei Hamburg 1986, S. 10.

Statt die Frauen...: Ebenda, S. 276, 248, 61.

«Spirituelle Übungen wirken...»: Ebenda, S. 247–248; Vortrag von Robin Norwood, in San Francisco aufgenommen, 1987.

«Ich habe das Gefühl...»: Persönliches Interview mit Robin Norwood, 1987; Faludi, «Addicted to Love», S. 35.

«Ach, das bin gar nicht ich...»: Henry James, *Die Damen aus Boston*, S. 69–70.

Es trug dazu bei...: Sie stieg von geschätzten 5 bis 8 Millionen im Jahr 1976 auf 12 bis 15 Millionen im Jahr 1988. Siehe Patricia Leigh Brown, «Troubled Millions Heed Call of Self-Help Groups», *New York Times*, 16. Juli 1988, S. 1.

Die medizinischen Fachzeitschriften...: Kathleen Bell Unger, «Chemical Dependency in Women», *The Western Journal of Medicine*, Dezember 1988, S. 747.

Das Individuum...: Wendy Kaminer, «Chances Are You're Co-Dependent Too», *The New York Times Book Review*, 11. Februar 1990, S. 1.

«Die Beziehungssucht-Bewegung...»: Audrey Garner und Franck Riessman, Brief-Kolumne, *The New York Times Book Review*, 18. März 1990, S. 34.

Norwood selbst verglich...: Persönliches Interview mit Robin Norwood, 1987.

Wie die feministische Autorin...: Ann J. Lane, *To Herland and Beyond: The Life and Work of Charlotte Perkins Gilman*, Pantheon Books, New York 1990, S. 121.

Wie es der 1972 in *Ms.* erschienene...: «A Guide to Consciousness-Raising», *Ms.*, Juli 1972, nachgedruckt in *Women's Liberation in the Twentieth Century*, hrsg. von Mary Lynn, John Wiley & Sons, New York 1975, S. 111–18.

«Ich bin so etwas...»: Persönliches Interview und persönliche Beobachtungen, 1987.

Über ein Jahr lang...: Persönliches Interview mit Pressedienstangestellten in der Presseabteilung von Pocket Books, 1987.

Judith Staples...: Persönliches Interview Judith Staples, 1987.

Norwoods Zuhörerinnen...: Ebenda.

«Es hatte mit meinem Inneren zu tun...»: Vortrag von Norwood, auf Band aufgenommen in San Francisco, 1987.

Genau wie «Pam»...: Norwood, *Wenn Frauen zu sehr lieben*, S. 184–191, 15–22, 272–280.

«Ich habe nie behauptet...»: Persönliches Interview mit Robin Norwood, 1987; Faludi, «Addicted to Love», S. 36.

Im Frühjahr 1987...: Ebenda.

«Keinerlei Geselligkeit...»: Ebenda.

«Der Kern der Bewußtseinsentwicklung»...: Hester Eisenstein, *Contemporary Feminist Thought*, G. K. Hall & Co., Boston 1983, S. 37.

Wie die Psychoanalytikerin...: Susan Quinn, *A Mind of Her Own: The Life of Karen Horney*, Addison-Wesley Publishing, New York 1988, S. 14.

In jenem Jahr...: Persönliches Interview mit Dr. Teresa Bernardez, 1988.

«Prämenstruelle Dysphorie...»: Constance Holden, «Proposed New Psychiatric Diagnoses Raise Charges of Gender Bias», *Science*, 24. Januar 1986, S. 327.

Sag dies so klar...: Herb Kutchins und Stuart A. Kirk, «The Future of DSM: Scientific and Professional Issues», *The Harvard Mental Health Letter*, Sept. 1988, S. 4–6.

Sie schlossen jede Person ein...: Dr. Frederic Kass, «Self-Defeating Personality Disorder: An Empirical Study», *Journal of Personality Disorders* 1, Nr. 2, Sommer 1987, S. 168–73.

Die APA-Kommission...: Ebenda, S. 170; Thomas A. Widiger, «The Self-Defeating Personality Disorder», *Journal of Personality Disorders* 1, Nr. 2, Sommer 1987, S. 157–59.

Die Kommission...: Widiger, «Self-Defeating», S. 159.

Die Kommission wurde...: Bruce Bower, «The Diagnostic Dilemma», *Science News* 135, 25. Februar 1989, S. 120.

Die Befürworter der neuen...: Fast die Hälfte aller Psychologen sind Frauen, verglichen mit weniger als 10 Prozent der Psychiater. In Umfragen innerhalb der Berufsgruppe brachten die Psychiater wachsendes Unbehagen und Angst zum Ausdruck, ihre Einkünfte könnten durch kostengünstigere Therapeutinnen und Beraterinnen geschmälert werden. Siehe «Unhappy People», *San Francisco Chronicle*, 23. Mai 1990, S. A22.

Der APA-Vizepräsident...: Deborah Franklin, «The Politics of Masochism», *Psychology Today*, Januar 1987, S. 53.

«Die Wut, die uns...»: Persönliches Interview mit Dr. Teresa Bernardez, 1988.

Erst als das...: Paula J. Caplan, *The Myth of Women's Masochism*, Signet, New York 1985, S. 257.

Die vorwiegend männliche...: Persönliche Interviews mit Lynne Rosewater, Direktorin des Feminist Therapy Institute, die bei der Besprechung zugegen war, 1988; persönliches Interview mit Dr. Robert Spitzer, 1989.

Dann stellte er...: F. Kass, R. A. MacKinnon und R. L. Spitzer, «Masochistic Personality: An Empirical Study», *American Journal of Psychiatry* 143, Nr. 2, 1986, S. 216–18.

Eine der feministischen...: Persönliches Interview Lynne Rosewater, 1988.

«Fakten» der APA-Kommission...: Dr. Richard C. Simons, «Self-Defeating and Sadistic Personality Disorders: Needed Additions to the Diagnostic Nomenclature», *Journal of Personality Disorders* 1, Nr. 2, 1987, S. 161–67; Franklin, «Politics of Masochism», S. 57.

In die Umfrage war jedoch...: Paula C. Caplan, «The Psychiatric Association's Failure to Meet Its Own Standards», *Journal of Personality Disorders* 1, Nr. 2, Sommer 1987, S. 183.

Dann erklärte die Psychologin...: Lenore E. A. Walker, «Inadequacies of the Masochistic Personality Disorder Diagnosis for Women», Journal of Personality Disorders 1, no. 2 (Sommer 1987), S. 183.

«Das ist doch irrelevant...»: Persönliches Interview mit Dr. Robert Spitzer, 1989.

«Ich war der Meinung...»: Persönliches Interview mit Dr. Paul Fink, 1989.

«Das niedrige intellektuelle Niveau...»: John Leo, «Battling Over Masochism», *Time*, 2. Dezember 1985, S. 76.

An einem Punkt...: Persönliches Interview mit Lynne Rosewater, 1988. Tatsächlich waren mehr allgemeine Fragen über die «wissenschaftliche» Natur aller DSM-Diagnosen erhoben worden. Siehe Kutchins und Kirk, «The Future of DSM», S. 4–5.

Die Therapeutinnen...: Caplan, *Women's Masochism*, S. 259–61.

Wie ein hoher APA-Funktionär...: Ebenda, S. 270.

«Als ich zu sprechen begann...»: Persönliches Interview mit Dr. Teresa Bernardez, 1988.

Als Bernardez' Mitgliedschaft...: Persönliche Interviews mit Dr. Paul Fink, 1989, und Dr. Teresa Bernardez, 1988. Nach der Eliminierung der Feministinnen aus dem Komi-

tee für Frauen gefragt, sagte APA-Präsident Dr. Paul Fink: «Ich denke, der gesunde
Menschenverstand sagt uns: Wenn du eine Menge Ärger mit einigen Gruppen hast,
dann solltest du es dir zweimal gut überlegen, wen du berufst.» Gezielt nach Bernardez gefragt, sagte er: «Ich denke da an eine von ihnen (deren Amtszeit er nicht verlängert sehen wollte). Ich möchte ihren Namen nicht nennen. Ich denke, ihre Zeit war
abgelaufen.» Dann fügte er hinzu: «Nichts von dem, was Sie gehört haben, trifft auf
unsere Bemühungen, Menschen die bürgerlichen Rechte abzuerkennen, zu. Leute,
deren Zeit abgelaufen war, konnten eben nicht wieder berufen werden.»
In diesem Fall jedoch...: Caplan, *Women's Masochism*, S. 270–71; Robert Spitzer und
Janet Williams, *A Guide to DSM-III-R*, American Psychiatric Association, Washington D. C. 1987, S. 15.

12. Arbeitslöhne und Gegenschlag

Leitartikler applaudierten...: Siehe beispielsweise «70 Percent of a Man», Leitartikel,
San Jose Mercury News, 7. Februar 1988, S. P 8.
Ganztägig berufstätige Frauen...: U. S. Census Bureau, Current Population Reports,
Verbrauchereinkommen, Reihe P-60, Nr. 157, 1987.
Die Presse entnahm...: «Male-Female Differences in Work Experience, Occupations
and Earnings: 1984», U. S. Census Bureau, Current Population Reports, Reihe P-70,
Nr. 10, August 1987; persönliche Interviews mit Statistikern vom Census Bureau und
dem Bureau of Labor Statistics, 1988. Siehe «Briefing Paper on the Wage Gap», National Committee on Pay Equity, 18. September 1987. Im selben Jahr machte das U. S.
Office of Personnel Management auch seine eigenen «guten Neuigkeiten» bezüglich
des Lohngefälles für staatliche Angestellte publik – durch ähnlich fingierte Daten.
Diese Behörde «glich» die Zahlen «an», um die falsche Behauptung zu stützen, voll-
zeitbeschäftigte Frauen arbeiteten viel weniger Stunden als Männer, und sie be-
hauptete, das übrige Gefälle könnte mit Faktoren wie der geographischen Lage und
«persönlicher Wahl» erklärt werden. Dank dieser Tricks sollten staatlich angestellte
Frauen nun plötzlich 75 Cent auf einen männlichen Dollar verdienen. Die tatsächliche
Zahl lag bei 69 Cent, eine lächerliche 3prozentige Verbesserung seit dem Jahr 1976.
Siehe «Comparable Worth for Federal Jobs: A Wrong Turn Off the Road Toward Pay
Equity and Women's Career Advancement», U. S. Office of Personnel Management,
Washington D. C., September 1987.
In jenem Jahr...: U. S. Census Bureau, Current Population Reports, Verbraucherein-
kommen, Reihe P-60, Nr. 157, 1987.
Und die Hälfte...: Mishel und Frankel, *The State of Working Woman*, S. 83–85, 105;
«Briefing paper # 1: The Wage Gap», National Committee on Pay Equity.
Frauen mit College-Abschluß...: «Average Earnings of Year-Round Full-Time Wor-
kers by Sex and Educational Attainment, 1987», U. S. Census Bureau, Tabelle 35,
Februar 1989; U. S. Census Bureau, Current Population Reports, Verbraucherein-
kommen, Reihe P-60, Nr. 166, 1988. Für die Daten über ältere Frauen siehe James

P. Smith und Michael Ward, «Women in the Labor Market and in the Family», *Journal of Economic Perspectives* 3, Nr. 1, Winter 1989, S. 10.

Das Lohngefälle...: Ein politischer Beschluß des Labor Department aus der Reagan-Ära machte es außerordentlich schwierig, umfassende Beschäftigungsvergleiche für einen gewissen Zeitraum zu erstellen: 1983 benannte das Labor Department den größten Teil seiner Berufskategorien um. Für die hier erwähnten Vergleiche siehe «Money Income and Poverty Status in the United States, 1989», U. S. Bureau of the Census, Current Population Reports, Verbrauchereinkommen, Reihe P-60, Nr. 168; «Male-Female Differences», S. 5, 23–24, Tabelle G, Tabelle 11 (für Sozialarbeiterinnen verschlechterte sich das Gefälle zwischen 1979 und 1986 um stramme 10 Punkte; William T. Bielby und Denise D. Bielby, «The 1987 Hollywood Writers' Report: A Survey of Ethnic, Gender and Age Employment Practices», The Writers Guild of America West, Hollywood, Kalifornien 1987. Diese Studie fand heraus, daß einzig zwischen 1982 und 1985 das Lohngefälle Spielfilm-Drehbuch-Autorinnen um 23 Prozentpunkte zugenommen hatte. In keinem Sektor der Unterhaltungsindustrie verbesserte sich das Einkommen von Autorinnen, so der Bericht, und in einigen Studios nahm es sogar rasant ab. Bei MTM zum Beispiel verdienten Autorinnen 1984 und 1985 unglaublicherweise ganze 20 Cent auf einen Dollar eines männlichen weißen Autors. Eine darauffolgende Studie aus dem Jahr 1989 ergab, daß sich das Gefälle für Film- und Fernsehautorinnen zwischen 1982 und 1987 überall um 10 Prozentpunkte verschlechtert hatte. Siehe William T. Bielby und Denise D. Bielby, «The 1989 Hollywood Writers' Report: Unequal Access, Unequal Pay», The Writers Guild of America West, Hollywood, Kalifornien, 1989.

Im journalistischen Bereich...: Rede von Elizabeth Toth bei der Konferenz «Women, Men and Media», 29. Februar 1988. 1988 lag das jährliche Lohngefälle in den Public Relations bei 20000 Dollar. Daten aus der *Public-Relations-Journal*-Umfrage. Siehe auch «Women Practitioners: How Far How Fast?» *Public Relations Journal*, Mai 1989.

Während der Level...: Cynthia Taeuber und Victor Valdisera, «Women in the American Economy», U. S. Census Bureau, Current Population Reports, Spezialstudien, Reihe P-23, Nr. 146, S. 21–23; *American Woman 1990–91*, S. 358; O'Neill, *Everyone Was Brave*, S. 148; *Women's Work, Men's Work: Sex Segregation on the Job*, hrsg. von Barbara F. Reskin und Heidi I. Hartmann, National Academy Press, Washington D. C., 1986, S. 32–33. Zwischen 1900 und 1960 blieb die beschäftigungsmäßige Geschlechtertrennung gleich. Eine Studie über 61000 Arbeiter aus dem Jahr 1986 fand heraus, daß nur 10 Prozent Jobs zugewiesen worden waren, die von sowohl Männern als auch Frauen ausgeführt wurden. Siehe William T. Bielby und James N. Baron, «Sex Segregation Within Occupations», *American Economic Review*, Mai 1986, S. 43–47.

Einer Schätzung zufolge...: *American Woman 1988–89*, S. 258; «Is Sex Discrimination the Root of Wage Differences?» *Woman at Work*, April 1989, S. 9, exzerpiert vom Committee on Women's Employment and Related Social Issues, *Pay Equity: Empirical Inquiries*, National Academy Press, Washington D. C., 1989.

Zunahme der Geschlechtertrennung...: Bennett Harrison und Barry Bluestone, *The*

Great U-Turn, Basic Books, New York 1988, Tabelle A 2, S. 199: Merkwürdigerweise wurden ihre Ergebnisse in nur einem Presseartikel veröffentlicht, unter der unpassenden Überschrift: «Women Are Beginning to Make Big Gains In the Workplace». Siehe Carol Kleiman, *San Francisco Examiner*, 15. Januar 1989, S. 27.

Der ohnehin schon riesige Anteil...: Nancy Barrett, «Women and the Economy», *American Woman 1987—88*, S. 119. Die Zahl 40 Prozent stammt von 1986. Im folgenden Jahr änderte das Labor Department seine Berufseinteilung, daher ist es nicht möglich, diese Gruppe von Arbeitern nach 1983 zu vergleichen.

Ende der 8oer...: *American Woman 1990—91*, S. 385.

Eine Vielzahl...: Das Personal im Sekretariat beispielsweise war 1979 zu 98,9 Prozent weiblich, 1986 zu 99,2 Prozent. Siehe «Male-Female Differences», S. 5.

Der Anteil weiblicher...: Ebenda.

Vor allem schwarze Frauen...: Persönliches Interview mit Natalie J. Sokoloff, Soziologieprofessorin am John Jay College of Criminal Justice, City University of New York, 1991; Natalie J. Sokoloff, «Are Professions Becoming Disintegrated? An Analysis of Detailed Professional Occupations by Race and Gender», unveröffentlichter Aufsatz, August 1989; Natalie J. Sokoloff, «The Gender/Race Interaction: Toward a More Complex View of Black Women in the Professions», unveröffentlichter Aufsatz, August 1990; Natalie J. Sokoloffs Studie wird demnächst in *Black and White Women in Profession, 1960—80: An Analysis of Changes in Job Segregation by Race and Gender*, Unwin Hyman, Winchester, Mass. erscheinen.

Zwischen 1976 und 1986...: «Comparable Worth for Federal Jobs», unveröffentlichte Daten vom U. S. Office of Personnel Management; Susanna Downie, «Decade of Achievement: 1977—1987», The National Women's Conference Center, Mai 1988, S. 37. Die untersten Ränge waren die Grade 1—8.

Studie über Integration...: Barbara Reskin, «Occupational Resegregation», in *American Woman 1988—89*, S. 258, 263; persönliches Interview mit Barbara Reskin, Soziologieprofessorin an der University of Illinois, 1988. Ich danke Barbara Reskin, daß ich ihre Untersuchungen und mehrere Kapitel aus *Job Queues, Gender Queues: Explaining Women's Movement into Male Dominated Occupations* von Barbara Reskin und Patricia Roos benutzen durfte; das Buch wird demnächst in der Temple University Press erscheinen.

Andere Studien...: Chloe E. Bird, «High Finance, Small Change: Women in Back Management», unveröffentlichter Aufsatz, Januar 1989; Myra H. Strober und Carolyn L. Arnold, «The Dynamics of Occupational Segregations Among Bank Tellers», *Gender in the Workplace*, hrsg. von Clair Brown und Joseph A. Pechman, The Brookings Institute, Washington D. C., 1987, S. 107—157.

Und eine weitere Analyse...: «Impact of the Reagan Years», S. 4, 12—13.

Die Wahrscheinlichkeit...: «Employment and Earnings: 1983 Annual Averages», U.S. Department of Labor, Bureau of Labor Statistics, Januar 1984; «Employment and Earnings: 1988 Annual Averages», U.S. Department of Labor, Bureau of Labor Statistics, Januar 1989; Bielby und Bielby, «1987 Hollywood Writer's Report»; «The Female Focus: In Whose Image?: A Statistical Survey of the Status of Women in Film, Televisions and Commercials», Screen Actors Guild, Inc., Hollywood, Kalifornien,

August 1990; EEO-1 Employment Analysis Report Program, «Producers, Orchestras and Entertainment», Nationwide Summaries, 1987, 1984, 1981. (Es sollte hervorgehoben werden, daß die EEO-1-Berichte wahrscheinlich den geringer werdenden Status der Frauen untertreiben. Diese Zahlen basieren auf den unternehmereigenen Chancengleichheitsberichten an die staatliche Regierung und wie nachfolgende Buchprüfungen ergaben, haben diese Firmenberichte häufig die Zahl der von ihnen angestellten Frauen und Minderheiten übertrieben. Während der Reagan-Regierung nahm diese Tendenz zur Beschönigung noch krassere Formen an – als die Regierung Überwachung und Antidiskriminierungsprogramme zurückschraubte und gegenüber Firmen, die die Anstellungsdaten aufblähten, ein Auge zudrückte.

Zwischen 1972 und 1988...: Bergmann, *Economic Emergence*, S. 70, Tabelle 4–3.

Tatsächlich waren...: Ebenda; Daten vom U.S. Bureau of Labor Statistics; *American Woman 1990–91*, Abbildung 8, S. 383. Es wurde also viel Aufhebens von der weiblichen Invasion in die Manageretagen amerikanischer Firmen gemacht. Doch wenn auch ihre Zahl wuchs, saßen 1989 weniger als 11 Prozent aller arbeitenden Frauen auf Managerposten. Siehe *American Woman 1990–91*, S. 357.

Kaum Fortschritt gab es...: «CEO on Barriers to Women's Advancement», *Catalyst Perspective*, Februar 1990, S. 2. Eine Studie von 1985 fand weniger Frauen in leitenden Positionen als im Jahr 1982. Siehe «After the Sexual Revolution», ABC News, Niederschrift, 30. Juli 1986, S. 5. Eine Frauen-Umfrage von *Adweek* im Jahr 1989 fand, daß sich der Aufstieg für Frauen im Werbesektor verlangsamt habe. Siehe «The Seventh Annual Women's Survey», *Adweek*, 5. Juni 1989, S. W4.

Die Zuwachsrate von...: Alison Leigh Cowan, «The New Wave Director», *The New York Times Magazine*, 1. April 1990, S. 58.

Selbst die vielen...: *American Woman 1990–91*, S. 227.

Unter Reagan...: Marc Leepson, «Women in the Military», The Women's Movement: Agenda for the '80s, Untersuchungsberichte, Congressional Quarterly, Washington D.C., 1981, S. 83–100; Robert Landers, «Should Women Be Allowed in Combat?», Untersuchungsberichte, Congressional Quarterly 2, Nr. 14, 13. Oktober 1989, S. 570–82.

Wie eine Studie...: «Employment of Women in Nontraditional Jobs, 1983–88», U.S. Department of Labor, Bureau of Labor Statistics, Report 756, Zweites Quartal 1988.

1988 sank er...: «Employment and Earnings: 1983»; «Employment and Earnings: 1988»; «Male-Female Differences», Tabelle G, S. 5; *American Woman, 1990–91*, Tabelle 19, S. 358.

Der Anteil von Frauen...: *American Woman, 1990–91*, S. 385.

Die größten Fortschritte...: «Women in the American Economy», S. 18; «Women as a Percent of All Workers in Selected Occupations», U.S. Department of Labor, Bureau of Labor Statistics, Januar 1989, Tabelle 22.

«Praktisch alle wichtigen...»: Peggy Simpson, «Why the Backlash is a Big Bust», *Working Woman*, November 1986, S. 164.

Die Benachrichtigung gehe...: Gretchen Morgenson, «Watch That Leer, Stifle That Joke», *Forbes*, 15. Mai 1989, S. 69.

Berichte über sexistische...: Statistiken von der Equal Employment Opportunity Commission. Eine Studie von 1988, durchgeführt von Merit Systems Protection Board, fand 42 Prozent staatlich beschäftigte Frauen, die angaben, sie seien sexuell belästigt worden. Eine U.S.-Navy-Studie von 1988 fand im selben Jahr heraus, daß mehr als die Hälfte aller Frauen in der Navy Opfer sexueller Belästigungen waren.

Entgegen den Presseberichten...: «White Collar Displacement: Job Erosion in the Service Sector», 9 to 5, National Association of Working Women, S. 4; Bergmann, *Economic Emergency*, S. 155.

Und selbst in den...: Persönliches Interview mit Statistikern des Bureau of Labor Statistics, U.S. Department of Labor, 1989.

Auch beim staatlichen...: Reskin und Hartmann, *Women's Work/Men's Work*, S. 14.

Auch wurden in den...: «Work and Family Responsibility: Achieving a Balance», Ford Foundation, März 1989, D. 25; «Working Women: Statistics, Jobs, Salaries», Salaried and Professional Women's Committee, 28. Juli 1989. In ihrer Verzweiflung nahm eine Rekordzahl von 3,1 Millionen Frauen im Jahr 1990 zwei oder mehr Jobs gleichzeitig an, was einem 500prozentigen Anstieg seit 1970 entspricht. (Der Anteil von männlichen Schwarzarbeitern veränderte sich in derselben Periode nicht.) Und als die Frauen aus dem Arbeitsprozeß ausschieden, fanden sie das soziale Netz stark durchlöchert. Allein in den frühen 80er Jahren wurde fast einer halben Million armer Mütter das Recht auf Sozialhilfe entzogen, und weitere 260000 verloren den Hauptteil der staatlichen Unterstützung. Siehe Power, «Women, the State and the Family», S. 148.

Zur gleichen Zeit...: «Equal Employment Opportunity: EEOC and State Agencies Did Not Fully Investigate Discrimination Chares», U.S. General Accounting Office, Oktober 1988; Bericht über die EEOC vom House Education and Labor Committee, 1986; Reskin und Hartmann, *Women's Work/Men's Work*, S. 86.

Ähnlich lief es in...: Reskin und Hartmann, *Women's Work/Men's Work*, S. 89–90. Als Reaktion auf den Prozeß wegen Geschlechterdiskriminierung erklärte sich das OFCC damit einverstanden, staatliche Bauunternehmer zu zwingen, soviel Frauen einzustellen, daß die Belegschaft zu mindestens 6,9 Prozent aus Frauen bestand. Doch eine Studie vom Labor Department aus dem Jahr 1981 fand heraus, daß von 2994 Berichten an die OFCC nur ein Fünftel der Unternehmen sich die Mühe gemacht hatten anzugeben, wieviel Prozent Frauen sie beschäftigten – und von dieser kleinen Gruppe, die es angaben, erreichten nur 5 Prozent die 6,9-Prozent-Marke.

Ein Jahr zuvor waren...: Persönliche Beobachtungen bei der Konferenz «Women, Men and Media», University of Southern California, 28. Februar–1. März 1988.

Anfang der 70er...: 1969 ergänzte die Federal Communications Commission als erste ihre Antidiskriminierungsbestimmungen durch den Faktor Geschlecht. 1970 ersuchte NOW die FCC um Berichte über Antidiskriminierungsprogramme und griff die Sendungsgenehmigungen unter der Fairness Doctrine an. Der legale Protest schlug fehl, doch 1971 begann die FCC zum ersten Mal seit ihrer Entstehung Fernsehleute aufzufordern, Genehmigungen für die Erstellung von Berichten über Diskriminierung weiblicher Angestellter zu beantragen. Frauen im Journalismus organisierten und strengten Verfahren wegen Geschlechtsdiskriminierung und FCC- und EEOC-Beschwerden an und handelten günstige Abmachungen aus, die fast alle nationalen Sendestationen im Land und alle drei Sendenetze: die *New York Times*, die *Washington*

Post, Newsweek, Newsday, The Associated Press, *Time* und *Reader's Digest* mit einschlossen.

Während seiner Amtsdauer...: Downie, «Decade of Achievement», S. 52; «Numbers Not There for Employment of Women, Wilson Says», *Media Report to Women* 16, Nr. 2, März/April 1988, S. 11.

«Unter den achtzig Prozent...»: Janice Castro, «Women in Television: An Uphill Battle», *Channels*, Januar 1988, S. 42.

Das CBS ekelte...: Persönliches Interview mit Marlene Sanders, 1988.

Die Moderatorin der...: Monica Collins, «Pioneering Black Anchor's Role is Diminished» *TV Guide*, 10. März 1990, S. 46. Wie gewöhnlich zahlten die schwarzen Frauen den höchsten Preis. Zwischen 1984 und 1989 fiel der Anteil schwarzer Frauen, die abendliche Nachrichtensendungen moderierten, auf ganze drei. Siehe «Women, Men and Media: Few Changes in 15 Years», Communication Consortium, 10. April 1989. Bei der Gesamtbelegschaft für Fernsehnachrichten wurden die Posten schwarzer und aller Minoritätenfrauen im Laufe der 80er Jahre beständig weniger. Siehe Vernon A. Stone, «Trends in the Status of Minorities and Women in Broadcast News», *Journalism Quarterly* 65, Nr. 2, Sommer 1988, S. 288.

Die «60 Minutes»...: Edwin Diamond, «New-Girl Network», *New York*, 10. Juni 1991, S. 20.

1990 verdrängte...: Megan Rosenfeld, «A Pregnant Pause for Chung?» *Washington Post*, 31. Juli 1990, S. D1; James Endrst, «Home Sweet Home: Female News Personalities Are Choosing Family Over Their Jobs», *Montreal Gazette*, 26. August 1990, S. F2.

Die Networks versetzten...: Eine vom Gannett Center for Media durchgeführte Studie über TV-Moderatoren, die Moderatoren für einen Zeitraum von drei Jahren beobachtete, fand heraus, daß die Männer grauer und älter, die Frauen blonder und jünger geworden waren. Siehe Diamond, «New-Girl Network», S. 20.

1989 wurde die...: Harry F. Waters, «If Ain't Broke, Break It», *Newsweek*, 26. März 1990, S. 58.

«Paula ist verheiratet...»: Jennet Conant, «Broadcast Networking», *Working Woman*, August 1989, S. 58.

«Die meisten männlich-weiblichen...»: Rede von Marlene Sanders bei der Konferenz «Women, Men and Media», 29. Februar 1988.

Bei der spektakulärsten...: Marlene Sanders und Marcia Rock, *Waiting for Prime-Time*, University of Illinois Press, Urbana, 1989, S. 146; Christine Craft, *Too Old, Too Ugly and Not Deferential to Men*, Prima Publishing, Rocklin, Kalifornien 1988.

1983 ging die Zahl...: Vernon A. Stone, «Newswomen's Numbers Level Off», *RTNDA Communicator*, Juli 1984, S. 122; *Media Report to Women*, Mai–Juni 1988, S. 5; Terri Schultz-Brooks, «Getting There: Women in the Newsroom», *Columbia Journalism Review*, März/April 1984, S. 25.

1989 waren unter den...: Judy Southworth, «Women Media Workers: No Room at the Top», *Extra!*, März/April 1984, S. 25.

Und auch in den...: Amerikanische Frauen in Radio- und TV-Umfragen, Juni 1987. Siehe Downie, «Decade of Achievement», S. 52.

Wie eine Umfrage...: «The Changing Face of the Newsroom», *American Society of Newspaper Editors (ASNE) Bulletin*, Mai 1989, S. 28.

Bei der *Washington Post*...: Statistiken von der Washington-Baltimore Newspaper Guild; «Complaint of Unlawful Discriminatory Employment Practices», *The Washington-Baltimore Newspaper Guild v. The Washington Post*, Nr. 88–540–P, 12. Juli 1988.

Während der *New York Times*...: Statistiken vom *New York Times* Women's Caucus und der Newspaper Guild. Zu Ende des Jahrzehnts beschlossen die Vorsitzenden der *New York Times* offenbar, daß es klüger sei, die Frauen bezüglich der Lohnunterschiede im unklaren zu lassen. Als der Women's Caucus der *Times* auf die Zahlen drang, wurde ihm vom Vorstand der Zeitung mitgeteilt, er veröffentliche die Zahlen nicht mehr, weil es «zu teuer» sei, sie zu sammeln. Siehe Emily Weiner, «Status of Women in the Professions: Media & the Arts», Committee on Women Hearing, Council of the City of New York, 16. März 1989, S. 2.

Nachdem die jährliche...: Dorothy Jurney, «Tenth Annual Survey Reports Women Editors at 12,4 Percent», *American Society of Newspaper Editors (ASNE) Bulletin*, November 1986, S. 5.

Trotz dieses jämmerlichen...: «ASNE Panelist Poles Apart on Status of Women Journalists», *Media Report to Women* 16, Nr. 3, Mai–Juni 1988, S. 1.

Noch nie hatten...: Daten von Studien, die von Jean Gaddy Wilson, Professorin für Journalismus und Forschungsstipendiatin der University of Missouri Journalism School, durchgeführt wurden; Jean Gaddy Wilson, «Taking Stock: Women in the Media», Rede vom Dezember 1988; «The Changing Face of the Newsroom», hrsg. von Lee Stinnett, American Society of Newspaper Editors, Spezialbericht, Mai 1989, S. 19, 27–28.

Die NBC-Tontechnikerin...: Persönliches Interview mit Lee Serrie, 1988.

«Ich habe Ablehnungsbescheide...»: Persönliches Interview mit einer früheren Redakteurin der *New York Times*, die nicht namentlich genannt werden wollte, 1988.

Bei der *New York Times*...: Persönliches Interview mit Betsy Wade, 1988.

«Offenbar umweht uns...»: Betsy Wade, «From Lawsuits to Caucuses: Promoting Women in the Newsroom», Vorlesungen über Frauen im amerikanischen Journalismus, Graduate School of Journalism, University of California in Berkeley, Dezember 1988, S. 16.

«Die Reaktion der Gruppe...»: K. Kaufmann, «Since When Is Feminism So Unfashionable?», *Mediafile*, Dezember / Januar 1987–88, S. 3.

Bald darauf, im September...: Judy Flander, «Women in Network News» *Washington Journalism Review*, März 1985, S. 39.

Nach einer Weile...: Ebenda, S. 40.

Sie hatte unter allen Sendern...: Diane Landis, «Women from ABC Air Grievances», *Washington Woman*, März 1986, S. 13; Bob Brewin, «ABC's Trouble with Women», *The Village Voice*, 11. Februar 1986, S. 46.

1983 trat Rita Flynn...: Persönliches Interview mit Rita Flynn, 1989. (Die nachfolgenden Zitate stammen aus dem Interview, anderenfalls sind sie gekennzeichnet.)

Die ABC-Intendanz...: Brewin, «ABC's Trouble», S. 46.

Die Vorsitzende des...: Flander, «Networks News», S. 39; Sanders und Rock, *Prime-Time*, S. 150–51. (Die ABC-Beamten lehnten es ab, über diesen Fall oder andere vom Frauenkomitee vorgebrachten Beschwerden zu diskutieren.)

«Es war, als hätte...»: Flander, «Network News», S. 39.

Nun nannte die Sprecherin...: Berwin, «ABC's Trouble», S. 46

Von 1980 bis 1985...: Barrett, «Women and the Economy», S. 113.

146000 Redakteurinnen...: «Employment and Earnings, 1990», U.S. Department of Labor, Bureau of Labor Statistics, Januar 1991, Tabelle 22, Current-Population-Umfrage. (Im Einzelhandel kamen in den 80er Jahren ungefähr 5 Millionen Jobs hinzu.)

Die amerikanischen Verkäuferinnen...: Bergmann, *Economic Emergence*, S. 72.

Die durchschnittliche...: Ebenda.

Das Resultat...: Barrett, «Women and the Economy», S. 122.

Nach Schätzungen des...: Ruth Milkman, «Women's History and the Sears Case», *Feminist Studies* 12, Nr. 2, Sommer 1986, S. 374–400.

Den Berechnungen der...: Vorverhandlungsunterlagen des Klägers – Provisionsverkaufsangelegenheiten, überprüft am 19. November 1984, *EEOC v. Sears*, S. 4; Closing Arguments, *EEOC v. Sears*, 28. Juni 1985, S. 18958.

Ende der 70er...: Reskin und Hartmann, *Women's Work*, S. 91–93.

Kaum war bekanntgeworden...: Closing Arguments, *EEOC v. Sears*, 28. Juni 1985, S. 18958; Alice Kessler-Harris, «Academic Freedom and Expert Witnessing», *Texas Law Review* 67, 1988, S. 429–40.

Ein Personalchef...: Aufgeschriebene Zeugenaussage von Rex Rambo, *EEOC v. Sears*, S. 8433, 8439, 8437, 6.

«Da muß man durch die...»: Zeugenaussage von Ed Michaels, *EEOC v. Sears*, S. 12071, 12085–12086.

Und Ray Graham...: Zeugenaussage von Ray Graham, *EEOC v. Sears*, 19. Februar 1985, S. 8537.

Das Einstellungsverfahren des...: Zeugenaussage von Ray Graham, *EEOC v. Sears*, 19. Februar 1985, S. 8432.

Alle Anwärterinnen...: «Psychological Tests – For Use in Sears Retail Stores», Beweis des Klägers Nr. 113, *EEOC v. Sears*, S. 4.

Obgleich Sears vor...: Closing Arguments, *EEOC v. Sears*, 28. Juni 1985, S. 18970. Sears brachte 1973 einige geringfügige Modifikationen in seinem revidierten Prüfungsbetriebsbuch an, wie die Änderung des Namens der Provisionsverkaufsabteilung von «Big Ticket Salesmen» in «Big Ticket Salespeople».

Aber in ihrer Aussage...: Barbara Winkler, «Scholars' Conflict in Sears Sex-Bias Case Sets Off War in Women's History», *Chronicle of Higher Education*, 5. Februar 1986, S. 8.

«Viele Frauen wählen...»: «Offer of Proof Concerning the Testimony of Rosalind Rosenberg», 11. März 1985, nachgedruckt in *Signs*, Sommer 1986, S. 761, 762.

Doch wie eine...: Closing Arguments, S. 18992.

Rosenberg wurde ursprünglich...: Interview mit Rosalind Rosenberg, 1989.

«Ich hatte so ein Gefühl...»: Ebenda. (Die nachfolgenden Zitate stammen aus dem Interview, anderenfalls sind sie gekennzeichnet.)

«Keine Historikerin, die...»: Persönliches Interview mit Alice Kessler-Harris, 1989.

Zum Beispiel wurde...: Zeugenaussage von Rosalind Rosenberg, *EEOC v. Sears*, 22. Juni 1985, S. 18284–85. Nichtsdestotrotz wurden in der Presse die Bemühungen solcher Frauenforscherinnen wie Kessler-Harris, ihre eigene Arbeit vor falschen Darstellungen zu verteidigen, als ein Angriff auf *Rosenbergs* akademische Freiheit gewertet. In der *Washington Post* beispielsweise beklagte der Kolumnist Jonathan Yardley, daß Rosenberg durch «feministisch orientierte Aufseherinnen» auf «böswillige Weise verleumdet» wurde. «Sie mögen es Feminismus nennen, doch es klingt für jedermann wie Totalitarismus», schrieb er. «Man fragt sich nur, wie diese Leute nachts ruhig schlafen können.» Siehe Jonathan Yardley, «When Scholarship and the Cause Collide», *Washington Post*, 16. Juni 1986, Rubrik: Modernes Leben, S. 2.

Mit Formulierungen, die...: Memorandum of Points and Authorities in Support of Defendant's Motion to Dismiss, *EEOC v. Sears*, S. 15; Memorandum in Support of Defendant's Motion to Reconsider Order Denying Defendant's Motion to Dismiss Or, in the Alternative, to Reopen Discovery on Conflicts of Interest Issue, *EEOC v. Sears*, S. 2–4; Closing Arguments, S. 19059; Defendant's Interrogatories, *EEOC v. Sears*, S. 17–21; Plaintiff's Opposition to Defendant's Motion to Reconsider Order Denying Defendant's Motion to Dismiss, *EEOC v. Sears*, S. 60, 52–54, 57–58.

Als die Sears-Anwälte...: Plaintiff's Opposition to Defendant's Motion to Reconsider Order Denying Defendant's Motion to Dismiss, *EEOC v. Sears*, S. 28–30.

Bei dem ganzen Unternehmen...: Ebenda, S. 26–35.

Sears beantragte sogar...: Antwortschriftsatz des Gegenberufungsklägers, Sears, Roebuck und Co., *EEOC v. Sears*, S. 17.

Sowohl der Richter...: Entscheidung des US-Richters am Bundesgericht Harlington Wood, Jr., Nr. 86–1519 und 86–1621, S. 104–10; persönliches Interview mit Charles Morgan, Jr., 1989. In diesem Interview und an anderer Stelle sagte Morgan, er unterstütze die Ziele der Frauenbewegung. Doch Verlautbarungen im Gerichtssaal und gegenüber der Presse lassen auf eine weniger freundliche Meinung über den Feminismus schließen. «Lieber Himmel, was hat die Pille nur angestellt?» entfuhr es ihm an einer Stelle der Schlußanträge. «Was die Frauen betrifft: Ihr könnt bestimmen, wann ihr ein Kind haben wollt... Ihr müßt überhaupt keine Kinder haben. Ihr könnt euch auch ganz eurer Karriere widmen.» In den Medien brachte er sein Unbehagen über Anstrengungen zum Ausdruck, bahnbrechende Zivilrechte für Frauen in Kraft zu setzen. «Die Regierung muß ihre Prioritäten klarmachen», klagte er gegenüber der *New York Times*. «Es gibt einfach keine Gleichstellung zwischen Minoritäten und Frauen... Ich weiß, wofür das 13., 14. und 15. Nachtragsgesetz bestimmt war.» Siehe Closing Arguments, *EEOC v. Sears*, S. 19093; Milkman, «Women's History», S. 379.

Weit von dem Wunsch...: Persönliches Interview mit James P. Scanlan, 1988.

Ein hochrangiger Beamter...: Juan Williams, «Despite Class-Action Doubts, EEOC Presses Sears Bias Case», *Washington Post*, 9. Juli 1985, S. A1.

«Seit ich hier bin...: Ebenda.

Thomas behauptete...: Juan Williams, «A Question of Fairness», *The Atlantic Monthly*, Februar 1987, S. 70.

Thomas äußerte sich...: Williams, «Despite Class-Action Doubts».

«Es war höchst...»: Persönliches Interview mit Karen Baker, 1988.

Wenn Frauen nicht...: Entscheidung des Richters John Nordberg, 31. Januar 1986, *EEOC v. Sears*, 628 F. Supp. 1264 (N.D. III, 1986), S. 1306.

«Ich wollte gern auf...»: Persönliches Interview mit Lura Lee Nader, 1988. (Die nachfolgenden Zitate stammen aus dem Interview, anderenfalls sind sie gekennzeichnet.)

Wie sie später...: Prozeßaufzeichnung, S. 16466.

Alice Howland, die zweite...: Persönliches Interview mit Alice Howland, 1988. (Die nachfolgenden Zitate stammen aus dem Interview, anderenfalls sind sie gekennzeichnet.)

Bei einem zugegebenermaßen...: Persönliche Interviews, 1988 im Sears-Kaufhaus San Francisco geführt. (All diese Frauen haben seither ihren Job verloren. Am Ende des Jahrzehnts, als die Gewinne rasant abnahmen, ließ der Händler seine Belegschaft zusammenschrumpfen und schloß eine Handvoll Kaufhäuser, einschließlich der Niederlassung in San Francisco.)

Laut den Statistiken...: «Employment and Earnings», U.S. Department of Labor, Bureau of Labor Statistics, durchschnittliche Jahreseinkommen, 1983–1988. Und einer bitter-ironischen Entwicklung zufolge begannen Großhändler von Sears bis Nordstrom damit, von den meisten ihrer weiblichen Angestellten zu verlangen, auf Provisionsbasis in den *small-ticket-*«Damen»-Abteilungen zu arbeiten – wo die Bezahlung nach Provision wegen der billigen Ware in jenen Abteilungen *weniger* ausmachte, als es bei richtigen Löhnen der Fall wäre. Siehe Susan Faludi, «Sales Job: At Nordstrom Stores, Service Comes First – But at a Big Price», *The Wall Street Journal*, 20. Februar 1990, S. A1.

«Im handwerklichen Bereich...»: Persönliches Interview mit Mary Ellen Boyd, Geschäftsführerin von Non-Traditional Employment for Women, 1987.

Tony Laramie, der Lagerverwalter...: Persönliches Interview mit Tony Laramie, 1987; persönliches Interview mit Diane Joyce, 1987.

Auf einem New Yorker...: Mary Ellen Boyd und Elizabeth Edman, «Women in Non-Traditional Employment», unveröffentlichter Aufsatz von 1987, S. 20; persönliches Interview mit Mary Ellen Boyd, 1987.

«In manchen Betrieben...»: Persönliches Interview mit John Longabaugh, 1987.

Ein Wartungsmonteur...: Faludi, «What Women Are Up Against», S. 20–21.

Eine andere Frau...: Ebenda.

Beide erreichten im...: Die «Siebenerregel», das Einstellungsverfahren der Countys, besagt, daß die Kandidaten mit den ersten sieben Ergebnissen als für den Job gleich gut qualifiziert gelten, weil die Unterschiede bei den Besten ausgesprochen minimal sind. Später hob Johnson gegenüber der Presse nichtsdestotrotz seinen Zwei-Punkte-Vorsprung gegenüber Joyce hervor – und stellte ihn als Beweis für eine «bessere Qualifikation» hin. Was Johnson bei dieser Behauptung verschwieg, war, daß Joyce, als sie sich 1985 für den Job einer Vorarbeiterin bewarb, als Beste in der mündlichen Prüfung abschnitt – und trotzdem dem Mann unterlag, der als fünfter bestand. Siehe Faludi, «What Women Are Up Against».

Die drei Männer...: Prozeßaufzeichnung, *Johnson v. Transportation Agency*, Santa Clara County, S. 153, 161–62.

«Was spricht denn gegen...»: Persönliches Interview mit James Graebner, 1987.

«Ich hab nur...»: Persönliches Interview mit Ron Shields, 1987.

«Ich hätte am liebsten...»: Persönliches Interview mit Paul Johnson, 1987.

«So was wird mir...»: Persönliches Interview mit Gerald Pourroy, 1987.

An einem Spätsommernachmittag...: Persönliche Beobachtung, 1987.

«Die hält sich jetzt...»: Persönliche Interviews, 1987.

Nach dem Supreme Court...: Faludi, «What Women Are Up Against», S. 26; persönliche Interviews mit Beamten des Santa Clara County Equal Employment und Gewerkschaftsfunktionären, 1987, 1991.

Das Gericht entschied...: *Lorance v. AT&T Technologies, 12. Juni 1989.*

Dieses Urteil wurde...: Persönliche Interviews mit Bridget Arimond, Anwältin des Klägers im Fall *Lorance v. AT&T Technologies,* 1989.

Und ironischerweise...: *Martin v. Wilks,* 12. Juni 1989.

Solang sich zurückdenken...: Persönliche Interviews mit Angestellten der Fabrik, 1989.

Sie hatte von Jugend...: Persönliches Interview mit Pat Lorance, 1989. (Die nachfolgenden Zitate stammen aus dem Interview, anderenfalls sind sie gekennzeichnet.)

Wie sich einige der...: Persönliche Interviews mit Pat Lorance, Jan King und drei Frauen, die ins Personalbüro gerufen wurden, 1989. Die drei Frauen, die noch dort arbeiten, baten darum, nicht namentlich genannt zu werden.

«Wir haben keine Fakten...»: Persönliches Interview mit Charles Jackson, April 1991.

Manche Männer begannen...: Persönliche Interviews mit Angestellten der Prüfungsabteilung, 1989.

«Eines Tages habe ich...»: Persönliches Interview mit Jan King, 1989. (Die nachfolgenden Zitate von King stammen aus dem Interview.)

«Die Damen haben ihre...»: Persönliches Interview mit Charles Jackson, April 1991.

«Die Ironie des Ganzen», sagt...: Persönliches Interview mit Bridget Arimond, 1989.

13. Geburtenregelung im Rahmen des Gegenschlags

«Mami, bring mich...»: Persönliche Beobachtung beim National Day of Rescue II, 29. April 1989 in Sacramento, Kalifornien.

«Wir dürfen nichts...»: Persönliches Interview, 29. April 1989. (Die nachfolgenden Zitate dieses Ereignisses stammen ebenso aus dem persönlichen Interview.)

Wie der «gegen den...»: «Anthony Comstock», *Dictionary of National Biography,* Bd. II, Charles Scribner's Sons, New York 1958, S. 330; Colin Francome, *Abortion Freedom: A Worldwide Movement,* George Allen & Unwin, London 1984, S. 47.

«Fast alle Führer...»: Siehe Susan Faludi, «Abortion Obsession», *Mother Jones,* November 1989, S. 22. Diese demographische Information setzt sich aus Protokollen polizeilicher Festnahmen bei Operation-Rescue-Vorfällen, aus Berichten von Polizeibeamten und Organisationen für staatsbürgerliche Freiheiten, die die Aktivitäten der Abtreibungsgegner überwachen, und aus eigenen Schätzungen von Operation-Rescue-Mitgliedern zusammen. Viele andere, die in der Antiabtreibungsbewegung der 80er Jahre eine Schlüsselrolle spielten, paßten in dieses demographische Bild: Samuel Lee und Andrew Puzder, die das restriktive Missouri-Abtreibungsgesetz verfaßten, das von der bahnbrechenden Webster-Entscheidung durch den U.S. Supreme Court bestätigt wurde, waren 31 und 33 Jahre alt. Lee hatte keinen festen Wohnsitz und schlief bei Freunden auf der Couch. Siehe Cynthia Gorney, «Taking Aim at *Roe v. Wade*», *The Washington Post Magazine*, 9. April 1989, S. 18. Eine frühere Studie über Teilnehmer der Antiabtreibungs- und der Pro-Choice-Bewegungen ergab, daß Antiabtreibungsaktivisten überwiegend den unteren Verdienstkategorien angehörten: Ein Drittel verdiente weniger als 20 000 Dollar, verglichen mit einem Fünftel der Pro-Choice-Befürworter. Siehe Kristin Luker, *Abortion and the Politics of Motherhood*, University of California Press, Berkeley 1984, S. 221.

Abtreibungsbefürworterinnen...: Petchesky, *Antiabortion, Antifeminism*, S. 221.

«Gott hat die Frau...»: Persönliche Beobachtung, 1989.

In *Men and Marriage*...: Gilder, *Men and Marriage*, S. 107.

Im Fall Eric Conns...: Der Richter verhielt sich parteiisch: Er ordnete eine einstweilige Verfügung an, ohne der Frau auch nur die Gelegenheit zu geben, in eigener Sache vor Gericht zu sprechen. Später zwang er sie, in *öffentlicher* Verhandlung auszusagen, dann verbot er die Abtreibung. Selbst nachdem gegen seine richterliche Entscheidung – einen Monat später – Berufung eingelegt worden war, kam der Oberste Gerichtshof dem Ansuchen des Ehemannes nach, das gerichtliche Verbot (die Abtreibung betreffend) auf eine weitere Woche auszudehnen. Siehe Reproductive Freedom Project Legal Docket, 1988, hrsg. von Diana Traub, American Civil Liberties Union Foundation, S. 77.

«Es gefiel mir einfach...»: Pat Milton, «Husband Sues Wife and Doctors for Abortion Without Knowledge», AP, 21. April 1988; persönliches Interview mit David Ostreicher, Mai 1988.

1988 klagte in New York...: Susan Church, «Woman Has Abortion Hours Before Appeal-Heard», *Press and Sun-Bulletin*, 21. September 1988, S. 5.

Amerikanische Frauen...: Luker, *Politics of Motherhood*, S. 19; Carl Haub und Mary Kent, «U.S. Abortions Up? Down?» *Population Today*, November 1987, S. 6–7, Tamar Lewin, «U.S. Abortion Rate Shows 6% Decline», *New York Times*, 26. April 1991, S. A14. Umgekehrt senkt ein Abtreibungsverbot nicht notwendigerweise die Zahl der Abtreibungen: In Brasilien, wo Abtreibung illegal ist, erweist sich die Abtreibungsrate als dreimal höher als in den Vereinigten Staaten. Ein Abtreibungsverbot macht dagegen den Eingriff lebensgefährlich: Vor der Legalisierung der Abtreibung starben jedes Jahr etwa zehntausend Frauen an mißglückten, illegalen Abtreibungen, und illegale Abtreibungen waren die Hauptursache für Müttersterblichkeit und bleibende Gesundheitsschäden.

Dadurch verdoppelte sich...: O'Neill, *Everyone Was Brave*, S. 297–98; Steven D. McLaughlin, Barbara D. Melber, John O. G. Billy, Denise M. Zimmerle, Linda D. Winges und Terry R. Johnson, *The Changing Lives of American Women*, The University of North Carolina, Chapel Hill 1988, S. 84–86.

1980 ergab eine von...: Sex-Umfrage von *Cosmopolitan* von 1980. Siehe Linda Wolfe,

«The Sexual Profile of That *Cosmopolitan* Girl», *Cosmopolitan*, September 1980, S. 254.

Bei diesen Entscheidungen...: Virginia-Slims-Meinungsumfrage von 1990, S. 53, 41; Mark Clements Research Women's Views Survey, 1987.

Die Sterilisation wurde...: «One in Six Women Sterilized», *Reproductive Rights Update*, American Civil Liberties Union 1, Nr. 12, 8. Juni 1990, S. 8; Charles F. Westoff, «Fertility in the United States», *Science 234*, 31. Oktober 1986, S. 557.

«Die Männer haben die...»: Gilder, *Men and Marriage*, S. 107.

Als «alte Vetteln» bezeichnete...: Tom Bethell, «Operation Rescue», *The American Spectator*, Dezember 1988, S. 11. Die Verbindung zwischen übernatürlichen Frauen und kulturellen Abtreibungs- oder Kindstötungsritualen hat eine lange Geschichte. Während der Zeit der Hexenverbrennungen im 16. und 17. Jahrhundert verbreiteten Theologen ein volkstümliches Bild, in dem Hexen sich selbst mit dem Fett getöteter Kinder einrieben, damit sie durch Schlüssellöcher schlüpfen konnten. Siehe Page Smith, *Daughters of the Promised Land: Women in American History*, Little, Brown and Co., Boston 1970, S. 31.

In seinem gegen die...: George Grant, *Grand Illusion: The Legacy of Planned Parenthood*, Wolgemuth & Hyatt, Publishers, Brentwood, Tenn., 1988, S. 17, 21, 24, 176.

Ein führender Abtreibungsgegner...: Stanley Interrante, «The Rescue Movement Comes to Southern California», *The Wanderer*, 16. Februar 1989.

In Joseph Scheidlers...: Joseph M. Scheidler, *Closed: 99 Ways to Stop Abortion*, Ignatius Press, San Francisco 1985, S. 68. Der Antiabtreibungsführer versuchte auch, moderne Frauen davon zu überzeugen, sie seien *befreiter*, wenn sie sich gegen Abtreibung aussprächen. «Eine wirkliche Feministin», so argumentierte Scheidler, «würde zu sehr an sich selbst glauben, um abzutreiben.» Persönliches Interview mit Joseph Scheidler, 1989.

«Man sollte möglichst...»: Dr. und Mrs. J. C. Willke, *Abortion: Questions and Answers*, Hayes Publishing Co., Cincinnati, Ohio, 1985, S. 240.

Willkes Handbuch...: Ebenda, S. 241.

«Das Baby muß die...»: «Abortion Showdown: Hearing Begins in Supreme Court», *San Jose Mercury News*, 26. April 1989, S. A1.

Frauen entschieden sich...: Women Exploited by Abortion – oder WEBA –, eine Nebengruppe von Operation Rescue, «behandelte» Frauen, von denen behauptet wurde, sie litten an einem «Post-Abortion Syndrome». WEBA bot zweimonatige Kurse an, in denen Berater ihre Patientinnen anwiesen, ihre abgetriebenen «Kinder» in Briefen um Verzeihung zu bitten und sie dann mit «In Liebe, Deine Mami» zu unterzeichnen. Persönliche Interviews mit Beratern der WEBA in New York und San Jose, 1989. Siehe auch Stephanie Salter, «She Spied on Operation Rescue», *San Francisco Examiner*, 6. August 1989, S. A19.

Die Wortführer der Bewegung...: Das Post-Abortion Syndrome war ein Leiden, für das nicht einmal Gesundheitsminister C. Everett Koop, ein Abtreibungsgegner, einen wissenschaftlichen Nachweis erbringen konnte. Siehe Warren E. Leary, «Koop Says Abortion Report Couldn't Survive Challenge», *New York Times*, 17. März 1989, S. A10.

Anmerkungen zu Seite 533-541

John Willke, der Führer...: Willke und Willke, *Abortion*, S. 273.

Joseph Scheidler, Führer...: Persönliches Interview mit Joseph Scheidler, 1989; Mary Suh und Lydia Denworth, «The Gathering Storm: Operation Rescue», *Ms.*, April 1989, S. 92.

«Ich war ein uneheliches...»: Persönliches Interview mit Randall Terry, 1989. Für eine längere Version der Terry-Geschichte siehe Faludi, «Abortion Obsession». (Die nachfolgenden Zitate und die biographischen Informationen stammen aus dem Interview, anderenfalls sind sie gekennzeichnet.)

«Randy Terrys Konterschlag...»: Persönliches Interview mit Dawn Marvin, 1989.

Terrys drei Tanten...: Persönliche Interviews mit Dawn Marvin, Diane Hope, Dale Ingram und Doreen Terry (den DiPasquale-Schwestern), 1989.

Es gibt ein Beispiel...: Sangers Sexualleben wurde in den 80er Jahren in Kreisen der Abtreibungsgegner Thema eines fast krankhaften Interesses. Ihre «schmutzigen und mannigfaltigen außerehelichen Affären» wurden mit besonderer Intensität in George Grants *Grand Illusions*, einer der populärsten Antiabtreibungsabhandlungen des Jahrzehnts, angeprangert. Siehe Grant, *Grand Illusions*, S. 58.

Sein Vater, Michael Terry...: Persönliches Interview mit Michael Terry, 1989.

Sie erzählt, sie sei...: Persönliches Interview mit Cindy Terry, 1989.

Alex Aitken, eine damalige...: Persönliches Interview mit Alex Aitken, 1989.

Statt dessen patrouillierte...: Persönliche Interviews mit Margaret Johnston, Verwaltungsbeamtin der Southern Tier Women's Services, und anderen ärztlichen Beratern bei Southern Tier und polizeilichen Ermittlern in Binghamton, N. Y., 1989. Diese Art des Betragens war nicht nur Terry eigen. Joseph Scheidler heuerte einen Privatdetektiv an, um Jagd auf eine schwangere Halbwüchsige zu machen, von der er gehört hatte, sie wolle eine Abtreibung vornehmen. Siehe Garry Wills, «Evangels of Abortion», *The New Review of Book*, 15. Juni 1989, S. 15.

1985 hatte Terry...: Persönliche Interviews mit ärztlichen Beratern in Southern Tier, 1989; persönliche Interviews mit polizeilichen Ermittlern in Binghamton, 1989.

Bis 1989 hatte die...: Persönliches Interview mit Mitgliedern in der Operation-Rescue-Zentrale, 1989.

Am Tag meines Besuchs...: Persönliche Beobachtung und persönliches Interview mit der Büroleiterin des Crisis Pregnancy Center in Binghamton, N. Y., 1989.

Was die Heime für...: Persönliches Interview mit Mitgliedern in der Operation-Rescue-Zentrale, 1989.

Durch ihre Hetze...: «Incidents of Violence and Disruption Against Abortion Providers», National Abortion Federation, Washington, D.C., 15. Mai 1989; «The Threat to Health Care Workers and Patients: Antiabortion Violence and Harassment», National Abortion Federation, Washington, D.C., Mai 1988; «Violence Against Clinics Remains Serious Problem», *Reproductive Rights Update* II, Nr. 23, S. 4–5; «Repro Woman», *Ms.*, Oktober 1989, S. 50.

Die Geschichte der...: 1988 hatten 33 Staaten Gesetze, in denen die elterliche Zustimmung festgeschrieben war, verabschiedet; 30 Staaten und der District of Columbia hatten die staatliche, von Medicaid finanzierte, Abtreibung verboten. Ein Gesetz in Minnesota zwang junge Frauen, für eine Abtreibung die Erlaubnis beider Eltern einzuholen, selbst wenn nur ein Elternteil das Sorgerecht hatte – was auf die Hälfte aller Töchter im Staat zutraf. Ein Gesetz in Pennsylvania schrieb 1989 vor, daß eine erwachsene Frau vor einer Abtreibung ihren Ehemann in Kenntnis zu setzen hatte.

Das Webster-Urteil...: Die Gallup-Umfrage berichtet, daß fast acht von zehn Amerikanern seit 1975 die legale Abtreibung unterstützten. Die Louis-Harris-Umfrage ergibt, daß sechs von zehn Leuten dagegen sind, daß die Verfassung zugunsten eines Abtreibungsverbotes geändert wird. Die Hickman-Marlin-Umfrage unter Wahlberechtigten ergibt, daß 77 Prozent Abtreibung für eine private, nicht für eine von der Regierung zu fassende Entscheidung halten. Umfragen durch *Newsweek*, *CBS News*, *ABC News* und *NBC News* sind zu ähnlichen Ergebnissen gekommen. Die Webster-Entscheidung fachte die Pro-Choice-Sympathien nur noch an: Die Umfrage von Associated Press/Media General vom Juli 1989 ergab, daß nach der Entscheidung des Obersten Gerichtshofes die Unterstützung für Roe um sechs Prozentpunkte stieg. Für eine zunehmende Unterstützung im Laufe der letzten Jahrzehnte, siehe Luker, *Politics of Motherhood*, S. 216–17, 225; «American Adults' Approval of Legal Abortion Has Remained Virtually Unchanged Since 1972», *Family Planning Perspectives* 17, Juli/August 1985, S. 4.

Jetzt wurde *Roe*...: Louis-Harris-Umfrage, 1989; Associated-Press-/Media-General-Umfrage, 1989.

«Ironischerweise stimmte das...»: Luker, *Politics of Motherhood*, S. 14.

1800 war die...: Ebenda, S. 14–15; Linda Gordon, *Woman's Body/Woman's Right: A Social History of Birth Control in America*, Penguin Books, New York, Ausgabe von 1977, S. 52–53.

Plötzlich wimmelte es in der...: Luker, *Politics of Motherhood*, S. 267; Gordon, *Woman's Body*, S. 52. Luker fand heraus, daß die *New York Times* seit 1851 (seit ihrer Entstehung) bis in die Mitte der 1860er Jahre überhaupt keine Geschichten über Abtreibung druckte. In den 70er Jahren des 19. Jahrhunderts dagegen beschäftigte sich das Blatt mit dem Gefährlichen der Prozedur; auf dem Höhepunkt der Obsession im Jahr 1871 brachte die *New York Times* 69 Geschichten zu diesem Thema.

Plötzlich startete die...: Luker, *Politics of Motherhood*, S. 27–32, 20.

Plötzlich stürmten...: Francome, *Abortion Freedom*, S. 47; Gordon, *Woman's Body*, S. 65; David M. Kennedy, *Birth Control in America. The Career of Margaret Sanger*, Yale University Press, New Haven 1970, S. 45.

Ende des 19. Jahrhunderts...: Francome, *Abortion Freedom*, S. 76; Luker, *Politics of Motherhood*, S. 15.

«Egal, ob wir nun...»: Cott, *Modern Feminism*, S. 48.

In den Hunderten von...: Das Helms Amendment erlaubte die Abtreibung nicht einmal, wenn es um die Lebensrettung der Frau ging. Siehe Harriet F. Pilpel, «The Fetus as Person: Possible Legal Consequences of the Hogan-Helms Amendment», *Family Planning Perspectives* 6, Nr. 1, Winter 1974, S. 6; «Special Report: Anti- and Pro-Choice Ballot Initiatives Scheduled», *Reproductive Rights Update* 2, Nr. 8, 13. April 1990; «Josephine County Voters Defeat Birth Control Consent Initiative», *Reproductive Rights Update* 2, Nr. 11, 25. Mai 1990; «Who Decides? A State by State Review of Abortion Rights in America», The NARAL Foundation, 1989, S. IV–V; Guy Coates,

«Louisiana OKs New Anti-Abortion Bill», *San Francisco Examiner*, 9. Juli 1990, S. A8; Margaret Carlson, «Abortion's Hardest Cases», *Time*, 9. Juli 1990, S. 22; «Anti-Abortion Law Is Passed by Idaho House by 47 to 36», *New York Times*, 10. März 1990; Maralee Schwartz, «Utah Enacts Abortion Limits, Prepares for Bitter Court Test», *Washington Post*, 26. Januar 1991, S. A2; Dan Balz, «Guam Surprises Abortion Activists, New Restrictive Law Puts Pacific Island in Middle of Controversy», *Washington Post*, 24. März 1990, S. A11.

Allein in den letzten beiden...: Tiffany Devitt, «Abortion Coverage Leaves Women Out of the Picture», *Extra!*, März/April 1991, S. 5.

Die amerikanische Anwaltskammer...: «ABA Rescinds Pro-Choice Position», *Reproductive Rights Update* 2, Nr. 16, 14. September 1990, S. 7.

Selbst moderate religiöse...: Die amerikanische Baptistenkirche zog ihre langjährige Unterstützung für das Recht auf legalisierte Abtreibung zurück, ersetzte sie durch eine «neutrale» Haltung und schied aus der Religious Coalition for Abortion Rights aus. Die Presbyterianerkirche in den USA setzte eine spezielle Gruppe als Geschworene ein, um ihre Pro-*Roe*-Haltung zu überprüfen. Und auch die Vereinigte Methodistenkirche modifizierte ihre Billigung des *Roe*-Urteils. Information von der Religious Coalititon for Abortion Rights, 1990.

Die katholischen Bischöfe...: Ari L. Goldman, «Bishops Hire Pros to Sway Public Against Abortion», *Sacramento Bee*, 6. April 1990, S. A1; Nadine Brozan, «Cardinal Proposes Order of Nuns to Fight Abortion», *New York Times*, 4. November 1989; «New Jersey Governor Quits Knights of Columbus», *Reproductive Rights Update* 2, Nr. 12, 8. Juni 1990, S. 7; Robin Toner, «Catholic Politicians See Line on Duty», *New York Times*, 25. Juni 1990, S. A1; «Bishop Excommunicates Abortion Clinic Administrator», *Reproductive Rights Update* 2, Nr. 14, 6. Juli 1990, S. 5; Eric Pace, «No Unanimity on Abortion Excommunication», *New York Times*, 16. Juni 1990, S. 10.

1987 konnten Frauen in...: Barbara Ehrenreich, «Mothers Unite», *The New Republic*, 10. Juli 1989, S. 30; «Guttmacher Study: Rural Abortion Providers Drop by Half», *Reproduktive Rights Update* 2, Nr. 14, 6. Juli 1990, S. 7; Tamar Lewin, «Abortions Harder to Get in Rural Areas of Nation», *New York Times*, 28. Juni 1990, S. A18.

In Missouri reisten...: Stephen Wermiel und Michel McQueen, «Turnung Point? Historic Court Ruling Will Widen Disparity in Access to Abortion», *The Wall Street Journal*, 5. Juli 1989, S. A1.

Im Truman Medical Center...: Ebenda, S. A14.

Das Cook Country...: «Chicago Hospital Trades Abortion Service for Real Estate», *Reproductive Rights Update* 3, Nr. 2, 25. Januar 1991, S. 5.

Die jährlich über 250000...: Daten von der National Abortion Rights Action League.

(Darüber hinaus verabschiedeten...): «Economics of Abortion», National Abortion Federation, Faktenblatt, November 1985, S. 1.

In Michigan bewirkte...: Die Masse Fürsorge-Babys stieg in derselben Zeit um 31 Prozent. Gleichzeitig stieg die Zahl einkommensschwacher Frauen, die sich sterilisieren lassen wollte, dramatisch an und nahm der Anteil von Babys armer Eltern, die sie zur Adoption freigaben, laut einer Umfrage bei Adoptionsvermittlungsstellen in der

Region um Detroit um 50 Prozent zu. Siehe Patricia Chargot, «Abortion and the Poor», *Detroit Free Press*, 5. August 1990, S. F1.

Die paar privaten Stellen...: Barbara Brotman, «Private Agencies Filling Abortion Funding Gap», *Chicago Tribune*, 22. Januar 1990, S. C1.

Rosie Jiminez, eine...: Gina Seay, «Abortion-Rights Group to Launch Campaign to Recruit Young Teens», *Houston Chronicle*, 26. August.

Als Spring Adams...: «Slain Girl Was to Have Abortion», *Argus Observer*, 31. August 1989; Margie Boulie, «Now He Admits It, Now He Doesn't», *Portland Oregonian*, 13. März 1990, Leitartikel, S. 1.

Die staatlich geförderte...: Linda Greenhouse, «Anti-Abortion Aid Stirs Church-State Questions», *New York Times*, 17. März 1988, S. 12; Karen Gustafson, «The New Politics of Abortion», *Utne Reader*, März/April 1989, S. 19.

Ob als direkte Reaktion...: «College Paper to Ban Abortion Clinic Ads», *New York Times*, 18. August 1989; Lisa Stansky, «Group Seeks Ads in School Papers», *The Recorder*, 19. Oktober 1990, S. 1; «Florida TV Stations Refuse to Air Pro-Choice Ads», *Media Report to Women*, Nov./Dez. 1990, S. 4; «Abortion Bulletin», *Eleanor Smeal Report* 6, Nr. 1, 25. März 1989, S. 2.

Wellington Mara, Besitzer...: Anna Quindlen, «Offensive Play», *New York Times*, 24. Januar 1991, S. A23.

Eine NOW-Anzeige...: «Briefs», *Media Report to Women*, Mai/Juni 1989, S. 10. 1989 wurde eine Reporterin des *Press Journal* in Vero Beach, Florida, gefeuert, nachdem sie einige Briefe zur Unterstützung legaler Abtreibung an die staatlichen Gesetzgeber geschrieben hatte. Nachdem im selben Jahr eine Studentenzeitung der Marquette University eine Anzeige für den Märzmarsch nach Washington, wo für das Recht auf Abtreibung demonstriert werden sollte, veröffentlicht hatte – die lautete «Steh auf. Sei dabei. Noch hast du die Wahl» –, ordnete die Universitätsleitung den Rausschmiß des Geschäftsführers der Zeitung an und suspendierte zeitweilig sowohl den Redakteur als auch den Werbeleiter.

Die *Los Angeles Times*...: Persönliches Interview mit Tamar Raphael, The Fund for the Feminist Majority, 1989.

(Und jenen Frauen...): Brief von Don Clark, Vizedirektor für Verkaufsförderung der *Los Angeles Times*, 8. August 1989. Clark sagte auch, die Zeitung habe die Anzeige nicht rundweg abgelehnt, sondern sich geweigert, sie abzudrucken, wenn sie nicht «abgemildert» und «weniger plastisch» gestaltet würde.

Andererseits war jedoch...: «Should an Innocent Child Pay for a Brutal Father's Mistake... With Her Life?», öffentliche Anzeige, American Life League, Inc., *USA Today*, 22. Januar 1991, S. A11.

Ein von Barbara Walters...: Joanne Lipman, «Barbara Walters Radio Special on Abortion Shunned by Sponsors», *The Wall Street Journal*, 16. Juni 1989, S. B1.

Die Abtreibungsgegner...: Sonia L. Nazario, «Fertility Rights: Abortion Foes Pose Threat to the Funding of Family Planning», *The Wall Street Journal*, 2. Februar 1990, S. A1.

Der Vatikan befahl...: Lawrence Lader, «The Family-Planning Ploy», *New York Times*, 12. Dezember 1985.

1988 stellte die...: Stephanie Salter, «Long Lone, Small Social Conscience», *San Francisco Examiner*, 5.April 1990, S. A25; «AT&T Shareholders Vote Down Anti-Choice-Resolution», *Reproductive Rights Update* 2, 27.April 1990, Nr. 9, S. 7.

1990 berichtete das...: Statistiken vom National Center for Health Statistics, 1990. Ein Geburtenanstieg bei unverheirateten Teenagern wurde erstmals 1987 registriert und schnellte zwischen 1986 und 1988 bei den 15- bis 17jährigen um 10 Prozent hoch.

Nach Schätzung kalifornischer...: Stephanie Salter, «State-created Abortion», *San Francisco Examiner*, 14.Januar 1990, S. A21; Gary Webb, «Family Planning Cuts Bring Anguish», *San Jose Mercury News*, 11.Januar 1990; «Expected Costs to the State of California as a Result of Eliminating the Office of Family Planning», Planned Parenthood, 10. Mai 1989.

Nachdem in Minnesota...: «Reproductive Freedom: The Right of Minors», ACLU-Instruktionsschreiben, Nr. 7, 1989; Verhandlungsschriftsatz für Kläger, *Dr. Jane Hodson v. the State of Minnesota*, Nr. 88–1125 und 88–1309, Oberster Gerichtshof der Vereinigten Staaten, Oktober 1989, S. 12–14; siehe auch Virginia G. Cartoof und Lorraine V. Klerman, «Parental Consent for Abortion: Impact of the Massachusetts Law», *American Journal of Public Health* 76, Nr. 4, April 1986, S. 397–400.

Und der Zwang, eine...: «Court Ignores Failure of Judicial Bypass Procedure», Fund for the Feminist Majority, 26.Juni 1990.

Becky Bell, ein...: Carlson, «Abortion's Hardest Cases», S. 22.

Nachdem *Seventeen*...: Briefe an den Fund for the Feminist Majority, 1991.

Dieser «ritterliche Umweg»...: Anhang zum Brief Amicus Curiae in Support of Appellees durch den Judicial Consent for Minors Lawyer Referral Panel, in *Neil F. Hartigan v. Dr.David Zbarav und Dr. Allan G. Charles*, Nr. 85–673, Oberster Gerichtshof der Vereinigten Staaten, Oktober 1987; Verhandlungsschriftsatz für Kläger, Prozeßmitschrift und Zeugenaussage, *Dr. Jane Hodson v. the State of Minnesota*, Oktober 1989.

In Massachusetts weigerten...: Anhang zum Brief Amicus Curiae, S. 107.

Auch das Recht auf...: Ebenda, S. 99–100.

Ob ihr klar sei...: Ebenda, S. 43.

Abtreibungsfeindliche Richter...: Angela Bonavoglia, «Kathy's Day in Court», *Ms.*, April 1988, S. 46.

Oder sie schoben...: Anhang zum Brief Amicus Curiae, S. 82–85.

Einer der Richter...: Ebenda, S. 75–77.

Am Ende der Dekade...: Philip J. Hilts, «U.S. Approves 5-Year Implants to Curb Fertility», *New York Times*, 11. Dezember 1990, S. A1.

Auch die Versicherungsgesellschaften...: Dorothy Wickenden, «Drug of Choice», *The New Republic*, 26. November 1990, S. 24.

1990 ergab eine Studie...: Kenneth H. Bacon, «Health: U.S. Birth Control R & D Lags», *The Wall Street Journal*, 15. Februar 1990, S. B1.

Unter dem Druck von...: Wickenden, «Drug of Choice», S. 27.

1990 wurde das einzige...: Laura Fraser, «Bringing the Abortion Pill to California», *California*, Juli 1990, S. 58.

Auch die Unterstützung...: Ebenda, S. 61.

Inzwischen war es soweit...: «Shareholder Proposal on RU-486 Nixed bay Management», *Reproductive Rights Update* 2, Nr. 7, 30. März 1990, S. 5.

Nur ein einziges...: Smith, «Vocal Minority», S. 59.

Ein Lebensrecht-Komitee: «Diary on an Unborn Child», Knights-of-Columbus-Flugblatt, 1989.

Das Willkes'-Handbuch...: Willke und Willke, *Abortion*, S. 240–41.

Dr. Bernard Nathanson...: Janet Gallagher, «Prenatal Invasions and Interventions: What's Wrong with Fetal Rights», *Harvard Women's Law Journal* 10, 1987, S. 57–58.

«Ihr Körper ist ein...»: Scheidler, *Closed*, S. 138.

1982 einigte sich in...: Gina Kolata, «Operating on the Unborn», *The New York Times Magazine*, 14. Mai 1989, S. 34.

In den Wartezimmern...: Persönliche Beobachtung im Pacific Fertility Center, San Francisco 1989.

Manche Infertilitätsspezialisten...: Persönliche Interviews, 1989; Robyn Rowland, «Decoding Reprospeak», *Ms.*, Mai/Juni 1991, S. 38.

Am Jones Institute...: Jean Seligmann, «Tempest in a Test Tube», *Newsweek*, 21. August 1989, S. 67.

Einer Kongreßuntersuchung von...: *Infertility: Medical and Social Choices*, Office of Technology Assessment, 1988. Ähnliche Ergebnisse ergaben eine Untersuchung durch das House Subcommittee on Regulation, Business and Energy im Jahr 1988. Siehe Lisa M. Krieger, «Infertility Clinics to Release Success Rates», *San Francisco Examiner*, 15. November 1989, S. A2.

So wie die spätviktorianischen Ärzte...: Ehrenreich und English, *For Her Own Good*, S. 123; Susan Faludi, «Infertility: Medical Crisis or Media Hoax?» *West Magazine, San Jose Mercury News*, 16. April 1989, S. 14; «To Have a Baby», «60 Minutes», Protokoll, Bd. XXI, Nr. 12, 11. Dezember 1988. Ärzte, die sich für Uterusoperationen der Laserchirurgie bedienten, waren notorisch schlecht ausgebildet. Die medizinische Literatur spricht von mindestens vier Todesfällen durch Kunstfehler dieser Ärzte. Siehe Richard Koenig, «Deadly Errors Reported During Laser Surgery», *The Wall Street Journal*, 27. Dezember 1989, S. B1; Richard E. Blackwell, Bruce R. Carr, R. Jeffrey Chang u. a., «Are We Exploiting the Infertile Couple?» *Fertility and Sterility* 48, Nr. 6, November 1987, S. 753; Faludi, «Infertility». Das führende Medikament für Fertilität, Clomid, hat bei Mäusen zu Geburtsfehlern geführt (ironischerweise zu Fehlern in den weiblichen Fortpflanzungsorganen). Siehe G. R. Cunha, O. Taguchi, R. Namikawa, Y. Nishizuka und S. J. Robboy, «Teratogenic Effects of Clomiphene, Tamoxifen and Diethylstilbestrol on the Developing Human Female Genital Tract», *Human Pathology* 18, Nr. 11, 1987, S. 1132–43. Perganol ist das zweitbekannteste Fertilitätsmedikament und hat eine große Palette von Nebenwirkungen; es hat riesige Eierstockzysten, massive Flüssigkeitsansammlungen in Unterleib und Lungen und lebensgefährliche ektope Schwangerschaften hervorgerufen.

Mindestens zehn Frauen...: Janice G. Raymond, «International Traffic in Reproduction», *Ms.*, Mai/Juni 1991, S. 28.

Beim DiMiranda Institute...: Persönliches Interview mit Gina DiMiranda, 1989.

Ein Gericht in New Hampshire...: «Court Rules Fetus a Resident», *Reproductive Rights Update* 2, Nr. 21, 21. November 1990, S. 5.

Mitte der 8oer...: Dawn E. Johnson, «The Creation of Fetal Rights: Conflicts with Women's Constitutional Rights to Liberty, Privacy and Equal Protection», *The Yale Law Journal* 95, Nr. 3, Januar 1986, S. 599–625; Joseph M. Harvey, «Fetus a ‹Person› in Car-Death Law», *Boston Globe*, 17. August 1984; David Sellers, «Fetus Is ‹Person›, D.C. Appeals Court Rules for First Time», *Washington Times*, 10. Oktober 1984, S. A1; Nan D. Hunter, «Feticide – Cases and Legislation», Reproductive Freedom Project, unveröffentlichter Aufsatz, 5. Mai 1986.

In einem Scheidungsfall...: Seligmann, «Tempest in a Test Tube», S. 67.

Ende der 8oer...: Ted Gest, «The Pregnancy Police, On Patrol», *U.S. News and World Report*, 6. Februar 1989, S. 50.

«Das Schlimmste und...»: «The Most Sordid and Terrifying Story», *California Advocates for Pregnant Women Newsletter*, Sept. / Dez. 1990, Nr. 12, S. 3.

Mittlerweile gab es...: Johnson, «Creation of Fetal Rights», Dawn E. Johnson, «A New Threat to Pregnant Women's Autonomy», Hasting Center Report, August 1987, S. 33; «Legislative Alert», *California Advocates for Pregnant Women Newsletter*, Mai / Juni 1990, S. 2 und Juli / August 1990, S. 3; Marianne Takas, «Eat Right, Staff Off Your Feet – Or Go to Jail», *Vogue*, Mai 1987, S. 148; persönliche Interviews mit Dawn Johnsen, Lynn Paltrow und Janet Gallagher, 1989. Ich danke der Belegschaft des ACLU Reproductive Freedom Project, daß ich ihre umfangreichen Untersuchungen nutzen durfte.

Andere Gesetzesinitiativen...: «Status That Unfairly Punish Pregnant Women for Behavior», *Reproductive Rights Update* 2, Nr. 1, 5. Januar 1990, S. 4.

In einer 1988 durchgeführten...: Ronni Sandroff, «Invasion of the Body Snatchers», *Vogue*, Oktober 1988, S. 330.

Mediziner und Juristen...: Marjorie Shaw, «Conditional Prospective Rights of the Fetus», *Journal of Legal Medicine* 63, 1984, S. 67–69; Johnsen, «Creation of Fetal Rights», S. 607–8; Gallagher, «Prenatal Invasions and Interventions», S. 11.

1991 hielten in Seattle...: Barbara Kantrowitz, «The Pregnancy Police», *Newsweek*, 29. April 1991, S. 52.

Einkommensschwache Schwangere...: Molly McNulty, «Pregnancy Police, The Health Policy and the Legal Implications of Punishing Pregnant Women for Harm to Their Fetuses», *Review of Law and Social Change* 16, Nr. 2, 1987–88, S. 285; Reproductive-Freedom-Project-Prozeßliste, ACLU, 1988, *Reproductive Rights Update* 2, Nr. 3, 2. Februar 1990, S. 6; Lynn M. Paltrow, «When Becoming Pregnant Is a Crime», *Criminal Justice Ethics*, IX, Nr. 1, Winter-Frühjahr 1990, S. 2–3, 14; Janet Gallagher, «Prenatal Invasions and Interventions»; Ellen Willis, «The Wrong of Fetal Rights», *The Village Voice*, 11. April 1989, S. 41; Susan Lacroix, «Jailing Mothers for Drug Abuse», *The Nation*, 1. Mai 1989, S. 587.

In Michigan übernahm...: *In the Matter of J. Jeffrey*, Nr. 99851, Berufungsgericht Michigan, 9. April 1987; Paltrow, «When Becoming Pregnant Is a Crime», S. 8–9.

In Kalifornien wurde...: *People of the State of California v. Pamela Rae Stewart*, 1987.

Siehe Angela Bonavoglia, «The Ordeal of Pamela Rae Stewart», *Ms.*, Juli/August 1987, S. 92; Memorandum of Points and Authorities in Support of Demurrer to Complain Without Leave to Amend, *Calif. v. Pamela Rae Stewart*, S. 3; Jo Moreland, «Neighbors Cite Mother's Troubled Past», *Daily Californian*, 30. September 1986, S. A1.

In Iowa...: Associated Press, «Baby Placed in Foster Home; Doctor Claimes Prenatal Abuse», *Des Moines Register*, 3. April 1980, S. A11.

In Wyoming...: *State of Wyoming v. Pfannenstiel*, Nr. 1–90–8CR, Kreisgericht von Laramie, 5. Januar 1990; Paltrow, «When Becoming Pregnant Is a Crime», S. 9; «Pregnant Drinker Faces Trial for Child Abuse», *San Francisco Examiner*, 1. Januar 1990, S. A13.

In Illinois...: *Stallman v. Youngquist*, 125 Ill. 2nd 276, 531 NE 2nd 355, 129 Ill. App. 3rd 859 und 152 Ill. App. 3rd 683; *Reproductive Rights Update* 2, Nr. 4, 16. Februar 1990, S. 7.

In Michigan...: *Grodin v. Grodin*, 102 Berufungsgericht Michigan 396, 301 NW 2nd 869, 1980; Johnsen, «Creation of Fetal Rights», S. 604.

In Maryland...: «Hospital Transfers Pregnant Woman Against Her Will», *Reproductive Rights Update* 2, Nr. 3, 2. Februar 1990, S. 6.

In Wisconsin...: «Girl Detained to Protect Fetus», *Wisconsin State Journal*, 16. August 1985, S. 2.

Die Polizei transportierte...: «Pregnant and Newly Delivered Women», S. 6; Debra Lucero Austin, «Prosecution Plan Draws Fire: ‹A Cop in the Delivery Room?›» *Chico Enterprise Record*, 3. November 1988, S. A1.

Richter warfen...: Ellen Barry, «Quality of Prenatal Care of Incarcerated Women Challenged», *Youth Law News*, National Center for Youth Law 6, Nr. 6, Nov./Dez. 1985, S. 2–4; Tamar Lewin, «When Courts Take Charge of the Unborn», *New York Times*, 9. Januar 1989, S. A9. Eine kalifornische Studie von 1983 ergab, daß weniger als die Hälfte der Gefängnisschwangerschaften mit einer Lebendgeburt und 30 Prozent mit einer Fehlgeburt endeten. Im Gefängnis Santa Rita im Kreis Alameda erlitten 73 Prozent der schwangeren Frauen eine Fehlgeburt, eine Zahl, die fünfzigmal höher war als der Bundesdurchschnitt.

Im District of Columbia...: Courtland Milloy, «Who Will Save D.C.'s Babies?» *Washington Post*, 23. Juli 1990, S. B1.

Eine Studie des...: Ebenda.

1986 gab es in...: «Medi-Cal Maternity Care and AB 3021: Crisis and Opportunity», National Health Law Program, Mai 1986, zitiert in «Memorandum of Points and Authorities in Support of Motion to Dismiss», *People of the State of California v. Pamela Rae Stewart*, 23. Februar 1987, S. 15.

In Kongreßhearings...: Deborah Mesce, «Witnesses Ask for More Help to Cut Drug Abuse by Pregnant Women», AP, 28. Juni 1990.

Richter befürworteten eine...: George Will, «When Birth Control Is Troubling», *San Francisco Chronicle*, 27. Juni 1988.

Gesetzesanträge forderten...: Monte Williams, «Legal Rights of Mothers-to-Be Pitted Against Those of Fetus», *Austin American-Statesman*, 13. November 1990, S. D5.

Medizinprofessoren empfahlen... : Johnsen, «Creation of Fetal Rights», S. 608.

Der in mehreren Zeitungen... : Monte Williams, «Whose Rights Prevail, Those of the Mom or the Fetus?» *San Francisco Examiner*, 10. November 1990, S. A30.

Und auf den angeblich... : Siehe beispielsweise Clara Hemphill, «Kids at Risk: A Tormented Cry – As Crack Babies Grow, So Do Their Problems», *Newsday*, 28. September 1990, S. 6; Marjie Lambert, «New Label in Schools: Drug Baby», *Sacramento Bee*, 25. November 1990, S. A1.

«Crackbabies...»: Douglas J. Beharov, «Crack Babies: The Worst Threat Is Mom Herself», *Washington Post*, 6. August 1989, Meinungen, S. 1.

«Die Drogensucht bei...»: «Infant Deaths», *Newsweek*, 16. Oktober 1989, S. 10. Siehe auch «Crack Linked to Infant Mortality Rise», *Arizona Republic*, 4. März 1990, S. A6.

In Wirklichkeit nahm... : Die Crackepidemie begann ungefähr 1986; die Verlangsamung und dann die Wende bei den Verbesserungen bezüglich der kindlichen Gesundheit erfolgte in der ersten Hälfte der 80er Jahre. Siehe Children's Defense Fund, «Maternal and Infant Health: Key Data», Spezialbericht I, Washington, D.C., März 1990; M. O. Mundinger, «Health Service Funding Cuts and the Declining Health of the Poor», *New England Journal of Medicine* 313, 1985, S. 44–47.

1983 war die Zahl... : McNulty, «Pregnancy Police», S. 294–96.

Die Zahl der Babys... : Children's Defense Fund, «Maternal and Infant Health», S. 4.

Die Hauptursachen des... : Ebenda.

Wieder waren schwarze Frauen... : Ebenda.

Wie eine Studie ergab... : Ira J. Chasnoff, Harvey J. Landress und Mark E. Barret, «The Prevalence of Illicit-Drug or Alcohol Use During Pregnancy and Discrepancies in Mandatory Reporting in Pinellas County, Florida», *New England Journal of Medicine* 322, 26. April 1990, S. 1202–1206.

1989 wertete ein Forscherteam... : Paula Braveman, Geraldine Oliva, Marie Grisham Miller, Randy Reiter und Susan Egerter, «Adverse Outcomes and Lack of Health Insurance Among Newsborns in an Eight-County Area of California 1982–1986», *The New England Journal of Medicine* 321, Nr. 8, 24. August 1989, S. 508–513.

Eine ähnliche Studie... : Paltrow, «When Becoming Pregnant Is a Crime», S. 8.

Weniger als 1 %... : Williams, «Legal Rights of Mothers», S. D5.

Eine Umfrage in... : Wendy Chavkin, Rockefeller Fellow an der Columbia University School of Public Health, «Testimony Presented to House Select Committee on Children, Youth and Families», 27. April 1989, S. 4.

Die National District... : «National District Attorneys Association Encourages Prosecutions of Pregnant Women», *Reproductive Rights Update* 2, Nr. 15, 20. Juli 1990, S. 8.

1988 kündigte im... : Judith Rosen, «The Saga of Butte County», *California Advocates for Pregnant Women Newsletter*, Jan. / Febr. 1989, S. 1; persönliches Interview mit Lucy Quacinella von Legal Services of Northern California, die als erste Frau für diese neue Verfahrensweise zuständig war, 1989; persönliches Interview mit Michael Ramsey, 1989.

Wie er später sagte... : Persönliches Interview mit Michael Ramsey, 1989.

«Die Leute entscheiden...»: Ebenda.

Die erste Frau... : Persönliches Interview mit Lucy Quacinella, 1989; Rosen, «Saga of

Butte County»; «First Mom of Addicted Baby Faces Charges», *Chico Enterprise Record*, 30. November 1988, S. A1.

«Wir sind hingegangen...»: Persönliches Interview mit Michael Ramsey, 1989.

Die Leiterin des...: Johnsen, «A New Threat», S. 38.

In San Francisco...: Susan Lacroix, «Jailing Mothers», S. 586; *Reproductive Rights Update* 2, Nr. 3, 2. Februar 1990, S. 6.

Im Rahmen einer nationalen...: Veronika E. B. Kolder, Janet Gallagher und Michael T. Parsons, «Court-Ordered Obstetrical Interventions», *The New England Journal of Medicine* 316, Nr. 19, 7. Mai 1987, S. 1192–96. Mehr als ein Viertel war ebenfalls der Ansicht, daß Frauen in den letzten drei Monaten ihrer Schwangerschaft, die noch nicht ärztlich behandelt wurden, unter staatliche Aufsicht gestellt werden sollten.

Zu den Empfehlungen....: Johnsen, «Creation of Fetal Rights», S. 607.

In Washington, D.C....: «In the Matter of Madyun Fetus», *The Daily Washington Law Reporter* 114, Nr. 209, 29. Oktober 1986, S. 2240.

Eine Überprüfung medizinischer...: Kolder, Gallagher und Parsons, «Court-Ordered Obstetrical Interventions», S. 1192.

Und bis auf drei Fälle...: Ebenda, S. 1193–94.

Der Wille der Frau...: Ebenda, S. 1194.

Meist handelte es sich...: Ebenda, S. 1193.

In Georgia bezeugten...: Ebenda, S. 1192; *Jefferson v. Griffin Spalding County Hosp.*, Auth., 247 Ga. 86, 274, SE 2nd, 457, 1981.

In einer Zeit...: Gallagher, «The Fetus and the Law».

In Chicago wurde...: Gallagher, «Prenatal Invasions and Interventions», S. 9.

In mindestens zwei...: Ebenda, S. 46.

1982 befahl ein...: Ebenda, S. 47.

In zwei wichtigen Fällen...: Johnsen, «Creation of Fetal Rights», S. 615–17.

«Den Angeklagten zu einem...»: *McFall v. Shimp*, 10 Pa. D&C 3rd 90, 91, Allegheny County, 1978.

An einem Junitag...: Carol O'Brien, «Patient's Lawyer Calls A. C. Case Human Sacrifice», *American Medical News*, 11. März 1988, S. 46.

Zweimal schon hatten...: Ebenda; persönliches Interview mit Carders Mutter, Nettie Stoner, 1989.

Angela Carder war...: Eidesstattliche Erklärung von Dr. Jeffrey A. Moscow, In Re: A. C., 1986, S. 3.

Da ihr Gesundheitszustand...: Persönliches Interview mit Nettie Stoner, 1989.

Ihr langjähriger Onkologe...: Eidesstattliche Erklärung von Dr. Jeffrey A. Moscow, S. 2.

«Sie hat dem Arzt...»: Persönliches Interview mit Nettie Stoner, 1989.

Doch die Krankenhausärzte...: *In Re: Angela Carder*, Superior Court des District of Columbia, Protokoll, 16. Juni 1987.

«Sie hat gesagt...»: Persönliches Interview mit Nettie Stoner, 1989.

Selbst die Ärzte...: David Remnick, «Whose Life Is It, Anyway?» *The Washington Post Magazine*, 21. Februar 1988, S. 14.

«Keiner hat mir gesagt...»: Persönliches Interview mit Nettie Stoner, 1989.

Alle Ärzte der...: *In Re: Angela Carder.*
«Na ja, wahrscheinlich...»: Ebenda.
Die Fragen des Richters...: Ebenda.
Als Carders Anwalt...: Ebenda.
«Hätte ich gehen wollen...»: Persönliches Interview mit Barbara Mishkin, 1989.
«Es gibt Hinweise...»: *In Re: Angela Carder.*
Als er sie fragte...: Ebenda.
Als er eine halbe Stunde...: Ebenda.
«Das Gericht ist sich...»: Ebenda.
Nachdem die Richter...: *In Re: Angela Carder*, District of Columbia, Berufungsgericht, Prozeßprotokoll, 16. Juni 1987, S. 4.
Ob ihr «Geisteszustand»...: Ebenda, S. 7.
«Scheint diese Frau...»: Ebenda, S. 6–7.
Die Anwältin des Fötus...: Ebenda, S. 9.
Es gehe hier...: Ebenda.
Die Gesetzeslage sei...: Ebenda, S. 16.
«Angesichts dieses Zeitdrucks...»: Ebenda.
Kurze Zeit später...: Remnick, «Whose Life», S. 21.
Es war, als wolle man...: Ebenda.
«Die wollten eine...»: Persönliches Interview mit Nettie Stoner, 1989.
Ihre Mutter hielt...: Ebenda.
Im Autopsiebericht...: «First Amended Complaint for Damages», *Nettie and Daniel Stoner v. George Washington University, u. a.*, S. 9.
Drei Jahre später...: Linda Greenhouse, «Forced Surgery to Save Fetus Is Rejected by Court in Capital», *New York Times*, 27. April 1990, S. 1.
«Die haben Angela...»: Persönliches Interview mit Nettie Stoner, 1989.
Vom Ende der 70er...: «Reproductive Health Hazards in the Workplace», US-Kongreß, Schätzung vom Office of Technology, 1985.
In der Mitte der...: Joan E. Bertin, «Reproductive Hazards in the Workplace», *Reproductive Laws for the 1990s*, hrsg. von Sherrill Cohen und Nadine Taub, Humana Press, Clifton, N. Y. 1989, S. 277–305.
Und eine Umfrage...: Ronald Bayer, «Women, Work and Reproductive Hazards», The Hastings Center Report, Oktober 1982, S. 14.
Als progressive Bemühungen...: Freeman, *Politics of Women's Liberation*, S. 76; Kessler-Harris, *Out to Work*, S. 211.
Auch die Verfechter...: Kessler-Harris, *Out to Work*, S. 180–214.
«Wir können die Frauen...»: Ebenda., S. 202.
Arbeiterinnen waren...: «Women, Work and Health Hazards», National Commission on Working Women, Washington, D.C., 1984.
Die oben erwähnten...: Michael Rose, «Reproductive Health Hazards for High-Tech Workers», in *American Woman 1988–89*, S. 281–83; Lynne Lohmeier, «Making Work Safe for Childbearing Couples», *East West*, August 1987, S. 52.
Die Reagan-Administration...: Michael Rose, «Reproductive Health Hazards», S. 283–85.

Als das National...: Eine Kongreßprüfung über die Vorgehensweise des OMB bei dieser Studie fand heraus, daß das OMB *absichtlich* Rezensenten aussuchte, die wenig an Fragen berufsbedingter Gesundheitsrisiken interessiert waren, und das OMB selbst «verschleppte, behinderte und hintertrieb in unverantwortlicher Weise die staatlichen Untersuchungsbemühungen... in bezug auf ernsthafte öffentliche Gesundheitsprobleme.» AT&T zum Beispiel...: Ebenda, S. 279.

Die Leitung von...: Gail Bronson, «Issue of Fetal Damage Stirs Women Workers at Chemical Plants», *The Wall Street Journal*, 9. Februar 1979, S. 1.

Johnson Controls, der...: Richard Carelli, «Court Calls Job Hazard Policies Sex Bias», *San Francisco Examiner*, 20. März 1991, S. A1.

In einer Regierungserhebung...: Bayer, «Reproductive Hazards», S. 17.

Ein Konzern bezeichnete...: Rosalind Petchesky, *Abortion and the Woman's Choice: The State, Sexuality and Reproductive Freedom*, Northeastern University Press, Boston 1990, S. 351.

Für die Synthetic...: Bayer, «Reproductive Hazards», S. 17.

Die Sorge dieser Firmen...: Lohmeier, «Childbearing Couples», S. 52; Mary Sue Henifin, «Making Healthy Babies Not Just Women's Work», *Womanews*, April 1983, S. 4.

Eine OSHA-Studie...: Carolyn Marshall, «An Excuse for Workplace Hazard», *The Nation*, 25. April 1987, S. 532.

Johnson Controls verbannte...: Ebenda, S. 534.

1989 ergab eine Umfrage...: Anne J. Stone, «In Review: January 1, 1988–July 3, 1989», in *American Woman 1990–91*, S. 50.

Bei Du Pont handelte...: Bertin, «Reproductive Health Hazards in the Workplace», unveröffentlichter Aufsatz 1988.

Von den zigtausend...: Marshall, «Workplace Hazard», S. 533.

Die Reagan-Administration...: Unter Carter erließ das OSHA neue Bestimmungen, die die Arbeitgeber dazu bringen sollten, beide Geschlechter vor Fortpflanzungsrisiken zu schützen. Die Reagan-Administration zog sie zurück, kürzte das Budget der OSHA um 25 Prozent und verhinderte Werksinspektionen, Gerichtsvorladungen und juristische Maßnahmen. Siehe Betty Holcomb, «Occupational Health: The Fetus Factor», *Ms.*, Mai 1983, S. 40.

Sie beauftragten sogar...: Persönliches Interview mit Faith Popcorn, 1989.

«Nachdem wir mit...»: Eidliche Aussage von Glenn E. Mercer, *Christman v. American Cyanamid Co.* (Civil Action No. 80–0024, N.D. West Va.), 19.–20. Oktober 1982, S. 100.

Damals war Betty Riggs...: Interview mit Betty Riggs, 1988; eidliche Aussage von Betty June Riggs, *Christman v. American Cyanamid Co.*, 8. Dez. 1980, S. 8.

Als Riggs sich nach...: Persönliches Interview mit Betty Riggs, 1988.

Mehrere Bewerberinnen erzählten...: Persönliche Interviews, 1988.

Beim Einstellungsgespräch...: Eidliche Aussage von Donna Lee Martin, *Christman v. American Cyanamid Co.*, 9. Dezember 1980, S. 22.

Sechs Wochen später...: Ebenda, S. 22, 28.

Barbara Cantwell...: Eidliche Aussage von Barbara Cantwell Christman, *Christman v. American Cyanamid Co.*, 9.–10. Dezember 1980, S. 16, 27.

In den Einstellungsgesprächen...: Ebenda, S. 16–17.

«Die Frauen sollten...»: Eidliche Aussage von Christman, S. 39.

Er beschwerte sich...: Ebenda, S. 28; eidliche Aussage von Riggs, S. 101.

JEDE ERSCHOSSENE FRAU...: Eidliche Aussage von Martin, S. 158.

Ein anderes Mal...: Persönliches Interview mit Betty Riggs, 1988.

Der medizinische Direktor...: «Reproductive Health Hazards in the Workplace», Schätzung vom Office of Technology, 1985, S. 253.

Dem waren nicht etwa...: Eidliche Aussage von Dr. Robert M. Clyne, *Christman v. American Cyanamid Co.*, 16. Mai 1983, S. 141.

Die medizinische Abteilung...: «Reproductive Health Hazards in the Workplace», S. 253–55.

Wie Clyne später...: Ebenda, S. 253.

«Uns lagen einfach...»: Eidliche Aussage von Clyne, S. 476.

«Es wird andere...»: Ebenda, S. 1052.

Später behauptete die...: Persönliches Interview mit Beauftragten von American Cyanamid, 1988, 1991; Pressemitteilung von American Cyanamid.

Eine staatliche Inspektion...: Beschluß des Richters Cecil L. Cutler, *American Cyanamid Co.*, OSHRC Urteilsregister-Nr. 79–2438, 14. Oktober 1980.

«Wir wissen, daß...»: Eidliche Aussage von Clyne, S. 240–41.

Glenn Mercer, der Direktor...: «Reproductive Health Hazards in the Workplace», S. 257.

Mercer behauptete...: Eidliche Aussage von Martin, S. 184.

«Er hat uns gesagt...»: Persönliches Interview mit Betty Riggs, 1988.

Die Frauen begannen...: Ebenda; eidliche Aussage von Martin, S. 42–45; eidliche Aussage von Christman, S. 62–65.

Mercer erwiderte, er...: Eidliche Aussage von Christman, S. 65.

Dann betraten eine...: «Reproductive Health Hazards in the Workplace», S. 257.

Damit war die...: Persönliches Interview mit Betty Riggs, 1988.

Donna Martin verfolgte...: Eidliche Aussage von Martin, S. 47, 173.

«Ich wurde gefühlsmäßig...»: Ebenda, S. 173.

Von einer früheren...: Ebenda, S. 166–67, 169.

Binnen einer Woche...: Ebenda, S. 168.

Sie ging zu...: Ebenda, S. 77.

Aus Angst, ihren...: Ebenda, S. 80.

Schließlich gab die...: «Reproductive Health Hazards in the Workplace», S. 257.

Genau wie Martin...: Eidliche Aussage von Christman, S. 90.

Als Christman aus der...: Ebenda, S. 95.

Wie Rymer sich...: Eidliche Aussage von Loa Rymer, *Christman v. American Cyanamid Co.*, 10.–11. Dezember 1980, S. 46–47.

«Ich hab das gemacht...»: Persönliches Interview mit Betty Riggs, 1988.

Am Ende hatten sich...: «Reproductive Health Hazards in the Workplace», S. 257.

«Frage: Hat sie Ihnen...»: Eidliche Aussage von Clyne, S. 780.

«Ich hab mich gefragt...»: Persönliches Interview mit Betty Riggs, 1988.

Er warnte sie...: Eidliche Aussage von Riggs, S. 108.

Nachdem sie zwei...: Eidliche Aussage von Christman, S. 103.

Kurz nach Donna Martins...: Eidliche Aussage von Martin, S. 147.

Die Männer in der...: Eidliche Aussage von Christman, S. 150; persönliches Interview mit Betty Riggs, 1988; eidliche Aussage von Riggs, S. 143–44.

Anfang 1979 wurde...: Stellungnahme des Bezirksrichters Robert Bork, *Oil, Chemical and Atomic Workers International Union v. American Cyanamid Co.*, 741 F. 2nd Reihe 444, 1984, S. 444–50.

«Ihr Weiber seid...:»: Persönliches Interview mit Betty Riggs, 1988; In jenem Oktober...: Stellungnahme von Bork, S. 446–47.

Daraufhin schloß...: «Reproductive Health Hazards in the Workplace», S. 257.

1980 focht American...: Stellungnahme von Bork, S. 447.

Mittlerweile hatten...: Persönliches Interview mit Joan Bertin, 1988.

Die Bestimmungen zum...: Stellungnahme von Bork, S. 445, 449.

1983 akzeptierten sie...: Persönliches Interview mit Joan Bertin, 1988.

Die Klägerinnen gehörten...: Persönliche Interviews, 1988.

1987 saß Betty Riggs...: Persönliches Interview mit Betty Riggs, 1988.

«Ich denke, die fünf...»: Nat Hentoff, «Is Anyone There Underneath the Black Robes?», *The Village Voice*, 27. Oktober 1987, S. 32.

Und bei den Hearings...: Amy Wallace, «Bork Version of Sterilization Case Disputed», *Atlanta Journal-Constitution*, 20. September 1987, S. A1.

«Jede hatte die Wahl...»: Persönliches Interview mit Steve Tice, 1988.

«Ich finde, diese Frauen...: Persönliches Interview mit Dr. George Gevas, 1988.

«Kein Kommentar»...: Persönliches Interview mit Glenn Mercer, 1988.

In den Jahren nach...: Persönliche Interviews, 1988.

«Ich war anderen...»: Persönliches Interview mit Betty Riggs, 1988.

Epilog

Die Suffragetten organisierten...: Klein, *Gender Politics*, S. 16.

Wie die Politologin...: Ebenda, S. 22.

Der Women's Strike...: Freeman, *Politics of Women's Liberation*, S. 84.

Danach wurden binnen...: Klein, *Gender Politics*, S. 22, 124.

Auch Studentinnen...: Alexander M. Astin Studenten-Umfrage, 1990. Die Umfrage stützt sich auf 200 000 Studenten.

Die riesige Zahl der...: Dan Balz und Ruth Marcus, «In Year Since Webster, Abortion Debate Defies Predictions», *Washington Post*, 3. Juli 1990, S. A1.

«Der Gouverneur soll...»: David Shribman, «Gov. Andrus Worries About Threat to Boycott Idaho Potatoes in Fight Over Abortion Rights Bill», *The Wall Street Journal*, 29. März 1990, S. A16.

«Immer wenn eines...»: Ebenda.

Sowohl bei nationalen...: Sara Frankel, «Women Go to the Pols», *San Francisco Examiner*, 6. Mai 1990, S. C1.

«Die Frauen nutzen die...»: Kate Rand Lloyd, Rede, «Women, Men and Media», University of Southern California, 1988.

(Ein 25%iges Rekord-Gefälle...): Gallup-Umfrage von 1991.

«Der Grund, warum Männer...»: Persönliches Interview mit Eleanor Smeal.

«In jedem Wahljahr...»: Frankel, «Women Go to the Pols», S. C4.

Register